D1499721

Para Don Agapito Rey,
como homenaje a su persona
y en testimonio de amistad

Junio 23, 1980

*Juan L. Alborg*

# HISTORIA DE LA LITERATURA ESPAÑOLA

## TOMO IV

JUAN LUIS ALBORG

# HISTORIA
# DE LA
# LITERATURA ESPAÑOLA

EL ROMANTICISMO

EDITORIAL GREDOS

MADRID

© JUAN LUIS ALBORG, 1980.

**EDITORIAL GREDOS, S. A.**

Sánchez Pacheco, 81, Madrid. España.

Depósito Legal: M. 6075-1980.

ISBN 84-249-3146-7. Tela.

Impreso en España. Printed in Spain.

**Gráficas Cóndor, S. A.,** Sánchez Pacheco, 81, Madrid, 1980. — 5091.

*A Hipólito Escolar*

## NOTA PRELIMINAR

Por segunda vez, a lo largo de nuestra tarea, nos hemos visto movidos a modificar el primitivo plan de esta obra. Como en el caso del siglo XVIII, han sido tantos y tan varios los temas que han aprisionado nuestra atención obligándola a demorarse en ellos, que lo que fue concebido como parte de un volumen ha crecido hasta el punto de reclamar un lugar para sí solo. Y por segunda vez también hemos de dar las gracias a «Editorial Gredos» por su paciente espera y por la generosa comprensión con que ha permitido, de nuevo, alterar sus planes editoriales para acoger nuestro trabajo.

Queremos también, como en pasadas ocasiones, agradecer públicamente a don Segundo Álvarez la escrupulosa solicitud con que ha cuidado de la edición y confeccionado el índice.

Indiana University, noviembre de 1979.

CAPÍTULO I

## INTRODUCCIÓN

### EL ROMANTICISMO ESPAÑOL Y SUS PROBLEMAS

Está fuera de duda que el romanticismo español tienta en muy corta medida a nuestros investigadores y críticos literarios. Henry Remak, al hacer el balance de los estudios sobre el romanticismo europeo durante las dos últimas décadas [1], señala en primer lugar la hipertrofia de su volumen, hasta el punto de que renuncia incluso a recoger buen número de importantes publicaciones; sólo puede ofrecer —advierte— ejemplos de las directrices capitales. Pero de semejante plétora está ausente, de modo casi total, la aportación de nuestra crítica, no sólo ajena a los grandes problemas y autores europeos de universal repercusión, sino incluso a los más inmediatos del romanticismo doméstico (con muy contadas excepciones: Espronceda, Larra, Bécquer; este último con abultada preferencia). Claro está que no faltan los estudios menores —artículos y prólogos a ediciones de obras sueltas, estimuladas comúnmente por necesidades pedagógicas o requeridas por colecciones de divulgación—; pero nada existe que pueda compararse con la fértil atención que, a críticos de todas las lenguas, sigue mereciendo el romanticismo inglés, alemán, francés y ruso, o incluso el italiano, no sólo en sus autores, sino a propósito de los problemas fundamentales que atañen a la génesis, desarrollo, transcendencia y significación de dicho movimiento en la vida de la cultura europea.

Sucede que nuestro romanticismo goza entre nosotros de muy escasa estima, y aunque en su nómina figuran algunos de los nombres más populares de nuestras letras, la apreciación global es, en sustancia, adversa. La más reciente historia de nuestro teatro despacha a paso de carga media

[1] Henry H. H. Remak, «Trends of Recent Research on West European Romanticism», en *Romantic and Its Cognates. The European History of a Word*, Edited by Hans Eichner, University of Toronto Press, 1972, págs. 475-513.

docena escasa de dramas románticos —los únicos, muy probablemente, que ha hojeado el autor— con juicios de la más absoluta displicencia. Y, sin embargo, un erudito francés ha considerado interesante hacer una edición crítica de *Los amantes de Teruel* acompañada de un segundo tomo de minucioso y denso estudio; y ha tenido que venir un crítico inglés a decirnos que el *Don Álvaro*, de Rivas, debe colocarse a la par de los más importantes dramas del romanticismo europeo.

Cuando en 1940 publicó la primera edición inglesa de su ya popular *Historia del movimiento romántico español*[2], Allison Peers hizo constar que, aunque ya existían estudios monográficos de considerable importancia sobre diversos autores de nuestro romanticismo —debidos, claro está, en su mayoría, a investigadores extranjeros—, faltaba la obra de síntesis que coordinase sus conclusiones y diera respuestas válidas a los problemas básicos del romanticismo español: origen, fechas de iniciación, período de vigencia, influjos recibidos, y, sobre todo, sus caracteres peculiares y su importancia y valor en el proceso de nuestra literatura; y la ausencia, precisamente, de adecuadas respuestas justificaba a los ojos del erudito inglés la ingente tarea que había emprendido y que acababa de concluir. Cuando, en 1948, Ángel del Río se ocupó por segunda vez[3] de la obra de Peers, hizo notar que, después y a pesar de ella, se seguían repitiendo conceptos formados a lo largo del siglo XIX, y que todavía no se había llegado a resultados satisfactorios sobre el significado global de nuestro romanticismo y su justo lugar en nuestra historia literaria; y después de enumerar algunas de las más detonantes contradicciones existentes sobre el movimiento en general y sobre muchos autores en particular, afirmaba que nuestra incapacidad para lograr una final y convincente evaluación del romanticismo español era un mero reflejo de la distorsión que se había producido en la apreciación de conjunto del período romántico y de sus problemas.

Del Río plantea una serie de cuestiones y propone soluciones que luego examinaremos; lo que de momento nos importa notar es que cuando, en 1963, Donald Shaw comentó[4] a su vez el artículo de Del Río, señaló que, a pesar de su importancia, había provocado escasa respuesta y que seguía siendo todavía necesaria mucha investigación para llegar a las conclusiones que Del Río había echado de menos. Como quiera que después del artículo

[2] Traducción española, 2 vols., 2.ª ed., Madrid, 1967. Mientras proseguía la elaboración de su *Historia*, Peers avanzó en varios artículos diversos puntos de sus teorías, que refundió después en aquélla: «Some Spanish Conceptions of Romanticism», en *The Modern Language Review*, XVI, 1921, págs. 281-296; «Later Spanish Conceptions of Romanticism», en ídem, íd., XVIII, 1923, págs. 37-50; «Literary Ideas in Spain from 1839 to 1854», en ídem, íd., XXI, 1926, págs. 44-54.

[3] «Present Trends in the Conception and Criticism of Spanish Romanticism», en *The Romanic Review*, XXXIX, 1948, págs. 229-248.

[4] Donald L. Shaw, «Towards the Understanding of Spanish Romanticism», en *Modern Language Review*, LVIII, 1963, págs. 190-195.

de Shaw la situación apenas ha experimentado variaciones, y las más importantes monografías sobre autores concretos —tales, por ejemplo, la monumental de Marrast sobre Espronceda, o la muy notable también de Jean-Louis Picoche sobre Gil y Carrasco, o (aparte el libro, fundamental, de José Escobar) los dos últimos grandes estudios sobre Larra: el de Kirkpatrick y el de Berkowitz [5]— son debidas a críticos extranjeros, podemos afirmar sin demasiado riesgo que el romanticismo sigue siendo la cenicienta de nuestra crítica literaria. Pero no totalmente de la extranjera. Aunque la desproporción entre los estudios dedicados al período romántico y a otro cualquiera de nuestra historia sigue siendo notable, nuestro romanticismo y sus hombres despiertan cada día, fuera de España, mayor interés, y en los años recientes han sido propuestas diversas interpretaciones que comentaremos luego o que irán siendo acogidas oportunamente a lo largo de estas páginas.

No creemos que nuestro romanticismo, visto en conjunto, ofrezca un despliegue de figuras comparables a las del romanticismo alemán, inglés o francés, aunque tres o cuatro de ellas puedan erguirse a no gran distancia de las más señeras de ultramontes; pero sí estamos persuadidos de que la peyorativa valoración global de que se le hace objeto es tan injusta como sería la pretensión de exageradas equiparaciones. Al romanticismo español se le acusa en particular de ser un producto de imitación foránea, falto, por tanto, de autenticidad y sinceridad, retórico y convencional, condición debida principalmente al hecho de su tardía aparición, cuando ya casi declinaba en los otros países; y más todavía se le reprocha su actitud predominantemente conservadora, vuelta al pasado y ajena casi por entero a las grandes conmociones espirituales, a las dramáticas inquietudes que el romanticismo europeo había despertado en el hombre contemporáneo. Creemos, sin embargo, que tales juicios, ciertos en ocasiones, pero cuya exactitud en otras muchas habrá de ser examinada, proceden en su mayor parte de aplicar al romanticismo español medidas que no le son propias y que no convienen a sus particulares circunstancias, origen, proceso y caracteres; y por otra parte, olvidándose, o prescindiendo, de lo sucedido con el romanticismo en otros países, se toman como menguas fenómenos que se han producido igualmente en el romanticismo alemán, inglés o francés, y que en éstos se estiman legítimos y naturales.

El convencimiento de que esto es así nos conduce a exponer, siquiera sea a grandes rasgos, las coordenadas del romanticismo europeo. Parece que, en principio, semejante exposición no debería tener aquí lugar, pero la creemos necesaria porque unas gotas de comparativismo pueden ser escla-

---

[5] Todos estos estudios, así como los arriba aludidos, serán citados en su lugar correspondiente.

recedoras. La conclusión de que el romanticismo, básicamente idéntico en su espíritu y su raíz, se presenta, no obstante, con muy peculiares rasgos en cada país y aun en cada escritor, concede al nuestro plenos derechos a ser muy peculiar y a no ser valorado con la medida y compás de los foráneos. Con nuestro romanticismo se viene repitiendo el caso que tanto afectó en tiempos ya superados a la recta comprensión de nuestro Renacimiento; paralelo sobre el que no parece haberse insistido de modo suficiente, aunque ya ha sido sugerido. Ángel del Río, en su primer comentario a la *Historia* de Peers [6], y después de exponer su interpretación más bien peyorativa del romanticismo español, concluía afirmando —no sin patente contradicción— que pretendía poner en guardia a los futuros investigadores de dicho período para que no se repitiera «lo ocurrido con las primeras interpretaciones y valoraciones negativas del Renacimiento español, de las que sólo ahora, y tras una labor de muchos años, empieza a liberarse la crítica» [7]. La sugerencia, importantísima, quedaba hecha, pero ahí quedaba la cosa. Parece que con semejante proposición debía comenzar el artículo —más bien, una serie de ellos—, pero no creemos que Del Río volviera nunca sobre el tema.

Los problemas del romanticismo europeo han interesado —decíamos— de tal manera a la crítica contemporánea —entiéndase siempre fuera de España— que la bibliografía sobre él constituye ya una masa ingente, sólo manejable por auténticos especialistas. Tan sólo el problema de su definición y contenido ha dado lugar a largas controversias, que no sería posible, ni oportuno, tratar aquí; basten sólo —repetimos— unos conceptos básicos e imprescindibles, para intentar después una apreciación comparativa del romanticismo español.

Momento clave en la historia de la crítica contemporánea sobre el romanticismo lo representa el artículo de Arthur O. Lovejoy, *On the Discrimination of Romanticisms* [8], publicado en 1924. Lovejoy llega a la conclusión de que el término «romanticismo» ha sido utilizado de tan diversas maneras y ha venido a significar cosas tan distintas, que ya no significa nada; ha dejado de cumplir la función de un signo verbal: «Cuando a alguien —dice— se le pide que discuta el romanticismo, es imposible saber de qué ideas o tendencias está hablando, cuándo supone que tuvieron lugar y en qué personas las imagina particularmente ejemplificadas»; y pide, en con-

---

[6] «Una historia del movimiento romántico en España», en *Revista Hispánica Moderna*, IX, 1943, págs. 209-222.

[7] En ídem, íd., pág. 222.

[8] En *PMLA*, XXXIX, 1924, págs. 229-253. Ha sido reimpreso en diversas ocasiones; puede verse, por ejemplo, en *English Romantics Poets: Modern Essays in Criticism*, edited by M. H. Abrams, Nueva York, 1960. Con algunos cortes ha sido incluido en *Romanticism. Points of View*, edited by Robert F. Gleckner and Gerald E. Enscoe, 2.ª ed., Englewood Cliffs, N. J., 1970, págs. 66-81.

secuencia, que se distinga entre los varios «romanticismos» y que a cualesquiera afirmaciones o juicios se anteponga un riguroso proceso de análisis y clarificación.

El artículo de Lovejoy produjo una corriente de escepticismo respecto a la posibilidad de llegar a conclusiones sólidas sobre el fenómeno romántico en general. Durante varios años se discutió apasionadamente el problema, aunque algunos investigadores —Jacques Barzun [9] entre los más notables— trataron de formular definiciones de común validez. En 1949 René Wellek publicó dos artículos bajo el título de *The Concept of Romanticism in Literary History* [10] con el propósito de refutar a Lovejoy, negando que existieran razones para tan extremado nominalismo, y demostrar la existencia de rasgos comunes a todos los románticos europeos. Wellek, en estos dos artículos, que representan un momento crucial en la polémica, establece firmemente tres conclusiones: que hubo realmente en Europa un movimiento intelectual y artístico, con bien determinadas características intelectuales y artísticas, que se conoce con el nombre de romanticismo; que los participantes en este movimiento fueron conscientes de su significación histórica y revolucionaria; y que era, por consiguiente, equivocada la corriente negativa provocada por las publicaciones de Lovejoy.

Wellek propone tres criterios básicos para definir el romanticismo: la imaginación como energía motriz de la poesía; un concepto orgánico de la naturaleza como idea del mundo, y el símbolo y el mito como formas de expresión poética. Wellek no niega, en absoluto, las muy considerables diferencias existentes entre los románticos de diversos países —que examina de forma minuciosa— y aun entre los varios románticos de cada país; tampoco supone que los caracteres enunciados se dieran abruptamente y que no existieran complejos períodos de anticipación y de supervivencia. Pero asegura que negarse a tener en cuenta estos problemas por dificultades de terminología es renunciar por entero a la tarea capital de toda historia literaria; si ésta ha de ser algo más que un depósito de biografías, bibliografías, antologías y críticas emotivas, tiene que estudiar el proceso de la literatura, trazando la secuencia de sus períodos, la aparición, plenitud y desintegración de unas convenciones y unas normas. La palabra «romanticismo» —termina— plantea estas cuestiones y en ello consiste su mayor defensa.

Morse Peckham dedicó un notable trabajo [11], justamente famoso, a estudiar el problema que nos ocupa, partiendo de la polémica Lovejoy-Wellek,

[9] «Romanticism: Definition of a Period», en *Magazine of Art*, XLII, 1949, pág. 243.

[10] En *Comparative Literature*, I, 1949, págs. 1-23 y 147-172. Reproducido en el volumen del propio autor, *Concepts of Criticism*, Yale University Press, 7.ª ed., 1973, páginas 128-198; y con algunas supresiones en *Romanticism. Points of View*, cit., págs. 181-205. Wellek contestó a sus oponentes en un nuevo trabajo, «Romanticism Re-examined», incluido a continuación del anterior en el vol. cit., págs. 199-221.

[11] «Towards a Theory of Romanticism», en *PMLA*, LXVI, 1951, págs. 5-23. Peckham amplió y rectificó algunos de sus puntos de vista en «Towards a Theory of Romanti-

cuyos puntos de vista trata de armonizar, teniendo en cuenta además un posterior libro del primero, *The Great Chain of Being* [12], de capital importancia, que Wellek no había considerado, y en el que se aceptan y definen las directrices y cambios capitales que el romanticismo había representado en el modo de pensar del hombre europeo. Lovejoy admite que tales cambios habían significado, en conjunto, el viraje más radical en la historia del pensamiento de Occidente y, como consecuencia, provocado una transformación igualmente profunda en los métodos y objetos del arte europeo.

Basándose en las conclusiones de los autores citados, Peckham expone su propio concepto del romanticismo, que, entre los muchos propuestos, podemos aceptar para su definición. El giro radical —dice— que experimenta el pensamiento europeo en esta época consiste en desplazarse desde unas ideas filosóficas que conciben el mundo como un mecanismo estático a otras que lo conciben como un organismo dinámico: estático en cuanto que todas las posibilidades de la realidad estaban implícitas desde el comienzo de las cosas y organizadas en series completas y jerárquicas, desde Dios hasta la nada. Este universo se concebía como una máquina perfecta (la máquina o el reloj son las metáforas más comunes para designarlo), y todo cuanto existe no se entendía sino como parte que había de encajar exactamente en dicho mecanismo, regido por leyes inmutables. Dentro de esta concepción se supone que lo que se tiene por imperfecto consiste en algo que todavía no se ha conseguido entender, o cuyo puesto no se ha logrado encontrar dentro de la máquina de la metáfora; ignorancia o mengua que los cristianos ortodoxos atribuyen al pecado original, y los deístas o sentimentalistas a la corrupción de la civilización. Los valores más altos son, consecuentemente, la exactitud, la estabilidad, la uniformidad, el racionalismo.

Esta metafísica estática que había gobernado la mente humana desde los tiempos de Aristóteles y Platón, se derrumbó por su propio peso a finales del siglo XVIII (para algunos, al menos, de sus hombres) porque sus

---

cism: Reconsiderations», en *Studies in Romanticism*, I, 1961, págs. 1-8. Ambos artículos han sido reproducidos en el volumen del propio autor, *The Triumph of Romanticism. Collected Essays by...*, University of South Carolina Press, 1970, págs. 3-26 y 27-35. Peckham recoge en este volumen otros varios trabajos sobre problemas de carácter general o sobre autores o puntos concretos; entre los primeros merecen destacarse «The Dilemma of a Century: The Four Stages of Romanticism», «Romanticism: The Present State of Theory» y «The Problem of the Nineteenth Century». En un segundo volumen, titulado *Romanticism and Behavior, Collected Essays II by...*, University of South Carolina Press, 1976, dedica particularmente a estos temas el ensayo que da nombre al volumen. Sobre toda esta problemática, Peckham ha publicado también el libro *Beyond the Tragic Vision. The Quest for Identity in the Nineteenth Century*, Nueva York, 1962, muy discutido, pero de incuestionable importancia.

[12] Cambridge, 1936. Lovejoy se ocupó de nuevo de estos problemas en «The Meaning of Romanticism for the Historian of Ideas», en *Journal of the History of Ideas*, II, 1941, págs. 237-278.

postulados se revelaron inconsistentes («desde 1700 —había afirmado Ortega, remontándose a las fechas en que se origina ya la crisis— comienza el propio racionalismo a descubrir, no nuevas razones, sino los límites de la razón, sus confines con el ámbito infinito de lo irracional») [13]. La naturaleza —sigue explicando Peckham— deja de verse como un mecanismo perfecto y se concibe como un organismo (un árbol es la nueva metáfora), cuya primera cualidad es no ser algo *hecho*, sino algo *haciéndose* o creciendo. Tenemos con ello una filosofía del devenir en lugar de una filosofía del ser. La conexión entre las partes de dicho organismo ya no se concibe según las de una máquina que se suponen como fabricadas por separado y ensambladas luego, sino en forma de relación orgánica: la que guardan las hojas con la rama, con el tronco, con la raíz y con la tierra; la existencia de cada parte sólo es posible mediante la existencia de todas las demás. La relación, pues, y no la entidad es el objeto de la contemplación y del estudio.

Un mundo orgánico así concebido es un universo vivo, puesto que posee las condiciones de la vida; no es una máquina conclusa, sino algo que se transforma. El cambio ya no es, pues, un valor negativo, sino positivo, no es el castigo del hombre, sino su oportunidad; lo que no es perfecto, puede llegar a serlo; la misma perfección ya no es deseable, sino la imperfección, porque permite, con la posibilidad de cambio, la novedad. No hay patrones fijos y todo puede ya ser verdadero: toda obra de arte, por ejemplo, crea un nuevo patrón, tiene su propia ley estética. Las consecuencias son fácilmente adivinables: la diversidad y no la uniformidad son los principios de la creación y de la crítica. La creación consiste en la originalidad, que se basa en introducir algo nuevo en el mundo, y no, según se había concebido anteriormente, como la capacidad de acercarse un poco más a los modelos preexistentes en la naturaleza o en la mente de Dios.

---

[13] José Ortega y Gasset, *El tema de nuestro tiempo*, 16.ª ed., Madrid, 1966, pág. 56. Aunque este derrumbe de la concepción racionalista del mundo ha sido descrito infinitas veces, creemos útil reproducir esta sintética visión de Walter Jackson Bate: «Los años finales del siglo XVIII —dice— se caracterizaron por una convicción general radicalmente diferente de la que había recibido en herencia: la convicción de que la naturaleza esencial del hombre no era la razón —ya fuese la percepción dentro del mundo ideal o el estricto matematicismo de los cartesianos—, sino que consistía o bien en un conglomerado de instintos, hábitos y sentimientos, o, como el subjetivismo germánico estaba comenzando a sostener, en un *yo* que crea y proyecta su propio mundo y que tiene escasa esperanza de conocer alguna cosa más. Existen frecuentes indicaciones de una inquieta y a veces alarmada consciencia de la recién descubierta incapacidad de la mente del hombre para conocer —una conciencia que estimuló en cierta medida y recibió a su vez un momentáneo calmante de la creciente conquista científica de la naturaleza. Pero una muy difundida tentación consistió en glorificar un aspecto, al menos, del descubrimiento: la comprobación de que lo único sólido y valioso residía en una forma u otra del sentimiento o en cualquier otra capacidad esencialmente irracional» (*From Classic to Romantic. Premises of Taste in Eighteenth Century England*, Nueva York, 1961, págs. 160-161).

Barzun, en 1949, había definido ya el romanticismo como «la gran revolución que llevó la inteligencia de Europa desde la espera y el deseo de la inmovilidad al deseo y a la espera del cambio» [14]. Y podrían multiplicarse las definiciones en idéntico sentido. Isaiah Berlin, por ejemplo, ha explicado con precisión la profunda transcendencia de la revolución romántica. La idea —dice [15]— que había servido de base a la totalidad del pensamiento clásico y cristiano, ortodoxo o herético, científico o religioso, consiste en la creencia de que la verdad reside en alguna parte, aunque cada persona o escuela —civilizaciones enteras, si se quiere— discrepen sobre los métodos de hallarla, o sobre su naturaleza o condición; podrán discutir asimismo si se encuentra en la razón o en la fe, en la Iglesia o en el laboratorio, en la mente de un individuo privilegiado o en la sociedad colectiva, en las tradiciones de una tribu, en una raza o nación, en una clase social, en el vulgo o en una *élite;* pero todos convenían en que existía una realidad, una *rerum natura* que por quien fuese —ahora, o en un Jardín del Edén perdido, o en una futura Edad de Oro— podría ser correctamente conocida y explicada.

Pero esta fue, precisamente, la gran columna que socavó y derribó el romanticismo. Cualesquiera sean las diferencias existentes entre los adalides del pensamiento romántico —Schiller o Fichte, Schelling y Jacobi, Tieck y los Schlegel, Chateaubriand y Byron, Coleridge y Carlyle, Kierkegaard, Stirner, Nietzsche, Baudelaire—, alienta en todos ellos el pensamiento común, mantenido con diversos grados de consciencia y hondura, de que la verdad no posee una estructura objetiva, independiente de quienes la buscan, no es un tesoro escondido que espera ser encontrado; por el contrario, las respuestas a las grandes preguntas no han de ser descubiertas sino inventadas, no son algo que se halla, sino que se produce. Las normas de conducta, las ideas estéticas, religiosas, morales, políticas, las forja el hombre lo mismo que las obras de arte; no por imitación de verdades, modelos o reglas anteriores, sino por un acto de creación. De aquí el nuevo énfasis en lo subjetivo y lo ideal frente a lo objetivo y lo real, en el proceso de la creación más que en sus efectos, en los motivos más que en las consecuencias, en la espontaneidad y sinceridad del propósito más que en lo correcto del resultado. De aquí, igualmente, la insistencia en la actividad, la protesta contra toda limitación de la vida, el elogio a todas las formas hostiles a lo dado, el culto al héroe cuya obra es sagrada como tal, no por su utilidad social y práctica, sino como imposición de una personalidad. La autoinmolación por una causa es lo sublime, no la validez de la causa en sí misma. De aquí, finalmente, la sublimación del artista como la más alta manifestación de un espíritu activo, pobre, solitario, desgraciado quizá, pero independiente, libre, espiritualmente superior a los filisteos que le atormentan.

---

[14] Cit. en nota 9.

[15] Introducción al libro de H. G. Schenk, *The Mind of European Romantics. An Essay in Cultural History*, Nueva York, 1967, págs. XV-XVII.

Casi es innecesario recordar que todo aquel dogmatismo racionalista que había llegado a su culminación a lo largo del siglo XVIII y que había orientado a su vez los conceptos de las ciencias matemáticas, físicas y naturales, como la cosmogonía mecanicista de Newton, había entronizado las reglas universales y eternamente válidas del clasicismo. «El clasicista —explica Furst— suponía que, observando estas reglas, podía escribirse una obra perfecta del mismo modo que, siguiendo una receta, se puede preparar un plato excelente. El artista, al igual que el científico, tenía que proceder por cálculo, juicio y razón, por lo que, según sostenía La Bruyère, un libro se escribía como se fabrica un reloj. El arte se concebía como una razonable imitación de la naturaleza, el artista como un diestro artesano, y el propósito final de una obra consistía en la afirmación de unos preceptos morales, en todo lo cual el placer no tenía mayor intervención que ser un medio para el fin». Furst reproduce un pasaje de la *Ars Poetica* del alemán Gottsched, de 1730, que merece ser leído, siquiera sea como curiosa ilustración: «El poeta —dice este grave alemán— debe escoger primeramente el precepto moral que desea inculcar a sus lectores. Después inventa un argumento para demostrar la verdad de su precepto. Luego busca en la Historia personajes famosos a quienes haya sucedido algo semejante, y de ellos toma los nombres para los personajes de su obra con el fin de darle semejanza de realidad. A continuación busca las circunstancias concomitantes para hacer verosímil el argumento principal, las cuales reciben el nombre de episodios. Divide luego todo esto en cinco partes, de parecida longitud, y las organiza de forma que cada una continúe la precedente; pero no debe importarle demasiado que todo esté de acuerdo con la historia verdadera ni cuáles sean los nombres que llevan los personajes secundarios»[16].

Todo este sistema de conceptos racionales lo derribaron los románticos al proclamar al individuo como fuente o manadero de la verdad, que ya no residía en un orden fijo, objetivo y racional, sino dentro de uno mismo; el mundo exterior iba a ser captado a través del espejo del *yo:* no importa cómo una cosa es, sino cómo me parece a mí. En consecuencia, la emoción intuitiva y la imaginación, es decir, la capacidad de percibir y recrear el mundo de acuerdo con la propia visión personal, representaban la vía capital para el conocimiento, y el instinto quedaba elevado por encima de la razón. Las normas del «buen gusto» —dice Lilian Furst[17]— cedieron el paso

---

[16]   Lilian R. Furst, *Romanticism*, Londres, 1969, págs. 16-17.

[17]   Aunque el procedimiento, expuesto de este modo con dogmatismo de preceptista, parece oler escandalosamente a «carpintería» profesional, quizá pueda sostenerse, sin excesiva ironía, que la receta puede no ser tan mala, y que de semejante falsilla se han servido el noventa y cinco por ciento, al menos, de cuantos han llevado al teatro o a la novela temas heroicos o históricos, lo mismo entre los clásicos que entre los románticos, y desde los más ilustres hasta los más arrastrados cultivadores del melodrama

al ímpetu creador del genio original, y el ideal de una belleza reposada fue despreciado en favor de un derroche dinámico de sentimiento.

Semejante irracionalismo condujo a valorar la zona del inconsciente del ser humano y a descubrir que el territorio de la consciencia —único considerado hasta entonces— representaba apenas una pequeña costra, por debajo de la cual hervían densas capas de impulsos irracionales. Lógicamente despertaron idéntico interés los sueños, en los cuales podía buscarse lo más profundo y auténtico del alma humana [18].

Importa insistir en el papel de la imaginación, porque ella es la facultad suprema de la mente romántica, y es la que la distingue —recuerda Furst [19]— de los que enfrentan los objetos empíricamente a través de las impresiones sensoriales. Los románticos —explica [20]— no entienden por imaginación lo mismo que sus predecesores en el siglo XVIII. Para éstos, la imaginación no era sino una cualidad secundaria del poeta, mera herramienta de la ornamentación, cuyo papel principal consistía en disponer el material recibido a través de los sentidos, es decir, resucitar en la mente y reproducir con mayor o menor detalle experiencias del 'pasado. Pero la imaginación romántica se basaba en el poder de construir imágenes mentales de cosas no previamente experimentadas. Para los románticos, la imaginación no es tanto la facultad de formar imágenes de la realidad preexistente como el don de forjarlas más allá de la realidad, imágenes que son evocadas por la mirada interior y que transforman la realidad existente en una realidad más alta, música o ensueño [21]. Este sentido de imaginación creadora es el que expresa Wellek, cuando —según vimos— la califica de manantial de la poesía.

Proclamado el individuo como origen de toda verdad, tenía ésta que ramificarse, con el relativismo resultante, en una exuberancia de posibilidades y direcciones, muchas veces opuestas, que da al fenómeno romántico una apariencia caótica, tejida de contradicciones, que parecen a veces difícilmente reductibles a un común denominador, es decir, a una común raíz de que se nutran por igual. Semejante plétora de posibilidades explica en buena parte la posición de quienes niegan la unidad del romanticismo, porque con una misma etiqueta se designan cosas de distinta apariencia. Pero

---

o el folletín. Claro que ninguno de ellos ha confesado que tenía la receta sobre la mesa, y, en último extremo, no es la receta la que prepara el plato, sino el cocinero; con ella, lo mismo pudo escribir Racine que Comella.

[18] En *Romanticisme in Perspective...*, luego cit., págs. 27-28.

[19] Sobre este aspecto es fundamental el libro de Albert Béguin, *L'âme romantique et le rêve. Essai sur le Romantisme allemand et la Poésie française*, París, 1937; traducción española bajo el título de *El alma romántica y el sueño. Ensayo sobre el romanticismo alemán y la poesía francesa*, 2.ª ed., México-Madrid-Buenos Aires, 1978. Cfr. también: Jacques Bousquet, *Les Thèmes du rêve dans la littérature romantique (France, Angleterre, Allemagne)*, París, 1964.

[20] *Romanticism in Perspective...*, luego cit., pág. 119.

[21] Ídem, íd., pág. 127.

el romanticismo no es una línea ni un plano, sino un poliedro que orienta sus caras hacia muy diversas posiciones. De este hecho se derivan importantes consecuencias. En primer lugar la aparente paradoja de que la unidad del romanticismo, como ha puesto de relieve H. G. Schenk[22], se basa precisamente en las contradicciones, las disonancias, el trágico conflicto peculiar de la mente romántica: sueños utópicos para el futuro junto a la nostalgia por el pasado; tendencias nihilistas junto a la desesperada búsqueda de una fe; exaltación de la religiosidad tradicional junto a la negación de toda creencia. Pero quedan —digamos— por recorrer otras muchas caras del poliedro: cosmopolitismo frente a nacionalismo, regionalismo y localismo, tres círculos concéntricos del *yo;* evasión en el tiempo y el espacio frente a la inmersión en el más excluyente intimismo; exaltación de la energía frente al exacerbamiento de lo sentimental; optimismo desenfrenado frente a constante insatisfacción, nacida precisamente del imposible logro de tantas apetencias. Schenk afirma que ninguna fórmula única puede apresar la esencia del romanticismo; por eso todas las que se han dado son insatisfactorias. Y recuerda que Kierkegaard, uno de los primeros críticos del movimiento romántico, había hecho ya notar en 1836 que el romanticismo rebasaba todas las fronteras[23].

La segunda consecuencia es particularmente importante. Ningún país ni romántico alguno en concreto abarcó todas las caras del poliedro; varias quizá, o a veces una sola. De donde resulta que se podía ser romántico

---

[22] Sobre la importancia de la imaginación en la mentalidad romántica es capital el libro de C. M. Bowra, *The Romantic Imagination*, 2.ª ed., Nueva York, Oxford University Press, 1961; traducción española, con el título de *La imaginación romántica*, Madrid, 1972. Cfr. también: M. H. Abrams, *The Mirror and the Lamp*, Oxford, 1953. Howard E. Hugo (editor), *The Portable Romantic Reader. The Age of Romanticism (1756-1848) Mirrored in Poetry and Prose from England, France, Germany, and America*, Nueva York, 1957. M. Szenczi, «Imagination and Truth to Nature. Philosophical Foundations of Coleridge's Literary Criticism», en *European Romanticism*, edited by I. Söter and I. Neupokoyeva, Budapest, 1977, págs. 127-182. J. V. Baker, *The Sacred River. Coleridge's Theory of the Imagination*, Louisiana State University Press, 1957. Lilian Furst dedica un tercio de su libro, *Romanticism in Perspective*, luego cit., al estudio de la imaginación (págs. 119-209). Al final de esta parte, y habida cuenta de las diversas formas en que aquélla funciona y de las varias teorías sobre ella, traza un paralelo de los varios movimientos románticos para destacar sus divergencias. Los franceses —dice (pág. 169)— son los que quedan más afuera. La detención de su movimiento romántico a causa del estallido de la Revolución, el peculiar carácter de rebeldía contra la tradición clásica, su énfasis en la libertad y la realidad (entiéndase —según ésta fue proclamada por Hugo— como un reactivo contra los convencionales y acartonados esquemas neoclásicos) produjeron el consiguiente recelo contra la imaginación; en fuerte contraste con los ingleses y alemanes, que tienen en esto considerable afinidad. Ambos aceptaron el individualismo como base y asignaron el papel principal a la imaginación, cuyo poder concibieron a gran escala. Pero, mientras el romanticismo inglés fue constantemente moderado por su realismo tradicional y su sentido común y espíritu de independencia, los alemanes se despeñaron en manifiestos excesos, debido a su tendencia a la abstracción y a su extremismo totalitario.

[23] *The Mind of the European Romantics*, cit., pág. XXII.

caminando en muy varia dirección, sin que una de ellas niegue las demás
ni requiera tampoco ser acompañada de todas las restantes. Lo más frecuente es que un escritor, o grupo o país, recorra una especialmente, con
olvido, o detrimento, de las otras. Sostenemos, pues, que no existe un solo
modo de ser romántico, y que todo criterio exclusivista o excesivamente
uniformador puede ser vicioso. Tendremos que recordar este postulado al
enumerar los rasgos del romanticismo español. Barzun, al emprender su
estudio del romanticismo, recogió un buen número de las definiciones que
habían estado en circulación durante el medio siglo anterior, y logró un
curioso muestrario; retorno a la Edad Media, amor a lo exótico, revuelta
contra la razón, vindicación de lo individual, liberación de lo inconsciente,
reacción contra los métodos científicos, renacimiento del panteísmo, o del
idealismo, o del Catolicismo, rechazo de las convenciones artísticas, retorno
al emocionalismo, vuelta a la naturaleza; definiciones que son todas verdaderas a condición de que no rechacen ninguna de las demás ni pretendan
excluirlas [24].

Una de las exposiciones más ambiciosas aparecidas en estos últimos años
contra la tesis supuestamente uniformadora de Wellek y de Peckham la
constituye el libro de Lilian R. Furst, *Romanticism in Perspective. A comparative study of aspects of the Romantic movements in England, France and
Germany* [25]. Furst no niega la existencia de unas coordenadas fundamentales
que sirven de cimiento a la revolución romántica, pero pone todo su esfuerzo en demostrar las diferencias no menos profundas que separan entre
sí a los grandes románticos y constituyen sus respectivas personalidades. Su
insistencia en este último aspecto, al término de cada exposición particular,
casi puede parecer pueril, pues cae de su peso que ni el más férreo aglutinante en el campo del arte o del pensamiento podía anular la personalidad
de cada miembro, tratándose sobre todo de sus máximos representantes;
lo contrario hubiera sido un absurdo, impensable en un orden cualquiera
de la naturaleza humana. Lo difícil —y de ahí, precisamente, lo prolongado
y reñido de la controversia— es extraer de la proteica diversidad de los
románticos —mayor todavía por la aludida complejidad del movimiento—
los rasgos esenciales que los agrupan en una común familia. Más ardua,
por tanto, es la tarea de quienes —como Wellek o Peckham— han perse-

---

[24] «La aturdidora variedad de posibles definiciones —dice Furst— sólo refleja la
más saliente cualidad del romanticismo europeo: su esencial complejidad y multiplicidad. Un movimiento artístico tan profundo, de tan varias facetas, e, incidentalmente,
de tan larga vida como el Romanticismo, tenía que manifestarse en gran número de
direcciones, y es esto precisamente lo que hace imposible la tarea de su definición.
Tratar de encerrar el romanticismo, en su totalidad, en una frase nítida es una empresa tan condenada al fracaso como fútil. Es mejor invertir el orden habitual y tratar
de entender el fenómeno romántico antes de pretender encerrarle en una escueta definición» *(Romanticism*, cit., págs. 5-6).

[25] Londres, 2.ª ed., 1972.

guido la posible fórmula unificadora que la de quienes han puesto de relieve la inevitable, y humanísima, diversidad.

La tarea de Furst es, sin embargo, de gran provecho, porque al comparar minuciosamente no sólo los escritores de los distintos países sino las varias etapas del movimiento en cada país ha subrayado enérgicamente las muy diversas maneras de ser romántico. Furst ha examinado también el vaivén de las distintas corrientes e influjos mutuos entre las naciones; problema que en relación con nuestro romanticismo nos interesa particularmente, pues urge recordar —aunque sea perogrullesca verdad en el mundo de la cultura— que asimilar corrientes extranjeras o reaccionar ante estímulos forasteros no constituye excepción, mengua ni delito. Un resumen de la ajustada exposición que traza Furst en el capítulo que titula *The Historical Perspective* puede bastar para nuestro objeto.

Parece incuestionable que los primeros síntomas de la nueva sensibilidad aparecieron en Inglaterra a mediados del siglo XVIII con los *Night Thoughts*, de Young, *The Pleasures of Imagination*, de Akenside, las *Meditations among the Tombs*, de Hervey, la *Elegy written in a country churchyard*, de Gray, el poema de Macpherson, *Fingal*, y las *Reliques*, de Percy, que revelaron el poder de la imaginación, el placer de la melancolía y la soledad, la conciencia de la fugacidad y dolor de la vida humana, la preferencia por los escenarios solemnes y sombríos, y, con la afortunada mixtificación del bardo Ossian, el gusto por la poesía primitiva y popular, que se suponía nacida de un genio espontáneo. En el plano teórico fueron de gran trascendencia las *Conjectures on Original Composition*, de Young, que Furst califica [26] de «heraldo de la nueva estética». Young traza una clara distinción entre la imitación y la originalidad, los antiguos y los modernos, la observación de las reglas y la energía del genio inspirado y entusiasta. Furst afirma que la obra de Young, en la que se contienen los conceptos clave del romanticismo, fue decisiva en la orientación de las nuevas ideas. En este sentido puede decirse que Inglaterra lanzó la semilla del romanticismo, aunque todavía en esta etapa no puede hablarse sino de prerromanticismo, ya que la «imaginación creadora», factor esencial de la nueva sensibilidad, aún no alcanza la debida intensificación.

Mientras estas corrientes progresan rápidamente en Inglaterra, Francia sigue aferrada a la tradición de su glorioso clasicismo. Tan sólo Rousseau con *Les Rêveries du Promeneur Solitaire* y *La Nouvelle Héloïse* expuso su rechazo al orden social existente, idealizó la condición del hombre natural y proclamó el retorno a la naturaleza, al tiempo que exaltaba el *yo* en sus escritos autobiográficos. Rousseau no fue entendido, sin embargo, hasta mucho más tarde, por lo menos en su país, pero el alemán Herder, apasio-

---

[26] *Romanticism in Perspective...*, cit., pág. 30.

nado del ginebrino, comunicó su entusiasmo a la generación del «Sturm und Drang». Alemania, desunida y maltrecha, había vivido en un largo sopor. Lessing, su mayor representante de la Ilustración, pidió, no obstante, que los escritores de su país abandonaran la imitación del clasicismo francés y buscaran sus modelos en Inglaterra, mucho más afín con su propio espíritu. En su *Literaturbriefe* y en su *Hamburgische Dramaturgie* proclamó a Shakespeare como el genio supremo y defendió la creación original contra la imitación. Herder, a su vez, ensalzó a Shakespeare y a Ossian y defendió el culto al genio, movido también por las *Conjectures*, de Young, traducidas al alemán en 1760.

Inglaterra, pues, había estimulado el incipiente romanticismo alemán, pero en la segunda fase, según recuerda Furst [27], entre 1770 y 1790, se invirtió la situación. Francia proseguía con su clasicismo, y en Inglaterra, firmemente establecida su tradición literaria, las nuevas ideas se difundieron con lentitud, por la paradójica razón de que apenas se las resistía. Alemania, por el contrario, arrancó gozosa para sacudir su prolongada inercia, y los jóvenes escritores del «Sturm und Drang», faltos de una nativa tradición, absorbieron los estímulos extranjeros y propagaron las nuevas actitudes por toda Europa. El joven grupo alemán desarrolló las teorías de Young y promulgó la mayoría de los conceptos básicos del romanticismo: la autonomía del genio divinamente inspirado, la primacía de lo espontáneo y de la intuición, la libertad para toda expresión artística, la independencia de la imaginación respecto de todas las limitaciones del «buen gusto», la concepción panteísta de la naturaleza como parte de un cosmos unificado, y la noción del desarrollo orgánico, de donde nació el interés por el pasado y, muy en particular, por la Edad Media, cuna de las nacionalidades. La nueva escuela encontró en las obras juveniles de Goethe y de Schiller su más acabada expresión: el *Werther* (1774) y *Los bandidos* (1781) fueron aclamados en todo el continente y recibidos como la típica encarnación del nuevo romanticismo germánico. Las *Críticas*, de Kant, aparecidas entre 1781 y 1790, dieron el golpe final al racionalismo. La década de los 90 vio la aparición de las grandes obras de Goethe y de Schiller.

En 1798 surgió el llamado «Grupo romántico de Jena», que intensificó los postulados del primer romanticismo alemán, pero le añadió un propósito de trascendencia, en anhelo de un mundo ideal de autónoma creación. Este grupo, más especulativo que creador, forjó lo más característico de la filosofía romántica alemana, que proyectaba sus postulados más allá de la literatura y el arte para extenderlos a todo un concepto de la vida sin exclusión de ningún campo: filosofía, religión, historia, ciencia y política.

Francia, entretanto, literariamente paralizada por el estallido de su revolución, sufre un hiato en su desarrollo literario —según subraya Furst—

---

[27] Ídem, íd., pág. 33.

entre 1790 y 1820. Las escasas obras que aparecieron en este período fueron novelas de tradición rousseauniana, como *Pablo y Virginia*, de Bernardin de Saint-Pierre. Las tres obras de Chateaubriand —*Atala* (1801), *El genio del Cristianismo* (1802) y *René* (1805)— no fueron miradas —afirma Furst [28]— como serias amenazas contra la tradición clásica, que reinaba todavía sin rival.

En Inglaterra, hacia 1790 comienza lo que Furst califica [29] de «retorno al hogar» del romanticismo, debido a un mejor conocimiento de la literatura alemana, despreciada hasta entonces a pesar del éxito del *Werther;* las «novelas alemanas» se venían considerando como un producto inferior, propio tan sólo para mentes ansiosas de historias terroríficas, y el desarrollo coetáneo de las «novelas góticas» inglesas, que se suponían inspiradas en el romanticismo germánico, acabó de hundir el prestigio de esa literatura. La difusión de los dramas de Schiller hizo variar, sin embargo, la opinión y provocó el viaje a Alemania de Coleridge y de Wordsworth en 1794 y 1798 respectivamente.

En Alemania surgió entretanto un nuevo grupo romántico, el llamado «de Heidelberg», entre 1805 y 1815, menos dado a la filosofía que el de Jena y más a la creación. A este grupo, que contribuyó más que los anteriores a popularizar por Europa el romanticismo de su país, pertenecen Hoffmann, Chamisso, Fouqué, Uhland, Körner, Heine, Brentano, Arnim. Acrecentaron el gusto por la poesía lírica y las historias sobrenaturales y fantásticas y difundieron la afición por la historia, valorada previamente como un componente del «desarrollo orgánico», pero que adquiere desde entonces un vigoroso carácter nacionalista, estimulado por las guerras napoleónicas. El «Grupo de Heidelberg» —subraya Furst [30]— preludia el futuro movimiento político y social conocido con el nombre de la «Joven Alemania», que había de producirse en la tercera y cuarta década del siglo. A estas fechas corresponde precisamente el momento cenital del romanticismo europeo, pero Alemania ya lo había dejado atrás para avanzar rápidamente hacia las más sobrias preocupaciones socio-políticas del período siguiente.

Entretanto había tenido lugar la publicación de un libro de la mayor importancia en la historia del romanticismo europeo; *De l'Allemagne*, de Mme. de Staël. Desterrada de Francia por su hostilidad contra Napoleón, viajó por Alemania, visitó a Goethe y a Schiller e intimó con Augusto Guillermo Schlegel, que fue tutor de su hijo. Schlegel pertenecía al «Grupo de Jena» y había sintetizado brillantemente las ideas del romanticismo germánico en sus *Conferencias sobre literatura y arte dramático*, de 1809, ideas

---

[28] Ídem, íd., pág. 38.
[29] Ídem, íd., pág. 39.
[30] Ídem, íd., pág. 40.

que cimentaron el entusiasmo de la Staël por Alemania. La primera edición de su libro, en 1810, fue mandada destruir por Napoleón, pero pudo publicarlo de nuevo en Inglaterra en 1813. A despecho, o quizá precisamente por la oposición que provocó en su propio país, como un insulto y una amenaza a la tradición cultural de Francia, *De l'Allemagne* se convirtió en la fuente principal de información sobre Alemania y su nueva literatura. Mme. de Staël había publicado anteriormente —en 1800— otro libro, *La littérature considérée dans ses rapports avec les institutions sociales*, que, según la crítica francesa, representó en el campo de la estética lo que *L'Esprit des Lois*, de Montesquieu, en los conceptos jurídicos. La Staël mostró que, al igual que las leyes, la belleza podía adoptar, en cada época o país, formas muy diversas, todas ellas legítimas, bajo el influjo de causas físicas y morales, de tiempos y lugares distintos; rechazaba, pues, la existencia de un código estético permanente y absoluto, que había sido el dogma del clasicismo francés codificado por Boileau. La Staël, educada, sin embargo, en el siglo de la Ilustración, creía erróneamente que la nueva literatura, heredera de aquélla, sería básicamente ideológica. Pero en *De l'Allemagne* denunció ya la rigidez del clasicismo y exaltó la emoción, el entusiasmo, el sentimiento individual, los caracteres originales como fuente de toda poesía; y sostuvo que semejante revolución, que era la que precisamente se estaba produciendo en Alemania, era necesaria en su propio país para infundir a su literatura una savia más vigorosa y remediar la esterilidad de que estaba amenazada.

Furst subraya [31] que el libro de la Staël se detenía en la primera etapa del romanticismo alemán, y conocía apenas el «Grupo de Jena»; su concepto del romanticismo era más bien superficial, y simplificaba su carácter haciendo la división —aprendida de Schlegel y que había de hacer fortuna— entre la literatura romántica del Norte (la alemana y la inglesa que veía como una unidad) y la clásica del Sur, la francesa en particular; anterior esta última a la aparición del cristianismo y posterior aquélla. Pero a pesar de sus fallos —comenta Furst [32]— apresó lo más importante de la nueva revolución literaria, y tanto por sus aciertos como por sus mismas omisiones acuñó la idea del romanticismo que iba a circular por toda Europa y que, sobre todo, condicionó las directrices del francés. Para la Staël, el romanticismo alemán se concentraba en los grandes maestros de la primera etapa: Schiller, Goethe, «el jefe de la escuela melancólica», Bürger, Tieck y Jean Paul. La creencia —comenta Furst [33]— de que el romanticismo francés fue influido directamente por el alemán es una de las malas inter-

---

[31] Ídem, íd., pág. 42.
[32] Ídem, íd., págs. 42-43.
[33] Ídem, íd., pág. 43.

pretaciones de que adolece la historia del romanticismo europeo; lo fue tan sólo, gracias a la Staël, por el grupo primero del «Sturm und Drang».

De *l'Allemagne* fue también el vehículo que ayudó a transportar a Inglaterra el romanticismo alemán. Los ingleses, debido a la lucha contra Napoleón, en los primeros años del siglo, volvieron su mirada de Francia a Alemania, aunque el conocimiento de su literatura seguía siendo superficial y el país germánico se les aparecía —en medida no muy distante de lo que iba a suceder con España— como la tierra de lo pintoresco y lo fantástico. El «Grupo de Jena» fue desconocido en Inglaterra hasta mucho más tarde. Furst comenta que Inglaterra siguió mostrando la peculiar independencia que caracteriza a su romanticismo, pues no precisaba ser instruido en él un país que contaba en su tradición con Shakespeare, Milton, Young, Macpherson, Percy y Richardson, y que había exportado mucho más de lo que había importado de Schiller, Goethe y Rousseau.

El gran florecimiento del romanticismo inglés tuvo lugar en la segunda década del siglo convirtiéndose en el centro del romanticismo europeo cuando ya Alemania comenzaba a estar de vuelta de él. Furst pone de relieve que en Inglaterra no hubo una «escuela» romántica con un programa consciente y homogéneo, como había sucedido en Alemania, o con las ruidosas controversias que iban a tener lugar más tarde en Francia; el romanticismo inglés fue mucho menos dogmático y sistemático —recuérdese que Byron calificó el romanticismo de un «continental debate»—, pues se trataba más de una evolución que de una revolución [34]. Los ingleses pensaron que estaban restaurando una tradición nacional —recuérdese esta importante circunstancia para cuando tratemos del romanticismo español— y no vivieron la ruptura abrupta que representan, en sus respectivos países, el romanticismo francés y el alemán; de aquí la sensación de frescura, espontaneidad y flexibilidad que muestra el romanticismo británico, condiciones que, como veremos, recomendaba Galiano a nuestros escritores —al proponerles el magisterio de aquellos poetas— como receta indispensable para liberarse de todo mimetismo.

---

[34] De hecho —según Furst puntualiza— el calificativo de *romántico* no fue aplicado a la literatura inglesa de comienzos del XIX hasta mucho más tarde, y los propios escritores evitaron el término. Wordsworth no lo usa en el Prefacio de sus *Lyrical Ballads*, ni Shelley en su *Defence of Poetry*, ni Coleridge en su *Biographia Literaria*; Keats tan sólo en una carta a su hermano, pero no referido a la literatura. En Inglaterra se hablaba de la «Escuela Lakista» o de la «Escuela Satánica», pero no de la «Escuela Romántica» *(Romanticism,* cit., pág. 10). En Inglaterra —dice Van Tieghem— «no hay nada comparable a las numerosas exposiciones de principios, de escritos teóricos y críticos que señalaron la revolución romántica en Alemania, en Francia, en Italia. A los ingleses no les gustan más las teorías abstractas que las revoluciones; sus románticos se conformaron con escribir obras, con frecuencia de gran valor, que suponían implícitamente los nuevos conceptos de la literatura y de la poesía en particular» *(Le Romantisme dans la littérature européenne,* París, 1948, pág. 145).

El romanticismo inglés concluyó con la muerte de Keats (1821), de Shelley (1822) y de Byron (1824). Y entonces le llegó su vez a Francia, cuyo romanticismo iba a presentarse con caracteres muy distintos, según Furst subraya [35], ya que venía a entronizarse como una rebelión contra la tradición nacional; de aquí el extremismo de sus pretensiones y la vehemente resistencia de la oposición. Tanto más cuanto que no se trataba tan sólo de una disputa literaria —muy importante ya por sí misma, puesto que se ponían en entredicho dogmas estéticos firmemente arraigados—, sino de una revolución mucho más profunda que afectaba a todos los órdenes políticos y sociales de la vida. El antiguo régimen se había hipostasiado con el clasicismo tradicional, y la revolución venía a derribar ambas fortalezas: se pedía una sociedad nueva y una literatura nueva. El romanticismo se hipostasiaba, a su vez, con la revolución y la violencia, y lo que para muchos era bastante peor: con una doctrina de origen extranjero, que atacaba la cultura nacional en su misma raíz. La penetración del romanticismo hubo, pues, de ser lenta y difícil, por la oposición con que se enfrentaba, y violento el estallido cuando al fin se impuso.

Con el final de la era napoleónica, Francia había vuelto sus ojos a Inglaterra, interesada en sus doctrinas políticas, en su revolución industrial y teorías económicas y —en el campo estético— en las innovaciones de los últimos poetas ingleses; y pareja atención había dedicado a Alemania, gracias, en particular, al libro de la Staël. En los primeros años de la década del 20 se habían formado grupos de poetas románticos, que se aglutinaron en torno a revistas, como la *Muse française* o *Le Globe*, o a «salones», como el de Deschamps, la «Société des Bonnes-Lettres» o los cenáculos de Hugo y de Sainte-Beuve. A los mismos años pertenecen ya las primeras poesías de Lamartine, de Hugo y de Vigny. Pero todavía en 1824 —el 24 de abril— el director de la Academia Francesa, Louis S. Auger, pronunció su famoso *Discours sur le Romantisme*, calificándolo de «bastardo» y acusándolo de constituir la «nueva herejía». Lo que se ha venido calificando de «batalla» por el triunfo del romanticismo francés había de tener lugar en el terreno del drama, la «última fortaleza», la «Bastilla literaria» del clasicismo tradicional, como Desmarais la calificó en *Le Globe*. Bien conocida es la «batalla» de *Hernani*, el famoso drama romántico de Víctor Hugo, en 1830. Conviene ahora recordar —Furst lo recuerda [36]— que la victoria conseguida por *Hernani* para el drama francés es la misma que Alemania había conquistado en la década de 1770 —es decir, cincuenta años— con *Götz von Berlichingen* y con *Die Räuber*.

El triunfo de *Hernani* iba a representar el comienzo de la hegemonía del romanticismo francés y la última etapa del romanticismo europeo. Pero llegaba aquella cuando ya Inglaterra y Alemania caminaban hacia nuevas

---

[35] *Romanticism in Perspective...*, cit., pág. 46.
[36] Idem, íd., pág. 49.

posiciones; el espíritu del siglo estaba solicitando realidades materiales de acuerdo con la incipiente era industrial, y se le pedía al escritor que se apeara de la egoísta exploración de su yo íntimo y compartiese la responsabilidad de los complejos deberes sociales.

Lilian Furst, tenazmente preocupada —es su tesis— con la diversidad de los romanticismos, cierra su recorrido con un esquema que merece la pena reproducir. Tras resumir las grandes líneas de aparición y desarrollo y recordar que el romanticismo de cada país difiere de los otros en razón de sus tradiciones literarias y de los factores políticos y sociales de cada circunstancia histórica, hace notar que el romanticismo inglés sobresale en la lírica, el francés concentra sus mayores esfuerzos en el campo de batalla del drama, y el alemán destaca en el cultivo de la narrativa imaginativa y fantástica. Pero la preferencia en el género es sólo un síntoma de más profundas divergencias. El romanticismo alemán es mucho más radical y profundo: empapa todas las artes, la filosofía, la política, la religión, la ciencia, la historia, y muestra una decidida preocupación por la metafísica y el patriotismo. El francés se asemeja al alemán en su tendencia a organizarse en grupos y en su dinámico empuje; pero se diferencia de él —y en esto se aproxima mucho más al inglés— en que se limita casi exclusivamente a lo artístico, y se caracteriza sobre todo por la violenta oposición contra el clasicismo, a diferencia en esto del inglés, que es el más espontáneo y más libre, el menos sistemático y codificado, puesto que no se enfrenta a nada sino que evoluciona orgánicamente desde una nativa tradición.

El presente recorrido, pese a su esquematismo, inevitable aquí, nos ha permitido ver que el romanticismo se difundió en sucesivas oleadas que actuaron a diverso grado de velocidad, en distintos momentos cronológicos y con vaivenes muy varios de reacciones y mutuos influjos; que éstos se produjeron en un ámbito internacional, y que la repetida simbiosis actuó de fuerza motriz, determinante en unos casos, coadyuvante en otros, para la gestación y desarrollo de los varios romanticismos. Más importante todavía es la comprobación de que el romanticismo no se produjo en todas partes, ni en todos los autores, con el mismo grado de intensidad y profundidad, ni se manifestó en cada ocasión con el mismo número de componentes, es decir, no se extendió al mismo número de factores y no influyó, por tanto, en medida igual en el pensamiento, el arte y la vida. Creemos, pues, que aunque pueda proponerse una fórmula o esquema ideal del romanticismo y, dentro de éste, trazarse la escala que se quiera sobre la importancia relativa de los distintos elementos que lo constituyen, es absurdo medir por ellos cada romanticismo particular y calificarlo dogmáticamente de bueno o malo, según encaje más o menos en aquellos moldes ideales; esto sería contrario a la realidad demostrada de que el romanticismo fue distinto en cada lugar, y a la misma esencia del movimiento romántico que tiene su raíz última en la libertad y la diversidad.

Según hizo notar hace ya unos años Donald Shaw [37] es imposible ocuparse del romanticismo español sin tomar como punto de partida la mencionada *Historia* de Peers. En nuestros días es casi un lugar común de la crítica rechazar las directrices básicas del erudito inglés, a pesar de que se le cita constantemente para innumerables detalles concretos y hasta se hace incesante botín de la caudalosa erudición que encierran sus páginas.

Aunque se trate, pues, de un estudio sobradamente conocido, importa aquí aducir, aun en la forma más esquemática, sus ideas capitales. Para Peers, España y su literatura poseen desde los orígenes un marcado carácter romántico que constituye toda una tradición, una constante nacional, nunca interrumpida salvo en las décadas primeras del siglo XVIII; desde mediados de éste se acusa ya, sin embargo, la reacción en favor de dicha tradición, y ésta va en aumento con el siglo para desembocar al fin en el movimiento romántico. A dicha corriente de defensa y restauración del pasado literario español, desarrollada desde dentro, la califica Peers de *renacimiento*, y es la que suele también denominarse romanticismo tradicional, histórico o conservador. Frente a éste, sitúa Peers el movimiento que califica de *rebelión*, promovida principalmente por estímulos extranjeros y dentro de la cual coloca las manifestaciones de más acusada rebeldía individualista contra el racionalismo y neoclasicismo precedentes. Pero el romanticismo tiene una vida efímera y evoluciona rápidamente hacia lo que Peers califica de *eclecticismo*, es decir, una literatura de compromiso entre el neoclasicismo y el romanticismo, moderada y libre de excesos, que sólo conserva de aquel último los caracteres compatibles con la tradición nacional. El romanticismo no muere, sin embargo; muchos de sus rasgos esenciales perduran y se desarrollan en todos los períodos siguientes, hasta nuestros mismos días, prosiguiendo la constante romántica que Peers había definido al comienzo.

Aunque, como decíamos, la oposición a muchas de estas afirmaciones es bastante común, ha sido Ángel del Río quien de modo más amplio y sistemático ha comentado las teorías de Peers en dos artículos, separados por varios años de intervalo. En el segundo de ellos, en el que expone más detenidamente sus propias teorías, Del Río enumera tres hechos que considera indiscutibles, y que con escasas diferencias de matiz han sido repetidamente sostenidos por casi todos los comentaristas hasta fechas recientes: primero, la tardía llegada a España del movimiento romántico; segundo, su origen casi exclusivamente extranjero; y tercero, la peculiar transformación o adaptación a las circunstancias históricas que adopta el

---

[37] «Towards the Understanding of Spanish Romanticism», cit., pág. 190.

movimiento en nuestro país después de las primeras explosiones de entusiasmo.

El tardío alumbramiento del romanticismo español ha sido, sin duda, la afirmación más aceptada; según ésta, nuestro romanticismo no se inicia hasta el regreso de los emigrados, tras la muerte —en 1833— de Fernando VII, cuando ya el romanticismo había declinado, o casi desaparecido, en otros países; así lo habían sostenido ya antes, entre otros muchos, Sarrailh [38], y Américo Castro [39], que aduce en su apoyo la opinión del propio Menéndez y Pelayo. Dejando para luego la discusión de este importante punto —uno de los capitales, evidentemente—, importa notar que para Del Río, como para Castro, la tardía aparición del romanticismo español y su supuesto origen foráneo sirven para negar el pretendido romanticismo consustancial a la literatura y carácter español, defendido por Peers. Sabido es que España fue proclamada el «país romántico» por excelencia por los escritores y viajeros románticos de toda Europa, y convertida en proveedora de temas y escenarios predilectos de la época; España era la patria de Calderón y de Cervantes, que los críticos alemanes —desde los Schlegel hasta Tieck y Wolf— proclamaron como los grandes genios afines a la nueva sensibilidad; la tierra del *Romancero*, la mayor colección existente en Europa de poesía nacional y popular; la cuna de Lope, cuyo teatro había creado la nueva dramática contra las reglas aristotélicas resucitadas por el Renacimiento.

Esta convencional visión de la España romántica, que había de degenerar hasta la llamada *España de pandereta*, era superficial y no menos falsa de lo que había sido la *leyenda negra* anterior; la literatura *costumbrista* —según veremos en su lugar— surgió después, en buena parte, para corregir con descripciones reales —lo fueran o no— aquella imagen deformada por los extranjeros. Y, no obstante, esta concepción ha quedado arraigada en la mente de críticos y lectores y contribuido a forjar la idea de una literatura española básicamente romántica, sostenida con idéntico espíritu a lo largo de los siglos.

Para rebatir esta conclusión —recordemos que es la de Peers—, Ángel del Río emprende el recorrido de nuestras letras desde la época medieval. Peers había descubierto romanticismo debajo de cada piedra, y Del Río se complace en pulverizarlo, con un fervor casi derrotista, no menos exagerado que el entusiasmo de Peers. Castro, a quien Del Río aduce, había ya negado años antes el pretendido romanticismo consustancial a la literatura española. Castro estima un error [40] considerar como romántico sin más todo

---

[38] Jean Sarrailh, «L'émigration et le romantisme espagnol», en *Revue de littérature comparée*, X, 1930, págs. 17-40.

[39] Américo Castro, *Les Grands Romantiques Espagnols*, París, s. a.; probablemente 1927.

[40] Ídem, íd., pág. 13.

lo que fue objeto de predilección para los románticos europeos a comienzos del siglo XIX; admite que nuestra literatura antigua ofrece un cuadro de motivos líricos y pasionales sobre los cuales se puede levantar una concepción romántica de la vida y del arte; lo mismo puede decirse del teatro de Lope y de sus seguidores, en cuanto que aprovecharon todo aquel caudal lírico y compusieron sus obras con total abandono de toda regla clásica. Pero el auténtico romanticismo —recuerda Castro [41]— consiste en una metafísica sentimental, una concepción panteísta del universo, cuyo centro es el *yo*, y que en forma más o menos sistemática o desordenada, intensa o atenuada, anima toda la civilización europea desde comienzos del siglo XIX; nada semejante —dice— puede encontrarse en la dramática de Lope y mucho menos en el teatro de Calderón: abundan en ambos las violentas luchas de sentimientos, las individualidades desbordadas, pero estos arranques, aparentemente libres y anárquicos, están estrechamente limitados por un angosto círculo de dogmas morales y religiosos —el honor, la religión, el rey— que acaban por dar un sentido simple y vulgar a lo que podría parecer una concepción atrevida; media un abismo —añade muy justamente— entre *La vida es sueño*, donde todo concluye a plena satisfacción de los principios más ortodoxos, y el *Don Álvaro*, del duque de Rivas, que termina con el suicidio del héroe tras el más insultante desafío a la Divina Providencia.

Castro no alude, claro está, al libro de Peers, puesto que es muy anterior, pero Del Río lo aduce en su ayuda contra éste y lo glosa con alguna extensión: «Los aspectos fundamentalmente revolucionarios y los más duraderos del romanticismo —dice— no descansan tanto en sus componentes formales (sus libertades técnicas en cuanto opuestas a las reglas del neoclasicismo) como en los principios espirituales (su libertad de espíritu) y en su concepción del hombre, en su rebelión contra la razón y el método» [42]. Donald Shaw, al comentar el libro de Peers, advierte [43] que, para éste, el romanticismo es tan sólo un movimiento literario y, citando la tesis de Peckham, sostiene que, para nosotros, si el romanticismo representa algo, tiene que ser definido en términos que comprendan los problemas no literarios tanto como los literarios; es decir: tiene que referirse a la crisis metafísica que se origina a fines del siglo XVIII y que produce, con la destrucción de los valores tradicionales —estuvieran éstos basados en la religión o en el racionalismo— el radical viraje que hemos descrito en páginas anteriores.

Como este componente ideológico —salvo contadas excepciones: Larra y Espronceda— no parece existir apenas en los hombres del romanticismo

---

[41]  Ídem, íd.
[42]  «Present Trends...», cit., pág. 233.
[43]  «Towards the Understanding...», cit., pág. 190.

español, la consecuencia a que llega Shaw, y otros diversos críticos con él, es que nuestro romanticismo fue de muy escasa densidad, una moda y un repertorio de actitudes más que una radical concepción del mundo, profunda y sostenida.

Urge decir, no obstante, que no todos los románticos de otras literaturas, incluidos algunos de los que se tiene por más incuestionables y característicos, experimentaron en igual medida la crisis metafísica, de cuya ausencia se acusa en masa a los nuestros. Aun admitiendo —y estamos dispuestos a ello— que los de aquella especie aludida fueron los más profundos y representativos, importa recordar, según dejamos dicho al comienzo, que el romanticismo engloba actitudes variadísimas —de aquí la dificultad de su definición—, y que ningún romántico las poseyó en su totalidad; en cada uno sobresalieron distintas particularidades, y de aquí la gran diversidad que Furst, con otros muchos críticos, ha puesto tan inequívocamente de relieve. Si entre los rasgos de la libertad de espíritu hay que contar, según pide Del Río, la rebelión contra la razón y el método, contra la razón y el método se rebelaron todos nuestros románticos sin excepción. Luego veremos la dirección peculiar que adoptó el romanticismo en nuestro país y las razones que tuvo para ello.

Importa ahora volver a un punto anterior. El rechazo de la tesis de Peers —es decir: nuestro supuesto romanticismo consustancial— que formulan Del Río, Shaw, King [44] y tantos otros, se basa, como acabamos de ver, en la ausencia de contenido metafísico; Peers, según subraya Shaw [45],

---

[44] Edmund L. King, «What is Spanish Romanticism?», en *Studies in Romanticism*, II, 1962, págs. 1-11.

[45] Donald L. Shaw, al hacer este cargo a Peers, parece dar a entender que su limitación al terreno literario es una peculiaridad de su *Historia*. Pero cabe afirmar, no obstante, que los estudios que se ocupan de problemas o autores románticos, concretándose al campo literario, son innumerables. Existen, claro es, investigaciones que examinan el romanticismo dentro de una perspectiva o marco más amplios, pero nos atrevemos a sostener que de cada cincuenta trabajos existentes sobre el romanticismo, cuarenta y cinco se consagran a problemas de su literatura; basta con dar una ojeada a cualquier bibliografía para comprobarlo. Esto no obsta para reconocer que el romanticismo fue un movimiento general que afectó a todos los órdenes de la vida; pero en la mayoría de los estudios a que aludimos, se da por supuesto o se alude a ello apenas y de pasada, para concentrarse en el aspecto literario escogido. No creemos que Peers, ni nadie, suponga que el romanticismo es un fenómeno puramente literario y que nada tiene que ver con todo lo demás. En cambio, sí que nos atrevemos a afirmar —y con ello ampliamos lo que se dice arriba en el texto— que una absoluta mayoría de las páginas que durante el romanticismo se escribieron, lo fueron como literatura, y sin la pretensión de que lo fueran no hubieran sido escritas. Hubo escritores románticos densos de pensamiento pero también otros muchos que no lo fueron en absoluto (condición, esta última, que en muchos casos es de agradecer); fueron tan sólo artistas. Van Tieghem, que no anda parco en elogios a sus coterráneos, escribe lo que sigue: «Se asombra uno, cuando se considera el conjunto de este primer período, del *carácter casi exclusivamente literario de sus discusiones, en las que no entran para nada las consideraciones filosóficas, morales o sociales*; por todo esto el movimiento romántico en Francia se distinguía claramente de lo que era en Alemania, en Italia, en el Este

limita su estudio del romanticismo a los meros aspectos literarios. Pero el romanticismo, aunque fuera a la vez política, religión, filosofía, economía y todo lo que se quiera, fue también —y de manera capital— literatura. El negarle a la nuestra la rebeldía metafísica no prueba que, como literatura, dejase de ser romántica; es en este terreno donde hay que demostrarlo. Parece evidente que se aplica un criterio único a fenómenos diversos, con olvido de la lógica más elemental; la constatación de que el cuello de una camisa sea estrecho no arguye contra la posibilidad de que las mangas sean largas. Lope, por ejemplo, no poseía una metafísica romántica aplicable a la política o la religión, pero como lírico y como dramático fue tan romántico como el que lo haya sido más, y no sólo en cuanto a la técnica. El hecho de que buena parte de nuestra literatura —por mal entendida que se suponga— sirviera de estímulo y ejemplo a los primeros románticos alemanes y, a través de ellos, a los de toda Europa, y de que pudiera difundirse hasta tal punto el cliché de la «España romántica» —todo lo convencional y falso que se quiera— demuestra una realidad de fondo que no se puede desmentir, al menos del modo tan tajante que manejan los críticos de nuestros días; no se producen fenómenos de pareja difusión sin causas suficientes (claro que también pudo suceder que aquellos críticos y escritores ingleses y alemanes, que eran tan profundos, fueran sólo unos necios cuando se metían a enjuiciar la literatura española).

Del Río, para justificar la creación de lo que califica de «mito de la España romántica», aduce [46] «la llamada del sur»; el descubrimiento de lo pintoresco —¡luego lo había!— que los ingleses y alemanes hacen en nuestro país; y, sobre todo, las circunstancias políticas del momento: «el he-

---

de Europa». Y dos páginas más adelante, después de señalar los caracteres que el romanticismo francés tiene en común con los otros de Europa, escribe refiriéndose a todo el movimiento: «Pero otros rasgos le caracterizan de manera particular. No es, o lo es apenas, lo que en otras partes es bien visible: no se apoya, como la primera escuela romántica alemana, sobre doctrinas filosóficas; está incluso señaladamente vacío de concepciones filosóficas, de ideas estéticas de orden superior; ninguno de los grandes románticos franceses es un pensador, excepto Vigny, cuyo pensamiento tampoco toma partido. No se basa, como la literatura polaca de la emigración, en un poderoso movimiento místico, idealista y cristiano en su origen. No es visionario, y cultiva poco lo fantástico, tan estimado de los alemanes y polacos. No tiene razones históricas para exaltar el patriotismo y las aspiraciones a la independencia nacional, como en Alemania, en Italia, en Polonia, en Hungría, en Serbia...». Y después de enumerar diversas otras cosas que también le faltan, explica Van Tieghem que lo que domina en el romanticismo francés es «el elemento personal», y de todos los sentimientos cultiva con preferencia el *amor*, bajo todas sus formas: «éste tiene sus derechos, que la sociedad le niega, y que algunos románticos reclaman con ardor. Tiene sus héroes, apasionados y vengadores; los héroes románticos del drama y de la novela, amantes fogosos o melancólicos, ocupan en Francia mayor lugar que en parte alguna; *se han convertido en un tipo literario*» (*Le Romantisme dans la littérature européenne*, cit., págs. 185, 187-188 y 188-189; los subrayados son nuestros y no precisan comentario).

[46] «Present Trends...», cit., pág. 232.

roico alzamiento, nacional y popular (dos conceptos gratos a los románticos) contra Napoleón». Razones literarias aduce sólo una —no se olvide que acaba de desmontar en media página todo el tinglado del supuesto romanticismo tradicional que Peers había levantado en medio volumen—: la persistencia y perpetuación en la literatura moderna de nuestro país de los temas y actitudes medievales; lo que —dice— explica el hecho de que, cuando los escritores de otros países que habían renegado de su tradición medieval para seguir los ideales literarios modernos, se rebelaron contra el clasicismo y volvieron a la Edad Media en busca de inspiración, encontraron el mayor ejemplo en España, donde la tradición medieval continuaba viva. Sólo este hecho —pensamos— casi bastaría para justificar nuestro «mito romántico», porque el romanticismo, como venimos insistiendo, fue muchas cosas además —o dentro— de la rebelión metafísica, y el retorno a la propia historia y particularmente a la Edad Media, de acuerdo con aquel concepto de desarrollo orgánico que formaba parte integrante de los nuevos conceptos cósmicos, fue componente básico de todos los romanticismos y del germánico muy en especial. El romanticismo comportaba también, y de modo inequívoco, la oposición al racionalismo clásico en todas sus formas, y nuestra «comedia», desde Lope hasta el último discípulo de Calderón, daba ejemplos a toneladas. Castro dice [47] —al parecer, en serio— que Lope dista mucho de ser un romántico *como los del siglo XIX;* pero lo absurdo sería que lo fuese, y no creemos que nadie haya sostenido tan exacta identidad (sería tan pueril el afirmarlo como perogrullesco ahora el desmentirlo); basta que coincida en los grandes rasgos capitales. Líneas más arriba afirma Castro que la figura de Lope hubiera encantado a los poetas de 1830 si su vida y la relación que ésta había guardado siempre con sus obras hubiera sido entonces menos ignorada; pero se las conocía ya lo bastante —pensamos— para intuir su significación esencial. En todo caso, conocidas o no, ¿hay algo más romántico que la estrecha compenetración de vida y obra? ¿No existe, pues, una divertida contradicción entre los dos pasajes de don Américo? Por otra parte, si, según dice Castro, había en nuestra literatura antigua «un cuadro apropiado de motivos líricos y pasionales sobre los cuales *se podía levantar una concepción romántica de la vida y del arte»,* hay que suponer al menos algún romanticismo en aquel «cuadro», porque en caso contrario no se comprende cómo podía alzarse sobre él ningún romanticismo, y además de doble batiente, artístico y vital.

Ángel del Río en apoyo de sus afirmaciones contra el «mito» aduce unas palabras de Nicholson Adams; pero lo que éste dice se opone inequívocamente a la opinión de Del Río, y no comprendemos cómo pretende respaldarse en semejante testimonio: «Los autores españoles —dice Adams— han mostrado siempre la tendencia hacia la libertad y el individualismo y una

---

[47] *Les Grands Romantiques Espagnols,* cit., pág. 9.

obstinada resistencia a toda regla formal. El Siglo de Oro español fue en este extremo más romántico que clásico» [48]. La cosa se agrava si prolongamos un poco más la cita: «Puede decirse que los teorizantes del siglo XVIII trataron de interrumpir esta tradición nacional». Es decir: que Adams, contra Del Río, cree en la existencia de esta tradición nacional.

Del Río cita también, para confirmar sus argumentos, un pasaje del famoso estudio de Tarr [49], aunque recortándolo y aderezándolo convenientemente para que sirva a su propósito. Tarr acaba de aludir primeramente a la deformada visión romántica que dieron de España los escritores y viajeros europeos —visión que, como ya apuntamos, había de encontrar entre nosotros mismos su enmienda—, y encuentra justificada la reacción, tal como, por ejemplo, se manifiesta en el estudio de Mario Praz, *Unromantic Spain* (1929). Pero —dice Tarr [50]— «aunque éste formula un excelente correctivo, va demasiado lejos por el lado contrario; porque, a pesar de la ignorancia de España, de su historia y de su cultura, y hasta de su lengua —un hábito exasperante que persiste aún hoy entre los extranjeros que pretenden escribir sobre ella—, a pesar de los falsos adornos de la España decorativa, los escritores, y posiblemente el público, a comienzos del siglo XIX, sentían vagamente el espíritu esencial del país, el dramático carácter de su genio y de los puntos culminantes de su historia, su vigoroso individualismo y sentimiento de nacionalidad, su resistencia a los códigos y autoridades, la pervivencia de lo medieval, y el predominio de lo popular y creador sobre lo aristocrático y lo crítico». «En estos fundamentales y persistentes rasgos —añade Tarr— puede decirse que la literatura española es, en conjunto, romántica —o por lo menos anticlásica—» —en este último adjetivo hace hincapié Del Río— «pero sólo de manera superficial se ejemplifican aquellos en la literatura del período romántico». Luego veremos en qué sentido desarrolla Tarr esta última afirmación, pues se trata de uno de los problemas más importantes. De momento importa notar que las palabras de aquél, tomadas en su integridad, no parecen apoyar tampoco la posición de Del Río, y por lo tanto que ni el pasaje de Tarr ni el de Adams han sido aducidos oportunamente para el objeto que se pretendía.

Diríase que resulta difícil hablar de nuestro romanticismo con un mínimo de seguridad y sin andar a cada paso con inconsecuencias y contradicciones. Las de Del Río son abundantes. Líneas antes de estampar aque-

---

[48] Nicholson B. Adams, *España. Introducción a su Civilización*, Nueva York, 1949, pág. 250. Del Río cita por la edición inglesa; nosotros, en cambio, por la española, por ser ésta la que tenemos a mano.

[49] F. Courtney Tarr, «Romanticism is Spain and Spanish Romanticism: A Critical Survey», en *Bulletin of Spanish Studies*, XVI, 1939, págs. 3-37. Tarr publicó algún tiempo después otro artículo: «Romanticism in Spain», en *PMLA*, LV, 1940, págs. 35-46, que, aunque añade y matiza algunos detalles, repite en sustancia las ideas básicas del artículo primero. Citamos siempre por éste, salvo indicación en contrario.

[50] Idem, íd., pág. 4.

llas categóricas afirmaciones que hemos visto —«unchallenged», como él las llama— y de suponerlas peculiarísimas de nuestro romanticismo, escribe: «Es innecesario decir que la visión del romanticismo español presenta, en términos generales, problemas semejantes a los que han de enfrentar los críticos de este movimiento en otros países. Los conceptos y categorías de la historia literaria son vagos e imprecisos. Los historiadores y críticos están todavía discutiendo acerca del sentido real y el alcance del Renacimiento, por ejemplo»[51]. No se comprende, pues, que en medio de tan borrascosa inseguridad —de ser cierta; y lo es— puedan proponerse afirmaciones «unchallenged». Hay que andarse con pies de plomo. Por esto mismo resultan ridículas, por la petulante seguridad con que se emiten, las afirmaciones de King sobre los más diversos aspectos del romanticismo español. King, a trote ligero, entra como caballo en cacharrería, y, barajando conceptos de todo género y procedencia, define dogmáticamente y deja a nuestros pobres románticos, y a toda la época en bloque, hechos añicos. El artículo parece, no obstante, que ha sido eficaz, porque ha permitido a más de cuatro, cómodamente persuadidos de que nuestro romanticismo carece de todo valor, dispensarse de examinarlo. Pero la cosa es un poco más compleja de lo que hacen suponer las simplificaciones de King, según tendremos ocasión de comprobar.

Como resumen de este primer problema, creemos que podría llegarse a la siguiente conclusión. La tesis de Peers, encaminada a demostrar que toda la literatura española se organiza en torno a una línea romántica, hasta el punto de componer una sola tradición, es evidentemente inaceptable. Pero la opuesta tesis de Del Río —coreada por Shaw[52], que la supone «amplia-

---

[51] «Recent Trends...», cit., pág. 230.

[52] Donald L. Shaw, «Spain. Romántico-Romanticismo-Romancesco-Romanesco-Romancista-Románico», en *Romantic and Its Cognates. The European History of a Word*, cit., págs. 341-371; la cita en pág. 349. Algo debemos aclarar, no obstante. Del Río destruye todo posible rastro romántico en nuestra literatura con una tenacidad negativa verdaderamente ejemplar, por lo que la frase acotada resume, en efecto, sus ideas básicas. Sin embargo, creemos que no las condensa en ningún lugar con fórmula tan tajante; hemos leído y releído estas páginas, sin que hayamos conseguido dar con palabras tales. Parece, pues, si no nos traiciona la vista, que la frase, así formulada, es de Shaw, aunque éste se la atribuye a Del Río apretando un poco más las clavijas para que no se escape la víctima. Del Río hace una afirmación semejante, pero referida tan sólo a la Edad Media: «Casi cualquier literatura de los Tiempos Medios —dice («Present Trends...», cit., pág. 232)— —la alemana de los *Nibelungos*, la inglesa del *Beowulf* y de las leyendas artúricas, la francesa de los Doce Pares, los *lais* y los trovadores, e incluso la italiana de los Franciscanos— podría ser llamada romántica, no importa la imprecisión con que se emplee el término, con mayor justificación que la literatura del *Poema del Cid*, las obras de Berceo, Alfonso el Sabio, Don Juan Manuel, el Arcipreste de Hita o Alfonso Martínez de Toledo». Del Río añade que las trazas de lo que convencionalmente se considera el romanticismo de la Edad Media no aparecen hasta el siglo XV: la época del *Cancionero de Baena*, del comienzo de la literatura caballeresca, de la novela sentimental y del *Romancero*. Pero —dice—, *en unos casos* se trata de temas y formas de origen europeo (con lo cual, dicho queda que caen

mente demostrada» en su artículo—, y que sostiene de forma radical que «España es el último país que puede reclamar una literatura romántica indígena» es mucho más exagerada y falsa que la primera y no parece desprovista de cierta malévola tendenciosidad. ¿Puede decirse en serio que cualquier literatura de Europa —dejemos aparte a Inglaterra— puede presentar mayor número de obras afines al espíritu del romanticismo, con anterioridad a su aparición, cualquiera que sea la imprecisión y amplitud de los términos con que se las defina?

Viene repitiéndose que una de las causas a que puede atribuirse la supuesta endeblez del romanticismo español es la misma debilidad y escaso arraigo del neclasicismo precedente. La necesidad de reaccionar contra el mundo racionalista y uniforme que entrañaba la Ilustración y el clasicismo francés, hondamente arraigados en todas las naciones europeas, explica que fuera en éstas tan enérgico el movimiento de oposición, lo cual es particularmente cierto en Francia, según señalamos en páginas anteriores [53]. En

fuera de la cesta), y *en otros*, proceden de Galicia y de Cataluña (que no son España, por lo visto).

[53] Adviértase bien, no obstante, que el rígido concepto de que el romanticismo fue llanamente una reacción contra el neoclasicismo y la Ilustración —trátese de mera literatura, o de todos los problemas filosóficos, religiosos, políticos o sociales que se quiera—, que todavía, por supuesto, tiene escoliastas, está siendo desmentido por un gran número de críticos, que ven más bien una evolución que una revolución (en el sentido que defenderemos luego para nuestro país), o advierten la penetración en el romanticismo de una densa herencia neoclásica, o llegan incluso a desmentir la supuesta antítesis de ambos movimientos, suponiéndolos complementarios. En todo caso, es evidente que, cuanto menos, se trata de un asunto sujeto a muy complicada controversia, y, por lo tanto, montar dogmáticamente la interpretación del romanticismo español sobre unos supuestos tan inciertos es una muestra más del cómodo simplismo con que se vienen enfrentando los problemas de nuestro movimiento romántico.

Como ejemplo de las opiniones aludidas basten sólo unas citas: «El movimiento romántico —dice Furst; y habría que subrayar, por su exactitud, el pasaje entero— fue la consecuencia y culminación de un largo proceso o evolución. Pero, por paradójico que esto pueda parecer, su lento desarrollo no invalida ni contradice el concepto común que ve la llegada del romanticismo como una revolución. Fue ambas cosas en cuanto que el resultado final de esta evolución fue revolucionario, puesto que significa una reversión en las teorías sobre la creación, en los conceptos de la belleza, en los ideales y formas de expresión. Cambios tan radicales como los que supone la difusión del romanticismo no hubieran sido posibles sino como resultado de una lenta maduración» (*Romanticism*, cit., pág. 36). Halsted dedica varias páginas al problema en sus diversos campos, por lo que sólo alguno de sus conceptos podemos recoger aquí: «En medio de lo que ha sido llamado la era romántica —dice—, una era frecuentemente descrita como entregada al irracionalismo, la ciencia social más racional, la Economía clásica, conservó la tradición ilustrada. El racionalismo ilustrado continuó siendo expresado en las doctrinas políticas liberales y radicales. La crítica escéptica y radical de Bentham sobre la política tradicional se convirtió en un movimiento político activo entre los filósofos radicales, y los políticos *cartistas* estaban impregnados de jacobinismo. La *izquierda* en el Continente y gran parte del socialismo reflejaba con toda claridad la herencia de la Ilustración». Más adelante escribe: «Los textos extraídos de la era romántica demuestran la persistencia del pensamiento ilustrado y el gradual traslado de su espíritu al de sus nuevos oponentes». «El desplazamiento de la oposi-

España, en cambio, se dice, no pudo sentirse en idéntica medida el deseo de subvertir lo que apenas había existido; el romanticismo no surgió, pues, como una exigencia propia sino como mera imitación, no brotó de una necesidad interior sino tan sólo de un estímulo foráneo; y hasta muchos de los que admiten la existencia en nuestra tradición de un romanticismo consustancial, aceptan que fue necesario el aldabonazo desde fuera, con el regreso de los emigrados, para volver a despertar el espíritu nacional, que se había quedado dormido.

La reacción contra este viejo enfoque, que puede calificarse de tópico insostenible, está ya en marcha desde hace años, aunque siguen existiendo comentaristas recalcitrantes o mal informados. Los caracteres peculiares del romanticismo español están indisolublemente unidos a la existencia del neoclasicismo anterior y son ininteligibles sin éste, pero no en el sentido en que se había venido interpretando. El problema tiene que enfocarse en un doble plano. Primeramente hay que examinar el proceso de gestación del romanticismo dentro del siglo XVIII, es decir, en toda esa etapa que se califica como prerromanticismo y durante la cual germinan las ideas y la sensibilidad que han de llegar a plenitud durante el romanticismo propiamente dicho. Estos hechos son comunes a todos los países europeos, aunque se produzcan —claro es— con diferencias cronológicas y con intensidad y ritmo distintos. El segundo aspecto —que hemos de ver con algún detalle— tiene en España un proceso muy diferente, hasta el punto de consti-

ción —añade— nos recuerda que los románticos fueron eclécticos, consciente o inconscientemente. Ni la Ilustración ni el Romanticismo poseyeron una ideología monolítica, siempre la misma» (John B. Halsted, *Romanticism*, Nueva York, 1969, págs. 4 y 6).

Remak, en su artículo mencionado, dedica largo espacio a este problema en su sección IV, bajo el título, muy sugeridor, de «¿Cuán romántico es el romanticismo?». Hace notar que la antítesis clasicismo-romanticismo *todavía* hay críticos que la acentúan, comúnmente por motivos pedagógicos, a veces con nuevas razones (Frederick Antal, «Classicism and Romanticism», en *Classicism and Romanticism With Other Studies in Art History*, Nueva York, 1966, págs. 1-45); pero subraya luego que «se ha conseguido un gran avance en reducir, al menos, las alternativas; este progreso permitirá a la crítica encaminarse crecientemente hacia el concepto de una gradual evolución del romanticismo, en sus fases iniciales y finales, de la Ilustración y el clasicismo al realismo y al simbolismo». Menciona luego autores concretos, como Anthony K. Thorlby *(The Romantic Movement,* Londres, 1966), que ha subrayado lo que el romanticismo de Wordsworth, Goethe, Novalis y Kleist ha tomado de la Ilustración; Herbert M. Schueller («Romanticism Reconsidered», en *Journal of Aesthetics and Art Criticism,* XX, 1962, págs. 359-368), para quien el romanticismo emplea a partes iguales elementos clásicos y románticos; Angela Ottino de la Chiesa («Neoclassico e Romantico in Europa», en *Veltro,* IX, 1965, págs. 23-32), que ve en el neoclasicismo y el romanticismo dos caras de la misma moneda; Friedrich Sengle («Zur Einheit von Literaturgeschichte und Literaturkritik. Ein Vortrag», en *Deutsche Vierteljahrsschrift für Literaturwissenschaft und Geistesgeschichte,* XXXIV, 1960, págs. 327-337), que considera —en Alemania— la Ilustración, el «Sturm und Drang», el clasicismo y el romanticismo como partes de un solo fenómeno que se complementan. Idénticas cuestiones están siendo examinadas en el cabo opuesto, en la evolución hacia el realismo, pero este problema no nos importa ahora.

tuir una peculiaridad de nuestro país y decidir en medida casi esencial el carácter de nuestro romanticismo.

En relación con el primer problema es indispensable volver al artículo de Del Río, dado que, con Shaw como garante, se nos propone como depositario de la tesis cierta. Del Río, según ya sabemos, presenta como verdades incuestionables —«unchallenged»— que el romanticismo español llegó tardíamente y que es casi exclusivamente de origen extranjero. Ahora bien: páginas más adelante [54] asegura Del Río que el único aspecto que ha sido satisfactoriamente estudiado es el que concierne a la relación entre el neoclasicismo y el romanticismo: «Como resultado —dice— *conocemos ahora* que la revuelta de los románticos contra el neoclasicismo no fue tan repentina y que tiene sus antecedentes en el siglo XVIII. En otras palabras: *sabemos ahora* [parece, pues, que lo ignoraba cuando redactó la página 230] que el romanticismo tuvo en España, como en otras partes, una gestación más larga de lo que se había pensado»; es decir: que aquellas dos proposiciones *incuestionables* sobre la tardía aparición del romanticismo y sobre su origen exclusivamente extranjero, pueden, por lo menos, ser discutidas. Del Río emprende a renglón seguido de lo trascrito la enumeración de los trabajos que nos permiten conocer *ahora* los términos del problema, y como su autoridad en este caso no puede rechazarse, puesto que desmiente con toda naturalidad su tesis anterior, podemos resumir su propia exposición y evitarnos el trabajo de sintetizarla por nuestra cuenta. El adelantado —dice— en este campo fue [nada menos] Menéndez y Pelayo; Cotarelo, Roberston, Pellisier y otros han contribuido con diversos puntos de vista; y toda la materia ha sido inteligentemente tratada y recopilada en el interesante libro de I. L. McClelland, *The Origins of the Romantic Movement in Spain*. El único fallo en todos estos estudios —añade— reside en el hecho de que se limitan a los problemas literarios y descuidan el punto quizá más importante: la penetración de las nuevas ideas en España durante todo el siglo y el impacto de aquellas actitudes revolucionarias de donde arranca la rebelión romántica. Azorín —sigue explicando Del Río— fue el primero quizá que señaló, en escritores como Jovellanos, Meléndez Valdés y Cadalso, la latente sensibilidad prerromántica y las influencias procedentes de Young, Gray, Gessner, Rousseau, que debieron de tener amplia difusión, aunque no fueran populares. Pero estos hechos —prosigue— han sido ya investigados y los críticos son conscientes de ello; y menciona los estudios del propio Peers, de Emily Cotton y de McClelland sobre el influjo de algunos prerrománticos; los de Atkinson sobre la poesía del XVIII y de MacAndrew sobre el naturalismo en nuestra lírica; los de Salinas y Colford sobre Meléndez; los de Torres Rioseco sobre Jovellanos; y asimismo los de Díaz-Plaja en su *Introducción...*, etc.

---

[54] «Present Trends...», págs. 241-242.

Como todos ellos, y otros muchos, aparecidos con posterioridad al artículo de Del Río, han sido comentados en nuestro volumen anterior sobre el siglo XVIII, no necesitamos ampliar aquí las referencias dadas por Del Río y remitimos al lector a nuestras propias páginas. Pero quedan todavía por aducir algunos testimonios muy importantes. Russell P. Sebold ha dedicado varios trabajos a demostrar lo mucho que puede remontarse la fecha de aparición, dentro del siglo XVIII, del romanticismo en España[55]. Sebold defiende también, citando a Castro, que lo que define esencialmente al romanticismo no son aspectos más o menos superficiales y decorativos, que pueden rastrearse igualmente en obras de otras épocas, sino una metafísica sentimental, un concepto panteísta del universo, cuyo centro es el *yo;* y son estos rasgos, precisamente, que no puede rechazar la más exigente y radical definición del romanticismo, la que Sebold encuentra en varios escritores del XVIII, particularmente en Cadalso, Jovellanos y Meléndez Valdés. No podemos seguir ahora en detalle la exposición de Sebold, que recomendamos al lector, y hemos de limitarnos a transcribir sus conclusiones. Los rasgos —dice[56]— que los críticos estiman como auténticamente románticos, y que son aquellos que aparecen en función de una cosmología romántica, pueden localizarse en varios poemas españoles escritos entre 1768 y 1773 —alude a varios de Cadalso, que examina en detalle—, idénticos a los que se encuentran en las obras inequívocamente románticas del siglo XIX. En Meléndez Valdés —explica Sebold— hubieran podido escogerse poemas de mayor valor artístico, pero ha preferido los de Cadalso para fijar la fecha aproximada en que la metafísica romántica aparece en la lírica española. No parecen existir ejemplos —añade luego[57]— de que el adjetivo *romántico* se use en España en ningún sentido antes del siglo XIX, pero España formuló el nombre de la tristeza romántica treinta y nueve años antes de que Francia encontrara el suyo, y cincuenta y tres antes de que Alemania lo tuviera. Cuando se estudian los textos literarios a la luz de las corrientes filosóficas reinantes en el siglo XVIII es evidente que los comienzos del romanticismo se producen en España tan pronto como en sus vecinos continentales. Según Van Tieghem —comenta Sebold— las *Noches lúgubres* de Cadalso se caracterizan desde las primeras palabras por un romanticismo muy acentuado y muy raro en Europa hacia 1770; pero las *Noches lúgubres* no son un ejemplo aislado, como piensa Van Tieghem.

---

[55] Russell P. Sebold, «Sobre el nombre español del dolor romántico», en *El rapto de la mente. Poética y poesía dieciochesca*, Madrid, 1970, págs. 123-137; «Enlightenment Philosophy and the Emergence of Spanish Romanticism», en *The Ibero-American Enlightenment*, University of Illinois Press, Urbana, 1971, págs. 111-140; *Cadalso: El primer romántico 'europeo' de España*, Madrid, 1974.

[56] «Enlightenment Philosophy...», pág. 135.

[57] Ídem, íd., pág. 137.

En su volumen monográfico sobre Cadalso tiene Sebold mucho mayor
espacio para desarrollar sus tesis; ya en el prefacio, donde avanza el mencionado detalle de las fechas, sostiene [58] que de hecho la cosmología romántica aparece en la península tan pronto como en la mayoría de los países
europeos, y además —esto es capital— posee las mismas fuentes filosóficas
que en toda Europa, afirmación que constituye una de las principales tesis
de su libro y que aquí nos importa sobremanera destacar. El romanticismo
—recuerda Sebold [59]— es, por sus orígenes, después del clasicismo, quizá el
más plenamente cosmopolita e internacional de los frutos del árbol literario
europeo, es decir —como hemos repetido insistentemente—, producto de un
activo intercambio de corrientes y mutuos influjos; fenómeno, por lo demás, que se repite en cada período de la cultura europea y sobre el que no
sería necesario insistir de puro conocido, pero sobre el que es preciso volver en este caso porque, tratándose de España, parece que suena a mengua
el suponerla endeudada con cualesquiera ideas de fuera [60]. Sebold vuelve, en
efecto: «El hecho —dice— de que una obra literaria española del siglo XVIII
esté relacionada con obras contemporáneas de otros países, no es una señal
de antiespañolismo, sino un sello de modernidad. El *Werther* de Goethe está
directamente relacionado con la *Nouvelle Héloïse...* Sin embargo, a nadie

---

[58]  *Cadalso...*, pág. 12.
[59]  Ídem, íd., págs. 11-12.
[60]  A título casi de curiosidad, por tratarse de un testimonio procedente de medios
culturales poco frecuentados por nuestros críticos, reproducimos las inequívocas afirmaciones de I. Neupokoyeva sobre el fenómeno de la mencionada ósmosis cultural en
toda Europa durante el romanticismo: «El estudio del romanticismo en el contexto
europeo —dice— no puede limitarse a las comparaciones tipológicas de obras de diferentes artistas que coexistieron dentro de unos precisos límites geográficos y cronológicos. La literatura del romanticismo europeo es un conjunto vivo, complejo y dinámico en el que se produce una intrincada interacción de culturas artísticas nacionales
y una serie ininterrumpida de contactos espirituales y creadores de las más variadas
formas. / En el período romántico se desarrollan los contactos en un amplísimo campo
ideológico: filosófico, social, histórico, político y estético. Igualmente pueden detectarse
muy diversos contactos en el campo de la mera creación artística. Muchos grandes
poetas traducen obras contemporáneas de otras literaturas o de poesía popular tradicional de otras naciones. Extienden su interés a problemas vitales de otros pueblos, a
su existencia cotidiana, al paisaje de su tierra. En la poesía romántica original de muchos
países nos encontramos frecuentemente con reminiscencias de otras literaturas. Un
rasgo característico de la cultura de esta época es la intensa interacción de las diferentes artes dentro del romanticismo europeo y la típica afinidad de imágenes en la
poesía, música y pintura románticas, a pesar del específico lenguaje artístico que caracteriza a cada una de éstas. / A lo largo de estos contactos, las literaturas románticas
se enriquecieron mutuamente en gran medida. Los descubrimientos artísticos nacionales saltaron las fronteras, convirtiéndose más y más en común patrimonio del romanticismo de toda Europa. Estos contactos entre los «romanticismos» nacionales fueron
muy diversos, incluyendo la cooperación creadora entre los artistas espiritualmente
afines, las controversias entre los de opuestas tendencias ideológicas y estéticas, la mutua influencia y las polémicas entre artistas de diferentes campos. («General Features
of European Romanticism and the Originality of its National Paths», en *European
Romanticism*, edited by I. Söter and I. Neupokoyeva, Budapest, 1977, pág. 37).

se le ocurre por esta razón negar la ciudadanía alemana al *Werther*, ni poner en duda su papel decisivo en la historia de las literaturas modernas. / Louis Reynaud ha demostrado de modo convincente que las fuentes primarias de las obras de Rousseau son inglesas, mas no por eso ha dejado Rousseau de ser suizo francés. Hay una escuela de hispanistas que insiste en que no puede haber un romanticismo genuino en ningún país en el que tal movimiento no haya brotado de la filosofía crítica nativa; y por lo tanto —dicen ellos—, no existe un romanticismo español. Si siguiéramos muy lejos esta forma de razonar, no hay ningún país que no perdiera sus derechos propietarios sobre algunas de sus más preciadas obras literarias. Por ejemplo, ¿será inauténtica la poesía que han escrito en endecasílabos los españoles, porque el endecasílabo se originara en Italia? En el caso del romanticismo, fácilmente pudiera argüirse que ningún país salvo Inglaterra desarrolló nunca una forma *genuina* del mismo, es decir, una forma que tuviera fuentes filosóficas puramente nacionales; mas no veo cómo esto pudiera adelantar nuestra comprensión del período del que estamos hablando. En casi todos los períodos de la historia literaria europea ha habido un grupo de fuentes que fueron de la propiedad común de los diversos países. El argumento más importante cuando se trata de determinar si es *genuino* un movimiento o una obra, no es tanto la fuente de sus ideas, como lo que se haya podido crear artísticamente con esas ideas. Por otra parte, la interacción entre los países ha sido más bien saludable que perjudicial; y unos conocimientos de las fuentes de un autor son casi tan importantes como la comprensión de su técnica, si se ha de entender plenamente su arte y la génesis de ésta»[61].

La constatación de todas las realidades dichas le permite a Sebold rechazar de la manera más inequívoca la tesis de la tardía aparición de nuestro romanticismo y como consecuencia, además, de la llegada de los emigrados: «No es nada sorprendente —dice en su libro sobre Cadalso— que los críticos se refieran al romanticismo como un fenómeno originado hacia el año 1770, esto es, cuando se habla de cualquier país occidental que no sea España; porque, salvo alguna vaga alusión al *prerromanticismo*, los hispanistas siguen acatando casi universalmente esa superficial explicación de la formación del romanticismo español que lo hace provenir de influencias tardías y externas como la polémica de Böhl de Faber y José Joaquín de Mora, las teorías de los hermanos Schlegel y la vuelta de algunos desterrados políticos a raíz de la muerte de Fernando VII»[62]. «En España —dice en su artículo sobre «el nombre del dolor romántico»— no sólo se da expresión artística al *Weltschmerz* tan pronto como en los otros países de Occidente, sino que se acuña el nombre español del dolor romántico mu-

---

[61] *Cadalso...*, cit., págs. 170-171.
[62] Ídem, íd., pág. 12.

cho antes que el alemán o el francés (porque es falsa la noción usual del romanticismo español, según la cual se lo ve como algo traído de fuera a última hora, y es igualmente falsa la otra noción de que los antecedentes españoles del romanticismo español hay que buscarlos en el siglo XVII o en el XVIII, pero en éste nunca sino en los escritores de orientación popular)» [63]. «Desde el punto de vista de la técnica literaria —dice en su artículo sobre la filosofía de la Ilustración—, es tan falso subdividir el romanticismo según las líneas de las diversas ideologías políticas y religiosas que entran en juego durante su largo predominio, como subdividirlo por acontecimientos externos de la historia literaria. Es manifiestamente necio, por ejemplo, suponer que el regreso de un puñado de emigrados desde Inglaterra, a la muerte de un rey antiliberal, pudo de la noche a la mañana meter a España en pleno romanticismo» [64]. Y como consecuencia de todo lo dicho llega a una conclusión que estimamos esencial: «El paso del neoclasicismo al romanticismo fue una *evolución* más que una *revolución,* y esta evolución fue simplemente una de las muchas señales del viraje total que se efectúa en la *forma mentis* de Europa» [65]. «El alcance de la *evolución* del romanticismo español —añade luego— y la absoluta falsedad de nuestras nociones actuales sobre su cronología no se harán del todo evidentes hasta que los hispanistas comiencen a estudiar la profunda —aunque frecuentemente negada— influencia de los románticos españolas del siglo XVIII sobre los románticos españoles del siglo XIX» [66].

Parece innecesario subrayar la importancia de estas conclusiones, que alinean la gestación del romanticismo español con las del movimiento general de Europa. Pero, como hemos dicho, junto a estos hechos de índole general, existe una realidad particularísima de nuestro país que explica los rasgos más peculiares de nuestro romanticismo. Se trata —paralelamente a la temprana gestación romántica en el siglo XVIII— de la persistencia de este mismo XVIII dentro del siglo siguiente, en un movimiento de ósmosis e interpenetración que elimina toda ruptura o salto abrupto. Podría decirse —sin que esto prejuzgue la calidad del resultado ni pretenda emparejar tendencias ni artistas— que, en contra de lo supuesto hasta hoy con la teoría de los emigrados, se da en España un proceso de evolución semejante al inglés, pero muy diferente, en cambio, de la revolución extrema con que se presenta el romanticismo en Francia y Alemania en lucha contra una arraigada tradición nacional. Precisamente porque en España —por razones que vamos a ver— el clasicismo y la Ilustración no sólo prolongan su vigencia hasta muy adentro del siglo XIX sino que es entonces

---

[63] Cit., págs. 124-125.
[64] Cit., pág. 139.
[65] Idem, íd., pág. 117.
[66] Idem, íd., 140.

—en pleno romanticismo europeo— cuando comienzan a manifestar su eficacia, no se plantea el conflicto contra la autoridad de la razón y no se formulan esas «preguntas» que King y otros críticos echan de menos. Las «preguntas» que se plantea España son de muy distinta índole, y, en consecuencia, muy diferentes las respuestas.

Debemos aclarar que el problema ha sido visto correctamente hace ya bastantes años, aunque la persistencia de una crítica obtusa, como la mencionada, sigue enturbiando la cuestión. Al iniciarse el siglo XIX —explica Tarr en su conocido estudio— España gozaba de un sólido, aunque no extremadamente brillante, renacimiento de las letras y la cultura, limitado —sin duda— a una clase media de intelectuales, funcionarios y profesionales. A pesar del absolutismo político y eclesiástico —en ninguna parte tan persistente y funesto como en España—, florecía la crítica histórica y literaria en periódicos, folletos y polémicas como pocas veces hasta entonces, y la literatura estaba conociendo un desarrollo indudable a cargo precisamente de hombres imbuidos de las ideas del neoclasicismo y la Ilustración, en la cumbre entonces de su prestigio; las nuevas generaciones se estaban formando bajo la inspiración y magisterio de Jovellanos, Moratín y Quintana; y no sólo Martínez de la Rosa y el duque de Rivas —los futuros introductores «oficiales» del romanticismo— sino todo el grupo de los escritores más característicos de la llamada generación romántica por excelencia, muchos de los cuales, como veremos en su lugar, fueron educados por Alberto Lista, el famoso poeta y crítico neoclásico, cuyo profundo y prolongado influjo está poniendo de relieve la crítica reciente[67]. El prestigio de todos estos hombres, casi siempre escritores y políticos a la vez, era, pues, político y literario al mismo tiempo. Cuando se produjo la Guerra de la Independencia, todo el grupo de los *reformadores*, con muy escasas excepciones, no sólo fueron ardientes patriotas en su lucha contra el invasor, sino que aprovecharon aquella circunstancia histórica para limitar el despotismo de la monarquía, y basándose en las ideas ilustradas del siglo XVIII redactaron en Cádiz la Constitución de 1812, que, como es bien sabido, representó por mucho tiempo la más avanzada ideología política y sirvió de modelo para otras constituciones europeas[68].

Cuando en el año 14 tuvo lugar la restauración y la vuelta del absolutismo, no se había producido ningún ambiente contrario a las ideas ilustradas. Por el contrario, y precisamente por la persecución de que fueron objeto

---

[67] Sobre Lista es fundamental el libro de Hans Juretschke, *Vida, obra y pensamiento de Alberto Lista*, Madrid, 1951. Véase también, del mismo: *Origen doctrinal y génesis del romanticismo español*, Madrid, 1954, págs. 34-40. Cfr., asimismo, J. C. J. Metford, «Alberto Lista and the Romantic Movement in Spain», en *Bulletin of Spanish Studies*, XVI, 1939, págs. 84-103.

[68] Cfr., Maria Teresa Cattaneo, «Gli esordi del romanticismo in Ispagna e *El Europeo*», en *Tre studi sulla cultura spagnola*, Gruppo di ricerche per gli studi di Ispanistica, Sezione di Milano, Milán, 1967, en particular, págs. 85-86.

al regreso de Fernando VII, durante las dos etapas absolutistas, el prestigio de aquellos reformadores liberales llegó a su punto más alto. Para nuestros intelectuales y políticos el clasicismo y la Ilustración, en sus exponentes españoles, con su defensa de la razón y del progreso, se identificaban con la política liberal que profesaban y por la que habían sufrido cárcel o destierro. El romanticismo, por el contrario, representaba para ellos, por lo que suponía de vuelta a la tradición, el enemigo de las reformas; y más todavía, porque se le veía encarnado, como en su gran pontífice, en la persona de Chateaubriand, el odiado ministro de Relaciones Exteriores de Luis XVIII, que había inspirado y preparado la invasión de España por la Santa Alianza.

No se trata, pues, de que la inexistencia de la Ilustración hiciera innecesaria la reacción romántica, sino que fue, por el contrario, la consciente actitud de los ilustrados la que en nombre de la razón se enfrentó con el romanticismo. Este hecho nos va a explicar —como veremos luego— lo sucedido en la famosa polémica entre Böhl de Faber y Mora-Galiano y también el contenido de las páginas de *El Europeo,* en las que queda bien patente su deuda con la Ilustración. No es de extrañar que todavía en 1820 escribiera Mora en *El Constitucional:* «El liberalismo es en la escuela de las opiniones políticas lo que el gusto clásico es en el de las literarias». Pero la piedra de toque más inequívoca es, como en tantas otras cosas, Larra, y aunque hemos de demorarnos ampliamente en su lugar oportuno, importa anticipar ahora algo esencial sobre este punto. José Escobar ha publicado un denso estudio sobre Larra [69], fundamental en múltiples aspectos, en el que ha quedado demostrado que la mentalidad dieciochesca forma la base sobre la cual se asienta en sus orígenes la concepción ideológica y literaria del gran periodista. Los textos literarios aportados por Larra en sus primeros artículos nos informan de lo que fue su repertorio de lecturas de autores españoles del XVIII y comienzos del XIX, de lo que, para él, era la literatura española moderna: Jorge Pitillas, el padre Isla, los Moratines, Iriarte, Capmany, Jovellanos, Meléndez Valdés, Cienfuegos, Quintana y Lista. «Al estudiar por separado los artículos del *Duende* —afirma Escobar— veremos que gran parte de su contenido consiste en una reelaboración de materiales literarios procedentes de la época representada por esta lista de autores. El pensamiento y la literatura de la España Ilustrada calaron hondo en los cimientos de la obra de Larra, de modo que podemos pensar que los autores franceses y latinos que aparecen en el *Duende* vienen impulsados por esta corriente de la cultura española moderna. / Las comedias de Moratín son el dechado con el que sarcásticamente

---

[69] José Escobar, *Los orígenes de la obra de Larra,* Madrid, 1973. Todos estos problemas serán estudiados con detención en su capítulo correspondiente; tan sólo como un índice de cuestiones se mencionan aquí.

compara las extravagancias del melodrama romántico francés. Lo que debe a Moratín, el padre, y a Iriarte es mucho más de lo que indican las referencias y las citas —ya lo veremos—. Jovellanos es para el *Duende* 'uno de nuestros mayores prosistas'» [70]. No hay que extrañarse, pues, de que Larra considerara a Moratín como el punto de partida de nuestro teatro moderno y de que Quintana fuera por mucho tiempo su poeta de cabecera, ni tampoco de que ¡todavía en 1833!, al ocuparse del valor de la sátira, a propósito de las suyas, se preguntara: «¿Cómo se escribiría en el día, en nuestra patria, sin la existencia anterior de los Feijoo, Iriarte, Forner y Moratín?».

Más aún, sin embargo, que la admiración de Larra por todos los autores de la Ilustración española, importa descubrir —y el haberlo puesto de relieve representa una aportación capital del libro de Escobar— el origen ideológico de la obra de Fígaro y el lugar real que ésta ocupa en el proceso de la literatura española de su tiempo: «Larra —afirma Escobar— no se hace escritor importando una literatura nueva para los españoles. La génesis de su obra se produce por un desarrollo orgánico de la literatura moderna en la España de su tiempo. La originalidad de su genio contribuye a ese desarrollo y, en ciertos aspectos, a su culminación» [71].

Tarr había ya señalado y Escobar ha insistido oportunamente en aquella crítica primeriza de 1828 que, en las páginas de su *Duende* juvenil, dedicó Larra al melodrama francés de Ducange, *Treinta años o la vida de un jugador*. Larra comenta con sarcasmos aquella obra descabellada, que él imaginaba entonces representante del romanticismo francés, y lamenta que semejante pieza, en la que se habían abandonado todas las reglas clásicas, se propusiera en España como modelo de la nueva escuela: «...ahora —dice— que empezábamos a arreglarnos volvemos otra vez a desandar lo andado». «El romanticismo para el Larra de entonces —comenta Escobar; estamos en 1828, no se olvide— era deshacer lo hecho y volver atrás cuando apenas se había llegado a la meta» [72]. La crítica de Larra ha servido a veces para hacer notar cómo en fechas tan avanzadas se tenía entre nosotros tan escaso conocimiento de lo que era el romanticismo, puesto que por tal se tomaba el melodrama de Ducange. Pero —aparte el hecho de que Larra comentaba concretamente lo que se estaba poniendo en escena allí mismo, en los escenarios de Madrid, y no en la luna— lo que debe ser destacado es que aquel romanticismo, auténtico o supuesto, bien o mal entendido, era rechazado en nombre de la razón, es decir, en nombre de un criterio ilustrado y neoclásico que se estimaba moderno y operante. Tarr ha señalado que el artículo de Larra declara además el fuerte orgullo patriótico que se tenía puesto en los logros de los neoclásicos españoles y asimismo el vigo-

---

[70] Idem, íd., pág. 126.
[71] Idem, íd., pág. 146.
[72] Idem, íd., pág. 169.

roso sentimiento antifrancés heredado del siglo XVIII e intensificado por la Guerra de la Independencia, como fuerzas vitales en la oposición contra el romanticismo.

Vicente Lloréns refiere que, aun entre los mismos emigrados en Inglaterra, que estaban absorbiendo las nuevas ideas románticas, se dan casos de apasionada adhesión hacia los escritores ilustrados, que habían sido sus maestros; y cita el caso de Pablo de Mendíbil que, defendiendo a Moratín contra valoraciones que estimaba injustas, entró en polémica con el *Foreign Quarterly Review:* «Es comprensible —escribe Lloréns— que Mendíbil y otros emigrados pusieran particular empeño en destacar a los escritores españoles de fines del siglo XVIII. Admirados por ellos, eran, sin embargo, escasamente conocidos fuera de España. En el momento en que culminaba el interés romántico por lo español, sólo lo moderno padecía excepción, oscurecido por el pasado. El emigrado español observaba que lo único que para los demás seguía teniendo validez era lo antiguo; es decir, que la española, como si fuera una literatura muerta, tenía un pasado pero carecía de presente. Admitir tal discontinuidad de la tradición literaria nacional era doblemente penoso *para quienes creían ya cerrado, con la aparición de Moratín, el largo vacío existente desde la muerte de Calderón* [el subrayado es nuestro]. Y aun cuando la restauración del buen gusto bajo Carlos III ya no representase para muchos el gran renacimiento de que habla Quintana, tampoco podía serles indiferente, por cuanto de allí arrancaba su formación literaria» [73]. Lloréns recuerda asimismo la opinión de don Agustín Argüelles sobre Meléndez, al que estima como «regenerador de nuestra lírica», y las recomendaciones del librero Salvá, emigrado en Londres, en favor de los escritores de la segunda mitad del XVIII, que habían —dice— resucitado el mejor estilo de Granada, León y Argensola para ocuparse de religión, filosofía, historia y crítica [74].

Julián Marías ha escrito un excelente ensayo [75] sobre el romanticismo, que importa comentar. Marías acoge la opinión común de que el romanticismo literario español es tardío respecto de la vida, es decir, llega anacrónicamente, y de aquí la razón de su supuesta inautenticidad. Pero creemos que en la exposición de Marías, tan certera en muchos puntos, existe una contradicción. Marías repite —y en eso estamos ya todos de acuerdo— que el romanticismo no es tan sólo un fenómeno literario, sino un concepto y una forma de vida humana que, como ya sabemos, se extiende a todos los campos de la vida y de la cultura de Occidente; lo literario es casi lo menos decisivo de todo ello, y reducir el romanticismo a la literatura sería un grave error. Marías sostiene que la vida española está inmersa en el roman-

---

[73] Vicente Lloréns, *Liberales y románticos. Una emigración española en Inglaterra (1823-1834)*, 2.ª ed., Madrid, 1968, pág. 370.

[74] Ídem, íd., pág. 371, nota 49.

[75] *Un escorzo del romanticismo*, en *Obras Completas*, III, Madrid, 1959, págs. 283-302.

ticismo desde 1812; las figuras políticas de estas generaciones son románticas: Toreno, Argüelles, Zumalacárregui, Riego, Torrijos, Mariana Pineda son románticos cuando todavía no lo son los escritores. Pero si lo esencial del romanticismo es su contenido y no la forma, los escritores de los tres primeros lustros del XIX podían ser románticos aunque escribieran en moldes neoclásicos. Lo más liberal de pensamiento —con excepciones muy contadas, como el *Don Álvaro*— que escribieron Martínez de la Rosa y el duque de Rivas, por ejemplo, lo volcaron, según veremos, en las tragedias neoclásicas de su primera época, porque, efectivamente, parece que se podía escribir en romántico sin abandonar las formas clásicas, dado que, según se nos repite, escribir en redondillas o en endecasílabos y respetar las unidades o enviarlas al cuerno era lo más superficial del problema.

El romanticismo de forma llegó después, cuando el contacto con los románticos extranjeros les hizo ver a los nuestros que podían variar el ropaje literario, que a fin de cuentas era volver a lo español, algo que estaba allí, nunca interrumpido, y a lo que podía echarse mano sin demasiado énfasis. Podría, pues, decirse que el romanticismo de envoltura, que es lo que llega tarde, ni siquiera llega tarde o anacrónicamente, sino cuando debía llegar natural y lógicamente de acuerdo con la peculiar situación de nuestro medio cultural. Porque lo que no parece correcto —y es, sin embargo, lo que se viene haciendo hasta hoy— es trazar unas coordenadas extraídas de lo sucedido en otros países, y exigir que lo nuestro encaje en ellas so pena de residenciarlo como extravagante o anacrónico[76]. Nuestro romanticismo fue así; tuvo su origen, proceso y ritmo peculiares, y nunca como tratándose de romanticismos para exigir en su nombre el derecho a la propia individualidad. Repetimos que sin la aceptación de esa continuada ósmosis entre neoclasicismo y romanticismo y del papel especialísimo que la Ilustración representaba para nuestro país, es imposible entender correctamente el carácter de nuestra cultura durante la primera mitad del siglo XIX.

Sebold ha escrito palabras muy atinadas sobre la referida interacción de ambas corrientes, y es fuerza reproducir parte, al menos, de sus juicios, aunque la cita haya de ser larga de nuevo: «La hipótesis —dice— de una revolución romántica es inadmisible a menos que hayamos de suponer

---

[76] Del Río, que lo hace así a lo largo de sus dos trabajos citados, aplicando al romanticismo español los sistemas métricos de fuera, define, casi al final de su segundo artículo, lo que es la regla de oro; sólo que a costa de la más estrepitosa contradicción con todo lo que ha venido defendiendo: «Debemos evitar —dice— los dos grandes escollos: considerar el romanticismo español como aislado del movimiento general, o, en el extremo opuesto, *fijar una serie de ideales, corrientes y temas, válidos para el romanticismo en general, y tratar de que el romanticismo español encaje en él, olvidando lo que es peculiar de la literatura española*» («Present Trends...», cit., pág. 247; los subrayados, nuestros). Son, en efecto, los dos grandes escollos en que se estrella Ángel del Río.

que todos los prerrománticos y románticos fueron esquizoides. Hace falta suponer la existencia de alguna base común para el neoclasicismo y el romanticismo. Si estas técnicas fueran en realidad las fes diametralmente opuestas que los autores de los manuales quieren que veamos en ellas, ¿cómo podríamos explicar el hecho de que Cadalso y Meléndez Valdés, hasta el final de sus carreras literarias, compusieron lo mismo poemas *neoclásicos* que *prerrománticos?* ¿Cómo podríamos explicar el hecho de que casi todas las *reglas románticas* expuestas en el *manifiesto romántico* de Alcalá Galiano, de 1834 (como se suele llamar a su prólogo a *El moro expósito,* del duque de Rivas), se encuentran ya en la *Poética* de Luzán, de 1737? ¿Cómo podríamos explicar el hecho de que Rivas, Espronceda, Estébanez Calderón, Larra y Bécquer empezaron escribiendo dulces anacreónticas neoclásicas y odas al estilo de Quintana? ¿Cómo podríamos explicar la tajante pregunta de Larra sobre la deuda de su época con la precedente?: '¿Cómo se escribiría en el día, en nuestra patria, sin la existencia anterior de los Feijoo, Iriarte, Forner y Moratín?'. ¿Cómo podríamos explicar la existencia de un *ecléctico* como Martínez de la Rosa? ¿O cómo podríamos explicar otros incontables fenómenos literarios de fines del siglo XVIII y principios del XIX? / La idea de que existan diferencias teóricas blancas y negras entre el neoclasicismo y el romanticismo se debe en gran manera a las fanfarronadas de ciertos poetas y críticos decimonónicos que quisieron ver un nuevo movimiento en lo que no era sino una nueva eclosión de las características secundarias del romanticismo... El estilo literario de una nación no cambia de la noche a la mañana, porque se haya estrenado una nueva obra de teatro, o porque unos cuantos exiliados hayan vuelto del extranjero. Una vez que la postura y el estilo románticos habían *evolucionado,* representaban una opción libre que el escritor podía elegir, ya fuera excluyendo la neoclásica, como lo hicieron algunos poetas, o ya alternando los dos estilos, como lo hicieron otros, según fuese más o menos sereno su estado de ánimo en los diferentes momentos en que escribían. Es impropio encasillar a los escritores y los períodos como hemos acostumbrado hacerlo. Lo más pretencioso de los historiadores es el creerse aptos para explicar lo mismo la sensibilidad neoclásica que la romántica, y a la vez negar esa misma flexibilidad a los escritores creadores (que están en condiciones mucho mejores que ellos de poseerla). El gran valor histórico de la poesía de Cadalso en general y de su anacreóntica a la muerte de Filis en particular, consiste en haber presagiado la opción estilística que iba a quedar abierta hasta la mitad del siglo XIX (Lista, Quintana y algunos neoclásicos menores sobrevivieron a varios románticos como Larra y Espronceda)» [77].

Esa doble opción estilística a que alude Sebold indica claramente que durante la llamada época romántica corre paralela una doble tradición, que

---

[77] *Cadalso...,* cit., págs. 138-140.

es cultivada por igual. Y es este hecho, precisamente, el que, impidiendo el predominio de una u otra corriente ha podido sugerir a Peers la discutida denominación de *eclecticismo*. Tarr está en lo cierto cuando señala que el drama romántico, aunque aceptado en su forma española, representó meramente un elemento adicional en el repertorio, pero no dominante en cantidad; y si puede hablarse con propiedad de *época romántica* es porque las obras de esta tendencia fueron las más sobresalientes.

Al estudiar después cada escritor en particular veremos —pues no es posible seguir ahora este fenómeno en detalle— cómo casi todos ellos, aun los más característicamente románticos, no sólo al principio de su carrera sino al final de ella cultivaron la comedia moratiniana, que no perdió vigencia ni popularidad en todo el período. Algunas obras de esta especie fueron acontecimientos sobresalientes, como *El hombre de mundo*, de Ventura de la Vega; y nada menos que Zorrilla, como diremos en su lugar, escribió tragedias clásicas, y no sin éxito, bien avanzada su carrera dramática. De la sostenida devoción que siguió prestándose a Moratín, sin que le afectaran las más varias corrientes, da idea el hecho —recordado por Tarr— de que Fernando VII, tan poco amigo de los intelectuales y a pesar de su odio a los afrancesados, pagó de su bolsillo en 1831 una edición de las obras de Moratín; y cuando en 1846 se emprendió la colección de la «Biblioteca de Autores Españoles», se le dedicó a don Leandro el segundo volumen de la serie, a renglón seguido de Cervantes, a quien se había asignado el primero.

Tarr ha señalado un hecho, frecuentemente olvidado o apenas atendido, que es, sin embargo, decisivo para comprender la coexistencia y casi maridaje de clasicismo y romanticismo —a pesar de la enemiga tradicional que se supone contra el primero— y, con ello, el carácter de nuestro romanticismo. Tarr recuerda que los *reformadores* del siglo XVIII y sus oponentes *españolistas* actuaban movidos por un mismo propósito, aunque los medios para lograrlo fueran diferentes: la restauración del prestigio de la cultura y la literatura de España. El rígido neoclasicismo de Montiano y de Nasarre había sido abandonado mucho antes de la Guerra de la Independencia y se había intentado un compromiso con el espíritu y la tradición nacional. La tragedia —según nosotros mismos hemos hecho notar en el volumen anterior— era básicamente española en su temática, y también lo era en tema y sabor la comedia de Moratín y de sus seguidores. La actitud de los neoclásicos para con el teatro de Lope y Calderón se había hecho mucho más tolerante y, en ocasiones, hasta entusiasta. La *Poética* de Martínez de la Rosa —como será explicado en su lugar— no era una mera insistencia anacrónica —según tantas veces se ha dicho— en la doctrina neoclásica, sino un denodado esfuerzo para reconciliar los principios universales con la herencia patria. Un neoclásico tan caracterizado como Quintana había publicado en 1807 una colección de *Poetas selectos castellanos* desde el siglo XV hasta el presente, y redactado sus famosas *Vidas de españoles célebres*.

Durante largos años, que se prolongaron durante su exilio en Francia, trabajó Moratín en sus *Orígenes del teatro español,* cuya importancia no es necesario ahora encarecer. Un grupo de afrancesados —sigue recordando Tarr— editó la traducción de la *Historia de la Literatura Española* de Bouterweck. Lo mismo dentro del país que en el destierro —resume Tarr—, lo mismo entre los *afrancesados* que entre los *patriotas,* entre los liberales como entre los conservadores, existía un profundo interés y preocupación por la tradición cultural y literaria española, que había de contribuir decisivamente, como veremos, a la dirección que el romanticismo iba a tener en nuestro país.

Todo esto significa que las diferencias existentes entre las dos escuelas, que habían podido dar origen a pasadas controversias u hostilidades, habían desaparecido casi por entero, y ambas corrientes habían confundido sus aguas en una vena común de preocupaciones y propósitos. Como se ha insistido tanto en el afrancesamiento del siglo XVIII —ese lugar común que ya se comienza a abandonar gracias a los esfuerzos de la moderna investigación—, no se ve claro todavía que ese siglo no era afrancesado sino clásico. Los ilustrados y reformadores del XVIII no bebieron en los franceses, cuando lo hicieron, por serlo, sino movidos por el afán de cerrar la brecha existente entre la cultura española y el resto de las naciones europeas, por modernizar el país y acercarlo de nuevo a Europa. Defendieron el clasicismo porque —según hemos intentado probar a lo largo de nuestro volumen anterior— encontraban en él el único remedio para curar los excesos de un barroco decadente, que había dejado de tener sentido. Como vimos a lo largo de tantas páginas, España vivía atormentada por el descrédito de que se sentía objeto frente a la crítica europea, y la preocupación nacional, patriótica, fue realmente obsesiva, casi enfermiza. Los liberales y reformadores del XIX heredaron esta preocupación y prosiguieron la línea de la Ilustración dieciochesca sin solución de continuidad. Hermanados, pues, y no enemigos, los intelectuales de las primeras décadas del XIX —no la masa, ni los retrógrados, que eran infinitos— no pretendían reaccionar contra la edad de la Razón, sino establecerla, lograr lo que sus antecesores no habían conseguido hacer triunfar. Por eso el XIX —digámoslo de nuevo— no representa un salto, sino una evolución, no una revolución, sino un proceso lógico. Y no se heredan sólo las ideas, sino los problemas.

Tarr señaló [78] —y el hecho es capital— que el romanticismo en España representa un episodio del problema central de la historia cultural de España, especialmente aguda desde el siglo XVIII, que es la adaptación o la resistencia a las corrientes culturales e intelectuales predominantes en Europa. Forma, pues, parte de la lucha secular entre las «dos Españas» —de-

---

[78] «Romanticism in Spain and Spanish Romanticism..., cit., págs. 35-36.

nominación, según parece, introducida por el portugués Fidelino de Figuei-
redo—, entre lo viejo y lo nuevo, entre los reformadores y los tradicionales.
En este sentido, el romanticismo es aceptado y asimilado tan sólo en la
medida en que se nacionaliza y se amolda a la tradición española. Tarr
admite que ésta es la razón por la que nuestro romanticismo se vuelve hacia
el pasado nacional, pero falla, en cambio, en su misión de incorporarse al
exterior; y así, no representa nada para las vitales realidades del momento.
Por eso mismo —dice— coexiste lado a lado con las ideas y tendencias de
la época precedente, respecto de la cual no representa una ruptura. Dejando aparte, y de momento, lo de su valor contemporáneo, importa destacar
esta nueva constatación de la continuidad de ambos movimientos, Ilustración y romanticismo, en una común preocupación por la salvación del *yo*
nacional, que desde largo tiempo se sentía amenazado.

Ángel del Río, sin mencionar a Tarr, plantea el mismo problema, y sostiene que nuestro romanticismo es una prueba más de la incapacidad de
integrar las nuevas ideas nacidas en Europa con nuestro carácter y creencias nacionales, es decir, un nuevo acto del moderno drama de España,
desgarrada entre su fidelidad a la tradición y la necesidad, siempre presente en la cultura española, de lo universal: problema que se ha repetido
desde el neoclasicismo hasta el presente. Sin embargo, a renglón seguido
asegura Del Río que «la influencia extranjera, el europeísmo, es asimilado
y refluye finalmente en una consciencia más profunda de los valores españoles y en un retorno a la tradición artística española; no como mera imitación, sino tratando de integrarlos con los nuevos valores, ideas y formas
estilísticas, adquiridos en el contacto con las nuevas culturas»[79]. La diferencia —añade— es que, con pocas excepciones —Larra, y quizá Espronceda—, los escritores románticos fallaron en dicha integración y nunca
alcanzaron gran altura artística o espiritual, mientras que Galdós, Unamuno y la mayoría de los del 98, poetas como Machado, Juan Ramón Jiménez y más recientemente Jorge Guillén y Lorca, la lograron.

Admitimos sin discusión la mayor altura, en general, de los escritores
propuestos por Del Río. Lo que importa retener, no obstante, es que
—aceptada su definición— nuestros románticos están exactamente en la
línea que conduce desde la Ilustración hasta la última generación que se
desee, y que cualquiera que sea la altura conseguida en sus creaciones —ya
la iremos viendo— fueron fieles a esa actitud, encarecida por Del Río, de
asimilar lo ajeno, fundiéndolo con los valores propios, y acrecentar con ello
la consciencia de la propia tradición artística. No parece que esto constituya
un delito. El romanticismo español intensificó de entre todos los componentes del romanticismo, el lado nacional —el *yo* al cuadrado—, acentuado
igualmente por todos los países europeos con Alemania a la cabeza. La

---

[79] «Present Trends...», cit., pág. 240.

pretendida incorporación a Europa tenía que comenzar por la afirmación de la propia dignidad y personalidad; y si se puso especial énfasis en la salvación de nuestro pasado literario —escarnecido, no se olvide, durante todo el XVIII, por italianos y franceses en particular— es porque era la literatura la baza mayor que se podía jugar en la mesa redonda de Europa. Al sostener esto no pretendemos paliar limitaciones posibles de nuestro romanticismo ni de sus representantes —que señalaremos oportunamente—, sino tratar de explicarnos por qué fue como fue, juzgándolo dentro del marco de sus particulares circunstancias, en lugar de condenarlo en bloque como se viene haciendo.

Creemos que esto nos permite entender la posición de nuestros críticos de entonces, afanosamente preocupados en sacar a luz toda nuestra pasada literatura, lo que equivalía a desenterrar y resucitar nuestro propio espíritu. Esta fue la principal intención del famoso *Discurso* de Durán, pero también la de la búsqueda erudita de Gallardo, como veremos oportunamente; en lo cual no hacían sino proseguir la tarea emprendida por los eruditos del XVIII: Tomás Antonio Sánchez, que dio a conocer el *Poema del Cid*, el *Libro de Alexandre* y las obras de Berceo y de Juan Ruiz; el padre Sarmiento, Rafael Floranes, Cerdá y Rico, Juan José López de Sedano y otros muchos, todos ellos igualmente afanados en una obra de restauración de la literatura nacional.

Es fuerza ahora volver una vez más a las páginas de Del Río. A continuación del último pasaje arriba transcrito, advierte que desea hacer dos advertencias sobre lo dicho; dos advertencias que vuelven a ser dos estupendas contradicciones con todo lo anterior. En la primera declara que no piensa que el conflicto entre lo nuevo y lo tradicional, lo extranjero y lo universal, sea en manera alguna exclusivo de España, ni en la literatura en su totalidad ni en el período romántico específicamente; es, más bien, un fenómeno constante en la Historia, que en una u otra forma se presenta en todos los países y en todo período innovador [¿A qué, pues —preguntamos—, tanto alboroto presentando el hecho como un drama español y haciendo responsables a nuestros románticos de haberlo representado con tan escaso éxito?]. La segunda advertencia es todavía más interesante. No ignoramos —dice— que en el romanticismo español hay muchos más elementos españoles de los que hemos dado a entender en nuestros comentarios. Los románticos españoles fueron ante todo españoles, con un temperamento creador y no muy dados ni dotados para la imitación. Vivieron además en una tradición creadora y poética de su propia lengua, que es una tradición más real y viva que la de los temas, ideas, etc., y es en esta tradición donde probablemente podemos encontrar los caracteres más significativos del romanticismo español, más bien que en los temas y actitudes. Esto, por ejemplo, explica el hecho de que el estilo poético de Espronceda, a pesar de su byronismo y de las semejanzas de tono con los románticos europeos, está posiblemente más cerca de lo que se había sospechado, de los poetas del Siglo de Oro —Garcilaso, Góngora y otros— como han demostrado algunos estudios recientes, y por otra parte que los ecos de Espronceda puedan ser percibidos en Darío y en otros modernistas. El balance —pensamos— no parece tan malo; en todo caso, lo dicho ahora por Del Río anula buena parte al menos de las reservas o negaciones esparcidas a lo largo de todo su trabajo.

Podríamos añadir todavía —y no sería el último— un dato más que confirma el entronque del neoclasicismo con el romanticismo y explica que no existiera la reacción antiilustrada que algunos comentaristas echan de menos.

Ermanno Caldera, en su valioso estudio sobre el drama romántico español [80], ha dedicado numerosas páginas al problema de las *refundiciones*. No podemos seguir aquí en detalle su exposición teórica ni recoger los numerosos ejemplos con que ilustra su investigación. Baste decir que Caldera ha demostrado la estrecha relación que las refundiciones del XVIII guardan con las adaptaciones o nuevas versiones de ciertas obras o temas del Siglo de Oro hechas en el XIX por dramaturgos románticos, en un desarrollo gradual que afecta al cambio de lenguaje, eliminación de escenas, modificación de personajes, variación de estructuras, moralidad, sustitución de medios expresivos por otros menos académicos y más cotidianos, evolución de la sensibilidad, etc.; todo lo cual le permite a Caldera señalar «en el mismo seno del clasicismo, la existencia de un proceso evolutivo que conduce paso a paso al romanticismo. De este modo, aquella solución de continuidad que parece advertirse al contraponer rígidamente en bloque el teatro clásico y el romántico, desaparece cuando se examinan obras concretas, disponiéndolas a lo largo de una normal secuencia cronológica». Caldera examina, «para mejor ilustrar el problema», dos cadenas temáticas de tragedias neoclásicas: la de Pelayo y Hormesinda y la de Blanca de Borbón. La primera en las tragedias de Nicolás F. de Moratín *(Hormesinda)*, de Jovellanos *(Pelayo)* y de Quintana *(Pelayo)*, y la segunda en las de Dionisio Solís, Gil y Zárate y Espronceda, todas ellas tituladas igualmente *Blanca de Borbón*. Caldera concluye que todas ellas reelaboran el argumento con plena libertad, y el diverso tratamiento dado al mismo tema y personaje permite interpretar cada obra como las etapas de una progresiva «puesta al día» de la sensibilidad neoclásica, de acuerdo con el momento en que cada una es escrita.

Dijimos arriba que todos estos problemas habían sido ya planteados muchos años atrás, aunque la crítica recalcitrante sigue ignorándolo. Este

---

[80] *Il dramma romantico in Spagna*, Università di Pisa, 1974. Al tema en cuestión dedica las páginas 9-58.

hecho, por ejemplo, de las *refundiciones*, tan escrupulosa y metódicamente estudiado ahora por Caldera, había sido ya sugerido, aunque de pasada, por el propio Tarr en su primer artículo. Tarr considera las *refundiciones* como un intento por parte de los ilustrados de poner de acuerdo los principios universales con la tradición nacional. También Tarr, en el mismo artículo, muchos años antes que Sebold, y antes también que Peers, había negado que el romanticismo español hubiera nacido con el regreso de los emigrados. Sebold, como hemos visto, lo niega prolongando la gestación del romanticismo dentro del siglo XVIII; Tarr había aportado una distinta perspectiva, que completa, desde la opuesta vertiente, la anterior, y es una prueba más —creemos que decisiva— de la mencionada evolución de siglo a siglo, y de la ósmosis de movimientos a que nos hemos venido refiriendo. Tarr hace notar [81] que es precisamente en la década anterior al regreso de los emigrados —en la llamada «década ominosa» o «calomardina», del 23 al 33— cuando aparecen y se forman, *dentro de España*, las figuras y tendencias más específicas que van a dominar la escena literaria española más allá incluso del período propiamente romántico. En esos años, justamente, es cuando surge el grupo de los jóvenes escritores —Bretón, Ventura de la Vega, Espronceda, Mesonero, Larra, y otros muchos de menor rango— que se reúne en la famosísima tertulia de «El Parnasillo» presidida por Carnerero, muchos de ellos discípulos de Lista, y respetuosos por eso mismo con los principios y los hombres del clasicismo, con los cuales comparten la común ambición de restaurar las letras españolas. Es este grupo —insiste Tarr—, con sus amigos y discípulos, mucho más que los *emigrados*, el que va a señalar el rumbo y tono general de la literatura en los años siguientes. Tarr subraya la enorme importancia de la figura de Carnerero, personaje turbio y oportunista, pero que promueve, incuestionablemente, el nuevo periodismo español con sus *Cartas Españolas* y su *Revista Española*, en cuyas páginas, con Larra a la cabeza, van a encontrar campo de actividad propicio todos los escritores mencionados.

Tarr se concreta en este pasaje a los escritores creadores, pero es urgente recordar que es también en esta época, antes de los emigrados, cuando —aparte la controversia Böhl-Mora— se produce el primer movimiento crítico sobre el romanticismo, con hechos tan decisivos como la aparición de *El Europeo* y la publicación del *Discurso* de Durán, que estudiaremos luego en detalle. Donald L. Shaw ha concretado [82] las diversas etapas de la crítica romántica en nuestro país y atribuido la segunda —entre 1814 y 1834— a los que llama «críticos fernandinos», es decir, los correspondientes a los años de *El Europeo* y de Durán. Según Shaw —y el hecho es cierto,

[81] «Romanticism in Spain and Spanish Romanticism...», cit., págs. 17-18.
[82] «Spain. Romántico-Romanticismo-Romancesco-Romanesco-Romancista-Románico», cit.

como oportunamente veremos—, estos dos últimos fueron directamente responsables del carácter conservador y nacional, predominantemente histórico, que adopta el romanticismo en nuestra patria. El nacionalismo ya hemos tratado de explicarlo y justificarlo —el conservadurismo es muy otra cosa, que veremos también—; mas lo que importa ahora señalar —y nos permite hacerlo, precisamente, la rigurosa exposición del propio Shaw— es que las directrices románticas españolas, las que iban a imponerse, fueron trazadas por los críticos de la época fernandina, la que precede al regreso de los emigrados. Shaw rechaza la opinión de Tarr, que, según él, minimiza el papel de éstos; pero en ello se contradice gravemente. Porque si los emigrados fueron tan decisivos, no se comprende que fueran los anteriores, los de dentro, y no ellos, los que orientaron tan sin remedio la ruta del romanticismo español [83].

Por lo demás, no se trata tampoco, en modo alguno, de restar su debida importancia a los emigrados. Al insistir en la fundamental interacción entre el XVIII y el XIX, que es el fenómeno básico, nos mueve en primer lugar el propósito de hacer justicia a los hechos, tal como sucedieron y, a la vez y en idéntica medida, el deseo de aclarar la gestación del romanticismo español, y, como consecuencia, la razón de sus rasgos peculiarísimos. No creemos que Tarr minimice el papel de los emigrados, sino que puntualiza circunstancias. Recuerda, por ejemplo, que los emigrados no acudieron al entierro de Larra ni tomaron parte en el movimiento de *El Artista*, excepto Espronceda, que sólo por accidente pertenece a dicho grupo, y no por generación ni por temperamento. Que Martínez de la Rosa, el duque de Rivas y Alcalá Galiano después de su regreso abandonaron por la política la literatura, a la que sólo retornaron de manera circunstancial (y cabría añadir que se volvieron cada día más conservadores, lo que parece decir que lo

---

[83] Si se desea añadir otro testimonio todavía sobre este problema de los emigrados, para confirmar cuál es la dirección de la crítica más reciente, cabe reproducir estas palabras de uno de los últimos, y más notables, investigadores del romanticismo español: «Se ha dicho y repetido frecuentemente —escribe Robert Marrast— que fueron los emigrados y los exilados de la *década ominosa* los que hicieron triunfar, al regresar a España, el romanticismo del que se habían impregnado en Inglaterra y Francia, y que contribuyeron de manera decisiva a la ruina de las teorías neo-clásicas que estaban aún en vigor en el país. En apoyo de esta afirmación, los críticos citan como acontecimientos importantes de 1834 y comienzos de 1835: artículos y poesías de *El Siglo*, novelas históricas de la colección editada por Delgado, creación de *La Conjuración de Venecia*, de Martínez de la Rosa, publicación de *El Moro expósito*, de Rivas, con el prefacio de Alcalá Galiano, nacimiento de *El Artista*, y finalmente el estreno de *Don Álvaro o la fuerza del sino*. Pero después de los trabajos de A. Rumeau sobre Larra, de Juretschke sobre Lista y de Montesinos sobre la novela y el costumbrismo del siglo XIX, no es posible seguir defendiendo aquella visión esquemática y simplista de la evolución de las ideas literarias en Madrid. Se ha visto en efecto que ciertas tendencias nuevas habían penetrado en España mucho antes de 1833, hasta el punto de que *El Siglo* y *La Estrella* defendían conceptos estéticos muy próximos» (*José de Espronceda et son temps. Littérature, société, politique au temps du romantisme*, París, 1974, pág. 387).

que habían aprendido fuera lo estaban olvidando muy deprisa). No obstante, los emigrados —sostiene Tarr[84]— proporcionaron, evidentemente —«did provide»—, un enérgico impulso para estimular a los escritores de dentro dándoles el prestigio de sus nombres y el esfuerzo inicial hacia unas formas literarias nuevas y más libres, que ofrecían mayores posibilidades y facilidades que los géneros clásicos utilizados hasta entonces. _Su papel fue, pues, el de catalizadores:_ estimularon e hicieron andar unos procesos que habían sido iniciados por los escritores más jóvenes formados en la «década ominosa» e imbuidos por el mismo celo de restauración de nuestras letras.

No creemos, en absoluto, que estas definiciones de Tarr entrañen un juicio minimizador.

Pero no es completo, o por lo menos no se subraya lo suficiente su aportación capital. Los emigrados permitieron variar la perspectiva, movidos sobre todo por el ejemplo de lo que había sucedido en Francia. En la nación vecina el romanticismo, en sus comienzos, había sido monárquico y cristiano, bajo el influjo de Chateaubriand y porque venía a reaccionar contra el espíritu del enciclopedista siglo XVIII; a idéntica conclusión empujaba el romanticismo de los Schlegel a través del libro de la Staël, y los mismos Hugo y Lamartine habían comenzado escribiendo poemas de inspiración monárquica y tradicional. Pero los acontecimientos políticos, sobre todo, hicieron variar la situación; y después de la revolución de julio de 1830, el romanticismo francés —como apuntamos en páginas anteriores— se hipostasiaba inequívocamente con la revolución y el liberalismo: nueva literatura y nueva política.

Ya sabemos que el romanticismo, a fuer de individualista, representaba una vigorosa llamada al espíritu nacional de cada pueblo; pero en España —como había puesto de relieve el caso de Böhl, que luego estudiaremos— aquel primer romanticismo entrañaba el retorno a una serie de concepciones retrógradas que los liberales de la hora no podían aceptar; de aquí su resistencia al romanticismo y su persistencia en el clasicismo que era para ellos el progreso y la reforma. Ahora bien: con el ejemplo francés, el romanticismo se les aparecía a nuestros emigrados como la fórmula de lo nuevo, como Lloréns en breves pero exactas frases ha puntualizado: se les revelaba «un nuevo camino para resolver la constante preocupación española desde el siglo XVIII, la de unir, no enfrentar, lo tradicional y lo moderno, lo español y lo europeo»[85]. Es decir: el romanticismo, siendo expresión de la época, del presente, no obligaba a renunciar a lo propio —como parecía haber hecho la Ilustración en tantas ocasiones—, antes bien, privilegiaba por su misma naturaleza la personalidad de cada nación.

---

[84] «Romanticism in Spain and Spanish Romanticism...», cit., pág. 28.
[85] _Liberales y románticos...,_ cit., págs. 422-423.

En el aspecto literario el romanticismo les mostraba también a los emigrados —como Tarr ha sugerido, en efecto— nuevas formas más libres y más cargadas de posibilidades que las ya anquilosadas del clasicismo. Por esto, el mismo Larra que en 1828 podía escarnecer el supuesto romanticismo del drama de Ducange e invocar la ayuda del clasicismo regenerador, podía en 1835 denunciar sin contradicción el anacronismo de nuestra lírica, que seguía con los arroyos murmuradores, la tórtola triste y la palomita de Filis, y pedir en 1836 —también sin contradecirse— una literatura nueva, al ritmo de los tiempos. El propio Larra, que había comenzado cultivando la oda política y la sátira en verso, en la tradición del XVIII, cambió su instrumento por el artículo moderno tan pronto comprendió que éste era infinitamente más eficaz; si bien —no lo olvidemos— efectuó esta genial sustitución mucho antes de la llegada de los emigrados.

Hay algo además que no parece tenerse tampoco demasiado en cuenta. Creemos que aquella España sometida al silencio por el Deseado y sus sabuesos, pero tan fértil en conspiraciones, sociedades secretas, movimientos revolucionarios e inquietudes intelectuales y políticas de toda especie, como nos muestra una historia bien conocida, hubiera provocado idéntica reacción a la muerte del rey y al concluirse el absolutismo, sin necesidad de que regresaran de fuera unos cuantos emigrados, que no eran más románticos ni liberales que los de casa [86] (es posible que lo sucedido en nuestro país en estos años últimos pueda ofrecer un caso muy semejante de lo que queremos decir; cierto que el exilio reciente ha sido más prolongado que el de la época fernandina, pero es evidente que no ha sido necesario el regreso de nadie para que se consumara desde dentro la transformación). La fermentación interior, que podía manifestarse al fin, coincidía con el regreso de los otros, pero no la originaban ellos; colaboraban nada más. Era un movimiento natural que no precisaba resortes especiales. Juretschke, aunque a otro propósito, hace unas sugerencias que confirman lo dicho. Menciona un artículo de Sainte-Beuve en *Le Globe*, en el que alude éste a la evolución del romanticismo francés, de tradicionalista a liberal, en las etapas revolucionarias que precedieron a la de Julio, y comenta: «Si un español hubiese lanzado en 1840 una mirada de conjunto a la vida literaria de Madrid, le hubiera sido posible un juicio parecido, con sólo escribir 1834 en lugar de 1824. El proceso francés se había repetido en España en términos semejantes después de la muerte de Fernando VII. También aquí, Dumas y Hugo, junto con sus discípulos españoles, Pacheco,

---

[86] Tiempo después de escritas estas líneas, advertimos una pequeña nota, en el ensayo citado de Marías, que había escapado a nuestra atención: «El examen atento de la cuestión —dice— revelaría que en lo esencial no hay gran diferencia entre el romanticismo de los emigrados y el de los demás» («Un escorzo del romanticismo», cit., página 291, nota 2).

García Gutiérrez, Larra, Gil y Zárate y otros, habían dado a la literatura y, sobre todo, al teatro un aspecto totalmente nuevo. El desgarramiento y la autodestrucción románticos, tendencias antisociales y un declarado y violento anticlericalismo, caracterizan este teatro y la mayor parte de la vida literaria, que después de la muerte de Fernando VII recibió fuertes impulsos de los grupos políticos revolucionarios. El *Alfredo*, de Pacheco; el *Macías*, de Larra; *El rey monje*, de García Gutiérrez, correspondían al *Antony* y a otras obras semejantes de Dumas. La juventud había olvidado rápidamente las doctrinas de Durán y Lista, por más que ambos protestaran desde el principio contra el *romanticismo malo*». Y poco después: «Hacia 1838, es decir, escasamente cinco años después, este romanticismo liberal dominaba la mayoría de los periódicos, revistas y teatros. Era como si una embriaguez general se hubiera apoderado de la juventud, como si ésta estuviera firmemente resuelta a echar por la borda toda tradición y a cortar toda atadura»[87].

Juretschke explica luego cómo se produjo la reacción contra este romanticismo liberal de que estaba tan empapada la juventud. Lo cual nos lleva de nuevo al debatido punto de la falta de contenido revolucionario en nuestro romanticismo. Ya hemos visto la insistencia de Del Río en este punto. Shaw le ha dedicado particular atención en tres trabajos, dos de los cuales ya han sido citados[88]. Es innegable que el romanticismo liberal que comienza a difundirse desde la muerte del rey —particularmente el francés, que es el que tuvo entre nosotros mayor difusión— encontró firme resistencia por parte de críticos y escritores de todas las ideologías. Podemos prescindir —negándole, en principio, todo valor intelectual— del sector más retrógrado y cerril del conservadurismo, dispuesto a taponar cuanto a cualquier distancia pareciera amenazar la ciudadela de sus convicciones. Pero es evidente que el romanticismo extremista fue atacado, en sus días y mucho después, por críticos que no es posible alinear sin injusticia en dicho grupo. Del Río sostiene[89] que el motivo de que aquél no arraigara en nuestro país se debió a la imposibilidad de que las nuevas ideas, la nueva interpretación del mundo, la nueva filosofía revolucionaria y heterodoxa del romanticismo, pudieran echar raíces en el católico y ortodoxo suelo español. En el inevitable conflicto entre el romanticismo religioso, neocristiano y restaurador, y el romanticismo liberal, democrático e innovador, España, en 1840, no pudo seguir a este último. Shaw, que repite estos mismos conceptos, después de aludir a quienes condenaron el romanticismo por

---

[87] *Origen doctrinal y génesis del romanticismo español*, cit., págs. 30-31.

[88] El tercero, que parece por su título más específicamente dedicado al tema, aunque no lo está por su contenido, es «The Anti-romantic Reaction in Spain», en *Modern Language Review*, LXIII, 1968, págs. 606-611.

[89] «Present Trends...», cit., pág. 239.

motivos de heterodoxia, se refiere [90] a lo que podríamos calificar de trampas, cometidas al enjuiciar a los románticos: la primera ha consistido en negar la sinceridad de aquellos escritores en quienes han podido detectarse síntomas, cuanto menos, de rebelión; la segunda, que es casi idéntica a la anterior y que se basa en el mismo propósito de dejar a salvo la ortodoxia, ha tratado de ignorar o suprimir la evidencia, metiendo en el redil al supuesto escritor «maldito», cueste lo que cueste. Estas *trampas* son ciertas, y en ninguna ocasión tan evidentes como en el caso de Espronceda, según tendremos ocasión de ver.

Pero de nuevo hemos de insistir en que se trata de comprender y no de condenar a ultranza, sentándose de oficio en la mesa del fiscal. Todas estas requisitorias de los críticos actuales contra el romanticismo nos hacen recordar aquellas palabras de nuestro Ortega, cuando se refería a su «repugnancia al imperialismo ideológico»; «doy este nombre —dice— a la propensión de plantarse ante los hechos exigiéndoles la previa sumisión a un principio» [91]; y también convendría aducir aquella sentencia de Dámaso Alonso de que «ninguna época se equivoca»; las cosas suceden siempre, inevitablemente, por alguna razón. Del Río en su primer comentario a Peers asegura [92] que el romanticismo representó «una serie de intentos, quizá fracasados, para adaptar al clima espiritual de España ideas y sentimientos poco compatibles con su genio histórico». Bien: si no eran compatibles con su genio histórico, ¿por qué tenía que aceptarlos? Parece mucho pedir que una nación se despoje de su «genio histórico» para vestirse un traje ajeno, le siente o no le siente. No creemos que una sensibilidad más actual que la de Del Río y la de Shaw mantenga semejante falta de respeto por la personalidad de un país, que se propone conservarla.

Ahora bien: aunque no faltaron, claro está —sin contar los hipócritas innumerables—, quienes condenaron el romanticismo por razones de ortodoxia religiosa o moral, fueron muchos más los que lo repudiaron por motivos sociales, como es patente —según veremos— en el caso de Larra, nada religioso y muy liberal por cierto, que rechazó el *Antony*, de Dumas, porque lo suponía demoledor en una sociedad como la española, que en aquellos años de transición y crisis no precisaba de anarquistas, sino de constructores; la rebelión individual, que tenía sentido en Francia contra una burguesía materialista, no lo tenía en España donde esa burguesía, necesaria, estaba comenzando a constituirse. Es evidente que una sociedad más avanzada ideológicamente que la española, más moderna, socialmente más firme, hubiera reaccionado de distinto modo; pero España, por una larga serie de fatalidades históricas, era como era, y aceptó del romanticismo tan sólo lo que podía digerir: «ninguna época se equivoca».

---

[90] «Towards the Understanding of Spanish Romanticism», cit., pág. 191.
[91] José Ortega y Gasset, *El Espectador*, VII, Madrid, 1961, pág. 33.
[92] «Una Historia del movimiento romántico español», cit., pág. 219.

No conviene olvidar tampoco lo mucho que el romanticismo —envolviendo y bastardeando su núcleo esencial de trascendente ideología— tenía de delicuescente, de gesticulante y espectacular, de ridículo y exagerado; de amanerado y caprichoso, de premeditadamente truculento y exhibicionista. Todos estos componentes, los más visibles, tantas veces sacados a plaza por los satíricos de la época y ejemplificados en el tan conocido artículo de Mesonero, tenían que chocar con un temperamento tan sensible al ridículo como el español, que se cansó muy pronto de toda aquella fantasmagoría. La truculencia de «tumba y hachero» no es nuestro fuerte; novelas «góticas», como las tan apetecidas por el lector inglés, no han prosperado entre nosotros. En todas aquellas delicuescencias abundaban hasta los más famosos escritores del momento, los franceses en particular, que eran los más conocidos aquí. Ahora es fácil, sin haberlas leído, sobre todo, ponderar las novelas y dramas de Hugo y de Dumas; pero una relectura, o quizá una primera lectura, hecha hoy, nos explicaría por qué muchos críticos nuestros de aquel período los pusieron en solfa; la crítica francesa lo lleva haciendo ya hace tiempo y nadie se sorprende. El lector popular los siguió devorando por largo tiempo, pero la minoría culta reaccionó; a lo cual no fue ajena, sin duda, la tan referida penetración y pervivencia de la mentalidad neoclásica, que se encargaba de frenar exageraciones y volver las cosas al surco.

La tristeza romántica, el pesimismo y la desesperación son otra cosa que debió cundir entre nosotros para ponernos a tono; pero parece que no fue así, según los críticos hacen notar en nuestra mengua. Es un hecho comprobado que el español, o por tontería, o por sabiduría, o por estoicismo, o por un especial concepto de la vida, no se desespera fácilmente y es más dado a alzarse de hombros que a tomar las cosas por lo trágico. En varios artículos recientemente aparecidos —de los que haremos gracia al lector—, se hace la apoteosis del suicidio de Larra, presentándolo como una acción ejemplar y sugiriendo, o poco menos, que todos los románticos debieron suicidarse también para quedar decentemente. El suicidio de Larra —ya lo veremos— tuvo razones harto explicables, pero no lo estimamos un heroísmo sino algo lamentable: Larra debió seguir viviendo y escribiendo, porque infinitas cosas de su país necesitaban su palabra; Larra, al suicidarse, desertó de su deber, porque él no era un Werther ocioso. Don Juan Valera —esto nos lleva al otro extremo— ironizaba sobre el pesimismo de Espronceda, porque había visto cómo se lo disputaban las señoras y se divertía de lo lindo en los baños de Carratraca [93]. El panfilismo de Valera, que toma la cuestión por el lado fácil, está aquí en plena función y no podemos aceptarlo. Semejante actitud corresponde a esa trampa defor-

---

[93] *Del romanticismo en España y de Espronceda*, en *Obras Completas*, «Aguilar», II, 3.ª ed., Madrid, 1961, págs. 7-19.

madora, denunciada justamente por Shaw, a la que hay que hacer responsable de muchas falsas interpretaciones que es urgente anular.

Al llegar a este punto es, no obstante, absolutamente necesario llamar la atención sobre el hecho de que el romanticismo no sólo fue discutido, e incluso rechazado, en España, como podría pensarse leyendo a Shaw, sino que tuvo sus enemigos encarnizados en todos los países, por motivos muy diversos; y que en gran número de casos han excedido en hostilidad, en duración y en coherencia sistemática a la oposición antirromántica que se señala en nuestro país. Remak, en su mencionada exposición[94], afirma que «a lo largo de todo el XIX y las primeras décadas del XX el romanticismo sufrió un doble ataque en Francia: desde la izquierda por su supuesta actitud hostil al racionalismo, a la Ilustración y a la filosofía cartesiana; desde la derecha por su extranjerismo anglo-germano y su subversión 'protestante' de los conceptos monárquico-católicos de ley y orden (políticos, religiosos y literarios) encarnados en la Edad de Oro de Luis XIV; el romanticismo tuvo, pues, que enfrentarse con las preferencias clasicistas de ambos lados. *Forman legión los nombres de los poetas, críticos, filósofos, académicos y 'hombres de letras' franceses que han desahogado su aversión contra el romanticismo:* Brunetière, Lemaître, Faguet, Bourget, Barrès, Maurras, Lasserre, Seillière, Léon Daudet, Louis Reynaud, etc.» [el subrayado es nuestro]. Remak añade que la reacción sólo se inició en 1937 con el número de *Cahiers du Sud*, dedicado al romanticismo alemán, y la publicación del libro de Béguin sobre su influjo en la lírica francesa.

Al referirse al carácter neorromántico que acusa la rebeldía de muchas juventudes universitarias de todo el mundo asegura Remak que «*nuestros jóvenes activistas están tratando de dar realidad, con un retraso de ciento cincuenta años, al potencial político izquierdista del romanticismo que quedó frustrado (particularmente en Alemania) durante el siglo XIX*»[95] (observación de gran importancia sobre la resistencia que se opuso al romanticismo; el subrayado también nuestro). Remak añade[96] que la oposición al romanticismo, que había disminuido en Francia después de la Segunda Guerra Mundial, distaba mucho de estar callada en los Estados Unidos y en Inglaterra, y considera significativo que dos libros contra el romanticismo publicados en las décadas de los 20 y los 30 —*Romanticism*, de Leslie Abercombrie, y *The Decline and Fall of the Romantic Ideal*, de F. L. Lucas— hayan sido reeditados en 1963. En los 40 y los 50 siguen apareciendo estudios hostiles, total o parcialmente, al romanticismo, ya por motivos políticos o religiosos —como el de Hoxie Neale Fairchaild, *Romanticism:*

---

94 «Trends of Recent Research on West European Romanticism», cit., pág. 477.
95 Ídem, íd., pág. 479.
96 Ídem, íd., pág. 481.

*Devil's Advocate,* o el de Hans G. Schenk, *The Mind of the European Romanticism. An Essay in Cultural History*—, o ético-humanísticos —como el de Irving Babbit, *Rousseau and Romanticism* [97]—. Bowra, en el último capítulo de su libro citado, hace al romanticismo un tremendo ajuste de cuentas, tanto más digno de atención cuanto que la obra es un análisis profundo y positivo de la imaginación de los románticos [98].

Sigue comentando Remak [99] que la herencia y los riesgos políticos que se atribuyen al romanticismo, están mereciendo la atención tanto en la Europa del Este como del Oeste; se le asocia en política con movimientos irracionalistas abundantes en símbolos y mitos, basados en un egoísta esteticismo, ciego para los problemas sociales, políticos y económicos y para la ética, cristiana o de cualquier otra religión. En estos últimos aspectos ha sido particularmente atacado por los críticos marxistas, aunque algunos, como A. A. Jelistrova y Lukács, han tratado de relacionar el historicismo romántico con la interpretación orgánica de la historia, propuesta por Marx. Tampoco puede silenciarse la polémica surgida en torno al romanticismo entre los que han denunciado en su irracionalismo y en su desaforado nacionalismo el germen de la política hitleriana, y los que han negado toda asociación; sin olvidar a los que, a media distancia, han subrayado la explotación y prostitución que hizo Hitler, con fines políticos, del romanticismo y de su ideario, motivos y símbolos, y la evidente deteriorización

---

[97] Babbit, desde su cátedra de Harvard, fue durante largo tiempo la figura central del movimiento llamado «nuevo humanismo», que tuvo entre sus blancos capitales la oposición a lo romántico. Su libro principal, *Rousseau and Romanticism*, fue editado por vez primera en 1919, pero ha sido varias veces reeditado, por lo menos hasta 1957; es la edición que tenemos a la mano. Valdría la pena averiguar si en España se ha dicho o escrito algo contra el romanticismo que ni a mil leguas se aproxime al libro de Babbit.

[98] Creemos que merece la pena dar por lo menos un botón de muestra. «En contraste con Poe —dice Bowra— tenemos otros poetas que echaron a perder su obra en el sentido opuesto: alardeando de ser visionarios sin creer en sus visiones. Era muy fácil gozar de fantasías irresponsables, y persuadirse de que no importaba lo que se dijera con tal de que fuese nuevo y excitante. Algo de esto le ocurrió a Byron en sus primeros años, cuando construía su poesía no sobre la base de la verdad acerca de sí mismo, sino de lo que él quería que la gente pensara de él. Y esto que era un defecto en Byron fue peor en otros menos dotados y el siglo XIX nos presenta muchos ejemplos de poetas que no se cuidaron de la revelación de la verdad a través de la imaginación, sino de exhibir una figura interesante a la vista del público. Por eso son tan oscuras las figuras menores de la edad romántica, porque no hay nada menos atractivo que la pose» (*La imaginación romántica,* ed. española, cit., págs. 293-294). «El espíritu romántico —dice más abajo— puede ser un veneno peligroso cuando se le permite actuar demasiado libremente y no es de extrañar que la palabra *romántico* se use para condenar ciertos actos y pensamientos en los que la escala establecida de valores es reemplazada por otra enteramente nefanda. Desde luego, esta crítica no es aplicable a los grandes poetas románticos de Inglaterra, pero el peligro es real y no debe ser desdeñado» (ídem, íd., págs. 294-295). Cualquiera diría, de no estar bien seguros de que es Bowra el que escribe, que éstas son palabras de alguno de los absurdos críticos nuestros, que según Shaw, hicieron imposible que el espíritu romántico arraigara en España.

[99] «Trends of Recent Research...», cit., págs. 481-482.

y perversión que los ideales románticos habían experimentado en Alemania desde mediados del siglo XIX hasta los días de la Primera Guerra Mundial [100].

Añade Remak [101] que en parte alguna pueden encontrarse mayores cautelas contra el romanticismo que entre los críticos ingleses, incluso aquellos especialmente dedicados a dicha época, como, por ejemplo, Anthony K. Thorlby (*The Romantic Movement*, Londres, 1966) [102]; y comenta que esta *beligerante actitud* es particularmente acusada entre los germanistas británicos: no es difícil —dice— relacionar este fenómeno con el prolongado recuerdo que tiene su país del *Tercer Reich*.

La exposición de Remak, que resumimos muy apretadamente, podría ampliarse con facilidad sin más que echar mano a los numerosos volúmenes colectivos existentes, como los citados *Romanticism and Conscious-*

---

[100] Idem, íd., págs. 476-477. Al reeditar en 1963 su libro *The Decline and Fall of the Romantic Ideal*, citado, Lucas le antepuso la siguiente nota: «Han pasado casi treinta años desde que fue escrito este libro bajo la sombra de la guerra inminente. La Guerra llegó, y proporcionó un ejemplo más amargo que nunca de la capacidad de destrucción de un romanticismo podrido. Porque Hitler, aunque se enorgullecía del más despiadado realismo, era, más aún, un pervertido romántico que odiaba la razón y se jactaba de caminar hacia su objetivo como un sonámbulo, y se intoxicó a sí mismo y a su pueblo con sueños megalomaníacos. Y así, aunque más pequeño que otro romántico, Napoleón, resultó mucho más caro». Y añade estas palabras, al margen ya de la política, por las que puede verse que el ideal de equilibrio y de sincretismo no es privativo de Martínez de la Rosa y de otros muchos escritores y críticos españoles de los años románticos, llámense eclécticos o como se quiera: «Quiero dejar bien claro desde el comienzo —dice Lucas— que este libro no es un ataque indiscriminado contra todo romanticismo. Lo mismo la vida que la literatura han alcanzado, creo, su nivel más alto cuando han conseguido un firme, pero flexible, equilibrio entre el romanticismo, el realismo y el clasicismo, los tres a la vez. Porque parece peligroso ser *demasiado* imaginativo, o *demasiado* cínico, o *demasiado* dominado incluso por el buen sentido y las grandes tradiciones. He tratado de exponer aquí los triunfos y los peligros del romanticismo; los triunfos permanecen, pero los peligros también: los lirios que se pudren huelen peor que la cizaña».

[101] «Present Trends of Research...», cit., pág. 482.

[102] Lilian Furst puede también ilustrar el caso apuntado por Remak. Furst, a quien venimos citando repetidamente en sus dos excelentes libros sobre el romanticismo, del que ofrece una visión global inequívocamente positiva, formula también sus reservas, por lo menos en un pasaje: «La disolución del sistema neoclásico —escribe— significó mucho más que la sustitución de un concepto estético por otro. El neo-clasicismo no sólo había sido la actitud dominante durante largo tiempo y gozado de una veneración recibida de sus antecedentes clásicos, sino que había ofrecido a los hombres una coherente y estable *Weltanschauung*, derivada de su firme y bien establecido orden en el universo, que daba también a la literatura un seguro marco de referencia. Con el abandono del viejo sistema, se perdió el sentido de seguridad lo mismo en la vida que en el arte. Este es el fallo de las consecuencias trascendentales, cuyos efectos, incluso ahora mismo, estamos experimentando. Nuestro relativismo, nuestra ambivalencia, nuestras dudas, nuestra falta de voluntad (¿o de habilidad?) para apoyarnos en normas firmes, todo esto, en última instancia, es el resultado del crucial abandono de las definiciones neo-clásicas y del rechazo de la Ilustración. El orden objetivo fue desplazado poco a poco por el principio de la arbitrariedad subjetiva» (*Romanticism*, cit., página 18).

*ness* [103] y *Romanticism. Points of View* [104], en los que se recogen estudios de todas las tendencias. Pero merece la pena añadir todavía unas palabras de Jacques Barzun. Éste, que ha dedicado elogios entusiastas a las extremas corrientes del arte de nuestros días, por ver en ellas la más reciente fe de vida del espíritu romántico, puede darnos un testimonio fidedigno de las opiniones que circulaban en los años de su formación universitaria. «En las dos décadas que precedieron a la Segunda Guerra Mundial —escribe—, el siglo XIX era considerado como un lamentable interludio, que sólo unas pocas figuras aisladas podían redimir. La primera, o romántica, parte del siglo era objeto de particular abominación y desprecio: era ingenua, necia, disparatada, estúpidamente apasionada, criminalmente confiada e intolerablemente retórica. La palabra *romántico* servía para designar todos estos defectos, dondequiera que se encontraban, o calificar cualquier cosa de aquella generación, que parecía no haber vivido en el mundo que conocemos, o había vivido con todos los sentidos obturados, incluyendo el sentido común. / Estas eran las opiniones indiscutidas por todos mis amigos y mentores, las que prevalecían en los libros y conversaciones durante mi mocedad en las décadas del 20 y comienzos del 30; esto era lo que se enseñaba en la universidad y en las revistas literarias». «De sus alumbramientos —añade más adelante— podía deducirse que [el siglo XIX] había echado a perder toda oportunidad; no fueron capaces de escribir historia científica; malentendieron Grecia, Roma y la Edad Media; carecieron de adecuados principios en arqueología, filología, sociología y psicología. Por supuesto, estropearon cuanto tocaron. Y al tiempo que arruinaron la religión y la moral por su introspección y su positivismo, pusieron en peligro la verdadera ciencia abrazando el vitalismo y el panteísmo. No había nada que decir en favor del romanticismo; o tan poco, que parecía contradecir lo mucho que se había dicho en su contra día tras día» [105].

Podríamos seguir espigando pasajes de entre las muchas páginas que dedica Barzun al problema, o de otros muchos autores; pero creemos que basta con lo apuntado para comprobar que el romanticismo fue, y sigue siendo, atacado en todas las lenguas desde opuestas vertientes y por las más diversas razones; y que basta también para demostrar que, junto a todas estas requisitorias, los ataques de los antirrománticos españoles suenan casi a caricias; y, en consecuencia, que presentar la oposición provocada por el romanticismo en España como algo privativo de nuestro país, según pretenden Del Río y Shaw, es de un simplismo inaceptable, que falsea la realidad, aun en aquello mismo que existe, por el simple hecho de

---

[103] *Romanticism and Consciousness*, Edited by Harold Bloom, Nueva York, 1970.
[104] Citado.
[105] Prefacio a la segunda edición de su libro *Classic, Romantic and Modern*, Londres, 1962, págs. XV-XVI y XVI-XVII. La primera edición de esta obra, bajo el título de *Romanticism and the Modern Ego*, fue publicada en Boston en 1943.

interpretar el caso español en este punto como una actitud excéntrica, cuando, según hemos podido ver, es tan sólo un capítulo de la historia cultural de Europa. El romanticismo traía una revolución y no puede extrañar que en todas partes la enfrentaran quienes, por razones idealistas o egoístas, se sentían amenazados. Sus frutos, en casi todas partes, quedaron agostados en numerosas ocasiones, o maduraron tiempo después, tras larga hibernación, bajo formas muy diferentes y sin que sus mismos cultivadores tuvieran siempre consciencia de lo que heredaban del romanticismo.

Y, pese a todo ello, todavía es indispensable hacer constar lo mucho que buena porción de nuestros románticos aportaron, o acogieron, de toda esa ideología moderna, renovadora, liberal, revolucionaria incluso, de cuya ausencia se les acusa en bloque. Shaw, en el primero de sus artículos mencionados [106], denuncia con incuestionable exactitud el hecho de que carecemos todavía de una información suficiente y fidedigna acerca de las corrientes de pensamiento existentes en España durante el final del XVIII y comienzos del XIX, y que resulta difícil afirmar el grado de penetración en nuestro país de las ideas filosóficas europeas y especialmente las francesas; una investigación en este terreno —añade— se hace indispensable. Esta es la exacta verdad. La exploración de todo este contenido ideológico ha sido evitada, en buena parte, por la ideología hostil: es indispensable —como afirma Shaw en un pasaje posterior— analizar en detalle materias tales como la epistemología romántica y los grados respectivos de confianza religiosa y de ortodoxia de los diversos escritores y llevar a cabo una investigación de sus imágenes, simbolismos y temas preferidos, para obtener una perspectiva más completa que nos permita averiguar lo que fue en realidad el romanticismo español. El mismo Del Río, que, pese a todas sus conclusiones «unchallenged», no podía ignorar las muchas cosas que hace falta aún estudiar para saber a qué atenernos, afirmaba que era necesario el análisis de las obras en sí mismas, la apreciación e interpretación de los valores estéticos, la visión del poeta independientemente de su circunstancia exterior; en una palabra, el estudio de los fenómenos literarios como tales [107].

Pero tales investigaciones no son sólo los reaccionarios —como Shaw supone— quienes las omiten u obstaculizan, sino también, y en medida no menor, los que sin sospechar siquiera la existencia de aquellas lagunas y cómodamente instalados en el prejuicio del escaso valor de nuestros románticos, se dispensan de estudiarlos y los despachan con irresponsables

---

[106] «Towards the Understanding of Spanish Romanticism», cit., pág. 194.

[107] «Present Trends...», cit., pág. 247. Es bien curioso, por cierto, que todas las lagunas —y las únicas— que Del Río advierte y que propone remediar, pertenezcan al terreno de lo literario; es decir, a aquel sector de problemas, de cuya atención exclusiva había acusado repetidamente a Peers.

y apresurados juicios. Por esto resulta tan irritante que obras como el *Macías*, de Larra, o el *Don Álvaro*, del duque de Rivas, o *El Trovador*, de García Gutiérrez, o *Los amantes de Teruel*, de Hartzenbusch —valgan sólo como ejemplos—, sean coceadas como productos baladíes por quienes las han leído al trote y no han sido capaces de entenderlas. Sólo parece que han sabido ver las innegables, y quizá inevitables, puerilidades que engendraban las exageraciones propias del gusto de la época, pero bajo las cuales se escondían las vetas de mucho mayor sustancia.

Importa hacer todavía algunos comentarios sobre una de las tesis favoritas de Peers: el fracaso del movimiento romántico. Del Río dice, con razón esta vez, que es sorprendente que en el libro del erudito inglés «el deseo de probar los orígenes españoles del movimiento romántico vaya acompañado de un deseo no menos evidente de probar que éste como tal fracasó en España» [108]. Pero no es menos sorprendente que Del Río, que machaca todo posible romanticismo español y llega a sostener en su comentario que «el espíritu español no sólo no es romántico hasta donde puede darse un valor preciso a esta palabra, sino que es el más diametralmente opuesto al romanticismo» [109], asegure entre ambas afirmaciones que «vista aquí en conjunto la producción literaria de la época, no nos deja, como a Peers, la impresión de fracaso. Pensamos, por el contrario, que la evolución del movimiento, dentro de los límites que tuvo en España, fue bastante normal y que sus cambios se explican satisfactoriamente si distinguimos dentro del romanticismo la existencia de dos generaciones... Se trata, en suma, de lo que ocurre en todos los momentos de creación o importación de nuevas formas» [110]. Entre contradicciones y malentendidos anda el juego.

Peers, en efecto, para confirmar lo que constituye su gran hallazgo y el núcleo de su tesis —el triunfo del eclecticismo— acumula —casi se diría que con sádica satisfacción— todas las pruebas y testimonios imaginables contra el supuesto triunfo romántico: limitada aceptación de sus obras más representativas, pronto abandono de las posiciones extremas por sus más arriscados cultivadores, ataques repetidos de la crítica adversa, burlas y sátiras a granel, falta de programa y de jefe, opiniones contradictorias sobre la esencia del romanticismo, etc.

Sobre estas últimas denuncias no merece la pena detenerse; ya sabemos que acerca de lo que fue el romanticismo en realidad, y cómo definirlo, se

---

[108] «Una Historia del movimiento romántico en España», cit., pág. 216.

[109] Ídem, íd., pág. 219. Probablemente es ésta la frase a que pretendía referirse Shaw en el texto a que hemos aludido en la nota 52. Shaw cita en su trabajo un solo artículo de Del Río —«Present Trends...»—, pero no el primero —«Una Historia del movimiento romántico en España»—; quizá citaba de memoria y recordaba el sentido de la frase, pero no sus palabras exactas ni el texto concreto de donde procedían.

[110] Ídem, íd., pág. 218.

sigue discutiendo en todas las lenguas al cabo de siglo y medio; en Inglaterra, como vimos, el romanticismo tampoco tuvo programa ni jefe, y hasta negaron su propio romanticismo como un San Pedro cualquiera, lo cual no fue obstáculo para que produjeran, según parece, las más altas y duraderas obras que dio el movimiento en toda Europa.

Los ataques de la crítica en la que persistía la tradición neoclásica testimonian la existencia de un componente esencial del carácter de nuestro romanticismo, según hemos venido insistiendo; y no cabe discutir en buena crítica histórica y literaria si fue bueno o nocivo: era, fue así; nuestros años románticos vivieron trenzada, en armonía y pugna a la vez, conflictivamente, aquella doble tradición; en esto se diferencia nuestro romanticismo de todos los demás. Y la mezcla —llámesele eclecticismo o como se quiera— no fue nociva, a lo menos en el terreno literario. El freno clásico, que se resistía a arriar bandera, contuvo la proliferación de muchas desmesuras, que representan —lo representaron en todos los países— el lado gesticulante, desmelenado y truculento, retórico y convencional del romanticismo. Como escuela, con sus más acusados rasgos de época, el romanticismo duró poco en todas partes, y en todas partes conoció la misma reacción, la misma oposición y el mismo descrédito, como hemos visto también en páginas anteriores. Estaba en su misma naturaleza el ser breve, porque las actitudes extremas —y el romanticismo lo era— no pueden sostenerse con idéntica intensidad durante mucho tiempo. Valera dijo con gran acierto que el romanticismo había sido una revolución y sólo los efectos de ésta podían ser estables [111]. Y es en los efectos, después de quitarle al romanticismo la cáscara de lo accidental, de lo accesorio y pegadizo, de los perifollos y arrequives de moda y de época, donde hay que buscar lo permanente y lo valioso. Se viene repitiendo que el pleno triunfo del romanticismo —sus más auténticos y sólidos representantes— se produce con los krausistas y el 98. Afirmación incuestionable, que esperamos tener ocasión de comentar en su momento.

Por lo demás, el romanticismo demoró buena parte de su cosecha en todos los países, bien por la resistencia que encontrara en cada suelo, o por las particulares condiciones de su alumbramiento, o por sus propias características. Concretamente —y permítasenos de nuevo esta alusión comparativa—, los críticos europeos han subrayado que los románticos franceses no fueron tan innovadores como se creían; la preocupación de oponerse al clasicismo anterior les ató con exceso a éste, y afanados con liberalizar la poesía y el drama, fueron «más anticlásicos que románticos», según ya señaló nuestro Galiano. La imaginación creadora —clave del espíritu romántico— jugó entre ellos escaso papel; Baudelaire comentó que los románticos de su país habían buscado su salvación más en factores externos que

---

[111] «Del romanticismo en España y de Espronceda», cit., pág. 9.

en el mundo interior; y así sucede que la plena liberación romántica de la poesía francesa sólo se produce décadas más tarde con la brillante expresión del simbolismo, que capitanea el propio Baudelaire.

Entre nosotros, la fértil etapa del realismo en el último tercio del siglo fue, en general, hostil al romanticismo, a pesar de lo mucho que heredaba de él, quizá sin darse cuenta; el 98, en sus comienzos sobre todo, lo englobó en su general iconoclastia contra la totalidad del XIX, aunque haciéndolo objeto de particular displicencia. Las generaciones siguientes, cultivadoras de formas artísticas minoritarias y refinadas, estaban más lejos todavía del énfasis y sentimentalismo románticos, cuya destrucción, precisamente, era nervio esencial de su norma estética. Todas estas actitudes han hecho parecer al romanticismo deleznable y arcaico; su misma moderación y equilibrio que, como hemos insistido, constituyen su peculiaridad, han silenciado en los tiempos últimos la posible crítica adversa —la producida en otros países, donde en el campo ideológico y político se le consideró más agresivo—, y con ello, aunque parezca paradójico, se le ha restado importancia. El resultado final ha sido la cómoda pereza crítica aludida, todavía en vigor, pero contra la cual ha comenzado ya a manifestarse una nueva crítica más ágil y menos rutinaria.

Peers reproduce unas palabras de Mañé y Flaquer, que se preguntaba en 1880 cuál había sido el balance del romanticismo: «¿Qué nos queda —escribía éste— de aquella ruidosa algarada?... Nos queda, contestaremos, cuanto somos y cuanto valemos en el dominio de las artes y de las letras; nos queda la afición y la inteligencia de las artes de la Edad Media, antes desconocidas y hasta despreciadas; nos quedan la afición y el gusto por la poesía popular; nos queda esa corriente de ideas que inspira a nuestros primeros poetas».

Peers que niega —equivocadamente— lo de la corriente de ideas, admite todas las otras afirmaciones de Mañé, y añade por su cuenta: «No sólo se popularizaron la historia, la poesía y el arte de la España medieval como no se habían popularizado nunca; no sólo fue fecunda esta popularización hasta el punto de inspirar cancioneros y romanceros modernos, sino que, pese al espíritu que deseaba poner bajo siete llaves el sepulcro del Cid, el interés que despertó se fundió con el nuevo interés por el estudio provocado por la generación del 98 para abrir una nueva era de investigación erudita que entraña inmensas posibilidades para el futuro. Y a la vez el Siglo de Oro, que durante tanto tiempo había estado encubierto por nubes de diferente densidad, fue objeto de rehabilitación completa y definitiva, no, sin duda, de un modo repentino, sino mediante el gradual mejoramiento de su condición durante un largo período de años cuyo apogeo se produjo en el último tercio del siglo XIX».

La orientación y los frutos obtenidos en la exploración de nuestra historia, de nuestras letras y de nuestras artes, *en todo nuestro propio redescubrimiento*, a lo largo de los últimos cien años, son impensables sin el impulso y la semilla del romanticismo.

La índole de nuestro trabajo —modesto esfuerzo de síntesis— no nos permite llevar a cabo la tarea de investigación sobre los muchos problemas que esperan todavía la mano paciente del estudioso y que tienen que ser objeto de trabajos monográficos. No obstante, en la medida de lo posible, hemos señalado muchos de los puntos que exigen una adecuada reivindicación, persuadidos de que en nuestro menospreciado romanticismo hay mucho que salvar.

CAPÍTULO II

## DESARROLLO HISTÓRICO

I

### LAS PRIMERAS ETAPAS

Aunque, según hemos podido ver en el capítulo anterior, el espíritu del romanticismo venía germinando desde muchos años atrás en la obra de buen número de *ilustrados*, puede decirse que hasta que concluye la Guerra de la Independencia no existen entre nosotros ni obras ni teorías que en estricto sentido pudieran calificarse de románticas, es decir, con plena consciencia y voluntad de serlo. Hemos de llegar a 1814 para encontrarnos con lo que Shaw califica de «primer hito para el estudio del romanticismo español»[1]. El propio Shaw advierte que cuando éste se produce —la llamada «querella calderoniana» entre Böhl de Faber y Mora—, el debate se desarrolla en el vacío; es decir: sus términos de referencia son abstractos y puramente teóricos, o se basan en obras extranjeras o del Siglo de Oro. Caldera había ya señalado años antes[2] que en España la crítica precede por lo menos en un decenio a la creación, rasgo que considera peculiar del romanticismo español y que, a su juicio, constituye una de sus grandes limitaciones. No creemos necesario insistir otra vez en las razones de este «retraso» del romanticismo consciente, en la perduración de la *Ilustración* neoclásica, que para la mayoría de los espíritus en estado de alerta seguía representando entonces lo nuevo. El hecho cierto es que el romanticismo propio, con su ropaje peculiar, seguía viviendo en las afueras y por lo

---

[1] Donald L. Shaw, «Spain. Romántico-Romanticismo-Romancesco-Romanesco-Romancista-Románico», en *Romantic and Its Cognates. The European History of a Word*, edited by Hans Eichner, University of Toronto Press, 1972, págs. 341-371; la cita en página 343.
[2] Ermanno Caldera, *Primi manifesti del romanticismo spagnolo*, Istituto di Letteratura Spagnola e Ispano-Americana dell'Università di Pisa, 1962, pág. 5.

tanto que la «querella» de Böhl era la primera llamada a la puerta de nuestra casa.

LA «QUERELLA» CALDERONIANA

Juan Nicolás Böhl de Faber era un alemán —de Hamburgo, nacido en 1770— que a fines del siglo XVIII fue a residir a Cádiz, donde su padre había establecido años antes una casa comercial. Aunque dedicado a estos menesteres por presiones de la familia, Böhl era un apasionado de las letras, y a ellas dedicó todo el esfuerzo y tiempo que le permitieron sus ocupaciones mercantiles. En Cádiz casó Böhl con doña Francisca Javiera de Larrea, «doña Frasquita», dama furiosamente monárquica y tradicionalista, de la que tuvo, aparte otros hijos, a la que sería famosa novelista, Cecilia Böhl de Faber, bajo el seudónimo de «Fernán Caballero». Tras una larga crisis religiosa, Böhl se convirtió al catolicismo en 1813, lo que contribuyó a robustecer sus ideas ultraconservadoras en política. A lo largo de sus estudios y durante sus varias estancias en Alemania —había permanecido allí, separado de su mujer, durante toda la Guerra de la Independencia— había experimentado particularmente el influjo de Schelling y de los Schlegel y aceptado en su integridad las ideas del romanticismo alemán en su hostilidad contra la Ilustración y la Revolución Francesa, a las que acusaba de haber esparcido los gérmenes de la incredulidad y el desorden y difundido la corriente del materialismo y el racionalismo.

Böhl había tomado de Augusto Guillermo Schlegel la conocida distinción entre la antigua literatura clásica, la de Grecia y Roma, y la «moderna», es decir, la medieval y las siguientes, desarrolladas en las varias literaturas europeas. Todas éstas, expresadas en su propio idioma vulgar, habían recogido los caracteres peculiares de cada pueblo, aunque por debajo de todas ellas había un rasgo común, que era el espíritu cristiano y caballeresco, al cual se debía la fundamental diferencia con la literatura clásica. Ésta descansa en un concepto de la vida pagano y naturalista, mientras que las literaturas modernas, las *románticas*, están guiadas por el espíritu, aspiran a lo eterno, al cual se encaminan a través de la imaginación y los símbolos. A estas diferencias de contenido corresponden distintas formas de expresión: la literatura clásica es uniforme, racional y sometida a reglas; las *románticas*, que reflejan las diferencias de los diversos pueblos, no pueden ser sometidas a una misma norma, sino que encuentran sus propias formas nacionales. El arte clásico francés, que había impuesto a Europa la tiranía literaria de las reglas, era el representante moderno del espíritu naturalista y pagano, heredero de la Antigüedad greco-latina; el clasicismo, esencialmente racionalista y universalizador, imponía una unidad artificial que negaba las diferencias nacionales y, en consecuencia, el derecho de cada pueblo a expresar de modo diverso su propia cultura. Someterse a este clasicismo —sostenía Böhl— había sido el error de los escritores neoclásicos del siglo XVIII; pero bien pronto —profetizaba— se volverá a la antigua y gloriosa tradición, con una literatura que reflejará los ideales populares, heroicos, monárquicos y cristianos de la Edad de Oro.

Al regresar en 1813 a Cádiz, donde su casa comercial había quedado arruinada por la guerra —lo que, en opinión de Marrast[3], pudo contribuir a exacerbar sus sentimientos galófobos y conservadores, estimulados a su vez por la intransigencia tradicionalista de su mujer, doña Frasquita—, Böhl de Faber creyó que, con la restauración absolutista de Fernando VII, era llegado el momento de mostrar a los españoles que la salvación moral de su país, corrompido por el influjo francés, era sólo posible mediante la vuelta al espíritu nacional, encarnado en la literatura de la Edad de Oro y simbolizado de manera particular en el teatro de Calderón, exponente genuino de un arte espiritualista y trascendente. Así comenzó lo que se conoce con el nombre de «querella calderoniana»[4].

En el número 121, correspondiente al 16 de septiembre de 1814 y bajo la rúbrica de «Variedades», Böhl publicó en el *Mercurio Gaditano* un artículo titulado *Reflexiones de Schlegel sobre el teatro, traducidas del alemán*. Pitollet comenta[5] que más que de una traducción se trataba de un resumen «bastante arbitrario», lleno de puntos suspensivos, de algunos pasajes de la *Vorlesung* 14 de Schlegel, aumentado con varios fragmentos del comienzo de la *Vorlesung* 12 sobre el paralelo entre el teatro inglés y el español. A los pocos días, en el número 127 del mismo periódico, apareció una contestación al artículo de Böhl, titulada *Crítica de las reflexiones de Schlegel sobre el teatro, insertas en el número 121* y firmada por «Mirtilo Gaditano», seudónimo que encubría a José Joaquín de Mora[6]. Pitollet re-

---

[3] Robert Marrast, *José de Espronceda et son temps. Littérature, société, politique au temps du romantisme*, París, 1974, pág. 69.

[4] La controversia de que vamos a ocuparnos ha sido estudiada por Camille Pitollet, *La querelle calderonienne de Johan Nikolas Böhl von Faber et José Joaquín de Mora, reconstituée d'après les documents originaux*, París, 1909, monografía fundamental e imprescindible, que examina de manera exhaustiva toda la cuestión. De esta obra se imprimieron tan sólo 370 ejemplares, por lo que no pocos críticos que la citan, no la han podido manejar. En España existen, al parecer, dos ejemplares únicamente: uno en la Biblioteca de la Academia, y otro en la de Menéndez y Pelayo, en Santander. Poseemos una copia xerox de la obra completa —272 págs.—, adquirida a través del Interlibrary Loan de Indiana University.

[5] Ídem, íd., pág. 93.

[6] José Joaquín de Mora nació en Cádiz en 1783. Estudió leyes y muy joven aún fue profesor de Filosofía en la Universidad de Granada, donde tuvo como discípulo a Martínez de la Rosa. Al producirse la invasión francesa se incorporó al ejército y combatió en Bailén como subteniente del Regimiento de Dragones de Pavía, pero fue hecho prisionero cerca de Ciudad Real e internado en Francia. Allí casó con una dama francesa, Françoise Delauneux, y al concluir la guerra regresó a Cádiz. Hombre inquieto y brillante, introdujo en España las teorías jurídicas de Bentham desde su cátedra de Granada, tradujo a Holbach y a Fénelon, y, a su regreso, el folleto de Chateaubriand contra Napoleón y en defensa de los Borbones de Francia. En Cádiz y en Chiclana,

produce íntegra esta respuesta[7] que estima llena de buen sentido y muy pertinente y moderada. Mora, según Pitollet, no conocía el texto de Schlegel y no pudo saber que Böhl lo interpretaba a su manera; defiende Mora las reglas clásicas, rechaza la afirmación de Böhl de que sólo «en España ha sobrevivido el espíritu caballeresco a la caída de la caballería», sosteniendo que, muy al contrario, está mucho más vivo en otros países de Europa, y discute las pretendidas excelencias de Calderón, ridiculizando los encomios altisonantes de su adversario. Böhl contestó a renglón seguido (en el número 129 del *Mercurio*) con una breve nota de sólo dos párrafos[8]: en el primero se excusa de ciertas erratas que había señalado Mora, y en el segundo hace una seca y drástica división entre los poetas sublimes y espirituales —Dante, Calderón y Shakespeare—, que sólo pueden ser gustados por los amantes natos de la poesía y que son los que encomia Schlegel, y los «fautores de la razón» —Boileau, Alfieri y «algunos modernos españoles»— que escriben para los que creen disparate todo lo que sale de la esfera tangible y comprensible. Böhl se colocaba, por tanto, del lado de los espirituales, que conceptuaba superiores, y daba a entender su desprecio por los «fautores de la razón», a los que implícitamente residenciaba como «materialistas». Respondió Mora el 27 de septiembre con un «Artículo comunicado» que firmó con el seudónimo de «El Imparcial», y como Böhl no replicara insistió el 8 de octubre con otro del mismo título que Pitollet califica de «bella página de prosa castellana»[9], y que viene a repetir, más o menos, los juicios sobre los dramaturgos del Siglo de Oro que ya nos son conocidos desde Luzán.

Como el *Mercurio Gaditano* se negó, al parecer, a seguir acogiendo la polémica, Böhl replicó con un folleto titulado *Donde las dan, las toman. En contestación a lo que escribieron Mirtilo y El Imparcial en el Mercurio Gaditano, contra Schlegel y su traductor,* impreso en Cádiz a fines de 1814. Contenía el folleto cuatro artículos: el primero sin firma, el segundo firmado por «Un apasionado de Schlegel y de la Nación Española», el tercero por «El Bóreas Español», y el cuarto por «Un apasionado de Schlegel». El «Bóreas» era el académico Vargas Ponce que respondió al «Imparcial» en

---

Mora había tenido amistad con los Böhl. Cuando Juan Nicolás estaba en Alemania durante la guerra, doña Frasquita le remitió unos romances de Mora, a la sazón internado en Francia, para que aquél los hiciera llegar a Augusto Guillermo Schlegel, quien contestó a doña Frasquita haciendo elogios de las composiciones. La amistad se rompió, sin embargo, en fecha y por causas que se desconocen, lo que ha dado pie para suponer razones personales en la «querella calderoniana». Luego volveremos a encontrarnos con Mora en su destierro de Inglaterra y en otras andanzas. Cfr., Luis Monguió, «Don José Joaquín de Mora en Buenos Aires en 1827», en *Revista Hispánica Moderna*, XXXI, 1965, págs. 303-328. Del mismo, *Don José Joaquín de Mora y el Perú del ochocientos*, University of California Press, Berkeley and Los Angeles, 1967.

[7] *La querelle...*, cit., págs. 94-97.
[8] Ídem, íd., pág. 99.
[9] Ídem, íd., pág. 101.

tonos casi insultantes, limitándose a las cuestiones de menor importancia. Pitollet reconoce [10] que Böhl mostraba ahora seguridad de juicio y solidez de documentación y que hasta sus misma postura unilateral habría sido aceptable si no hubiera tenido el mal acuerdo de introducir en el debate consideraciones políticas y juicios que iban mucho más allá de lo puramente literario. A Böhl —dice Pitollet— parece que le importaba mucho menos la estrechez de la tesis pseudo-clásica defendida por Mirtilo, que acusar a éste de falta de patriotismo, de afrancesamiento y de difundir «principios enciclopédicos» que «pretenden introducir el despotismo en la república literaria al mismo tiempo que quieren al republicanismo en el orden social»; acusaciones —comenta Pitollet [11]— que desnaturalizaban las excelentes intenciones de su adversario y su meritorio celo, y que en España, y en aquel momento, no carecían de riesgo. Como en la mente idealizadora de Böhl, patriotismo, arte y religión formaban un todo indisoluble, escribe cosas que no pueden menos de parecernos pintorescas: «Hay una unión íntima —dice— entre el entusiasmo por la poesía y la admiración de las cosas divinas; y los apasionados de la verdadera poesía en Alemania, en particular los amantes de la poesía española, son muy religiosos, muy morales y muy amigos del orden social» [12].

La dirección que imprimía Böhl a la polémica encierra un interés particularísimo por lo que revela sobre la mentalidad del momento y por las consecuencias que de todo ello iban a derivarse, como veremos.

La polémica, sin embargo, parecía haber concluido. Mora, que no conseguía atender a su subsistencia en Cádiz, se trasladó a Madrid a comienzos de 1815 para ejercer su carrera de abogado. Con Gil y Zárate, y en la casa de éste, contribuyó a organizar una «Academia de Literatura» a la que concurrían varios escritores y hombres de ciencia; la Academia fue disuelta por la policía, pero varios de sus miembros consiguieron fundar la *Crónica Científica y Literaria*, cuyo primer número apareció el 1 de abril de 1817 y de la cual fue pronto Mora el redactor [13].

Apenas iniciada la publicación, Böhl desde Cádiz envió un «Artículo remitido» que apareció en el número 3 de la *Crónica*. Los redactores, en el prospecto de la revista, habían anunciado su propósito de defender la *ilus-*

---

[10] Ídem, íd., pág. 110.

[11] Ídem, íd., pág. 111.

[12] Ídem, íd., págs. 106-107.

[13] La *Crónica* aparecía los lunes y viernes de cada semana y constaba de cuatro hojas a doble columna, agradablemente impresa por Repullés, según comenta Pitollet. El 13 de marzo de 1820 se convirtió en diario político con el nombre de *El Constitucional, o sea, Crónica Científica, Literaria y Política*, y dejó de existir el 31 de diciembre de aquel mismo año. Pitollet comenta que siguió una línea asombrosamente moderada en los días en que aparecían periódicos tan extremistas como *El Espectador*, *El Eco de Padilla* y *El Zurriago*. Según el testimonio de Bentham, que Pitollet reproduce, el periódico fue «el más popular, el más hábilmente dirigido y el más distinguido de los diarios de Madrid».

*tración* con artículos sobre temas científicos, económicos, industriales, aparte los literarios. Pero Böhl se creyó llamado a precisar el alcance que había de otorgarse a tan «peligroso» vocablo, y escribió su artículo para aclarar los posibles significados y asegurarse de que la revista iba a patrocinar el que él estimaba legítimo. Böhl distingue entre una «ilustración que puede calificarse de universal, la que consiste en el conocimiento y aplicación de las mejoras que los adelantamientos en las ciencias naturales y artes mecánicas van proporcionando diariamente, sobre cuya utilidad y provecho no cabe variedad de opiniones, y es sin duda la que Vmds. desean diseminar» [14], y las diversas *ilustraciones nacionales*, sobre las cuales escribe unos párrafos que merecen ser reproducidos: «Según esto, la *ilustración inglesa* sería el conocimiento íntimo de aquella constitución y leyes a la que deben su prosperidad nacional y la práctica de la industria mercantil, fuente de sus riquezas. La *ilustración francesa* sería el arte de dar sabor a la existencia física y de adornar la vida social con una leve tintura de letras. La *ilustración alemana* podría definirse como la reunión enciclopédica de cuanto se ha sabido y se sabe, con el fin de coordinar, combinar y dirigir tan diversas producciones al espiritualismo más sublime, y hallaría la *ilustración española* en el reconocimiento de todas las ventajas nacionales con que la mano de Dios ha dotado la península y sus moradores, para que dejando a los ingleses su turbulenta política y peligrosas riquezas, a los franceses su gastronomía y erudición a la violeta, a los alemanes sus estudios solitarios y abstractos, sacasen de su propio caudal, y cultivasen aquellas heroicas virtudes de fortaleza, templanza, lealtad y fe que hicieron a sus antepasados el pasmo y la envidia del mundo, valiéndose del manantial inagotable de su antigua literatura, donde yace sepultado cuanto es menester para llenar el corazón de piedad cristiana, satisfacer la razón con sana doctrina, y divertir el entendimiento sin peligro; y tomando de los extranjeros solamente aquella clase de ilustración que al principio de esta misiva hemos llamado universal» [15].

A Böhl contestó esta vez un remitente desconocido que firmaba su comunicado con G. J. G., y Mora publicó un artículo, *Extravagancias literarias*, el 28 de octubre de 1817, para responder a otro comunicante que había expuesto ideas parecidas a las de Böhl. Éste no respondió durante algún tiempo por carecer de vehículo apropiado, pero al fin convenció al *Diario Mercantil* de Cádiz de que le publicara tres artículos, en los cuales colaboró doña Frasquita firmando sus propios pasajes con el seudónimo de *C...a* (Cymodocea). Böhl renueva «con pérfida insistencia» —dice Pitollet [16]— la peligrosa acusación de afrancesamiento, asimilando a los redactores de

---

14 *La querelle...*, cit., pág. 113.
15 Ídem, íd., pág. 114.
16 Ídem, íd., pág. 119.

la *Crónica* con los culpables de «haber escarnecido a su país como lo hacen a cada paso los franceses», y con los ateos disfrazados «para introducirnos el contrabando filosófico sin chocar con los censores». Un periódico francés había hecho el elogio de la *Crónica*, y Böhl asegura que ello le da «mala espina» y le permite «sacar el hilo por el ovillo». Y escribe entonces a continuación el famoso pasaje que se ha reproducido tantas veces: «No es Calderón a quien odian los *Mirtilos;* es el sistema espiritual que está unido y enlazado al entusiasmo poético, la importancia que da a la fe, los límites que impone al raciocinio, y el poco aprecio que infunde de las habilidades mecánicas, único timbre de sus contrarios» [17]. Böhl se permite además añadir fragmentos de correspondencia privada y desliza transparentes amenazas políticas contra Mora.

La polémica, montada entonces entre Madrid y Cádiz, tomó un cariz cada vez más personal y menudearon los escritos de una y otra parte; sería ocioso seguir al pormenor la disputa, pero algunos detalles merecen atención. En un artículo que Mora publicó en el número 126 de la *Crónica* bajo el seudónimo de «Heleno-Filo», como si se tratara de un comunicante desconocido, escribe este pasaje: «Sobre todo lo que más escandaliza a todo hombre que tiene dos dedos de frente, es que Calderón sea el tipo propuesto por estos reformadores del gusto. Ni hubiera acertado la causa de tan rara designación, si no hubiera echado de ver que estos buenos españoles, tan acérrimos defensores de los tiempos de antaño, lo son en virtud de que un extranjero ha venido de luengas tierras a desenterrar estas preciosidades, de modo que si esta extravagancia no hubiera nacido en la cabeza de un alemán, estuviéramos en tranquila posesión de nuestros progresos hacia la perfección literaria, como lo están en nuestro siglo todos los pueblos cultos. ¿No es harto risible que un extraño venga a vendernos como cosas preciosas los utensilios viejos que hemos desechado por inútiles?» [18]. Se insistía, como se ve, en el carácter conservador y retrógrado que se advertía en las ideas de Böhl y hacía su aparición el disgusto de que fuera precisamente un extranjero quien viniera a dar lecciones de patriotismo y a condenar un progreso que todavía —no se olvide— se cifraba en la ideología de la Ilustración.

En ayuda de Mora acudió entonces su amigo Antonio Alcalá Galiano, con dos artículos en tono de chanza, no desprovistos de habilidad y de intención; pero cometió la imprudencia de burlarse de los «literatos de Cádiz» como el solo escuadrón en todo el país que acudía en defensa del adalid germano, con lo cual dio a Böhl buena ocasión para apelar al patriotismo de los gaditanos, a los que proclama, como lo fueron para la inde-

---

[17] Ídem, íd.
[18] Ídem, íd., pág. 137.

pendencia civil de los españoles, el último baluarte que defendía su literatura [19].

Como el *Diario Mercantil* se negó a seguir acogiendo la polémica, Böhl editó en Cádiz un folleto de ciento doce páginas, que tituló *Pasatiempo crítico en que se ventilan los méritos de Calderón y el talento de su detractor en la Crónica Científica y Literaria de Madrid*. Contenía varios artículos de Böhl y uno de doña Frasquita, con su seudónimo de *C...a*, dedicado a Galiano. Tras dispararle unos sarcasmos, doña Frasquita menciona unos *Epitalamios* que Galiano, exaltado liberal entonces, había compuesto en Cádiz, en 1816, a la llegada de la infanta de Portugal, María Isabel, segunda esposa de Fernando VII. Los *Epitalamios* eran un insulto contra la nueva reina y tuvieron en su día gran difusión. Mencionarlos en esta circunstancia, en que podían acarrearle a Galiano hasta la pena de muerte, constituía una perfidia incalificable, pues trataba de comprometer gravemente a su adversario desenterrando un asunto personal, enteramente ajeno a las cuestiones literarias que se discutían. Galiano en un folleto posterior, *Los mismos contra los propios*, aludió a ello como indigno de las «gentes de bien», aunque sin precisar, por su cuenta y razón, de qué *Epitalamios* se trataba, y doña Frasquita replicó a su vez hipócritamente haciéndose de nuevas, alegando que no entendía la queja de Galiano. Por fortuna para éste, los lectores del folleto de Böhl no identificaron la alusión, que no tuvo entonces otras consecuencias.

Los Böhl respondieron al folleto de Galiano y de Mora con dos nuevos *Pasatiempos:* febrero de 1819 y febrero de 1820. Después del segundo, y

---

[19] Galiano, cuyas cartas no iban dirigidas a Böhl sino al redactor de la *Crónica* aduce también, contra el alemán, su condición de extranjero, y desliza pullas, de muy hispánica tradición, que debieron de molestar al entusiasta neófito: «Pero diz que dicen —escribe en un pasaje de la primera carta— que el primer Campeón literario que ha salido a romper lanzas contra vd., que este estupendo crítico, blasón del Diario (Mercantil), no es español ni cosa que lo parezca, sino un alemán hecho y derecho, y por cierto natural o vecino de una ciudad anseática, no menos afamada por su amor a las *letras* que lo es nuestro Cádiz. Pues, señor, yo no lo creo. Ello es verdad, que su estilo, si bien generalmente castizo, de cuando en cuando echa unos tufos de no ser su autor cristiano viejo, esto es, castellano rancio... No es posible con todo que el celo que se respira en los escritos de este defensor de la antigua Dramaturgia española, sea hijo del patriotismo de un extranjero. Al cabo, si es así, será caso lastimoso que haya habido que recurrir a los extraños a falta de buenos abogados entre los propios; mas hágase el bien, y venga de donde viniere» (cit. por Pitollet, en ídem, íd., pág. 147). Andando el tiempo, Galiano se refirió en sus *Memorias* a la «querella» con muy sabrosos párrafos, en los que deja una atinada semblanza de doña Frasquita. Alude, por supuesto, a las acusaciones de antipatriotismo y heterodoxia de que les hacían objeto los Böhl, en un pasaje muy revelador del espíritu dominante entonces, según venimos comentando: «Ya más ardiente la disputa —dice—, entró por parte de nuestros contrarios el acusarnos de jansenismo y de amor a las reformas, cargos infundados si era como consecuencia de lo que en el litigio literario pendiente habíamos dicho, aunque en lo tocante a mi persona sobrados de fundamento. Pero esto nos dio gran ventaja, pues pasando así a la clase de liberales acusados, vino el aura popular a soplarnos favorable» (cit. por Pitollet, pág. XXV).

mientras proseguía, ya cansinamente, la polémica, Mora recurrió a la burla
e hizo publicar en la *Crónica* epigramas contra los Böhl, algunos realmente
insultantes contra doña Frasquita. Finalmente, Böhl reunió todos sus escritos en un volumen titulado *Vindicaciones de Calderón y del teatro antiguo español contra los afrancesados en literatura*, que apareció en Cádiz
en 1820, con algunas modificaciones respecto a los textos originales.

Pitollet lamenta [20] que Mora se enredara en la segunda parte de la polémica sin haberse preparado sólidamente para la lucha durante el intervalo. Por escasez de conocimientos y estrechez de miras —dice el crítico
francés— comprometió su causa, que era la misma del progreso y del buen
sentido. Böhl, con mucha mayor estrechez de criterio por su parte, poseía
vastos conocimientos del pensamiento y la literatura contemporánea de toda
Europa, que eran ajenos a su contrincante español. Mora, ilustrado y universal de orientación, estaba, en cambio, menos abierto al exterior por
deficiencia informativa, y había de compensar su mengua con afirmaciones
aventuradas, faltas de fundamento, que aprovechaba su adversario.

Se ha discutido mucho —y éste es para nosotros el punto principal—
la difusión que alcanzó la «querella calderoniana» y el influjo que pudo ejercer en el carácter del romanticismo español. Pitollet supone [21] que la resonancia fue escasa, ya que hasta la aparición de su propia monografía
nadie se había ocupado del tema fuera de Francisco Tubino en dos artículos de 1877 (15 y 30 de enero) en la *Revista Contemporánea* (quienes se refieren a la *querella*, como el padre Blanco García, utilizan los artículos de
Tubino [22]). La penuria intelectual del momento impidió, sin duda, que la

---

[20]  Ídem, íd., pág. 111.
[21]  Ídem, íd., pág. XXXVI.
[22]  Pitollet comenta que Tubino escribió sus comentarios sin examinar apenas los
textos originales, por lo que aquéllos no poseen valor documental, pero sus juicios no
están desprovistos de interés; y debido a que dichos artículos son muy poco asequibles,
reproduce extensos pasajes. De éstos reproducimos, por nuestra parte, unos fragmentos
que importan a nuestro objeto. Tubino presenta primero la oposición de Mora y de
Galiano a las ideas de Böhl como la condenable actitud de unos «sañudos» perseguidores que «despreciando lo castizo y verdaderamente meritorio, afánanse en prolongar
el imperio de lo mismo que nos rebaja y empobrece» (pág. XXXVIII). Pero, a renglón
seguido, comenta que esta «resistencia insensata» de «dos hombres de mérito» «no
puede explicarse sino considerando que *su error fue el error de todos sus contemporáneos*»; y algo más adelante escribe: «Indudable es para mí que los redactores de la
*Crónica, como la mayoría de la juventud docta*, entendía la ilustración según el espíritu
enciclopédico-francés, un tanto escéptico, en no poco descreída, culta, pulida, atildada,
liberal, hasta cierto punto democrática al gusto clásico, y cortada en el patrón de la
ideología francesa» (pág. XXXIX; los subrayados son nuestros). El *error* representaba,
pues, una opinión muy extendida, y precisamente entre la juventud docta, lo que demuestra la vigencia de la ideología ilustrada, a que venimos refiriéndonos, como un
fenómeno arraigado en la conciencia intelectual del país. Y contradiciéndose una vez
más con sus primeras afirmaciones, escribe en otro pasaje: «Puede decirse que la
*Crónica* recogía las buenas tradiciones innovadoras acreditadas desde las postrimerías

disputa tuviera mayor eco, sin contar con que los problemas del romanticismo constituían todavía una novedad, que cogía desprevenidos a los lectores. Pero que tuvo repercusión parece que no puede dudarse, aunque no fuera ruidosa, según luego veremos a propósito de *El Europeo*. Debe advertirse que la *Crónica* era una de las más interesantes y vivas revistas de la época, y que la traducción, o adaptación, de Schlegel publicada primeramente por Böhl en el *Mercurio Gaditano*, fue reimpresa en 1818 en la importante *Minerva*, de Olive. Lista dedicó varios artículos en su revista *El Censor* a las teorías románticas alemanas —aunque no menciona a Böhl—, lo que demuestra —según subraya Cattaneo [23]— que, a lo menos, las mentes más inquietas y abiertas no fueron ajenas a las nuevas corrientes, no importa el espíritu con que fueran acogidas e interpretadas. Marrast, que no cree en la resonancia de la polémica de Böhl, hace, no obstante, una salvedad del mayor interés [24], que permite aclarar muchas cosas: en Madrid —dice— no era tampoco posible a quienes hubieran comprendido las profundas intenciones de Böhl combatirlas abiertamente y dar altura al debate; la censura, en efecto, rehusó a Mora y a Galiano la autorización para imprimir su folleto *Los mismos contra los propios*, escrito con prudente cautela, y sólo mediante ciertas habilidades consiguieron imprimirlo en Barcelona. Cuando años después inició su publicación *El Europeo*, Monteggia, al comienzo de su ensayo sobre el romanticismo, alude a «las infinitas disputas que tienen dividida toda la república literaria»; y López Soler inicia el suyo refiriéndose a «la cuestión que hace algunos años se sostiene entre románticos y clasicistas». Estaba, pues, en curso una polémica —comenta Caldera [25]— de la que no tenemos testimonios concretos, pero que se debatía evidentemente en los círculos literarios. En todo caso, queda en pie, como de la máxima importancia, la constatación de Lloréns; en sus excelentes páginas sobre Blanco escribe: «Blanco y Mora se conocieron a principios de siglo en Cádiz, probablemente en la tertulia de los Boehl de Faber, amigos comunes. No deja de ser significativo que en las controversias... en torno al romanticismo en España y en la evolución de la crítica entre los emigrados, todos los que tomaron parte principal pro-

---

del siglo anterior por los Meléndez y Cienfuegos, y que en el presente personificaban juntamente con estos vates, otros tan ilustres como Quintana, Conde Haro, después Duque de Frías, Nicasio Gallego, Saavedra, Martínez de la Rosa, Beña y los citados Mora y Galiano» (pág. XXXVIII); es decir: que el magisterio intelectual lo ejercían todavía, y con plena eficacia, los escritores representantes del espíritu de la Ilustración.

[23] Maria Teresa Cattaneo, «Gli esordi del romanticismo in Ispagna e *El Europeo*», en *Tre studi sulla cultura spagnola*, Gruppo di ricerche per gli studi di Ispanistica, Sezione di Milano, Milán, 1967, pág. 81.

[24] *Espronceda et son temps...*, cit., pág. 70.

[25] *Primi manifesti...*, cit., pág. 21.

cedieran de Cádiz o de aquel grupo literario que se reunió en torno a Doña Frasquita Larrea de Boehl de Faber»[26].

Donald L. Shaw, después de exponer el sentido de los puntos de vista de Böhl desarrollados durante la polémica, pondera su importancia[27], afirmando que estaban destinados a descarriar la crítica durante las décadas siguientes; y enumera entre aquéllos: el propósito de enlazar el romanticismo con el cristianismo y la incapacidad de reconocer en el romanticismo un movimiento rigurosamente contemporáneo; y, al mismo tiempo, la tendencia a ver un influjo diabólico en toda literatura que no reflejara la sociedad bajo el punto de vista cristiano y religioso. Contradiciendo —según ya vimos en el capítulo anterior— el decisivo influjo que concede en otro lugar al regreso de los emigrados, Shaw otorga ahora implícitamente una gran eficacia a la polémica de Böhl puesto que la hace responsable de la ruta que iba a seguir la crítica en el futuro. Creemos que la tendenciosa interpretación de nuestro romanticismo que mantiene Shaw le lleva a exagerar ahora el papel de Böhl. Shaw lo da por hecho, sin insinuar siquiera prueba alguna, pero es esto justamente lo que habría que demostrar; porque el silencio absoluto que cayó sobre el nombre y la polémica del alemán hasta el libro de Pitollet, casi un siglo más tarde, parece que habla por sí mismo. Nos encontramos, evidentemente, ante un episodio de muy problemática valoración, sobre la cual estamos aún muy lejos de conocer la última palabra.

De todos modos, los hechos conocidos poseen en sí mismos una significación capital. Aparte el desconocimiento existente todavía en España sobre el pensamiento germánico, y la dificultad de asimilar sus teorías, la oposición a Böhl vino, como quedó ya dicho y han puesto de relieve cuantos se han ocupado del problema, del lado de sus implicaciones políticas. Aun suponiendo —como algún crítico ha pretendido— que la «querella calderoniana» no hubiera alcanzado resonancia alguna y quedase perdida entre papeles de escasa difusión —lo cual no lo creemos cierto tampoco—, encierra una importancia de primer orden como exponente sintomático de toda una situación y una mentalidad. Hemos de ver —ya lo apuntamos antes— que el Larra de los comienzos rechaza todavía indignado las primeras obras románticas que llegan de Francia porque suponían deshacer todo lo hecho por la Ilustración: «ahora —dice— que empezábamos a arreglarnos, volvemos otra vez a desandar lo andado». Vicente Lloréns ha escrito sobre todo este problema unas páginas luminosas, que quisiéramos poder reproducir aquí completas y que hacen innecesarios los testimonios de todos los otros comentaristas. Böhl —escribe Lloréns[28]— no se contentó,

---

[26] Vicente Lloréns, *Liberales y románticos. Una emigración española en Inglaterra (1823-1834)*, 2.ª ed., Madrid, 1968, pág. 370.
[27] «Romántico-Romanticismo...», cit., págs. 345-346.
[28] *Liberales y románticos...*, cit., págs. 416-417.

como Schlegel, con poner de relieve el valor espiritual del drama calderoniano, sino que identificó de modo absoluto la poesía de Calderón con el
catolicismo español, convirtiéndolos en términos inseparables que había
que aceptar o rechazar íntegramente: «El descrédito del teatro calderoniano
no era más que una forma de hostilidad a lo que significaba espiritualmente». Böhl —recuerda Lloréns [29]— aseguraba que no era enemigo de «las
luces», pero no fueron sólo Mora y Galiano los únicos que le acusaron de
serlo por sus constantes ironías contra los símbolos favoritos del progresismo de la época; Böhl identificaba de hecho el romanticismo con el tradicionalismo y la reacción política. En Italia —sagaz observación de Lloréns— los liberales pudieron acoger favorablemente las ideas de Schlegel
porque les servían de apoyo en sus aspiraciones a la unidad del país. Pero
en España, la unidad que existía ya desde siglos no necesitaba predicación
especial, y hasta es posible que el carácter patriótico, y aun tradicionalista, que distinguió al liberalismo español a causa de la Guerra de la Independencia hubiera permitido una asimilación del romanticismo por lo que
tenía de nacionalista. Pero el antiliberalismo de Böhl malogró esa posibilidad. Identificar —concluye Lloréns [30]— la nueva tendencia literaria con el
absolutismo en el momento en que la inmensa mayoría de los escritores
españoles eran liberales y estaban en la cárcel o en el destierro, no podía
servir en el fondo sino para desacreditar la causa que defendía.

Lloréns expone luego el problema a que ya nos hemos referido. Böhl
ignoraba que, en pleno siglo XIX, el siglo XVIII no era todavía pasado en España, sino presente. Los autores leídos por Böhl años atrás, aunque conocidos de no pocos españoles, sólo empezaron a difundirse desde los tiempos
de Cádiz; las traducciones de Rousseau, Voltaire o Diderot, impresas en
París, no circulan libremente hasta la segunda y tercera década del XIX, en
las etapas liberales. Y en esos años viven aún Meléndez y Moratín, los renovadores de la literatura española a juicio de los contemporáneos, «que no
veían en su obra ninguna prueba de la esterilidad clasicista en suelo español».

El ideal de Böhl se cifraba en liberar a España de la influencia racionalista francesa. Frente al agitado mundo circundante —afirma Lloréns—
«no le parecía mal la quieta y aislada España fernandina, cuyo enquista-
miento estuvo en un tris de convertirla en la Turquía de Occidente a no
haberla salvado el esfuerzo liberal. Como la de otros tradicionalistas extranjeros, su visión era la de una España sumergida en el pasado, hermoso
monumento arqueológico donde encontrar lo que se echaba de menos en el
propio país» [31].

[29] Idem, íd., pág. 418.
[30] Idem, íd., pág. 419.
[31] Idem, íd., págs. 422-423. En el mismo sentido, y con parecida contundencia, se
expresa sobre el problema José Escobar en su libro *Los orígenes de la obra de Larra*,

Es de justicia añadir que no todo fue tan problemático o negativo en la actuación de este alemán que había hecho de España su patria adoptiva y que sintió siempre una verdadera pasión por su literatura. Alfonso Par

Madrid, 1973; aparte diversas alusiones sueltas, le dedica una sección especial bajo el título de «La polémica del romanticismo previa a la creación romántica», págs. 158-172. No reproducimos aquí sus palabras porque hemos de volver a ellas más detenidamente después, en las páginas sobre Larra. También Montesinos —en la reseña, luego citada, del libro de Lloréns— hace suyas las conclusiones de éste, glosándolas con muy atinados comentarios.

Las páginas que preceden, y las que siguen, fueron escritas tiempo atrás a la vista de los textos que se citan. Compuestas ya tipográficamente, llega a nuestras manos, recientemente publicado, el libro de Guillermo Carnero, *Los orígenes del romanticismo reaccionario español: el matrimonio Böhl de Faber*, Universidad de Valencia, Facultad de Filología, Departamento de Lengua y Literatura, 1978. El libro es tan importante que exige el esfuerzo de desmontar la composición tipográfica para añadir al menos esta nota (con anterioridad, Carnero había publicado un avance de la obra: «El lenguaje del reaccionarismo fernandino en boca de Juan Nicolás Böhl de Faber», en *Bulletin Hispanique*, LXXVI, 1974, págs. 265-285). Carnero ha completado las investigaciones de Pitollet con el examen de nuevos documentos, en particular el «riquísimo fondo documental conservado por la familia Osborne», heredera de la familia Böhl. Carnero se ha propuesto, como esencial novedad de su trabajo, demostrar «el entronque de la obra y pensamiento de Juan Nicolás —y de su esposa, doña Frasquita— con el pensamiento reaccionario del que procede» (Prefacio, pág. 10). Poco después, en la Introducción, refiriéndose en concreto a la polémica, escribe: «con poquísimas excepciones la tradición historiográfica española ha ignorado, desde el mismo siglo XIX, este episodio fundamental en la introducción en España del movimiento romántico, sin el que no es posible entender la significación ideológica que, mayoritariamente, tuvo en nuestro país el Romanticismo» (pág. 19).

Carnero ha examinado minuciosamente, con un rigor ejemplar, toda la obra pública y privada de los Böhl y demostrado hasta la saciedad el carácter ultraconservador, tradicionalista, religioso y monárquico de su ideología, y cómo llevan a la polémica una intención doctrinaria, aderezada con todos estos componentes, a los que sirve de mero pretexto el problema literario. Carnero dedica el último de los cuatro capítulos de que consta la obra a puntualizar el referido entronque del ideario de los Böhl con el pensamiento reaccionario coetáneo, acotando un período que se extiende de 1771 a 1831; dentro de él, aduce Carnero textos de todas las especies: disposiciones oficiales, libros, folletos, pastorales de obispos, sermones de curas y frailes, es decir, de todos aquellos que coinciden «en sostener una de las ideas básicas de los Böhl: que el pueblo español es, por herencia histórica, y por inquebrantable voluntad, católico y monárquico en el más extremo sentido» (pág. 278). Tenemos por cierto, sin embargo, que el carácter ultraconservador y reaccionario de la ideología de los Böhl y la intención política, que llevaron a la polémica, habían sido ya subrayados por cuantos críticos y eruditos han aludido o se han ocupado del tema en las últimas décadas, algunos de los cuales hemos citado: Caldera, Cattaneo, Marrast, Shaw, Lloréns, Montesinos, Par, Escobar; y otros más que no hemos aducido por parecernos innecesario y no repetir conceptos. Nadie, no obstante, lo ha expuesto con la insistencia y prolijidad con que Carnero ha dejado estrujada la cuestión. Su esfuerzo, pues, aunque haya sólo servido para confirmar de manera inconcusa lo que ya se tenía sabido y, al parecer, nadie discutía, es inequívocamente útil.

No obstante, casi literalmente obsesionado por perseguir esta parte de su programa, a Carnero se le olvida del modo más total el hablarnos del romanticismo y explicarnos de qué manera influye en él —en su carácter y directrices— la obra de Böhl; problema éste mucho menos explorado y conocido, y muchísimo más importante y de mayor transcendencia que la insistente confirmación de que el comerciante hamburgués y su

comenta [32] la labor de difusión ideológica que se produjo durante la «querella» y distingue en la tarea de Böhl tres aspectos o modalidades: la oposición a los juicios de Mora sobre el teatro de Calderón; el desarrollo de las nuevas teorías románticas sobre estética y literatura; y la actitud personal contra el escepticismo y el afrancesamiento de sus oponentes. En lo que respecta a la segunda —recuerda Par [33]—, examinó en sus ensayos las cues-

---

esposa doña Frasquita eran unos impenitentes reaccionarios. Pero es el caso que concluimos, efectivamente, el libro sin haber hallado sobre tan rico tema, prometido en el título y en la Introducción, ni una sola palabra.

Por otra parte, de la investigación de Carnero resulta que el pensamiento de Böhl ni siquiera es original y promotor, en la medida que fuera, de la ideología reaccionaria de nuestro país, sino que se limita a absorber ideas muy difundidas entre nosotros y que ya existían mucho antes y por todas partes sin él, pues la mayoría de los textos que se aducen, comprendidos entre las fechas mencionadas, son anteriores a los primeros escritos de Böhl o contemporáneos de su niñez o mocedad. Ni siquiera le queda, pues, la discutible gloria de haber inspirado o influido en el pensamiento reaccionario de nuestra tierra. Todavía pudo ser, al menos, el importador de un conservadurismo ultrapirenaico; pero no: fue simplemente un repetidor de los frailes y curas turdetanos. Su papel aún podría ser importante si, aunque mera esponja de las ideas dominantes en su país de adopción, las hubiera proyectado y dado eficacia en el futuro. Aquí estaba el problema. Pero ya hemos dicho que el examen de esta posible realidad es lo que se escamotea totalmente en el libro de Carnero. El lector queda persuadido —después de leer a Pitollet lo estaba ya— de que Böhl fue defensor de un romanticismo tradicional, católico y conservador a ultranza, pero no se le explica en modo alguno la cauda que pudieron tener sus opiniones ni cómo o de qué especie fue ese romanticismo que se supone orientado por él. El desconcierto del lector es aún más agudo porque el propio Carnero ha probado sin lugar a dudas todo lo contrario de lo que dice que se propone. Toda la Introducción del libro —«La polémica en la tradición histórico-literaria»— está dedicada a recorrer «La obra de los críticos, historiadores y teóricos pertenecientes a las generaciones románticas y postrománticas, para quienes el tema no era todavía un elemento del pasado histórico sino del inmediato pasado historiable» (pág. 19). Y resulta que ni uno solo menciona jamás el nombre de Böhl hasta llegar a Tubino, que lo hace imperfectamente y de pasada, a los sesenta años de haber concluido la controversia, y luego nada otra vez hasta Pitollet; y luego casi nada hasta nuestros días. Lo cual obliga al propio Carnero a concluir, según había ya avanzado al comienzo: *«se trata de la historia de un desconocimiento»* (pág. 63; el subrayado nuestro). Es decir: ni entre la densa turba aludida de los retrógrados, cuya ideología se había apropiado Böhl, ni entre las filas de los contrarios, que también debieron de existir e influir de alguna manera en el proceso del romanticismo, se encuentra uno sólo que haya hecho memoria del nombre de Böhl ni para elogiarlo ni para denostarlo. Resulta, pues, difícil persuadirse de que persona tan absolutamente ignorada tuviese tan decisivo influjo en el proceso de todo un movimiento cultural. Quizá sí —y nosotros mismos hemos aventurado cautamente unas hipótesis y aducido un valioso testimonio, que quizá sea el único (véase luego a propósito de López Soler)—; pero había que demostrarlo, porque el asunto es de los más importantes del romanticismo, y está todavía muy discutido, y muy confuso, y lleno de inquietantes problemas, y, en consecuencia, muy necesitado de luz. Pero allí, precisamente, es donde Carnero nos vuelve a dejar a oscuras; tan a oscuras como antes de haber leído el libro.

[32] Alfonso Par dedica un largo capítulo —el II del Libro III, vol. I, págs. 161-191— de su *Shakespeare en la literatura española*, 2 vols., Barcelona, 1935, a la «querella calderoniana»; sigue básicamente a Pitollet, pero aporta bastantes detalles y consideraciones de interés. La cita en pág. 178.

[33] Ídem, íd., pág. 180.

tiones literarias más debatidas en su tiempo y que hoy mismo continúan ofreciendo sumo interés, difundió noticias sobre teorías y autores desconocidos aún entre nosotros y efectuó una sistemática aplicación de las ideas de Schlegel a la literatura española, aunque —como Juretschke puntualiza [34]— reforzando aún más la tendencia catolizante y restauradora de su maestro y haciéndola más antirrevolucionaria y antifrancesa todavía.

En los años siguientes a la polémica, Böhl publicó dos obras de innegable importancia en el camino del redescubrimiento de nuestra literatura que el romanticismo tenía que llevar a cabo. Böhl había trabajado toda su vida recogiendo libros antiguos españoles, de los que llegó a poseer una valiosísima colección. Fruto de esta rebusca erudita fue su *Floresta de rimas antiguas castellanas*, en tres volúmenes, que publicó en Hamburgo en 1821, 1823 y 1825, con un total de casi mil composiciones, de las cuales tan sólo un centenar había sido incluido en colecciones anteriores, como las de Sedano, Estala y Quintana. Böhl dividió su colección —los tres volúmenes por igual— en poesías *sacras, doctrinales, amorosas* y *festivas*. Menéndez y Pelayo, que comentó al comienzo de su *Antología de poetas líricos españoles* la *Floresta* de Böhl, hizo notar que el afán de novedad le había hecho omitir piezas importantes recogidas por los anteriores antólogos, e incluir a su vez composiciones de dudoso mérito, tan sólo porque contenían rasgos de sencillez, ternura y piedad, o bien de espíritu popular, aspectos que, para los propósitos de Böhl, tenían casi más importancia que los méritos literarios. Menéndez y Pelayo reprocha a Böhl el abuso, en que había caído también Quintana, «del funesto sistema de enmendar y rejuvenecer los textos, extremando esta licencia hasta el punto de omitir sin decirlo versos y aun estrofas enteras que le parecían débiles o de mal gusto, confundiendo a cada paso su oficio de colector con el de *refundidor*, tan en boga por aquellos años en el mundo de la poesía dramática» [35].

Durán, que mantuvo correspondencia con Böhl, le censuró también ya entonces este mismo sistema, que su maestro Gallardo y él mismo habían repudiado como absolutamente anticientífico. Böhl respondió a Durán reconociendo su error y dando una excusa que, si declara por una parte el amor hacia la materia que manejaba, revela a la vez los procedimientos un tanto taimados de que el erudito germano se valía a veces: «En cuanto a correcciones —dice en una carta del 8 de diciembre de 1829— entro perfectamente en la mente de Vmd. Confieso que he andado algo atrevido en algunas, *en la confianza que no sería tan fácil descubrir la maula* [el subrayado es nuestro]. Así ha sucedido, y de cuantas críticas literarias que [sic] tengo recogidas (y no son pocas) ninguna se ha metido con estas

[34] Hans Juretschke, *Origen doctrinal y génesis del romanticismo español*, Madrid, 1954, págs. 16-17.

[35] Marcelino Menéndez y Pelayo, *Antología de poetas líricos castellanos*, ed. nacional, vol. I, Madrid, 1945, pág. 25.

*infidelidades* aunque no han dejado de achacar a la colección *algunos* la *cantidad* y *puerilidad* de las devotas, *otros* la *pesadez* y *trivialidad* de las doctrinales y uno la *soltura* de algunas de las festivas. Unánimes sólo han estado en las alabanzas de las amorosas. Era menester un *hurón* de libros antiguos como Vmd. para rastrear estas menudencias» [36].

En 1832 publicó Böhl, también en Hamburgo, un *Teatro español anterior a Lope de Vega*, en el que recoge obras de Juan del Encina, Gil Vicente, Torres Naharro y Lope de Rueda. Gallardo se ocupó de la obra en el volumen IV de su *Criticón* (1836) [37], encomiando su importancia, aunque sin detenerse demasiado en el comentario, más atento a exponer por extenso sus propias opiniones sobre aquellos autores y a completar los conocimientos de Böhl con la exposición de los suyos propios y a coger por la oreja la ocasión de zaherir a Quintana y a Durán. Pero la ausencia de ataques era ya en la pluma de Gallardo suficiente alabanza. De todos modos, corrige algunos errores de Böhl (como el suponer que la única edición conocida de Lope de Rueda era la de Sevilla de 1576; Gallardo había poseído ejemplar de la hecha por Timoneda en Valencia en 1567) y le reprocha no haber incluido a Lucas Fernández ni publicado *El Deleitoso*, que contenía varios pasos de Rueda, recopilados por Timoneda.

«EL EUROPEO»

A mediados de noviembre de 1823, coincidiendo con la entrada en Barcelona de las tropas francesas que ponían fin al trienio liberal, apareció en dicha ciudad el periódico *El Europeo*, fundado por un grupo de jóvenes: dos catalanes, Buenaventura Carlos Aribau y Ramón López Soler, y tres extranjeros: el inglés Ernest Cook y los italianos Luigi Monteggia y Fiorenzo Galli, emigrados liberales [38]. Los redactores de *El Europeo* —dice

---

[36] «Documentos para la Historia de la Crítica literaria en España. Un epistolario erudito del siglo XIX» por Pedro Sáinz Rodríguez, en *Boletín de la Biblioteca Menéndez Pelayo*, III, 1921, págs. 27-43, 87-101, 155-165 y 251-262; la cita en pág. 97.

[37] Reproducido en *Obras escogidas de Bartolomé José Gallardo*, edición y notas de Pedro Sáinz Rodríguez, «Los clásicos olvidados», tomo II, Madrid, 1928, págs. 7-36; nos atenemos a esta edición.

[38] Ernest Cook era un liberal inglés emigrado a Italia, de donde fue expulsado tras la revolución de 1821. Se interesaba por los estudios científicos, sobre todo por la biología, de la que trata la mayor parte de sus artículos en *El Europeo*; escribió también sobre filosofía, pedagogía y lingüística, «sin originalidad pero con claridad», dice Cattaneo («Gli esordi...», cit., pág. 136, nota 94). Tradujo fragmentos del *Sacontala* en dos ensayos *Sobre las composiciones dramáticas de los antiguos Indus*, «primera versión española del drama oriental». Fiorenzo Galli era un piamontés, nacido en 1798, desterrado también de su país a consecuencia de la revolución del 21. Trata temas de estrategia militar y de divulgación científica. Fue ayudante de campo del general Mina, sobre el cual escribió una obra en francés: *Campagne du général Mina en Catalogne*. Al abandonar España se trasladó a Méjico. Ni Cook ni Galli escribieron sobre temas literarios. Luigi Monteggia nació en Milán en 1797; se licenció en Derecho en Pavía y

Caldera [39]— declaradamente liberales, expusieron su propósito de dedicar la revista a defender la libertad amordazada y a llevar la paz a los ánimos enfrentados, con un criterio cosmopolita —de donde el nombre escogido para la publicación—, que, por medio de la cultura, aspirase a superar los particularismos políticos y los nacionalismos demasiado estrechos. El propósito, generoso sin duda, tropezó desde el comienzo con diversos obstáculos: la censura reaccionaria, la indiferencia del público, apasionado sobre todo por las luchas de los partidos, y la falta de preparación de los redactores, excesivamente jóvenes. Les faltó también, de entre ellos, una personalidad lo bastante fuerte para imponer una unidad de pensamiento al periódico y no lograron el ambicioso propósito de dirigir la opinión; se quedaron más bien en una publicación informativa.

Aribau afrontó los temas políticos en los primeros números de *El Europeo* con su oda *El Fanatismo*, y dos artículos: *Deber de los escritores en los tiempos inmediatos a las mudanzas políticas*, y *Revista de Barcelona en estos últimos años;* pero muy pocos más aparecieron sobre problemas políticos contemporáneos, y cada vez se apartó más la revista de los temas en litigio para extenderse con preferencia en la información. Es cierto, sin embargo —como recuerda Caldera [40]— que el periódico se presentaba como de *Ciencias, Artes y Literatura* y que en su programa los redactores se habían curado en salud afirmando que «nuestro intento es discurrir sobre las cosas como filósofos, y el tratar filosóficamente de los acontecimientos políticos de los Estados debe reservarse para un siglo después. Trataremos de política, sí; pero será como ciencia, fundada sobre hechos remotos, acerca de los cuales podemos discurrir sin pasión ni interés». La literatura tuvo, pues, preponderancia, seguida de lejos por los ensayos sobre pedagogía y moral y sobre asuntos de historia, economía, arte militar, jurisprudencia, etc.

Caldera subraya [41] este carácter predominantemente literario de *El Europeo*, o cultural, pero en el sentido menos amplio, casi académico, del término. Y añade un comentario del mayor interés: ésta fue —dice— la gran limitación de la revista barcelonesa; limitación impuesta por las particulares condiciones históricas, pero que contribuyó a caracterizar, desde sus orígenes, el movimiento romántico español: nacido, con *El Europeo*, bajo el estímulo de la más inmediata actualidad y como expresión de altos valores ético-sociales, tenía que divorciarse en seguida, si no de la vida, a lo

---

tomó parte activa en la lucha contra la dominación austríaca. Perseguido por la policía imperial huyó a Barcelona. Al concluir su etapa en *El Europeo* se trasladó a Marsella, en cuyo Colegio Real ocupó la Cátedra de Lengua y Literatura Italianas. La amnistía de 1838 le permitió regresar a su país.

[39]    *Primi manifesti...*, cit., pág. 9.
[40]    Ídem, íd., pág. 14.
[41]    Ídem, íd., pág. 15.

menos de una gran parte de los problemas del presente. De este modo, se fue como solificando una «forma mentis» por la cual el romanticismo español raras veces se apartará de este carácter, y sordo al desarrollo que el movimiento estaba tomando en Europa, buscará su razón de ser siempre más en el pasado que en el presente, más en los libros que en la vida.

Monteggia, en un artículo titulado *Romanticismo*, publicado en octubre de 1823, se ocupó del tema, pero en forma teórica y sin adherirse expresamente a la nueva orientación, y tomando además ejemplos de obras extranjeras. Monteggia recoge ideas de Chateaubriand —en *El Genio del Cristianismo*—, de Schlegel, de Sismondi, de Manzoni y de los redactores de *Il Conciliatore* de Milán [42]. Distingue entre *clásicos* y *clasicistas*, aclarando que los segundos y no los primeros son los combatidos por los románticos; el clasicismo en Homero y en Sófocles —dice— corresponde al romanticismo de Schiller y de Milton; unos y otros son románticos porque han interpretado el espíritu de sus civilizaciones respectivas: «todos los autores clásicos verdaderos dejan en sus obras el color de las épocas en que vivieron, y en este sentido son románticos por sus tiempos Homero, Píndaro, Virgilio, etc., y lo son entre los modernos Dante, Camoens, Shakespeare, Calderón, Schiller y Byron». Monteggia se opone al concepto neoclasicista de que solamente estudiando los aspectos humanos intemporales que yacen siempre en el fondo del hombre, bajo la superficie aparente de los cambios producidos en las diversas épocas, se consiguen obras de valor permanente; piensa, por el contrario, que lo que otorga la inmortalidad a una obra es su capacidad de interpretar para las futuras generaciones el espíritu de su tiempo. Shaw comenta [43] que con esta interpretación estaba Monteggia cerca del punto de vista que reconocía en el romanticismo un movimiento estrictamente contemporáneo.

López Soler, en su primer artículo sobre el problema: *Análisis de la cuestión agitada entre románticos y clasicistas*, desea —dice— «conciliar, si es posible, a los contrincantes» y expone la diferencia entre el mundo antiguo, que denomina clásico, y el moderno, que es el romántico, divididos por el cristianismo, raíz y origen del segundo: «los primeros tienen por base a las pasiones y hablan al mundo físico; los segundos tienen por base el sentimiento y hablan al mundo moral» [44]. El autor, aunque admite la legi-

---

[42] Cfr. Franco Meregalli, «*Il Conciliatore* e la letteratura spagnola», en *Miscellanea di Studi Ispanici*, núm. 6, Pisa, 1963, págs. 170-177; examina los artículos dedicados a España en *Il Conciliatore*.

[43] «Romántico-Romanticismo...», cit., pág. 347.

[44] Según Shaw (en ídem, íd.), donde López Soler se aparta de Monteggia es en su adhesión a la idea de Schlegel sobre la estrecha relación entre literatura y religión. Para López Soler, como para Böhl, fue el Cristianismo el que abrió la gran sima entre el mundo antiguo y el nuevo: «¿Quién ignora —escribe López Soler— la notable mudanza que ocasionó la aparición del Cristianismo en la sociedad humana?... He aquí el origen del romanticismo».

timidad de ambas corrientes, establece la supremacía moral y poética de los románticos sobre los clásicos y se entusiasma con las evocaciones medievales y el espectáculo de una naturaleza lúgubre y melancólica que refleja la inseguridad de nuestros afectos y la lucha de las pasiones. López Soler sigue, en conjunto, las ideas de Schlegel y de Schiller, pero a través de la interpretación de madame de Staël y de Chateaubriand, siendo de notar —según ha demostrado Dendle [45]— que las ideas de Schlegel no están tomadas directamente de las *Vorlesungen* sino del artículo de Böhl, *Reflexiones de Schlegel sobre el teatro, traducidas del alemán*, aparecido en la *Minerva* en 1818, reproducción, como sabemos, de la versión publicada en 1814 en el *Mercurio Gaditano;* lo que demuestra, según sugerimos, la resonancia de la «querella». También, como Monteggia, López Soler se reducía a un plano puramente teórico, sin servirse de ejemplos válidos para la literatura española. Para llenar este vacío, escribió otros dos artículos, que tituló *Sobre la historia filosófica de la poesía española y teatro.* Caldera señala [46] —y el hecho vuelve a ser del mayor interés— la sensibilidad todavía neoclásica que se descubre en ambos artículos. López Soler contempla la historia de la literatura española en un constante progreso desde los balbuceos de Berceo hasta los grandes autores del Siglo de Oro; viene luego la decadencia, al finalizar el reinado de Felipe III, con la difusión del culteranismo, y llega luego la regeneración con las obras de Luzán, Cadalso, Nicolás F. de Moratín y Meléndez Valdés, última etapa, por el momento, a la que el autor tiene conciencia de pertenecer.

En el segundo artículo, López Soler llega a conclusiones equivalentes, puesto que el teatro español, en su búsqueda permanente de caracteres siempre más hondamente nacionales, alcanza su plenitud con Leandro F. de Moratín, que reúne en sí «la fluidez de Lope, el artificio de Calderón, la gracia de Moreto y la profundidad de Molière». Caldera sugiere [47] que la fuente más directa de la crítica de López Soler era probablemente Lista, quien poco antes había expuesto en *El Censor* análoga visión de la literatura española. El «romántico» López Soler —dice Cattaneo [48]— apelaba a las ideas modernas, pero con reservas y sin romper los lazos con la cultura española contemporánea, cuyos dioses tutelares eran Quintana y Lista. Su adhesión a las nuevas teorías más que racional y crítica es emocional

---

[45] Brian J. Dendle, «Two Sources of López Soler's Articles in *El Europeo*», en *Studies in Romanticism*, V, 1965-1966, págs. 44-50. Dendle se ocupa de los préstamos tomados por López Soler a Chateaubriand y a Schlegel. Por lo que se refiere al segundo, Dendle, mediante un riguroso cotejo de textos demuestra que López Soler no tomó sus ideas directamente del alemán, sino de la versión publicada por Böhl. María Teresa Cattaneo defiende también sustancialmente esta misma opinión («Gli esordi del romanticismo...», cit., pág. 115).

[46] *Primi manifesti...,* cit., pág. 40.

[47] Ídem, íd., pág. 41.

[48] «Gli esordi del romanticismo...», cit., pág. 122.

y sentimental, y en vez de esforzarse por elaborar un sistema cerrado, aísla algunos elementos que impresionaban en particular su ánimo o su fantasía.

A pesar de todo —comenta Caldera [49]—, en medio de tan conservadoras opiniones se echan de ver algunas ideas nuevas: si todavía repite López Soler el repudio ilustrado contra los autos sacramentales y los sainetes, ensalza, en cambio, la poesía primitiva desde Berceo a Juan de Mena, despreciada por Lista; un vivo sentido histórico se desprende de estas páginas, que reclaman —como había de ser común a todos los románticos, pero de modo preponderante en el romanticismo español— enlazarse con el pasado de las edades gloriosas y estudiar la historia para encontrar lo más peculiar de la nación; y esto, no con el propósito de sumergirse en una contemplación estéril, sino a fin de extraer lecciones y energías para remediar el presente y preparar el porvenir. El interés por la historia —afirma Caldera [50]— revela la incapacidad de adaptarse al presente, que le parece al escritor mezquino y superficial. Cattaneo ha puesto de relieve [51] el influjo que sobre el escritor ejerce el creciente desarrollo económico de Barcelona y el resurgir de su conciencia regional que, ya desde fines del setecientos, había estimulado la investigación erudita sobre su pasado medieval —la edad de oro catalana— como fuente de sus esperanzas en un renacimiento. Se comprende —comenta más adelante Cattaneo [52]— que este gusto regionalista y medievalizante estimulara en Aribau y en López Soler la admiración por Walter Scott, simpatía puesta de manifiesto en *El Europeo* y que les lleva el proyecto, impedido por la censura, de traducir todas las obras del novelista escocés. En realidad, la orientación de *El Europeo* hacia una línea moderada y un romanticismo histórico y tradicionalista siguió —añade Cattaneo [53]— informando la cultura de Barcelona, como lo demuestra el periódico *El Vapor*, el más directo continuador de *El Europeo* hasta por la participación en él de López Soler y la colaboración de Aribáu. En *El Vapor* se reproducen artículos de *El Europeo* y se convierte en un verdadero culto el entusiasmo por Walter Scott porque su visión poética del pasado y su viva conciencia de la historia nacional halagaba los gustos que estaban en el aire [54].

Todavía escribió López Soler un artículo que Caldera califica de «la poética del costumbrismo»: *Perjuicios que acarrea el olvido de las costumbres nacionales*. El deseo de hacer resurgir el pasado a través del man-

---

[49]   *Primi manifesti...*, cit., pág. 41.
[50]   Ídem, íd., pág. 42.
[51]   «Gli esordi del romanticismo...», cit., págs. 90 y sigs.
[52]   Ídem, íd., pág. 100.
[53]   Ídem, íd., pág. 101.
[54]   Sobre *El Vapor* cfr., R. Silva, «Two Barcelona Periodicals: *El Vapor; El Guardia Nacional*», en Liverpool Studies in Spanish Literature, First Series, Edited by E. Allison Peers, Liverpool, Institute of Hispanic Studies, 1940, págs. 80-100.

tenimiento de las tradiciones hace que López Soler «liberal, romántico y, hasta por ciertas composiciones, ilustrado, se transforme en conservador, misoneísta, nacionalista y xenófobo»[55].

Es digno de notarse —concluye Caldera[56]— que, cuando el romanticismo es elaborado por vez primera por un español, asume casi instintivamente una actitud conservadora y de defensa del patrimonio nacional. De momento, se desarrolla en dos planos distintos, incluso contrarios: de un lado, la enunciación teórica de la estética romántica, expuesta en términos generales y sin propósito de darle un sello español; del otro, el vivo deseo de penetrar en las íntimas vivencias del alma española a través de su historia, de sus expresiones y de sus costumbres.

*El Europeo* publicó su último número el 24 de abril de 1824 después de haber dado a conocer en varios artículos la amargura de los redactores por la falta de asistencia y la general incomprensión; la situación política del momento hacía muy difícil su tarea y no estaban los ánimos para deleitarse en cuestiones literarias. Cattaneo ha expuesto el balance de la breve existencia del periódico barcelonés. Aunque les faltó a sus redactores —dice— una dirección ideológica unitaria y preparación para llenar adecuadamente sus propósitos, tuvieron la importancia de reflejar las ideas de estos años, política y culturalmente confusos. Con su deseo de libertad política, de progreso social, de «ilustración» cultural, no aclararon por entero su grado de adhesión al romanticismo europeo, pero, aunque con oscilaciones, incongruencias y lagunas, llevaron a cabo una obra de divulgación y se esforzaron —dentro de una interpretación muy moderada— por adaptar las nuevas ideas a la tradición cultural de su país. Con *El Europeo* nacía, si no una nueva crítica, las premisas necesarias para ella y se preparaba el camino para los críticos siguientes: para Durán, para Donoso Cortés, para el último Lista. Y concluye Cattaneo con esta afirmación cuya importancia hemos ya destacado: *la penetración del romanticismo en España, aunque no de modo ruidoso, se había iniciado mucho antes de 1833*[57]. Por su parte, Allison Peers, después de elogiar el contenido de *El Europeo* y enumerar los servicios que prestó a las letras españolas, afirma que «lo principal de su importancia para la historia literaria estriba en el hecho de su temprana aparición, *casi contemporánea de la del comienzo del romanticismo consciente en Francia*»[58].

---

[55] *Primi manifesti...*, cit., pág. 43.
[56] Ídem, íd., pág. 44.
[57] «Gli esordi del romanticismo...», cit., pág. 137.
[58] E. Allison Peers, *Historia del movimiento romántico español*, vol. I, 2.ª ed., Madrid, 1967, pág. 168. Cfr., Luis Guarner, *El Europeo (Barcelona, 1823-1824)*, Madrid, 1954.

## LOS EMIGRADOS

Cuanto llevamos dicho en las páginas que preceden no pretende negar, en manera alguna, el crecido influjo que en la literatura, y aun en los más diversos campos de la cultura española en general, pudo ejercer el nutrido número de emigrados que durante la última década del reinado de Fernando VII vivieron en contacto con otros pueblos y otras ideas y las trasvasaron en mayor o menor medida a su país al producirse su regreso. Esta emigración española ha encontrado su historiador en Vicente Lloréns, que le ha dedicado la excelente monografía [59], tantas veces citada en estas páginas con distintos propósitos, y que es indispensable para el conocimiento de los hombres y del período que nos ocupa. De ella tomamos sustancialmente los datos que, muy apretadamente, resumimos a continuación.

Cuando en 1813 se retiraron en derrota las tropas de Napoleón tuvieron que salir con ellas los «afrancesados», es decir, cuantos habían sido sus colaboradores: Meléndez Valdés, Moratín, Marchena, Llorente, Conde, Lista, Burgos, Hermosilla, Miñano, Maury, Estala, Sempere, Pérez de Camino, Muriel; y un año más tarde, al restablecerse, con el regreso de Fernando VII, el absolutismo, hubieron de seguirles los liberales que como tales se habían distinguido durante los años de la guerra: Toreno, Flórez Estrada, Puigblanch, Gallardo; quienes no consiguieron salir fueron encarcelados o confinados: Quintana, Argüelles, Martínez de la Rosa, Gallego, Sánchez Barbero, Villanueva, Canga Argüelles. A no menos de diez mil alcanzó el número de emigrados, entre los cuales se contaban los escritores, profesionales, funcionarios y hombres de ciencia más notables de que disponía el país, sangría terrible que basta por sí sola para explicar el marasmo cultural y la ruina literaria en que España se vio entonces sumida. El breve respiro del Trienio Liberal, que permitió el regreso de muchos emigrados, concluyó con la segunda restauración absolutista de 1823, que forzó a nueva emigración. Europa, unida a la sazón por la Santa Alianza para reprimir el liberalismo allí donde brotase, negó la entrada a los liberales españoles. Unos pocos lograron acogerse en Francia, aunque vigilados por las autoridades con todo rigor, y en otros países; pero los más buscaron asilo en Inglaterra, único país que les abrió las puertas. La expatriación duró hasta la muerte del rey en 1833, es decir, unos diez años, pero en 1830

---

[59] *Liberales y románticos. Una emigración española en Inglaterra (1823-1834)*, cit. Cfr. la reseña de José F. Montesinos en *Nueva Revista de Filología Hispánica*, IX, 1955, págs. 283-292 (se refiere, por supuesto, a la primera edición del libro), digno comentario de monografía tan fundamental. Montesinos aporta ideas del mayor interés, que dan a su reseña el valor de un auténtico ensayo de crítica histórico-literaria.

gran parte de los residentes en Inglaterra se trasladó a Francia al producirse la Revolución de Julio y la caída de los Borbones.

Muchos de los emigrados eran militares, como Torrijos, Espoz y Mina, Cayetano Valdés, héroe de Trafalgar, y Miguel Ricardo de Álava que había sido Ayudante de Campo de Wellington; políticos, como Istúriz, Mendizábal, Flórez Estrada, Canga Argüelles, Agustín Argüelles, José María Calatrava, José María Orense; y otros —los que aquí han de importarnos exclusivamente— eran escritores, ya conocidos, como José Joaquín de Mora, Alcalá Galiano y Manuel Eduardo de Gorostiza, o que habían de sobresalir desde ese momento, o después, como Ángel de Saavedra, Trueba y Cossío y Espronceda, a los que debe añadirse el famoso librero valenciano, Vicente Salvá.

Los emigrados, que se encontraron sin poder ejercer su profesión, o habían perdido sus bienes, tuvieron que vivir en su mayor parte de los subsidios concedidos por el gobierno inglés —que les fueron otorgados desde el comienzo y siguieron hasta el fin de la emigración— en su calidad de aliados de Inglaterra contra Napoleón: lo que explica —según informa Lloréns [60]— que se concedieran raras veces a los liberales que habían sido afrancesados.

La mayoría de los refugiados españoles se agrupó en el modesto barrio londinense de Somers Town, donde algunos vivían muy pobremente, y para completar su subsidio tuvieron que recurrir a las más variadas ocupaciones. Vicente Salvá estableció su *Librería Clásica y Española*, que tuvo gran éxito por la gran demanda que había entonces en aquel país de libros nuestros, tanto antiguos como modernos. Algunos se dedicaron a la música: Rodríguez de Ledesma llegó a ser elegido miembro honorario de la «Royal Academy of Music» y titular de la clase de canto, que desempeñó hasta su regreso a España en 1831; como pianista destacó Santiago de Masarnáu, colaborador después de *El Artista*, como crítico musical; José Melchor Gomis escribió en Inglaterra canciones españolas que alcanzaron gran popularidad, y luego en París compuso la música para el *Aben Humeya* de Martínez de la Rosa. Notable éxito alcanzó el famoso cantante y compositor sevillano Manuel García, que llegó a Londres «acompañado de sus hijos: María, la futura Malibrán, Paulina, luego madame Viardot, y Manuel Vicente, el científico maestro de canto, inventor del laringoscopio» [61].

---

[60] *Liberales y románticos...*, cit., pág. 49.

[61] Ídem, íd., págs. 66-68. Cfr., J. M. Esperanza Solá, «Santiago de Masarnau», en *La Ilustración Española y Americana*, 15 y 22 de enero de 1883; artículos recogidos en *Treinta años de crítica musical*, Madrid, 1906 (cit. por Lloréns, pág. 66, nota 72). John Dowling, *José Melchor Gomis: compositor romántico*, Madrid, 1973. Del mismo, «José Melchor Gomis et les familles García et Viardot», en *Cahiers*, núm. 2, octubre de 1978, páginas 89-90. Andrés Ruiz Tarazona, «José Melchor Gomis, un compositor romántico olvidado», en *El País*, 12 de agosto de 1978, págs. 19-20.

Buen número de españoles se dedicó a la enseñanza de su lengua en clases privadas, pero unos pocos alcanzaron a situarse en instituciones de enseñanza superior. Entre éstos debe destacarse a Antonio Alcalá Galiano, que fue nombrado profesor de lengua y literatura española en la Universidad de Londres, y a Pablo de Mendíbil, que lo fue del King's College, institución rival de la anterior.

La literatura, bajo todas sus formas, fue ocupación de numerosos emigrados, ya con producciones originales, ya con traducciones, de las que fue activísimo promotor un editor alemán, establecido en Londres, Rudolph Ackermann. Los recién liberados países americanos de habla española ofrecían un espléndido mercado de libros, que a la España absolutista —como puntualiza Lloréns [62]—, con sus cortapisas inquisitoriales y otras limitaciones, se le iba forzosamente de las manos. Para aprovecharlo, se establecieron en Francia y en Inglaterra empresas editoriales que poseían además revistas para la propaganda. Con la llegada de los emigrados españoles se facilitaba la tarea pues había mano de obra dispuesta para el caso. Se tradujeron obras religiosas, a veces de contenido protestante, de historia y de política, como las *Memorias de Napoleón*, o la *Historia antigua de México* que tradujo Mora del italiano. En 1825 publicó Ackermann, en versión de Mora, *Ivanhoe*, la primera completa de Scott que aparecía en español, y *El talismán*. Lloréns comenta [63] que la traducción de esta última novela va precedida de una introducción, en donde Mora se muestra ya reconciliado con la literatura «romancesca de los pueblos del Norte», que había combatido en Madrid durante su polémica con Böhl de Faber.

Lugar preferente en las colecciones de Ackermann ocuparon las obras recreativas y de divulgación científica; entre estas últimas los llamados *Catecismos*, pequeños manuales de iniciación sobre matemáticas, humanidades, geografía e historia, física, química, ciencias naturales, economía, gramática, etc. El editor encargó estas obras —traducciones a veces, otras, originales o adaptadas— a los emigrados españoles con destino a los países americanos, muy necesitados de todo este género de instrucción, que sus medios no les permitían satisfacer. Lloréns informa [64] que Bolívar escribió personalmente a Ackermann para agradecerle el servicio prestado por sus publicaciones, que en varios lugares se repartían en las escuelas.

Muchos emigrados escribieron y publicaron en Inglaterra obras científicas, de economía, historia, memorias, etc. Canga Argüelles publicó allí sus *Elementos de la ciencia de hacienda* y su más importante obra, el *Diccionario de hacienda*. Flórez Estrada publicó también en español y en traducción inglesa varios trabajos sobre problemas económicos de actualidad,

---

[62] *Liberales y románticos...*, cit., pág. 156.
[63] Ídem, íd., pág. 166.
[64] Ídem, íd., pág. 173.

inspirándose en los teóricos de la escuela inglesa: «Flórez Estrada —comenta Lloréns [65]— fue uno de los primeros economistas europeos que preconizó la propiedad común de la tierra. Pero estas ideas socializantes, las más originales de su obra, no sólo no encontraron eco en España después de la restauración del liberalismo, sino que fueron, al parecer, la causa de que dejaran de publicarse sus últimos trabajos». Don Agustín Argüelles publicó el *Examen histórico de la reforma constitucional*. Entre los libros de historia merecen destacarse las *Memorias históricas sobre Fernando VII*, de autor desconocido, pero atribuidas a Mora; no se publicó el original español, sino la traducción inglesa. Sobre problemas eclesiásticos ofrece particular interés la obra de Canga Argüelles *Ensayo sobre las libertades de la Iglesia española en ambos mundos*, publicada anónima en Londres en 1826.

Como los escritores de mayor importancia —el duque de Rivas, Espronceda, Galiano, etc.— que vivieron por tiempo más o menos largo en el exilio, serán estudiados con detención en las páginas correspondientes, importa ahora señalar las producciones más específicas de la emigración.

Ackermann había introducido en Inglaterra el almanaque literario alemán, tan en boga en la época romántica, con el nombre *Forget me not*, colección de breves composiciones en prosa y verso de autores contemporáneos, que se ofrecía como regalo de Navidad. El activo editor pensó hacer una adaptación para los países hispanoamericanos, y así nacieron los *No me olvides* españoles, de los que se publicaron seis volúmenes, de 1824 a 1829; los cuatro primeros debidos a Mora, y los dos últimos a Pablo de Mendíbil.

Los *No me olvides* de Mora —informa Lloréns [66]— no sólo contienen traducciones sino muchas de sus propias composiciones poéticas, algunas de años atrás. En el primero de los números se incluyen seis *Romances granadinos*, dos de los cuales figuraban entre los que doña Frasquita remitió a Augusto Guillermo Schlegel en 1813, antes de que se rompieran las amistosas relaciones entre Mora y los Böhl. A propósito de este número primero Lloréns aduce una información del mayor interés. Blanco-White lo comentó extensamente en las páginas de su revista *Variedades o el Mensajero de Londres*, aconsejando a Mora que estudiara la literatura inglesa, no para que sustituyera una imitación con otra, lo que sería contrario al ideal romántico de que cada país tiene sus propias formas de expresión, sino para que se librara de seguir a italianos y franceses y se expresara con mayor naturalidad y sinceridad; de lo cual la literatura inglesa, menos sujeta a reglas y escuelas, le ofrecía los mejores ejemplos. Mora —añade

---

[65] Idem, íd., pág. 180.
[66] A esta colección dedica Lloréns un extenso apartado, págs. 229-256.

Lloréns— siguió en parte los consejos de Blanco, separándose desde entonces de sus modelos tradicionales.

En el *No me olvides* de 1825 destaca Lloréns la preciosa composición de Blanco —aunque publicada allí anónima— *El Alcázar de Sevilla,* donde el autor deja escapar su inspiración hacia un mundo mágico y distante, al par que abre la puerta a su dolor de expatriado. Lloréns concede especial importancia a estas páginas, que ocupan —dice— «un puesto nada desdeñable en los orígenes del romanticismo español». Hasta entonces —añade— la historia del romanticismo español se había reducido casi exclusivamente a la polémica de Böhl con Mora y a los artículos de Monteggia y López Soler en *El Europeo:* «Con el *No me olvides* de 1825 tenemos por primera vez, aunque en escasa proporción, prosa y verso románticos debidos originalmente a pluma española».

En los dos últimos números Mora dio lugar preferente a las piezas satíricas. Cuando salió para Buenos Aires, Ackermann encargó la redacción del *No me olvides* a Pablo de Mendíbil, pero los dos números que se le deben ofrecen menos interés.

Lloréns da cuenta de la difusión del *No me olvides.* El número primero fue reproducido íntegramente en París sin indicación de autor ni procedencia, y la publicación tuvo tal éxito en Hispanoamérica que aparecieron otros almanaques del mismo tipo en varios países.

Notable interés ofrecen los periódicos que publicaron en Londres los emigrados. Lloréns destaca que, frente a la casi inexistencia de la prensa de la Península durante la «década», los españoles exilados llegaron a publicar hasta siete periódicos entre 1824 y 1829; *El Español Constitucional, El Telescopio,* los *Ocios de Españoles Emigrados,* el *Museo Universal de Ciencias y Artes,* el *Correo Literario y Político de Londres, El Emigrado Observador* y el *Semanario de Agricultura;* logro que se explica por el crecido número de emigrados y por la posibilidad de contar con lectores hispanoamericanos, es decir, la misma causa que había estimulado otras empresas editoriales. Lloréns comenta que, si a los siete periódicos dichos se suman otras revistas en español, como las *Variedades,* de Blanco-White, y el *Repertorio Americano,* de Andrés Bello, no es exagerado decir, teniendo en cuenta las publicaciones periódicas coetáneas españolas y americanas, que entre 1824 y 1828 Londres se convirtió en el centro intelectual de España y aun de Hispanoamérica [67].

No todos los periódicos, por supuesto, tuvieron la misma importancia. *El Español Constitucional,* que apareció desde marzo de 1824 a junio de 1835, ofrece un interés particularmente político —fue la más combativa de las publicaciones españolas en Londres—; y merecen especial atención los

---

[67] Ídem, íd., págs. 285-289.

artículos publicados sobre la independencia de los países americanos y la actitud de éstos para con los emigrados liberales españoles.

Los *Ocios de Españoles Emigrados* fue el periódico de más larga vida entre sus congéneres: se publicó mensualmente desde abril de 1824 hasta octubre de 1826, y como revista trimestral desde enero a octubre de 1827. La redacción estuvo a cargo de los hermanos Jaime y Joaquín Lorenzo Villanueva y José Canga Argüelles; al morir el primero lo sustituyó Pablo de Mendíbil. La revista se proponía acoger trabajos breves de la más diversa condición para hacer posible el deseo de expresarse y de comunicar que sentían aquellos desterrados de la patria. Publicó numerosos artículos de política contemporánea, impugnaciones de obras publicadas en España o fuera de ella acerca del período constitucional, y abundantes trabajos de erudición y crítica literaria, debidos principalmente a los Villanueva. Lloréns subraya [68] la preocupación patriótica que domina en los redactores de la revista; la situación de su país, su propia condición, la necesidad de reivindicar la literatura y la historia de su patria les empujan a esa general actitud apologética. Al entrar Mendíbil en la redacción de los *Ocios* prosiguió, por supuesto, esta orientación, pero varió el criterio interpretativo. Mendíbil aplica un método histórico que se aleja, por consiguiente, de los preceptos del clasicismo, pero tampoco los rechaza del todo. Lloréns hace a este respecto una observación del mayor interés: Mendíbil era conciliador por patriotismo; su nacionalismo literario es, paradójicamente, el que le impide adoptar plenamente la crítica romántica. Para él todo es valioso, aunque no sea igualmente perfecto; y si los románticos estaban reivindicando el antiguo teatro y la antigua lírica, rechazaban, en cambio, la literatura más contemporánea, la de un Moratín y un Meléndez. Esta negación entrañaba la existencia de una discontinuidad en la literatura española, y negaba precisamente la literatura de la Ilustración, que representaba en tantos aspectos la última conquista de nuestra cultura. En diversas ocasiones, a lo largo de estas páginas, hacemos alusión a este problema, que una vez más reaparece en los escritos de Mendíbil: la herencia de la Ilustración era para gran número de españoles algo nuevo y vigente que las nuevas corrientes románticas no podían anular; situación peculiarísima que, según venimos repitiendo, explica muchos de los caracteres de nuestro romanticismo.

Los *Ocios* —explica Lloréns [69]— no fueron órgano de un grupo, como *El Español Constitucional*, sino que acogieron colaboraciones de las más diversas tendencias, tanto políticas como literarias.

*El Emigrado Observador* se publicó mensualmente de julio de 1828 a junio de 1829. Fue el periódico de menos valor literario, pues se dedicaba

---

[68]  Ídem, íd., pág. 315.
[69]  Ídem, íd., pág. 324.

con preferencia a dar noticias de los emigrados, de su situación, ocupación o producciones, pero por eso mismo —dice Lloréns [70]— es una de las mejores fuentes para conocer de cerca su vida. Políticamente —añade— representa la única defección que se registra en la emigración liberal; desde sus páginas se pretendía dar a entender la rectificación de los desterrados. En realidad, era éste el propósito del inspirador del periódico, Canga Argüelles, que acabó por declarar el cambio radical de sus opiniones y entonar las alabanzas de Fernando VII.

El incansable Mora, además de sus traducciones y obras originales, tuvo tiempo todavía para ser director y redactor único de dos periódicos: el *Museo Universal de Ciencias y Artes* y el *Correo Literario y Político de Londres*, ambos editados por Ackermann. El *Museo Universal* se publicó trimestralmente desde julio de 1824 hasta octubre de 1826. Ackermann deseaba una publicación que sirviera de complemento a las *Variedades* de Blanco —exclusivamente dedicadas a la literatura y a la política—, divulgando teorías y conocimientos científicos; pero, con el fin de amenizar su lectura, a partir del número VII se incluyeron trabajos literarios.

Con el *Correo* se propuso Ackermann continuar las *Variedades* de Blanco, que éste dejó porque el tono impuesto por el editor —con abundantes grabados y secciones de modas femeninas— le parecía poco serio. El *Correo*, en manos de Mora, acertó con los deseos del editor y se distinguió, precisamente, por su riqueza gráfica. El periódico iba destinado con preferencia a los lectores americanos, cuyas nuevas libertades y posibilidades ilimitadas se ponderan. Mora dedicó bastante espacio a la crítica literaria y a la reseña de obras recientes. Lloréns concede particular atención [71] a su artículo *De la poesía castellana;* Mora caracteriza de romántica la poesía medieval y rechaza el barroco por sus artificiosidades petrarquistas, su verbosidad y su esterilidad de pensamiento; como Blanco le había aconsejado, Mora aconseja ahora también el estudio de los poetas ingleses, «que han sacado tantas ventajas de la libertad literaria, como su nación de la libertad política». Mora establece ya en estas páginas la ecuación liberalismo-romanticismo, proclamada luego por Víctor Hugo, lo que prueba —afirma Lloréns— que los liberales españoles no necesitaron esperar a la Revolución de Julio en Francia para reconciliarse con el romanticismo.

A causa de toda esta actividad literaria y editorial, opina Lloréns que Mora «es el verdadero periodista de la emigración liberal»; «sus mejores cualidades —añade— eran periodísticas. Con amplia formación literaria, dotado de ingenio y flexibilidad, Mora poseía un estilo suelto, ligero, que en vano se buscaría en los demás. Sus páginas podrán ser superficiales, pero

---

[70] Idem, íd., pág. 335.
[71] Idem, íd., págs. 331-335.

son siempre amenas, sin la plúmbea densidad de los eruditos, ni la mala retórica de los políticos».

Además de escribir en sus propios periódicos, muchos emigrados colaboraron también en revistas inglesas, ocasión que facilitaba el gran número y prosperidad de dichas publicaciones y el interés que, tanto por razones políticas como literarias, despertaba en aquel momento todo lo español. En inglés escribieron principalmente Valentín Llanos Gutiérrez, Telesforo de Trueba, Seoane, Mora y Alcalá Galiano. De este último, en virtud de su importancia, nos ocuparemos en las páginas correspondientes. Sobre Mora importa añadir sus tres artículos de costumbres —*Spanish Manners*—, publicados en *The European Review*, y los tres que en la misma revista publicó *On Spanish Poetry*. En el segundo, sobre la poesía medieval, encarece el valor de la imaginación, piedra de toque de todo arte no adulterado, y en el tercero, sobre el *Romancero*, lo pondera como «ejemplo admirable de poesía espontánea, popular, que arranca del espíritu heroico y religioso de la nación». «Quien habla así en 1824 —comenta Lloréns— es el mismo escritor que pocos años antes había sostenido en España una polémica literaria contra don Juan Nicolás Boehl de Faber, divulgador de las doctrinas románticas de August Wilhelm Schlegel. Frente a Mora, Boehl había atacado con insistencia la validez de 'las reglas eternas e infalibles del gusto'. Su adversario de entonces no sólo acepta ahora el principio de la nacionalidad, incompatible con el universalismo clasicista, sino que opone la originalidad a la imitación y admite con entusiasmo lo primitivo y espontáneo. En realidad, su caracterización de la poesía española medieval es más romántica que la de Boehl» [72].


## II

### LOS CRÍTICOS MAYORES

El hecho, ya expuesto en páginas anteriores, de que la crítica precede en nuestra época romántica a la creación, exige, como ya venimos haciendo, comenzar su historia por los críticos. Los cuatro que siguen engranan con el movimiento romántico a ritmo distinto: Gallardo y Durán lo anuncian y preparan; Ochoa y Galiano maduran y evolucionan con él y hasta en cierta medida testimonian su ocaso y lo despiden. Pero su común condición de precursores y profetas nos mueve a reunirlos aquí. Quizá pueda extrañar a algún lector la inclusión de Gallardo a la cabeza de este grupo, pero creemos, por el contrario, que su obra encierra una particular significación.

---

[72] Ídem, íd., pág. 366.

La obra erudita de Gallardo es realmente un símbolo de lo que fue la más positiva tarea de nuestro romanticismo, y que podría resumirse con esta frase a modo de emblema: *a la busca de la España perdida.* Con logros capitales en unos casos, o contribuyendo tan sólo a crear una atmósfera de interés, simpatía y curiosidad, el romanticismo forjó el clima que ha hecho posible, como ya dijimos arriba, toda la obra de preocupación, análisis, discusión, investigación y restauración cultural, que a través del krausismo, del 98, de sus epígonos y de los varios grupos de estudio ha dado la suma de investigadores, pensadores, ensayistas, eruditos, historiadores, poetas y novelistas que constituyen el voluminoso y rico caudal de la España contemporánea.

La palabra *nacionalismo* ha sufrido un deterioro tan completo en estos últimos tiempos y ha servido para enmascarar y cohonestar tan turbias apetencias de toda índole, que su empleo parece hacerse sospechoso; entonces, quien de esto escribe, diríase que necesita justificarse ante el lector de que está empleando el vocablo con toda honestidad, atento tan sólo a sus más altas implicaciones en el campo de la historia de la cultura. Entendido esto, importa repetir una vez más que el romanticismo fue nacionalista en todos los países; estaba en su misma esencia; aunque claro está que lo fue en cada uno en grado diferente. En otras partes, el romanticismo fue nacionalismo y varias cosas más; en España fue nacionalismo principal y básicamente, porque era allí donde fermentaban sus problemas. El español, desde el siglo XVIII, mucho más que «complejos» individuales y personales tuvo el «complejo» de su país, el de pertenecer a su país y saber al fin en qué medida podía sentirse orgulloso o avergonzado de ello (hemos insistido sobradamente acerca de estas cuestiones al recorrer el siglo XVIII). Por eso el romanticismo no tuvo entre nosotros Werthers ni Renés, y sí, en cambio, catervas de preocupados por si esto o aquello era imitado u original, nuestro o foráneo, importado o autóctono; gentes todas atormentadas por la búsqueda y la conquista de la propia personalidad nacional. Por esto mismo, aunque «las dos Españas» pudieran disputar sobre cuál era la legítima, ambas por igual trataron de lograrla.

Gallardo, uno de los hombres de más extremada ideología de su tiempo, quería y creía hacer patria y romanticismo desenterrando tesoros literarios que podían devolver la gloria a su país; lo mismo que Durán, aunque en ideas políticas estuvieran tan distantes. Su amor a la tradición literaria, a los libros antiguos, a la riqueza artística de su patria, no le fue obstáculo para ser uno de los políticos más radicales de Cádiz hasta sufrir por ello cárceles y persecuciones de muerte. Creemos —una vez más— que no es posible entender el romanticismo español si se renuncia a valorar el sentido que tiene entonces en España la preocupación nacional. Se repite siempre la acusación —con la que vamos a encontrarnos todavía cien veces— de que el romanticismo español, vuelto al pasado, vivió de espaldas a los problemas contemporáneos. Pero volver a lo antiguo, resucitar lo antiguo, valorar lo antiguo —no importa de qué edad—, redescubrir lo valioso que había en él, era entonces lo nuevo, lo contemporáneo, lo que importaba y urgía hacer para sentirnos vivos otra vez, con raíz y personalidad que parecían haberse perdido.

La casi totalidad de nuestros escritores —eruditos o creadores— fueron liberales, sin que sus ideas, aun las más extremas, o su quehacer político, agostaran su pasión por nuestro pasado. Con certeras palabras ha definido el problema Navas Ruiz: «No sería lícito —dice— calificar al romanticismo de conservador por el hecho de haber resucitado la tradición nacional. Hasta esta resurrección tiene un sentido liberal: la reincorporación a la cultura de cosas que la razón universalista había abolido» [73]. Montesinos, al ocuparse del libro de Lloréns, y refiriéndose a lo que los emigrados habían podido aprender fuera de España, escribe: «Los emigrados, sobre todo estos emigrados en Inglaterra, comprendieron muchas posibilidades que antes no habían sospechado. Algunos de estos emigrados en Londres se hicieron muy bien cargo de lo que se iba elaborando allí y en Alemania —y el intermediario ya no era Böhl—: *esta nueva exigencia de que la literatura fuera la expresión de un alma nacional, atenida a una tradición, popular en el más auténtico sentido de la palabra, fiel a las palpitaciones de la vida, de esta vida nuestra de hoy, que, por los misteriosos vínculos de la sangre, va hacia un pasado que es también nuestro —todo ello sin necesidad de prestar nuevo vasallaje a Fernando VII ni plegarse a las exigencias de los frailes—»* [74] [el subrayado es nuestro]. Así Gallardo, que se sabía muy moderno, que aborrecía, efectivamente, a los frailes, y consumió su vida en desenterrar, patrióticamente, antigüedades: no eran cosas incompatibles.

Al escribir su comentario sobre el *Teatro anterior a Lope de Vega*, de Böhl, Gallardo se desentiende en seguida del alemán y de sus ideas, que parecen tenerle sin cuidado, y escribe unas páginas en las que no creemos que se haya reparado lo suficiente: constituyen una inequívoca declaración de romanticismo, y, como tal, de ferviente exaltación de nuestra antigua literatura; una declaración que atestigua su plena consciencia respecto al sentido de su propia obra, y justifica el lugar que le otorgamos en estas páginas. Gallardo formula primeramente un rechazo de las supuestas excelencias de los clásicos grecolatinos [conservamos su peculiar ortografía]: «Algunos pedantes entusiastas —dice— empeñados en persuadirnos que el sentido-común no está sino en Griego y Latín, quieren hallarlo todo en la Literatura Griega y Romana; y ese ciego entusiasmo ha tenido muchos siglos aherrojados los Injenios a la cadena de los Escoliastas Hele-

---

[73] Ricardo Navas Ruiz, *El romanticismo español. Historia y crítica*, 2.ª ed., Salamanca, 1973, pág. 14.
[74] Cit. en nota anterior núm. 59, pág. 289.

nistas y Latinizantes; llegando a ecstremo tal, que hasta en las ciencias de pura razón y ecsperiencia esclavizaron los talentos a la autoridad de los Antiguos. Así por muchos siglos estuvieron en las Escuelas citándose tecstos de Aristóteles, Plinio y Eliano en puntos de Física e Historia-natural; como en materias de Teolojía se citaban las autoridades de los Padres de la Iglesia. No parecía sino que la Naturaleza toda, con todas las especies de animales criados había perecido en algún trastorno jeneral del globo terrestre, sin quedarnos de ellos más noticia, que la que nos dejó Plinio y demás Naturalistas antiguos» [75]. Y después de encarecer el papel de España en la vuelta al estudio directo de la naturaleza como consecuencia del descubrimiento del Nuevo Mundo, se refiere a la creación de nuestro teatro nacional con palabras tan entusiastas, que en la pluma del grave, del severo Gallardo, casi parecerían pueriles si no conociéramos la patriótica pasión que las inspira: «Si los buenos talentos de España sacudieron así el yugo de Aristóteles y demás clásicos Antiguos en materias de pura razón y ecsperiencia; sus gallardos Injenios, rompiendo el ímpetu de su ardiente fantasía las pihuelas de fútiles reglillas, y remontando el vuelo en alas del corazón, esentos y libres por las influencias del cielo y del suelo, se crearon un nuevo Teätro, padre de los que más brillan hoi en Europa» [76].

### BARTOLOMÉ JOSÉ GALLARDO

Mencionar a Gallardo es dar el nombre del príncipe de los bibliógrafos españoles. Tan extremada calificación parecería reclamar una ingente bibliografía sobre él mismo, proporcionada a su importancia. Aun siendo casi toda su obra de índole erudita, gozó en su tiempo de una popularidad —bien que por muy diversos motivos— que sólo a grandes creadores les es dado conquistar. Pero la leyenda hostil se apoderó de su nombre, haciéndole sólo conocer por ella, y los estudios serios sobre su obra y su persona se han hecho esperar en forma lamentable. De hecho, tan sólo en nuestros días otro bibliógrafo impar, Antonio Rodríguez-Moñino, coterráneo y émulo en empresas literarias, ha llevado a cabo la tarea de reivindicarle. Al publicar en 1955 su estudio bibliográfico sobre Gallardo [77], se lamentaba Moñino de que el centenario de su muerte hubiera pasado sin homenaje alguno oficial, y daba la siguiente lista de los pocos estudios existentes. En 1853, Luis María Ramírez y de las Casas-Deza, médico cordobés que trató a Gallardo, publicó en varios números del *Semanario Pintoresco Español* [78] «un estudio bien intencionado aunque algo pobre de

---

[75] Edición cit. en nota anterior núm. 37, pág. 16.
[76] Ídem, íd., pág. 17.
[77] A. Rodríguez-Moñino, *Don Bartolomé José Gallardo (1776-1852). Estudio bibliográfico*, Madrid, 1955.
[78] El 22 y 29 de mayo y el 5 de junio.

información», que sólo menciona unas pocas obras. Casi al mismo tiempo, José Segundo Flórez publicó en *El Eco de Ambos Mundos* [79], de París, una *Biografía necrológica* de Gallardo, en seis artículos, en la que baraja más copiosos materiales, reproduce largos pasajes de sus escritos, algunos perdidos hoy, y rectifica determinadas afirmaciones de Casas-Deza. Cayetano Alberto de la Barrera, discípulo y amigo de Gallardo, reunió a lo largo de muchos años cuantos datos y noticias relativas a su maestro pudo encontrar, copió de su mano muchos de sus escritos y redactó un *Catálogo de las obras impresas*, con todo lo cual formó dos gruesos volúmenes que con el nombre de *Papeles de La Barrera* —conservados en la Biblioteca Menéndez Pelayo— constituyen «un arsenal insustituible y una cantera de materiales de primera mano para construir la biografía de Gallardo»; pero La Barrera no llegó a escribir su trabajo. Manuel Remón Zarco del Valle y Espinosa, Bibliotecario Mayor de S. M., que manejó, como veremos, casi todos los papeles de Gallardo, pudo —dice Moñino [80]— haber redactado mejor que nadie su bibliografía; anunció, efectivamente, el propósito de publicar sus *Obras Completas*, pero tampoco llevó a cabo su proyecto.

En 1921 aparecen, por fin, dos libros importantes sobre Gallardo: *Don Bartolomé Gallardo, noticia de su vida y escritos* [81], de Juan Marqués Merchán; y *Don Bartolomé José Gallardo y la crítica literaria de su tiempo* [82], de Pedro Sáinz Rodríguez. La primera obra, aunque no carece de la oportuna documentación, es de carácter más literario, casi un panegírico de Gallardo, al que se propone vindicar de todas las injusticias recibidas. El libro de Sáinz Rodríguez es el mejor, de conjunto, hasta la fecha dedicado al erudito extremeño, «punto de partida de todo estudio moderno sobre la significación del gran bibliógrafo» [83]; utiliza abundantes materiales desconocidos o no aprovechados adecuadamente hasta entonces; pero cierta premura en la composición, que había de entregarse a plazo fijo, impidió dejar perfecta la tarea. Poco después el investigador canadiense y entusiasta gallardista Milton A. Buchanan publicó unas *Notas* [84] ampliando y corrigiendo ciertos puntos concretos de Sáinz Rodríguez. Al fin, en 1955, Rodríguez-Moñino, que había ya dado a conocer varios estudios menores sobre Gallardo, publicó su mencionado *Estudio bibliográfico*, trabajo verdaderamente ejemplar, que honra a la vez a los dos insignes bibliófilos. Posterior-

---

[79] Días 30 de abril, 15 y 31 de mayo, 15 y 30 de junio y 15 de julio.

[80] Introducción al *Estudio bibliográfico*, cit., pág. 14.

[81] Madrid, 1921.

[82] *Revue Hispanique*, LI, 1921, págs. 211-595.

[83] Introducción al *Estudio bibliográfico*, cit., pág. 15. «Si hubiera tenido Sáinz —comenta Moñino— tiempo suficiente para redactar su libro en forma definitiva, nada quedaría hoy por hacer».

[84] «Notes on the Life and Works of Bartolomé José Gallardo», en *Revue Hispanique*, LVIII, 1923, págs. 160-201.

mente, en 1965, dio Moñino a la estampa su polémica monografía, *Historia de una infamia*[85], para reivindicar a Gallardo de las más difundidas calumnias que habían manchado su memoria. Otros varios estudios —publicación de documentos, epistolario, etc.— han ido apareciendo en estas últimas décadas, de los cuales daremos noticia oportunamente.

VIDA Y ESCRITOS

En muy pocos escritores resulta tan difícil como en B. J. Gallardo separar su actividad literaria de su aventura biográfica. Si Gallardo —según comenta Buchanan[86]— se hubiera contentado con la tranquila rebusca del bibliógrafo, la tarea de ser su historiador hubiera sido muy simple; pero fue tan vehemente su bibliofilia, tan irascible y polémico su carácter, tan propensa a la sátira su inteligencia, que vivió literalmente envuelto en una incesante guerra, en donde lo literario y lo personal se funden en madeja inextricable.

Bartolomé José Gallardo y Blanco nació en la villa de Campanario, provincia de Badajoz, el 13 de agosto de 1776. Sus padres, labradores bastante pobres, le destinaron a la carrera eclesiástica y le enviaron a Salamanca, pero Gallardo prefirió los estudios de medicina, que siguió hasta 1798. La muerte de sus padres le dejó en difícil situación económica, pero su paisano don Juan María de Herrera, extremeño de Cáceres, bibliotecario de la Universidad, colocó a Gallardo en el Colegio de San Bartolomé, donde residió hasta su extinción en 1799. La rica biblioteca del Colegio despertó en Gallardo su afición a la bibliofilia y la erudición, que había de constituir la gran pasión de su vida. Sus estudios de medicina y la incesante lectura de los enciclopedistas franceses orientaron su radicalismo filosófico y político, pero no desviaron su apasionado españolismo en todo cuanto atañera al estilo y gustos literarios. Un mordaz folleto, *El soplón del diarista de Salamanca*, que publicó en 1798, burlándose del *Diario* de la ciudad, le ganó la atención del obispo Tavira, que le protegió y obtuvo para él un puesto de oficial en la Contaduría de Propios, cargo que desempeñó hasta 1805, en que se trasladó a Madrid. Un epigrama, redactado en francés, dedicado a Tavira, en el que dice Gallardo que no besa la mano del Pastor sino la del protector, define ya, según subraya Sáinz Rodríguez[87], la futura personalidad de Gallardo, orientada por estos dos polos: la ideología más radical y el casticismo más ferviente.

---

[85] *Historia de una infamia bibliográfica. La de San Antonio de 1823. Realidad y leyenda de lo sucedido con los libros y papeles de don Bartolomé José Gallardo. Estudio bibliográfico*, Madrid, 1965.

[86] «Notes...», cit., pág. 160.

[87] Obra cit., pág. 227.

El editor salmantino Toxar, que lo había sido de los primeros escritos de Gallardo, había publicado las poesías de Iglesias de la Casa, pero la Inquisición de Valladolid le ordenó suspender la tercera edición por estimarlas inmorales. Toxar solicitó la ayuda de Gallardo, y éste redactó un *Memorial en defensa de las Poesías póstumas de D. José Iglesias de la Casa* (1803), que dirigió al Tribunal de Valladolid. El de Salamanca confirmó la decisión de éste y ordenó recoger la defensa, que contribuyó, no obstante, en buena medida a popularizar el nombre de Gallardo.

Ya en Madrid, ganó por oposición la cátedra de francés de la Real Casa de Pajes, y en 1806 dio la primera muestra de su afición a los viejos y raros libros españoles reimprimiendo la traducción del *Rapto de Proserpina*, de Claudiano, hecha en 1608, por Francisco de Faria. La impresión, que salió con numerosas erratas, fue duramente criticada, y dio lugar a una polémica que, como subraya Sáinz Rodríguez, «inaugura la serie infinita que había de ocupar su larga vida de escritor»[88].

Colaboró Gallardo con dos artículos sobre *Sensaciones* y *Sentidos* en el *Diccionario de Medicina y Cirugía*, del Dr. Ballano (1807), en los que expone su filosofía sensualista, y publicó el mismo año un pequeño tratado, *Consejos de un orador evangélico a un joven deseoso de seguir la carrera de la predicación*, en el que ataca a los predicadores *gerundianos* y propone atinados modelos de oratoria sagrada, así de los clásicos como de los contemporáneos que estaban restaurando la buena escuela. En 1808 provocó Gallardo otra ruidosa polémica contra el médico García Suelto a propósito del comentario de éste sobre el famoso médico José Severo López, recientemente fallecido. En sus artículos, Gallardo, que se decía sobrino de Piquer, utilizó el seudónimo de «El Bachiller de Fórnoles», célebre desde entonces.

Al estallar la Guerra de la Independencia, Gallardo, a pesar de sus ideas filosóficas y políticas, se unió sin vacilar a la causa de los patriotas; marchó a Badajoz, se ofreció a la Junta de Extremadura y trabajó para fomentar la insurrección de los pueblos de la provincia. El avance francés le obligó a refugiarse en Cádiz: «La época de estancia en Cádiz —dice Sáinz Rodríguez— fue decisiva en la vida de Gallardo, y durante ella, principalmente, se labró su fama de liberal exaltado, volteriano y enemigo rabioso de la fe. El medio que entonces se respiraba en Cádiz era el adecuado para un temperamento agresivo y luchador como el suyo»[89]. Para informar objetivamente sobre su actividad, a cubierto de las innumerables y contrarias opiniones que difundían apasionadamente los partidos, decidieron las Cortes publicar un periódico por su cuenta, proyecto al que no fue ajeno Gallardo que ofreció sus servicios con este fin. Según Sáinz Rodríguez[90],

---

[88]  Ídem, íd., pág. 232.
[89]  Ídem, íd., pág. 252.
[90]  Ídem, íd., pág. 254.

debió de ser ésta la primera tentativa de Gallardo para lograr un puesto oficial en las Cortes, y, como éstas necesitaran una biblioteca, encargaron su formación a Gallardo, quien en una ciudad sitiada y en pocos meses logró reunir más de diez mil volúmenes, lo que le valió la admiración de los diputados, que le nombraron algún tiempo después bibliotecario de las Cortes.

Conocidas son las polémicas entre liberales y tradicionales a que dio ocasión la actividad de las Cortes [91]. Aprovechando la libertad de imprenta, recientemente establecida, los enemigos de las innovaciones produjeron un torrente de literatura satírica contra los liberales y en defensa de los antiguos usos y costumbres. Entre estos escritos destacaron las *Cartas de un filósofo rancio,* del padre Alvarado [92], y un folleto, de enorme éxito entre los tradicionalistas, publicado a mediados de 1811, titulado *Diccionario razonado manual para inteligencia de ciertos escritores que por equivocación han nacido en España. Obra útil y necesaria en nuestros días* [93]. Gallardo había publicado poco antes un chistosísimo folleto titulado *Apología de los palos dados al Excmo. Sr. D. Lorenzo Calvo,* que se difundió profusamente y fue el comienzo de su celebridad. Los liberales, indignados por los ataques del *Diccionario razonado,* juzgaron indispensable responder con las mismas armas, y comisionaron a Gallardo como el más adecuado para la empresa; así compuso éste su *Diccionario crítico-burlesco del que se titula razonado manual.* La aparición de esta obra, que hubo de demorarse hasta el 15 de abril de 1812, provocó la violenta reacción de los tradicionales; fue denunciada desde el púlpito y se publicaron escritos dirigidos a las Cortes, en que llegaba a pedirse que fuera quemada por mano del verdugo y su autor «excluido del rango de los ciudadanos». Las Cortes se vieron obligadas a ocuparse del asunto y algunos diputados propusieron que se restableciera la Inquisición: «Ésta —explica Sáinz Rodríguez— fue, principalmente, la causa de que alrededor del asunto del *Diccionario* se armase tan gran polvareda. En realidad, lo que se debatía por bajo de todo aquello, era una cuestión tan fundamental, para unos y otros, como el restablecimiento de la Inquisición. Gallardo se hubiese visto abandonado, pero su libro y su persona fueron convertidos en banderín político y alrededor de ellos se trabó una de las más enconadas luchas que tuvieron los dos partidos que aspiraban a la supremacía política» [94].

---

[91] Para el ambiente y vida de Cádiz durante este agitado período, cfr., el excelente libro de Ramón Solís, *El Cádiz de las Cortes,* Madrid, 1969.

[92] Sobre las polémicas doctrinales de la época y sobre el padre Alvarado en particular, cfr., Javier Herrero, *Los orígenes del pensamiento reaccionario español,* Madrid, 1971.

[93] Se hizo muy pronto una segunda edición «aumentada —decía— en más de cincuenta voces y con una receta eficacísima para matar insectos filosóficos».

[94] Obra cit., págs. 266-267.

El Vicario Capitular de Cádiz denunció el escrito de Gallardo ante la Regencia del Reino, y la Junta Provincial de Censura lo declaró «atrozmente subversivo, licencioso, contrario a las buenas costumbres e injurioso a diferentes Ministros de la Jerarquía Eclesiástica y Órdenes Religiosas». El folleto de Gallardo fue recogido por orden del ministro de Gracia y Justicia y se ordenó el arresto del autor [95]. En la cárcel escribió Gallardo

---

[95] Menéndez y Pelayo, llevado de su apasionado proselitismo juvenil, dedica en su *Historia de los Heterodoxos Españoles* (ed. Nacional, vol. VI, 2.ª ed., Madrid, 1965, págs. 50-61) duros ataques al *Diccionario* de Gallardo; merece la pena reproducir sus juicios, siquiera sea por curiosidad: «Mucho menos vale [estaba hablando de la *Apología de los palos*] el *Diccionario crítico-burlesco*, librejo trabajosamente concebido, y cuyo laborioso parto dilatóse meses y meses, provocando general expectación, que en los mejores jueces y de más *emunctae naris*, vino a quedar del todo defraudada, siquiera el vulgacho liberal se fuera tras del nuevo engendro, embobado con sus groserías y trasnochadas simplezas. Cualquiera de los folletos de Gallardo vale más que éste, pobre y menguado de doctrina, rastrero en la intención, nada original en los pocos chistes que tiene buenos. Ignaro el autor de toda ciencia seria, así teológica como filosófica, fue recogiendo trapos y desechos de ínfimo y callejero volterianismo, del *Diccionario filosófico* y otros libros análogos, salpimentándolos con razonable rociada de desvergüenzas, y con tal cual agudeza o desenfado picaresco, que atrapó en los antiguos cancioneros o en los libros de pasatiempo del siglo XVI. Burlóse de los milagros y de la confesión sacramental, ensalzó la serenidad de las muertes paganas, comparó *(horribile dictu)* el adorable Sacramento de la Eucaristía con unas *ventosas sajadas;* manifestó deseos de que los Obispos echasen *bendiciones con los pies*, es decir, colgados de la horca; llamó a la Bula de la Cruzada *el papel más malo y más caro que se imprimía en España*, y a los frailes *peste de la república y animales inmundos encenagados en el vicio;* de los jesuitas dijo que no había *acción criminosa ni absurdo moral que no encontrase en ellos agentes, incitadores, disculpa o absolución;* puso en parangón la gracia divina con la de *cierta gentil personita*, y graduó al Papa de Obispo *in partibus*, con otras irreverencias y bufonadas sin número» (la cita en págs. 52-53). Menéndez y Pelayo, como luego veremos, había de modificar después profundamente su concepto de Gallardo como erudito y bibliógrafo, actividades que no valora tampoco con exceso en un párrafo anterior al de la cita; en él se hace eco también, con cierta ligereza, de la fama de Gallardo como bibliopirata. Es sabido que don Marcelino, que dirigió los volúmenes III y IV del *Ensayo* (véase luego), tenía en su estudio, a todo honor, un busto del bibliógrafo extremeño; aunque no creemos que cambiara su opinión sobre la ideología de Gallardo. Sáinz Rodríguez, por su parte, se demora apenas en el examen del *Diccionario:* «El valor del *Diccionario* —dice— es muy inferior a la fama de que gozó. Muestra en él Gallardo su peculiar filosofía sensualista; en el artículo *Jansenismo* procura mostrarse favorable a él con cierta cautela. En conjunto, puede decirse que la originalidad filosófica de este escrito es nula y la poca filosofía que hay en él se reduce a retazos de la *Enciclopedia*, del *Diccionario filosófico*, de Voltaire, o del de Bayle. Mayor es su mérito desde el punto de vista literario y aunque no llega, ni con mucho, a otros escritos del mismo autor (por ejemplo, la *Apología de los palos* o *Las letras, letras de cambio*), resplandece de vez en cuando, acá y allá, la agudeza satírica y el estilo zumbón del *licenciado Palomeque* y del *bachiller Tomé Lobar*. Muchas de las gracias de este librito son puramente circunstanciales y consisten en embozadas sátiras y alusiones a personas y sucesos de la época» (obra cit., págs. 275-276). Algo más adelante añade: «De chistes, algunos de dudoso gusto, está plagado el *Diccionario*, pero indudablemente el trozo más ingenioso y quizá el más indecente de todo él, es el dedicado a Molinos y su escuela, donde el castellano está tan habilísimamente manejado, que tomados los vocablos en su sentido directo es completamente inofensivo y aun moral todo lo que se dice allí» (ídem, íd., pág. 277). Gómez de Baquero comenta el *Diccionario* de este modo: «Se ha juzgado con demasiada severidad este

una defensa, *Contestación del autor del Diccionario crítico-burlesco a la primera calificación de esta obra,* que Sáinz Rodríguez considera superior en mérito al *Diccionario,* aunque nunca alcanzara la fama de éste: «Tiene trozos esta defensa —comenta Sáinz— verdaderamente elocuentes cuando habla de su amor a la pureza de costumbres y, en otros, muestra una clarividencia política admirable. Véase el siguiente párrafo, bellamente escrito, en que predice, en pleno año doce, las guerras civiles del siglo XIX: 'Hace mucho tiempo que veo levantarse de entre las ruinas de la Patria la hidra de la guerra civil, alimentada especialmente por los que se oponen a las reformas útiles en el nombre de Dios. Los anuncios de esta guerra ya los estamos sintiendo, y si con tiempo no se acude al daño, vamos a vernos envueltos en el caos de una revolución espantosa. *Yo no he dudado nunca de que triunfaremos de los franceses; pero de nosotros ¿triunfaremos?* Mucho lo temo; mientras haya quien a favor del carácter santo de inviolabilidad que reviste su persona, y deslumbrando con piadosas apariencias, ose apellidar en el seno de la sociedad que le abriga, que la lei sancionada por la Potestad Suprema del Estado, es contraria a lo que a él se le antoja la lei de Dios, ni tendremos patria ni libertad segura»[96]. La Junta, tras la defensa de Gallardo, dio una nueva calificación mucho más benigna y puso al escritor en libertad, pero el asunto volvió de nuevo a las Cortes, dando lugar a sesiones tumultuosas; y, a pesar del triunfo de Gallardo, la obra fue condenada por varios obispos, colocada en el índice de libros prohibi-

librito polémico. No diré que sea lo mejor de Gallardo; pero no es tampoco un trabajo insignificante y vulgar al que las circunstancias dieron inmerecida fama. Abunda en sales, algo groseras a veces, y muestra la chispa y erudición de su autor. Ahora bien: es un escrito que por las cuestiones que toca y el descaro burlón con que habla de ellas, tenía que herir sentimientos delicados y creencias fácilmente irritables. No hay que olvidar que era una diatriba contra otra diatriba. Está escrito en tono de vejamen, como redactado para contestar a otra sátira, de cierto muy inferior en literatura y donaire a la de Gallardo... Menéndez y Pelayo debió de leer demasiado de prisa el *Diccionario crítico,* cosa explicable al redactar una obra como la *Historia de los Heterodoxos,* para la cual era menester consultar tantos libros y papeles. Ello le hizo incurrir en la confusión de tomar como texto de Gallardo aquella insolente definición de los frailes, *una especie de animales viles y despreciables,* etc., que es un texto irónico del *Diccionario manual,* al que replicaba el satírico extremeño, quien le copia, hasta entre comillas, para sacar partido de él, aparentando con no corta habilidad refutarle» (Eduardo Gómez de Baquero, «Andrenio», «Gallardo y su tiempo», en *De Gallardo a Unamuno,* Madrid, 1926, págs. 7-52; las citas en págs. 26-27 y 28).

[96] Obra cit., pág. 271. Menéndez y Pelayo dice, en cambio, de la *Contestación:* «Tras esto presentó Gallardo (trabajada, según su costumbre, a fuerza de aceite y en el larguísimo plazo de treinta días) una apología aguda e ingeniosa, pero solapada y de mala fe, en que están, no retractadas, sino subidas de punto, las profanidades del *Diccionario, con nuevos cuentecillos antifrailunos.* Semejante defensa, que a los ojos de los católicos debía empeorar la causa de Gallardo, bastó a los de la Junta de Censura para mitigar el rigor de la primera calificación, declarándole casi inocente en una segunda, con la cual se conformó el autor, prometiendo borrar algunas especies mal sonantes» *(Heterodoxos,* vol. cit., págs. 55-56).

dos y citada durante largo tiempo «como modelo de escándalo e impiedad» [97].

Publicó Gallardo por entonces diversos artículos de marcado carácter volteriano en el periódico radical *La Abeja Española*, y, al parecer, corría también a su cargo una sección titulada «Calle Ancha», donde se recogían todos los chismes políticos que circulaban por Cádiz. Concluida la guerra, llegó por fin el momento en que las Cortes pudieron trasladarse a Madrid. Apenas llegado a la capital inició Gallardo la publicación de *La Abeja Madrileña*, continuación de la de Cádiz; pero intuyendo agudamente la reacción absolutista que se avecinaba, se refugió en su villa natal y pasó después a Portugal, de donde emigró a Inglaterra. Sus enemigos le sentenciaron en rebeldía; fue condenado a muerte con confiscación de todos sus bienes y obligación de pagar las costas del proceso.

El gobierno inglés protegió a Gallardo generosamente asignándole una pensión de diez mil reales. Gallardo se entregó entonces a su pasión favorita de leer y extractar libros antiguos españoles, y, en opinión de Sáinz Rodríguez [98], fue esta etapa la de mayor actividad de toda su vida. Trabajó en la admirable colección española del Museo Británico y en bibliotecas de particulares, sobre todo en la muy selecta del hispanista Heber.

Al producirse en 1820 el triunfo del partido liberal, Gallardo regresó a Madrid y fue repuesto en su antiguo empleo de bibliotecario de las Cortes. Pertenecía Gallardo desde bastante tiempo atrás al grupo más exaltado de la masonería, que se separó de la organización en el mismo año de 1820. Gallardo, que, como sabemos, unía la ideología política más radical con el más arraigado españolismo, creía en la necesidad de fundar una nueva sociedad castiza, a la española, «que simbolizase la defensa de la libertad castellana en tiempos de Carlos I», y siguiendo su plan nació la célebre sociedad de «Los Comuneros», cuyo poder creció tan rápidamente que pudo llegar hasta imponer y derribar gobiernos. Sáinz Rodríguez afirma que toda la política de los años 20 al 23 no fue en el fondo más que una lucha entre «Los Comuneros» y la antigua sociedad masónica, contribuyendo con esta división a la restauración del absolutismo [99]. «Los Comuneros» calcaron todo el sistema y las ceremonias de la antigua masonería, pero sustituyeron los nombres por una terminología guerrera y caballeresca, «a la española»: el *Gran Oriente* se denominó *Gran Castellano*, la Confederación se dividió en *Comunidades* y éstas en *Merindades*, subdivididas en *castillos* y *fortalezas* con sus respectivos *alcaides*, *plazas de armas* y *cuerpo de guardia* [100].

---

[97] El *Diccionario* llegó a ser prohibido hasta por el arzobispo de México, según informa Buchanan en «Notes...», cit., pág. 191.

[98] Obra cit., pág. 288.

[99] Idem, íd., págs. 297-298.

[100] Véase la descripción de la organización y ritos de «Los Comuneros» en Menéndez y Pelayo, *Heterodoxos*, vol. cit., págs. 119-120.

Por esta época se trabó Gallardo en encarnizada polémica con Sebastián Miñano, de quien iba a ser enemigo irreconciliable durante el resto de su vida, y en otra no menor con el famoso periódico satírico y político *El Zurriago*, al que dedicó un folleto titulado *Al Zurriago zurribanda: lardón al número 24.*

Al producirse la intervención francesa de los Cien Mil Hijos de San Luis, Gallardo formaba en la expedición que se retiraba con Fernando VII camino de Andalucía. Cuando tuvo lugar en Sevilla la incapacitación del rey, propuesta y referida por Alcalá Galiano, según veremos oportunamente, Fernando partió por tierra hacia Cádiz mientras zarpaba de Sevilla un barco de vapor que llevaba a los diputados; había de seguirle una embarcación menor con equipajes y sirvientes, pero ya no consiguió emprender la travesía. Merece la pena reproducir el pasaje escrito por Galiano en su continuación de la *Historia* de Dunham: «Quedó pronta a levar anclas una goleta de mediano porte, donde iban los enseres del Congreso con muchos de los porteros y *dependientes* del mismo, y los equipajes y algunas familias de diputados, circunstancia digna de recordarse en la historia porque en tan pobre objeto vino a cebarse la cobarde saña de los realistas sevillanos. Casi a la misma hora pusiéronse en camino las tropas dejadas atrás y los que a su abrigo se habían puesto. Acechaban los anticonstitucionales y libres de todo cuidado y concertadas sus disposiciones subieron a la Giralda unos pocos y con repique de campanas dieron la señal de comenzar el alboroto a sus compañeros. Rompió el motín la plebe, acompañada o azuzada por algunos de superior esfera y por el clero; echóse sobre los sospechados de liberales; insultólos; allanó casas, dióse al saqueo y cayó principalmente sobre la goleta llena de los equipajes de los diputados, robando los objetos de valor, destruyendo otros, *arrojando al río papeles* y apaleando a los pobres guardadores de lo encomendado a su fidelidad» [101]. Entre estos papeles iban los de Gallardo, que perdió de este modo gran parte de los apuntes y trabajos de toda su vida; ésta fue la famosa, y lamentable, «jornada de San Antonio», día 13 de junio de 1823.

La recuperación de los libros desaparecidos, en su mayoría preciosísimos, y de sus propios escritos, atormentó a Gallardo hasta el final de su existencia. Sus enemigos le acusaron de exagerar las pérdidas para tener luego ocasión de reclamar como propios cuantos libros y manuscritos le viniera en gana; de semejante especie se hace eco también el propio Galiano: «Había quien lloraba más que sus ropas, sus papeles, a los cuales con mayor o menor motivo, daba gran valor. Así, don Bartolomé Gallardo, bibliotecario de las Cortes, se quejaba de la pérdida de manuscritos en crecidísimo número, fruto de trabajos literarios de muchos años, de gran valor, y reputados por su autor y dueño, tesoro de inestimable precio...

---

[101] Cit. por Sáinz Rodríguez en obra cit., pág. 314.

También dio esto margen a suponer pérdidas superiores a las real y verdaderamente padecidas, y aun de Gallardo se decía y ha dicho haber abultado sobremanera el catálogo de los papeles que le fueron quitados, queriendo justificar con lo supuesto destruido, lo corto de sus trabajos dados a luz, y justificar el concepto de que gozaba sin títulos suficientes a tanta celebridad; suposición ésta de la malicia no justificada por razón alguna, y que sólo refiero por haber sido corriente y creída de no pocos, siendo la condición de Gallardo, y su poco escrúpulo en tratar mal la honra ajena, causa de tener él muchos contrarios que no le respetasen la propia» [102].

Sobre semejantes rumores y la fama de insaciable bibliopirata se levantó la leyenda negra de Gallardo. Sus enemigos la propalaron tenazmente, sobre todo su maligno rival, Adolfo de Castro, en dos folletos célebres. Rodríguez-Moñino, digno émulo en nuestros días de la pasión bibliófila de su paisano, ha tomado sobre sí la tarea de reivindicarle en su minuciosa monografía mencionada, que pone en claro la cuestión [103]. Apenas llegado a Cádiz redactó Gallardo un cuaderno de 12 páginas en folio, que envió a Fernán Caballero, hija de su gran amigo, el ilustre erudito Juan Nicolás Böhl de Faber, para que por medio de Casa-García, comisionado regio en Sevilla, iniciase la búsqueda de los papeles y libros perdidos. Por lo que luego, a lo largo de años, pudo ser localizado o recuperado por Gallardo, o lo que todavía en nuestros días, gracias a la tenacidad de Moñino, ha podido ser identificado como suyo, ha conseguido éste documentar, con leves errores [104], la exactitud de las pérdidas declaradas por don Bartolomé José. En cuanto a los trabajos propios, Moñino los clasifica en diez grandes grupos [105]: Diccionario; Gramática; Rímica; Historia crítica del ingenio español; Estudios cervánticos; Romancero; Cancionero; Teatro; Poesías originales; y Cédulas bibliográficas, copias y extractos de libros antiguos y modernos.

Gallardo, como arriba dijimos, había trabajado incansablemente durante sus años de Londres y reunido para su proyectado *Diccionario* hasta ciento cincuenta mil papeletas, complementadas con las que tenía dispuestas para su diccionario de americanismos, un *Diccionario ideográfico español, o tesoro de las voces y frases que posee la lengua española para la expresión de los afectos, conceptos e ideas,* un *Catálogo* o *Copia de los verbos*

---

[102] Ídem, íd., págs. 314-315.

[103] Es de justicia señalar que Buchanan en sus «Notes...», cit., se había ya anticipado en la tarea de identificar como ciertas algunas de las pérdidas denunciadas por Gallardo; refiriéndose a la totalidad del hecho y a las burlas de sus enemigos afirma Buchanan taxativamente que «es bastante fácil ahora reivindicar a Gallardo» (pág. 162).

[104] Cuando Gallardo fue a Campanario en 1826 para visitar a su familia (véase luego) encontró allí, según informa el propio Moñino, «nada menos que cuatro cajones de libros que se le habían quedado trasconejados y en los cuales encontró algunas de las piezas que creyó perdidas en Triana...» (*Historia de una infamia...*, cit., pág. 74).

[105] Ídem, íd., pág. 40.

*que posee la lengua española,* y una colección de apuntes con ejemplos de *Sinónimos castellanos.* Para la *Gramática de la lengua española* había preparado extractos de más de treinta antiguas. Pero, como dice Moñino [106], la más sensible pérdida para Gallardo fue la de los materiales que tenía reunidos para una *Historia crítica del ingenio español,* que había de comprender tres apartados: *Teatro, Cancionero* y *Romancero.* Supone Moñino que Gallardo no tenía trabajados estos libros, pero sí reunidas «multitud de noticias biográficas, bibliográficas y críticas sueltas y aun redactados capítulos enteros»; y que, casi con seguridad, planeó su *Historia crítica del teatro* durante la emigración en Londres, antes de que Moratín emprendiera la suya. Gallardo trabajó después para rehacer lo perdido, y muchas de las cédulas preparadas por él fueron utilizadas por Emilio Cotarelo en su *Teatro español anterior a Lope de Vega.* Para llevar a cabo su empresa Gallardo había reunido curiosísimas piezas teatrales «muchas de ellas por nadie vistas hasta entonces y desaparecidas para siempre» [107]. Para el *Cancionero* tenía concluida una *Disertación,* que debía servir de prólogo, y reunidas «multitud de piezas preciosísimas, apuntes y extractos de colecciones antiguas, en su mayor parte desconocidas en aquel tiempo» [108]; y parecida labor tenía preparada para el *Romancero;* Moñino asegura que tenía copiados de tres a cuatro mil romances, de ellos más de trescientos inéditos [109]. Con idéntica pasión había trabajado Gallardo sobre Cervantes, con el objeto de escribir una *Vida* y preparar una edición del *Quijote;* incluso había proyectado que la ilustrara Goya [110].

La magnitud de las empresas que tenía entre manos explica que Gallardo no hubiese publicado hasta entonces ninguna obra de importancia capital, y así pudieron acusarle sus enemigos de que fantaseaba sobre su tarea y de que sólo había dado a la imprenta breves escritos o folletos polémicos. La pérdida de casi todo lo logrado y el tiempo consumido en repararla dentro de lo posible consumaron la desgracia de Gallardo, que al fin había de morir sin lograr los frutos de su esfuerzo, aprovechados por tantos otros, como luego veremos. Sáinz Rodríguez señala [111] que el

---

[106] Idem, íd., pág. 47.

[107] Idem, íd., pág. 49.

[108] Idem, íd., pág. 52. En una carta dirigida a Escoto desde Londres en 1816 escribe Gallardo que estaba preparando «una colección de poesías con un poco más de diligencia i esmero, por de contado, qe las echas en estos últimos tiempos por Sedano, Estala i Quintana... Yo trato de andarle todo el monte i la vega sin qe quede vericueto alguno qe no registre; por encontrar si puedo una flor qe sea para mi ramillete. Necesito pues leer mucho o leerlo todo cuanto tenemos escrito en verso; qe son cuando menos algunos zentenares de resmas de mal papel, mala estampa i malísimos versos, de entre los cuales se an de entresacar tal cual bueno qe suele encontrarse como rosa entre zarzas...» (cit. por Buchanan, en «Notes...», cit., pág. 163).

[109] *Historia de una infamia...,* cit., pág. 52.

[110] Cfr., Antonio Rodríguez-Moñino, *Goya y Gallardo, noticias sobre su amistad,* Madrid, 1954.

[111] Obra cit., pág. 317.

recuerdo del malhadado día de San Antonio acompañó como una pesadilla al desventurado bibliófilo durante el resto de su vida, lo que unido a sus destierros y encarcelamientos contribuyó a agriar su ya difícil carácter y fue causa de una cierta manía persecutoria, que la hostilidad de sus émulos decoró con pintorescas anécdotas. No obstante, añade el propio Sáinz: «Gallardo, con una perseverancia heroica, recomenzó su labor, y muestras de su trabajo ciclópeo son los numerosos apuntes y papeletas que forman aún hoy día el mejor y más copioso arsenal de la erudición literaria española» [112].

Al producirse, a renglón seguido de «la de San Antonio», la reacción absolutista, Gallardo se quedó en Cádiz, protegido por sus muchos amigos, decidido a no emigrar esta vez como había hecho en el año 14. Ansioso de recuperar lo perdido, marchó en 1824 a Sevilla, pero allí fue detenido y encerrado en la cárcel de la Audiencia, donde continuó, no obstante, sus trabajos y se dedicó a recoger romances de la tradición oral de boca de los presos. De allí fue trasladado al convento de San Agustín a petición propia, y a principios de 1825 se le puso en libertad. Marchó poco después a Extremadura para visitar a sus parientes, pero de resultas de alguna denuncia fue desterrado a Sevilla y luego a Chiclana, sin que perdiera ocasión, pese a tantos sinsabores, de proseguir sus investigaciones bibliográficas dondequiera que se le diera lugar. Inesperadamente le llegó una orden de la policía de Cádiz para que se trasladara a Córdoba, cuyo gobernador lo desterró a Castro del Río, «villa —escribe Sáinz Rodríguez— en que predominaban los absolutistas, con el deliberado propósito de que lo asesinaran las turbas» [113]. En Castro del Río le sirvió de algún alivio la amistad con el carmelita fray Juan de Castro, pero sufrió allí un proceso por palabras subversivas, en 1829, y pasó en la cárcel varios meses. «La vida de Gallardo en estos años —escribe Sáinz—, hasta el 1834 en que la reina María Cristina concedió la amnistía, fue una verdadera y lamentable odisea. Siempre vigilado por las autoridades, iban enviándoselo éstas de un sitio a otro. Años después refirió él estas andanzas a Casas-Deza. Por lo que dice en las cartas a éste, estuvo, siempre desterrado y sujeto a vigilancia, en Talavera, en Ocaña y en algún otro sitio hasta que, en 1832, se le permitió establecerse en Toledo» [114]. Y Rodríguez-Moñino comenta por su parte: «La historia de la persecución de Gallardo durante los años 1827 a 1833 pide plaza en una biografía del escritor más que en estas ligeras notas sobre muy concreta materia. Baste señalar que, efectivamente, quisieron dar buena (mala) cuenta de su piel, señalando hasta premio en dinero para el que le diera una puñalada. Testimonios oficiales hay de ello» [115].

---

[112] Ídem, íd., pág. 318.
[113] Ídem, íd., pág. 322.
[114] Ídem, íd., págs. 322-323.
[115] *Historia de una infamia...*, cit., pág. 76.

Aun a pesar de todo, la actividad literaria de Gallardo durante estos años de destierro fue muy intensa. Escribió por entonces la mayoría de sus poesías y publicó artículos en el *Diario Mercantil* de Cádiz y en la revista *Cartas Españolas*. En esta última publicó en 1832, en forma de cartas, un estudio sobre *El Gran Canciller de Castilla Pero López de Ayala y su famoso Rimado:* «Es este escrito de Gallardo —dice Sáinz— uno de los más bellos y bien pensados que salieron de su pluma y en él nos muestra, contra los que le creen un ratón de biblioteca, sus grandes aptitudes para la crítica elevada y la historia artística» [116].

La más importante publicación de Gallardo en estos años fue, sin embargo, su folleto *Cuatro palmetazos bien plantados a los gaceteros de Bayona*, impreso en Cádiz en 1830. Los *gaceteros de Bayona* eran Reinoso, Lista y Miñano, a los que Gallardo acusa de afrancesados y galicistas. En opinión de Sáinz, en este folleto, que es todo él una defensa apasionada de la pureza del castellano, es donde mostró mejor Gallardo sus profundos conocimientos del idioma: «parece mentira —añade— que en su destierro de Castro del Río, pudiese reunir tantos datos y autoridades como en este opúsculo se alegan» [117]. Moñino, que reproduce en su *Estudio bibliográfico* varias páginas de los *Cuatro palmetazos*, afirma que es «uno de los opúsculos de Gallardo más logrados en todos los sentidos» [118].

En 1834 publicó Gallardo uno de sus más famosos folletos satíricos, *Las letras, letras de cambio o los mercachifles literarios: Estrenas y aguinaldos. Del Bachiller Tomé Lobar*, dirigido contra el ministro Burgos: «Creo —comenta Sáinz— que pocas veces en la historia de nuestra sátira política se habrán dicho ironías más crueles y verdades más amargas a un gobernante en el poder» [119]. *Las letras, letras de cambio* le acarrearon a Gallardo una violenta persecución por parte de Burgos, jefe supremo de la policía: la imprenta del editor Calero fue allanada, se recogieron todos los ejemplares y se ordenó la detención del autor. Gallardo no se presentó y fue procesado en rebeldía; a Calero le defendió en un famoso discurso don Salustiano de Olózaga. La causa se siguió varios años, y al fin, en 1840, se dictó sentencia absolutoria.

En 1835, para dar a conocer varios trabajos concluidos y algunas piezas que guardaba en su biblioteca, emprendió Gallardo la publicación de *El Criticón*, del que sólo llegó a editar en vida cinco números; después de su muerte aparecieron otros tres más con materiales que tenía preparados. Sáinz Rodríguez supone [120] que Gallardo no publicó estos tres últimos porque una vez más se dejó enredar por sus sempiternas aficiones políticas.

---

[116] Obra cit., pág. 324.
[117] Idem, íd., págs. 325-326.
[118] Cit., pág. 124.
[119] Obra cit., pág. 329.
[120] Idem, íd., pág. 337.

Efectivamente, en 1837 se presentó como candidato para diputado a Cortes; fue derrotado en Madrid, pero salió elegido por Badajoz, con lo cual parece que alcanzó una ilusión acariciada largo tiempo. Su actuación en el Congreso no fue importante, pero publicó un folleto, que obtuvo gran difusión, contra Martínez de la Rosa, con ocasión de su famosa frase «Un faccioso más»[121]. Con el pretexto de hacer economías, pero con el claro propósito de perjudicar a Gallardo, se propuso en el Congreso la supresión del cargo de bibliotecario, lo que dio lugar a largas discusiones y provocó un incidente, en el cual un diputado, autor de la propuesta, abofeteó a Gallardo. Como presidente de la Junta Central Directiva del Partido Progresista redactó una *Alocución* dirigida a los electores de la provincia de Madrid que, según Sáinz, «representa una tendencia extrema y de acción dentro del liberalismo»[122].

A partir de entonces, Gallardo se fue retirando cada día más de la vida pública hasta que llegó a recluirse en una casa con hacienda de labor, llamada «La Alberquilla», que había comprado en la provincia de Toledo. Allí reunió todos los libros que tenía dispersos, y desde allí mantenía correspondencia con los más insignes eruditos de entonces al tiempo que efectuaba viajes por distintas ciudades, en particular las capitales andaluzas, para adquirir libros o trabajar en bibliotecas particulares; publicó también por entonces abundantes artículos en periódicos y revistas.

En 1848 apareció en Cádiz un pequeño libro titulado *El Buscapié. Opúsculo inédito que en defensa de la primera parte del «Quijote» escribió Miguel de Cervantes Saavedra. Publicado con notas históricas, críticas y bibliográficas por Don Adolfo de Castro;* contenía 64 páginas de texto y 194 de notas. La existencia del *Buscapié* había sido sugerida bastante tiempo antes. En la *Vida de Cervantes*, de Vicente de los Ríos, que precede a la edición del *Quijote* de la Academia de la Lengua, publicada en 1780, se afirma que, según cierta tradición, Cervantes, para atraer hacia su libro la curiosidad pública, había escrito un librito anónimo, titulado *El Buscapié*, en el que, fingiendo una sátira del *Quijote*, declaraba que había en él secretas alusiones a los proyectos militares y a varios cortesanos del Emperador. En una carta aducida por Vicente de los Ríos, aseguraba un tal Antonio Ruydíaz que había visto y leído un ejemplar en la biblioteca del conde de Saceda. Los cervantistas más autorizados, como Pellicer, Navarrete y Clemencín, no creyeron en la existencia del *Buscapié*, considerando el testimonio de Vicente de los Ríos poco convincente. La aparición, por tanto, del misterioso escrito causó tremenda conmoción en los ambientes

---

[121] Se trata de un supuesto discurso, que como advierte el autor en una nota «no llegó a pronunciarse ni así ni asá», titulado *Discurso del diputado extremeño Gallardo sobre el párrafo de la* PAZ *del proyecto de contestación al* DISCURSO DE LA CORONA, *traducido y parafraseado en lenguaje pedestre del estilo de tribuna.*

[122] Obra cit., pág. 342.

literarios de toda Europa y se escribieron en seguida numerosos artículos discutiendo su autenticidad. Thomassina Ross tradujo al inglés el *Buscapié* y algunos eruditos aceptaron como buena la superchería; entre los nuestros la creyó Cañete, pero la combatió Villergas, y el gran hispanista Ticknor adujo pruebas documentales que demostraban la falsedad del texto. Adolfo de Castro se había propuesto, sin duda, hacer un alarde de erudición y gastar con ello una broma a los estudiosos que cayeran en la trampa. Pero los críticos más sagaces advirtieron las incongruencias y, como dice «Andrenio» [123], la misma erudición que lo había forjado, arruinó el fraude.

Entre los bibliófilos españoles había gran expectación por conocer la opinión de Gallardo, «el santón mayor del gremio», y varios de ellos le escribieron pidiéndole parecer. En sus respuestas, Gallardo trató muy duramente a Castro, dándole el remoquete de «Lupianejo Zapatilla» por referencia al célebre falsario Lupián Zapata. Enterado de estas cartas, Adolfo de Castro quiso ganar a Gallardo por la mano y escribió contra él en *La Ilustración* una serie de artículos que reunió luego en un folleto titulado *Cartas dirigidas desde el otro mundo a Don Bartolo Gallardete por Lupianejo Zapatilla, con más el proceso fulminado por este caballero contra aquel iracundo filólogo* (Madrid, 1851). Gallardo contestó a fines de mayo con un folleto famosísimo, editado también en Madrid: *Zapatazo a Zapatilla y a su falso Buscapié un puntillazo.* Gallardo trituró la mistificación de su rival, señalando al detalle las fuentes que había utilizado para componerla, y le conminaba al fin a la prueba definitiva de presentar el manuscrito original, que Castro decía poseer. El triunfo de Gallardo fue completo, pero las intemperancias de su carácter le acarrearon consecuencias imprevistas. No estando seguro de que fuese Castro el verdadero autor de la falsificación, en una de sus cartas comunicó su sospecha de que lo fuera Serafín Estébanez Calderón, «El Solitario», también apasionado bibliófilo y muy amigo hasta entonces de Gallardo; éste, con su afición a forjar apodos insultantes, lo había llamado el «Aljamí Malagón Farfalla». Cánovas del Castillo, sobrino de «El Solitario», cuya biografía había de escribir años después, publicó entonces una violenta diatriba contra Gallardo en *La Ilustración;* Estébanez, por su parte, compuso el celebérrimo soneto «Caco, cuco, faquín, biblio-pirata», que tanto ha contribuido a forjar la leyenda negra de Gallardo, y presentó contra él una denuncia por injurias, de la cual resultó don Bartolomé condenado a ocho meses de destierro a diez leguas de la Corte y al pago de todos los gastos del juicio. Andando el tiempo, Cánovas, en su biografía de «El Solitario», rectificó en buena medida los duros juicios que había emitido contra el gran bibliógrafo extremeño, calificados por La Barrera de estúpidos insultos. Pero Adolfo de

---

[123] «Gallardo y su tiempo», cit., pág. 38.

Castro publicó en forma de folleto una burlesca biografía de Gallardo, titulada *Aventuras literarias del iracundo extremeño Don Bartolo Gallardete, escritas por Don Antonio de Lupián Zapata (la horma de su zapato)*, Cádiz, 1851, en cuyas páginas preliminares acogió el soneto de Estébanez [124], composición que, según repetidamente ha denunciado Rodríguez-Moñino, ha constituido hasta tiempos recientes la envenenada fuente de la cual se ha nutrido la deformada biografía de don Bartolomé.

La muerte sorprendió a Gallardo en una de sus excursiones bibliográficas. Sabedor de la existencia de algunos libros raros en Valencia, se dirigió a dicha ciudad el primero de julio de 1852; de allí salió para Alcoy con iguales propósitos. Pero el 12 de septiembre se sintió repentinamente enfermo y falleció el día 14 de un ataque cerebral; contaba 75 años.

## LA PERSONALIDAD Y LA OBRA DE GALLARDO

Las páginas precedentes, resumen tan sólo de la agitada vida del gran bibliógrafo extremeño, nos han permitido comprobar que fue tratado en

---

[124] Aunque contiene acusaciones injustas, merece ser reproducido porque como pieza literaria es ingeniosísima y posee gran valor anecdótico:

> *Caco, cuco, faquín, biblio-pirata,*
> *tenaza de los libros, chuzo, púa:*
> *de papeles, aparte lo ganzúa,*
> *hurón, carcoma, polilleja, rata.*
> *Uñilargo, garduño, garrapata,*
> *para sacar los libros cabria grúa,*
> *Argel de bibliotecas, gran falúa,*
> *armada en corso, haciendo cala y cata.*
> *Empapas un archivo en la bragueta,*
> *un Simancas te cabe en el bolsillo,*
> *te pones por corbata una maleta.*
> *Juegas del dos, del cinco y por tresillo;*
> *y al fin te beberás como una sopa,*
> *llenas de libros, Africa y Europa.*

Dentro del texto (pág. 23), Adolfo de Castro insertó como propio otro soneto de parecida vitola, que Sáinz Rodríguez (obra cit., pág. 317) supone escrito también por «El Solitario»; dice así:

> *Traga-infolios, engulle-librerías,*
> *desvalija-papeles, mariscante,*
> *pescador, ratonzuelo, mareante,*
> *Barbarroja y Dragut de nuestros días.*
> *Más vejete que el viejo Matatías*
> *murcia-murciando va mundo adelante,*
> *de bibliotecas es el coco andante,*
> *capeador, incansable en correrías.*
> *Harto de hormiguear a troche y moche*
> *y de hundir lo que birla desde mozo*
> *en su cueva, insondable cual abismo,*
> *En sueños se levanta a media noche,*
> *coge sus libros y los echa al pozo,*
> *y por garfiar, garfiña hasta a sí mismo.*

vida con injusticia y parcialidad y acusado de defectos a los que fue enteramente ajeno. El más tenaz de los sambenitos fue el de *bibliopirata*, atribución que ya no puede sostenerse tras los estudios de Rodríguez-Moñino; éste ha probado, por el contrario, que quienes forjaron esta reputación de Gallardo fueron reales delincuentes en la materia y actuaron no pocas veces respecto a su rival con evidente mala fe. El otro cargo de que ha sido víctima, como vimos, es el de haber fantaseado sobre sus pérdidas en «la de San Antonio», y aún en otras ocasiones en que le fueron sustraídos inapreciables tesoros bibliográficos [125]; pero también Rodríguez-Moñino ha destruido la leyenda, reconstruyendo paso a paso las búsquedas y hallazgos, casi novelescos a veces, de sus amados libros.

Rencores y celos propios de la grey literaria pueden explicar en buena parte la hostilidad de sus émulos; el resto lo hizo la significación política de Gallardo, a la que debió las enconadas persecuciones a que hemos aludido. Pero sería injusto también desconocer la parte que al propio Gallardo le pertenece en la tenaz hostilidad de que fue objeto. Gallardo tenía un temperamento agresivo y polemista del que fácilmente se dejaba arrastrar, y una increíble capacidad de rencor que le inspiró muchas de sus actuaciones. Tuvo amigos constantes hasta el fin de sus días, pero también se enemistó con muchos de ellos por tiquismiquis que otra distinta condición de ánimo hubiera podido soslayar. Muchas de sus hostilidades lo fueron por rivalidades literarias o por leves desatenciones a las que nunca otorgó perdón. Su enemistad con Durán es un episodio poco honorable para el docto extremeño; Durán había sido su discípulo y entrañable amigo, pero cuando le otorgaron en la Biblioteca Nacional el puesto que él solicitaba, lo atacó virulentamente y, sin más fundamento que el que tuvieron sus enemigos para hacer con él otro tanto, le acusó de haberse apropiado de libros y papeles de la Biblioteca; siempre que lo menciona desde entonces lo llama «el bibliotecario Gato-Durán» [126]. Semejante es lo sucedido con La

---

[125] Rodríguez-Moñino da cuenta de diversas pérdidas en otras circunstancias, aunque no tan notables como en el día de San Antonio. La primera fue en el año 1809, cuando tuvo que evacuar rápidamente la ciudad de Sevilla, abandonando libros y papeles que nunca volvieron a aparecer. La segunda fue en 1814, cuando se expatrió a Inglaterra; entonces dejó en Madrid sus libros al cuidado de unos sirvientes, pero éstos, en ausencia de su dueño, los vendieron al librero Orea, de Madrid, quien vendió parte al menos de ellos a Böhl de Faber, en cuya biblioteca los encontró tiempo después Gallardo. Nuevas pérdidas hubo de sufrir por culpa de su discípulo y gran amigo Tomás García Luna, y finalmente por la incuria y mala voluntad de su sobrino Juan Antonio, en su finca particular de «La Alberquilla».

[126] La enemistad entre Gallardo y Durán, por la calidad de los protagonistas y los problemas literarios que lleva implicados —y en buena parte también por la índole de los fiscales y defensores de cada parte que entonces, y en nuestros días, han intervenido— excede con mucho la condición de mera anécdota curiosa. Rodríguez-Moñino, tan benemérito en su reivindicación de la obra de Gallardo, se aparta un tanto de la debida imparcialidad cuando trata el asunto de Durán. En su Introducción a la *Correspondencia de D. Bartolomé José Gallardo (1824-1851). Cuarenta cartas inéditas que pu-*

Barrera, el mayor y más fiel discípulo de Gallardo, a quien al cabo tuvo, no obstante, que abandonar, sin perderle por ello la admiración intelectual, por no poder resistir su irritabilidad y sus obsesiones [127]. Por idénticas ra-

*blica...*, Badajoz, 1960, escribe Moñino: «Años más tarde esta amistad quebró. Durán se hizo cada vez más partidario de todo lo que aborrecía Gallardo; obtuvo puestos, honores, Academias, etc., mientras el solitario de La Alberquilla, inflexible en sus principios filosóficos y políticos, quedaba totalmente al margen» (pág. 11). Y más abajo, en la misma página: «Durán se afilió al grupo de los mayores enemigos de Gallardo y sólo tiene elogios para ellos: no es de extrañar, pues, que el perseguido autor del *Ensayo* volviera contra él sus armas con la dureza y violencia que hemos visto». Es decir: Moñino trata hábilmente de cargar la culpa de la ruptura a posiciones políticas de Durán, que ofendían las convicciones ideológicas del íntegro extremeño. No obstante, unas páginas más adelante, al ocuparse Moñino de la relación entre Gallardo y los Fernández Guerra, pondera la inquebrantable amistad que hubo siempre entre ellos, particularmente con don Aureliano, con quien «no hubo nunca resquemores ni ofensa» (pág. 21). Y para encarecer la noble actitud del bibliófilo, escribe Moñino: «Si D. Aureliano cerró filas en el bando de los enemigos de Gallardo, nada hay que haga presumir enemistad o mal trato con él». Si el cerrar filas en el bando enemigo no era razón para enemistarse con don Aureliano, no tenía por qué serlo a propósito de Durán, ya que se trataba por añadidura del mismo «bando enemigo». Es, pues, incuestionable que hubo de haber para la ruptura motivos estrictamente personales, y no se ha demostrado que fuera Durán el provocador. Gallardo que, durante años, había elogiado la capacidad y trabajos de su discípulo, no advirtió sus menguas hasta que éste consiguió el puesto ambicionado por él, aparte de otros honores, y se le adelantó en la publicación de obras que hubieran colmado sus aspiraciones. Moñino dice, con la mayor naturalidad, en los dos primeros párrafos arriba citados, que «en 1836 ya hay en *El Criticón* señales de que el afecto mutuo había desaparecido», y refiere la alusión de Gallardo «a lo mal que andaba la Biblioteca» y los dicterios que dedica a Durán en el número 4 de la revista, de aquel año, tales como «hominicaco chisgarabís, o séase escarabajo literario de los que la corrupción de las cortes cría entre la inmundicia de la lisonja y la servidumbre». Moñino recoge como buena la insinuación hecha por Gallardo de que Durán fue expulsado de la Biblioteca por «graves acusaciones»; y esto sin otras pruebas, es decir, con la misma ligereza que ha reprochado tantas veces a quienes acusaron de semejante delito a su ilustre paisano. Gies recuerda (en su estudio sobre Durán, luego citado, pág. 32) que mucho antes de que se produjera la abierta ruptura con Durán —con los insultos citados de *El Criticón*, que Moñino llama piadosamente *señales;* y que no eran mutuas, sino tan sólo de parte del extremeño—, Gallardo, en cartas particulares a diversos amigos, aludía a Durán con las palabras más despectivas, a pesar de que públicamente mantenía las apariencias de amistad.

[127] Buchanan, fervoroso gallardista, afirma que del excéntrico carácter del bibliófilo existen irrecusables testimonios. A propósito del rompimiento con La Barrera reproduce dos textos de éste: «No fue sin embargo nuestra comunicación —dice en una carta— tan duradera i continuada como lo hubiera sido a no medrar aquella espezie de enajenación monomaníaca que en el zélebre bibliófilo se hallaba constituida —tenía la idea de que sus preziosos i codiziados libros iban siendo presa de ladrones pagados por sus enemigos, i aun de las personas a quienes rezibía i daba entrada en su casa—. Después de sufrirle una i otra vez mal embozadas indirectas, i de observar, cuando le visitaba, los frenéticos estremos que hazía, sin consideraciones de ninguna espezie, al acontezerle no hallar tan pronto un libro que buscase entre el cúmulo de ellos que obstruían su habitazión, determiné disminuir la frecuencia de mis visitas i por último las suprimí del todo» («Notes...», cit., pág. 169). En una carta posterior dice La Barrera de Gallardo: «Aunque de corazón sano i bondadoso, estuvo desgraziadamente dominado siempre por un bizio incorregible radicado en su eczesibo amor propio: el de la mordazidad satírica. Dezidor agudo, abusaba de su natural donaire i

zones cortó también su trato otro de sus grandes amigos, Borja Pavón [128]

No pretendemos con esto rebajar la personalidad literaria de Gallardo; tan sólo explicar en parte una hostilidad muy extendida, que hubiera sido inconcebible sin cierto fundamento. «Andrenio», que, aunque sin pretensiones de originalidad, ha trazado una ponderada semblanza de la persona y obra de Gallardo, dedica unas líneas muy justas, según nuestro entender, a delinear su carácter: «Lo que parece —dice—, guiándonos por los retratos, es que en lo físico le faltaba, como en lo moral, el don de la simpatía. Su genio era desigual e irascible, a lo cual contribuyeron sin duda las adversidades. Se captaba fácilmente enemistades con las desigualdades y asperezas de su carácter caprichoso. Carecía del don de gentes, de la gracia del trato humano. Era de esos hombres que, a pesar de su mérito, son de condición de no hacer carrera, porque ignoran el uso de la aguja de marear, que en el Ponto social es tan necesaria» [129].

El estilo satírico de Gallardo —explica el propio «Andrenio»— tiene un descaro y una savia picaresca que lo relaciona con Torres Villarroel y con Quevedo, y en abolengo aún más lejano, con los copleros y poetas de dicterios de la Edad Media; los mismos títulos de algunos de sus escritos —*Al Zurriago, zurribanda; Cuatro palmetazos bien plantados a los gaceteros de Bayona; Las letras, letras de cambio o los mercachifles literarios; Zapatazo a Zapatilla,* etc.— «indican que la ironía suave y urbana no era la cuerda

---

de la facilidad con qe manejaba el lenguaje, para ridiculizar no menos a sus amigos qe a sus mayores adbersarios...» (ídem, íd.).

[128] También de Borja Pavón aduce Buchanan diversos testimonios: «Sigue —escribe Borja de Gallardo— tan maldiciente y cáustico, o más que nunca. Al célebre Ministro y poeta granadino [Martínez de la Rosa] no le mientan sus labios sino con el apodo de *Don Pimpín de la Rosa,* y su célebre y burlado mecenas D. Javier de Burgos, con el de Motril. Promete publicar algunos escritos de literatura, y uno de ellos en contra de Clemencín por sus anotaciones al Quijote. Se queja de que todos sus enemigos se le vayan muriendo sin pagárselas antes» («Notes...», cit., pág. 171). Y en una carta desde Córdoba, de 1843, escribe a La Barrera: «Gallardo aún subsiste en Cádiz de vuelta de Granada... Es hombre a mi juicio de poco pronta comprensión, de algo escasa imaginativa, y en ciertas cosas de malos principios. Su crítica es mordaz, acre y estremada. Indulgente en demasía con los escritores antiguos, es intolerable al mismo compás con los modernos. En su conversación, que a primera vista sorprende, no se echa de ver facilidad, riqueza de recursos, y el espontáneo chiste que se le ha supuesto. Las frequentes e insufribles digresiones; sus gracias son rebuscadas, repetidas y de mal género; limitada la provisión de sus noticias y hasta de sus frases. Todavía yo le supongo erudito bibliógrafo y entendido lingüista, y a pesar de algunas afectaciones aún encuentro muy grato su estilo... Dos personas le hemos acompañado aquí al principio, y al cabo le cortamos y eludíamos su compañía. Yo supe que me apodaba *espátula* (vea V. qué chiste!). El otro amigo, hombre de bastante saber en ciertos ramos, que se le llevó a vivir a su casa, mereció también de su maldita lengua el nombre de *Bóbalis...* Ahora no tiene a quien predicar con aire de importancia filosófica que no hay Dios, y otras cosas» (ídem, íd.). También de Blanco White reproduce Buchanan unas palabras sobre Gallardo, harto expresivas: «es muy aficionado a dar a conocer libros raros y flaquezas ajenas» (ídem, íd., pág. 168).

[129] «Gallardo y su tiempo», cit., pág. 16.

de Gallardo, y que, por el contrario, seguía la tradición epigramática de los vejámenes en las Academias de los poetas. Al mismo tiempo muestran su afición al retorcimiento y al juego de palabras» [130]. Más adelante, refiriéndose en concreto al *Diccionario crítico-burlesco*, pero con palabras que pueden aplicarse al tono general de su prosa, escribe: «Sus irreverencias tienen algo del sello frailuno que veía Menéndez y Pelayo en su estilo. El mismo cuento del cuerno o del novio novillo, que debió de parecer lo más escandaloso de la obrita, puesto que fue enmendado al reimprimirse el *Diccionario* en nuevas ediciones, tiene cierto saborete de cuento de sobremesa de convento o chascarrillo de sacristía» [131].

Nos hemos referido anteriormente a la extraña —o feliz, si se quiere— combinación que hay en Gallardo de ideólogo revolucionario y feroz casticista literario. Permítasenos de nuevo la ajustada cita de Andrenio: «Rasgo muy saliente de Gallardo fue su acendrado españolismo. Era la refutación viviente de ese interesado sofisma que propala un tradicionalismo contrahecho e intolerante, según el cual no se puede ser español ni sentir en español sin vestirse por dentro la ropilla negra de los Austrias y colgarse del pensamiento una venera de inquisidor... Gallardo, que fue un liberal, un librepensador y un revolucionario en muchas cosas, menos en las Letras, es español por los cuatro costados; español hasta el tuétano en su estilo, en sus aficiones literarias, en su vida pública y hasta en las exageraciones del patriotismo. Su galofobia, por ejemplo, explicable en un hombre que pertenecía a la generación de la Guerra de la Independencia, y que era de un casticismo extremado, llega a exageraciones inconcebibles. Muestra de ellas es el disparatado juicio, o más bien arrebato, contra la lengua francesa, que aparece en los *Cuatro palmetazos bien plantados*. Dice que es uno de los dialectos más insignificantes y cacófonos que salieron de la hermosa lengua del Lacio, y que poner el francés a la altura del castellano es lo mismo que comparar el chiflo de un castrador con un órgano. Su patriotismo no sólo era extremado, sino agresivo. Su estilo literario, castizo y rancio, tenía aroma de vieja solera castellana y marcada propensión arcaica» [132].

Sáinz Rodríguez ha fijado con exactitud el lugar que ocupa Gallardo en la historia de la crítica española. La nueva crítica, inspirada por las ideas del romanticismo, se nutría de dos raíces básicas: la negación del fundamento estético de las reglas retóricas, que habían sido el juicio del pensamiento neoclásico, y la necesidad de conocer a los autores, en su vida y obras, con la mayor exactitud posible, acercándose a ellos sin ningún prejuicio retórico. Se necesitaba para ello un profundo conocimiento histórico de nuestro pasado literario, sólo posible con el mejoramiento de los mé-

---

[130] Idem, íd., págs. 22-23.
[131] Idem, íd., pág. 30.
[132] Idem, íd., págs. 16-17.

todos de investigación. Esta fue, en sustancia, la aportación de Gallardo a la crítica literaria; la minuciosidad y el más extremado rigor son sus características: *¡Documentos, documentos!*, eran sus palabras favoritas. Gallardo fue el más profundo conocedor de libros antiguos españoles, desenterró obras totalmente ignoradas hasta entonces y preparó los materiales —afirma Sáinz [133]— con los que todavía hoy se hace la historia de nuestra literatura. Gallardo enseñó a *hacer papeletas*, a investigar; su mérito como bibliógrafo —sigue explicando el comentarista— «no superado por nadie en España» [134], no consiste tan sólo en haber visto y extractado mayor cantidad de libros y manuscritos que ningún español de todos los tiempos, sino en el tino maravilloso con que destaca lo más interesante de cada obra; un extracto hecho por Gallardo puede ahorrar la lectura de un libro sin temor de que se haya pasado ningún aspecto o noticia de interés [135]. Pero Gallardo no fue tan sólo un erudito noticioso, sino que estuvo dotado de aguda capacidad crítica y poseía el espíritu de un investigador y un crítico moderno.

Gallardo formó además admirables discípulos, que continuaron y completaron su obra, entre los cuales deben destacarse Agustín Durán y Cayetano Alberto de la Barrera, bibliógrafo del teatro español. Casi todos nuestros eruditos —afirma Sáinz [136]— han sido influidos más o menos por Gallardo: Fernández Guerra y sus hijos Aureliano y Luis lo tenían como un oráculo en materias literarias; Sancho Rayón, Estébanez Calderón, Usoz, Gayangos y muchos otros «fueron formados o influidos por los consejos del gran erudito extremeño».

Zarco del Valle y Sancho Rayón, coordinadores del *Ensayo* de que ahora hablaremos, afirman en el prólogo del volumen primero que, de haberse conservado juntos y completos los trabajos de Gallardo, la bibliografía española podía decirse que quedaba hecha; pero el sino de Gallardo no lo permitió. Menéndez y Pelayo, que, como sabemos, acogió durante bastante tiempo muchas de las especies adversas al gran bibliófilo pero que proclamó posteriormente su excelencia, afirmaba de él que era el único capaz

---

[133] Obra cit., pág. 380.

[134] Y por pocos fuera de ella; Buchanan afirma que pocas naciones pueden alardear de poseer un bibliógrafo como Gallardo («Notes...», cit., pág. 161).

[135] Gallardo tenía plena conciencia de la escrupulosa atención con que llevaba a cabo sus lecturas y de ello se jactaba. En el prospecto anunciador de *El Criticón* escribió: «Yo no soy de aquellos lectores de volatería, que como pajaricos de rama en flor, saltan aquí y pican allí, y sin hacer apenas más que menear algunas hojas se dejan al fin lo mejor del libro intacto. Cuando yo, puesto de codos, tomo un libro por mi cuenta, arde toda chamiza sin distinción de verde ni seco: todo lo llevo abarrisco, sin dejar letra por leer: aprobaciones, tasa, fe de erratas, prólogo, dedicatoria, privilegio del Rey (si le hay); en fin, yo me le leo y releo todo, desde la anteportada hasta el *laus deo*» (cit. por Miguel Artigas, en «Una colección de cartas de Gallardo», luego cit., págs. 649-650).

[136] Obra cit., pág. 382.

de escribir una historia de la literatura española, a pesar de lo cual «se pasó la vida acumulando inmensos materiales que a todos han aprovechado menos a él» [137].

A su muerte, en efecto, todos sus papeles reunidos en «La Alberquilla» fueron a parar a su sobrino y heredero Juan Antonio, que todavía en vida de Gallardo había dado muy mala cuenta de los tesoros allí reunidos [138]. Empleados de la Biblioteca Nacional pretendieron tasar los papeles y biblioteca de Gallardo, con el propósito de adquirirlos, pero Juan Antonio quiso conservarlos aunque lo hizo con increíble descuido. Zarco del Valle informa que no pudieron ser utilizadas las numerosísimas papeletas que había sobre el teatro español por haberlas convertido los gatos de la vecindad en una masa infecta de papel inútil. Juan Antonio —informa Moñino— hizo «lo que le vino en gana con los apuntes de su tío y dispersó estúpidamente muchos, entregó otros a Zarco del Valle y Sancho Rayón para que coordinasen el *Ensayo*, regaló muchísimos a eruditos que aprovecharon a su placer los estudios gallardinos y relegó infinidad de ellos en los sobrados de «La Alberquilla», en donde han estado casi hasta este siglo. Zarco y Sancho, por su parte, publicaron lo que quisieron y regalaron el resto a Harrisse, a Menéndez y Pelayo, a Fernández-Guerra. De lo sobrante todavía, compró muchos kilos don Luis Lezama Leguizamón —destruidos en 1938—, y otros paquetes fueron a parar a libreros y aficionados» [139]. «¿Qué valor no tendría hoy para la cultura española —comenta Moñino— el conjunto de estos preciosísimos papeles? ¡Triste sino el de hombres como Gallardo, trabajando toda la vida del modo más desinteresado para recoger al cabo cosecha copiosa de injurias e incomprensiones y ver perdida su obra!».

Zarco del Valle y Sancho Rayón publicaron el varias veces aludido *Ensayo* con el título de *Ensayo de una biblioteca española de libros raros y curiosos, formado con los apuntamientos de Don Bartolomé José Gallardo, coordinados y aumentados por Don M. R. Zarco del Valle y Don J. Sancho Rayón*. La obra consta de cuatro gruesos volúmenes que aparecieron en 1862, 1866, 1888 y 1899 [140]. El *Ensayo*, como puede deducirse de todo lo dicho, no es un trabajo preparado exprofeso por Gallardo, sino una colección de apuntes o cédulas bibliográficas —unas cinco mil, aproximadamente—, reunida con una pequeña parte de sus notas que pudieron salvarse, dispuesta por orden alfabético. Como consta en el título, los editores completaron los textos de Gallardo con noticias adquiridas posteriormente, ampliando las notas o añadiendo nuevas (alrededor de mil quinientas); a esta tarea aportaron su colaboración varios eruditos y bibliófilos, como Gayangos, Aureliano Fernández-Guerra, Asenjo Barbieri, etc.; asimismo, se suprimie-

---

[137]  Cit. por Rodríguez-Moñino en *Historia de una infamia...*, cit., pág. 104.
[138]  *Estudio bibliográfico*, cit., págs. 10-11.
[139]  Idem, íd., pág. 11.
[140]  Existe edición facsímil, hecha por Editorial Gredos, Madrid, 1968.

ron muchas de las apuntaciones de Gallardo porque, si eran nuevas cuando él las anotó, formaban ya parte de nuevos y conocidos índices bibliográficos o se referían a libros ya publicados al aparecer el *Ensayo*. Menéndez y Pelayo, que se encargó de dirigir la edición de los volúmenes III y IV, explicó en el prólogo que había limitado en ellos las supresiones, y a este propósito escribe unas líneas que realzan los méritos de Gallardo: «Más bien —dice— hemos pecado por el extremo contrario, reproduciendo citas y extractos de libros que han sido reimpresos totalmente en estos últimos años, pero que Gallardo había extractado a su manera, es decir, notando metódicamente las particularidades gramaticales, los modos de decir pintorescos y elegantes, las noticias de historia literaria o civil, los rasgos de costumbres que contienen. Mucho de esto puede ser indiferente para el mero bibliófilo; pero es de grandísimo interés para quien busca en la bibliografía algo más que un índice y quiere encontrar en ella luz y guía para un conocimiento de los libros más íntimo y fructuoso que el que puede lograrse con meros catálogos de portadas. Cabalmente esta circunstancia distingue el *Ensayo* de Gallardo de casi todas las obras de su género publicadas hasta hoy; y sacándole de la categoría de los índices, hace que sea a un tiempo mismo rica y variada antología de poetas y prosistas españoles, repertorio de noticias y curiosidades gramaticales, y en muchos casos libro de crítica y de amena recreación» [141].

Una nota de interés sobre los métodos de trabajo de Gallardo merece añadirse. En el número 6 de *El Criticón* se refiere al *Romancero* y *Cancionero* publicados por Quintana y expone sus ideas sobre el modo de reproducir los textos literarios. Quintana decía que había pretendido «limpiar» las poesías de su colección «de las infinitas mentiras en que abundan, corregirlas a veces de los lunares que el mal gusto del siglo imprimía en ellas» y «darles el orden natural». Gallardo arremete contra este criterio y reclama la reproducción del texto auténtico —«puro, limpio y genuino»—; hay que manifestar al lector las fuentes de donde se han sacado las variantes, y «en buena crítica siempre que un editor presente alterado el texto de un autor, debe alegar los motivos de tal alteración». «¡Y esto está escrito —comenta Sáinz Rodríguez— en 1824! ¡Qué distinta habría resultado la Biblioteca de Rivadeneyra si hubiera sido Gallardo el director de la empresa!» [142]. «En el criterio acerca de la reproducción de textos —añade luego— se adelantó en muchos años Gallardo a los eruditos de su tiempo y sólo algunos de sus discípulos se inspiraron en sus doctrinas» [143].

Gallardo intentó implantar un nuevo sistema de ortografía fonética, más o menos coincidente con el que, por el mismo tiempo, patrocinaba Andrés Bello. Consistía en eliminar la *h* muda, sustituir la *y* por la *i*, cambiar la

---

[141] Advertencia preliminar al tomo III del *Ensayo*, págs. VIII-IX.
[142] Obra cit., pág. 371.
[143] Ídem, íd., pág. 372.

*c* en *z* ante *e, i,* suprimir la *u* muda después de la *q,* dividir por medio de
un guión las voces compuestas y las enclíticas para indicar los elementos
componentes, desdoblar la *x* en *cs,* sustituir ante *e, i* la *g* con sonido gutural
por *j,* etc. Algunos eruditos se adhirieron al nuevo sistema, como La Barrera y José Fernández Guerra, pero la mayoría se opuso tenazmente y la
reforma no prosperó.

Gallardo pudo haber desarrollado todas sus ideas sobre Gramática en
una que con el nombre de *Gramática filosófica* le fue encargada de Real
Orden en 1835. En «la de San Antonio» perdió ya Gallardo los apuntes de
más de treinta obras diferentes que había extractado y que fue reconstruyendo después, según dio cuenta en numerosas cartas, pero nunca consiguió
dar cima a su tarea [144].

Gallardo cultivó la poesía, aunque sin pretensiones de poeta, y sólo
como pasatiempo y diversión. Sobresale en los versos cortos, eróticos o
burlescos. Su gran familiaridad con los clásicos le permitió imitar no sin
fortuna los romances y letrillas de Lope y de Góngora, y en la poesía satírica a Quevedo; algunas de sus poesías amorosas conservan el sabor ma-

---

[144] Cfr., Joaquín González Muela, «Bartolomé José Gallardo, gramático», en *Revista
de Estudios Extremeños,* VII, 1951, págs. 297-331. Dice González Muela que no se sabe
lo que realmente escribió Gallardo de la proyectada Gramática, a pesar de que había
recibido el encargo con ilusión y se prometía «lograr florida» su obra: «Tal vez —comenta— la importancia de la empresa fuese frenando los primeros impulsos, como
apunta Artigas, al irse dando cuenta Gallardo de la altura que habían tomado los
estudios coetáneos (no tanto en España como en el resto de Europa), entre los cuales
están nada menos que las obras de los primeros comparatistas» (pág. 298). Aparte los
apuntes mencionados, Gallardo se ocupó con frecuencia de temas gramaticales en sus
cartas, en las cuales precisamente se basa González Muela para su estudio. Supone
el investigador que, a juzgar por la correspondencia de Gallardo conocida hasta 1835,
no conocía el extremeño «las obras que estaban revolucionando los estudios lingüísticos por aquellos tiempos» (pág. 298); «pero este estado de conocimientos —añade—
no era sólo el de Gallardo, sino el de todos los filólogos españoles más distinguidos»
(pág. 299). González Muela subraya la sagacidad con que examina Gallardo muchos
problemas gramaticales a base de análisis lógico y «utilizando su razón como única
autoridad» (pág. 301), siguiendo la tendencia, casi inevitable en su tiempo, de concebir
lo gramaticalmente correcto como lo lógicamente correcto. Refiriéndose más adelante a
un problema fonético específico, comenta González Muela que «el error de Gallardo»
—y cabe afirmar lo mismo de su enfoque habitual en todas las cuestiones del lenguaje— «parte de su tendencia *normativa,* más respetuosa de la ley que del hecho lingüístico consumado» (pág. 307). González Muela pone, no obstante, de relieve la *modernidad* de muchas de las ideas de Gallardo: «la hábil crítica con que destruye las teorías analogistas («si tal hombre hace tal cosa, tal otro...»); el método con que afronta
el problema de si la interjección se ha podido cambiar en otras partes de la oración
(«la cuestión ya es de hecho...», y se pone a revisar las gramáticas de las lenguas conocidas); el carácter *social* que atribuye al lenguaje desde su comienzo, el origen humano y no divino, oponiéndose así a las teorías más usuales en los pensadores de su
época; y, lo que es más importante, que verbos y sustantivos pertenecen a un lenguaje
y las interjecciones a otro: que se trata, pues, de dos lenguajes independientes, uno
inspirado por la Naturaleza —*motivado*— y otro inventado convencionalmente por los
hombres —*arbitrario*—» (pág. 305).

drigalesco de los maestros del XVIII. Su obra maestra es el poema, compuesto en 1828, titulado *Blanca-Flor (Canción romántica)*. «Aparte el interés —comenta Sáinz— que ofrece para la historia de nuestra poesía este calificativo de *romántica* en época tan temprana, la composición es un acierto y no tiene una sola estrofa que decaiga» [145].

### AGUSTÍN DURÁN

Cronológicamente, Agustín Durán ha de contarse entre los primeros críticos que se destacan en el siglo XIX, y lo es con mayor razón en lo que atañe a su importancia, puesto que de él recibió el romanticismo español uno de los más eficaces impulsos. A pesar de ello, Durán, aunque frecuentemente citado, no ha recibido hasta nuestros días adecuada atención de los investigadores literarios, según hizo ya notar Allison Peers [146]. Hace no muchos años, Ermanno Caldera le dedicó nutridas páginas de su monografía sobre los comienzos de nuestro romanticismo [147]; Donald L. Shaw, en 1973, ha reeditado el *Discurso* de Durán con una excelente Introducción [148]; y al fin, en fecha ya muy próxima, David Thatcher Gies le ha dedicado un denso volumen en el que estudia vida y obra con la minuciosa y cálida atención que le estaba siendo debida [149].

---

[145] Obra cit., pág. 365.

De las cartas de Gallardo se han publicado varias colecciones. Pedro Sáinz Rodríguez, en su estudio repetidamente citado, da como Apéndice un *Epistolario*, págs. 311-375. El propio Sáinz Rodríguez publica también las cartas de Gallardo a Durán en «Documentos para la historia de la crítica literaria en España: Un epistolario erudito del siglo XIX», en *Boletín de la Biblioteca Menéndez Pelayo*, III, 1921, págs. 27-43, 87-101, 155-165, 251-262, y IV, 1922, págs. 153-170. Antonio Rodríguez-Moñino, «Autógrafos inéditos de Bartolomé José Gallardo (1849-1852)», en *Revista del Centro de Estudios Extremeños*, III, 1929, págs. 83-91. Félix de Llanos y Torriglia, «Unos autógrafos de D. Bartolomé José Gallardo», en *Boletín de la Real Academia de la Historia*, LXXXIV, 1924, págs. 403-435. Miguel Artigas, «Una colección de cartas de Gallardo», en *Boletín de la Real Academia Española*, XVIII, 1931, págs. 372-394; XIX, 1932, págs. 101-117 y 327-361. Antonio Rodríguez-Moñino, «Cartas inéditas de D. Bartolomé José Gallardo a don Manuel Torriglia (1824-1833)», en *Boletín de la Real Academia de la Historia*, CXXXVII, 1955, págs. 61-117. Antonio Rodríguez-Moñino, «Cincuenta cartas inéditas» en su *Don Bartolomé José Gallardo (1776-1852). Estudio bibliográfico*, cit., págs. 285-346. Antonio Rodríguez-Moñino, *Correspondencia de D. Bartolomé José Gallardo (1824-1851). Cuarenta cartas inéditas que publica...*, Badajoz, 1960.

[146] E. Allison Peers, *Historia del movimiento romántico español*, 2.ª ed., vol. I, Madrid, 1967, pág. 211.

[147] Ermanno Caldera, *Primi manifesti del romanticismo spagnolo*, Istituto di Letteratura Spagnola e Hispano-Americana dell'Università di Pisa, Pisa, 1962.

[148] *Agustín Durán. Discurso sobre el influjo que ha tenido la crítica moderna en la decadencia del Teatro Antiguo Español, y sobre el modo con que debe ser considerado para juzgar convenientemente de su mérito peculiar.* Introduction and notes by Donald L. Shaw, University of Exeter, 1973.

[149] David Thatcher Gies, *Agustín Durán. A Biography and Literary Appreciation*, Londres, 1975.

Agustín Francisco Gato Durán y de Vicente Yáñez nació en Madrid el 14 de octubre del año 1789. Su padre, Francisco Durán, era médico de la Cámara Real y aficionado a la literatura, por lo que pudo, y procuró, darle a su hijo esmerada educación; pretendía además que ésta compensara las menguas físicas del muchacho, pues Agustín era de muy frágil complexión y padeció toda su vida de los más diversos achaques. Durante tres años (1801-1803) estudió en el Real Seminario de Nobles de Vergara. Su padre deseaba que siguiera la carrera de Medicina, pero el joven se había ya apasionado, en largas horas de lectura, por los héroes de la Edad Media; en la tertulia de Quintana —uno de los escasos centros de libre actividad intelectual en España antes de la invasión francesa [150]—, a la que su propio padre le condujo, se confirmó su vocación literaria y conoció a renombrados escritores y eruditos, entre ellos a Bartolomé José Gallardo, que estimuló su temprana pasión, nunca ya extinguida, por los libros viejos, raros y olvidados.

Agustín Durán asistió por algún tiempo a los Reales Estudios de San Isidro, y cursó luego Leyes en la Universidad de Sevilla, donde se graduó en 1817. En esta ciudad continuó su relación con Quintana, trasladado allí a consecuencia de la invasión napoleónica, trabó amistad con Lista, ininterrumpida hasta la muerte de éste, y con su grupo. Durante estos años de estudio en la capital andaluza se interesó Durán por el antiguo drama español y comenzó a coleccionar textos y copias de obras raras o desconocidas, hasta llegar a reunir, en 1823, dos mil quinientas de estas obras, que se cuidó de ordenar y catalogar.

Trasladado a Madrid asistió en el Colegio de San Mateo a las clases de Lista, a quien consideró siempre como su maestro [151]. A él debió su temporal adhesión a las doctrinas clasicistas, pero retornó muy pronto a su pasión por la vieja poesía popular española y, sobre todo, por el teatro; no sin envidia, se refería Gallardo a las afortunadas adquisiciones que había hecho Durán en sólo dos días de mayo de 1821: «25 tomos de *Comedias* de Lope de Vega, 44 de comedias varias de las Partes, 44 de comedias sueltas encuadernadas y 202 comedias en rústica» [152].

Durante el Trienio Constitucional, Durán obtuvo un puesto como oficial en la Dirección General de Estudios, regida por Quintana; al restaurarse el absolutismo fue desposeído del cargo, pero acertó a bandearse frente a las

---

[150] Gies, cit., pág. 6.

[151] Cfr., Hans Juretschke, *Vida, obra y pensamiento de Alberto Lista*, Madrid, 1951, pág. 103; contiene abundantes referencias a Durán.

[152] Cit. por Antonio Rodríguez-Moñino en *Correspondencia de D. Bartolomé José Gallardo...*, cit., pág. 10.

nuevas persecuciones que afectaron, entre otros muchos, a Quintana y a Gallardo, y pudo seguir viviendo en Madrid entregado a sus rebuscas de bibliófilo. Gies [153], a propósito de las ideas políticas de Durán, sostiene que era liberal, aunque moderado; desaprobaba la revolución y era partidario de las reformas evolutivas, persuadido de que sólo el tiempo y la educación permitirían alcanzar las metas del liberalismo.

Las riquezas bibliográficas atesoradas por Durán habían adquirido ya tal reputación, que Moratín, ocupado en recoger materiales para sus *Orígenes del teatro español*, le escribió repetidas veces solicitando su ayuda, que Durán le prestó con su peculiar generosidad, aunque parece que por entonces —según se desprende de una carta de Moratín a Melón— el propio Durán trabajaba en la preparación de una Historia del Teatro, que nunca, sin embargo, fue publicada. En cambio, entre 1826 y 1834, ayudado por dos jóvenes amigos, Eduardo de Gorostiza y Manuel García Suelto, Durán hizo imprimir hasta 118 comedias de las que poseía, bajo el título común de *Colección general de comedias escogidas del teatro antiguo español, con el examen crítico de cada una de ellas*.

En 1828 hizo Durán su entrada en el escenario literario español con su famoso *Discurso sobre el influjo que ha tenido la crítica moderna en la decadencia del teatro antiguo español, y sobre el modo con que debe ser considerado para juzgar convenientemente de su mérito peculiar*. Irritado por los ataques de que la crítica clasicista hacía objeto al teatro de Lope y otros dramaturgos del Siglo de Oro, Durán emprendió apasionadamente su defensa, aduciendo los principios del romanticismo y exigiendo el derecho de aquella dramática a ser juzgada de acuerdo con criterios diferentes a los usados para el teatro clásico. Luego veremos con detalle el contenido y méritos del *Discurso*.

Durán confirmó sus afirmaciones sobre el valor del teatro y la poesía popular publicando aquel mismo año un volumen de *Romances*, primero de una serie de cinco. Los volúmenes segundo y tercero aparecieron al año siguiente, y todos ellos tuvieron tal acogida que publicó otros dos tomos en 1832.

Durán había sido estimulado en su tarea por otros trabajos semejantes, sobre todo por la *Floresta de rimas antiguas castellanas*, publicada en Hamburgo, en 1821-1825, por Nicolás Böhl de Faber. La *Floresta*, aunque muy aceptable, distaba mucho de estar completa y apenas tuvo difusión en España, y Durán deseaba que tales tesoros literarios fueran conocidos en su propio país, precisamente cuando otras naciones estaban dedicando apasionada atención a la vieja literatura española. La publicación de Durán provocó el entusiasmo del famoso hispanista —más tarde, director de la Biblioteca Imperial de Viena— Ferdinand J. Wolf, que calificó a Durán de «el

---

[153] Cit., págs. 14-15.

más eminente crítico de España», y de Böhl de Faber, que también le dedicó cálidas alabanzas. Este último mantuvo desde entonces frecuente correspondencia con Durán, iniciada ya por cierto con motivo del *Discurso*[154]; se intercambiaron ideas y materiales y hasta hicieron proyectos de trabajo en común; planearon entrevistarse, pero Böhl falleció en 1836 sin que pudieran reunirse nunca.

En 1832 Durán solicitó, y obtuvo, un puesto en la Biblioteca Real, que en 1836 iba a convertirse en Biblioteca Nacional. Más que el deseo de honor o de ingresos económicos movían a Durán ambiciones de erudito, pues deseaba aprovechar las riquezas bibliográficas que suponía existentes en aquella colección, famosa ciertamente por el desorden y el descuido en que la tenían los encargados de su custodia.

En 1834 Durán fue nombrado Secretario de la Inspección General de Imprentas y Librerías; y el mismo año emprendió la publicación de la que había de ser una nueva serie de piezas teatrales del Siglo de Oro, bajo el título de *Talía española o Colección de dramas del antiguo teatro español*. El primer volumen fue dedicado a Tirso y contenía tres obras: *La prudencia en la mujer, Palabras y plumas* y *El pretendiente al revés*. Durán incluyó algunos comentarios críticos e insistió en su alta valoración del antiguo teatro español. Pero el volumen, publicado a expensas del propio Durán, tuvo tan escasa aceptación que hubo de abandonar el proyecto de *Talía*. En el mismo año de 1834 Durán fue elegido miembro de la Academia de la Lengua.

El fracaso de *Talía* fue compensado por el propósito de Hartzenbusch de publicar una serie semejante, para la cual pidió la colaboración de Durán. La nueva serie, iniciada en 1839, se llamaba *Colección de las mejores comedias del teatro antiguo español*, y dedicó a Tirso, hasta 1842, doce volúmenes, en los cuales incluyó Durán diversos estudios críticos, particularmente sobre *La prudencia en la mujer* y *El condenado por desconfiado*.

En 1840 se produjo el sonado rompimiento entre Durán y Gallardo, provocado por la intemperancia de este último. Durán había recibido el magisterio de Gallardo en cuanto a métodos de investigación y reproducción de textos antiguos; durante largo tiempo habían mantenido una amistosa correspondencia[155], intercambiado conocimientos y textos, y compartido estrechamente su común pasión por los libros. Pero súbitamente Gallardo la emprendió con Durán con varios artículos en *El Criticón*, llenándolo de insultos de su factura peculiar. Parece cierto que Gallardo, que había reconocido anteriormente los méritos de Durán, se sintió herido cuando éste fue elegido para el puesto de la Biblioteca Real que también él ambicio-

---

[154] Cfr., Pedro Sáinz Rodríguez, «Documentos para la historia de la crítica literaria en España: Un epistolario erudito del siglo XIX», cit.

[155] En ídem, íd.

naba. Por otra parte, desde muchos años atrás, Gallardo había planeado la publicación de un *Romancero*, que la pérdida de sus papeles hizo imposible; la aparición de la obra de Durán, al avivar el recuerdo de su propia desgracia, encendió su resentimiento [156]. Gallardo no sólo acusó a Durán de incompetencia para el cargo, sino de haber sustraído para sí muchos tesoros bibliográficos de la Biblioteca Real. Durán fue, efectivamente, despedido por la Junta de la Biblioteca, pero, como Gies puntualiza, a causa de un cambio político y no por robo; aunque, dada la personal riqueza bibliográfica que había podido atesorar, quizá no pueda negarse que, haciendo honor a la famosa tradición de los bibliófilos apasionados, distrajera en su provecho algunos textos de la Biblioteca.

Al quedar cesante, dedicó su tiempo a difundir entre los escritores jóvenes sus ideas sobre la antigua literatura española, estimulándoles a descubrir y estudiar sus textos, y preparó por su parte una colección de 120 Sainetes de Ramón de la Cruz, la más completa hasta la fecha, que fue publicada en dos volúmenes en 1843.

En 1844 Durán fue reintegrado a su puesto en la Biblioteca Nacional. Cuando Hartzenbusch fue encargado de preparar el volumen de las *Comedias escogidas de Fray Gabriel Téllez* para la recién fundada «Biblioteca de

---

[156] Véase lo que dijimos arriba, en el estudio sobre Gallardo, a propósito de su rompimiento con Durán, pág. 119 y nota. Merece la pena reproducir siquiera un fragmento de la carta que Durán envió a Böhl de Faber poco antes de la muerte de éste explicándole las razones de la animosidad de Gallardo, porque iluminan profundas motivaciones psicológicas del famoso, y áspero, bibliófilo: «...No negando, como no niego, el mérito de Gallardo en punto a datos históricos y eruditos acerca de nuestra literatura, tampoco puede causarme celos ni envidia; el camino que seguimos ambos es distinto y no podemos encontrarnos en él; antes por el contrario, deben más bien servirme de mucho sus trabajos y sus escritos suministrándome, si los publica, hechos de que carezco para completar y perfeccionar los míos. Él sin duda lo ha conocido, y queriendo quedar único y exclusivo dueño de nuestra literatura, siente al par de su alma que haya alguno capaz de aprovecharse de sus noticias para formar un cuerpo de doctrina filosófica que le haga caer en el olvido. Ciertamente que yo no me creo capaz de ser este hombre; pero él sospecha que sí lo soy, o que, a lo menos, he abierto el camino para que otros lo sean. Ve los hombres y no las cosas porque quiere ignorar y no puede que los eruditos de su clase, haciendo como hacen importantísimos servicios a las letras, están por decirlo así destinados a servir de escabel a los hombres profundos y trascendentales que saben aprovecharse de los trabajos penosos y oscuros, que ejecutan otros de un mérito superior si se quiere; pero que carecen de brillo y de popularidad. Gallardo tiene sin duda este presentimiento, y de aquí nace su repugnancia en publicar sus obras y la obstinación inoportuna con que suministra tal cual descubrimiento o hallazgo suyo, como muestra de lo mucho que dice tener recogido. Se puso en el camino a que le llevaban su genio y su talento; pero previendo el fin a que le conduce, se quiere vengar de todos los que descuellan en algo, porque teme que cada uno de ellos puede ser el que le oscurezca. Yo, en verdad, que le compadezco en parte al verle luchar contra una suerte inevitable, que ha de hacer vana la ambición desmedida de privar sobre todos que le aqueja. Está maniático sin duda y por ello me inclino a disculparle» (reproducida por Santiago Montoto en *Fernán Caballero. (Algo más que una biografía)*, Sevilla, 1969, págs. 204-205).

Autores Españoles», solicitó la colaboración de Durán, que le permitió aprovechar los materiales de las dos anteriores colecciones. Y a él, a su vez, se le encargó la publicación de un *Romancero General*, cuyo primer volumen apareció en 1849. Comprendía éste los romances moriscos, históricos y caballerescos de su *Romancero* anterior, aunque nuevamente ordenados y ampliados, y, además de la primitiva introducción, un nuevo estudio y detallados índices de acuerdo con la clasificación establecida por Durán. El segundo volumen, con parecidas características, apareció en 1851.

En los años siguientes Durán colaboró con Eugenio de Ochoa, el marqués de Pidal y Pascual de Gayangos en la edición del *Cancionero de Baena*, descubierto por el primero en la Biblioteca Nacional de París; y con José Amador de los Ríos en la edición de las *Obras de don Íñigo López de Mendoza, marqués de Santillana*. Cuando, en 1854, Bretón de los Herreros se jubiló como director de la Biblioteca Nacional, Durán fue elegido para el puesto, que desempeñó hasta su muerte, ocurrida el primero de diciembre de 1862. La adquisición de su biblioteca particular enfrentó a la Nacional y a la Academia de la Lengua. Al fin, una Real Orden del 27 de junio de 1863 la concedió a la primera, que la compró por diez mil reales. Según el inventario publicado en la *Memoria Anual de la Biblioteca Nacional* de 1865 comprendía: 1.540 libros impresos de contenido vario; 1.786 volúmenes impresos de teatro; 1.283 manuscritos de teatro; y 65 manuscritos misceláneos.

LA OBRA CRÍTICA Y ERUDITA DE DURÁN

**El "Discurso".** Las ideas expuestas por Durán en el referido *Discurso* [157] se basan de manera esencial en las teorías sobre el romanticismo desarrolladas por los hermanos Schlegel y difundidas por madame de Staël. Según Gies informa [158], Durán conocía bien la edición francesa de las conferencias de Augusto Guillermo Schlegel así como los libros de la Staël: *De la littérature* y *De l'Allemagne*. Es indudable que había seguido la polémica Böhl-Mora, y desde su puesto en la Dirección General de Estudios tenía que estar necesariamente al día de las actividades literarias del país; ya conocemos el interés con que en sus años de estudiante en Sevilla había comenzado a coleccionar obras de nuestra antigua literatura. Su amistad con Lista, defensor todavía por entonces del clasicismo más estricto, contuvo a Durán por algún tiempo; pero, al fin, pareciéndole poco decoroso, según confiesa en su *Discurso* [159], que fueran extranjeros quienes tomaran la defensa de nuestro viejo teatro, se decidió a escribir su ensayo.

---

[157] Originariamente fue publicado en Madrid, 1828, por Ortega y Cía.; se reprodujo el texto en las *Memorias de la Academia Española*, año I, tomo II, Madrid, 1870, páginas 280-336; edición moderna de Donald L. Shaw, cit.

[158] Cit., pág. 69.

[159] Pág. 281. Citamos siempre el texto de Durán por la edición contenida en las *Memorias de la Academia Española*, cit.

Siguiendo, pues, las teorías de los Schlegel, Durán sostiene el derecho de cada país a cultivar la literatura según su propio espíritu y de acuerdo con sus propias tradiciones, y rechaza «la ridícula manía de querer medir las sublimes creaciones dramáticas del siglo XVII con el mismo compás y regla a que se adaptaban las de los griegos, romanos y franceses» [160]; el drama español constituía un género nuevo, enteramente distinto del teatro griego y de sus imitadores; el teatro debía ser nacional y representativo de cada país, la expresión ideal del modo de ser de sus habitantes, de sus sentimientos y necesidades morales, algo, pues, nacido de su raíz y no impuesto desde fuera [161]. Esta raíz se hincaba en los siglos de la Edad Media, cuando brotaron las nuevas nacionalidades inspiradas en una nueva manera de existir «emanada de la espiritualidad del Cristianismo, de las costumbres heroicas de los siglos medios y del modo diverso que tiene de considerar al hombre» [162]; Lope de Vega, el primero, había sabido rechazar la imitación clásica y llevar a la escena «las glorias patrias, el triunfo de sus guerreros, los de sus héroes cristianos, el amor delicado y caballeresco, el punto de honor y los celos» [163], que distinguen al carácter español.

Durán ataca a «los críticos españoles del pasado y presente siglo» que «ciegamente prevenidos a favor de doctrinas y principios inaplicables al sistema dramático de que fuimos inventores, lograron apagar la esplendorosa llama del genio nacional, que iluminaba a toda la Europa civilizada» [164]. Concede Durán que los críticos clasicistas podían ser excusados en cierta medida cuando en el siglo XVIII pretendieron introducir la regularidad francesa para detener y corregir los excesos a que había llegado el teatro español en aquel tiempo; pero después que los alemanes habían expuesto el problema con tanta claridad y la experiencia había demostrado cuán dañosos son los sistemas exclusivos para la literatura, no existía razón alguna para proseguir en su pertinacia; bien visibles —dice Durán— son los efectos que su destructivo criticismo ha producido en nuestras letras [165].

Durán no desconoce, ni niega, la calidad de los clasicistas franceses, que superaron en ocasiones a los mismos maestros griegos [166], ni tampoco la de los clasicistas de su país —Garcilaso, los Argensola, Rioja, Herrera— porque, precisamente, fueron fieles a su propio genio y no meros imitadores de los clásicos [167]. Lo que rechaza es el exclusivismo de los que proponen un canon idéntico para todas las literaturas y lo proclaman el único posi-

---

[160] Ídem, íd.
[161] Ídem, íd., pág. 290.
[162] Ídem, íd., pág. 307.
[163] Ídem, íd., pág. 285.
[164] Ídem, íd., pág. 280.
[165] Ídem, íd., pág. 295.
[166] Ídem, íd., pág. 286.
[167] Ídem, íd.

ble [168]. A causa de esta limitadora imposición se ha destruido la estimación por nuestros grandes dramaturgos y, asfixiando nuestra propia espontaneidad, se nos ha convertido en seguidores de modelos o modas ajenas [169]. Cada teatro nacional —insiste Durán— constituye una especie diferente, como producto que es de un pueblo con ideales, carácter y costumbres diversas. El buen teatro es el que estimula la mente y el corazón, cualquiera que sea su método: «cuando un autor dramático logra conmoverme, entusiasmarme e identificarme con el objeto de sus composiciones, jamás le pediré cuenta de los medios de que para ello se haya valido» [170].

Durán, siguiendo a los Schlegel y a Böhl, afirma que, cuando las unidades se convierten en un obstáculo para el logro artístico, deben ser rechazadas, y describe las arbitrariedades a que conduce con frecuencia su cumplimiento. Por el contrario, pondera la mayor naturalidad que puede conseguirse con un sistema dramático libre; no considera inadecuado —contra lo tantas veces sostenido por los preceptistas— que un rey se exprese con refinamiento o vulgaridad según las circunstancias o el interlocutor, ni que se mezcle lo trágico con lo cómico, lo satírico y lo lírico, según lo pidan los caracteres y la situación.

El *Discurso* de Durán se difundió rápidamente y la reacción crítica fue inmediata. Quintana escribió en seguida a Durán felicitándole, y lo mismo Böhl. El *Correo Literario y Mercantil* enjuició severamente el escrito de Durán [171], pero José María Carnerero, en la *Gaceta de Madrid*, alabó su doctrina y el modo de exponerla, y el *Diario de Avisos* encareció su importancia y el influjo que podría ejercer para el renacimiento de nuestro antiguo teatro. El *Discurso* de Durán fue pronto conocido en Inglaterra; Vicente Lloréns da cuenta [172] de que fue comentado favorablemente en dos artículos aparecidos en *The Atheneum* —marzo y diciembre de 1829—, que elogiaron la audacia del autor para romper los lazos con el clasicismo francés.

Los comentarios sobre el *Discurso* siguieron apareciendo durante años. En 1832 le dedicó Larra un breve artículo [173] afirmando su utilidad para la exposición y defensa de los principios románticos y encomiando la habilidad con que había sido escrito. Alcalá Galiano, que aún no había roto por entonces con sus ideas clasicistas, escribió en *The Atheneum*, en junio de

---

[168] Ídem, íd., pág. 302, nota 1.

[169] Ídem, íd., pág. 287.

[170] Ídem, íd., pág. 294.

[171] En un artículo anónimo. El autor que, según señala Caldera (cit., pág. 46, nota 7), acusaba las ideas más reaccionarias, incluso en el plano político, desafía a Durán a que señale en el teatro de la Edad de Oro una sola obra que pueda compararse con *El sí de las niñas*, *La Mojigata* o *El Barón*.

[172] Vicente Lloréns, *Liberales y románticos. Una emigración española en Inglaterra (1823-1834)*, 2.ª ed., Madrid, 1968, pág. 381.

[173] Véase en *Obras de Mariano José de Larra (Fígaro)*, ed. de Carlos Seco Serrano, B. A. E., I, Madrid, 1960, págs. 206-207.

1834, unas notas algo reticentes sobre el *Discurso*, acusando al autor de escasa preparación para abordar el tema que defendía. Lista, en cambio, en sus *Lecciones* del Ateneo, aconsejó la lectura del *Discurso*; y a los cincuenta y seis años de haberse publicado la obra de Durán, Manuel Cañete, en el Prólogo a las *Obras Completas* del duque de Rivas de 1885, le dedicó un cálido elogio reconociéndole su función preeminente y eficacísima en la regeneración del teatro español [174].

El hecho cierto —como Gies puntualiza [175]— es que la década de los «treinta» vio el cumplimiento de los deseos de Durán respecto al antiguo teatro español, ya con la reedición de sus obras maestras, ya con la creación de nuevos dramas inspirados en temas nacionales, según hicieron precisamente los dramaturgos más caracterizados del romanticismo: Martínez de la Rosa, Larra, el duque de Rivas, García Gutiérrez, Hartzenbusch, Roca de Togores, Gil y Zárate, Escosura, Zorrilla. Que el *Discurso* de Durán contribuyó decisivamente a reavivar el interés por el antiguo teatro nacional, no puede discutirse [176]. Allison Peers, que trae a colación innumerables veces el nombre de Durán, dice de su *Discurso* que «representó en la evolución del movimiento un paso adelante comparable a la polémica entre Böhl y Mora y a la fundación de *El Europeo*. Durante muchos años mantuvo [Durán] constante contacto con Böhl, que admiraba mucho su obra, y esta relación acrecentó el excelente efecto que sus afirmaciones produjeron en los críticos jóvenes y más progresivos» [177]. Y refiriéndose en conjunto al interés que despertó por toda la antigua poesía española, escribe más adelante: «Después del primer *Discurso* de Durán, el medievalismo adquiere cada vez mayor popularidad, y durante más de un decenio no experimenta freno efectivo alguno» [178].

Donald L. Shaw, en su citada Introducción, sostiene que el *Discurso* de Durán es una de las más influyentes obras de crítica relacionadas con el problema del romanticismo en España. Superior en importancia y exten-

---

[174] Caldera (cit., págs. 47-48) reproduce un largo pasaje, del cual tomamos las líneas finales: «Sin los esfuerzos heroicos —dice Cañete—, no bien apreciados todavía, de D. Agustín Durán, para quien la poesía *no es otra cosa que el modo ideal de expresar los sentimientos humanos;* sin la singular constancia con que se lanzó a la arena como campeón firme y decidido de nuestro antiguo teatro y del espíritu eminentemente cristiano, nacional y libérrimo que lo produjo; sin sus vastos conocimientos estéticos, difundidos ardorosamente cuando nadie se curaba en España de tales cosas, tal vez hubiera sido más difícil a la dramática de la regeneración naturalizarse en nuestro suelo...».

[175] Cit., pág. 79.

[176] El propio Durán subrayaba con satisfacción, en 1841, que sus aspiraciones se habían realizado ya en gran parte con diversas obras de los autores mencionados. Véase su «Examen de *El condenado por desconfiado*», en *Comedias escogidas de Fray Gabriel Téllez (el Maestro Tirso de Molina)*, B. A. E., vol. V, pág. 724.

[177] *Historia...*, cit., págs. 211-212.

[178] Idem, íd., pág. 216.

sión a todos los escritos anteriores sobre el mismo tema, no aparecía como un mero artículo publicado en las páginas de un oscuro periódico, sino como obra aparte que reclamaba particular atención; comentada profusamente, dentro y fuera del país, señala el punto crucial en el proceso de nacionalización de nuestro romanticismo. Recuerda Shaw la fuente, que ya conocemos, de las ideas de Durán, pero haciendo notar lo que de audaz y de revolucionario tenía en aquel momento la idea de que cada país debía poseer una literatura propia, concebida según su propio espíritu y carácter.

Para enjuiciarlo debidamente, Shaw propone separar en el *Discurso* el propósito fundamental de Durán, que fue restaurar el prestigio de nuestro drama áureo, de los argumentos en que se apoya. Lo primero lo consiguió en su totalidad, pero las razones aducidas para la defensa se basan en supuestos equivocados —dice Shaw [179]— sobre la naturaleza del romanticismo. Durán supone que el triunfo del drama clásico en Francia, paralelo a su encumbramiento político, impuso en toda Europa la tiranía de unas reglas que mataron las dramaturgias nacionales. Los críticos neoclásicos, en lugar de corregir los defectos de la *comedia*, trataron de sustituirla con imitaciones del teatro francés. Al fin, los críticos alemanes, reconociendo la existencia de diferentes tipos de dramas y sosteniendo el derecho al progreso y la variación, habían restablecido la reputación del teatro del Siglo de Oro.

Shaw le reprocha a Durán el que no diera razones de la decadencia de la *comedia*, ni explicara cómo un pequeño número de críticos logró imponer los cánones neoclásicos a toda una nación que los rechazaba; tampoco alude al hecho de que en los años que precedieron al *Discurso* las obras francesas gozaron de indudable popularidad. Sin embargo —admite Shaw [180]—, a pesar de estas deficiencias, propias de una obra polémica, los puntos de vista de Durán son de evidente transcendencia: representan el punto culminante del largo debate sobre el teatro áureo y el paso desde la moderada defensa de éste al ataque frontal contra las posiciones neoclásicas. La originalidad de Durán —añade Shaw— radica esencialmente en su tono de seguridad y en su ambicioso propósito de reescribir la historia del teatro español de acuerdo con estas nuevas directrices; directrices —y no necesitamos subrayar la importancia de la siguiente afirmación, con que concluye el crítico este punto— que desde entonces han sido universalmente aceptadas.

La argumentación principal del *Discurso* de Durán —sigue explicando Shaw— engloba su teoría literaria y su propia participación en el debate sobre el romanticismo. Su teoría literaria, más accesible que la de Böhl y más coherente que la expuesta en sus artículos por Monteggia y López So-

[179] Introducción cit., pág. XI.
[180] Ídem, íd., pág. XVII.

ler, descansa sobre tres postulados: carácter nacional, emoción e inspiración. El drama debe expresar el modo de ser de cada país, reflejar su carácter; de donde se deduce que ha de poseer su forma dramática particular, con forma y contenido peculiares, que el pueblo pueda entender; ésta es la razón por la que las importaciones no pueden prosperar. Para Durán la literatura está dirigida al sentimiento (de aquí, otras de las razones de su repudio a la literatura neoclásica, que supone forjada friamente por la razón y el análisis), y en cuanto tal se mueve en el campo de las emociones y la imaginación; los grandes poetas participan de la esencia divina por la inspiración y el entusiasmo; la inspiración no está sujeta al análisis y extrae su fuerza del espíritu nacional, del cual es inseparable.

Shaw subraya [181] la excepcional importancia de estas formulaciones de Durán en la España de 1828; basta compararlas con las ideas de Mora, de Martínez de la Rosa o de Lista, sus contemporáneos más viejos, para advertir la diferencia. Durán se aparta del ideal de la imitación, del propósito didáctico-moral, de las convenciones formales, para poner la primacía en la imaginación creadora de cada escritor, en su captura del espíritu nacional y en su transmisión de valores ideales, no con destino a una minoría culta sino a todo el pueblo.

Como ya Caldera había señalado anteriormente —según veremos en seguida— Shaw pone de relieve la forma en que Durán encamina todos sus razonamientos a definir un romanticismo nacional, *castizo*, en contraposición al clasicismo supranacional, inspirado por Francia.

De toda la argumentación de Durán —según comenta Shaw [182]— se deduce la consecuencia de que el drama del Siglo de Oro es el drama romántico por excelencia, y desde el momento en que expresa de forma perfecta el carácter nacional español, según la firme persuasión de Durán, dicho carácter nacional es genuinamente romántico, y en cierta manera España debe ser considerada como la patria del romanticismo (ya conocemos las discusiones surgidas en torno a esta famosa definición). Con semejante exposición, Durán se proponía nacionalizar el incipiente movimiento y ofrecer a los jóvenes escritores un ideal literario y un panorama de modelos.

Shaw comenta [183] que el fallo más grave del *Discurso* de Durán fue su incapacidad para asociar el romanticismo con la filosofía de su tiempo. La lectura de las páginas de Durán nos dan la idea de que el romanticismo significa simplemente el retorno al Siglo de Oro y a los *castizos* ideales de la religión y la monarquía como fuentes de inspiración. Aceptando las deducciones de Durán se llega a la conclusión de que, fuera de un puñado de

---

[181] Ídem, íd., pág. XIX.
[182] Ídem, íd., pág. XXI.
[183] Ídem, íd., págs. XXI-XXII.

producciones bastardas del siglo XVIII, toda la literatura española es romántica, definición que, por su misma vaguedad, carece de sentido.

Gies, por el contrario, sostiene [184] que el hecho de eliminar de su consideración a los románticos a lo Byron no fue inhabilidad o miopía por parte de Durán, sino premeditada y consciente decisión de excluirlos, como hizo constar más tarde expresamente en un artículo [185] al referirse al «falso camino de los delirantes y frenéticos románticos de una nación vecina». Imbuido de las ideas de los Schlegel, el romanticismo era, para Durán, espiritualismo y cristianismo, frente al paganismo de lo clásico. No debe olvidarse —dice Gies— que el *Discurso* de Durán representaba en su país y en aquel momento una novedad, y él defendía lo que pensaba y deseaba que el romanticismo *debía ser*. Podemos decir que Durán encarnaba y patrocinaba lo que en la terminología de Allison Peers se califica de «renacimiento romántico» frente a la «rebelión romántica». Al definir el romanticismo en 1828 —añade Gies— no puede acusarse a Durán de no haber dado la fórmula que habían de considerar correcta las décadas y aun el siglo siguiente.

Pero, claro está que esta canalización del romanticismo en la mencionada dirección es justamente lo que se discute y se trata de valorar, de modo positivo o negativo, en la obra de Durán. Shaw, inequívoco defensor del romanticismo «auténtico», declara que aquella consciente decisión de excluirlo, que Gies defiende en los escritos de Durán, es precisamente lo que él estima más equivocado. Si en 1828 —dice [186]— pudo no advertir hacia qué meta estaba orientando la dramática española, ya no es tan defendible que persistiera en las mismas actitudes en 1841, cuando la dirección del drama romántico era bien clara. Quizá —aventura Shaw— si Durán hubiera experimentado la prueba del destierro, como Alcalá Galiano, habría modificado sus puntos de vista al contacto con los aires de fuera y aceptado el romanticismo *contemporáneo*. Si Mor de Fuentes, Larra, Alcalá Galiano, Gallardo, Mesonero Romanos y hasta el propio Lista —dice Shaw un poco antes [187]— pueden ser citados por Peers en defensa de la difundida idea de que el drama áureo era romántico, la gloria, o el reproche, deben ser atribuidos a Durán.

Pese a todas estas graves salvedades contra el *Discurso*, Shaw cierra su comentario definiendo la positiva significación de Durán dentro de la concepción romántica que le era peculiar. En la historia de la crítica española del siglo XIX —dice— Durán es el más calificado precursor de Menéndez y Pelayo en la tarea de restaurar el interés, el orgullo y la confianza de España en su propia literatura; fue el primer crítico que formuló en Es-

---

[184] Cit., pág. 81.

[185] «Poesía popular. Drama novelesco. Lope de Vega», en *Revista de Madrid*, Segunda Serie, II, 1839, pág. 75.

[186] Introducción, cit., pág. XXVIII.

[187] Ídem, íd., pág. XXVII.

paña una teoría de la literatura reconocidamente romántica. Mientras Mora tergiversaba y Lista exponía cautas reservas, Durán defendió agresivamente lo que en 1828 constituía una posición extrema. En lo que se refiere a la rehabilitación del drama del Siglo de Oro, el *Discurso* canalizó la corriente. En el momento crucial, Durán cargó su influjo del lado del romanticismo *histórico*, aquel tímido y temprano sector cristiano y medieval del movimiento, en el cual la burguesía española vio confortablemente reflejadas sus ideas religiosas y tradicionales, sin peligrosas tintas de radicalismo y criticismo [188].

Con anterioridad a Shaw, Ermanno Caldera había ya puesto de relieve el carácter conservador y tradicional del romanticismo del que Durán se convirtió en expositor y defensor. Gies no se ocupa en absoluto del trabajo de Caldera; se limita, al citarlo tan sólo en nota, a señalar que *también* éste insiste en el carácter conservador del *Discurso* de Durán, valoración peyorativa en el fondo, que Gies evidentemente no comparte o que, a lo menos, trata de atenuar.

Caldera subraya la importancia que en la gestación del *Discurso* posee la procedencia de Durán del campo clasicista, a lo que arriba hemos aludido. Según Caldera [189], la «conversión» de Durán representa el último episodio de la maduración yacente en el neoclasicismo español, del cual recogía dos exigencias fundamentales, sólo enemigas en la apariencia: la de levantar a España al nivel de las otras naciones europeas, pero, a la vez, la de reelaborar las doctrinas extranjeras según módulos españoles. Estas exigencias —dice Caldera— impidieron que el neoclasicismo español cristalizara en fórmulas yertas, y le imprimieron una actitud dinámica que hizo posible la nueva situación. La adhesión a las corrientes europeas que había resultado tan difícil y problemática en la época de la ilustración, por lo que comportaba de extranjerismo, resultaba ahora fácil y natural: abrazando las ideas románticas se abría la puerta a Europa al mismo tiempo que se aceptaba plenamente lo propio. Caldera supone [190] que dos acontecimientos literarios pudieron estimular a Durán en la redacción de su *Discurso*: la publicación en 1827 de la *Poética* de Martínez de la Rosa, y el *Prefacio a Cromwell*, de Víctor Hugo. La *Poética*, como veremos en páginas posteriores, repetía los cánones de la regularidad y de la unidad que Durán trataba de destruir, pero a la vez reconocía ya la insuficiencia de la estética racionalista para valorar adecuadamente la literatura del seiscientos, y proponía interpretaciones flexibles, muy distantes de la rigidez del primer

---

[188] Ídem, íd.

[189] *Primi manifesti...*, cit., pág. 50. Caldera dedica todo el capítulo segundo de su trabajo al *Discurso* de Durán, bajo el título de «Alla ricerca di una formula spagnola del romanticismo», págs. 45-77.

[190] Ídem, íd., págs. 53 y sigs.

Moratín, de Montiano y de Luzán. Frente a la *Poética*, pero aprovechando precisamente la misma puerta que ella entreabría, Durán podía escribir una obra que la sustituyera con dignidad y realizase, en relación con el teatro antiguo español, la misma función que el *Prefacio* de Hugo había desempeñado respecto del francés. Le urgía a su vez sentar firmemente unos principios para impedir que el movimiento romántico arraigara en España según los módulos de la tendencia revolucionaria, prefigurada en el *Prefacio;* es decir: Durán se situaba con plena consciencia en la línea del mismo reformismo moderado que seguía en política, único que, dada la realidad del país, le parecía posible. Esta actitud, que Durán había de mantener a lo largo de toda su obra, es la que iba a caracterizar a la crítica española posterior.

Caldera explica [191] que la misma estructura del *Discurso* revela el doble frente en que combatía el autor. En la primera parte, más extensa y difusa, Durán combate la doctrina de los críticos neoclásicos que había causado el descrédito del antiguo teatro español —y, con ello, el de su propio país y su literatura— pretendiendo aplicarle medidas que no le eran propias. En la segunda parte expone —siempre en un tono moderado y conservador— la mayor espiritualidad, complejidad y verdad que el poeta romántico podía dar a sus creaciones en una dramática más natural, no encadenada por las reglas.

Caldera puntualiza [192] el soporte básico de la obra de Durán: su nacionalismo y patriotismo, que son los motivos fundamentales y unificadores del *Discurso*. A diferencia de sus predecesores de *El Europeo*, Durán enfrentaba el problema del romanticismo desde un punto de vista esencialmente español, y en este sentido seguía las huellas de Böhl de Faber. No obstante, lo que éste no había conseguido hacer triunfar por las razones que arriba dejamos expuestas, lo conseguía, en cambio, Durán porque el tiempo no había transcurrido en vano; se habían multiplicado y difundido las polémicas, el entusiasmo por lo español desarrollado en el extranjero —no importa cuál fuese la medida de su autenticidad— había robustecido la estimación de lo propio, crecía el interés por la literatura nacional, clasicistas ilustres como Moratín y Lista variaban sus anteriores posiciones. Pero —lo que más importa en relación con el propio Durán— el *Discurso* poseía una vibración de sentimientos que, si originaba por una parte las deficiencias puestas de relieve por los críticos, le comunicaba por otra una entonación personal, que hacía olvidar las fuentes utilizadas por el escritor [193].

Hemos dicho que aquellas fuentes eran básicamente los escritos de los Schlegel y de madame de Staël, a los que Caldera añade Chateaubriand y

---

[191] Ídem, íd., pág. 55.
[192] Ídem, íd., pág. 60.
[193] Ídem, íd., pág. 62.

Manzoni. De la Staël utiliza Durán no sólo *De la littérature* —única obra conocida por los redactores de *El Europeo*— sino *De l'Allemagne*, lo que —dice Caldera [194]— representa un notable progreso en la crítica de la época. Lo que Durán refuta, y más todavía lo que silencia de sus fuentes, declara inequívocamente la actitud que ya conocemos. Durán —afirma Caldera [195]— no quiere que el romanticismo, del que se erige en apóstol, se confunda con la inmoralidad y el ateísmo que se creían advertir en las más recientes manifestaciones literarias extranjeras, francesas sobre todo. Y menos aún —añade el crítico [196]— se deja llevar Durán por la atracción de lo patético, que había sido tan importante para los redactores de *El Europeo:* ninguno de los característicos motivos románticos, que con tanta amplitud habían expuesto los Schlegel y madame de Staël —la melancolía, el sentido indefinido y arcano del universo— encuentra en el *Discurso* de Durán la más pequeña resonancia. Puede pensarse —sigue diciendo Caldera— que el autor había rechazado todo aquello que no podía entrar en su interpretación del alma española, que se define, según él, por su *gravedad, nobleza, bravura, heroísmo* y *lealtad,* es decir, los rasgos más salientes en los personajes de la *comedia.* Caldera supone —y creemos importante esta sugerencia— que en la actitud de Durán alentaba también el clasicismo subyacente, nunca del todo olvidado, de sus años de formación y, en consecuencia, cierto concepto neoplatónico que lo alejaba de toda interpretación de lo bello que no fuera plástica y luminosa.

Caldera resume [197] la posición global de Durán en una forma que estimamos certera y que merece ser subrayada, dado el influjo que iba a ejercer en la crítica posterior. Durán parece tener la idea de un *género* español que no es clásico —es decir, de importación extranjera— pero tampoco exactamente romántico según el concepto europeo general, sino tan sólo en cuanto la palabra romántico puede significar *castizo.* La actitud no puede resultar extraña en una época de exacerbado nacionalismo tanto político como literario. Pero su aplicación a nuestro crítico lleva a Caldera a cierta alarma: diríase que la inserción en el espíritu europeo que el *Discurso* parecía prometer, venía implícitamente a negarse. Los ilustrados habían tratado de renovar la literatura española, fundiendo —más o menos— las enseñanzas extranjeras con la tradición nacional; mientras que Durán se limitaba a recoger, de las teorías extranjeras, las que podían redundar en alabanza del antiguo teatro español, y parecía conformarse con ciertos esquemas, forjados ultramontes, del alma española. A diferencia de sus antecesores —dice Caldera [198]— que habían tratado de absorber la cultura

---

194 Ídem, íd., pág. 63.
195 Ídem, íd., págs. 64-65.
196 Ídem, íd., pág. 65.
197 Ídem, íd., pág. 72.
198 Ídem, íd., pág. 73.

europea españolizándola, esa cultura la reducía Durán a los solos componentes hispánicos, o, mejor dicho, real o potencialmente hispanófilos. La restauración de nuestras letras había de venir —según Durán— inspirándose en los grandes dramaturgos del pasado, en la «unión de lo pasado con lo presente», fórmula —como sugiere Caldera— peligrosamente conservadora y vaga [199].

Caldera señala otros puntos débiles en la exposición de Durán, entre ellos el que no demostrara en su *Discurso* la congenialidad del teatro del seiscientos con el alma española. Pero el propio Caldera reconoce que era éste un lugar común de la conciencia crítica española que no necesitaba demostración, y es natural que Durán no cuidase de darla; los mismos ilustrados, que sostuvieron en el XVIII que el teatro barroco no respondía ya a las nuevas exigencias, no discutieron que hubiese interpretado exactamente el espíritu del siglo anterior. Ese nacionalismo del *Discurso* fue precisamente una de las mayores razones de su general aceptación. Representaba el *Discurso* —dice Caldera [200]— la transferencia al campo literario del conservadurismo liberal del campo político: su llamada a ciertos valores indiscutibles, la patriótica reivindicación del casticismo, su repudio de toda inmoralidad en el arte, encontraban la adhesión de las moderadas *élites* sociales y culturales.

La apelación al pasado hecha por Durán ensanchó por su parte —según Caldera [201]— el profundo surco entre la literatura y la vida, abierto ya por *El Europeo*, que caracteriza al romanticismo español, alejándole de aquella estimulante inquietud que en otros países le imprimió su peculiar dinamismo. De aquí que la crítica a partir de entonces fuera casi exclusivamente literaria, y que la literatura que suele definirse como romántica no ofrezca demasiado interés en cuanto a los problemas de la vida social, a pesar

---

[199] Aunque el conservadurismo de la «fórmula» sea, en sustancia, cierto, creemos, no obstante, que debe ser entendido con cierta mesura o, a lo menos, sin el énfasis que podría deducirse de la interpretación del crítico italiano. La inspiración en los dramaturgos del pasado, que proponía Durán, no suponía necesariamente la imitación estrecha y limitada, sino algo que, inspirándose en lo nacional —y que no excluía, por tanto, lo moderno— hiciera en sus días obra equivalente a la que los dramaturgos del Siglo de Oro crearon en su tiempo; en una palabra, no era la letra lo que había que imitar, sino el espíritu. Véase, por ejemplo, lo que dice Durán a propósito de *El condenado por desconfiado*, en el comentario que hemos mencionado arriba, nota 176: «En la actualidad, no se toleraría un drama teológico como el de Tirso, dividido en dos acciones casi diversas, y lleno de medios sobrenaturales y de escenas y situaciones desligadas. En el día quien intentase renovar este asunto, necesitaría poseer mucho conocimiento de la actual sociedad, mucho ingenio y mucho tino práctico de la escena, tendría que concebirlo de otro modo, y que buscar en la razón medios supletorios a la falta de fe; tendría que inventar recursos de verosimilitud e interés dramático más análogos a nuestra manera social y a la idea predominante del siglo; y tendría en fin que hallar para España el *Fausto* que Goethe produjo para su país» (pág. 724).

[200] *Primi manifesti...*, cit., pág. 76.

[201] Ídem, íd., págs. 76-77.

de que sus más destacados cultivadores, como Rivas y Martínez de la Rosa, fuesen políticos.

Es posible que el género de responsabilidades que Caldera pone a cuenta de Durán sea un tanto excesivo, aunque viene de rechazo a ponderar la amplitud del influjo de su *Discurso*. Que fue dilatado, sin lugar a dudas. Gies sostiene [202] que sería absurdo afirmar que la obra de Durán hiciera nacer la literatura romántica, pero fue, incuestionablemente, instrumento capital para preparar el clima que la hizo posible, difundir las ideas de los Schlegel y de Böhl, dar prestigio a la nueva escuela y traer la inteligente revalorización del teatro del Siglo de Oro y, con él, de toda nuestra literatura; aspecto este último, sobre todo, ponderado siempre por la crítica tradicional —y que no es por ello menos exacto— y reconocido por críticos actuales como Shaw, según hemos visto. Sin duda alguna, muchas de las idealizaciones románticas tan combatidas por la crítica posterior, recibieron eficaz difusión en las páginas de nuestro crítico; pero la resistencia al romanticismo byroniano tuvo extensión y raíces mucho más hondas y variadas que las que pueden atribuirse a su influjo, y en cuanto a hipostasiar el romanticismo con una sola de sus concepciones, hemos dicho lo suficiente en nuestra Introducción para que no debamos ahora volver a ello. La tarea de Durán fue específicamente literaria, y en ese campo su papel de estimulador y restaurador de nuestras letras es impagable. Por todas las justas razones que se quiera, nuestro país venía sufriendo de un profundo y angustioso complejo de inferioridad, que, si justo en muchos aspectos, no lo era en la literatura. Recuperar la confianza en nosotros mismos era tarea urgente, y en muy buena parte se emprendió gracias a Durán. No es exagerada, en absoluto, la afirmación de Narciso Alonso Cortés, recogida por Gies: «Este discurso de Durán es para España lo que las *Lecciones* de Schlegel para Alemania, la *Carta sobre las tres unidades*, de Manzoni, para Italia, y el *Prefacio* de *Cromwell*, de Hugo, para Francia» [203].

**Los "Romanceros".** Aunque el *Discurso*, como hemos visto, está dedicado con preferencia a la reivindicación del antiguo teatro nacional y a la

---

[202] Cit., pág. 81.

[203] En *Zorrilla. Su vida y sus obras*, Valladolid, 1943, pág. 112. Críticos y lectores se preguntaron, en los mismos días de Durán, por qué había éste comenzado por los romances *moriscos*, menos nacionales en su espíritu, si lo que él se proponía precisamente era enaltecer los intereses y la cultura de su país. Ferdinand J. Wolf respondió a la objeción en su *Historia de la Literatura Española y Portuguesa*, editada originalmente en 1859, explicando que «la ingenua sencillez y frescura de los romances históricos y caballerescos hubieran sido tomadas como trivialidad y rudeza por el gusto afrancesado de los españoles de entonces. Empezó, por el contrario, muy prudentemente con los que mejor se ajustaban a ese gusto, con los romances artísticos, más perfectos en lo técnico, más elegantes, los que bajo el disfraz moro contaban las intrigas de los galanes y damas de la corte de Felipe III, los llamados moriscos» (cit. por Gies, pág. 95).

exposición de las teorías románticas, la fama más duradera —como Gies puntualiza [204]— había de venirle a Durán por su defensa de la poesía popular que, más aún que la del teatro, constituyó la gran tarea de su vida. En el *Discurso* se ocupa ya repetidamente de aquélla, y particularmente de los *romances*. Estimulado —irritado, más bien, diríamos— al ver las ediciones de nuestros autores que se estaban imprimiendo en países extranjeros, publicó, como ya sabemos, el mismo año que el *Discurso*, su primer volumen de romances bajo el título de *Romancero de romances moriscos* [205]. Durán formó su colección tomando todos los de este tema del *Romancero General* de 1614, más algunos otros de diversa procedencia. Apenas si existía criterio de selección ni estaban ordenados adecuadamente, pues Durán no estimaba sólo los romances por su calidad literaria, sino también como documentos de una época y depósito de tradiciones y fábulas populares, y así tan interesantes le parecían los buenos como los malos. Su propósito principal fue atraer la atención sobre obras largo tiempo olvidadas de poetas de los siglos XVI y XVII, y recomendarlas a los escritores contemporáneos para que se ejercitaran «en esta clase de literatura».

La colección fue, en general, bien recibida: Lista afirmó que se trataba de una publicación que ya se había hecho indispensable, y Gallardo felicitó a Durán por haber puesto en circulación y al alcance de todos un caudal, que era «tesoro de duendes para los más de los lectores» [206]. Pero no faltaron las críticas adversas por la falta de notas aclaratorias, la mezcla de romances históricos y novelescos, la ausencia de selección, que hacía extraviar al lector, y por haberse casi limitado el antólogo a la sola fuente del *Romancero General*.

El segundo volumen, *Romancero de romances doctrinales, amatorios, festivos, jocosos, satíricos y burlescos* [207], carecía también de adecuados requisitos críticos, pero sus fuentes eran ya más variadas, y Durán aprovechó bastante de la *Floresta* de Böhl; la selección fue hecha con mayor cuidado, y al índice alfabético de títulos, que acompañaba también al primer volumen, añadió ahora Durán notas sobre las fuentes y los autores. Lista comentó también el volumen en *La Gaceta de Bayona* con mayor entusiasmo que el anterior, contagiado sin duda por la pasión de su discípulo hacia la poesía popular.

Durán mejoró su técnica al publicar en 1829 su tercer volumen, titulado *Cancionero y romancero de coplas y canciones* [208], que, como indica

---

[204] Cit., pág. 92.

[205] Su título completo es: *Romancero de romances moriscos, compuesto de todos los de esta clase que contiene el Romancero general, impreso en 1614.*

[206] Cit. por Gies, pág. 96.

[207] El título completo es: *Romancero de romances doctrinales, amatorios, festivos, jocosos, satíricos y burlescos, sacados de varias colecciones generales y de las obras de diversos poetas de los siglos XV, XVI y XVII.*

[208] Título completo: *Cancionero y romancero de coplas y canciones de arte menor,*

el título, agrupaba con los romances otras composiciones de diverso género. El colector ponderaba, sobre todo, aquella poesía libre de imitaciones,
llena de imaginación y originalidad, y hacía notar su progresivo enriquecimiento al producirse en el siglo XVI, con Boscán y Garcilaso, el descubrimiento de las formas clásicas, que había levantado a su mayor belleza,
bizarría y amenidad la poesía de versos cortos.

El *Romancero caballeresco* [209], que apareció en dos volúmenes en 1832,
satisfacía ya en buena parte los requisitos que se habían echado de menos.
Durán utilizó para su antología desde doce *Romanceros* que databan de
1511 hasta la colección de Böhl, y condensó en un *Discurso preliminar* el
resultado de sus estudios sobre historia, cultura y literatura, sistematizando
sus puntos de vista sobre la poesía nacional. Para Durán, en los *romances*
«se ven retratadas, aun mejor que en la historia, las costumbres, las creencias, las supersticiones de nuestros mayores, y la idealidad con que el
pueblo concebía el heroísmo, la lealtad y el valor; allí se ve también el
modo esencial y original de existir propio de aquella sociedad, con los
progresos y retrocesos que experimentaba la civilización según las vicisitudes y circunstancias de cada época». Sostenía Durán que el verso, con el
canto, fue la forma esencial de la literatura primitiva, como más adecuado
para grabar en la mente de las gentes el recuerdo de sus hechos, sus sentimientos o costumbres, que se trasmitía oralmente de generación en generación. De acuerdo con las ideas de la época, Durán suponía que los romances precedían a los cantares de gesta; no podía aceptar que desde que el
latín dejó de ser lengua viva hasta el siglo XII hubiera carecido el pueblo de
cantos amorosos y guerreros y de himnos religiosos compuestos en la lengua común, de donde infería que el lenguaje castellano y la poesía popular
habían tenido un desarrollo paralelo, y los romances habían sido las primeras composiciones escritas en la lengua vulgar [210].

---

*letras, letrillas, romances cortos y glosas anteriores al siglo XVIII, pertenecientes a los
géneros doctrinal, amatorio, jocoso, satírico, etc.*

[209] Título completo: *Romancero de romances caballerescos e históricos anteriores
al siglo XVIII, que contiene los de Amor, los de la Tabla Redonda, los de Carlo Magno
y los Doce Pares, los de Bernardo del Carpio, del Cid Campeador, de los infantes de
Lara, etc.*

[210] Caldera dedica otro capítulo de su estudio al *Romancero* de Durán, bajo el
título de *Il problema della poesia popolare nel «Romancero» de Durán* (págs. 91-117).
Analiza sus teorías sobre los romances, y muy en particular la especial significación
que les otorga Durán como interpretación poética del alma española; respecto de esto
último, sostiene Caldera que Durán, en su Introducción al *Romancero*, intensifica más
todavía que en el *Discurso* sus ideas nacionalistas y casticistas, aunque admite que
consigue una más precisa caracterización del espíritu del pueblo español. Señala Caldera que en la concepción de la poesía popular que expone Durán, se encuentran todos
los motivos particularmente gratos a los románticos, sobre todo a los alemanes: la
exaltación de la espontaneidad y la condena del artificio, la caracterización de un espíritu étnico, la denuncia de las importaciones, la idea de la interdependencia del arte
y de la vida y la evocación de un Medioevo cristiano y belicoso (pág. 105).

Luego, al llegar el Siglo de Oro, Lope, Góngora y los demás grandes poetas de la época, habían comprendido el valor de la poesía nacional, y, lo mismo que en el teatro, crearon en este campo el verdadero romanticismo español. Gies subraya que, a este propósito, Durán ofreció una nueva definición del romanticismo más amplia que la que había dado en el *Discurso:* «un sistema nuevo, compuesto con la brillante imaginación árabe, con la sentimental y vehemente pasión de los escandinavos, con la aventurosa y galante caballerosidad de los normandos, con los profundos pensamientos del dogma y moral cristiana, y en fin con el espíritu noble, guerrero, generoso y grave de su nación».

Buena parte de la prensa española dedicó inequívocos elogios a la tarea de Durán: se ponderó la atención prestada a la caballeresca Edad Media a través de su literatura, la afición que podría estimular hacia este género de estudios, y el acierto del escritor al dar una base filosófica a lo que sólo había sido hasta entonces una valoración sentimental de la antigua poesía. Estébanez Calderón, experto también en esta clase de estudios, comentó favorablemente el *Romancero*, lo mismo que Gallardo y Böhl, y aparecieron críticas elogiosas en la prensa alemana.

La publicación de los cinco volúmenes de la colección no extinguió el interés de Durán por sus amados romances, y por algún tiempo tuvo el propósito de publicar otro *Romancero* en colaboración con Estébanez, que había reunido también centenares de composiciones, pero al fin lo publicó por sí solo, en dos volúmenes, en la colección de Rivadeneyra, como ya quedó dicho, bajo el nombre de *Romancero General* (1849-1851)[211]. Una colección definitiva —según subraya Gies[212]— era imposible, pero Durán se aproximó a ella mucho más que nadie hasta entonces, y su obra sigue siendo todavía una fuente de primer orden para este género de poesía. Las 1.230 composiciones de la anterior colección se ampliaron en la nueva hasta 1.900. Aparte este aumento, la nueva publicación salía enriquecida con comentarios críticos, índices y un catálogo alfabético de *sueltos*, de gran valor para identificar las fuentes de muchas composiciones.

Durán renunció en todas sus colecciones a cualquier ordenación cronológica, realmente imposible, y en la reproducción de textos se atuvo escrupulosamente a los originales, según el criterio de Gallardo. Pero en el *Romancero General*, estimulado por la tarea de sus predecesores, principalmente Böhl, Depping y Wolf, estableció un sistema de clasificación bastante complicado; Wolf, que comentó esta clasificación de Durán en su *Historia de la Literatura Española y Portuguesa*, afirmó que el erudito español la

---

[211] En el primer volumen, a continuación de un Prólogo escrito expresamente para él con observaciones sobre las distintas especies de romances y la clasificación a que luego aludimos, reimprimió Durán el *Discurso preliminar*, que había puesto al frente del *Romancero caballeresco* de 1832.

[212] Cit., pág. 106.

había tomado de Huber y de él mismo, pero reconoció que la había desarrollado y matizado con gran precisión.

No es éste el lugar para ocuparnos de las teorías sobre el origen e historia de los romances. Buena parte de las afirmaciones de Durán han sido rebatidas por la crítica posterior, pero sorprende, sin embargo, el número de puntos en que su sola intuición anticipó los resultados que se tienen hoy por seguros, entre los cuales merece destacarse el del influjo de la cultura y la poesía árabes en la primitiva poesía castellana. Durán, por lo demás, tenía plena conciencia de las dificultades con que se enfrentaba en su trabajo, y propuso modestamente muchas de sus ideas como hipótesis, que posteriores investigadores tendrían que confirmar o rechazar. De todos modos, lo decisivo de su tarea, como pusieron de relieve críticos y eruditos coetáneos y han repetido casi unánimemente los de nuestros días, fue el haber reunido la más importante colección conocida hasta la fecha, y más todavía el haber encarecido la excepcional importancia del romancero como una de las más altas creaciones de nuestra literatura. Durante varias generaciones, como afirma Gies [213], el *Romancero* de Durán fue la fuente de inspiración para muchos escritores que se nutrieron en la riqueza de la poesía popular española.

Refiriéndose a su propia obra, Durán pudo escribir, sin asomo de jactancia, en el prólogo de su *Romancero General:* «Mi único mérito en este caso fue conocer que era llegada la hora de la emancipación literaria; el de atreverme a romper la primera malla de la red que la impedía, y en fin, el de arrojar en el suelo ya preparado la semilla que debía brotar. Apenas entonces teníamos un crítico que osase defender nuestra antigua literatura considerándola en sí misma, y como medio necesario para recuperar la perdida originalidad e independencia que debiera nacer de la unión de lo pasado con lo presente» [214]. Afirmaciones que, años más tarde, confirmó Hartzenbusch desde las páginas de *La Iberia:* «Fue grande la influencia de aquel escrito [se refiere concretamente al *Discurso*] debido a dos circunstancias que necesitan reunir cuantos aspiren a corregir opiniones erróneas: verdad y oportunidad, tener razón y decirla a tiempo» [215].

Sería necia la pretensión de atribuirle a Durán conocimientos y técnicas que sólo el lento progreso de la ciencia literaria está consiguiendo en tiempos muy recientes; es fácil, en cambio, demostrar sus insuficiencias o sus fallos. Montesinos, por ejemplo, en más de una ocasión, ha dado pruebas del escaso aprecio en que tenía la ciencia de Durán; de manera particular, y no sin motivo esta vez, a propósito del informe a la Academia sobre *El*

---

213  Idem, íd., pág. 118.
214  Cit., pág. VI.
215  Cit. por Gies, pág. 166.

*diablo cojuelo*[216], ridiculizado también por Rodríguez Marín[217]. En otra ocasión emite juicios como éste: «Faltó a nuestros románticos un gran erudito que los guiase a través del pasado literario español; sólo tuvieron a Durán, escasísimo de conocimientos y de alcances»[218]. Y Gies reproduce unas palabras de una carta particular, dirigida al propio comentarista: «La erudición de Durán fue siempre muy deficiente, como lo fue la de todos sus contemporáneos, obligados a improvisarse, sin medios casi, una cultura española que nadie había podido darles»[219].

La aclaración, que explica la deficiencia, es a la vez una disculpa y un elogio a Durán, auténtico pionero en un terreno prácticamente virgen. Así, precisamente, lo había sostenido mucho antes Menéndez y Pelayo: «Considérese —dice— la situación de un erudito de los últimos tiempos de Fernando VII, reducido a sus propios recursos. Después, Durán pudo alcanzar las primeras colecciones de poesía popular de diversos países, entró en la intimidad con los extranjeros que habían tomado por campo de investigación el nuestro y se encontró maravillado de la conformidad que notó entre los resultados obtenidos por ellos, con el rigor de un método científico continuado desde Grimm hasta Wolf, y los que él había logrado solo o casi solo por la fuerza de su maravilloso instinto»[220]. Y en otra parte: «El servicio que prestó Durán, no sólo como admirable colector, sino principal-

---

[216] El ruso Nicholas Piatnitsky estaba preparando una traducción a su lengua de *El diablo cojuelo*, de Vélez de Guevara, y para aclarar algunos puntos dudosos se dirigió a la Academia Española en demanda de ayuda. La Academia encargó la tarea a Durán, y éste redactó un minucioso informe sobre aspectos estilísticos, lingüísticos e históricos de la obra. Una comisión de tres académicos examinó el trabajo de Durán y lo halló perfectamente aceptable, pero la crítica reciente lo ha condenado sin piedad. Montesinos, refiriéndose a la «mala suerte» del *Cojuelo* en sus ediciones de mediados del siglo XIX y al escaso conocimiento que se tenía entonces de él, escribe: «Basta ver, para convencerse, el increíble disparatorio fabricado por don Agustín Durán en 1850, para satisfacer las dudas de un extranjero que se proponía traducir a Vélez» *(Introducción a una historia de la novela en España, en el siglo XIX*, 2.ª ed., Madrid, 1966, pág. 107, nota 276).

[217] Rodríguez Marín, en el prólogo a su edición de la novela de Vélez para «Clásicos Castellanos» escribe: «Hago gracia al lector de los demás trámites de aquel desdichado asunto: baste decir, para que los manes de Durán no se irriten demasiado, que en aquella ocasión durmió Homero a pierna suelta, y durmieron con él cuantos pusieron las manos, o formulariamente hicieron que las ponían, que es lo más probable, en las empecatadas *ilustraciones* de Durán. Aquella larga serie de lamentables yerros convidaba, ¿qué digo convidaba?, requería a volver por la honra del malparado Vélez, y, en general, por los fueros de nuestro idioma» (Madrid, 1918, pág. XXXI, nota 1). Es de justicia aclarar, no obstante, que Durán, con su modestia y cautela característica, había declarado a la Academia su incapacidad para aquella tarea («Temo mucho que esa Real Academia se haya equivocado en la aptitud que me supone») y solicitado que revisaran su informe otras personas para evitar que sus probables fallos perjudicaran el buen nombre de la institución.

[218] Cit. por Gies, pág. 169. Donald L. Shaw, que recoge también este último juicio, dice de él que «es manifiestamente injusto» (Introducción, cit., pág. XXVII).

[219] Ídem, íd., pág. 127.

[220] Cit. en ídem, íd., pág. 117.

mente como crítico, como despertador de inteligencias, como primer maestro en España de una estética nueva, como renovador de un sentido poético y tradicional que comenzaba a perderse, es de los que no admiten encarecimiento posible, y para los cuales sólo la gratitud de un pueblo puede ser digna recompensa» [221]. Menéndez Pidal, refiriéndose al fecundo y duradero influjo ejercido por la tarea recopiladora de Durán, escribe: «Durán mostró que el Romancero no debía ser en el campo de la literatura una mera antigualla digna sólo de la erudición, sino que encarnaba ideas de orden estético propicias a la revolución romántica que entonces no había aún penetrado en España. Durán, que como todos los doctos de su tiempo había seguido el sendero trillado de reprobar la literatura patria que mal conocía, de 'despreciar en público lo que en secreto admiraba' (son sus palabras), tuvo el vigor reflexivo de sacudir la esclavitud intelectual del pesado clasicismo francés y proclamar que la verdadera originalidad e independencia debía nacer de la fecunda unión del pasado con el presente; por eso confió en que el conocimiento del Romancero, y de otras obras antiguas semejantes, contribuiría a despertar el entumecido ingenio español. Y así fue: el Romancero de Durán tuvo su parte en el triunfo del romanticismo, difundiendo la antigua materia legendaria y rehabilitando el antiguo metro narrativo de dieciséis sílabas que volvió a ser empleado por los poetas modernos. Cuando Durán publicó la segunda edición del Romancero, que se hizo necesaria en 1849-1851, podía decir: 'Nunca me pesó haber acometido tamaña empresa, pues el tiempo y los hechos han demostrado que la idea que la presidió era fecunda'» [222].

Importa volver sobre un punto con el que Gies —después de reiterar la importancia de Durán en la crítica del siglo XIX— cierra su trabajo. Resulta tentador —dice [223]— encajar a Durán en el molde de un pensamiento reaccionario típico del XIX, atendiendo a su defensa de los principios monárquicos y cristianos y leyendo su *Discurso* como un producto de la conservadora tradición española. No obstante, su cruzada en favor de lo que él definió como nuevos principios literarios bajo la forma de romanticismo y su lucha en favor de una ilustración intelectual, se oponen a esta fácil caracterización. ¿Fue Durán —se pregunta Gies— un propagandista de los mitos de «la España tradicional», o, por el contrario, un rebelde, aunque descarriado, contra las convenciones literarias entonces aceptadas? Era —se contesta— un hombre de convicciones, cuya crítica literaria fue osada, elocuente y honesta. Sus fallos fueron tan grandes como sus aciertos. Se equivocó al no advertir que el romanticismo iba a ser algo más profundo

---

[221] Cit. en ídem, íd., págs. 168-169.
[222] Ramón Menéndez Pidal, «El Romancero. Su transmisión a la época moderna», en *Estudios sobre el Romancero (Obras Completas,* tomo XI), Madrid, 1973, pág. 53.
[223] Cit., pág. 169.

de lo que él imaginaba y esperaba; pero encauzó la atención general hacia la poesía popular y el teatro del Siglo de Oro, y su sensibilidad, honestidad y entrega se yerguen como un monumento, junto a su *Romancero General*, de su fe en el valor de la antigua literatura española.

Durán había prometido publicar un *Cancionero* que comprendiera la poesía popular no perteneciente a los romances, y por diversas referencias se sabe que trabajaba en esta obra; había anunciado asimismo un *Romancero sagrado* dedicado a la poesía religiosa, y ofrecido revisar la *Primavera* de Wolf para hacerla publicar en Madrid. Pero por razones desconocidas, no dio cima a ninguno de estos proyectos.

## ANTONIO ALCALÁ GALIANO

A Carlos García Barrón debemos el único estudio extenso [224] dedicado a esta destacada personalidad de la política y las letras españolas en el pasado siglo. Todavía en un reciente ensayo, compuesto para conmemorar el centenario de la muerte del escritor, decía Julián Marías, refiriéndose en particular a su papel político tan controvertido, que «es un problema para nosotros saber quién fue de verdad Don Antonio Alcalá Galiano» [225]. Vicente Lloréns, en su mencionado libro *Liberales y románticos* [226], ha aportado valiosos datos referentes a la producción literaria de nuestro autor, tarea acrecentada con una traducción de que luego nos ocuparemos. Pero sólo la mencionada monografía de García Barrón se ha propuesto valorar en conjunto la significación de Alcalá Galiano y subrayar especialmente el lugar que ocupa como crítico, apenas estudiado hasta el momento.

DATOS BIOGRÁFICOS

Antonio Alcalá Galiano nació en Cádiz el 22 de julio de 1789, ocho días después de la toma de la Bastilla; era hijo del heroico marino, don Dionisio

---

[224] Carlos García Barrón, *La obra crítica y literaria de don Antonio Alcalá Galiano*, Madrid, 1970.

[225] Julián Marías, «Homenaje a la memoria de Don Ángel de Saavedra (Duque de Rivas), Don Ventura de la Vega y Don Antonio Alcalá Galiano. En su primer centenario», Discursos pronunciados en la solemne sesión académica del 5 de diciembre de 1965, en *Boletín de la Real Academia Española*, XLV, 1965, págs. 407-421; la parte correspondiente a Alcalá Galiano, reproducida en su libro *Meditaciones sobre la sociedad española*, Madrid, 2.ª ed., 1968, págs. 81-103; citamos por esta edición; la cita en pág. 81. Cfr., Felipe Ximénez de Sandoval, *Antonio Alcalá Galiano. (El hombre que no llegó)*, con prólogo de Gregorio Marañón, Madrid, 1948 (biografía novelada, dedicada casi exclusivamente a su vida pública y política).

[226] Cit. en nota 172.

Alcalá Galiano, que había de morir en Trafalgar. Precoz en todo, como dice Marías [227] —casó en secreto a los diecinueve años—, nacido en una familia ilustre, se relacionó muy pronto con los más sobresalientes personajes de la literatura y la política y «fue el más joven de los miembros de la segunda generación romántica, aquella que encontró ya un mundo mínimamente afín con su vocación personal» [228]. Refugiado en Cádiz al producirse la invasión francesa, comenzó inmediatamente su actividad política, asistió a las sesiones de las Cortes y colaboró en diversos periódicos defendiendo la doctrina de la soberanía nacional según los principios de la Asamblea Constituyente de Francia. Acabada la guerra fue por breve tiempo secretario de embajada en Suecia, y a su regreso, enemigo acérrimo de la política absolutista de Fernando VII, ingresó en la masonería e intervino decisivamente en la sublevación de Cabezas de San Juan. Durante el trienio liberal fue elegido diputado por Cádiz y se hizo famoso como orador en las sociedades patrióticas y sobre todo en la Fontana de Oro [229]. Al producirse la intervención francesa de los Cien Mil Hijos de San Luis para derrocar el régimen constitucional, Alcalá Galiano actuó eficazmente para decidir el traslado del gobierno a Sevilla; y poco después, cuando Fernando VII se negó a proseguir viaje a Cádiz ante el rápido avance de los franceses, Galiano, frente al desconcierto de los diputados, impuso su famosa proposición de declarar demente al rey y constituir una Regencia. Al rendirse en Cádiz los constitucionales, Galiano, condenado a muerte, se refugió en Gibraltar y luego en Inglaterra, donde desembarcó el 28 de diciembre de 1823.

En Londres vivió estrechamente dando lecciones particulares de español, pues se negó a recibir el subsidio que daba el gobierno inglés a los emigrados; quería de este modo sentirse libre para atacarlo, pues lo juzgaba culpable de haber abandonado la causa de los liberales españoles y consentido la ocupación francesa. Su perfecto conocimiento del inglés le permitió relacionarse con políticos y escritores y colaborar en las más prestigiosas revistas del país [230]; y cuando en 1828 se fundó la nueva Universidad de Londres, se le ofreció la cátedra de Literatura Española, que desempeñó hasta 1830 [231]. En esta fecha se produjo la revolución francesa que entronizó a Luis Felipe. Los emigrados españoles confiaban en que la

---

[227] Estudio cit., pág. 84.

[228] Idem, íd.

[229] Cfr., Carlos García Barrón, «Antonio Alcalá Galiano y la Fontana de Oro», en *Hispania*, XLVII, 1964, págs. 91-94.

[230] Cfr., E. Allison Peers, «The Literary Activities of the Spanish *Emigrados* in England (1814-1834)», en *Modern Language Review*, XIX, 1924, págs. 315-324 y 445-458. Vicente Lloréns, «Colaboración de los emigrados españoles en revistas inglesas (1823-1834)», en *Hispanic Review*, XIX, 1951, págs. 121-142.

[231] Cfr., F. K. Lloyd, «A Pioneer Professor of Spanish: Antonio Alcalá Galiano», en *Bulletin of Spanish Studies*, X, 1933, págs. 4-15. Edgar Allison Peers, «The First English Professor of Spanish: Antonio Alcalá Galiano», en *Estudios Hispánicos. Homenaje a Archer M. Huntington*, Wellesley College, 1952, págs. 491-497.

nueva monarquía les ayudaría a derribar el régimen absolutista de Fernando VII, y Galiano se trasladó a Francia. Residió primero en París y luego en Tours, donde vivió en estrecha amistad con el duque de Rivas, en cuyas dos capitales obras —*Don Álvaro* y *El Moro expósito*— iba a desempeñar importante papel.

La amnistía de 1834 («la última de las amnistías —recuerda Jorge Campos[232]— ya que era uno de los más difícilmente perdonables») le permitió regresar a España tras once años de destierro, y reanudó de inmediato su actividad política en la prensa y en las Cortes; Cádiz le eligió diputado el mismo año de su vuelta. Pero las ideas políticas de Galiano habían evolucionado considerablemente en la emigración hacia actitudes mucho más conservadoras. Cuando fue elegido presidente de la comisión creada para redactar una nueva ley electoral, abandonó el principio del sufragio universal, con el propósito de afianzar la monarquía constitucional, que, a su juicio, no podía dejarse en manos de la muchedumbre. Esta nueva actitud le atrajo las iras de sus antiguos correligionarios, que le acusaban de traidor. Fue ministro de Marina en el breve gobierno de Istúriz, y a su caída hubo de emigrar de nuevo a Francia, donde permaneció catorce meses. La «sargentada» de La Granja le resultaba odiosa y contribuyó a fortalecer su actitud conservadora: «No quise jurar la Constitución de 1812 —dice en sus *Apuntes para la biografía* a propósito de aquel suceso— por considerar su restauración obra de una sedición punible»[233].

Al regreso de este nuevo destierro prosiguió su vida política, combatido constantemente por los progresistas y exaltados; fue perseguido por el gobierno de Espartero, y a fines de 1841 hubo de emigrar una vez más a Francia, de donde regresó a la caída del general. Falto de ocupación, por haber sido suspendidas indefinidamente las Cortes, aceptó por algún tiempo la dirección del Colegio de San Felipe Neri de Cádiz; pero a los pocos meses estaba de nuevo en Madrid favorecido por la nueva organización ministerial; fue nombrado entonces Comisario del Banco de San Fernando y Senador vitalicio, y honrado con la Gran Cruz de Carlos III. Tras un período de relativa calma, fue enviado como Ministro Plenipotenciario a Lisboa, donde se hallaba a la sazón como Agregado de la Embajada su sobrino don Juan Valera. En 1856, con la subida de Narváez al poder, fue recompensado por los conservadores con el cargo de Consejero Real, y poco después designado como embajador ante el gobierno de Turín y luego, por segunda vez, ante el de Lisboa[234]. En 1864 Narváez le nombró ministro de Fomento: fue su último cargo. Pocos meses después —en abril de 1865— tuvo lugar el famoso conflicto provocado por los artículos de Castelar, cate-

---

[232] Introducción a su edición de *Obras Escogidas*, luego cit., pág. IX.
[233] Edición Campos, luego cit., II, pág. 298.
[234] Cfr., Carlos García Barrón, «Antonio Alcalá Galiano, diplomático decimonónico», en *Arbor*, LXVIII, 1967, págs. 5-31.

drático de la Universidad Central, en el periódico *La Democracia*, sobre todo por el titulado *El Rasgo*, en el que ridiculizaba la supuesta generosidad de la reina al donar al pueblo ciertos bienes de su patrimonio. Narváez pidió a Galiano, de cuyo ministerio dependía la Universidad, que procediera contra el catedrático, y Galiano pretendió destituir a Castelar; pero el rector de la Central, don Juan Manuel Montalbán, se negó a secundarle y fue depuesto. Los alborotos promovidos por los estudiantes fueron reprimidos violentamente por la Guardia Civil en la célebre «Noche de San Daniel», de lo que resultaron nueve muertos y más de cien heridos. Al discutirse la situación al día siguiente en el Consejo de Ministros, parece que Galiano censuró a González Bravo, ministro de la Gobernación, la intervención de la fuerza armada, y en el curso de la disputa Galiano cayó fulminado por un ataque de apoplejía, del que falleció a las pocas horas.

GALIANO Y SU CONCEPTO DEL ROMANTICISMO

Tan continuada actividad política, de la que apenas si hemos dado un resumen esquemático, parece que no hubo de dejarle a Galiano excesivo vagar para las tareas literarias. Sin embargo, su producción como crítico es de las más copiosas y más interesantes de su siglo; algunos de sus trabajos, tales como su participación en la «querella calderoniana» y el *Prólogo* a *El Moro expósito*, son sobradamente conocidos, pero quedan escritos innumerables no estudiados debidamente, o nada en absoluto, dispersos en periódicos y revistas de su tiempo. La monografía de García Barrón ha abierto un ancho surco en esta tarea, pero él mismo declara lo mucho que queda por hacer.

Digamos como nota curiosa que pocos escritores de su siglo merecen en la misma medida que Galiano la calificación de autodidacta: «Todos mis estudios eran domésticos —refiere en sus *Memorias*—, pues debe notarse, como cosa singular, que de cuantos hombres han hecho papel de cierta importancia en España como oradores o escritores, soy yo el de carrera menos literaria, entendiéndose lo que por esto se entiende entre nosotros. No sólo no tengo siquiera el grado de bachiller, sino que ni he cursado lo que se llama filosofía» [235]. No obstante, la cultura adquirida por Galiano al azar de su curiosidad fue verdaderamente notable; fue capaz de leer a los tres años, y dominó muy pronto el francés, el inglés, el italiano y el latín. Como muchos otros románticos, Galiano se formó en una época de transición y comenzó por ser un neoclásico. Sus lecturas más tempranas fueron los enciclopedistas franceses, y su primera batalla literaria, en 1818, fue para participar en la «querella calderoniana» en apoyo de Mora, neo-

---

[235] Idem, íd.

clásico también entonces. Pero los años de destierro maduraron y transformaron sus ideas literarias, inclinándole al romanticismo, del mismo modo que modificaron su ideología liberal y templaron el fogoso extremismo de su juventud.

Galiano residió en Inglaterra durante los años de apogeo del romanticismo inglés; precisamente entonces, como advierte García Barrón [236], decae en Inglaterra la influencia francesa y se intensifica la de Alemania, y Galiano se familiariza con el romanticismo, aunque entendido al modo inglés y alemán, mucho más afines entre sí que con el francés. En esta evolución tuvieron buena parte los escritos de Blanco-White y el ejemplo de su amigo José Joaquín de Mora, convertido también al romanticismo. La primera manifestación pública de este cambio fue la conferencia inaugural en su cátedra de la Universidad de Londres [237]; al pasar revista a la literatura española encomia la de los tiempos medios, en la que advierte el verdadero carácter y genio nacionales, mientras pone reparos a los autores del Siglo de Oro, acusándoles de haber imitado con excesivo servilismo a los modelos clásicos.

En unión de su íntimo amigo el duque de Rivas, vivió también en Francia los años culminantes del romanticismo francés. Cuando el duque concluyó su *Moro expósito*, Galiano escribió para el poema un *Prólogo*, que es pieza capital en la crítica romántica española [238]. Galiano rechaza la división en clásicos y románticos por la imprecisión de estos términos; explica que es injusto calificar de romántica la poesía dramática española por el simple hecho de no someterse a las unidades y mezclar lo cómico con lo dramático; pues sucede a menudo que su versificación es más artificiosa que los pareados franceses, usa la mitología con profusión [239], y el estilo, en vez de ser llano y familiar, es elevado siempre... menos cuando hablan los graciosos; de donde resulta que el drama español tiene no poca semejanza con el francés, tenido por el modelo perfecto de la escuela clásica.

---

[236]  *La obra crítica y literaria...*, cit., pág. 103.

[237]  Esta conferencia inaugural fue publicada bajo el título de *Introductory Lecture delivered in the University of London*, Londres, 1828, y reeditada al año siguiente. En la primera edición se decía que había sido impresa porque los amigos del autor «deseaban examinar friamente lo que habían aplaudido con calor». F. K. Lloyd, en el artículo cit., reproduce varias páginas de la conferencia.

[238]  Al reeditar las obras de su padre, en el volumen III dedicado a *El Moro expósito* (Madrid, 1897), su hijo don Enrique de Saavedra incluye una nota confesando que había estado a punto de suprimir el prólogo de Galiano por estimar que es «de escaso o ningún interés en la actualidad» y no referirse apenas a la obra que prologa; al fin, no obstante, se decide a reproducirlo (págs. IX-XXXV). Don Enrique no demuestra excesiva agudeza crítica en este breve comentario, que quizá tampoco pudiera exigírsele por las fechas en que escribía. Galiano, en efecto, no estudia el poema de su amigo, sino que pretende exponer aquellos principios teóricos que justificaban su composición y definir el mundo poético a que pertenecía. Citamos por esta edición.

[239]  «...hasta en argumentos de los siglos medios, y aun en la boca de personajes moros», dice Galiano (pág. XI).

Galiano declara su admiración por la literatura romántica inglesa y alemana, porque la de estos países, en lugar de imitar a los modelos griegos y romanos, había seguido sus propias costumbres y reflejado su personalidad sin someterse a las restricciones de los clásicos. Para Galiano la poesía mejor es la más natural, es decir, la más espontánea y auténtica [240], idea ya esbozada, como hemos visto, en sus lecciones de Londres. Considera el Renacimiento nocivo en buena parte por lo que tuvo de imitación; en Inglaterra, donde apenas echó raíces, no consiguió ahogar la originalidad nacional, indispensable para producir una literatura más creadora y «romántica». En España, son auténticas producciones naturales y nacionales, por estar desligadas de toda escuela, el romancero, la novela picaresca y el teatro, y aun éste con las limitaciones que hemos visto debido al fuerte influjo de fuentes clásicas.

Según Galiano, la literatura clásica del siglo de Luis XIV lo que hizo fue copiar la forma exterior del clasicismo en lugar de inspirarse en su espíritu; por su parte, el neoclasicismo español había sido una imitación «de segunda mano», reducido a copiar obras y actitudes francesas, plagios a su vez de los verdaderos clásicos. Lo característico del liberalismo romántico es la tolerancia para apreciar distintos puntos de vista; los conceptos monolíticos del siglo XVIII cedían al pluralismo decimonónico. No sostiene, pues, Galiano que el romanticismo inglés o alemán hayan de ser preferidos a los de otros países; lo capital de éstos, su lección, consistía en haber roto el monopolio clasicista y afirmado la existencia de otros posibles modos de perfección. En consecuencia, Galiano desprecia a los románticos franceses que no son más que «*anticlásicos*, y tienen los vicios de su escuela antigua, de la cual sacan su pauta para hacer lo contrario de lo que ella dicta; ni más ni menos como hacían sus antecesores para sujetarse puntualmente a sus reglas más severas» [241].

Galiano creía, pues, que el romanticismo que floreciera en España había de ser *auténtico*, es decir, nacional y natural, y no imitación del de otros países, principalmente el de Francia, o mera reacción contra lo anterior, como los franceses habían hecho; de aquí que calificara de *afectado* al romanticismo francés. Y si considera acertado el de Inglaterra es porque advierte en él la originalidad y espontaneidad que en el francés no encuentra. Precisamente por ello, los ingleses se habían librado de las estériles disputas entre clásicos y románticos y habían hecho lo que los clásicos en su día, es decir: manifestar sus sentimientos con sencillez y sinceridad,

---

[240] «Aquella poesía será mejor —escribe Galiano— que sea más natural, así como los frutos propios de un clima en mucho aventajan a los que se dan sólo a fuerza de trabajo; o así como las manufacturas a que convidan la disposición y naturaleza de un país, y los hábitos y costumbres de sus habitantes, rinden productos muy superiores a los de aquellas que prosperan a fuerza de privilegios y monopolios» (ed. cit., págs. XII-XIII).

[241] Ídem, íd., pág. XXV.

lo cual les permitió ser naturales y originales: «Vuelve por estos medios la poesía —dice Galiano— a ser lo que fue en Grecia en sus primeros tiempos: una expresión de recuerdos de lo pasado y de emociones presentes, expresión vehemente y sincera, y no remedo de lo encontrado en los autores que han precedido, ni tarea hecha en obediencia a lo dictado por críticos dogmatizadores» [242].

García Barrón pone de relieve que el *Prólogo* de Alcalá Galiano no fue interpretado adecuadamente en su tiempo ni tampoco después. Galiano ni siquiera propone que los españoles adopten la nueva corriente literaria; su posición es abierta y antidogmática; reclama libertad para seguir todos los caminos posibles, sin descartar el error en cualquiera de ellos: «Lo que antes se creía a ciegas —dice—, ahora se examina; ya se admita, ya se deseche, al cabo pasa por el crisol del raciocinio. Dando así suelta al juicio, queda abierto el campo a errores y extravagancias; mas también están removidos los obstáculos que impedían ir a buscar manantiales de ideas e imágenes fuera del camino real y rectilíneo indicado por los preceptistas. Han abandonado los poetas los argumentos de la fábula e historia de las naciones griega y romana, como poco propios para nuestra sociedad, y porque de puro manoseados estaban faltos, no menos que de novedad, de sustancia. Han descartado la mitología de la antigüedad hasta para usos alegóricos. Encuentran asuntos para sus composiciones en las edades medias, tiempos bastante remotos para ser poéticos, y, por otra parte, abundantes en motivos de emociones fuertes, que son el minero de la poesía: de aquí la *poesía caballeresca*. Buscan argumentos en tierras lejanas y no bien conocidas, donde, imperfecta todavía la civilización, no ahoga los efectos de la naturaleza bajo el peso de las reglas sociales. Así el inglés Campbell nos lleva a los retirados establecimientos de la América septentrional; Southey, a las Indias y al Paraguay; Moore, a Persia, y Byron nos enseña que en la moderna Grecia hay objetos poéticos, y que los hechos de sus piratas pueden conmovernos más que los harto sabidos de los héroes de sus repúblicas, o las catástrofes de sus edades fabulosas, obra de un destino cuya fuerza no confesamos, ni sentimos, ni verdaderamente entendemos. Búscanlo asimismo en el examen de nuestras pasiones y conmociones internas: de aquí la *poesía metafísica*, tan hermosa en el mismo Lord Byron, en varios alemanes, en los ingleses Coleridge y Wordsworth, y en los franceses Víctor Hugo y Lamartine. Búscanlos, finalmente, en los afectos inspirados por las circunstancias de la vida activa: de aquí la *poesía patriótica* de los franceses Delavigne y Béranger, del italiano Manzoni, del escocés Burns, del irlandés Moore, del inglés Campbell y del alemán Schiller...» [243].

---

[242]  Ídem, íd., pág. XXXI.
[243]  Ídem, íd., págs. XXIX-XXXI. Refiriéndose al conocimiento que poseía Galiano de la literatura inglesa, escribe Allison Peers a propósito de diversos pasajes del *Prólo-*

Al caracterizar en particular a *El Moro expósito* —subraya García Barrón— Galiano pone especial interés en no estimar la obra «ni clásica ni romántica», afirmando su independencia respecto a las disputas en boga; el poema del duque, para Galiano, cobraba su importancia de haberse apartado de las influencias extranjeras y de entroncar, por vía espontánea y natural, con las primitivas raíces españolas en su historia y su tradición. «Ésta —comenta García Barrón— es la postura primordial *no* del romántico dogmático, sino de una mentalidad abierta y amplia, que condena la rutina y lo trillado, pronunciándose por el sentido común, por la libertad, por la ausencia de excesos. Se intentaba con todo ello dar comienzo a un diálogo entre los partidarios del neoclasicismo en España, por un lado, y los renovadores del gusto literario, por el otro, evitando disputas como la querella calderoniana» [244].

Debido a esta actitud, la postura de Galiano ha sido calificada de *ecléctica*, en particular por Allison Peers [245]; pensando en éste, sin duda, y refiriéndose a otros textos de Galiano, que mencionaremos a continuación, comenta agudamente Lloréns: «Quizá en vista de lo que se dice en algunas páginas del texto acerca de la escuela poética inglesa, libre al mismo tiempo del rigor clasicista y de los excesos románticos, podrá parecer que Alcalá Galiano representa —como se ha pretendido— cierta especie de eclecticismo o término medio literario. No hay tal. Lo que ocurre es que Alcalá Galiano sigue la opinión corriente entonces en Inglaterra de considerar el romanticismo, en la teoría y en la práctica, como una denominación europea continental ajena a las letras británicas. Así lo creía el propio Byron. Hasta fines del siglo xix la crítica inglesa no situó a los que había llamado poetas laquistas o satánicos dentro del movimiento romántico europeo. Es cierto, sin embargo, que Alcalá Galiano no mostró entusiasmo por el romanticismo que había triunfado definitivamente en Francia poco antes de redactar estos artículos. En realidad, por parecerle un movimiento afectado y poco espontáneo, más anticlásico que otra cosa, en comparación con la naturalidad de los ingleses, que como Mr. Jourdain hablaban románticamente sin saberlo o sin decirlo» [246].

---

*go:* «Muy pocos eran los escritores que pudiesen mostrar el conocimiento de la literatura inglesa que revela Alcalá Galiano en su *Prólogo* al *Moro expósito* de Rivas. No solamente describe las afinidades literarias de Dryden, Addison y Pope y enumera las cualidades de los poetas más famosos del momento, sino que escribe en detalle acerca de otros, de cuya influencia en su país es difícil hallar algo más que ligeras huellas» («Minor English Influences on Spanish Romanticism», en *Revue Hispanique*, LXII, 1924, págs. 440-458; la cita en págs. 441-442). Allison Peers reproduce unos fragmentos del *Prólogo* como muestra de la agudeza con que define Galiano a diversos escritores.

[244] *La obra crítica y literaria...*, cit., pág. 123.

[245] E. Allison Peers, *Historia del movimiento romántico español*, vol. II, 2.ª ed., Madrid, 1967, Cap. V, «Aparición y triunfo del eclecticismo», págs. 77-199; hace repetidas alusiones a Galiano.

[246] Introducción a la obra citada a continuación, pág. 12.

*El Moro expósito*, del duque de Rivas, con el *Prólogo* de Galiano, se publicó en París en 1834. Casi en los mismos días la revista inglesa *The Atheneum* publicó en cinco entregas, entre abril y junio del citado año, un panorama de las letras españolas escrito por Galiano en inglés, bajo el título de *Literature of the Nineteenth Century: Spain*. Los redactores de la revista deseaban publicar una serie de artículos sobre las literaturas contemporáneas de diversos países, y encargaron la española a Galiano, que estaba entonces en Tours, ocupado en el *Prólogo* para el poema de su amigo. Vicente Lloréns ha prestado un servicio inmenso a nuestras letras dando cuenta de estos artículos en su libro *Liberales y románticos* y publicándolos posteriormente en esmerada traducción [247].

El panorama de Galiano abarca los treinta y tres primeros años del siglo, es decir, casi hasta el mismo momento en que escribía, y se ocupa de unos sesenta escritores aproximadamente. Lloréns advierte que lo redactó de memoria, sin tener a mano la necesaria documentación. Comete, en consecuencia, algunos errores harto explicables; menos lo son ciertas omisiones, aunque en algunos casos debe tenerse en cuenta su larga ausencia de España. A pesar de sus lagunas y deficiencias, según subraya Lloréns [248], la importancia de este panorama es extraordinaria: Galiano habla de escritores que apenas figuran en las historias literarias, y de obras hoy olvidadas o perdidas en publicaciones periódicas inhallables o de difícil acceso. Por otra parte, la mayoría de los autores de que se trata, envueltos en luchas intestinas, persecuciones y emigraciones, habían estado expuestos a las vicisitudes de la historia política y era preciso colocarlos en el contexto de su marco histórico: «Es lo que hace Alcalá Galiano —comenta Lloréns—, y esa es otra de sus novedades. Basta comparar el suyo con ensayos anteriores más o menos semejantes, como la introducción de Quintana a su antología de la poesía castellana, o el discurso de Moratín sobre el teatro del siglo XVIII, para advertir inmediatamente que el sentido histórico, ausente o accidental en aquéllos, adquiere aquí un relieve mucho más acusado». «En cierto modo —concluye Lloréns— puede decirse que con este trabajo, aunque escrito en inglés, Alcalá Galiano inicia entre los españoles la historia literaria propiamente dicha» [249].

Galiano orienta su crítica con el mismo criterio utilizado en el *Prólogo* que acababa de redactar: «Desde nuestra lejanía histórica —comenta Lloréns—, quizá lo que añade interés a estas páginas de Alcalá Galiano sea justamente el intento de aplicar las ideas de la crítica romántica, o como él dice, filosófica, a la realidad literaria de su tiempo, tan discrepante por lo demás de tales conceptos. Pensar que cada pueblo tuviera una poética

---

[247] Alcalá Galiano, *Literatura española del siglo XIX*, traducción, introducción y notas de Vicente Lloréns, Madrid, 1969.
[248] Ídem, íd., pág. 10.
[249] Ídem, íd., pág. 11.

particular, acomodada a sus costumbres e ideas, que no hubiera modelos generales, que los franceses tuvieran su teatro, los españoles el suyo, y ambos fueran buenos, eran principios que los redactores del *Censor* de Madrid rechazaban en 1821 como opuestos al buen gusto y conducentes a la anarquía»[250].

Como el período estudiado por Galiano comprende en su mayoría escritores dirigidos por los principios del neoclasicismo, no es de extrañar que al aplicarles su criterio el resultado sea en su mayor parte negativo. La crítica de Galiano es dura, y quizá nos lo parezca todavía más porque la prosa del traductor, precisa y afilada, diríase que añade eficacia y contundencia al original. A más de esto, Galiano despacha frecuentemente sus juicios sin andarse por las ramas; si la pasión le mueve a veces, es más en el sentido de acentuar su repudio a los que subestima que el elogio a los que prefiere; cede más al encono que a la amistad: la que profesaba a Mora o al duque de Rivas no le impide señalar sus defectos con la misma firmeza que a los escritores más mediocres. Lloréns insiste en ponderar el interés de estas páginas de crítica inflexible: «No hay, que yo sepa, ninguna otra exposición dedicada exclusivamente a la literatura española del primer tercio del siglo XIX, escrita por un coetáneo. Con todos sus errores y lagunas, con todo su partidismo político y literario, y aun quizá por esto mismo, la reseña de Alcalá Galiano contiene valiosas páginas de crítica incisiva, irónica, vivaz y apasionada poco o nada frecuentes en su tiempo, fuera de Larra. Por otra parte, el fondo histórico, las circunstancias del momento, vivificadas por el recuerdo personal, contribuyen a perfilar el cuadro de la época, o a descubrir la motivación de algunas obras y el carácter de sus autores. En este sentido, el retrato literario de Capmany bien puede servir de ejemplo. En último término, las páginas que siguen nos revelan a un Alcalá Galiano del que no dan cabal idea obras suyas posteriores, casi las únicas por las que fue conocido en su propio país»[251].

Lloréns pone también de relieve que el desengaño romántico de Galiano corrió parejas con su desengaño liberal. Cuando escribía sus artículos para el *The Atheneum*, estaba persuadido de que el romanticismo, tal como él lo entendía, podía impulsar la renovación de la literatura española; pero años después había perdido esta esperanza. Lo que imaginó como un principio liberador y fecundo, no había sido otra cosa, a su juicio, con excepción de Espronceda y de Rivas, que una moda literaria, imitada una vez más de Francia y tan infecunda como la anterior imitación de los clasicistas franceses[252].

---

[250] Ídem, íd., págs. 14-15.

[251] Ídem, íd., pág. 17.

[252] Este concepto, sobre el que Galiano insiste una y otra vez, lo aplica muy particularmente a nuestro teatro romántico, empecinado, como sabemos, en el drama histórico. Galiano, según subraya Barrón, «no abogaba por un romanticismo histórico

En este sentido debe interpretarse lo que a veces ha sido tendenciosamente descrito como una nueva «apostasía» o marcha atrás. Creía que la literatura de nuestro romanticismo no había sido «nacional y natural», como él propugnaba, sino un romanticismo de segunda mano; el mal de nuestros románticos consistía para él en no serlo realmente, según declaraba en una sesión del Ateneo en febrero de 1839. Años más tarde, en 1845, en unas nuevas lecciones pronunciadas en el Ateneo bajo el título de *Historia de la literatura española, francesa, inglesa e italiana en el siglo XVIII*, declaraba los mismos principios defendidos en *The Atheneum* o en el *Prólogo:* «Durante muchos años —dice— había reinado en Europa el gusto llamado clásico, gusto que yo no impugnaría si fuese clásico verdadero, que respeto en lo que tiene de clásico, que prefiero a las extravagancias monstruosas de que he sido tal vez involuntario apóstol, pero al cual niego completamente que sea el verdadero gusto clásico» [253]. En 1847, en un artículo titulado *Del estado de las doctrinas literarias en España en lo relativo a la composición poética*, compara el falso clasicismo con el falso romanticismo y subraya que si no cuajaron en España en su forma auténtica fue «por ser planta de tierra extraña traída a nuestro suelo con poca inteligencia y plantada en él para dar frutos forzados, pobres, mustios en color, escasos en fuerza»; declara después que el romanticismo «ya ha pasado de moda, gracias a haberse hecho voz de vulgo, entendiéndose por ella mil cosas diversas e incoherentes y gracias más que a lo antes dicho, a su carácter equívoco en virtud del cual siendo género tan falso cuanto el que se vendía por clásico, mal ha podido conservar su aceptación después de haber dejado de patrocinarle la moda» [254]. Y en 1858, al prologar un volumen de poesías

---

como lo hiciera Durán» *(La obra crítica y literaria...,* cit., pág. 155). Por su parte, Lloréns destaca muy certeramente el pensamiento de Galiano a este respecto: «El romanticismo en el teatro —dice— no consistió, según Galiano, más que en una nueva imitación. Si antes se había imitado la tragedia francesa, ahora se seguía como modelo el drama romántico francés. 'Los novísimos dramáticos españoles —escribe en 1838— podrían ante todo considerar cuáles son o deben ser las condiciones del drama propio de nuestra tierra y de la era presente. Porque darse a copiar a bulto a los franceses modernos no es medio a propósito para regenerar nuestra literatura, adulterada y descastada por la imitación rigurosa de los franceses antiguos'. La espontaneidad romántica, de ser verdadera, iba necesariamente ligada a la modernidad. Pensando, como Larra, que las alteraciones literarias sobrevenidas en Europa respondían a un nuevo espíritu, que a una nueva sociedad corresponde una nueva expresión literaria, Alcalá Galiano veía en el romanticismo no sólo el reflejo de lo nacional sino del presente. 'Pues la época es nueva, nuevos los intereses, nuevas las instituciones y todo en suma nuevo —dice en las discusiones del Ateneo sobre literatura dramática—, debía serlo igualmente el drama'. No coincidía por tanto con quienes creían hacer drama nacional sin más que imitar el estilo de los antiguos autores españoles. 'En España teníamos la comedia antigua; pero los dramas de nuestros días sólo se parecen a ésta en que remedan su estilo, y no cabe espontaneidad en el remedo. Son, pues, los dramas actuales españoles franceses en la figura, hablando castellano antiguo muy salpicado de galicismos'» *(Liberales y románticos,* cit., págs. 424-425).

[253] Cit. por García Barrón en *La obra crítica y literaria...,* cit., pág. 132.
[254] Idem, íd., págs. 134 y 135.

de su sobrino don Juan Valera, escribe: «...ni es de extrañar que este clasicismo [el de los antiguos], que por serlo de buena ley, no se ajuste a lo que pasaba por tal ha pocos años, y señaladamente en Francia y en España, se avenga en varios puntos con el romanticismo no exagerado...»[255]. «Es sumamente revelador —comenta García Barrón— que a los veinte años y pico de redactar su famoso *Prólogo*, continuase sosteniendo esta postura conciliadora, tan enemiga de los excesos. Si en 1834 se había pronunciado en contra de la rígida separación del verdadero clasicismo del romanticismo de *buena ley*, reitera ahora, en pleno postromanticismo, aquellas mismas actitudes»[256].

En 1844 se publicó en Leipzig el *Romancero Castellano o Colección de antiguos romances populares de los españoles*, de G. B. Depping, con una introducción y notas de Galiano. La *Colección* se había publicado por primera vez en 1817, en Leipzig, y una segunda edición había aparecido en Londres en 1825. La de 1844, en dos volúmenes, dedica el primero a los romances históricos, y el segundo a los caballerescos, moriscos y de varios asuntos. Galiano escribió para ella un estudio preliminar y numerosas notas críticas. Aunque no está exento de errores, como era inevitable dado el estado de estos problemas a la sazón, revela un profundo conocimiento de la materia y el interés por este género de poesía, que encarnaba para él el ideal de la literatura nacional y popular.

Nos hemos atenido en particular a los trabajos mencionados porque creemos que revelan las fundamentales directrices literarias del pensamiento de Galiano. Pero su producción fue tan copiosa como variada. García Barrón ha dedicado sendos capítulos a estudiar la actividad de Galiano como conferenciante, académico, periodista, biógrafo y autobiógrafo, y crítico de la poesía, del teatro y de la novela. Razones de espacio nos impiden dedicar a estos aspectos toda la atención que sería conveniente y nos fuerza a limitarnos a una somera enunciación.

Como conferenciante, además de sus enseñanzas en la Cátedra de la Universidad de Londres, deben mencionarse sus repetidas actuaciones en el Ateneo de Madrid. Al inaugurarse en 1836 la segunda etapa de esta institución, Galiano, que había figurado junto al duque de Rivas y Mesonero en el grupo de los que solicitaron su reapertura, fue nombrado profesor de política constitucional, veinte de cuyas lecciones fueron recogidas posteriormente en un libro (*Lecciones de derecho político constitucional*, Madrid, 1843; tomadas sobre los apuntes taquigráficos). En 1845 fue elegido presidente del Ateneo, y al año siguiente se hizo cargo de la cátedra de Literatura en la que pronunció conferencias sobre la de Inglaterra, Italia,

---

[255] Idem, íd., pág. 136.
[256] Idem, íd.

Francia y España durante el siglo XVIII, arriba aludidas. De nuevo fue elegido presidente del Ateneo en 1849, y por tercera vez en 1863. A lo largo de esta última etapa, además de algunas lecciones sobre literatura, disertó particularmente sobre temas de política y economía, por la que se había interesado desde mucho tiempo atrás, defendiendo las ideas del librecambio.

Ingresó Galiano en la Real Academia Española en diciembre de 1843. Su participación en las tareas de la Casa fue muy considerable, aunque interrumpida en diversas ocasiones por su actividad política, viajes y destierros. De sus frecuentes intervenciones conviene destacar el discurso que pronunció el 29 de septiembre de 1861 bajo el título: *Que el estudio profundo y detenido de las lenguas extranjeras lejos de contribuir al deterioro de la propia sirve para conocerla y mejorarla con más acierto*. Denuncia Galiano la invasión de galicismos, pero propone el estudio a fondo de las lenguas extranjeras para el mejor conocimiento de la propia, y recomienda sobre todo el del inglés como remedio o contrapeso de los hábitos de pensamiento franceses. Sostiene Galiano que es imposible restituir el español a su «prístina pureza», porque el lenguaje cambia con el tiempo; era preciso tomar de otros idiomas giros y palabras, pero naturalizándolos en nuestra lengua de acuerdo con su propio genio, para lo cual había que estudiarla a fondo en su historia y funcionamiento.

Perteneció también Galiano a la Academia de la Historia desde 1864[257], y a la de Ciencias Morales y Políticas desde 1859. En esta última participó activamente —se registran en su expediente 163 asistencias—, con discursos sobre materias penitenciarias, políticas y económicas.

Señala García Barrón[258] que una de las vertientes de la obra de Galiano, no estudiada hasta ahora, es su labor como historiador. Aparte sus propios libros que mencionaremos después, hizo traducciones de libros de historia y, sobre todo, escribió gran número de artículos sobre diversos temas históricos —García Barrón lo califica de «torrente»—, que publicó en diversos periódicos y revistas. García Barrón no emprende el estudio de esta faceta de Galiano, pero ofrece en *Apéndice* una impresionante lista de artículos, al servicio del futuro investigador. Reproduce a su vez la opinión de un comentarista de nuestros días sobre la personalidad de Galiano como historiador: «... tuvo mirada penetrante, buceador atrevido en los fenómenos sociales y conocedor, acaso como ningún otro español de su época, de la vida política europea»[259].

---

[257] Cfr., Dalmiro de la Válgoma, «Alcalá Galiano y el duque de Rivas en la Real Academia de la Historia», en *Boletín de la Real Academia de la Historia*, CLVII, páginas 197-212.

[258] *La obra crítica y literaria...*, cit., pág. 73.

[259] Luis Díez del Corral, *De historia y de política*, Madrid, 1956, págs. 286-287; cit. por García Barrón en pág. 73, nota 55.

Entre las traducciones aludidas debe destacarse la *Historia de España* del inglés Dunham. Galiano rehízo en buena parte la obra del inglés y le añadió dos volúmenes, el sexto y el séptimo, correspondientes a los siglos XVIII —desde el reinado de Carlos IV— y XIX: «Si no me engaño —comenta Marías—, los volúmenes que Alcalá Galiano escribió son lo más penetrante que se ha escrito sobre la historia española desde que se inicia la crisis del antiguo régimen hasta el final de la época romántica» [260]. El último volumen, aparecido en 1846, es importante además porque Galiano, que había mantenido un silencio sistemático sobre los escritores contemporáneos, opina al fin sobre algunos de ellos, rechazando, cuando lo cree oportuno, las extravagancias y excesos del romanticismo.

Señala igualmente García Barrón que tampoco la actividad de Galiano como periodista ha sido convenientemente estudiada. Las notas —dice [261]— que se incluyeron al publicarse sus *Memorias* en 1886, enumeran catorce revistas y periódicos en que colaboró, pero Barrón declara que ha descubierto otras once publicaciones en que aparecieron sus artículos, no incluidas en sus *Memorias*. Todavía podría aumentarse mucho, según Barrón, la lista de sus colaboraciones, difíciles a veces de precisar por la difundida costumbre decimonónica de publicar artículos sin firma.

Las últimas aportaciones de Galiano a la crítica literaria —explica Barrón [262]— tuvieron lugar en las páginas de *La América* y en el prólogo a la traducción del *Manfredo*, de Byron. Galiano insiste en su predilección por la literatura inglesa, cuya beneficiosa influencia hubiera podido contrarrestar el pernicioso influjo de la francesa; destaca una vez más el estrecho parentesco que existía entre la literatura inglesa y la española en ciertos géneros literarios, particularmente en el teatro; ambos —dice en una ocasión— habían convenido en oponer «un clasicismo verdadero, aunque en cierto modo multiforme, a la errada interpretación de la clásica antigüedad en sus mejores obras» [263]. «El veterano crítico —comenta Barrón [264]— continuaba, a estas alturas, preocupado por los mismos temas que habían ocupado su atención desde 1818. Dos años antes de morir, y *cuarenta y cinco* después de la querella calderoniana, recapacitaba sobre aquellos lejanos años: 'A él [Böhl de Faber] se opuso en 1818 quien esto escribe, defendiendo con calor el pseudoclasicismo. Bien está que confiese éste su pseudo de apostasía, o que blasone de su conversión, porque en literatura hay indulgencia para los que abrazan una fe nueva'».

---

[260] Estudio cit., pág. 82.
[261] *La obra crítica y literaria...*, cit., pág. 76.
[262] Ídem, íd., pág. 157.
[263] «De la poesía dramática inglesa», en *La América*, 27 de mayo de 1863; cit. por García Barrón en ídem, íd., pág. 159.
[264] Ídem, íd.

GALIANO, AUTOBIÓGRAFO

Alcalá Galiano es uno de los pocos españoles que ha escrito sobre su propia vida, o, como dice Marías, «es uno de los pocos españoles que se ha vuelto sobre su propio pasado para contarlo; un hombre de buena memoria y que ha escrito *Memorias;* y por dos veces: con este título y con el de *Recuerdos de un anciano»* [265].

Los *Recuerdos* aparecieron primeramente a modo de artículos en *La América* entre 1862 y 1864; años después, en 1878, muerto ya el autor, su hijo los publicó en forma de libro. Los *Recuerdos* son en realidad como un extracto o resumen, aunque extenso, de las *Memorias*, que fueron publicadas también por su hijo en 1886 [266]. Declara éste en una *Advertencia* preliminar que se había perdido el volumen tercero de estas *Memorias*, que comprendía desde el momento de la emigración a Inglaterra. Lo publicado, pues, en estas últimas concluye con el fin del trienio liberal y el destierro del autor; pero en los *Recuerdos* todavía dedica los dos últimos capítulos a referir su estancia en Inglaterra y Francia, lo que hace suponer que resumía en ellos lo que había contado por extenso en el tercer volumen perdido de las *Memorias* [267].

Poseía Galiano una memoria prodigiosa, que con justa razón goza de fama y de la que el propio escritor sentíase orgulloso; refiriéndose a una proclama dada por el Consejo Real en 1808, escribe: «Mi buena memoria (de la cual espero que no se lleve a mal que haga mención, por ser dote

[265] Estudio cit., pág. 82.

[266] Edición moderna de Jorge Campos bajo el título de *Obras escogidas de D. Antonio Alcalá Galiano*, B. A. E., vols. 83 y 84, Madrid, 1955. Además de los *Recuerdos* y las *Memorias*, Campos recoge algunos trabajos menores, principalmente políticos.

[267] Margaret Williams, en el artículo arriba citado, alude despectivamente a la escasa información que proporciona Galiano sobre sus años de destierro, y dice de los *Recuerdos* que distan cuanto se quiera de ser una autobiografía. El relato de Galiano sobre este período de su vida no es, sin embargo, tan conciso como sugiere la Sra. Williams: en la edición de Campos ocupa cuarenta y dos páginas muy nutridas a doble columna; pero, además, lo referido en los *Recuerdos*, según arriba queda aclarado, es el resumen del volumen perdido de las *Memorias*, donde es de suponer, a tenor de lo sucedido en el resto de la obra, que Galiano daría holgada información. Es cierto, como señala la Sra. Williams, que Galiano trata más por extenso lo que le importa como político, pero es también evidente que se demora en detalles de todo género, hasta con abundante acompañamiento de anécdotas, según suele. Por otro lado, la Sra. Williams parece referirse a esta parte como si constara de un solo capítulo, el titulado «Recuerdos de una emigración», al que, por cierto, designa con el número XI, siendo así que es el XV; a éste sigue otro capítulo —el XVI y último—, que se titula «La emigración constitucional en la frontera y en campaña». Finalmente, la Sra. Williams cita los *Recuerdos* por la edición moderna de Campos y las *Memorias* por la de 1886; resulta extrañísimo que estando ambas obras en el mismo volumen (o en el inmediato, a partir del capítulo XXXI) remita al lector para la segunda a una edición tan difícilmente asequible, siendo así que tenía la obra en la mano.

inferior al de un buen entendimiento) es causa de que pueda, al cabo de tantos años, poner aquí de tal documento un período íntegro...» [268]. Compuso Galiano unos *Apuntes para la biografía del Excelentísimo Señor Don Antonio Alcalá Galiano escritos por él mismo* [269], no superiores en extensión a un mediano folleto, que quizá pudieron servirle de guión para las obras mencionadas; pero ni con esto, ni aun suponiendo que se ayudara con otras fuentes, dejan de parecer extraordinarias la profusión de detalles y la fresca sensación de realidad vivida que distinguen a sus dos relatos.

No es ésta la ocasión de juzgar los *Recuerdos* y las *Memorias* bajo el punto de vista histórico. Como Galiano era «un converso, un arrepentido, un desengañado del liberalismo de su juventud», Lloréns sugiere que Galiano «trata, en primer término, de justificarse, de explicar sus cambios y hasta, sin querer muchas veces, su fracaso. El tono personal, la evocación del pasado ya lejano, con sus toques pintorescos y anecdóticos, añaden atractivos a sus descripciones y relatos; pero el conjunto histórico padece, los contornos de los hechos se desdibujan y sobre todo vacila el criterio político» [270]. Pero la insinuación de Lloréns nos parece un tanto peyorativa; creemos más justa la opinión de Jorge Campos: «Atenuar y no desvirtuar. Se lamenta, pero no disfraza los acontecimientos. Trata de justificarlos,

---

[268] *Recuerdos de un anciano*, ed. Campos, cit., I, pág. 41.

[269] Estos *Apuntes* se extienden hasta 1850. Al final incluye Galiano una somera nota de sus escritos, que debe calificarse como de extremadamente modesta, pues apenas alude sin detalle alguno a muchos de ellos. Campos incluye los *Apuntes* en su edición, vol. II, págs. 283-305.

[270] *Liberales y románticos*, cit., pág. 353. Debe advertirse, sin embargo, que en el pasaje a que pertenecen estas palabras, Lloréns está comparando el Galiano de los *Recuerdos* y *Memorias* con el que en los días de la emigración escribió un notable artículo en la *Westminster Review*, titulado *Spain*, que Lloréns considera superior en todos conceptos a sus escritos políticos posteriores. Relacionándolo con otro de Blanco-White del mismo título, publicado en la *Quarterly Review*, escribe Lloréns: «El artículo de Alcalá Galiano, no menos extenso, es también histórico, pero de historia contemporánea y estrictamente política. Dentro de sus límites, no conocemos otro trabajo que contenga un análisis más lúcido de la situación española durante los años de régimen constitucional. Ni siquiera las extensas páginas que el propio Galiano dedicó en obras posteriores a la misma época. La mayoría de sus escritos tardíos en español —casi los únicos por los cuales se le conoce— son notoriamente inferiores en este respecto a los publicados en inglés durante el destierro». Y después de las palabras que hemos transcrito arriba, añade: «El Alcalá Galiano de la *Westminster Review* parece otro, y era otro en efecto; un revolucionario sin demagogia ni retórica, tan apasionado como clarividente, perspicaz, certero en sus juicios, y decidido a decir su verdad: los ataques al gobierno inglés por su no intervención, tan funesta para el liberalismo español como la intervención de la Santa Alianza, llegan en el momento oportuno, y son más efectivos por su concisión, sin lamentaciones ni arrebatos grandilocuentes. Quien habla aquí es el liberal exaltado de 1820, tipo político muy moderno del que no pueden dar idea las simplezas del *Español Constitucional*. En su ancianidad Galiano intentó disculpar hasta las veleidades políticas del famoso conde de La Bisbal; aquí no duda en llamar las cosas por su nombre, al paso que, lleno aún de justo desprecio, silencia el del conde de Montijo, inquieto personaje no menos renombrado en aquellos días» (págs. 352-353).

pero no los niega. Y se entusiasma al escribirlos, como cuando nos hace seguir sus peripecias de conspirador preparando la insurrección de 1820»[271]. Precisamente, toda la época de su vida recogida en sus *Recuerdos y Memorias*, es la que corresponde a sus años de exaltado liberal, masón, conspirador y autor de la famosa incapacitación, por demente, de Fernando VII. Y todo ello lo describe muy al pormenor, sin esconder en lo más mínimo su dilatada intervención en sucesos que no podían entusiasmar a sus correligionarios de madurez; y lo refiere con la «sinceridad y cándida franqueza» que ponderó después Valera. «Lo que más simpáticas hace estas *Memorias* —dice Serrano y Sanz— es que su autor sólo quiso en ellas referir los hechos sin hacer apología de sistema político alguno, llegando en su sinceridad hasta referir aquellos extravíos más o menos ocultos que pudiesen mancillar su nombre»[272]. No sólo su evolución política sino la madurez propia de la edad y de la experiencia frenan, o condenan, en algunos comentarios, las extremosidades de su época liberal, pero con gran serenidad y moderación; sus reproches contra el absolutismo, los desmanes de la censura, las arbitrariedades del antiguo régimen son constantes. Quizá no sea aplicable a todas sus páginas lo que dice a propósito de unos hechos concretos: «Yo, que ahora cuento y no juzgo...»[273]; pero es lo cierto que, en general, cuenta más que juzga; y cuando lo hace, dista mucho —creemos— de empeñarse en requisitorias de hombre de partido. No por haber sido escritas por su hijo deben recusarse estas palabras sobre la ecuanimidad de los juicios de Galiano: «Debo decir que quien con tal severidad se trata a sí mismo; quien no escasea la más rígida censura para sus propios actos; quien revela en toda su desnudez hasta los más íntimos y tristes pormenores de su vida privada, dando por momentos a su obra el carácter de verdaderas *Confesiones*, no es de creer que le falte serenidad de juicio para juzgar a los extraños»[274].

Literariamente considerados, los *Recuerdos* y las *Memorias* poseen un atractivo incuestionable. Galiano es un narrador nato, con capacidad de auténtico novelista. Su asombrosa memoria le permite recordar detalles que dan a sus relatos y descripciones vivísima plasticidad. García Barrón destaca la condición de estampas costumbristas que poseen muchos pasajes, particularmente en los seis primeros capítulos de los *Recuerdos* en que describe la vida de Cádiz y de Madrid en la primera década del siglo, «descripciones —dice por su parte Serrano y Sanz— que compiten con las más amenas que escribió Mesonero en sus *Memorias*»[275]. Nos permitiría-

---

[271] Introducción a su edición, cit., I, pág. XXVIII.
[272] M. Serrano y Sanz, *Autobiografías y Memorias*, Nueva Biblioteca de Autores Españoles, Madrid, 1905, pág. CXXXII.
[273] *Recuerdos...*, ed. Campos, cit., I, pág. 47.
[274] En la *Advertencia* puesta al frente de las *Memorias*, ed. Campos, cit., I, pág. 253.
[275] *Autobiografías y Memorias*, cit., pág. CXXXIII.

mos añadir que numerosos episodios de la agitada época que vivió, y protagonizó en buena medida, no tienen nada que envidiar, si no la exceden en ocasiones, a la animación de los *Episodios Nacionales*, de Galdós, con los que guardan muchos puntos de contacto.

Quizá su prosa se contagie con alguna frecuencia de la amplitud oratoria, que era su fuerte, o más bien diríamos que la multitud de detalles que zumban bajo su pluma le fuerzan a dilatar su exposición complicándola con incisos y meandros. Galiano escribe frecuentemente como quien cuenta en rueda de amigos o tertulia familiar episodios del tiempo viejo en cuyo recuerdo se solaza; esto mismo parece sugerir el propio autor en un pasaje: «Faltan testimonios —dice— de observadores contemporáneos, no habiendo en España lo que es común intitular memorias, ni de la clase de que son las inglesas, ni de la que son las francesas, las cuales, siendo unas de otras muy diferentes, contribuyen por lados diversos a poner a la vista de generaciones sucesivas lo que fueron sus abuelos o eran sus padres. De suplir esta falta pueden servir los borrones que siguen, y si pareciere arrogancia este aserto, se suplica al lector considere que la empresa es llana, pues sólo requiere memoria y buen deseo, porque a contar lo que vio alcanza la vieja más ignorante, y no es más alta la pretensión de que son expresión estos recuerdos» [276]. Las palabras iniciales de la cita apuntan, a su vez, a una de las mayores excelencias de estos dos libros: los escritos, ya entonces existentes, sobre las primeras décadas del siglo, omitían, como impropios de su atención, los detalles anecdóticos de los sucesos; Galiano, en cambio, testigo y actor, puede ofrecernos multitud de ellos, que sería imposible encontrar en otra parte y que contienen con tanta frecuencia las hondas motivaciones de los grandes hechos históricos.

Alcalá Galiano fue también poeta. Como la casi totalidad de sus contemporáneos, comenzó bajo el influjo neoclásico y se orientó después, durante los años de destierro, hacia una poesía más emotiva y personal. García Barrón dedica un cumplido capítulo al estudio de la producción poética de Galiano, en parte desconocida u olvidada, pero no creemos necesario, atendido su valor de conjunto, detenernos ahora en ella [277].

Sí lo es, en cambio, resumir las conclusiones de Barrón sobre la personalidad literaria de Galiano. La singularidad de su crítica —dice [278]— estriba en ser la única que abarca un período tan largo: neoclasicismo, prerromanticismo, romanticismo y post-romanticismo. De hecho, se adelantó a su tiempo: su mesura y naturalidad no se avenían con el radicalismo de su época; pero, si sus consejos no fueron escuchados inicialmente, tuvo la

---

[276] *Recuerdos...,* ed. Campos, cit., I, pág. 35.
[277] Cfr., Camille Pitollet, «Une poésie inconnue de A. M. Alcalá Galiano sur la mort de la reine Isabelle de Bragance», en *Hispania,* II, 1919, págs. 307-314.
[278] *La obra crítica y literaria...,* cit., pág. 217.

satisfacción, pasado el primer momento de entusiasmo, de verlos aceptados cuando la crítica rechazó el falso romanticismo. Al encarecer la preeminencia del romanticismo inglés y alemán pretendía repudiar lo afectado, tanto en el neoclasicismo como en el romanticismo de origen francés; deseaba una literatura auténtica y no imitada de otros modelos, espejo de la sociedad española y no remedo de la de otros países. «La pervivencia de Alcalá Galiano —concluye Barrón— se acusa hasta nuestros días. Es imposible estudiar el romanticismo español sin tener en cuenta su peregrino *Prólogo*. Igualmente, el que quiera profundizar en el desarrollo del liberalismo hispano, tendrá que leer sus numerosos discursos, artículos y conferencias. En ambos casos su huella es imborrable. El mensaje que se desprende de su actividad política, como de sus juicios literarios, es el mismo: sed tolerantes, rechazad el dogmatismo, parece decir a sus coetáneos y a la posteridad. Consciente de la intransigencia española, el contacto con culturas extranjeras, principalmente la inglesa, le indujo a propagar esta actitud, piedra de toque de su filosofía a partir de su regreso a España en 1834»[279].

### EUGENIO DE OCHOA

No escasean, por cierto, las referencias sobre Ochoa en ninguno de los críticos y eruditos, pretéritos o actuales, que en una u otra forma se ocupan sobre problemas o escritores del siglo XIX; Ochoa no es, en modo alguno, un desconocido; publicaciones y ediciones famosas llevan su nombre. Y, sin embargo, hasta fechas muy recientes no había sido objeto del minucioso estudio monográfico que exigía su evidente importancia. Esta monografía, realmente excelente, debida a la diligencia de Donald Allen Randolph[280], ha dado el debido relieve a la fecunda participación de Ochoa en el movimiento intelectual y literario de la primera mitad del siglo. No produjo Ochoa ninguna obra de creación de primer orden, aunque cultivó diversos géneros, pero estuvo asociado como pocos a todas las inquietudes ideológicas de su tiempo, vivió su nacimiento y su ocaso, y de aquí el enorme interés que ofrece como testigo y ejemplo de su época.

#### OCHOA Y «EL ARTISTA»

Eugenio de Ochoa y Montel nació en 1815 en Lezo, provincia de Guipúzcoa. De las investigaciones de Randolph parece deducirse con seguridad

---

[279] Idem, íd., págs. 218-219.
[280] Donald Allen Randolph, *Eugenio de Ochoa y el romanticismo español*, University of California Publications in Modern Philology, vol. 75, Berkeley and Los Angeles, 1966.

suficiente el hecho, ya sugerido con anterioridad, de que Eugenio de Ochoa fue hijo natural del famoso abate Sebastián de Miñano [281], aunque en la partida de bautismo figure como padre un tal José Cristóbal de Ochoa, natural de La Guardia. La ayuda de Miñano, a quien Ochoa se refería siempre con el nombre de «tío», le permitió estudiar en el Colegio de Lista, de quien fue uno de los mejores y más entusiastas discípulos, y cuando aquel centro fue clausurado continuó sus estudios en el Colegio de Santo Tomás y luego en París, como pensionado de Fernando VII, en la Escuela Central de Artes y Oficios, a donde le llevó también la relación con Miñano y con el propio Lista. Ochoa hizo grandes progresos en la pintura, pero tuvo al fin que dejar este arte por una enfermedad de la vista, que había de atormentarle hasta su muerte.

Ochoa, que había marchado a París cuando tenía tan sólo 13 años, permaneció en la capital de Francia desde 1828 a 1834, y allí vivió las más ruidosas efemérides del romanticismo francés. A su regreso entró en la redacción de la *Gaceta de Madrid*, de la que Lista era director, y poco después pudo poner en marcha la publicación de una revista literaria, *El Artista*, de excepcional importancia para la historia del romanticismo en nuestro país. A pesar de su juventud —contaba tan sólo veinte años cuando apareció el primer número de la publicación—, Ochoa estaba bien preparado para la empresa. De su relación con Miñano y Lista, y con los amigos de éstos, Hermosilla, Burgos y Reinoso, había aprendido mucho sobre periodismo y sobre el arte de escribir; su asistencia al Colegio de San Mateo le había relacionado con jóvenes notables, que iban a escribir para *El Artista*; su aptitud para la pintura le favorecía en el puesto de director de una revista ilustrada; finalmente, su larga estancia en París le había dado a conocer las actividades de los románticos franceses, cuyas obras e ideas pensaba importar a su patria.

Junto a Ochoa tuvo decisiva participación en la vida de *El Artista* el pintor Federico de Madrazo, que vivió en París con Ochoa, y tuvo a su cargo en la revista la parte ilustrada. Según subraya Simón Díaz [282], *El Artista* español se había propuesto por modelo, sobre todo en el aspecto tipográfico, a *L'Artiste* francés, que había comenzado a publicarse en París en 1831. El primer número de *El Artista* apareció el domingo, 4 de enero

---

[281] Según detalla Randolph, lo da como cierto, aunque sin prueba, Miguel Pérez Ferrero en su libro *Pío Baroja en su rincón* (San Sebastián, 1941, pág. 19); el propio Baroja lo había afirmado anteriormente en su novela *El amor, el dandismo y la intriga* (Madrid, Caro Raggio, 1923, pág. 126); y lo da también como seguro José García de León y Pizarro en sus *Memorias* (Madrid, Revista de Occidente, 1953, pág. 292, nota 1), que, según parece, es la fuente de ambos.

[282] José Simón Díaz, «*L'Artiste* de París y *El Artista* de Madrid», en *Revista Bibliográfica y Documental*, I, 1947, págs. 261-267. Cfr., del mismo, *Colección de Índices de Publicaciones Periódicas. I. El Artista*, Consejo Superior de Investigaciones Científicas, Madrid, 1946.

de 1835, y anunciaba que saldría todos los domingos en entregas de doce páginas, con una o dos estampas litografiadas en cada una. La revista imprimió sin interrupción sesenta y cinco entregas. La última, con cuatro páginas más del número habitual, se publicó a comienzos de abril de 1836; había, pues, durado tan sólo catorce meses. Y, sin embargo, a pesar de tan corta vida, *El Artista*, como ha quedado ya dicho, ocupa un lugar de primer orden en la historia del romanticismo español y es una fuente capital para su estudio; así lo han subrayado todos los investigadores de la época y queda puesto de relieve por las copiosas menciones de que ha venido siendo objeto. «*El Artista* —comenta Alonso Cortés— vino a llenar un cometido insustituible. Fue como el encargado de enseñar con el ejemplo, a los que aún no lo sabían, de qué manera había de entenderse el romanticismo, alejándole discretamente de las fantasmagorías en que algunos le cifraban. Los artículos de crítica artística que en él se publicaron, y sobre todo los del benemérito don Valentín Carderera, de tanta novedad como solidez; la galería de retratos, con sus correspondientes biografías, donde figuraron hombres como Lista y Quintana; la colaboración de los poetas más significados a la sazón, dieron a *El Artista* una autoridad preeminente entre los románticos» [283].

Señala Randolph [284] que, aunque *El Artista* aparecía dedicado a la reina Isabel, el prospecto anunciador ponía en claro el propósito artístico y no político de la publicación. Por otra parte, según Randolph puntualiza también [285], el prospecto no contenía ningún manifiesto romántico, sino que más bien hacía hincapié en el propósito docente de *El Artista:* «El objeto de este periódico —afirmaba— no es otro que el de hacer populares entre los españoles, los nombres de muchos grandes ingenios, gloria de nuestra patria, que sólo son conocidos por un corto número de personas y por los artistas extranjeros que con harta frecuencia se engalanan con sus despojos. Contendrá el ARTISTA biografías de hombres célebres, discursos sobre las bellas artes, descripciones de monumentos antiguos y modernos, noticias de descubrimientos curiosos, tanto en nuestra nación como en las extranjeras, todo en fin lo que pueda deleitar e instruir a nuestros lectores» [286]. «El periódico —comenta Randolph— dedicado, como se infiere de esto, a la glorificación de España por medio de sus grandes hombres, y a la edificación de su pueblo, reflejaba así el ideal herderiano del romanticismo nacional, con ciertos arrastres de la Ilustración» [287]. Por otra parte, según advierte Simón Díaz, *El Artista* apenas se preocupa de temas fran-

---

[283] Narciso Alonso Cortés, *Zorrilla. Su vida y sus obras*, 2.ª ed., Valladolid, 1943, pág. 147.
[284] Cit., pág. 15.
[285] Ídem, íd.
[286] Cit. por Randolph, en ídem, íd.
[287] Ídem, íd.

ceses, excepto algunos elogios de románticos de aquel país, y a pesar de que en *L'Artiste* francés los temas españoles habían sido numerosos.

En *El Artista* colaboraron unos setenta escritores. La contribución de Ochoa fue, con mucho, la más extensa: publicó un total de 82 piezas en verso y prosa, lo que representa aproximadamente la cuarta parte de todas las colaboraciones firmadas, que alcanzan el número de 339. El segundo en orden de importancia fue Pedro de Madrazo, hermano de Federico, que escribió cuentos, poemas, y artículos sobre bellas artes [288]. Santiago de Masarnau, que les sigue, publicó solamente en prosa, ocupándose con regularidad de las funciones musicales en Madrid o escribiendo algún artículo necrológico sobre figuras importantes de la música [289]. El conde de Campo Alange, que viene a continuación con 24 contribuciones en total, fue colaborador literario y muy probablemente apoyo financiero de la publicación. Valentín Carderera, que completa la lista de colaboradores regulares, tuvo a su cargo la tarea, «importantísima, según la ideología del periódico», de familiarizar a los lectores con la historia de la pintura, la escultura y la arquitectura españolas, en especial las de la Edad Media y el Renacimiento.

Por lo que se refiere a la parte ilustrada de la revista, el principal colaborador, según queda dicho, fue Federico de Madrazo, que firma 41 estam-

---

[288] «Pedro de Madrazo —comenta Alonso Cortés— ayudó asiduamente a su hermano Federico en la labor de *El Artista*. Escribió artículos de crítica pictórica, biografías de artistas, poesías francamente románticas. Pedro de Madrazo era ciertamente poeta, mas no cuando escribía en verso. Su alma de artista, hondamente impregnada en el ambiente del romanticismo, quedaba suspensa en la contemplación de palacios ruinosos, de castillos medievales, de magníficos templos; pero sabía especialmente sentirlos como arqueólogo, y cuando trataba de exteriorizar en rimas las impresiones que le producían, la palabra no respondía a sus deseos. Las poesías que publicó en *El Artista*, en el *No me olvides*, en *El Domingo*, en el *Semanario Pintoresco* y en otros muchos periódicos, corroboran plenamente esa opinión. Tal vez la poesía religiosa, que cultivó con íntimo agrado, es la única que le ofreció ocasión al acierto... De todos modos, don Pedro de Madrazo ha dejado recuerdo imperecedero, no ya como poeta, sino como crítico de arte, y es su nombre uno de los que van unidos, en los *Recuerdos y bellezas de España*, a los de Quadrado y Piferrer» (Zorrilla. *Su vida y sus obras*, cit., págs. 145-146).

[289] Sobre esta simpática figura de la música romántica escribe Vicente Lloréns: «En Londres se dio a conocer como pianista Santiago de Masarnau (Madrid, 1805-1882), que acompañaba en el destierro a su padre, personaje palaciego envuelto en la persecución antiliberal. Él mismo había sido nombrado gentilhombre de la Real Casa a los catorce años de edad por haber escrito algunas piezas musicales para la reina Isabel de Braganza. Masarnau, espíritu profundamente religioso y de exquisita sensibilidad, fue el crítico musical del período romántico en España. Colaboró en *El Artista*, la publicación donde Ochoa, Espronceda y Campo Alange dieron la batalla a los dioses y pastores del neoclasicismo español. Como compositor se le considera uno de los más puros representantes de la nueva música, y aunque su romanticismo se acentúa posteriormente cuando se relaciona en París con Alkan y Chopin, empieza a manifestarse en su etapa de destierro. Según su contemporáneo Pedro de Madrazo, las obras que compuso a orillas del Támesis se caracterizaban por su tendencia 'lúgubre, elegante, apasionada'» (*Liberales y románticos...*, cit., 2.ª ed., Madrid, 1968, págs. 66-67).

pas, sobre un total de 97 que aparecieron en la publicación [290]. Le sigue en importancia Carlos de Ribera con 20 estampas.

Entre los colaboradores más ocasionales merecen destacarse Cecilia Böhl de Faber, Bretón de los Herreros, el marqués de Valmar, Patricio de la Escosura, Bartolomé José Gallardo, Juan Nicasio Gallego, García Tassara, Luis González Bravo, Alberto Lista, José de Madrazo (padre de los hermanos Federico y Pedro), Juan María Maury, Nicomedes Pastor Díaz, Mariano Roca de Togores, Julián Romea, Telesforo Trueba y Cossío, y Ventura de la Vega, es decir, muchos de los nombres que iban a componer la plana mayor del romanticismo español. En *El Artista* publicó también Espronceda su *Canción del pirata* y algunos fragmentos del *Pelayo*, además de su famosa sátira *El Pastor Clasiquino*, y Zorrilla cinco poesías y un relato en prosa con anterioridad a su «revelación» ante el cadáver de Larra, según Ochoa puntualizó en cierto momento.

Randolph insiste en subrayar [291] que el campo de acción de *El Artista* fue más amplio que el de proporcionar un órgano de publicidad a los incipientes románticos. Ochoa y sus amigos manifestaron repetidamente su descontento por el nivel cultural de España y se esforzaron en cambiar esta situación. En un artículo titulado *De la rutina*, decía Ochoa: «La rutina, sólo la rutina es causa de que se hallen tan atrasadas las artes en nuestra nación. Y descendiendo a objetos más humildes, la rutina es causa de que tengamos braseros, calesines, horrible empedrado y no buenos teatros, ni medianas fondas, ni posadas habitables» [292]. En realidad, la oposición de Ochoa a la literatura neoclásica, para la que inventaron la peyorativa denominación de *clasiquista*, arranca de estimarla como la rutina en literatura: «Lo que quiere decir *clasiquista* —denunciaba Ochoa— es, traducido al lenguaje vulgar, rutinero, hombre para quien ya todo está dicho y hecho, o por mejor decir, lo estaba ya en tiempo de Aristóteles; hombre para quien toda idea nueva es un sacrilegio; que no cree en los adelantos de las artes ni en los progresos de la inteligencia, porque es incapaz de concebirlos» [293]. El conde de Campo Alange, según recuerda Randolph, cen-

---

[290] «Perteneciente a la familia de artistas que supo honrar aquel apellido —comenta Alonso Cortés—, había estado poco antes en París, donde al lado de los compañeros de su padre, discípulos de David, depuró su gusto y amaestró sus facultades. Claro es que cuando, en unión de su amigo Ochoa, fundó la revista que nos ocupa, él quedó encargado de la parte artística. Los retratos en litografía que semanalmente publicaba *El Artista*, y que, comenzando por el de Velázquez, vinieron a formar una interesante galería, eran obra de Madrazo. 'Nunca —escribía Ochoa años después— se habían visto en litografía tan magníficos resultados, una entonación tan firme y delicada al mismo tiempo, tal vigor de toques, tanto colorido'. El público se dio prisa a desglosar de *El Artista* las láminas para conservarlas por separado, y hoy son sumamente raras» (*Zorrilla. Su vida y sus obras*, cit., pág. 131).

[291] Cit., pág. 20.

[292] Cit. por Randolph, en ídem, íd., pág. 21.

[293] Ídem, íd.

suró en las páginas de *El Artista* a las clases altas por tener el gusto ineducado; y José Augusto de Ochoa, hermano de Eugenio, atacaba la rutina entre el vulgo, que tomaba la forma de peligrosas supersticiones, o degeneraba en maneras frívolas o disipadas: «Así —decía— son todas las diversiones populares en España: nada se respeta, todo se mancha, todo se atropella». «Estas observaciones sobre la vida lugareña —comenta Randolph— distan bastante de la noción común que tenemos del costumbrismo. En vez de curiosidad por el colorido local y la nota pintoresca, José Augusto de Ochoa revela una honda consternación moral y una sensibilidad ofendida» [294].

Para levantar el nivel cultural de España *El Artista* proponía una serie de planes encaminados primeramente a la conservación de la herencia nacional. Madrazo se lamentaba de la política del Gobierno, que ponía en peligro los viejos conventos del país, algunos de gran valor artístico; Ochoa solicitaba museos provinciales para poner fin a la venta y exportación al extranjero de manuscritos y objetos de arte; y ambos pedían la ayuda pública y privada para proteger las artes nacionales, constantemente pospuestas en favor de las extranjeras. Era el mismo espíritu que animaba básicamente las directrices de *El Artista*, encaminadas a rescatar del olvido los nombres que habían creado la grandeza artística de España.

Aunque *El Artista*, como advierte Randolph, acogía en su parte literaria las doctrinas y estilo de los románticos europeos, en sus advertencias editoriales insistía en la tolerancia para con todas las tendencias: «Al fundar *El Artista* —decía Ochoa—, no ha sido otro nuestro intento que el de despertar en nuestra patria el gusto a las bellas artes, que tanto ennoblecen a los que las cultivan y que entre nosotros son el objeto de una indiferencia harto dolorosa; y abrir, al mismo tiempo, una tribuna en que pueden emitirse libremente todas las opiniones, en punto a las materias que pertenecen a nuestro dominio» [295]. Declarar su tolerancia —comenta Randolph— era una manera de condenar el dogmatismo de la escuela neoclásica, que no aceptaba más criterio artístico que el derivado de las reglas de Aristóteles y de Horacio o de sus comentaristas.

Estos propósitos de eclecticismo no le impidieron a Ochoa hacer la defensa de las teorías románticas, de las cuales estaba entonces imbuido tras la experiencia vivida en París durante su mocedad. Es justamente famoso el pasaje en que hace la descripción del «romántico», una pintura idealizada y romántica a su vez, pero que resumía con propiedad los ideales del hombre nuevo en aquel primer momento ascensional y optimista: «Contemple sin ceño a nuestro Romántico: mire en su frente arada por el estudio y la meditación; en su grave y melancólica fisonomía, donde brilla

---

294 Ídem, íd.
295 Cit. por Randolph en ídem, íd., pág. 22.

la llama del genio, contemple, decimos, no un hereje ni un Anti-Cristo, sino un joven cuya alma llena de brillantes ilusiones quisiera ver reproducidas en nuestro siglo las santas creencias, las virtudes, la poesía de los tiempos caballerescos; cuya imaginación se entusiasma, más que con las hazañas de los griegos, con las proezas de los antiguos españoles; que prefiere Jimena a Dido, el Cid a Eneas, Calderón a Voltaire y Cervantes a Boileau; para quien las cristianas catedrales encierran más poesía que los templos del paganismo; para quien los hombres del siglo xix no son menos capaces de sentir pasiones que los del tiempo de Aristóteles» [296].

Esta descripción pone de relieve que el romanticismo de Ochoa era cristiano, monárquico y tradicional. Randolph subraya repetidas veces a lo largo de su estudio que, para Ochoa, hasta como crítico literario, los conceptos morales y políticos eran siempre fundamentales. Precisamente su condena del neoclasicismo se inspiraba en buena medida en tenerlo por falto de inspiración católica y empapado de inmoralidad pagana; para Ochoa, los poetas *paganos* del siglo de Luis XIV prepararon la disolución de la sociedad.

Al despedirse de sus lectores en el último número, *El Artista* afirmaba con orgullo que había cumplido todos sus propósitos iniciales, combatiendo victoriosamente contra el *clasiquismo* y ofreciendo sus páginas a todos cuantos tuvieron algún nuevo valor artístico que ofrecer: «A ningún artista moderno, verdadero *artista*, hemos dejado de prodigar estímulos, elogios francos, sinceros, con la verdad del entusiasmo, con la franqueza de la juventud. Hemos hecho una guerra de buena ley a *Favonio*, a *Mavorte Insano*, al *Ceguezuelo alado Cupidillo*, a *Ciprina*, al *ronco retumbar del raudo rayo*, y a las zagalas que tienen la mala costumbre de *triscar* y a todas las plagas, en fin, del clasiquismo. Pero esto hicimos, mientras vivió este mal andante mancebo con peluquín; ahora ya murió: *Requiescat in pace*» [297].

Aunque los editores de *El Artista* achacaron su muerte a diversos males, parece que la enfermedad real fue de carácter económico, ya que supieron ser mejores artistas que administradores.

### OCHOA, TRADUCTOR

Traducir, sobre todo del francés, en los días del romanticismo, se había convertido en una ocupación insoslayable para todo escritor que pretendiera vivir de su pluma. La traducción se pagaba más que la obra original y, naturalmente, costaba bastante menos; se comprende que, uncidos a este yugo, muchos escritores descuidaran su propia creación o renunciaran

---

[296] Idem, íd., págs. 23-24.
[297] Idem, íd., pág. 26.

a ella por completo. Ochoa fue de los traductores más tenaces que conoció la época romántica, pero sobresale entre ellos por la importancia y difusión de muchas de las obras vertidas y por la calidad de sus traducciones. En 1835 tradujo las dos primeras novelas de Víctor Hugo, *Bug-Jargal* y *Han de Islandia*, y en 1836 publicó su versión de *Nuestra Señora de París*, que fue ponderada hasta por los más exigentes críticos, como Martínez Villergas. En este mismo año tradujo dos obras teatrales de enorme resonancia, que Larra comentó en sendos artículos: *Hernani*, de Hugo, y *Antony*, de Dumas. Entre 1836 y 1837 publicó tres volúmenes de una colección titulada *Horas de invierno*, formada en su casi totalidad por traducciones de relatos breves de escritores famosos de toda Europa; asombra —comenta Randolph [298]— la variedad de autores que Ochoa había leído. Larra comentó la colección en un sombrío artículo, en el que, tras ponderar la excelencia de las versiones, lamentaba que los ingenios españoles tuvieran que dedicarse, para vivir, a aquella tarea subsidiaria. A dicho artículo pertenece aquel famoso pasaje: «Escribir como escribimos en Madrid es tomar una apuntación, es escribir en un libro de memorias, es realizar un monólogo desesperante y triste para uno solo. Escribir en Madrid es llorar, es buscar voz sin encontrarla, como en una pesadilla abrumadora y violenta. Porque no escribe uno siquiera para los suyos... Lloremos, pues, y traduzcamos, y en este sentido demos todavía las gracias a quien se tome la molestia de ponernos en castellano, y en buen castellano, lo que otros escriben en las lenguas de Europa; a los que, ya que no pueden tener eco, se hacen eco de los demás; no extrañemos que jóvenes de mérito como el traductor de las *Horas de invierno* rompan su lira y su pluma y su esperanza» [299].

Comentando la colección *Horas de invierno* pregunta Randolph: «¿Qué otro romántico de España de más extendidos horizontes, o de más avidez en traer a la Península los frutos del romanticismo internacional?» [300]. Randolph explica a renglón seguido que no existe contradicción entre el nacionalismo manifestado en las páginas de *El Artista* y el internacionalismo que representa *Horas de invierno* y sus otras muchas traducciones. El internacionalismo de Ochoa, dice Randolph [301], era su manera de identificarse con las grandes reformas y progresos que estaban cambiando cultural y políticamente la faz de Europa; dentro de España el Ochoa romántico se sentía copartícipe de una revolución ya no nacional sino europea. Pero, al mismo tiempo, su nacionalismo representaba la reacción contra el desdén que había observado en Francia respecto a la cultura de su país; es decir, era

---

[298] Cit., pág. 33.
[299] *Obras de D. Mariano José de Larra (Fígaro)*, ed. Carlos Seco Serrano, Biblioteca de Autores Españoles, II, Madrid, 1960, págs. 290-291.
[300] Cit., pág. 34.
[301] Ídem, íd., págs. 34-35.

«un caso de orgullo herido mezclado con la determinación de remediar las causas del retraso nacional».

Durante varios años Ochoa siguió traduciendo con vertiginosa rapidez. En 1837 apareció una nueva colección titulada *Mañanas de primavera*, en tres volúmenes, que incluyen dos novelas de Jorge Sand. Para la «Colección de novelas de los más célebres autores extranjeros», de Sancha, publicada en 1837-1838, tradujo Ochoa otras novelas de Sand, de Federico Soulié, de Dumas y de Walter Scott.

En 1837 Ochoa se trasladó de nuevo a París y con ello su actividad como traductor se aplicó, un tanto sorprendentemente, a obras religiosas. Quizá no era éste sino un trabajo «de pane lucrando», pero Randolph se pregunta [302] si no sugiere alguna crisis en la vida del escritor. Aunque Ochoa estuvo siempre orgulloso de su obra en pro del romanticismo en *El Artista*, es bien cierto que, cuando años más tarde feneció en él su pasión juvenil por el romanticismo, se arrepintió de haber traducido el *Antony* de Dumas y las novelas de Jorge Sand, que muchos lectores habían calificado de inmorales. El propio Ochoa en escritos de su madurez confesó su preocupación de que los desahogos, aparentemente inocentes, vertidos en aquellas obras hubieran conducido a subvertir el orden social, poniéndolo «a dos dedos de su ruina»; y cuando en 1852 fue nombrado censor de teatros, votó, según informa Randolph [303], por desterrar el *Antony* de la escena española.

### OCHOA, COMPILADOR

La segunda estancia de Ochoa en París, que se prolongó hasta 1844, fue particularmente fecunda en otro campo de las letras. Movido por el espíritu nacionalista de que hemos hecho mención, Ochoa se propuso dar a conocer, incluso en la propia España pero de modo principal en todas las naciones de Europa, los grandes escritores antiguos y modernos de su país y desvanecer con ello la opinión tan corriente, en Francia sobre todo, de que España era una «tierra de pintorescos bárbaros». Una oferta de la casa Baudry de París hizo posibles sus propósitos. Baudry había iniciado en 1835 una «Colección de los mejores autores españoles», y Ochoa comenzó a trabajar para ella a partir de 1838. Ese mismo año concluyó un *Tesoro del teatro español desde su origen hasta nuestros días*, en cinco tomos: el primero contiene los *Orígenes del teatro español*, de Moratín, con piezas dramáticas anteriores a Lope de Vega; el segundo, *Teatro escogido de Lope de Vega;* el tercero, *Teatro escogido de Calderón de la Barca;* el cuarto y quinto, *Teatro escogido desde el siglo XVII hasta nuestros días*, con come-

---

[302] Ídem, íd., pág. 118.
[303] Ídem, íd., pág. 51.

dias de Tirso, Mira de Amescua, Montalbán, Vélez de Guevara, Ruiz de Alarcón y otros, hasta Bretón de los Herreros. También de 1838 es el *Tesoro de los romanceros y cancioneros españoles, históricos, caballerescos, moriscos*. En 1840 publicó una *Colección de piezas escogidas de Lope de Vega, Calderón de la Barca, Tirso de Molina, Moreto, Rojas, Alarcón, La Hoz, Solís, Cañizares y Quintana*, que es como una selección del *Tesoro del teatro español*. Asimismo, y en el mismo año, compiló un *Tesoro de historiadores españoles*, con textos de Hurtado de Mendoza, Francisco de Moncada y Manuel de Melo, y un *Tesoro de los poemas españoles épicos, sagrados y burlescos*, que recoge obras de Ercilla, Quevedo, Villaviciosa, Lope de Vega, Balbuena, Virués, Hojeda, Meléndez Valdés y Reinoso. De 1841 es el *Tesoro de los prosadores españoles desde la formación del romance castellano hasta fines del siglo XVIII*, que contiene lo más selecto del *Teatro histórico-crítico de la elocuencia española*, de Capmany. En 1842 hizo una nueva edición de la famosa *Colección de poesías castellanas anteriores al siglo XV*, de Tomás Antonio Sánchez, y también en el mismo año unas *Obras escogidas de D. F. de Quevedo y Villegas*.

La colaboración de Ochoa para la casa Baudry continuó después de su regreso de París en 1844. En 1847 publicó el *Tesoro de novelistas antiguos y modernos*, en tres tomos, que contiene narraciones de Antonio de Villegas, Tirso de Molina, Salas Barbadillo, doña María de Zayas, Vélez de Guevara, etc., y el *Tesoro de escritores místicos españoles*, también en tres tomos, con obras escogidas de Santa Teresa, Alejo Venegas, Juan de Ávila, fray Luis de Granada, San Juan de la Cruz, fray Diego de Estella, fray Luis de León, fray Pedro Malón de Chaide y el padre Nieremberg. En 1850 publicó unas *Obras escogidas de don J. E. Hartzenbusch* y un volumen de *Obras dramáticas de D. Antonio Gil y Zárate*; y en 1851 las *Rimas inéditas de don Íñigo López de Mendoza, marqués de Santillana, de Fernán Pérez de Guzmán, señor de Batres, y de otros poetas del siglo XV*.

De especial interés fue la publicación, en 1840, en la misma *Colección* de Baudry, de los *Apuntes para una biblioteca de escritores españoles contemporáneos en prosa y verso*, en los que Ochoa se propone informar del movimiento literario de su tiempo y desmentir a quienes afirmaban la decadencia de las letras españolas. En los *Apuntes*, que constan de dos nutridos volúmenes, Ochoa recoge biografía y antología hasta de 48 escritores, con muchas noticias de primera mano. En la introducción informa de las dificultades que había tenido para reunir fuera de España los textos y datos de su obra. De todos modos —comenta Randolph [304]— es difícil perdonar a Ochoa el evidente desequilibrio en el espacio concedido a cada autor. No obstante, los *Apuntes* llenaron en su tiempo, en no escasa me-

---

[304] Ídem, íd., pág. 113.

dida, los propósitos del autor y aun hoy en día conservan su utilidad, pues de algunos autores la información de Ochoa es la única que se posee.

En cuanto a las restantes *Colecciones,* su utilidad fue casi unánimemente reconocida: contribuyó a difundir el conocimiento de muchos autores clásicos, despertó el interés por la literatura española tanto en Europa como en América, y hasta sirvió para impulsar el comercio de libros españoles con los países de Ultramar, según testimonio de Galdós. Además, incluso en nuestro propio país, los *Tesoros* de Ochoa pusieron al alcance de los lectores muchas obras prácticamente inasequibles entonces. Debe advertirse, sin embargo, que, en la mayoría de los casos, Ochoa no hizo sino tarea de acopio, sin aportar los adecuados comentarios críticos e informativos; semejante esfuerzo, para el que Ochoa tampoco estaba preparado, sin duda alguna, habría requerido un tiempo que los propósitos del editor no hubieran podido conceder; era más que suficiente lo que se lograba con aquella divulgación; Ochoa no podía ser sino el adelantado de una empresa que sólo entre muchos y tras paciente dedicación tenía que ir cumpliéndose.

La estancia de Ochoa en París fue fructífera también en otros aspectos. Durante más de tres años trabajó en diversas bibliotecas de la capital francesa, y resultado de ello fue el *Catálogo razonado de manuscritos españoles existentes en la Biblioteca Real de París, seguido de un suplemento que contiene los de las otras tres bibliotecas públicas, del Arsenal, de Santa Genoveva y Mazarina,* que fue publicado en París, en 1844, a expensas del Gobierno francés, y que le valió a Ochoa la Legión de Honor. El *Catálogo,* como es suponer, siendo también el primer esfuerzo en este campo, no carece de defectos, pero dio noticia de algunas obras muy raras y fue el primero, según testimonio de Menéndez Pidal, que informó sobre el poema de *Las mocedades de Rodrigo.*

Sus investigaciones en París le permitieron a Ochoa descubrir la existencia del *Cancionero de Baena,* que Pedro José Pidal suponía perdido. Gracias a ello pudo hacerse en 1851 la edición de Durán y Gayangos, a la que contribuyó Pidal y el propio Ochoa; este último con notas y un glosario, además de facilitar el texto, copiado por él.

La tarea de Ochoa como editor y colector de obras españolas comprende además varias ediciones del *Quijote,* y los dos volúmenes de *Epistolario español. Colección de cartas de españoles ilustres antiguos y modernos,* publicado en la «Biblioteca de Autores Españoles».

En los últimos años de su vida, Ochoa se sintió atraído por los estudios clásicos; publicó diversos artículos sobre historia y literatura latinas y preparó con gran cuidado una traducción en prosa de las *Obras completas de Virgilio,* publicada en 1869 por Rivadeneyra, y a la que Menéndez y Pelayo y Milá y Fontanals dedicaron elogios.

OCHOA, DRAMATURGO, NOVELISTA Y POETA

La abrumadora tarea que hemos mencionado no le impidió a Ochoa crear obra original. Como autor dramático dio a la escena dos obras: *Incertidumbre y amor* y *Un día del año 1823*, ambas estrenadas en Madrid en 1835. La primera es un melodrama sentimental, al gusto romántico del momento. La segunda, según comenta Randolph[305], pretende encerrar un mensaje de tolerancia y comprensión, «algo por cierto raro en aquellos años de guerra civil». La obra, situada como dice el título, en 1823, enfrenta a los liberales de Cádiz con los absolutistas que abrieron las puertas a los Cien Mil Hijos de San Luis, situación fácilmente equiparable a la de la guerra entre liberales y carlistas de los días en que la obra fue estrenada.

La mediana acogida dispensada a sus dramas originales debió de empujar a Ochoa hacia las traducciones, y al año siguiente, 1836, hizo estrenar sus dos versiones de *Hernani* y de *Antony*, a que nos hemos referido.

Randolph da cuenta[306] de cómo Ochoa dio pruebas muy tempranas de un cambio de actitud hacia las demasías románticas. En una carta al conde de Campo Alange, de 1836, escribe: «Habrá V. de saber que ayer acabé el tercer acto de un drama *en cinco cadáveres* que estoy componiendo. Va a ser admirado!».

Ochoa escribió hasta una docena de cuentos, la mitad de los cuales fue publicada en *El Artista;* todos ellos pertenecen a sus años de juventud y refieren asuntos del más desaforado romanticismo —con truculencias, misterio, amores imposibles, suicidios e intervenciones de Satanás—, emplazados en lugares y épocas remotas. Hay en estos relatos influjos de todos los novelistas y cuentistas europeos de moda, Hoffmann entre ellos, ya que no en balde fue Ochoa el primero que tradujo un cuento de éste al español.

Compuso también Ochoa dos novelas. La primera, *El Auto de Fe*, fue publicada por Sancha en 1837, en tres volúmenes, y tiene por asunto el conflicto entre Felipe II y su hijo Carlos. Ochoa, monárquico por convicción política, aborrecía sin embargo la tiranía y tenía de Felipe II y de la Inquisición el concepto vigente entre los románticos. Así pues, su pintura de Felipe II no puede ser más peyorativa; además de apoyar su relato con todo género de comentarios para hacer resaltar las malas cualidades del rey, inventa sucesos con la más desaforada libertad. En el prólogo de su libro advierte el autor a quienes puedan reprocharle la inautenticidad de los hechos, que lo que pretendía escribir era una *novela*, y que si hubiera

---

305  Ídem, íd., pág. 49.
306  Ídem, íd., pág. 56.

deseado componer una *historia* lo hubiera hecho así. Pero Randolph comenta que ni siquiera este propósito justifica sus desatentadas invenciones. *El Auto de Fe*, como la mayoría de los cuentos de Ochoa, toma en préstamo muchos elementos de los románticos de moda; «la Reina Isabel de Valois pertenece a la clase estereotipada de la mujer romántica, débil, bella y desgraciada»; Van Homan, flamenco que había organizado una banda de descontentos para luchar por la independencia de su país, reúne las características del mundo literario de Hugo, es decir, la mezcla de lo alto y lo bajo, de lo sublime y lo vulgar; la figura del padre Ambrosio, inquisidor de Madrid, «debe algo seguramente a la de Claudio Frollo, el lascivo archidiácono de Nuestra Señora de París». «Aparte alguna que otra escena regocijada —comenta Randolph—, la novela es casi del todo lúgubre y ocupa un puesto de primera fila en la producción más tétrica del romanticismo español» [307].

La segunda novela de Ochoa se titula *Los Guerrilleros*. Fue concebida como una trilogía, pero sólo compuso la primera parte, que bajo el título de *Laureano* fue publicada en 1855 en la *Revista española de ambos mundos*. Según Randolph, esta novela es lo más opuesto en espíritu y doctrina a *El Auto de Fe*. La acción tiene lugar en los días de la primera guerra carlista, pero la trama es mucho menos importante que las descripciones de costumbres. Según se declara en el prólogo, la novela había sido compuesta unos años antes que *La Gaviota;* Fernán Caballero había dedicado a Ochoa su novela *Clemencia* y él le corresponde dedicándole ahora la suya. El intercambio de atenciones orienta bastante sobre el posible significado de *Laureano* en la trayectoria de nuestra novela. Ochoa —comenta Randolph [308]—, en *Los Guerrilleros*, se guiaba un poco a tientas hacia la reconstrucción del pasado, hacia el cuadro de costumbres que encontramos en las primeras novelas de Galdós; «lo que le faltaba a Ochoa era la capacidad de éste de presentar el poderoso choque de las ideas políticas y religiosas». Por lo demás, Ochoa rebasaba el mero cuadro de costumbres para bosquejar personajes individuales con acusada verdad psicológica. Debe destacarse también la caricatura del romanticismo, o más bien del *romántico*, que traza Ochoa en la persona de Rafael Lamosa, en la cual parece burlarse de sus propios excesos juveniles. La descripción del *romántico* Lamosa puede ponerse al lado de la bien conocida de Mesonero: «Rafael se creía un *Antony:* hubiera dado por ser bastardo un ojo de la cara. Ser inclusero la parecía el colmo de la felicidad humana, y condición esencial para tener *genio* y *corazón...* Añadamos también que en la pobre Luisa aquel sentimiento era tan exaltado como sincero: en Rafael era como todas sus cosas —era como sus melenas republicanas, como su desaliño

---

[307]  Ídem, íd., pág. 69; las otras palabras entrecomilladas en págs. 70 y 71.
[308]  Ídem, íd., pág. 76.

byroniano, como su mirada fatídica, como su sonrisa satánica— afectación, farsa, mentira». Y son bien significativos, en la pluma de su antiguo traductor, estos comentarios sobre el estilo de Víctor Hugo: «Rafael se moría por esas frases cortadas, por esas sentencias absolutas, reminiscencias de Víctor Hugo, que parece que dicen mucho, y en realidad son frases vacías, sobre todo cuando salen de un cerebro poco lleno...» [309].

La producción poética de Ochoa no es particularmente copiosa, pero no carece de interés, y aunque ha caído en el olvido, tuvo en su tiempo admiradores entre los críticos más exigentes, a lo cual pudo contribuir sin duda el prestigio ganado por el autor desde las páginas de *El Artista*. En ellas dio a conocer sus primeros poemas, que luego reunió con otros muchos nuevos en el volumen *Ecos del alma*, publicado en 1841.

En la obra poética de Ochoa puede seguirse la trayectoria completa desde el influjo neoclásico, los incipientes atisbos románticos, el pleno romanticismo y la poesía con pretensiones morales y didácticas. El poema *A Grecia*, escrito en París cuando Ochoa contaba tan sólo quince años, revela influjo de la grandilocuencia de Quintana. *A Olimpia*, de la misma fecha, descubre las huellas de Ossian combinadas con rasgos neoclásicos. *El Cántico del Esposo* es una clara imitación del tema y hasta de las liras de San Juan de la Cruz. El poema *A mi hermano J. Augusto* es una descripción bucólica, limpiamente neoclásica, de la vida que llevaba el autor durante unas vacaciones pasadas con Lista en los alrededores de Bayona, en la quinta de Bouchoury, propiedad de Miñano. *La muerte del abad*, de 1834, con su ambiente monacal de silencio y misterio, es ya una estampa inequívocamente romántica. *El Castillo del espectro* lo es más, si cabe, así como *El monasterio*, de tema medieval y lúgubre; se comprende que el primero fuera transportado a las páginas de la novela *El Auto de Fe*. *Suspiro de amor* fue una de las composiciones más celebradas de Ochoa por su romántico sentimentalismo, compuesta en octavillas agudas, la estrofa de versos octosílabos más usada en la época. *El Pescador*, que aún conserva en su comienzo ecos neoclásicos, es genuinamente romántico por su polimetría. *Don Álvaro de Luna* y varios romances moriscos representan el tributo de admiración por el romancero. *La Americana* y *La patria cabaña* recogen el ideal del «buen salvaje» a la manera de Rousseau y de Chateaubriand. *El bien y el mal*, *Meditación* y *Los baños de Panticosa* corresponden al Ochoa maduro, sereno, curado ya de agitaciones románticas; son tres poemas filosóficos en los que el poeta comunica sus meditaciones sobre la vida.

---

[309] Cit. por Randolph en ídem, íd., pág. 74.

Randolph comenta [310], y reproduce [311], el texto de un poema inédito de Ochoa titulado *La sopa del convento*, dirigido a Cecilia de Madrazo, la hija de Federico, casada con el pintor Mariano de Fortuny. Es un poema didáctico sobre cómo se debe hacer la caridad a los pobres. Perteneciente a la última etapa de la vida de Ochoa, contiene una mezcla de escuelas literarias, con cierto sabor a cuadro de costumbres y manifiesta inclinación a la observación filosófica, según venía practicándola la poesía de Campoamor, por la cual manifestaba Ochoa un creciente interés.

OCHOA, CRÍTICO

Ochoa asentó su reputación como crítico, muy tempranamente, en las páginas de *El Artista*, y, según Randolph, de no haber salido de España en 1837, hubiera sido, como crítico teatral, un digno sucesor de Larra. No obstante, a su regreso, pudo recuperar parte de este prestigio debido sobre todo a sus artículos en *La España*. Ochoa era generalmente tenido entre los dos o tres críticos más autorizados de su tiempo; se le estimaba por su erudición, por su espíritu elevado y por su generosidad, sobre todo con los escritores jóvenes, a quienes trataba de alentar con el propósito de elevar el nivel de las letras españolas; Ochoa deseaba con auténtica pasión descubrir valores nuevos. En *La España*, a partir de 1850, hizo sobre todo reseñas de teatro, pero también escribió críticas sobre poesía e historia. En sus reseñas de teatro Ochoa comparaba con la de Francia la situación de la escena española, no sólo en cuanto a las nuevas orientaciones del género sino también en lo concerniente a la organización, protección oficial, actuación de los actores, disposición del edificio, escenografía, vestuario, sueldos, etc. En todos estos aspectos de índole material, según señala Randolph, Ochoa era progresista, pero se mostraba muy conservador en política y en moral, según ya sabemos, y con frecuencia involucraba estos juicios con los estéticos [312].

---

[310] Ídem, íd., págs. 98-100.

[311] Ídem, íd., págs. 101-106.

[312] El conservadurismo y los escrúpulos morales y políticos de Ochoa le conducen a una postura de inmovilismo y de tabúes, sincera sin duda en el ánimo del escritor, pero tras de la cual se parapetaban cómodamente todos los privilegios y corruptelas de una sociedad que precisaba con urgencia una barrida a fondo. Comentando la insurrección de junio de 1848 en París, escribía Ochoa: «Escarmentemos en el ejemplo de la Francia, nuestra vecina, que a fuerza de jugar en un exceso de confianza con el respeto que se merecen las cosas sagradas en que se funda el orden público, ha venido a echar por tierra ese mismo orden público, y a poner en cuestión ¿quién lo dijera? hasta las más sencillas nociones del derecho natural —la propiedad, la familia, el principio mismo de autoridad en todas sus fases!... Se empieza por poner en ridículo las instituciones, se acaba por combatirlas frente a frente. ¡Oh! digámoslo otra vez; ¡escarmentemos con el ejemplo de la Francia nuestra vecina! Se empieza por pullas

Ochoa era partidario del verso en el teatro y temía que se perdiera por las frecuentes traducciones de obras francesas hechas en prosa; pensaba que el verso tenía su último refugio en el teatro. El realismo en la escena le parecía vulgar, y sobre esto escribió comentarios de gran interés: «Es evidente —decía— que al teatro se va a buscar, o en otros términos, que *al arte* se pide *algo más* o *algo diferente* de lo que se ve en la naturaleza. En conocer, en adivinar ese *algo*, está el ítem de la dificultad: no en otra cosa consiste el *ser* o *no ser* poeta y artista. La verdad material, tal cual la ve todo el que tiene ojos en la cara, no es la verdad que se busca en el arte; más diremos, es incompatible con él. Por eso en todas las bellas artes, incluso la *declamación*, somos tan decididamente adversarios de la escuela llamada *naturalista*» [313]. Ochoa escribió estas palabras a propósito del famoso actor Julián Romea, que estaba introduciendo en la escena el realismo extremo, que se estimaba adecuado para la comedia moderna. Ochoa, que había sentido anteriormente gran admiración por el actor, acabó por reprobarlo abiertamente. Merece recordarse que, algunos años antes, Zorrilla había discutido también con Romea a propósito de la representación de su drama *Traidor, inconfeso y mártir*, para el que Zorrilla pedía una representación «de arte» y no «al natural», con realismo de andar por casa [314].

---

en el teatro y en los folletos; se acaba a balazos en las calles» (cit. por Randolph, págs. 144-145). A propósito de una crítica de Ochoa sobre una obra de Luis de Eguílaz, escribe Randolph: «Al comentar la comedia, *Las prohibiciones*, el 30 de octubre de 1853, Ochoa se acalora condenando la presentación cínica de un ministro que es un tunante o de un diputado que es un canalla. Dice que la mofa del individuo es la mofa de la institución, y si hacemos perder el respeto a ellos por defectos personales, haremos perder el respeto también por los que sancionan la ley: el Gobierno y la Iglesia. Siendo diputado él mismo es más comprensible su actitud un poco de *noli me tangere*» (pág. 150). Compárese el comentario que a este mismo propósito, pero con bien distinto criterio, hacía Hartzenbusch al referirse al teatro de Bretón, frenado por el *noli me tangere* de «los ministros del poder, desde el Secretario del Despacho al ínfimo corchete».

[313] Cit. por Randolph, págs. 46-47.

[314] No nos parece ocioso reproducir parte al menos de la interesante escena que cuenta Zorrilla en sus *Recuerdos del tiempo viejo*, aunque sea larga la cita: «Escucha —le dice Zorrilla al actor—, escucha: tú crees que la verdad de la naturaleza cabe seca, real y desnuda en el campo del arte, más claro, en la escena: yo creo que en la escena no cabe más que la verdad artística. Desde el momento en que hay que convenir en que la luz de la batería es la del sol; en que la decoración es el palacio o la prisión del Rey D. Sebastián; en que el jubón, el traje y hasta la camisa del actor son los del personaje que representa, no puede haber en medio de todas estas verdades convencionales del arte y dentro del vestido de la creación poética, un hombre real, una verdad positiva de la naturaleza, sino otra verdad convencional y artística; un personaje dramático, detrás y dentro del cual desaparezca la fisonomía, el nombre, el recuerdo, la personalidad, en fin, del actor. —¿Y qué? —me dijo desabrida y desdeñosamente Julián. —Que tú eres el actor inimitable de la verdad de la naturaleza: que tú has creado la comedia de levita, que se ha dado en llamar de costumbres; que puedes presentarte, y te presentas a veces en escena, conforme te apeas del caballo de vuelta del Prado, sin más que quitarte el polvo, y sin polvos ni colorete en el rostro; pero en estas escenas copiadas de nuestra vida de hoy, dialogadas por personajes

Ambos escritores habían comprendido igualmente que el teatro no es, ni puede ser, la *realidad*, sino un mundo convencional con su medida y leyes propias, que es forzoso aceptar como las reglas convenidas de un juego; es decir: sostenían la postura más opuesta a la preocupación de los clasicistas por crear la *ilusión realista en la escena*, que era en el fondo la raíz de todas sus exigencias de verosimilitud, a cuya consecución se encaminaban las tres unidades.

Sobre novela escribió Ochoa numerosos comentarios, muchos de los cuales pueden contarse por agudas anticipaciones. Advirtió que la novela era el género que mejor se adaptaba a las nuevas condiciones de la sociedad, y comprendió que su carácter estaba cambiando en las manos de los últimos, y mejores, cultivadores, entre los cuales colocaba a Balzac en primer término. En las novelas de acción —decía— no vemos nunca, o casi nunca, que ésta se desarrolle por sí misma ante nuestra vista: «no la *vemos* pasar, la *oímos* referir»; las *costumbres*, por el contrario, son el «verdadero arsenal del novelista moderno»; «su pintura es más importante que la de las *pasiones*, y por de contado más propia de la novela. El legítimo campo de la pintura de las pasiones entiendo yo que es el drama, el teatro». Este concepto le llevó, sin duda, a la particular estima que sentía por las novelas de Fernán Caballero, a quien él «descubrió» realmente, y cuya obra alentó y defendió.

En materia de poesía opinaba que debe brotar espontáneamente del corazón y que no puede lograrse por medios mecánicos y artificiosos; tiene que ser algo más que sonoridad y ropaje exterior; por esto —decía a propósito de los versos de Selgas—, «la bondad del alma es ya por sí la mitad de la poesía, y donde no hay pensamiento, o donde hay superficialidad, que es lo mismo, la poesía no existe». Se explica la animosidad de Ochoa hacia Zorrilla y su creciente estima hacia la poesía de Campoamor, según dejamos dicho.

Gran parte de los ensayos y artículos del último período de su vida los reunió Ochoa en dos volúmenes: *París, Londres y Madrid,* publicado en

---

que son a veces copias de personas conocidas, que entre nosotros andan, que con nosotros viven y hablan, tú que con ellos vives y que eres de ellos conocido, no estorbas y no pareces intruso. Tú eres Julián Romea y puedes serlo en la comedia actual: pero el drama es un cuadro, es un paisaje, cuyas veladuras, que son el tiempo y la distancia, se entonan de una manera ideal y poética, en cuyo campo jura y se tira a los ojos la verdad de la naturaleza, la realidad de una personalidad: yo necesito un personaje para el papel de mi rey D. Sebastián. —Y le tendrás, Pepe, le tendrás —exclamó Julián—. ¡Qué diablos de autores! A vosotros os toca escribir y a nosotros representar—. —Eso, eso quiero; que representes, no que te presentes...—» (*Recuerdos del tiempo viejo*, vol. I, Madrid, 1961, págs. 190-191).

París por Baudry en 1861, y *Miscelánea de literatura, viajes y novelas,* impreso en Madrid en 1867. El primero es una miscelánea, en la que mezcla artículos de crítica sobre autores españoles y extranjeros con retratos de escritores, impresiones de la vida literaria, artística y social de las mencionadas capitales y comentarios sobre la vida y la política: «Es éste un libro —afirma Randolph— donde hay mucho sobre muchos asuntos: literarios, artísticos, políticos, sociales. Debe ser leído por los que buscan datos sobre los hombres e instituciones del siglo pasado en España, en Francia y, también, en Inglaterra» [315]. La *Miscelánea* se define ya por su mismo título; muchos de sus artículos, como en el volumen anterior, habían aparecido previamente en diversos lugares. Se reproducen aquí *El emigrado y El español fuera de España,* dos cuadros costumbristas que Ochoa había escrito para *Los españoles pintados por sí mismos,* y que son de lo mejor que salió de su pluma.

Ingresó Ochoa en la Real Academia Española como miembro honorario en 1844, a los 29 años, y como individuo de número en 1847. Ocupó diversos cargos administrativos en los Ministerios de Gobernación, Comercio, Instrucción y Obras Públicas, y Gracia y Justicia; fue dos veces Diputado a Cortes, Director General de Instrucción Pública, y Consejero de Estado desde 1866 hasta la Revolución de Septiembre que destronó a Isabel II. Estuvo muy vinculado a la familia real, relación iniciada por medio de Miñano, que había sido ayo de uno de los hijos del infante don Luis de Borbón. La reina María Cristina encargó a Ochoa que acompañara al hijo menor de su segundo matrimonio con Francisco Muñoz, enfermo de tuberculosis, en dos largos viajes recomendados por los médicos: uno por Bélgica, Alemania, Polonia y Rusia, y el segundo por el Próximo Oriente.

Había casado Ochoa con la bellísima Carlota de Madrazo, hermana de los pintores, de la que tuvo diez hijos. De ellos tan sólo el mayor, Carlos, y una hija, Ángela, se lograron. Pero Ángela falleció a los 21 años, después de varios meses de horribles sufrimientos, a consecuencia de las quemaduras que se produjo al incendiársele el vestido en un mechero de gas durante un baile. Tan sólo su trabajo, al que se entregó desde entonces con redoblada intensidad, permitió a Ochoa sobreponerse a tan repetidas desgracias familiares. Cuando falleció en 1872, contando tan sólo 57 años, daba la impresión, según informan sus biógrafos, de ser mucho más viejo.

---

[315] Cit., pág. 159.

CAPÍTULO III

# LARRA

Mariano José de Larra es el valor más permanente, más vivo y más actual de todo el Romanticismo español. Su sostenida actitud de inconformismo y rebeldía será siempre una lección, cualesquiera sean las circunstancias en que se acuda a su magisterio, y son numerosísimas las páginas de sus escritos que no han perdido un solo átomo de vigencia. Los hombres del 98 lo proclamaron su «adelantado», y es bien conocida la simbólica visita que un grupo de estos hombres hizo a la tumba de Larra el 13 de febrero de 1901, homenaje que se repitió cuando en 1902 fueron trasladados sus restos al Panteón de Hombres Ilustres. En 1909 la famosa tertulia que presidía Ramón Gómez de la Serna, conmemoró en los altos de Fornos el nacimiento de Larra con un banquete en el que se reservó un cubierto para el gran periodista que presidía en espíritu la reunión. Desde entonces, el interés por el gran satírico ha ido en aumento, y aunque muchos aspectos de su obra, y aun de su vida y personalidad, aguardan todavía estudios concienzudos, se han multiplicado las investigaciones y comentarios de toda índole, hasta el punto de que la bibliografía ya acumulada sólo cede en volumen a la de Galdós y a la de Clarín, los dos valores más en alza de todo el siglo XIX [1].

---

[1] Cfr., José Luis Varela, «Larra y nuestro tiempo», en *Cuadernos Hispanoamericanos*, XLIV, 1960, págs. 349-381, y XLV, 1961, págs. 35-50. Varela estudia minuciosamente el proceso de la valoración crítica de Larra desde los días de su muerte hasta el momento de su propia investigación, con gran abundancia de detalles histórico-anecdóticos y copiosa recapitulación de opiniones y comentarios sobre la obra y personalidad del satírico a lo largo de casi siglo y medio. En las dos últimas décadas la atención a Larra ha pasado a convertirse casi en un hecho literario de carácter popular, y apenas existe colección divulgadora que no haya dedicado a Larra un volumen con introducciones más o menos extensas y valiosas; y junto a estudios rigurosos, que aduciremos en su momento, proliferan las glosas y comentos de diversa índole, que confirman en todos los tonos la proclamada actualidad de Larra.

Debemos aclarar, no obstante, que esta «actualidad» ha producido considerable número de comentarios de escasa densidad y fácil tono panegírico, que simplifican y falsi-

ESQUEMA BIOGRÁFICO

Mariano José de Larra nació en Madrid el 24 de marzo de 1809, en plena Guerra de la Independencia [2]. Su padre [3], médico, fue afrancesado y

---

fican la compleja personalidad de nuestro escritor. Como reacción, sin duda, contra semejantes «homilías», Paul Ilie ha publicado recientemente un largo artículo —«Larra's Nightmare», en *Revista Hispánica Moderna*, XXXVIII, 1974-1975, págs. 153-166; la fecha real de publicación es bastante más tardía— en el que pretende dar una imagen mucho más real de la persona y obra de Larra. Ilie menciona alguno de dichos comentarios, movidos en ocasiones por una vaga beatería, pero tras de los cuales —con más frecuencia— se disfrazan también propósitos muy actuales, que, si son harto comprensibles, no pueden ser admitidos en una crítica literaria con pretensiones de mínima seriedad. Contra aquella «idealización» interesada y las distorsiones a que los aludidos comentarios pueden dar lugar, Ilie acentúa las innegables contradicciones, paradojas, inconsecuencias y fracasos de Larra, pero difuminando a su vez la justificación y componentes positivos, con lo cual la imagen resultante del escritor peca también por el lado contrario. El trabajo de Ilie llega, no obstante, a su tiempo, porque exigirá repensar manidas interpretaciones y todo ello conducirá a esclarecer las cosas y aproximarnos a la verdad, que es lo que importa al cabo. Con independencia, creemos —dadas las fechas—, del artículo de Ilie, ha aparecido otro trabajo muy reciente, que consideramos ejemplar: el de Susan Kirkpatrick, «Spanish Romanticism and the Liberal Project: The Crisis of Mariano José de Larra», en *Studies in Romanticism*, Vol. 76, núm. 4, 1977, págs. 451-471. Kirkpatrick, que no desconoce, ni esconde, ninguna de las íntimas contradicciones que desgarraron la conflictiva personalidad de «Fígaro», las examina con rigurosa objetividad, tratando de comprenderlas y no de condenarlas, puesto que en ellas se ejemplifica —y esto, precisamente, es lo que confiere a la persona y obra de Larra su perenne interés— el dramático conflicto, a la vez humano y sociopolítico, de un español, en el marco de aquella circunstancia de tanta trascendencia para nuestra historia. A este mismo criterio de análisis riguroso y objetivo —ni rosa ni negro— obedece el libro de la misma autora, que citamos en la nota siguiente.

Acerca de la difusión de Larra en Hispanoamérica, cfr.: Guillermo de Torre, «Larra en América», en *Insula*, núms. 188-189, 1962, págs. 1 y 9. Federico Álvarez Arregui, «Larra en España y en América», en ídem, íd., pág. 9. Luis Lorenzo-Rivero, «Paralelismo entre la crítica literaria de Larra y de Sarmiento», en *Cuadernos Hispanoamericanos*, LXX, 1967, págs. 59-74. Emilio Carilla, *El Romanticismo en la América hispánica*, 3.ª ed., 2 vols., Madrid.

[2] Para la biografía de Larra cfr.: Cayetano Cortés, *Vida de Don Mariano José de Larra, conocido vulgarmente bajo el pseudónimo de Fígaro*, en *Obras completas de Fígaro*, Madrid, 1843 (la *Vida* figura en el tomo IV; ha sido reproducida en algunas ediciones del siglo XIX, como la de Garnier Hermanos, París, 1870, tomo I). Manuel Chaves, *Don Mariano José de Larra (Fígaro). Su tiempo, su vida, sus obras. Estudio histórico, biográfico, crítico y bibliográfico*, Sevilla, 1898. Julio Nombela y Campos, *Larra (Fígaro)*, Madrid, 1908. Carmen de Burgos (Colombine), *«Fígaro» (Revelaciones, «ella» descubierta, epistolario inédito)*, Epílogo de Ramón Gómez de la Serna, Madrid, 1919. Ismael Sánchez Estevan, *Mariano José de Larra (Fígaro). Ensayo biográfico redactado en presencia de numerosos antecedentes desconocidos y acompañado de un catálogo completo de sus obras*. Madrid, 1934 (es el estudio más importante hasta el momento sobre la vida de Larra, aunque no todavía satisfactorio. El autor, como se indica en el título, maneja escritos inéditos y aporta muchas novedades sobre aspectos desconocidos o equivocadamente interpretados. Véase la recensión de Aristide Rumeau en *Bulletin Hispanique*, XXXVII, 1935, págs. 519-521). Gregorio C. Martín, *Hacia una revisión crítica de la biografía de Larra; nuevos documentos*, Porto Alegre, 1975. José Escobar, «Un episodio biográfico de Larra, crítico teatral, en la temporada de 1834», en *Nueva Revista de Filología Hispánica*, XXV, 1976, págs. 45-72. Susan Kirkpatrick, *Larra:*

ofreció sus servicios profesionales al ejército invasor. Cuando en 1813 las tropas francesas se retiraron en derrota, la familia Larra tuvo que abandonar con ellas el país y por espacio de siete meses el padre ejerció en el hospital militar de Burdeos[4]. Alarmado por la proximidad de las tropas inglesas se trasladó con su mujer e hijo a París, donde continuó como médico del ejército francés, pero al entrar los aliados en la capital y producirse la abdicación de Napoleón, Larra fue licenciado. Durante los Cien Días volvió al servicio y fue destinado al hospital de Estrasburgo, pero la definitiva derrota de Napoleón en Waterloo puso fin a su carrera médico-militar.

El doctor Larra pudo, no obstante, proseguir su actividad profesional como médico particular en la capital francesa pues gozaba de considerable reputación en los medios científicos. Desde 1806 a 1808, siendo ya médico del Hospital General de Madrid, había ampliado estudios en París, donde fue compañero y amigo de su famoso compatriota Mateo Orfila[5]. Bien relacionado con los emigrados españoles más notables y hasta en los círculos diplomáticos y mundanos, el doctor Larra pudo vivir decorosamente y sufragar la educación de su pequeño hijo Mariano José en un colegio de dicha capital.

La reputación del doctor Larra queda demostrada por un hecho que había de cambiar el rumbo de su vida. En 1817, de paso por París en un

---

*el laberinto inextricable de un romántico liberal*, Madrid, 1977. José Luis Varela, «Larra, voluntario realista (sobre un documento inédito y su circunstancia)», en *Hispanic Review*, XLVI, 1978, págs. 407-420. Cfr. además: Marino Gómez Santos, *Fígaro o la vida de prisa*, Madrid, 1956. Francisco Umbral, *Larra. Anatomía de un dandy*, Madrid, 1965.

Todavía en vida de Larra, su tío paterno Eugenio, llevado de la admiración que sentía por su sobrino, escribió unos apuntes biográficos, que Carmen de Burgos ha publicado por primera vez (en su biografía citada, págs. 13-16). Dos años después de su muerte —en los últimos meses de 1839— la revista «literaria y artística» *Cervantes y Velázquez* publicó una biografía anónima, de la que Carmen de Burgos reproduce fragmentos (págs. 16-17). Para algunos aspectos concretos de la vida de Larra, véanse luego los diversos trabajos que se irán citando oportunamente.

[3] El padre de Larra había quedado viudo muy joven y casó de nuevo en 1806 con Dolores Sánchez de Castro, que fue la madre del escritor. No hubo más hijos de este matrimonio.

[4] Para toda esta etapa de la vida de Larra véase el importante artículo (extraído de su tesis doctoral) de Aristide Rumeau, «Le premier séjour de Mariano José de Larra en France (1813-1818)», en *Bulletin Hispanique*, LXIV bis, 1962, *Mélanges offerts à Marcel Bataillon*, págs. 600-612.

[5] Aunque no completos, Rumeau ha logrado reunir interesantes detalles sobre la relación entre el Dr. Larra y Orfila. Los dos estudiaron medicina en Valencia y completaron luego sus estudios en París; Orfila llegó allí en 1807, un año después que Larra. Ambos fueron afrancesados; Orfila se hizo ciudadano francés y llegó a ser Decano de la Facultad de Medicina de París; en 1815, después de publicar su famoso *Traité des poisons*, fue nombrado médico de cámara de Luis XVIII. Larra y Orfila convivieron en París entre 1814 y 1818, y al regresar a España el Dr. Larra publicó una traducción de la obra de su amigo. El Dr. Larra tradujo además algunas obras sobre Botánica, y confeccionaba ciertos fármacos que alcanzaron en su tiempo gran popularidad.

largo viaje por Europa, requirió sus servicios el propio hermano de Fernando VII, el infante don Francisco de Paula. El infante quedó tan satisfecho que solicitó permiso del rey para que el doctor español le acompañara en sus viajes como médico particular, y en calidad de tal siguió Larra al infante por Bruselas, Amsterdam, La Haya, Utrecht, Colonia, Maguncia, Francfort, Berlín, Dresde y Viena. Al regresar el infante en 1818, el doctor Larra con su mujer e hijo le acompañó a España, donde al poco tiempo fue nombrado «médico de cámara» del infante. Los biógrafos de Larra afirman que el doctor se benefició de una amnistía concedida en dicho año por Fernando VII, pero Rumeau ha precisado que se trató de un favor particular otorgado al médico del infante y sólo obtenido por mediación de éste [6].

De las investigaciones de Rumeau se deduce una importante rectificación a la biografía de Larra hasta hoy aceptada. El pequeño Larra no quedó interno cuatro años, según se ha dicho, en un colegio de Burdeos desde la marcha del padre hasta su regreso a la Península, sino que vivió y estudió en París, donde sus padres residían, desde marzo de 1814 a mayo de 1818 [7].

Al volver a su patria, el futuro escritor, de nueve años entonces, había olvidado el español casi por entero, lo que explica que pudiera más tarde referirse al francés como «mi primera lengua» [8]. En Madrid, Larra ingresó en las Escuelas Pías donde cursó estudios elementales y secundarios, y como prueba de su extraordinaria precocidad merece recordarse que en los ratos en que se le permitía salir del colegio para visitar a su familia, ocupaba el tiempo traduciendo la *Ilíada* del francés, redactando un compendio de Gramática Castellana y escribiendo en verso una Geografía de España.

Los sucesos de 1820, con que se iniciaba el «trienio liberal», hicieron pensar al doctor Larra en la conveniencia de salir de Madrid, por lo que solicitó, y obtuvo, una plaza de médico en el pueblo navarro de Corella, donde vivió la familia hasta 1824. En esa fecha, y de vuelta a la capital, Mariano José ingresó en el Colegio Imperial de los Jesuitas, donde estudió matemáticas al mismo tiempo que tomaba cursos en la Sociedad Económica de Amigos del País. Al año siguiente Larra comenzó a cursar Leyes

---

6 El Dr. Larra fue distinguido además por el infante con los títulos de Caballero de la Orden de San Luis y la de Leopoldo, honores que, probablemente, habían sido puestos por Luis XVIII a disposición del infante para que los distribuyera entre personas de su séquito.

7 La estancia del pequeño Larra en Burdeos sólo duró, en consecuencia, los siete meses que pasó allí su padre; no es improbable que asistiera entretanto a algún colegio, aunque fueron momentos de gran inseguridad y agitación.

8 Así lo dice en carta desde París a su editor Delgado, el 20 de agosto de 1835, al informarle que está escribiendo en francés unas páginas para la obra *Voyage pittoresque en Espagne*, editada por el barón Taylor y Charles Nodier (ed. Seco, luego cit., IV, pág. 277).

en la Universidad de Valladolid [9], mientras su padre ejercía en Aranda de Duero [10]. Desde que Colombine puso en circulación la especie, recogida de labios de una pariente de Larra, se viene repitiendo que el doctor viajaba con frecuencia a dicha capital, en apariencia para visitar a su hijo, aunque en realidad para verse con una joven amante, con la que el joven Larra, precisamente, se había puesto en relaciones, y se ha especulado a placer sobre el impacto que esta aventura pudo ejercer en el ánimo y carácter de Larra [11]. Lo único cierto es que el futuro escritor se trasladó entonces a Madrid, donde con la ayuda de su tío paterno, Eugenio, asistió a los Reales Estudios de San Isidro. Se ha supuesto, sin base suficiente, que estudió durante algunos meses en la Universidad de Valencia, pero a partir de 1827 es seguro que residía ya de asiento en Madrid, donde comenzó a frecuentar los círculos literarios y anudó amistad con Bretón de los Herreros y Ventura de la Vega. A dicho año pertenece su primera obra publicada, una mediocre Oda dedicada *A la Exposición primera de artes españolas*. Y un año después, no cumplidos aún los diez y nueve, comenzó su carrera de periodista con la publicación de *El Duende Satírico del Día*, revista unipersonal que duró desde febrero a diciembre de 1828 y de la que sólo aparecieron cinco números.

Puesto que el desarrollo de la política española y su propia tarea de periodista están indisolublemente trabados con su propia biografía, es indispensable anticipar ahora sus hitos capitales, aunque habremos de volver luego a cada uno de ellos para comentarlos con mayor detención.

En agosto de 1829 Larra casó «pronto y mal», según había de definir él mismo en uno de sus famosos artículos, con Josefina Wetoret, de la que tuvo tres hijos. La diferencia de temperamento y formación puede explicar el fracaso de este matrimonio. En 1832, o quizá antes, comenzó la tormen-

---

[9] Cfr., Narciso Alonso Cortés, «Un dato para la biografía de Larra», en *Boletín de la Real Academia Española*, II, 1915, págs. 193-197; reproducido en el volumen *Viejo y nuevo*, Valladolid, 1915, págs. 67-71 (recoge el expediente de Larra en la Universidad de Valladolid).

[10] El doctor Larra ejerció sucesivamente en Corella, Cáceres, Aranda de Duero, Torrejón de Ardoz y Navalcarnero. Es extraño que habiendo alcanzado tan considerable reputación, no se asentara en Madrid, o en otra parte, y anduviera peregrinando de este modo. No conocemos ninguna explicación del hecho. Cfr., Gregorio C. Martín, «Nuevos datos sobre el padre de Fígaro», en *Papeles de Son Armadans*, LXXII, 1974, págs. 243-250. Luis Lorenzo-Rivero, «Larra: Fantasía y realidad», en *Boletín de la Real Academia Española*, LIV, 1974, págs. 203-219 (aclara, con nuevos documentos, algunos puntos sobre la estancia del padre de Larra en Navalcarnero, importantes por lo que afectan a la biografía del escritor, y rechaza diversas inexactitudes sobre la vida del propio Larra, repetidas por los biógrafos).

[11] Véase Sánchez Estevan, cit. (págs. 18 y sigs.), que dedica abundante espacio a estos sucesos. No sabemos hasta qué punto pueda aceptarse la supuesta ruptura de Larra con su padre, aunque pudo haberla momentánea. Lo cierto es que Larra, al ausentarse de España, dejó sus propios hijos al cuidado de sus padres, y las cartas que se conservan, a ellos dirigidas, son inequívocamente afectuosas.

tosa relación de Larra con Dolores Armijo, mujer de gran belleza y sensibilidad, casada con un alto empleado del Gobierno, José Cambronero, hijo de un conocido jurisconsulto. A principios de abril de 1835 Larra salió de Madrid, y por Mérida y Badajoz, donde fue hospedado por su amigo el conde de Campo Alange, llegó a Lisboa de donde embarcó para Inglaterra. Tras sólo tres días de estancia en Londres partió para Bélgica y luego para París, donde su amigo el duque de Frías, embajador de España entonces, le introdujo en los círculos literarios franceses.

Parece ser que Larra concibió la idea de proseguir allí su carrera literaria, pero en diciembre estaba de regreso en Madrid. Algunos biógrafos han supuesto que con este viaje trató de evitar un conflicto con el marido de Dolores o quizá también con alguno de sus rivales en el periodismo político [12]. Se sabe, no obstante, que la razón declarada, y que existió, en efecto, fue cobrar en Bélgica una cantidad que se le adeudaba allí a su padre, para lo cual otorgó éste poderes ante un notario de Madrid.

Durante los meses de ausencia de Larra subió al poder como primer ministro Álvarez Mendizábal, jefe del partido progresista, cuyo ideario había aquél seguido y defendido. Pero a los pocos meses de ministerio y al producirse sus primeros fallos, Larra le atacó en una serie de artículos y se inclinó del lado del moderado Istúriz, incurriendo en una aparente inconsecuencia, que le acarreó serios disgustos y que ha dado motivo a sus biógrafos para encontradas interpretaciones; luego trataremos de valorar esta crítica coyuntura del gran periodista. Cuando, a la caída de Mendizábal, llegó al poder Istúriz, Larra presentó su candidatura a procurador para las nuevas Cortes por la ciudad de Ávila, en donde entonces precisamente residía la Armijo bajo la custodia de un tío suyo. Larra fue elegido, pero nunca pudo sentarse en el Parlamento: el Motín de la Granja, que derribó a Istúriz en agosto de 1836, dio el poder al progresista Calatrava, y las elecciones anteriores fueron anuladas. La nueva crisis política representaba para Larra, como luego veremos, muchísimo más que un mero contratiempo personal. Desalentado para la acción pública, Larra buscó reconciliarse con Dolores, con quien había roto meses antes. El 13 de febrero de 1837 Dolores le envió una nota pidiéndole visitarlo en su casa, en realidad con el propósito de recuperar las cartas de amor que le había escrito. Dolores llegó al domicilio de Larra en compañía de una amiga, que esperó en el recibidor. Tras una larga y dramática entrevista, durante la cual recuperó Dolores las deseadas cartas, salieron las dos mujeres, pero

---

12 Sánchez Estevan está persuadido de que Larra salió del país contra su voluntad, pero no ha conseguido dar con las razones que le obligaron (*Mariano José de Larra...*, cit., págs. 147 y sigs.). Acerca de los proyectos literarios de Larra durante su estancia en París y posibles planes de colaboración con el duque de Frías, cfr., Gregorio C. Martín, *Hacia una revisión crítica de la biografía de Larra...*, cit., págs. 108-118.

estaban aún en la escalera cuando sonó el disparo con que Larra ponía fin a su vida. Su pequeña hija Adela, de seis años, encontró a su padre muerto en el suelo cuando fue más tarde a darle las buenas noches [13].

El entierro fue un ruidoso acontecimiento, no tanto por la popularidad del periodista, según comenta Ullman [14], como por las circunstancias de su muerte; era la primera vez que las autoridades eclesiásticas permitían el entierro «en sagrado» de un suicida. Pero en aquel momento político la Iglesia, acorralada por el gobierno, carecía de fuerza, y sus autoridades no osaron oponerse; con ello la ceremonia —dice Ullman— representó «una velada manifestación de humanismo anticlerical» [15]. Es bien sabido que entre los que pronunciaron elogios en el cementerio ante el cadáver del periodista, se adelantó un joven desconocido, José Zorrilla, que leyó unos versos emocionados con los cuales advenía fulminantemente a la fama.

LOS ESCRITOS DE LARRA

Dejando aparte una novela histórica, *El Doncel de don Enrique el Do-liente*, y un par de obras de teatro, de que luego hablaremos, Larra fue por esencia un periodista. Comenzó su carrera en este campo, como ya dijimos, con la publicación de *El Duende Satírico del Día*, cinco números con un total de ocho trabajos. El primero de aquellos contenía el artículo «de costumbres» titulado *El café*, que, en opinión de Tarr [16], es el mejor en su

---

[13] Cfr., Narciso Alonso Cortés, «El suicidio de Larra», en *Sumandos biográficos*, Valladolid, 1939, págs. 119-146. José Luis Varela, «Dolores Armijo, 1837: Documentos nuevos en torno a la muerte de Larra», en *Studia Hispanica in Honorem R. Lapesa*, II, Madrid, 1974, págs. 601-612.

[14] Pierre L. Ullman, *Mariano de Larra and Spanish Political Rhetoric*, Madison, 1971, pág. 31.

[15] Ídem, íd. Sánchez Estevan había registrado ya esta circunstancia que subraya Ullman, recogiendo a su vez testimonios de la época: «El cadáver —dice Sánchez Estevan—, depositado en la bóveda de Santiago, fue conducido al cementerio de la Puerta de Fuencarral en la tarde del miércoles 15 de febrero de 1837, entre una brillante y numerosa concurrencia cuyo objeto, en realidad, más que tributar al muerto un homenaje, harto merecido, era dar la mayor importancia posible a la ceremonia como acto político, 'como primera protesta contra las viejas preocupaciones que venía a desenrocar la revolución', según ha escrito Zorrilla, que precisamente gracias a esa circunstancia encontró modo de darse estrepitosamente a conocer. En esas condiciones, el muerto en sí no representaba gran cosa; era un simple pretexto para discutir opiniones políticas, y por eso no deben sorprendernos, aunque hoy las encontremos absurdas y nos duelan, las polémicas que se entablaron en torno de aquella tumba» *(Mariano José de Larra..., cit., pág. 215).

[16] F. Courtney Tarr, «Larra's *Duende Satírico del Día*», en *Modern Philology*, XXVI, 1928-1929, págs. 31-46; la cita en pág. 37. Según Tarr, el artículo de Larra aventaja a los juveniles intentos de Mesonero incluidos con anterioridad en *Mis ratos perdidos* o publicados en *La Minerva, El Censor* o el *Correo Literario y Mercantil*. Tarr advierte que el plan del artículo de Larra no es original y que muchos de sus tipos son convencionales esquemas satíricos, pero subraya a su vez la riqueza y variedad de carac-

género aparecido hasta entonces en España, no superado hasta los de Estébanez y Mesonero en *Cartas Españolas*. En *El café* queda ya bien patente la peculiar mordacidad crítica con que el costumbrismo de Larra tenía que diferenciarse de todos los demás. Esta actitud de moralista satírico, desarrollada en un meteórico crescendo, ha de explicarnos, como veremos, la trascendencia y perennidad de sus artículos [17].

*El Duende* se ocupó también de los toros, aunque en forma indecisa que deja ver, no obstante, la escasa estima del escritor hacia este espectáculo [18]; dedicó una extensa crítica a un dramón de Ducange traducido al español, e incluyó como de pluma ajena dos artículos titulados *Correspondencia de El Duende*, donde se muestra ya todo el desenfado de la mejor prosa de Larra. Arrastrado, sin duda, por su comezón satírica o quizá con el deseo de un pequeño escándalo que atrajese la atención, dedicó completos los números cuatro y cinco a ridiculizar sarcásticamente el *Correo Literario y Mercantil*. Aunque la línea cardinal de los ataques de Larra fuese justa [19], su sátira descendía a minucias irrelevantes y se hacía prolija y cominera. El director del *Correo*, José María Carnerero, amenazó desde las páginas de su periódico con llevar a Larra ante los tribunales y hubo una reyerta de café entre el joven satírico y un redactor del *Correo*. Larra terminaba su quinta salida afirmando jactanciosamente: «*El Duende* está en pie», pero es lo cierto que ya no hubo más números. Es casi seguro que Carnerero, personaje de gran valimiento político, presionó para conseguir la suspensión oficial de *El Duende*. Tarr asegura que *El Duende* pereció porque a Larra no le fue posible encontrar editor dispuesto a correr el riesgo de imprimirlo, pero José Escobar ha demostrado que fueron razones políticas las que hicieron morir al periódico [20].

---

teres, el amplio uso del diálogo, los rasgos de observación y análisis personal y el movimiento dramático de la escena.

[17] Cfr., José Escobar, *Los orígenes de la obra de Larra*, Madrid, 1973, págs. 137-151. Escobar comenta el carácter «costumbrista» del artículo y el problema de sus supuestas fuentes concretas, cuya importancia minimiza, para llegar a una conclusión, cuya transcendencia veremos luego, y que Escobar pone de relieve a lo largo de todo su trabajo, es decir: el hecho de que Larra, más que como acreedor de unos modelos específicos, se muestra ya aquí como heredero de toda una literatura satírica que tiene su origen en la prensa periódica y en diversas publicaciones del siglo XVIII español.

[18] Escobar examina detenidamente este artículo de Larra por la conexión que guarda con los escritos de varios ilustrados que se ocupan de los toros, y se detiene en particular en el fragmento que reproduce del folleto satírico *Pan y Toros*, apócrifamente atribuido a Jovellanos, lo que relaciona además a Larra con la sátira política clandestina del siglo XVIII. Es un detalle más de la peculiar herencia del reformismo ilustrado recogida por Larra, aspecto capital, subrayado por Escobar, en el que luego insistiremos (véase de la obra cit., págs. 172-199, el parágrafo «Corridas de toros: Polémica taurina, reformismo y sátira taurina»).

[19] Subraya Tarr que el periódico siguiente editado por el mismo Carnerero, *Cartas Españolas*, satisfacía la mayor parte de las exigencias formuladas por Larra (ídem, íd., pág. 43, nota 1).

[20] La noticia sobre la suspensión gubernamental debida a la presión de Carnerero

Durante tres años y medio Larra abandonó sus aventuras periodísticas, aunque no dejó de escribir. En el mismo *Correo*, que, por intervención de algún amigo, le perdonó su pasada hostilidad[21], publicó algunas poesías de circunstancias, mientras daba al teatro varias traducciones del francés «de pane lucrando». Pero en 1832 Larra decidió volver al periodismo, y el 17 de agosto apareció el primer número de *El Pobrecito Hablador*, revista satírica que reemprendía la interrumpida trayectoria de *El Duende*. El periódico duró hasta el 14 de marzo de 1833 y se publicaron catorce números. Con esta nueva revista Larra asentó su reputación de periodista incomparable, de observador agudísimo y de implacable crítico de las costumbres y del gobierno de su país. De nuevo era Larra el único redactor de la revista: «Aunque nos damos —dice— tratamiento de *nos*, bueno es advertir que no somos más que uno, es decir, que no somos lo que parecemos; pero no presumimos tampoco ser más ni menos que nuestros coescritores de la época»[22]. Larra se sentía ya muy seguro de sí mismo.

En *El Pobrecito Hablador* aparecieron muchos de los mejores artículos de Larra: *¿Quién es el público y dónde se le encuentra?*, *El casarse pronto y mal*, *El castellano viejo*, *Vuelva usted mañana*, y la intencionadísima correspondencia entre el Bachiller don Juan Pérez de Munguía y Andrés Niporesas, en la que Larra hace el papel del Bachiller. También escribió varios artículos sobre el teatro, tema de su predilección y al que había de dedicar más tarde implacables sátiras. La publicación concluyó con unas cartas de Andrés Niporesas en que se explican las razones que hacían callar de nuevo la voz del periodista[23].

---

la dio por primera vez el tío de Larra en su biografía del escritor y ha sido recogida por biógrafos posteriores, como Cortés y Carmen de Burgos (Tarr, cit., pág. 44). Sánchez Estevan supone también, a semejanza de Tarr, que el *Duende* «pereció de inanición, por dificultades económicas» *(Mariano José de Larra...*, cit., pág. 35); pero, aunque éstas pudieran también ser ciertas, los motivos que acabaron con *El Duende* fueron de muy diversa índole: la revista de Larra, al enfrentarse con el periódico gubernamental dirigido por Carnerero, representaba una actitud provocadora, de insumisión y descontento, que amenazaba el orden establecido y que, en consecuencia, había que cortar. José Escobar ha dedicado al problema —bastante más complejo de lo que habían creído los biógrafos— todo el Capítulo V («Final del *Duende*», págs. 201-240) de su excelente estudio, *Los orígenes de la obra de Larra*, cit.

[21]  Cfr., F. Courtney Tarr, «Larra. Nuevos datos críticos y literarios (1829-1833)», en *Revue Hispanique*, LXXVII, 1929, págs. 246-269.

[22]  Ed. Seco, luego cit., I, pág. 71.

[23]  Los últimos números de *El Pobrecito Hablador* daban a entender su próxima muerte por dificultades políticas: hostilidad oficial y problemas con la censura. Al final del artículo *Vuelva usted mañana*, publicado el 14 de enero de 1833, se añade una nota en la que el editor anuncia la muerte de la publicación: «Síntomas alarmantes —dicenos anuncian que el hablador padece de la lengua: fórmasele un frenillo que le hace hablar más pausada y menos enérgicamente que en su juventud. ¡Pobre Bachiller! Nos figuramos *que morirá por su propia voluntad*, y recomendamos por esto a nuestros apasionados y a sus preces este pobre *enfermo de aprensión*, cansado ya de hablar» (ed. Seco, luego cit., I, pág. 139). Estas palabras, con el intencionado chiste del «frenillo», sugieren con suficiente claridad las dificultades aludidas, y casi todos los

Viviendo aún *El Pobrecito Hablador,* Larra comenzó a escribir la crítica de teatros en la *Revista Española,* que había sucedido al *Correo.* Su primer escrito, anónimo, apareció en noviembre de 1832 [24], y en un artículo publicado el 15 de enero del siguiente año, titulado *Mi nombre y mis propósitos,* adoptó el seudónimo de *Fígaro,* sugerido por una cita de Beaumarchais que había tomado como epígrafe, y que él había de levantar a tan gran popularidad. Cuando en marzo de 1833 Mesonero Romanos, que tenía a su cargo en el periódico los artículos «de costumbres», salió para París, Larra quedó al frente de esta sección, y dio cuenta de su ascenso en un artículo titulado *Ya soy redactor,* aparecido el día 19.

En la *Revista Española,* Larra escribió sobre todo crítica de teatro o comentarios en torno a éste, pero deslizó también de vez en cuando artícu-

---

editores, biógrafos y críticos de Larra lo han entendido así, pues lo que parece inverosímil, dada la política represiva del Gobierno, es que *El Pobrecito Hablador* no fuera suprimido mucho antes. F. Courtney Tarr, que ha estudiado detenidamente el problema («*El pobrecito hablador:* estudio preliminar», en *Revue Hispanique,* LXXXI, 1933, Parte Segunda, págs. 419-439), llega, no obstante, a la conclusión de que Larra dio muerte al *Pobrecito Hablador* por propia voluntad y por motivos de conveniencia personal y literaria. El *Diario de Avisos,* al dar cuenta el 31 de diciembre de 1832 de la salida del número 10 —antes, por tanto, de aparecer el artículo *Vuelva usted mañana* con la nota del «frenillo»—, advierte a los lectores «que el bachiller concluye sus habladurías con el número 14». Es decir, que ya desde esta fecha por lo menos tenía Larra el propósito de poner fin a su periódico después de publicar cuatro números más, programa que cumplió, efectivamente, aunque con algún retraso sobre las fechas normales de salida. Ahora bien: a mediados del mismo diciembre (o quizá ya desde primeros de noviembre, si es suya, como parece, la nota anónima *Teatros* aparecida el día 7) Larra había comenzado a colaborar en *Revista Española,* el principal periódico del día, dirigido por su antiguo enemigo Carnerero. Esta posición, que le situaba entre el grupo selecto de periodistas literarios —Bretón, Mesonero, Estébanez Calderón, el propio Carnerero—, daba a Larra un firme respaldo: «Su fama literaria y su vida económica —dice Tarr— no dependían más de la azarosa existencia de una empresa propia» (pág. 437). Larra se embarcaba en el gran navío ajeno y hundía su propia embarcación. Pero de momento —sigue explicando Tarr— no había motivo alguno para terminar bruscamente *El Pobrecito Hablador,* que tan bien había servido a Larra; cabía ponerle fin de una manera digna y aprovechar además toda la materia que tuviera preparada o en proyecto; de aquí el anuncio del 31 de diciembre. Claro está que estos hechos no niegan, en absoluto, las constantes dificultades con que la arriscada publicación de Larra se había tenido que enfrentar, ni mucho menos el riesgo siempre acechante de que el gobierno la suspendiera en cualquier momento. Por esto mismo, poniendo en juego una vez más sus grandes recursos irónicos «para engañar con la verdad», según Tarr subraya, Larra acentúa en los últimos números su condición de víctima amordazada por la censura, y, asegurada ya la retirada, devuelve ahora impunemente con sátira finísima los golpes que tantas veces le había sido imposible devolver.

[24] Seco (I, pág. 163, nota 1) da con reservas este escrito como de Larra. Aun suponiendo que no fuera de su mano, queda en pie que comenzó a colaborar en *Revista Española* por lo menos a partir del 19 de diciembre con una reseña sobre la comedia de Ventura de la Vega *Hacerse amar con peluca o el viejo de veinticinco años.* Tarr, en el artículo mencionado en la nota anterior, da como primera colaboración de Larra en la *Revista* la reseña sobre otra obra de Ventura de la Vega, *Don Quijote de la Mancha en Sierra Morena,* publicada el 26 de diciembre; en realidad, fue ésta la primera firmada por Larra.

los políticos, algunos de primer orden, como *Nadie pase sin hablar al portero, El hombre menguado o el carlista en la proclamación, La planta nueva o el faccioso. Artículo de Historia Natural*, sobre los carlistas, y algunos otros acerca de temas más generales, como *Ventajas de las cosas a medio hacer, Un periódico nuevo, La Policía y Por ahora*.

Entretanto colaboró con algunos escritos de menor interés en *El Correo de las Damas*, y en los últimos meses de 1834 publicó en la revista *El Observador* varios artículos políticos particularmente notables, como las *Cartas de un liberal de acá a un liberal de allá*, supuesta correspondencia entre Larra y un amigo portugués.

En marzo de 1835 se fundió la *Revista Española* con *El Mensajero de las Cortes* y Larra siguió colaborando en la nueva publicación, pero preferentemente con artículos políticos y de costumbres, como *La alabanza o que me prohíban éste, Un reo de muerte, La diligencia, El duelo, Modos de vivir que no dan de vivir, Conventos españoles y Cuasi. Pesadilla política.* Publicó aquí también las impresiones de su viaje por Extremadura, camino de Inglaterra, y dos artículos sobre *Las antigüedades de Mérida*.

A su regreso de París, Larra firmó un contrato para colaborar en *El Español* con 20.000 reales al año, cantidad verdaderamente notable para aquel tiempo, y el compromiso de enviar dos artículos por semana. *El Español* era entonces, según palabras del propio Larra, un «elegante periódico, el mejor indudablemente de Europa»[25], encarecimiento no desdeñable, según subraya Seco[26], en los labios del implacable satírico. Allí publicó Larra, entreverados con sus habituales revistas de teatro, numerosos artículos políticos sobre la gestión del ministerio Mendizábal. *El Español* no tuvo inconveniente en acoger las críticas contra éste, pero a la subida de Istúriz la insatisfacción de Larra respecto al nuevo ministerio chocaba con el criterio conservador del periódico; así se originó el conflicto que había de precipitar la crisis política y personal del periodista, según luego veremos en detalle. Larra aceptó la tregua que le pedía *El Español* y se limitó casi por entero a la crítica de teatros, aunque allí publicó también su famoso artículo *El Día de difuntos de 1836. Fígaro en el cementerio*.

Entretanto tuvo lugar, como sabemos, la aventura de la elección de Larra para diputado por Ávila, la caída de Istúriz y la subida de Calatrava. Larra siguió escribiendo en *El Español* hasta pocos días antes de su muerte. Pero en la última semana del 36 y en enero del 37 publicó cuatro artículos en *El Mundo*, quizá los más sarcásticos, agresivos y amargos que escribió en toda su vida.

Digamos finalmente que en *El Redactor General* publicó Larra, pocas semanas antes de su muerte, un solo artículo, pero de los más reveladores

---

[25] En carta a sus padres desde Madrid, el 8 de enero de 1836 (ed. Seco, IV, página 281).

[26] En la introducción a su edición luego cit., I, pág. LVIII.

de su drama íntimo: *La Nochebuena de 1836. Yo y mi criado. Delirio filosófico.*

CLASIFICACIÓN DE LOS ARTÍCULOS DE LARRA

La ordenación y clasificación con que se ofrezca al lector la producción periodística de Larra no es un mero problema erudito, sino premisa indispensable para hacer inteligible su obra.

La primera edición en volumen de los artículos de Larra la publicó su propio autor en 1835: tres tomitos con una selección de los artículos aparecidos en *El Pobrecito Hablador*, en *El Observador* y en *Revista Española*. Larra los tituló *Colección de artículos dramáticos, literarios, políticos y de costumbres*, y con idéntico título aparecieron otros dos volúmenes, publicados por el mismo editor, Delgado, en 1837, después de la muerte de Larra, aunque muy probablemente revisados y preparados también por él mismo [27].

No es de extrañar la variedad temática a que alude el autor, puesto que sus artículos se ocupan, en efecto, de todas estas materias. No obstante —esto es lo capital—, los artículos están cuidadosamente fechados y siguen el orden cronológico de su publicación, cualquiera que sea su tema, con lo cual queda bien declarado el criterio de Larra al dar a la estampa sus escritos [28]. Las ediciones posteriores, hasta la de Montaner y Simón de 1886

---

[27] Larra no recogió en su *Colección* ninguno de los artículos del *Duende*, que quizá consideraba primerizos e inmaduros. Sus primeros biógrafos apenas se ocuparon de ellos y con deficiente información; prácticamente, eran desconocidos hasta que Emilio Cotarelo los publicó en su *Postfígaro. Artículos no coleccionados de D. Mariano José de Larra (Fígaro)*, tomo I, Madrid, 1918, págs. 1-177; Cotarelo completa este volumen y el II con un buen número de artículos no incluidos en la citada *Colección* ni en otras ediciones posteriores. Seco Serrano, en su edición de las *Obras* de Larra, luego cit., recoge toda la serie de *El Duende*. Con excepción de unos pocos artículos particularmente famosos, como *El café*, considerado en su relación con los orígenes y desarrollo de la literatura costumbrista, *El Duende* había merecido muy escasa atención de la crítica hasta el mencionado artículo de Tarr, que destacó su importancia en la formación del escritor. Escobar ha tomado *El Duende Satírico* como objeto primordial de su estudio, cit., por estimar que en aquellas páginas se encuentran ya plenamente las bases ideológicas de toda su obra posterior y permiten por ello esclarecer «las conexiones originarias que sitúan a Larra en la tradición liberal de la España moderna» y dentro de las formas —artículos satíricos, polémicos y de costumbres— que se venían cultivando en España desde mediados del siglo anterior; conclusión —fundamental en todo estudio futuro sobre la obra de Larra— a la que ya nos hemos referido y seguiremos refiriéndonos.

[28] Por si hubiese duda, el propio Larra lo confirma además en el Prólogo que escribió para su *Colección*: «No se mire, pues, bajo el punto de vista de su mérito o su demérito [alude a la *Colección*]: no se le dé otra importancia que la que debe tener para el observador una serie de artículos que, habiéndose publicado durante épocas tan fecundas en variaciones políticas, puede servir de medida para compararlas. Con la publicación del *Pobrecito Hablador* empecé a cultivar este género arriesgado bajo el ministerio Calomarde; la *Revista española* me abrió sus columnas en tiempo de Cea,

inclusive, conservan el orden cronológico, pero omiten las fechas, haciendo así difícil entender adecuadamente los artículos, escritos para comentar acontecimientos inmediatos, que afectan tanto a la realidad nacional como a la vida de Larra.

Ya en nuestros días, Lomba y Pedraja publicó la más difundida de las ediciones de «Fígaro» [29]: una colección de artículos, distribuida en tres volúmenes, clasificados como *de costumbres, de crítica literaria y políticos.* Lomba da la fecha de cada artículo, pero, con el mencionado reparto, parece haber quedado asentada la división temática en compartimentos bien definidos. Posteriormente, la lamentable edición de «Aguilar», hecha por Melchor de Almagro San Martín [30], ha repetido este criterio, aunque subdividiendo los artículos de crítica en *Teatral* y *Literaria en general* y creando un nuevo apartado bajo el agudo título de *Artículos varios.* Almagro San Martín no fecha un solo artículo, y lo que es todavía más grave: los alinea de la manera más caprichosa, sin que sea posible dar con su criterio, porque no ha tenido ninguno. Así, por ejemplo, inicia la serie de *Artículos políticos* con las *Cartas* al director de *El Español,* de 1836 (ya veremos lo que ellas representan en los meses postreros de la vida de Larra), coloca casi al final las *Cartas de un liberal de acá a un liberal de allá,* de 1834, y entremedio va dejando caer artículos, según le peta. En cuanto a la clasificación, casi no merece un comentario, y sería cómica si no fuera irritante; da como *de costumbres* los artículos *La policía* y *La Nochebuena de 1836,* quizá —este último— porque, juzgando por el título, debió de imaginar que describía la venta de zambombas o algo parecido. Si el Sr. Almagro San Martín se hubiera propuesto con la mayor alevosía desconcertar al lector y hacer ininteligible a Larra, el procedimiento no hubiera sido distinto.

Por fortuna, la nueva y excelente edición de Carlos Seco [31] ha abandonado el criterio de los compartimentos y publicado los artículos de Larra

---

y he escrito en el *Observador* durante Martínez de la Rosa. Esta colección será, pues, cuando menos, un documento histórico, una elocuente crónica de nuestra llamada libertad de imprenta. He aquí la razón por qué no he seguido en ella otro orden que el de las fechas» (en *Obras...,* ed. Seco Serrano, luego cit., I, pág. 5). Véase el comentario de Pierre L. Ullman sobre la necesidad de este orden cronológico, en *Mariano de Larra...,* cit., págs. 37-38.

[29] En «Clásicos Castellanos», números 45, 52 y 77; Madrid, 1923 los dos primeros, y 1927 el tercero.

[30] *Mariano José de Larra («Fígaro»). Artículos Completos.* Recopilación, prólogo y notas de Melchor de Almagro San Martín, 3.ª ed., Madrid, 1961. Sobre esta edición véase el comentario de Aristide Rumeau en *Bulletin Hispanique,* XLIX, 1947, págs. 106-109, recensión muy dura aunque quizá no lo bastante.

[31] *Obras de D. Mariano José de Larra (Fígaro),* Edición y estudio preliminar de Carlos Seco Serrano, «Biblioteca de Autores Españoles», vols. 127 a 130, Madrid, 1960. Cfr. la recensión de Pierre L. Ullman, «Una nueva edición de 'Fígaro'», en *Revista Hispánica Moderna,* XXIX, 1963, págs. 298-299. La edición de Seco, tan meritoria, e indispensable por el momento para todo estudio sobre Larra, no contiene, sin embargo, más

agrupándolos por las publicaciones en que aparecieron, y, dentro de ellas, en rigurosa serie cronológica; con ello casi se obtiene la serie cronológica total, puesto que Larra colaboró sucesivamente en las revistas o periódicos mencionados, y aunque a veces simultaneó artículos en diversas publicaciones, fue por breve tiempo. En tal caso, la escrupulosa datación de Carlos Seco permite seguir al día la producción periodística de Larra en su evolución y desarrollo, aspecto éste importantísimo si se pretende entender su contenido y su intención.

Por otra parte, esta ordenación destruye la arbitraria anterior patrocinada por Lomba y Pedraja [32]. Cierto que bastantes artículos son inequívocamente de crítica teatral o de pura política; el reparto sería ya muchísimo más problemático al referirnos a los *de costumbres*. Pero, de todos modos, es evidente que salvo en muy contados —y siempre los menos importantes— casos, en cada párrafo de Larra se involucra la crítica literaria, la política y el comentario de costumbres. Larra, periodista, es por esencia un político, un moralista, un satírico de la sociedad, un reformador; hasta el mismo teatro —siguiendo en ello la línea de Moratín y de Jovellanos— le interesaba mucho menos como espectáculo o género literario que como índice de cultura de un pueblo, como resonador de inquietudes, como escuela de buen gusto y hasta de modales y de trajes.

Queda otro aspecto por considerar en las ediciones de Larra. En los cinco volúmenes de la primera edición preparada por él, Larra se permitió modificaciones y cortes respecto al texto original, a veces bastante sustantivos. Dejemos de momento el juicio sobre esta actitud porque, en efecto, es discutible. Las ediciones del siglo XIX fueron reproduciendo básicamente el texto de la edición de Larra, y por supuesto Almagro San Martín, que ha copiado de aquí y de allá lo que se le ofrecía más a mano sin tener criterio

---

que los artículos incluidos en alguna de las colecciones publicadas; pero quedan todavía sin recoger abundantes artículos de Larra esparcidos en diversas publicaciones de la época. Tarr se proponía editar estos artículos no coleccionados, pero parece que el original, listo para la imprenta, se perdió o fue destruido en Madrid por las bombas durante los días de nuestra guerra. José Escobar ha utilizado para su estudio, citado, algunos de dichos artículos no coleccionados, y promete futuras investigaciones sobre ellos.

[32] En una nota preliminar al tomo primero, Lomba y Pedraja reconoce explícitamente «que la colección de artículos de *Fígaro* es una obra, en rigor, indivisible, con una unidad moral bien definida y vigorosa, por lo cual una edición completa de ella, por orden cronológico estricto de sus elementos componentes, sería acaso el mejor servicio a las letras que pudiera prestarse» (pág. 7). No obstante, acepta luego que «también se ofrece muy obvia una clasificación de estos artículos en tres partes a quienquiera que se tome la pena de recorrerlos, porque el mayor número de ellos o bien son *artículos de costumbres*, o ya *políticos y sociales*, o, en fin, *de crítica literaria o artística*» (pág. 8), y afirmando modestamente que su edición no aspira sino a vulgarizar las obras de Larra sin «apurar la materia y servir a fines científicos», considera «oportuna y recomendable» la división que adopta.

ni dar explicaciones. Lomba y Pedraja ha acudido, en cambio, al texto original aparecido en la prensa periódica, por considerar que esta primera redacción era la válida, y ha puesto en nota las variantes de la edición corregida o modificada. Seco, por el contrario, adopta la segunda versión por creer que representa el pensamiento definitivo del escritor, y coloca entre corchetes las variantes de la primera.

El resultado práctico, a efectos de la lectura, es el mismo, ya que ambos recogen la doble versión, y sólo varía la porción metida entre corchetes. Pero es muy importante la adopción de uno u otro criterio, y en realidad para el lector consciente de Larra es necesario conocer los dos textos. Lo que Larra cambia o quita ilustra a veces tanto sobre lo que comenta, como el texto que deja; revela, por lo menos, la historia de su actitud para con los hombres o las cosas, y sus mismas variaciones son excelente termómetro para medir su diversa temperatura en cada circunstancia [33].

---

[33] Sánchez Estevan sigue en todo su libro este criterio. Se refiere a las colecciones de obras de Larra existentes cuando él emprendió su trabajo (1934) y afirma que toda investigación basada en ellas hubiera sido inútil porque estaban «enormemente incompletas, no por azares del tiempo, sino por la cuidadosa selección que de sus artículos hizo el propio autor, agravada con mutilaciones y enmiendas, y donde lo mismo las omisiones que las correcciones y los cortes tienen, por lo general, una significación. Es decir, que tales colecciones están, en cierto modo, falseadas. Para el estudio crítico de los trabajos contenidos, exclusivamente desde el punto de vista de su mérito literario, pueden servir, naturalmente, tal y conforme están. Para conocer al autor, no sirven. Hay que examinar los textos primitivos y sus modificaciones y subsanar en lo posible las numerosas e intencionadas omisiones que no siempre obedecieron a un criterio de autocrítica» (*Mariano José de Larra...*, cit., págs. 9-10). Como ejemplo de estas supresiones o modificaciones de Larra es muy interesante lo sucedido con Martínez de la Rosa. Larra pasó de la mayor admiración al total repudio de la gestión política de aquél, y cuando reunió en volumen sus artículos, suprimió párrafos y cambió o retiró adjetivos de las críticas puramente literarias que había dedicado a sus obras. Véase lo que a este propósito queda advertido en las páginas correspondientes al autor de *La conjuración de Venecia*. Cfr., el apartado «Fígaro y Martínez de la Rosa» en el Estudio preliminar de Seco Serrano a las *Obras* de Larra, cit., I, págs. XLIX-LIV. Véase también, del propio Seco, el artículo «De *El Pobrecito Hablador* a la Colección de 1835: Los 'arrepentimientos' literarios de *Fígaro*», en *Insula*, núm. 188-189, 1962, página 5. Con discutibles razones contesta, a las de Seco, R. Johnson, «Larra, Martínez de la Rosa and the *Colección de Artículos* of 1835-1837», en *Neophilologus*, L, 1966, páginas 316-324. Muy por extenso y con gran ponderación se ocupa también del problema Diana C. Berkowitz en el parágrafo «Larra's revision of his articles» de su excelente estudio *The Nature of Larra's Prose: An Analysis of the «Artículos»*, págs. 17-29. Para Berkowitz, algunos de los cambios reflejan la atmósfera política menos tensa después de la muerte de Fernando VII, que permitió a Larra eliminar algunas disculpas políticas y religiosas; y, en conjunto, supone que la mayoría de los cambios se debe más a razones de estilo que de contenido (pág. 19). En el caso de Martínez de la Rosa discute también, con hábiles sutilezas, las razones de Seco, y supone que en algunas críticas teatrales podó Larra sus excesivos entusiasmos primeros, nacidos al calor de la representación, cuando podía años después mirar las obras más en frío y tenía mayor confianza en su propia capacidad crítica (pág. 23). Pero esto último es lo que nos parece más cuestionable del proceder de Larra en este caso: si pretendía publicar su *Colección* como un *documento histórico*, no debía corregir, ni aun con ligeros matices, sus propias opiniones, porque entonces no daba un documento histórico, sino *otro do-*

Insistimos en la importancia que tiene para la adecuada comprensión de Larra la ordenación de sus escritos en serie cronológica; disponerlos a capricho, como en la edición de Almagro San Martín, sería como ir largando al azar, según cayeran, las varias secuencias de una película. Los artículos de Larra no son sólo el reflejo de una realidad histórica que él capta día a día, sino la curva de su pensamiento político y de su trayectoria vital, unidos ambos además en un trenzado inextricable. A Larra hay que verlo aparecer, crecer, desafiar, luchar, desesperarse y matarse, en su vida y en la vida pública, en rigurosa sucesión, para intentar un acercamiento a sus ideas y a su persona.

EL CONFLICTO POLÍTICO DE LARRA

Al hilo de su actividad periodística hemos aludido a determinados momentos críticos de la vida pública de Larra. Pero es necesario considerar más detenidamente estos hechos porque definen básicamente la personalidad del escritor y, en consecuencia, nuestro juicio sobre ella; quienes, por razones ideológicas, han pretendido rebajar a Larra, han enmascarado estos sucesos con todo género de tendenciosas interpretaciones.

Durante la ausencia de Larra en 1835 había caído Martínez de la Rosa y subido al poder, como sabemos, el ministerio Mendizábal. Su programa básico coincidía casi exactamente con el de Larra: acabar con la guerra carlista, realizar profundas reformas administrativas y políticas en el sentido de una democracia total, y sanear la hacienda; base de todo ello había de ser la desamortización eclesiástica. La ilusión puesta en estos proyectos fue decisiva para el retorno de Larra, según confesó en carta a sus padres desde París. Su primer artículo escrito en Madrid, *Fígaro de vuelta*, muestra un discreto optimismo por el nuevo régimen. Tarr afirma [34] que este primer artículo de Larra «está lleno de optimismo e incluso de entusiasmo por el régimen de Mendizábal», aunque no diríamos que ni el optimismo ni mucho menos el entusiasmo fuesen cosa mayor. Larra satiriza en su escrito viejas corruptelas —como la «propina» que hubo de dar a los carabineros en la frontera sobre su equipaje—, que lo mismo hubiera podido denunciar en otra oportunidad; pero muchas de sus ironías van contra blancos muy del momento. Hay un párrafo de inequívoca burla sobre el

---

cumento. Es ésta la importante salvedad que formuló Sánchez Estevan, que hacemos nuestra. (El estudio de Berkowitz es una tesis doctoral presentada en la New York University en octubre de 1970, y que, según creemos, no ha sido todavía publicada. El ejemplar que manejamos, propiedad de la Biblioteca de Indiana University, tiene en su portada una nota que dice: *This is an authorized facsimile and was produced by microfilm-xerography in 1977 by University Microfilms International Ann Arbor, Michigan, U.S.A. London, England*).

[34] F. Courtney Tarr, «Reconstruction of a Decisive Period in Larra's Life (May-November, 1836)», en *Hispanic Review*, V, 1937, págs. 1-24; la cita en pág. 2.

reclutamiento que se estaba llevando a cabo («La quinta se ha realizado con entusiasmo indecible...») y de amarga queja contra los abusos y violencias de los jefes («¡Qué bien se trata a la tropa! ¡Qué bien a esos dignos labradores que dejan su arado para defender nuestros empleos con su sangre!»); en un pasaje se hace mofa de ciertos títulos recién otorgados («Hace pocos días que se concedió el título de ilustrísimos señores a no sé qué individuos de no sé qué corporación, consejo o tribunal; esto es indiferente; lo que importa es el dictadillo. Estas distinciones hacen gran falta en España...»[35]) y en otro se toman a chacota las discusiones de las Cortes. A la pregunta «¿Para qué ha vuelto a España?», que le hace el supuesto corresponsal, contesta Larra: «¿Para qué? Para escribir, ahora que la libertad de imprenta anda ya en España en proyecto. ¡Y qué proyecto! Tal y tan bueno, que acerca de él sólo he de escribirte una gran carta, por no caber en ésta los muchos y francos encomios con que le pienso glosar y comentar. Yo, que de Calomarde acá rabio por escribir con libertad, ¿no había de haber vuelto aunque no hubiera sido sino para echar del cuerpo lo mucho que en estos años se me quedó en él, sin contar con lo mucho con que se quedaron los censores, que rejalgar se les vuelva? Viniera yo cien veces, aunque no fuera sino para hablar y volverme»[36]. Y cuando, casi al fin, se refiere Larra concretamente al Gobierno, escribe estas palabras que no parecen rebosar de entusiasmo: «Por lo que hace al gobierno, te sabré decir que hasta ahora caminamos de milagro en milagro. En el ministerio se cuentan tres personas distintas, pero que en realidad no componen más que un solo ministro verdadero: es el mejor ministro que hemos tenido; dicen sus pocos enemigos que no le falta más que hablar; pero es lo que yo digo: *obras son amores y no buenas razones.* Si sigue así, me temo que presto se me va a acabar el oficio. Las juntas sometidas, el crédito levantado, la facción abatida, la quinta verificada, hallados, al parecer, recursos en tal penuria, y esperanzas aún mejores para lo sucesivo son cosas que hacen bastantemente su elogio. Así que todos hemos ahora abandonado la oposición. Por mi parte, confieso que si en mi organización cupiera ser alguna vez ministerial, se me había presentado una bonita ocasión; pero ya sabes que nunca pretendí ni obtuve nada de gobierno alguno, sistema en que pienso vivir por muchos años. Todo lo más a que podía extenderse mi ministerialismo, siempre que por alguna casualidad demos, como esta vez, con un buen ministerio, sería alabar lo bueno que haga con la misma independencia con que siempre gusté de criticar lo malo»[37].

---

[35] Ed. Seco, cit., II, pág. 127.

[36] Idem, íd., pág. 126.

[37] Este último párrafo lo reproducimos de la edición de Lomba y Pedraja (cit., 77, págs. 180-181), que da la versión original publicada en *El Español* el 5 de enero de 1836, puesto que se trata ahora de conocer las palabras de Larra en la ocasión que nos ocupa y no más tarde cuando corrigió el texto para la edición de sus artículos

Fuese mayor o menor, es lo cierto que los hechos enfriaron rápidamente su entusiasmo. El primer fracaso de Mendizábal lo constituyó la guerra contra los carlistas, que emprendieron como respuesta audaces incursiones hasta la misma Andalucía, y sólo la victoria de Espartero en Bilbao, en la víspera de Navidad, neutralizó la situación. Pero el fallo mayor fue en el plano económico; la desamortización ni resolvió la crisis ni sumó partidarios al gobierno restándolos a los carlistas, sino que por el contrario empujó hacia ellos a toda la gente religiosa alarmada por las medidas antieclesiásticas. La desamortización en principio era grata a Larra, cuya actitud anticlerical no se puede poner en duda, pero él la concebía como un remedio para el problema social de los campesinos y no como negocio de unos pocos —banqueros y agiotistas, aristócratas de la sangre o del dinero—, que es lo que resultó en realidad.

El 30 de enero Larra escribió un artículo titulado *Buenas noches. Segunda carta de Fígaro a su corresponsal en París acerca de la disolución de las Cortes y de otras varias cosas del día*, que no fue publicado en *El Español* y se editó en forma de folleto. Las páginas de Fígaro son ya de punta a cabo un tremendo alegato contra el Gobierno. Lo más importante, y más irritante, para Larra era el problema de la ley electoral, al que nos es forzoso aludir por lo que puede orientarnos luego respecto a su actitud. El sistema electoral vigente desde el *Estatuto* de Martínez de la Rosa era muy restringido y se esperaba del gobierno progresista que lo modificara en un sentido mucho más liberal y democrático. No obstante, los progresistas de Mendizábal defendieron la elección indirecta, por medio de compromisarios, y mantuvieron el sistema restringido basado en la riqueza. En realidad, conocedores de que la masa del pueblo les era hostil, pues las medidas desamortizadoras, aparte el motivo religioso, sólo beneficiaban a los ricos, deseaban poner los votos en manos de éstos y asegurarse con el manejo de los compromisarios la influencia del gobierno; con ello, el supuesto liberalismo progresista era una farsa a su servicio. Los moderados, por el contrario, arguyendo en clara inconsecuencia también con sus principios, defendían en esta ocasión las elecciones por voto directo y base amplia para aprovechar el descontento popular. Se comprende la irritación de Larra que había esperado el triunfo del progresismo para ver implantada la democracia total, que era su credo.

En los primeros días de abril escribió Larra una nueva carta, titulada *Dios nos asista. Tercera carta de Fígaro a su corresponsal en París*, que tampoco se publicó en *El Español* y apareció como la anterior en forma de folleto. El escrito es muchísimo más que un artículo de circunstancias, por

---

en volumen. En esta última se suprimió desde «pero es lo que yo digo...» hasta «oposición», y se puso en su lugar: «de todas suertes, no se le puede negar a este ministerio que *promete*. ¡Así cumpla! Eso es lo que veremos».

graves que fuesen: contiene de hecho las más inequívocas declaraciones del ideario político, social y religioso de Larra y en ellas nos detendremos después. De momento importa saber que esta nueva carta contenía una expresa requisitoria antigubernamental por hechos y por principios; la ironía de Larra ya no podía rayar más alto. Al periodista le exaspera la ley electoral [38], que sólo permitía ser elegido a los grandes contribuyentes y no concedía el voto hasta los treinta años; Larra —no se olvide—, el mayor periodista español de todos los tiempos, tenía entonces muchos menos [39]. Los procuradores que se eligiesen tenían además que ser nacidos en la provincia; pero Mendizábal había sido elegido para las nuevas Cortes por siete provincias a la vez, y no era posible que hubiese nacido en todas ellas, por lo que Larra tuvo que poner en solfa al propio jefe del gobierno con los más directos sarcasmos.

Aparte numerosas cuestiones de la gestión ministerial y del fracaso de la guerra, Larra dedica largos párrafos a la libertad de imprenta, que era su pesadilla; merece la pena reproducir alguno de estos pasajes: «A mí me da qué hacer la libertad de imprenta; yo soy el único a quien da qué hacer, pero en fin, me da. Habla la Reina, y se hace lenguas de la libertad

---

[38] Larra dispara su sarcasmo contra el sistema en el conocido pasaje de las talegas: «Para que no fuesen las elecciones muy populares bastante amaño era ya la propia ley electoral, en virtud de la cual debían elegir los electores nombrados por los ayuntamientos y los mayores contribuyentes. No hay cosa para elegir como las muchas talegas: una talega difícilmente se equivoca; dos talegas siempre aciertan, y muchas talegas juntas hacen maravillas. Ellas han podido decir a su procurador por boca de los mayores contribuyentes la famosa fórmula aragonesa: 'Nos, que cada una de nos valemos tanto como vos, y todas juntas mucho más que vos, os hacemos procurador'. / Luego los elegidos habían de tener doce mil reales de renta; gran garantía de acierto: por poco que valga un real en estos tiempos, no hay real que no valga una idea, sin contar con las muchas que hasta ahora hemos visto que no valían un real, y con los varios casos en que por menos de un real daría uno todas sus ideas; bueno es siempre que haya reales en el Estamento por si acaso no hubiese ideas» (*Dios nos asista,* ed. Seco, cit., II, pág. 195).

[39] «No es menos importante —escribe Larra— lo de los treinta años... Muchos filósofos han creído que cuando el hombre nace, el Ser Supremo, que está atisbando, le sopla dentro del alma por medio del mismo procedimiento que usa un operario en una fábrica de cristales para dar forma a una vasija; pero eso es el alma, mas no la capacidad y la facultad de procurar: esta tal otra quisicosa se la infunde el Criador el día que cumple treinta años, por la mañanita temprano, así como la aptitud legal y la mayoría se la comunica a los veinticinco. ¡Oh tú, Andrés, que no los has cumplido, está con cuidado el día que los hayas de cumplir, y escríbeme para mi gobierno lo que sientas en ese día; dime por dónde entra la capacidad y hacia dónde se coloca en tu persona; prevenido de esa suerte de los síntomas que la anuncian podré yo hacer a la mía, el día que me baje, el recibimiento que se debe a tan ilustre huésped! ¿Cuándo tendremos treinta años? Aquel día seremos ya unos hombrecitos. / Bien ha habido hombres que han discurrido antes de los treinta años, pero esos son fenómenos portentosos, raros ejemplos de no vista precocidad; y en cuanto a Pitt y otros de su especie, ministros ya mucho antes, ni siquiera es posible considerarlos como monstruos de la naturaleza; es fuerza inferir error de cálculo y mala fe en la de bautismo» (*Dios nos asista,* ídem, íd., págs. 195-196).

de imprenta; hablan los ministros, y para ellos no hay altar donde ponerla; hablan también (esto no es pulla) los próceres y convienen en que
es la base; abren la boca los procuradores, y procuran por ella como por
las niñas de sus ojos; hablan los periódicos, y hártanla de piropos. Y hablo
yo y digo, como don Basilio en la ópera de mi tocayo: '*¿A quién engañamos,
pues, aquí? ¿Quién diantres impide que la establezcan?*'. Alguno hay que
habla de mala fe, y deben de ser el pueblo, los Estamentos y los periódicos,
porque en cuanto al Gobierno, ¿cómo dudar de él, cáspita, siendo tan
patriota? / Me podrás decir que a pesar de cuanto llevo escrito hay libertad
de imprenta, sólo que está cara, como bocado delicado que es. Cierto; por
dos mil reales te puedes dar un hartazgo..., y así progresivamente hasta la
cantidad de tres hartazgos, porque en llegando a ese número simbólico,
como le llama Dupuis, mueres de un causón. Yo pienso usar de ese medio
y darme algún día hasta dos; los primeros doscientos duros que yo vea reunidos los tengo ya destinados a un día de asueto. Es lo malo que si me recogen antes que me lean, habré pagado caro el placer de un monólogo escrito;
pero siempre me queda el recurso de aprenderlo antes de coro, y de irlo
diciendo a mis amigos, los cuales son tantos que vendrá a ser como imprimirlo. Por fortuna no está previsto en el reglamento el caso de que uno se
sirva de imprenta a sí mismo. Sólo me detendría el temor de causar una
desazón al Gobierno, quien al tomar los ejemplares y los cuatrocientos,
bien sé yo que se le había de caer la lágrima tan gorda. / De lo que puedes
vivir seguro es de que esas multas no se aplican a pago de censores; seis
meses hace que están los pobrecitos echando rúbricas día y noche, como
en barbecho, en cuanto papel les cae debajo, sin ver la cara de un rey en
una mala moneda; eso parte el corazón. Digo, si fuese gente interesada,
como muchos creen; vale Dios que no necesitan ellos que nadie les dé un
maravedí por atajar el paso a la licencia... Censor conozco yo a quien le
presentaron en un mismo día la cuenta de su lavandera y el contrato
matrimonial de su hija, y en la primera puso: *Imprímase;* y en el segundo:
*No puede correr, por ser contra las prerrogativas del altar y del trono, y
encerrar alusiones inmorales.* Y tenía razón, porque al matrimonio se sigue
lo que tú sabes, cosa por cierto inmoral y hasta fea en cuanto a ornato» [40].

Pero la oposición de Larra al Gobierno se mostró más enérgica aún al
comentar en *El Español* el 6 de mayo de 1836 un folleto publicado por
Espronceda bajo el título de *El ministerio Mendizábal.* La indignación de
Larra no le permite ya usar la sátira ni la ironía y escribe esta vez en tono
apasionado, como de tribuno que arenga a una multitud. Larra reproduce
unos párrafos del folleto de Espronceda en que se acusa al Gobierno de
haber utilizado los bienes del Estado —entiéndase, los procedentes de la
desamortización— en provecho de los ricos sin tratar de emancipar con

---

[40] Ídem, íd., págs. 192-193.

ellos a los campesinos pobres. Según Espronceda, hasta la misma guerra civil y por supuesto las innumerables corruptelas de la administración son efecto de lo poco o nada que se ha tratado de interesar al pueblo en la causa de la libertad: «Hágansele palpar —comenta Larra— las mejoras del sistema de que somos partidarios, vea él su bienestar en la causa que defendemos, y el pueblo será nuestro en todas partes»[41]. Pero —añade unas líneas más abajo— «¿cómo se le quiere interesar trasladando los bienes nacionales, inmenso recurso para el Estado, de las manos muertas que los poseían, a manos de unos cuantos comerciantes, resultado inevitable de la manera de venderlos adoptada por el Ministerio?»[42]. Larra, como había ya hecho en las dos últimas *Cartas*, increpa a la juventud para que «se dé a conocer cuanto antes por cuantos medios estén a su alcance» y sustituya a los viejos y corrompidos políticos. Este acceso a la vida pública no podía lograrse sino a través de la libertad de opinión, y Larra truena de nuevo —casi literalmente esta vez— contra la censura: «En una época como ésta —escribe—, en que toda la dificultad para llevar adelante la regeneración del país consiste en interesar en ella a las masas populares, lo cual escasamente se puede conseguir sin hacerles comprender antes sus verdaderos intereses, no sólo es meritorio que cada español que se crea capaz de fundar una opinión se apresure a emitirla por medio de la imprenta, sino que en nuestro entender fuera culpable el que pudiendo, dejase por temores personales de añadir una piedra al edificio, que sólo de consuno podemos todos levantar. / Se dirá que la censura no nos permite abogar por los derechos del pueblo; desgraciadamente esta verdad es demasiado cierta; pero el escritor público que una vez echó sobre sus hombros la responsabilidad de ilustrar a sus conciudadanos, debe insistir y remitir a la censura tres artículos nuevos por cada uno que le prohíban; debe apelar, debe protestar, no debe perdonar medio ni fatiga para hacerse oír: en el último caso debe aprender de coro sus doctrinas, y convertido en imprenta de sí mismo, propalarlas de viva voz, sufrir, en fin, la persecución, la cárcel, el patíbulo si es preciso...». Y añade luego: «Por otra parte, vivamos persuadidos de que los que en el día empezamos nuestra vida pública, hemos de vivir más que la censura y que los censores, y acaso no está lejos el día en que podamos tirar las piedras que nos fuerzan hoy a apañar. Algún día, publicando los artículos prohibidos, cubriremos de ignominia a nuestros opresores y les enseñaremos a apreciar en su justo valor un mezquino sueldo, cuando se halla en contraposición con el honor y el bien del país»[43].

---

[41] *Publicaciones nuevas. El ministerio Mendizábal. Folleto, por don José Espronceda*, ed. Seco, cit., II, pág. 215.

[42] Ídem, íd.

[43] Ídem, íd., pág. 214. Cfr., Susan Kirkpatrick, «Larra y Mendizábal», en *Larra: el laberinto inextricable de un romántico liberal*, cit., págs. 62-72.

Pocos días después del comentario de Larra (mayo del 36) caía Mendizábal y era reemplazado, como sabemos, por el moderado Istúriz. Cuatro días más tarde y con ocasión del estreno de la comedia *Un procurador o la intriga honrada*, Larra envió a *El Español* un comentario bajo el mismo título. Según era costumbre en él, deslizó un párrafo sobre el momento político: «La comedia, sin embargo de esa malicia que nosotros le encontramos, y de la cual el autor que la escribió hace cuarenta años no tiene la culpa, ni gustó ni petó. Experimentó la suerte de un ministerio nuevo; a lo cual añadiremos que tuvo que ceder el puesto a otras comedias, y desaparecer: fin y paradero que pudiera igualmente tener esta otra comedia más seria, de la cual, aunque vemos ya seis personajes, no acertamos a ver siquiera un acto, desde que está levantado el telón, que hará como cuatro días»[44].

Pero el director de *El Español*, amigo de Istúriz, rechazó el artículo, que nunca fue publicado completo en vida de Larra. Éste entonces dirigió al director una carta abierta bajo el título de *Despedida de Fígaro*, que no fue publicada tampoco[45], y en su lugar apareció el 23 de mayo otro artículo, *Fígaro al Director de El Español*, incluido más tarde por Larra en el cuarto volumen de su colección, forma bajo la cual ha sido repetido en las posteriores ediciones. Este artículo rehace y amplifica la *Despedida* en un tono bastante más moderado, y suprime la referencia a los «folletos y

---

[44] Cit. por Tarr en «Reconstruction of a Decisive Period...», cit., pág. 3. Seco reproduce entre los «Apéndices» de su edición el artículo completo, tal como fue escrito originalmente (IV, págs. 313-315).

[45] Tarr la reproduce íntegra en «Reconstruction...», cit., pág. 5. Seco no recoge esta versión primera, quizá por no conocer el artículo de Tarr aunque lo cita en su bibliografía. Por su interés, reproducimos los párrafos finales de la carta en la versión original recogida por Tarr: «...el solo privilegio que reclamo es el de no hacer cuerpo común con nadie: por eso firmo constantemente cuanto escribo y sólo de ello puedo ser responsable. / Siguiendo este sistema, he remitido a V. un artículo riéndome de lo que en el día me parece risible, sin cuidarme de si estaba o no en el sentido mismo de su periódico, sea éste el que fuese. Este artículo mío ha sido devuelto por V., por no hallarse de acuerdo con sus opiniones en el día; no pudiendo exponerme a escribir otros que tengan igual resultado, tengo el honor de advertir a V. que sin que se altere en nada el aprecio que le profeso, dejo desde este momento de ser redactor del *Español*. / Bastante censura nos ponen los gobiernos sin que se nos añada a los escritores otra doméstica en nuestro mismo periódico. / Como en los folletos y demás escritos que pienso seguir publicando, he de dejar ver más claramente mis opiniones, sólo añadiré, para que no se pueda dar a este paso más motivo que el que yo le doy, que para mí así el ministerio Istúriz como el ministerio Mendizábal, como cuantos le han precedido y le seguirán, no tiene más importancia que la del bien o el mal que puedan hacer a mi país. En el ministerio Mendizábal he criticado cuanto me ha parecido criticable, y de ello no me retracto; lo mismo pienso hacer con el actual y con cuantos vengan detrás, hasta que tengamos uno completo que termine la guerra civil y dé al país las instituciones que en mi sentir reclama; el acierto es pues el único medio de hacerme cesar en mis críticas, porque en cuanto a alabar no es mi misión ni creo que merece alabanza el que hace su deber. Por ahí inferirá V. que tengo oficio para rato».

demás escritos [satíricos] que pienso seguir publicando», omisión de gran importancia, según subraya Tarr.

El director de *El Español* publicó en el periódico su respuesta a Larra —*El Director de El Español a Fígaro*—, y en el mismo número, en la sección sin firma que Larra dedicaba a la crítica teatral —«Teatros: Revista del mes»— apareció el artículo rechazado, *Un procurador*, pero sin el párrafo referido a Istúriz.

Estas circunstancias permiten deducir que habían existido negociaciones para un acuerdo, y que Larra, al mismo tiempo que procuró afirmar su actitud de independencia, trataba de continuar en la redacción de *El Español*. A tales negociaciones no debió de ser ajeno el hecho de que, justamente en los mismos días, se disolvieron las Cortes y se anunciaron elecciones para una nueva Asamblea Constituyente. Tarr publica una nota [46], hallada entre los papeles de Larra, en que éste resume las alternativas que se le ofrecían en relación con el periódico. Una de ellas, claro está, consistía en rescindir el contrato y separarse de la redacción; pero la última sugería la posibilidad de respetar «los compromisos vitales y el sistema general del periódico, pero quedándome enteramente independiente en las cuestiones subalternas y en la sátira de abusos e injusticias existentes, quedándome encargado, además, del ramo de teatros y literatura»; pero todo ello «con una remuneración más proporcionada a lo que yo puedo exigir en el día».

Parece, pues, a primera vista que, a pesar de sus protestas de independencia, Larra estaba dispuesto a plegarse a la línea de *El Español* por más dinero. Este aparente oportunismo fue aprovechado por los enemigos de Larra y por más de un biógrafo o comentarista posterior. Tarr se hace eco de esta alarma, pero advierte en seguida que, si por una parte es bien natural que Larra tratara de sacar ventaja del dilema en que le ponía la actitud de *El Español*, es bien cierto además que el aumento de sueldo no fue parte en absoluto para su última decisión. El director del periódico publicó una respuesta a los escritos de Larra proponiendo abiertamente una tregua: «En semejantes momentos, pues —dice—, he creído que nuestro periódico debía observar una conducta grave y digna, olvidar el ministerio y la oposición, y atender sólo a la defensa de dos privilegiados objetos, el *Trono* y la *Libertad*. / Exclusivamente preocupados de su suerte, ínterin salimos de la crisis en que el país se halla, espero, mi buen amigo y colaborador, no nos negará su voto a favor de que hagamos treguas con todo el mundo y sólo tengamos armas para defender la prerrogativa real y los derechos de la nación» [47].

---

[46] «Reconstruction...», cit., pág. 8.
[47] En ídem, íd., pág. 9.

La respuesta no satisfizo a Larra, quien, deseoso de hacer patente a toda costa su independencia, remitió otra carta abierta con el título de *Fígaro al Director de El Español para deshacer varias equivocaciones*. Esta carta no fue publicada tampoco, pero es muy importante conocer su contenido para juzgar adecuadamente la conducta y el pensamiento de Larra. Tarr reproduce dos fragmentos de dicha carta, única porción que en este momento nos es asequible: «Debo decir a V. en primer lugar que, siendo mi principio el de hacer constantemente la guerra a cuanto me parezca torcido, no tengo por qué esperar a que salgamos de crisis ninguna ni hacer treguas con nadie, tanto más cuanto que creo que hay crisis para rato y que esa misma crisis entra en mi jurisdicción... Concluyo pues diciendo a V., señor director del *Español*, que sólo reduciendo a mí mismo la responsabilidad de mis pobres escritos, y no participando de la de los demás, sólo no teniendo que escribir bajo inspiraciones ajenas y no viéndome expuesto a que se alteren o supriman mis artículos, puedo ahora y siempre seguir ocupando un nicho en su extenso periódico, favor que le ha de ser a V. tanto más fácil concederme, cuanto más insignificante es mi posición y cuanto que creo que no harán nunca una revolución las humildes y barberiles travesuras de su afectísimo   *Fígaro*»[48].

No sólo quedó esta carta sin publicar sino que el aludido contrato más beneficioso para el periodista tampoco fue firmado. A pesar de todo, Larra continuó en *El Español* y suspendió su serie de *cartas* o folletos de sátira política, limitándose a los temas de índole cultural y a la crítica de teatros.

La clave de todo ello, según Tarr, puede hallarse en el hecho de que a las pocas semanas el *Boletín Oficial de Avila* anunciaba la candidatura de Larra para representar a dicha provincia, lo que daba a entender que era candidato del gobierno, ya que le ayudaban además varios altos empleados de la provincia, entre ellos el propio gobernador, su secretario —amigo de Larra— Ramón Ceruti, y el intendente Carrero, tío de Dolores Armijo, que tenía a ésta bajo su custodia en la misma ciudad.

Creemos que Tarr, a quien venimos siguiendo en todo este problema, ha desarrollado suficientemente los argumentos para comprender, y justificar por tanto, la actitud de Larra. Después de una intensa lucha consigo mismo, el gran periodista sacrificaba —momentáneamente, añadiríamos nosotros— su independencia al servicio de una legítima ambición; sin olvidarnos, dice Tarr[49], que le era prácticamente imposible dejar *El Español*, agobiado como estaba entonces por las deudas. Por otra parte, es incuestionable que Larra deseaba sinceramente contribuir a darle a su país la constitución que, a su juicio, necesitaba, y un puesto en el Parlamento podía ser mucho más eficaz que su actividad de mero periodista, sin contar

---

[48] Ídem, íd., pág. 11.
[49] Ídem, íd., pág. 13.

lo que aquél podía añadir a la autoridad y seguridad de éste. Sería pueril olvidar también su amor por Dolores Armijo; su triunfo en la misma ciudad donde ella entonces vivía, podría acercarle de nuevo. En realidad cabría decir que Larra trataba de hacer de la necesidad virtud, justamente porque eran más numerosas y poderosas las razones para su temporal transigencia que las que podrían abonar su más intransigente rigidez.

Larra —pensamos— había estado clamando por el acceso de la juventud al gobierno del Estado. Y ¿no era aquella una oportunidad inmejorable para abrir la brecha en nombre de la juventud que él representaba?

Tarr reproduce un suelto [50], aparecido en el *Boletín Oficial de Ávila* el 16 de julio, que muy probablemente fue redactado por uno de sus amigos o quizá por el mismo Larra. El segundo párrafo dice: «El señor Larra es demasiado conocido en el mundo político y literario: en el primero ha mostrado su independencia y desinterés: solicitado por varios ministerios para que recibiese destinos de honor y de representación social, nunca ha aceptado: casi siempre estuvo en la oposición, y lo hizo con fruto. *Hoy no lo está, pero si preciso fuere algún día, la abrazará con la misma energía que siempre*, porque si es amigo del actual ministerio, lo causa habernos dado de un salto elección directa y Cortes revisoras...» (el subrayado es nuestro). Creemos que las palabras que hemos subrayado —sugeridas, a lo menos, por Larra—, expresan inequívocamente su sentir. Son su promesa de rebeldía para el futuro; y si no podía declararla abiertamente, porque la ayuda gubernamental le hubiera sido retirada al instante, quedaba expresada con suficiente claridad para quien conociera y deseara entender a Larra.

Tarr le reprocha, sin embargo, un error de juicio ante los hechos. Parece increíble —dice [51]— que Larra, tan escéptico y avisado, no se diera cuenta de que el gobierno de Istúriz, nacido en una intriga de palacio y falto de base popular, estaba predestinado al desastre; era imposible que lograra en tales circunstancias lo que ni Martínez de la Rosa ni el conde de Toreno habían podido conseguir. Pero este fallo en su habitual clarividencia —el único quizá de toda su vida— no puede aducirse para enjuiciar su conducta humana. Larra —comenta Tarr— que siempre había sido hombre de programas radicales y que había reservado —recordamos nosotros— sus más ásperos sarcasmos para las ineficaces actitudes del *justo medio*, como había sido la de Martínez de la Rosa, aceptaba en esta ocasión —la menos viable de todas— la promesa del nuevo gobierno de unir a todos los partidos extremos en una política y una Constitución equidis-

---

[50] Idem, íd., pág. 14.

[51] Idem, íd., pág. 15. Cfr., Susan Kirkpatrick, «Fígaro como candidato político y el motín de los sargentos», en *Larra: el laberinto inextricable de un romántico liberal*, cit., págs. 72-86.

tantes. Pero en ello es preciso reconocer su apasionado y generoso deseo de poner al fin algún remedio al caos de su patria.

El gobierno de Istúriz duró sólo tres meses. Si Larra se hubiese mantenido frente a *El Español* sin doblegarse, con la actitud irreductible que abonaba toda la trayectoria de su vida, sus problemas particulares hubieran padecido tan sólo una corta crisis, mas al cabo de los tres meses su posición y su persona hubieran quedado astronómicamente engrandecidas. Pero la única vez en que trataba de sortearlos, le atropellaban los acontecimientos. Larra había nacido para avanzar en línea recta: era su sino.

Al volver los progresistas al poder con el gobierno de Calatrava, todos los partidarios de Istúriz, reales o supuestos, quedaban no sólo en entredicho sino a merced de las violencias que estallaron por todas partes; el mismo Larra parece que hubo de recluirse en su casa para evitar algún contratiempo.

Como es de suponer, Larra tenía numerosos enemigos; se los había granjeado su misma popularidad, su agresividad incesante y, por descontado, las diferencias ideológicas. Todo este avispero se desató para atormentarle acusándolo de venalidad y oportunismo y exagerando luego su reclusión y silencio después de la caída de Istúriz.

Larra, que poseía una sensibilidad exacerbada, casi morbosa [52], necesitaba justificarse ante el público y más todavía quizá calmar su propia insatisfacción, por lo que escribió una larga exposición de todo lo sucedido. Este documento quedó inédito porque Larra debió de comprender que era demasiado extenso para ser publicado en cualquier periódico y demasiado personal para darlo a la luz. Tarr da a conocer unos fragmentos de este escrito, del cual queremos destacar unas palabras: «Si las elecciones —dice— habían de ser buenas o malas, nacionales o antinacionales, esto es lo que yo ni nadie podía adivinar cuando me propuse callar, hasta el día en que pudiera hablar en la tribuna» [53]. Son casi las mismas palabras aparecidas en el *Boletín de Ávila*. Larra, evidentemente, había aceptado una momentánea deserción de su puesto de combate para volver a ser él mismo desde la tribuna del Parlamento. Pero los hechos le traicionaron dejándole al descubierto y dando apariencia de defección a lo que había sido una finta.

---

[52] Mil detalles en la vida y escritos de Larra podrían demostrarlo; pero baste este rasgo, que vale por todos, de una carta desde París (20 de agosto de 1835) a su editor Delgado: «Asimismo haré a usted presente que tanto en esto como en cualquier otra cosa cuento con que me avise de todo lo que pueda importarme; si oyese usted hablar mal de mí, sobre todo, dígamelo usted. No necesito saber lo bueno que digan, si algo dicen, sino lo malo, y esto sin rebozo. Se lo pido a usted encarecidamente. Sólo puede usted callar el nombre de los que hablen; eso no me importa» (ed. Seco, cit., IV, págs. 277-278).

[53] «Reconstruction...», cit., pág. 18.

Larra hubo de contentarse con enviar una breve carta a *El Español*, rechazando toda participación o responsabilidad en las ideas políticas de cualquier periódico en que pudiera escribir, y prometiendo limitarse en *El Español* a la crítica de libros y teatros. Para rehabilitarse ante la chismorrería de sus adversarios parece que Larra tuvo la intención de publicar otros dos *folletos* políticos que restablecieran su posición de crítico independiente; pero las circunstancias, como subraya Tarr[54], estaban contra él: era imposible aceptar la nueva situación *progresista* sin destruirse a sí mismo, pues era la continuación de lo que había atacado bajo Mendizábal; y tampoco podía, después de su aventura con Istúriz, atacar al nuevo régimen sin ser malévolamente acusado de *retrógrado*, la más irritante definición para Larra, campeón declarado del más radical liberalismo.

Los *folletos* no aparecieron y durante los meses de septiembre y octubre Larra nada publicó, excepto un pequeño artículo de crítica literaria. Pero callar era también una declaración de fracaso. El pesimismo temperamental de Larra, constreñido al silencio, rota su carrera política, acosado en una situación sin salida, no precisaba tanto para exasperarse; y estalló por fin con su famoso artículo del 2 de noviembre, *El Día de difuntos de 1836. Fígaro en el cementerio*. Sin referirse a motivos gubernamentales del momento, todo el artículo de Larra es una enardecida sátira política que desplegaba, como en un mapa, la situación entera del país. Entre los epitafios que declaraban la defunción de tantas cosas está aquel famosísimo y tan innumerables veces citado: «Aquí yace media España; murió de la otra media». Pero entre aquellos epitafios estaba también el del propio escritor, la afirmación de su propia muerte: «Quise salir violentamente del horrible cementerio. Quise refugiarme en mi propio corazón, lleno no ha mucho de vida, de ilusiones, de deseos. ¡Santo cielo! También otro cementerio. Mi corazón no es más que otro sepulcro. ¿Qué dice? Leamos. ¿Quién ha muerto en él? ¡Espantoso letrero! *¡Aquí yace la esperanza!*»[55].

La situación de Larra, acusado por sus enemigos y rivales de haberse vendido a los enemigos del gobierno, debió de ser desesperada, cuando el 28 de noviembre firmó un contrato para colaborar en *El Mundo* y *El Redactor General*, periódicos de la oposición: «El campeón del liberalismo —comenta Tarr— se unía abiertamente a sus enemigos, justificando así aparentemente los cargos que le asestaba la malevolente chismorrería»[56].

Pero Larra —sostiene inmediatamente Tarr[57]— no era un vulgar hipócrita y es imposible dudar de la sinceridad de su liberalismo; fue precisamente su irrenunciable liberalismo lo que le hizo adoptar, en la desgracia-

---

[54]   Idem, íd., pág. 20.
[55]   Ed. Seco, cit., II, pág. 282.
[56]   «Reconstruction...», cit., pág. 22.
[57]   Idem, íd., pág. 23.

da aventura de Istúriz, como un máximo posible de concesión, aquella desafortunada actitud de *benevolente neutralidad.*

No obstante, cualesquiera fuesen las explicaciones y justificaciones posibles —y son harto concluyentes—, el mayor enemigo de Larra en aquellas circunstancias era su propia insatisfacción y su dramático conflicto íntimo. Semejante situación era insoportable para Larra. Otra persona corriente —dice Tarr—, sobre todo en aquellos tiempos de tanto vaivén político, hubiera aceptado los hechos como un retroceso momentáneo, remediable con un poco de tiempo y de paciencia. Pero Larra —prosigue el comentarista— estaba hecho de otra pasta. Exasperadamente sensible, egocéntrico, desordenadamente orgulloso, sufría con igual intensidad las desgracias propias y las de su nación, que a sus ojos estaban enlazadas [58]. El 26 de diciembre apareció en *El Redactor General* el único artículo que publicó en este periódico: *La Nochebuena de 1836. Yo y mi criado. Delirio filosófico,* en donde Larra deja desbordar toda su amargura. El artículo no es esta vez —aunque indirectamente también lo sea— una sátira de la vida nacional, sino un desnudarse a sí mismo, casi una confesión de culpas en voz alta, una declaración de su impotencia y su fracaso: «Vagaba mi vista sobre la multitud de artículos y folletos que yacen empezados y no acabados ha más de seis meses sobre mi mesa, y de que sólo existen los títulos, como esos nichos preparados en los cementerios que no aguardan más que el cadáver; comparación exacta, porque en cada artículo entierro una esperanza o una ilusión» [59]. El criado de Larra, que, claro está, dispara por su boca los sarcasmos que le pone en ella la desesperación del escritor, se burla desde su grosera insensibilidad de la vidriosidad del intelectual ultrasensible: «Tú eres literato y escritor, y ¡qué tormentos no te hace pasar tu amor propio, ajado diariamente por la indiferencia de unos, por la envidia de otros, por el rencor de muchos! Preciado de gracioso, harías reír a costa de un amigo, si amigos hubiera, y no quieres tener remordimiento. Hombre de partido, haces la guerra a otro partido; o cada vencimiento es una humillación, o compras la victoria demasiado cara para gozar de ella. Ofen-

---

[58] Tarr sigue aquí, casi al detalle, la interpretación de Sánchez Estevan, aunque en este pasaje precisamente no lo cite. Dice así Sánchez Estevan: «El trastorno político causó enorme, increíble impresión en el espíritu enfermo de Larra. Con su vehemencia habitual había cifrado grandes ilusiones en la diputación; para conseguirla incluso llegó a jugarse su carrera de escritor político, arrostrando censuras y malignos comentarios. Cierto que, reflexionando serenamente, nada había fracasado de un modo definitivo, mucho más en un período tan revuelto y movedizo: con sólo un poco de paciencia recobraría el terreno perdido; le sobraba juventud, pues apenas había cumplido veintisiete años, disfrutaba de un envidiable renombre literario, era el escritor mejor pagado de su tiempo. Pero Larra no era un hombre, sino la encarnación del más furioso individualismo romántico, que agigantaba los más triviales sucesos en relación con su persona, fingiéndoles proporciones colosales. Sólo así se comprende el tono lúgubre y desesperado de la mayor parte de sus escritos a partir de agosto de 1836» *(Mariano José de Larra...,* cit., págs. 188-189).

[59] Ed. Seco, cit., II, pág. 313.

des y no quieres tener enemigos. ¿A mí quién me calumnia? ¿Quién me conoce?... Inventas palabras y haces de ellas sentimientos, ciencias, artes, objetos de existencia. ¡Política, gloria, saber, poder, riqueza, amistad, amor! Y cuando descubres que son palabras, blasfemas y maldices. En tanto el pobre asturiano come, bebe y duerme, y nadie le engaña, y, si no es feliz, no es desgraciado, no es al menos hombre de mundo, ni ambicioso ni elegante, ni literato ni enamorado. Ten lástima ahora del pobre asturiano. Tú me mandas, pero no te mandas a ti mismo. Tenme lástima, literato. Yo estoy ebrio de vino, es verdad; pero tú lo estás de deseos y de impotencia!...» [60].

Entre el 27 de diciembre y el 29 de enero del 37 Larra publicó en *El Mundo* los cuatro artículos a que arriba hemos aludido. Larra parece espantar al fin el fantasma de su reciente fracaso y anuncia su regreso al ruedo público con urgencia de dar nuevamente fe de vida: «Los que me vituperan —dice— de haber suspendido por espacio de seis largos y pesados meses cierta correspondencia que, cuando Dios quería, alimentaba con mi corresponsal de París, vive Dios que no me conocen si piensan que se me hacía cuesta arriba escribir cartas o que les perdí por acaso la afición. Es todo lo contrario; precisamente es mi comidilla, y me chupo los dedos tras una carta puesta a tiempo, sobre todo si lo que en ella digo es lo que siento, como suele suceder cuando es la tal carta picante y amostazada...» [61]. Pero la herida de Larra había sido demasiado profunda para olvidarse de su escozor. La obsesión de su discutida inconsecuencia le atenazaba, y en el último artículo de *El Mundo, Fígaro al estudiante*, retorna como un buitre a la carroña: «Me echa usted luego en cara que digo una cosa y hago otra; amigo, yo no vivo en la luna, sino en Madrid; digo hoy una cosa para poder hacer otra mañana. ¿De qué diablos le sirve a usted tanto como estudia? Pues si usted desea casarse y le dice a la novia que harán luego mala vida; si necesita dinero y va y dice al que se lo presta que no se lo ha de pagar; si anhela ser diputado y le cuenta a su provincia que no trata de representarla, sino de llegar al poder; si ambiciona ser ministro y le confiesa a la nación que quiere tiranizarla, ¿le parece a usted, señor Estudiante, que llegará jamás por ese sistema a tener ni mujer que le quiera, ni amigo que le preste, ni provincia que le elija, ni secretaría que despachar? ¿A sus ojos de usted no está suficientemente probado todavía que para conseguir hay que decir una cosa antes y hacer otra después? Pues dígame, ¿por dónde han logrado los que en el día tienen? No, si no haga usted lo contrario y verá cómo le va» [62].

---

[60] Ídem, íd., págs. 316 y 317.
[61] *Fígaro a los redactores del Mundo. En el mundo mismo, o donde paren*, ed. Seco, cit., II, pág. 306.
[62] Ídem, íd., pág. 310.

Cuando el amor de Dolores Armijo, que era su último refugio, le falló también, Larra había perdido el único asidero que le sostenía en la brecha. Desprendido éste, se dejó caer en la sima[63].

---

[63] Se ha repetido muchas veces que la muerte de Larra apenas tuvo eco en los periódicos de la época. Azorín, en su libro *Rivas y Larra*, asegura que *El Español* le dedicó tan sólo catorce líneas anónimas, pero Sánchez Estevan ha puesto en claro que Azorín no volvió la página del periódico donde proseguía el artículo, firmado por Roca de Togores, marqués de Molíns. Para deshacer este error, Sánchez Estevan reproduce el artículo completo en los *Apéndices* de su libro; lo reproducimos nosotros a continuación por ser un documento tan importante como difícilmente asequible. A vueltas de no escasa retórica, Roca de Togores define certeramente algunos rasgos esenciales de la personalidad de Larra, que pueden servirnos luego para su mejor interpretación. «Anteanoche ha tenido fin la existencia de otro amigo nuestro, colaborador también de este periódico, D. Mariano José de Larra. Quizá no haya persona de las que pertenecen a la España ilustrada que no conozca este nombre, quizá no haya uno que conociera bien al sujeto que lo llevaba. / *Fígaro*, el escritor que hacía asomar la risa a los labios de todos, el que se burlaba de cuanto el mundo admira y aplaude, no reía. / *Fígaro* tenía un talento demasiado claro, un alma demasiado noble para no llorar, y lloraba de continuo, y cada uno de esos artículos que el público lee con carcajadas, eran otros tantos gemidos de desesperación que lanzaba a una sociedad corrompida y estúpida que no sabía comprenderle [aquí concluyen las únicas «catorce líneas» que vio Azorín]. / *Fígaro* buscaba en vano alrededor de sí algo que amar, porque el amor es una necesidad para los entendimientos privilegiados; buscaba el objeto de su cariño en la amistad, en la virtud, en la gloria, en la hermosura, en todo; y en ninguna parte podía encontrarlo. Desgracia fue suya, pero los que le conocimos podemos decir que la padeció. / Melancólico, desolado de hallarse en medio del vacío, lanzaba de cuando en cuando un grito de dolor; y la sociedad, por no reconocer en sí los defectos que la caracterizan, por no decir 'quien busca en mí un amigo halla la traición; quien la virtud, encuentra el escarmiento; quien la gloria, la persecución; quien la hermosura, el engaño', leyó con risa los artículos de nuestro escritor, siguió en sus vicios; y por toda respuesta le contestó: tú no eres capaz de la amistad, ni de la virtud, ni del entusiasmo, ni del amor. / Horrible injusticia que la última página de la vida de Larra, escrita con su sangre, desmiente. Sí, nosotros hemos visto a este hombre que de todo se reía bañado en ella, a este hombre que nada amaba, pagar con su felicidad, con su vida, con su honra quizá, un ser ideal que no ha podido encontrar. / Es probable que esa gente terca e incorregible, que amargó los días del escritor y que no pudo merecer sino su desprecio, se lance como una nube de gusanos sobre su cadáver para difamarle. Dirán que se recreaba en morder y satirizar a los demás; pues bien, que citen una sola persona en todos sus escritos; en ellos hallarán, sí, a la par de un lenguaje castizo, chistes dictados por el conocimiento de los hombres, pero no esos inmundos sarcasmos con que la prensa y el lenguaje de nuestra nación se embadurna de poco tiempo a esta parte. Dirán que era incapaz de admirar producción alguna; sus artículos sobre *El Trovador* y el *Panorama* entre otros muchos, y los que consagró a la memoria del malogrado conde de Campo Alange, demuestran lo contrario. / Dirán que no creía en nada ni amaba a nadie. ¡Feliz él si así hubiese sucedido! Porque se necesita no amar ni creer para vivir en un tiempo y en un país en que todo, hasta el patriotismo y la heroicidad, se ha hecho venal y mentiroso. / El que no está templado en esta cuerda, es en el día una planta extraña que perece necesariamente ahogada por la atmósfera que la rodea; así Campo Alange muere ignorado delante de Bilbao a impulsos del patriotismo que para otros es una especulación; así D. Juan Esteban de Izaga sucumbe a una inflamación cerebral por una libertad de imprenta que para otros es un desahogo de mezquinas pasiones; así D. Mariano José de Larra ayer a las ocho de la noche llega al crimen y a la muerte impulsado de un afecto que para otros es un pasatiempo. / Compadezcámosle y lloremos la pérdida de

EL ROMANTICISMO DE LARRA

Los tormentosos amores de Larra y su suicidio dan cómoda base para definirlo como el romántico más genuino, y se explica que haya originado tantas glosas de vistosa y fácil literatura. Matarse por amor —suponiendo que sólo por amor hubiera llegado el gran periodista a tan trágico desenlace— parece muy romántico; de todos modos, diríase que es mucho más romántico suicidarse por amor durante la época romántica que hacerlo en otra época cualquiera; la cronología ayuda siempre a los exégetas. Pero a Larra hay que examinarlo desde otros muchos ángulos. En fórmula de urgencia, que trataremos de justificar, podría afirmarse que Larra fue romántico en algunas actitudes vitales, casi diríamos anecdóticas, pero lo fue infinitamente menos, o no lo fue apenas, en la profunda raíz de su pensamiento y de su vida.

Toda la obra de Larra se mueve hacia un solo objetivo: libertad. Repitiendo casi a la letra la famosa definición de Víctor Hugo, Larra asienta su credo en uno de sus más famosos artículos, *Literatura. Rápida ojeada sobre la historia e índole de la nuestra. Su estado actual. Su porvenir. Profesión de fe*, palabras estas últimas que otorgan plena solemnidad a lo que va a decirnos: «Libertad en literatura, como en las artes, como en la industria, como en el comercio, como en la conciencia; he aquí la divisa de la época, he aquí la nuestra»[64]. La afirmación no puede ser más romántica, siempre que convengamos previamente en que sólo a partir del Romanticismo se puede invocar la libertad. Y Larra nos explica unas líneas antes para qué la quiere: «Para echar los cimientos de una literatura *nueva*, expresión de la sociedad *nueva* que componemos, toda de *verdad*, como de *verdad* es nuestra sociedad, sin más reglas que esa *verdad* misma, sin más maestro que la *naturaleza*, *joven*, en fin, como la España que constituimos»[65]. Larra

---

uno de nuestros mejores literatos, y cuando alguno, incrédulo de nuestros raciocinios, le quiera negar las dotes que nosotros descubrimos en él durante su vida, y que su muerte ha sellado, contestémosle con las palabras que él estampó al fin de su crítica de los *Amantes de Teruel*: 'El que no lleve en su corazón la respuesta, no comprenderá ninguna; las teorías, las doctrinas, los sistemas se explican; *los sentimientos se sienten*'. / Mucho pudiéramos añadir acerca de esta terrible catástrofe, muchos detalles podríamos dar, si no temiéramos por una parte envenenar la llaga de nuestro corazón, y por otra, profanar con algún grito de cólera las lágrimas de dolor que vertemos sobre su tumba; pero en breve aparecerá el cuarto tomo de la colección de artículos de este malogrado joven y lo acompañará con su retrato una noticia de su vida, de sus escritos y de su desastroso fin; asimismo esperamos ver en el teatro un drama que había comenzado a escribir en compañía de un amigo suyo, y que tendrá según creemos un interés muy vivo para las personas que conocieron al autor del *Macías*, y que aprecian sus obras». M. R. de T. Publicado en *El Español* el 15 de febrero de 1837; reproducido por Sánchez Estevan, cit., págs. 272-274.

[64] Ed. Seco, cit., II, pág. 134.
[65] Ídem, íd., págs. 133-134.

precisa a continuación su criterio: «En nuestros juicios críticos preguntaremos a un libro: *¿Nos enseñas algo? ¿Nos eres la expresión del progreso humano? ¿Nos eres útil? Pues eres bueno»* [66]. La apelación a la utilidad social y al carácter razonador y práctico que exige de la literatura, aleja radicalmente a Larra del romanticismo desmelenado, soñador y anárquico que hacen suponer sus anécdotas amorosas. Larra cierra su artículo, es decir, su *profesión de fe*, con estas palabras inequívocas: «Rehusamos, pues, lo que se llama en el día literatura entre nosotros; no queremos esa literatura reducida a las galas del decir, al son de la rima, a entonar sonetos y odas de circunstancias, que concede todo a la expresión y nada a la idea, sino una literatura hija de la experiencia y de la Historia y faro, por lo tanto, del porvenir; estudiosa, analizadora, filosófica, profunda, pensándolo todo, diciéndolo todo en prosa, en verso, al alcance de la multitud ignorante aún; apostólica y de propaganda; enseñando *verdades* a aquéllos a quienes interesa saberlas, mostrando al hombre, no *como debe ser*, sino *como es*, para conocerle; literatura, en fin, expresión toda de la ciencia de la época, del progreso intelectual del siglo» [67].

Lomba y Pedraja [68] subraya el carácter revolucionario y valiente de este programa, pero pide que se reflexione sobre la clase de impulso renovador de que está inflamado; un impulso —dice— que no sopla de las regiones de la filosofía de la belleza, desinteresada y serena, sino del campo partido de las luchas políticas y sociales. Todo el mencionado artículo de Larra es un duro ajuste de cuentas a la literatura española, incluso a la áurea, por su predominante carácter imaginativo y florido y por la ausencia de libros útiles, sólidos, razonadores y filosóficos, científicos y sistemáticos, fallos que Larra atribuye a la doble tiranía, *religiosa* y *política*, que atajó el progreso intelectual. No importa ahora —quede para luego, al tratar de su ideario— la exactitud de los juicios de Larra; lo que interesa es destacar la índole de su temperamento y la trayectoria de su obra, eminentemente política y social.

Lomba, con gran exactitud, a nuestro juicio, destaca el hecho de la educación clásica de Larra, que no afecta tan sólo a conceptos literarios sino que engloba las ideas básicas del autor profesadas en todas las esferas de su pensamiento. No sólo la filosofía —dice Lomba [69]— sino el espíritu entero del siglo XVIII, el de Voltaire, el de Beaumarchais, el de la *Enciclopedia*, había arraigado en Larra profundamente, y el carácter de aquella

---

[66] Idem, íd., pág. 134.

[67] Idem, íd.

[68] José R. Lomba y Pedraja, «Mariano José de Larra (Fígaro) como crítico literario»; publicado primeramente en *La Lectura*, 1919-1920, y reproducido en el volumen *Mariano José de Larra (Fígaro). Cuatro estudios que le abordan o le bordean*, Madrid, 1936. Citamos por esta última edición; la cita en pág. 205.

[69] Idem, íd., pág. 212.

literatura armonizaba a la perfección con el talento mismo de Larra, «sólido y positivo, nacido más para la verdad que para la belleza», como había sido el de Jovellanos, «ingenio claro y penetrante, imaginación, en cambio, pobre y descolorida». «Una literatura como la del siglo XVIII —añade el comentarista [70]—, razonadora, analítica, hablando siempre al entendimiento, saturada de ciencia y de método, con miras a la reforma y al progreso sociales, era un pasto incitante para su espíritu. En cambio, la literatura romántica, solaz de la fantasía, soñadora, melancólica, colorista, dirigiéndose al sentimiento, placer desinteresado del alma, no estaba hecha para reinar en sus facultades. Podríamos aplicarle estas palabras de un maestro contemporáneo, que éste escribía refiriéndose a André Chénier: 'Jamás hombre alguno estuvo más alejado de la religiosidad melancólica o entusiasta de los Chateaubriand o los Lamartine'». El sentimiento religioso, efectivamente, falta en Larra de manera total; Larra no se hace nunca cuestión de problema religioso alguno ni alimenta a este respecto ningún género de angustia o de inquietud; todas sus alusiones en este campo son glaciales, cortantes, definidas, problemas resueltos que despacha con ironías displicentes y que hubieran sido mayores de haberse podido expresar con libertad.

El espíritu de Voltaire —comenta Lomba [71]— se había infiltrado en Larra, directamente o a través de otros escritores, pero sin perder nada de su esencia. En cada página de Larra está aquel mismo apostolado por el progreso que fue la religión del siglo XVIII y la de Voltaire, su misma hostilidad contra las creencias religiosas tradicionales, su lucha por la igualdad política contra los privilegios heredados de la nobleza, su defensa de la nueva aristocracia del talento, su desdén por las clases del pueblo ignorantes y humildes, su amor al lujo, su horror a la mezquindad y sordidez materiales manifestado en las campañas por las mejoras y embellecimiento urbanos, su consideración por las clases productoras, sus sarcasmos contra todas las bases del viejo régimen y su incesante clamor contra la censura. Lomba subraya que la admiración de Larra por Voltaire está expresa en varios pasajes de sus escritos, sin contar los muchos en que lo traduce o parafrasea sin nombrarle [72].

---

[70]  Idem, íd., págs. 212-213.

[71]  Idem, íd., pág. 214.

[72]  Estas observaciones —incuestionables— tienen que ser, no obstante, matizadas y completadas, porque afectan a la pretendida extranjerización del pensamiento de Larra, sobre la que luego hemos de insistir. José Escobar ha dedicado abundantes páginas de su excelente trabajo *(Los orígenes de la obra de Larra*, cit.) a demostrar que las raíces ideológicas de Larra se hincan básica y profundamente en la cultura y hasta en las formas literarias del siglo XVIII, pero no precisamente en el francés, sino en el campo más inmediato de los ilustrados españoles. Larra —dice Escobar, y éste sería el postulado capital, desarrollado a lo largo de todo su libro— «ni inventa formas nuevas de expresión, ni trae de fuera nada que no estuviera ya aclimatado en la literatura nacional» (pág. 92). Los autores manejados por el primer Larra —el de las pági-

Cuando Larra escribe, el Romanticismo ha hecho ya mucho camino y es incuestionable que no puede cerrarse a la evidencia. Pero Larra no concede al Romanticismo pase de favor, sino los mismos derechos, y no más, que al viejo clasicismo; acepta cualquier escuela o tendencia, venga de donde viniere, sin otros privilegios que los que imponga la calidad de sus productos. En el mencionado artículo, *Literatura*, escribe: «No reconocemos magisterio literario en ningún país; menos en ningún hombre, menos en ninguna época, porque el gusto es relativo; no reconocemos una escuela exclusivamente buena, porque no hay ninguna absolutamente mala. Ni se crea que asignamos al que quiera seguirnos una tarea más fácil, no. Le instamos al estudio, al conocimiento del hombre; no le bastará como al *clásico* abrir a Horacio y a Boileau y despreciar a Lope o a Shakespeare; no le será suficiente, como al romántico, colocarse en las banderas de Víctor Hugo y encerrar las reglas con Molière y con Moratín; no, porque

nas del *Duende*— son los maestros reconocidos del XVIII, que todavía representaban para él la literatura española moderna: Jorge Pitillas, el padre Isla, ambos Moratines, Iriarte, Capmany, Meléndez Valdés, Cienfuegos, y sobre todo Jovellanos, Quintana y Lista; las comedias de Moratín «son el dechado con el que sarcásticamente compara las extravagancias del melodrama romántico francés» (pág. 126); Quintana y Lista, como maestros de la lírica patriótica, política y filosófica, son «dos puntos supremos en cuanto a la excelencia poética» (pág. 127. Véase del propio Escobar el apartado «Magisterio de Quintana y Lista: La oda. Exaltación de la libertad», págs. 64-70). Los textos que se acumulan en los cinco números del *Duende* —dice Escobar, pág. 128— lo sitúan sin discusión en la corriente de la literatura neoclásica. Bien entendido, que cuando Larra empieza a escribir, esta herencia no supone una estrechez de miras —como dejamos ya puntualizado en nuestra Introducción al subrayar la penetración del siglo XVIII en el XIX—, sino todo lo contrario: «es una necesidad de ponerse a la altura de las circunstancias renovadoras que esa literatura representa —¡todavía!— en la España de aquellos años. Las bases dieciochescas en que se asienta la cultura literaria del *Duende Satírico* están en consonancia con la mentalidad liberal española a comienzos del XIX, originada en el rumbo señalado en las generaciones anteriores por los hombres de la Ilustración». Escobar ha estudiado con gran minuciosidad la dependencia que toda la primera obra de Larra guarda en forma y espíritu con la tradición satírico-polémica española del siglo XVIII, y sobre todo con las publicaciones periódicas de su propio país (tan imperfectamente estudiadas todavía), una de las más fértiles «aportaciones de la literatura dieciochesca incorporadas definitivamente a la cultura contemporánea» (pág. 87), en cuyo cauce y ejemplo iba Larra a encontrar la auténtica expresión de su genio literario.

Escobar pone bien de relieve —y es esto lo que otorga particular importancia a su investigación— que Larra se forma plenamente en la mentalidad reformadora de la Ilustración, que no es, por supuesto, un paréntesis vacío, sin consecuencias en la literatura del XIX, sino la fuente que nutre a los románticos y liberales, aunque las nuevas circunstancias históricas plantean nuevos problemas y exigen soluciones diversas. El desconocimiento y la escasa atención concedida a la herencia ideológica y literaria de los ilustrados y a su vigencia en las primeras décadas del XIX, ha hecho suponer para Larra fuentes extranjeras, cuando en realidad no hizo sino recoger y fecundar una tradición que tenía a las manos. «Larra —dice Escobar— no se hace escritor importando una literatura nueva para los españoles. La génesis de su obra se produce por un desarrollo orgánico de la literatura moderna en la España de su tiempo. La originalidad de su genio contribuye a ese desarrollo y, en ciertos aspectos, a su culminación» (pág. 146).

en nuestra librería campeará el Ariosto al lado de Virgilio, Racine al lado de Calderón, Molière al lado de Lope; a la par, en una palabra, Shakespeare, Schiller, Goethe, Byron, Víctor Hugo y Corneille, Voltaire, Chateaubriand y Lamartine» [73].

La libertad literaria que Larra desea del Romanticismo es la libertad de ser clásico, si uno quiere. Larra no aceptó nunca el calificativo de romántico. En el primero de sus artículos sobre el *Antony*, de Dumas, escribe: «Sin aceptar la ridícula responsabilidad de un mote de partido, sin declararnos clásicos ni románticos, abrimos la puerta a las reformas, y por lo mismo que de nadie queremos ser parciales, ni mucho menos idólatras, nos decidimos a amparar el nuevo género con la esperanza de que la literatura, adquiriendo la independencia sin la cual no puede existir completa, tomaría de cada escuela lo que cada escuela poseyese mejor, lo que más en armonía estuviese en todas con la Naturaleza, tipo de donde únicamente puede partir lo bueno y lo bello» [74]. Al enjuiciar el *Aben Humeya*, de Martínez de la Rosa, comenta Larra: «Y en cuanto a las disputas de las escuelas y pandillas, como las vemos estribar, más que en el fondo, en las formas, nos será permitido reírnos de ellas, en atención a que creemos que las formas son variables hasta el infinito, porque siempre habrán de seguir la indicación del espíritu de la época. El poeta escribe para ser entendido, y mal pudiera serlo el que no se sujetase al lenguaje, al modo que tienen de revestir sus ideas aquellos que han de aplaudirlo o censurarlo» [75]. A propósito de la representación de *La Tour de Nesle*, de Dumas, traducida bajo el título de *Margarita de Borgoña*, dice Larra: «Ni la Naturaleza es tan comedida y corta de genio y de recursos, tan moderada y encajonada en reglas como la vistieron los clásicos, ni es tan desordenada y violenta como los románticos la disfrazan» [76].

Observa Lomba [77] que para comprobar lo autoritaria y estrecha que fue la educación de Larra en lo literario, adquirida en las escuelas a que asistió

---

[73] Ed. Seco, cit., II, pág. 134.

[74] *Antony. Drama nuevo en cinco actos, de Alejandro Dumas*, Artículo primero, ed. Seco, cit., II, pág. 246.

[75] *Aben Humeya. Drama histórico en tres actos, nuevo en estos teatros. Su autor, D. F. Martínez de la Rosa*, ed. Seco, cit., II, pág. 225.

[76] *Margarita de Borgoña. Drama nuevo en cinco actos*, ed. Seco, cit., II, pág. 277.

[77] Artículo cit., pág. 222. Las palabras de Lomba son correctas en cuanto que precisan la educación clasicista de Larra, pero deben ser despojadas de su concepto peyorativo al calificarla de «autoritaria y estrecha». Escobar dice agudamente *(Los orígenes de la obra de Larra*, cit.) que si los preceptores clásicos de Larra —y entiéndase lo mismo para todos sus colegas de la época— fueron déspotas, «fueron déspotas ilustrados» (pág. 163), y que si resultaron estériles para la creación y estrechos para la crítica, habían significado algo más que un simple dogmatismo (aspecto éste —digámoslo siquiera entre paréntesis— que hemos puntualizado insistentemente en nuestro volumen anterior sobre el siglo XVIII); para Larra, según le enseñaron sus maestros de la Ilustración, las cuestiones literarias no estaban desligadas «de sus preocupaciones sobre

en sus años juveniles, basta examinar las páginas de *El Duende Satírico del Día*, donde Horacio y Boileau reinan no ya como soberanos sino como déspotas. Varios de sus artículos llevan al frente como epígrafes sentencias de uno u otro poeta, y a lo largo del texto se multiplican sus citas, en su idioma original, para aducir su autoridad inexorablemente. Lomba comenta la crítica de Larra —la primera que se conoce de su pluma— al dramón de Ducange, *Treinta años o la vida de un jugador*, aparecida en el segundo número de *El Duende*, en la que Larra, aunque hace una vindicación a su modo del antiguo teatro español, escribe a la vez una contundente confesión de neoclasicismo a la francesa y una diatriba contra el naciente Romanticismo. Es bien conocida la admiración que sentía Larra por Moratín, cuyas comedias tenía por el arquetipo de la perfección según la preceptiva clásica.

A lo largo de los años 33 y 34 predominaba todavía en los teatros madrileños la comedia moratiniana, cultivada por los imitadores del maestro, y Larra se maneja en la crítica de estas piezas con la mayor soltura, precisamente porque no necesitaba sino aplicar las normas codificadas por los preceptistas, y aduce una y otra vez el patrón de las unidades aunque excuse a veces su estricto cumplimiento por lo difícil de ajustarse a su rigidez.

Mas al aparecer los dramas de la nueva escuela romántica, Larra se sintió no poco desconcertado y hubo de preguntarse sobre la validez del

---

los problemas generales del país. A esta luz hemos de considerar la actitud del *Duende* ante el romanticismo que se presenta avalado por Ducange» (ídem, íd.). En cuanto a la oposición del jovencísimo Larra al romanticismo del *Jugador*, el problema es harto complejo, y de nuevo hemos de remitir al lector a nuestras páginas introductorias. En los días en que Larra escribe su crónica sobre el dramón de Ducange, el romanticismo no se presentaba —y menos en la obra del francés— como el camino de la renovación que Larra ambicionaba, sino como un movimiento retrógrado, enemigo de los principios de la Ilustración, y concretamente de la revolución política y social a que había de conducir el pensamiento ilustrado. Aquella primera versión del romanticismo —lo mismo que había sucedido durante la «querella calderoniana»— se presentaba fundida con las ideas tradicionales, mientras que el neoclasicismo ilustrado, en plena vigencia aún, representaba la ideología liberal, la causa de la razón y del progreso. La identificación del liberalismo con el romanticismo tenía que llegar más tarde con el retorno de los exiliados, que la aprendirían fuera de su país. Para Larra, en los días en que escribe sobre Ducange, Moratín era una conquista reciente, que había venido a contener los excesos del teatro español y representaba en lo literario el espíritu general de reforma. El romanticismo era volver atrás, es decir, «desandar lo andado» «cuando ya empezábamos a arreglarnos», según dice en su crónica el propio Larra. Éste es el espíritu en que se había educado y que siempre había de mantener sustancialmente: «¿Cómo se escribiría en el día, en nuestra patria —pregunta en marzo de 1833, en su artículo *La satírico-manía*—, sin la existencia anterior de los Feijoos, Iriartes, Forner y Moratín?» (en *Obras... de Larra*, ed. Seco Serrano, cit., I, pág. 198). En cuanto a la «confesión de neoclasicismo a la francesa», de que habla Lomba líneas más abajo, es adecuadísima, según venimos comentando, pero inaceptable respecto a lo del origen francés, que es el gran tópico: todo el libro de Escobar es una demostración del fundamental carácter autóctono de la Ilustración bebida por Larra.

nuevo drama histórico que parecía sustituir a la tragedia clásica. Larra acaba por aceptar el nuevo género, pero antepone las obras dramáticas dotadas de intención social y propósitos de mostrar alguna verdad a las que no pretenden sino desarrollar una intriga, es decir, las que se dirigen —son sus palabras— «al hombre que concurre al teatro pero no al que vive en el mundo»[78].

La presión del drama romántico acabó por modificar un tanto las ideas clasicistas de Larra, pero no las varió sustancialmente; siguió creyendo en el fin ético del teatro y en la necesidad de las reglas siempre que no las dispensaran poderosas razones exigidas por el asunto en cada caso. A propósito de la crítica hecha por Larra al *Aben Humeya* de Martínez de la Rosa, Lomba subraya la falta de *sentido histórico* de que el gran periodista

---

[78] Larra expuso en diversas ocasiones su opinión sobre los dramas históricos de la nueva escuela romántica. A propósito del estreno de *La extranjera* escribe: «sensaciones fuertes, ampulosas declamaciones, llantos, desgracias, muertes, han sido los medios que han sustituido en el teatro a la sal cómica de Molière o a la delicada sensibilidad de Racine». Y añade a continuación las razones que, a su juicio, invalidan este nuevo género dramático, que se nutre cómodamente de truculencias extraídas de pasadas épocas: «Éste es el origen de los dramas, a nuestro parecer género bastardo, y harto peligroso en cuanto que abre las puertas del templo de las musas a la atrevida medianía, que hallando en las novelas o en las crónicas los nombres, los caracteres, las situaciones mismas, se arroja a arrebatar con mano profana la corona de laurel que el mérito verdadero parece dejar olvidada. Género, en fin, tan difícil como todos, si se ha de sobresalir en él; pero que permite más golpes sorprendentes de teatro, y abre un ancho campo por donde a rienda suelta puede correr el genio desenfrenado» (ed. Seco, cit., I, pág. 183). Cuando el llamado «drama histórico» no es ni histórico siquiera, carece para Larra de valor, porque no puede ofrecer enseñanza alguna; así, a propósito de la tragedia *García de Castilla o el triunfo del amor filial*, en la que «el rey que se pinta, bien puede ser un Alfonso», pero «puede ser cualquiera de los muchos Alfonsos que en Castilla han reinado», comenta Larra: «No resultando, pues, histórico el drama después de acabado, no resulta de él tampoco admonición ninguna para el porvenir, hija de la experiencia, fin evidente de los dramas históricos, de la tragedia y de la Historia misma» (ed. Seco, cit., II, pág. 137). Al reseñar el estreno del drama de Alejandro Dumas, *Teresa*, Larra compara a Hugo y a Dumas con Delavigne, y dice de éste: «Casimiro Delavigne no puede ponerse en parangón con los dos anteriores, porque éstos al fin pueden presentarse como cabezas de un partido y sostén de la innovación; enlazados por afecto y principios con la revolución de las ideas y nuevo gusto del siglo, sus escritos tienden a un fin moral, por más que echen mano de recursos no siempre morales; pero a un fin moral osado, nuevo, desorganizador de lo pasado, si se quiere, y fundador del porvenir; destructor de preocupaciones y trabas políticas, religiosas y sociales» (ed. Seco, cit., II, pág. 148). Es decir: para Larra son grandes los románticos que se proponen renovar la ideología de la época, forjar una nueva sociedad, y no los que se ocupan en fantasías de mero entretenimiento. Más claramente aún lo declara a propósito de *La Tour de Nesle*, de Dumas, traducida bajo el mencionado título de *Margarita de Borgoña*, que le parece a Larra peor que otras del mismo autor: «Pero en *La Tour de Nesle*, lo repetimos —dice—, no hay más importancia ni más mira profunda que la de desenvolver una intriga aterradora, por medios aún más aterradores». Y escribe entonces la frase que damos en el texto: «Supone más ingenio, pero menos talento; más conocimiento del hombre que concurre al teatro, que del hombre que vive en el mundo» (ed. Seco, cit., II, pág. 276. El texto de Seco, por error de imprenta, da incompleta esta última frase).

adolecía a consecuencia de su educación enciclopedista y neoclásica; Larra —dice Lomba [79]— se esfuerza en vano por recordarnos y por recordarse a sí mismo los preceptos de la retórica del buen juicio para los dramas de asunto histórico. Pero no *siente* la Historia porque el hombre que le interesa es el que la literatura del siglo XVIII había escudriñado: el hombre universal, constante en el tiempo y en el espacio, por mucho que las circunstancias particulares o nacionales pudieran afectarle.

Añade Lomba más adelante [80] que si hubiéramos de incluir a Larra en alguno de los grupos que al otro lado del Pirineo se distinguían en el estudio y exposición del pasado, no lo pondríamos entre los románticos como Chateaubriand, Thierry o Michelet que buscaban con preferencia la evocación pintoresca, plástica y coloreada, sino entre los historiadores filósofos, como Guizot o Tocqueville, continuadores del espíritu analítico y generalizador del siglo XVIII, que indagaban las líneas maestras y las grandes leyes que presidían el desarrollo histórico. En el artículo *Literatura*, repetidamente mencionado, Larra lanza duras acusaciones contra nuestros historiadores porque fueron —dice— sólo literatos y no trataron de interpretar el movimiento de su época ni de «desentrañar los móviles de los hechos que se veían llamados a referir». «Más parecieron sus escritos —añade— una recopilación de materiales y fragmentos descosidos, una copia selecta de arengas verosímiles que una historia razonada» [81]. Y en su artículo III sobre el *Ateneo científico y literario*, insistiendo sobre el mismo tema, afirma Larra que no hemos tenido «ni un solo historiador filósofo, ni una clave de nuestras revoluciones» [82].

A Larra, evidentemente, no le atraían en absoluto los aspectos pintorescos y espectaculares tan prodigados por el Romanticismo de la época, sino los problemas sociales y políticos, las cosas de inmediata aplicación práctica y concreta, referidas a la sociedad contemporánea, al mundo en que vive.

El Romanticismo contiene, como sabemos, tantas y tan diversas facetas, que es bien sencillo detectar en Larra el reflejo de muchas de ellas y clasificarle como un romántico absoluto. Si Romanticismo es libertad, y lo es, sin duda, sustancialmente, Larra es el más romántico de todos. Pero la libertad romántica era la fuerza generadora que había luego de concretarse en un amplio abanico de manifestaciones específicas, y Larra —esto es lo que queremos decir— no la hizo cuajar en aquellas formas más peculiares y efímeras, que distinguen el pulso de su tiempo. Habría, pues, que decir que Larra es un romántico eterno, un romántico que estaría en toda época como en su casa. Larra hubiera podido vivir en los días de

---

[79] Artículo cit., pág. 276.
[80] Ídem, íd., pág. 294.
[81] Ed. Seco, cit., II, pág. 131.
[82] Ed. Seco, cit., II, pág. 236.

Galdós y decir lo mismo que dijo, o en las fechas iniciales del 98 y escribir los mismo artículos exigiendo libertad y autenticidad, reformas y progreso, europeización y modernidad, o publicar ahora, en nuestros días, los artículos de *El Español* sin cambiarles ni una sola palabra. Es cuanto se puede decir sobre la perennidad y modernidad de Larra, al que creemos que se empequeñece y falsifica pegándole etiquetas mucho más limitadas que él.

Otros aspectos podrían aducirse aún para hacer cuestión del problemático romanticismo de Larra, entre otros su estima negativa de lo popular. Larra era un exquisito ultrasensible, cuya epidermis se erizaba al más pequeño contacto con la grosería y la zafiedad. Ya sabemos, claro, que el dandismo es otro producto romántico, pero hay que distinguir cuándo éste se deleita en su propia exquisitez y cuándo se proyecta hacia realidades exteriores de índole objetiva. Larra escribió bastantes artículos de los llamados «de costumbres» para execrar la rudeza y el provincianismo de la sociedad de su tiempo: *La fonda nueva, El castellano viejo, La diligencia, ¿Entre qué gentes estamos?* son los más famosos, y las alusiones dispersas sobre este tema son innumerables. Pero lo popular como tal, sea zafio o no, no encuentra eco en Larra, y esto es cuestión muy diferente. Como Larra apenas escribió sobre temas de arte que no fueran literarios, y dentro de éstos se circunscribió casi totalmente al teatro, es sólo en éste donde podemos contrastar sus gustos. Para el gran satírico el teatro no sólo debía ser escuela de cultura y de inquietud intelectual sino también de buenos modales, y por esto mismo rechaza los sainetes populares, que gozaron de tanta estima en la época romántica: «Los sainetes —dice en su artículo *De las traducciones*— tienen el inconveniente de halagar casi siempre las costumbres de nuestro pueblo bajo, por los términos en que están escritos, en vez de tender a corregirlas y suavizarlas, poniéndolas en ridículo; todo lo que fuese proponerse ese fin sustituyendo a los palos, a las alcaldadas y a las sandeces de los payos, rasgos agudos y delicados de ingenio, era laudable» [83].

Larra sentía por estas obras, que define como «piezas verdaderamente cómicas nacionales y populares», la misma desestima que Moratín y otros exquisitos ilustrados del XVIII tenían por los sainetes de Ramón de la Cruz, al que hacían responsable, como sabemos, de hacer fracasar los intentos reformadores en pro de un teatro culto y minoritario. A esta aversión por el sainete popular hay que atribuir la ruptura de la amistad que había tenido Larra con el más famoso comediógrafo de su tiempo, Bretón de los Herreros.

Larra, el gran campeón de la libertad más democrática y total, amaba al pueblo en abstracto, pero se defendía del pueblo real desde la torre de

---

[83]   Ed. Seco, cit., II, pág. 181.

su inteligencia aristocrática, implacablemente razonadora, fría y distante. Aunque rechazó cien veces el viejo *despotismo ilustrado* del XVIII, con su política paternalista, en pro de un liberalismo pleno, no andaba muy lejos —sin quererlo— de la fórmula «todo para el pueblo, pero sin el pueblo». Larra creía en la minoría selecta y rectora, y abominaba de las masas indiscriminadas como de toda actitud o fiesta colectiva, multitudinaria y bulliciosa. Al describir un baile de máscaras en el Carnaval de 1834, hace este comentario final: «Ese fue el baile y esa la concurrencia: nosotros, que en materia de sociedad somos enteramente aristocráticos, y que dejamos la igualdad de los hombres para la otra vida, porque en ésta no la vemos tan clara como la quieren suponer...» [84]. Y al comentar otro baile dos días después, escribe: «El que se ha dado en el café de Santa Catalina ha sido, indudablemente, el mejor de los que hemos visto este año. Verdad es que siempre será más brillante un baile por suscripción y de precio más alto que un baile en el teatro. La concurrencia se componía de la parte más escogida de Madrid...» [85].

---

[84] Ed. Seco, cit., I, pág. 336.

[85] Idem, íd., pág. 337. La enemiga de Larra por todo popularismo ramplón y hasta por esa «llaneza española» que tantas veces se ha dado en ponderar como peculiar de nuestras gentes, podría documentarse con innumerables pasajes de sus escritos. Hablando precisamente de este último punto en *¿Entre qué gentes estamos?*, escribe Larra: «¿Es posible que nadie sepa aquí ocupar su puesto? ¿Hay tal confusión de clases y personas?... ¿Se puede ver al señor de tal? —dice usted en una oficina. Y aquí es peor, pues ni siquiera contestan *no: ¿*ha entrado usted? Como si hubiera entrado un perro. ¿Va usted a ver un establecimiento público? Vea usted qué caras, qué voz, qué expresiones, qué respuestas, qué grosería. Sea usted grande de España; lleve usted un cigarro encendido. No habrá aguador ni carbonero que no le pida la lumbre, y le detenga en la calle, y le manosee y empurque su tabaco, y se lo vuelva apagado. ¿Tiene usted criados? Haga usted cuenta que mantiene usted a unos cuantos amigos, ellos llaman por su apellido seco y desnudo a todos cuantos lo sean de usted, hablan cuando habla usted, y hablan ellos... ¡Señor! ¡Señor! ¿Entre qué gentes estamos? ¿Qué orgullo es el que impide a las clases ínfimas de nuestra sociedad acabar de reconocer el puesto que en el trato han de ocupar? ¿Qué trueque es éste de ideas y de costumbres?» (ed. Seco, cit., II, pág. 28). Las palabras de Larra sobre su concepto de la igualdad son terminantes: «Si el prestigio hereditario puede ser un absurdo, las diferencias de clases no lo son; están en la Naturaleza, donde no existen dos pueblos, dos ríos, dos árboles, dos hojas de un árbol iguales; ni se concibe de otra manera un orden de cosas cualquiera: monarquías y repúblicas, todas las formas de gobierno sucumben en este particular a la gran ley de la desigualdad establecida en la Naturaleza, por la cual un terreno da dos cosechas cuando otro no da ninguna; por la cual un hombre da ideas, cuando otro no da sino sandeces; por la cual son unos fuertes cuando son débiles otros; ley preciosa, única garantía de alguna especie de orden con que selló la Providencia su obra, ley por la cual ahora como antes, después como ahora, la superioridad, la fuerza, el mérito o la virtud se sobrepondrán siempre en la sociedad a la multitud para sujetarla y presidirla» (en la reseña sobre el estreno de *El pilluelo de París*, ed. Seco, cit., II, pág. 284). En cuanto a la finura y distinción que exigía Larra en el teatro, valga por todos este pasaje en que enjuicia a una joven actriz que hacía su presentación en la capital: «La pronunciación es viciosa, defecto imperdonable en el teatro, que debería llegar a ser la escuela de la buena dicción y de la pura pronunciación de la lengua. Y por lo demás, le advertiremos que llena cual se halla de resabios

Como hemos aludido repetidamente al enraizamiento de Larra en el mundo de la Ilustración, importa aclarar que en la misma medida en que recogió su herencia ideológica, rechazó el chorreo sentimental de la lírica pastoril que estimaba ridícula y ajena a la realidad inmediata, cuajada de acuciantes problemas; es decir, rechazaba precisamente de la centuria anterior lo que ésta llevaba de anticipo romántico y sentimental. Al ocuparse de las poesías de Juan Bautista Alonso, que una exigencia de amistad le forzó a comentar, después de unos elogios convencionales abre la puerta a su verdadero pensamiento: «En poesía —dice— estamos aún a la altura de los arroyuelos murmuradores, de la tórtola triste, de la palomita de Filis, de Batilo y Menalcas, de las delicias de la vida pastoril, del caramillo y del recental, de la leche y de la miel, y otras fantasmagorías por este estilo. En nuestra poesía a lo menos no se hallará malicia: todo es pura inocencia. Ningún rumbo nuevo, ningún resorte no usado. Convengamos en que el poeta del año 35, encenagado en esta sociedad envejecida, amalgama de oropeles y de costumbres perdidas, presa él mismo de pasioncillas endebles, saliendo de la fonda o del billar, de la ópera o del sarao, y a la vuelta de esto empeñado en oír desde su bufete el cefirillo suave que juega enamorado y malicioso por entre las hebras de oro o de ébano de Filis, y pintando a la Gesner la deliciosa vida del otero (invadido por los facciosos), es un ser ridículamente hipócrita o furiosamente atrasado. ¿Qué significa escribir cosas que no cree ni el que las escribe ni el que las lee?» [86]. Y añade luego, dando confirmación a su repudio: «Antes de inventar nos es forzoso olvidar, y ésta es una doble tarea de que no son todos capaces: acaso cuando le ocurre a cada cual olvidar, es tarde ya para él. Todo va despacio entre nosotros, ¿por qué ha de ir de prisa sólo la poesía?» [87].

A pesar de todo lo dicho, con lo que pretendemos a lo menos hacer repensar los tópicos más socorridos sobre el romanticismo de Larra, no pueden ignorarse las vetas románticas que cruzan su vida. César Barja, que ha dedicado a Larra unas páginas tan entusiastas como luminosas [88], explica su peculiar sesgo romántico por la dramática lucha de contradicciones de que está amasada su inteligencia y su sensibilidad. Hay dos hombres en Larra: un Larra pasional y vehemente, que Barja califica de «furibundo romántico», y otro Larra cerebral, pensador, equilibrado, filósofo, reflexivo

---

de provincia, necesita hacer un estudio particular de la escena, adquirir cierta maestría hasta en el modo de andar y de accionar, templar y modular con más estudio su voz, y desprenderse a toda prisa de cierto desparpajo y soltura, que las actrices españolas confunden frecuentemente con la libertad precisa de los movimientos del teatro: soltura que les da en general un aire grosero y de pueblo bajo, que sólo puede servirles para papeles de sainete» (*Teatros. Revista del mes de abril*, ed. Seco, cit., II, pág. 211).

[86] Ed. Seco, cit., I, págs. 456-457.

[87] Ídem, íd., pág. 457.

[88] En su volumen *Libros y autores modernos*, Nueva York, 1924, págs. 247-273.

y crítico, que condena y se ríe de las exageraciones que ve cometer en derredor o que él mismo comete. Vive a la vez en la esfera de la razón y en la del sentimiento; esta dualidad es la esencia misma de su vida, y ella es la que acaba por destruirle y a la vez el motor de todas sus actitudes, y por descontado la fuente de su humorismo que no es sino la inadaptación entre su mundo interior y el exterior, entre su estado de espíritu y un estado social. Barja subraya [89] que esta contradicción no es en Larra una debilidad ni un valor negativo. Prescindiendo —dice— de las consecuencias que tuvo para Larra su propia manera de ser, esa lucha íntima es la que aguza su mirada y origina los rasgos más enérgicos de su personalidad humana y literaria por la misma riqueza espiritual que el dualismo y la contradicción comportan. Larra, pesimista «a nativitate» por la gracia de Dios, vive disgustado consigo mismo y con la sociedad que le rodea y hasta con el mundo en que vive, sin ser capaz de decidir si el disgusto consigo mismo es causado por el que la sociedad y el mundo le inspiran, o al revés. Y, sin embargo, este pesimista radical, que se quisiera acorazar tras su egoísmo individualista, posee el más agudo sentido social y humano, y se desvive a fuerza de generosidad y altruismo y lucha toda su vida con desinteresado anhelo por una sociedad más perfecta, más justa y más noble. Pocas veces le ocurre a Larra —sigue explicando Barja— lo que a los «mauvais maîtres» del romanticismo, que es querer encerrar el mundo todo dentro de sí, olvidar lo social por lo individual, el respeto y la consideración debida a los otros por la adoración dedicada a uno mismo: «Bien que Larra es un escritor romántico y subjetivo —dice Barja—, predomina en su obra el sentido de lo objetivo, el sentido crítico del escritor que ante la observación de los hechos reales es capaz de olvidar su propio placer y su propio dolor, su ambición personal» [90]. A este mismo propósito, escribe Escobar unas justísimas palabras: «Lo emocional —dice— se expresa en función de preocupaciones sociales. Esto es al fin y al cabo lo que constituye el meollo del arte literario de Larra en sus mejores momentos. En su obra cumplida, la densidad literaria se logra por la intensa participación afectiva del autor al interpretar críticamente la realidad social. En la sátira encuentra el medio literario de expresar sus propios sentimientos engen-

---

[89] Idem, íd., pág. 257.

[90] Idem, íd., pág. 259. También en la dualidad y la contradicción encuentra otro comentarista reciente el eje cardinal del ser romántico de Larra: «Profundamente español, ejerce de afrancesado. Corrige su patriotismo con su europeísmo, evitando así caer en la patriotería fácil de otros españoles. Profundamente romántico, escribe como un clásico. Con sus ideas y su estilo egregios corrige la peligrosa tendencia romántica que naturalmente lleva dentro y, en cuanto descuidase la atención, le movería la pluma al estilo de la época. Profundamente desesperanzado, corrige su desesperanza con la fe en unos ideales proclamados y venideros, en una libertad ideal. Sólo podremos entender a Larra montado en este mecanismo de autocontradicción» (Francisco Umbral, *Larra. Anatomía de un dandy*, cit., págs. 27-28).

drados en su preocupación por la sociedad de la cual él, con toda su amargura personal y su individualidad irreductible, se siente parte integrante»[91].

Courtney Tarr califica asimismo a Larra de «romántico genuino»[92] y llega incluso a afirmar que no sólo es el romántico más auténtico de los españoles de su generación sino uno de los más sobresalientes entre los de todos los países; pero explica que lo es por el modo con que identifica su propia situación y la de su patria, por cómo funde vida y literatura. Líneas más abajo, insistiendo sobre el mismo tema, afirma que Larra no es romántico por su muerte en el más ortodoxo estilo wertheriano, ni por algunos rasgos externos de su novela o su teatro, sino romántico de sentimiento y de espíritu a la manera de Stendhal, comparación —dice[93]— que podría llevarse muy lejos. Giuseppe Bellini define sagazmente, a nuestro entender, el peculiar romanticismo de Larra: «Larra —dice— estaba demasiado inmerso en la realidad, demasiado preocupado por su patria y por la sociedad en que vivía, para aceptar el aspecto más característico del romanticismo, el de la poesía y el ensueño. De otra parte, por su propia naturaleza estaba mal provisto de las dotes «fantásticas» propias de la manera romántica. Lo más vivo en él, incluso por su misma formación francesa, era la huella de Voltaire y de los ilustrados —de una y otra parte del Pirineo—, y sólo pudo encontrarse a gusto en la nueva forma literaria romántica cuando el advenimiento del liberalismo fundió los ideales del romanticismo con la filosofía del siglo XVIII, cuando el desarrollo de los acontecimientos políticos alejó la literatura romántica del campo del ensueño y de la fantasía y la lanzó al remolino político en nombre de un orden nuevo de libertad, de progreso, de una humanidad más grande y de justicia social»[94]. Lo que hemos dicho arriba acerca de los juicios de Larra sobre los dramas románticos con enseñanza o sin ella puede quedar mucho más claro ahora al relacionarlo con la peculiar significación romántica de nuestro autor puesta de relieve por Bellini.

Berkowitz, al hacer resumen de las ideas capitales de Larra, dice que su actitud filosófica se sitúa en algún punto equidistante entre el clasicismo y el romanticismo, aunque gran parte de los críticos lo haya clasificado arbitrariamente en uno u otro. Larra no escribió nada notable en ninguno de los grandes géneros románticos —la poesía y el teatro—, y su prosa satírica es absolutamente moderna, es decir, mira hacia adelante, hacia el estilo del siglo XX, mucho más que hacia atrás, hacia cualquier forma de clasi-

---

[91] José Escobar, *Los orígenes de la obra de Larra*, cit., págs. 59-60.

[92] F. Courtney Tarr, «Mariano José de Larra (1809-1837)», en *Modern Language Journal*, XXII, 1937, págs. 46-50; la cita en pág. 49.

[93] Ídem, íd., pág. 50.

[94] Giuseppe Bellini, *Larra e il suo tempo*, Milán, «La Goliardica», 1967; la cita en págs. XX-XXI.

cismo. Sus ideas, no obstante, son una mezcla inequívoca del ideario de la Ilustración y del pensamiento liberal del siglo XIX[95].

Con el romanticismo de Larra podría también relacionarse su pesimismo consustancial; el pesimismo, ya se sabe, era el mal del siglo, puesto en boga por el Romanticismo sin duda alguna, como resultado del desacuerdo entre la desmedida ambición y la mezquina realidad que la aprisionaba. Pero pesimistas, y muy radicales, los ha habido en todas las épocas, antes y después del Romanticismo, y por razones muy diversas. El pesimismo parece ser, si no nos equivocamos, un derivado de la inteligencia, que necesita además su propio caldo de cultivo. A Larra, pesimista también por temperamento —factor que siempre es necesario no olvidar—, se lo proporcionaron sus problemas amorosos y la objetiva contemplación de los males de su país. Con tales componentes no es de admirar que el pesimismo de Larra pudiese alcanzar niveles de poco común altura, aunque creemos que bien combinados y abrazados como en Larra se daban, hubieran podido fructificar lo mismo en cualquier época.

Una antología del pesimismo de Larra tendría que acotar pasajes de casi todos sus artículos y sería casi tan larga como su obra. No obstante, debemos advertir que este pesimismo se ahonda y ensancha con el tiempo. Hasta las últimas semanas de 1834 predominan en su amarga visión los motivos de índole local o nacional, pero a partir de dicha fecha su pesimismo se hace más universal, más filosófico y trascendente. Sánchez Estevan[96] destaca dos artículos como particularmente representativos de esta crisis: *La vida de Madrid*, publicado el 12 de diciembre del 34 en *El Observador*, y *La sociedad*, aparecido el 16 de enero del 35 en *Revista Española*. Como sus comentarios satíricos sobre la realidad nacional quedan expuestos en muchos lugares de estas páginas, podemos limitarnos ahora a dos pasajes de dichos artículos, en los que este pesimismo universal se pone de manifiesto. «Cuando en un día de esos —dice en *La vida de Madrid*— en que un insomnio prolongado, o un contratiempo de la víspera preparan al hombre a la meditación, me paro a considerar el destino del mundo; cuando me veo rodando dentro de él con mis semejantes por los espacios imaginarios, sin que sepa nadie para qué, ni adónde; cuando veo nacer a todos para morir, y morir sólo por haber nacido; cuando veo la verdad igualmente distante de todos los puntos del orbe donde se la anda buscando, y la felicidad siempre en casa del vecino a juicio de cada uno; cuando reflexiono que no se le ve el fin a este cuadro halagüeño, que según todas las probabilidades tampoco tuvo principio; cuando pregunto a todos y me responde cada cual quejándose de su suerte; cuando contemplo que la vida es un

95 *The Nature of Larra's Prose...*, cit., pág. 244.
96 *Mariano José de Larra...*, cit., págs. 139-144.

amasijo de contradicciones, de llanto, de enfermedades, de errores, de culpas y de arrepentimientos, me admiro de varias cosas. Primera, del gran poder del Ser Supremo, que haciendo marchar el mundo de un modo dado, ha podido hacer que todos tengan deseos diferentes y encontrados, que no suceda más que una sola cosa a la vez, y que todos queden descontentos. Segunda, de su gran sabiduría en hacer corta la vida. Y tercera, en fin, y de ésta me asombro más que de las otras todavía, de ese apego que todos tienen, sin embargo, a esta vida tan mala. Esto último bastaría a confundir a un ateo, si un ateo, al serlo, no diese ya claras muestras de no tener su cerebro organizado para el convencimiento; porque sólo un Dios y un Dios Todopoderoso podía hacer amar una cosa como la vida»[97]. «Lo más que concederemos a los abogados de la vida salvaje —dice en *La sociedad*— es que la sociedad es de todas las necesidades de la vida la peor: eso sí. Ésta es una desgracia, pero en el mundo feliz que habitamos casi todas las desgracias son verdad; razón por la cual nos admiramos siempre que vemos tantas investigaciones para buscar ésta. A nuestro modo de ver no hay nada más fácil que encontrarla: allí donde está el mal, allí está la verdad. Lo malo es lo cierto. Sólo los bienes son ilusión. / Ahora bien: convencidos de que todo lo malo es natural y verdad, no nos costará gran trabajo probar que la sociedad es natural, y que el hombre nació por consiguiente social; no pudiendo impugnar la sociedad, no nos queda otro recurso que pintarla»[98].

Y, sin embargo, este desolado pesimismo de Larra es un pesimismo que nace de la inteligencia, de la lucidez, pero que a pesar de todo no conduce a ningún nihilismo, no paraliza la voluntad. En el primero de sus artículos sobre el *Antony*, de Dumas, Larra ase la primera ocasión para mostrar una vez más su desolada filosofía: «La vida —dice— es un viaje: el que lo hace no sabe adónde va, pero cree ir a la felicidad. Otro que ha llegado antes y viene de vuelta, se aboca con el que está todavía caminando, y dícele: '¿Adónde vas? ¿Por qué andas? Yo he llegado a donde se puede llegar; nos han engañado; nos han dicho que este viaje tenía un término de descanso. ¿Sabes lo que hay al fin? Nada'». Pero Larra añade a continuación: «El hombre entonces que viajaba, ¿qué responderá? 'Pues si no hay nada, no vale la pena de seguir andando'. Y sin embargo es fuerza andar, porque si la felicidad no está en ninguna parte, si al fin no hay nada, también es indudable que el mayor bienestar que para la humanidad se da, está todo lo más allá posible. En tal caso, el que vino y dijo al que viajaba: 'Al fin no hay nada', ¿no merece nuestra execración?». Y Larra se afirma, efectivamente, en esta idea; quienes tal nos han dicho «hácennos más daño aún, porque ellos al menos, para llegar allá, disfrutaron del ca-

---

[97] Ed. Seco, cit., II, pág. 38.
[98] Ídem, íd., I, pág. 442.

mino y gozaron de la esperanza; déjennos al menos la diversión del viaje y no nos desengañen antes: si al fin no hay nada, hay que buscarlo todo en el tránsito; si no hay un vergel al fin, gocemos siquiera de las rosas, malas o buenas, que adornan la orilla» [99].

Larra, persuadido de la falsedad e inanidad de todo, lucha, sin embargo, por un ideal que sabe imposible, pero que justifica su vida y le da sentido y valor. Podría definírsele como un escéptico entusiasta. Por eso su pesimismo, que empapa su visión íntima, no afecta a su actividad social y lucha con pasión hasta casi el último instante. Su deseo de obtener un puesto en el Congreso para dar mayor eficacia a sus esfuerzos es una prueba más de ese optimismo de su voluntad que luchaba angustiadamente con el pesimismo de su conciencia.

Pero la parte que en ella tenía el torcedor de sus problemas íntimos y de sus amores contrariados debe ser tenida en cuenta también, y aquí hay que aceptar la vertiente romántica de Larra. Sánchez Estevan, que ha ido destrenzando los hilos, tan apretados, de la vida pública y privada de Larra, puntualiza que el pesimismo vaciado en *La vida de Madrid* y *La sociedad* coincide exactamente con agudos momentos de crisis en sus relaciones con la Armijo, y cree el comentarista que «no existe una sola línea escrita sin intención determinada ni un solo detalle sin fundamento real» [100]. Larra agiganta sus problemas personales y los proyecta sobre el mundo que le rodea para fundirlos ambos —romántico innegable bajo este aspecto— en una sola y común visión.

Berkowitz, que señala también el optimismo básico de Larra, a que hemos aludido, admite que sus artículos están fuertemente influidos por su vario humor de cada día, y oscilan contradictoriamente entre el pesimismo y el optimismo [101]. Pero sostiene que su pesimismo dominante está equilibrado por su opuesta vertiente optimista, que se refleja en la mayoría de sus artículos; la sátira trágica representa tan sólo una evolución final de Larra. Afirma Berkowitz que hay en la vida del escritor dos períodos de crisis: el primero —que es el señalado por Sánchez Estevan, pero como inicio de una situación que supone prolongada ya hasta el final— corresponde a los últimos meses de 1834, y a él pertenecen los dos artículos citados, *La vida en Madrid* y *La sociedad;* en esta época —recuerda Berkowitz [102]— se sentía Larra mal de salud, desgraciado en amor, y tuvo además repetidos problemas con la censura. El segundo período de crisis, el más grave y definitivo, tuvo lugar a finales de 1836, y de él se originaron sus más dramáticos artículos: *Horas de invierno, El Día de difuntos de 1836.*

---

[99] Ídem, íd., II, pág. 247.
[100] *Mariano José de Larra...*, cit., pág. 143.
[101] *The Nature of Larra's Prose...*, cit., pág. 242.
[102] Ídem, íd., pág. 244.

*Fígaro en el cementerio*, y *La Nochebuena de 1836. Yo y mi criado. Delirio filosófico*. Ya subrayamos, páginas arriba, las lacerantes circunstancias en que fueron escritas estas páginas, pero importa añadir ahora alguna consideración porque aportan luz, a su vez, sobre el mundo y el arte de Larra y muestran cómo sus vivencias más personales están implicadas en todo lo que escribe.

Rosa Rossi, en su breve pero agudo estudio sobre «Fígaro» [103], ha examinado en particular los últimos artículos mencionados. Explica Rossi que en la composición de sus artículos, Larra combina habitualmente datos biográficos con insuficiencias colectivas, de clase, nacionales, históricas, con lo que la estructura del artículo viene determinada por esta relación entre lo público y lo individual; y Rossi toma como paradigma el artículo *El casarse pronto y mal*, en donde el relato del muchacho que se casa está montado sobre el enfrentamiento dialéctico entre sus menguas personales —también de origen historicosocial, en buena parte—, y las realidades exteriores. El detalle anecdótico adquiriría así la trascendencia de un problema colectivo.

Por el contrario, en *El Día de difuntos* la estructura del artículo queda invertida: el yo es el protagonista exclusivo y absoluto; se toman, cierto, motivos de la vida pública del país, pero el eje de la analogía consiste en la vida individual, que es ahora la única y dominante, y el juicio sobre la sociedad se construye sobre esta sola base. La aproximación entre el plano de la experiencia individual y el de la experiencia social es tan sólo aparente, y es el segundo el que queda eliminado. En el paseo por la ciudad, el yo se convierte en la medida de todo; el mundo exterior no se aduce para analizarlo y juzgarlo, sino tan sólo para rechazarlo y maldecirlo. Más que una exposición satírica —sigue diciendo Rossi— se trata aquí de una diatriba, aunque enmascarada bajo la forma narrativa y descriptiva. El resultado, en comparación con los grandes artículos satíricos, pierde precisión, aunque queda compensada esta pérdida con la eficacia e intensidad del patetismo. Aquellos grandes artículos se basaban en una estrecha relación con la realidad exterior, regulada por la función del escritor como un espejo; un espejo que pretende reproducir a través de la estilización de lo particular lo que éste tiene de universal y que se sirve de la ironía abundantemente, pero siempre con un mínimo de acuerdo entre los dos términos de referencia. De este procedimiento —dice Rossi— ni rastro existe ahora; del enfrentamiento entre el espejo y la realidad objetiva ha quedado tan sólo el espejo, pero empañado ya porque está reducido a la sola idea de la muerte. La ironía ha sido sustituida por la invectiva y el sarcasmo.

---

[103] Rosa Rossi, *Scrivere a Madrid*, Bari, 1973.

Al examinar *La Nochebuena de 1836* encuentra Rossi idéntica situación: el escritor se describe a sí mismo en su despacho, en primera persona; y, como en *El Día de difuntos*, el campo de la vida política sirve tan sólo como *foro* en una serie de analogías para ilustrar la miseria del yo, que es el tema esencial; la realidad de fuera ha sido casi completamente eliminada. Larra parte en *La Nochebuena* del punto a donde había llegado en *El Día de difuntos*, de su visión de la propia vida como una tumba, lo que le impide ya divisar el mundo exterior. El criado que en *La Nochebuena* le dice a su amo la verdad, hunde al escritor más todavía dentro de su propia conciencia, porque las palabras del criado —sosias de su amo en aquel instante— son su más implacable autoanálisis [104].

Berkowitz ha llegado, por su parte, a casi idénticas conclusiones; distingue las máscaras irónicas que Larra fue adoptando en sus habituales artículos satíricos de la amarga descripción de sí mismo hecha en los artículos que ahora comentamos, calificados por la investigadora de «sátiras de humor trágico». En todas ellas —dice [105]— el virtuosismo técnico se subordina a la subjetiva efusión emocional, el escritor siente lástima de sí mismo, la sátira deja de tener sentido porque el autor no cree ya en su eficacia, y el satírico pierde su sentido del humor y su equilibrio; su censura contra males concretos del país se cambia en resentimiento e insatisfacción contra la vida misma. Como Rossi, Berkowitz puntualiza que en *El Día de difuntos* y en *La Nochebuena* Larra está mucho más interesado consigo mismo que con el mundo, sus reflexiones sobre las cosas se han vuelto hacia su propio interior; su arte ha tomado otro rumbo en el que la tragedia ha matado a la sátira. Berkowitz ha señalado los diversos matices de estos artículos que revelan aspectos típicamente románticos y que podrían ser utilizados precisamente como definitorios de la personalidad que más comúnmente se atribuye a Larra. Berkowitz, afirma, sin embargo, que estos escritos, capitales en tantos aspectos, representan —como ya dijimos— un estadio final y confiesa que no son, para ella [106], lo mejor de su obra; hacen más luz sobre el propio escritor que sobre su país —lo cual (digámoslo por nuestra cuenta) no nos parece una mengua, exactamente—, y no contienen —dice— el germen de ningún progreso porque Larra se ciega a toda solución y abandona la lucha; el escritor, idealista en otro tiempo, y desengañado ahora, no puede ya escribir más sátiras valiosas y no halla otra salida sino en la muerte.

---

[104] Cfr., Ricardo Gullón, «El diálogo de Fígaro con 'el otro'», en *Insula*, núms. 188-189, págs. 1 y 4.

[105] *The Nature of Larra's Prose...*, cit., pág. 192.

[106] Ídem, íd., pág. 206.

EL IDEARIO DE LARRA

Creemos que no puede intentarse una aproximación al ideario de Larra sin abordar previamente dos cuestiones que pueden obstruir las vías de acceso: primeramente, el problema de su patriotismo y presunto afrancesamiento; en segundo lugar, su discutida condición de escritor «costumbrista», según el criterio tópico con que suele entenderse este género.

Es casi bochornoso a estas alturas tener que comenzar por acreditar el patriotismo de Larra. Pero es imprescindible porque ha sido puesto en duda muchas veces y todavía sigue siéndolo en comentarios que, si apenas merecen una refutación, están ahí y hacen su efecto. El caso de Larra es el mismo que el de los grandes reformadores del siglo XVIII y habría que repetir ahora tediosamente cuanto ya quedó dicho a su propósito. La preocupación de ser mal comprendido atenazó a Larra toda su vida y a cada paso se siente obligado a dar cuenta de su actitud. Larra contrapone una y otra vez al español que se siente absolutamente satisfecho de las condiciones de su patria o por vulgar rutina, o por ignorancia, o por orgullo o por el bajo egoísmo de no querer modificar la situación de que se aprovecha, y al español insatisfecho precisamente porque conoce el desnivel que hay que remontar para lograr la patria a la que aspira. En el conocido artículo *El castellano viejo*, al describir al protagonista don Braulio, escribe Larra: «La vanidad le ha sorprendido por donde ha sorprendido casi siempre a toda o la mayor parte de nuestra clase media, y a toda nuestra clase baja. Es tal su patriotismo, que dará todas las lindezas del extranjero por un dedo de su país. Esta ceguedad le hace adoptar todas las responsabilidades de tan inconsiderado cariño; de paso que defiende que no hay vinos como los españoles, en lo cual bien puede tener razón, defiende que no hay educación como la española, en lo cual bien pudiera no tenerla; a trueque de defender que el cielo de Madrid es purísimo, defenderá que nuestras manolas son las más encantadoras de todas las mujeres; es un hombre, en fin, que vive de exclusivas...» [107]. En el artículo, menos conocido, *¿Qué dice usted? Que es otra cosa*, dialogan dos españoles, el primero de los cuales es del mismo corte que el anterior: «Tenía trazas —dice Larra—, además, de ser uno de estos cándidos bonachones, que cuando van a Perona exclaman: *¿Qué tenemos que envidiar aquí a los extranjeros en materia de comer y de elegancia?*; que cuando ven su Prado, gritan: *¡Éste es el paseo del mundo, y no hay otro!*; que cuando miran de hito en hito el cuadro *del hambre* dicen en voz asombrada y misteriosa: *¡Esto es pintar!*; que cuando vieron, en fin, la ostentación de las artes espa-

_____

[107] Ed. Seco, cit., I, pág. 115.

ñolas en el Conservatorio repetían con vanidad: *¡Vea usted! ¡Si a nosotros nos nos falta sino el querer hacer las cosas!*; y, por último, de estos que siempre que habla el gracioso en la comedia se han de reír, mas que no diga gracias, o que han de añadir en diciendo alguna, mas que ésta sea del autor: *¡Es mucho hombre éste! ¡Vaya! ¡Qué maldito!* De éstos, en una palabra, que salen siempre del teatro diciendo: *¡Qué bien lo han hecho!* Almas felices y patrióticas que han hallado el único medio posible de tener vanidad y creerse dichosos y superiores: el de ver las cosas como debieran ser; hombres bienaventurados, cuya existencia es una prueba viva del principio de física que asegura que los colores de las cosas no están en ellas, sino en los ojos que las ven» [108].

Frente a estos dos españoles tan eufóricos, que aman a su patria como es, se yergue la insatisfacción de Larra que la ama desesperadamente por todo lo contrario: porque la contempla desde una altura ideal, la siente como problema que hay que resolver y desea para ella toda la perfección y plenitud que cree encontrar en otras partes. Y porque sabe que esta actitud de esfuerzo y exigencia se atrae el odio de los que no quieren aceptar la verdad cuando es amarga y, como dice Seco [109], siempre es más cómodo condenar al que la profesa, tiene que defender intrépidamente la posición desde la que escribe: «Si me oyen —dice— me han de llamar *mal español*, porque digo los abusos para que se corrijan, y porque deseo que llegue mi patria al grado de esplendor que cito. Aquí creen que sólo ama a su patria aquel que con vergonzoso silencio, o adulando a la ignorancia popular, contribuye a la perpetuación del mal...» [110]. En su vibrante artículo *Conclusión*, con el que anuncia la muerte de *El Pobrecito Hablador*, Larra escribe palabras más terminantes todavía: «Los aduladores de los pueblos han sido siempre, como los aduladores de los grandes, sus más perjudiciales enemigos; ellos les han puesto una espesa venda en los ojos, y para usufructuar su flaqueza les han dicho: *Lo sois todo.* De esta torpe adulación ha nacido el loco orgullo que a muchos de nuestros compatriotas hace creer que nada tenemos que adelantar, ningún esfuerzo que emplear, ninguna envidia que tener. Ahora preguntamos al que de buena fe nos quiera responder: ¿Quién es mejor español? ¿El hipócrita que grita: 'Todo lo sois; no deis un paso para ganar el premio de la carrera, porque vais delante'»; o el que sinceramente dice a sus compatriotas: 'Aún os queda que andar; la meta está lejos; caminad más aprisa, si queréis ser los primeros'? Aquél les impide marchar hacia el bien, persuadiéndoles de que lo tienen; el segundo mueve el único resorte capaz de hacerlos llegar a él tarde o temprano. ¿Quién, pues, de entrambos desea más su felicidad? El

---

[108] Idem, íd., I, págs. 221-222.
[109] Introducción a su ed. cit., I, pág. XI.
[110] Ed. Seco, cit., I, pág. 224.

último es el verdadero español, el último, el único que camina en el sentido de nuestro buen gobierno» [111]. Y cuando Andrés Niporesas, el corresponsal del Bachiller, da cuenta de su muerte, insiste aún, atormentado por el mismo escozor: «Bien sabe Dios, y lo sé yo también por más señas, que nunca fue la intención del señor Bachiller hablar mal de su país. ¡Jesús! ¡Dios nos libre! Antes queríalo como un padre a su hijo; bien se echa de ver que este cariño no es incompatible con cuatro zurras más o menos al cabo del año» [112].

Importa, siquiera sea de paso, rechazar otra acusación frecuentemente lanzada contra Larra: su pesimismo; pero entendido en particular ahora —adviértase bien— en relación con la vida y posibilidades de su país, no como actitud íntima y subjetiva, que hemos ya considerado a propósito de su discutida sensibilidad romántica. El pesimista, en realidad, es aquel que acepta lo que existe porque no desea o no cree en la mejora y condena a su patria al inmovilismo. Pero Larra, al menos en estos primeros años de su vida pública, era inequívocamente optimista respecto a las posibilidades de sus compatriotas. Nada le exaspera tanto como los españoles que censuran las cosas de su patria, creyéndose con ello superiores, y nada hacen para mejorar lo que vituperan. Profundamente revelador de esta actitud es el artículo *En este país*, que habría que reproducir completo: «*En este país*... Ésta es la frase que todos repetimos a porfía, frase que sirve de clave para toda clase de explicaciones, cualquiera que sea la cosa que a nuestros ojos choque en mal sentido. *¿Qué quiere usted?*, decimos, *¡en este país!* Cualquier acontecimiento desagradable que nos suceda, creemos explicarle perfectamente con la frasecilla: *¡Cosas de este país!* que con vanidad pronunciamos y sin pudor alguno repetimos. / ¿Nace esta frase de un atraso reconocido en toda la nación? No creo que pueda ser éste su origen, porque sólo puede conocer la carencia de una cosa el que la misma cosa conoce: de donde se infiere que si todos los individuos de un pueblo conociesen su atraso, no estarían realmente atrasados. ¿Es la pereza de imaginación o de raciocinio, que nos impide investigar la verdadera razón de cuanto nos sucede, y que se goza en tener una muletilla siempre a mano con que responderse a sus propios argumentos, haciéndose cada uno la ilusión de no creerse cómplice de un mal, cuya responsabilidad descarga sobre el estado del país en general?» [113]. Y añade luego: «Éste es acaso nuestro estado, y éste, a nuestro entender, el origen de la fatuidad que en nuestra juventud se observa: el *medio saber* reina entre nosotros; no conocemos el bien, pero sabemos que existe y que podemos llegar a

---

[111] Ídem, íd., I, pág. 148.
[112] Ídem, íd., I, pág. 153.
[113] Ídem, íd., I, pág. 216.

poseerle, si bien sin imaginar aún el cómo. Afectamos, pues, hacer ascos de lo que tenemos, para dar a entender a los que nos oyen que conocemos cosas mejores, y nos queremos engañar miserablemente unos a otros, estando todos en el mismo caso»[114]. ¿Se puede honradamente calificar de pesimista paralizador a Larra o denunciar en él un simple afán censorio por admiración ante lo extranjero? Es preciso leer todavía los últimos párrafos del artículo: «Cuando oímos a un extranjero que tiene la fortuna de pertenecer a un país donde las ventajas de la ilustración se han hecho conocer con mucha anterioridad que en el nuestro, por causas que no es de nuestra inspección examinar, nada extrañamos en su boca, si no es la falta de consideración y aun de gratitud que reclama la hospitalidad de todo hombre honrado que la recibe; pero cuando oímos la expresión despreciativa que hoy merece nuestra sátira en bocas de españoles, y de españoles, sobre todo, que no conocen más país que este mismo suyo, que tan injustamente dilaceran, apenas reconoce nuestra indignación límites en que contenerse. / Borremos, pues, de nuestro lenguaje la humillante expresión que no nombra a *este país* sino para denigrarle; volvamos los ojos atrás, comparemos y nos creeremos felices. Si alguna vez miramos adelante y nos comparamos con el extranjero, sea para prepararnos un porvenir mejor que el presente, y para rivalizar en nuestros adelantos con los de nuestros vecinos: sólo en este sentido opondremos nosotros en algunos de nuestros artículos el bien de fuera al mal de dentro. / Olvidemos, lo repetimos, esa funesta expresión que contribuye a aumentar la injusta desconfianza que de nuestras propias fuerzas tenemos. Hagamos más favor o justicia a nuestro país, y creámosle capaz de esfuerzos y felicidades. Cumpla cada español con sus deberes de buen patricio, y en vez de alimentar nuestra inacción con la expresión de desaliento: *¡Cosas de España!* contribuya cada cual a las mejoras posibles. Entonces este país dejará de ser tan mal tratado de los extranjeros, a cuyo desprecio nada podemos oponer, si de él les damos nosotros mismos el vergonzoso ejemplo»[115].

Todavía es imprescindible acudir a otro texto; de nuevo al mencionado artículo *Conclusión:* «Una duda ofensiva nos queda por desvanecer —escribe Larra—. Habrán creído muchos tal vez que un orgullo mal entendido, o una pasión inoportuna y dislocada de extranjerismo, han hecho nacer en nosotros una propensión a maldecir de nuestras cosas. Lejos de nosotros intención tan poco patriótica; esta duda sólo puede tener cabida en aquellos paisanos nuestros que, haciéndose peligrosa ilusión, tratan de persuadirse a sí mismos que marchamos al frente o al nivel, a lo menos, de la civilización del mundo; para los que tal crean no escribimos, porque tanto valiera hablar a sordos: para los españoles, empero, juiciosos, para

---

[114] Idem, íd., I, pág. 217.
[115] Idem, íd., I, pág. 219.

quienes hemos escrito mal o bien nuestras páginas; para aquellos que, como nosotros, creen que los españoles son capaces de hacer lo que hacen los demás hombres; para los que piensan que el hombre es sólo lo que de él hacen la educación y el gobierno; para los que pueden probarse a sí mismos esta eterna verdad con sólo considerar que las naciones que antiguamente eran hordas de bárbaros son en el día las que capitanean los progresos del mundo; para los que no olvidan que las ciencias, las artes y hasta las virtudes han pasado del oriente al occidente, del mediodía al norte, en una continua alternativa, lo cual prueba que el cielo no ha monopolizado en favor de ningún pueblo la pretendida felicidad y preponderancia tras que todos corremos; para éstos, pues, que están seguros de que nuestro bienestar y nuestra representación política no ha de depender de ningún talismán celeste, sino que ha de nacer, si nace algún día, de tejas abajo, y de nosotros mismos; para éstos haremos una reflexión que nos justificará plenamente a sus ojos de nuestras continuas detracciones, reflexión que podrá ser la clave de nuestras habladurías y la verdadera profesión de fe de nuestro bien entendido patriotismo»[116]. Y escribe ahora a continuación el pasaje, ya transcrito, sobre «los aduladores de los pueblos».

Creemos que basta para persuadir al más reacio de la patriótica pasión que mueve la pluma de Larra y liberarle de la acusación de extranjerismo. Pero parece que siempre queda el fantasma de su galofilia. Del mismo modo que su suicidio sirve a maravilla para montar el retablo del Larra romántico, así también el afrancesamiento del padre, su exilio a Francia y los años de la niñez vividos en París favorecen el tópico de su galicismo; a lo que contribuyen también, es cierto, cuatro frases de Larra, siempre repetidas, y tendenciosamente interpretadas tras extraerlas previamente de su contexto.

La «educación francesa» de Larra merece un comentario. Larra marchó a Francia cuando tenía cinco años y regresó cuando tenía nueve. No volvió a Francia hasta 1835, menos de dos años antes de su muerte y cuando había escrito ya la mayor parte de su obra. No creemos que la «educación francesa» de Larra durante aquellos cuatro años de niñez pudiera ser muy importante; aparte de aprender el francés en vivo, no pudieron quedarle más que algunos hábitos pedagógicos de aquellas aulas de muchachos[117].

---

[116] Ídem, íd., I, pág. 148.

[117] Lomba da por supuesta (*Cuatro estudios...*, cit., pág. 223) la formación literaria francesa a consecuencia de la estancia de Larra en colegios de Burdeos y de París, pero la hipótesis es inaceptable por las razones que venimos exponiendo. Escobar, que recoge las palabras de Lomba, las despacha en nota al pie, sin darles mayor importancia que este comentario: «No parece verosímil que Larra, con menos de nueve años, recibiera formación literaria en los colegios de Burdeos y de París» (*Los orígenes de la obra de Larra*, cit., pág. 125, nota 93). Pero, aparte que todo el libro de Escobar es

Las lecturas de autores franceses —pocas o muchas— pudo hacerlas lo mismo sin haber salido nunca de Madrid; Feijoo, Jovellanos y cien ilustrados más pudieron absorber la cultura francesa sin viajar jamás a Francia. Posiblemente es cierto que Larra a su regreso de París había olvidado el español. Démoslo por bueno; pero a los nueve años —los de su regreso— todavía es una aceptable edad para aprender bien la lengua de un país, que es además el propio, y donde va a vivir el resto de su vida. La preocupación por la lengua española fue obsesiva en Larra. Sabemos ya que, siendo todavía poco menos que un niño, se ejercitaba escribiendo una *Gramática Española*, y andando el tiempo emprendió la redacción de un *Diccionario de sinónimos* [118]. Larra «reaprendió» el castellano lo bastante bien como para llegar a ser el mejor prosista de su siglo; o uno de los mejores, si no se quiere aceptar tan categórica afirmación (¿pero quiénes son mejores? ¿Valera?). En cambio, lo que sí tenemos por cierto es que Larra, después de su regreso a España, *casi* olvidó el francés; lo leía con suficiente soltura para manejar libros franceses y hasta para traducir o arreglar comedias francesas, pero debía de hablarlo muy medianamente y escribirlo con mayor dificultad aún. Suelen aducirse, como una prueba del profundo conocimiento que tenía Larra de la lengua francesa, aquellas palabras —citadas arriba por nosotros con otro propósito— de una carta desde París a su editor Delgado: «el francés fue mi primera lengua» [119]. Pero el sentido de lo que escribe Larra es enteramente contrario al que se le ha venido atribuyendo. Lo que Larra quiere decir es que por haber sido el francés su primera lengua, es decir, la que había aprendido en la niñez ya muy remota, la tenía casi olvidada y se veía en grandes apuros para escribirla. En su carta a Delgado, Larra se justifica de que no escribe más cosas para España por haber estado ocupado redactando el texto para el *Voyage pit-*

---

una refutación de aquel supuesto, merece la pena reproducir unas líneas de su Introducción, porque resumen lo que va a ser después la meta de su trabajo: «El carácter insólito de Larra en el panorama intelectual de la España de su época —dice— suele atribuirse a su formación fuera del país. Realmente, lo de la formación francesa de Larra se ha hecho un tópico repetido en los manuales» —y no sólo en los manuales, deberíamos añadir— «sin pensar que toda la formación que pudo recibir en Francia durante su permanencia allá fue la que le dieran en la escuela primaria, de los cinco a los nueve años de edad. Leyendo a ciertos críticos se tiene la impresión de que Fígaro es como un árbol trasplantado a suelo nuevo donde no logra aclimatarse, como si la razón última de su crítica no fuera más que un simple problema de adaptación. Según eso, Larra sería un escritor francés a quien le tocó vivir en España y por eso escribió en español, no sin galicismos» (ídem, íd., págs. 14-15).

[118] Se publicó por primera vez en la edición de *Obras completas de D. Mariano José de Larra (Fígaro)*, de Montaner y Simón, Barcelona, 1886. Lo incluye Seco en su ed. cit., III, págs. 209-222. Cfr., A. Rumeau, «Une copie manuscrite d'oeuvres inédites de Larra: 1886», en *Hispanic Review*, IV, 1936, págs. 111-123; se ocupa en particular de los *Sinónimos* en págs. 118-122, con muy interesantes comentarios sobre la gran preocupación de Larra por su lengua.

[119] Ed. Seco, cit., IV, pág. 277.

*toresque* del barón Taylor[120], y dice: «Les faltaba el texto, y como este trabajo debía ser en francés, usted puede calcular que no me habrá ocupado poco»[121]. Líneas después informa de que, por haber gustado mucho su ensayo, le han propuesto escribir algunos artículos, y dice entonces de manera inequívoca: «La gran dificultad ha consistido y consiste en el francés; pero tengo quien toque mis composiciones, y al cabo, escribiendo siempre diariamente, he de adelantar. Hay que agregar a esto que el francés fue mi primera lengua, *y estaba rouillé* [subraya el propio Larra], como los goznes de una puerta: el uso me vuelve a poner corriente»[122]. El sentido de «mi primera lengua» no puede estar más claro.

Aunque se afirma tópicamente que Larra hace constantes referencias al modelo francés, es ésta una aseveración que habría que probar con textos del propio Larra. Seco subraya con gran exactitud que jamás se encuentra en Fígaro «papanatismo ante el espectáculo de allende el Pirineo»[123]. En cambio, pueden seleccionarse abundantísimos pasajes en que Larra reprocha a sus compatriotas la necia imitación de lo francés, desde las modas al idioma. La crítica del drama de Ducange, *Treinta años o la vida de un jugador*, ya mencionada, aparecida en el segundo número de *El Duende*, es decir, cuando estaba más próxima esa supuesta «educación francesa», es una protesta que casi parece escrita por un tradicionalista galófobo. Larra se burla de los franceses que habían condenado el teatro sin reglas de nuestro Siglo de Oro y lo imitaban entonces grotescamente con sus dramones románticos. Casi diríamos que en estas páginas Larra respira un cierto encono o resentimiento por el país vecino. Ya al comienzo nos dice: «¿Quién le había de decir al *Duende*, que nada gasta de París a pesar de la moda y de haber vivido en él, que de París le había de venir materia para su segundo cuaderno...»[124]. Abundan las frases sarcásticas, incluso a propósito de «su oráculo Boileau», a pesar de haber tomado una frase suya como epígrafe del artículo: «Y estos señores españoles, que según se explica Boileau, comen pan por privilegio, y no andan en cuatro pies por gracia particular que les hacen los franceses, ¿no han de atreverse a reír de la *Vida de un jugador?* Y no publicada ya en el siglo de Calderón, sino en el XIX, y no por algún ingenio de esta corte, sino por M. Ducange. En el tiempo y en el país de las luces ha nacido el *Jugador*, y todavía nos le vienen dando por muy bueno los señores cómicos en un cartel lleno de dis-

---

[120] Sobre la redacción y publicación de este trabajo y las relaciones de Larra con el barón, cfr.: Ventura García Calderón, «Larra écrivain français», en *Revue Hispanique*, LXXII, 1928, págs. 592-604. Aristide Rumeau, «Mariano José de Larra et le Baron Taylor. *Le Voyage pittoresque en Espagne*», en *Revue de Littérature Comparée*, XVI, 1936, págs. 477-493.

[121] Ed. Seco, cit., IV, pág. 276.

[122] Ídem, íd., pág. 277.

[123] Introducción a su ed. cit., I, pág. XII.

[124] Ed. Seco, cit., I, pág. 16.

culpas y de alabanzas» [125]. Y el párrafo final es una rechifla del papanatismo por lo francés en la que Larra acumula todos los recursos de su sátira [126].

En otro artículo de *El Duende* se burla Larra de la galomanía del *Correo:* «Este prurito de hablar más en francés que en castellano es peculiar del *Correo,* y lo manifiesta en mil ocasiones. ¿Por qué en lugar de decir *Soi disant satirique* no dice 'pseudo satírico'? ¿Si convencerá más la mentira dicha en una lengua que en otra?» [127]. Podrían multiplicarse las citas de esta especie. En su artículo *Literatura* se ocupa Larra de los escritores del siglo XVIII que adoptaban el gusto francés e importaban la literatura francesa, y después de concederles la importancia debida a sus propósitos, escribe: «No queremos rehusarles por eso la gratitud que de derecho les corresponde; quisiéramos sólo abrir un campo más vasto a la joven España; quisiéramos sólo que pudiese llegar un día a ocupar un rango *suyo, conquistado, nacional,* en la literatura europea» [128] (es Larra quien subraya). ¿Son éstas —preguntamos— las palabras de un afrancesado? ¿No está aquí ya claramente formulado el deseo unamuniano de españolizar Europa, pero alzándose a su nivel, imponiéndose desde su misma altura? Al comienzo

---

[125] Ídem, íd., pág. 18.

[126] No está aún en sazón su fecunda ironía, pero el párrafo merece ser transcrito: «¡Cómo ha de ser! Paciencia. El drama es malo; pero no se silbó. ¡Pues no faltaba otra cosa sino que se metieran los españoles a silbar lo que los franceses han aplaudido la primavera pasada en París! ¡Se guardarán muy bien del silbar sino cuando se les mande o cuando venga silbando algún figurín, en cuyo caso buen cuidado tendrían de no comer, beber, dormir ni andar sino silbando, y más que un mozo de mulas, y aunque fuera en misa! ¡Silbar a un francés! ¡Se mirarían en ello! Que hagan los españoles dramas sin reglas, *mais nous,* nosotros, que no somos españoles y que no sabemos, por consiguiente, hacer comedias malas; *mais nous* que hemos introducido en el Parnaso el melodrama anfibio y disparatado, lo que nunca hubieran hecho los españoles; *mais nous,* que tenemos más orgullo que literatura; *mais nous,* que en nuestro Centro tenemos a todo un Ducange, que nos envanecemos de haber producido *La huérfana de Bruselas, Los ladrones de Marsella, La cieguecita de Olbruck, Los dos sargentos franceses,* etc.; *mais nous,* por último, que somos franceses, que habitamos en París, que no somos españoles (gracias a Dios), también sabemos caer en todos los defectos que criticamos y sabemos hacer comedias, *ut nec pes nec caput uni redatur formae,* y sabemos, lo que es más, hacer llorar en nuestra comedia melodramática, reír en nuestra tragedia monótona y sin acción, y bostezar en la cansada y tosca música de las óperas con que, a pesar de Euterpe, nos empeñamos en ensordecer los tímpanos mejor enseñados» (ed. Seco, cit., I, pág. 22).

[127] Ed. Seco, cit., I, pág. 57, nota.

[128] Ídem, íd., II, pág. 133. Refiriéndose no como aquí a la pretérita literatura del siglo XVIII sino a la de sus días, alude Larra frecuentemente al aluvión de traducciones que sustituye a la inexistente literatura nacional, por cuyo alumbramiento clama. En su primera *Carta a Andrés escrita desde las Batuecas por el Pobrecito Hablador,* escribe Larra a este propósito: «Todo ese atarugamiento y prisa de libros, reducido está, como sabemos, a un centón de novelitas fúnebres y melancólicas, y de ninguna manera arguye la existencia de una literatura nacional, que no puede suponerse siquiera donde la mayor parte de lo que se publica, si no el todo, es traducido, y no escribe el que sólo traduce, bien como no dibuja quien estarce y pasa el dibujo ajeno a otro papel al trasluz de un cristal» (ed. Seco, cit., I, pág. 84).

de su segundo artículo sobre el *Antony*, de Dumas, escribe Larra: «En nuestro primer artículo hemos probado que no siendo la literatura sino la expresión de la sociedad, no puede ser toda literatura igualmente admisible en todo país indistintamente; reconocido este principio, la francesa, que no es intérprete de nuestras creencias ni de nuestras costumbres, sólo nos puede ser perjudicial, dado caso que con violencia incomprensible nos haya de ser impuesta por una fracción poco nacional y menos pensadora» [129]. ¿Qué *afrancesado* de los tiempos de Larra hubiera sido capaz de escribir estas palabras?

Hay un pasaje que merece especial consideración porque ha sido aducido repetidas veces para denunciar el galicismo de Larra. Pertenece al artículo *Horas de invierno* publicado en *El Español* el día de Navidad de 1836, pocos meses antes de su muerte. He aquí el pasaje: «Escribir y crear en el centro de la civilización y de la publicidad, como Hugo y Lherminier, es escribir. Porque la palabra escrita necesita retumbar, y como la piedra lanzada en medio del estanque, quiere llegar repetida de onda en onda hasta el confín de la superficie; necesita irradiarse, como la luz, del centro a la circunferencia. Escribir como Chateaubriand y Lamartine en la capital del mundo moderno es escribir para la humanidad; digno y noble fin de la palabra del hombre, que es dicha para ser oída. Escribir como escribimos en Madrid es tomar una apuntación, es escribir en un libro de memorias, es realizar un monólogo desesperante y triste para uno solo. Escribir en Madrid es llorar, es buscar voz sin encontrarla, como en una pesadilla abrumadora y violenta. Porque no escribe uno siquiera para los suyos. ¿Quiénes son los suyos? ¿Quién oye aquí? ¿Son las academias, son los círculos literarios, son los corrillos noticieros de la Puerta del Sol, son las mesas de los cafés, son las divisiones expedicionarias, son las pandillas de Gómez, son los que despojan, o son los despojados?» [130].

Desgajadas de su contexto, todavía podrían tomarse estas palabras como ingenuo desahogo de ilusión extranjerizante. Pero hay que leer completo el artículo de Larra, uno de los más sombríos que salieron de su pluma, en donde el *dolor de España* se estremece con amargura mayor, pero que es a la vez la más angustiosa llamada al resurgimiento y al esfuerzo. Explica Larra que, destruida nuestra pasada grandeza y muerto en nuestros pechos el orgullo nacional, único que «hace emprender y llevar a cabo cosas grandes a las naciones» [131], hemos sido juguete de la intriga extranjera y campo de batalla de los demás pueblos, en donde «vienen los principios encontrados a darse el combate». Y Larra, el liberal Larra, el pacifista, el defensor del hombre universal aprendido en la Ilustración, increpa a su pueblo

---

[129]  Idem, íd., II, pág. 249.
[130]  Idem, íd., II, pág. 290.
[131]  Idem, íd., pág. 289.

para que se derrame afuera imponiendo su fuerza y su medida, y hasta convoca —¿quién había de decirlo?— a los capitanes de la remota España imperial, invocación que, en la pluma de Larra, no tiene sabor de latiguillo: «Es una verdad eterna —dice—: las naciones tienen en sí un principio de vida que creciendo en su seno se acumula y necesita desparramarse a lo exterior; las naciones, como los individuos, sujetos a la gran ley del egoísmo, viven más que de su vida propia de la vida ajena que consumen, y ¡ay del pueblo que no desgasta diariamente con su roce superior y violento los pueblos inmediatos, porque será desgastado por ellos! O atraer o ser atraído. Ley implacable de la naturaleza: o devorar, o ser devorado. Pueblos e individuos, o víctimas o verdugos. Y hasta en la paz, quimérica utopía no realizada todavía en la continua lucha de los seres, hasta en la paz devoran los pueblos, como el agua mansa socava su cauce, con más seguridad, si no con tanto estruendo como el torrente. / El pueblo que no tiene vida sino para sí, el pueblo que no abruma con el excedente de la suya a los pueblos vecinos, está condenado a la oscuridad; y donde no llegan sus armas, no llegarán sus letras; donde su espada no deje un rasgo de sangre, no imprimirá tampoco su pluma ni un carácter solo, ni una frase, ni una letra. / Volvieran, si posible fuese, nuestras banderas a tremolar sobre las torres de Amberes y las siete colinas de la ciudad espiritual, dominara de nuevo el pabellón español el golfo de Méjico y las sierras de Arauco, y tornáramos los españoles a dar leyes, a hacer Papas, a componer comedias y a encontrar traductores. Con los Fernández de Córdoba, con los Espínolas, los Albas y los Toledos, tornaran los Lopes, los Ercillas y los Calderones. / Entretanto (si tal vuelta pudiese estarnos reservada en el porvenir, y si un pueblo estuviese destinado a tener dos épocas viriles en una sola vida) renunciemos a crear, y despojémonos de las glorias literarias como de la preponderancia política y militar nos ha desnudado la sucesión de los tiempos» [132]. Y es a continuación cuando escribe Larra el pasaje a que nos referíamos: «escribir en Madrid es llorar». Lo que desalienta al gran periodista es la inercia, la indiferencia, la pasividad de sus conciudadanos, a los que en vano, día tras día, había pretendido galvanizar con su látigo implacable. ¿Puede tacharse —volvemos a preguntar— de afrancesado o de extranjerizante a este español que llora y se desespera porque su palabra y su entusiasmo no encuentran respuesta y los ve disolverse en los adocenados mentideros literarios donde se extingue el eco de sus escritos? ¿Son las palabras de Larra una mera queja de insatisfacción romántica, como se nos ha dicho tantas veces?

---

[132] Ídem, íd., pág. 290.

Importa preguntarse cuál es el secreto de que los artículos de Larra, breves y aparentemente ligeros, nacidos siempre de circunstancias ocasionales y escritos para lectores de hace siglo y medio, hayan podido remontar el carácter efímero que todo periodismo comporta y conservar su frescura y actualidad; más aún: convertirse en una de las más agudas interpretaciones de nuestro pueblo [133]. Larra no es, en absoluto, un *costumbrista* a la manera de los contemporáneos suyos que cultivaron este género; la rutina y un estrecho concepto de lo que fue la obra de Larra permiten seguir agrupándole con otros escritores que sólo la etiqueta tienen en común [134]. El estilo y la materia del *artículo de costumbres*, tal como era

---

[133] Hemos dicho repetidas veces, como el mayor elogio, que Larra era esencialmente un periodista. Escobar ha dedicado muchas páginas de su estudio (*Los orígenes de la obra de Larra*, cit.) a destacar la importancia de toda esa literatura periodística del siglo XVIII y de comienzos del XIX en cuya tradición crítico-polémica y apasionadamente social se forma Larra. El desconocimiento de toda esa producción hace suponer —como lamenta Escobar (pág. 93)— un vacío, que deja sin explicar muchos fenómenos literarios, entre ellos, y de modo muy particular, «la formación del ensayo moderno en España y el nuevo género del artículo como medio expresivo de la crítica literaria y social de la actualidad» (ídem, íd., pág. 95). «No se tiene en cuenta —afirma Escobar— la literatura que fue enterrándose en periódicos y revistas. Gran parte de la literatura en los primeros decenios del siglo XIX es literatura específica u ocasionalmente periodística. La obra de Larra es un caso evidente. Gran parte de lo que escribió todavía lo hemos encontrado entre esa literatura enterrada. Para *Fígaro* los periódicos eran el 'gran movimiento literario que la perfección de las artes traía consigo'. Larra, guiado por su conciencia de escritor, se coloca en este gran movimiento literario, de historia todavía corta —unos ochenta años en la literatura española— y, por lo tanto, aún en un proceso de desarrollo no consolidado plenamente. Hemos de ver en la obra de Larra uno de los resultados cumplidos de esta nueva corriente de expresión literaria. *Al menos en España es el primer escritor que se sitúa en la primera fila de la historia de la literatura por su obra exclusivamente periodística*» (ídem, íd., pág. 93; el subrayado es nuestro).

[134] Escobar ha puntualizado repetidamente en su libro las profundas diferencias que separan a Larra de los restantes costumbristas: «Al incorporarse Larra al costumbrismo —dice—, el género recibe un nuevo impulso y un sentido especial en los momentos iniciales. Con un tono distinto viene Larra a prestar su contribución decisiva al costumbrismo. Aunque los modelos literarios sean los mismos que los de Mesonero, su intención es muy diferente. *El Pobrecito Hablador* aparece con un carácter bien marcado, definido en la portada del primer número: *Revista satírica de costumbres, etc. etc.* El asunto principal van a ser las costumbres con todas las implicaciones que se puedan deducir de los *etcéteras*, es decir, la realidad social, y el procedimiento literario, la sátira. Mientras otros costumbristas rechazan explícitamente la intención satírica, Larra acepta la responsabilidad literaria y moral de la sátira, como ya había hecho en el título del *Duende Satírico del Día*. En la nueva revista, pone la nueva forma del artículo de costumbres al servicio de la sátira social que había determinado la génesis del *Duende*. La mueve la misma intención de escribir literatura útil con un espíritu reformista, según el concepto dieciochesco» (*Los orígenes de la obra de Larra*, cit., pág. 270). Véase también, del propio Escobar, «*El Pobrecito Hablador*, de Larra, y su intención satírica», en *Papeles de Son Armadans*, LXIV, 1972, págs. 5-44,

cultivado en los días del Romanticismo —dice Tarr [135], que tan sutil como devotamente ha estudiado la obra del gran periodista—, son la total antítesis de la intemporalidad de pensamiento, sentimiento y expresión que se encuentra en las mejores páginas de Larra. Para éste, las costumbres, acontecimientos y fenómenos no tienen interés en sí mismos —de aquí, explica Tarr, la casi total ausencia de descripciones pintorescas en su obra [136]—, sino como exponente de una realidad humana, histórica, social y psicológica mucho más profunda [137]. El *artículo de costumbres* no es para Larra

en particular págs. 7-24. Basta reproducir aquí dos frases de afortunada capacidad definitoria, que bastan para diferenciar a Larra de todos sus congéneres: Larra «considera la sociedad como problema y no como modelo que se observa para reproducirlo» (pág. 8); en *El Pobrecito Hablador* «el espectáculo de las costumbres actuales se presenta como denuncia» (pág. 21). Véase asimismo el estudio de Berkowitz, cit. (págs. 52-62), con sagaces observaciones sobre el problema.

[135] En «Mariano José de Larra (1809-1837)», cit., pág. 47.

[136] Lomba define también exactamente este carácter peculiar de los artículos de «costumbres» de Larra, aunque no renuncia al final a la pincelada peyorativa: «Es nota —dice— particular de los cuadros de costumbres de Larra su pobreza en elementos pintorescos y exteriores. Bajo este aspecto, y dentro de este género, es un caso aparte en la literatura española. Descripciones de lugares, descripciones de objetos, descripciones de mobiliarios o decorados, descripciones de escenas vistosas y movidas, observación siquiera de la parte física y material de los tipos que presenta, de esto hay muy poco en sus obras; hay lo justo para llegar a la médula psicológica y moral de los asuntos. Su mundo es el mundo incorpóreo de las pasiones, de las inteligencias y de las voluntades de los hombres. Su especialidad es la notación penetrante del rasgo psicológico, la adivinación de las intenciones recatadas, de los secretos y reservas del ánimo. Y éste es el campo abonado en que su huraña misantropía triunfa» («Costumbristas españoles de la primera mitad del siglo XIX», en *Cuatro estudios...*, cit., página 82).

[137] Lomba subraya asimismo este carácter, aunque esta vez en un tono de hostilidad que contrasta con la generosa actitud de casi todos sus otros comentarios: «Esta nota [se refiere Lomba a la aspiración de Larra de levantar la sociedad de su patria al nivel de la francesa] establece un contraste brusco entre los cuadros de costumbres de Larra y los de sus contemporáneos Estébanez Calderón y Mesonero Romanos. Porque éstos aman lo que describen; Larra, no; antes, lo aborrece y lo desprecia. *El Solitario* vive en la admiración beatífica de cuanto es español y andaluz, castizo y a la antigua. Mesonero, en el fondo, es tan español como él. Hijo de Madrid, amante de Madrid, orgulloso de su Madrid, la sociedad de Madrid es *su mundo*... Un gesto muy distinto trae *El Bachiller* Juan Pérez de Munguía a esta misma sociedad de la villa y corte. ¿Qué es para él toda ella, esta sociedad tan amada de Mesonero, que al *Curioso* le parece tan halladera y hospitalaria? Es... las Batuecas. Es, como si dijéramos, un barrio del limbo, en que una población inerte, tétrica, soñolienta, ignorante, encogida y rústica, vegeta ensimismada y sin desasnar, en aislamiento del resto del mundo» («Costumbristas españoles...», cit., págs. 65-66). Luego prosigue Lomba enumerando los defectos censurados por Larra, a quien acusa de abultarlos mientras disimula, «con maligna parcialidad» (pág. 67), «virtudes y cualidades que hubieran podido hacerse ver, y aun debido, aunque sólo fuese para integrar la verdad moral del cuadro» (págs. 67-68). Lomba se olvida aquí de la intención reformadora que mueve precisamente la pluma del escritor y de la técnica requerida por su sátira para ser eficaz. Lo curioso del caso es que, a vuelta de insistentes recriminaciones contra el afrancesamiento, el orgullo y el pesimismo amargo y displicente del periodista, concluye con un pasaje que no puede ser más elogioso: «Nadie —dice— habló en España en aquellos días un lenguaje tan oportuno, tan sincero, tan educador, tan valiente. En los defectos

un fin, sino sólo un camino; un molde idóneo y popular, de moda entonces, que permitía encerrar su examen crítico del panorama social, político
y cultural de su tiempo: «una forma ligera de tono y seria en la intención,
que reunía todas las ventajas del ensayo crítico y de la sátira formal sin las
limitaciones de un público reducido ni los problemas de una responsabilidad personal e intelectual». En tiempos de rígida censura —sigue diciendo
Tarr— y de pasiones partidistas, el *artículo*, bajo la ficción de su intrascen-
dencia, fue para Larra el arma más agresiva y defensiva a un tiempo. Como
bufón del pueblo —pues tal, efectivamente, fue Fígaro— pudo permitirse
libertades de expresión que hubieran sido imposibles bajo otra forma.

Esta situación, no obstante —dice el comentarista—, fue a la vez el
triunfo y el tormento de Larra. Porque Larra deseaba ardientemente ser
tomado en serio en la misma medida en que él tomaba en serio su papel
de crítico literario y político. De aquí su insistencia en proclamar la utilidad social de la literatura y más particularmente de la sátira, su concepto
de la alta misión del escritor y su afán por conservar su independencia
de las escuelas y partidos, al mismo tiempo que aprovechaba todas las
oportunidades e inmunidades de su modesto *género*. Pero Larra no podía
estar satisfecho con parecer un escritor cómico, y de aquí su íntimo torcedor al verse a la vez incomprendido y aplaudido. En gran parte, en este
ambiguo sentimiento hecho de orgullo y de insatisfacción se origina la
crisis final que le empujó a la muerte al comprobar que su prestigio, por
el que había luchado con tanto esfuerzo, se hundía a causa de la impopular
y equivocada actitud adoptada en los sucesos políticos del verano del 36.

La posteridad ha rendido tributo a Larra porque nadie como él supo
extraer todas las posibilidades del pequeño instrumento que manejaba,
trascender sus límites y obtener resultados tan valiosos para su tiempo
como para el futuro. El artículo era la forma ideal para el peculiar talento
de Larra con su inagotable capacidad para jugar con las palabras y los
conceptos. En este sentido —dice Tarr [138]—, el genio, o más bien el *ingenio*
de Larra es genuinamente español, como el de Séneca, Marcial o Quinti-
liano, como el de Cervantes, Quevedo o Unamuno. En sus mejores y más

---

del alma nacional, y especialmente en los más funestos al desarrollo de la vida entre
los países cultos modernos, nadie supo penetrar tanto. Un siglo ha pasado sobre sus
artículos de costumbres, y son hoy más entendidos de los españoles actuales que lo
fueron en su tiempo de los contemporáneos del escritor. *El Solitario* y *El Curioso
Parlante* no pueden ya interesarnos sino como trozos de historia u objetos de museo.
Sólo *Fígaro* permanece de actualidad en lo mejor y más de su obra, si se sabe leerle»
(pág. 96). Pero si su lenguaje era el más *oportuno, sincero, educador* y *valiente* que
hablase nadie en España por aquellos días, y los defectos señalados *los más funestos*,
si nadie penetró en ellos tan profundamente como él y resulta además que esos artículos al cabo de siglo y medio están más vivos que el día en que los escribió, bien
pueden darse al diablo su afrancesamiento, su orgullo y su pesimismo, pues tan certera y justamente los empleaba.

[138]   «Mariano José de Larra (1809-1837)», cit., pág. 48.

característicos artículos el punto de partida es una simple frase o concepto feliz, muchas veces el título, que desarrolla luego con divertida agilidad. A las formas tradicionales —dice Tarr— del *artículo de costumbres* Larra les da un giro a la vez personal y nacional, contemporáneo y universal, adaptándolo con alegre ingenio y amarga ironía a su propio temperamento y al de los tiempos, a su personal situación y a la de su país. Larra —prosigue Tarr— funde lo analítico y lo subjetivo, la lógica y la pasión, y en esta mutua interacción reside lo más característico de su espíritu y de su arte.

El hecho de que Larra pudiera lograr tal profundidad y transcendencia con su leve instrumento periodístico hace ya casi inútil la discusión de su bagaje intelectual. Con el propósito de restar importancia a sus juicios, se ha insistido repetidas veces en la superficial formación de Larra, al que se tiene por lector apresurado y nada metódico. Menéndez y Pelayo escribió en una ocasión que Larra «era grande ingenio, pero sabía poco y nunca se dio cuenta de su ignorancia. Lo que no sabía lo adivinaba a veces, pero con toda la diferencia que media entre la adivinación y el conocimiento pleno y científico». Pero parece pedantesco exigirle a Larra la cultura propia de un erudito; Larra no lo era, ni se propuso serlo, ni hubiera tenido tiempo para lograrlo, ni le hacía maldita la falta para sus propósitos. Lomba ha dedicado bastantes páginas [139] a inventariar la cultura de Larra según se deduce de sus estudios conocidos y de sus obras. Después de rechazar un juicio de Piñeyro, evidentemente exagerado, sobre el saber de nuestro periodista, aduce en comparación los sabios —Durán, Amador de los Ríos, Milá y Fontanals, Valera, Menéndez y Pelayo— que florecieron a lo largo del xix y califica la cultura de *Fígaro* como adquirida «con humor vagabundo y capricho de diletante» [140]. A pesar de todo, la lista de autores que enumera como conocidos por Larra es de gran amplitud y variedad, y cabe imaginar que no desplegaba éste toda su mercancía conocida como en tenderete de vendedor, pues no era su objeto hacer exhibiciones eruditas, que hubieran sido ridículas, sino contar y comentar lo que le entraba por los ojos. España siempre ha sido país de autodidactas, y si la Universidad del tiempo de Larra, cuando estaba abierta, tenía la baja calidad que tantas veces se ha denunciado (por eruditos y sabios, precisamente), resulta ocioso sacar a cuento certificados oficiales; cualquier estudiante de cualquier época puede decirnos lo que debe a sí mismo y a la Universidad, y poco cabe esperar de aquel que acaba sus estudios cuando concluye los de las aulas. Larra fue infatigable lector, vivió desde su niñez en ambientes cultos,

---

[139] En «Mariano José de Larra (Fígaro), como crítico literario», en *Cuatro estudios...*, cit., págs. 307-322.

[140] Ídem, íd., pág. 319.

comenzando por el de su propia familia; su abuela paterna, portuguesa, era mujer de notables conocimientos y sensibilidad, y se sabe que fue ella la que estimuló la precoz afición de Larra por la lectura; el padre, médico, como sabemos, y afrancesado, debía de poseer abundantes libros con que se nutrió su hijo desde la misma niñez.

Sería necio asimismo pedirle a Larra una metódica y ordenada exposición de sus principios sociales, políticos o literarios. El artículo periodístico de que se sirvió, estimulado cada día por la urgencia de los acontecimientos, no permitía formulaciones sistemáticas y completas, sólo posibles en meditados ensayos, que Larra no tuvo tiempo de escribir. Ya hemos visto, con palabras de Tarr, el valor estratégico que tenían las páginas de Larra, sólo en apariencia livianas; no sólo se mata a cañonazos, ni es necesario tampoco amontonar cuartillas para decir verdades claras y sustanciales. En consecuencia, de la labor periodística de Larra puede extraerse todo un ideario, que trataremos de resumir aquí.

Larra vive en el momento más crítico de la historia moderna de España, cuando se da el salto desde el viejo régimen al nuevo. Es sumamente útil acudir de nuevo al testimonio de Lomba, porque sus palabras, como de buen conservador, son irrecusables al juzgar la actitud de quien no lo era. Dos cosas, dice Lomba [141], resultan hoy evidentes: la necesidad ineluctable de la revolución ideológica que se gestaba y la falta de preparación del país que la acometía. Al concluir la Guerra de la Independencia, España era una nación detenida en su marcha histórica, carente de industria poderosa, de comercio activo, de navegación importante. El pueblo vivía en su mayoría de la agricultura y el pastoreo; pueblo pobre, resignado a su suerte, seguía apegado a sus tradiciones, bajo la guía y protección seculares de la Iglesia. La clase media existía apenas; sin ambición ni iniciativas, todo su afán consistía en asegurarse una ociosidad descuidada mediante cargos públicos, prebendas, censos o rentas. Mientras tanto, el mundo en derredor marchaba rápidamente, movido por una poderosa transformación económica y nuevas ideas políticas. Había que optar entre incorporarse a este movimiento reformador o quedarse al margen. Semejante transformación exigía modificar a fondo la estructura del país, monarquía absoluta, administración, desigualdad de clases y oportunidades, hacienda, servicios públicos, y sobre todo la vinculación de la tierra sustraída en más de dos tercios al comercio libre en manos de la aristocracia y de la Iglesia. Como se ve, persistían los mismos problemas que habían tratado de resolver los ilustrados del siglo XVIII, y las mismas razones que se habían opuesto a su consecución.

---

[141] «Mariano José de Larra (Fígaro), como escritor político», en *Cuatro estudios...,* cit., pág. **98**.

Las ideas motoras de la renovación venían de fuera y no sólo chocaban contra la espesa malla de intereses de toda índole que el cambio propuesto había de desmontar, sino que traían, por la misma fuerza de los hechos, una corriente de «principios» que contradecían los tradicionales sobre los que estaba montada la vida española. Se enconaba así el vidrioso recelo del patriotismo, de la propia historia y personalidad, que se veían amenazadas por la invasión de lo extranjero. Es preciso aceptar, a vuelta de mil intereses lastimados, la buena fe de innumerables defensores del régimen antiguo, «a quienes fuera injusticia negar el patriotismo acendrado, las altas miras y la lealtad más heroica». «Pero a la altura de estas virtudes —dejemos hablar a Lomba [142]—, la ceguedad y la obstinación que mostraban colocaban a este partido en una situación inferior. Era su punto flaco, que se negaba resueltamente a hacerse cargo del estado del mundo que le rodeaba y clamaba por la inmovilidad y por el aislamiento. En el odio que llegó a concebir por la impiedad y por los desmanes de la revolución, no dudó en hacerse solidario hasta de los vicios inveterados, de los grandes abusos e iniquidades —nada digamos de la inepcia fundamental— del antiguo régimen. No quería mirar al porvenir, sino solamente al pasado, para aceptar entera, sin crítica y sin examen, la herencia de sus padres. Era piedad filial en gran parte; era, en otra, ardor religioso; en otra, era defensa de intereses y de afecciones. De cualquier modo, argüía limitación excesiva de alcances y de pensamiento político. El partido tradicionalista abrigó la pretensión loca de poner diques al torrente de las ideas y contener la marcha del mundo. Su destino desde este instante estaba trazado, y era el de ser arrollado y deshecho». Tal era la situación —la misma, repitámoslo otra vez, que había existido en el siglo XVIII— cuando comienza la vida pública de Larra.

Lomba se formula en este instante la gran pregunta: si el partido reformador, la generación llamada a implantar tan importantes novedades, estaba preparada para hacerlo ordenadamente, con justicia y con método, sin violencias ni catástrofes [143]. Parece evidente que no, aunque habría que explicar hasta qué punto las mismas condiciones que hacían indispensable la reforma, habían impedido la formación de los hombres que deberían acometerla. Pero sería cuestión harto compleja para tratarla aquí, y muchas palabras del propio Larra darán después razones sobre el caso. Digamos solamente que Larra advirtió con inigualada sagacidad la falta de preparación de su pueblo y de los reformistas. Por eso combatió por igual los errores de uno y otro bando, y de ahí procede justamente su perenne insatisfacción, su creciente animosidad contra todo, su pesimismo final y desenlace trágico.

---

[142] Ídem, íd., págs. 108-109.
[143] Ídem, íd., pág. 105.

Sobre este eje tiene que montarse ahora todo acercamiento al pensamiento de Larra. César Barja ha planteado agudamente la cuestión. Existen —dice [144]— dos géneros de críticos o reformadores: la mayoría de ellos «ha visto la reforma como un cambio, creación o supresión de determinadas instituciones, como reforma material, estadística. Éste fue también el norte de las así llamadas revoluciones del siglo XIX: poner una Constitución y retirar otra, cambiar una forma de gobierno por otra, este Monarca por aquél, abrir escuelas o cerrar casas de juego, etc.». Pero Larra, como más tarde Ganivet y luego Ortega, ve muy claro que, más que institución o cosa alguna concreta, es la índole del país lo que hay que transformar radicalmente; «lo que se plantea es principalmente una cuestión de idiosincrasia nacional, una cuestión de carácter. Todo lo demás, coches malos y fondas sucias, es una resultante». Por esto mismo Larra observa, analiza y satiriza las costumbres de sus compatriotas, fustiga implacablemente su pereza, su indolencia, sus malos modos, su vanidad satisfecha que les inhibe el esfuerzo por mejorar, su adulación al poderoso, su abstención de la cosa pública, su pasividad ante toda exigencia de vida nacional. En este alto sentido, toda la obra de Larra es *costumbrista*, pero un *costumbrismo* —repitámoslo una vez más— de una trascendencia y alcance que nada tienen que ver con la inerte atención a lo curioso o pintoresco. Con sus cuadritos de costumbres Larra intentaba nada menos que una revolución. Son las *costumbres* de donde hay que arrancar.

Por esto mismo no entienden a Larra o lo desprecian lamentablemente quienes suponen que su denuncia de tantas aparentes minucias —suciedad, incuria, pereza, desatención, mal gusto, falta de comodidades— era superficial admiración por el confort de otros países, que él admiraba o apetecía por egoísta refinamiento de exquisito o de snob. El cambio de costumbres, la transformación de la idiosincrasia nacional, una exigencia cada vez mayor de perfección en el funcionamiento de la vida social tenía que provocar irremediablemente una transformación a fondo de las instituciones y las leyes, porque un pueblo *mejor* tenía que exigirlas. Tampoco la libertad se lograba por un decreto, sino que se conquistaba como una necesidad del vivir. Larra dice esto en unas palabras terminantes, que son todo un programa, en su artículo *Jardines públicos* (un artículo, claro está, clasificado por los antólogos como «de costumbres» a lo Mesonero); comentando cómo la sociedad de su tiempo vive de espaldas a refinamientos que son habituales en otros países, escribe: «Solamente el tiempo, las instituciones, el olvido completo de nuestras costumbres antiguas, pueden variar nuestro oscuro carácter. ¡Qué tiene éste de particular en un país en que le ha formado tal una larga sucesión de siglos en que se creía que el hombre vivía para hacer penitencia! ¡Qué después de tantos años de gobierno in-

---

[144] *Libros y autores modernos*, cit., pág. 260.

quisitorial! Después de tan larga esclavitud es difícil saber ser libre. Deseamos serlo, lo repetimos a cada momento; sin embargo, lo seremos de derecho mucho tiempo antes de que reine en nuestras costumbres, en nuestras ideas, en nuestro modo de ser y de vivir la verdadera libertad. Y las costumbres no se varían en un día, desgraciadamente, ni con un decreto, y más desgraciadamente aún, un pueblo no es verdaderamente libre mientras que la libertad no está arraigada en sus costumbres e identificada con ellas» [145].

Es, pues, al ciudadano al que hay que formar porque sólo tendrá la sociedad, las instituciones y la libertad que se merezca. En la *Carta segunda del Bachiller*, escribe Larra: «Y desengáñese, que en las Batuecas, si nos quita el adular, nos quita el vivir»; y después de recomendar con primorosa ironía que hay que alabarlo todo a todo pasto, añade: «En las demás materias ¡chitón!, que las noticias no son para dadas, la política no es planta del país, la opinión es sólo del tonto que la tiene, y la verdad estése en su punto. Además de que la lengua se nos ha dado para callar, bien así como se nos dio el libre albedrío para hacer sólo el gusto de los demás, los ojos para ver sólo lo que nos quieran enseñar, los oídos para sólo oír lo que nos quieran decir, y los pies para caminar a donde nos lleven... Así ves, Andrés mío, a los batuecos, a quienes una larga costumbre de callar ha entorpecido la lengua, no acertar a darse mutuamente los buenos días, tener miedo, pazguatos y apocados, a su propia sombra cuando se la encuentran a su lado en una pared, y guardándose consideraciones a sí mismos por no hacerse enemigos, sucediéndoles precisamente que se mueren de miedo de morirse, que es la especie de muerte más miserable de que puede hombre morir... Con lo cual creo haberte convencido de otra ventaja que llevan los batuecos a los demás hombres, y de qué cosa sea tan especial el miedo, o llámese la prudencia, que a tal silencio los reduce. Te diré más todavía: en mi opinión no habrán llegado al colmo de su felicidad mientras no dejen de hablar eso mismo poco que hablan, aunque no es gran cosa, y semeja sólo el suave e ininterrumpido murmullo del viento cuando silba por entre las ramas de los cipreses de un vasto cementerio; entonces gozarán de la paz del sepulcro, que es la paz de las paces» [146].

Era el propio pueblo el que se cerraba a las innovaciones y reformas que trataban de mejorarle; por eso piensa Larra que no existe otro medio que intensificar la educación, porque sólo la general incultura cierra el camino a la libre expansión de las ideas; procedimiento lento y trabajoso, pero el único posible. En su conocido artículo *El casarse pronto y mal* (¡también «de costumbres»!) Larra subraya que no basta con que exista una minoría ilustrada, ajena al pueblo que queda rezagado: «Hasta ahora

[145] Ed. Seco, cit., I, pág. 412.
[146] Ídem, íd., I, pág. 104.

—dice— una masa que no es ciertamente la más numerosa, quiere marchar a la par de las más adelantadas de los países más civilizados; pero esta masa que marcha de esta manera no ha seguido los mismos pasos que sus maestros; sin robustez, sin aliento suficiente para poder seguir la marcha rápida de los países civilizados, se detiene ijadeando, y se atrasa continuamente; da de cuando en cuando una carrera para igualarse de nuevo, caminando a brincos como haría quien saltase con los pies trabados, y semejante a un mal taquígrafo, que no pudiendo seguir la viva voz, deja en el papel inmensas lagunas, y no alcanza ni escribe nunca más que la última palabra. Esta masa, que se llama despreocupada en nuestro país, no es, pues, más que el eco, la última palabra de Francia, no más. Para esta clase hemos escrito nuestro artículo; hemos pintado los resultados de esta despreocupación superficial de querer tomar simplemente los efectos sin acordarse de que es preciso empezar por las causas; de intentar, en fin, subir la escalera a tramos: subámosla tranquilos, escalón por escalón, si queremos llegar arriba. '¡Que otros van a llegar antes!', nos gritarán. ¿Qué mucho, les responderemos, si también echaron a andar antes? Dejadlos que lleguen; nosotros llegaremos después, pero llegaremos. Mas si nos rompemos en el salto la cabeza, ¿qué recurso nos quedará? / Deje, pues, esta masa la loca pretensión de ir a la par con quien tantas ventajas le lleva; empiécese por el principio: educación, instrucción. Sobre estas grandes y sólidas bases se ha de levantar el edificio. Marche esa otra masa, esa inmensa mayoría que se sentó hace tres siglos; deténgase para dirigirla la arrogante minoría, a quien engaña su corazón y sus grandes deseos, y entonces habrá alguna remota vislumbre de esperanza» [147].

Lomba, que cita también este pasaje de Larra, califica sus palabras de «juiciosas y perspicaces en un escritor de veintitrés años» [148]; y comentando luego en conjunto su tarea en esta primera etapa del periodista, subraya muy adecuadamente el alcance que tenía para él su sátira de costumbres: «En *El Pobrecito Hablador* —dice— las alusiones políticas son veladas, pero constantes; muchas y extraordinariamente atrevidas. Van dirigidas en la apariencia contra los malos usos sociales o contra la inepcia y las torpes artes de los funcionarios de la Administración subalternos: en realidad, se dirigen a batir el régimen mismo en su espíritu y en su esencia. Vuelan derechamente a despertar la conciencia libre de la sociedad española; bajan a abrir sus ojos sobre las injusticias irritantes que consiente y a suscitar sus deseos, que están dormidos, de hacer acto de presencia y de intervención en la cosa pública» [149].

---

[147]  Ídem, íd., I, págs. 112-113.
[148]  «Mariano José de Larra (Fígaro), como escritor político», cit., pág. 118.
[149]  Ídem, íd., págs. 121-122.

La idea de que es a la masa a la que hay que educar y preparar para las reformas es constante en Larra; sólo así podía estructurarse la sociedad del país formando un conjunto capaz de reformas y de progreso. En su primer artículo sobre el *Antony*, de Dumas, Larra aprovecha al vuelo la ocasión para volver sobre su tema: «Mil veces lo hemos dicho: hace tiempo que la España no es una nación compacta, impulsada de un mismo movimiento; hay en ella tres pueblos distintos: 1.º Una multitud indiferente a todo, embrutecida y muerta por mucho tiempo para la patria, porque no teniendo necesidades, carece de estímulos, porque acostumbrada a sucumbir siglos enteros a influencias superiores, no se mueve por sí, sino que en todo caso se deja mover. Ésta es cero, cuando no es perjudicial, porque las únicas influencias capaces de animarla no están siempre en nuestro sentido; 2.º Una clase media que se ilustra lentamente, que empieza a tener necesidades, que desde este momento comienza a conocer que ha estado y que está mal, y que quiere reformas, porque cambiando sólo puede ganar. Clase que ve la luz, que gusta ya de ella, pero que como un niño no calcula la distancia a que la ve; cree más cerca los objetos porque los desea; alarga la mano para cogerla; pero que ni sabe los medios de hacerse dueño de la luz, ni en qué consiste el fenómeno de la luz, ni que la luz quema cogida a puñados; 3.º Y una clase, en fin, privilegiada, poco numerosa, criada o deslumbrada en el extranjero, víctima o hija de las emigraciones, que se cree ella sola en España, y que se asombra a cada paso de verse sola cien varas delante de las demás; hermoso caballo normando, que cree tirar de un tilburí, y que, encontrándose con un carromato pesado que arrastrar, se alza, rompe los tiros y parte solo» [150].

Importa subrayar que en este artículo (calificado, simplistamente, como de «crítica de teatros») encierra Larra ideas capitales sobre el problema a que nos referimos. Azorín juzgó contradictorio este artículo de Larra, porque éste, defensor de la literatura «innovadora» y «modernísima», rechazaba el *Antony* que poseía entonces tales caracteres. Pero Larra, como ha explicado muy bien Fabra Barreiro, se oponía a la obra de Dumas *en España* por la tendencia antisocial del romanticismo que allí se mostraba; en Francia podía ser necesario, y laudable, atacar en nombre del héroe romántico a una sociedad burguesa y materialista que podía ahogar al individuo; pero «arremeter contra la sociedad burguesa en un país como España en que no existía, prácticamente, tal sociedad, era un contrasentido». «*Antony* —añade Fabra—, burla de una sociedad que España vislumbra y que debe construir, representa 'la grande inmoralidad' para el público español. Larra, al impugnar el melodrama de Dumas, toma partido por la existencia ética de la sociedad frente a la existencia estética del genio, concepto supremo del último romanticismo. Desea, sí, 'un fin moral

---

150 Ed. Seco, cit., II, págs. 246-247.

osado, nuevo, desorganizador de lo pasado, si se quiere, y fundador del porvenir', pero teme que el seudoliberalismo moral de los nuevos *Antonys* impida la posibilidad de una verdadera renovación. Larra aboga, en definitiva, por la libertad-derecho de todos frente a la libertad-privilegio»[151].

## LAS FUENTES LITERARIAS DE LARRA

El problema de las deudas literarias contraídas por Larra ha provocado considerable discusión, pero debemos anticipar que nos parece de importancia muy secundaria. El principal acreedor, confesado por el propio Larra, es el francés Jouy, de quien habremos de ocuparnos a propósito de los otros costumbristas de la época. Chaves trató ya esta cuestión y señaló diversos préstamos[152]; Le Gentil volvió sobre ello, haciendo notar «las analogías más llamativas»[153]; E. McGuire[154], que parece tener a Larra por un plagiario vulgar, se pregunta si merece —de tan entrampado como está— el alto puesto que se le quiere asignar en nuestras letras; Lomba, sin rasgarse las vestiduras, admite también la deuda de Jouy en varios artículos del periodista español[155]; y más recientemente Francisco Caravaca[156] —en un artículo perpetrado con el claro propósito de desprestigiar a Larra y que a un lector desprevenido le dejaría la impresión de que se está tratando de un pobrete que va emperejilando articulejos con retales ajenos— señala antecedentes numerosísimos entre los moralistas y costumbristas franceses e ingleses y moralistas y preceptistas clásicos, aparte otros muchos escritores de la tradición nacional. Tan crecido cúmulo de influjos acreditaría la extensa cultura de Larra, que el propio Caravaca pretende minimizar[157]; pero no merece la pena detenerse en esto[158].

---

[151] Gustavo Fabra Barreiro, «El pensamiento vivo de Larra», en *Revista de Occidente*, Número extraordinario en Homenaje a Larra, 50, mayo de 1967, págs. 129-152; las citas en págs. 137 y 138. Cfr., Susan Kirkpatrick, «Spanish Romanticism and the Liberal Project...», cit., págs. 463-464; y, de la misma autora, *Larra: el laberinto inextricable...*, cit., págs. 118-119, 183-185 y 197-198.

[152] En su biografía de Larra, cit.

[153] Georges Le Gentil, *Le poète Manuel Bretón de los Herreros et la société espagnole de 1830 à 1860*, París, 1909.

[154] Elizabeth McGuire, «A Study of the Writings of D. Mariano José de Larra, 1809-1837», *University of California Publications in Modern Philology*, 7, págs. 87-130, Berkeley, University of California Press, 1918.

[155] «Costumbristas españoles...», cit., págs. 57-59.

[156] Francisco Caravaca, «Notas sobre las fuentes literarias del costumbrismo de Larra», en *Revista Hispánica Moderna*, XXIX, 1963, págs. 1-22.

[157] Como índice de las «intenciones» exegéticas de Caravaca valga un detalle. En la página 2 de su artículo escribe: «El giro discursivo, razonador de este cartesiano en ciernes, por estar al margen de la tradición española, revela ya cierto extranjerismo y, más concretamente, un galicismo mental, y, a veces, material, ya señalado, entre otros, por A. Castro». El pasaje de Castro, a que alude, se encuentra en su libro *Les Grands Romantiques Espagnols* (París, s. a.), y dice así: «Larra fit son éducation en France, ce qui laissa des traces dans son style plein de gallicismes» (pág. 114). Como esta obra

Larra, evidentemente, tenía un criterio bastante amplio sobre la utilización de las ideas ajenas. En varias ocasiones confiesa llanamente que está traduciendo o adaptando un artículo de Jouy. En las *Dos palabras* que antepuso a *El Pobrecito Hablador*, escribe unas líneas que parecerían dictadas por la mayor frescura, o aun desfachatez [159], si no supiéramos ya muy bien lo que Larra es capaz de hacer con las ideas de los demás. Porque éste, y no otro, es el meollo del problema. Leyendo a los mencionados escoliastas viene a la memoria obsesivamente la advertencia que Dámaso

---

debe de ser prácticamente desconocida del lector español, digamos que se trata de una pequeña antología de bolsillo, en la que Américo Castro selecciona y traduce al francés unas pocas composiciones de tres poetas románticos españoles: el duque de Rivas, Espronceda y Zorrilla. A propósito de este último, don Américo, que sentía evidentemente gran admiración por *El Pobrecito Hablador*, ase la ocasión por los pelos y dice que, aunque su librito sólo se ocupa de poetas, no puede menos de hablar de Larra aunque sea tan al paso, y le dedica una nota de casi dos páginas en los más elogiosos tonos. Allí desliza lo del «style plein de gallicismes», sin darle mayor importancia, aunque sí la tiene, y mucha, la ocasión y forma en que escribe sobre *Fígaro*. Caravaca, en cambio, recoge aquella frase sola, sugiriendo en don Américo una intención muy distinta de la verdadera y la utiliza como autoridad para apoyar su propia aseveración sobre el «galicismo mental» de Larra.

[158] Detengámonos un momento, sin embargo, porque el «crítico» mencionado da sus comentarios en una prestigiosa revista americana de considerable difusión, y es necesario salirle al paso; reproduzcamos, pues, una nota de José Escobar, en que apostilla las afirmaciones de Caravaca: «La facilidad —dice— con que Francisco Caravaca le encuentra fuentes a Larra es realmente asombrosa. Sin la menor preocupación por la cronología, en el artículo cit. (pág. 18), entre 'otras posibles fuentes [seis] de *El castellano viejo*', enumera la comedia de Bretón *El pelo de la dehesa*, estrenada en febrero de 1840, más de siete años después de que hubiera aparecido el artículo del *Pobrecito Hablador* en diciembre de 1832 y a los tres años justos de la muerte de Larra. Según el mismo Caravaca, Larra, al escribir el artículo del *Duende* (cuaderno tercero) sobre las corridas de toros, 'imita a Estébanez Calderón en sus estudios titulados *Toros y ejercicios de la jineta*, haciendo alarde de una erudición extraordinaria, como el mismo Estébanez, del que toma más de una noticia' (Ibíd., pág. 11). Como es sabido, el artículo del *Duende* es de 1828, pero, por lo visto, F. Caravaca ignora que los artículos más tempranos de las *Escenas andaluzas* —colección aparecida en 1846 y en la que se incluye la supuesta fuente de Larra— empezaron a publicarse en 1831 en las *Cartas Españolas*» (*Los orígenes de la obra de Larra*, cit., pág. 141, nota 15).

[159] He aquí el pasaje: «Siendo nuestro objeto divertir por cualquier medio, cuando no se le ocurra a nuestra pobre imaginación nada que nos parezca suficiente o satisfactorio, declaramos francamente que robaremos donde podamos nuestros materiales, publicándolos íntegros o mutilados, traducidos, arreglados o refundidos, citando la fuente, o apropiándonoslos descaradamente, porque como pobres habladores hablamos lo nuestro y lo ajeno, seguros de que al público lo que le importa en lo que se le da impreso no es el nombre del escritor, sino la calidad del escrito, y de que vale más divertir con cosas ajenas que fastidiar con las propias. Concurriremos a las obras de otros como *los faltos de ropa* a los bailes del carnaval pasado; llevaremos nuestro miserable ingenio, le cambiaremos por el bueno de los demás, y con ribetes distintos lo prohijaremos, como lo hacen muchos sin decirlo; de modo que habrá artículos que sean una capa ajena con embozos nuevos. El de hoy será de esta laya. Además, ¿quién nos podrá negar que semejantes artículos nos pertenezcan después de que los hayamos robado? Nuestros serán indudablemente por derecho de conquista. Habrálos también, sin embargo, enteramente nuestros» (ed. Seco, cit., I, pág. 71).

Alonso dirigió una vez a los «fuentistas»: descubrir las fuentes es muchas veces el medio más seguro para comprobar la originalidad de un escritor. Es lo que sucede con Larra. *El castellano viejo*, por ejemplo, se nos dice que está inspirado por la *Sátira Tercera* de Boileau y por el artículo *Mœurs de salon*, de Jouy; y para demostrarlo Caravaca enfrenta a doble columna dos parrafillos de Larra con unos pocos versos de Boileau en que se describe la tediosa obsequiosidad de un anfitrión. Pero median distancias astronómicas entre estas pinceladas del francés, que, al fin, son una idea mostrenca, con el animadísimo cuadro de realidad española pintado por Larra; un cuadro que, aparte su fundamental intención satírica, es una auténtica página de novela que puede equipararse con cualquier equivalente del mejor Galdós [160]. *El Día de difuntos de 1836* está también inspirado,

---

[160] La posible relación de *El castellano viejo* con la *Sátira III* de Boileau *(Le repas ridicule)* había sido ya señalada por Hendrix y por Tarr, pero sin detenerse apenas en ello. Posteriormente lo han hecho con mayor espacio Alan S. Trueblood, «El Castellano Viejo y la *Sátira III* de Boileau», en *Nueva Revista de Filología Hispánica*, XV, 1961, págs. 529-538, y Ricardo Senabre Sempere, «Boileau, inspirador de Larra (En torno a *El castellano viejo*)», en *Strenae. Estudios de Filología e Historia dedicados al Profesor Manuel García Blanco*, Salamanca, 1962, págs. 437-444. Senabre dedica mucho más espacio a señalar lo que distingue a Larra del supuesto modelo que lo que le aproxima, hasta el punto de concluir afirmando que, con ser grandes «las semejanzas temáticas», «la diferencia entre Boileau y Larra es, como vemos, radical» (pág. 443); parece, pues, que para semejante viaje no hacían falta alforjas, y el lector no puede menos de preguntarse para qué ha sido escrito este artículo. Trueblood, que señala con mayor detalle las semejanzas, no precisamente «temáticas», sino de mera índole anecdótica o de puro marco ambiental —tan distintas, por otra parte— sostiene también la gran distancia que separa *El castellano viejo* de la composición de Boileau, y añade valiosas observaciones que importan precisamente por lo que ayudan a comprender el arte de Larra. Trueblood subraya en particular la tendencia de nuestro satírico a deformar la realidad caricaturizándola, con distorsión grotesca que «recuerda a Quevedo y presagia la técnica esperpéntica de Valle Inclán» (pág. 534), resultado de la pasión en carne viva con que siente «los agónicos conflictos de su tiempo y de su sociedad» (pág. 536); y, sobre todo, la presencia, en el relato, del narrador, acosado y obsesionado, que «abulta muchísimo más en *El castellano viejo* que en su modelo»: Boileau se muestra como alejado y desinteresado de la misma escena que describe, pero Larra la vive como una pesadilla, y por esto, aunque sus personajes «están más hondamente despersonalizados que los de Boileau, el temperamento del autor condiciona la obra desde el principio hasta el fin, y en una forma del todo nueva» (pág. 537).

Berkowitz, que estudia también el problema con bastante detalle, aduciendo el artículo de Trueblood, llega asimismo a la conclusión de que lo tomado de Boileau representa una parte muy pequeña del artículo de Larra, cuyo propósito es, además, diferente por entero del de la sátira del francés. Para Berkowitz —en este caso en particular, pero también en otras ocasiones— la idea inicial le llega a Larra de experiencias personales, y acude a veces a otros autores, que trataron algún asunto parecido, para tomar algunos detalles con que adornar o completar sus propias observaciones, pero hasta en la forma con que los maneja se muestra original *(The Nature of Larra's Prose...*, cit., págs. 212-214).

Augusto Centeno, «*La Nochebuena de 1836* y su modelo horaciano», en *Modern Language Notes*, L, 1965, págs. 441-445, señaló la deuda del artículo que aduce, con la Sátira 7.ª del *Libro II* de Horacio; pero cabría repetir las mismas consideraciones hechas a propósito de Boileau (véase Berkowitz, cit., págs. 214-217. Cfr. también, Mario Zangano, *La «Nochebuena» di Larra. Riflessi Oraziani e motivi personali*, Catania, 1928).

según se nos explica, en un artículo de Jouy, *Les Sépultures;* también Jouy visita el cementerio en el día de difuntos y hace comentarios sobre los muertos. Pero conocemos ya demasiado la tremenda significación que tiene este artículo en la vida y muerte de Larra, su angustiada proyección personal y las circunstancias españolas de los epitafios que encontraba allí, para que demos importancia al hecho de que el costumbrista francés hubiera visitado el cementerio en otro día de difuntos. Bastaría el solo epitafio «Aquí yace media España; murió de la otra media», para perdonarle a Larra hasta que se hubiera llevado al propio Jouy de cicerone; que no se lo lleva, claro está; no lo necesita [161].

De todos modos, los artículos en que se han señalado los mayores influjos de Jouy son los del comienzo de la carrera periodística de Larra, los del *Duende* [162], y luego algunos «de costumbres», donde no era difícil que se dieran circunstancias comunes a diversos países; así, por ejemplo, *La diligencia, El álbum, La caza, El duelo, Empeños y desempeños, El mundo todo es máscaras, todo el año es carnaval,* que son precisamente los menos importantes. Pero aun en éstos, junto a situaciones o encuadres parecidos, Larra siembra a manos llenas sus personales observaciones sobre la vida de su país y las trasciende con su intención satírica, que es siempre el eje cardinal de sus artículos. William S. Hendrix, que ha estudiado minuciosamente las deudas de Larra para con Jouy, después de señalar en cada caso los puntos de contacto, resume su investigación con este comentario: «Sus artículos, virtualmente sin excepción, son un mejoramiento de los del francés, y cuando le traduce (lo que sucede pocas veces) el conjunto es tan profundamente español que la traducción es casi original, por paradójico que esto pueda parecer» [163]. Palabras justísimas.

---

[161] Rosa Rossi, al ocuparse de este artículo, alude en nota a la supuesta relación con el de Jouy, y afirma que Larra ha podido tomar del francés una idea inicial, pero la ha elaborado de forma tan diversa que hace totalmente inútil cualquier confrontación *(Scrivere a Madrid,* cit., pág. 26, nota 5).

[162] Cfr. las páginas, ya aducidas, de José Escobar —*Los orígenes de la obra de Larra,* cit., págs. 137-151— en que a propósito de *El café* estudia las deudas con Jouy y comenta otros posibles influjos en los artículos de Larra.

[163] William S. Hendrix, «Notes on Jouy's Influence on Larra», en *Romanic Review,* XI, 1920, págs. 37-45; la cita en pág. 45. Berkowitz, a propósito de las adaptaciones de Jouy, dice que, aunque existe algún caso extremo como el artículo *Los amigos,* que es casi una traducción literal de *Les amis,* el costumbrista francés no ejerce influjo alguno sobre Larra ni en propósito ni en estilo (cit., pág. 218); en ocasiones toma un asunto de Jouy, pero lo elabora en forma personalísima, dando su propia versión y consiguiendo un resultado enteramente nuevo. Berkowitz señala que el *costumbrismo* de Jouy era del tipo colorista y superficial que Larra, precisamente, rechazaba, mientras que Larra destaca las implicaciones sociales y políticas de las costumbres, que Jouy solamente *describe.* Berkowitz ejemplifica su exposición analizando diversos artículos, principalmente *Un reo de muerte,* asunto que es sólo para Jouy el relato de una ejecución, mientras que Larra plantea toda una problemática jurídico-social (ídem, íd., páginas 217-229).

Pero, aun admitiendo estas deudas ocasionales, ¿qué decir de todos sus otros artículos, sobre todo de los más específicamente políticos, en los que Larra comenta día a día los sucesos de la realidad nacional, defiende sus concretísimos puntos de vista, dispara su sátira, injiere con mayor o menor disimulo sus problemas privados y refiere sus propias aventuras con la censura siempre en acecho? En todo este conjunto de escritos, que constituyen lo más valioso y permanente de Larra, y en donde la huella de Jouy está tan ausente como de los cuernos de la luna, no pueden rastrearse otros influjos —morales, ideológicos, socioeconómicos— que los propios de toda persona dueña de una cultura básica (hemos venido aludiendo a su formación genuinamente ilustrada y enciclopedista), y que no empecen en absoluto para la originalidad sustancial de Larra como escritor de inconfundible personalidad [164].

### LARRA, ESCRITOR

También con el propósito de rebajar a Larra se suelen ponderar preferentemente sus excelencias literarias a fin de dejar en la sombra su presencia crítica; es una treta conocida: se le valora como escritor y así se baja el telón sobre sus ideas, escondiendo tras él las muchas cosas que todavía es necesario oír. Pero no sería menos injusto silenciar sus valores literarios para atenernos tan sólo a su pensamiento. Es necio suponer que toda página de Larra sea un ramillete de excelencias. Larra escribía de prisa por la índole de su trabajo y se nota en bastantes ocasiones. Aunque su francés fuera imperfecto, se le pegan algunos de sus giros. No siempre emplea Larra la palabra justa; quizá por no encontrarla, porque no cabe duda que le preocupaba el expresarse con la máxima precisión. Con cierta frecuencia alarga excesivamente los párrafos y mete incisos sobre incisos; no siempre atina con el modo de colocar una cosa después de otra, porque generalmente se le ocurren tantas sobre un asunto que las embute como

---

[164] Para los artículos de índole política se ha señalado en Larra el influjo del francés Paul-Louis Courier, que cultivó el periodismo político en forma epistolar durante la restauración borbónica. Edgar Quinet, en su libro *Mes vacances en Espagne*, comparó ya a ambos escritores con el fin de que sus lectores franceses entendieran qué género de escritor era el español, y desde entonces se viene repitiendo el paralelo; pero, como dice José Escobar («*El Pobrecito Hablador*, de Larra, y su intención satírica», en *Papeles de Son Armadans*, LXIV, 1972, págs. 5-44; las referencias en págs. 27-28 y nota 26), nadie hasta ahora ha estudiado en realidad el posible influjo. Escobar supone que la presencia de Courier en la obra de Larra debió de ser, en todo caso, tardía, a partir de las cartas políticas que comenzó a publicar en 1834. Pierre L. Ullman ha citado dos ocasiones en que cree advertir la huella de Courier: la *Segunda y última carta de Fígaro al bachiller, su corresponsal desconocido*, del 13 de agosto de 1834, y *La gran verdad descubierta*, del 5 de septiembre del mismo año, ambas publicadas en *Revista Española* (*Larra and Spanish Political Rhetoric*, cit., págs. 112 y 162-163). Pero los contactos nos parecen leves, y, como en otros casos antes mencionados, afectan a rasgos poco sustanciales.

puede, como el que tiene mucha ropa y poca maleta. Su afición a intercalar cuentos o chascarrillos, que repite en ocasiones, nos parece un tanto chabacana. Hay todavía en su prosa un poco de la retórica que le legaron sus mayores.

Pero a pesar de estos defectos, ciertamente leves y ocasionales, la prosa de Larra es un modelo de eficacia expresiva, de perfecto ajuste entre el propósito y el vehículo literario que lo transporta hasta la exacta diana de su intención. En sus mejores momentos, que son numerosísimos, la prosa de Larra es una máquina perfecta, que funciona con exactitud y contundencia admirables. Su campo propio —ya lo sabemos— es la sátira, y en estos dominios no creemos que haya tenido, ni tenga, rival en nuestras letras. Con esta materia entre las manos, Larra delimita y centra su objeto con la implacable precisión de un científico, y entonces acuden a su pluma la palabra precisa, la alusión desbordante de sugerencias, la frase más gráfica, la expresión más recortada y feliz; y el párrafo se encadena con la armonía y agilidad del paso de un felino. Es difícil —digámoslo así para huir de afirmaciones absolutas— encerrar tantas cosas con medios tan reducidos, ni con parejo ingenio y gracia.

En obsequio del lector reproducimos unos pasajes, que son apenas un botón de muestra; los aciertos del escritor son tan abundantes que habría que dar a continuación una abultada antología de sus artículos. En la *Carta de Andrés Niporesas al Bachiller*, habla Larra de los pretendientes: «Por lo demás no pretendo; pero no dejo de reconocer que no hay cosa como tener oficina y sueldo, que corre siempre ni más ni menos que un río. Se pone uno malo, o no se pone; no va a la oficina y corre la paga; lee uno allí de balde y al brasero la *Gaceta* y el *Correo*, y un cigarrillo tras otro se llega la hora de salir poco después de la de entrar. Si hay en casa un chico de ocho años se le hace meter la cabeza, aunque no quiera ni sepa todavía la doctrina cristiana, y hételo meritorio. ¿No sirve uno para el caso, o tiene un enemigo y le quitan de enmedio? Siempre queda un sueldecillo decente, si no por lo que trabaja ahora, por lo que ha dejado de trabajar antes. Aunque estas razones, capaces de mover un carro, no me tuviesen harto aficionado a los destinos, sólo el ser del país me haría gustar de esas gangas, tan naturalmente como gusta el pez de vivir en el agua. Eso de estudiar para otras carreras, ni está en nuestra naturaleza, ni lo consiente nuestro buen entendimiento, que no ha menester de semejantes ayudas para saber de todo»[165]. Se refiere luego a los gajes de los empleos: «Otros empleíllos hay como el que tenía un amigo de mi padre: contaba éste tal veinte mil reales de sueldo, y cuarenta mil más que calculaba él de manos puercas; pero también recaía en un señor excelente que lo sabía emplear. El año que menos, podía decir por Navidades que había venido

---

[165] Ed. Seco, cit., I, pág. 131.

a dar al cabo de los doce meses sobre unos quinientos reales en varias partidas de a medio duro y tal, a doncellas desacomodadas y otras pobres gentes por ese estilo, porque eso sí, era muy caritativo y daba limosnas... ¡Uy! De esta manera, ¿qué importa que haya algo de manos puercas? Se da a Dios lo que se quita a los hombres, si es que es quitar aprovecharse de aquellos gajecillos inocentes que se vienen ellos solos rodados. Si saliera uno a saltearlo a un camino a los pasajeros, vaya; pero cuando se trata de cogerlo en la misma oficina, con toda la comodidad del mundo, y sin el menor percance... Supongo, v. gr., que tienes un negociado, y que del negociado sale un negocio; que sirves a un amigo por el gusto de servirle no más; esto me parece muy puesto en razón; cualquiera haría otro tanto. Este amigo, que debe su fortuna a un triste informe tuyo, es muy regular, si es agradecido, que te deslice en la mano la finecilla de unas oncejas... No, sino ándate en escrúpulos, y no las tomes; otro las tomará, y lo peor de todo, se picará el amigo, y con razón. Luego si él es el dueño de su dinero, ¿por qué ha de mirar nadie con malos ojos que se lo dé a quien le viniere a las mientes, o lo tire por la ventana? Sobre que el agradecimiento es una gran virtud, y que es una grandísima grosería desairar a un hombre de bien, que... Vamos... bueno estaría el mundo si desapareciesen de él las virtudes, si no hubiera empleados serviciales, ni corazones agradecidos». Y luego: «Ya ves tú, pues, que si no pretendo no es porque desconozca yo lo que lleva consigo un empleo. Yo no le encuentro a esta carrera más inconveniente que uno, y es que hay pocos empleos; si no ya tendría yo el mío; ésta es nuestra desgracia, porque como las revoluciones, conforme han dado en hacerlas en el día, no son sino cuestiones de nombre, todo el toque está en estos altos y bajos, en saber cuáles de unos o de otros han de ser dueños del cotarro. Ello no hay sino diez empleos (que es el mal que nos aflige) y veinte pretendientes. Yo considero que todo estaba arreglado con que hubiera veinte empleos y diez pretendientes; ni yo sé cómo no han dado en esto, siendo una verdad que salta a los ojos»[166].

El siguiente pasaje es de una crítica de teatros; nos parece particularmente valioso para recordar a quienes dividen los artículos de Larra en cómodos compartimentos, las implicaciones políticas o de cualquier otra especie que pueden encontrarse, al azar, en una página de Fígaro: «He aquí una de las cosas exceptuadas en el *reglamento para la censura de periódicos*, y de que se puede hablar, si se quiere, por supuesto. Ni un solo artículo en que se prohíba hablar de Numancia. No se puede hablar de otras cosas, es verdad; pero todo no se ha de hablar en un día. Por hoy, que es lo que más urge, ¿quién le impide a usted estarse hablando de la *Numancia* hasta que se pueda hablar de otra cosa? Tanto más ventilada quedará la cuestión. Dado siempre el supuesto de que no ha de haber *borrones, pena*

---

[166] Ídem, íd., págs. 131-132.

*de dos mil reales;* las cosas limpias: el periódico ha de ser impenitente y pertinaz; sin enmienda, como carlista o pasaporte... Abundando en todos estos supuestos, diremos que el teatro estaba casi lleno en esa representación. Parécenos que en decir esto no hay peligro. Igualmente llena estaba la tragedia de alusiones patrióticas. Mucho nos gusta a los españoles la libertad, en las comedias sobre todo. Innumerables fueron los aplausos: tan completa la ilusión, y tantas las repeticiones de *libertad,* que se olvidaba uno de que estaba en una tragedia. Casi parecía verdad. ¡Tanta es la magia del teatro! Otra cosa que tampoco exceptúa el reglamento es el señor Luna: de éste se puede hablar, en cuanto a actor, atendido que el señor Luna ni es *cosa de religión,* ni *prerrogativa del trono,* ni *estatuto real,* ni su representación es *fundamental,* ni tiene fundamento alguno, ni perturba tranquilidad, ni infringe ley, ni desobedece a autoridad legítima, ni *se disfraza con alusiones,* sino con muy malos trajes antiguos; ni es licencioso y contrario a costumbre alguna, buena ni mala; ni es *libelo,* ni *infamatorio,* ni le coge por ningún lado ningún *ni* de cuantos *níes* en el reglamento se incluyen; ni menos es *soberano,* ni *gobierno extranjero.* Y a nosotros sí nos atañe, por el contrario, no dejar este punto de nuestro papel en blanco, so pena de la consabida de los *dos mil reales* a la primera, del duplo a la segunda, y de dar al traste a la tercera, que va la vencida. Decimos esto, porque no nos ha gustado el señor Luna: triste cosa es, pero no lo podemos remediar...» [167].

El siguiente fragmento es de la *Segunda y última carta de Fígaro al Bachiller, su corresponsal desconocido:* «De la de Procuradores nada tengo que contar a vuestra merced, si no es que en este momento no es oportuno que use el hombre el don de la palabra con que le distinguió Su Divina Majestad de los demás animales. Lo que urge por ahora es que cada uno se calle lo que sepa, si es que no lo quiere decir en un tomo voluminoso, que entonces, como nadie lo ha de leer, debe el hombre ser libre; pero decirlo todas las mañanas en un periódico, eso no. El don de la palabra es como todas las cosas: repetido diariamente cansa» [168].

A finales del año 34 Larra anduvo otra vez con la idea de editar por su cuenta un periódico. Al fin, descorazonado, abandonó el proyecto y dio cuenta de sus trabajos en un artículo publicado el 26 de enero del 35, *Un periódico nuevo.* Larra comienza haciendo referencia —bien que irónica, pues trataba de hacer ver cómo eran los del día— a la importancia de los periódicos: «Inapreciables son las ventajas de los periódicos; habiendo periódicos, en primer lugar, no es necesario estudiar, porque a la larga, ¿qué cosa hay que no enseñe un periódico?... Por un periódico sabe usted que hay Cortes reunidas para elevar sobre el *cimiento* el edificio de nuestra

---

[167] Idem, íd., I, pág. 409.
[168] Idem, íd., I, pág. 428.

libertad. Por ellos se sabe que hay dos Estamentos, es decir, además del de Procuradores, otro de Próceres. Por los periódicos sabe usted, *mutatis mutandis*, es decir, quitando unas cosas y poniendo otras, lo que hablan los oradores, y sabe usted, como por ejemplo ahora, cuándo una discusión es tal discusión, y cuándo es meramente *conversación*, para repetir la frase feliz de un orador» [169]. El artículo concluye cuando el escritor llega a su casa hecho papilla: «—¿Qué hace usted? —le digo a mi escribiente, de mal humor—. —Señor —me responde—, estoy traduciendo, como me ha mandado usted, este monólogo de su tocayo de usted, en el *Mariage de Figaro* de Beaumarchais, para que sirva de epígrafe a la colección de sus artículos que va usted a publicar. —¿A ver cómo dice? —'Se ha establecido en Madrid un sistema de libertad que se extiende hasta a la imprenta; y con tal que no hable en mis escritos, ni de la autoridad, ni del culto, ni de la política, ni de la moral, ni de los empleados, ni de las corporaciones, ni de los cómicos, ni de nadie que pertenezca a algo, puedo imprimirlo todo libremente, previa la inspección y revisión de dos o tres censores. Para aprovecharme de esta hermosa libertad anuncio un periódico...'. —Basta —exclamo al llegar aquí mi escribiente—, basta; eso se ha escrito para mí; cópielo usted aquí al pie de este artículo; ponga usted la fecha en que esto se escribió. —1784. —Bien. Ahora la fecha de hoy. —22 de enero de 1835. —Y debajo: *Fígaro*» [170].

Larra es único no sólo para sugerir perspectivas enormes con unas pocas palabras, sino para introducir al lector de un golpe, con una sola frase, en el clima que le prepara; he aquí un ejemplo (digamos mejor, un modelo). Larra se dispone a escribir la reseña de la comedia nueva en un acto titulada *El regreso del prisionero*, y comienza de esta manera: «Doña Gertrudis es una señora que vive en Cádiz poco después de la famosa guerra de la Independencia: hasta aquí no hay inverosimilitud» [171]. ¿Necesitamos explicar el tono de lo que viene a continuación? ¿Y hubiera podido crearse de otra manera más rápida y eficaz la atmósfera de burla que va a empapar toda la reseña? Quien quiera persuadirse de la capacidad de Larra para derramar intencionadísimas agudezas, que salen disparadas de cada frase como haces de chispas, lea, completos, artículos como *La alabanza o que me prohíban éste*, o *Lo que no se puede decir no se debe decir*.

Giuseppe Bellini, que destaca particularmente el contenido doctrinal y el largo alcance de la sátira política de Larra, subraya a su vez reiteradamente el valor literario de sus artículos: «fue un creador» —dice [172]— al haber impreso en sus artículos una vitalidad y agilidad inconfundibles;

---

[169] Idem, íd., I, pág. 447.
[170] Idem, íd., I, págs. 449-450.
[171] Idem, íd., I, pág. 317.
[172] *Larra e il suo tempo*, cit., pág. XXVI.

buscó siempre un lenguaje exacto y moderno, expresión del tiempo en que escribía, en constante equilibrio entre la corrección clásica y las innovaciones que exigían la lengua y los problemas de la época [173]; y si no produjo una obra narrativa de grandes dimensiones ni un teatro o una poesía valiosa, «fue el creador original de la *página,* en la que supo verter su emoción, las dotes de su espíritu agudo y preocupado, su viva pasión por España, la soltura y sugestión modernísima de su estilo» [174].

Cecilio Alonso, que ha estudiado con preferencia la actitud política de Larra, hace a la vez mucho hincapié en el carácter literario de sus escritos, casi hasta el punto de apuntar en ello una mengua para su eficacia doctrinal. A propósito del artículo *Dios nos asista* enumera los variadísimos recursos estilísticos de Larra: enumeración que puede servirnos igualmente para cualquiera de sus páginas y que declara plenamente la peculiaridad y calidad de su prosa: «La ironía —dice—, como elemento literario deformante, hace su aparición en este largo documento desde las primeras líneas. Trata, ante todo, de suscitar el interés del lector: uso de la segunda persona, vulgarismos, diálogos fingidos, aleluyas humorísticas, ejemplos y comparaciones parabólicas, antítesis caóticas, juegos fonéticos, reiteraciones, interrogaciones y exclamaciones retóricas, retardamiento de la solución de una anécdota con ruptura del sistema provocando el chiste político, etc., son partes del arsenal de procedimientos expresivos utilizados. No es posible negar que estamos ante unas páginas inspiradas por una refinada voluntad estilística y a la vez teñidas de aguda intención política» [175].

Cecilio Alonso compara los escritos políticos de Larra y de Espronceda, y subraya que en este último, poeta señero, se da paradójicamente, en sus colaboraciones periodísticas, muy escasa preocupación estilística; el artículo político es para él, ante todo, «un instrumento funcional cuya meta es la clarificación ideológica... en general [sus escritos] denotan una precisa intención práctica. Espronceda no se busca a sí mismo en sus artículos, sino que trata de captar la realidad política circundante con los términos menos ambiguos» [176]. Larra, en cambio —afirma Alonso—, «es esclavo de la ironía, del juego de ingenio que espera un público deseoso de sarcasmo» [177]. No diríamos —por lo que puede encerrar de valoración peyorativa— que Larra sea precisamente *esclavo* de su capacidad ironizadora, aunque sí es cierto que se sabe dueño de un nutridísimo arsenal de recursos expresivos y que se sirve de ellos con la premeditada complacencia del maestro que los domina; en lo cual hemos de admitir el carácter literario

---

[173] Idem, íd., pág. XXXI.
[174] Idem, íd., pág. XXXIX.
[175] «Larra y Espronceda: dos liberales impacientes», en su libro *Literatura y poder. España 1834-1868,* Madrid, 1971, pág. 37.
[176] Idem, íd., págs. 35-36.
[177] Idem, íd., pág. 36.

de toda página de Larra, aun en los momentos de máxima tensión ideológica. Insistiendo en esta riqueza literaria de sus escritos, añade Alonso: «Sin intentar desmentir, por supuesto, el alcance crítico *in se* de las sátiras políticas de Larra, tenemos derecho a preguntarnos sobre la exacta eficacia de sus artículos entre unos lectores, en su mayoría escépticos, que crearon en el ánimo de *Fígaro* aquella sensación de vacío tantas veces reflejada en su obra y que contribuyó indudablemente al hundimiento final. ¿Se llegó a estimar en vida de Larra el contenido profundamente político y progresista de sus escritos de 1836? ¿Cuántos contemporáneos descubrieron en ellos algo más que el desgarrado gesto bufonesco del humorista profesional?» [178].

La observación no carece de interés. Los estudiosos de Larra —Azorín, por ejemplo— han subrayado la incomprensión respecto a la densidad y alcance de los artículos de *Fígaro* que revelan algunos comentarios emitidos por los periódicos a raíz de su muerte. Pero semejante incomprensión declara a su vez hasta qué punto el atractivo literario y el desborde incesante de su capacidad irónica pudieron oscurecer para muchos la dramática seriedad de sus páginas.

Hemos aludido repetidas veces a la preocupación lingüística de Larra. Hay en él —salvo algunos momentos en que la urgencia puede traicionarle— una vigilante atención a la propiedad y rigor de las palabras, que se cuidaba de aprender en los grandes clásicos. Pero rechazaba con vehemencia toda beatería purista y deseaba que la lengua se modernizara y marchara al ritmo de los tiempos, haciendo suya la misma consigna de algunos ilustrados del XVIII. En su crítica sobre el *Hernán Pérez del Pulgar, el de las hazañas*, de Martínez de la Rosa, dice irónicamente: «...puede rivalizar su estilo con lo mejor de nuestro siglo de oro. Tan cierta es esta proposición, que, al leer el *Hernán Pérez del Pulgar*, hemos creído más de una vez tener entre manos un libro desenterrado de aquella época. No faltará quien tachará este cuidado, esta esmerada imitación del lenguaje de Solís y de Mariana, como una extremada afectación de purismo; no faltará quien llame a la obra entera un arcaísmo; no faltará quien crea, acaso con razón, que se descubre el artificio que en tan escrupuloso remedo ha debido emplear su autor; nosotros nos contentaremos con indicar que, a nuestro débil entender, las lenguas siguen la marcha de los progresos y de las ideas; que pensar fijarlas en un punto dado, a fuer de escribir castizo, es intentar imposibles; que es imposible hablar en el día el lenguaje de Cervantes, y que todo el trabajo que en tan laboriosa tarea se invierta, sólo podrá perjudicar a la marcha y al efecto general de la obra que se escriba» [179].

---

[178] Ídem, íd.
[179] Ed. Seco, cit., I, pág. 359.

En otras ocasiones es aún mucho más explícito; en el artículo *El álbum* escribe: «El que la voz *álbum* no sea castellana es para nosotros, que ni somos ni queremos ser *puristas*, objeción de poquísima importancia; en ninguna parte hemos encontrado todavía el pacto que ha hecho el hombre con la divinidad ni con la naturaleza de usar de tal o cual combinación de sílabas para explicarse; desde el momento en que por mutuo acuerdo una palabra se entiende, ya es buena; desde el momento en que una lengua es buena para hacerse entender en ella, cumple con su objeto, y mejor será indudablemente aquella cuya elasticidad le permita dar entrada a mayor número de palabras exóticas, porque estará segura de no carecer jamás de las voces que necesite: cuando no las tenga por sí, las traerá de fuera» [180].

En el artículo *Literatura*, al comentar cómo los escritores del siglo XVIII habían pretendido restaurar nuestra literatura introduciendo el gusto francés, escribe: «Los agentes de ella [nuestra regeneración literaria], queriendo con todo creerse independientes, quisieron salvar de nuestro antiguo naufragio *la expresión;* es decir, que al adoptar las ideas francesas del siglo XVIII, quisieron representarlas con nuestra lengua del siglo XVI. Una vez puros se creyeron originales. Así que, en poesía, vimos conservado el saber poético de nuestros buenos tiempos: parecíanos oír todavía la lira de Herrera y de Rioja; y en prosa fue declarado delito toda innovación en el lenguaje de Cervantes. Iriarte, Cadalso y otros se declararon a todo trance puristas, y persiguieron toda novedad con las armas de la sátira, al paso que Meléndez, Jovellanos, Huerta y Moratín sostenían la misma opinión con el ejemplo. / Éste es el lugar de hacer una observación esencialísima en la materia. Hemos dicho que la literatura es la expresión del progreso de un pueblo; y la palabra, hablada o escrita, no es más que la representación de las ideas, es decir, de ese mismo progreso. Ahora bien: marchar en ideología, en metafísica, en ciencias exactas y naturales, en política, aumentar ideas nuevas a las viejas, combinaciones de hoy a las de ayer, analogías modernas a las antiguas y pretender estacionarse en la lengua, que ha de ser la expresión de esos mismos progresos, perdónennos los señores puristas, es haber perdido la cabeza... Lo más que pueden los puristas exigir es que al adoptar voces y giros, frases nuevas, se respete, se consulte, se obedezca en lo posible el tipo, la índole, las fuentes, las analogías de la lengua. / He aquí verdades que no comprendieron los padres de nuestra regeneración literaria; quisieron adoptar ideas peregrinas, exóticas, y vestirlas con la lengua propia; pero esta lengua, desemejante de la túnica del Señor, no había crecido con los años y con el progreso que había de representar; esta lengua, tan rica antiguamente, había venido a ser pobre para las necesidades nuevas; en una palabra, este vestido venía es-

---

[180] Ídem, íd., II, págs. 83-84.

trecho a quien le había de poner. Acaso sea ésta una de las trabas que nuestros literatos tuvieron entonces para entrar más adentro en el espíritu del siglo»[181].

José Luis Varela[182], que reproduce unas líneas de este último pasaje, comenta que a Larra no ya un principio sino un sentimiento de actualidad «le lleva a ver en el uso, y no en las reglas, la razón del cambio lingüístico»; contra los logicistas, insiste en que «el uso manda», y «contra sus postulados —relación de la Gramática con la lógica, perfección de las lenguas en la medida de su regularidad, posibilidad de fijarlas en el momento de su perfección, poder monárquico de las reglas nutridas por la Razón— opone dinamismo, que es tanto como decir vida»[183].

Exponer con detalle los recursos estilísticos de que se vale Larra exigiría casi tantas páginas como las que le llevamos ya dedicadas. Varela, en el estudio aludido, enumera entre otras características la abundante cosecha de elementos paremiológicos; el uso de lugares comunes y frases tópicas manejadas con aparente tono de solemnidad, con lo que quedan degradados de su pretendida importancia; la quiebra de una oración o sintagma que impone irónicamente un carácter restrictivo a la afirmación del primer término («uno de mis amigos —que algún nombre le he de dar—...»); la reiteración verbal para conseguir un efecto cómico, mediante el uso de una misma palabra con sentidos diferentes. Las imágenes vulgarizantes son frecuentísimas en Larra y constituyen el correlato —según subraya Varela[184]— de su actitud irreverente e iconoclasta en lo ideológico; dichas imágenes, que emparejan términos de desigual densidad, tienden al desprestigio, vulgarización o degradación humorística del término comparado, y alcanzan su perfección en las descripciones de índole naturalista, es decir, aquellas en las que un hombre o sus funciones son adscritas al mundo de la zoología o de la botánica; entre ellas habría que destacar sus artículos sobre los carlistas, como el famoso *La planta nueva o el faccioso. Artículo de Historia Natural*, o sobre las condiciones que el periodista debe poseer o las que reúne el ministerial.

Muy peculiares de Larra son las enumeraciones caóticas, en las que la simple yuxtaposición de los elementos más heterogéneos provoca el resultado humorístico; y también la descripción como mecánica y automática de una actividad humana, que queda así desposeída de su condición racional y consciente[185].

---

[181] Ídem, íd., II, págs. 132-133.

[182] «Sobre el estilo de Larra», en *Arbor*, XLVII, 1960, págs. 376-397.

[183] Ídem, íd., pág. 378. Cfr., Antonio Risco, «Las ideas lingüísticas de Larra», en *Boletín de la Real Academia Española*, LII, 1972, págs. 467-501.

[184] «Sobre el estilo de Larra», cit., pág. 383.

[185] Cfr. del propio José Luis Varela, «Larra ante el poder», en *Ínsula*, núm. 206, 1964, págs. 1 y 7. Aunque Varela trata aquí aspectos diversos de la personalidad y la

Parece innecesario insistir en el frecuente uso de la caricatura, indispensable para la finalidad satírica, que Larra emplea en las más variadas formas, bien limitándose a un solo individuo o extendiéndola a toda una situación [186].

LARRA, AUTOR DRAMÁTICO

Como dejamos dicho arriba, Larra hizo varias traducciones o adaptaciones de obras francesas, que fue alternando con alguna producción original, pero todas ellas, con la excepción del drama *Macías*, se representaron como anónimas o bajo el seudónimo de «Ramón de Arriala». Albert Brent ha catalogado hasta veinte títulos [187], pero no todas estas obras fueron estrenadas y ni siquiera concluidas; tres por lo menos están en este último caso y sólo se conocen por referencias o por borradores hallados entre sus papeles. Conociendo ya las exigentes críticas de Larra sobre el teatro de su tiempo y más todavía contra las traducciones de malas obras francesas, podría acusarse a Fígaro de la más descarada contradicción, porque la casi totalidad de las obras que arregló o tradujo no podrían escogerse mejor para ejemplificar las prácticas dramáticas que condenaba. Pero, como él mismo denunció repetidas veces, las traducciones —hechas, además, a matacaballo y sin riesgo ni responsabilidad— se pagaban mejor que los originales, y costaban por supuesto muchísimo menos esfuerzo. El teatro era una industria como otra cualquiera —entonces casi la única— proveedora de diversión para la multitud, y Larra, necesitado de dinero como cualquier mortal, trabajó para ella, como hoy hubiera escrito guiones para el cine o la televisión a tanto la pieza. El anónimo tras el que se escondía y lo que pensaba de su propio trabajo de galeote literario nos obligan a concederle el perdón; bien entendido, además, que cuando perpetró la mayoría de estos delitos teatrales, andaba aún distante el momento en que iba a ser el periodista mejor pagado de España. De todos modos, no es arriesgado suponer que la necesidad de someterse a semejante tarea contra sus más arraigados principios, pudo aportar un grano de arena más a la montaña de insatisfacciones íntimas que atormentaban al escritor.

Aun a título de curiosidad, por haber salido de la mano de Larra siquiera como compadre, merece la pena hacer mención de alguna de estas

---

vida política de Larra, hace también valiosos comentarios sobre peculiaridades de su estilo.

[186] Berkowitz dedica amplio espacio de su investigación —*The Nature of Larra's Prose...*, cit.— al estudio de sus técnicas: concretamente, todo el Cap. III, dividido en dos extensos apartados, «Larra como humorista» y «Larra como satírico», con minucioso análisis de artículos representativos.

[187] Albert Brent, «Larra's Dramatic Works», en *Romance Notes*, VIII, 1967, páginas 207-212.

obras. Herman Hespelt [188], que ha estudiado con noble atención las traducciones francesas de Larra, puntualiza que no carece de interés examinar al menos lo que añadió o modificó de su mano en dichas traducciones, porque siempre ilumina aspectos de su personalidad.

*Felipe*, traducción de una comedia de Scribe del mismo título, en dos actos, es lo que llamaríamos hoy una comedia «rosa»; plantea un conflicto entre aristócratas y plebeyos, que al fin se resuelve con el triunfo del amor que iguala las clases. *El arte de conspirar*, traducción de la obra de Scribe en cinco actos, *Bertrand et Raton*, o *L'art de conspirer*, es una complicada madeja de intrigas en la corte de Cristián VII de Dinamarca, que se representó 29 veces —cifra notable para la época— el año de su estreno (1835) y varias más en los dos siguientes. En esta versión, que Hespelt califica de «cuidadosa y brillante» [189], Larra modificó algunos episodios que hubieran podido despertar suspicacias en la corte española. *Partir a tiempo*, traducción de *La famille de Riquebourg* o *Le mariage mal assorti*, de Scribe por supuesto, es una fábula de moral casera, que concluye con el triunfo de la virtud a gusto de burgueses timoratos, entre los cuales no podía contarse el traductor. También aquí modificó Larra sucesos y circunstancias para españolizar la fábula y los caracteres, y por primera vez en el teatro, según Hespelt señala [190], puso Larra en boca de un personaje algunas frases que tenían el tono de sus artículos. *¡Tu amor o la muerte!* es la versión, literal esta vez, de una graciosa farsa de Scribe, *Être aimé ou mourir*, que, al cabo, es una burla de los romanticismos pasionales y un encarecimiento de los sacrificios sostenidos en la vida diaria. *Un desafío o dos horas de favor*, arreglo de *Un duel sous le Cardinal de Richelieu*, de Lockroy y Badon —éxito reciente en los teatros de París— desarrolla una inverosímil intriga palaciega, con su salsa de infidelidad conyugal, en la corte inglesa de Jacobo I; como cualquier película en color de nuestros días. Larra —no se ve claro por qué razones— trasladó el teatro de la acción de la Francia de Richelieu a la inglesa de los Estuardos, sin provecho alguno para la obra, ya que la anécdota atribuida a personajes históricos franceses encajaba menos en circunstancias y cortesanos de Inglaterra.

Más popular que todas ellas fue *Roberto Dillon* o *El católico de Irlanda*, arreglo de Ducange, horripilante melodrama del que Larra debía de sentirse avergonzado, pero que obtuvo un éxito resonante, según Hespelt asegura [191]. La obra de Ducange se titulaba *Calas*, y no trataba de un católico

---

[188] E. Herman Hespelt, «The Translated Dramas of Mariano José de Larra and their French Originals», en *Hispania*, XV, 1932, págs. 117-134.

[189] Ídem, íd., pág. 128.

[190] Ídem, íd., pág. 129.

[191] Ídem, íd., pág. 123. Aunque nos es conocida la diatriba de Larra contra *El Jugador*, de Ducange, en los días iniciales del *Duende*, merece la pena reproducir estas otras palabras suyas, mucho más recientes, sobre el autor que él mismo había traducido: «En cuanto a Ducange, por mucho mérito que se le quiera suponer, conce-

de Dublín en la época de Isabel, sino de un calvinista de Toulouse en 1761, famoso «caso» que alcanzó en su tiempo enorme resonancia y dio ocasión a una de las más ruidosas polémicas de Voltaire. Larra cambió fecha, lugar y circunstancias para que el perseguido fuera un católico y protestantes los perseguidores, a gusto del público que lo había de aplaudir [192], volviendo el drama del revés y sustituyendo un fanatismo por otro fanatismo.

*Don Juan de Austria* o *La vocación*, arreglo de la obra del mismo título, de Delavigne, fue la última de las que llevó Larra a la escena, aunque la había traducido bastantes años antes. En la misma crítica de *Teresa*, de Dumas, Larra se refiere a *Don Juan de Austria* —por supuesto, sin aludir a su participación— como de un estreno inminente, y aunque no de forma muy explícita —porque no podía desear el fracaso de su propio engendro— dice lo bastante del corto aprecio en que tenía todo el teatro de Casimiro Delavigne [193]. De la obra en cuestión afirma Larra que se trata de una «comedia heroica», «parecida a las de nuestro teatro antiguo, como *El Rico-hombre* y el *García del Castañar*, mas sin haber podido igualarlas en mérito» [194]. Pero, es lo cierto que este *Don Juan* es una parodia del teatro áureo, en la que todas las cosas que allí podían ser más estimables, salen aquí maltratadas y puestas en ridículo, a pesar de que Larra suavizó no pocos detalles de la obra del francés y podó bastantes parrafadas. Don Juan de Austria y Felipe II, convertidos en dos calaveras callejeros, se disputan

---

diéndole el de conocer el teatro y el corazón humano, colocarle al lado de Víctor Hugo es poner al lado de Calderón a don Ramón de la Cruz. Víctor Ducange es un dramaturgo de *boulevard;* pero no es un escritor de primer orden, ni por la esencia de sus obras, ni por su estilo. Víctor Ducange es a Víctor Hugo lo que un pintor de alcobas y de coches a Salvador Rosa y a Rivera. Su pluma no es pincel, es brocha. Su color es almazarrón. No es el poeta del siglo, es el abastecedor de las provisiones dramáticas del populacho» (en la crítica del drama de Alejandro Dumas, *Teresa*, publicada en *El Español* el 5 de febrero de 1836; en *Obras...*, ed. Seco Serrano, cit., II, pág. 148).

[192] Cfr., A. Rumeau, «Una travesura de Larra o dos dramas y una comedia a un tiempo», en *Insula*, núm. 188-189, 1962, pág. 3. Rumeau califica de «travesura» la traducción de Larra, que hizo llorar y aplaudir al público, ignorante de que la obra original había sido escrita para decir exactamente lo contrario de lo que se mostraba. La jugada —que, según aventura Rumeau, pudo tramarse en las reuniones del Parnasillo— parece prefigurar uno de los famosos «doblajes» cinematográficos perpetrados en nuestro país en años recientes, para acomodar el original a la ortodoxia establecida.

[193] «Casimiro Delavigne —escribe Larra— no puede ponerse en parangón con los dos anteriores [está tratando de Víctor Hugo y de Alejandro Dumas], porque éstos al fin pueden presentarse como cabezas de un partido y sostén de la innovación; enlazados por afecto y principios con la revolución de las ideas y nuevo gusto del siglo, sus escritos tienden a un fin moral, por más que echen mano de recursos no siempre morales; pero a un fin moral osado, nuevo, desorganizador de lo pasado, si se quiere, y fundador del porvenir; destructor de preocupaciones y trabas políticas, religiosas y sociales. Pero Casimiro Delavigne no es más que un sectario, un discípulo de las antiguas creencias literarias, y lo más que se le concederá es haber cedido algunas veces al torrente de la innovación... comedido en sus resortes dramáticos, parco y hasta parsimonioso; poco original, poco nuevo; templada su imaginación por la influencia de las reglas y su amor al orden, no es brillante ni arrebatado» (en ídem, íd.).

[194] Ídem, íd.

los favores de una moza, y como resulta preferido don Juan, Felipe II
pretende encerrar a su rival en un convento, decisión que impide Carlos V,
su padre, retirado en Yuste. La acción tiene muy curiosas complicaciones,
porque la joven disputada era judía, y Felipe II, para vengarse de sus
desdenes, hace que la empapele la Inquisición; de cuyas garras la salva
también el propio Carlos V, acreedor del padre de la chica.

No cabe duda de que Larra tenía sobrada razón para tronar contra el
teatro de su tiempo, cuya calidad, por la parte que le tocaba, conocía muy
bien. No obstante, los mismos retoques y los cambios que introdujo en
ocasiones para españolizar los personajes extranjeros, demuestran que tenía grandes dotes para el teatro. Hespelt aventura [195] que, si Larra hubiera
vivido más tiempo, es muy posible que, curtido en la tarea de las traducciones, hubiera dado notables frutos en la dramática. Concretamente, es
este nuestro parecer en relación con su obra original, que Hespelt no
considera.

Por cuenta propia escribió Larra tres obras para la escena. *El Conde
Fernán González y la exención de Castilla*, obra primeriza, nunca fue estrenada, ni tampoco impresa hasta la edición de Barcelona de 1886. Larra,
que conocía la comedia de Lope sobre el conde castellano, se basó con preferencia en la de Rojas, *La más hidalga hermosura*, aunque conservando
la doble liberación del conde, según la tradición.

*No más mostrador*, comedia en cinco actos, en prosa —la primera que
llevó Larra a las tablas—, es un arreglo, o desarrollo, mejor dicho, de la de
Scribe en un solo acto, titulada *Les adieux au comptoir*. Larra la escribió
por sugerencia del empresario Juan Grimaldi, gran amigo suyo y contertulio del Parnasillo, autor de *Todo lo vence el amor, o la pata de cabra*, el
mayor éxito teatral de aquellas décadas, arreglo también de una comedia
francesa. *No más mostrador* es un sainete o farsa cómica en la que sería
necio escandalizarse de lo inverosímil de muchas situaciones, porque éste
precisamente es el tipo de obra que pretendía escribir su autor, y aun
puede asegurarse que las exageraciones caricaturescas de los personajes
contribuían a la intención satírica de la pieza. Larra se propone poner en
ridículo a la burguesía adinerada que pretende salirse de su esfera, arrastrada por el delirio de grandezas, y aspira a enlazar con la aristocracia, a
la que admira hasta en sus vicios, porque los cree distinguidos; al mismo
tiempo, se zahiere a esa aristocracia, uno de cuyos miembros, calaverón
perdido, quiere casar con la hija del tendero para salvarse de la ruina. La
obra tiene momentos muy graciosos, preparados por una acumulación de
equívocos, ya que el tendero, que encarna aquí la sensatez, hace pasar por
conde al pretendiente que desea para su hija —hijo de un tapicero cata-

---

[195] «The Translated Dramas...», cit., pág. 134.

lán—, y consigue que al auténtico conde se le tome por el pretendiente tapicero; con lo cual, mientras doña Bibiana, la tendera, se perece por los modales y actitudes del primero y desprecia los del segundo, se organiza un cisco de todos los demonios, que se resuelve al fin con la moraleja consabida.

Larra, en esta comedia, que escribió a los veinte años, demuestra manejarse en el teatro con soltura muy prometedora. La relación de su comedia con la de Scribe dio que hablar. A raíz del estreno se hizo correr la voz de que era una traducción del autor francés, y Bretón de los Herreros en su crítica del *Correo*, hizo, un tanto aviesamente, determinadas alusiones al caso, alabando las agudezas del diálogo «en los dos primeros actos», es decir, en la parte que se suponía tomada de Scribe. Por su parte, Carnerero, en su crítica publicada en *Cartas Españolas* y en un comentario anónimo días después, acusó a Larra de que éste había querido desprestigiar a la nobleza para halagar a la plebe. La acusación, que sólo puede explicarse por la animosidad que Carnerero dispensaba por aquellas fechas a Larra, era una necedad, y Larra protestó con buenas razones de semejante acusación en dos cartas abiertas, enviadas al *Correo* [196]. Años después —mayo de 1834— y con motivo de su reposición, surgió de nuevo el problema de la deuda de *No más mostrador* con la comedia de Scribe cuando en un comentario anónimo, aparecido en el *Diario del Comercio*, se afirmó que se trataba de una traducción. Larra publicó entonces en la *Revista Española* un breve artículo titulado *Vindicación* [197], en el que asegura que había tomado, en efecto, la idea capital «haciéndola mía por derecho de conquista», y dos o tres escenas «que desconfié de escribir mejor», pero que el resto, es decir, la diferencia entre el «vaudeville en *un acto corto* de Scribe» (subraya Larra) y los cinco actos de que constaba su comedia, le pertenecía. Hespelt, tras su cuidadoso examen, afirma [198] que Larra tomó de Scribe trece de las dieciséis escenas de que consta la obra, doce de las cuales —no «dos o tres», como Larra decía— se reproducen en *No más mostrador* en los dos primeros actos de la comedia, aumentados con otras seis escenas de Larra. Los otros tres actos, en los cuales se sigue, sin embargo, el desenlace original, son de nuestro autor. Hespelt sostiene que aunque ninguna de las escenas reproducidas es traducción literal, contienen las mismas situaciones del modelo. No obstante, Larra acertó plenamente a transformar los personajes de Scribe en genuinos tipos españoles y a transportar la acción al ambiente de un Madrid auténtico.

---

[196] Reproducidas en *Obras...*, ed. Seco Serrano, cit., IV, págs. 229-301.
[197] En ídem, íd., I, págs. 400-401.
[198] «The Translated Dramas...», cit., págs. 118-121. Cfr. también, Nicholson B. Adams, «A Note on Larra's *No más mostrador*», en *Romance Studies Presented to William Morton Dey*, University of North Carolina Studies in the Romance Languages and Literatures, Chapel Hill, 1950, págs. 15-18.

EL DRAMA «MACÍAS»

EL DRAMA «MACÍAS»

El lugar tan sobresaliente que ocupa Larra tanto en el periodismo como en el ensayo español parece casi exigir —o, al menos, justifica— una fugaz mirada displicente al resto de su producción; es un fenómeno muy repetido, siempre que un escritor excede en una obra o género de modo tan particular. En el caso de Larra, esta preterición no es totalmente injusta, aunque se apoya con exceso en la rutina de reproducir una y otra vez palabras casi idénticas sin tomarse la molestia de hojear siquiera todas esas obras menores. Pero, en todo caso, creemos que el drama *Macías* merece una especial consideración. Sin embargo, es un hecho cierto, aunque bien sorprendente, que en la copiosa bibliografía sobre Larra apenas existe un solo título expresamente dedicado al estudio particular de dicho drama; con una excepción única —de no ser que otros trabajos hayan escapado a nuestra diligencia— que vamos a considerar: se trata del artículo de Roberto G. Sánchez, «Between Macías and Don Juan: Spanish Romantic Drama and the Mythology of Love»[199]. Sánchez comienza su escrito haciendo notar, precisamente, que mientras los estudios sobre Larra crecen de día en día, su teatro, e incluso sus ensayos sobre el teatro, están aguardando un atento examen. Sánchez recuerda las dos afirmaciones más repetidas —en Historias generales o del teatro, estudios de conjunto, etc.— a propósito del *Macías:* su escasa importancia, y la presunta identificación del autor con el protagonista de su drama. Como botones de muestra aduce Sánchez una frase de Valbuena —«Larra veía en el antiguo vate como su propio retrato»[200]— y unas palabras de Ruiz Ramón que sirven de veredicto para ambos postulados: «Lo único que interesa en esta pieza es justamente lo extradramático: la transposición del drama amoroso personal del hombre Larra, encarnado en el trovador Macías»; palabras que se completan luego con este otro pasaje: «Macías, héroe dramático, convertido en prototipo de héroe romántico, no llega a Larra a la suela del zapato. Si Larra, al escribir esta obra, se hubiera olvidado de la historia y hubiera tenido sólo presente su íntima historia, la suya propia, nos habría dejado un hondo y auténtico drama: el de un hombre de carne y hueso de su tiempo. Si son

---

[199] En *Hispanic Review*, XLIV, 1976, págs. 27-44. Existe otro trabajo, en efecto, sobre el *Macías*, que conseguimos recordar aún, tras una transitoria traición de la memoria: el de Joaquín Casalduero, «La sensualidad en el romanticismo: sobre el *Macías*», en *Estudios sobre el teatro español*, 2.ª ed., Madrid, 1967, págs. 219-231. El comentario de Casalduero, muy penetrante, no nos exige, sin embargo, modificar o ampliar lo que dejamos dicho en las páginas del texto. Importa, no obstante, subrayar el último parágrafo, sobre «La sensualidad de la pasión», porque destaca certeramente en el drama de Larra la exaltación de lo sensual, de un amor sin freno que engloba cuerpo y espíritu, «que descubre con toda violencia la trascendencia de la carne»; un sumando más que añadir a la particular significación que estamos atribuyendo al *Macías*.

[200] Cit. en pág. 27.

muchos los escritores que salen ganando al transponer a mito literario su historia personal, con Larra sucede justamente lo contrario: su historia personal, su drama de hombre, es infinitamente superior a su mito literario: al Macías teatral y el novelesco de *El doncel de don Enrique el Doliente*»[201].

Sánchez se propone en su artículo un objetivo esencial: desmontar la pretendida identificación de autor y personaje, y explicar las razones de índole no biográfica, literarias básicamente, que movieron a Larra a componer su drama y que se recogen o reflejan en él. La reivindicación de la importancia histórico-literaria de *Macías* parece importarle menos; casi nada, diríamos.

Sánchez hace un minucioso recorrido erudito —aunque no sea de primera mano— a lo largo de la leyenda de Macías, para informarnos de su difusión y señalar lo que hay en ella de «amor cortés»; estudia luego la contaminación que aquélla tuvo con el mito de Tristán, hasta llegar, como modelo de amador perfecto, al motivo del *amor en la muerte*, es decir, de la muerte de ambos amantes, según sucede en la historia de los *de Teruel* y, como sabemos, en el *Macías*. Sánchez estudia luego con muy discretas razones la diferencia entre Macías y Don Juan, y desmiente al final, en una frase, el error de la supuesta relación biográfica.

Parece absolutamente innecesario aclarar que entre la historia o leyenda del trovador y la vida del propio Larra no existe ni un solo punto de contacto; todos los que han supuesto que Larra pretendió retratarse en su *Macías* no han podido pensar en semejanzas anecdóticas de ninguna índole. Pero juramos no haber entendido tras la lectura del artículo de Roberto Sánchez que toda esa acumulación de asociaciones literarias que a lo largo de los siglos crea la mitología del amor en torno a Macías, según él dice, fuera obstáculo para que Larra traspusiera a la figura del trovador gallego su pasión amorosa y objetivara en él, convirtiéndole en personaje dramático, sus vivencias más íntimas (como Espronceda —según podremos ver luego— objetivó su rebelión existencial en el pirata de su *Canción* o en el Don Félix del *Estudiante)*. Precisamente —si el erudito examen de Sánchez es correcto—, el hecho de que Macías llegara a conocimiento de Larra con toda la aureola de esa mitología amorosa, podía acrecentar su propósito de unírsele en espíritu y de proyectarse con sus propias pasiones en el personaje literario, justamente en razón de su crecido valor simbólico. Porque una cosa es necesario puntualizar. Ruiz Ramón parece echar de menos el que Larra refiriese «su íntima historia, la suya propia», en un drama de chaqueta y bombín. Pero en la época de Larra el realismo a nivel burgués no se había descubierto todavía ni en la novela ni en el teatro (nada digamos de la lírica); los escritores —los románticos de todos los

---

[201] Cit. en págs. 27 y 28.

países— hasta para decir las cosas más actuales y las ideas más revolucionarias se servían de personajes remotos y pretéritos, exóticos y fantásticos, sin importarles anacronismos ni impropiedades. Era la forma literaria de la época, de la que apenas hay excepciones. Si se trataba de asuntos más inmediatos y urgentes, se servían de otra especie de escritos, y ahí está el caso de Larra, precisamente, que escribía artículos en pura prosa para hablar de los carlistas o del Estatuto. Si se trataba de otros temas —y el amor y la libertad eran los más pugnaces—, el proyectarlos e hipostasiarlos con prestigiosas figuras mitificadas por la historia o la literatura era la forma de darles mayor realce y significación; por eso Don Juan tiene tanta vigencia en la época romántica.

Larra escogió a Macías porque podía hacerle decir todas las cosas que ardían dentro de él, y que Macías dice sobre las tablas, realmente. Por eso no podemos admitir con Ruiz Ramón que «Macías, héroe dramático» «no le llega a Larra a la suela del zapato». Creemos, por el contrario, que Macías expresa en forma dramática, dentro del vehículo literario que le es propio, idénticas ideas de libertad, de afirmación del individuo frente a convenciones y trabas sociales, de rebeldía y de inconformismo, de exaltación del yo, que en los más audaces artículos; no idénticas, sino mucho más atrevidas y radicales, porque lo que en aquéllos no le dejaban decir y tampoco venía al caso por tratarse de materias más prácticas y concretas, podía ponerlo en boca del apasionado trovador, con toda la proyección de un símbolo, protegido por la circunstancia de que lo hacía hablar entre los muros de un castillo del siglo xv. Estamos persuadidos de que en todo el romanticismo español no existe otra proclama más enérgica de la libertad individual que los parlamentos de Macías.

Roberto Sánchez recuerda —apoyándose en Otis Green— que en la comedia de Lope, *Porfiar hasta morir*, el trovador es asesinado por el esposo, ofendido por los atrevimientos del poeta, que es capaz de cantar públicamente su pasión; se plantea aquí, simplemente, una cuestión de honor, que reconoce el propio Macías cuando dice antes de morir: «Pues yo la ocasión le di / y él ha guardado su honor». Es decir: en la comedia áurea, el amor de Macías era ilícito y recibía su castigo con la muerte [202]. Pero el Macías de Larra no sólo escribe versos —es lo que menos hace—, sino que penetra desafiante en la misma cámara de Elvira de donde pretende llevarla sin otros derechos que los de su pasión (es entonces cuando pronuncia las tremendas frases, que sí que le llegan a Larra a la suela del zapato: «...Rompe, aniquila / Esos, que contrajiste, horribles lazos. / Los amantes son solos los esposos. / Su lazo es el amor: ¿cuál hay más santo? / Su

---

[202] Cfr., Joseph-S. Pons, «Larra and Lope de Vega», en *Bulletin Hispanique*, XLII, 1940, págs. 123-131. Pons comenta también el carácter de «amor cortés» que tiene el Macías de Lope y señala la diferencia con el de Larra, aunque sin particular insistencia en el aspecto que aquí nos importa.

templo el universo: donde quiera / El Dios los oye que los ha juntado...») [203], y lo proclama frente al propio marido cuando éste llega.

El desenlace es todavía lo más significativo. Elvira, movida de su pasión, inequívocamente confesada, pretende libertar a Macías de la cárcel, y cuando ambos son sorprendidos por el esposo y sus sicarios, y Macías es asesinado, la propia Elvira se da la muerte después de maldecir y de llamar «monstruo» a su marido, y de pronunciar esta frase que la levanta al mismo nivel de rebeldía apasionada que Macías había proclamado: «La tumba será el ara donde pronta / la muerte nos despose» [204]. Como Sánchez explica [205], no hay aquí en los amantes arrepentimiento de ningún género; muy al contrario, llevan su amor, en forma desafiante, hasta la última exaltación; su muerte no es su fracaso, sino su apoteosis, y en ellos se cumple, en toda su grandeza, el *amor en la muerte*, que el articulista supone heredado del Tristán. Herencia que no invalida en ningún caso la significación inequívoca que le infunde Larra. El *Macías* tiene todo el valor de un manifiesto romántico, y si a Larra se le ha de filiar al fin como romántico, es justamente por el *Macías*.

Para valorar su importancia, queda todavía un detalle del mayor interés, que quizá no lo tenga para los críticos de butaca, pero que no puede omitirse en una historia de nuestro teatro. El *Macías* fue presentado a la censura en los últimos meses de 1833, y hasta fue anunciado su estreno, pero fue prohibida su representación; lo que demuestra que los sabuesos de la Iglesia y de la política algo más que arpegios amorosos hallaron en el drama. Larra hubo de guardarlo en su gaveta hasta que, fallecido el rey, cambiado el régimen y llegado al poder Martínez de la Rosa, lo pudo estrenar el 24 de septiembre de 1834, después que el propio presidente del Gobierno había estrenado *La Conjuración de Venecia*, que sólo por aquella circunstancia se adelanta en los anales del teatro romántico al drama de Larra. Casi al final de su artículo, Roberto Sánchez concede, entre distingos, que Larra «intuyó la significación de la figura de Macías y con su obra *fijó el patrón mítico del drama romántico que iba a seguir*» [206]; el subrayado es nuestro y no precisa encarecimiento.

En cuanto a sus calidades literarias, creemos que el *Macías* posee innegables excelencias. Sería ridículo objetar algunos apresuramientos —como el matrimonio de Elvira en el mismo día en que se cumple el plazo—, porque sin semejantes expedientes, que en la obra de Larra son muy leves y bien justificados, no hay quien lleve a las tablas una acción de esta especie; ni de ninguna. El drama consta de cinco actos, que suceden sin casi interrupción, y todos en el mismo palacio de Villena aunque cambian las habi-

---

[203] *Obras...*, ed. Seco Serrano, cit., III, pág. 281.
[204] Idem, íd., pág. 296.
[205] Cit., pág. 32.
[206] Idem, íd., pág. 43.

taciones. Podría, pues, decirse que Larra, en una prueba más de su formación clasicista, se atiene estrictamente a las tres unidades, porque respecto a la de acción no precisamos insistir. Larra toma los sucesos *in medias res;* no hay episodios anteriores que preparen y entretengan al espectador llenando escenas y diluyendo los acontecimientos, con técnica de viejos y fáciles recursos: sólo unos diálogos iniciales que fijan el problema, e inmediatamente, con la entrada en escena de Macías, el estallido, el drama en toda su dimensión, desarrollado en un crescendo de pasiones y de apretados sucesos, hasta el final. Se dice siempre —y lo admitimos— que Larra no tenía dotes de poeta, pero creemos que hasta esa mengua le favorece aquí. Si Larra hubiera sido poeta, es muy probable que en este drama en verso se hubiera dejado arrastrar de diversas tentaciones; mas, como no lo era, cuidó mucho más el nervio y la sustancia de sus héroes que el brillo de las palabras. Éstas son siempre las precisas, las que definen exactamente el ánimo de cada personaje. El proceso de la pasión está perfectamente graduado; en Macías, en un exacerbamiento que se agiganta por instantes a medida que crecen los obstáculos; en Elvira, su pudor femenino y su conciencia moral de mujer casada detienen brevemente la explosión de sus sentimientos, pero, mujer enamorada y apasionada, se deja al fin arrebatar por su amor largo tiempo contenido y se arroja en el torbellino de la tragedia provocada por Macías. Sobrios y humanísimos sus parlamentos con el esposo impuesto, al que aborrece; adecuada la reacción de éste, sin falsedades melodramáticas. Es digno de notar que Larra, en los momentos de mayor tensión dramática, no se sirve de combinaciones métricas octosilábicas, sino de endecasílabos o dodecasílabos, sueltos o rimados en asonante alterno, no tanto, diríamos, por influjo de la tragedia neoclásica de los que habían sido sus maestros, como para huir de metros de más pegadiza y fácil musicalidad y servirse de formas más contenidas y próximas a la prosa; más aptas, por tanto, para que pudieran expresarse sus personajes sin retórica y con verdad. Hasta los reproches apasionados de los amantes obedecen a una «lógica pasional» perfectamente calculada.

Digamos, pues, en resumen, que estimamos injusta la preterición, y mucho más el desdén, de que se viene haciendo objeto hasta hoy al drama de Larra. El *Macías* es una pieza capital del teatro romántico español; la primera cronológicamente de derecho —aunque no pudiera serlo de hecho por mala fortuna del escritor— y superior en calidad a muchos otros dramas posteriores que se aducen como representativos. No es, en manera alguna, una obra indigna de Larra. En cuanto a la supuesta y discutida proyección de Larra en su *Macías*, tópicamente repetida, pero siempre muy a la ligera, la aceptamos como un hecho incuestionable, a condición de que se la entienda rectamente y se le dé la transcendencia que le es debida; es decir, no como una simplista relación biográfica o anecdótica, sino como la voluntaria encarnación en mito literario de sus más sustanciales y arraigadas vivencias y conceptos. Como introducción a su drama, al publicarlo, escribió Larra *Dos palabras*, que son esenciales para entenderlo rectamente: «He aquí —dice— una composición dramática a la cual fuera muy difícil ponerle nombre». Y se pregunta a continuación si reúne las condiciones de una comedia antigua, moderna al modo clásico, tragedia o drama romántico. Y tras de rechazar su parentesco con todos estos géneros, concluye: «¿Qué es, pues, *Macías?* ¿Qué se propuso hacer el autor? Macías es un hombre que ama, y nada más. Su nombre, su lamentable vida pertenecen al historiador; sus pasiones al poeta. Pintar a Macías como imaginé que pudo o debió ser, desarrollar los sentimientos que experimentaría en el frenesí de su loca pasión, y retratar a un hombre, ese fue el objeto de mi drama. Quien busque en él el sello de una escuela, quien le invente un nombre para clasificarlo, se equivocará. ¿Para qué ha menester un nombre? ¡Ojalá no se equivoque también quien busque en *Macías* alguna escena interesante, tal cual sentimiento arrancado al corazón, un amor medianamente expresado y un desempeño feliz!»[207]. Las *Dos palabras* no pueden ser más transparentes. Larra pretendía desconectar a todo trance su obra de todos aquellos géneros vigentes a la sazón, para dejar bien claro que no deseaba presentar una obra a la moda, vaciada en uno cualquiera de los moldes disponibles —reconstrucción de drama áureo, nuevo drama romántico, o lo que fuese—; nada que llevara *el sello de una escuela*: sólo el retrato de un hombre, y de un hombre que no pertenecía al historiador, sino al poeta, es decir, del hombre que el escritor había forjado en su propia entraña y que había transfigurado, para expresarlo, en el mito de Macías[208].

---

[207] *Obras...*, ed. Seco Serrano, cit., III, pág. 257.

[208] Al final de su artículo, para rechazar en última instancia toda «simplista referencia biográfica» de Larra con su drama, aduce Sánchez un fragmento, precisamente, de las citadas *Dos palabras*. Ya hemos insistido en que la referencia biográfica «simplista» ni siquiera merece el trabajo de una refutación; pero no comprendemos por qué la relación personaje-autor, simplista o no, y cualquiera que ella sea, queda negada por las palabras de Larra. Sánchez lo supone así, afirmando, sibilinamente (pág. 44), que en dichas palabras está la clave del asunto; pero debió explicarlo. Hubiera sido lo más concreto y próximo al *Macías* de todo su artículo.
Aunque Susan Kirkpatrick, en su libro sobre Larra, tan sólo de paso se ocupa del *Macías*, merece la pena reproducir su breve comentario porque confirma la significación y trascendencia ideológica que hemos atribuido a la obra y, sobre todo, el hecho de que Larra proyectó en ella, y en su héroe, tanto su drama personal como sus ideales políticos más acuciantes y contemporáneos: «Es interesante —dice Kirkpatrick— señalar que los ideales de libertad e igualdad que Larra oponía al privilegio y poder de la aristocracia constituyen la base para su drama trágico *Macías*, así como para sus artículos periodísticos. La oposición central de la pieza, situada en la España medieval, se establece entre Macías —un escudero de origen plebeyo, pero dotado de gran capacidad— y una aristocracia tiránica representada por el rival amoroso de Macías, Fernán Pérez, y su señor, don Enrique de Villena. Los nobles, que aparecen como veleidosos e injustos, abusan del poder, que detentan por su rango, para imponer su voluntad

LARRA, NOVELISTA

Una prueba más, si fuera necesaria, de cómo el trovador gallego hervía en la mente de Fígaro, lo da el hecho de haberlo llevado a protagonizar también la única novela que compuso: *El Doncel de don Enrique el Doliente*, publicada a comienzos de 1834, meses antes del estreno de *Macías*. Pero Larra se desempeñó en la novela mucho menos felizmente que en el drama. En el relato, que difiere de aquél en bastantes puntos esenciales, hay mayor número de personajes, la acción es mucho más compleja, y, aderezada con la ambientación más o menos exacta que requería el caso y toda la escenografía pertinente, pierde la magra y concentrada intensidad que da su fuerza a la obra teatral. A pesar de todo, a la novela le perjudica evidentemente el hecho de que sea Larra su autor; pues al lector le resulta extraño que aquella pluma que escribía los acerados y cáusticos artículos sea la misma que nos conduce ahora por cámaras y corredores de lúgubres fortalezas, en una maraña de aventuras que puede parecer pueril (nada de lo cual —insistamos en ello— asoma en el *Macías);* porque es el caso que *El Doncel* sería una discreta novela en su época y en su género, si no esperáramos tanto, y tan distinto, de la mano que la compone[209].

Nicholson B. Adams recuerda en un breve comentario[210] que la novela de Larra, según era de rigor en aquellos años, es una premeditada imitación

personal a *Macías*, pese a la rectitud y legalidad de sus demandas. De esta manera, la acción del drama muestra la perspectiva liberal, según la cual el poder descontrolado del rey y la nobleza feudales no pueden proporcionar las pautas legales coherentes y necesarias para una sociedad ordenada y justa. Por otra parte, Macías fundamenta su orgullosa independencia y su desafío a las injustas exigencias en el sentimiento de ser igual, y aun superior a los nobles, enfoque que sostiene el drama en su conjunto. En realidad, la tragedia de Macías, destruido por un poder tiránico en su busca de la felicidad (es decir, el amor de Elvira, su amada), es en cierto sentido la tragedia de una burguesía enérgica, superior e inteligente en circunstancias en que la oligarquía aristocrática conserva todo el poder». Y en nota al pie, después de las palabras «...sostiene el drama en su conjunto...», añade: «Estos valores se establecen al principio de la pieza, cuando Elvira, tras describir la audacia y talento de Macías, le dice a su padre: 'si eso es ser villano, yo villano / a los nobles le prefiero'. Más tarde, Macías, enfurecido por la injusticia e incoherencia de su señor, exclama desafiante: '¿En qué justas famosas vuestro brazo, / o en qué lid, me venció?... injusto sois conmigo, don Enrique, / ...porque ese infando / poder gozáis, con que oprimís vilmente, / en vez de proteger al desdichado'» *(Larra: el laberinto inextricable...,* cit., págs. 124-125).

[209] Julio Nombela —*Larra (Fígaro),* cit., págs. 119-139— pone en ridículo al *Doncel* sin más que referir las peripecias de la novela, deslizando de cuando en cuando un leve guiño irónico; es una técnica, por lo demás, aprendida del propio Larra, que solía destrozar así las piezas de teatro que comentaba. El recurso es eficaz, y legítimo cuando la obra no merece mayor respeto, pero demasiado fácil para manejarlo en cualquier ocasión. En el caso de *El Doncel* es, evidentemente, fácil.

[210] Nicholson B. Adams, «A Note on Larra's *El Doncel*», en *Hispanic Review,* IX, 1941, págs. 218-221.

de Walter Scott, atribución que Colombine había negado, pero sin convincentes razones. No obstante, Adams subraya muy especialmente que *El Doncel* se diferencia de las novelas del escocés «en el énfasis de la pasión», y para demostrarlo pone en parangón unos pasajes de Scott y otros de Larra: «El amor —dice Adams— es la fuerza capital en *El Doncel*, y Larra no siente vergüenza de hablar a su propósito en tono de real sinceridad y sin altisonante fraseología».

Adams cede a la tentación —no sabemos si podrá parecer «simplista» o no— de relacionar las fogosas declaraciones amorosas de la novela con las relaciones de Larra con la Armijo, y examina las diversas hipótesis propuestas respecto a la fecha en que aquéllas comenzaron, pues habría que averiguar si el *Doncel* fue escrito antes o después. Seguramente Adams desconocía el artículo de Rumeau, publicado seis años antes [211] (aunque no ignoraba la sugerencia de Tarr en el mismo sentido), según el cual, Larra, recién casado, mantenía ya relaciones con Dolores en 1831, en los días del estreno de *No más mostrador*. Adams destaca ciertos pasajes que parecen reflejar sucesos sospechosamente contemporáneos, con sospechoso sabor de Larra (pedimos perdón para el docto hispanista a los cazadores de «falacias biográficas» y otras alimañas); y concluye diciendo que *El Doncel* es mucho más romántico en espíritu que las novelas de Walter Scott. Éste —opina— nunca hubiera escrito, como en el drama, que «los amantes son solos los esposos», ni pensó nunca en el amor como en una fuerza trágica y fatal.

LARRA, POETA

La producción poética de Larra es, sin disputa, lo menos valioso de su obra, y parece natural que se la suela dejar de lado. El francés Rumeau, uno de los más beneméritos larristas, ha dedicado, sin embargo, especial atención a estos escritos porque, aun siendo escaso su mérito, encierran especial interés para aclarar algunos puntos biográficos y, sobre todo, las raíces de la formación ideológica y literaria de Larra [212]. Escobar, partiendo de Rumeau, ha profundizado en esta materia [213].

Rumeau divide en tres etapas la carrera poética de Larra. Hasta finales de 1827 cultiva la poesía seria y noble; desde esta fecha hasta el mes de abril de 1829 parece haber renunciado a la poesía, ocupado en la publica-

---

[211] A. Rumeau, «Un document pour la biographie de Larra: le romance *Al día 1.º de mayo*», en *Bulletin Hispanique*, XXXVII, 1935, págs. 196-208.

[212] Cfr., A. Rumeau, «Larra, poète. Fragments inédits. Esquisse d'un répertoire chronologique», en *Bulletin Hispanique*, L, 1948, págs. 510-529, y LIII, 1951, págs. 115-130. Véase también, del mismo, «Un document pour la biographie de Larra», cit., y «Une copie manuscrite d'œuvres inédites de Larra: 1886», cit.

[213] Véase el Cap. II, «Iniciación literaria: composiciones en verso», de *Los orígenes de la obra de Larra*, cit., págs. 47-77.

ción del *Duende Satírico*. Fenecido éste, vuelve Larra a los versos, pero en el tono amable y ligero de Anacreonte y Meléndez Valdés. A lo largo de 1830 Larra renuncia explícitamente a la poesía y se consagra al periodismo, al teatro y a la novela. Sigue, no obstante, escribiendo versos hasta el fin de su vida, pero son ya versos de circunstancias o estrictamente íntimos. Rumeau ha catalogado hasta sesenta composiciones en verso, pero en vida de Larra sólo se publicaron doce.

Larra, como tantos otros escritores, comenzó componiendo versos. El poeta —como dice Rumeau [214]— tenía nobles y graves resonancias en los días del romanticismo, y Larra deseó su gloria. Para los muchachos de su generación estaba en plena vigencia la poesía neoclásica, la expresión más moderna todavía del progresismo ideológico heredado del siglo anterior, y sus mayores representantes —Quintana, Meléndez Valdés, Cienfuegos, Lista— eran los grandes maestros admirados; ellos habían cantado en verso las nuevas ideas políticas, sociales y filosóficas, referidas a las circunstancias de la época, y condenado el despotismo, el fanatismo y la intolerancia. Era natural —como puntualiza Escobar [215]— que los muchachos de la «ominosa década», enemigos del régimen, hallaran en esta poesía cívica lo que creían que iba a ser la lírica contemporánea. A tono con ella, Larra, en sus primeros versos, pretende expresar ideas importantes y útiles, por lo que estas primeras composiciones son de tono elevado y se vacían en formas prestigiosas: poema didáctico, oda y sátira. La primera obra que publica Larra es una *Oda a la exposición de la industria española del año 1827*, composición tan floja como la ocasión que la inspiraba (la Exposición —según Mesonero— «era tan pobre y desconsoladora, que más que Exposición pública semejaba el interior o trastienda de algún almacén»), pero muy significativa de aquella coyuntura histórica. El tema de la oda de Larra es la expansión económica del país; la Exposición había resultado mezquina, pero era el primer esfuerzo de un equipo de hombres de mentalidad más liberal y moderna, y Larra piensa que es su deber estimularlo: «De este modo nuestro escritor —comenta Escobar— inaugura su trayectoria literaria dentro del proceso histórico señalado por la expansión de la burguesía en que se asienta la plataforma del liberalismo» [216].

La misma preocupación por los grandes temas le movió a componer la *Oda a la libertad inspirada por la intervención europea en Grecia*, así como, todavía en su segunda etapa, escribió su más extensa composición

---

[214] «Larra, poète», cit., pág. 510.

[215] *Los orígenes de la obra de Larra*, cit., pág. 51.

[216] Ídem, íd., pág. 72. Sobre determinados aspectos de la obra poética de Larra cfr.: Kenneth H. Vanderford, «A Note on the Versification of Larra», en *Philological Quarterly*, XIII, 1934, págs. 306-309. John Kenneth Leslie, «Larra's Unpublished Anacreontic», en *Modern Language Notes*, LXI, 1946, págs. 345-349. Del mismo, «Larra's *Tirteida Primera*», en *Hispanic Review*, XXI, 1953, págs. 37-42. José Escobar, «Un soneto político de Larra», en *Bulletin Hispanique*, LXXI, 1969, págs. 280-285.

—de nuevo, una oda— *Al terremoto de 1829.* Este mismo criterio de *poesía útil* le mueve a escribir otra de sus primeras composiciones, una sátira en tercetos, inspirada también en los modelos neoclásicos, pero que revela ya la desolada angustia de Larra ante la situación del país y el desaliento del escritor que considera baldíos sus esfuerzos. Escobar ha subrayado muy oportunamente la importancia de esta composición, porque en ella puede verse el punto de partida de su trayectoria. Larra, satírico por esencia, comienza escribiendo sátiras dentro de la anticuada forma neoclásica porque ésta es la forma que hereda de su formación. Pero descubre muy pronto que este molde le viene estrecho y que no corresponde ya a los nuevos tiempos. Todavía escribe dos sátiras en verso para las páginas de *El Pobrecito Hablador:* «Contra los vicios de la corte» y «Contra los malos versos de circunstancias» (entre los cuales, claro está, debía de considerar los propios). Pero su genio literario había de consistir en hacer de la sátira un género moderno, transformado en ensayos y artículos de periódico.

CAPÍTULO IV

## LA LÍRICA ROMÁNTICA

## I

### ESPRONCEDA

Espronceda es el nombre más alto y representativo de nuestra lírica romántica, con supremacía que nadie ha discutido. A pesar de ello, no puede decirse que se haya llegado a resultados definitivos en la interpretación de su obra, varios de cuyos aspectos —quizá los capitales— parecen todavía sujetos a controversia. Su misma vida, al parecer tan popular, ofrece aún puntos oscuros que los biógrafos no han conseguido esclarecer. Robert Marrast, que en su reciente monografía ha aportado tan numerosos y originales puntos de vista sobre el valor y alcance de su producción, ha tenido que dejar todavía sin respuesta muchos interrogantes sobre episodios de su vida.

BIOGRAFÍA

José de Espronceda y Delgado nació el 25 de marzo de 1808, pocos días después de los sucesos de Aranjuez que acarrearon la caída de Godoy y la abdicación de Carlos IV[1]. El padre del poeta, don José de Espronceda,

---

[1] Para la biografía de Espronceda cfr.: Antonio Ferrer del Río, «Don José de Espronceda», en *Galería de la literatura española*, Madrid, 1846, págs. 235-251. E. Rodríguez Solís, *Espronceda. Su tiempo, su vida y sus obras. Ensayo histórico-biográfico acompañado de sus discursos parlamentarios y de otros trabajos inéditos en prosa y verso*, Madrid, 1883. Antonio Cortón, *Espronceda*, Madrid, 1906. José Cascales y Muñoz, «Apuntes y materiales para la biografía de Don José de Espronceda», en *Revue Hispanique*, 23, 1910, págs. 5-108 (con muy leves modificaciones, este trabajo constituye la primera parte del libro que se indica a continuación). Del mismo, *Don José de Espronceda. Su época, su vida y sus obras*, Madrid, 1914. Del mismo, *El auténtico Espronceda pornográfico y el apócrifo en general. Estudio crítico vindicativo al que precede la biografía del gran poeta*, Toledo, 1932. J. López Núñez, *José de Espronceda. Biografía anecdótica*, Madrid, 1917. Gonzalo Guasp, *Espronceda*, Madrid, s. f. (1929). Narciso Alonso Cortés, *Espronceda. Ilustraciones biográficas y críticas*, Valladolid, 1942 (2.ª ed., 1945). Esteban

teniente coronel y a la sazón sargento mayor del Regimiento de Caballería de Borbón, recibió orden, a consecuencia precisamente de aquellos sucesos, de trasladarse con sus tropas desde Villafranca de los Barros a Badajoz. Le acompañaba su mujer, en trance ya de dar a luz; el parto la sorprendió, en efecto, a poco de iniciado el viaje, y Espronceda vino al mundo en un lugar del término de Villafranca llamado los Pajares de la Vega. Continuaron luego viaje hasta la inmediata población de Almendralejo, donde la madre fue atendida y bautizado el niño, lo cual explica que se le haya tenido habitualmente como nacido en esta última población.

El padre del poeta intervino brillantemente en la Guerra de la Independencia; tomó parte en la batalla de Villanueva de la Reina y en la de Bailén; fue ascendido a brigadier en 1809; en 1815 era coronel del Regimiento de Dragones de la Reina; desde dicho año hasta 1818 fue miembro del Consejo de Guerra de Castilla la Nueva; en 1820 era teniente de rey en La Coruña. Nada apenas se sabe de la niñez del pequeño Espronceda; es casi imposible que la familia pudiera acompañar al padre durante las peligrosas jornadas de aquellos años. El primer biógrafo del poeta —probablemente su amigo García de Villalta— escribía en *El Labriego* del 23 de mayo de 1840: «Los primeros años de su infancia se pasaron en el seno del ejército. Desde que cumplió cinco o seis, y pudo montar a caballo, entró de cadete al lado de su padre»[2]. Pero es de suponer que el niño quedara con su madre y probablemente en Madrid, donde se sabe de cierto que residía en 1820, en una casa de la calle del Lobo. Su padre, que fue por entonces enviado de cuartel a Guadalajara, solicitó, y obtuvo, para su hijo en 1821 una plaza de cadete en el Colegio de Artillería de Segovia, pero la ocupó poco tiempo, pues aquel mismo año ingresó en el Colegio de San Mateo, recién fundado, donde enseñaban Hermosilla y Alberto Lista. Allí tuvo Espronceda compañeros que habían de ser famosos: Ventura de la Vega, Juan de la Pezuela (luego conde de Cheste), Mariano Roca de Togores (futuro marqués de Molíns), Manuel de Mazarredo, Romero Larrañaga, Augusto de Burgos, Luis de Usoz y Río, Eugenio de Ochoa, etc. Las enseñanzas de Lista habían de ejercer hondo influjo en la formación del futuro poeta, como veremos luego[3]. En abril de 1823, y como una prolongación de los estudios oficiales, los alumnos de Lista fundaron bajo

---

Pujals, *Espronceda y Lord Byron*, Madrid, 1951 (2.ª ed., aumentada, 1972). Jorge Campos, Introducción a su edición de las *Obras Completas de D. José de Espronceda*, B. A. E., Madrid, 1954. Joaquín Casalduero, *Espronceda*, 2.ª ed., Madrid, 1967. Pedro Ortiz Armengol, *Espronceda y los gendarmes*, Madrid, 1969. Robert Marrast, *José de Espronceda et son temps. Littérature, société, politique au temps du romantisme*, París, 1974.

[2] Cit. por J. Campos en Introducción cit., pág. XII.

[3] Véanse las bellas páginas que en el parágrafo «Educación» dedica Casalduero a la recibida por Espronceda en el Colegio de Lista, así como al carácter y calidad de este centro de enseñanza (*Espronceda*, cit., págs. 40-47).

su dirección la «Academia del Mirto» para entretenerse «en el trato amable de las musas», y dentro de ella compuso y dio a conocer Espronceda sus primeras composiciones poéticas. La Academia duró por lo menos hasta 1826[4].

A fines de mayo de 1823 el duque de Angulema con sus Cien Mil Hijos de San Luis ponía término al Trienio Liberal y restablecía el absolutismo. El Colegio de Lista, por ser considerado como un foco de ideas revolucionarias, fue clausurado, pero Lista continuó sus clases en su casa particular de la calle de Valverde. Antes del cierre, sin embargo, Espronceda con un grupo de amigos, entre los que figuraban Miguel Ortiz, Patricio de la Escosura, Ventura de la Vega, Bernardino Núñez Arenas, Bernardo Barrera y algunos más, fundaron la sociedad secreta que llamaron de «Los Numantinos», a imitación de las muchas que se había creado por entonces, pero en las cuales no podían ser admitidos por su corta edad, pues «Los Numantinos» eran todos muchachos entre doce y diez y seis años. El primer presidente fue Escosura, pero su padre, temiendo las naturales consecuencias, lo hizo salir de Madrid[5]. Espronceda lo sustituyó en la presidencia, mas a los pocos meses la sociedad fue denunciada y él condenado por la Sala de Alcaldes a tres meses de reclusión en el convento de San Francisco de Guadalajara[6]; iguales penas fueron dictadas contra los otros miembros. Pero el encierro no parece que fue muy duro, y el padre Guardián libertó a Espronceda antes del plazo, porque, según refiere Marrast[7], se había entregado a una activa propaganda liberal entre los frailes jóvenes. Espronceda durante el cautiverio comenzó a escribir su poema *Pelayo*, que presentó a Lista al reintegrarse a sus clases, a las cuales asistió hasta febrero de 1826.

Existe ahora un hiato en la biografía conocida de Espronceda. Es posible que debido a su actividad anterior le vigilase la policía, por lo que el

---

[4] Sobre la Academia del Mirto, cfr.: *La Academia poética del Mirto. Discursos leídos ante la Real Academia Sevillana de Buenas Letras, el 3 de enero de 1897 por el Exmo. Sr. D. Manuel Pérez de Guzmán y Boza, Marqués de Jerez de los Caballeros, y el Sr. D. Francisco Rodríguez Marín, en la recepción del primero*, Sevilla, 1897.

[5] Escosura dedicó a la Sociedad de «Los Numantinos» los artículos VIII, IX y X de sus *Recuerdos literarios*, publicados en *La Ilustración Española y Americana* entre febrero y septiembre de 1876. En su discurso de ingreso en la Real Academia Española, en 1870, se ocupó también, aunque brevemente, de la Sociedad.

[6] Escosura, en sus *Recuerdos literarios*, dice que la condena fue de cinco o seis años, afirmación que han repetido los biógrafos de Espronceda; pero Marrast ha puesto en claro que fue tan sólo de tres meses más los gastos del juicio (*José de Espronceda et son temps...*, cit., pág. 56 y nota 89). Cascales, en *El auténtico Espronceda pornográfico...*, cit. (pág. 15), dice que Espronceda fue «condenado a sufrir unos días de arresto», exageración por el extremo opuesto, que resulta casi grotesca si se tiene en cuenta que, a renglón seguido, añade: «Durante aquel arresto escribió los conocidos cantos de su poema *Pelayo*». Si el arresto fue de sólo unos días, ¿a qué velocidad escribía Espronceda?

[7] *José de Espronceda et son temps...*, cit., pág. 56.

muchacho, ansioso de libertad, se marchó a Gibraltar y de allí embarcó para Lisboa [8], en donde se hallaba ya de seguro en agosto de 1827. Pero al Gobierno portugués le hacían poca gracia los emigrados políticos españoles y los internó en lo que hoy llamaríamos un campo de concentración, primero en Santarem y luego en el castillo de San Jorge y en el de San Vicente. Parece que entonces conoció Espronceda a Teresa Mancha, su gran amor, hija de un coronel que andaba en los mismos pasos que el poeta. Expulsado al fin de Portugal, se dirigió a Londres, donde desembarcó a mediados de septiembre de 1827.

Poco se sabe de su estancia en la capital británica; al principio se mantuvo de pequeños socorros que el Gobierno inglés daba a los liberales emigrados y luego del dinero que le enviaba su familia. Para aumentar sus ingresos, o «para ostentar alguna profesión», según dice Cascales [9], se dedicó a maestro de esgrima. Vivía en un barrio más bien pobre, en compañía de Antonio Hernáiz, un exteniente del ejército que había conocido en Lisboa, y se cree que no tuvo contacto con los emigrados españoles de más categoría, como Argüelles, Alcalá Galiano, Istúriz y Salvá, ni tampoco colaboró en las revistas que aquéllos publicaban en la capital inglesa, como los *Ocios de españoles emigrados* o *El emigrado observador*.

Desde Londres Espronceda pidió a sus padres que le remitieran los borradores del *Pelayo*, pero el envío no tuvo lugar. Por el contrario, aquéllos ordenaron a su hijo que marchara a Francia. El 6 de marzo de 1829 escribió a su familia desde Bruselas, donde se hallaba en compañía de Hernáiz, diciendo que se preparaba para dirigirse a París y luego a Burdeos, lo que daba a entender que pensaba regresar a Madrid; pero no pasó de París. La policía francesa, a petición del Gobierno español, vigilaba a los emigrados; no parece que Espronceda fuera considerado entonces como revolucionario peligroso, aunque es lo cierto que a consecuencia de esta vigilancia se procedió a examinar los papeles del brigadier Espronceda en su casa de Madrid, donde no se encontró otra cosa que las cartas del hijo, recibos del dinero girado y los borradores de un largo poema, que debía de ser el *Pelayo*. No obstante, a lo largo de 1829 aumentó la actividad política de Espronceda, pues a fines de dicho año figuraba en Burdeos como agente de un grupo de partidarios de Torrijos.

En 1830, al producirse la revolución de Julio en París, Espronceda combatió en las barricadas al lado de su amigo Balbino Cortés, que fue

---

[8] Espronceda hizo el relato de este viaje en un artículo titulado *De Gibraltar a Lisboa. Viaje histórico;* véase en la edición, cit., de Jorge Campos, págs. 604-608. Cfr., Alessandro Martinengo, «Il *Viaje histórico* di Espronceda da Gibilterra a Lisbona, Autobiografia o transfigurazione fantastica?», en *Studi di Letteratura Spagnola*, Facoltà di Magistero e Facoltà di Lettere dell'Università di Roma, Roma, 1964, págs. 275-293. Para la estancia de Espronceda en Portugal, cfr. Marrast, *José de Espronceda et son temps...*, cit., págs. 133-138.

[9] *Don José de Espronceda...*, cit., pág. 85.

herido y quedó cojo, por lo cual recibió una cruz conmemorativa de la jornada y una pensión vitalicia del Gobierno francés. La intervención de Espronceda en las Jornadas de Julio ha sido afirmada o negada por sus diferentes biógrafos. El primero de ellos, el anónimo de *El Labriego*, no la menciona, pero la dan como segura Ferrer del Río y Rodríguez Solís; nada dijo sobre ello García de Villalta, el gran amigo de Espronceda, en el *Prólogo* que escribió para su primera edición de las *Poesías*, ni tampoco Cortón en su biografía del poeta; Brereton lo considera «legendario»; Cascales lo acepta, aduciendo sin comentario unas palabras de cierto artículo aparecido en *El Globo*, de Madrid, el 9 de septiembre de 1889; Jorge Campos lo insinúa, sin gran convicción, al parecer; Ortiz Armengol lo da por cierto basándose en los testimonios afirmativos mencionados; finalmente, Marrast ha dado de ello una prueba inequívoca. Marrast reproduce una carta del propio Espronceda, enviada a *El Liberal*, de Madrid, y publicada también en *El Español* el 19 de junio de 1836, en la que el poeta, cuando se disponía a iniciar su campaña electoral para la diputación de Almería, afirma concretamente su participación en las «jornadas de julio parisienses». «Tales afirmaciones —comenta Marrast—, terminantemente presentadas en período electoral, cuando tantos testigos o actores de los acontecimientos aludidos podían rebatirlos en caso de ser falsos, no dejan lugar a dudas. A partir de 1830, sí estamos seguros, pues, de que Espronceda fue, como decía la policía española, un *revolucionario*»[10].

Espronceda tomó parte también en la expedición militar del coronel De Pablo «Chapalangarra» por la frontera de Navarra, intervención que Cascales comenta de este modo: «A pesar de los prodigios de valor que realizó Espronceda, quien, sólo con un puñado de hombres, detuvo el ímpetu de las fuerzas absolutistas, no pudo impedir que los vencedores se apoderaran del cadáver de su ilustre jefe, cuya trágica muerte cantó el poeta en sentidos versos»[11].

A fines de 1831, según informa Marrast, el ministro del Interior francés fijó en Burdeos la residencia obligada de Espronceda, quien antes de su partida de París estuvo a despedirse de la señora de Torrijos. En mayo del mismo año había pronunciado un discurso en una reunión de refugiados partidarios de Torrijos: «Todo esto —comenta Marrast— demuestra

---

[10] Robert Marrast, *José de Espronceda. Poesías líricas y fragmentos épicos*, Madrid, 1970, Introducción, pág. 15. Para una información detallada de toda esta actividad de Espronceda véase Marrast, *José de Espronceda et son temps...*, cit., págs. 142-156. Como más asequible al lector español, citamos de preferencia la mencionada Introducción siempre que ofrece los datos suficientes; pero una exposición minuciosa debe buscarse siempre en las páginas correspondientes de la monumental monografía del investigador francés.

[11] «Apuntes y materiales...», cit., pág. 42. Este párrafo, que figura en los «Apuntes y materiales para la biografía de Don José de Espronceda», ha sido suprimido en el volumen *Don José de Espronceda. Su época, su vida y sus obras*.

que, por estas fechas, nuestro poeta formaba parte de la facción *exaltada* de los emigrados, que se oponía a la moderada de Espoz y Mina» [12]. De febrero a agosto de 1832 hizo Espronceda un segundo viaje a Inglaterra, de donde regresó a París.

Todavía hay que añadir una más a las actividades de Espronceda por la causa de la libertad. Al producirse el levantamiento de Polonia contra el zar Nicolás, el poeta español se sumó a los voluntarios que deseaban ir en socorro de la nación oprimida: «Espronceda —afirma Cascales— se alistó en aquella cruzada de espíritus generosos; mas cuando ésta se hallaba dispuesta a partir, se reconcilió Luis Felipe con el Czar, y mandó detener y prender a los mismos que antes empujara al combate» [13].

La amnistía de 1832 permitió a Espronceda regresar a su país, cosa que hizo entre el 1 y el 3 de marzo de 1833, y pocos días después le seguía Teresa. Espronceda no pudo ya ver a su padre que había fallecido el 1 de enero de aquel mismo año, y se fue a vivir con su madre en la calle de San Miguel. A Teresa le puso cuarto aparte en otra casa de la misma calle.

El episodio de sus amores con Teresa, el más traído y llevado en la vida del escritor, ofrece, sin embargo, muchos puntos oscuros. Por de pronto, no se sabe con seguridad dónde se conocieron. Narciso Alonso Cortés, siguiendo a Ferrer del Río y a Rodríguez Solís, supone [14], como arriba apuntamos, que fue en Lisboa, pero comentaristas posteriores lo han puesto en duda. Teresa era hija del coronel Epifanio Mancha que se había distinguido como valeroso militar por la causa del liberalismo, y cuando sus tropas tuvieron que capitular ante los Cien Mil Hijos de San Luis emigró a Portugal y de allí a Inglaterra, donde vivió estrechamente con su mujer y sus cinco hijas. Teresa casó, en fecha no conocida, con el comerciante español Gregorio del Bayo, de quien tuvo dos hijos. También la fecha y el lugar del rapto constituyen un buen embrollo. Se ha supuesto que Espronceda raptó a Teresa en Londres y la llevó consigo a París; Balbino Cortés refirió, sin embargo, con grandes pormenores que el rapto se efectuó en París, en el Hotel Favart, el 16 de octubre de 1831. Núñez de Arenas afirma [15] que no se pudo verificar antes del verano de 1832, por lo que Marrast deduce [16]

---

[12] Introducción, cit., pág. 16.
[13] *Don José de Espronceda...*, cit., págs. 96-97.
[14] *Espronceda. Ilustraciones...*, cit., pág. 88.
[15] Manuel Núñez de Arenas, «Nota a *Espronceda* de Alonso Cortés», en *L'Espagne dès Lumières au Romantisme. Études réunies par Robert Marrast*, Centre de Recherches de l'Institut d'Études Hispaniques, París, 1963, pág. 413.
[16] Introducción, cit., pág. 16. Marrast, en su mencionada monografía (págs. 175-186), ha examinado toda la documentación asequible y confrontado minuciosamente todas las hipótesis propuestas, sin que le haya sido posible llegar a ningún resultado definitivo. Ortiz Armengol, aceptando por entero el relato de Balbino Cortés sobre la aventura del Hotel Favart, sugiere —en su libro cit., *Espronceda y los gendarmes*— que hubo dos raptos, y supone que Teresa debió de regresar tras el primero al lado de su madre, de donde Espronceda la sacó durante su viaje a Londres en 1832. Marrast

que quizá tuviera lugar durante el mencionado segundo viaje de Espronceda a Londres.

A poco de regresar a Madrid ingresó Espronceda en el cuerpo de Guardias de Corps, de donde fue expulsado por haber leído en un banquete político unas décimas en que censuraba al Gobierno; fue además desterrado a Cuéllar, donde era entonces alcalde Miguel Ortiz Amor, uno de los miembros de la sociedad de «Los Numantinos». Allí comenzó su novela *Sancho Saldaña o el Castellano de Cuéllar*, y al regresar a Madrid frecuentó «El Parnasillo» con sus compañeros Ventura de la Vega, Escosura, Miguel de los Santos Álvarez, Juan Bautista Alonso, Larra, Ros de Olano, Bretón de los Herreros y otros varios.

Con Ventura de la Vega, Ros de Olano y Bernardino Núñez de Arenas fundó el periódico liberal *El Siglo*, del que sólo se publicaron catorce números desde el 21 de enero hasta el 7 de marzo de 1834. El último salió con sólo los títulos de los artículos que habían sido censurados, seguidos de espacios en blanco, iniciativa, según se supone, del propio Espronceda y que provocó, de Real Orden, la supresión del periódico. Larra comentó el hecho en un delicioso artículo titulado *El Siglo en blanco* [17].

Al fundarse poco después la Milicia Nacional figuró Espronceda entre sus primeros voluntarios, con rango de oficial en una de sus compañías; y por suponérsele complicado en conspiraciones contra el Gobierno fue encarcelado en dos ocasiones y desterrado. Desde la supresión de *El Siglo*, las opiniones de Espronceda —según subraya Marrast [18]— evolucionaron profundamente, pero, al contrario de lo que por aquellas fechas aconteció a muchos políticos que frenaron su liberalismo y se convirtieron en prudentes moderados, el poeta se hizo más exaltado de día en día, y sus convicciones, lejos de enfriarse por los riesgos que su actividad le obligó a correr, se afirmaron inequívocamente en una dirección radical, que no hizo sino robustecerse con el tiempo.

A la par de su actividad política, desarrollaba Espronceda sus tareas literarias. En *El Artista*, el más famoso semanario del Romanticismo, publicó diversos trabajos y la más popular de sus composiciones, la *Canción del pirata*, en 1835. En *El Español* publicó por entonces dos importantes artículos políticos: *Libertad, Igualdad, Fraternidad* (15 de enero de 1835) y *El Gobierno y la Bolsa* (7 de marzo de 1836) [19]. A fines de abril de 1836

---

rechaza categóricamente la hipótesis de Ortiz Armengol, al que califica de «historiador improvisado» (pág. 178, nota 132), acusándolo de añadir nuevas fábulas a la biografía de un poeta, sobre el cual no circulan más que leyendas.

[17] Marrast ha dedicado amplio espacio a referir las vicisitudes de *El Siglo*, su significación política y la participación en él de Espronceda (véase *José de Espronceda et son temps...*, cit., págs. 287-307).

[18] Ídem, íd., pág. 330.

[19] El primero de ellos no figura en la edición de Jorge Campos, cit., pero ha sido

apareció su célebre folleto *El Ministerio Mendizábal*, que tuvo parte decisiva en la caída del ministro y que comentaremos luego. Al frente de su compañía de la Milicia Nacional se había sublevado Espronceda contra el gobierno del conde de Toreno que había sucedido a Martínez de la Rosa, y de nuevo contra Istúriz cuando cerró las Cortes en mayo de 1836. A fines de este año le abandonó Teresa. El activismo político de Espronceda le imponía repetidas ausencias, que Teresa imaginaba a veces infidelidades; huyó a Valladolid y Espronceda la trajo de nuevo a su lado, pero la armonía se había hecho imposible. Por haber tomado parte en un motín en los días que precedieron a las jornadas de La Granja, Espronceda —según refiere Cascales [20]— tuvo que esconderse durante algún tiempo, y Teresa, que «no le podía acompañar en esta vida de sobresaltos», lo abandonó definitivamente dejándole la hija que habían tenido, Blanca, nacida el 11 de mayo de 1834.

En octubre de 1838 realizó Espronceda un viaje «de propaganda revolucionaria», dice Cascales [21], por Granada, Málaga, Cádiz y Sevilla, en donde fue entrevistando a sus correligionarios. Formó parte de la junta directiva del «Liceo Artístico y Literario de Madrid», del que había sido uno de sus fundadores; y al regreso de un nuevo viaje a Granada (junio de 1839), esta vez con fines literarios —fue entonces cuando leyó Espronceda en su Liceo *El Estudiante de Salamanca*—, murió Teresa, cuyo cadáver descubrió el poeta por casualidad desde la calle a través de la ventana de la habitación donde yacía. Quizá el dolor por esta muerte y sus constantes ocupaciones políticas y literarias impidieron que diera la última mano a *El Estudiante de Salamanca*, que fue incluido en el volumen de *Poesías* publicado a mediados de 1840.

Trabajaba entonces Espronceda en la redacción de un extenso poema, *El Diablo Mundo*, mientras proseguía incansablemente su vida política en un sentido cada vez más radical. En septiembre de 1840 forma parte de una junta republicana y defiende al periódico *El Huracán*, que había sido denunciado como altamente subversivo, consiguiendo con su fogosa intervención que fuera absuelto. En 1841, con varios amigos, entre ellos Ros de Olano y Miguel de los Santos Álvarez, funda la revista *El Pensamiento*, que sólo duró de mayo a octubre. Al producirse el 7 de este último mes la sublevación de los generales Diego de León y Concha contra Espartero, Espronceda no estaba en la capital, pero regresó a poco y compuso un

---

recogido por Robert Marrast en *Espronceda. Articles et discours oubliés. La bibliothèque d'Espronceda (d'après un document inédit)*, Presses Universitaires de France, París, 1966, págs 8-10.

[20] *Don José de Espronceda...*, cit., pág. 100.

[21] Ídem, íd., pág. 121. Cfr., Robert Marrast, «Espronceda en Granada: una crónica desconocida», en *Revista de Estudios Extremeños*, XVI, 1960, págs. 185-191.

soneto en honor de Guardia, fiscal de la Milicia Nacional de Madrid, que fue herido de muerte en los sucesos del día 7.

Poco después fue nombrado Espronceda secretario de legación en los Países Bajos. Se ha venido repitiendo que el nombramiento, debido a Espartero, lo fue por amistad y favor de éste; pero Marrast lo niega[22], sosteniendo que, por pertenecer a la fracción más exaltada del progresismo y ser republicano además, era enemigo del general, y lo que éste pretendía era alejarlo de Madrid. Espronceda, que había sido elegido diputado suplente por Almería, marchó a La Haya para tomar posesión de su cargo; pero habiendo sido invalidada la elección del diputado titular, regresó de los Países Bajos y tomó asiento en el Congreso. Su actuación en él fue continuada y eficaz, destacando particularmente su intervención en materias económicas, en las que demostró gran preparación; aspecto éste que no deja de producir asombro y que luego comentaremos.

El 15 de mayo de 1842 asistió Espronceda a un banquete ofrecido por Espartero a varias personalidades de todos los partidos; fue el último acto público del poeta. Ocho días más tarde falleció inesperadamente de una afección a la garganta, a los 34 años de edad.

## LA DOBLE LEYENDA DE ESPRONCEDA

La muerte de Espronceda fue el comienzo de su leyenda que, en buena parte, había comenzado ya a circular en vida del poeta. Sus años de destierro en plena juventud —fue «el benjamín de los literatos emigrados en Londres», como dice Lloréns[23]—, su ruidosa actuación política, sus frecuentes arrestos, su atormentada pasión por Teresa, eran motivos suficientes para forjar una borrascosa imagen del escritor. Había además en él rasgos de carácter que contribuían a este resultado. Escosura, su gran amigo, refiriéndose a la juventud y mocedad del poeta, dice de él que era «de entendimiento claro, de temperamento sanguíneo y a la violencia propenso; de ánimo audaz hasta frisar en lo temerario, y de carácter petulante, alegre, y más inclinado a los ejercicios del cuerpo que al sedentario estudio»[24]. El propio Escosura lo define en otro pasaje como un «buscarruidos», y el general Fernández de Córdoba en sus *Memorias íntimas*, refiriéndose a las reuniones del Parnasillo, cuenta las aventuras de algunos de sus contertulios que constituían la llamada «Partida del Trueno», de la que formaba parte el mismo general, y que se divertían alborotando de noche por Madrid. Semejantes chanzas, que hoy calificaríamos de «gam-

---

[22] Introducción, cit., pág. 23.

[23] Vicente Lloréns, *Liberales y románticos. Una emigración española en Inglaterra. 1823-1834*, 2.ª ed., Madrid, 1968, pág. 36.

[24] Cit. por Narciso Alonso Cortés, en *Espronceda. Ilustraciones...*, cit., pág. 55.

berradas», si no eran del mejor gusto, como dice Alonso Cortés, tampoco nos autorizan «a considerar a sus autores como jóvenes depravados y disolutos» [25]. Hubo, sin duda, en la vida de Espronceda actitudes y frases cínicas, insolencias y desplantes, que contribuyeron también, mucho más que las referidas «calaveradas», inocuas en el fondo, a delinear la imagen del Espronceda impío y desenfrenado, entregado a vicios y desmanes de todo género. Alonso Cortés, que se indigna justamente ante semejante definición del gran poeta, acusa a Ferrer del Río de haberla puesto en circulación. Ferrer del Río era dado a la maledicencia y a las insinuaciones de envenenada doblez; año y medio después de muerto Espronceda publicó en *El Laberinto* una biografía del poeta, que luego, corregida y aumentada, llevó a su *Galería de la Literatura Española* y que se reprodujo al frente de las *Poesías* de Espronceda en las ediciones de Garnier, las más difundidas. Ferrer del Río dice entre otras cosas: «Impetuoso el cantor de Pelayo y sin cauce natural a su inmenso raudal de vida, se desbordó con furia gastando su ardor bizarro en desenfrenados placeres y crapulosos festines: a haber poseído inmensos caudales, fuera el *Don Juan Tenorio* del siglo XIX... Gallardo de apostura, airoso de porte y dotado de varonil belleza, le hacía aún más interesante la tinta melancólica que empañaba su rostro: cediendo a los impulsos de su corazón, centro de generosidad y nobleza, pudiera haber figurado como rey de la moda entre la juventud de toda ciudad donde fijara su residencia; mas abrumado por sus ideas de hastío y desengaño, pervertía a los que se doblaban a su vasallaje» [26]. Cierto es que en este texto, que reproduce Alonso Cortés, Ferrer del Río alega otras cualidades altamente generosas del escritor, pero mezclándoles siempre sus insidias: «Hacía gala —dice— de mofarse insolente de la sociedad en públicas reuniones, y a escondidas gozaba en aliviar los padecimientos de sus semejantes: renegaba en la mesa de un café de todo sentimiento caritativo, y al retirarse solo, se quedaría sin un real por socorrer la miseria de un pobre. Cuando Madrid gemía desolado y afligido por el cólera morbo, se metía en casas ajenas a cuidar los enfermos y consolar los moribundos. Espronceda en su tiempo venía a ser una joya caída en un lodazal donde había perdido todo su esmalte y trocádose en escoria. Se hacía querer de cuantos le trataban y a todos sus vicios sabía poner cierto sello de grandeza» [27].

Alonso Cortés reproduce a continuación las palabras con que Patricio de la Escosura desmiente terminantemente a Ferrer del Río: «Debo declarar —escribe— que no conozco, que no hay, que es imposible citar en la vida de mi caro amigo una sola circunstancia que le haga capaz del

---

[25] Idem, íd., pág. 60.
[26] Cit. en ídem, íd., pág. 67.
[27] Idem, íd., págs. 67-68.

dictado de *segundo Don Juan Tenorio*, excepción hecha de su varonil apostura y de las muchas dotes que para ser amado tenía. Caballero a toda ley con hombres y mujeres, buen hijo, tierno padre, entrañable amigo, ¿dónde están los varones por él engañados?, ¿dónde las doncellas por él seducidas y burladas?, ¿cuáles sus sacrílegas tropelías? No se confundan, no, porque son cosas muy distintas, las pasiones ardientes, las calaveradas excéntricas, las frases tan temerarias como se quiera, y hasta las inconveniencias mismas de un mozo, por comunes infortunios amorosos excepcionalmente conducido a un estado de febril exaltación, con las perfidias galantes y las no envidiables hazañas de *El Burlador de Sevilla*. Espronceda fue, y no me cansaré de repetirlo, más hipócrita del vicio y de la impiedad, que impío y vicioso realmente» [28].

Alonso Cortés aduce todavía bastantes textos de los poetas que lloraron la muerte de Espronceda y que —dice— «hicieron hincapié en las delicadezas espirituales y sublime inspiración del poeta, sin sacar a cuento su pretendida relajación» [29]. Pero tales testimonios, por su misma naturaleza, no son tan sólo innecesarios y poco eficaces, sino que hasta pueden resultar contraproducentes. Guillermo Carnero, en un tajante y certero prólogo a su reciente *Antología* de Espronceda, ha señalado la interesada mixtificación que se produce cuando a la primitiva *leyenda roja* del escritor se contrapone la no menos falsa *leyenda blanca* con la que hipócritamente se pretende reivindicarlo. «Los españoles de la época de Cascales Muñoz —dice Carnero— ya ejercitaron su mala conciencia destrozando con evidente cinismo su figura, y aquél se encargó de producir una contra-leyenda según la cual Espronceda hubiera seguido, de no haber muerto a los treinta y cuatro años, el camino de desilusión, moderación e integración definitiva en el conservadurismo contrarrevolucionario que encontramos en casi todos los liberales de su generación y la anterior» [30]. Y reproduce a continuación unos textos de Cascales: «Siendo un gomoso inofensivo representaba a las mil maravillas el papel de revolucionario y de bohemio» [31]. «Niño consentido, de padres bien acomodados, quiso gozar desde la infancia de todo lo que privaba en sus días, y como estaban de moda las emigraciones de los hombres de valer, como vestía mucho ser miliciano nacional, y como los chicos ilustrados presumían de escépticos, de progresistas, de románticos y de calaveras, Espronceda procuró seguir los gustos de aquella sociedad, sabiendo demostrar, en la apariencia, que era todo lo que convenía ser para lucir, y conduciéndose con tanta habilidad que, los que no le conocían de cerca, lo consideraban cual un Don Félix de Montemar, por temperamento, cuando no era más que un Ciudadano Nerón, por deporte. Siendo

---

[28] Ídem, íd., pág. 71.
[29] Ídem, íd., pág. 72.
[30] Guillermo Carnero, *Espronceda*, Madrid, 1974, pág. 17.
[31] En *Don José de Espronceda. Su época...*, cit., pág. 178.

un petimetre inofensivo, representó, a las mil maravillas, el papel de revolucionario y de bohemio, siendo un buen católico —aunque al uso— pasaba por un librepensador; gozando en socorrer a los necesitados, simulaba burlarse de las desdichas del prójimo, y siendo víctima de las mujeres, se las daba de conquistador empedernido»[32]. Sobre lo cual comenta Carnero: «Según la contra-leyenda, Espronceda, metido en política por histrionismo y gozando del favoritismo de Espartero, iba a deponer su exaltación político-moral casándose con una burguesa convencional, Bernarda de Beruete, y dedicándose, sin duda, a especular en el negocio de los ferrocarriles. Cascales pretende, y esto es lo más curioso, hacer un favor a Espronceda negando responsabilidad a sus actos al rebajarlos al nivel de chiquilladas teatrales: un ardid de la sociedad española de la Restauración, que admiraba al poeta y tenía que suprimir al político para poder *recuperar* al primero»[33].

Como se advierte por las palabras de Carnero, la contra-leyenda no sólo se proponía tergiversar la calidad humana del poeta, sino más todavía su actividad y papel políticos. Casalduero había visto ya también, y señalado con gran lucidez, la existencia de esta enmascaradora interpretación: «Con los hombres —dice—, desde su temprana juventud, se dedica a la política: Justicia y Libertad, palabra y acción. Siempre en el frente. Cárceles, destierros —Espronceda es la figura huracanada del proscrito—. La actividad política de Espronceda después quedará desvirtuada; de un lado, por aquellos que son incapaces de comprender y que todo lo confunden: habiendo empezado a actuar en el mundo político cuando apenas contaba quince años, para las personas de mente limitada se imponía el calificativo de infantil. De otro lado, los bien pensados, la gente seria, que rige y dirige la sociedad a partir de la segunda mitad del siglo XIX, opinará que es más respetuoso y respetable hacer del poeta una especie de buen empleado, cuyos devaneos deben olvidarse»[34]. Y en otro lugar: «Quizá el que influyó más en que se dudara de la seriedad y sinceridad política de Espronceda fue Patricio de la Escosura, quien trató, con la mejor intención, de recortar la personalidad del poeta según su propio modelo. Patricio de la Escosura no parece haber tenido una gran fijeza en sus ideas y sentimientos políticos, pero además debió creer de su deber salvar la memoria

---

[32] En *El auténtico Espronceda pornográfico...*, cit., págs. 10-11. Carnero corta el pasaje en la palabra «revolucionario»; hemos completado la cita hasta el punto porque creemos que también las últimas líneas son altamente interesantes.

[33] Ídem, íd., pág. 18. A los textos de Cascales reproducidos por Carnero —de los más significativos, sin duda— podrían añadirse otros muchos pasajes, en los cuales se esfuerza el biógrafo por rebajar todo lo posible la talla heroica del poeta. Véase el capítulo titulado «Espronceda como hombre» (págs. 173-199), escrito para el volumen de la biografía, pues no figuraba en los «Apuntes y materiales...».

[34] Joaquín Casalduero, *Espronceda*, 2.ª ed., Madrid, 1967, pág. 28.

de Espronceda haciéndola entrar dentro de los cánones sociales conformistas que caracterizan el período de Alfonso XII. De aquí también que al aludir a la dolorosa relación con Teresa, fuera incapaz de situarse a la altura del poeta y lo hiciera desde un punto de vista no ya exclusivamente familiar, sino completamente burgués, preocupado sólo con la sociedad y con el único deseo de que no se hablara más de ello»[35].

«La actitud política de Espronceda —dice Carnero en la mencionada Introducción— fue inequívocamente de izquierdas, además de sincera, tan de izquierdas como se podía serlo en la cuarta década del siglo XIX»[36]. Carnero expone las razones que condujeron a la escisión del partido progresista, una vez alcanzado el poder, en un proceso que termina con el descrédito de dicho partido y de «su cabeza carismática, Espartero», «y en la aparición y consolidación de tendencias de izquierda más radicales que el progresismo, las cuales, limitándonos a la vida del poeta, son dos: democratismo y republicanismo»[37]. La falta todavía de una biografía detallada —sigue diciendo Carnero— impide adscribir formalmente a Espronceda a ningún grupo determinado, pero sus escritos políticos conservados «permiten identificarlo como un demócrata de tendencia obrerista bien marcada. Su actuación en el asunto de *El Huracán* y el testimonio de Ferrer del Río, confirmado por un detractor tan pertinaz como Cascales, permiten afirmar de manera rotunda que Espronceda militaba en las filas de la tendencia republicana»[38]; a lo que hay que añadir su comprensión y defensa de las reivindicaciones obreras: «Es la postura —dice Carnero— más a la izquierda que se podía esperar en 1842»[39].

En este aspecto es de capital importancia el folleto, publicado en febrero de 1836, sobre *El Ministerio Mendizábal*, en el que acusa al ministro de haber urdido una ley electoral que permitía al poder público amañar las elecciones en virtud de la división en Departamentos, de no haber acogido en el programa del partido progresista las reivindicaciones del proletariado, y, sobre todo, de no haber aprovechado los bienes procedentes de la Desamortización para dar acceso a los campesinos a la propiedad de la

---

[35] Joaquín Casalduero, *Forma y visión de «El Diablo Mundo» de Espronceda*, 2.ª ed., Madrid, 1975, pág. 15.

[36] *Espronceda*, cit., Introducción, pág. 18.

[37] Idem, íd., pág. 20.

[38] Idem, íd., pág. 21. Las páginas de Carnero son del mismo año que la monografía de Marrast, que no pudo conocer, naturalmente, y por eso echa de menos la falta de «una biografía detallada»; pero Marrast ha desarrollado ampliamente los puntos enunciados por Carnero y dedicado abundantes páginas a puntualizar la seriedad política de Espronceda y el radicalismo de sus convicciones. De hecho, puede afirmarse que todo el libro de Marrast tiende básicamente a la demostración de ambas conclusiones.

[39] Idem, íd., pág. 25. Cfr., Guillermo Carnero, «El republicanismo de Espronceda», en *Ínsula*, núm. 326, enero de 1974, págs. 1 y 16.

tierra, dando lugar, por el contrario, a que aumente «el capital de los ricos, pero también el número y mala ventura de los proletarios» [40].

En su artículo *El Gobierno y la Bolsa*, publicado en *El Español* el 7 de marzo de 1836, ataca valientemente Espronceda las especulaciones bursátiles, guiadas tan sólo por intereses personales y que pesan «en la inmensa balanza del bien público». «Ningún pueblo —dice Espronceda— puede albergar esperanza alguna en el alza o baja de los fondos, diferencia que suele marcar a su capricho un especulador atrevido, o ya un rumor vago, o una noticia falsa; pero mucho menos debe aguardar nada un pueblo agrícola, como el español, donde el comercio sólo compone una suma muy pequeña de su riqueza» [41]. «Allí —añade luego—, en un juego inmoral y sobremanera ruinoso, a costa de todo, trata el jugador de enriquecerse, suben y bajan los fondos a voluntad del más influyente, y más de una vez ha habido fiesta en la Bolsa y el sol ha brillado allí en todo su esplendor para los que negocian en ella, mientras estaba enlutado y sombrío para la nación entera. Pero la Bolsa es uno de los medios que tienen los Gobiernos a su disposición para deslumbrar a los que no ven asaz claro y con detenimiento las cosas» [42].

También en *El Español* (15 de enero de 1836) publicó Espronceda el artículo *Libertad, Igualdad, Fraternidad*, que puede estimarse como exposición programática de su liberalismo; los párrafos finales son inapreciables para medir el alcance de sus ideas, y hablan por sí solos: no es necesario ponderar lo que significaba por aquellas fechas apelar a la alianza de las clases trabajadoras de todos los países, sin tener en cuenta nacionalismos ni fronteras: «¡Igualdad! ¡Fraternidad! —escribe Espronceda—. En vano hombres nulos o pérfidos han tratado de ridiculizar estas palabras, o sus entendimientos no han alcanzado a entenderlas; en vano han preguntado con mofa si podía ser igual un héroe a un cobarde, un necio a un sabio. La igualdad significa que cada hombre tiene una misión que llenar según su organización intelectual y moral, y que no debe encontrar trabas que le detengan en su marcha, ni privilegio que delante de él pongan hombres que nada valieran sin ellos; significa, en fin, que todo sea igual para todos y que la facilidad o dificultad de su merecer esté en razón de la igualdad o desigualdad de las capacidades y no de los obstáculos, que antiguos abusos o errores perjudiciales establecieron. / En la igualdad consiste por último la emancipación de las clases productoras, hasta ahora miserables siervos de una aristocracia tan inútil como ilegítima. Ella es sola la fianza de la Libertad, así como la fraternidad es el símbolo de su fuerza. Formen una santa alianza entre los pueblos cultos, a la manera que sus

---

[40] Edición Campos, cit., pág. 575. Cfr., Alberto Gil Novales, «Un folleto de Espronceda», en su libro *Las pequeñas Atlántidas*, Barcelona, 1959, págs. 165-171.

[41] Edición Campos, cit., págs. 582-583.

[42] Ídem, íd., pág. 583.

enemigos, comprendiendo mejor sus intereses, se aprietan mutuamente las manos para ayudarse a oprimirlos. Sea su primer grito el de *fraternidad* para que el triunfo de la Libertad sea cierto. Sea la *igualdad* el pensamiento fuerte que impela en su marcha a la humanidad. ¡Pueblos! todos sois hermanos; sólo los opresores son extranjeros»[43].

Las intervenciones de Espronceda en el Congreso, recogidas por Marrast, son del mayor interés para conocer el pensamiento del escritor y, quizá más aún, para apreciar la seriedad y responsabilidad con que afrontaba los problemas y se disponía a llenar sus deberes de diputado. Su primera intervención —el 11 de marzo de 1842— fue para oponerse al proyecto del Gobierno de movilizar 50.000 hombres de la Milicia Nacional; es un discurso enérgico, contundente, ceñido de palabra, perfectamente argumentado, modelo de oratoria parlamentaria.

Su más importante intervención fue, no obstante, la del 8 de abril de 1842 a propósito de la ley de aranceles sobre el algodón y la industria textil de Cataluña, asuntos que pueden parecer tan alejados de la común imagen que se posee de Espronceda, pero en los cuales demostró haber meditado con profundidad y rigor. Merecen ser reproducidos —más todavía por lo poco difundidos que han sido hasta la fecha— algunos párrafos en los que Espronceda hace profesión inequívoca de su sentido de la patria como una comunidad y de los deberes —primarios e insoslayables— de todo individuo para con ella: «Antes de entrar en la cuestión debo decir al Congreso que ningún interés particular de provincia, ningún interés mezquino de ninguna especie me dirige. Protesto del modo más solemne que en este momento no me considero sólo diputado por Andalucía; soy representante de la Nación, y como tal representante de la Nación hablaré y manifestaré lo que crea más conveniente. Dejo a un lado todas las pretensiones que puedan tener las provincias, cualesquiera que ellas sean. Para mí, tan español es el nacido en las orillas del Segre como el nacido en las orillas del Guadalquivir, como el nacido en las orillas del Miño. Todos somos españoles y yo me glorío mucho de serlo para no tener en mucho a los catalanes; los catalanes son españoles, los tengo por consiguiente en concepto muy elevado. Y me honro tanto de ser español, que si se me hubiera dado a escoger patria en el momento de nacer, hubiera elegido a España; la provincia me hubiera sido indiferente. / No creo, como el señor Mata, que los deberes del ciudadano sean primero para con su familia, después para con su provincia y últimamente para con su patria. No; el ciudadano se debe a la patria primero que a su provincia, que a su familia. Verdad es que ese es el orden que lleva en la educación; pero el orden en los intere-

---

[43] Edición Marrast, cit. *(Espronceda. Articles...)*, págs. 9-10. Véase el comentario que dedica Marrast a este artículo en *José de Espronceda et son temps...*, cit., págs. 514-517.

ses, en los derechos, en los goces, en las privaciones es el contrario, porque conforme el ciudadano va separándose de la familia y de la provincia, va aumentando sus goces y sus derechos, y por consiguiente contrayendo nuevos deberes que tiene que cumplir respecto a intereses más generales y mayores que los intereses mezquinos de la familia y los intereses un poco más grandes de la provincia»[44]. En cuanto al problema debatido, Espronceda se muestra partidario de una solución equilibrada: entusiasta de la libertad de comercio, como correspondía a las ideas económicas de la época, pide, sin embargo, un moderado arancel proteccionista para obligar a la industria catalana —sin comprometer su existencia ni concederle tampoco monopolios en perjuicio del interés general de la nación— a ponerse en condiciones de competir con la industria inglesa.

Todavía merece recordarse otra intervención parlamentaria de Espronceda a propósito de ciertas reducciones propuestas en el Congreso sobre las legaciones diplomáticas españolas en el extranjero. Espronceda, secretario a la sazón, como sabemos, en la de los Países Bajos, hace una descripción implacable del miserable estado en que se hallaban entonces estos organismos y expone con admirable sentido patriótico la necesidad de una diplomacia bien atendida y pagada, capaz de sostener el papel de España en el concierto de las naciones.

Nos hemos detenido en esta enumeración de la actividad política de Espronceda porque, frente a quienes la han calificado de pueril, es indispensable tenerla en cuenta para delinear su personalidad y demostrar la consistencia de sus ideas y de sus actos; y, consecuentemente, entender el mundo de ideales y de pasión que llevó a sus versos. Dice Casalduero que la vida de Espronceda presenta un triple aspecto: el político, el amoroso y el literario, y aunque sea sólo el último el que ha de valorar el crítico, es necesario no aislar estos mundos, sino verlos siempre en conjunto e integrados[45]. Importa, en efecto, otorgar a la obra de Espronceda, pública y literaria, toda su seriedad, según Marrast ha definido exactamente: «Hoy —escribe—, a la luz de los documentos, y aclarados muchos hechos de la vida del poeta, sabemos que fue un hombre recto, honrado, siempre dispuesto a defender las ideas más generosas. No sólo fue el más auténtico representante en España de lo que se llama el Romanticismo; también comparte con Larra la gloria envidiable de haber sido uno de los testigos más lúcidos de su tiempo»[46].

---

[44]  Ídem, íd., págs. 27-28.
[45]  Véanse los comentarios que el propio Casalduero dedica a la actividad política de Espronceda en el parágrafo «En el Parlamento y el periodismo» de su *Espronceda*, cit., págs. 56-65.
[46]  *Introducción*, cit., pág. 26.

Desde su regreso del destierro Espronceda fue publicando diversas composiciones poéticas en periódicos y revistas, aparte otras que circularon manuscritas o que dio a conocer en lecturas públicas [47]. En 1840, con el título de *Poesías de D. José de Espronceda*, se reunieron por primera vez en un volumen, que prepararon sus amigos —probablemente, con muy escasa participación del autor— y al que puso un prólogo García de Villalta. El volumen comprendía *El Pelayo*, dos grupos de poemas titulados respectivamente *Poesías líricas* y *Canciones*, y *El Estudiante de Salamanca*. En ediciones posteriores se incorporaron algunas poesías más que aparecieron en periódicos después de 1840 o que fueron desconocidas de los primeros editores. También en 1840 comenzó a publicarse por entregas *El Diablo Mundo*, que fue incorporado por vez primera a la colección de *Obras poéticas* en la edición parisina de Baudry, preparada y anotada por Hartzenbusch.

Como dice Marrast, las primeras poesías de Espronceda, es decir, las que escribió antes de 1827, año de su salida de España, «tienen un tono, un estilo, un vocabulario exclusivamente neoclásicos» [48], como correspondía a la enseñanza recibida de Lista, la imitación de cuyas obras se proponían como ideal los componentes de la Academia del Mirto. A este período pertenece la traducción del *Vaticinio de Nereo* y la del *Beatus ille*, manifestaciones del culto a Horacio, que centraba el mundo poético de Lista. El soneto *La noche*, el *Romance a la mañana* y el idilio *La tormenta de noche* «proceden, en línea recta, de Lista y de Meléndez Valdés, o sea del

---

[47] Ediciones de obras de Espronceda. Para las ediciones antiguas cfr., Philip H. Churchman, «An Espronceda Bibliography» (figura como Apéndice II a su edición de *Blanca de Borbón*), en *Revue Hispanique*, 17, 1907, págs. 741-773. Véase también la «Noticia bibliográfica» de Robert Marrast en su Introducción, cit., págs. 47-50. Ediciones recientes: José Moreno Villa, *Espronceda. Obras Poéticas I. Poesías y El Estudiante de Salamanca; Espronceda II. El Diablo Mundo* (núms. 47 y 50 de «Clásicos Castellanos), Madrid, 1923 (varias reediciones). Juan José Domenchina, *José de Espronceda. Obras poéticas completas*, Madrid, 1936. Jorge Campos, *Obras completas de D. José de Espronceda*, cit. Jaime Gil de Biedma, *José de Espronceda. El Diablo Mundo, El Estudiante de Salamanca. Poesías*, Madrid, 1966. Juan Alcina Franch, *José de Espronceda. Poesías completas*, Barcelona, 1968. Robert Marrast, *José de Espronceda. Poésies lyriques et fragments épiques. Édition chronologique et critique*, París, 1969. Robert Marrast, *José de Espronceda. Poesías líricas y fragmentos épicos*, cit. Juana de Ontañón, *Espronceda. Obras poéticas*, México, 1972. Cfr.: Alessandro Martinengo, «Para una nueva edición de Espronceda», en *Thesaurus*, XIX, 1964, págs. 565-570. Leonardo Romero Tobar, «Textos desconocidos de Espronceda», en *Revista de Literatura*, XXXII, 1967, páginas 137-146.

[48] Introducción, cit., pág. 27. Para un estudio más detenido de todas estas composiciones véase del propio Marrast el Capítulo IV de su *José de Espronceda et son temps...*, cit., págs. 89 y sigs.

más puro neoclasicismo»[49], así como la composición *A Anfriso en sus días*, fechada el 7 de agosto de 1825, y ofrecida por los académicos del Mirto para celebrar el cumpleaños del maestro. En esta oda, dice Marrast, «se encuentran todos los temas y motivos obligados en este tipo de obra: saludo al venturoso día que vio nacer a Anfriso, apóstrofes al Betis, comparaciones con poetas antiguos, coronación final. Nada más convencional, pero nada más significativo, por las alusiones a las más importantes poesías de Lista, que Espronceda muestra aquí conocer perfectamente»[50].

De fecha algo posterior son los sonetos *A Eva*, «Bajas de la cascada, undosa fuente», y «Fresca, lozana, pura y olorosa»: los dos primeros dentro todavía del más inequívoco cauce neoclásico; el tercero, muy bello, ya con un sello más personal. Casalduero, que lo supone, al parecer, de época mucho más tardía, hace notar que no se trata del manido tema de la brevedad de la vida, ni de la pretendida volubilidad de la mujer, sino que contrapone el dolor a la felicidad dándonos la trayectoria de la propia vida sentimental, es decir: el poeta romántico hace de la imagen moral barroca —concepto abstracto— la expresión de su propia vida. También a esta misma época parece pertenecer el romance *A la noche*[51] que, con el *Himno al sol*, considera Casalduero como la poesía más valiosa de la primera época esproncediana.

**El "Pelayo".** En 1825 había comenzado Espronceda a redactar un largo poema, el *Pelayo*, en cuya composición trabajó a lo largo de diez años pero que no llegó a terminar. Lista le dio el plan del poema y unas décimas, algunas de las cuales, retocadas o textuales, intercaló en su obra[52]. Los primeros fragmentos se publicaron en *El Artista* en 1835 y el total de lo compuesto fue incluido en la edición de las *Poesías*. Consta de 127 octavas, repartidas en seis fragmentos inconexos. Espronceda comenzó el poema durante su prisión en Guadalajara; luego, como sabemos, pidió los borradores desde Londres, pero no le fueron enviados y prosiguió la obra de

---

[49] Idem, íd.

[50] Idem., íd., págs. 27-28.

[51] Aunque publicado por primera vez en la edición de las *Poesías* de 1840, Marrast supone que puede fecharse en 1826-1827, pero quizá fue retocado posteriormente *(Poesías líricas...*, cit., pág. 123, nota 26). Casalduero dedica un comentario de cierta extensión a este romance *(Espronceda*, cit., págs. 89-93) —que Lista había colocado «entre las obras perfectas»— y en el que encuentra que el joven Espronceda había ya «infundido su propia personalidad». También Pilade Mazzei —*La poesia di Espronceda*, Florencia, 1935, pág. 38— encarece la belleza de este romance; Mazzei lo compara con poemas equivalentes de Meléndez para conceder la superioridad a Espronceda por la fuerza, la salud, el candor juvenil y la frescura, que considera ausentes del maestro.

[52] Véase Robert Marrast, «Apéndice Segundo» a su edición de *Poesías líricas...*, cit., en donde reproduce el plan de Lista y las décimas compuestas por éste. Cfr., del mismo, «Lista et Espronceda. Fragments inédits du *Pelayo*», en *Bulletin Hispanique*, *Mélanges offerts à Marcel Bataillon*, LXIV bis, 1962, págs. 526-537.

memoria. Según Marrast[53], compuso algunos fragmentos durante la emigración y varios más después de su regreso a España, hipótesis que funda en las diversas influencias que se advierten en las varias partes del poema.

Guillermo Carnero se pregunta cómo pudo el *Pelayo* interesar a Espronceda a lo largo de diez años. Aparte la sugerencia de Lista, el medievalismo, entonces de moda, puede suponerse como estímulo inicial, al que pudo contribuir el *Romancero* de Salvá, publicado en Londres en 1825. Con certera definición, Carnero califica el *Pelayo* de «banco de pruebas»[54] del poeta, pues en él, a lo largo de una década, fue ensayando las diversas innovaciones con que enriquecía su *estilo* poético en busca de un lenguaje personal, hasta que al fin se decidió a abandonarlo inacabado. Así, a lo largo del poema, se van combinando, o yuxtaponiendo, el lenguaje del Mirto y el del Romanticismo medievalista; el influjo de Lista, Meléndez y otros poetas del XVIII, con el de los maestros del Renacimiento y el Barroco —fray Luis de León, Garcilaso, Herrera, Góngora—, la huella de Martínez de la Rosa, Rivas, Tasso[55], Voltaire y Byron, con el léxico del romanticismo tétrico y terrorífico; del segundo fragmento en particular dice Carnero —y creemos que podría afirmarse también de algunos otros— que es neoclásico en su sintaxis y romántico en su léxico, revela atenta lectura del duque de Rivas y «da la impresión de haber calafateado estrofas de inspiración neoclásica incrustándoles vocabulario a la moda»[56]. El orientalismo, del que tampoco parecía posible evadirse, tiene su parte en el poema, en el fragmento V, escrito en Londres o en París, en la «descripción de un serrallo».

El *Pelayo*, o lo que existe de él, nos da la impresión de estar escrito con un esfuerzo ímprobo; apenas hay verso que no parezca haber sido «sudado», en una tensión forzada del poeta para decir en tono épico vulgaridades que no merecía la pena recoger. Casi tanto como «banco de pruebas» diríamos que el *Pelayo* fue «banco de galeote» al que el autor se sentía amarrado por un compromiso inicial y al que dolía renunciar a medida que el tiempo perdido en él iba siendo mayor, por un natural deseo de salvar lo que tanto había costado. Espronceda lo abandonó al fin, felizmente, para seguir lo que era su propio camino.

Según queda ejemplificado en el *Pelayo*, Espronceda durante el destierro oscilaba entre varias tendencias. Compuso algunas breves poesías neoclásicas —*A la luna, Serenata, El pescador*— y otras composiciones de mayor aliento dentro del mismo estilo: *La entrada del invierno en Londres*, dedicada a Balbino Cortés, la elegía dedicada a su amigo Diego de

---

[53] Introducción, cit., pág. 28.
[54] *Espronceda*, cit., pág. 61.
[55] Sobre la admiración de Espronceda por el Tasso y el posible influjo recibido de él, cfr., E. Segura Covarsí, «Espronceda y el Tasso», en *Revista de Literatura*, IV, 1963, págs. 399-412.
[56] Ídem, íd., pág. 58.

Alvear con motivo de la muerte de su padre, y la elegía *A la Patria*. Marrast destaca en estas tres últimas un doble aspecto: la escasa originalidad, particularmente en la primera, con el exceso de tópicos y convencionalismos usados ya hasta el tedio por los neoclásicos, pero a la vez la sinceridad con que todos estos versos están escritos y lo auténtico de su emoción. Carnero, por su parte, afirma de *La entrada del invierno* que está muy contaminada del lenguaje del Mirto, pero subraya también la impresión de una sinceridad evidente, testimonio de la «lucha interior entre el genio personal y la palabrería aprendida, que a los pocos años se resolverá felizmente en favor del primero» [57]. Creemos, con todo, que las tres composiciones referidas son bastante mejores de lo que parecen sugerir las palabras de ambos críticos; a pesar de los tópicos. Lo inequívocamente esproncediano es el grito de pasión, rebelde y desgarrado, pero mientras no encontró su registro propio, la media voz, moderada y contenida, que había aprendido de Lista y de los maestros por él propuestos, le iba muy bien a su garganta; cuando la quiere levantar y engolarse antes de alumbrar su real personalidad, hace irritantes y lamentables gallos —dígalo el *Pelayo*—;

---

[57] Ídem, íd., pág. 54. En su monografía sobre Espronceda (cit., pág. 209), Marrast dedica algo más de atención al poema *A la Patria*, pero sin mayores elogios. Otros críticos han encontrado, sin embargo, méritos más altos a esta composición: «La soledad del exilio —escribe Ricardo López Landeira, y merece la pena dar la larga cita— da lugar a un poema nostálgico, fechado en Londres en 1829, que trasciende el momento histórico de su creación y resulta ser la mejor canción patriótica que había de escribir. Titulada *A la Patria*, esta elegía lamenta el sufrimiento de España a manos del tirano que la desangra con la muerte de los más valerosos y la deshonra con su mandato caprichoso. El poeta desterrado, inmiscuido en el poema, contempla el doloroso aspecto que ofrece la nación, recordando a la vez la gloria de antaño. Aflora de este modo el contraste entre la España esplendorosa de ayer según la imagina el poeta y el amargo momento actual en que la contempla. / El poema aprehende una realidad total al abarcar la patria y a los que por ella sufren, dentro y fuera; al rey causante de toda su desgracia y a los héroes que en siglos pasados la hicieron gloriosa. Pero aunque todo ello posea fijeza histórica su valía alcanza mucho más allá de la época fernandina por ser un poema que encierra lo concreto en un arcano universalizante. Ni un nombre propio se menciona, mas sabemos que Mariana Pineda, José María de Torrijos, Juan Martín el Empecinado, Fernando VII y otros personajes le otorgan vigencia de época. Espronceda consigue elevar lo circunstancial a lo universal, confiriéndole así mérito a un capítulo histórico dado, y convirtiéndolo en paradigma de la condición humana con un significado que todos podemos compartir aun a hurto de fechas y de nombres. No se trata de una composición sin fallos, ya que los tiene al menos para el lector actual, a quien le resultará insulsa la última estrofa ossiánica, y los acusados rasgos de Meléndez Valdés, Herrera y Quevedo. Con todo y con ello, es ésta la primera y única expresión de su diario patriótico en verso hecha con gravedad y candor. Aquí se revela Espronceda como hombre de credo liberal, consciente de las consecuencias traídas por el yugo de un rey absolutista y cruel que lleva a la nación al ocaso y a sus compatriotas a la muerte, o al exilio que él comparte. Esta afirmación de valores, exaltación que se repite en diversos otros poemas menos logrados, se depura y culmina en el ciclo de las *Canciones*, poemas que gravitan en torno al mismo punto central —la libertad a ultranza—» («La desilusión poética de Espronceda: realidad y poesía irreconciliables», en *Boletín de la Real Academia Española*, LV, 1975, págs. 307-329; la cita en págs. 312-314).

pero la armadura clásica no se ajustaba nada mal al bulto de Espronceda y se movía dentro de ella a la perfección. Aparte los rasgos de originalidad que se derivan de la emoción personal, subrayada por Marrast y Carnero, los tres poemas dichos poseen calidades de construcción y de lenguaje y aciertos de expresión poética nada despreciables.

Los sucesos de su país o la actividad de los desterrados le inspiraron a Espronceda diversas composiciones poéticas de las que trataremos aparte luego.

**Las imitaciones de Ossian.** A fines de 1830 y comienzos de 1831, en busca de un lenguaje poético propio, halló una nueva fuente de inspiración en Ossian, a cuya imitación, declarada por el poeta en el subtítulo, escribió *Óscar y Malvina*, dividido en dos partes: *La despedida* y *El combate*. Marrast hace notar [58] que no se trata de la traducción más o menos fiel de tal o cual fragmento, sino de una reconstrucción original inspirada por la obra total de Macpherson, que Espronceda demuestra conocer muy bien. También señala Marrast, y es detalle importante, la extraordinaria capacidad que poseía Espronceda para asimilarse un estilo, un vocabulario y una atmósfera, como había ya demostrado a propósito del neoclasicismo aprendido de Lista. Por su parte Carnero destaca que *Óscar y Malvina* «exalta la magnificencia y majestad de la Naturaleza, presentándola en movimiento y conmoción; el vocabulario se ha enriquecido con palabras que posibiliten la representación de la violencia de los elementos; la Naturaleza se quiere ahora impresionante, agresiva, majestuosa (es decir, sublime), cuando para los neoclásicos era, *grosso modo*, solamente bella» [59]. Pero subraya a continuación el gran peligro que entrañaba el tratamiento de la naturaleza a la manera ossiánica: el desmedido afán de colosalismo, que, al fin, resultaba tan convencional, sólo que al revés, como las pastorales neoclásicas. No era, sin embargo, una sustitución inútil, pues, como dice Casalduero, si el ossianismo, con su mucho artificio, cayó pronto de su valimiento, «la audacia ossiánica fue el impulso que libertó al mundo de la limitación que era principio esencial del Neoclasicismo» [60]. Espronceda abandonó pronto el ossianismo, que hubiera sido para él otra vía muerta, pero no sin dar antes otra muestra de su influjo, el *Himno al sol*, de más importancia, a nuestro entender, que *Óscar y Malvina*.

Explica Casalduero que uno de los motivos de la poesía ossiánica que más conmovió a su época y que estuvo más en boga fue el apóstrofe a los

---

[58] Introducción, cit., pág. 31.

[59] *Espronceda*, cit., págs. 47-48.

[60] *Espronceda*, cit., pág. 129. Cfr.: Isidoro Montiel, «Ossian en la poesía de Espronceda y Bécquer», en *Boletín de la Biblioteca Menéndez Pelayo*, XLIII, 1967, págs. 89-114. Véase también: Philip H. Churchman, «Espronceda, Byron and Ossian», en *Modern Language Notes*, XXIII, 1908, págs. 13-16. E. Allison Peers, «The Influence of Ossian in Spain», en *Philological Quarterly*, IV, 1925, págs. 121-138.

astros: «El Romanticismo —dice— era una época especialmente propicia para esa poesía sideral, pues el romántico, por primera vez en la historia, tiene la necesidad, no ya de admirar los astros o de inspirarse en ellos, sino de ponerlos a la altura de su corazón. La personificación dieciochesca parece helar los rasgos de la figura alegórica; por el contrario, el escocés les infunde vida. Sin hacerle perder sus dimensiones, sin que la distancia se disminuya, el Sol está ahí para que el hombre se dirija a él» [61]. En el *Himno*, en efecto, el poeta apostrofa al sol para desnudar los anhelos y terrores de su alma atormentada. Hay un motivo básico en el poema que no sabemos si ha sido suficientemente destacado por los comentaristas, o al menos con suficiente claridad, y que nos parece decisivo porque tiene que aparecer después, con insistencia, en las mejores y más personales composiciones del poeta: nos referimos a la trágica impasibilidad de la naturaleza frente al dolor humano, al sentimiento de la debilidad del hombre frente a la naturaleza eternamente joven, a la caída irremediable de los días en ese vacío sin fondo de la eternidad. Las estrofas cuarta y quinta del *Himno al sol* son sobrecogedoras:

> *Tranquilo subes del Cenit dorado*
> *al regio trono en la mitad del cielo,*
> *de vivas llamas y esplendor ornado,*
> *y reprimes tu vuelo.*
> *Y desde allí tu fúlgida carrera*
> *rápido precipitas,*
> *y tu rica, encendida cabellera*
> *en el seno del mar trémula agitas,*
> *y tu esplendor se oculta,*
> *y el ya pasado día*
> *con otros mil la eternidad sepulta.*
>
> *¡Cuántos siglos sin fin, cuántos has visto*
> *en su abismo insondable desplomarse!*
> *¡Cuánta pompa, grandeza y poderío*
> *de imperios populosos disiparse!*
> *¿Qué fueron ante ti? Del bosque umbrío*
> *secas y leves hojas desprendidas,*
> *que en círculos se mecen,*
> *y al furor de Aquilón desaparecen* [62].

«Libre de la cólera divina», como el poeta le dice a continuación, el sol ha visto anegarse la tierra entera bajo la ira de Jehová sin que su lumbre

---

[61] Ídem, íd., pág. 131.
[62] *Poesías líricas...*, ed. Marrast, cit., pág. 180.

se alterara. Y es entonces cuando el poeta, átomo minúsculo frente al poder triunfante del astro inmutable, le lanza su grito de desesperada impotencia pero terrible en su amenaza: ¿sólo tú habrás de ser eterno, inextinguible? No, porque la muerte, si de lejos te sigue, no deja de acecharte, y un día también tú caerás deshecho en pedazos:

> *Noche sombría*
> *cubrirá eterna la celeste cumbre;*
> *ni aun quedará reliquia de tu lumbre* [63].

Espronceda ha expresado profundamente la desesperación del hombre romántico frente a su muerte y destrucción sin remedio ni fruto. Porque la eternidad que sigue no es aquí el mundo de ultratumba cristiano, donde nos espera otra vida mejor, sino la eternidad vacía que «sepulta los días». El *Himno al sol* no es un manojo de figuras retóricas, sino un grito desgarrado de tremenda intensidad lírica.

A la misma época que el *Himno al sol* corresponde otra composición, la *Despedida del patriota griego de la hija del apóstata*, traducción algo ampliada de un poema inglés, según Vicente Lloréns ha demostrado [64]. Para Marrast [65], siguiendo en este punto a Brereton, lo interesante de la *Despedida* es la presencia de un tema que reaparece frecuentemente en la obra de Espronceda: la separación de los amantes, desarrollado ya en la segunda parte de *Óscar y Malvina;* Marrast añade que el interés por este tema no es únicamente de índole literaria, sino que corresponde a realidades sentimentales del poeta. Creemos que debe ser destacado otro aspecto, que no aparece aquí con calidad de tema sino tan sólo de pasada, pero que después del *Himno al sol* adquiere gran relieve: el de la eternidad devoradora. Son sólo dos versos, pero de inequívoco significado:

> *...y cuando allá la eternidad sombría*
> *este momento en sus abismos hunda...* [66].

A la inspiración ossiánica, y como ensanche de esta etapa juvenil, añade inmediatamente Espronceda la de la poesía caballeresca medieval, a cuyo atractivo apenas se resistió poeta alguno de su tiempo; Walter Scott y Víctor Hugo eran los dioses que todos adoraban. Digamos que Espronceda rindió escaso culto a esta temática que para él representaba otro callejón sin salida y que, como dice Carnero [67], abandonó tan pronto como tomó

---

[63] Ídem, íd., pág. 182.
[64] Vicente Lloréns, «El original inglés de una poesía de Espronceda», en *Nueva Revista de Filología Hispánica*, V, 1951, págs. 418-422.
[65] Introducción, cit., pág. 32.
[66] *Poesías líricas...*, ed. Marrast, cit., pág. 184.
[67] *Espronceda*, cit., pág. 57.

conciencia de su propia personalidad. La más importante composición de esta especie es el *Canto del Cruzado*, que, después de haber escrito casi trescientos versos, dejó sin acabar; tan sólo publicó de él unos fragmentos en *El Español* en 1836 y 1837. El poema contiene todos los componentes imprescindibles en la escenografía romántica: tormentas, fantasmas, ruido de cadenas, embozados que ocultan su nombre, lenguaje trepidante y desmesurado. Alonso Cortés subraya que todo esto da al poema «un tono de original ingenuidad» [68], y Casalduero hace notar que el *Canto del Cruzado*, con todos sus convencionalismos, es importante por los rasgos vitales del poeta que allí se manifiestan: la tristeza y la intrepidez. «Si la poesía ossiánica —dice— le ayuda a revelar su yo, esta poesía de estilo medieval le permite observarse y prestar sus propios rasgos al protagonista novelesco, que tiene como eje su secreto y como aureola el misterio» [69]. Espronceda —acierto que ha de llevar después a sus mejores poemas— aprende a exteriorizar lo íntimo fijándolo en personajes y en acción «para canalizar —como dice Casalduero— las pasiones, la angustia, las inquietudes, los sentimientos, el secreto y el misterio de la vida» [70].

El *Canto del Cruzado*, como correspondía a los gustos de la época, tuvo mucho éxito, a pesar de que Espronceda no debió de concederle calidad suficiente para incluirlo en la edición de sus *Poesías*, y no se imprimió hasta 1884 en la edición de Escosura; pero, según Alonso Cortés [71], circuló manuscrito y tuvo bien pronto imitaciones. La más famosa fue *El bulto cubierto de negro capuz*, del propio Escosura, que, según Alonso Cortés, «abultó y exageró los rasgos del modelo y logró atraer mucho más la atención hacia el género» [72]; «con su fútil candidez —dice en otra parte—, su chocante apariencia de misterio y su ripiosa contextura, el poemilla de Escosura tiene mucho sabor» [73]. *El bulto*, a su vez, tuvo imitaciones, entre ellas *El guerrero y su querida*, de Marcelino de Azlor, luego duque de Villahermosa; *Ricardo*, del famoso actor Julián Romea, «que da quince y raya a todos los románticos *de tumba y hachero*» [74]; *El Sayón*, de Gregorio Romero Larrañaga; y *Blanca*, de Juan Francisco Díaz.

**Los poemas políticos.** Espronceda compuso poemas políticos, o dedicados a hombres políticos, a lo largo de toda su vida. Guillermo Carnero, que tiene tan alta estima de la creación global de Espronceda y que ha puesto tanto interés en subrayar la honestidad de sus convicciones y la

---

[68] *Espronceda. Ilustraciones...*, cit., pág. 24.
[69] *Espronceda*, cit., pág. 147.
[70] Idem, íd.
[71] *Espronceda. Ilustraciones...*, cit., pág. 25.
[72] Idem, íd.
[73] *Zorrilla. Su vida y sus obras*, 2.ª ed., Valladolid, 1943, pág. 137.
[74] Idem, íd., pág. 144.

seriedad de sus actos, califica, en cambio, con las palabras más duras sus composiciones políticas: «Los poemas políticos de Espronceda —escribe— no han resistido el paso del tiempo y hoy se nos muestran declamatorios y poco convincentes en tanto que textos poéticos, aunque no cabe la menor duda de que fueron escritos con la mayor de las convicciones en tanto que textos ideológicos... Los poemas políticos de Espronceda suenan a hueco, o es que ya no somos sensibles a su valor instrumental, en el que creían los románticos, ni a su especial retórica, que hacía a Gil y Carrasco 'oír un suspiro del viento entre las arpas de Israel colgadas de los sauces de Babilonia'»[75]. Y aclara más abajo: «El hecho de que Espronceda escribiera malos poemas de combate no empaña en nada la sinceridad de su actitud política. Significa, simplemente, que la poesía tiene sus propias leyes y no admite ser instrumento más que de ella misma»[76].

La muerte del coronel De Pablo en su fracasada intentona por la frontera pirenaica y en la que, como sabemos, tomó parte Espronceda, le inspiró la composición *A la muerte de Don Joaquín de Pablo (Chapalangarra)*[77]. De ella dice Carnero que «es un poema arruinado por sus ingredientes neoclásicos y los préstamos de Ossian, Quintana, Arriaza y hasta Jovellanos»; califica de «esclerotizada» la adjetivación del «Coro de vírgenes», repetida por Espronceda de poema en poema, y dice del «Coro de mancebos» que «da, definitivamente, la puntilla a este poema, una mala pieza neoclásica de concurso, al que se ha hecho el injerto de una adjetivación sombrío-fúnebre (que desconoce las matizaciones que sabían darle los líricos prerrománticos) del gusto de la época»[78]. El poeta, en una imitación de Ossian, se imagina contemplando desde lo alto del Pirineo a su patria y el campo de la reciente lucha, vencido, «a un lado la rota espada», y se dirige a las «vírgenes tristes de Iberia» para que entonen sus «cantos de muerte»; siguen luego el coro de vírgenes y el de mancebos. La composición comienza con un romance y sigue luego, desde la imprecación a las vírgenes, con octavas y cuartetos de diez sílabas. Casalduero, que no parece tener de este poema tan mal concepto como Carnero, sugiere que el cambio de metro «produce un contraste de aire monumental entre el tono narrativo y el hímnico funeral»[79]; constatación que, suprimiendo lo de «monumental», no hay inconveniente en admitir.

---

[75] *Espronceda*, cit., pág. 31.
[76] Ídem, íd., pág. 35.
[77] Según informa Marrast, esta poesía iba a publicarse en el famoso número de *El Siglo* que salió «en blanco», con sólo los títulos, dando pretexto para su suspensión. Se publicó después, el 7 de mayo de 1834, en la *Gaceta de los Tribunales* con el título de *A la muerte de un Patriota, defensor de la libertad*, «con algunas variantes respecto al texto de la edición de 1840» (*Poesías líricas...*, cit., pág. 161, nota 62).
[78] *Espronceda*, cit., págs. 33-34.
[79] *Espronceda*, cit., pág. 112.

Marrast incluye en su edición una *Canción patriótica*[80], que supone compuesta por Espronceda para la expedición de Chapalangarra. Carnero no la comenta, pero de ella sí podría decirse que serviría para letra de un Himno Nacional de cualquier república; o monarquía, indistintamente.

El soneto *A la muerte de Torrijos y sus compañeros* goza de cierta fama. Carnero afirma que «es un poema perjudicado, ante todo, por su esquema estrófico: se hermana mal el soneto con la intención política»[81]. No entendemos por qué; en un soneto puede decirse todo, según ha quedado probado a lo largo de los siglos. Claro que un soneto siempre puede ser bueno o malo, pero éste de Espronceda no nos parece de los peores. Es ciertamente «desafortunado», como señala Carnero, el uso del verbo *estar* en el verso segundo: «cadáveres están, ¡ay!, los que fueron...», y el mismo «¡ay!», ripio estruendoso por necesidades de métrica. La invitación al lloro que en el primer terceto se hace a los españoles, no creemos, en cambio, que lo sea «de manera soñolienta»; si en lugar de invitar a llorar, Espronceda pidiera palo, quizá hubiera sido peor, porque habría echado mano de la caja de los truenos que todo romántico tenía siempre abierta; así, se expresa en un tono de concentrada ira, que ha de refrenarse, pero no de manera soñolienta, pues se pide que las lágrimas sean «sangre que ahogue a siervos y opresores», deseo muy adecuado para el caso. Carnero reproduce a continuación del soneto de Espronceda el poema de Gil y Carrasco *A la memoria del General Torrijos*, mucho mejor, evidentemente, teñido de una nostalgia honda y delicada, como corresponde a la personalidad de este poeta. Pero de su juicio comparativo sólo aceptamos la segunda parte: «El poema de Gil —dice— está escrito en una estrofa más apropiada y que produce menos sensación de artificiosidad; y, sobre todo, su autor nos ha hablado de sus sentimientos personales, individuales, ante la muerte de Torrijos, en vez de adoptar como Espronceda el tono épico y programáticamente *cívico* aprendido de Quintana»[82].

*¡Guerra!*, poema compuesto para ser leído en una función patriótica con objeto de recaudar fondos para la guerra civil, vuelve a ser otro «himno nacional» para bombo y platillos.

*A la Patria*, ya mencionado, composición inspirada por su condición de desterrado, es un poema sentido en profundidad y compuesto con fortuna. Falla por la adjetivación, como dice Carnero[83]; es convencional, gastada. Espronceda no fue nunca un adjetivador genial, ciertamente; sus mejores adjetivos son los que se calla. *A la Patria* —y éste es su mérito, a nuestro entender— no está escrita desde ningún aparatoso Sinaí, sino con sordina, con ese refreno clásico que, como hemos dejado dicho, le moderó con pro-

---

[80] Págs. 157-160.
[81] *Espronceda*, cit., pág. 31.
[82] Idem, íd., pág. 33.
[83] Idem, íd., pág. 34.

vecho hasta que encontró su grito auténtico y peculiar. En la penúltima
estrofa vuelve a invitar a las vírgenes a que destrencen su cabellera y se
echen a llorar; pero la última es bella:

> *Desterrados, ¡oh Dios!, de nuestros lares,*
> *lloremos duelo tanto:*
> *¿Quién calmará, ¡oh España!, tus pesares?*
> *¿Quién secará tu llanto?* [84].

*El Dos de Mayo* fue escrito para la conmemoración de esta fecha en
1840 y publicado el mismo día en *El Labriego*. Aquel año tenía especial
significación, pues los restos de Daoíz y Velarde iban a ser trasladados desde la catedral de San Isidro al monumento del Campo de la Lealtad, y con
esta circunstancia el capitán general de Madrid iba a pasar revista a la
Milicia Nacional, cosa que al fin no hizo por temor a un motín. La poesía
de Espronceda no es un mero recuerdo de la gloriosa jornada de 1808,
sino intencionada acusación política a las presentes circunstancias. Comienza, sí, recordando a los héroes del levantamiento contra Napoleón, mas
para establecer un paralelo entre todos los que entonces traicionaron al
país, comenzando por los propios reyes, y los que luego han hecho imposibles los frutos de aquel heroísmo: el Deseado, los que apoyaron la intervención francesa de los «Cien Mil», y los que la pretenden ahora otra vez,
es decir, los que pretenden otra intervención de Luis Felipe, el «rey mer-
cader». Unas estrofas merecen ser recordadas especialmente, porque definen el espíritu político de Espronceda y su entusiasta defensa de la causa
popular:

> *Y vosotros, ¿qué hicisteis entre tanto,*
> *los de espíritu flaco y alta cuna?*
> *Derramar como hembras débil llanto*
> *o adular bajamente a la fortuna;*
>
> *buscar tras la extranjera bayoneta*
> *seguro a vuestras vidas y muralla,*
> *y siervos viles, a la plebe inquieta,*
> *con baja lengua apellidar* canalla.
>
> ¡Canalla, *sí, vosotros los traidores,*
> *los que negáis al entusiasmo ardiente*
> *su gloria, y nunca visteis los fulgores*
> *con que ilumina la inspirada frente!*

---

[84]  *Poesías líricas...*, ed. Marrast, cit., pág. 145.

> ¡Canalla, *sí, los que en la lid, alarde*
> *hicieron de su infame villanía*
> *disfrazando su espíritu cobarde*
> *con la sana razón segura y fría!*

> ¡*Oh! la canalla, la* canalla *en tanto,*
> *arrojó el grito de venganza y guerra,*
> *y arrebatada en su entusiasmo santo,*
> *quebrantó las cadenas de la tierra...* [85].

Marrast reproduce unos párrafos del comentario que a la poesía de Espronceda dedicó dos días después el periódico *La Revolución*, en donde queda bien de manifiesto todo el alcance político y social que se daba entonces a sus escritos: «Ojalá que el señor Espronceda y otro joven poeta, a quien creemos participante de sus mismos sentimientos, se decidiesen a dedicar al pueblo sus inspiraciones, y sacando de esta nueva y rica mina el partido inmenso que promete, creasen entre nosotros la poesía popular, la poesía de la revolución, libre, enérgica, pintoresca, audaz y un tanto acerba (si esta expresión se nos permite) como el mismo pueblo a quien retrataría» [86].

La producción política de Espronceda se cierra con el soneto *A Guardia*. La intentona del general Concha el 7 de octubre de 1841 para apoderarse de la reina y provocar la caída de Espartero fracasó por la intervención de la Milicia Nacional. Juan Miguel de la Guardia, capitán de cazadores de la Milicia, fue gravemente herido y falleció días después. Espronceda le dedicó el mencionado soneto. Carnero lo denigra, implacable: «Es un poema sencillamente cómico; parece una canción de boy-scouts» [87]. La comparación no nos parece afortunada, pero el soneto, sin posible defensa, es malo.

Todavía debemos mencionar un poema importante: *A la traslación de las cenizas de Napoleón*, título que Escosura cambió por el de *A la degradación de Europa*, y que, por lo general, las ediciones modernas han conservado. Dice Marrast [88] que Escosura hizo este cambio «por motivos desconocidos», pero la verdad es que nos parece mucho más apropiado, pues de dicho tema se trata, mientras que las cenizas de Napoleón sólo se aluden en el título y, de no ser por él, no podríamos sospechar que la tumba en donde el poeta se propone hurgar, según declara en la última estrofa, es la del gran Corso. Confesamos con toda modestia que no entendemos bien el propósito de la alusión que, según parece, se hace al famoso

85 Ídem, íd., págs. 268-269.
86 Introducción, cit., págs. 40-41.
87 *Espronceda*, cit., pág. 34.
88 *Poesías líricas...*, cit., pág. 273, nota 179.

emperador, ni si éste le merece estima o menosprecio: «removeré la tierra que sepulta, / semilla de virtud, polvo fecundo, / la ceniza de un héroe generosa»[89], dice el poeta. Pero en su artículo *Política general* lo había denostado inequívocamente, y su patriotismo tan arraigado no podía otorgar admiración al invasor de su país. El último verso parece confirmar, en efecto, su idea negativa: dirigiéndose a Europa entera, lanza uno de esos vibrantes epifonemas, que a Espronceda se le ocurrían con bastante frecuencia:

> *...un cadáver no más es vuestra gloria.*

Sea lo que quiera, el poema es un reproche, genérico y espectacular, contra el mercantilismo y el materialismo de la época, contra el prosaico afanar y la codicia que lo corrompen todo. El poeta se pregunta si va a permanecer sentado, prorrumpiendo en estériles lamentos, como un segundo Jeremías, pero decide lanzarse al tumulto de las ciudades para hacerles oír su voz:

> *¿Qué importa si provoca*
> *mi voz la befa de las almas viles?*
> *¿Morir qué importa en tan gloriosa lucha?*
> *¿Qué importa, envidia, que tu diente afiles?*
> *Yo cantaré, la humanidad me escucha*[90].

Tan sólo la generosa pasión del poeta nos permite concluir la lectura de esta composición, tan espléndidamente vaga como una nube.

**Poemas amorosos.** Señala Carnero con acierto que en los poemas políticos y cívicos de Espronceda no se da el caso de que los compuestos en la madurez sean los más aceptables. *¡Guerra!*, por ejemplo, fue compuesto a pocos meses de distancia de la *Canción del pirata*, uno de los momentos más altos de Espronceda: «Hay que pensar —comenta— que cuando Espronceda se veía obligado por la coyuntura política o la solicitud de amigos o correligionarios a escribir un poema, el resultado era tan desastroso como cabe esperar de semejante motivación, en la que la escritura es forzada y cae necesariamente en el convencionalismo. Hubo casos en que el buen sentido permitió a Espronceda eludir tales situaciones, como cuando, requerido a expresarse en verso a propósito del asunto de *El Huracán*, soslayó prudentemente el escollo declarándose no apto para la improvisación y partidario, para el caso, de la simple prosa»[91].

Pero, al contrario que en los políticos, en los poemas de amor —sigue comentando Carnero— sí que hay un claro y evidente progreso a medida

---

[89]  Ídem, íd., pág. 275.
[90]  Ídem, íd.
[91]  *Espronceda*, cit., pág. 39.

que Espronceda adquiere experiencia de la vida y del manejo del lenguaje poético: «Los poemas medianos son todos anteriores a 1832 y en ellos el amor es un *tema* y no un sentimiento, tema que desarrollan dentro de los cánones de la tradición neoclásica y prerromántica, con excelente resultado en algún caso. Luego, las influencias literarias y la madurez personal y afectiva resultado de su convivencia con Teresa desencadenan un crescendo en calidad»[92].

Algunas de estas poesías amorosas de Espronceda ya han sido mencionadas, y la más importante de todas, el *Canto a Teresa*, lo será luego, al ocuparnos de *El diablo mundo*. Resta ocuparnos ahora de tres composiciones escritas después del rompimiento definitivo con Teresa: *A una estrella*, *A Jarifa en una orgía*, y el soneto *A xxx dedicándole estas poesías*. Son tres poemas del desengaño, pesimistas y amargos, inspirados por la desesperación del amor perdido.

*A una estrella* fue leído en el Liceo Artístico y Literario el 5 de julio de 1838. Siguiendo la tradición de la poesía ossiánica de apostrofar a los astros, según hemos visto en el *Himno al sol*, el poeta se dirige ahora a una estrella para asociar su dolor personal al posible del astro, al que antes había unido también a su propia ventura. La desesperación del poeta se hace cósmica; al producirse el fracaso de su amor, ve apagarse también la luz de la estrella; pero ésta podrá, quizá, volver a iluminar los sueños de otro enamorado, mientras que para él está apagada sin remedio. Como vimos también en el *Himno al sol*, la felicidad no puede retornar; para el hombre romántico no hay futuro. En el centro de la composición, y para mejor captar lo perecedero de su ilusión, el poeta hace uso de las estrofas manriqueñas.

Pese a su tono pesimista, *A una estrella* muestra todavía cierta prudente contención, que una vez más nos recuerda el clasicismo del Espronceda joven. Pero la decepción total, el desengaño desesperado sin límite ni remedio se manifiesta en plenitud en *A Jarifa en una orgía*. *A Jarifa* es no solamente una de las composiciones más altas de Espronceda y más definitorias de su personalidad, sino una de las mayores que pueden aducirse en cualquier literatura para ejemplificar el pesimismo y el dolor románticos. El poeta toma el amor como raíz de su desengaño, pero extrae de él conclusiones válidas para cualquier otra actividad, porque el amor es el motor de todo y, comprobada su inanidad, queda el hombre como sin fuerza que le empuje ni eje que le sostenga. El amor, en *A Jarifa*, falla tanto en lo espiritual como en lo físico; los amores que se nos ofrecen son hipócritas y fingidos, y el placer que todavía puede extraerse de ellos ni siquiera merece la pena porque la hermosura es pura apariencia, polvo y escoria, necia ilusión que nunca puede colmar los deleites imaginados:

---

[92] Ídem, íd., págs. 39-40.

>           *¿Qué la virtud, la pureza?*
>           *¿Qué la verdad y el cariño?*
>           *Mentida ilusión de niño*
>           *que halagó mi juventud.*
>           *Dadme vino: en él se ahoguen*
>           *mis recuerdos; aturdida,*
>           *sin sentir, huya la vida,*
>           *paz me traiga el ataúd*[93].
>
>           .............................................
>
>           *¡Siempre igual! Necias mujeres,*
>           *inventad otras caricias,*
>           *otro mundo, otras delicias,*
>           *¡o maldito sea el placer!*
>           *Vuestros besos son mentira,*
>           *mentira vuestra ternura,*
>           *es fealdad vuestra hermosura,*
>           *vuestro gozo es padecer.*
>           *Yo quiero amor, quiero gloria,*
>           *quiero un deleite divino,*
>           *como en mi mente imagino,*
>           *como en el mundo no hay;*
>           *y es la luz de aquel lucero*
>           *que engañó mi fantasía,*
>           *fuego fatuo, falso guía*
>           *que errante y ciego me tray*[94].

Persuadido de su irremediable inanidad, podría el hombre encontrar la paz y la calma del filósofo, ya que no la aceptación religiosa del asceta; pero el deseo y la ilusión siguen martirizando como una sed que sólo estuviera allí para darnos tormento con la imposibilidad de satisfacerla:

>           *¿Por qué murió para el placer mi alma,*
>           *y vive aún para el dolor impío?*
>           *¿Por qué si yazgo en indolente calma,*
>           *siento en lugar de paz, árido hastío?*
>           *¿Por qué este inquieto abrasador deseo?*
>           *¿Por qué este sentimiento extraño y vago,*
>           *que yo mismo conozco un devaneo,*
>           *y busco aún su seductor halago?*

---

93 *Poesías líricas...*, ed. Marrast, cit., págs. 259-260.
94 Ídem, íd., pág. 260.

> *¿Por qué aún fingirme amores y placeres*
> *que cierto estoy de que serán mentira?*
> *¿Por qué en pos de fantásticas mujeres*
> *necio tal vez mi corazón delira,*
>     *si luego en vez de prados y de flores,*
> *halla desiertos áridos y abrojos,*
> *y en sus sandios o lúbricos amores*
> *fastidio sólo encontrará y enojos?*
> ..............................................
>     *Mujeres vi de virginal limpieza*
> *entre albas nubes de celeste lumbre;*
> *yo las toqué, y en humo su pureza*
> *trocarse vi, y en lodo y podredumbre.*
>     *Y encontré mi ilusión desvanecida,*
> *y eterno e insaciable mi deseo.*
> *Palpé la realidad y odié la vida:*
> *sólo en la paz de los sepulcros creo.*
>     *Y busco aún y busco codicioso,*
> *y aun deleites el alma finge y quiere;*
> *pregunto, y un acento pavoroso*
> *«¡Ay!, me responde, desespera y muere.*
>     *Muere, infeliz: la vida es un tormento,*
> *un engaño el placer; no hay en la tierra*
> *paz para ti, ni dicha ni contento,*
> *sino eterna ambición y eterna guerra.*
>     *Que así castiga Dios el alma osada*
> *que aspira loca, en su delirio insano,*
> *de la verdad para el mortal velada,*
> *a descubrir el insondable arcano»* [95].

Y el poeta, como en las primeras estrofas, pide al vino que le hunda en un letargo estúpido.

El soneto *A xxx dedicándole estas poesías* fue publicado por primera vez en la edición de 1840. Sin la amargura de *A Jarifa*, retorna al tema del desengaño, surgido al choque con la realidad. Nos interesa especialmente el primer terceto, porque vuelve también a otro tema que, como arriba quedó dicho, creemos primordial en la poesía de Espronceda y es una de las fuentes de que se nutre su pesimismo:

>     *Los ojos vuelvo en incesante anhelo,*
> *y gira en torno indiferente el mundo,*
> *y en torno gira indiferente el cielo* [96].

[95]  Idem, íd., págs. 260-262.
[96]  Idem, íd., pág. 265.

**Las Canciones.**   Dentro del apartado que los editores de 1840 agrupa-
ron bajo el epígrafe de *Canciones,* se encuentran las cinco composiciones
que, en unión de sus dos poemas largos —*El Estudiante de Salamanca* y
*El diablo mundo*—, constituyen la base más sólida de la fama de Espronceda: la *Canción del pirata, El Canto del cosaco, El mendigo, El reo de
muerte* y *El verdugo.*

Subraya Marrast [97] que 1835 es un año decisivo para Espronceda; es el
momento en que se afirma inequívocamente su actividad política y experimenta su poesía una decisiva metamorfosis. A fines de junio deja de colaborar en *El Artista,* en donde había publicado varios trabajos de carácter
indeciso y contradictorio; pero la *Canción del pirata,* aparecida también
en dichas páginas, señala el comienzo de una inspiración nueva. A partir
de ese instante, y coincidiendo con sus colaboraciones en *El Español,* el
contenido social o político de sus escritos lo sitúa del lado opuesto del
romanticismo tradicional de *El Artista;* Espronceda se aleja de este nuevo
formalismo, que pronto iba a ser tan artificial como el bucólico o mitológico de los clasicistas, y rechazando las facilidades que encerraban la literatura en un estrecho conformismo se dispone a hablar, en prosa y en
verso, del mundo real y de la sociedad en que vive.

Carnero califica [98] a los mencionados poemas de *cívico-morales* y considera que es en ellos, y no en los de tema específicamente político, donde
el escritor acertó a dar forma poética a sus ideas. Estos cinco poemas —dice— sólo pudieron ser escritos por una persona a quien las reflexiones y
preocupación por los temas sociales aguzaron su sensibilidad y le llevaron
a concretarla en individuos representativos de una organización social y de
sus lacras, o de formas y deseos de liberación. El poeta no nos da aquí la
ideología abstracta, como hubiera podido hacer un neoclásico, sino la repercusión en su sensibilidad de esta ideología, vivida realmente por un ser
concreto. Casalduero dice [99] que las cinco canciones nos entregan por medio
de cinco figuras —el pirata, el cosaco, el mendigo, el reo de muerte, el verdugo— el ser moral y espiritual del poeta, y afirma luego [100] que estos cinco
personajes son creaciones simbólicas de la época, es decir, de su ideal de
libertad. Frente a Mazzei, que ve en los personajes de Espronceda la simpatía española por los que viven al margen de la ley, Casalduero propone
que estas poesías no se lean como trasunto social, ni mucho menos como

---

[97] *José de Espronceda et son temps...,* cit., págs. 461-462.
[98] *Espronceda,* cit., pág. 35. «De no haber escrito nada más que sus cinco *Canciones*
—comenta López Landeira—, la fama de Espronceda difícilmente habría disminuido.
Salvo una de ellas, *El canto del cosaco,* las *Canciones,* no sólo por su novísimo estilo
polimétrico, sonoro y arrollador, limpio de todo adorno, sino también por su concepto
de poesía comprometida inauguran una tradición poética en España» («La desilusión
poética de Espronceda...», cit., págs. 314-315).
[99] *Espronceda,* cit., pág. 149.
[100] Ídem, íd., pág. 153.

realidades nacionales; por el contrario —dice [101]—, en Espronceda, como en los mejores románticos de Europa, «esas figuras son símbolos de su vida espiritual y moral, son motivos líricos con los cuales se expresa y revela su sensibilidad, su sentimiento».

Marrast [102], en su edición española, citada, rechaza la opinión de Casalduero y sostiene que los poemas mencionados sí se refieren a realidades del mundo español; y Carnero, aunque no menciona su nombre, rechaza también el parecer de Casalduero cuando afirma que «se equivocan quienes pretenden que estos cinco poemas han de ser leídos no como poemas sociales sino como símbolos de la vida espiritual de su autor» [103]. Según nuestro entender las opiniones de Casalduero y de Carnero no se contradicen, sino que pueden perfectamente armonizarse. Los cinco poemas de Espronceda están inspirados, como sostiene Carnero, por el espectáculo de una sociedad, cuyos vicios irritan los generosos sentimientos político-sociales del escritor; pero a la vez, el poeta se proyecta en esos tipos que se le oponen, la desafían y se lanzan valientemente a destruirla. Precisamente, en la fusión de esa doble vertiente está el acierto de Espronceda; la anécdota concreta, que había destruido como poesía las diversas composiciones políticas de que hemos hecho mención, según el propio Carnero ha subrayado, ha sido transportada aquí al plano de problemas universales, encarnados en individuos que conquistan todo el valor de un símbolo; y por la evidente solidaridad del escritor con ellos ha conseguido genuinos poemas líricos sin mengua de su trascendencia y universalidad. Frente a Marrast, en cambio, creemos evidente que piratas, verdugos, reos de muerte, mendigos y cosacos —según el propio Marrast recuerda en sus notas como fuentes posibles— formaban parte de la más característica tipología del romanticismo europeo, y fueron cientos de veces manejados como símbolos de rebeldía y de insolidaridad. ¿Por qué, pues, como pretende Marrast [104], suponer que Espronceda «pone el dedo en unas llagas del mundo español» concretamente? Espronceda no invita a sus cosacos a que troten por Castilla, sino por toda Europa: lo repite varias veces (es manifiesto su propósito de universalizar); reos y verdugos los había en todos los países; quizá mendigos había aquí algunos más que en otras partes; pero el pirata no nos parece que fuera un tipo muy nacional. La interpretación de Marrast recortaría erróneamente el ámbito de los propósitos de Espronceda, y buena prueba de ello es que el propio Marrast, en su monografía francesa, aunque no se desdice expresamente de su punto de vista anterior, recoge como válida, citándola oportunamente a propósito del *Pirata* [105], la

---

[101] Ídem, íd., pág. 154.
[102] Introducción, cit., págs. 37-38.
[103] *Espronceda*, cit., pág. 36.
[104] Introducción, cit., pág. 38.
[105] *José de Espronceda et son temps...*, cit., pág. 463.

interpretación de Casalduero, según la cual, dicho personaje, en el que proyecta Espronceda su propia sensibilidad, es uno de los símbolos preferidos de la poesía romántica europea; y como todos aquellos que se sitúan al margen de la sociedad, sea por nacimiento o por elección deliberada, encarna los sentimientos de generosidad, de amor a la libertad y a la justicia, que no encuentra en un mundo del cual rechaza la moral y los valores tradicionales.

En cuanto a su valor literario, los cinco poemas son muy desiguales. La *Canción del pirata* es perfecta. La popularidad de que goza, si por una parte atestigua su indiscutida aceptación, pone en riesgo, por otra, la adecuada estima; hay que acercarse a estos versos con ojos vírgenes para recuperar todo el encanto, el brío, la concisión, la propiedad de las imágenes, el acierto de la polimetría, la perfección del ritmo, lo evocador de la circunstancia, todos los componentes, en suma, que sirven de plinto a la audacia del pirata, embriagado de libertad, que la proclama y defiende a lomo de los mares. Un detalle importantísimo, que no sabemos si suele destacarse suficientemente: en toda la *Canción* no se encuentran más que dos o tres calificativos; es casi increíble; casi increíble que Espronceda pudiera escribir un poema entero sin adjetivar, pero esta vez lo hace: sólo sustantivos y verbos; sustancia y acción. Y así le sale el poema de magro y nervioso, todo fibra y energía, como el pirata que lo canta. Que es el propio Espronceda, por supuesto. En el *Cosaco*, el poeta, aunque parece tenerse por uno de ellos, es tan sólo quien los invita a invadir Europa, y no sabemos si aceptarían su invitación. Pero en el *Pirata*, Espronceda canta desde dentro de él, en primera persona:

> *Sentenciado estoy a muerte.*
> *Yo me río;*
> *no me abandone la suerte,*
> *y al mismo que me condena*
> *colgaré de alguna entena*
> *quizá en su propio navío.*

> *Y si caigo,*
> *¿qué es la vida?*
> *Por perdida*
> *ya la di,*
> *cuando el yugo*
> *del esclavo,*
> *como un bravo*
> *sacudí* [106].

---

[106] *Poesías líricas...*, ed. Marrast, cit., pág. 227.

Enrique Gil comentó en su reseña del *Semanario Pintoresco Español* [107] que la *Canción del pirata* era el primer intento de una poesía escrita para un vasto público, al modo de las *Canciones* de Béranger, que habían contribuido a democratizar un arte, tradicionalmente reservado a una minoría. La *Canción del pirata* se distingue, en efecto —comenta Marrast—, sin mengua de sus otras cualidades, por la sencillez de su vocabulario; sin caer en la vulgaridad demagógica, como tantas veces le sucede a Béranger, Espronceda ha escrito una composición que pueden entender hasta los menos cultivados; todo es claro, y los temas se presentan en orden lineal y lógico; la estructura de la pieza es llana y armoniosa.

La relación, antes aludida, del *Pirata* de Espronceda con otros héroes románticos europeos, ha planteado inevitablemente la cuestión del posible influjo; como probables modelos han sido propuestos poemas bien conocidos de Byron *(El Corsario)*, de Vigny *(La Frégate 'La Sérieuse')*, de Víctor Hugo *(Le chant des pirates)*. Marrast defiende [108] la originalidad de Espronceda porque las semejanzas son muy vagas, y no existe ninguna —dice— ni en la forma métrica ni en la psicología de los personajes: el de Byron es melancólico, frugal y reconcentrado; el de Vigny es un viejo marino que recuerda su fragata perdida, que evoca con nostalgia. El pirata de Espronceda proclama, por el contrario, el goce de vivir, está satisfecho de su suerte y grita al viento su libertad y su independencia; a bordo de su nave se siente libre de las ataduras de la sociedad. Marrast recuerda [109] que el tema del navío como símbolo de la libertad, aunque tiene en esta composición su logro más alto, aparece en otras composiciones de Espronceda, incluso en algunas fuertemente influidas por el clasicismo, como *La entrada del invierno en Londres*, en la que el poeta se dirige al «batel dichoso» que simboliza la libertad negada entonces al joven emigrado; y de manera particular en una de las primeras estrofas del Canto II de *El diablo mundo*, en la que el poeta describe su vida como «guerrera nave» que se hace orgullosa a la mar. «El pensamiento poético de Espronceda —comenta Marrast— está en perfecto acuerdo con su conducta como ciudadano u hombre particular»; y añade: «La *Canción del pirata* es su primer poema romántico, el primer poema romántico español, en el sentido en que se define al romanticismo no como un repertorio de oropeles literarios, sino como una *inquietud moral religiosa y metafísica*, como una falta de fe y no como una fe, como la expresión de una sensibilidad dolorosamente excitada por el sentimiento de que un mundo ha periclitado» [110].

---

107 Cit. por Marrast en *José de Espronceda et son temps...*, cit., pág. 462 (véase luego, nota 160).
108 Ídem, íd., págs. 464-465.
109 Ídem, íd., pág. 465.
110 Ídem, íd., pág. 468.

Casalduero ha calificado la *Canción del pirata* de «manifiesto lírico del romanticismo español» [111], y comentando la embriaguez vital del personaje, escribe: «La euforia que produce el haber salido de la esclavitud hace que el hombre no tema la muerte. La vida ha cobrado sentido —sentido político—. Se ha descubierto una nueva forma de la dignidad humana —la forma de la libertad» [112]. Mazzei había ya subrayado [113] que el desprecio de la muerte no se produce en el pirata de Espronceda por desesperación, como en el *Corsario* de Byron, sino por la impavidez de su heroísmo. Mazzei advierte a la vez que junto a todas estas cualidades, que otorgan al poema de Espronceda todo su alcance y especial significado político y moral, no debe omitirse la exquisita sensibilidad del poeta para las bellezas naturales: la calma del mar, el encanto de la noche estrellada, el rielar de la luna sobre el agua, el mugir de la tempestad, el rugido de los cañones, que el poeta alude con palabras elementales, frescas y eficaces, sin asomo de ajenas adherencias, sin retórica verbal ni sentimental.

*El Canto del cosaco* sigue en importancia a la *Canción del pirata*, aunque queda a gran distancia de ella. Como *A la traslación de las cenizas de Napoleón*, *El Canto* es un ataque contra la burguesía liberal, nacida de la Revolución, pero atenta tan sólo a su provecho económico, a su egoísmo y sus placeres. El poeta invita a los cosacos, como a nueva raza joven y no contaminada, a que invada Europa y destruya esa sociedad. La invitación está hecha en términos de apasionada violencia, que se mantiene a lo largo de todo el poema como un galopar en tromba, poéticamente bien sostenido. Pero el poeta ha tenido tiempo de adjetivar, por lo que damos ya con calificativos convencionales y alguna escenografía truculenta.

*El mendigo* expresa otra forma de libertad social. Diríase, al primer momento, que escuchamos la cínica declaración de los viejos pícaros, como a Guzmán de Alfarache, que llamaba a su vida «florida picardía» y «almíbar picaresco»; o al Lázaro de Tormes de la continuación: «Si he de decir lo que siento, la vida picaresca es vida, que las otras no merecen este nombre». Pero el mendigo de Espronceda no está aquí para hacer ostentación tan sólo de la independencia y libertad que su pobreza le permite, sino para servir de catalizador social. Su presencia no sólo acusa a la sociedad

---

[111] *Espronceda*, cit., pág. 18.

[112] Ídem, íd., págs. 155-156. «Perder la libertad —escribe López Landeira— equivale a perder la vida, que el pirata se juega con gusto al sentirse superior a todo hombre del bando opuesto, es decir, social. Su desprecio a la vida sólo rige en cuanto no pueda determinarla un rumbo autónomo, ajeno a las trabas impuestas por leyes humanas e incluso divinas, ya que el pirata no cree en otro Dios que la libertad. Al contrario del escapado que huye para eludir su condena, pero que gustoso volvería al seno social de indultársele el crimen, el pirata rechaza semejante arreglo ya que para él la convivencia social, aun como exculpado, equivale a una existencia tasada. El *Pirata* es seguramente la poesía más romántica y, en apariencia, la menos social de las *Canciones*» («La desilusión poética de Espronceda...», cit., pág. 316).

[113] *La poesia di Espronceda*, cit., págs. 82-84.

que lo hace posible y declara la hipocresía con que se le socorre, sino que sirve para aguarles la fiesta a los ricos, algo así como la mosca en un festín que se dejara caer dentro del plato:

> *Mal revuelto y andrajoso*
> *entre harapos*
> *del lujo sátira soy,*
> *y con mi aspecto asqueroso*
> *me vengo del poderoso*
> *y a donde va, tras él voy.*
> *Y a la hermosa*
> *que respira*
> *cien perfumes,*
> *gala, amor,*
> *la persigo*
> *hasta que mira,*
> *y me gozo*
> *cuando aspira*
> *mi punzante*
> *mal olor.*
> *Y las fiestas*
> *y el contento*
> *con mi acento*
> *turbo yo,*
> *y en la bulla*
> *y la alegría*
> *interrumpen*
> *la armonía*
> *mis harapos*
> *y mi voz...* [114].

Marrast, que dedica unas páginas de agudos comentarios a *El mendigo*, subraya [115] que el personaje de Espronceda no posee ningún rasgo de las víctimas de la sociedad, de la indiferencia o de la fatalidad, no es decorativo ni de agradable compañía; no trata de mover a compasión por su desgracia, sino que, por el contrario, alardea con grosero cinismo del provecho que saca de la caridad y de su modo de explotarla sin escrúpulos; mendiga por el amor de Dios, y se le da limosna por temor al castigo que Dios inflige a quienes la niegan. El mendigo —añade luego [116]— se convierte en el acusador de una sociedad que él desprecia y cuya debilidad explota;

---

114 *Poesías líricas...*, ed. Marrast, cit., págs. 237-238.
115 *José de Espronceda et son temps...*, cit., pág. 470.
116 Idem, íd., pág. 472.

él es la prueba viviente de que los buenos sentimientos rara vez son desinteresados. Marrast sugiere que el cinismo del mendigo pone de relieve una de las taras de la sociedad española de la época —ya aceptamos la posibilidad de tomar un hecho social concreto como estímulo generador de la indignación del poeta, sin perjuicio de que éste lo levante luego a la altura de un símbolo—: la crisis económica que lanzaba sobre las ciudades un miserable proletariado de origen campesino, cuyos problemas no parecían preocupar ni a la clase media ni a la aristocracia, satisfecha con ofrecer a la puerta de los cuarteles y de los conventos la «sopa boba». Para Espronceda —concluye Marrast [117]— el mendigo no es, pues, un tipo pintoresco de cuadro de costumbres, sino la vergüenza de una sociedad instalada en un relativo bienestar material, que practica una caridad interesada y episódica, impuesta por un formalismo religioso, bien distante de la verdadera solidaridad cristiana. En *El mendigo*, Espronceda no sólo ha liquidado el academicismo neoclásico, sino también el romanticismo histórico, caballeresco y exótico que al principio había cultivado. No cabe duda de que *El mendigo*, por su intención acusadora y agresiva, merece la calificación de poema *cívico-moral* que Guillermo Carnero le atribuye.

Bajo el punto de vista de la métrica, *El mendigo* lleva aún más allá las audacias introducidas en la *Canción del pirata*, por lo que ha merecido particular atención de los comentaristas. Allison Peers, refiriéndose en conjunto a todo este grupo de composiciones, comenta que «en ningún aspecto es Espronceda más verdaderamente el típico romántico español que en sus innovaciones métricas» [118]; y comentando en particular las de *El mendigo* afirma que «representan el extremo máximo que alcanza el verso rimado con anterioridad a las innovaciones más atrevidas que empezaron a finales del siglo XIX» [119].

*El reo de muerte* no es un ataque, o siquiera consideración, sobre la pena capital, como podría sospecharse por el título. El tema es aquí uno de los que, según dejamos dicho, reaparece tantas veces en la lírica de

---

[117] Ídem, íd., págs. 472-473. «En el caso del pirata y del mendigo —comenta López Landeira—, ambos consiguen, mediante su autoalienamiento, zafarse del yugo social. En cambio, el verdugo y el reo de muerte son víctimas de la sociedad y depositarios de su odio. Dado el temple rebelde del poeta, las figuras del pirata y el mendigo están muy por encima de las de los otros dos caracteres. La vanagloria arrogante de aquéllos, que los ha llevado a triunfar en un ambiente hostil, se opone al sentimiento de decepción y amargura en los otros. Espronceda celebra la soberanía del pirata y la independencia del mendigo porque como símbolos personifican al hombre capaz de prevalecer sobre la sociedad, mientras que tanto al verdugo como al reo los compadece en su impotencia por superar un sino aciago» («La desilusión poética de Espronceda...», cit., pág. 315).

[118] E. Allison Peers, *Historia del movimiento romántico español*, 2.ª ed., I, Madrid, 1967, pág. 401.

[119] Ídem, íd., pág. 404. Cfr., Walter T. Pattison, «Sources of Espronceda's *El Mendigo*», en *Filología y crítica hispánica. Homenaje a F. Sánchez-Castañer*, Madrid, 1969, págs. 299-308.

Espronceda: el de la indiferencia del mundo ante el dolor ajeno. Este reo de Espronceda no sabemos si lo es con justicia o no, ni importa para el caso, por lo que no se trata de un problema jurídico, sino sentimental, como Casalduero ha visto muy bien. La cotidianidad del hecho no destruye el asombro ni la irritación y el lamento del poeta; el fraile rezando maquinalmente al lado del condenado y que acaba por dormirse es «el primer eslabón en esa cadena de situaciones que se van aumentando hasta abarcar toda la sociedad» [120]. «La insensibilidad de la sociedad hacia el cautivo —escribe López Landeira— lo hiere de tal grado que en su desesperación maldice de sí mismo y de la vida en general. El dictamen calderoniano, expresado por un Segismundo igualmente preso y soñador, de que el mayor delito del hombre es el haber nacido, cobra nueva vigencia al percatarnos de la universal maldición que Espronceda pone en labios de su personaje. No parece haber cometido otro crimen que el haber nacido. La vida del hombre es una prisión y la condena que nos aguarda a todos es la sentencia de muerte; de aquí que la única actitud que se deriva de esta imagen sombría sea la maldición de la existencia humana. El destino ciego ha llevado al poeta a declarar airadamente que la vida carece de libertad de toda índole —política, social y moral— como cárcel que lo atosiga y que acaba por apagar su existencia» [120a].

En *El verdugo*, como en *El reo de muerte*, Espronceda no define su pensamiento sobre la pena capital; concede la palabra al personaje que reprocha a los hombres el desprecio de que es objeto, siendo así que le encargan de librarles de los semejantes que consideran indeseables en la sociedad. El hecho —subraya Marrast [121]— de que el ejecutor reciba un salario por su trabajo no varía la cuestión de principio: la maldición que pesa sobre el verdugo no es sino una coartada de la mala conciencia de los hombres. Marrast se extiende en consideraciones sobre el poema de Espronceda para destacar sobre todo su significación ideológica y moral [122], y asiente a las afirmaciones de Casalduero, según el cual estos dos últimos poemas —*El reo* y *El verdugo*— contienen una nueva concepción de la dignidad humana, un sentido nuevo de la personalidad del individuo, que el poeta reivindica en nombre de todos y para todos. Marrast sostiene que en todos los poemas de este grupo se encierra una visión del mundo perfectamente coherente: ausencia de sentimientos religiosos; moral fundada sobre el respeto al hombre; denuncia de valores que se sostienen sobre la

---

[120] *Espronceda*, cit., pág. 167. Cfr., Alessandro Martinengo, «Espronceda e la pena di morte», en *Studi mediolatini e volgari*, XII, 1964, págs. 65-103.

[120a] «La desilusión poética de Espronceda...», cit., págs. 319-320.

[121] *José de Espronceda et son temps...*, cit., pág. 475.

[122] Idem, íd., págs. 480-481. Cfr., Alfredo Rodríguez y Héctor Delgado Marrero, «Notas sobre el verdugo en la literatura española del siglo XIX», en *Boletín de la Biblioteca Menéndez Pelayo*, L, 1974, págs. 355-364.

hipocresía, la cobardía o la inconsciencia, y de ritos y prácticas rutinarias que constituyen una sucesión de coartadas formulistas; condena de los «buenos sentimientos» de orígenes inconfesables, de trabas y coacciones impuestas para mantener un orden que el poeta juzga irrisorio y artificial [123].

Esta constatación le permite al crítico sostener una vez más, con entusiasmo, la integridad ideológica y personal del escritor, frente a las incomprensiones o malintencionadas interpretaciones de que ha venido siendo objeto, frente a la acusación de dandy extravagante o de *poseur*, afirmación —proclama Marrast [124]— que no resiste el examen. En páginas anteriores hemos asentido plenamente a esta valoración del poeta y no precisamos insistir. No obstante, y sin mengua de todos esos valores, ateniéndonos a su estricta realización literaria, estamos de acuerdo con Carnero en admitir que *El verdugo* «es el peor de los poemas cívico-morales de Espronceda». Repitamos sus propias palabras: «Para empezar, su sadismo es poco convincente, y la métrica, unida a las cargadísimas tintas *negras*, produce un efecto casi cómico. Es tremendo el final, con la invocación a la madre, de un melodramatismo digno del peor folletín social decimonónico. Por lo demás, el distanciamiento que sentía Espronceda hacia su personaje es causa de que las motivaciones ideológicas estén demasiado implícitas y como simplemente puestas en verso medido, pero en lenguaje no poético» [125]. No hablemos de la buena intención del poeta, porque ya sabemos que con las mejores puede empedrarse el infierno; Casalduero dice que «del verdugo ha hecho Espronceda *un monumento* de la maldad humana» [126]; un monumento, sí, pero declamatorio, de escayola, con frases de barricada, que pierden toda su eficacia por su misma vulgaridad y rudeza. La polimetría es esta vez la más desacertada de Espronceda; la combinación de versos de diez y de cinco sílabas es martirizante, sobre todo por el abuso de consonantes agudos [127].

---

[123] Convertir al verdugo en juez de la sociedad —dice Mazzei *(La poesia di Espronceda,* cit., pág. 89)— y en símbolo viviente de su historia era una audacia a que sólo podía atreverse un espíritu fogoso como el de Espronceda, nutrido en las ideas de Voltaire y de Rousseau, dispuesto a romper los ídolos del orden establecido, e impregnado de un concepto muy pesimista de la justicia humana. El verdugo —añade luego Mazzei (pág. 92)— se yergue contra la sociedad, le devuelve su desprecio y su desafío, y con la mano ensangrentada le arranca la máscara y le muestra su rostro al descubierto; «En este titanismo rebelde está la grandeza, como figura poética, del verdugo; grandeza terrible y espeluznante, pero grandeza al fin».

[124] *José de Espronceda et son temps...,* cit., pág. 481.

[125] *Espronceda,* cit., pág. 37.

[126] *Espronceda,* cit., pág. 168.

[127] Mazzei, para quien *El verdugo* es quizá la más poderosa de sus creaciones en esta época, admite, sin embargo, que «artísticamente no es la más lograda, porque hay algo en ella de turbio y de forzado, aunque *levísimo*» *(La poesia di Espronceda,* cit., pág. 95), calificativo este último que no podemos aceptar en el sentido atenuador que pretende el crítico.

«EL ESTUDIANTE DE SALAMANCA»

Comenzó Espronceda a trabajar en esta obra en 1836, aquel mismo año publicó en *El Español* unos fragmentos, leyó otros en Granada en 1839 y llevó la obra completa a la edición de 1840 [128]. El poema, que pertenece al género de la *leyenda*, tan grato a los románticos, recoge diversos elementos de la tradición literaria [129], comenzando por la personalidad del prota-

---

[128] Marrast precisa *(José de Espronceda et son temps...*, cit., págs. 668-671) las varias etapas de la redacción y publicación del poema. El 7 de marzo de 1836 aparecieron en *El Español* los 79 versos primeros de la composición; el 22 de junio de 1837, en el *Museo Artístico y Literario*, se publicó completa la primera parte; en el semanario *La Alhambra*, en su número del 30 de junio de 1839, apareció un nuevo fragmento, que es el comienzo de la segunda parte, pero que, según dio a conocer Natalio Rivas —*Anecdotario histórico contemporáneo*, Madrid, 1944, págs. 105-114—, había sido compuesto mucho antes, pues, fechado en Carratraca el 7 de septiembre de 1838 y bajo el título de *Elvira*, fue copiado en el álbum de la señorita María de los Dolores Massa. Cuando *El Correo Nacional* anunció en julio de 1839 la publicación del volumen de poesías de Espronceda, informaba que contendría *El Estudiante de Salamanca* «que tan buena acogida encontró en el Liceo Literario y Artístico de esta capital», pero hasta 1840, como sabemos, no apareció el volumen. Marrast se pregunta, sin poder responder a ello, si Espronceda leyó en el Liceo todo o parte tan sólo del poema; probablemente, el retraso de la publicación hasta mayo de 1840 se debió a que Espronceda no había concluido su *Estudiante*, o, por lo menos, no había podido darle una última mano, sin la cual —muy verosímilmente— salió a luz. La obra, pues, fue compuesta en varias etapas: entre comienzos de 1836, o quizá antes, y fines de 1839. Lo prolongado de su gestación, durante la cual, como ya sabemos, vivió el poeta todo género de actividades y problemas, y las muchas interrupciones, pueden explicar, y justificar, no sólo imperfecciones de detalle —que denuncian apresuramiento o escasa lima— sino también ciertos desajustes de estructura y hasta fundamentales desviaciones de su primitivo planteamiento. Marrast admite que los primeros fragmentos aparecidos se articulan mal con el resto de la primera parte, y supone que la evolución del personaje desde «segundo don Juan Tenorio» hasta «segundo Lucifer» no estaba prevista en el momento de ser comenzado el poema, sino que se produce en la misma medida en que tiene lugar la evolución poética y psicológica de Espronceda. Marrast explica (págs. 670-671) que los primeros fragmentos publicados todavía están influidos por el romanticismo pseudohistórico y medieval de *El Artista* y de su propio poema *Canto del Cruzado;* Espronceda aún utiliza los mismos temas y motivos: noche oscura, tempestad, siluetas y ruidos misteriosos, castillo gótico cuya existencia es desconocida en Salamanca, personajes enigmáticos. Todavía el comienzo de la segunda parte conserva reminiscencias neoclásicas y del mismo *Canto del Cruzado;* pero a partir del verso 33 el poema se aleja del romanticismo pintoresco y anecdótico y se introducen los temas nuevos que van a darle su peculiar significación.

[129] Los dos puntos principales de donde parte el poema de Espronceda son la leyenda del *Burlador* y la del estudiante Lisardo; esta última, recogida por Zorrilla en su poema *El capitán Montoya*, se remonta al *Jardín de flores curiosas* publicado en 1570 por Antonio de Torquemada; Cristóbal Lozano la modificó y amplió en sus *Soledades de la vida y desengaños del mundo* (1658) y fue objeto además de dos romances por lo menos, recogidos en su *Romancero* por Durán. Consiste, en sustancia, en la aventura de un joven que asiste a sus propios funerales. Pero esta leyenda pudo llegarle a Espronceda contaminada en muchos puntos por la del famoso Miguel de Mañara, recogida por Mérimée y objeto de distintas versiones en la época romántica. El tema de la mujer tapada que, perseguida por un seductor, resulta ser un esqueleto,

gonista que se presenta como «segundo Don Juan Tenorio», pero Espronceda le da un carácter muy diferente, que se distancia de la *leyenda* tradicional al modo como la cultivaron el duque de Rivas o Zorrilla. *El Estudiante de Salamanca* es una leyenda fantástica de contenido simbólico, con la que el autor pretende expresar el concepto romántico del mundo, su propio concepto.

Consta la obra de 1.704 versos distribuidos en cuatro partes. La primera, muy breve, nos hace asistir en la oscuridad de la noche a un desafío en el que cae muerto un hombre. Sigue luego la descripción del protagonista, don Félix de Montemar, «alma fiera e insolente», irreligioso, temerario, que «todo lo fía a su espada y su valor», famoso por su arrogancia y sus vicios, sólo ocupado en pendencias y conquistas de mujeres, a las que abandona después de seducirlas. A continuación, en un fuerte contraste, señalado por el cambio de estrofa, viene la descripción de doña Elvira, conquistada por don Félix y enamoradísima de él, ángel puro de amor, encarnación de toda la belleza y ternura femeninas. Pero doña Elvira es también abandonada por su seductor, y en la segunda parte se nos refiere cómo enloquece de pesar y muere, después de escribir una apasionada carta a don Félix. La tercera parte es como un intermedio en forma dramática: una escena de jugadores, en la que participa don Félix, y en donde se juega el retrato de la propia doña Elvira. Aparece entonces el hermano de ésta, don Diego, dispuesto a vengar su muerte, desafía a don Félix, salen ambos y don Félix mata a don Diego.

Con la cuarta parte se abandona el plano realista y entramos en los dominios de lo fantástico y sobrenatural. Don Félix, todavía con la espada ensangrentada en la mano, avanza por la callejuela y divisa un blanco bulto de mujer, que se arrodilla al pie de una imagen colocada en una hornacina. Se le acerca y la dama echa a andar, pero la imagen y la calle avanzan al mismo tiempo con ella. Don Félix, sin amedrentarse por tal prodigio, pretende descubrir quién es aquella mujer que sólo entrevé como una sombra vaga, y comienza entonces una persecución alucinante. Atraviesan calles y plazas, salen al campo, penetran en otra ciudad desconocida, suenan solas las campanas, les rodean espectros que bailan danzas grotescas, todo en un vértigo enloquecedor. La dama le habla al fin para decirle que corre grave riesgo si la sigue, pero don Félix no quiere cejar aunque el diablo le lleve al mismo infierno. Aparece entonces un entierro y don

---

había sido utilizado por Mira de Amescua en *El esclavo del demonio,* por Moreto, Cáncer y Matos Fragoso en *Caer para levantar,* por Calderón en *El mágico prodigioso,* y por Quintana en *El duque de Viseo.* Sobre todas estas posibles reminiscencias y otras muchas que se suponen existentes en *El Estudiante de Salamanca,* véase Marrast, *José de Espronceda et son temps...,* cit., págs. 647-660. Cfr., Anna Maria Gallina, «Su alcuni fonti dell'*Estudiante de Salamanca*», en *Quaderni Ibero-Americani,* núm. 45-46, págs. 231-240.

Félix ve dos difuntos: uno don Diego y otro él mismo. Pero don Félix se repone del momentáneo temor y continúa la persecución de la dama. Al fin penetran en un edificio que «andaba cual fantástico navío», descienden por una escalera de caracol y llegan a una estancia en cuyo centro se eleva un catafalco que semeja a la vez tumba y lecho. Entre una turba de esqueletos, que danzan frenéticos, y lúgubres sonidos, que llenan la estancia, la misteriosa mujer tiende la mano a don Félix ofreciéndose como esposa; don Félix alza su velo y descubre que no es sino un esqueleto, pero, afirmándose en su temeridad, acepta tomarla por mujer. El esqueleto lo abraza, y aunque don Félix, atemorizado al fin, intenta desasirse, lo mata.

Dice Casalduero [130], muy exactamente, que el título de *El Estudiante de Salamanca* es la única nota de color local; más allá del título no queda nada de estudiante en el protagonista, ni Salamanca importa nada a los efectos de la localización. Diríamos incluso que el segundo elemento tradicional de la leyenda, la contemplación del propio entierro, es un episodio incrustado allí por Espronceda caprichosamente, sin otro objeto que reforzar un poco más el estruendo macabro que resuena en todo el poema. Nos parece evidente que el episodio del entierro no desempeña aquí ninguna función decisiva. En *El Capitán Montoya*, de Zorrilla, provoca la conversión del protagonista y el consecuente cambio de vida; y hasta en el último acto del *Tenorio*, donde se alude de paso a la misma circunstancia, tiene un significado, como veremos. Pero en *El Estudiante*, todo el pasaje del entierro podría suprimirse sin que el sentido, y ni aun el ritmo, del poema se resintiera en absoluto. En todo caso, creemos que está traído con escasa fortuna; surge así como «de repente»; don Félix no reacciona apenas ante su propio cadáver; lo toma a chacota y prosigue la persecución de la mujer. Cabe afirmar, si se quiere, que el episodio sirve para subrayar la audacia de don Félix a quien ni la vista de su propio cadáver preocupa, pero creemos que en la forma en que está, no lo acentúa. No es éste, pues, un problema de contenido sino de realización.

Aspecto capital, en cambio, señalado también por Casalduero [131], es la diferencia existente entre el *Estudiante* de Espronceda y el *Burlador* tradicional [132]. En éste —dice— se puede encontrar la nota de rebeldía, pero

---

[130] *Espronceda*, cit., pág. 178.

[131] Ídem, íd., pág. 179.

[132] Subraya Marrast —*José de Espronceda et son temps...*, cit., pág. 678— que los temas que combina Espronceda, sobre todo en la cuarta parte, provienen todos, como ya sabemos, de tradiciones largamente explotadas antes de él; pero leyendas, romances, comedias o relatos hagiográficos, compuestos con fines edificantes y ejemplares, son utilizados por Espronceda en opuesta dirección: don Félix no cree ni por un solo instante en las manifestaciones de la cólera divina, a las cuales ni siquiera concede atención pues las encuentra risibles. Su espíritu se mantiene libre y erguido hasta cuando su cuerpo es estrujado por el esqueleto. Antes de Espronceda —afirma Ma-

sólo como uno de los componentes del símbolo. En cambio, en el personaje esproncediano «lo específico y esencial no es el donjuanismo, sino lo satánico, la rebeldía»; interpretación coincidente con la de Pedro Salinas, que subtitula así su estudio sobre Espronceda: *La rebelión contra la realidad* [133]. Don Félix, claro está, comienza por encontrar y seguir a una mujer, cuyo despego le incita más a su conquista; pero conforme avanza la persecución —dice Salinas—, la mujer deja de ser simplemente un atractivo sensual para el seductor y se convierte poco a poco en algo mucho más inquietante y extraño: en un misterio; don Félix ya no persigue a una dama sino a un misterio, a un ser problemático y secreto; contra el cielo y contra el infierno la seguirá, *movido por su anhelo.* «Esta palabra, la palabra básica del romanticismo, ¿qué sentido tiene aquí? —se pregunta Salinas—. ¿Es el anhelo de don Juan, el anhelo sensual? No. Es el romántico anhelo del alma ante el mundo y ante su misterio, el anhelo por descifrar el secreto de la realidad» [134]. El Don Juan tradicional se ha despojado aquí de sus atributos geográficos e históricos, ha dejado de ser un héroe español del siglo XVII y es ahora «el nuevo hombre, el hombre romántico, que se alza frente al misterio de la vida y de la realidad, y se encara con Dios en actitud de rebeldía satánica. Es el hombre que no quiere resignarse a sus límites, al no saber, y por eso este caballero sigue a la dama misteriosa hasta el fin» [135]. El poeta ha definido en unas estrofas la esencia de su héroe, cuando éste penetra desafiante en el misterioso edificio, al cabo de la nocturna persecución:

> *Grandiosa, satánica figura,*
> *alta la frente, Montemar camina,*
> *espíritu sublime en su locura,*
> *provocando la cólera divina.*
> *Fábrica frágil de materia impura,*
> *el alma que la alienta y la ilumina*
> *con Dios le iguala, y con osado vuelo*
> *se alza a su trono y le provoca a duelo.*

> *Segundo Lucifer que se levanta*
> *del rayo vengador la frente herida,*
> *alma rebelde que el temor no espanta,*
> *hollada sí, pero jamás vencida:*

---

rrast— ningún escritor español había contado la historia de un hombre que rehúsa hasta el fin abdicar de su espíritu de rebeldía.

[133] Pedro Salinas, «Espronceda. (La rebelión contra la realidad)», en *Ensayos de literatura hispánica. (Del Cantar de Mío Cid a García Lorca)*, 2.ª ed., Madrid, 1961, páginas 259-267.

[134] Idem, íd., pág. 263.

[135] Idem, íd., pág. 264.

> *el hombre, en fin, que en su ansiedad quebranta*
> *su límite a la cárcel de la vida*
> *y a Dios llama ante él a darle cuenta*
> *y descubrir su inmensidad intenta* [136].

Mas, ¿cuál es el desenlace de esta pretensión? Don Félix, sin que le arredre el cielo ni el infierno, ha seguido a la mujer hasta el fin, y el fin de la aventura —volvamos a la glosa de Salinas— es la muerte: «esa mujer no era sino la muerte, y en la escena final Don Félix celebra sus macabros desposorios con la muerte misma»; «al final de la persecución ansiosa, el hombre, rebelde y atormentado, no tiene más solución al enigma que otro nuevo enigma: la muerte. La realidad, el mundo, la vida, no entregan su misterio, por mucho que se le persiga. O la clave de ese misterio es sencillamente la muerte. Pero la muerte final como término absoluto de la vida y no como tránsito a otra vida superior y eterna. Es la muerte del romántico en plena rebeldía, en desesperación, la terrible muerte sin futuro» [137].

La interpretación de Salinas hasta este punto parece tener tan sólo en cuenta la rebeldía diríamos metafísica del protagonista; pero hay un segundo plano de orden vital, subrayado asimismo por el comentarista, que estaba sin duda mucho más arraigado en el espíritu de Espronceda y que lleva, naturalmente, a su personaje: es la quiebra de la realidad, que no satisface los infinitos deseos del hombre. El hombre —el romántico, entiéndase bien— pide a la vida todo lo que ambiciona y sueña, pero el contacto con la realidad no le produce sino «desilusión, desengaño amargo y sin remedio» [138]. Los moralistas habían también enseñado, desde las mismas páginas de la Biblia, la inanidad de todo, pero había tras ésta otra vida perdurable; el romántico, sin embargo, todo lo mide con su deseo, con su anhelo nada más, y si la vida no puede calmar sus ansias insaciables, no queda otra esperanza. El estudiante de Salamanca corre tras la mujer que imagina bella, espoleado por su deseo de vida y de aventura, pero debajo de los hermosos velos, debajo de la ilusión, no hay más que un esqueleto, la muerte, con la que el hombre se desposa al fin, como un castigo implacable por el hecho de haber vivido. En otras composiciones de Espronceda, particularmente en *A Jarifa en una orgía*, hemos visto expresada esta misma desilusión, que en *El Estudiante de Salamanca* se repite con mayor fuerza; cuando la mujer perseguida lanza un suspiro, el poeta interrumpe la narración para volcar su desahogo lírico; baste una sola **estrofa**:

---

[136]   Ed. Campos, cit., pág. 74.
[137]   «Espronceda...», cit., págs. 264-265.
[138]   Idem, íd., pág. 266. Cfr., Russell P. Sebold, «El infernal arcano de Félix de Montemar», en *Hispanic Review*, XLVI, 1978, págs. 447-464.

> *¡Ay!, el que descubre por fin la mentira,*
> *¡ay!, el que la triste realidad palpó,*
> *el que el esqueleto de este mundo mira,*
> *y sus falsas galas loco le arrancó...*
> *¡Ay, aquel que vive sólo en lo pasado...!*
> *¡Ay, el que su alma nutre en su pesar!*
> *las horas que huyeron llamará angustiado,*
> *las horas que huyeron y no tornarán...* [139].

Y una vez más reaparece el tema de la indiferencia cósmica, que hace más angustioso el desengaño:

> *sin nadie que acuda ni entienda su acento,*
> *insensible el cielo y el mundo a su mal...* [140].

Importa subrayar un punto de contacto —y sus diferencias— entre el poema de Espronceda y la clásica leyenda del Burlador. En la tradicional, como sabemos, la estatua del Comendador mata a Don Juan en castigo de sus delitos; en *El Estudiante de Salamanca*, el esqueleto de doña Elvira mata a don Félix. El sentido simbólico que hemos atribuido al poema, según la interpretación de Salinas generalmente aceptada, y que el propio autor puntúa inequívocamente en varias ocasiones, parece quedar en entredicho, dado que, al ser la propia doña Elvira la que mata a su burlador, el desenlace se asemeja al de Tirso, pues se castigan delitos concretos, según hace constar el propio hermano de doña Elvira cuando le entrega su mano de esposa; por su parte, el autor lo subraya en la última estrofa del poema:

> *¡que era pública voz, que llanto arranca*
> *del pecho pecador y empedernido,*
> *que en forma de mujer y en una blanca*
> *túnica misteriosa revestido,*
> *aquella noche el diablo a Salamanca*
> *había, en fin, por Montemar venido!...* [141].

Si se trataba, pues, de un castigo personal, por culpas concretas, que el propio diablo bajo la forma de la mujer abandonada había ejecutado, ¿no queda entonces disminuido el símbolo? Doña Elvira, en trance de morir, al final de la parte segunda, se había despedido de don Félix con frases de extremada ternura, enteramente limpias de rencor, y aun le desea que goce y viva feliz:

---

[139]  Ed. Campos, cit., pág. 70.
[140]  Ídem, íd.
[141]  Ídem, íd., pág. 79.

*Y jamás turbe mi infeliz memoria*
*con amargos recuerdos tus placeres;*
*goces te dé el vivir, triunfos la gloria,*
*dichas el mundo, amor otras mujeres:*
*y si tal vez mi lamentable historia*
*a tu memoria con dolor trajeres,*
*llórame, sí; pero palpite exento*
*tu pecho de roedor remordimiento* [142].

¿No era, pues, una incongruencia —dada la existencia de esta despedida— que fuera la propia doña Elvira la implacable ejecutora de don Félix? Espronceda, evidentemente, encamina la leyenda del Burlador hacia un propósito distinto del tradicional; pero todo lo que aprovecha de aquélla, con la elección inicial del protagonista como «segundo don Juan Tenorio», parécenos que crea interferencias que el autor no consigue eliminar, y que es la causa de que la lectura de *El Estudiante de Salamanca* nos deje a trechos como un cierto regusto de insatisfacción: el sabor —es nuestra impresión personalísima— de algo confuso, arbitrario, caótico a veces, y no precisamente por la abundante escolta de sombras, fantasmas y esqueletos. No cabe duda de que la dilatada e intermitente gestación de la obra, puntualizada por Marrast, con la consiguiente evolución del personaje, antes aludida, es la causa de estos *desajustes*, provocados por la contaminación de tan diversos elementos que el poeta, falto del necesario reposo y meditación, no logró armonizar del todo o, al menos, sin fallos abundantes.

*El Estudiante de Salamanca*, cualquiera que sea la felicidad con que haya logrado su propósito, tiene, no obstante, un alto valor representativo de época, como expresión de la insatisfacción y la angustia románticas, y a la vez como síntesis de todos los motivos personales y líricos de Espronceda —rebeldía, individualismo, amor, muerte, misterio, violencia, afán de aventura—. Como obra literaria tiene un primer interés en su variedad métrica. La polimetría fue, si no introducida por los románticos, sí al menos desarrollada y utilizada por ellos casi hasta el máximo de sus posibilidades. Espronceda, evidentemente, cultiva mucho este aspecto como vehículo de expresión poética, y en algunos momentos con las fórmulas precisas, como en la *Canción del pirata*. En *El Estudiante de Salamanca* ensaya auténticos virtuosismos; diríase que había concebido su poema como una sinfonía y que a lo largo de él va modulando el ritmo y las formas estróficas en perfecto ajuste con el fluir de la acción y hasta con su misma andadura física, o, como dice Casalduero a propósito de *El diablo mundo* pero que también advertimos aquí, llega «a hacer del movimiento del verso

---

[142]  Idem, íd., pág. 63.

algo casi fisiológico»[143]. La parte final está construida como una verdadera pirámide rítmica: la escena de las bodas comienza con versos de dos y tres sílabas, siguen los de cuatro, cinco, seis y siete, y luego los de ocho, nueve y diez, se llega a un como remanso culminante de endecasílabos, que describen la boda, para iniciar el descenso en forma inversa hasta llegar a los versos de dos sílabas, con cuyo

> *leve,*
>
> *breve,*
>
> *son,*

se extingue la vida de don Félix.

El ambiente de nocturnidad, misterio, mundo sobrenatural, en que transcurre la obra, sobre todo en la parte cuarta, favorece la proliferación del lenguaje propio de lo que suele denominarse «romanticismo lúgubre», al que Espronceda se sentía además particularmente inclinado. En numerosas ocasiones, el poeta acierta a crear felices efectos de aliteración, contraposiciones, antítesis, enumeraciones, paralelismos, términos de intensificación, etc., para expresar el atormentado mundo de sentimientos o de ideas que se propone y, sobre todo, la fantástica aventura que constituye el relato. Creemos, no obstante, que en numerosos tramos del poema —sobre todo en la mencionada parte cuarta— hay un innegable desborde de colosalismo verbal, de danza tremendista, que pueden proceder de diversas causas. En primer lugar, de haber prolongado esta parte con exceso. Las partes primera y segunda son muy breves y contienen los elementos necesarios sin rebasarlos en un punto; pero desde el momento en que se inicia la persecución de la dama misteriosa, diríase que Espronceda ha perdido la noción de la medida; se trata de crear un clima de horror, de pesadilla, de danza espectral, necesario para el propósito del poema, pero que no precisaba tan prolongado redoble. El vocabulario tronante y, por añadidura, el predominio de las rimas agudas, hace a veces insoportable el estruendo. Espronceda —según ha precisado Domingo Ynduráin[144]— procede frecuentemente por «amontonamiento». Ynduráin, basándose en unas conclusiones de Escarpit, supone que Espronceda intensifica y amontona por la necesidad de influir de modo suficiente en un lector desconocido, que las nuevas realidades editoriales han alejado de su contacto y del cual no tiene «ni aun idea aproximada»[145]. Puede ser; pero, a nuestro jui-

---

[143] *Forma y visión...,* cit., pág. 30. Cfr., E. Allison Peers, «Light Imaginery in *El Estudiante de Salamanca*», en *Hispanic Review,* IX, 1941, págs. 190-209. David W. Foster, «A Note on Espronceda's Use of the Romance Meter in *El Estudiante de Salamanca*», en *Romance Notes,* VII, 1965, págs. 16-20.

[144] Domingo Ynduráin, *Análisis formal de la poesía de Espronceda,* Madrid, 1971, pág. 186.

[145] Ídem, íd., pág. 208.

cio, Espronceda intensifica por razones más personales: simplemente —creemos— por falta de confianza y seguridad en sí mismo. Espronceda —condición subrayada también por Ynduráin— necesita apoyar cada sustantivo con varios adjetivos, porque nunca está seguro de haber hallado el justo, el necesario, el insustituible y, por esto mismo, suficiente; es como el que apuntala con varios palos porque no tiene confianza en la solidez de ninguno. Los adjetivos de Espronceda suelen ser casi siempre vulgares, tópicos, tremendos, porque a falta de exactitud pretende al menos que hagan ruido. Con los sustantivos, y hasta con las frases, le sucede algo semejante: dice las mismas cosas varias veces, o en forma muy parecida, para que el hecho quede claro y subrayado con la energía necesaria [146].

Carnero reconoce que existe en Espronceda esta tendencia a reiterar, «sin dejar nada por cuenta de los lectores» [147], ausencia de contención y falta de habilidad para la sugerencia; pero las justifica porque Espronceda

---

[146] Sobre este aspecto de la poesía de Espronceda, cfr. Gonzalo Sobejano, «El epíteto en Espronceda», en *El epíteto en la lírica española*, 2.ª ed., Madrid, 1970, páginas 321-342. Séanos permitido reproducir al menos unos pasajes de este minucioso estudio, que confirma nuestras deducciones: «No le falta a Espronceda la suficiente ironía para verse a sí mismo envuelto y arrastrado por la retórica. Pero tal reflexión y autocrítica no le sirve para frenarse. Cuando el poeta sale del epíteto clásico es para abusar del romántico, que, constituido rápidamente por los precursores, evidencia otra clase de monotonía. Si los epítetos tipificadores del clasicismo vienen a hacerse monótonos es por subrayar casi siempre las mismas cualidades, más atenidas a modelo literario e ideal que expresadas con la inmediatez de la observación personal. Pero ahora, en el Romanticismo, el epíteto incurre en pobreza, unilateralidad y monotonía por otra razón: porque el poeta ve las cosas y quiere verlas desde determinados y escasos puntos de vista sentimentales, sea desde el horror, la melancolía, la imprecisión ensoñadora o el ímpetu pasional» (págs. 328-329). «Espronceda es poeta de enérgico ardor y Allison Peers tiene perfecta razón al acentuar que 'la energía, y no el color, es la cualidad característica de su estilo'. Ahora bien: este predomino de la energía sobre el colorido o capacidad de variada descripción es precisamente lo que lleva al poeta a usar epítetos enfáticos, llenos de encarecimiento, pero casi vacíos de poder representativo» (pág. 330). «Los epítetos que denotan sentimientos de horror, miedo, violencia imponente o lobreguez funeral son, finalmente, los que en mayor número cabe hallar en la obra de Espronceda, y, desde luego, no sólo en la suya, sino en la de todos los románticos del momento de auge. Sin embargo, en Espronceda es muy notable esta abundancia, porque revela precisamente una veta de sublimidad (de signo negativo) que está muy de acuerdo con el tono enérgico de su poesía, con su tendencia al énfasis, del que es muy difícil separar a veces algunas de estas adjetivaciones y, en fin, con su papel histórico de romántico acalorado y rebelde» (págs. 336-337). Cfr. también Graves Baxter Roberts, *The Epithet in Spanish Poetry of the Romantic Period*, University of Iowa. Studies in Spanish Language and Literature, n. 6, 1936; a Espronceda se le dedica el Capítulo III, págs. 82-102.

[147] *Espronceda*, cit., pág. 63. Al comentar el primer volumen de las obras de Espronceda en la edición de Moreno Villa, enumera Alfonso Reyes los fallos que tanto abundan «por desgracia en el reino de la literatura española», y que pueden ejemplificarse tan a maravilla —añade luego— en la obra de nuestro poeta: «la desigualdad, el abandono, la negligencia, el poco castigo, *la falta de selección*, ese querer acabar de prisa, *esa carencia de energía para rechazar*, ese íntimo desdén por la belleza que encontramos siempre en nuestros mayores productores de belleza»; los subrayados son nuestros *(Revista de Occidente*, I, 1923, págs. 118-122; la cita en págs. 120-121).

intuía que en sus escritos nacía un lenguaje nuevo y había que ponerlo de relieve para que el lector advirtiera la novedad; por otra parte —añade luego— la redundancia era una consecuencia de la plétora de gestos y de palabras con que advenía el siglo. Todo esto está bien, y lo aceptamos sin discusión «a nivel histórico» [148], como pide Carnero. Pero la reiteración, y la plétora, serían excelentes si se manifestaran con plenitud de acierto, pero ya no es lo mismo cuando se repiten los vocablos manidos, cómodos, facilones, y ya hemos dicho que la mayoría de los adjetivos, de que echa mano Espronceda, lo son. El dominio de la palabra no era el fuerte de Espronceda; esto nos parece evidente. En general, preferimos su vino a la copa en que lo escancia. Zorrilla, cuya contención era mucho menor aún, poseía una riqueza idiomática astronómicamente superior. Un detalle curioso. Existe la sospecha de que Zorrilla y Espronceda proyectaron colaborar en un poema, y de que este poema era *El Estudiante de Salamanca*, lo que podría explicar que ambos, abandonada la colaboración, trataran a la vez el tema del seductor que presencia su propio entierro [149]. ¿Qué pudo resultar de semejante colaboración? ¿Se hubiera destruido la vigorosa, aunque algo ruda, singularidad de *El Estudiante de Salamanca* a cambio de que la mano de Zorrilla decorara con mayor riqueza la arquitectura ideada por su amigo?

Para llegar a lo mejor de la poesía de Espronceda hay que pasar un poco de largo ante las grietas de su envoltura: «Seguramente —dice Alfonso Reyes— lo más vivo de Espronceda —más aún que su fantasía o su diálogo o presentación teatral de episodios, que son ya harto vivos— es su ímpetu de canción, de gemido largo, de treno; sus gritos, sus *ololugmoi*. En suma, lo más lírico de su lírica, donde, abandonando al héroe y el episodio, vuelve a la función del coro trágico: a exclamar y a llorar, a maldecir y a anhelar en torno a los sucesos que antes ha narrado o a las escenas que acaba de pintar» [150].

«EL DIABLO MUNDO»

**Asunto y división.** La obra más ambiciosa de Espronceda es *El diablo mundo*, que dejó, no obstante, sin concluir. Comenzó a trabajar en ella en 1839, en los dos años siguientes publicó varios fragmentos en revistas, leyó otros en las veladas del Liceo y el editor Boix lo lanzó a la venta por

---

[148] *Espronceda*, cit., pág. 64.

[149] Cfr., Alberto López Argüello, «Zorrilla y *El Diablo Mundo*», en *Boletín de la Biblioteca Menéndez Pelayo. Número extraordinario en homenaje a D. Miguel Artigas*, vol. I, Santander, 1931, págs. 112-118. El artículo denuncia un plagio hecho por Zorrilla sobre *El diablo mundo*. La sospecha de la proyectada colaboración fue comunicada al autor en carta particular por Narciso Alonso Cortés, según se informa en dicho artículo.

[150] Comentario cit., pág. 121. Cfr., Antonio Marichalar, «Espronceda, además lírico», en *Revista de Occidente*, LII, 1936, págs. 121-145.

entregas. En la forma en que ha llegado a nosotros consta de una *Introducción* y seis *Cantos*, con algunos otros fragmentos sueltos, uno de los
cuales, con el nombre de *El ángel y el poeta* fue publicado en *El Iris* en
1841. Como dice Marrast [151], Espronceda se propuso realizar en esta obra
una síntesis de la poesía social y de la poesía de tono subjetivo, sin recurrir esta vez a un tema tradicional, como en *El Estudiante de Salamanca.*
De nuevo, pero con mayor amplitud y fuerza, Espronceda da forma poética
a su pesimismo y a la angustia que le produce el misterio de la vida y de la
muerte.

En la *Introducción,* que crea el clima en que se va a desenvolver el
poema, los genios del mal, que se han desatado sobre el mundo, revolo-
tean en torno a la cabeza del Poeta. En medio de esta algarabía se oyen
unas voces que exponen las aspiraciones humanas de alcanzar la sabiduría
y la felicidad, al tiempo que coros de demonios aluden a deseos más concretos de conseguir dinero, gloria y placer. El Poeta, según la peculiar
concepción romántica, es aquí el testigo que advierte y denuncia la tragedia
del destino humano, al que viene a simbolizar. Entretanto, ha ido apareciendo un jinete descomunal que cabalga entre nubes, símbolo a su vez del
*Luzbel romántico,* personificación de los fracasos e inquietudes que tortu-
ran al hombre. El jinete increpa a Dios y le pregunta por su esencia, sus
atributos, su poder, por su relación con el hombre y el trato que le da:
patéticas interrogaciones que resumen toda su angustia. Tras su tremenda
requisitoria, Luzbel se vuelve hacia sí mismo para indagar su propia naturaleza, que no es otra cosa sino el espíritu del hombre, creación del hombre mismo en cuanto proyección de sus ansias de conocer y de poder, que
se estrellan, no obstante, impotentes, ante el misterio de Dios, impasible y
mudo. Desengañado el hombre, proyecta en Luzbel sus tormentos y su ansiedad, que no podrá jamás ver satisfecha; el infierno, el reino de Luzbel,
no es otra cosa que el corazón del hombre:

> —¿Quién sabe? Acaso yo soy
> el espíritu del hombre
> cuando remonta su vuelo
> a un mundo que desconoce,
> cuando osa apartar los rayos
> que a Dios misterioso esconden,
> y analizarle atrevido
> frente a frente se propone.
> Y entretanto que impasibles
> giran cien mundos y soles
> bajo la ley que gobierna

---

151  Introducción, cit., pág. 42.

sus movimientos acordes,
traspasa su estrecho límite
la imaginación del hombre,
jinete sobre las alas
de mi espíritu veloces,
y otra vez va a mover guerra,
a alzar rebeldes pendones,
y hasta el origen creador
causa por causa recorre,
y otra vez se hunde conmigo
en los abismos, en donde
en tiniebla y lobreguez
maldice a su Dios entonces.
¡Ay! Su corazón se seca,
y huyen de él sus ilusiones,
delirio son engañoso
sus placeres, sus amores,
es su ciencia vanidad,
y mentira son sus goces:
¡Sólo verdad su impotencia,
su amargura y sus dolores!

Tú me engendraste, mortal,
y hasta me diste un nombre;
pusiste en mí tus tormentos,
en mi alma tus rencores,
en mi mente tu ansiedad,
en mi pecho tus furores,
en mi labio tus blasfemias
e impotentes maldiciones;
me erigiste en tu verdugo,
me tributaste temores,
y entre Dios y yo partiste
el imperio de los orbes.
Y yo soy parte de ti,
soy ese espíritu insomne
que te excita y te levanta
de tu nada a otras regiones,
con pensamientos de ángel,
con mezquindades de hombre [152].

---

[152]  Ed. Campos, cit., pág. 87.

Tras el monólogo de Luzbel se presentan los genios del mal, dispuestos a atormentar a la especie humana, a atizar sus rencores, a confundir sus conocimientos, a marchitar la hermosura, a encender sus pasiones, a hacer fracasar su amor. Tan sólo una voz promete romper las cadenas y dar paz y libertad; pero es tan sólo la ilusión mentida, que, al mantener despierto el afán del hombre, hace más irremediable su fracaso [153].

En el Canto I se nos presenta la aventura de un personaje, don Pablo, que, vencido por el tiempo y los desengaños, se dispone a morir, pero una visión en forma de mujer le anuncia el prodigio de su transmutación en un hombre joven y fuerte, que va a ser inmortal y a conseguir todos los bienes y la felicidad que apetezca. A partir de la estrofa novena, en que el poeta deja al anciano dormido, entregado a su visión, Espronceda emprende una larga digresión en lenguaje coloquial. En todo el resto de la obra Espronceda va a prodigar estas digresiones; en esta primera habla de sus propósitos al escribir el poema, de la reacción que imagina entre la crítica y el público, hace una sarcástica enumeración de las profesiones productivas, preferibles a la de poeta, y de las formas con que se puede escalar la gloria y el provecho; y habla de sí mismo en forma histriónica, mas con el fin de hacer afirmación de su libertad para sentir, pensar y componer a su antojo:

> ...*terco escribo en mi loco desvarío*
> *sin ton ni son y para gusto mío* [154].

> ...*sin regla ni compás canta mi lira:*
> *¡sólo mi ardiente corazón me inspira* [155]*!*

> ...*—Perdón, lector, mi pensamiento errante*
> *flota en medio a la turbia tempestad*
> *de locas reprensibles digresiones—.*
> *¡Siempre juguete fui de mis pasiones* [156]*!*

En una digresión final, refiriéndose a los estilos que emplea, afirma que los utiliza muy diversos:

> ...*ora la trompa épica sonando,*
> *ora cantando plácido y tranquilo,*

---

[153] Creemos que está en lo cierto Carnero cuando afirma que *El Estudiante de Salamanca* y esta *Introducción* son la poesía más propiamente romántica escrita por Espronceda, y además la más completa muestra de lo que es la actitud del Romanticismo frente al amor y la sabiduría y «su concepto del poeta como ser privilegiado, testigo de cargo y chivo expiatorio de la sociedad» (*Espronceda,* cit., pág. 75).

[154] Ed. Campos, cit., pág. 91.

[155] Ídem, íd.

[156] Ídem, íd., pág. 92.

> *ora en trivial lenguaje, ora burlando,*
> *conforme esté mi humor, porque a él me ajusto,*
> *y allá van versos donde va mi gusto* [157].

Recordemos como detalle curioso que en la última digresión de este Canto I figuran las dos estrofas dedicadas al conde de Toreno, tremendo insulto con el que parece que Espronceda vengaba una ofensa personal [158].

El Canto II es el famosísimo *Canto a Teresa*, unánimemente considerado como el más bello poema romántico español y una de nuestras más sentidas elegías. En nota al pie dice el autor: «Este canto es un desahogo de mi corazón; sáltelo el que no quiera leerlo, sin escrúpulo, pues no está ligado de manera alguna con el poema». Pero a pesar de esta declaración, es indudable su coherencia interna, que trataremos luego de explicar. Por lo demás, el *Canto* no es tan sólo la elegía por la muerte de Teresa, sino la elegía por el fracaso vital, del que es el amor la más exacta cifra. El poeta —el hombre— ha puesto en el amor el centro de toda su energía; el amor a la mujer le inspira el amor a todo y gracias a él siente que su vitalidad puede consagrarse a cualesquiera actividades:

> *Yo amaba todo; un noble sentimiento*
> *exaltaba mi ánimo, y sentía*
> *en mi pecho un secreto movimiento,*
> *de grandes hechos generoso guía* [159].

---

[157]  Idem, íd., pág. 97.
[158]  Los últimos versos de la segunda estrofa dicen así:

> *Al ilustre asturiano, al gran talento,*
> *Flor de la historia y de la hacienda espuma,*
> *Al necio audaz de corazón de cieno*
> *A quien llaman el* CONDE DE TORENO.

(Ed. Campos, cit., pág. 98.)

Carnero atribuye especial importancia al pasaje de este Canto I, cuando concluye la visión del anciano y las palabras de la mujer, y el poeta interviene nuevamente para hacer su glosa: «El comentario que hace el poema al discurso de la *amorosa y pálida figura* —dice— tiene que ser, por su lenguaje sencillo, directo e intimista, anticipo del becqueriano; léase a partir del verso *Visteis la luna reflejar serena.* De modo que en este Canto I de *El diablo mundo,* verdadero hito de la poesía española de todos los tiempos, perfecciona Espronceda tanto el lenguaje coloquial byroniano como el intimista sentimental e introspectivo. El Canto I es origen de la poesía contemporánea castellana: de Campoamor y de Bécquer» (*Espronceda,* cit., págs. 77-78). Por lo que se refiere al pasaje concreto mencionado, creemos que esto es cierto en bastantes estrofas del fragmento, y particularmente en las primeras; pero nos parece a la vez que el poeta se alarga en demasía y destruye gran parte del resultado que hubiera podido obtener eliminando la mitad de las estrofas; muchas de ellas repiten, amplían innecesariamente, no ya sin provecho, sino con manifiesto perjuicio para el conjunto.

[159]  Ed. Campos, cit., pág. 99.

Pero el amor es un fracaso porque es pura ilusión, la mujer es ▓▓▓▓▓▓ cto de su fantasía, tan sólo la imaginación ha proyectado sobre la ▓▓▓▓▓▓ mada el ideal que sueña y que la realidad se encarga de destruir. Como se ve, el poeta retorna al tema de *A Jarifa en una orgía*, pero intensificado y ampliado, y referido concretamente a la mujer real que había constituido su pasión.

En el Canto III vuelve Espronceda al lenguaje coloquial. Tres planos se intercalan: reflexiones personales sobre sí mismo y sobre la vida, de tono pesimista; una sátira política; y la presentación del personaje en la nueva etapa de su vida desde que amanece convertido en nuevo hombre, en Adán, joven y vigoroso de cuerpo y con la mente incontaminada y nueva, limpia de toda su experiencia anterior, encarnación, en suma, del hombre natural. El hecho de que el nuevo Adán se presente desnudo provoca el inevitable alboroto en la casa donde vive, y luego en la ciudad, que se dispone a recorrer. Su desnudez desata el tumulto callejero y da ocasión para la sátira política mencionada, que Espronceda dirige especialmente contra el partido progresista a propósito de su obsesión de ver anarquistas por todas partes; en este sentido, el Canto III debe figurar entre los escritos políticos de Espronceda más característicos. Buena parte de él —las digresiones, precisamente— están escritas en silvas, que recuerdan las *epístolas* familiares dieciochescas y poseen una andadura mucho más suelta y natural; por esta circunstancia y por el predominio del lenguaje coloquial, la lectura de todos estos fragmentos representa un descanso de la tensión que ha venido predominando hasta entonces.

A partir del Canto IV el costumbrismo se enseñorea del poema, que casi se convierte en una sucesión de cuadros de género. Adán es llevado a la cárcel en castigo a su desnudez, y allí aprende del tío Lucas la amarga filosofía de la vida. Salada, una manola callejera, hija del tío Lucas, se enamora de Adán y consigue sacarle de la cárcel. Adán encuentra en este amor un leve remanso de felicidad, pero descubre muy pronto que el amor no le basta; para Salada lo es todo, mas no para Adán que ambiciona en seguida riquezas, gloria, poder.

El Canto V, con excepción de un breve interludio, está compuesto en forma de cuadro dramático, cuya primera parte tiene lugar en una taberna de El Avapiés, con chulos, manolas y un cura que toca la guitarra. En la segunda, en la habitación de Salada, tras un dúo de amor que pone de manifiesto la incompatibilidad de la pareja, se planea con un grupo de matones el asalto al palacio de la condesa de Alcira. El Canto VI es el relato del asalto. Adán queda deslumbrado por las riquezas del palacio, pero les sorprende la policía y ha de escapar sin llevarse cosa alguna. Huyendo por las calles de Madrid, va a dar en un prostíbulo. Allí, mientras una mujer vela el cadáver de su hija, en la sala contigua se celebra una orgía. Adán habla con la madre, y bastante ingenuo todavía para no saber aún lo que es la muerte a pesar de las lecciones del tío Lucas, se pregunta si podrá devolver la vida a la joven, e impreca a Dios que unas veces inunda el mundo de alegría y otras «cruel, con mano impía» lo llena de angustia y de dolor. Adán imagina que si él y la madre ruegan a Dios que resucite a la joven, Dios no será «sordo a tus quejas, ni a tu llanto ciego». Pero la madre, más experimentada que él, sabe a qué atenerse y maldice por lo bajo.

**Fuentes e influjos.** Antes de proceder al estudio de *El diablo mundo*, creemos necesario aludir al problema de las posibles fuentes e influjos recibidos por el poeta. Con sobrada frecuencia, este estudio de influjos y de fuentes da pretexto para alardes de rebuscada erudición, más encaminados a demostrar la sagacidad, o pedantería, del exégeta que a proyectar alguna luz sobre la obra examinada. Pero en el caso de Espronceda estamos persuadidos de que un acercamiento a los manantiales de su inspiración puede decirnos mucho sobre el propósito y contenido de su poema, sobre su técnica y estructura, y también sobre sus múltiples excelencias y sus no menos sobresalientes fallos.

Uno de los más debatidos problemas en torno a Espronceda es el del influjo recibido de Byron, hasta el punto de haberse convertido en un lugar común. La polémica sobre el byronismo de Espronceda arranca de los mismos días del poeta. Es bien conocida la anécdota: le preguntaron al conde de Toreno si había leído las obras de Espronceda, y respondió: «No; pero he leído a Byron, y prefiero el original». Enrique Gil y Carrasco, íntimo amigo de Espronceda, al analizar en el *Semanario Pintoresco Español* las poesías *El verdugo* y *El reo de muerte*, apuntó que pertenecían «a la escuela amarga, sardónica y desconsolada de Byron» [160]; y Ferrer del Río, en su difundida biografía del poeta, asegura que éste se había propuesto deliberadamente la imitación del escritor inglés [161]. Años más tarde, Patricio de la Escosura, en un discurso leído en la Academia Española [162],

---

[160] «Poesías de don José de Espronceda», en *Semanario Pintoresco Español*, 2.ª Serie, t. II, núm. 28, 12 de julio de 1840, pág. 223; reproducido en *Obras Completas de D. Enrique Gil y Carrasco*, ed. de Jorge Campos, B. A. E., Madrid, 1954, págs. 490-496 (la cita en pág. 494).

[161] *Biografía de don José de Espronceda*. Figura en casi todas las ediciones del siglo XIX y aun del actual; manejamos la de Madrid, Eduardo Mengíbar, Editor, 1884. El pasaje aludido —pág. 13— dice: «Dividía el poeta extremeño las horas [se está refiriendo a su época de estancia en Londres] entre sus desvaríos amorosos y sus estudios: leía a Shakespeare, a Milton y a Byron, y si consultamos sus inclinaciones, sus costumbres, sus poesías, no sería difícil demostrar que Espronceda se propuso por modelo al último de estos tres escritores».

[162] *Tres poetas contemporáneos: Vega, Pardo y Espronceda*, Madrid, 1870.

afirmaba que no podían explicarse las peculiaridades poéticas de Espronceda sin tener en cuenta la influencia que en él había ejercido la literatura inglesa y «muy señaladamente las obras y quizá la excéntrica personalidad de Byron»; opinión reforzada poco después por Piñeyro [163], según el cual «ninguno ha importado a otro país y en otra lengua con más tino y mejor fortuna los caracteres especiales de la poesía de Byron que el malogrado vate José de Espronceda», y también por Blanco García [164] que estimaba «tan manoseada como cierta la comparación entre Espronceda y lord Byron».

A semejante parecer se opuso Pi y Margall en su *Historia de España en el siglo XIX*, sosteniendo que «los que no ven en Espronceda sino el reflejo de Goethe y de Byron, están en un error gravísimo». Y con igual contundencia se expresó Menéndez y Pelayo en sus *Adiciones a «Nuestro siglo» de Otto von Leixner*: «Fue injusticia notoria —dice— aquella frase del Conde de Toreno..., porque si pueden señalarse en las obras de Espronceda dos docenas de versos, más o menos próximos a los del lord inglés, y además cierta semejanza general de fisonomía, ésta es la que existe entre hermanos, que se parecen sin confundirse, no obstante...; como se parecen todos los poetas que han sentido los estragos de la enfermedad moral del siglo, de la enfermedad de *Werther* y de *René*» [165].

La atribución del byronismo esproncediano fue recogida por los hispanistas de habla inglesa. Fitzmaurice-Kelly, en su conocida *Historia*, escribe, entre otras cosas, que «si Toreno quiso dar a entender que Espronceda tomó a Byron por modelo, dijo una verdad llana»; y Martin Hume, más dogmáticamente todavía, afirmó que «Espronceda copió a Byron casi servilmente». Antonio Cortón, en su biografía de Espronceda, reaccionó nuevamente contra semejante opinión, sosteniendo que, si existen innegables semejanzas entre los dos poetas, debíase a que «los vates del Romanticismo, los pesimistas de estro indómito, sin que se propusieran imitarse los unos a los otros, tenían cierto aire de familia... Sin embargo, casi toda la crítica honda consagrada a Espronceda se reduce a afirmar —sin demostrarlo, por supuesto— que imitó a Byron».

Valera trató de establecer entre los dos poetas un paralelo más ecuánime, aunque inclinándose por la imitación; y lo mismo Piñeyro en su nuevo trabajo sobre *El romanticismo en España*. En 1909 el norteamericano Philip Churchman publicó en la *Revue Hispanique* un extenso estudio [166] —un libro realmente, puesto que consta de más de doscientas pá-

---

[163] En *Poetas famosos del siglo XIX; su vida y sus obras*.

[164] En *La literatura española en el siglo XIX*.

[165] Reproducidas en *Estudios y discursos de crítica histórica y literaria*, vol. VII, Santander, 1942, págs. 233-285; la cita en págs. 275-276.

[166] Philip H. Churchman, «Byron and Espronceda», en *Revue Hispanique*, 20, 1909, páginas 5-210.

ginas—, minuciosamente documentado, para demostrar que el poeta español había sido un sistemático imitador del poeta inglés, aunque no deja de señalar los abundantes aspectos en que divergen, así en el pensamiento político, actitud para con su país, concepto histórico, como en su sentido de la naturaleza, herencia clásica, subjetivismo y objetividad, para concluir con un largo capítulo sobre lo que él califica de *préstamos concretos*. Es de justicia señalar que Churchman no niega la sustancial originalidad de Espronceda a pesar de la presunta imitación, y cierra su trabajo afirmando que el español es un poeta muy personal, claramente distinto de Byron en muchos aspectos, frecuentemente su igual y en ocasiones superior al gran romántico inglés.

Cascales, en su mencionada biografía, rechaza las conclusiones del erudito norteamericano, pero en general, el trabajo de éste ha sido tenido muy en cuenta por los críticos posteriores. Así, Moreno Villa [167] aduce el testimonio de Churchman para sostener la indiscutible influencia de Byron en nuestro poeta, aunque también concluye afirmando su no menos indiscutible originalidad. Con parecido eclecticismo se expresa César Barja [168]. Allison Peers hace suyas las conclusiones de Churchman, repitiendo con éste los *préstamos concretos* y las «muchas semejanzas verbales íntimas, que sin duda no pueden ser todas accidentales» [169]. Casalduero, refiriéndose concretamente a *El diablo mundo*, escribe: «Podemos estar de acuerdo con Pi y Margall al negar la influencia de Byron, si se refiere a la concepción y totalidad del poema, pero no por lo que respecta a la formación poética de Espronceda, pues lo que fue Lista en su formación intelectual lo fue Byron en su formación romántica. Por lo que toca a *El diablo mundo*, incluso el ataque a Toreno sería incomprensible sin el ejemplo y estímulo del poeta inglés» [170].

El inglés Geoffrey Brereton en su libro [171], redactado en francés, sobre las fuentes de Espronceda no admite la concreta influencia de Byron —aparte la *Canción báquica*— en ninguna otra obra fuera de *El diablo mundo*, y aun en este poema se hallan —dice— «muchas otras inspiraciones al lado de las de Byron, siendo así que hemos podido constatar la existencia de rasgos correspondientes al neoclasicismo español, a Voltaire, a Víctor Hugo, a Béranger y a Ramón de la Cruz»; y concluye sosteniendo que «de todos estos orígenes diversos Espronceda ha producido una obra que lleva el sello de su genio particular».

---

[167] En el prólogo al primer volumen de su edición citada.
[168] En *Libros y autores modernos*, Nueva York, 1933, págs. 116-130.
[169] E. Allison Peers, *Historia del movimiento romántico español*, vol. I, 2.ª ed., Madrid, 1967, pág. 316.
[170] *Espronceda*, cit., pág. 220.
[171] Geoffrey Brereton, *Quelques précisions sur les sources d'Espronceda*, París, 1933.

Posteriormente, Esteban Pujals ha dedicado un voluminoso libro [172] al examen del discutido byronismo del autor de *El diablo mundo*, para llegar a conclusiones que podríamos calificar de extremas en el sentido de la originalidad de nuestro poeta: «No podemos negar —escribe— que, juzgados superficialmente, Espronceda y Byron presentan un sorprendente parecido: románticos, aventureros, pesimistas, irreligiosos y liberales. Debemos convenir, no obstante, en que estas calificaciones precisan muy poco, ya que dichas características pueden ser comunes a multitud de escritores de distintas, y aun de las mismas, épocas y nacionalidades, sin que nos veamos obligados a pensar que se imiten unos a otros. Conviene acercarse mucho más al hombre y a la obra si se quiere distinguir con claridad». Líneas más arriba había afirmado: «De ninguna manera las circunstanciales coincidencias, ni aun (dadas por admitidas) las posibles y escasas inspiraciones de Byron en Espronceda, justifican para el poeta español el calificativo de imitador» [173]. Pujals, tras un detenido análisis de la vida y obras de ambos escritores, dedica sendos capítulos a comparar las discrepancias existentes entre los dos: en su biografía —vida, carácter, cultura—; sentimientos; ideas; creencias; concepto de la vida y de la muerte; sátira y humor; disposición del ánimo. La parte final del libro examina los caracteres literarios, con un capítulo último dedicado a refutar punto por punto las afirmaciones de Churchman a propósito de las supuestas imitaciones.

Mucha menos atención que al influjo de Byron se ha solido prestar durante largo tiempo al que pudo Espronceda recibir de Goethe, pero la crítica más reciente está insistiendo con preferencia en este punto. Valera sugirió en diversas ocasiones, aunque de modo muy impreciso, la relación de nuestro poeta con el alemán, si bien importa advertir que su apreciación de la obra de Espronceda —de *El diablo mundo*, en concreto— evolucionó sensiblemente. En un primer comentario, redactado no muchos años después de la muerte de Espronceda, aludía Valera, con evidente ironía, a los poetas románticos que habían pretendido componer obras de trascendencia universal, y refiriéndose a *El diablo mundo* comenta que en él «a la manera o por más alta manera que Goethe en el *Fausto*, pensaba el poeta encerrar y explicar todo lo creado e increado, y legar a la posteridad un monumento más grande que la *Ilíada* y que la *Divina Comedia*. Esta pretensión de escribir un vasto poema humanitario, la han tenido muchos en nuestro siglo; y así en España como en el extranjero, la han tenido en vano; pero los que, como Espronceda, no sólo tuvieron esta pretensión, sino que fueron dignos de tenerla, merecen que se diga de ellos

---

[172] *Espronceda y Lord Byron*, cit. en nota 1.
[173] Idem, íd., pág. 195.

lo del filósofo: 'Yo amo a aquel que desea lo imposible'» [174]. Años después, en unos breves apuntes sobre Espronceda que forman parte de sus *Notas biográficas y críticas*, el juicio es ya casi encomiástico, aunque la referencia a Goethe sigue siendo muy vaga: «Yo me inclino a inferir —escribe—, así de la bella y prodigiosa labor poética de Espronceda como de su agitada y corta permanencia en este mundo, que hubiera sido tal vez el mayor y más glorioso de los poetas líricos, no sólo de España, sino de toda Europa, si hubiera gozado de tan larga vida, por ejemplo, como el autor del *Fausto*. En medio siglo más que le quedaba por vivir, para vivir tanto como Goethe, sin duda se le hubiera adelantado en saber, en espíritu crítico y en el reposo y la serenidad olímpica que le faltó para ser su igual o vencerle. Lo que es en fantasía creadora, en pasión arrebatada y en destreza y primor de estilo, le igualó y casi me atrevo a decir que le superó desde luego en sus más felices producciones, cuando no peca por prolijo o exuberante. La *Canción del pirata*, los versos a Jarifa, el *Canto a Teresa*, algunos trozos de *El estudiante de Salamanca* y la introducción y el canto I de *El diablo mundo*, bien pueden competir con la más exquisita poesía que, durante el siglo XIX, se escribió en cualquier lengua humana» [175]. Finalmente, en el estudio sobre *La poesía lírica y épica en la España del siglo XIX*, que antepuso al primer volumen de su *Florilegio* (1902), la relación con Goethe se precisa algo más, al par que se acentúa la valoración positiva del poeta: «Infundada [censura] es la que sostiene que imitó, más de lo que convenía a su originalidad y a su gloria, a lord Byron, a Goethe y algún otro poeta extranjero. Ni puede ni debe negarse que Goethe y lord Byron influyeron poderosamente en Espronceda y fueron imitados por él»; y líneas más abajo: «En *El diablo mundo* imita Espronceda el *Don Juan* del famoso lord en las frecuentes digresiones satíricas, cómicas y chistosas; y en la parte fantástica de la introducción y en el pensamiento generador de la obra toda se inspira en el *Fausto*, aunque en la riqueza y vigor de la expresión y en el poderoso vuelo de la fantasía, Espronceda no sólo compite con el modelo, sino que, en mi sentir, le vence» [176].

La solución dada por Valera al problema tenía que influir —según comenta Martinengo [177]— en las posturas críticas de los decenios siguientes, en los que apenas se encuentran dos o tres contribuciones que hagan progresar la cuestión. Piñeyro, en su estudio monográfico sobre Espronceda [178], tiende a limitar la influencia de Goethe en favor de la de Byron, aunque fue el primero en señalar que existe cierto parecido entre las estrofas iniciales

---

[174] *Del romanticismo en España y de Espronceda*, en *Obras Completas*, «Aguilar», II, 3.ª ed., Madrid, 1961, págs. 7-19; la cita en pág. 15.

[175] En ídem, íd., págs. 1313-1314.

[176] En ídem, íd., págs. 1208-1209.

[177] Alessandro Martinengo, «Espronceda ante la leyenda fáustica», en *Revista de Literatura*, XXIX, enero-junio de 1966, págs. 35-55; la referencia en pág. 38.

[178] «Espronceda», en *Bulletin Hispanique*, V, 1903, págs. 409-428.

del *Canto a Teresa* y la *Zueignung* del *Fausto*. Bonilla y San Martín se muestra muy reticente respecto a la relación entre el *Fausto* y *El diablo mundo*, pero apunta, sin embargo, la procedencia goethiana de los versos que corresponden a la sexta voz de los espíritus en la Introducción de *El diablo mundo* [179].

Martinengo destaca la importancia que en 1932, año del centenario de la muerte de Goethe, tuvo el comentario que, con esta ocasión, formuló García Morente [180]. Señala éste que nuestro poeta «vivió de joven en París, durante los tiempos apasionados e hirvientes del gran Romanticismo, hacia 1830, cuando la obra de Goethe encendía las almas. Sin duda, en París conoció el *Fausto*, probablemente por la traducción de Gerardo de Nerval». Supone Morente que en el momento de concebir *El diablo mundo*, Espronceda se encontraba imbuido de la atmósfera fáustica, cuya huella señala concretamente en la Introducción y en el primer Canto del poema. Morente comenta que tales deudas no menguan su originalidad, pero sostiene a la vez que fue Espronceda «uno de los pocos románticos españoles que sintió con auténtica vivacidad el afán de universalismo, la necesidad de descender a las raíces mismas de lo humano... No es excesivo creer que a esta tendencia generalizadora y de amplias dimensiones contribuyera notablemente el trato de Espronceda con Goethe» [181]. Martinengo afirma que, aunque Morente repite el tópico de un Espronceda tempestuoso y descabellado, falto de método y de planes fijos, su comentario es memorable «por haber trazado, con tino genial, la senda a la investigación posterior» [182].

Subraya, no obstante, Martinengo [183] que los críticos franceses vienen siendo decididamente contrarios a cualquier vinculación demasiado estrecha entre Espronceda y Goethe. Brereton, siguiendo, al parecer, la idea de Morente de buscar en la estancia francesa del poeta la raíz de su formación romántica, estima muy hipotética la influencia de Goethe sobre Espronceda, y destaca, en cambio, la de los *Djinns* de Víctor Hugo, y la de Byron. Por su parte, Pageard, al estudiar la difusión de Goethe en España, sostiene que nada preciso puede afirmarse en este punto respecto de Espronceda, y aunque acepta que algunos pormenores parecen tomados del *Fausto*, se inclina también por un influjo mucho mayor de Byron y de Hugo.

Recordemos también que Casalduero rechaza expresamente toda relación entre ambos poemas: «No hay ninguna semejanza —dice— con el

---

[179] «El pensamiento de Espronceda», en *La España Moderna*, XX, 1908, tomo 234, págs. 69-101.

[180] En una conferencia leída en Weimar el 24 de marzo de 1932 durante los actos del centenario de Goethe; publicada, en traducción española, bajo el título de «Goethe en el mundo hispánico», en *Revista de Occidente*, XXXVI, 1932, págs. 131-147.

[181] Referencia y citas en Martinengo, «Espronceda ante la leyenda fáustica», cit., págs. 39-40.

[182] Ídem, íd., pág. 39.

[183] Ídem, íd., pág. 41.

tema de *Fausto:* ni rejuvenecimiento, ni pacto con el demonio, trocando el alma por el mundo...»[184]; «El tema de *Fausto* —añade más abajo— es un obstáculo para penetrar en *El diablo mundo*... Así se explica que los que han estudiado *El diablo mundo* partiendo del tema de *Fausto* no pudieran comprenderlo, pero en lugar de darse cuenta de que estaban en el mal camino, creían que Espronceda no había logrado delimitar su asunto»[185]. En páginas posteriores añade todavía: «Patricio de la Escosura, que sentía gran admiración y cariño por Espronceda, también tuvo la desgracia de relacionar *El diablo mundo* con el *Fausto* y añadir *El ingenuo;* su desdichada ocurrencia hizo fortuna y se ha convertido en un obstáculo para aprehender el poema y penetrar en su mundo»[186].

Con tales precedentes, Martinengo ha vuelto sobre el tema. Varios de los estudios recientes, según hemos visto, han insistido en el papel de Francia para la formación y orientación creadora de Espronceda, pero nadie, sin embargo —dice Martinengo[187]—, ha tratado de buscar con algún detenimiento, en ese mismo ambiente romántico francés, los textos, traducciones o refundiciones que condujeron al poeta, que no sabía alemán, hacia el mundo germano y la leyenda fáustica. Tras minucioso examen de los textos, Martinengo llega a la consecuencia de que Espronceda conoció la traducción del *Fausto* del suizo-francés Albert Stapfer, publicada en 1825. Esta versión, que llevaba además inteligentes comentarios sobre la obra de Goethe y un resumen de la leyenda fáustica desde los tiempos antiguos, es la que Martinengo cree rastrear en *El diablo mundo*, y le parece «legítimo concluir que el trato de Espronceda con Goethe y los temas fáusticos no ha sido tan apresurado y casual como algunos pretenden: al contrario, hubo profunda asimilación de unos motivos esenciales pertenecientes tanto a la antigua como a la moderna leyenda alemana»[188]. Luego, al estudiar el poema de Espronceda, veremos las consecuencias de esa profunda asimilación.

Importa, sin embargo, mencionar antes otras fuentes que han sido aducidas. Bonilla y San Martín, para quien son profundas las diferencias entre el *Fausto* y *El diablo mundo*, propone[189] fuentes españolas: la obra de Abentofail, *El viviente, hijo del vigilante*, del siglo XII, y *El Criticón*, de Gracián. Pero, respecto de la primera, aparte también las diferencias de espíritu y orientación, debe recordarse que no fue traducida del árabe al latín hasta el último tercio del siglo XVII, y es casi inverosímil que figurase entre las lecturas de Espronceda; en cuanto a la segunda, aparte una coin-

---

184  *Forma y visión de «El diablo mundo»*, cit., pág. 101.
185  Ídem, íd., pág. 102.
186  Ídem, íd., pág. 109.
187  «Espronceda ante la leyenda fáustica», cit., pág. 42.
188  Ídem, íd., pág. 55.
189  En «El pensamiento de Espronceda», cit., págs. 92-97.

cidencia general, «el espíritu y el sentido de *El Criticón* —según afirma Américo Castro[190]— no pueden ser más diferentes de los de *El diablo mundo*».

En el artículo a que pertenecen estas últimas palabras citadas, Américo Castro propone otra fuente para el poema de Espronceda: *L'Ingénu*, de Voltaire, acerca de la cual supone Castro que ha sido el primero en llamar la atención, quizá por desconocer que, aunque de pasada, lo había hecho ya Escosura. Castro, que admite a su vez las diferencias entre *El diablo mundo* y la novela de Voltaire, supone, no obstante, que el estado primitivo y de inocencia en que se encuentra el Adán de Espronceda y su choque con un mundo defectuosamente organizado, de donde se originan muchos de sus conflictos, debe no poco a la novela del francés: «A la fantasía novelesca y exaltada de Espronceda —dice Castro—, educada por el romanticismo, hay que atribuir el detalle de las aventuras de su Adán; pero el pensamiento último del poema viene, a mi juicio, de las ideas del siglo XVIII francés. El espíritu de rebeldía en Espronceda debe, sin duda, al romanticismo su amplitud y su energía emotiva; pero las armas para atacar lo constituido, esas vienen de la crítica del siglo XVIII. Recuérdese cómo oponía ese siglo lo primitivo, lo que se juzgaba *natural*, a lo *adulterado* por la historia y la civilización»[191]. Y añade luego: «En resumen, creo que las ideas del siglo XVIII, críticas y demoledoras de la sociedad, llenas, por otra parte, de humanitarismo y de afición al llamado estado de naturaleza, han ejercido sobre el pensamiento de Espronceda una influencia no menor que la del romanticismo sobre su sensibilidad y su estro poético. *L'Ingénu* presenta una concreción de estas ideas, que hace pensar en el esquema de la acción de *El diablo mundo*»[192].

La sugerencia de Castro no sólo importa por la posible verdad que pueda encerrar en sí misma, sino por las repercusiones que ha tenido en la crítica posterior. Brereton, que acepta en principio los puntos de contacto con Voltaire, subraya, sin embargo, que el *ingenuo* es la personificación de la razón no debilitada por el contacto del mundo, mientras que Adán representa el sentimiento colocado en las mismas circunstancias. La diferencia es capital.

Moreno Villa, desafortunado prologuista de *El diablo mundo*, que no parece haber entendido y que, en consecuencia, subestima, puede que en buena parte quedara desorientado por la preocupación del influjo de Voltaire. Dando por supuesta la doble presencia de *Fausto* y de *El ingenuo*, escribe el comentarista: «Todo el desorden y lo que hay de inseguro en la obra del poeta español proviene de no haber dominado, de no haberse

[190] Américo Castro, «Acerca de *El diablo mundo* de Espronceda», en *Revista de Filología Española*, VII, 1920, págs. 374-378; la cita en pág. 375.

[191] Ídem, íd., pág. 376.

[192] Ídem, íd., pág. 378.

sobrepuesto a los puntos de partida que fijaron el escritor francés y el alemán. Su sangre fogosa de meridional, su enorme premura, le llevan además a resolver con ligereza las complejidades que el tema ofrece, y a rebajar, materializar y puerilizar caracteres y situaciones que toma claramente de uno y otro. Esto es duro, pero es exacto. Si Adán, su héroe, es un fantoche al principio, es porque Espronceda vacila entre *Fausto* y *El ingenuo*. Ambos le seducen como puntos de arranque. El de *Fausto*, viejo que rejuvenece por arte diabólico y va pasando por distintos medios sociales y experiencias y el del *Ingenuo*, muchachote crecido entre salvajes que al arribar a Francia choca con los convencionalismos de la vida culta o artificial. No opta por ninguno Espronceda, funde los dos, pero de la fusión sale un héroe mal definido y sin solidez» [193]. Moreno Villa aduce en su apoyo unas palabras de Escosura, igualmente desorientadas, sobre las inseguridades y arbitrariedades del poema, y a propósito del rejuvenecimiento del protagonista: «Si este hombre entra en su nueva vida sin recordar siquiera que otra tuvo, ¿de qué le sirve haberla tenido?». Y añade Escosura: «Si eso se hizo para buscar el contraste directo y brusco entre la naturaleza humana en su estado más inculto y la civilización en su inmoralidad más profunda, sin acudir a prodigio alguno hubiera podido lograrse: un salvaje cualquiera, como el *Ingenuo* de Voltaire, por ejemplo, hubiera llenado los fines del autor» [194].

**Hipótesis interpretativas.** Quizá puede comprenderse mejor ahora por qué, como ya dijimos, es indispensable el conocimiento de las fuentes de Espronceda, mas no para deducir consecuencias de una mayor o menor originalidad —cuestión pueril que sólo una necia patriotería puede proponer—, sino para mejor entender de qué manera son utilizadas y asimiladas por nuestro poeta dentro de la estructura de su obra. Martinengo, en uno de los más agudos estudios que conocemos sobre *El diablo mundo* [195] y cuya exposición vamos a seguir por estimarla insustituible, después de examinar las diversas influencias que se le atribuyen, plantea exactamente el problema: la mayoría de los críticos —y la Introducción de Moreno Villa sería un ejemplo sobresaliente— al comparar el poema español con las obras de sus supuestos modelos, y advertir la diferencia de resultados, reprochan al autor que el poema sea distinto de lo que el crítico esperaba de acuerdo con el propósito que se le ha supuesto a priori. Importa, pues, de una vez —exige Martinengo— que todos aquellos elementos, cuya procedencia se averigua, se estimen no como partes autónomas, con su valor de origen, sino como material artístico cuya función en la nueva unidad ha

---

193 Moreno Villa, Prólogo a su edición de *El diablo mundo*, cit., págs. 9-10.
194 Ídem, íd., pág. 12.
195 Alessandro Martinengo, *Polimorfismo nel «Diablo Mundo» d'Espronceda*, Turín, 1962.

dispuesto el poeta de acuerdo con su propio procedimiento creador. Con este criterio, único que consideramos acertado, examina el crítico italiano la obra de Espronceda y vamos a tratar de resumir su estudio.

Martinengo atribuye especial importancia al prólogo que Ros de Olano escribió para *El diablo mundo* y que llega a considerar como una especie de manifiesto literario [196]. Dada la íntima amistad entre ambos escritores, es lícito imaginar que el contenido de dichas páginas había sido discutido largamente entre ellos y que expresaba el pensamiento de Espronceda. En dicho prólogo traza Ros de Olano la historia de la poesía universal, interpretándola como un esfuerzo encaminado a culminar en un poema máximo que encerrara simbólicamente el destino de toda la humanidad. A través de Homero, Dante y Shakespeare se llega a la suprema forma literaria, al poema dramático del género del *Fausto*, que Byron había llevado a su perfección en el *Manfredo*. En este camino, el *Fausto* representa tan sólo una etapa, pero el prologuista lamenta que obras de esta especie no hayan sido «maduradas en el corazón, sino en el invernáculo del entendimiento». Espronceda no piensa, en cambio, renunciar al corazón: «En nuestro juicio —escribe Ros— es el plan mayor que hasta hoy se ha concebido para un poema. Su héroe ha rejuvenecido ya como el *doctor Fausto*, pero su mocedad no es el préstamo de un tiempo mezquino, por la hipoteca y la enajenación del alma: el protagonista del *Diablo mundo*, sin nombre hasta ahora, ha aceptado la juventud y la inmortalidad sin condiciones. En el drama de Goethe, *Fausto* no es más que un mancebo a medias, porque su corazón es siempre el del doctor, y esto le hace no participar nunca de los placeres en sazón, antes por el contrario están siempre emponzoñados por el juicio. Acaso fue éste el pensamiento de Goethe, y nosotros nos guardaremos de tildarlo, porque esa continuada carcoma de *Fausto* es una sublimidad del talento que lo creó. Mas si Espronceda se propone enseñarnos el mundo físico y moral para probarnos que la inmortalidad de la materia es el hastío y la condenación sobre la tierra, juzgamos que su héroe, al retroceder en la carrera de la vida, debe hacerlo por completo, volviéndole la virginidad al alma, la inexperiencia al juicio, y dándole unas sensaciones no gastadas» [197].

Espronceda —comenta Martinengo [198]— trataba en cierto modo de contraponer su poema a la obra de Goethe; su propósito consistía en escribir

---

[196]  Ídem, íd., pág. 27.

[197]  Cit. por Martinengo en ídem, íd., págs. 29-30.

[198]  Ídem, íd., pág. 30. Con radical claridad, y dentro de este mismo criterio interpretativo, ha resumido también Donald L. Shaw el propósito y alcance del poema de Espronceda: «*El diablo mundo* —dice— fue concebido como una alegoría de la vida, y, aunque inconcluso, su significación es transparente. A Adán, símbolo del poeta y de la humanidad, se le permite escoger entre la muerte y la inmortalidad. Desoyendo el aviso del Espíritu de la Vida, elige ávidamente la inmortalidad y la ilusión y se lanza al mundo desnudo y candoroso. Pero allí se encuentra encerrado —literal y figurada-

una especie de *Fausto* latino, en el cual se encerrase el destino de una humanidad atormentada no por el soberbio y estéril demonio de la inteligencia, sino por la conciencia del universal sometimiento a la ley del pecado, del dolor y de la muerte. El propio Ros explica luego claramente cuáles eran los procedimientos estilísticos adecuados para tal propósito: la polimetría y la expresión de la «armonía del sentimiento», es decir, la adecuación del lenguaje poético a la variedad de asuntos y de temas que habían de ser objeto del poema: «La variedad de tonos —dice Ros— que a su arbitrio emplea el poeta, tonos ya humildes, ya elevados, áridos o festivos, placenteros, sombríos, desesperados e inocentes, son como la faz del mundo, sobre la cual está condenado a discurrir su héroe. Esa *sinuosidad del Diablo mundo* es la superficie de la tierra: aquí un valle, más adelante un monte, flores y espinas, aridez y verdura, chozas y palacios, pozas inmundas, arroyos serenos y ríos despeñados» [199].

La diversidad de propósito respecto del poeta alemán no le impide a Espronceda la apropiación de numerosos elementos del *Fausto* —incluso traducciones casi literales a veces—, enumerados minuciosamente por Martinengo; quizá incluso involuntariamente Espronceda se dejó seducir por el planteamiento y desarrollo del modelo, y Martinengo llega a suponer [200] que en el abandono de la obra por parte del poeta pudo influir el convencimiento de que la sujeción al *Fausto* le había resultado más estrecha de lo que él mismo había creído y esperado. Y, no obstante, hasta en los pasajes en los que Espronceda se mueve más estrechamente dentro de la estructura del poema alemán, hace —según subraya Martinengo [201]— el máximo esfuerzo para diferenciarse, según aquellas directrices señaladas en el prólogo de Ros. El viejo de Espronceda no realiza pacto alguno, sino que acepta la juventud y la inmortalidad «sin condiciones». Aunque se nos muestra al comienzo como un anciano fatigado por el estudio y escéptico por la demasiada ciencia acumulada, es en realidad una criatura nueva: «su tormento y, en consecuencia, su lamento, no aduce las razones de la

---

mente— en una prisión, y aunque el amor le permite romper sus grilletes, la felicidad y la satisfacción duran muy poco. Habiendo conocido sucesivamente la vileza, el sufrimiento, la crueldad, la opresión y el crimen, Adán, en la atrevida escena del burdel, se encuentra cara a cara con la injusticia divina, la muerte de una inocente a manos de una implacable y arbitraria deidad. Aquí se interrumpe el poema, pero las líneas generales de la continuación son inequívocas. Adán está destinado a descubrir que la inmortalidad, que él había escogido indiscretamente, era una mera secuencia inacabable de sufrimiento y desilusión; los placeres del Diablo Mundo un puro engaño, y la finalidad de la vida nada más que un sueño: 'Vamos andando sin saber a dónde'» («Romántico-Romanticismo-Romancesco-Romanesco-Romancista-Romántico», en el volumen *Romantic and Its Cognates. The European History of a Word*, Edited by Hans Eichner, University of Toronto Press, 1972, págs. 341-371; la cita en pág. 362).

[199] En *Polimorfismo...*, cit., pág. 31.
[200] Ídem, íd., págs. 31-32.
[201] Ídem, íd., pág. 48.

ciencia ni declara la vanidad del esfuerzo humano por conocer; su queja se sitúa inmediatamente en un plano sentimental, es el dolor por la juventud perdida, por las dulces ilusiones a las que la vejez y la muerte ponen término... De idéntica manera, los himnos de la muerte y de la vida y la gratuita iniciativa que, sustituyendo al pacto de Fausto, regala al protagonista la juventud y la inmortalidad, acentúan la pasividad del personaje de Espronceda frente a la insatisfecha inquietud faustiana: de aquí el carácter dramático, titánico, de la tragedia de Goethe, a la cual se contrapone el abandono lírico, la estática quietud de estas páginas de *El diablo mundo*» [202].

Recordemos también que Casalduero, que niega, como vimos, el influjo de Goethe, dando de lado a los préstamos estilísticos y argumentales señalados por Martinengo, coincide con éste en su apreciación del rejuvenecimiento de Adán, en cuyos rasgos subraya la novedad del personaje esproncediano: «El rejuvenecimiento del viejo —dice— es un renacer, de aquí su olvido de todo estado anterior, que tanto ha perturbado a algunos críticos, pues con este joven libertado de recuerdos —incluso y principalmente del recuerdo de la lengua— se expresa el anhelo y el ansia románticos, que llena también todo el siglo XIX de sentimiento adánico: sentimiento de lo primero y de lo nuevo, poder aprehender la realidad original, no sentir entre el mundo y el yo la interposición de la historia, poder mirar, oír, sentir sin que se interponga una realidad elaborada por otros ojos, otros oídos, otros corazones» [203].

Veamos ahora lo referente al influjo byroniano. Martinengo recoge una sugerencia de Churchman, según el cual había sido Byron el vehículo que llevó a Espronceda al conocimiento y admiración de Goethe. En tal caso podría pensarse en una positiva confluencia de ambos autores en la concepción y elaboración de *El diablo mundo*. Pero el crítico italiano rechaza esta hipótesis basándose en dos puntos: primero, en su convencimiento de que Espronceda trabó conocimiento directo con la obra de Goethe —según ha demostrado en el artículo citado más arriba— a través de la traducción de Stapfer durante sus años de residencia en Francia; en segundo lugar, porque, aunque las dos influencias convergen y se confunden

---

[202] Ídem, íd., págs. 51-52. «El romántico —comenta Casalduero— no es un titán, es un rebelde. Para el titán lo esencial es el acto creador, el rebelde se agota en su propia rebeldía. La rebelión expresa ya totalmente su personalidad, su deseo de ser él, su sentimiento adánico, esa necesidad de lo nuevo, esa necesidad de ser el primero, que es una manera de ser único. El hombre romántico no quiere ser un Fausto, sino un Adán; quiere libertarse de ese obstáculo que encuentra siempre en su camino: la historia, el pasado, el sentimiento de la culpa. Quiere librarse de la memoria que le sujeta y tortura, quiere matar el recuerdo que encadena al presente en su temporalidad» (*Forma y visión de «El diablo mundo» de Espronceda*, cit., págs. 32-33).

[203] *Forma y visión...*, cit., pág. 103.

en la *Introducción*, tienden inmediatamente a enfrentarse, introduciendo en la estructura de la obra un principio de antítesis y disolución interna [204].

Es indudable —explica Martinengo [205]— que Espronceda ha extraído algunos temas y motivos de los poemas «metafísicos» de Byron: del *Manfredo* deriva su concepto de la pasión amorosa, como un dinamismo trágico que destruye al ser amado (luego volveremos sobre ello a propósito de Teresa); pero fuera de esto no existe otra analogía entre el titanismo aristocrático e intelectualista del *Manfredo* y el estético y pasional del poema esproncediano. Del *Caín* tomó Espronceda diversos elementos para la representación del «lucero caído» en su *Introducción*, y le inspiró también el fragmento publicado con el nombre de *El ángel y el poeta*. En la aparición del infernal gigante en la *Introducción* los motivos procedentes de Byron y de Goethe se confunden y compenetran armoniosamente. La requisitoria sobre la esencia y actitud de Dios, pronunciada por el espíritu infernal, está también inspirada en el Primer Acto del *Caín;* y la alocución del ángel caído, arriba transcrita, en la que éste se identifica con la inquietud del espíritu humano, reúne asimismo en estrecha compenetración acentos goethianos y byronianos.

Martinengo deduce [206] que, si los poemas «metafísicos» de Byron aportan motivos accesorios, aunque importantes, al poema de Espronceda, el encuentro de éste con el *Fausto* fue uno de los factores decisivos —aunque quizá independientemente de la conciencia que tuviera el propio poeta— para orientar su actividad creadora en el último período de su vida.

Pese a lo cual —y llegamos, quizá, con esto a lo más importante de la cuestión— el influjo de Byron sobre el poema de Espronceda fue no menos intenso, aunque —como explica Martinengo [207]— no sirvió para confirmarlo en el acierto de su elección y en el entusiasmo inicial por el poema «metafísico», sino que introdujo un elemento de antítesis y de corrosión en la estructura poemática de tipo goethiano, que había concebido en un principio: «La experiencia byroniana le llevó, en una palabra, a burlarse de aquella estructura, injertándole una levadura crítica y un fermento de disolución que, aunque no llegaron a tener victoria completa sobre el plan primero, modificaron, no obstante, profundamente su naturaleza, convirtiéndolo de principio informador de toda la obra en un elemento más del complicado juego en que se goza la fantasía del escritor».

No fueron —sigue explicando Martinengo— los poemas metafísicos de Byron los que ejercieron mayor influencia en Espronceda, sino los satíricos y humorísticos, particularmente el *Don Juan*, punto éste en el que han coincidido casi todos los críticos y que Churchman ha examinado en deta-

---

[204] *Polimorfismo...*, cit., págs. 56-57.
[205] Ídem, íd., pág. 58.
[206] Ídem, íd., pág. 65.
[207] Ídem, íd., pág. 66.

lle. Espronceda, que ya no se ajustaba por entero a la concepción de Goethe, según hemos visto anteriormente, encontró en el espíritu de Byron el principio de contradicción que le permitió salir del atolladero. Martinengo supone [208], no obstante, que Espronceda no abandonó por entero el primitivo plan de un poema metafísico, como parece probarlo el fragmento *El ángel y el poeta*, en el cual el poeta intenta volver a los temas «sublimes», abandonados después del Canto I para seguir la inspiración byroniana.

Pero ya hasta en el mismo Canto I se incrusta repetidamente, en la estructura «metafísica», el elemento corrosivo del byronismo bajo la forma de digresiones y de la intervención personal del poeta, que habla de sí mismo y de sus propósitos y dialoga en tono humorístico con el lector, incluso en momentos de alta tensión, como, por ejemplo, después de los lamentos del viejo sobre la fugacidad de la vida o a continuación de los monólogos de la Muerte y de la Vida, que le prometen al viejo la eterna juventud.

Esta manera byroniana quedará siempre a disposición del poeta para servirse de ella cuando le acomode, pero en el Canto III aparece una nueva temática que va a ocupar el lugar principal en este Canto y en el siguiente: se trata de la visión satírica de la sociedad que, según Martinengo [209], debía fundirse con los temas visionarios y metafísicos para hacer de *El diablo mundo* la representación y el símbolo de la universal condición humana que pretendía el poeta.

Américo Castro, según vimos en el pasaje arriba citado a propósito de *L'Ingénu*, de Voltaire, atribuye esta vertiente del poema de Espronceda al influjo de la ideología ilustrada; ya sabemos, no obstante, que apenas hay romántico español que no bebiera sus ideas en la misma fuente, y el hecho, que no parece discutible, de que Espronceda se inspirara para ciertos pasajes de su poema en la novela de Voltaire no debe hacer pensar que su herencia ilustrada fuera de proporciones especiales. Posiblemente, el influjo mayor en este campo lo recibió Espronceda del romanticismo humanitario y socializante que se difundió por Francia alrededor del año 30 y que había de hallar profundo eco en la conciencia política del escritor. Carnero, a propósito de esta parte del poema, recuerda la literatura *social* que se comienza a escribir en España por aquel momento; igual que en nuestros días, se preconizaba un arte puesto al servicio de la propaganda ideológica, retrato de la sociedad contemporánea, frente a una literatura de evasión, representada principalmente por la novela histórica medievalista; aparecen novelas proletarias y anticlericales, ambientadas en los barrios bajos; se abordan temas como la prostitución y los personajes marginados. Toda esta parte de *El diablo mundo* es «una prueba más —resume Carnero— de la

---

[208]   Idem, íd., pág. 67.
[209]   Idem, íd., pág. 80.

actitud política de Espronceda, por si fuera necesaria. El melodramatismo social del Canto V no ha de ser desestimado a la ligera; históricamente entendido, es ideológicamente válido»[210].

Martinengo sostiene[211] que, aunque siguiera la estela de Voltaire, Espronceda acogió experiencias más modernas sobre las desigualdades e injusticias sociales, y por eso acentuó el contraste entre la ingenuidad de su protagonista y el mundo corrompido en que había caído. Más todavía: asimiló la pureza de corazón del hombre desconocedor de las relaciones sociales con la que, pese a todo, conservan los criminales, a quienes sólo la sociedad ha corrompido. Por eso, mientras en *L'Ingénu* el protagonista recibe su educación de un ascético jansenista, el Adán de Espronceda la recibe de un criminal, el tío Lucas. Añade Martinengo[212] que el influjo procedente del romanticismo socializante francés contribuía a reforzar una tendencia peculiar del byronismo: la exaltación de los personajes antisociales; volvemos, pues —dice el comentarista—, tras el recorrido por las fuentes francesas, al punto de donde habíamos partido, es decir, el byronismo se nos presenta como el elemento unificador y aglutinante de toda la creación esproncediana.

Martinengo estudia a continuación la función que el humorismo desempeña en *El diablo mundo*. La ironía se insinúa en la obra cada vez que al poeta le interesa abandonar un determinado tono y pasar a otro que corresponde a un nuevo cambio de pensamiento o a una materia diferente. Así, en la misma *Introducción*, el poeta se libera del mundo faustiano con un salto irónico al modo byroniano del *Don Juan;* y por el mismo procedimiento se evade de la atmósfera populachera para retornar a un pensamiento y tono más elevados. Desgraciadamente, el hecho de que el poema quedara interrumpido nos impide conocer las intenciones futuras del poeta. Lo que importa, en todo caso, señalar es que Espronceda recurre a la ironía byroniana en todos los que Martinengo denomina muy propiamente «puntos de sutura»[213], que se presentan siempre con carácter de sorpresa y apariencia de improvisación y que consisten en realidad en «saltos estilísticos». La abundancia de estos puntos de sutura —explica Martinengo[214]—, la variedad de tonos y de niveles estilísticos, la diversidad de metros y la desenvoltura con que el poeta salta de una forma literaria a otra distinta han desconcertado siempre a los críticos, que han querido clasificar *El diablo mundo* según los cánones de la poética tradicional y no han comprendido la complejidad de la obra, con toda su variedad polimórfica. Ni

---

[210] *Espronceda*, cit., pág. 89.
[211] *Polimorfismo...*, cit., pág. 89.
[212] Ídem, íd., pág. 97.
[213] Ídem, íd., pág. 102.
[214] Ídem, íd., pág. 103.

han valorado tampoco el humorismo de Espronceda, estrechamente unido a la estructura quebrada y múltiple del poema.

Por otra parte, la idea de que la obra tenía que seguir necesariamente el modelo fáustico del poema metafísico que parece prometer al principio, ha desviado la atención de lo que el poema realmente es. Esta estructura rota, abierta y polimórfica se explicaba cómodamente —dice Martinengo [215]— por los caracteres negativos que se atribuyen a la personalidad de Espronceda, a quien se supone incapaz de toda disciplina, lo mismo en la vida que en el arte. Martinengo insiste en que es precisamente el humorismo el que crea la unidad del poema, el que lo impele a nuevos experimentos de formas y de temas, a la alternancia de tonos elevados y bajos. El humorismo no es, por lo tanto, un elemento falso y pegadizo, sino un fermento siempre presente, una especie de acorde sobre el cual se armonizan los diversos temas y motivos. Martinengo pide una vez más volver al prólogo de Ros de Olano, que recoge evidentemente la concepción del propio escritor: «Aspira nuestro poeta a compendiar la humanidad en un libro, y lo primero que al empezarlo ha hecho, ha sido romper todos los preceptos establecidos, excepto el de la unidad lógica. En el prólogo del *Diablo-Mundo* se ven recorridos todos los tonos de la poesía, los del sentimiento y los de la metrificación... La variedad de tonos que a su arbitrio emplea el poeta, tonos ya humildes, ya elevados, áridos o festivos; placenteros, sombríos, desesperados e inocentes, son como la faz del mundo, sobre la cual está condenado a discurrir su héroe. Esa *sinuosidad del Diablo-Mundo* es la superficie de la tierra: aquí un valle, más adelante un monte, flores y espinas, aridez y verdura, chozas y palacios, pozas inmundas, arroyos serenos y ríos despeñados. Espronceda en la poesía con tal superioridad maneja el habla castellana, que ha revolucionado la versificación. Antes la *armonía imitativa* estaba reducida a asimilar en uno o dos versos el galopar monótono de un caballo de guerra por ejemplo, y hoy nuestro aventajado poeta expresa con los tonos en todo un Poema, no sólo lo que sus palabras retratan, sino hasta la fisonomía moral que caracteriza las imágenes, las situaciones y los objetos de que se ocupa... Esta es la *armonía del sentimiento*, llevada a la perfección por el sentimiento íntimo y delicado del que escribe» [216].

Era aspiración del poeta —resume Martinengo [217]— competir con la sinuosidad del objeto —el mundo entero— que se había propuesto reflejar, adecuando su estilo a las características del argumento, infinitamente cam-

---

[215] Idem, íd., pág. 105.

[216] Cit. en ídem, íd., págs. 106 y 107. Hemos ampliado por nuestra parte la cita de Martinengo, aun teniendo que repetir un breve pasaje ya reproducido más arriba, con el fin de dar más completo el pensamiento de Ros de Olano. Manejamos la edición de *El diablo mundo* de Boix, Madrid, 1841; el prólogo de Ros ocupa las páginas 5 a 19; las citas en págs. 13 y 15-16.

[217] *Polimorfismo...*, cit., pág. 107.

biante. El humorismo está íntimamente unido a esta mezcla de estilos, y se manifiesta —define Martinengo [218]— con una triple función: como elemento disolvente de una forma literaria que el poeta se dispone a abandonar o interrumpir; para moderar el estilo «sublime» y mantenerse en niveles mixtos o intermedios; y para lograr la perfecta reproducción del mundo de los réprobos y marginados. En este camino, el poeta recorre todos los grados de la ironía, desde lo cómico hasta lo grotesco y lo sarcástico.

La rica polimetría es el otro instrumento del poeta para expresar la multiplicidad de los temas y las cambiantes reacciones de su propia sensibilidad. En la *Introducción* del poema [219] predominan los metros líricos de verso breve, inspirados en el *Fausto;* luego —en el primero y tercer Canto— cuando el influjo de Goethe es sustituido por el de Byron, el poeta se sirve preferentemente de la octava real, más adecuada al amplio resuello narrativo y a los desahogos humorísticos, aunque las octavas reales del Canto a Teresa, «evocativas y líricamente nostálgicas», revelan un distinto tratamiento de este metro que de nuevo recuerda a Goethe; en el Canto V reaparecen los metros breves, pero no ya amoldados al salto lírico goethiano, sino al nivel popular y cómico del sainete; hacia el final del poema, los cuartetos endecasílabos, que predominan en el Canto VI, revelan que el tono del poema vuelve a levantarse, como sucede con el retorno a la octava de los fragmentos conocidos del Canto VII.

En este polimorfismo de metros y de tonos —resume al final de su estudio Martinengo [220]— se encuentra el principio de unidad de *El diablo mundo,* el elemento de cohesión de los bruscos saltos estilísticos que han desconcertado a tantos críticos y lectores. La unidad del poema no se presenta, pues, en una forma perfectamente cristalizada y coherente, sino pre-

---

[218] Ídem, íd., págs. 108-109.

[219] Ídem, íd., pág. 135.

[220] Ídem, íd., págs. 136-137. En las páginas precedentes nos hemos referido ocasionalmente al lenguaje peculiar del llamado «romanticismo lúgubre» que prodiga Espronceda a lo largo de sus dos poemas mayores, al colosalismo verbal con que viste sus repetidas escenas de pesadilla y de misterio. Pero este ropaje, que forma parte del más genuino repertorio romántico, puede ocultarnos otros rasgos menos comunes de nuestro autor, que merecen ser subrayados. Paul Ilie ha escrito un agudo ensayo —«Espronceda and the Romantic Grotesque», en *Studies in Romanticism*, XI, 1972, págs. 94-112— para exponer la premeditada deformación grotesca a que somete Espronceda sus imaginaciones, hasta el punto de suponer en el poeta una consciente estética de lo grotesco. La complejidad de dicho estudio nos impide incorporar a nuestras páginas su exposición detallada. Digamos al menos que Ilie, después de estudiar la «psicología de la deformación», tal como la observa actuando en Espronceda, examina los diferentes elementos que éste somete a distorsión deliberada en forma muy distinta a como son tratados en el romanticismo convencional. De particular interés nos parece lo concerniente a lo macabro y la necrofilia, y más especialmente todavía el comentario sobre la *distorsión acústica* en Espronceda, dado el lugar relevante que ocupa el sonido en toda su obra.

cisamente en esa estructura quebrada y agitada en que se expresa el propósito del poeta. Martinengo denuncia el error de quienes han ensalzado las partes del «estilo elevado» del poema, y desorientados luego ante las restantes han juzgado *El diablo mundo* como un *poema metafísico frustrado* porque no se ajusta al nivel imaginado por los críticos.

**El "Canto a Teresa".**   La conexión del *Canto a Teresa* con el resto del poema es otro de los problemas más debatidos por la crítica. Muchos comentaristas han aceptado llanamente la declaración de Espronceda, puesta, como vimos, en una simple nota a pie de página, y han admitido la total independencia del Canto. Martinengo ha sugerido una hipótesis: si se piensa —dice [221]— que lo mismo el *Canto a Teresa* que la *Zueignung* del *Fausto* están dedicados a personas muertas, amadísimas del poeta respectivo, y que Espronceda se ha servido para este Canto exclusivamente de la octava, en contraste con la polimetría de todos los demás, y que en octavas está también compuesta la *Dedica* faustiana, no parece arriesgado suponer que el poeta español concibió en principio el *Canto a Teresa*, bajo el ejemplo de Goethe, como una amorosa y conmovida dedicatoria, que debía anteponerse a todo *El diablo mundo;* pero el amplio desarrollo que iba adquiriendo el *Canto* pudo disuadirlo de aquel plan primero y le movió a intercalarlo —quizá tan sólo de manera provisional—, aunque advirtiendo que no se pretendiera establecer conexiones del todo inexistentes.

Casalduero, por el contrario, ha sostenido en bellas páginas la función del *Canto a Teresa* dentro del poema y defendido su coherencia con el conjunto. El poema —dice [222]— va a abordar el destino del hombre, la historia de la vida en momentos culminantes, pero este proceso no se capta con teorías filosóficas o doctrinas religiosas: «la historia de la humanidad tiene sus raíces en el corazón. El corazón de Espronceda ha vivido toda la historia: una felicidad que es pasado —no un pasado mítico, un paraíso perdido, sino histórico, personal—; un presente que es dolor —no un dolor sobrenatural, sino un dolor del mundo—, y un futuro sin esperanza —desesperación, suicidio, único desenlace posible—. Juventud, madurez y fatalmente la vejez y la muerte. La vida sin esperanza pierde todo sentido, en lugar de un todo es un fragmento». Y añade a continuación: «Esa gran digresión que es el Canto II, ese desahogo del corazón, el lector puede saltarlo sin escrúpulo y poner en su lugar su propia vida, su propio dolor, su propio sentimiento inútil de la culpa; en realidad debe hacerlo, pues el poema se sostiene en el corazón individual, sus raíces se alimentan del dolor personal, por ellas afluye no una experiencia intelectual, sino el sufrimiento inexplicable. La llave con la cual penetrábamos en las obras de

---

[221] *Polimorfismo...*, cit., pág. 35.
[222] *Forma y visión...*, cit., pág. 83.

los siglos anteriores era la filosofía o la religión, ahora necesitamos la historia; ya no vamos a entender, a comprender; vamos a coincidir, a simpatizar, a compadecer y compadecernos»[223].

Carnero, por su parte, ha propuesto una explicación que podría calificarse de intermedia. *El diablo mundo* —dice[224]— se nos presenta en conjunto como un poema narrativo, en el cual las efusiones del yo romántico son sustituidas por los comentarios satíricos del poeta. Este carácter debió de incitar a Espronceda a desentenderse de la integración del *Canto a Teresa*, escrito en primera persona y en un lenguaje demasiado íntimo y sincero. Pero en una obra que pretendía abarcar toda la aventura espiritual del ser humano, el tema del amor no podía faltar, «habida cuenta del valor epistemológico que en el Romanticismo, y no sólo en él, tiene el sentimiento amoroso: forma de conocimiento del mundo y camino de perfección personal». Así, después del episodio fáustico, que representa la ansiada perfección por el poder y el conocimiento, tenía que venir la perfección por el amor; en el caso de Espronceda, el fracaso de esa posibilidad. Lo que exigía, pues, el poema era un Canto sobre el tema amoroso en lenguaje narrativo e impersonal; pero ni el momento ni la personalidad del escritor lo hacían posible. Espronceda optó, pues, «por sacrificar la coherencia de su más ambiciosa obra, para dejarnos lo que sin duda es uno de los poemas de amor más emocionantes de todos los tiempos: demos gracias por ello».

Nos parece evidente que el poeta no encontró las razones para justificarse a sí mismo la inclusión de semejante Canto tan íntimo y personal, y quiso con la conocida nota ahuyentar más que censuras ajenas sus propios escrúpulos. Pero la intuición —una intuición genial— le permitió saltar por encima de ellos para darnos su visión del tema amoroso en la forma que podía resultar más persuasiva, es decir: sustituyendo cualquier relato o comentario de pretendida universalidad por el grito de su propio dolor y angustia; el sentimiento del poeta, puesto al desnudo en toda su íntima verdad, acrecienta paradójicamente la proyección universal del Canto. Estética y humanamente la intuición sentimental triunfa sobre la lógica.

Dijimos arriba que la elegía por la muerte de Teresa era a la vez la elegía por el propio fracaso vital, porque el amor es el motor de todo, y es la muerte de todo su propia muerte. Por eso, al referirse a la mujer concreta que había representado la pasión de su vida y su mayor fracaso, Espronceda da la expresión más intensa a su concepto pesimista del amor. Vivir, para Espronceda, es materializar la ilusión y, en consecuencia, destruirla; el amor es la más alta de las ilusiones y por lo tanto la más radical desilusión. Y esto no solamente por lo que tiene de engaño subjetivo, de proyección sobre la mujer amada de un ideal que sólo existe en nuestros sueños,

---

[223] Idem, íd., págs. 83-84.
[224] *Espronceda*, cit., pág. 79.

sino por la misma naturaleza del amor. Como ha puesto de relieve Francisco García Lorca en un notable artículo, «hay en Espronceda una terrible idea angustiosa de que el amor degrada. Lo que más alto hace subir el espíritu del hombre, lo único que puede encender en él la chispa divina, lleva en sí, inevitable, el germen de la corrupción. De la infeliz Elvira a la caída Jarifa hay un proceso fatal. La ilusión es la máscara del deseo y el amor consiste en la destrucción del objeto amado»[225], según dejamos dicho a propósito del influjo que el *Manfredo* de Byron había ejercido en esta concepción esproncediana: la Elvira de *El Estudiante de Salamanca*, Teresa, la misma maja Salada, son encarnaciones diversas de este concepto. Pese a todo lo cual, el hombre y la mujer no pueden menos de buscar su realización en el amor, aun cuando son conscientes de su imposibilidad; de aquí su fuerza y su tragedia, de las que el *Canto a Teresa* es la más afortunada exposición.

El poeta, después de enumerar los sucesivos momentos de su ilusión primera, llora la pérdida de aquella mujer, pero, a la vez, considera a la muerte como la única liberadora posible de los dolores en que supone inmersa a Teresa. Todas las ideas de Espronceda sobre el amor se expresan en este Canto. Pero hay unas estrofas que podrían sorprender, si no conociéramos ya su atormentada sensibilidad; arrastrado por los más encontrados sentimientos llega hasta el insulto, y parece que echa en cara a Teresa la infidelidad de esposa cometida con él mismo, y que su propia conciencia, sus hijos, la sociedad entera le reprochan, inundándola de dolor y haciendo la muerte deseable como liberadora única.

> *...¡Oh! ¿Quién, impío,*
> *¡Ay! agostó la flor de tu pureza?*
> *Tú fuiste un tiempo cristalino río,*
> *Manantial de purísima limpieza;*
> *Después torrente de color sombrío,*
> *Rompiendo entre peñascos y maleza,*
> *Y estanque, en fin, de aguas corrompidas*
> *Entre fétido fango detenidas*[226].

Más adelante dice:

> *Sola y envilecida, y sin ventura,*
> *Tu corazón secaron las pasiones;*
> *Tus hijos, ¡ay! de ti se avergonzaran*
> *Y hasta el nombre de madre te negaran*[227].

---

[225] Francisco García Lorca, «Espronceda y el Paraíso», en *The Romanic Review*, XLIII, 1952, págs. 198-204; la cita en pág. 199.

[226] Ed. Campos, cit., pág. 101.

[227] Idem, íd.

Su propia pasión había envilecido a la mujer amada; ahora sólo la muerte puede devolverle la pureza perdida:

> *Y tú, feliz, que hallastes en la muerte*
> *Sombra a que descansar en tu camino,*
> *Cuando llegabas mísera a perderte*
> *Y era llorar tu único destino;*
> *Cuando en tu frente la implacable suerte*
> *Grababa de los réprobos el sino...*
> *¡Feliz!, la muerte te arrancó del suelo*
> *Y otra vez ángel te volviste al cielo* [228].

Y el poeta concluye su Canto con cínico sarcasmo, apostrofando una vez más la impasibilidad de la naturaleza, sorda al dolor del hombre, al fracaso del amor del hombre:

> *Gocemos, sí; la cristalina esfera*
> *Gira bañada en luz: ¡bella es la vida!*
> *¿Quién a parar alcanza la carrera*
> *Del mundo hermoso que al placer convida?*
> *Brilla radiante el sol, la primavera*
> *Los campos pinta en la estación florida.*
> *Truéquese en risa mi dolor profundo...*
> *Que haya un cadáver más, ¡qué importa al mundo!* [229].

### LA MÉTRICA DE ESPRONCEDA

Hemos aludido ocasionalmente a la riqueza y variedad métrica de que se sirve Espronceda; añadamos ahora alguna precisión mayor basándonos

---

[228] Idem, íd.

[229] Idem, íd., pág. 102. «El *Canto a Teresa* —escribe López Landeira— está escrito por un amante desdichado y resentido que pugna por desahogar un dolor, consecuencia no mayormente de la muerte de la amada, sino de la pérdida de su amor algún tiempo antes del fallecimiento, debida a la caída de ella del altar imaginado por Espronceda al barro de todos los humanos. El duelo, pues, no va dirigido tanto a una muerte corpórea como al cese del amor del poeta por Teresa cuando deja de existir *como amada* debido a su ineluctable condición de mujer de carne y hueso. Siendo precisamente su ascendencia de Eva lo que la convierte en la mujer desalmada y perversa del poema, condiciones que en la vida real Teresa muy probablemente estaba lejos de poseer. Tan cerca de la realidad se halla, sin embargo, esta composición que carece de la conceptualidad del resto de sus poesías, sobre todo *A una estrella*, donde el poeta se aproxima a la reducción al abstracto de sus cavilaciones amatorias» («La desilusión poética de Espronceda...», cit., pág. 325). Cfr., Bruce W. Wardropper, «Espronceda's *Canto a Teresa* and the Spanish Elegiac Tradition», en *Bulletin of Hispanic Studies*, XL, 1963, págs. 89-100.

en el estudio de Joseph A. Dreps [230] a propósito de las innovaciones introducidas por el poeta. Examina Dreps los versos aisladamente considerados, las estrofas en particular, y la combinación de estrofas. En cuanto a los versos aislados observa Dreps que no se encuentra innovación alguna: ningún caso de acentuación contraria a las leyes aceptadas de la prosodia, ningún cambio en la cesura, salvo esporádicas irregularidades que parecen más bien debidas a falta de cuidado o de lima.

En cuanto a la estructura de las estrofas, la más importante innovación esproncediana consiste en el empleo de rimas asonantes en agudo dentro de estrofas rimadas en consonante. Esta peculiaridad había sido ya notada por preceptistas anteriores en los *serventesios*, pero Dreps la descubre asimismo en cuartetos dodecasílabos y decasílabos, formas ambas —dice— no usadas antes, y también, ocasionalmente, en estrofas de cinco versos, de siete y de nueve.

Espronceda se sirve de muy distintas formas de décimas, y también en ellas utiliza repetidamente el mismo principio de mezclar con las rimas graves en consonante los asonantes en agudo; procedimiento igualmente empleado en estrofas más largas de varia medida: trece, dieciocho y veintisiete versos.

En cuanto a la relación de las estrofas entre sí dentro de una composición determinada, Espronceda introduce muy diferentes combinaciones, pero respetando en todo el poema el patrón adoptado. Dreps señala primeramente, ejemplificándolo en *Serenata*, una combinación de tercetos, cuyos dos primeros versos son de ocho y el tercero un *quebrado* de cuatro; los dos primeros tercetos riman combinados, pero los dos segundos son independientes, excepto en los quebrados, y el quebrado del cuarto es siempre el mismo a lo largo de toda la composición. En la *Canción del pirata* se comienza con dos octavas italianas y siguen luego cinco series exactamente iguales: una sextina con quebrado agudo en el segundo verso; una octavilla italiana, tetrasílaba; y una cuarteta octosílaba, que se repite idéntica al final de cada serie y que actúa como estribillo.

En *El mendigo* el esquema es semejante, aunque varía el tipo de estrofas, y se repite regularmente hasta el final.

En ocasiones, una serie de octavas italianas tienen idéntico el último verso, que se utiliza como estribillo, por lo que el consonante de todos los versos cuarto y octavo es el mismo.

Por el contrario, Espronceda se permite variaciones en estrofas consecutivas de una composición, que teóricamente parece que habían de ser idénticas. Así, por ejemplo, en *El Estudiante de Salamanca* mezcla serventesios de impares consonantes e impares agudos asonantes con otros de

---

[230] Joseph A. Dreps, «Was José de Espronceda an Innovator in Metrics?», en *Philological Quarterly*, XVIII, 1939, págs. 35-51.

rimas consonantes graves (estructura tradicional) y con otros sin rima alguna en los impares.

Innovación también de Espronceda es concluir una serie de tercetos encadenados con un terceto cuyo segundo verso queda libre, en lugar de cerrar con un serventesio, según exigía la métrica clásica.

Advierte Dreps que las innovaciones métricas de Espronceda nunca consisten en adaptar al español técnicas extranjeras, sino que siempre se sirve de elementos o recursos existentes en su propia literatura. Con una sola excepción: el pasaje final de *El Estudiante de Salamanca*, con su progresivo alargamiento y acortamiento de las estrofas, recurso imitado de la combinación utilizada por Víctor Hugo en *Les Djinns*, y que había de ser copiado también, más tarde, por varios poetas españoles e hispanoamericanos, pero que fue Espronceda el primero en emplearlo en español.

Añade Dreps que, además de las mencionadas peculiaridades, utilizó Espronceda considerable número de formas, que, aunque infrecuentes, habían sido usadas alguna vez esporádicamente por otros escritores, si bien es muy posible que Espronceda no tuviera noticia de ello, por lo que en realidad, y dado el olvido en que yacían, casi puede hablarse de una innovación. Entre estas formas estróficas —enumera Dreps— deben contarse: la octava italiana con asonante en los versos primero y quinto (normalmente carecen de rima); la octava del mismo tipo con asonante en vez de consonante en los versos cuarto y octavo; el uso de quebrados de diferente extensión en relación con los otros versos; y formas inusitadas de octava real.

Señala también Dreps la construcción de largas *estancias* con distribución de rimas y versos de varia longitud, así como también de desigual número de versos, que no tenían precedente en la métrica española. Comenta Dreps que en tales casos el poeta, al desarrollar un tema nuevo, o infrecuente, trataba de hacer su verso todo lo fluido posible para adaptarlo a los matices de su pensamiento, y por lo tanto podría afirmarse sin demasiada impropiedad que Espronceda estaba entonces escribiendo en cierta forma de verso libre.

### ESPRONCEDA, NOVELISTA

Casi al comienzo de su carrera literaria Espronceda, cediendo a la moda de su tiempo, que había hecho de este género uno de sus preferidos, escribió una novela histórica, *Sancho Saldaña o el castellano de Cuéllar (novela histórica del siglo XIII)*, que comenzó en 1833, mientras se hallaba desterrado en Cuéllar, y concluyó y publicó en Madrid al año siguiente. La gloria de Espronceda no se resentiría en absoluto si este libro se eliminara de su producción, dentro de la cual nada esencial supone. Y sin embargo, no carece de interés y hasta puede leerse con gusto, siempre que el lector acepte los abundantes convencionalismos que otorgaron su popularidad a estas novelas en los días de la fiebre romántica.

*Sancho Saldaña* consiste básicamente en una historia de amor, enmarcada en unos sucesos históricos bien conocidos. Las familias de los Saldaña y de los Íscar, dueños de tierras y de castillos colindantes y muy unidos hasta entonces, se enemistan de muerte cuando la primera toma el partido de Sancho el Bravo y la segunda el de los hijos de don Fernando de la Cerda. Sancho Saldaña, enamorado de Leonor, hija del de Íscar, la abandona por una cautiva judía, Zoraida, de la que se cansa al cabo; pretende luego volver a Leonor, cuando ya los odios políticos han separado a las dos familias, pero aquélla lo rechaza, y su hermano, Hernando, señor entonces de Íscar, se opone además resueltamente a dicho matrimonio. Sancho hace entonces que unos bandidos rapten a Leonor y la traigan a su castillo de Cuéllar. La acción se complica con el estallido de la guerra entre los dos bandos políticos, que Sancho trata de aprovechar pues el de Íscar ha sido hecho prisionero. Al fin, en el mismo momento de la boda, que Leonor acepta al cabo para salvar a su hermano, Zoraida, arrebatada por los celos, asesina a Leonor.

Espronceda confiesa que sigue para su relato diversas crónicas y, en particular, la de Sancho el Bravo. Pero elimina casi por entero toda minuciosa reconstrucción arqueológica, y menos aún pretende ajustar convencionalmente su lenguaje a la lejana época de la acción; Espronceda narra como podría hacerlo con una peripecia de sus propios días, aparte, claro está, las referencias pertinentes a las realidades y costumbres de aquel siglo, que tampoco son muchas. Esta *modernidad* confiere a la novela un simpático tono de amenidad y soltura, favorecidas también por la sencillez de la prosa, bien cargada de latiguillos y frases hechas, pero desenvuelta y eficaz. La trama, que hemos resumido de forma muy esquemática, está entretejida con aventuras innumerables, que acreditan la desbordada inventiva de Espronceda; muchas situaciones recuerdan otras parecidas del maestro del género, Walter Scott, pero están escritas con tal plasticidad, qua parecen provenir de la personal experiencia del escritor. Lo extremadamente novelesco de ciertas peripecias, ninguna de las cuales podría tacharse tampoco de absolutamente inverosímil, no puede reprocharse sin cierta pedantesca incomprensión de todos los recursos y libertades que el género comporta.

Como sucede en todo escrito romántico, *Sancho Saldaña* es, en el fondo, una expresión del alma del poeta: «Las figuras femeninas —Elvira, Zoraida, Leonor— (dice Casalduero) son otras tantas representaciones de su visión de lo femenino: sacrificio, pasión y amor puro inalcanzable» [231]. Saldaña, el protagonista, es una fuerza humana que corre tras su deseo,

---

[231] *Espronceda*, cit., pág. 256.

pero que atrae la desgracia como una maldición y vive permanentemente insatisfecho; sufre del *mal del siglo*, como dice Casalduero: «Según la metafísica romántica esa búsqueda incesante conduce sólo al tedio, a la angustia, a la desesperación. Sin ser malo, acumula crimen sobre crimen. Desoye cuanta voz quiere llevarle al buen camino, basta que ame para que el objeto de su amor caiga en el dolor y el sufrimiento. Tanto Zoraida como Leonor y Elvira encontrarán la paz sólo en la muerte» [232].

En torno a la paternidad de *Sancho Saldaña* ha existido un problema bibliográfico, nacido realmente de una confusión. La novela, como hemos dicho, fue publicada en 1834 en seis volúmenes en 8.º, encuadernados de dos en dos en algunos ejemplares; en 1869-1870 se publicó otra edición en dos gruesos volúmenes. Antonio Cortón, en su biografía de Espronceda, refiere que, en una tertulia literaria, un escritor le informó de que un folletinista había ampliado la novela por encargo del segundo editor, Castro y Carbó, con ayuda de otro escritor que había llegado a magistrado. Churchman estudió el problema y tras el examen de ambas ediciones esclareció el asunto [233]. Resulta que Cortón conoció tan sólo de la primera edición los dos primeros volúmenes, que llegan hasta el capítulo once, y supuso que allí concluía la mano de Espronceda, por lo que todos los capítulos restantes, hasta el 48 con que termina la primera edición, y todo el volumen segundo de la edición segunda, eran de ajena mano. Churchman ha puesto de relieve la equivocación de Cortón, haciendo constar que el volumen primero de 1869-1870 reproduce exactamente los seis volúmenes de la edición primera de Espronceda, con los 48 capítulos de que constaba, y que el volumen segundo de la edición dicha era, efectivamente, una continuación de *Sancho Saldaña*, de autor desconocido. Churchman advierte que en la portada de este segundo volumen no se dice que hubiera sido escrito por Espronceda, sino *Segunda parte de la de Don José de Espronceda*. Con ello, la paternidad de la primera edición completa queda restablecida.

ESPRONCEDA, AUTOR DRAMÁTICO

Espronceda escribió tres obras para el teatro. La comedia *Ni el tío ni el sobrino*, en verso, en colaboración con Ros de Olano, fue estrenada el 25 de abril de 1834 y alcanzó tan sólo dos representaciones. Es una pieza de corte moratiniano y hasta de muy parecido argumento con *El sí de las*

---

[232] Ídem, íd., pág. 257.

[233] Philip H. Churchman, «Espronceda's *Sancho Saldaña*», Apéndice III a su edición de *Blanca de Borbón*, en *Revue Hispanique*, XVII, 1907, págs. 773-777. Cfr., Nicholson B. Adams, «Notes on Espronceda's *Sancho Saldaña*», en *Hispanic Review*, V, 1937, págs. 304-308.

*niñas;* Casalduero llega a pensar, dada la «suma inocencia de la obra»[234], que se trata de una parodia de la comedia moratiniana, «algo así como *El Pastor Clasiquino* del teatro en lugar de la poesía», hipótesis que rechaza Marrast[235]. Para éste, los autores se propusieron escribir, simplemente, una comedia de aquella fórmula, pero les faltó la habilidad para su propósito.

*Amor venga sus agravios* es un drama en prosa, en colaboración con Eugenio Moreno López, estrenado el 28 de septiembre de 1838 con éxito parecido a la anterior. Esta vez se trata de una obra romántica, localizada en la corte de Felipe IV, cuyo ambiente se pretende recrear, aunque con escasa fortuna.

La más importante obra dramática de Espronceda es la primera que escribió, *Blanca de Borbón*, tragedia neoclásica en endecasílabos asonantados. La obra tiene por asunto los amores del rey don Pedro el Cruel con doña María de Padilla, y el encarcelamiento de la reina, doña Blanca de Borbón, a la que al fin hace asesinar, tras el fracaso de la conjura que varios nobles y su hermanastro Enrique de Trastamara urden para libertarla.

Casalduero dice de *Blanca de Borbón* que «no debiera haber caído tan por completo en el olvido»[236]. Marrast, que ha examinado los tres manuscritos que se conservan de la obra[237] y le dedica en su monografía un extenso comentario[238], supone que su composición se remonta por lo menos a 1831, es decir, corresponde a los años de exilio en Inglaterra, cuando el poeta tenía poco más de veinte años. Escosura sugirió —y le han seguido muchos otros comentaristas— que *Blanca de Borbón* había sido compuesta en dos etapas: los dos primeros actos según las reglas neoclásicas bajo el influjo de Lista; los tres siguientes algo más tarde bajo la influencia de Shakespeare. Marrast admite[239] que en estos tres actos últimos, sobre todo desde la entrada en escena de la maga, existen ya elementos espectaculares que pueden calificarse de románticos, con la invocación a los espíritus infernales, la tempestad nocturna, las muertes violentas, que hacen pensar más bien en los dramas posteriores a partir de *Don Álvaro;* pero no cree probable una influencia shakespeariana, sino más bien de las *novelas negras* inglesas y del melodrama, tan popular durante la adolescencia de Espronceda; a este propósito recuerda Marrast que *El duque de Viseo,* de Quintana, escrito en 1801, utiliza los mismos motivos terroríficos, tomados del inglés Lewis. El crítico francés sostiene, en consecuencia, que ni

---

234  *Espronceda,* cit., pág. 260.
235  *José de Espronceda et son temps,* cit., págs. 352-353.
236  *Espronceda,* cit., pág. 263.
237  Robert Marrast, «Contribution à la bibliographie d'Espronceda. Les manuscrits et la date de *Blanca de Borbón*», en *Bulletin Hispanique,* LXXIII, 1971, págs. 125-132.
238  Págs. 216-234.
239  Idem, íd., pág. 219.

los tres actos últimos, ni las posteriores correcciones hechas por el autor, modifican fundamentalmente el plan primitivo, ni hacen variar el estilo, que se mantiene idéntico a lo largo de toda la obra. Toda ella responde en esencia a las ideas de Lista sobre el teatro trágico, lo que equivale a decir que corresponde al patrón tradicional de la tragedia neoclásica española. Hay cambios de lugar, pero no muy numerosos, y la acción dura dos días: libertades que la moderación de Lista había permitido.

Marrast reconoce [240] que *Blanca de Borbón* no es una obra maestra; difícilmente podía lograrla Espronceda con tan corta experiencia literaria y en tan temprana edad; pero es una tragedia muy estimable, y no peor que la mayoría de las de su especie que le habían precedido. Casalduero destaca dos personajes, «los más intensos de la tragedia»: la Maga y su hijo Abenfarax. «Con ellos —dice—, Espronceda ha alumbrado las fuerzas elementales del mal. Hay una ferocidad, una crueldad, un odio, un sentido de la destrucción que superan a la pasión adúltera o la ambición criminal. El Rey, la Padilla y García tienen como fondo ese sentido satánico del mal. Se pueden recordar los grandes nombres: Shakespeare, Byron, Víctor Hugo. Espronceda se ha apoderado con gran fuerza de la visión del mal trascendente, y vale la pena de citar la acotación que pone el poeta a su personaje: 'Abenfarax, asesino. Su carácter marcado: la estupidez y la ferocidad'. La actuación de estos dos personajes es muy breve, con ella el dramaturgo se adueña de la imaginación del público y del lector» [241].

*Blanca de Borbón* no fue representada ni tampoco publicada en vida del autor; su hija, Blanca, la publicó en 1870, y años después hizo de ella Churchman una edición crítica [242]. Los biógrafos de Espronceda se han preguntado la razón de que el poeta no diera a conocer su obra, en la cual había puesto prolongado interés, según queda acreditado por las correcciones existentes en los tres manuscritos. En el prólogo de la edición de Blanca Espronceda se afirma que la censura había prohibido su representación. Pero Marrast pone en duda este aserto, ya que en 1835 Gil y Zárate hizo representar su tragedia del mismo título, y en la cual la monarquía, en la persona de Pedro I, sale tan malparada como en la obra de Espronceda. La tragedia de éste, como era tan frecuente en el teatro de la época, encerraba, tras la figura del Rey Cruel, la execración de la tiranía y exaltaba la lucha contra la opresión. Pero a la muerte de Fernando VII la situación había variado: el trono estaba ocupado por una Regente en la que los liberales tenían puestas todas sus esperanzas. En estas condiciones —piensa Marrast [243]— el poeta debió creer improcedente presentar como un

---

[240] Ídem, íd., pág. 221.
[241] *Espronceda*, cit., pág. 264.
[242] Philip H. Churchman, «Espronceda's *Blanca de Borbón*», en *Revue Hispanique*, XVII, 1907, págs. 549-703.
[243] *José de Espronceda et son temps...*, cit., pág. 233.

héroe al jefe de una rebelión política y al rey como un monstruo cruel. La oportunidad había pasado, y Espronceda, urgido además por otras ocupaciones políticas y literarias, dejó reposar el manuscrito en su gaveta [244].

## II

### *POETAS ROMÁNTICOS MENORES*

Allison Peers ha señalado [245] que la lírica romántica se desarrolla con visible retraso respecto del teatro y de la poesía narrativa. Necesitó más tiempo para desasirse de la tradición clásica de la época anterior, cuyas formas, como ya sabemos, penetran hasta bien avanzada la primera mitad del siglo; ya hemos visto cómo el propio Espronceda, el más genuino de nuestros líricos románticos, tarda bastante en desprenderse del clasicismo aprendido de su maestro Lista. Peers ha calificado —con denominación que parece haber hecho fortuna— de «annus mirabilis» el de 1840, porque en él publican libros de poesía casi todos los autores más representativos del movimiento romántico, y varios de ellos su obra principal. A este año pertenecen las *Poesías líricas* de Espronceda, las *Poesías* de Nicomedes Pastor Díaz, los *Ensayos poéticos* de Salvador Bermúdez de Castro, las *Poesías* de García Gutiérrez, las *Ternezas y Flores* «del entonces joven romántico» Campoamor, las *Poesías caballerescas y orientales* de Arolas, las *Leyendas Españolas* de Mora, el poema *María* de Miguel de los Santos Alvarez, las *Poesías* de Rementería y Fica, y también la primera entrega de *El diablo mundo* de Espronceda. En 1841 aparecieron los *Cantos del Trovador* de Zorrilla, los *Romances históricos* de Rivas, las *Poesías andaluzas* de Rodríguez Rubí y libros diversos de Gertrudis Gómez de Avellaneda, de Eugenio de Ochoa y de Gregorio Romero Larrañaga. Jorge Campos, que recoge [246] también esta idea de Peers, hace notar, sin embargo, que la producción lírica en este momento es todavía mayor, pues hay que tener en cuenta las numerosas revistas literarias que recogen la obra de los poetas románticos y que sólo en años posteriores es reunida en volumen, como es el caso de Hartzenbusch, de otros varios de los citados —Zorrilla, el duque de Rivas, Arolas, Romero Larrañaga— y de alguno cuyo nombre aún no hemos visto aparecer todavía, como García Tassara.

[244] Cfr., Anna Maria Gallina, «La traiettoria drammatica di Espronceda: dal neo-classicismo al romanticismo», en *Annali dell'Istituto Universitario Orientale*, Nápoles, VII, enero de 1965, págs. 79-99.

[245] *Historia del movimiento romántico español*, II, 2.ª ed., Madrid, 1967, pág. 251.

[246] *El movimiento romántico. La poesía y la novela*, en *Historia General de las Literaturas Hispánicas*, dirigida por G. Díaz-Plaja, IV, 2.ª Parte, Barcelona, 1957, pág. 183.

Jorge Campos subraya [247] el enorme influjo que ejerció sobre sus contemporáneos la poderosa personalidad de Espronceda; se multiplican —dice— los poemas «esproncedianos» en los que se exalta a los tipos marginados de la sociedad o se cantan los sentimientos desolados y las actitudes cínicas, «de un cinismo entre desgarrado y tierno»; numerosos poetas pregonan con orgullo su amistad con Espronceda y le siguen en la expresión de sus mismos ideales poéticos. José Luis Varela, en su monografía sobre Romero Larrañaga [248], sostiene también, aduciendo testimonios numerosos, que Espronceda fue para aquella generación romántica el caudillo del grupo, el conductor, el epónimo, el maestro indiscutible e indiscutido, y detalla los vínculos que permiten designar a los poetas mencionados como inequívocos componentes de una auténtica «generación»: la edad casi idéntica; la común profesión universitaria (en su mayor parte, legista, es decir, aquella carrera que todos estaban prestos a arriar para entregarse a la literatura); la colaboración en unas mismas revistas; la agrupación en la tertulia del Parnasillo y la participación en las veladas del Liceo en donde todos ingresan en la misma fecha (Romero Larrañaga tiene el número 140, Gil y Carrasco el 141, Bermúdez de Castro el 146, Campoamor el 148, Espronceda el 151, Zorrilla el 174); y finalmente, como ya ha quedado dicho, el reconocimiento de un jefe, que representara sus ideas, sus sentimientos y aspiraciones.

Salvador García ha dedicado un importante artículo [249] a la fundación de la revista *El Pensamiento*, que tuvo lugar en 1841, pocos meses antes de la muerte de Espronceda. La revista —dice García— aunque de vida breve, es interesante precisamente porque todos sus colaboradores pertenecen al círculo del autor de *El diablo mundo*, y su fundación se debió en gran parte al deseo de dar a conocer mejor a los miembros de aquel grupo de amigos. Dentro de éste, y con escasas excepciones fuera de él, están los nombres de los poetas que es indispensable mencionar para completar el cuadro de nuestra lírica romántica.

**Miguel de los Santos Álvarez** fue el más incondicional y entrañable de los amigos de Espronceda, en cuya compañía vivió por algún tiempo; no le acompañó, sin embargo, como otros íntimos, en los días de su breve enfermedad, porque desde una semana antes estaba en Málaga a punto de embarcar para el Brasil, a donde iba como Secretario de la Legación Española.

Álvarez nació en Valladolid en 1818; cursó estudios en su Universidad, y en 1836 se trasladó a Madrid, donde conoció a Espronceda. Ingresó en la

---

[247] Idem, íd., pág. 187.

[248] Luego cit., pág. 200.

[249] «*El Pensamiento* de 1841 y los amigos de Espronceda», en *Boletín de la Biblioteca Menéndez Pelayo*, XLIV, 1968, págs. 329-353.

Administración Pública y fue Gobernador de Valladolid; pasó luego al Cuerpo Diplomático y fue Secretario de Embajada en Río de Janeiro, Ministro en la de Méjico, Subsecretario en el Ministerio de Estado y finalmente Consejero del mismo. Complicado en los sucesos políticos de 1848, emigró a Francia y allí permaneció hasta 1852.

Álvarez ha tenido poca suerte con la posteridad y hasta el momento no ha surgido el generoso investigador que saque del olvido, con la debida atención, su obra. A su muerte, en 1892, fecha tan alejada ya del movimiento literario a que dio vida, Pardo Bazán le dedicó un artículo necrológico [250] en el que apenas habla de sus escritos y mucho de sus costumbres y persona. Álvarez hacía ya mucho tiempo que había dejado de escribir, pero conservaba el prestigio de su amistad con hombres famosos, de cuya memoria se beneficiaba. Era contertulio habitual en salones aristocráticos y tertulias literarias, donde se celebraban sus comentarios y agudezas y era estimada su condición de caballero afable y mundano. El comentario de doña Emilia da, pues, a entender que en Miguel de los Santos Álvarez era de mucho más interés el hombre que la obra.

Valera que le dedicó también unas páginas [251], bastante más generosas que las de doña Emilia, destaca asimismo sus excelentes condiciones personales y, sobre todo, su clara inteligencia, su afición a los libros y su rara perspicacia.

En 1840 —el mismo año de las *Poesías* de Espronceda— publicó Álvarez su novela *La protección de un sastre* y el Canto I de su poema *María*, que ya no continuó. Espronceda puso unas frases de la novela de su amigo al frente de la Parte IV de *El Estudiante de Salamanca*, y como lema de su *Canto a Teresa* una octava de *María*, que así se ha hecho famosa. Ambos amigos colaboraron en el poema burlesco *Dido y Eneas*, que también quedó incompleto [252]. Y a la muerte de Espronceda, llevado de su gran afecto hacia éste, publicó Álvarez en el *Semanario Pintoresco* los dos fragmentos existentes del Canto VII de *El diablo mundo*, y hasta pretendió continuar el poema.

En prosa, además de la novela mencionada, publicó Álvarez algunas narraciones, que deben contar entre lo más valioso de su corta producción:

---

[250] «Miguel de los Santos Álvarez», en *Retratos y Apuntes literarios*, 1.ª Serie, Madrid, 1908, págs. 357-371 (fue publicado originalmente en el núm. 23 del *Nuevo Teatro Crítico*, correspondiente a noviembre de 1892). Este «retrato», o «apunte», ha sido eliminado de las llamadas *Obras Completas* de la editorial «Aguilar»; mutilación tanto más lamentable cuanto que son tan escasos los estudios existentes sobre Álvarez.

[251] Un comentario breve en la Introducción a su *Florilegio* (en *Obras Completas*, ed. cit., II, págs. 1213-1214), y una semblanza más extensa en sus *Notas biográficas y críticas* (en ídem, íd., págs. 1316-1318).

[252] Ha sido publicado por José Cascales Muñoz en *El auténtico Espronceda pornográfico y el apócrifo en general. Estudio crítico vindicativo al que precede la biografía del gran poeta*, cit., págs. 67-72. Cascales sostiene que la parte que le corresponde de este poema es la única composición «pornográfica» que escribió Espronceda.

*Principio de una historia que hubiera tenido fin, si el que la cuenta la hubiera contado, Agonías de la corte, Dolores de corazón* y *Amor paternal,* que llevó luego al volumen titulado *Tentativas literarias.* Su obra en verso es de menor cuantía: cuatro sonetos de tema amoroso, una *Canción,* unas quintillas bastante divulgadas —«Vida, pues ya nos casamos...»— y una composición titulada *A Jarifa,* como la de su amigo y maestro, y dirigida a la misma mujer, cuyos afectos heredó también, según parece.

Campos comenta [253] que *María,* que guarda algunas afinidades con la concepción global de *El diablo mundo,* es un poema de gran ambición, aunque la parte publicada apenas se limita a esbozar lo pretencioso del intento y dejar muestra de unas posibilidades, que no llegaron a cuajar. Su tema, muy explotado por el romanticismo y legado a la literatura posterior en sus formas más populares, es el de un alma pura en medio de un ambiente corrompido, un ser al margen de la sociedad, que es mejor que ella: María, la protagonista, vive en un lupanar que dirige una tía suya, doña Tomasa, ignorante del mal, cultivando las flores, hablando con los ángeles y soñando con aventuras en el cielo; todo ello con el propósito de contraponer, en juego de contrastes, la maldad del mundo con la ingenuidad, lo más puro con lo más corrompido y aberrante. Valera comenta con sorna el poema de Álvarez: «Como el poema se para aquí y no pasa adelante —dice— nos quedamos también por averiguar en qué paran los misticismos de María. Y más vale así, porque, al leer lo ya compuesto, el lector menos *escamón* recela y presiente una catástrofe y está con el alma en un hilo. Como yo tengo la manga ancha, ora presumo que en la vida real todo es posible, ora me explico como simbólico o alegórico el asunto del poema *María,* y decido que está bien; pero esto no obsta para que jueces más severos que yo le califiquen de disparate». A pesar de lo cual, señala Valera que «la poesía se halla difundida y resplandece en no pocas octavas del poema con notable elevación y brío y con gran delicadeza de afectos. En la parte cómica hay en este poema trozos que son modelo y dechado de gracia espontánea y de originalísimos y naturales chistes. La descripción de Tomasa es, en mi sentir, de lo más ameno y urbanamente desenfadado que en verso castellano puede citarse» [254]. Allison Peers afirma que el poema de Álvarez, «ora humorístico, ora satírico, ora idealista y simbólico», «en algunos pasajes pasaría muy bien por obra de Espronceda», aunque concede que «carece de la magia de su estilo y versificación» [255]. Narciso Alonso Cortés comenta por su parte que *María* «mezcla extraña de observaciones perspicaces, amargas reflexiones y originales desplantes, da al poeta vallisoletano, juntamente con su novelita *La protección de un sastre* y otros tra-

---

[253] *El movimiento romántico...,* cit., pág. 188.
[254] Introducción al *Florilegio,* en *Obras Completas,* ed. cit., II, pág. 1213.
[255] *Historia del movimiento romántico español,* cit., II, pág. 296.

bajos análogos, un puesto preferente entre los humoristas españoles del siglo XIX» [256].

Salvador García —uno de los muy escasos investigadores actuales que ha comenzado a interesarse por Miguel de los Santos Álvarez— destaca en sus escritos la nota macabra, «producto —dice—, quizá, en parte de la pasajera petulancia juvenil aliada al deseo —tan natural— *d'épater les bourgeois*, y quizá en parte por la predisposición y preferencias de Álvarez hacia ese 'humorismo cáustico y desgarrado' de que habla Alonso Cortés» [257].

Valera, además del comentario mencionado, se ocupó de Álvarez también en sus *Notas biográficas y críticas*. En este lugar, Valera trata con preferencia de refutar al padre Blanco García, que había calificado al autor de *María* de blasfemo y de impío. Valera, que lo conoció y trató personalmente, traza, por el contrario, una silueta amable del poeta vallisoletano, y juzga que las supuestas blasfemias contra la creación (de que forma parte la octava recogida por Espronceda), cuando no son meros atrevimientos de muchacho inexperto, casi —dice— se parecen «a lo que expresan no pocos libros ascéticos y místicos sobre el menosprecio del mundo» [258], o se limitan a bromas intrascendentes. En ambas ocasiones alude Valera a la inactividad literaria de Miguel de los Santos: lo poco que ha escrito —dice [259]—, y le ha conquistado fama, pertenece a su primera mocedad; después, y por espacio de lo menos cincuenta años que aún duró su vida, apenas escribió nada sino por alguna presión o compromiso. Y en el primero de los pasajes citados escribe: «El más allegado a Espronceda en el mencionado grupo fue don Miguel de los Santos Álvarez, cuyo natural ingenio, acendrado buen gusto y demás prendas de escritor y de poeta fueron, a mi ver, superiores a los de la mayoría de sus más ilustres y celebrados contemporáneos, pero cuya desidia, abandono, precoz desengaño de lograr como escritor fama y provecho y menosprecio desdeñoso de este provecho y de esta fama hicieron punto menos que estériles aquellas prendas excelentes con que le había dotado el Cielo» [260].

Aunque su obra poética sea hoy prácticamente desconocida, creemos indispensable traer a este lugar el nombre de **José García de Villalta**, por

---

[256] *Zorrilla. Su vida y sus obras*, 2.ª ed., Valladolid, 1943, pág. 156.

[257] Artículo cit., pág. 336.

[258] En *Obras Completas*, ed. cit., II, pág. 1317.

[259] Ídem, íd., pág. 1316.

[260] Ídem, íd., pág. 1213. Compuestas ya estas páginas en la imprenta, nos llega el libro, recientemente publicado, de Salvador García Castañeda, *Miguel de los Santos Álvarez (1818-1892). Romanticismo y Poesía*, Madrid, 1979, cuyo rico contenido sentimos no poder ya incorporar a nuestro breve comentario. García Castañeda ha dado amplio cauce a su conocido interés por la vida y obra de Miguel de los Santos con esta excelente monografía, que no sólo aporta noticias y juicios sobre nuestro autor sino también sobre toda la época romántica y numerosos escritores con quienes Álvarez mantuvo relación humana y literaria.

ser, con Miguel de los Santos, el escritor más íntimamente unido a la persona de Espronceda. Con uno u otro motivo, y casi siempre en relación con la obra y andanzas de su amigo, se cita infinitas veces a Villalta; y, sin embargo, se ignoraba todo de él hasta la monografía de Torre Pintueles [261], que ha reconstruido, al menos en sus líneas esenciales, la vida y obra de esta interesantísima y curiosa personalidad del Romanticismo español.

García de Villalta nació en Sevilla el primero de octubre de 1801. Siendo aún muchacho ingresó en la Administración del Arma de Artillería, y al producirse la invasión de los franceses de Angulema, que puso fin al trienio liberal, emigró a Inglaterra donde probablemente inició su estrecha amistad con Espronceda. Según ha descubierto y documentado Torre Pintueles, Villalta tomó parte en la expedición de ayuda a los griegos que luchaban por su independencia contra los turcos, y en la cual, como es sabido, combatió y murió lord Byron. A su regreso a Inglaterra casó con una dama inglesa, Mariana Sully. Se trasladó luego a Francia con otros muchos emigrados españoles para intentar desde allí la lucha contra el absolutismo de Fernando VII, y al lado de Espronceda tomó parte en la intentona de Chapalangarra. En recuerdo de esta aventura —que, años más tarde, durante la regencia de Espartero, tenía que ser oficial y públicamente reconocida [262]— dedicó Espronceda una epístola en verso a su entrañable amigo Villalta, que Jorge Campos ha publicado por vez primera [263].

Vuelto a España al producirse la amnistía dada por la Regente María Cristina, Villalta figuró en el grupo de los entusiastas de la nueva escuela romántica y formó parte, siempre al lado de Espronceda, de la redacción de El Siglo. El 24 de julio de 1834, por suponerle complicado en la famosa y discutida conjura conocida por el nombre de la «Isabelina», fue encarcelado con Espronceda y desterrado a Zaragoza y luego a Sevilla [264]. En el verano del año siguiente tomó parte Villalta en la insurrección contra el gobierno de Toreno desde la Junta de Cádiz, actuación que fue recompensada durante el Ministerio Mendizábal con el nombramiento de Gobernador Civil de Lugo, puesto del que fue destituido al producirse la sargentada de La Granja. En noviembre de 1840, con el triunfo de Espartero, obtiene otro cargo oficial, la Secretaría de la Dirección General de Estudios,

---

[261] Elías Torre Pintueles, La vida y la obra de José García de Villalta, Madrid, 1959.

[262] Véase ídem, íd., págs. 28-29.

[263] En su edición de las Obras Completas de D. José de Espronceda, B. A. E., Madrid, 1954, págs. 53-54.

[264] Torre Pintueles estudia todo este problema en su monografía mencionada (páginas 40-50), pero le ha dedicado además un trabajo aparte, mucho más minucioso, bajo el nombre de «La Causa del 24 de julio», que ha reunido con otros dos artículos —«Dos folletos desconocidos de García de Villalta» y «¿Un antecedente de El Estudiante de Salamanca?»— en el volumen Tres estudios en torno a García de Villalta, Madrid, 1965.

y tres años más tarde es destinado como oficial a la Secretaría de Gobernación.

Cuando González Bravo subió al poder, se propuso normalizar las relaciones diplomáticas con varios países que no habían reconocido todavía a la reina Isabel II, y su amistad con literatos jóvenes le movió a servirse de varios de éstos, que, aun siendo ajenos a la diplomacia profesional, suponía idóneos para misiones tales. Así, con pocos días de diferencia, extendió el nombramiento de Enrique Gil para la embajada de Alemania, y el de García de Villalta para la de Grecia; posiblemente, en el de éste pudo influir el hecho de su pasada intervención en la lucha por la independencia helénica, circunstancia que habría de atraer la simpatía hacia su persona. Villalta llegó a su destino en julio de 1844, y en mayo de 1846 fallecía en Atenas tras rápida enfermedad.

Su actividad política impidió a Villalta una total dedicación a las letras, y, sin embargo, su nombre aparece siempre en primera línea en todas las empresas literarias durante aquellos años de mayor efervescencia romántica. Figuró entre los más asiduos asistentes del Parnasillo y entre los miembros primeros y más activos del Ateneo y del Liceo. En este último ocupó puestos prominentes: fue Presidente de la Sección de Literatura —con Espronceda y Gil y Zárate como Vicepresidentes, Ventura de la Vega y Moreno López como Consiliarios, y Romero Larrañaga y González Bravo como Secretarios— y desempeñó la cátedra de Derecho Político.

Poco tiempo después de la muerte de Larra fue nombrado Villalta director de *El Español*. Zorrilla, en sus *Recuerdos del tiempo viejo*, ha contado el comienzo de sus relaciones con él, en unos pasajes que merece la pena reproducir: «Una noche —refiere Zorrilla— me encontré, al volver a mi casa de pupilaje, una carta de don José García Villalta, que decía: 'Muy señor mío: he tomado la dirección de *El Español*, periódico cuyas columnas surtía Larra con sus artículos: pues la muerte se llevó al crítico dejándonos al poeta, entiendo que éste debe de suceder a aquél en la redacción de *El Español*. Sírvase usted, pues, pasar por esta su casa, calle de la Reina, esquina a la de las Torres, para acordar las bases de su contrato. Suyo, afectísimo, J. G. de Villalta'. Era éste el autor de *El golpe en vago*, la novela mejor escrita de las de la colección primera del editor Delgado. Teníale yo en mucho desde que la había leído, y las relaciones entabladas con el hombre acrecentaron mi respeto y mi estimación hacia el escritor. Villalta era un hombre de mucho mundo y de un profundo conocimiento del corazón humano: de una constitución vigorosa, con una cabeza perfectamente colocada sobre sus hombros; de una fisonomía atractiva y simpática, con una boca fresca, cuya sonrisa dejaba ver la dentadura más igual y limpia del mundo. Su cabellera escasa era rubia y rizada, y no he podido nunca explicarme el por qué su busto, abultado de contornos, me recordaba el olímpico busto de Nerón, pero del Nerón poeta y gladiador en su viaje a Grecia... El hecho es que Villalta era todo un hombre: sobrio y diligente, pero gracioso y amabilísimo; como andaluz de la buena raza, su trato era fascinador; y en cinco minutos hizo de mí lo que le convino en nuestra primera entrevista; el cuarto en que ésta pasó influyó, sin duda, en mi aceptación. Era una sala grande, cuadrada, en cuyas blancas paredes no tenía Villalta más adornos que dos espadas de combate, dos sables de academia de armas y un magnífico par de pistolas. Una grandísima mesa de despacho, cargada de papeles, estaba entre él y yo, y por una puerta entreabierta se veía en el inmediato aposento el baño del que acababa de salir. / Vio Villalta que no era yo hombre de abandonar a Donoso y a Pastor Díaz sin una grave razón, y me dio una carta para ellos, en la que les decía las proposiciones que me había hecho y las razones que yo le daba. *El Porvenir* tenía apenas suscripción, y *El Español* la tenía numerosa. Si me querían bien, debían dejarle dar a mis versos la más lata publicidad, etc. / Ofrecíame un sueldo con que no había yo contado nunca, y que entonces creo que no sabía contar en moneda efectiva: pagarme aparte las poesías del número de los domingos, que era una revista de mayor tamaño; la colaboración en el folletín con Espronceda, convaleciente ya de una larga enfermedad, y mi presentación inmediata en su casa por él en persona. Espronceda era el ídolo de mis creencias literarias. Donoso y Pastor Díaz me autorizaron, abrazándome, para abandonarles, y me pasé al campo de Villalta sin traición ni villanía» [265].

A poco recibió también Zorrilla el segundo y esperado favor de Villalta: la presentación a Espronceda. Y he aquí también el pasaje: «Una tarde me dijo Villalta: 'Esta noche iremos a casa de Espronceda, que ya desea ver a usted'. Figúrese usted que un creyente hubiera enviado por escrito su confesión al Papa, y que Su Santidad le hubiera contestado: 'Venga usted esta noche por la absolución o la penitencia'; ésta fue mi situación desde las cuatro de la tarde, hora en que Villalta me anunció tal visita, hasta las nueve de la noche, hora en que se verificó... Villalta leyó, sonriendo, en mi fisonomía lo que pasaba en mi interior, y me condujo en silencio a la calle de San Miguel, número 4. Espronceda estaba ya convaleciente, pero aún tenía que acostarse al anochecer. Introdújome Villalta en su alcoba, y diciendo sencillamente 'aquí tiene usted a Zorrilla', me empujó paternalmente hacia el lecho en que estaba incorporado Espronceda...» [266].

En 1839 los amigos de Espronceda decidieron reunir en un volumen sus composiciones y comisionaron a Enrique Gil y García de Villalta para que preparasen la edición, que apareció, como sabemos, en mayo de 1840 con una breve presentación de este último. Meses antes Villalta había fundado,

---

[265] *Recuerdos...*, t. I, Barcelona, 1880, pág. 41.
[266] Id., pág. 47.

y dirigía, una nueva revista, *El Labriego,* en donde se publicó anónima (en el número 14, correspondiente al 23 de marzo) la primera biografía de Espronceda, tradicionalmente atribuida a Villalta.

La obra poética de García de Villalta es de hecho desconocida. No obstante, Espronceda comienza el romance mencionado, diciendo «A ti de las musas / alumno querido...», y casi a continuación añade: «Mi pecho recrean / tus cantos divinos, / gozoso mi labio / con siempre decirlos...»; y se refiere más abajo a «lúgubres himnos» entonados en honor de los «héroes invictos» de la Patria, y concretamente «del fiero De Pablo»; es decir, a poemas inspirados por Chapalangarra y su empresa, lo que, según puntualiza Torre Pintueles [267], haría de Villalta un precursor de Espronceda.

Eugenio de Ochoa, en su *Miscelánea de literatura, viajes y novelas,* al ocuparse de Villalta nos da de él una semblanza que confirma la de Zorrilla y nos lo presenta recitando versos propios: «Sacudiendo —dice— su larga cabellera de un color rubio amarillento, como la melena de un león, alto, fornido, respirando fuerza por todos los poros, Villalta le va recitando estos deliciosos versos de una composición íntima suya, nunca publicada que yo sepa, y cuya suavidad forma un extraño contraste con la vigorosa naturaleza del poeta: son la pintura de una mujer amada:

> *La estrecha cintura*
> *que engalana el cinto*
> *doblégase fácil,*
> *cual dobla el narciso*
> *su talle flexible*
> *del aura al suspiro»* [268].

Y esto es todo lo que nos queda por el momento de la obra lírica de Villalta, que mereció el elogio de Espronceda.

Nada se conoce tampoco de las actividades literarias que pudo desarrollar Villalta durante la emigración. Se ha repetido, dando por buena una afirmación de Ochoa en la citada *Miscelánea,* que Villalta escribió primero en inglés, bajo el título de *The Dons of the Last Century,* su novela *El golpe en vago,* pero nadie ha podido confirmarlo.

A poco de su regreso a España, a fuer de apasionado propagandista del romanticismo, publicó su traducción de *El último día de un condenado a muerte* (1834), de Víctor Hugo, primera traducción a nuestra lengua de una obra del famoso escritor francés. En 1835 publicó su novela *El golpe en vago,* su obra más importante, a la que más comúnmente va asociado su nombre. El editor Manuel Delgado había lanzado su colección de «Novelas históricas originales españolas», iniciada con *El primogénito de Albur-*

---

[267] *La vida y la obra...,* cit., pág. 34.
[268] Cit. por Torre Pintueles en ídem, íd., pág. 60.

*querque,* de López Soler, y seguida por *El Doncel de don Enrique el Doliente,* de Larra. La novela de Villalta, publicada a continuación en seis volúmenes, de enero a mayo de 1835, lleva como subtítulo *Cuento de la decimooctava centuria,* y refiere los manejos de una secta que se disfraza, un poco ingenuamente, bajo el nombre de «los alquimistas», pero que se refiere sin posible equívoco a la Compañía de Jesús. Torre Pintueles ha exhumado [269] una reseña anónima, aparecida el 30 de junio en la *Revista Mensajero de las Cortes,* en la que se emplea la palabra «jesuitas» cada vez que el autor alude a los alquimistas, y se fija el momento de la novela, que coincide con la expulsión de la Compañía, de cuya maldad hace comentarios, elogiando el acierto de la expulsión. La transposición era, pues, harto transparente.

*El golpe en vago,* según Torre Pintueles que la ha estudiado en detalle [270], es una típica novela romántica, en la que predominan la acción y las interferencias episódicas en el desarrollo de la trama central: un folletinesco asunto de amores, que se fusiona con las maquinaciones de los jesuitas; y responde al módulo de la llamada «novela histórica», que Walter Scott había puesto de moda. La originalidad de Villalta consistía en escoger un siglo desatendido por todos sus émulos —«más apasionados de un medievalismo colorista»—, por estimarlo quizá demasiado próximo para ficciones semejantes, pero que resultaba muy adecuado para la finalidad del autor. En la novela, según era norma del género, se combinan los personajes y sucesos reales con los de ficción, y entre aquellos se hace aparecer al bandido Diego Corrientes y a los toreros Pepe-Hillo y Costillares. Con la intriga central se intercalan abundantes escenas costumbristas: la montería con que se inicia la novela, escenas en el barrio de Triana, en la feria de Santiponce, en la cárcel de Sevilla, corrida de toros y función teatral, toma de velo de una novicia, cuadros de guerra y de hospital, que, según Torre Pintueles, «pudieran formar una antológica contribución al estudio del costumbrismo español» [271], que no se reduce tan sólo a descripciones sino que, con frecuencia, adopta también la forma dialogada, tratando de reproducir formas populares de conversación.

Romántica en grado sumo —añade el comentarista— es la intervención de personajes pertenecientes a clases bajas o marginales de la sociedad, como bandoleros y gitanos, cuya bondad *natural* se enfrenta a la maldad de los «alquimistas». Probablemente, la novela de García de Villalta es una de las primeras ocasiones en que la interpretación del malhechor como «bandido generoso» «salta al libro desde los pliegos de cordel» [272]. Dicho queda que la novela abunda en personajes y situaciones misteriosas, y que

---

[269] Ídem, íd., págs. 54-59.
[270] Ídem, íd., págs. 100-124.
[271] Ídem, íd., pág. 107.
[272] Ídem, íd., pág. 108.

se insiste en la ambientación tan grata a los románticos: nocturno, ruinas y sepulcros, intervención de lo macabro; esto último —dice Torre Pintueles [273]— en proporción superior a lo que fue común entre los otros románticos españoles.

Torre Pintueles ha dedicado largo espacio a examinar la pretendida deuda de *El golpe en vago* con las novelas de Walter Scott. La difusa influencia del novelista escocés en las obras del género no puede discutirse; el comentarista señala además algunos episodios concretos, inspirados en *Ivanhoe* y en *Guy Mannering*. Pero hace notar que todos ellos se encuentran en el primero de los seis volúmenes de que consta la novela de Villalta; el costumbrismo, como dejamos dicho, ocupa importantísimo lugar en la obra, y todo lo que a él concierne ha exigido directa observación o manejo de fuentes ajenas al supuesto modelo, sin contar con lo que la época y sucesos de que se trata difieren de los habituales escenarios de Scott. Torre Pintueles hace notar además los diversos influjos que acusa Villalta de clásicos españoles, particularmente de Cervantes y de Quevedo así como de la novela picaresca.

Compuso también Villalta dos obras para el teatro. *Los amoríos de 1790*, que se estrenó el 23 de diciembre de 1837, es una comedia de la escuela moratiniana o de las comedias moratinianas de Martínez de la Rosa, que fue bien recibida por el público y la crítica. En enero de 1839 estrenó *El astrólogo de Valladolid*, drama histórico situado en la corte de Enrique IV y cuyo asunto central es el matrimonio de Isabel la Católica con el heredero del trono aragonés.

Más importante, sin duda, que su obra dramática original, en el proceso del Romanticismo español, lo fue su traducción de *Macbeth*, que fue estrenada en el Teatro del Príncipe el 13 de diciembre de 1838, y que se mantuvo cuatro días en cartel a pesar de la «silba monumental» con que fue recibida la obra. El acontecimiento, pues de tal puede calificarse, sirvió, no obstante, para que el público español se pusiera en contacto con la obra de Shakespeare por medio de una traducción que había pretendido conservar en toda su integridad la original belleza del dramaturgo inglés. Nuestros espectadores no conocían a Shakespeare todavía sino muy fragmentariamente y a través de las blandas y amañadas versiones francesas, y se escandalizaron de las audacias de la obra. Enrique Gil, en dos artículos memorables, aparecidos en *El Correo Nacional*, denunció la incomprensión del público madrileño, que había acogido con risas los momentos de más valor de la obra, y puntualizó todo lo que ésta significaba [274].

---

[273] Idem, íd., pág. 115.
[274] Se reproducen en la edición de Jorge Campos de las *Obras Completas de Don Enrique Gil y Carrasco*, B. A. E., Madrid, 1954, págs. 419-427.

La traducción de Villalta, cuyo único error, probablemente, consistió en traducir en verso la mayor parte de la obra, representó un esfuerzo de primer orden, que ha sido reconocido por la crítica posterior. Alfonso Par, primera autoridad en la materia, aunque no sin distingos elogió la tarea de Villalta[275]. Eduardo Juliá, cuya valoración estima más justa Torre Pintueles, escribe: «Exacto conocedor del idioma inglés, la traducción de Villalta sigue tan de cerca el original, que casi se confunde con él... García de Villalta es el que inicia con su versión los trabajos que se inspiran en el verdadero amor al genio. Prescindió de intermediarios franceses y de la rígida palmeta de los seudoclásicos, para ver solamente la belleza que resplandecía en la obra que reputados críticos aprecian como la más notable entre las que escribió el vate de Stratford»[276]. Y Menéndez y Pelayo, aunque sólo ocasionalmente pudo ocuparse del *Macbeth* de Villalta, lo califica de «arrojadísimo ensayo para hacer gustar a un público a Shakespeare entero con toda su nativa y sublime rudeza, que no fue entendida ni escuchada siquiera con paciencia»; y en otro lugar llama a Villalta «incomparable traductor del *Macbeth* shakespeariano»[277].

Más que por sus escasas creaciones literarias, el nombre de **Antonio Ros de Olano** se destaca en la historia decimonónica por su prolongada actividad política y militar. Y, sin embargo, fue escritor de muy acusada personalidad, con una obra de no escasa importancia. Ros de Olano nació en Caracas en 1808 —era hijo de un militar catalán, que desempeñó diversos cargos en Venezuela—, pero fue traído a la Península a la edad de cinco años. Siguió como su padre la carrera de las armas, tomó parte en la Guerra Carlista como ayudante del general Córdoba, intervino activamente en la política de su tiempo, sobre todo durante la revolución de 1854, combatió en la Guerra de África donde ganó el título de Marqués de Guad-el-Jelú por su decisiva intervención en la batalla de dicho nombre, llegó a Teniente General, fue Grande de España y Caballero Gran Cruz de diversas Órdenes.

Ros de Olano es uno de los escritores más vinculados al círculo de Espronceda. Con él formó parte de la «partida del trueno» y de las tertulias del Parnasillo y del Liceo; juntos colaboraron en *El Siglo* y en *El Pensamiento;* sabemos ya que escribieron en colaboración la comedia *Ni el tío ni el sobrino,* y que Ros prologó *El diablo mundo* con unos comentarios

---

[275] Alfonso Par, *Shakespeare en la literatura española*, tomo I, Madrid-Barcelona, 1935, págs. 266-269. Par alude también a los artículos de Gil y señala algunos «deslices» de su comentario.

[276] *Shakespeare en España. Traducciones, imitaciones e influencia de la obra de Shakespeare en la literatura española*, Madrid, 1918, pág. 119 (cit. por Torre Pintueles en *La vida y la obra...*, cit., pág. 132).

[277] Cit. en ídem, íd., pág. 133.

cuya importancia hemos señalado; Espronceda, por su parte, le dedicó el poema.

Valera, en la semblanza que le dedica[278], dice de Ros que, como poeta lírico, merece muy altas alabanzas, pero señala poco después que «fue siempre lo que vulgarmente llaman muy excéntrico, y no por afectación sino por naturaleza», y lo caracteriza como un ingenio «raro», tomando la palabra —dice— en su más variada acepción. Valera distingue en este aspecto sus poesías de su prosa; sus versos suelen ser enérgicos y sencillos, y Valera recuerda que, a lo menos en sus mejores momentos, parece haber tenido presente la sentencia que se le atribuye: «la poesía es pensar alto, sentir hondo y hablar claro». Algunas de sus composiciones, incluidas en el volumen de *Poesías* aparecido en 1886, un año antes de su muerte, merecen señalarse por su delicada intimidad, como *En la soledad: cinco sonetos, Entre cielo y tierra, Melancolías;* pero con cierta frecuencia tiende Ros al patetismo y la truculencia, así en *El penado* y en *La abuela viuda y la nieta huérfana.*

Como prosista ha merecido fama de impenetrable y extravagante. Valera dice que, cuando escribe en prosa, su Pegaso suele llevarle «al país de las Quimeras y a regiones tenebrosas y desconocidas», y a propósito de sus dos relatos, *El diablo las carga* y *El doctor Lañuela,* dice que lo misterioso va en progresión ascendente, llegando «al grado superlativo en *El doctor Lañuela,* historia archienigmática, cuyo sentido esotérico no intentaremos descifrar». De este mismo relato dice Menéndez y Pelayo que «es un verdadero logogrifo, que parece visión de sonámbulo, con chispazos de ingenio, en medio de un diluvio de arcaísmos, neologismos y retorceduras de frase»[279].

En realidad, Ros de Olano estaba pretendiendo escribir cuentos fantásticos —como cultivador de este género, precisamente, lo trae a cuento don Marcelino— y es en esta vertiente en donde el crítico ha de establecer el peculiar significado de sus relatos, tarea que nadie ha llevado a cabo todavía con la necesaria detención. Merecen, pues, destacarse las páginas que hace ya algún tiempo le dedicó Baquero Goyanes[280], subrayando que es «escritor que merecería una monografía, ya que el interés y el prodigioso estilo de sus narraciones así lo exigen».

Comenta Baquero que la obra narrativa de Ros debió de ser minoritaria en su tiempo, como lo sería ahora también, de ser más conocida y asequible; sus relatos —dice— «están dotados de un encanto y belleza espe-

---

[278]  En sus *Notas biográficas y críticas,* ed. cit., págs. 1318-1319.

[279]  En las *Adiciones a «Nuestro Siglo», de Otto von Leixner,* reproducido en *Estudios y Discursos de crítica histórica y literaria,* VII, Santander, 1942, pág. 281.

[280]  Mariano Baquero Goyanes, *El cuento español en el siglo XIX,* Anejo L de la *Revista de Filología Española,* Madrid, 1949, págs. 450-456 (las citas en pág. 451 y 452).

ciales, provocados por la sugestión de un lenguaje desconcertante que el autor parece haber creado para él solo, tan a nuevo nos suena, tan irreales son sus imágenes y giros». Añade Baquero que Ros de Olano es un típico caso de inadaptación a su época; Ros no escribe según la moda de su época ni de otra ninguna, y si se tratara de establecer alguna relación habría que emparentarle con Quevedo, con Ramón Gómez de la Serna o con manifestaciones literarias casi surrealistas. Se comprende, pues, que los «clasicotes» Valera y Menéndez y Pelayo se sintieran desconcertados ante la prosa de Ros, tras de la cual —dice Baquero— «nada parecía haber, porque todo estaba en ella misma», ya que su contenido es el mismo lenguaje. Comenta Baquero a continuación la «extraña belleza de estas narraciones, nacidas no se sabe cómo ni por qué provocadas, expresadas en un lenguaje cuyo secreto o fórmula trataríamos inútilmente de descubrir. Porque en la prosa de Ros de Olano hay contenida una gran dosis de poesía, que no es la blanda y dulzona de la época, sino una muy pura, muy sobria, mezclada con la burla o la paradoja. Comparar a Hoffmann con Ros de Olano, como hacía Cejador, es no comprender a ninguno de los dos escritores. Lo esencial en el cuentista alemán es lo fabuloso del asunto, la capacidad imaginativa y creadora, el vuelo fantástico y la atmósfera de mágica irrealidad. En Ros de Olano todo radica en la expresión. El afán de buscar un argumento —aun entendiendo por tal el *razonablemente* fantástico— desconcertó a cuantos críticos estudiaron sus obras, llevándoles a afirmaciones tan erróneas como la de Cejador, que, viendo sólo lo aparencial, creyó que la sensación de extrañeza e irrealidad de los relatos de Ros tenía un origen semejante al de los de Hoffmann».

Ros de Olano dio el título común de *Cuentos estrambóticos* a las narraciones que fue publicando en revistas, sobre todo en la *Revista de España*, de entre los cuales destaca Baquero *Maese Cornelio Tácito. Origen del apellido de los Palominos de Pancorbo, Historia verdadera o cuento estrambótico, que da lo mismo, Al tiro de Benito* y *Carambola de perros*.

Salvador García, en el artículo mencionado, se refiere a los relatos de Ros aparecidos en *El Pensamiento: La noche de máscaras* y *El escribano Martín Peláez, su parienta y el mozo Caínez*, que el autor subtitula «Cuentos fantásticos», a propósito de los cuales comenta García «el gusto de Ros de Olano por introducirse en un ambiente mágico, parte pesadilla y parte realidad, en el que todo es posible, y donde gestos y palabras tienen un valor simbólico» [281].

**Gregorio Romero Larrañaga** ha tenido la fortuna de encontrar en José Luis Varela un diligente investigador, que le ha dedicado una extensa y ex-

---

[281] Artículo cit., pág. 334.

celente monografía [282]. Romero nació en Madrid en 1814 [283]. Estudió en el Colegio Imperial de San Isidro y luego Leyes en Alcalá, pero se dedicó por entero a la literatura. Andando el tiempo obtuvo un puesto en la Biblioteca Nacional de Madrid, y tras un traslado de cinco años a Barcelona como archivero-bibliotecario, regresó a su antiguo puesto de Madrid, donde murió en 1872.

Romero no es, ni con mucho, un escritor de primer orden, pero, según dice Varela [284], posee un gran valor representativo de la época. Participó desde muy joven en las reuniones del Parnasillo y con todos sus componentes se incorporó al Liceo, a cuya vida estuvo estrechamente ligado. A mediados de 1836 comenzó a colaborar en el *Semanario Pintoresco Español* con varios poemas del más «explosivo romanticismo», fúnebre y tremendista: *Aventura nocturna, La noche de tempestad, A un alguacil muerto de perlesía,* y un «cuento romántico» en verso, titulado *El Sayón,* que fue elogiado desmesuradamente por sus colegas de promoción como la más sólida promesa. Pertenece *El Sayón* al medievalismo fantástico y sombrío que estaba de moda por aquellos años y que tuvo su modelo en *El Canto del cruzado,* de Espronceda. A imitación de éste, pero recargando las tintas, había escrito Escosura *El bulto vestido de negro capuz,* que sirvió a su vez de modelo al *Ricardo,* de Julián Romea, y a *El guerrero y su querida,* de Marcelino Azlor. Romero reforzó el género con su *Sayón,* que fue imitado casi en seguida por Juan Francisco Díaz en su poema *Blanca* [285].

A la misma época pertenecen dos composiciones, *El de la cruz colorada* y *Alcalá de Henares,* imitaciones, respectivamente, de *Oriental* y *Toledo,* de Zorrilla. El primero de aquellos poemas apareció en la revista *El Liceo* y gozó de considerable celebridad, de la que se hizo eco don Juan Valera al comentarlo. *El de la cruz colorada* se parece mucho a la *Oriental,*

[282] José Luis Varela, *Vida y obra literaria de Gregorio Romero Larrañaga,* CSIC, Madrid, 1948.
[283] Varela rectifica, con partida de bautismo a la vista, la fecha de 1815 y 1818, dada por los escasos críticos que se han ocupado del poeta.
[284] Ídem, íd., pág. 14.
[285] Varela estudia (ídem, íd., págs. 213-221) los motivos comunes y las analogías estilísticas entre los tres poemas más notables: el de Espronceda, Escosura y Romero, y resume: «Vistos los tres cuentos en conjunto, el de Espronceda es el relámpago, y los de Escosura y Romero son la tormenta con todas sus consecuencias. El de Escosura tiene una anécdota rectilínea y un final perfecto. El de Romero es muy difuso, y su nudo argumental es tan flojo, que se deshace —entre tanta nocturnidad cómplice es fácil, además—. En Espronceda, quizá por no haberlo terminado, no hay sangre. En el de Escosura hay dos muertes, y en el de Romero, más generoso, tres. Los tintes sombríos e intimidantes son ya excesivos en Escosura. En él se lee: 'fiera cuchilla', 'sayón fiero', 'fiero huracán', 'fiero, empuñaba terrible arcabuz', 'enorme arcabuz', 'terror invencible', 'cadalso enlutado que causa pavor', 'sombra medrosa'. La Naturaleza, con sus encantos, en un dinamismo violento —la naturaleza cinética de los románticos—, ayuda también a sobresaltar la sensibilidad delicada —'los sensibles', 'los tiernos', se llamaban— de la época: 'a torrentes el cielo llovía', 'densas tinieblas', 'un trueno a otro trueno continuo seguía', 'relámpago rojo con cruz pasajera', etc.».

su modelo, aunque Romero varía las circunstancias: no es el moro quien enumera las bellezas de Granada, sino la cautiva; y ésta no pide su libertad, sino su esclavitud definitiva a cambio de la libertad de su cristiano, «el de la cruz colorada». Conmovido el moro, deja libres a los dos, que se alejan en un mismo caballo.

En 1841 reunió Romero en un volumen de *Poesías* muchas de sus composiciones dispersas por revistas y periódicos. José Luis Varela comenta [286] que este volumen, que recogía poemas fechados entre el 36 y el 41, posee un valor documental difícilmente superable «como evolución de la lírica de entonces y de la del propio Romero», desde el romanticismo tremebundo hacia una lírica mucho más íntima y emotiva, hacia «un idealismo melancólico y apacible», según el comentario de Tassara [287].

Casi a la vez publicó Romero una colección de *Cuentos históricos, leyendas antiguas y tradiciones populares*, que fue también muy elogiada por la crítica; y en 1843, un pequeño volumen de *Historias caballerescas españolas*, con tres leyendas, que pasaron ya casi inadvertidas, silencio que Varela considera injusto, porque —dice— «si alguna obra de Romero tiene sentido de la frugal y casi frutal medida, encerrando en sí primores cuidados y cierta quintaesencia de época, es, indefectiblemente, este tomito de *Historias caballerescas españolas*» [288].

Escribió también Romero una novela, *La enferma del corazón* (1846), folletinesco relato del más recargado y convencional romanticismo; y en su última época de producción publicó en *La América* varios relatos en prosa —*Un misterio en cada flor, Recuerdos poéticos* y *La ofrenda a los muertos*— que Varela califica de «verdaderamente dignos y finos», de un romanticismo soñador y sentimental [289].

Cultivó Romero con gran tenacidad el teatro, en busca, sin duda, de éxitos más visibles que afianzaran su carrera literaria, pero no poseía capacidad especial para este género. Su primer drama, *Doña Jimena de Ordóñez*, no consiguió ser representado, y apareció impreso en 1838. Al año siguiente pudo estrenar su nuevo drama, *Garcilaso de la Vega*, que sólo se mantuvo dos días en cartel; y en 1843, *Misterios de honra y venganza*, sobre la vida aventurera del célebre pintor Alonso Cano, que también se representó sólo dos días. Por cierto que su estreno dio lugar a una agria polémica entre el periodista Ignacio José Escobar y el famoso actor Julián Romea, que había encarnado al protagonista de la obra. Escobar acusó al actor de haber representado su papel con total desgana, originando así el fracaso de la obra, y la disputa, en la que intervinieron varios periódicos y

---

[286] Ídem, íd., pág. 227.
[287] Cit. en ídem, íd., pág. 109.
[288] Ídem, íd., pág. 137.
[289] Ídem, íd., pág. 182.

escritores, concluyó, al parecer, con un duelo entre Romea y Escobar[290]. Con *Felipe el Hermoso*, estrenado en marzo de 1845 y escrito en colaboración con Eusebio Asquerino, obtuvo Romero su primer éxito teatral; éxito que se repitió con *Juan Bravo* (1849), también a medias con Asquerino. Con Eduardo Asquerino esta vez —no con Eusebio— estrenó en 1847 *El gabán del rey*, centrado en la conocida anécdota de la venta del gabán por Enrique III para poder cenar. En estas tres últimas obras se multiplican las alusiones a la perfidia de los nobles y las llamadas a la libertad, al honor y al pueblo —fácilmente relacionables con circunstancias políticas contemporáneas—, que le dieron a Romero renombre de «avanzado» y que quizá no fueron ajenas al éxito de las obras ni tampoco a los juicios desfavorables de que le hizo objeto el padre Blanco García[291].

José Luis Varela comenta[292] que así como en la lírica Romero Larrañaga evoluciona hacia una nueva sensibilidad, en el teatro se queda en unas formas, en unos gustos superados, sin admitir posteriores renovaciones. Su teatro tiene, pues, más que un valor literario una significación histórica, de época.

A **Salvador Bermúdez de Castro** (1814-1883)[293] dedicó Valera unos párrafos muy sentidos en el prólogo de su *Florilegio*, lamentando que hubiera abandonado tan joven el cultivo de la literatura para dedicarse de lleno a la diplomacia y a la política. También en el «annus mirabilis» —1840— reunió Bermúdez de Castro sus composiciones en un volumen que tituló modestamente *Ensayos poéticos*, pero que contienen poemas de considerable valor —*Los deleites*, *Los astros y la noche*, *Dios*, *La eternidad de Dios*, *La libertad*, *La muerte*, *El pensamiento*—, por los cuales afirma Alonso Cortés[294] que merece ser contado entre los mejores poetas de aquel período, aunque el olvido ha caído injustamente sobre su obra. José Luis Vare-

---

[290] Véase ídem, íd., pág. 128, nota 14.

[291] Valera alude a ello, con su gracejo peculiar, en la breve semblanza que dedicó al poeta: «A toda esta labor dramática —dice— da cortísimo aprecio el padre Blanco García; pero yo no me atrevo a decidir si con estricta justicia o involuntariamente excitado por radical divergencia de sentimientos y de ideas. Romero Larrañaga era, valiéndonos de la fraseología usada hoy, en extremo liberal y progresista, abominando de la Inquisición, con lo cual, si se prescinde de la época, harto menos humana que la presente, en que la Inquisición desplegaba su actividad más terrible, va o puede ir implícita grave censura contra la civilización católica de España, cuando lograba su mayor encumbramiento y predominio» (ed. cit., pág. 1345).

[292] Monografía cit., pág. 118.

[293] Alonso Cortés afirma *(Zorrilla. Su vida y sus obras*, cit., pág. 142, nota 153) que Bermúdez de Castro nació en Jerez en 1814, fecha dada comúnmente en manuales y antologías. Samuels, en el artículo citado luego (pág. 215), afirma que nació en Cádiz, en 1817. García Aráez —también citada— da la misma fecha, pero indica tan sólo que nació «de ilustre familia jerezana» sin precisar el lugar, aunque parece deducirse, por un párrafo que sigue, que fue en Jerez.

[294] *Zorrilla. Su vida y sus obras*, cit., pág. 140.

la, que aduce muchas veces el nombre de Bermúdez de Castro en su monografía sobre Larrañaga, dice que en sus poemas puede ejemplificarse, mejor todavía que en este último, la evolución desde las formas más desatadamente románticas y del medievalismo caballeresco —Bermúdez escribió también, sobre los pasos del *Cruzado*, de Espronceda, la leyenda histórica *El Maestre de Santiago*— hasta el reposo, la serenidad y el intimismo melancólico. Alonso Cortés afirma que, con el tiempo, adquirió su poesía muchos puntos de contacto con la de Tassara, expresándose con una robustez viril «que resucitaba, bajo formas nuevas, los ecos de Quintana»[295]. Alonso Cortés, lo mismo que Valera, insiste en el pesimismo escéptico que inspira muchas de las composiciones de Bermúdez, cuya causa pone el poeta en la cuenta de toda su generación: «Tal vez —dice Bermúdez en la presentación de su libro— en estos ensayos hay algunos que son triste muestra de un escepticismo desolado y frío. Lo sé, pero no es mía la culpa: culpa es de la atmósfera emponzoñada que hemos respirado todos los hombres de la generación presente; culpa es de las amargas fuentes en que hemos bebido los delirios que nos han enseñado como innegables verdades. La duda es el tormento de la humanidad, y ¿quién puede decir que su fe no ha vacilado? Sólo en las cabezas de los idiotas y en las almas de los ángeles no hallan cabida las pesadas cadenas de la duda». Valera hace notar que este escepticismo de Bermúdez no afectaba tan sólo a sus creencias religiosas sino a su fe política en el mantenimiento de la libertad, que veía amenazada por los tiranos que vienen siempre en pos, inevitablemente, de los verdugos de la demagogia[296].

En años aún recientes, Bermúdez de Castro ha merecido la atención de otros dos comentaristas. Daniel G. Samuels[297] estudia con cierto detenimiento los temas de la lírica de Bermúdez, aunque no se muestra muy convencido de la sinceridad del poeta, particularmente en lo que afecta a su pesimismo, que considera más bien producto de la moda que nacido de una íntima preocupación. Subraya, sin embargo, que enriqueció en cierta manera la poesía de su tiempo en el tema de la naturaleza, cantando su amor a Andalucía como Pastor Díaz y Gil y Carrasco hicieron con sus regiones respectivas, y que interpretó los acontecimientos de su época a la luz de las ideas y los problemas europeos, lo cual le diferencia de sus colegas contemporáneos, en quienes predomina la nota nacional y sentimental; condición que le emparenta, en cambio, con Tassara, según Alonso Cortés había ya advertido. Añade Samuels que Bermúdez de Castro, formando parte de la primera falange de jóvenes que se sentían entusiasmados por

---

[295] Cit. en ídem, íd., págs. 141-142.
[296] Introducción al *Florilegio*, ed. cit., págs. 1233-1234.
[297] «La poesía de Salvador Bermúdez de Castro», en *Revista Hispánica Moderna*, VII, 1941, págs. 215-230.

la revolución literaria de 1835, sirvió de modelo a otros poetas que dieron impulso a la nueva escuela.

Josefina García Aráez, en un largo artículo [298], dedica amplio espacio a la actividad política y diplomática de Bermúdez de Castro; la última, sobre todo, posee un gran interés [299]. Estudia luego su lírica, para llegar a conclusiones que no difieren esencialmente de las dichas.

Como dato curioso merece recordarse que Bermúdez utilizó con preferencia en sus poesías la octava de endecasílabos con rima aguda en los versos cuarto y octavo, hasta el punto de que, de él, tomaron el nombre de *bermudinas*. García Aráez señala en la producción de nuestro autor la relativa abundancia de sonetos y la ausencia del romance de ocho sílabas, «lo que podría explicarse —dice— por el carácter casi exclusivamente lírico de su obra».

Quizá de una más robusta personalidad que los últimamente mencionados fue **Gabriel García Tassara**, nacido en Sevilla, en julio de 1817. Tuvo un excelente maestro en el gran latinista fray Manuel María Sotelo, religioso exclaustrado, a quien debió una sólida formación. Estudió Leyes en la Universidad de Sevilla, y antes de concluir su carrera se trasladó a Madrid en 1839. Asistente asiduo al Liceo, amigo de todos los poetas del día, adquirió rápido renombre, del que ya venía precedido desde su ciudad natal. Cuando sólo contaba 18 años había publicado una poesía en *El Artista*,

---

[298] «Don Salvador Bermúdez de Castro», en *Revista de Literatura*, IV, 1953, páginas 73-120.

[299] Salvador Bermúdez de Castro fue ministro de España en Bélgica, y más tarde ministro plenipotenciario en Méjico durante los años en que las potencias europeas meditaban la intervención que creó el efímero reinado de Maximiliano. Según un testimonio que recoge García Aráez, Bermúdez recibió cuantiosas sumas de su gobierno y de la propia reina Cristina para favorecer los planes de una monarquía española en Méjico, proyecto que al fin fue abandonado. En 1853 Bermúdez fue nombrado ministro plenipotenciario cerca del rey de las Dos Sicilias, puesto que ocupó durante once años, aun después de la caída de la monarquía de Nápoles. Cuando se produjo el cerco de Gaeta por las tropas de Garibaldi, Bermúdez permaneció al lado de los monarcas hasta el momento de la rendición y los acompañó después en Roma, ya destronados, hasta que el gobierno de Isabel II reconoció por fin, en 1866, el reino de Italia bajo la monarquía de Saboya. Durante su estancia en Roma, Bermúdez dedicó sus esfuerzos y su propia fortuna a restaurar el palacio de la Farnesina, propiedad del rey de Nápoles, que se lo había cedido en enfiteusis. Después del mencionado reconocimiento, Bermúdez pretendió ser nombrado embajador cerca de la corte romana, alegando sus grandes conocimientos del país y de sus problemas políticos, pero un defensor de Gaeta no podía ser grato a la nueva monarquía, y el gobierno español se opuso al nombramiento. En cambio, fue enviado como embajador a la corte de Napoleón III, cargo que desempeñó hasta unos meses antes de la revolución de 1868. Aunque publicado hace ya unos años, llega a nuestra noticia, sin posibilidad de acogerlo en estas páginas, compuestas ya tipográficamente, el libro de Roberto Calvo Sanz, *Don Salvador Bermúdez de Castro y Díez. Su vida y su obra. Contribución a la historia de la literatura romántica española*, Universidad de Valladolid, 1974; interesante monografía, de considerable extensión, en la que se estudia detenidamente tanto la actividad política y diplomática de Bermúdez como su obra literaria.

*Almerinda en el teatro*, y, ya en Madrid, colaboró en seguida en varios periódicos: *El Correo Nacional, El Heraldo, El Sol, El Piloto*. El *Semanario Pintoresco* le publicó a poco de su llegada la poesía *Meditación religiosa*, con una nota, casi ditirámbica, que reclamaba la atención de los lectores para el joven poeta andaluz.

Al año siguiente conoció a la Avellaneda, con quien tuvo borrascosos amores, de los cuales nació una niña que falleció a los pocos meses. Tassara se entregó de lleno a la política y fue elegido diputado en 1846 tras haber desempeñado algunos cargos, entre ellos el de oficial del Gobierno Político de Madrid. En 1856, Nicomedes Pastor Díaz, ministro en el Gabinete de la Unión Liberal, nombró a Tassara Embajador de España en los Estados Unidos, cargo que desempeñó durante diez años «con tino singular —según comenta Gullón—, prestando tan útiles servicios a la causa de España en América que la Secretaría de Estado *yankee*, poco propicia al éxito de quien con agudo tacto servía a su patria, hizo saber el agrado con que le vería sustituido por otro Ministro *más comprensivo*»[300]. En 1869 el Gobierno Provisional envió a Tassara como Embajador en Londres. En 1872, tres años antes de su muerte, reunió una gran parte de su producción en un volumen de *Poesías*. Allí declara que la poesía había sido tan sólo un desahogo de su inteligencia en los años de juventud, mas no con el propósito de amenguar la importancia de sus versos, sino lamentando no haberles dedicado mayor esfuerzo y atención. Afirma que existen dos clases de poetas: los que, como Zorrilla, fantasean y pintan la sociedad antigua, cantan lo tradicional y popular e idealizan lo pasado, y los que examinan y estudian la sociedad presente y, como videntes y profetas, describen o pronostican su ruina o transformación. Entre estos últimos se considera incluido Tassara; su índole y carácter, según dice Valera, así como los estudios y circunstancias de su vida le hacían especialmente apto para tal empresa. Así, tomó como «fuente de inspiración y objeto de sus cantos los sucesos políticos, los trastornos y revoluciones que conmovían profundamente el mundo a mediados del último siglo, y el término que de todo ello podía columbrarse para el futuro»[301].

Alonso Cortés sostiene[302] que Tassara no fue nunca un poeta propiamente romántico, pues su grandilocuente entonación épica se avenía mal con los cuadros sepulcrales y los ayes de angustia. Pero Gullón niega este aserto afirmando[303] que la peculiar actitud romántica de Tassara es la propia de un temperamento discursivo, interesado por el espectáculo del mundo en crisis y no por fantasmagorías de cementerio; sin que por ello

---

[300]  Ricardo Gullón, «Tassara, duque de Europa», en *Boletín de la Biblioteca Menéndez Pelayo*, XXII, 1946, págs. 132-169 (la cita en pág. 142).
[301]  Valera, en *Notas biográficas y críticas*, ed. cit., pág. 1330.
[302]  *Zorrilla. Su vida y sus obras*, cit., pág. 143.
[303]  Artículo cit., pág. 145.

sean menos románticos sus ademanes ni menos apocalípticas sus profecías. La formación clásica que presidió su juventud —según sugiere Jorge Campos [304]— desde los clásicos latinos al severo Herrera y el sonoro Quintana contribuye a explicar la dirección y el tono de su lírica: «esproncediano en cuanto al ímpetu, orientó hacia lo majestuoso y tonante la fuerza del vate que se marcó algún momento como modelo».

Explica Gullón [305] que la robusta personalidad de Tassara le diferencia de los líricos gemebundos del Romanticismo; sus limitaciones contribuyen a caracterizarlo. Tassara apenas siente el amor y raras veces es íntimo o confidencial. En cambio, llena por derecho propio un vacío en el panorama del Romanticismo español; tenía alma de europeo y era capaz de estremecerse por las convulsiones políticas y sociales del continente, que imagina a veces como el momento último de una civilización y el ocaso de una cultura. Por esta mentalidad continental y esta preocupación europeísta, propone bellamente Gullón que se le discierna a Tassara con el título honorífico de «duque de Europa».

Tres temas inspiran preferentemente a Tassara: las preocupaciones religiosa y política y la hermosura o grandiosidad de la naturaleza. Al primero de ellos pertenecen las composiciones *La noche, Dios, Meditación religiosa, La fiebre, Las Cruzadas, Canto bíblico, El cristianismo* e *Himno al Mesías;* al segundo, *Napoleón en Santa Elena, Al Convenio de Vergara, Al Ejército español, A la guerra de Oriente, A Roma, La Historia, A Napoleón, A la Reina Doña Isabel, Al Alcázar de Sevilla, A Mirabeau, A Quintana, A Don Antonio Ros de Olano,* y *Un diablo más;* al tercero, el soneto *Al Sol, Himno al Sol, Monotonía, El Crepúsculo, En el campo, La tempestad, El aquilón, El día de otoño, A Laura, La entrada del invierno, Andalucía* y el soneto «*Cumbres de Guadarrama y de Fuenfría...*», citado en diversas ocasiones por Unamuno. Con esta riqueza —dice Gullón [306]— contrastan las escasas rimas que en él suscitó el tema erótico, y que en realidad no pasan de cuatro: *A Justa, El ramo de flores, A Elvira* y el soneto *A la Rosa.*

Don Juan Valera, que en sus referidas *Notas biográficas y críticas* ha dedicado a Tassara una de sus más bellas semblanzas, comenta detenidamente el influjo que sobre el poeta sevillano ejerció la amistad y el pensamiento de Donoso Cortés, a cuyos ojos la revolución francesa del 48, que derribó varios tronos europeos, se presentaba poco menos que como la obra del Anticristo y le inspiró las tétricas visiones de su *Ensayo.* Pero Valera, que contemplaba con cierto burlón escepticismo las inquietudes de estos apocalípticos profetas del conservadurismo, aclara que Tassara, aunque seguidor de Donoso, no fue disciplinado y dócil discípulo y las más altas esperanzas jamás le abandonaron. También creía, como Donoso, que

---

[304] *El movimiento romántico...,* cit., pág. 205.
[305] Artículo cit., pág. 146.
[306] Ídem, íd., pág. 147.

la Europa descreída iba a perecer y que el diablo más insolente andaba
suelto por el mundo haciendo de las suyas, pero del seno de este caos
esperaba ver surgir la gloria y hermosura de la nueva Jerusalén: «Tassara
—resume Valera—, desordenado con frecuencia y hasta confuso y delirante
a veces, no se puede negar que es un gran poeta. Gentil y cristiano, antiguo
y moderno, clásico y romántico al mismo tiempo, busca y halla las fuentes
de su inspiración en la Biblia, en Horacio y en Virgilio y en no pocas de las
novísimas filosofías. Su fervoroso catolicismo, no obstante, prevalece, im-
pera y se sostiene sobre todo, pero, no desesperándole, sino esperanzán-
dole, y prestando además pasmoso y soberano hechizo a su contemplación
de cuantas son las cosas creadas, a su manera de concebir la historia y
hasta al vehemente amor que las mujeres le infunden» [307]. Y Gullón comenta por su parte: «Nunca, en cualquier circunstancia, aun faltándole la
fe, se deja abatir por el desaliento. Su idealismo es superior a la realidad,
y ante la pereza y el tedio, mejor es el sufrimiento que la indiferencia;
preferible la fe que transporta, al desmayado espectro de la inacción con-
formista, tan triste como la muerte y precursor de ella. Quizás por eso
su consejo invariable puede sintetizarse en este verso:

*Al cielo mire el que en la tierra mora,*

y de vez en cuando resurge en su obra la nota confortadora y esperanzada.
Como en *La tribulación,* cuyo final afirma que

*Para el hambre y la sed del peregrino*
*El desierto arenal la palma cría»* [308].

El tiempo que suele decantar los méritos y hacer la justicia que no siempre otorgan los contemporáneos, sigue sin conceder hasta hoy toda la que
merece uno de los poetas más interesantes del movimiento romántico, **Jacinto de Salas y Quiroga**. Valera lo olvidó en su *Florilegio* y en sus *Notas
biográficas y críticas,* el padre Blanco García le dedicó unas líneas tan deni-

---

[307] Cit., pág. 1332.

[308] Artículo cit., pág. 153. Aunque muy breve, como exigía la ocasión, es oportuno
recordar el juicio que merece Tassara a Menéndez y Pelayo: «Originalidad poética muy
distinta —dice— tuvo el sevillano don Gabriel García Tassara, que en algunas composiciones de su juventud (v. g.: la oda al P. Sotelo y la titulada *Leyendo a Horacio)*
pareció inclinarse a la antigua escuela literaria de su ciudad natal, aunque muy pronto
la abandonó para seguir la dirección romántica, dentro de la cual tiene carácter
propio. Tassara es uno de los mayores poetas españoles de este siglo. Alguna vez pareció acercarse a Espronceda, pero su verdadera originalidad está en las poesías políticas y en aquellas otras en que expone sus ideas sobre filosofía de la historia. La
entonación en sus cantos es siempre vigorosa y varonil, altas las ideas, y robusta hasta
con exceso la expresión. El conjunto adolece de cierta monotonía enfática y grandilocuente. En sus mejores momentos la poesía de Tassara se da la mano con el estilo
oratorio, apocalíptico, generalizador y pesimista del gran Donoso» *(Adiciones a «Nuestro Siglo»...,* cit., págs. 277-278).

gratorias como injustas, y aunque se cita su nombre con frecuencia como colaborador de diversas publicaciones y partícipe de toda la actividad romántica, todavía aguarda el detenido estudio que se le debe. Salas y Quiroga, cuyas poesías aparecieron en Madrid en 1834, fue el primer romántico español que coleccionó sus poemas en volumen, y su prólogo, en opinión de Allison Peers [309], «fue quizá el más audaz y explícito de todos los manifiestos románticos». Y cuando feneció *El Artista*, Salas con un grupo de amigos fundó, para sucederle, la revista semanal *No me olvides*, que aunque sólo vivió unos meses —de mayo de 1837 a febrero de 1838— es una de las más interesantes y curiosas para el estudio del Romanticismo español.

Nació Salas en La Coruña, en febrero de 1813 [310]. Huérfano siendo aún muy niño, fue enviado a Burdeos, con recomendaciones para la familia Cabarrús, donde continuó sus estudios que había comenzado en La Coruña y seguido en Madrid. En mayo de 1830, teniendo sólo 17 años, se embarcó para América, y después de recorrer varios países se estableció en Lima donde se dio a conocer como poeta. En 1832 regresó a Europa, y tras vivir algún tiempo en Inglaterra y Francia, volvió a Madrid. Liceísta con todos los poetas de la hora [311], colaboró en *El Artista*, publicó el referido volumen de *Poesías* y fundó *No me olvides*, en cuyas páginas colaboraron Zorrilla, Pastor Díaz, Espronceda, Miguel de los Santos Álvarez, Juan Bautista Alonso, y comenzaron su carrera poética Gil y Carrasco y Campoamor. En 1839 viajó de nuevo a América con un puesto diplomático oficial; residió cinco meses en Puerto Rico y recorrió las Antillas. Al regresar a Madrid publicó un libro de *Viajes* y un segundo volumen de versos, *Mis consuelos*, y fundó una nueva publicación, *La Revista del Progreso*, que sólo duró cinco números. Colaboró por entonces en las principales revistas y periódicos, y en 1848 publicó una importante novela, *El Dios del siglo*, de la que luego trataremos. En 1849 murió en Madrid en plena juventud. Reginald Brown comenta [312] que Salas no viajó forzado como exilado político, sino acuciado por el deseo de ver mundo, de entender sus problemas y responder a sus misterios y bellezas; así pudo decir en el prólogo a sus *Viajes*: «Me propongo dar a conocer los usos y costumbres, las letras y gobiernos, la naturaleza y arte de los diferentes pueblos a que me ha conducido el deseo de aprender y la necesidad de sentir... juzgaré, en cuanto pueda, con la frialdad de la razón, pintaré, si me es dable, con el entusiasmo de la fe».

---

[309] *Historia del movimiento romántico español*, cit., II, pág. 74.

[310] Cfr., Emilio Alarcos Llorach, «Un romántico olvidado: Jacinto Salas y Quiroga», en *Castilla* (Boletín del Seminario de Lengua y Literatura de la Universidad de Valladolid), 1943, págs. 161-176; reproducido en el volumen *Ensayos y estudios literarios*, Madrid, 1976, págs. 37-59 (seguimos esta edición).

[311] En el Liceo fue encargado de un curso de conferencias sobre la «filosofía de la poesía».

[312] En el artículo citado luego, pág. 32.

Salas había sido educado en Burdeos en el culto a Boileau y a los clásicos franceses, pero allí descubrió de pronto los libros de Byron, de Lamartine y de Hugo y se entregó a la nueva corriente literaria con todo su entusiasmo. Dos principios cardinales exige Salas para la literatura: libertad y sinceridad, y un fin preciso: que la literatura se proponga una misión social, de dirección y de enseñanza. La literatura romántica, así encauzada, reúne para Salas todas las excelencias, y el escritor le parece investido de una sagrada misión: «Era mengua de los siglos —escribe en el editorial del número primero de *No me olvides*—, escarnio de las generaciones, el ver que la literatura de todas las edades era sólo un juguete, un pasatiempo, el placer de un instante... Hombres insignes llamaron a la poesía recreo de la imaginación, y sólo en nuestros tiempos de filosofía y observación se ha descubierto que la misión del poeta es más noble, más augusta... consolar al desgraciado, llevar la vida al corazón abatido, hacer menos amargas las amargas horas de esta vida de padecer... Nosotros, jóvenes escritores del *No me olvides*, no aspiramos a más gloria que la de establecer los sanos principios de la verdadera literatura, de la poesía del corazón, y vengar a la escuela llamada *romántica* de la calumnia... Si entendiésemos nosotros por *romanticismo* esa ridícula fantasmagoría de espectros y cadalsos, esa violenta exaltación de todos los sentimientos, esa inmoral parodia del crimen y la iniquidad, esa apología de los vicios, fuéramos nosotros los primeros que alzáramos nuestra débil voz... contra tan manifiesto escarnio de la literatura... Pero si en nuestra creencia es el romanticismo un manantial de consuelo y pureza, el germen de las virtudes sociales, el paño de las lágrimas que vierte el inocente, el perdón de las culpas, el lazo que debe unir a todos los seres, ¿cómo resistir al deseo de ser los predicadores de tan santa doctrina, de luchar a brazo partido por este dogma de pureza?».

En lo que concierne a la literatura española, Salas cree que el influjo francés ha sido, en conjunto, perjudicial para nuestras letras, sobre todo en la poesía, y preconiza el estudio de nuestros clásicos, a los cuales —dice en el prólogo de sus *Poesías*— todos los autores extranjeros que merecen ser estudiados —Hugo, Musset, Dumas, Byron, Schiller, Goethe, Klopstock— deben «el haber roto las cadenas que les ligaban a la rutina».

Salas y Quiroga acoge en sus versos todos los temas que podrían calificarse de tópicos del Romanticismo, pero posee en los momentos más felices acentos propios y motivos de inspiración preferentes y característicos, que configuran su personalidad: la soledad y el amor. Salas, como dijimos, perdió a sus padres en edad muy temprana, y luego también a sus varios hermanos; por ello, su poesía está empapada de un hondo sentimiento de desamparo, de ausencia, de orfandad, de ansia de amor que colme el vacío de su vida. Y esta nostalgia la expresa Salas en un tono suave, de queja dolorida y melancólica, sin los tremendismos ni trompeterías que tanto prodigan otros muchos poetas de su tiempo. Los títulos de sus composiciones indican ya la peculiar tonalidad del poeta gallego: *Himno de amor, El amor del poeta, Ni esperanza, Ruega por mí, A Galicia, Así la amé.* En los últimos años de su vida compuso Salas el poema autobiográfico *Leonardo,* empapado de irónico escepticismo, del que Alarcos reproduce[313] una sentida estrofa:

> *¿Quién? ¿Yo qué soy? ¿Qué espero? ¿En dónde vivo?*
> *Soy tierra calcinada que vegeta.*
> *¿Qué espero yo? El martirio del poeta:*
> *Vivo entre cieno que fermenta al sol.*
> *¿Para qué, tiempo estúpido, columpias*
> *tu vaivén compasivo en el espacio?*
> *¿Ofendes menos por herir despacio?*
> *No quiero, no, tu halago mofador.*

En 1848 publicó Salas, como hemos dicho, su novela *El Dios del siglo,* que Brown ha comentado[314] con gran elogio, con tanto elogio que constituye una sorpresa para el lector y debe suponer una incitación. *El Dios del siglo,* localizada en Madrid en 1836, es una novela de costumbres que enfrenta a dos personajes representantes de las dos nuevas fuerzas sociales: el dinero y el talento, simbolismo —dice Brown[315]— que no disminuye la realidad de sus caracteres más de lo que sucede en *Doña Perfecta* o en *La gaviota.* Esta novela —afirma poco antes[316]— no solamente es mejor que cualquier otra novela realista del período romántico, sino que explica mucho más satisfactoriamente que todas ellas, o que los «cuadros de costumbres», o que la misma *Gaviota,* los orígenes inmediatos de las «novelas contemporáneas» de Galdós, a las que quizá ha podido proporcionar algún modelo.

«Por amor a nuestros semejantes —dice Salas en una Advertencia preliminar de su novela— pintamos aquí sus costumbres; si bien teniendo siempre fijo el pensamiento en la humanidad, no en el individuo. Un hombre aislado es un gusano: el conjunto de todos los hombres es la obra más cabal y perfecta de la creación». Y Brown comenta que a causa de su honda preocupación por su país y su fe en la bondad esencial no del individuo, sino de la masa, del hombre en sociedad, el novelista ha podido elevarse por encima de las limitaciones de la novela contemporánea de costumbres; no le importan las estáticas descripciones del «cuadro», ni las

---

[313] En el artículo cit., pág. 58, nota 90.
[314] Reginald F. Brown, «Salas y Quiroga. *El Dios del siglo,* novela original de costumbres contemporáneas, Madrid, 1848», en *Bulletin of Hispanic Studies,* XXX, 1953, págs. 32-40.
[315] Idem, íd., pág. 35.
[316] Idem, íd., pág. 32.

brillantes caracterizaciones de la novela romántica, ni los procedimientos caricaturescos de Dickens o de Sue; se propone regenerar la sociedad, no lograr una galería de cuadros típicos, tópicos o pintorescos. Brown subraya la perfecta asimilación en la intriga de la novela del considerable número de «costumbres» que describe, y formula esta arriesgada afirmación: «La técnica de *La Gaviota* es en comparación ingenua e inmatura»[317].

Salas Quiroga —añade luego el comentarista[318]— al escoger su material «costumbrista» excluye toda referencia a los grandes acontecimientos políticos, tales como la Guerra Carlista o el Motín de La Granja, porque está escribiendo una «novela contemporánea» y no un «episodio nacional». Hay descripciones de casas y de gentes —dice al final de su estudio[319]— que hubieran gustado a Galdós; el avariento rico, don Sisebuto, tiene menor altura que Torquemada, pero está enredado en una malla de intereses, tejida con no menor habilidad. La existencia de esta novela demuestra que los orígenes de la novela galdosiana no pueden relacionarse directamente con *La Gaviota* y los «cuadros de costumbres», porque en éste y en otros autores, entre 1831 y 1850, Galdós pudo encontrar repetidos ejemplos de novela realista, con material y estilo originales.

Mucho más popular en su tiempo que todos los poetas mencionados anteriormente fue, sin duda, el padre **Juan Arolas**; hoy merece apenas la atención de la crítica, pero el hecho de haber hallado todavía lugar en la colección de «Clásicos Castellanos»[320] parece prolongar el eco de lo que fue en sus días una fama muy dilatada. De la primera colección de sus obras, *Poesías caballerescas y orientales*, editada en 1840 en Valencia por Cabrerizo, se dice que llegaron a imprimirse hasta 28 ediciones entre legales y furtivas. Entre nuestros críticos —descontados algunos estudios y biografías de sus hermanos en religión— tan sólo Lomba y Pedraja, editor también de la mencionada selección de «Clásicos Castellanos», se ha tomado el trabajo de estudiar detenidamente su obra en una extensa monografía[321].

El padre Juan Arolas nació en Barcelona en 1805 de padres comerciantes. En 1814 se trasladó la familia a Valencia por razones de índole mercantil, y el muchacho ingresó como alumno en las Escuelas Pías, en cuya orden profesó muy tempranamente a pesar de la oposición paterna. Tras el noviciado en Peralta de la Sal y estudios de Filosofía en Zaragoza, Arolas

---

[317] Ídem, íd., pág. 37.
[318] Ídem, íd., pág. 38.
[319] Ídem, íd., pág. 40.
[320] *Poesías del P. Arolas*, «Clásicos Castellanos», edición y prólogo de José R. Lomba y Pedraja, Madrid, 1928 (varias reimpresiones).
[321] José Ramón Lomba y Pedraja, *El P. Arolas. Su vida y sus versos. Estudio crítico*, Madrid, 1898.

regresó a su colegio de Valencia donde concluyó su formación teológica y enseñó sintaxis y latinidad. Murió loco en 1849.

La vida de Arolas y su producción literaria se enmarcan dentro de un período de intensa actividad artística en la capital levantina. Valencia fue uno de los focos principales, a la par de Barcelona y de Madrid, en la importación y difusión del Romanticismo. Valencianas, como recuerda Lomba, fueron las primeras ediciones que se hicieron en España de los novelistas románticos franceses: *Atala* se imprimió en 1803; de 1816 es la edición de *Pablo y Virginia*; en 1818 inició su *Colección de novelas* el famoso editor Mariano de Cabrerizo. La tienda de éste se convirtió en un «pequeño Ateneo» a donde acudían los escritores y aficionados a las letras de la ciudad. Por su parte, el Colegio Andresiano de los Padres Escolapios era también un centro de cultura animado por religiosos jóvenes, entre los cuales merecen destacarse, junto con Arolas, a Vicente Boix y a Pascual Pérez [322]. Todos ellos acudían a la tertulia de Cabrerizo, en la cual adquirieron gran renombre y absorbieron a su vez el liberalismo exaltado que predominaba entre sus asistentes. Cuando se publicó el Decreto de supresión de las Órdenes Religiosas, Boix colgó la sotana para convertirse en un revolucionario furioso; años después se dedicó a trabajos de investigación, fue Cronista oficial de la ciudad y publicó la *Historia* de su región.

Pascual Pérez y Arolas no se decidieron a abandonar la Orden, quizá, como sugiere Lomba [323], por no sentirse capaces de crearse un modo de vivir fuera de ella, pero vivieron de hecho con gran independencia, aunque siguieron residiendo en el Colegio, más bien como huéspedes que como religiosos. En noviembre de 1833, apenas fallecido Fernando VII, Pérez y Arolas fundaron el *Diario Mercantil* de Valencia para defender la libertad y el trono de Isabel II. Pérez se encargó de la parte informativa y doctrinal del periódico y Arolas se dedicó a la parte literaria, lo que le dio ocasión y cauce en donde verter el fácil torrente de su vena poética. Con varias composiciones aparecidas aquí y también en otros periódicos de la ciudad y de Barcelona formó Cabrerizo la primera colección a que hemos aludido.

La fama de Arolas se alimentó en buena parte de la extraña condición del autor, puesto que éste, siendo fraile, dedicaba la mayoría de sus versos

---

[322] Informa Lomba (monografía cit., nota 1, pág. 19) que Pascual Pérez escribió por lo menos cuatro novelas, «todas románticas», y Vicente Boix por lo menos dos.

[323] Monografía cit., pág. 25. En otro pasaje en que menciona este problema, escribe Lomba: «Los amigos del P. Arolas le aconsejaron que se exclaustrara; mas él no se atrevió. Los motivos que tuviera para rehusarlo son apreciados distintamente por sus biógrafos: según Carvajal, temía deshonrarse; según Ribot, temía morirse de hambre. El P. H. Torres lo echa todo a la mejor parte: 'Arolas —dice— fue siempre escolapio de corazón. Tenía abiertas las puertas para salirse de la Orden. Pues bien: Arolas, a quien brindaban sus amigos y explotadores con buena colocación fuera del claustro, jamás quiso abandonar las Escuelas Pías'».

a cantar el amor y las mujeres, y no de forma idealizada, sino en los más subidos tonos de pasión carnal, hasta el punto de que puede tenérsele por uno de los escritores más eróticos de nuestra historia literaria. Arolas cultivó las variedades más acreditadas de la poesía romántica; la cuarta y última de sus colecciones, publicada en Valencia en 1860, varios años después de muerto su autor, declara en su título con bastante propiedad los cuatro géneros que cultivó con preferencia el poeta: *Poesías religiosas, caballerescas, amatorias y orientales.* Pero, a pesar de todo, es la vena erótica la que predomina, la que mejor define su personalidad y la que incluso invade y empapa a todas las restantes.

Para su poesía narrativa se sirvió Arolas de fuentes bien conocidas: el *Romancero* de Durán, la *Historia* de Mariana, las *Crónicas* del Canciller, las *Guerras Civiles de Granada* de Ginés Pérez de Hita, libros historiales de Cristóbal Lozano, Fr. Prudencio de Sandoval, etc.; y tomó como modelos principales al duque de Rivas y a Zorrilla, varios de cuyos asuntos utilizó, siguiéndoles muy de cerca en ocasiones, aunque sin igualar su colorido y movimiento por lo difuso y vago de la narración. Lomba subraya [324] que lo exterior y lo fútil predomina en los retratos de Arolas sobre lo sustancial, el aspecto físico sobre el moral, el adorno sobre la persona; parece no importarle de sus héroes más que el vestido que llevan puesto, y éste aun elegido a capricho sin cuidarse más que del lujo y del relumbrón. Con las heroínas se advierte menos la falla de tales procedimientos porque les cuadra mejor el lujo externo y las gracias físicas en que se complace el poeta; de todos modos, la dama del relato, «llámese como quiera; sea mora o cristiana; sea tudesca o española; habite en un harén o en un castillo feudal; vístase de seda o de percalina, tendrá siempre blanco el seno, voluptuosa y mórbida la garganta, encendidos los ojos, provocativa la sonrisa...» [325].

De todas las composiciones de Arolas ninguna es tan larga como *La Sílfida del Acueducto*, que pasa de los 4.300 versos. Su autor la dedicó a la memoria de Leonor, la joven de quien se dice que anduvo enamorado cuando sus años de noviciado en Peralta. Arolas dice recoger una leyenda de los antiguos monjes de Portaceli, cartuja próxima a Valencia. Un joven, Ricardo, obligado por su padre, hace en ella sus votos a pesar de su amor por Hormesinda; ésta escapa a un matrimonio impuesto y busca a su enamorado en la Cartuja, en donde penetra caminando sobre el acueducto que lleva al monasterio las aguas de un monte cercano. Hormesinda vive escondida en la celda de Ricardo hasta que un monje descubre su presencia y la revela al abad. La joven es encerrada en una celda oscura hasta que una noche «un verdugo con hábito bendito» le hace apurar un veneno.

---

[324] Idem, íd., pág. 82.
[325] Idem, íd., pág. 93.

El padre de Hormesinda, que llega al monasterio en busca de su hija, mata al abad; los monjes huyen aterrados y Ricardo perece de hambre en el fondo de un calabozo. Pero las almas de los amantes vuelan a los Campos Elíseos, donde Helena, la hija de Júpiter, corona a Hormesinda por su hermosura y su amor ardiente y trágico.

El poema, como comenta Lomba [326], es una apoteosis del amor sacrílego, y en él abundan además los ataques contra la clausura monástica y las tintas negras contra los monjes y el abad, a la vez que se proclama el amor como suprema ley de la vida por encima de todo precepto, divino o humano. La obra, que reúne, proporcionadamente a su extensión, las cualidades y los defectos más peculiares del poeta, importa, más que por sus valores artísticos, como exponente de la mentalidad de Arolas y de las extrañas contradicciones entre su estado y sus sentimientos, si cabe más hablar de éstos que de ideas. En la última etapa de su vida, ya enfermo, Arolas decía estar arrepentido de haber compuesto *La Sílfida del Acueducto*, y aseguraba que quisiera poder recoger todos los ejemplares para destruirlos; pero en otras muchas composiciones había declarado también su disgusto por la vida del claustro y planteado el conflicto entre el amor profano y el religioso para dar siempre el triunfo al primero.

Con tales contradicciones resulta extraño que Arolas cultivara tan por extenso la poesía religiosa, pero es el caso que más de la mitad de su producción lírica pertenece a ella. Lomba sostiene [327], sin embargo, que nunca fue su estilo más declamatorio ni más trivial que cuando trató los grandes problemas religiosos; nunca copió tanto de los otros ni se repitió a sí mismo más torpemente. Dos son los temas principales en la poesía religiosa de Arolas: el poder infinito de Dios, manifestado en sus obras, y la miseria y brevedad de la vida con la injusticia y maldad de los hombres; tiene también composiciones sobre asuntos del Antiguo y Nuevo Testamento. Las del tema primero se agrupan bajo el nombre de *Armonías;* las del segundo, bajo el de *Meditaciones*. En ambos hay una visible imitación de Lamartine, de quien toma desde los nombres generales —*Harmonies* y *Premières Méditations*— hasta títulos de composiciones concretas, ideas, frases, pasajes e incluso imágenes, según detalla J. H. Mundy [328], que ha examinado con minuciosidad esta influencia, señalada ya por Lomba.

El poder de Dios, que canta repetidamente Arolas, se le manifiesta ante el espectáculo de la Creación, que llena de admiración y de gratitud al poeta. Su insistencia en el tema parece sugerir un auténtico amor por la naturaleza en sus más variadas formas, pero cabe dudar, como malicia

---

[326] Ídem, íd., pág. 113.
[327] Ídem, íd., pág. 119.
[328] J. H. Mundy, «Some Aspects of the Poetry of Juan Arolas», en *Liverpool Studies in Spanish Literature*, First Series, Liverpool, Institute of Hispanic Studies, 1940, págs. 144-174.

Lomba [329], si los objetos que describe Arolas los conocía por experiencia o sólo de lecturas, puesto que el mundo que describe es una amalgama convencional de elementos que no se ven juntos en ninguna parte, traídos arbitrariamente por el autor desde los cuatro puntos cardinales: «La Naturaleza del P. Arolas —dice Lomba— era tan artificial y tan falsa como su historia. Era también tan brillante como ella. Los caprichos pueriles que se observan en sus paisajes, el lujo de pormenores insulsos, la absoluta ausencia de verdad en el trazado, en el colorido y en el adorno; la mutua galantería de sus flores y de sus insectos, con otras invenciones vanas y ridículas, ofrecen a nuestros ojos algunas dudas, ya que no sobre el grado, al menos sobre la clase de aquel amor a la Naturaleza que se halla en el P. Arolas. Amóla a menudo, según creemos, con el mismo afecto con que amó también los chales de Cachemira, las perlas de Basora, los diamantes de Golconda, los corales del mar Rojo y otras preciosas curiosidades exóticas que probablemente no vio jamás, y que no hubiera conocido si se las hubieran presentado, no obstante que profusamente las derramó por sus *Orientales*. / En la Naturaleza que el P. Arolas describe, todo es oro, todo es grana, néctar, topacio, azucena y lirio; todo es terciopelo y seda; todo son cambiantes, arreboles, iris y lucecillas; todos los colores son vivos y puros; todas las luces son de mediodía. Lo reluciente le enamoraba, y mucho más si era de tierras lejanas e ignotas. Esto tenía para él una fascinación extraña y singular» [330].

En la lírica amorosa de Arolas cabe distinguir dos períodos: en el primero —al que pertenecen las *Cartas amatorias*, en que refiere la gran pasión, real o imaginada, de sus años de novicio— imitó con preferencia a los poetas latinos del género —Tibulo, Horacio, Ovidio— y a los neoclásicos —en particular a Cadalso, Forner y Meléndez—, influjos que luego abandonó al saturarse de romanticismo. Mas, como ya dejamos dicho, el tema erótico se infiltra en todas las composiciones de Arolas, hasta en las del tema más alejado: «Como la uva destila el vino y la nuez el aceite —dice Lomba—, así la obra poética del P. Arolas destila de todas sus entrañas un erotismo sensual, algún tanto materialista y grosero» [331]. El único amor que Arolas concibe es el físico y sensual, y a él corresponde el tipo de mujer, provocativa y abrasada, que repitió incansablemente. Para Arolas, amor y placer eran sinónimos. Lomba sostiene [332], no sin gracia, que este modo de sentir el amor explica la superioridad que alcanzan algunas *Orientales* de Arolas sobre todas las que se habían compuesto o se compusieron más tarde. Arolas mucho más hondamente musulmán que Víctor Hugo y Zorrilla, más persa que Goethe, más turco que Byron y mucho más levan-

---

[329] Monografía cit., pág. 159.
[330] Ídem, íd., págs. 159-160.
[331] Ídem, íd., pág. 180.
[332] Ídem, íd., pág. 181.

tino que Rückert, Thomas Moore y el conde de Noroña, aunque con mucho menos conocimiento que cualquiera de ellos del Oriente islámico, llegó a donde ninguno de ellos consiguió llegar sólo con dejarse inspirar del gran muslime que llevaba dentro. Y así como casi ninguna composición de Arolas es ajena al tema amoroso, también en su mayoría podrían calificarse de *orientales*, incluso —y quizá más que ninguna— los poemas de asunto bíblico. Precisamente los textos bíblicos —los *Salmos*, el *Libro de los Reyes*, *El Cantar de los Cantares*— figuran entre las más utilizadas fuentes de Arolas. Los *romances moriscos* le sirvieron asimismo de modelo, y también tomó asuntos de Byron, de Víctor Hugo y de Zorrilla. El Oriente, entendido con el cliché de un mundo mágico y colorista, fue el polo magnético de la inspiración de Arolas; del mundo circundante —como subraya Lomba [333]— el espíritu del escolapio no fue capaz de extraer la más pequeña porción de la poesía inagotable y profunda que, para vista más sagaz que la suya, encierra aquél en su vulgaridad aparente.

En algunas ocasiones, sin embargo, Arolas supo captar la vibración de un sentimiento verdadero y escribió afortunadas composiciones amorosas, como *A una bella*, que Menéndez y Pelayo llevó a su antología de *Las cien mejores poesías* y que empieza así:

> *Sobre pupila azul con sueño leve*
> *Tu párpado cayendo amortecido,*
> **Se parece a la pura y blanca nieve**
> *Que sobre las violetas reposó;*
> *Yo el sueño del placer nunca he dormido:*
> *Sé más feliz que yo* [334]...

Un número muy corto de composiciones ha dado a **Pablo Piferrer** lugar por derecho propio entre los poetas del Romanticismo. Pablo Piferrer nació en Barcelona en 1818, y murió tuberculoso en la misma ciudad en 1848, antes de haber cumplido los treinta años. Su corta vida, su enfermedad, las angustias económicas que le acosaron siempre, impidieron que llegase a madurez un talento literario que hubiera podido dar copiosos frutos [335].

El nombre de Piferrer va asociado en primer lugar a la obra monumental titulada *Recuerdos y bellezas de España*. Un entusiasta dibujante, F. J. Parcerisa, concibió la idea de esta publicación que había de estar más o menos en la línea del *Viaje de España*, de Ponz, o del *Viaje literario a las iglesias de España*, de Villanueva, y pidió a Milá y Fontanals que redactase el texto que él había de ilustrar. Milá se excusó de hacerlo, pero recomendó

---

[333] Ídem, íd., pág. 223.
[334] *Poesías del P. Arolas*, ed. de Lomba, cit., pág. 53.
[335] Monografía fundamental de Ramón Carnicer, *Vida y obra de Pablo Piferrer*, C.S.I.C., Madrid, 1963.

a Parcerisa el nombre de Piferrer, joven casi desconocido entonces. Piferrer recorrió en diversas excursiones gran parte de Cataluña y escribió el volumen primero de la serie, dedicado a esta región, que fue publicado en 1839. Luego se trasladó a Mallorca con el mismo objeto y compuso el volumen sobre la isla, que apareció en 1842. Pero el primer volumen le había dejado insatisfecho. Problemas de salud y dificultades en los viajes debidas a la anárquica situación del país que se originaba de la guerra civil, habían impedido recorrer la región adecuadamente, y Piferrer propuso la preparación de un segundo volumen sobre Cataluña; pero ya no pudo escribir más que la mitad de las entregas y el volumen fue concluido por Pi y Margall, con materiales quizá preparados, en parte al menos, por su malogrado antecesor.

Piferrer dedica su atención preferentemente a los grandes monumentos, sobre todo a los del gótico, pero da entrada a cuantas noticias atraen su curiosidad sobre arqueología —por la que sentía gran afición—, historia, música y canciones populares, tradiciones, y recoge —en muchas ocasiones, de primera mano— inscripciones y textos, descubiertos en monumentos o en archivos. En el primero de los volúmenes Piferrer había concedido extensión considerable a sus impresiones personales de viajero y observador. Pero el saber histórico que iba adquiriendo le llevó a recargar de erudición el volumen segundo, con mengua de la espontaneidad personal, que había dado al anterior todo su encanto. Carnicer no duda en afirmar que «el tomo mejor es el primero». «La narración histórica —añade— sencilla y poco recargada de erudición, las tradiciones, las impresiones personales, y sobre todo el tono, la sugestión y atractivo con todos sus posibles estímulos para el lector medio; en una palabra, el interés que como objetivo quería Parcerisa, donde más intensamente se da es en este tomo primero de Cataluña. En el de Mallorca vemos roto el equilibrio hacia la erudición histórica, que prevalece de manera total y no siempre amena en lo que del segundo tomo de Cataluña compuso» [336].

Eruditos historiadores de arte, como Vicente Lampérez, han podido refutar muchas de las afirmaciones técnicas sostenidas por Piferrer o considerar sus descripciones como excesivamente poéticas; pero si lo primero es disculpable por los conocimientos, aún imperfectos, de la época, lo segundo daba precisamente con el tono que se pretendía. Menéndez y Pelayo, que menciona frecuentemente a Piferrer, considera a los *Recuerdos* como la obra central de nuestra arqueología romántica: «Tenía —dice— para llegar al alma del público aquellas condiciones de elocuente propagandista y de poeta de la arqueología que el gusto del tiempo hacía necesarias: la fantasía pintoresca, la divagación lírica, el raudal opulento de la frase, no siempre limada pero llena de ímpetu y brío en su cándida efusión... Él

---

[336] Idem, íd., pág. 173.

creó, por decirlo así, el nuevo estilo arqueológico... fue el primer excursionista y mostró a los demás el camino... en un proemio inolvidable fijó con alta elocuencia los principios fundamentales de la nueva estética romántica y espiritualista... enseñó con su ejemplo a enlazar el arte con la historia y a explicar y completar ambas cosas, la una por la otra, con nueva iluminación del entendimiento y nuevo regalo de la fantasía... A la norma trazada por Piferrer procuraron atemperarse todos sus continuadores» [337].

Piferrer cultivó intensamente el periodismo. Fue director de *La Discusión*, redactor de *La Corona*, *La Verdad* y *Diario de Barcelona*, y colaboró en buen número de publicaciones, como *El Vapor*, *El Guardia Nacional*, *Álbum Pintoresco Nacional*, *La Lira Española*, etc. El número mayor de sus colaboraciones pertenece al *Diario de Barcelona* y en su casi totalidad consisten en críticas teatrales y de música. Una selección de estos artículos fue publicada en 1859 bajo el título de *Colección de artículos escogidos de D. Pablo Piferrer*, con prólogo de Milá.

Publicó también Piferrer una antología de *Clásicos Españoles* (1846); comprende diez prosistas, desde Hurtado de Mendoza a Martínez de la Rosa, precedidos de un estudio sobre la prosa castellana, cuya historia divide en siete épocas, desde el siglo X hasta los mismos contemporáneos del autor. La obra iba destinada a sus estudiantes de la Universidad, de la cual llegó a ser Piferrer, casi al final de su vida, profesor de Retórica y Poética. De sus juicios literarios, algo reiterativos y no muy precisos, merece destacarse su admiración por Larra y su enemiga contra el Barroco, manifestada también en diversos pasajes de los *Recuerdos*.

Unas pocas composiciones, decíamos, han dado entrada a Piferrer en el Parnaso romántico; Menéndez y Pelayo seleccionó una de ellas, *Canción de la Primavera*, para sus *Cien mejores poesías*. Carnicer ha recogido toda la obra poética de Piferrer —la conocida, al menos, por el momento—, que suma un total de dieciséis composiciones, y la ha reunido en un Apéndice —el décimo— de su monografía. El bagaje es corto, evidentemente. El propio Carnicer admite [338] que los nueve primeros poemas, o fragmentos de ellos (el primero es una simple cuarteta; el número 6 consiste en unos pocos versos intercalados en el cuento *El castillo de Monsoliu*, y el número 7 es un poema no muy largo de la misma procedencia; el número 8 lo constituyen dos fragmentos intercalados en el relato *Cuento fantástico*), «no cuentan para nada si se trata de valorar lo positivo de la poesía de Piferrer»; algunos son, en efecto, tan flojos que casi sería una obra de misericordia el ignorarlos. El número 10 es un largo romance de casi 500 versos, dividido en tres partes, y compuesto en la arbitraria «fabla antigua» que tanto gustaba a ciertos autores de la época romántica, dedicado a la reina

---

[337] Cit. por Carnicer en ídem, íd., págs. 185-186.
[338] Ídem, íd., pág. 280.

Isabel y a su madre doña Cristina con motivo del viaje que hicieron a Barcelona en 1840. El romance, que representa un gran avance sobre las piezas anteriores, tiene momentos delicados y sería bello si no empalagara tanto el aderezo de la dichosa «fabla». Tan sólo las seis restantes composiciones pueden, pues, contar para la gloria poética de Piferrer.

El número 11 lo constituyen dos romances titulados *Las Navas de Tolosa* o *El Duque de Austria*, que refieren «la dramática fatiga de los vencedores después de la batalla» y revelan la maestría que el poeta iba ya consiguiendo en este género. El número 12 es una breve leyenda en quintetos dodecasílabos titulada *El ermitaño de Montserrat;* una mujer ha prometido consagrarse a Dios si su amado regresa de la guerra; éste vuelve, en efecto, y se hace también ermitaño.

A propósito de las otras composiciones, los críticos de Piferrer [339] han hablado de inspiración germánica, de lírica llena de vaguedades y misterios, poesía de tema sencillo, de ingenuidad popular, delicada y suave, que recuerda el alma nórdica; y se ha citado a este propósito el posible influjo de Hoffmann y de Johann Paul Richter y sobre todo el de Ludwig Uhland. El propio Piferrer había declarado repetidas veces su admiración por la literatura y la música alemanas y su decisión de contribuir a su conocimiento y arraigo en Cataluña. Dentro de este espíritu, los mismos críticos han relacionado los poemas de Piferrer con la forma de la balada; pero, según comenta Carnicer, discrepan todos en la acepción del término de las del poeta catalán. Para Carnicer [340], las dos composiciones más próximas a la balada serían *El ermitaño de Montserrat*, ya mencionada, y *Retorno de la feria*, poema, este último, evidentemente bello: consta de varias estrofas de cuatro versos asonantados de ocho sílabas seguidos de un *ritornello* o estribillo, a modo de un contrapunto musical, que invita a la alegría; las gentes que regresan de la feria se unen a una comitiva de bodas y cruzan jubilosamente el río, al tiempo que una mujer, abandonada por el novio festejado, se deja caer al agua y muere mientras sigue el estruendo de la fiesta.

La *Canción de la Primavera* carece, en cambio, de anécdota: es un canto de júbilo entonado ante el renacer de la Naturaleza, que se sugiere en leves pinceladas, y una invitación a gozar con ella al ritmo de la danza. Pero el optimismo general se abate en la última estrofa para dejar vibrando, resignada y nostálgicamente, el desaliento del poeta. Azorín dedicó a Piferrer un capítulo de *Los valores literarios* en el que examina y elogia muy por extenso sus juicios sobre los clásicos y dedica breves pero entusiastas frases a la *Canción de la Primavera*, de la que dice (puede que con alguna exage-

---

[339] Carnicer recoge las opiniones de Rubió y Lluch, Rubió y Ors, Eugenio d'Ors, Manuel de Montoliú y Joan Sardá (ídem, íd., págs. 281-282. Para la bibliografía sobre Piferrer, véase ídem, íd., págs. 385-386).

[340] Ídem, íd., pág. 286.

ración), aludiendo a la Antología de Menéndez y Pelayo en que va inserta, que «ninguna de las poesías de esa colección más delicada, más fina, más emocionada que la del poeta catalán» [341]; y cierra el capítulo volviendo a recordar la *Canción de la Primavera*, en la que —dice— «se nos aparece el poeta; el poeta que en sus versos sutiles y etéreos nos da una penetrante sensación del tiempo y de las cosas que, inexorablemente, se lleva el tiempo» [342].

Valera dedicó también a Piferrer una de sus *Notas biográficas y críticas* [343]. En ella lo califica de «amable poeta» y destaca la sencillez de su poesía «que acierta a tener carácter épico popular y está hábilmente imitada de la sencillez de los viejos romances castellanos». Valera se detiene en particular en la composición *Alina y el Genio* (la que ocupa el número 15 en la edición de Carnicer que venimos siguiendo), y dice de ella que pertenece a un romanticismo de «cierta misteriosa vaguedad simbólica» que la empareja con las baladas o leyendas breves de Uhland.

El poema número 16 y último de la serie se titula *La cascada y la campana*. Tiene una disposición métrica muy particular: once estrofas de tres versos monorrimos de catorce sílabas y un pentasílabo libre. Carnicer lo califica rectamente de poema simbólico, un verdadero poema filosófico del que han desaparecido los elementos distintivos de la balada. Recoge —pero con auténtica originalidad— el viejo tema de los ríos que van a la mar, pero la mar no es aquí el morir, sino Dios.

De estos cinco o seis poemas últimos a los que les preceden media una distancia inconmensurable, que anunciaba, efectivamente, la posibilidad de un gran poeta. Estaba en lo cierto Azorín cuando decía que «seguramente hubiera llegado, de vivir más, a ser un gran artista». En diversas cartas a sus amigos se lamentaba Piferrer de las dolencias físicas y las forzadas tareas que le impedían dedicarse a la creación, a la poesía, a los proyectos ambiciosos que alimentaba. Pero la enfermedad dificultó y la muerte truncó definitivamente una obra que pudo ser excelsa.

**Nicomedes Pastor Díaz** es considerado habitualmente como representante genuino de la llamada escuela o tendencia *norteña*, para diferenciarla de la lírica que se producía en otras regiones españolas; una poesía más íntima y subjetiva, nostálgica y soñadora, que parece avenirse con el pasaje brumoso y melancólico de la tierra en que se origina.

Nicomedes Pastor Díaz [344], como tantos otros literatos de su siglo, fue

---

[341] En *Obras Completas*, ed. de Ángel Cruz Rueda, «Aguilar», tomo I, Madrid, 1975, pág. 1221.

[342] Ídem, íd., pág. 1223.

[343] En *Obras Completas*, ed. cit., II, págs. 1290-1291.

[344] La palabra *Pastor* no es apellido, sino el segundo nombre propio del poeta; sus apellidos eran Díaz Corbelle. No obstante, por ignorancia o por rutina, se viene usando *Pastor* como si fuera el apellido, y hasta en la mayoría de índices onomásticos,

a la vez que escritor hombre político [345]. Nació en 1811 en Vivero, provincia de Lugo. Estudió en el Seminario de Mondoñedo y Leyes en las Universidades de Santiago y de Alcalá. Fue tres veces ministro de la Corona, dos ministro plenipotenciario en el extranjero —en Turín y en Lisboa—, rector de la Universidad Central, miembro de la Academia de la Lengua y de la de Ciencias Morales y Políticas, sin contar otros diversos cargos con que fue avanzando en su carrera de hombre público: jefe político de Segovia, intendente y jefe político de Cáceres, secretario de Su Majestad, diputado por Cáceres y por La Coruña, etc. Fue entusiasta monárquico dentro del partido conservador, participó en todas las actividades del movimiento romántico, protegió a Zorrilla, a quien acogió inmediatamente tras su fulgurante revelación ante el cadáver de Fígaro, cultivó activamente el periodismo y colaboró en diversas publicaciones: *El Siglo, El Artista, La Abeja, El Correo Nacional;* con Francisco Cárdenas fundó *El Conservador* para oponerse a Espartero. Murió en 1863.

Tan variada como su actividad fue su obra literaria. Con Cárdenas publicó una *Galería de hombres célebres contemporáneos,* en la que le pertenecen las biografías de Francisco Javier de Burgos, el duque de Rivas, Diego de León y Ramón Cabrera; escribió ensayos históricos, o histórico-políticos, como *Italia y Roma* y *Roma sin papa;* un volumen sobre *Los problemas sociales* y diversos comentarios sobre temas políticos. Pero su nombre está especialmente vinculado a una novela, *De Villahermosa a la China,* y a su obra lírica. Valera, que fue gran amigo de don Nicomedes y se ocupó de él en varias ocasiones [346], decía que «el rasgo primero de la fisonomía moral e intelectual del señor Pastor Díaz le constituye y determina como poeta. La poesía, la imaginación y el sentimiento eran la esencia de su ser. Sobre este rasgo primero se dibujan y colocan posteriormente los demás rasgos de su condición y de su carácter. No empezar estimándole como poeta sería desconocerle» [347]. Y Daniel George Samuels escribe por su

---

y lo que es más extraño: en el *Diccionario de Literatura Española* de la «Revista de Occidente» se coloca a Díaz en el orden alfabético correspondiente a *Pastor.* Muchos que no lo ignoran —Valera, por ejemplo, no podía ignorarlo— desglosan el segundo nombre propio del primero, quizá porque completo parece excesivamente largo, o porque el nombre Nicomedes tiene como un regustillo de comicidad, que desdice de sujeto tan grave. Usando de esta libertad, lo llamaremos a veces Pastor Díaz, pero no en el índice.

[345] Para la vida y la obra de Díaz cfr.: Enrique Chao Espina, *Pastor Díaz dentro del romanticismo,* C.S.I.C., Madrid, 1949. José María Castro y Calvo, estudio preliminar a su edición de las *Obras Completas de Don Nicomedes-Pastor Díaz,* tres vols., B. A. E., Madrid, 1969-1970.

[346] Escribió sobre él por lo menos cuatro artículos o comentarios: «De Villahermosa a la China. Coloquios de la vida íntima por Nicomedes Pastor Díaz» (en *Obras Completas,* ed. cit., II, págs. 115-120); «Nicomedes Pastor Díaz. Necrología» (ídem, íd., págs. 338-350); «Nicomedes Pastor Díaz», en *Notas biográficas y críticas* (ídem, íd., páginas 1282-1284); y la mención correspondiente en la Introducción a su *Florilegio* (ídem, íd., págs. 1190-1191).

parte: «Nicomedes Pastor Díaz, poeta romántico español, merece un estudio detallado por tres razones: dejó versos de mucho valor literario, es abuelo lírico de Bécquer, y se destaca como uno de los iniciadores de las tendencias románticas en España. También puso en marcha unos temas y actitudes poéticas que, en gran medida, no terminan sino hasta muy avanzado el siglo XIX» [348].

Tres son los temas fundamentales —precisa Samuels— en la lírica de Pastor Díaz: la Naturaleza, el Amor y la Muerte, que aparecen frecuentemente mezclados en una sola composición. En el primer poema que, al parecer, compuso, titulado *Mi inspiración*, que se remonta a 1828, se encuentra ya la descripción del litoral gallego con rasgos de observación directa que en aquel momento representaban una novedad en relación con las descripciones convencionales de la lírica neoclásica. Estas alusiones a la naturaleza de su región con numerosos toques realistas van a ser frecuentísimas en las poesías de Pastor Díaz; así, también respecto del mar, en *La Sirena del Norte*, en donde, a diferencia de la homérica, una sirena benéfica apacigua las olas y protege a los buques. Los ríos de Galicia son descritos en *Al Eresma* y en *La inocencia*. Una visión de la naturaleza más amplia se muestra en *A la luna*, considerada como su poema más perfecto y llevado por Menéndez y Pelayo a sus *Cien mejores poesías*.

La idea del amor es tan constante en los versos de Díaz como la presencia de la naturaleza, idea que se enlaza siempre, a su vez, con la de la muerte, «como si muerte y amor —dice Valera— fuesen hermanos; como si el deleite divino con que sueña el amante no se pudiera lograr en la tierra» [349]. La mujer amada, para Pastor Díaz, es inalcanzable, y se presenta bien como una visión ideal, desligada de todo deseo físico —así en *La inocencia*—, o es tan sólo una ilusión del poeta, como en *Su mirar*:

> *Pasó... no era mujer! era mi sueño*
> *Que el aura del crepúsculo mecía;*
> *El ángel era que forjó en su empeño*
> *De amor mi fantasía.*
> *Aérea, alada, leve, transparente,*
> *Volar la vi sobre la verde alfombra,*
> *Como pasa un celaje de occidente,*
> *Como vaga una sombra* [350].

O se aparece en sueños para encender su desesperación, prometiendo una plenitud que luego se esfuma y no se cumple, como en *Mi inspiración, El*

---

[347] En la «Necrología», cit., pág. 339.
[348] Daniel George Samuels, «Pastor Díaz: romántico español», en *Revista Hispánica Moderna*, IX, 1943, págs. 1-16 (la cita en pág. 1).
[349] «Necrología», cit., pág. 342.
[350] Ed. Castro y Calvo, cit., vol. III, pág. 35.

*amor sin objeto, Mi reclusión, Su memoria* o *Desvarío*. Semejante motivo alcanza su más intensa expresión en *La mariposa negra*, en la que ésta se presenta como la encarnación de su misma amante que viene a turbar su reposo. Pastor Díaz logra en este poema crear un clima de aterradora obsesión. El poeta había conseguido ya enfriar en su corazón «el que un tiempo rugió volcán ardiente», pero la sombra de la amada retorna en fantástica visión para encenderlo en un nuevo tormento:

> *Ya no aparece sólo entre las sombras;*
> *Doquier me envuelve su funesto giro;*
> *A cada instante sobre mí la miro*
> > *Mil círculos trazar.*
> *Del campo entre las plácidas alfombras,*
> *Del bosque entre el ramaje la contemplo*
> *Y hasta bajo las bóvedas del templo...*
> > *Y ante el sagrado altar.*

> *«Para calmar mi frenesí secreto*
> *Cesa un instante, negra mariposa:*
> *Tus leves alas en mi frente posa;*
> > *Tal vez me aquietarás...»*
> *Mas redoblando su girar inquieto*
> *Huye, y parece que a mi voz se aleja,*
> *Y revuelve, y me sigue, y no me deja...*
> > *¡Ni se para jamás!*

> *«Un momento ¡gran Dios!»* mis brazos yertos*
> *Desesperado la tendí gritando:*
> *«¡Ven de una vez!, la dije sollozando,*
> > *¡Ven y me matarás!»*
> *Mas ¡ay! que, cual las sombras de los muertos,*
> *Sus formas vanas a mi voz retira,*
> *Y de nuevo circula, y zumba y gira...*
> > *Y no para jamás...* [351].

Robert Knox [352], desarrollando una sugerencia de José del Valle Moré, ha estudiado las semejanzas que existen entre *La mariposa negra* y el famosísimo poema de Poe, *El cuervo*, pero bien entendido que la obra del poeta gallego (1834) es anterior en once años a la del escritor americano. No es probable que éste conociera la composición de Pastor Díaz, por lo

---

[351] Ídem, íd., págs. 34-35.
[352] Robert B. Knox, «*La mariposa negra* and *The Raven*», en *Symposium*, XI, 1957, págs. 111-116.

que Knox se limita a constatar en la semejanza del tema central y de numerosos detalles de ambos poemas «un sorprendente ejemplo de cómo unas concepciones poéticas semejantes pueden engendrar estrechas semejanzas en el tratamiento artístico».

Hemos dicho que con los temas de la Naturaleza y del Amor se mezcla constantemente en la lírica de Díaz el tema de la muerte, inspirado en particular por el recuerdo de una mujer amada, muerta en su juventud, a la que se dirige frecuentemente con el nombre de Lina. En *El amor sin objeto*, el poeta confiesa la pérdida de la voluntad de vivir, y en *A la muerte* busca su consuelo en la tumba, donde podrá reunirse con su amada. En *La mano fría* recoge Díaz el tema ossiánico de la extinción solar, incorporado por Espronceda en su *Himno al Sol;* según Samuels [353], Díaz lo tomó del poema de Byron, igualmente inspirado en Ossian, *Darkness,* y fue el primero que lo difundió entre nuestros románticos.

Samuels señala que Pastor Díaz fue a su vez el primero que patrocinó la idea, tan grata a los románticos de Inglaterra y de Francia, de la posición superior y apartada de los poetas [354], voceros de Dios, cuyos ensueños y adivinaciones se adelantan a la misma ciencia, pero que, rechazados y mal comprendidos, están condenados a una vida solitaria y proscrita. Así lo expresa en sus poemas *Mi inspiración* y *A un ángel caído.* «Pero esta tesis —dice Samuels— de que el poeta se encuentra solo en el mundo, lejos de ser una mera banalidad literaria, representa para nuestro Pastor una realidad, una ley de la vida, y el hondo sentimiento de soledad y de melancolía que alcanza en ésta y otras poesías, habló al corazón de un poeta posterior que, triste y enfermo, llevaba el nombre de Gustavo Adolfo Bécquer. Los versos de éste, llenos de dolor y desaliento, revelan tan estrecha afinidad de concepto, tono y sentimiento con los de Pastor Díaz que llama la atención su identidad espiritual» [355].

Al estudiar las fuentes literarias de Pastor Díaz, Samuels, además de Byron y Lamartine y de la frecuente huella de Ossian, señala el influjo de Young y de Gray, «que diseminaron la poesía de tumbas», y de poetas neoclásicos y prerrománticos españoles que acogieron también motivos semejantes, como Meléndez Valdés, Cadalso y Cienfuegos.

Samuels resume el papel desempeñado por Pastor Díaz en el proceso del Romanticismo español diciendo que él aportó el sentimiento por la región natal creando con ello la escuela «norteña», robustecida luego por Enrique Gil, y que fue, al cabo, una de las fuentes en que bebió el genio de

---

[353] Artículo cit., pág. 6.

[354] Valera, en uno de sus comentarios sobre Pastor Díaz, no puede menos de deslizar su pincelada irónica a propósito de esta *misión* que se atribuye el poeta: «Un momento hubo —dice— en que don Nicomedes se creyó también con *misión* y como enviado del Cielo. Pero, al aparecer Zorrilla, don Nicomedes le reconoce por el verdadero enviado, renuncia a su misión y se retira con modestia» (ed. cit., pág. 1190).

[355] Artículo cit., pág. 6.

Bécquer; en el tema del amor creó el concepto de la mujer irreal e incorpórea que había de recoger Espronceda y el propio Bécquer; y sobre el tema de la muerte compuso los únicos versos sobre motivos lúgubres y sombríos que merecen sobrevivir de entre la turbamulta de composiciones amontonadas por los poetas «de tumba y hachero». Valera ironizaba sobre esta poesía de Pastor Díaz, melancólica y quejumbrosa, de nocturno y terror, y se preguntaba acerca de su sinceridad; le extrañaba que hubiera sido escrita por un «hombre de estado de alto crédito, lisonjeado por la fama, encumbrado por la fortuna a las más altas posiciones oficiales, y estimado y querido por la generalidad de las gentes por su amena conversación y apacible trato» [356], y suponía que en sus «espantables melancolías» entró por mucho la moda, aunque quizá también lo delicado de su salud que cortó su vida con muerte hasta cierto punto prematura. Pero, sin contar con que por debajo de la fama y gloria oficial podían anidar las más angustiosas melancolías, lo que importa es que Pastor Díaz expresó ese mundo de sentimientos con personalísima voz que define inconfundiblemente su lírica, manteniéndose ajena a las tremendistas y vulgares exageraciones que tantos otros prodigaron; una lírica de sentimiento y de ternura, de quejumbrosas y suaves añoranzas, inmersa en lo infinito y sobrenatural, ansiosa de soledad y reposo, escrutadora del misterio, nutrida de recuerdos y de nostalgias.

En 1858 publicó Pastor Díaz su novela *De Villahermosa a la China*, cuya primera parte, de las cuatro que cuenta, había aparecido como folletín en *La Patria*, en 1848 [357]; la subtitula «Coloquios de la vida íntima». Valera, que le dedicó un largo comentario, decía de la obra que le parecía «más libro que novela». Persuadidos, no obstante, de que una novela puede adoptar formas infinitas, no creemos que los fallos que la de Díaz pueda contener se deban a que discrepe de los cánones o normas que se estimen más ortodoxos, cualesquiera que sean, sino de causas arraigadas en la misma obra.

---

[356] Introducción al *Florilegio*, ed. cit., pág. 1191.

[357] La Real Academia hizo en 1866-1868 una edición de las *Obras* de Díaz, en seis volúmenes, pero no fue incluida en ellos *De Villahermosa a la China*. Chao Espina, en la Introducción a su edición «sincopada» (véase luego) recuerda que la novela no había vuelto a publicarse. Dos años antes, sin embargo, había aparecido la edición de Castro y Calvo, arriba citada, pero Chao Espina la ignora o la soslaya. De todos modos —admitido el testimonio de Chao— parece evidente que hasta la de Castro y Calvo, la novela no había conocido ninguna reedición. No obstante, Castro y Calvo en su Introducción asegura (pág. CXXXVI) que la novela fue reimpresa en 1864, y luego, al dar cuenta de su propia edición, afirma (pág. CXLIII) que está basada en la de Madrid de 1862; esto supondría, pues, dos reediciones, y en fechas muy próximas, lo que parece todavía más inverosímil. Cabe la hipótesis de que Castro y Calvo haya tomado la suya de una edición fantasma; hay casos así.

Protagonizan el relato cuatro personajes: Javier, en el que suele verse la proyección del propio autor; Enrique; y dos mujeres, Irene y Sofía. Pero los cuatro personajes son el mismo don Nicomedes, aunque se reparten a trechos la tarea de discurrir en interminables soliloquios sobre sus retorcidos conflictos amorosos y sobre todos los problemas —divinos y humanos—, angustias religiosas, ansias místicas, desengaños terrenos, esperanzas celestes, sutilezas y profundidades que quepa imaginar, entreverados con pasajes de exaltado lirismo y bellas descripciones de la naturaleza y costumbres de Galicia. Pero el conjunto se ofrece como una masa acongojante que requiere en el lector dosis de paciencia nada comunes. No se trata ya de que el libro no sea una novela: podría ser en buena hora un desahogo lírico, pasional o intelectual del escritor; podría tratarse de una confesión íntima «a cuatro voces», y desafiando todos los moldes de la novela, siendo incluso una pésima novela, contener bellezas que hicieran disculpable o tolerable su imperfección. Las contiene, en efecto; pero están de tal manera agobiadas por el tupido ropaje verbal, que hay que buscarlas arrojándose valientemente a las inmensidades de su prosa como un buzo a las olas. Y el lector se retira, asustado, de la empresa. Chao Espina, el estudioso máximo de Pastor Díaz, al preparar una edición de *De Villahermosa a la China* para una colección divulgadora [358], hace una selección del texto, lo cual nada tendría de particular dados los planes editoriales, pero escribe una declaración que es casi cómica: después de explicar que ha dejado la obra reducida aproximadamente a la mitad (creemos que a mucho menos) para eliminar los pasajes excesivamente discursivos y reducir la novela a su esencia con el fin de hacerla más accesible al lector actual, concluye con este comentario: «Creemos, sinceramente, que lejos de perder valores con estos recortes y actualización, la novela ha ganado bastante, como podrá comprobarse confrontando el original con la edición que hoy presentamos». No puede decirse más para justificar el justo olvido en que se tiene al libro.

Pastor Díaz se lamentaba de que, al ser publicado, apenas si nadie le hizo caso y sólo recibió la felicitación de Antonio de Latour; silencio perfectamente explicable; lo contrario hubiera sido lo extraño. Valera, en cambio, le dedicó una crítica proporcionada en longitud y en espesor a la novela de su amigo; pero se anda por todas las ramas posibles sin agarrarse al tronco ni una sola vez, con el fin de dorar la píldora. Es una muestra perfecta de la conocida pericia diplomática de don Juan. Nos parece evidente que el digno puesto que por su lírica merece ocupar Pastor Díaz en la historia de nuestro Romanticismo, está muy lejos de merecerlo en la novela.

---

[358] *Nicomedes Pastor Díaz. «De Villahermosa a la China».* Selección, introducción y notas de Enrique Chao Espina, Salamanca, 1972; la cita que sigue, en pág. 34.

CAPÍTULO V

EL TEATRO ROMÁNTICO

I

EL TEATRO EN LAS VÍSPERAS DEL ROMANTICISMO

Cuantos se han ocupado del teatro español en las primeras décadas del siglo XIX convienen en afirmar lo precario de su situación [1]. En 1831 Madrid, que tenía 200.000 habitantes, no contaba sino con dos teatros —el del Príncipe y el de la Cruz— abiertos todo el año, y aún había que descontar las semanas de la Cuaresma. Testimonios innumerables de los contemporáneos aluden a la pobreza de los locales, a su mala organización, a la mediocridad de los actores, a la escasez de obras valiosas, a la baja calidad de las «refundiciones» de obras antiguas y, sobre todo, al torrente de traducciones de obras extranjeras, perpetradas casi siempre por trabajadores a destajo. Los teatros estaban faltos de adecuados recursos económicos: los administraba el Ayuntamiento de Madrid por medio de una comisión de sus miembros de muy problemática competencia, y los beneficios se destinaban a los hospitales o a hermandades religiosas, condición todavía agravada por los impuestos innumerables que pesaban sobre los espectáculos, según puntualizó Carnerero en un notable artículo publicado en 1821 en *El Universal*.

Los escritores de mayor prestigio estaban encarcelados o desterrados, y los que quedaban en el país vivían oprimidos por las deplorables condi-

---

[1] Cfr.: Nicholson B. Adams, «Notes on Spanish Plays at the Beginning of the Romantic Period», en *The Romanic Review*, XVII, 1926, págs. 128-142. A. Rumeau, «Le théâtre à Madrid à la veille du romantisme. 1831-1834», en *Hommage à Ernest Martinenche. Études hispaniques et américaines*, París, s. a. (¿1939?), págs. 330-346. Paul Patrick Rogers, «The Drama of Pre-Romantic Spain», en *The Romanic Review*, XXI, 1930, págs. 315-324. John Kenneth Leslie, *Ventura de la Vega and the Spanish Theatre. 1820-1865*, Princeton, 1940.

ciones referidas y, muy en particular, por una censura «cuyo rigor odioso y ridículos excesos» son justamente célebres. Numerosas obras del antiguo repertorio, que habían gozado de aceptación —entre ellas, *El sí de las niñas*, de Moratín, condenada por la censura como inmoral— fueron prohibidas a partir de la reacción absolutista de 1823. Los actores carecían de especialización, y lo mismo pechaban con el teatro antiguo, que con el sainete, la comedia neoclásica, el drama de gran espectáculo, el drama histórico, el melodrama o las traducciones del francés. Rumeau recuerda [2] que el famoso director del Teatro del Príncipe, Grimaldi [3], y su principal pro-

---

[2] «Le théâtre à Madrid...», cit., pág. 331.

[3] Cfr., Frank M. Duffey, «Juan de Grimaldi and the Madrid Stage (1823-1837)», en *Hispanic Review*, X, 1942, págs. 147-156. El nombre de Grimaldi está asociado a las efemérides y autores más notables del teatro español durante las décadas que nos ocupan. Aunque Zorrilla en sus *Recuerdos del tiempo viejo* lo supone italiano, Grimaldi era francés y había llegado a España con los Cien Mil Hijos de San Luis que acabaron con el Trienio Constitucional. Se quedó con las tropas de ocupación que retuvo Fernando y fue empleado en la Administración militar de Madrid hasta su matrimonio con la joven y bella actriz del Teatro del Príncipe, Concepción Rodríguez; desde entonces —enero de 1825— vivió para la escena. Poco después de su matrimonio arrendó el Teatro del Príncipe como productor y director. Según el marqués de Molíns, en su biografía de Bretón, Grimaldi estaba animado por dos grandes deseos: hacer revivir el drama en España y favorecer la carrera artística de su mujer. Se asoció en seguida con Bretón, en quien adivinó grandes posibilidades para el teatro, le dio oportunos consejos y montó todas sus obras. Ayudó también a Larra en el estreno del *Macías*, ensayando la obra con el mayor cuidado, y a sugerencia suya escribió Fígaro su comedia *No más mostrador* y tradujo diversas obras del francés; idéntica ayuda y estímulo dio también repetidamente a Ventura de la Vega. Grimaldi fue figura prominente en el Parnasillo, y desde él se convirtió en mentor teatral de todos sus contertulios. Defensor de la naturalidad en la representación, según técnica impuesta por Isidoro Máiquez, encontró en su mujer, discípula de éste, la más eficaz ayuda para encauzar la reforma del arte histriónico. Notables también fueron los esfuerzos de Grimaldi para mejorar las condiciones materiales de los teatros, que él encontró en un estado de lamentable pobreza. Grimaldi tuvo también un importante papel en la prensa y llegó a ser editor de la *Revista Española*; en calidad de tal ofreció un puesto a Larra para sustituir a Mesonero a la salida de éste. Los testimonios de admiración de sus contemporáneos son numerosos. Mesonero escribe de Grimaldi en sus *Memorias de un setentón*: «Dotado de un talento superior y de una perspicacia suma, había encarnado de tal modo en nuestro idioma, en nuestra sociedad y nuestras costumbres, que muy luego, y siguiendo su irresistible vocación al teatro y sus profundos conocimientos literarios y artísticos, no sólo vino a convertirse en oráculo de poetas y comediantes, no sólo se alzó con el dominio y dirección material de la escena, sino que, lanzándose él mismo a la lucha, hizo versiones de dramas franceses con una originalidad verdaderamente pasmosa». Y después de referirse a su famosa comedia, *La pata de cabra*, añade: «Grimaldi, que con este verdadero triunfo de su gran talento consiguió despertar el apetito del público español y atraerle al teatro por espacio de meses y aun de años enteros, se encontró *ipso facto* al frente de nuestra escena, promovió en ella importantísimas mejoras, levantó y sostuvo a los grandes actores, especialmente Carlos Latorre, Romea y Guzmán; hizo de la Concepción Rodríguez una admirable actriz, y casándose después con ella, se identificó de tal modo con nuestra patria, que llegó a tener gran influencia, no sólo en el teatro y la literatura, sino también en la prensa política...» (*Obras de Don Ramón de Mesonero Romanos*, ed. de Carlos Seco Serrano, B. A. E., vol. V, Madrid, 1967, pág. 179). Con mucho mayor brevedad declara el marqués de Molíns: «Ejerció grande y benéfico influjo, no sólo en

veedor por aquellos días, Bretón de los Herreros, abandonaron Madrid en 1830 para trabajar en los teatros de Sevilla; pero la situación no debía de ser mucho mejor allí, puesto que al año siguiente regresaron a la capital.

Las traducciones acaparaban casi por entero el repertorio, a pesar de los repetidos ataques que se les dirigía desde la prensa, tanto por su número como por su detestable calidad. Mesonero Romanos escribía: «La manía de las traducciones ha llegado a su colmo. Nuestra nación en otros tiempos tan *original* no es otra cosa en el día que una nación *traducida*». Y Bretón denunciaba por su parte: «Tal plaga ha llovido y está lloviendo sobre los teatros españoles de dramas de toda clase y condición, traducidos, por lo común pésimamente, por manos ineptas, que no es extraño se oiga por algunos con cierta repugnancia el nombre de traductor»[4]. En la primera de sus cartas «desde las Batuecas» a Andrés Niporesas, ironizaba Larra sobre las traducciones: «También suelo traducir para el teatro la primer *piececilla* buena o mala que se me presenta, que lo mismo pagan y cuesta menos: no pongo mi nombre, y ya se puede hundir el teatro a silbidos la noche de la representación»[5].

Y era el caso que, como sucedía con el propio Bretón, y con Larra, hasta los mismos que abominaban de las traducciones, las producían como medio para ganar su sustento, ya que las condiciones económicas del teatro hacían inevitable el sistema. Las empresas, agobiadas por las cargas, no pagaban más por una obra original que por una traducida, ni tampoco el público, escasamente educado, agradecía y correspondía a la posible originalidad. Cabe todavía añadir que la propiedad literaria, aunque teóricamente creada en 1813, apenas existía en la práctica, particularmente en el teatro, por lo que una obra original, en el caso de que obtuviera aceptación,

---

las artes de la escena, sino en la literatura dramática y en la historia de nuestros progresos teatrales» (cit. por Duffey, art. cit., pág. 150). La carrera teatral de Grimaldi concluyó cuando, hacia 1837, fue nombrado cónsul de España en París, cargo que, según Mesonero, retuvo hasta su muerte en 1872.

[4] Ambos textos citados por Leslie, en *Ventura de la Vega and the Spanish Theatre*, cit., pág. **25**.

[5] *Obras de D. Mariano José de Larra (Fígaro)*, ed. Carlos Seco Serrano, B. A. E., vol. I, pág. 81. Como todas las opiniones, coetáneas o posteriores, sobre las traducciones de la época son adversas, no carece de interés señalar la única positiva de que tenemos noticia; la defiende Paul Patrick Rogers en el artículo arriba citado, «The Drama of Pre-Romantic Spain». Ni el drama nacional ni el neoclásico —afirma— prepararon el camino para el teatro romántico; mucho más importantes para la regeneración del teatro español fueron las traducciones. A través de éstas el teatro de la Península se mantuvo en contacto y extrajo nueva vida de los teatros del resto de Europa (pág. 323). Y añade luego: las traducciones significaron para la escena española nuevas ideas, nuevas formas, nuevos métodos. Este tacto de codos con otros teatros le abrió al de casa el camino de su futuro progreso. Proporcionó a la capacidad creadora en España nuevas concepciones del drama y de su técnica, puso al pueblo en contacto con nuevas y diferentes formas de vida. Contribuyó no sólo a renovar el drama español sino a hacerle vecino de los otros teatros de Europa (págs. 323-324). Queden aquí estos juicios por lo que puedan valer.

quedaba a merced de quien quisiera aprovecharla[6]. No es de extrañar que los escritores dramáticos carecieran de estímulo para la creación original y se entregaran a la cómoda tarea de la traducción.

Añadamos aún que la escasa asistencia de público a las obras —más o menos— literarias, exigía el cambio constante de programa. Rumeau informa[7] que en un total de 434 representaciones, que tuvieron lugar en los dos citados teatros de Madrid durante 1831, se escenificaron 138 obras, lo que da una cifra media de tres representaciones por pieza; 75 obras fueron representadas una sola vez; cincuenta entre tres y cinco; sólo cinco alcanzaron la sexta representación. Los grandes éxitos del mencionado año fueron *La expiación*, traducida del francés por Ventura de la Vega, con 17 representaciones, la comedia de Larra *No más mostrador*, con 14, y la comedia de magia de Grimaldi, *La pata de cabra*, que desde 1829 venía gozando de un éxito que no parecía agotarse. Forzados a tan constante renovación, ni los cómicos podían hacer el menor estudio de sus papeles, ni las empresas atender a los gastos mínimos para montar decentemente aquel torrente de espectáculos.

De los autores traducidos en estos años que nos ocupan aventajó a todos el francés Eugène Scribe —«el célebre», «el fecundo», «el inagotable», como lo calificaba la propaganda de la época[8]—, en cuya versión compitieron Bretón, Ventura de la Vega y Larra. Al comienzo se tradujeron con preferencia las comedias en un acto y los *vaudevilles*, con los cuales se pretendía sustituir, por anticuados, los viejos sainetes, propósito que secundó Bretón y que encareció en un artículo publicado en el *Correo Literario*; pero pronto se tradujeron también las comedias largas. Muchos otros autores franceses fueron traducidos, desde los clásicos del siglo XVII hasta los contemporáneos. En 1820 tradujo Moratín tres comedias de Molière —*El médico a palos, El enfermo de aprensión* y *La escuela de los maridos*—, y Marchena una, *El hipócrita;* en 1828 tradujo Bretón *Le misanthrope* con el título de *El ingenuo*. Se hicieron también versiones de Sedaine, Beaumarchais —de éste, tres comedias; Bretón hizo la de *Le mariage de Figaro* bajo el título de *Ingenio y virtud, o el seductor confundido*—, Marivaux —dos comedias, también a cargo de Bretón—, Picard, Delavigne, Mélesville, y otros muchos de menor cuantía. Más escaso fue el número de obras vertidas del italiano —Goldoni, Caprara—, y menor aún las del inglés o el alemán, aunque Kotzebue gozó de considerable popularidad desde los primeros años del siglo por sus «dramas sentimentales», género

---

[6] Cfr., Paul Patrick Rogers, «Dramatic Copyright in Spain before 1850», en *The Romanic Review*, XXV, 1934, págs. 35-39.

[7] «Le théâtre à Madrid...», cit., pág. 332.

[8] Larra comenzaba así su reseña de la «primera representación» de *La nieve*, de Scribe, hecha por Bretón: «¿Comedia nueva? ¿Traducida? Claro está. ¿Autor? Scribe: eso ya no se pregunta» (ed. Seco Serrano, cit., I, pág. 227).

que seducía sin desmayo a las multitudes. La preferencia popular se inclinaba, no obstante, al «melodrama de gran espectáculo» en el que lo verdaderamente importante correspondía a los bailes y la música y, en general, a los efectos escénicos, ayudados por situaciones de extremado dramatismo.

La «comedia de magia» conservaba la popularidad de que venía disfrutando desde el siglo anterior, y muchas de sus obras más conocidas —*El asombro de Francia, Marta la Romorantina, Nadie más grande hechicero que Brancanelo el herrero, El asombro de Jerez, Juana la Rabicortona*— continuaron representándose; a ellas se unió la celebérrima comedia de Grimaldi, ya mencionada, *Todo lo vence el amor o la pata de cabra*, que superó todas las marcas durante varios años[9]. Bretón contribuyó al género con *Jocó o el orangután*, mezcla de «comedia de magia» y «melodrama de gran espectáculo». Leslie comenta que al éxito del género pudo cooperar también, en los años de la segunda década, la habilidad histriónica del popularísimo actor cómico Antonio de Guzmán.

A pesar de la aludida competencia del «vaudeville», el sainete siguió en la cumbre de la popularidad como «fin de fiesta». Leslie sostiene[10] que esta forma dramática aventajó, con mucho, en número a otra cualquiera de las restantes. El sainete conservó esencialmente la estructura que había alcanzado en el siglo XVIII, sin que se observe cambio alguno a lo largo de estas décadas, lo que explica que se siguieran representando todavía muchas de las piezas antiguas, en particular las más famosas de Ramón de la Cruz y de González del Castillo.

La tragedia neoclásica continuó en cartel, pero en proporción mucho menor que los otros géneros, y por lo común a base de traducciones de obras clásicas francesas, como *El Cid*, de Corneille, la *Andrómaca*, de Racine, y la *Alcira*, de Voltaire; también se tradujeron algunas tragedias de Lucien Arnault, y las ya conocidas versiones de Alfieri siguieron reponiéndose hasta el fin del período constitucional. Shakespeare fue conocido a través de la versión del *Otelo* hecha por Ducis y traducida por La Calle, y en 1828 se representó también una traducción de *Romeo y Julieta*.

---

[9] Su título completo era: *Todo lo vence el amor o la pata de cabra. Melo-mimo-drama mitológico, burlesco, de magia y de grande espectáculo*, y no se trataba de una obra original, sino adaptación de la pieza de Martainville, *Le Pied de mouton*. Grimaldi no ambicionaba con ella glorias artísticas; modestamente confesaba en nota preliminar a la edición: «El autor de *La Pata de cabra* no aspiró con ella a lauros literarios; sólo quiso proporcionar a la empresa de los teatros medios de llamar gente, y nadie por cierto negará que ha logrado su objeto». Zorrilla refiere en los *Recuerdos del tiempo viejo* que por entonces «estaba absolutamente prohibido a todos los españoles de las provincias venir a Madrid sin una razón justificada, y el Superintendente visó 72.000 pasaportes por esta poderosa e irrecusable razón, escrita en ellos a favor de sus portadores: 'Pasa a Madrid a ver *La Pata de cabra*'».

[10] *Ventura de la Vega...*, cit., pág. 33.

De las tragedias originales españolas fueron repuestas *El duque de Viseo* y el *Pelayo*, de Quintana, esta última casi anualmente [11], y también la *Camila*, de Dionisio Solís, que conoció once representaciones en 1831-1833.

La comedia original española estuvo representada especialmente por obras de tradición moratiniana, y por las del propio Moratín, escenificadas todos los años, hasta que con la nueva reacción absolutista de 1823 fueron prohibidas por la censura *La mojigata* y *El sí de las niñas*. Entre los seguidores de Moratín que estrenaron comedias durante la década de los 20 debe mencionarse a Gorostiza, Martínez de la Rosa, Bretón de los Herreros y Gil y Zárate; de estos tres últimos nos ocuparemos posteriormente, dado que su más importante producción se sitúa ya en plena época romántica.

Leslie señala [12] la existencia de lo que denomina «obras ocasionales», es decir, piezas de carácter político —cortas; por lo común en un solo acto— de muy escaso interés literario, pero inapreciables como reflejo de aquella sociedad y de sus pasiones e inquietudes. Abundaron sobre todo en el Trienio Constitucional, y los títulos hablan por sí mismos: *La entrada del héroe Riego en Sevilla*, *El triunfo de la Constitución*, *Constitución o muerte*. Huelga decir que con el retorno del absolutismo cambió el collar de los perros y se cantaron las glorias del déspota con piezas tales como *Todo por sólo el rey; sin el rey nada* y *José Infantes, el buen realista*.

La más importante novedad escénica de la época fue sin duda la apasionada aceptación de la ópera, favorecida por la afición del público hacia lo espectacular. La primera compañía italiana llegó al Teatro del Príncipe en la temporada 1821-1822, y a partir de 1825 fue necesario traer de Italia las primeras figuras del canto para satisfacer la creciente demanda del público; gozaron de especial favor las obras de Rossini, Pacini, Bellini y Vaccai. La prensa de la época reflejó la inquietud del mundillo literario ante aquel formidable enemigo, con quien el «teatro de verso», lo que se tenía por teatro genuino, no podía competir. Bretón compuso una graciosa sátira sobre *El furor filarmónico*, y Mesonero un artículo titulado *La filarmonía*. Larra dijo su tajante palabra sobre el problema: «En cuanto a la cuestión de la ópera, cuando ésta se presentó en Madrid con todo el atavío y magnificencia de que era capaz en nuestros tiempos, además del mérito

---

[11] Rogers dedica un largo pasaje a comentar el éxito del *Pelayo*. El triunfo de esta obra —dice— representada por primera vez en el Coliseo de los Caños del Peral el 19 de enero de 1805, fue inmediato y duradero; se mantuvo en el repertorio durante cerca de quince años, y su popularidad fue refrendada por todos los críticos. Mucho más clásico que *El duque de Viseo*, su éxito puede ser atribuido en parte a la resonancia patriótica que tenía para los españoles, que ya comenzaban a resentirse de la opresión extranjera. El tema de la obra y los apasionados parlamentos, heroicamente declamados por Isidoro Máiquez, enardecían al auditorio, haciéndole olvidar la envoltura clásica.

[12] *Ventura de la Vega...*, cit., pág. 34.

de la novedad que consigo traía, ¿cómo era posible que no llevase la preferencia en unas circunstancias en que apenas había escritores dramáticos originales y en que lo poco bueno que nuestro teatro moderno poseía se hallaba o prohibido o sabido de memoria?»[13]. A partir de 1833 declinó un tanto la pasión por la ópera, coincidiendo con el mejor momento del teatro romántico, para conocer, no obstante, en décadas posteriores nuevas ocasiones de fervor popular.

Resta aún mencionar, para completar el panorama teatral en la víspera del Romanticismo, las comedias del Siglo de Oro, que se representaban por lo común bajo la forma de «refundiciones», de las cuales tenemos ya noticia por la práctica llevada a cabo desde el último tercio del siglo XVIII. En las dos primeras décadas del XIX siguieron representándose refundiciones de años anteriores: de Dionisio Solís, de Trigueros, de Enciso Castrillón; a partir del 20, y hasta en los mejores días del Romanticismo, se sumaron a la tarea escritores de calidad como Bretón, Hartzenbusch y Mesonero Romanos.

La aceptación del teatro áureo español osciló mucho con los años. Informa Rumeau[14] que de las 138 piezas representadas en 1831, 30, es decir, alrededor de una cuarta parte, eran «comedias» antiguas, aunque más que el número de títulos lo que importa es el de las representaciones, que fueron, por lo común, escasas. Con excepción de un par de obras de Calderón que alcanzaron seis representaciones, las demás, en su mayoría, no obtuvieron sino una o dos. Adams, que ha estudiado estadísticamente el problema, llega a la conclusión de que el número de «comedias» creció durante los años 20, hasta sumar 57 títulos con 180 representaciones en 1827, para disminuir progresivamente hasta reducirse a 23 representaciones en 1837[15].

La práctica de las «refundiciones», aunque en ellas pusieron también su mano ingenios destacados, fue repetidamente atacada como un atentado contra el teatro antiguo. En 1834 escribía en *The Atheneum* Alcalá Galiano: «Una clase de escritores dramáticos que con propiedad no pueden llamarse autores originales ni traductores, una especie de intermediarios o revendedores, si se nos permite el término, comparten el dominio de la escena española. Son los *refundidores* de obras antiguas españolas». Vale la pena completar la cita, pese a su extensión: «Su trabajo consiste en reducir los dramas antiguos al patrón del código de Aristóteles o de Boileau, torturándolos para acomodarlos a las unidades de tiempo y lugar, eliminando a todos los personajes que se consideran inútiles, y expurgando todos aquellos pasajes en donde el gusto de una época pasada entra en flagrante opo-

---

[13] Cit. en ídem, íd., pág. 31.
[14] «Le théâtre à Madrid...», cit., pág. 332.
[15] Nicholson B. Adams, «Siglo de Oro Plays in Madrid, 1820-1850», en *Hispanic Review*, IV, 1936, págs. 342-357.

sición con el del tiempo presente. Conseguir todo esto exigía el empleo generoso de las tijeras; tras muchos cortes y tajos implacables, solían unir las diferentes piezas con algunos parches de la propia cosecha; la obra, una vez acabada, mostraba visibles señales de la tosca mano que había realizado la operación. El resultado de estos esfuerzos fueron las más absurdas composiciones, aunque algunas de ellas gozaron en su tiempo de gran aprobación por parte del público. Esta práctica prevaleció en España desde fines del pasado siglo, y ha durado hasta nuestros mismos días»[16]. Larra, con ocasión del estreno de *El Caballero*, de Moreto, disparaba su sarcasmo contra el refundidor: «Antes de hablar de *El Caballero* —escribe—, una de las más ingeniosas composiciones de Moreto, citaríamos de buena gana ante el tribunal de la crítica al refundidor, para preguntarle qué derecho cree tener para apoderarse de la primera comedia antigua que se le presenta, y para adherirse, como planta parásita, a la gloria de un autor difunto. Preguntaríamos a estos *arrimones* literarios que refunden trabajos ajenos, si quieren hacer las comedias de Moreto, Tirso, etc., o si quieren hacer las suyas... Si refundir es hacer bajar y subir los telones en otros pasajes de la acción diversos de aquellos en que Moreto creyó subdividir su intriga; si consiste en añadir algunas trivialidades a las que desgraciadamente puede encerrar el original haciendo desaparecer de paso algunas de sus bellezas; si consiste en decir *cinco actos* en vez de *tres jornadas;* si estriba en estropear la versificación haciendo consonar *trato* con *cinco y cuarto*, entonces esta refundición es de las más completas que en estos teatros hemos visto...»[17].

El problema no puede dejarse, sin embargo, sin alguna particular consideración. Las refundiciones, aunque fueron hechas en un comienzo para ajustar las comedias barrocas a las reglas clásicas, según explica Galiano, no siempre obedecieron después a idénticos motivos; había también, entre otras razones, exigencias de la puesta en escena, pues era indispensable —por ejemplo— eliminar cambios de lugar para facilitar su montaje de acuerdo con los medios técnicos existentes. Y no todo tampoco obedecía a causas tan materiales. Ermanno Caldera que ha estudiado el problema a nueva luz[18], según veremos en seguida, aduce, para compararlos, dos textos muy significativos: uno del siglo XVIII, de Bernardo de Iriarte; otro de Durán, a quien ya conocemos como esforzado defensor de la comedia áurea. Decía Iriarte que «se debe procurar acercar todo lo posible las unidades; suprimir apartes, comparaciones poéticas y todo lo que huela a flor, río, peña, monte, prado, astro, etc.; cercenar gracias intempestivas del

---

16 Antonio Alcalá Galiano, *Literatura española del siglo XIX. De Moratín a Rivas*, traducción de Vicente Lloréns, Madrid, 1969, pág. 113.

17 Ed. Seco Serrano, cit., I, pág. 225.

18 Ermanno Caldera, *Il dramma romantico in Spagna*, Università di Pisa, 1974.

gracioso y quitar del todo cuanto destruya la ilusión»[19]. Y Durán, a propósito de *El condenado por desconfiado*, en un *Examen* famoso, sostenía que el escritor que en nuestros días quisiera tratar aquel mismo asunto «tendría que concebirlo de otro modo, y que buscar en la razón medios supletorios a la falta de fe; tendría que inventar recursos de verosimilitud e interés dramáticos más análogos a nuestra manera social y a la idea predominante del siglo»[20]. Caldera comenta que ambos autores, alejados por el tiempo y el criterio estético, coincidían en reclamar idénticas exigencias de una mayor racionalidad y verosimilitud; y recuerda que los mismos maestros del seiscientos habían practicado la refundición: Calderón había «reelaborado» comedias de Lope y de sus discípulos, y Moreto lo había practicado en gran escala con comedias de Lope, de Tirso y de Guillén de Castro. El crítico italiano estima evidente que las refundiciones, que se multiplicaron sobre la escena española a fines del XVIII y primeras décadas del XIX, se insertaban de lleno en la tradición de las reelaboraciones y arreglos, artísticos y «morales», que constituyen una constante de las letras hispanas a partir, por lo menos, del siglo XVII (la diferencia, por supuesto, era la ausencia de genialidad; pero ese es otro problema). Caldera añade[21] —y hace suya con ello la opinión de Durán— que las refundiciones en la víspera del Romanticismo, o ya en sus días, tendían sobre todo a hacer más asequible el lenguaje y más creíble la situación, es decir, lograr una obra más accesible al espectador de los nuevos tiempos. En este sentido, las refundiciones —resume Caldera— son el anillo indispensable de la cadena que une la dramaturgia romántica con la barroca, y lo son más en virtud de lo que cambian o niegan de la obra original que por lo que mantienen.

Caldera ejemplifica sus deducciones con numerosos casos concretos que no podemos acoger aquí, por lo que hemos de limitarnos a resumir sus conclusiones. En las refundiciones del período romántico —digamos que, a lo menos, en las más afortunadas— se tiende a eliminar todo lo que es frondoso y convencional y perturba el desarrollo lineal de la obra; a la tendencia barroca a la objetivación se sustituye la imposibilidad romántica de comunicarse, de salir de sí mismo, y el intimismo sentimental toma el lugar de la proyección metafórica[22]. La imagen calderoniana, con función meramente estética y ennoblecedora, adquiere ahora una finalidad sentimental y emotiva. Pero era necesario primeramente —dice Caldera[23]— desembarazarse de un mundo simbólico, todo luz y color, en el cual el poeta barroco cristalizaba, objetivándolo, el propio sentimiento; era preciso reducir aquel conjunto a dimensiones más sencillas y accesibles, a una

---

[19]  Ídem, íd., pág. 12.
[20]  Ídem, íd.
[21]  Ídem, íd., pág. 18.
[22]  Ídem, íd., pág. 32.
[23]  Ídem, íd., pág. 40.

medida humana y personal *(mi amor, mi esperanza)*, que hiciera posible la expresión sincera y subjetiva de los propios sentimientos.

Con las refundiciones se produjo, sin embargo, un curioso proceso. La cerrada defensa hecha por Durán del teatro áureo iba dando sus frutos y las protestas contra las «malas refundiciones» —y de rechazo contra las «buenas»— comienzan a ser eficaces. Se afianza la idea de que todo texto original debe ser respetado en su integridad: «Sus obras —se decía en las *Cartas Españolas* en septiembre de 1833, refiriéndose a las de los antiguos dramaturgos— son de ellos y de nadie más. Atreverse, so pretexto de reformarlas, a truncarlas, añadirlas, cercenarlas y darles diversa forma, éste es un verdadero atentado». «Es imposible —se escribía en *La Estrella* en enero de 1834— juzgar a nuestros antiguos dramáticos por las refundiciones que se hacen de sus comedias. Éstas quedan sin duda más regulares y verosímiles; pero se suprimen quizá bellezas y aun defectos sin los cuales no puede reconocerse la fisonomía de la pieza ni la del autor»[24].

La nueva empresa de los teatros de Madrid, acogiendo esta nueva mentalidad, publicó al respecto un verdadero manifiesto —como lo califica Rumeau— en el momento en que preparaba la representación de *El tejedor de Segovia*, de Ruiz de Alarcón, con su texto auténtico y completo. Pero el público no respondió al esfuerzo de la empresa ni a la nueva orientación. Un redactor de *La Estrella* se quejaba «del siglo y de su público, que no acude con la prisa que él quisiera a la representación de las comedias de nuestro teatro antiguo». Y Larra respondió a esta queja con su habitual agudeza: «Con respecto a las comedias antiguas su originalidad ha venido a ser nula en el país que las vio nacer y las ve representar hace tres siglos... Son más para el estudio y el recreo de un corto número de profundos inteligentes en su gabinete que para el público en general... Cesemos, pues, de quejarnos del público... Dénsele comedias españolas modernas y buenas y las preferirá a todo»[25]. Son palabras que no precisan comentario. Conservado en su forma original, el teatro antiguo se presentaba con dificultades que escapaban a la comprensión del público común y ofrecía casos y problemas ajenos a la sensibilidad del espectador contemporáneo; al ofrecerse auténtico y puro, quedaba limitado a la atención del lector culto, que podía gustarlo residenciándolo en su época, pero no sin el pertrecho de adecuados saberes. El sentido histórico que desarrollaba el Romanticismo favorecía la adecuada valoración de aquel teatro, pero entendiéndolo en su momento y no pretendiendo hacer de él una realidad viva.

Volviendo al estado general del teatro cabe decir que, al comenzar la década del 30, parecían anunciarse cambios en la administración de los

---

24  Cit. por Rumeau en «Le théâtre à Madrid...», cit., pág. 342.
25  En ídem, íd., págs. 342-343.

teatros de Madrid, que podían favorecer el deseado renacimiento del arte dramático. En noviembre de 1832 acogía Larra el rumor de que empresas particulares iban a hacerse cargo de los teatros de la capital, los cuales, por consiguiente, «dejarían de ser administrados por el Excelentísimo Ayuntamiento». Semanas más tarde insistía Larra: «¿Qué ocasión mejor se nos ha presentado nunca para reclamar una reforma radical en los teatros de nuestro país, que ésta, en que ha empezado a brillar para España una aurora más feliz, que promete por fin la realización de mil esperanzas tantas veces desvanecidas?». Pero la ocasión todavía se hizo esperar, y Larra, desde las páginas de la *Revista Española*, volvió a la carga el 8 de marzo de 1833 pidiendo para los teatros de Madrid una «empresa particular». Al fin, en octubre de aquel mismo año, Javier de Burgos, nombrado ministro del Interior, hizo firmar a la reina regente un decreto por el que se creaba una comisión de tres miembros —Quintana, Martínez de la Rosa y Lista— a fin de preparar «un proyecto completo de ley sobre los derechos de escritores dramáticos, sobre la policía de espectáculos, sobre todos los estímulos que puedan darse a un arte que quiero favorecer». El municipio fue separado de la administración de los teatros, y en mayo de 1834 la comisión había concluido su proyecto. Aunque la reforma total —como subraya Rumeau— no se había alcanzado, se lograron, no obstante, importantes mejoras: se abolió la censura eclesiástica y la de los «jueces protectores», se anularon las medidas que habían impedido la representación de muchas obras desde 1823, y la administración municipal fue sustituida por una empresa privada. «¡Milagro! ¡Milagro! —exclamaba un periodista desde las páginas de *El Siglo*— ¡Que repiquen! ¡La censura ha dejado pasar una comedia nueva!». Rumeau informa que, a lo largo de 1834, el *Diario de Avisos* hacía seguir frecuentemente el anuncio de una representación dramática con esta nueva fórmula de propaganda: «No representada desde 1823». Y un periódico no oficial publicó esta nota: «Primera representación después de diez años de *El sí de las niñas* de Moratín. Ésta es otra de las comedias que estaban prohibidas por buenas». Comentando el cese de la proscripción impuesta a las comedias de Moratín, escribía Larra: «[esta medida] abre las puertas de la esperanza a los amantes de las letras dramáticas y permite ya calcular el bien que a nuestra escena ha de proporcionar la enérgica e ilustrada administración del ministro que las letras y las ciencias elevaron al poder». Y un mes más tarde, refiriéndose en concreto a la reposición de *La mojigata*, comentaba: «Al verla representar de nuevo en el día, no sabemos si sea más de alabar la ilustrada providencia de un gobierno reparador que la ofrece de nuevo a la pública expectación, que de admirar la crasa ignorancia que la envolvió por tantos años en la ruina de una causa momentáneamente caída»[26].

---

[26] Todas las citas de este párrafo en ídem, íd., págs. 339-341.

La «nueva empresa», que entró en funciones en marzo, al concluir la Cuaresma, dio su primera fe de vida haciendo los mayores esfuerzos para poner dignamente en escena *La Conjuración de Venecia*, de Martínez de la Rosa; y el *Macías* de Larra, que estaba detenido desde hacía tiempo por la censura —como hemos dejado puntualizado en el lugar oportuno—, subía a las tablas poco tiempo después. Bellamente recogió Galdós refiriéndose a estas kalendas, en las páginas de *Los Apostólicos*, el rumor de los tiempos que se avecinaban: «El teatro dormitaba solitario y triste; pero ya sonaban cerca las espuelas de *Don Álvaro*. *Marsilla* y *Manrique* estaban más lejos; pero también se sentían sus pisadas, estremeciendo las podridas tablas de los antiguos corrales» [27].

## II

### DRAMATURGOS MAYORES

#### *MARTÍNEZ DE LA ROSA*

Martínez de la Rosa no parece provocar demasiados entusiasmos en los investigadores de nuestros días; en comparación con otros escritores de su siglo —grandes y medianos— su bibliografía es inequívocamente escasa. La *Antología* de Brett [28], dedicada con exclusividad al teatro del siglo XIX, y en la que encuentra cabida hasta un drama de Gil y Zárate, no incluye *La Conjuración de Venecia*. De los historiadores de nuestra literatura tan sólo Valbuena Prat le concede relativa atención en unas páginas inteligentes y comprensivas [29]. Navas Ruiz, en su manual monográfico sobre *El Romanticismo español* [30], recoge abundantes datos pero despacha a regular velocidad la parte crítica, sobre todo de su teatro, que es justamente lo más interesante. Ruiz Ramón en su *Historia del teatro español* [31] dedica breves párrafos a las dos obras capitales de Martínez de la Rosa, sin aducir más que los títulos de su restante obra dramática. La misma *Historia del movimiento romántico español* de Peers [32], tan llena de noticias, se detiene muy

---

[27] Ed. «Aguilar» *Episodios Nacionales*, vol. II, 10.ª ed., Madrid, 1968, pág. 196.
[28] Lewis E. Brett, *Nineteenth Century Spanish Plays*, Nueva York, 1935.
[29] Angel Valbuena Prat, *Historia de la Literatura Española*, 7.ª ed., vol. III, Barcelona, 1964, págs. 152-161.
[30] Ricardo Navas Ruiz, *El Romanticismo español. Historia y crítica*, Madrid, 1973, págs. 109 y sigs.
[31] Francisco Ruiz Ramón, *Historia del teatro español (desde sus orígenes hasta mil novecientos)*, 2.ª ed., Madrid, 1971, págs. 371-373.
[32] E. Allison Peers, *Historia del movimiento romántico español*, trad. española, 2 vols., 2.ª ed., Madrid, 1967.

poco en el análisis de su teatro, cuya importancia no deduciría el lector a través de su examen. La monografía, fundamental, de Sarrailh[33] se consagra casi exclusivamente a la actividad política del escritor, y lo mismo sucede en la excelente introducción de Carlos Seco a la reciente edición de sus *Obras*[34]. Seco, que es básicamente un historiador, centra su estudio, como Sarrailh, en el momento político que vive, y en buena parte protagoniza, Martínez de la Rosa; era una bonita ocasión para dedicar algún espacio a su obra literaria, pero el editor la deja pasar sin aventurar a este respecto ni un solo juicio. Habría, pues, que pensar que está en lo cierto Piñeyro cuando, en su libro sobre *El romanticismo en España*[35], residencia a Martínez de la Rosa en el capítulo que titula *Dii minores*, para concederle tan sólo unos párrafos apresurados. Parece, en consecuencia, que todavía hay que seguir teniendo en cuenta el estudio de Menéndez y Pelayo[36], en el que se barajan penetrantes definiciones con juicios apasionados que habría que examinar con alguna detención.

Sobre Martínez de la Rosa pesa la sombra de su discutida actividad política, escarnecida por Larra en páginas implacables, y la leyenda de su debilidad y acomodaticio eclecticismo, que le valió el remoquete de «Rosita la Pastelera». En este aspecto, el estudio de Seco es ejemplar y merecedor de todos los elogios. Seco se ha tomado la tarea de reivindicar a un hombre que estuvo movido por altos y generosos ideales, pero que fue arrastrado por la marea política más incontrolable y difícil de la historia moderna de España. Equilibrado por temperamento y por reflexión, Martínez de la Rosa hubiera podido dar frutos espléndidos en una época más adecuada a su carácter; pero le cupo vivir en un período de violencias y de pasiones que agotaron sus energías con escaso provecho.

En realidad, Martínez de la Rosa dedicó muchas más horas de su vida a la actividad pública que a sus tareas de escritor; casi puede decirse que sólo consagró a las letras los ocios forzosos —cárcel o exilio— que le dejó, y a que le condujo, su gestión política. Sin embargo, era un escritor de arraigadísima vocación, pero la no menos intensa de servir a su país interrumpió repetidas veces el reposo y la meditación que constituyeron, probablemente, su ideal frustrado.

El excelente estudio de Seco nos tienta, casi con violencia, a escribir unas páginas para resumir siquiera sus conclusiones; pero la vida política

---

[33] Jean Sarrailh, *Un homme d'état espagnol: Martínez de la Rosa (1787-1862)*, Burdeos-París, 1930, «Bibliothèque de l'École des Hautes Études Hispaniques», Fascicule XV.

[34] *Obras de D. Francisco Martínez de la Rosa*, ed. y estudio preliminar de Carlos Seco Serrano, B. A. E., ocho vols., Madrid, 1962.

[35] Enrique Piñeyro, *El romanticismo en España*, nueva ed., Nueva York, 1936.

[36] Marcelino Menéndez y Pelayo, «Don Francisco Martínez de la Rosa», prólogo al *Edipo*, en la colección *Autores Dramáticos Contemporáneos y Joyas del Teatro Español del siglo XIX*; reproducido en *Estudios y discursos de crítica histórica y literaria*, ed. nacional, vol. IV, Santander, 1942, págs. 263-288.

de Martínez de la Rosa es muy compleja, y una exposición semejante requeriría un espacio que no podemos permitirnos ni tampoco tiene aquí su lugar; debemos, pues, invitar al lector a examinar por sí mismo las páginas de Seco. Martínez de la Rosa consumió su vida en la defensa de un liberalismo abierto y tolerante, comprensivo y humano, sin extremismos ni violencias; un ideal, en suma, cuya consecución en nuestro país parece pertenecer al reino de lo utópico.

DATOS BIOGRÁFICOS

Francisco Martínez de la Rosa nació en Granada el 10 de marzo de 1787, de familia distinguida y acomodada [37]. Fue un niño prodigio. Estudió en la Universidad de su ciudad natal, se licenció en Artes a los catorce años, a los quince era regente de la Cátedra de Filosofía, y a los dieciocho la ganaba en propiedad. El hecho, claro es, puede servirnos mucho más para deducir cuál sería entonces el nivel de nuestros centros universitarios que la precocidad del muchacho; de todos modos, es lo cierto que un informe presentado al año siguiente por el jovencísimo profesor denunciaba sagazmente los fallos de aquella institución y proponía acertados caminos para la reforma de la enseñanza.

Al estallar la Guerra de la Independencia, Martínez de la Rosa fue a Gibraltar para gestionar la adquisición de armas inglesas, y cuando los franceses ocuparon Granada se refugió en Cádiz de donde partió para Londres. Allí se relacionó con Blanco-White, en cuyo periódico *El Español* publicó su trabajo *La revolución actual de España*, que había comenzado en Cádiz. La estancia en Inglaterra hubo de ser decisiva para la formación política de nuestro autor; de entonces arranca su admiración por la constitución inglesa con su parlamentarismo y su sistema bicameral.

Aunque considerado siempre como «conspicuo doceañista» por su inequívoco liberalismo, es lo cierto que Martínez de la Rosa, ausente en Inglaterra, no tomó parte en la elaboración de la Constitución gaditana, pero fue elegido para las primeras Cortes ordinarias. Dentro de ellas trabajó activamente en la reforma tributaria, la reorganización de la enseñanza, los problemas de la desmovilización y el traslado de las Cortes a Madrid. Al

---

[37] Para la vida de Martínez de la Rosa, además de la monografía de Sarrailh y la Introducción de Seco, citadas, cfr.: L. Godart, *Martínez de la Rosa. Ses œuvres et sa vie*, París, 1862. M. Martínez de la Riva y Quintas, *Biografía del Excmo. Sr. D. Francisco Martínez de la Rosa y colección de sus más importantes discursos parlamentarios, con indicaciones relativas a la influencia de los mismos y de la dicha ilustre personalidad en la vida parlamentaria y política de la nación, así como en la transformación de los partidos, escrita por orden del Excmo. Sr. Presidente del Congreso de los Diputados*, Madrid, 1915. L. Rebello da Silva, *Memória acêrca da vida e escriptos de D. Francisco Martínez de la Rosa*, Lisboa, 1862; trad. española, Lisboa, 1863. Luis de Sosa, *Martínez de la Rosa, político y poeta*, Madrid, 1930.

regresar al país Fernando VII figuró a la cabeza del grupo liberal que trató
de asegurar el respeto del rey a la Constitución, pero, restaurado el absolutismo, fue arrestado por la reacción triunfante, encerrado en los calabo-
zos de la Guardia de Corps y, tras un proceso ignominioso, condenado a
ocho años de reclusión en el presidio del Peñón de la Gomera.

A pesar de la dureza del encierro, que los presos políticos compartían
con los delincuentes comunes, Martínez de la Rosa desarrolló en estos años
una considerable actividad literaria; escribió numerosas poesías, comenzó
la redacción de la *Poética* y compuso la tragedia *Morayma*. Estos años de
prisión —comenta Seco [38]— dejaron honda huella en el hombre y en el
político; tuvo tiempo para renunciar a muchas ilusiones, tanto políticas
como sentimentales, pero también para vencer la tentación del odio: «esta
situación espiritual, impuesta por las circunstancias, llevará al poeta, una
vez superado el desgarramiento, a potenciar su propio destino personal,
depurándolo de exigencias materiales y sentimentales, en una misión política y patriótica servida con una generosidad casi ascética. La biografía
del hombre público ahogará en el futuro la íntima biografía del hombre; y
esta dolorosa renuncia a sí mismo le dará una elevación moral insobornable».

La sublevación de Riego, que iniciaba el trienio liberal, liberó de la
cárcel a Martínez de la Rosa. Elegido diputado por su ciudad natal para
las nuevas Cortes, fue el alma de la nueva Ley de Instrucción Pública y de
la de Imprenta; ambas representaban un avance muy notable sobre la situación anterior, y de la primera dice Seco [39] que es el punto de partida
de todo cuanto se ha legislado luego sobre la materia. Durante dos años
luchó tenazmente en las Cortes para afianzar el naciente liberalismo contra
la resistencia del rey por un lado y los radicalismos de las Sociedades Patrióticas. A comienzos de 1822 fue nombrado Jefe del Gobierno, pero dimitió del cargo con motivo de la sublevación de Fernández de Córdoba, el 7
de julio. Antes de que se produjera la intervención francesa con el envío
de los Cien Mil Hijos de San Luis, Martínez de la Rosa salió de España
para vivir en el exilio durante siete años. Viajó algún tiempo por Italia y
fijó luego su residencia en París, aunque hizo nuevos viajes por Alemania
y Bélgica. En París frecuentó los círculos mundanos y literarios manteniéndose al margen de las intrigas políticas, aunque se relacionó por igual con
los políticos de todas las tendencias. Allí prosiguió la redacción de *El espíritu del siglo*, comenzó su novela histórica *Isabel de Solís* y publicó, en
1827, una edición de sus obras literarias. En 1830 estrenó en francés, en el
teatro de la Porte Saint-Martin, su drama *Aben Humeya*, y escribió su más
famosa obra, *La Conjuración de Venecia*.

---

[38] Introducción a la ed. cit., pág. XLI.
[39] Ídem, íd., pág. XLV.

El viraje político iniciado en España al casar el rey con María Cristina de Nápoles hizo posible el regreso de Martínez en septiembre de 1831, y la muerte del monarca en 1833 lo lanzó de nuevo a la vida política cuando la reina regente lo llamó para presidir el Gobierno. Dos hechos capitales están unidos a su nombre durante esta etapa: el tratado de la Cuádruple Alianza, firmado con Inglaterra, Francia y Portugal, para asegurar el reconocimiento de la nueva monarquía liberal frente a las pretensiones del carlismo, y el *Estatuto Real*, la más discutida creación política de Martínez, especie de «Carta otorgada» por el trono, que pretendía encauzar el liberalismo español por caminos de moderación, aunque mucho más próximo al absolutismo que a las reformas radicales. El *Estatuto*, intento fallido de integrar a las *dos Españas*, no atrajo a los partidarios del absolutismo y disgustó profundamente, por sus muchas limitaciones, a los liberales avanzados. La reacción popular, que originó motines y ocasionó la quema de conventos, así como los fracasos en la guerra contra los carlistas, provocaron la caída de Martínez de la Rosa en 1835 [40].

Durante los cinco años siguientes desarrolló constante actividad en las Cortes en pugna contra el extremismo de los gobiernos progresistas, particularmente el de Mendizábal; y cuando en 1840, después de haber sido elegido una vez más diputado para las nuevas Cortes por su ciudad natal, dimitió la reina regente a consecuencia de su enfrentamiento con el progresista Espartero, Martínez de la Rosa salió nuevamente para París, donde permaneció otros tres años; nueva etapa de trabajo intelectual, dedicado con preferencia a la elaboración de *El espíritu del siglo*. La caída de Espartero en 1843 le permitió regresar a España, para retornar a París cuatro años más tarde, esta vez como embajador de Isabel II.

Durante la década moderada (1844-1854) Martínez de la Rosa intervino de forma primordial en los problemas capitales entonces planteados: la reforma de la Constitución, el matrimonio de la reina, que entrañaba serios conflictos diplomáticos, y el restablecimiento de las relaciones con la Santa Sede, que no reconoció a Isabel II hasta 1848. En 1849 Martínez fue nombrado embajador en Roma, y como tal intervino decisivamente para reponer al Papa en sus dominios temporales cuando fue depuesto por la revolución. Hizo por entonces un breve viaje a Nápoles, donde el duque de Rivas era embajador a la sazón, y a su regreso a Roma preparó eficaz-

---

[40] Carlos Seco, después de enumerar los fracasos políticos y militares que acompañaron a la gestión administrativa de Martínez de la Rosa durante esta etapa, se pregunta cuál era, pues, el sentido de su presencia en el Gobierno: «Tenía un sentido —dice—. Era como una apelación viva a la cordura, como la expresión encarnada del liberalismo verdadero: el liberalismo de quien no olvida que los propios derechos terminan allí donde comienzan los derechos de los demás; que 'si se cierra la puerta a todos los errores puede quedarse fuera la verdad'; que el sentido anárquico de la libertad implica la peor de las tiranías» (Introducción a la ed. cit., pág. LXXIX).

mente el camino para la firma del Concordato, al que no se llegó hasta 1851.

Vuelto a España, todavía fue elegido en 1852 presidente de la Cámara, porque «representaba mejor que ningún otro el principio parlamentario, la idea liberal, la forma y la esencia del Gobierno representativo», y de nuevo en 1857, 1860 y 1861. En 1858 fue designado Presidente del Consejo de Estado; desde 1839 era Director de la Academia de la Lengua. Murió en Madrid el 7 de febrero de 1862.

Menéndez y Pelayo, que le regatea tantas cosas, encarece, no obstante, repetidamente el «temple moral» de Martínez de la Rosa, y cierra su estudio afirmando «que pocos le igualaron en buenas intenciones y en rectitud personal; que privadamente era honrado, dulce, caritativo, benéfico; que, habiéndose consumado durante su mando algunos de los crímenes más horrendos que afrentan la historia de España (v. gr., la matanza de los frailes en 1834), él resultó inculpable a los ojos de los hombres, y a los de su propia conciencia y (podemos pensarlo piadosamente) a los de Dios» [41]. Y Seco ha puesto bien de relieve las diversas circunstancias en que este hombre, tachado de indeciso y contemporizador, no sólo actuó con viril energía en defensa de las ideas que estimaba justas, sino con inequívoco heroísmo ante las amenazas y aun los riesgos de muerte que tuvo que afrontar en más de una ocasión.

### LAS IDEAS POÉTICAS DE MARTÍNEZ DE LA ROSA

Martínez de la Rosa expuso sus ideas literarias en la *Poética*, que comenzó a escribir en su encierro de La Gomera y publicó por primera vez en París entre sus *Obras literarias* (1827-1830). Convienen todos los críticos en sostener que Martínez de la Rosa es un escritor de transición; nacido y educado en el espíritu del siglo XVIII, recibe de él la preocupación didáctica, su sentido del equilibrio y la moderación, y su amor a las formas clásicas. Las prolongadas estancias en el extranjero le pusieron luego en contacto con el Romanticismo triunfante, y en buena medida a él, como veremos, se debe su difusión en nuestro país, particularmente en el teatro. Recorrió, pues, la curva completa de una a otra escuela. Sin embargo, sería erróneo considerarlo como un converso al Romanticismo. La pasión por el «justo medio» que llevó a la política, constituyó también su ideal literario, y hasta en sus obras que podrían calificarse de románticas, procuró mantenerse ajeno a toda demasía, acogiendo lo que juzgaba sustancial.

---

[41] Estudio cit., pág. 288.

Como al ocuparse de la tragedia y de la comedia en el Canto V de su *Poética*, Martínez de la Rosa todavía discute si el término exigido por la unidad de tiempo puede prolongarse a más de veinticuatro horas, y qué libertades pueden permitirse a la unidad de lugar, Menéndez y Pelayo comenta [42] que Martínez de la Rosa escribe como si aún no hubieran nacido Lessing, Schiller, Goethe y Byron. Pero el fallo no puede ser tan simple. Primeramente no ha de olvidarse el retraso con que se produce entre nosotros la corriente neoclásica; la persistencia del clasicismo, cuando toda Europa lo había ya abandonado, justifica que Martínez publique en 1827 una *Poética* que aún no constituía una vejez sino casi una novedad. Pero no es esto lo más importante. En las notas correspondientes al pasaje que comentamos, Martínez rechaza los «sistemas extremos» que conducen al «espíritu de partido», y lo que viene a pedir en sustancia es que se destierre el cómodo libertinaje de hacer saltar una acción años y leguas para poder utilizar a placer todos los tranquillos; no rechaza la libertad, sino las «libertades», en defensa de una dramática verosímil, sensata, humana y natural. Habríamos de repetir aquí lo que dijimos en nuestro volumen anterior a propósito de la *Poética* de Luzán: se aducía la letra de la ley, porque se creía en el espíritu de la letra; no se olvide cuál era el género de teatro que predominaba entonces en nuestros escenarios —comedias «de ruido», de gran espectáculo, de magia y de aventura— contra el cual no era suficiente aducir los fueros de la discreción y el buen gusto, sino la ley severa de los preceptistas, aunque no se esperaba, ni se deseaba, su cumplimiento a rajatabla.

Menéndez y Pelayo pondera, y es bien cierto, la tolerancia y el espíritu abierto a toda innovación de Martínez de la Rosa. Nadie, en efecto, menos dogmático que él. Su *Poética* está concebida como una orientación moderadora y no como un código estricto; esta cualidad explica, y justifica, que todavía pudiera escribirse la *Poética* después de Schiller y de Byron. En la *Advertencia* que precede a la obra, Martínez ofrece su trabajo con una gran modestia y repetidas salvedades: «no pretendo —dice— haber acertado siempre en mi crítica ni menos aspiro a que se repute mi dictamen como el fallo de un juez; he manifestado meramente lo que me parece y las razones en que lo fundo» [43]. El convencimiento de que lo bueno podía proceder de cualquier vertiente, le permite aceptar sin empacho todas las innovaciones del Romanticismo, a medida que las descubría, sin ser un romántico «de escuela» ni despeñarse en sus excesos.

Este eclecticismo, siempre que lo entendamos como fecunda capacidad de integración y no como limitación excluyente y raquítica, hizo posible que Martínez de la Rosa cultivase toda la gama dramática, desde la come-

---

[42] Ídem, íd., pág. 278.
[43] Ed. Seco, cit., II, pág. 227.

dia moratiniana y la tragedia clásica hasta la comedia de enredo y el drama histórico, descuidando repetidamente las unidades de tiempo y de lugar, que había recomendado para enfrenar a otras plumas menos prudentes que la suya.

La *Poética*, en verso, está dividida en seis Cantos: «De las reglas generales de la composición», «De la locución poética», «De la versificación», «De la índole propia de las varias composiciones», «De la tragedia y de la comedia», y «De la epopeya». Si esta *Poética* no provoca seguramente en el lector actual ningún género de entusiasmo, no se debe a lo que pueda contener de vieja preceptiva, completamente superada hoy en tantos aspectos, sino a la peculiar e inevitable vaguedad de semejantes códigos. Decir, por ejemplo, que para ser buen poeta es indispensable haber nacido dotado para ello, pero que además hay que estudiar y trabajar, lo sabe hasta el más lerdo, aunque sigan floreciendo poetas horros de ambas cosas. Hasta una recomendación aparentemente tan *clásica* como la proporción y la unidad, es aplicable incluso a las obras más audaces, porque el capricho y el despropósito nunca son nada cuando no son más que eso. Encarecer la claridad y la palabra precisa y justa contra los desmanes barrocos no podrá parecer estrecha exigencia a quienes llevan hoy a la novela y el teatro las voces más comunes. Lo mismo podría decirse de la propiedad que debe tener el habla de cada personaje en el teatro; y las frecuentes apelaciones al *buen gusto* no son limitaciones clasicistas, porque así se llamaba entonces al *buen hacer;* lo malo —y aquí radica la ineficaz vaguedad de la recomendación— es que todo escritor tiene que descubrir, cada vez que coge la pluma, en qué consiste eso.

En suma: la lectura de la *Poética* de Martínez de la Rosa nos deja el sabor de esas amorosas amonestaciones que se le dirigen a un joven para persuadirle de que ha de ser buen chico; pero lo difícil es precisar con exactitud las lindes de esa apetecida bondad y los medios para alcanzarla. Y es el caso que el preceptista Martínez de la Rosa sabía esto muy bien; en el ensayo que precede a su edición del *Edipo* escribe: «en materias de literatura, así como en otras de mayor trascendencia, nada hay tan peligroso como principios y máximas generales si falta el tino y mesura al haber de hacer su aplicación» [44].

El Canto IV de la *Poética* posee un especial atractivo, porque el autor nos describe los caracteres de las varias composiciones con amena soltura y usando a veces el andante propio de la que describe. Por supuesto, las diversas formas líricas —égloga, idilio, elegía, oda, letrilla, romance, canción, epigrama, madrigal, soneto, etc.— son las clásicas; pero en su tiempo seguían tan vigentes como en los días de Garcilaso, y de moldes tan fijos habían de continuar sirviéndose los más románticos poetas; los días de las

---

[44]  Ed. Seco, cit., I, pág. 208.

innovaciones radicales quedaban muy lejos aún y sería ridícula pretensión pedir milagros a nuestro amable consejero.

La *Poética* lleva unas extensas *Anotaciones* y cuatro *Apéndices*, mucho más importantes, a nuestro juicio, que el texto que comentan[45]. Estas páginas constituyen un tratado de primer orden sobre teoría y técnica literarias, de las cuales poseía Martínez de la Rosa profundos y bien meditados conocimientos. Nos atreveríamos a decir que, si Martínez de la Rosa no propone aquí, efectivamente, teorías que fuesen a revolucionar de alguna manera el arte literario, resume y sistematiza todo lo sabido hasta entonces y abunda en reflexiones de la más sensata y necesaria aplicación. Es cierto que su sentido clásico de la medida le lleva a rechazar algunas audacias del Barroco, cuyo valor poético no era capaz de gustar, aunque sería preciso repetir lo que llevamos dicho en descargo de parecidas «incomprensiones» de nuestros ilustrados. Cierto también —según el reproche de don Marcelino— que todavía se entretiene Martínez de la Rosa, a propósito de la tragedia y de la comedia, en discutir las unidades de tiempo y de lugar. Pero con un criterio mucho más amplio y generoso del que parece deducirse de las palabras de Menéndez y Pelayo. Martínez de la Rosa recuerda incluso la laxitud con que los mismos trágicos griegos respetaron la unidad de tiempo, y aduce textos de Corneille y de nuestro Pinciano, que permitían ensanchar los límites de la duración, pero siempre que no perjudicara a la intensidad de la acción dramática, fin necesario y primordial para el que se esgrimían las pretendidas reglas. Con las miras puestas en la escena española —digámoslo una vez más— estas supuestas cortapisas eran precauciones y voces de alarma indispensables contra una endémica *facilidad*, que había engendrado muchos más despropósitos que obras geniales.

De todos modos, y aun aceptando, si se quiere, la condición más o menos discutible de algunos pasajes, las *Anotaciones* a la *Poética* son un tratado que puede leerse todavía con gran provecho. En lo que respecta a la lírica asombra no sólo el saber que había atesorado nuestro autor, sino el acierto con que selecciona y comenta los textos. Sus preferencias no se limitan, como podría temerse, a los modelos clásicos, sino que se encuentran en todas las épocas y escuelas, y se dilatan hasta las más remotas composiciones de nuestra literatura medieval, recién descubierta en su ma-

---

[45] Son además muchísimo más extensas. En la edición de Seco la *Poética* ocupa 20 páginas, las *Anotaciones* 150 y los *Apéndices* 200. Es curioso que Seco imprima las *Anotaciones* en su lugar correspondiente, es decir, a continuación de la *Poética* (II, págs. 249-395), pero dé los *Apéndices* después de la traducción de la de Horacio (III, págs. 57-259), como si pertenecieran a esta última. Lamentable lapsus que, además del error que entraña, desorienta al lector y le impide formarse idea del conjunto orgánico que forma la *Poética* con sus *Anotaciones* y *Apéndices*.

yor parte, y que Martínez de la Rosa valora y comenta con juicios que conservan hoy toda su vigencia. Certeros juicios sobre el *Poema del Cid*, sobre las obras de Berceo y el *Libro de Alexandre*, sobre el Arcipreste, sobre Juan del Encina, sorprenden en este supuesto clasicista de recortado gusto. Es todo lo contrario, en efecto; su vasto saber literario iba a la par de su acierto crítico. Le seduce particularmente la poesía popular, y junto a varias *letrillas* de Encina recoge diversos *cantarcillos* y *villancicos* descubiertos por él en una colección manuscrita de la Biblioteca Real de París, delicadas composiciones líricas que hacen hoy las delicias de nuestros más finos medievalistas.

El conjunto de los textos seleccionados por nuestro autor constituye una preciosa antología de nuestra lírica, bastante más feliz que algunas de nuestros días acogidas con general aceptación, y, en buena medida, es un completísimo panorama de nuestra poesía, si bien no trazado por épocas sino por géneros.

Los cuatro *Apéndices* tratan: sobre la «Poesía didáctica española», la «Poesía épica española», la «Tragedia española» y la «Comedia española». El modesto nombre de *Apéndices* da escasa idea de la importancia de estas páginas, no sólo por su extensión (hemos dicho que suman doscientas en la edición de Seco, a doble columna), sino por su interés. Si las mencionadas *Anotaciones* no fueran suficientes, estos cuatro *Apéndices* permiten estimar a Martínez de la Rosa como nuestro primer teórico literario y mayor historiador de nuestra literatura existente en su época. El *Apéndice* sobre la poesía didáctica podría ser incorporado sin excesiva modificación a cualquier historia de la literatura española. Después de unas sabrosas reflexiones sobre la parquedad de tal género en nuestro país, estudia el autor sus principales manifestaciones desde el *Ejemplar poético*, de Juan de la Cueva, hasta el poema sobre la *Música*, de Iriarte, y el de Rejón de Silva sobre la *Pintura*. En el correspondiente a la épica se detiene en particular en la *culta* del Renacimiento, con un extenso y feliz estudio sobre el poema de Ercilla, ligera mención de otros y omisión de los más.

Pero los dos *Apéndices* más importantes son los que dedica a la dramática: tragedia y comedia. Apasionado del teatro y preocupado cultivador de la tragedia, Martínez de la Rosa compone sobre ésta un estudio extensísimo, muy de primera mano, y absolutamente válido todavía para el lector interesado por el género. Parte Martínez de la Rosa de las primeras tragedias conocidas en los comienzos del siglo XVI —Vasco Díaz Tanco de Fregenal, Boscán, Fernán Pérez de Oliva—, combinando noticias con sus comentarios y juicios, y avanza en igual forma a través de las obras de Pedro Simón Abril, Mal Lara, Jerónimo Bermúdez —minuciosamente estudiado—, el grupo de la escuela valenciana —Virués—, Juan de la Cueva, Argensola, Cervantes, Lope y Calderón. A propósito de estos dos últimos,

Martínez de la Rosa se demora gustoso en uno de sus temas preferidos, el teatro áureo español, y examina las obras llamadas por Lope *tragedias* para teorizar sobre el género y definir el carácter de las de aquél.

La opinión de nuestro crítico sobre las *libertades* de aquel teatro y su condición de hibridez y desarreglo puede compararse con las sostenidas por Luzán y las de cualquier otro comentarista del XVIII, y nuevamente se le plantea el problema de defender nuestra dramática frente a la general condena del clasicismo europeo, y muy particularmente del francés. El argumento capital, como fue el de los ilustrados, consiste en sostener que los dramaturgos españoles no delinquieron por ignorancia de los géneros y de sus exigencias, sino por ceder al gusto popular y buscar el aplauso del vulgo. Martínez de la Rosa enumera entonces todos los tratadistas, desde Torres Naharro, que manifestaron su conocimiento de las reglas y del carácter de la auténtica tragedia, para echar la culpa de la *corrupción* a Lope y sus discípulos.

Martínez de la Rosa no parece, pues, haber avanzado un solo paso ni modificado la actitud de los neoclásicos; pero hay que advertir que los problemas cardinales del teatro en sus días seguían siendo los mismos que medio siglo antes, y no precisamos repetir ahora, por haberles dedicado largos comentarios en nuestro volumen anterior, cuál era la verdadera raíz del ataque ilustrado y la medida y fin con que las reglas se aducían.

Martínez de la Rosa prosigue su minuciosa exposición a lo largo del siglo XVIII y examina los intentos realizados por la centuria ilustrada para crear una tragedia nacional. Debe subrayarse el acertado rigor con que juzga todas estas producciones, tan respetuosas con las reglas, sin que le coaccionen las teorías que viene defendiendo. Precisamente, pone de relieve el fracaso a que puede conducir la escrupulosa observancia de unas normas demasiado rígidas, cuando no está acompañada de poderosa inspiración y, sobre todo, cuando se desconocen las exigencias ineludibles de una obra teatral y el punto en que las reglas dejan de ser un freno necesario para convertirse en una asfixiante rémora. Martínez de la Rosa era hombre de teatro, conocía muy bien los secretos de la escena y su examen abunda en observaciones felicísimas a este respecto. Como Moratín, concede gran importancia a los aspectos materiales de la representación y a la capacidad de los actores, cuya preparación tiene que ser objeto de cuidadoso estudio. Merece destacarse lo que escribe a propósito de la «elocuencia del silencio»: «En el teatro moderno —dice—, a lo menos a mi entender, se habla generalmente demasiado; se deslíen los pensamientos en un diluvio de palabras; apúrase un sentimiento, en vez de indicarle con energía; quiere hacerlo todo el poeta, y como que desconfía del corazón de los espectadores, que no sabrá decirles lo que él deseara. Así es que estoy lejos de reprobar el que se deje una parte de la expresión al gesto y ademán de los actores; quienes lograrán a veces producir más efecto con una sola mirada que el autor con una docena de versos. En el teatro griego, y especialmente en las obras de Sófocles, se admira la elocuencia, si cabe decirse así, del silencio, cuando se le emplea con oportunidad; y prendado de esas bellezas de los antiguos, Alfieri las ha imitado con éxito en algunas de sus composiciones» [46].

El *Apéndice sobre la comedia* es el más extenso de todos. El autor lo divide en cinco partes, correspondientes a otras tantas épocas: la primera desde los orígenes hasta el siglo XV, y las cuatro restantes una a cada siglo, desde el XV al XVIII. Las páginas que dedica al XVII, correspondiente a Lope y Calderón y sus respectivos discípulos, son interesantísimas. El criterio para juzgar los *excesos* de toda esta dramática ya nos es conocido; pero no debe olvidarse el insistente reconocimiento que hace nuestro autor de las geniales virtudes de estos escritores y del enorme influjo que ejercieron en todos los teatros de Europa, incluido el francés, ciudadela del clasicismo. Martínez de la Rosa, que no negaba los derechos de la fantasía, sino tan sólo su desequilibrio y la ausencia de proporciones, encarece los méritos de las comedias «de capa y espada» y «de figurón», que estima modelos en su género.

Lo más interesante de este *Apéndice*, a nuestro juicio, está, sin embargo, en sus tres primeros capítulos. A propósito del teatro medieval se plantea Martínez de la Rosa los problemas que todavía ahora preocupan a los investigadores. Nuestro autor se pregunta por la ausencia de obras de nuestro teatro primitivo, discute la posibilidad de su existencia, aduce textos que revelan notable erudición, y aventura cautas soluciones, mucho más discretas y oportunas que muchas de las que, con pedante arrogancia, se nos ofrecen en nuestros días [47]. En toda esta materia Martínez de la Rosa conoce cuanto en su tiempo era dado saber.

Con idéntica preparación comenta los balbuceos dramáticos del siglo XV, que relaciona sagazmente con la etapa anterior, preocupado siempre por los orígenes de nuestro teatro. Su examen de la *Celestina* es muy breve, quizá por considerarla, más que obra dramática, *novela en diálogo*. Pero es, en cambio, excelente el comentario sobre Juan del Encina, cuya importancia valora con la misma agudeza con que había estimado su riqueza lírica.

Al llegar al siglo XV dedica un estudio tan detallado como penetrante al teatro de Torres Naharro, con justísimas apreciaciones no superadas hasta nuestros días. Martínez de la Rosa no conoció las obras de Gil Vicente, muchas de ellas recientemente descubiertas, pero pudo dedicar larga atención a Lope de Rueda, al teatro de Cervantes, a Juan de la Cueva, a Virués

---

[46] Ed. Seco, cit., III, pág. 165.
[47] Véase cuanto dijimos sobre el tema en nuestro vol. I, 2.ª ed., Madrid, 1970 (varias reimpresiones), págs. 177-221.

y a otros dramaturgos menores. Martínez de la Rosa, que tan alto valora el teatro de Torres Naharro, se hace cuestión de la solución de continuidad existente entre su dramática y los balbuceos con que parece nacer de nuevo el teatro en los días de Rueda; y escribe este comentario: «Con este motivo es forzoso hablar en este lugar de una circunstancia notable, única que puede explicar un fenómeno en nuestra historia literaria, que a primera vista parece muy singular y extraño; hemos visto dramas sencillos desde fines del siglo XV; otros más adelantados a principios del siguiente; y antes de mediados de éste, ya existían probablemente algunos de Castillejo; ¿en qué consiste, pues, que en esa época se olviden los dramas anteriores, se borren hasta sus vestigios, y veamos otra vez a nuestra dramática cejar hasta el punto de donde partió, y presentar el raro espectáculo de una segunda infancia? La explicación no es muy difícil: las composiciones de Juan de la Encina se representaron en el palacio real o en casa de unos grandes; pero no parece que se representasen en ningún teatro público, ni que por lo tanto pudiesen hacerse populares; las comedias de Torres Naharro se representaron en Roma, imprimiéronse en Nápoles, y si bien llegaron a España y se imprimieron en Sevilla (en la imprenta de Cromberger, año de 1520), fueron prohibidas inmediatamente por la Inquisición. *Esta sola circunstancia atrasó por espacio de medio siglo nuestra dramática* [el subrayado es del autor], pues he hallado la copia del auto en que se levantó esta prohibición, que no fue expedido hasta el mes de agosto de 1573, y cabalmente al mismo tiempo en que se alzaba la prohibición puesta por el mismo tribunal a las obras de Castillejo, permitiendo reimprimirlas con mutilaciones y enmiendas. No es pues de extrañar que con tan severa providencia escaseasen mucho tales escritos, poco y no sin riesgo leídos, y que quedasen largo tiempo como un tesoro enterrado, sin ningún provecho para la nación» [48].

Además de su propia *Poética*, Martínez de la Rosa tradujo en verso la de Horacio. Menéndez y Pelayo asegura que es «no inferior a ninguna otra de las castellanas» [49], lo cual no sabemos si es mucho decir. Afirmemos, pues, que la versión de Martínez de la Rosa es excelente. Escrita en endecasílabos libres, capta con singular felicidad la gravedad y mesura del original, su matizada ironía, lo ceñido y ajustado de su dicción. El texto horaciano, que acompaña la versión a doble columna, permite comprobar en cada pasaje la clásica exactitud del traductor, que vence siempre la tentación de cómodas amplificaciones. Los versos fluyen armoniosos, sin un tropiezo, dando cuenta de la esmerada tarea del poeta.

---

[48]  Ed. Seco, cit., III, pág. 165.
[49]  Estudio cit., pág. 278.

La obra va seguida de una *Exposición* en prosa —de nuevo, mucho más extensa que aquélla—, en la que el autor glosa y comenta el texto de Horacio. También aquí hace gala Martínez de la Rosa de su largo saber en teoría literaria, cuyos problemas había estudiado detenidamente. Y es de notar que, a propósito de las normas que formula Horacio sobre la tragedia, reprocha la extrema reglamentación del latino, para defender una mayor libertad en el manejo de las unidades.

Con estas notas sobre Martínez de la Rosa como historiador y crítico literario pretendemos hacer notar cuán injusto es considerarle como trasnochado autor de una *Poética* en los días en que por toda Europa triunfaba ya el Romanticismo. La *Poética* seguía siendo necesaria para llamar al orden de la verdad humana y la belleza artística a la dramática delicuescente y pueril que inundaba en tan gran medida la escena española. Y en cuanto a sus *Apéndices* y *Anotaciones* no sólo abundan en conocimientos de historia literaria oportunamente aducidos o divulgados, sino que aportan juicios muy sagaces, que la crítica posterior no ha desmentido. La personalidad política del escritor, tan duramente combatida, y la mayor resonancia de sus obras dramáticas han oscurecido injustamente esta importante faceta de su producción, a la que es preciso acudir para valorar adecuadamente el conjunto de su obra y establecer su significación global en la historia de nuestras letras.

Bastante tiempo después de haber escrito las páginas que anteceden llega a nuestras manos el estudio de James F. Shearer sobre la *Poética* [50], único, que sepamos, hasta la fecha, que se propone el examen riguroso de la obra. Su difusión ha debido de ser escasa por tratarse de una tesis doctoral publicada en edición restringida, reproducción en xerox del original mecanografiado. La lectura de este texto debió obligarnos a rehacer nuestros comentarios precedentes, puesto que los supera en muy larga medida; no obstante, hemos decidido conservarlos intactos para dejar constancia de la reacción que un lector de hoy puede experimentar al enfrentarse llana y honradamente con las páginas de Martínez de la Rosa; y el resultado, aunque modesto, puede ser provechoso.

He aquí ahora, muy apretadamente, un resumen del trabajo de Shearer. Hace éste constar primeramente que la *Poética* y sus *Anotaciones* y *Apéndices* forman un conjunto inseparable, y que un análisis sólo de la primera tiene que ser por fuerza incompleto y superficial; y aunque la materia contenida en estas dos últimas esté ya hoy superada y parezca de

---

[50] James F. Shearer, *The Poética and Apéndices of Martínez de la Rosa: Their Genesis, Sources and Significance for Spanish Literary History and Criticism*, Princeton, 1941.

escasa importancia por sí misma, la tiene muy grande en lo que concierne a la actitud del autor y, en consecuencia, respecto a las corrientes literarias y críticas de su época. Para Shearer las *Anotaciones* y los *Apéndices* no son meras notas en el sentido vulgar de la palabra, sino que, muy al contrario, la *Poética* viene a ser sólo una introducción teórica a los *Apéndices*, un complemento de éstos y no al revés, como se supone; lo cual es cierto no sólo en volumen sino en cuanto atañe a su función. Es casi seguro que no fue ésta la intención primera del autor; pero el estudio detenido de la literatura de su país le condujo lógicamente a su actitud ecléctica y a la formulación de sus principios del *justo medio*.

Subraya Shearer que en el Canto I de la *Poética*, el más genérico, todo el material, con excepción de unas pocas citas de autores españoles, está extraído de Aristóteles y de Horacio, lo que revela su propósito inicial, confirmado luego, de establecer una directa *alineación clásico-española* en oposición a la *alineación clásico-francesa*, y por lo tanto sin intermediarios extranjeros en la interpretación del ideal clásico. En el Canto II sigue tomando sus ideas de Aristóteles y de Horacio, pero en las *Anotaciones* se sirve de ejemplos exclusivamente españoles, sin una sola referencia a escritores o críticos extranjeros; y un *nacionalismo* aún más exclusivo se sigue en las *Anotaciones* a los Cantos siguientes sobre la «Versificación» y «De la índole propia de las varias composiciones». Las *Anotaciones* al Canto III constituyen, como ya sabemos, un auténtico tratado sobre la versificación española y, de nuevo, sin un solo ejemplo tomado de literaturas extranjeras. En las *Anotaciones* al Canto IV existen tan sólo *dos líneas* dedicadas a Boileau, y queda más todavía de manifiesto el propósito del autor de establecer una continuidad entre los poetas latinos y griegos, y los españoles.

En el Canto V, dedicado a la tragedia, las referencias extranjeras son necesariamente amplias, debido a la manifiesta escasez de este género entre nosotros. En el VI, «De la epopeya», tampoco las citas españolas pueden ser muy abundantes, pero el autor recurre entonces a los textos clásicos, sin un solo apoyo en los extranjeros. Martínez de la Rosa condena además expresamente la conocida opinión de Boileau sobre la inconveniencia de servirse en la épica de lo maravilloso cristiano, y defiende la licitud de utilizar las creencias y tradiciones de cada nación.

Se derrumba, pues, la sentencia de Menéndez y Pelayo de que la *Poética* es «una obra cuyos elementos son evidentemente de importación extranjera». Insiste Shearer en que la *Poética* no es sino la introducción al propósito, mucho más ambicioso, de escribir un tratado nacionalista y apologético de la poesía española; las doctrinas teóricas, expuestas en el texto del poema, son desarrolladas, ilustradas y con gran frecuencia modificadas en relación con las producciones españolas. La deducción no queda desmentida por el hecho de que el clasicismo inglés, francés o italiano coincidan en muchos puntos con las teorías de Martínez de la Rosa, puesto que todos bebían en las mismas fuentes; pero, cuando tales coincidencias se producen, Martínez de la Rosa, siempre que le es posible, defiende la precedencia cronológica de algún preceptista español.

Idéntica actitud sigue subrayando Shearer minuciosamente al ocuparse en particular de los *Apéndices*. Todo el primero, sobre la poesía didáctica española, denota el mismo espíritu apologético respecto de nuestra literatura, tanto al ponderar lo existente como al excusar las posibles deficiencias. En el *Apéndice* sobre la tragedia Martínez de la Rosa tiene que enfrentarse con el hecho de que el género ha sido poco cultivado entre nosotros; pero, a la manera de los eruditos del siglo XVIII, trata de presentar a la luz más favorable las obras existentes.

El *Apéndice* sobre la comedia es el de mayores dificultades para Martínez de la Rosa por lo mucho de ella que se oponía a los principios clásicos. Pero, como subraya Shearer, aprueba mucho más de lo que condena, y su posición general es inequívoca: una actitud conciliatoria que trata de armonizar las discrepancias entre la tradición nacional y la clásica, a diferencia de los neoclásicos del siglo anterior que juzgaban, y condenaban, de acuerdo con un criterio rígido. Con ello, su crítica dista muchísimo de ser extremista o reaccionaria; su mayor esfuerzo consiste en señalar los aspectos de la práctica española que puedan ser encajados dentro de las normas clásicas, cuyas exigencias permite relajar en muchas ocasiones.

En esta actitud de conciliación reside toda la originalidad de la *Poética* —entiéndase siempre con sus *Anotaciones* y *Apéndices*—, por lo que en modo alguno puede ser calificada de mera repetición de unos principios enmohecidos. Tres funciones —dice Shearer— desempeña Martínez de la Rosa en su obra: la de historiador de la literatura española, la de crítico y la de polemista. La combinación de estos tres elementos otorga a su *Poética* un lugar único en el proceso de la crítica literaria española. A diferencia de la de Luzán, en la cual los principios ocupan el lugar principal y la materia expositiva se subordina a ellos, la de Martínez de la Rosa realiza una combinación contraria: los principios teóricos son desarrollados y contrastados en las *Anotaciones* y en los *Apéndices* para acoger la realidad de la literatura española y efectuar la tarea de conciliación que da a la obra del granadino su peculiar fisonomía y originalidad.

El deseo de alcanzar esta meta no sólo define a Martínez de la Rosa, sino que afecta a toda la literatura de su tiempo. Shearer recuerda [51] que la gran cuestión que críticos y escritores se propusieron frente al clasicismo y el romanticismo fue simplemente ésta: «¿Qué elementos de cada uno de ellos puede asimilar nuestra literatura de modo permanente?». Y la respuesta que quedó como válida al final, fue la que Martínez de la Rosa había formulado: «La verdad está en el justo medio». Porque fue precisa-

---

[51] Ídem, íd., pág. 104.

mente una literatura del *justo medio* la que armonizó los principios del clasicismo y del romanticismo, una literatura que, en nombre del *buen gusto* y la *sana razón*, iba a frenar todo extremismo. En nombre del patriotismo, o del nacionalismo —ese nacionalismo que hemos visto como eje medular en las *Anotaciones* y *Apéndices* de Martínez de la Rosa— se iba a aceptar por igual —se estaba aceptando en los mismos días del romanticismo— la tradición de Moratín y la del Siglo de Oro, persuadidos todos de que el nuevo teatro podía alimentarse de las más variadas fuentes. El creciente convencimiento —añade Shearer[52]— de que el siglo XIX era una nueva edad, diferente de todo lo anterior, rechazaba toda exclusiva y conducía precisamente a la aceptación de la fórmula de nuestro autor, es decir: de un teatro que podía nutrirse libremente de la vieja comedia, de la literatura clásica y del nuevo drama romántico.

### LA OBRA DRAMÁTICA

Apasionadísimo del teatro —«desde que tuve uso de razón, sentí vivísima afición al teatro»[53], escribe de sí mismo—, cultivó Martínez de la Rosa todas sus especies. Su primera obra es un juguete cómico, titulado *¡Lo que puede un empleo!*, que compuso como «fin de fiesta» para una tragedia de Alfieri, y que fue estrenado en Cádiz mientras estaba ocupada Andalucía por el ejército francés. El autor se cura en salud de la inevitable endeblez de esta pieza primeriza, afirmando en una breve *Advertencia* que la escribió en una semana y no le dedicó corrección ni lima, y explica su intención diciendo que se propuso ridiculizar «a cierta clase de hipócritas políticos, que so color de religión se oponen entre nosotros a las benéficas reformas»[54]. El tema, muy vivo entonces, y que no ha perdido vigencia con los años, casi ya con los siglos, podía haber inspirado una obra de altura, pero el autor, muy mozo aún, lo limita a una fácil caricatura, cuyos trazos revelan demasiado pronto la pretendida moraleja. La obra, en prosa, está, sin embargo, dialogada con soltura, y anuncia ya la habilidad teatral del escritor[55].

La obra siguiente, de mucho mayor empeño, fue una tragedia, *La viuda de Padilla*, estrenada en Cádiz durante el mes de julio de 1812, mientras

---

[52] Ídem, íd., pág. 105.
[53] En la Advertencia a su colección de Obras dramáticas, ed. Seco, cit., pág. 3.
[54] Ed. Seco, cit., I, pág. 9.
[55] La obra fue impresa en Cádiz en 1812. Sarrailh (obra cit., pág. 37, nota 1) menciona una edición de La Coruña, de 1813, adicionada por Valentín de Foronda «con algunos detalles que acentúan su carácter político, con un discurso contra la nobleza y con una apología de los derechos del hombre»; prueba evidente de que en su tiempo se dio al «juguete» de Martínez de la Rosa mayor trascendencia de la que hoy cabría imaginar.

caían sobre la ciudad las bombas del ejército francés. Menéndez y Pelayo le reprocha a Martínez de la Rosa la imitación de Alfieri, con sus discursos tribunicios, sus tesis políticas, sus abstracciones ideológicas y su falta de caracteres; para don Marcelino, que añade todavía a la cuenta la escasez de acción y los anacronismos de la obra, en la que —dice[56]— no existe «ni un eco de la Castilla del siglo xvi», *La viuda de Padilla* viene a ser una declamación política de circunstancias, con la que hacer resonar la lucha entre el tirano y la libertad, tema candente entonces. Para Sarrailh[57], en cambio, la resistencia de los heroicos comuneros a fin de conservar las libertades tradicionales de Castilla apuntaba a la guerra que sostenía entonces España contra Napoleón. Antoine de Latour, citado por Sarrailh[58], que parece haberse limitado a reproducir su juicio, afirma también que la heroína de Martínez de la Rosa, sitiada en Toledo, defendiendo la libertad de su ciudad contra sus agresores, casi todos extranjeros, evocaba el pasado para aludir a la presente situación de su patria, invadida por los franceses. John A. Cook hace suyo el juicio de Menéndez y Pelayo y califica también la tragedia de «obra de circunstancias»[59].

Los diversos pareceres de estos críticos no se excluyen, en realidad; el propio Martínez de la Rosa declara en la *Advertencia* preliminar a la edición de 1814, que había escogido aquel asunto por lo bien que cuadraba entonces a las circunstancias de la ciudad de Cádiz «asediada estrechamente por un ejército extranjero y ocupada en plantear reformas domésticas»[60]. Cook informa[61] que la tragedia fue representada en Madrid en 1814 con discreta aceptación, y cuando en 1820 y en 1836 la ocasión política volvió a ser favorable, fue repuesta con éxito en unión del *Pelayo* de Quintana; no obstante —comenta—, *La viuda de Padilla* fue de más efecto como obra de propaganda que interesante como drama. Parece, pues, que la esforzada *viuda* viene teniendo «mala prensa».

El autor, vigilante crítico de sí mismo, declara en la *Advertencia* mencionada, que estaba por entonces entusiasmado con las tragedias de Alfieri, cuya concisión y energía se propuso imitar, y al mismo tiempo que sugiere las limitaciones de aquel teatro confiesa los riesgos del argumento elegido por él, con su predominio de conflicto político y escasez de más elementales pasiones humanas. El propio Martínez de la Rosa había advertido, pues, muy bien los puntos vulnerables de su obra, pero no nos parece que

---

[56] Estudio cit., pág. 272.
[57] Obra cit., págs. 37-38.
[58] Ídem, íd., págs. 38-39.
[59] John A. Cook, *Neo-classic Drama in Spain. Theory and Practice*, Dallas, 1959, pág. 440.
[60] Ed. Seco, cit., I, pág. 27.
[61] Obra cit., pág. 442. Cfr., Brian J. Dendle, «A Note on the Valencia Edition of Martínez de la Rosa's *La viuda de Padilla*», en *Bulletin of Hispanic Studies*, L, 1973, págs. 18-22.

saliera del empeño con tanta mengua como los críticos mencionados le atribuyen.

La tragedia, escrita en romance endecasílabo, consta de cinco actos, prietos, ceñidos, muy breves. Cierto que hay escasa acción, pero existe toda la que exigía la circunstancia que se trataba de escenificar. El conflicto se plantea entre la viuda, ferozmente resuelta a resistir, y el grupo favorable a la rendición, que buscaba salvarse acogiéndose a la clemencia del monarca. Todo consiste, pues, en un forcejeo heroico, que había de decidirse en instantes, cuando las tropas enemigas estaban ya a las puertas de la ciudad, y el bando de la paz, entre la división del pueblo toledano, pretendía abatir a la extraordinaria mujer, que no aceptaba componendas con los verdugos de su marido. Así sucedió, si no mienten las crónicas. Cualquier otra acción con que se pretendiera complicar la trama para acrecentar el interés, hubiera resultado ridícula. El autor se faja con el drama esencial y logra momentos de impresionante altura trágica. Que el escritor concibiera la obra para enardecer el espíritu de los gaditanos sitiados no nos parece un demérito; no comprendemos que sea noble y heroico representar la *Numancia* de Cervantes durante el sitio de Zaragoza, y que la obra del político granadino, representada con idéntico propósito, sea por ello «obra de circunstancias». Así sería, si el autor, por algún resquicio, asomara la oreja de la actualidad, pero el caso es que no lo hace. Dentro de la férrea actitud, que les era peculiar, los caracteres están cuidadosamente estudiados, con gradaciones y matices humanísimos, y todos los hechos a que se alude, aun los más nimios, pertenecen al hecho histórico que se escenifica. Por esta reducción a lo esencial, Menéndez y Pelayo considera *La viuda de Padilla* «abstracta», y echa de menos ambientación, detalles locales y rasgos de costumbres. Pero no sabemos qué color local se hubiera podido llevar a la tragedia, sin convertirla en una zarzuela, dentro del único salón del Alcázar toledano, donde transcurre ininterrumpidamente toda la acción. Un evidente *anacronismo* —mejor se diría, falsificación del hecho histórico—, que escandaliza a Menéndez y Pelayo, es el suicidio de la protagonista con que concluye la tragedia. La viuda de Padilla no se suicidó, efectivamente, sino que logró escapar y refugiarse en Portugal, según el propio autor refiere en el *Bosquejo histórico de la Guerra de las Comunidades* que precede al texto. Gran licencia, sin duda; pero Martínez de la Rosa debió de pensar que este final era más adecuado a la verdad poética que la verdad histórica de una vulgar huida.

Seis años después de *La viuda de Padilla*, estando preso en el Peñón de la Gomera, escribió Martínez de la Rosa otra tragedia, *Morayma*, que nunca fue representada y que editó en París, con otras obras dramáticas, en 1827. Cook se lamenta con razón de que *Morayma* no subiera a la escena entonces, porque hubiera podido ser recibida hasta con entusiasmo; más tarde —añade—, después del éxito de *La Conjuración de Venecia*, en 1834, hubiera parecido falta de color. Esto último ya nos convence menos, porque la obra, que trata de las sangrientas luchas de la corte de Boabdil entre Zegríes y Abencerrajes, no está falta de color, precisamente; más bien diríamos todo lo contrario. *Morayma*, que se ajusta con toda la escrupulosidad posible a los moldes de la tragedia clásica —unidad de tiempo, «casi» unidad de lugar, cinco actos, romance endecasílabo—, sucede en la Alhambra de Granada, y el quinto acto se sitúa en el mismísimo Patio de los Leones. Con tal escenario, y los apasionados, violentos y vistosos árabes que lo habitan, la obra tiene todos los componentes de un drama romántico cualquiera. Si se diferencia de ellos es justamente por sus buenas cualidades, y no porque ande escaso de movimiento y de color. Entre las buenas cualidades hay que destacar el feliz encadenamiento de los hechos, el minucioso trazado de los caracteres, lo bien ajustado de las situaciones, la perfecta estructura del conjunto. Martínez de la Rosa, que gozó en su tiempo de mayor estima de la que ahora imaginamos, no ha tenido igual suerte con la posteridad. Quizá para triunfar en nuestro mundo literario sea necesario distinguirse por algún exceso. Y Martínez de la Rosa los rechaza todos, no por esa supuesta frialdad de que rutinariamente se le acusa, sino por su amor a la obra bien hecha. Su repudio a los fáciles chinchines, que halagan o sacuden a la multitud, le ha impedido ser popular. *Morayma* es mejor que otros muchos dramas románticos que han quedado como arquetípicos; pero a pesar de todas las pasiones que allí se agitan y del movimiento que se derrama, respira una elegancia, una moderada contención, que la alejan de la estima del vulgo. Buena parte del romanticismo, que subió a la escena en nuestro país, era un movimiento populachero, y Martínez de la Rosa no lo era. Quizá también había que dar con una pareja de amantes simpáticos, de legendaria popularidad, como los de Teruel, pongamos por caso, o con individuos arrolladores, como el Tenorio o el Trovador, para conquistar la fama, que, una vez erguida, ya no se derrumba. En todo caso, a Martínez de la Rosa le faltó ese carisma.

Por los mismos años que *Morayma* escribió Martínez de la Rosa una comedia en tres actos, *La niña en casa y la madre en la máscara*, que no logró estrenar hasta 1821. La obra es una comedia de costumbres, de declarada imitación moratiniana, compuesta para ridiculizar los vicios que el título sugiere fácilmente, es decir, las desenvolturas de las «viejas verdes». Larra se ocupó de esta obra el día de su estreno, y sus juicios pueden aceptarse hoy casi sin variaciones. Encarece Larra lo perfecto de la caracterización, la propiedad del lenguaje, la fluidez del verso, la animación del diálogo, la gracia de las situaciones y los chistes del mejor gusto: «En toda la comedia —dice— se descubre al filósofo, al poeta cómico, al conocedor del hombre, en fin, a quien pocos pueden igualar en ese tino con que se apodera del corazón y le conmueve con una palabra sola, a veces con un solo ¡ay!»[62]. Las faltas que encuentra, las había despachado antes: censura sobre todo a determinados personajes secundarios, entre ellos a don Pedro, el hermano de la *madre*, que sólo sirve «para hacer la exposición, que en este supuesto resulta no ser muy ingeniosa ni muy nueva, y para el desenlace, que también en rigor pudiera haberse llevado a cabo sin él»[63]. «De estos viejos —dice—, echados como un libro en una comedia para presentar el contraste, no con su carácter, sino con sus máximas, tiene Moratín algunos. Nosotros entendemos que la moral de una comedia no la ha de poner el autor en boca de este o de aquel personaje; ha de resultar entera de la misma acción, y la ha de deducir forzosa e insensiblemente el espectador del propio desenlace»[64]. La teoría es justa, pero quizá algo menos su aplicación a nuestro autor en el presente caso; porque el hermano de la *madre*, que en todo el segundo acto no aparece, se excede apenas en sus reflexiones; y puesto que no podemos seguir a la «vieja verde» en sus andanzas, ya que se trata de una comedia clásica y no de una película, con alguien tiene que enfrentarse y dialogar para que el espectador vea cómo es, y don Pedro resulta una buena piedra de toque. Don Pedro no es tan fácil de suprimir en *La niña en casa y la madre en la máscara*, que, en conjunto, nos parece una excelente comedia.

En fecha no conocida escribió Martínez de la Rosa *Los celos infundados o el marido en la chimenea*, que estrenó en Granada, en 1833, y fue representada luego en Madrid y Barcelona. La pieza, que fue reseñada también por Larra, es una comedia de enredo llena de lances cómicos, que revela la habilidad escénica del autor para los géneros más variados.

*La boda y el duelo*, escrita en Francia durante el destierro y estrenada en el Liceo de Madrid, es, como *La niña en casa*, otra comedia moratiniana, sin otro defecto que parecerse demasiado a las de Moratín, quien, a buen seguro, no hubiera desdeñado el prohijarla. El argumento es poco original: de nuevo nos encontramos con una madre que dispone el matrimonio de su hija de acuerdo con su propio interés; pero el diálogo, la gracia y la soltura, la dicción impecable dentro de la mayor sencillez son patrimonio del autor, que una vez más demuestra su dominio del teatro.

*El español en Venecia o La cabeza encantada* es la única obra de Martínez de la Rosa impresa sin advertencia preliminar, que informe sobre su composición y estreno; creemos, pues, que nunca fue representada. La

---

[62] *Obras de D. Mariano José de Larra (Fígaro)*, ed. de Carlos Seco Serrano, B. A. E., I, Madrid, 1960, pág. 373.
[63] Ídem, íd., pág. 372.
[64] Ídem, íd.

obra constituye una prueba más de la proteica capacidad dramática de nuestro autor: se trata ahora de una auténtica comedia «de capa y espada», género que, como sabemos, salvaba en bloque de sus reparos al teatro áureo. Todo sucede aquí dentro de una atmósfera de farsa y de ficción, de teatralidad irreal y juguetona, porque a Martínez de la Rosa no le asusta la libertad ni la fantasía, ni aun siquiera la inverosimilitud; sólo le irrita la mezcla caprichosa y el revoltijo de los géneros. En *El español en Venecia* se aceptan los convencionalismos del juego escénico, y dentro de ellos se encajan con perfecta coherencia interna los lances estupendos con todo el acompañamiento de tapadas, gracioso, galanes enamorados y casamientos en la escena final. Martínez de la Rosa quiso sin duda demostrarse a sí mismo que era capaz de emular la fértil inventiva de los viejos maestros, con esta comedia de enredo, que puede rivalizar con las más animadas de Tirso.

Todavía compuso Martínez de la Rosa un drama en cinco actos y en prosa, *Amor de padre*, estimulado, según dice, por el duque de Rivas, cuando se hallaba en Nápoles, en 1849. Nunca fue representado y no es muy de sentir[65]. Sucede en los días del Terror. A Martínez de la Rosa le conmovió la anécdota de un padre que sube al cadalso en lugar de su hijo, y la tomó como eje de un pretendido retablo de la Revolución Francesa. Pero el autor ha perdido esta vez su admirable capacidad de concentración y la obra se diluye en episodios a la vez que se despeña en blandos efectos melodramáticos.

La fama de Martínez de la Rosa como autor dramático está vinculada básicamente a otras tres obras: una tragedia clásica, *Edipo*, y dos dramas, *Aben Humeya* y *La Conjuración de Venecia*, que se consideran como el punto de partida de nuestro romanticismo.

En 1832, un año después de haber regresado del destierro, estrenó en Madrid su versión del *Edipo* de Sófocles, obra que, según dice Cook[66], ocupa una posición única en la historia del movimiento neoclásico en España. Martínez de la Rosa se preparó cuidadosamente para esta tarea, estudiando a fondo todas las versiones existentes: las de Séneca, Corneille, Voltaire, La Motte, Dryden, Lee, Forciroli, de las cuales hace un minucioso comentario en el largo prólogo que encabeza la edición. Rechaza la opinión de Estala, quien en el *Discurso preliminar* a su traducción del *Edipo* afirmaba que el antiguo teatro griego no podía ya interesar a un público actual, tan diferente en ideas y creencias. Martínez de la Rosa sostiene, en cambio, que el argumento de Sófocles «es muy propio, aun hoy día, para

---

[65] Sarrailh, que tan escasos comentarios hace a la producción literaria de Martínez de la Rosa, dice de esta obra que es «la más funesta para su renombre» (obra cit., pág. 309).

[66] Obra cit., pág. 444.

una tragedia» [67], y que el error de las versiones existentes había consistido precisamente en quererlo modernizar añadiéndole personajes o episodios. Se propone, pues, conservarlo en toda su pureza, aunque tampoco renuncia a ciertas modificaciones para corregir los defectos que el propio Aristóteles había señalado en la obra original. Contra la opinión más admitida entonces, cree que a la grandeza de la tragedia tenía que coadyuvar la intervención del coro, la presencia del pueblo y la introducción de la música y el canto.

Menéndez y Pelayo le reprocha a Martínez de la Rosa el haber prescindido, como todas las versiones modernas, de la segunda parte, el *Edipo en Colona*, pero a pesar de todo admite que «de todas las versiones modernas, es la menos infiel a la letra, ya que no al espíritu de Sófocles, la más descargada de accesorios extraños, la más sencilla, y por lo tanto la mejor» [68]. Y añade: «Fue gran triunfo conmover a un público como el nuestro, con el eco de las tumbas de Tebas». La representación del *Edipo* constituyó, en efecto, un gran éxito. Cook comenta [69] que este triunfo probaba que el público de Madrid había perdido sus viejos prejuicios contra la tragedia clásica y que estaba dispuesto a presenciar una noche un drama romántico y una obra clásica al día siguiente, fuesen originales o traducciones, aunque, claro está, seguía dedicando sus preferencias a las comedias de magia y a las de santos.

A la buena acogida del *Edipo* debió de contribuir también —descontando la parte de esnobismo suscitada por la novedad— la originalidad, riqueza y propiedad del montaje, poco comunes entonces, según ponderó José María Carnerero en su reseña de *Cartas Españolas* [70], quien recuerda la equivocada opinión de Estala sobre la posible aceptación de tales tragedias. El *Edipo*, aunque representando un hito en los anales del teatro español y una prueba «del buen gusto y el entendimiento» de Martínez de la Rosa, no tuvo, sin embargo, continuadores en nuestra escena que afianzasen el gusto general por la tragedia clásica. Era, sin duda, un plato de excepción que difícilmente podía repetirse.

Su mayor éxito teatral lo consiguió Martínez de la Rosa con el drama histórico *La Conjuración de Venecia*, estrenado el 23 de abril de 1834, con el que, según frase tópica, se inaugura el romanticismo en nuestro teatro [71].

---

[67] Ed. Seco, cit., I, pág. 216.

[68] Estudio cit., pág. 285.

[69] Obra cit., pág. 448.

[70] Citado por Cook en obra cit., págs. 446-447.

[71] La obra, sin embargo, había sido ya publicada en París en 1830, y, según afirma Lomba y Pedraja, se había representado en Cádiz en diciembre de 1832, con el título de *El Carnaval de Venecia del año 1310*, «lo cual —añade— no quita nada de su importancia a la fecha ya consignada de 23 de abril de 1834, que siempre tendrá que ser señalada como la de la inauguración en España del género dramático nuevo» (José R.

La obra, en prosa, en cinco actos muy breves, había sido escrita en París durante los últimos años del destierro y subió a la escena en Madrid justo en los mismos días en que la promulgación del *Estatuto Real* y la firma de la Cuádruple Alianza parecían señalar el punto culminante de la carrera política del escritor. En la breve *Advertencia* preliminar declara Martínez de la Rosa que la fábula de su drama le parecía muy sencilla, y que se había propuesto «dar a los sentimientos, al estilo y al lenguaje la mayor naturalidad» [72]. La edición de la obra va seguida de unos *Apuntes sobre el drama histórico* del mayor interés. El autor justifica el género con el ejemplo de nuestros grandes dramaturgos de la Edad de Oro, que lo cultivaron incansablemente, y explica que, aun cuando no se halla codificado por Aristóteles y Horacio, que sólo se aplicaron a deducir las máximas y reglas del teatro existente en su tiempo, basta —dice— que «el *drama histórico* posea la condición esencial de reunir la utilidad y el deleite, para que deba hallar en el teatro acogida y aceptación, y cierto que pocas composiciones habrá que puedan ser de suyo tan instructivas y ofrecer al ánimo desahogo tan apacible. Aun leyendo meramente la historia, nos cautivan por lo común aquellos pasajes a que ha dado el autor una forma dramática y en que nos parece que los personajes se mueven, obran, hablan por medio del diálogo; ¿qué será, pues, cuando veamos representado al vivo un suceso importante y que casi creamos tener a la vista a los personajes mismos, seguir sus pasos, oír su acento?» [73].

No obstante, censura en nuestros viejos autores las impropiedades y el libertinaje en que incurrían por su falta de estudio y de respeto a la peculiar fisonomía de cada tiempo y nación. Finalmente concede que con el fin de que estos dramas puedan «presentar los hechos con más circunstancias y pormenores de los que tal vez convendrían en una tragedia» [74], quizá no baste un estrecho recinto y puede ser conveniente, antes que faltar a la verosimilitud, mudar algunas veces la escena y prolongar el tiempo más allá «del angustioso plazo de veinticuatro horas»; «pero mucho temería yo —añade— que se diese por ofendida la razón de los espectadores, y que el interés se entibiase, si vieran amontonarse hechos sobre hechos, correr la posta los personajes, y suponerse en breves horas que han pasado muchos años» [75].

Atento a estas prudentes libertades compuso Martínez de la Rosa lo que se llama nuestro primer drama romántico. En cuanto al estudio de ambiente y personajes que recomendaba, lo ejercitó en su obra con casi per-

---

Lomba y Pedraja, «El teatro romántico español», en *Mariano José de Larra (Fígaro). Cuatro estudios que le abordan o le bordean*, Madrid, 1936, pág. 361).

[72] Ed. Seco, cit., I, pág. 257.
[73] Ídem, íd., pág. 289.
[74] Ídem, íd., pág. 290.
[75] Ídem, íd., pág. 291.

fecta escrupulosidad, según ha puesto de relieve Robert Avrett [76] en su
análisis de este aspecto de la obra. Claro está que semejante exactitud no
basta para garantizar la calidad del drama, pero importa señalarlo para
definir la peculiaridad de nuestro autor. Martínez de la Rosa, según dijimos
arriba, componía con singular cuidado, y es justamente su misma perfección lo que le impide llegar al vulgo. Para que *La Conjuración de Venecia* fuera tan *bueno* como otros dramas románticos que iban a seguirle,
le falta lo que éstos iban a dar con exceso: efectismos y concesiones, libertades y truculencias oportunamente repartidas; pero esto es precisamente
lo que Martínez de la Rosa jamás hubiera descendido a escribir. Así se ha
quedado sólo en *precursor, ensayador tímido,* como le suelen calificar por
lo común los más de los comentaristas. En realidad es un excelente drama
romántico, sabiamente frenado por la continencia de un clásico, un gran
drama romántico pero sin gallardetes de verbena. Y no porque le falten los
componentes más gratos a los románticos genuinos —conspiración, misterio, matrimonio secreto, amor entre sepulcros, carnaval y máscaras en la
calle, escenas de tortura—, sino por lo perfecto y moderado de su utilización [77]. Larra, testigo de excepción del estreno, escribió una crónica de admiración casi exaltada. La inicia con una aprobación del *nuevo género,* que

---

[76] Robert Avrett, «A Brief Examination into the Historical Background of Martínez
de la Rosa's *La Conjuración de Venecia*», en *The Romanic Review,* XXI, 1930, págs. 132-
137. Según Avrett, la casi totalidad de los personajes que aparecen en el drama son
auténticos, así como su participación en la conjura; Martínez de la Rosa se documentó
minuciosamente y cuidó con el mayor escrúpulo los detalles de ambientación. Es curio-
sísimo, sin embargo, que el único anacronismo de bulto se dé precisamente a propósito
de la institución que tan decisivo papel juega en el drama: el famosísimo Tribunal de
los Diez, que juzga a Rugiero, no existía todavía; fue creado un mes más tarde, precisamente a consecuencia de la Conjuración. Martínez de la Rosa lo reproduce y hace
funcionar con la más puntual exactitud histórica, pero un poco antes de tiempo.
Existe además otro delicioso anacronismo: el Puente de los Suspiros, obligado escenario de toda aventura veneciana, a que se alude en la escena IV del acto IV, fue
comenzado en 1595 y concluido en 1605. Claro está que ninguna de estas libertades
que se toma el autor, importan nada para la calidad literaria de la obra.

[77] Es muy posible que un lector de hoy encuentre todavía demasiados elementos
«románticos», improbabilidades y efectismos, para el equilibrio y la ponderación que
pretendemos destacar. El acto segundo, concretamente, decisivo para la acción del
drama, cuando en el Panteón de la familia Morosini el propio Pedro Morosini, presidente del Tribunal, después de hablar con los esbirros que vigilan a Rugiero presencia
la entrevista de éste con Laura y descubre el nudo de la conspiración, es por entero
inverosímil. No lo es que Rugiero y Laura escojan tan recatado lugar para encontrarse, pero es inaceptable que el presidente Pedro, que podía tratar con sus espías en
cualquier habitación de su palacio, necesite esconderse para ello en el Panteón y se
encuentre allí justamente en el mismo momento que los amantes. Allison Peers califica
esta escena de «atroz sacrificio de la propiedad y la probabilidad» (*Historia...,* cit., I,
pág. 326). Pero añade en seguida que semejantes cosas no se estimaban inadecuadas
en 1834; Larra consideraba esta escena «terrible» y «sublime» y propia del «mayor
conocimiento dramático». «La pasión del efectismo —comenta Allison Peers— parecía
embotar las facultades críticas de aquellos románticos» (ídem, íd.).

venía a sustituir la «tragedia heroica aristotélica»[78], y prodiga luego sus elogios: «El plan —dice— está superiormente concebido, el interés no decae un solo punto, y se sostiene en todos los actos por medios sencillos, verosímiles, indispensables: insistimos en llamarlos indispensables, porque ésta es la perfección del arte. No basta que los sucesos hayan podido suceder de tal modo; es forzoso, para que el espectador no se distraiga un momento del peligro, que no hayan podido suceder de otro modo, sentadas las primeras condiciones del argumento»[79].

También en el destierro, y con anterioridad a *La Conjuración de Venecia*, compuso Martínez de la Rosa el drama *Aben Humeya o la rebelión de los moriscos bajo Felipe II*. Lo escribió en francés y lo estrenó con notable éxito en el teatro parisino de la Porte Saint-Martin, a mediados de julio de 1830, tan sólo cinco meses después del estreno de *Hernani*[80]. Decidido el

---

[78] *Obras...*, ed. Seco, cit., I, pág. 383. A propósito de este mismo asunto, y con motivo del estreno de *Aben Humeya*, escribió Larra unas palabras muy dignas de ser meditadas: «El drama histórico —dice— es la única tragedia moderna posible, y lo que han llamado los preceptistas tragedia clásica, no es sino el drama histórico de los antiguos» (ídem, íd., II, pág. 225).

[79] *Obras...*, ed. Seco, cit., I, pág. 385. Ermanno Caldera —*Il dramma romantico in Spagna*, cit., pág. 119— comenta que *La Conjuración de Venecia* se enlaza en buena medida con la tragedia neoclásica por el hecho de ser un *drama político*, carácter que a partir de entonces cultivarán pocos dramaturgos; en cambio, el tema amoroso, aun no careciendo de importancia, está, en realidad, subordinado a la conjura. Esta consideración creemos que confirma nuestra opinión expuesta arriba, de que a Martínez de la Rosa, para conquistar la popularidad, le faltó el acierto de dar con una pareja de amantes capaces de llegar a la multitud por el camino de la pasión más elemental, y más romántica.

[80] En su reseña del estreno de Madrid, luego citada, Larra alude sarcásticamente al éxito obtenido en París. Éste, no obstante, parece que fue cierto, aunque contribuyeron a él diversas circunstancias. La *Revue des Deux Mondes* se refiere al drama del escritor español casi con ditirambos; según el cronista, la obra reunía todas las excelencias para interesar vivamente a los espectadores, que habían —dice— acudido en gran número y seguirían acudiendo por largo tiempo. Encarece asimismo la escenificación, «deslumbradora», los coros y la música, todo ello «de un gusto desconocido hasta entonces en la Porte Saint-Martin» (cit. por Sarrailh, obra cit., pág. 181). El periódico *Journal des Débats*, después de ponderar también la afluencia de espectadores, alude a la significación política de los aplausos tributados a la obra: gentes de todos los países, como en un congreso europeo, habían rendido tributo al emigrado español (cit. también por Sarrailh en ídem, íd.). Otros periódicos, como la *Revue de Paris*, enemiga jurada de los románticos, formularon juicios más severos. En pleno éxito, fue interrumpida la representación de la obra debido a la Revolución de Julio, pero se reanudó casi en seguida con éxito mayor; los espectadores acogieron los gritos de libertad que resonaban en la obra como una réplica al momento presente: «El grito de guerra de Aben-Humeya —decía *Le Globe*— sublevando a los moros contra Felipe II ha encontrado su eco en la sala de la Porte Saint-Martin» (también en Sarrailh, ídem, íd.). En la biografía de Martínez de la Rosa, que precede a la edición parisina de sus *Obras* de 1845, se atribuye también buena parte del éxito de *Aben Humeya* a la oportunidad de su estreno: la Revolución de Julio —dice el biógrafo— «ha dado nueva e inesperada ocasión al triunfo del autor. Nosotros hemos sido testigos de la ovación que, en momentos de fervoroso entusiasmo, han tributado los afortunados rebeldes

autor a componer un *drama histórico*, también ahora se propuso buscarlo entre los sucesos más extraordinarios de la historia de España, y, según confiesa, le pareció más oportuno escogerlo entre los ocurridos en la región de su nacimiento, por serle más conocida y por nostalgia de ella, y por «la idea de oír repetir unos nombres tan gratos para mí y de oírlos en tierra extraña, y tal vez con aplauso»[81].

En este drama, Martínez de la Rosa cuida mucho la ambientación, descrita en cada escena minuciosamente, y hay en el texto más acotaciones de toda índole que en todas sus otras obras juntas. Puede que el hecho de estar escrito el drama para un país extranjero le indujese a extremar los detalles, aunque no cabe duda que le estaba preocupando en extremo la ambientación rigurosamente histórica y local por un afán de fidelidad, sin duda, pero también por precisar el movimiento escénico que deseaba dar a la obra. Menéndez y Pelayo pondera precisamente el cuidado con que se había documentado en los historiadores, no sólo para los datos históricos, sino también para «mil primores arqueológicos e indumentarios»: «*Aben Humeya* —dice— es uno de los dramas más verdaderamente *históricos* que se han escrito en España, uno de los pocos que tienen algún color local que no sea falso y mentiroso»[82].

El autor viola repetidamente la unidad de lugar, pero comprime el tiempo en una sola jornada, con lo cual roba bastante verosimilitud a los numerosos acontecimientos que se acumulan en la obra[83]. En realidad, casi es una pieza de gran espectáculo[84], bien calculada para cautivar a los oyen-

---

de París a los desgraciados rebeldes de la Alpujarra» (nota de Cook, en obra cit., pág. 451). Cfr., John C. Dowling, «The Paris Première of Francisco Martínez de la Rosa's *Aben Humeya* (July, 1830)», en *Homenaje a Rodríguez-Moñino*, I, Madrid, 1966, págs. 147-154.

[81] Advertencia preliminar, ed. Seco, cit., I, pág. 168.

[82] Estudio cit., págs. 280-281. Cfr.: Robert Avrett, «A Glimpse into the Historical Basis of Martínez de la Rosa's *Aben Humeya*», en *The Romanic Review*, XXIII, 1932, págs. 230-236.

[83] «La unidad de tiempo —comenta Lomba— se halla tan rigurosamente observada, que ni se compagina siquiera con la posibilidad material de los hechos. Un plazo de veinticuatro horas basta al poeta para hacernos pasar de la paz material a la muerte de Aben Humeya, a través de una insurrección general del pueblo morisco, del alzamiento de un trono rebelde, de una matanza de cristianos, de una embajada del gobernador de Granada a los insurgentes, del asesinato alevoso del embajador y de una conspiración en la sombra contra el rey recién coronado» (Lomba y Pedraja, «El teatro romántico español», cit., págs. 364-365).

[84] Los periódicos franceses ponderaron casi unánimemente las bellezas de la puesta en escena, realizada por el escenógrafo Lefebvre, que sorprendió a los espectadores con efectos de gran novedad; parece que Lefebvre acertó a plasmar en las tablas acotaciones tales como la que cierra el segundo acto: «Óyese el eco de las aclamaciones y de los instrumentos militares. El incendio de la iglesia va en aumento; empiezan a caer puertas y ventanas y dejan ver el interior del templo ardiendo, al mismo tiempo que está nevando a copos» (ed. Seco, cit., I, pág. 190). La *Revue de Paris*, antirromántica, como hemos dicho, en su afán de rebajar la obra pone de relieve, precisamente, el papel que desempeñaba la escenificación: «¿Por qué —se pregunta— todos los efectos

tes; el hilo del argumento, en cambio, es muy sencillo, aunque la variedad de las escenas y el movimiento de los numerosos personajes y de los comparsas dan al conjunto una gran complejidad, que debía de ocasionar problemas en la representación.

Martínez de la Rosa tradujo luego la obra al español [85] y la estrenó en Madrid en 1836, el mismo año del estreno de *El Trovador* [86]. Larra le dedicó también su correspondiente crónica, aunque esta vez rotundamente negativa; nada merece la pena allí: «ningún interés presenta, ningún resorte dramático, ni nuevo ni viejo..., ninguna pasión domina, ningún carácter prepondera, ningún hecho importante se desenvuelve; el estilo mismo es generalmente inferior a otras obras del autor» [87]. Pero debe tenerse bien en cuenta que por entonces Larra estaba empeñado en una lucha sin cuartel contra Martínez de la Rosa, cuya política del «justo medio» detestaba y al que hacía responsable de todos los problemas de la nación; el artículo es de una cicatería malintencionada, que no deja resquicio sin aprovechar. Lomba rechaza tajantemente las afirmaciones de Larra, para sostener que muchas de las condiciones exigidas por él para los dramas históricos las poseía *Aben Humeya* en «mejores dosis» y «de ley más fina» que otras diversas obras que él había alabado. No es «pobrísimo el artificio» —añade—, aunque sí es sencillo y su sencillez es un mérito; presenta un interés múltiple «bien compuesto, bien graduado, bien conducido: el que nos inspira el propio Aben Humeya y los miembros de su familia..., el que nos inspira el pueblo morisco, vejado por el gobierno del rey don Felipe, obligado a lanzarse a una rebeldía desesperada; el que nos inspira el pueblo cristiano, víctima de una sorpresa trágica». El conflicto dramático se halla planteado desde el primer momento en el corazón de Aben Humeya, crece y se encrespa a la vista del espectador y, trascendiendo a la muchedumbre, lo llena y lo inflama todo. «Martínez de la Rosa —resume Lomba más adelante— se ha propuesto en *Aben Humeya* el retrato moral de un pueblo, la explicación de un hecho histórico. El retrato tiene no sólo parecido, sino profundidad y psicología; el hecho tiene interés dramático e interés filosófico y social, además de histórico. Pinta al vivo los sufrimientos de un pueblo oprimido; pinta la fatal pendiente por la que sus pasiones anár-

---

se han dejado en las manos del director de escena y en la extraordinaria participación del compositor musical?». El compositor era, en efecto, un gran músico, el valenciano José Melchor Gomis, a quien justamente las partes escritas para *Aben Humeya* le granjearon inmediata popularidad (véanse algunas noticias sobre Gomis en Vicente Lloréns, *Liberales y románticos. Una emigración española en Inglaterra (1823-1834)*, 2.ª ed., Madrid, 1968, págs. 67-68; véase también nuestro capítulo II, nota 61).

[85] Cfr., George P. Mansour, «An *Aben Humeya* Problem», en *Romance Notes*, VIII, 1967, págs. 213-216 (sobre la fecha en que fue traducida la obra).

[86] Allison Peers afirma que *Aben Humeya* había sido representado ya en Valencia tres días de febrero de 1835 (*Historia...*, cit., I, pág. 350, nota 398).

[87] *Obras...*, ed. Seco, cit., II, pág. 226.

quicas le conducen a su ruina; todo el légamo de temeridad, de egoísmo, de celos, de perversidad que va unido a sentimiento tan legítimo y santo como el amor a la patria. Presenta figuras de hombres verdaderas y bien trazadas, que tienen contenido moral, que invitan a la meditación, que enseñan a conocer al hombre y al mundo»[88]. En otro lugar había escrito Lomba: «No es un destino individual o de un corto número de personas lo que en este poema dramático se halla en trance, sino el destino de un pueblo entero: asunto digno de la tragedia»[89].

Suele decirse que *Aben Humeya* «llegaba tarde» a la escena, encaminada ya por la senda del romanticismo[90], pero no creemos que sea ésta la causa de la tibia acogida que en Madrid se le dispensó[91]. Durante los días del romanticismo se mezclaron y alternaron las más diversas cosas, incluso en la producción de un mismo escritor. Es posible que, en medio de su avinagrada requisitoria, Larra tuviera alguna razón en una cosa: el drama termina donde debería comenzar. Si el propósito del autor —dice— consistía en mostrarnos que los moros rebeldes perdieron su causa por la desunión que dejaron introducirse entre ellos, era preciso habernos dado el resultado de tal desunión; es decir, *Aben Humeya*, tal como se presenta, no era sino la exposición de un drama por hacer. Lo que, en efecto, lleva a las tablas Martínez de la Rosa es sólo la anécdota de la rebelión que estalla y fracasa, y que se nos presenta en una serie de escenas movidísimas (muy propias, sí, como decía don Marcelino), entre corridas, penden-

---

[88] José R. Lomba y Pedraja, «Mariano José de Larra (Fígaro) como crítico literario», en *Cuatro estudios...*, cit., págs. 272-275.

[89] «El teatro romántico español», cit., pág. 364.

[90] Por este «llegar tarde» a la escena romántica española se olvida comúnmente lo que el *Aben Humeya* representa para el teatro romántico europeo. Recuérdese, según arriba hemos señalado, que la obra de Martínez de la Rosa se estrenó en París a sólo cinco meses de distancia del *Hernani* de Víctor Hugo, y antes por supuesto de otros dramas, igualmente representativos, del propio Hugo, y de los más característicos de Dumas, como el *Antony* y *La Tour de Nesle*, estrenados en 1831 y 1832. Creemos que pocos críticos han señalado esta circunstancia del drama del autor español, por lo que importa mucho reproducir las palabras con que cierra Dowling su artículo citado: «Martínez de la Rosa —dice— tiene en su haber el haber tomado parte en la invasión romántica del teatro francés; el que sólo a los pocos meses del éxito del *Hernani* de Hugo, y con arriesgada oportunidad, él —un español escribiendo en francés— triunfó frente al más exigente público teatral de Europa» (art. cit., pág. 154). Los enemigos políticos de Martínez de la Rosa, con esa actitud tan española de hundir como sea al adversario ideológico, minimizaron o silenciaron tan importante hecho. La *Revue de Paris*, en su adversa crónica mencionada, incluye unas palabras enormemente reveladoras de la situación: «Españoles en el anfiteatro, españoles en la orquesta, españoles en las butacas, *dispuestos a imponer su opinión al público francés*» (cit. por Dowling, pág. 152; el subrayado es nuestro).

[91] Debió de influir más bien la situación personal del escritor, caído ya entonces del pedestal político tras el fracaso de su gestión gubernamental. Y a todo esto, la aceptación que tuvo la obra no fue tan mala: alcanzó diez representaciones, cifra considerable para la época. El *Macías* de Larra tuvo sólo cinco y fue repuesta dos veces más durante la temporada.

cias y asesinatos, con mucho tropel de gente, que apenas nos permite fijarnos, y consecuentemente interesarnos, en los protagonistas capitales. Tampoco sabemos cómo resultaría entonces en el escenario madrileño todo aquel ir y venir, del que hoy hubiera sacado inmenso partido una película. El núcleo dramático —muy sencillo, muy clásico, muy rectilíneo— pudo escurrírsele al espectador entre el barullo de los comparsas.

Martínez de la Rosa es clasificado habitualmente como un escritor ecléctico, autor de transición o tímido ensayador de libertades románticas. Todas estas definiciones son admisibles a condición de que se las despoje del matiz peyorativo con que se las suele formular. Martínez de la Rosa —ya lo hemos dicho— era un enemigo jurado de todo género de excesos. Frente a la historia entera del teatro español pedía orden y medida para enfrenar el cómodo libertinaje. Por eso expuso repetidamente los principios clásicos. Pero a semejanza de Cervantes —salvada, claro, la genialidad— no era un doctrinario; su clasicismo era más una medicina que una fórmula, una medicina que podía dejarse de tomar cuando el paciente se podía pasar sin ella, es decir, cuando el escritor era lo bastante discreto para saber qué libertades podía permitirse. Contra las mismas reglas que había expuesto, alegó una y otra vez la necesidad de relajarlas siempre que superiores intereses artísticos lo exigieran. «En medio de tantos combates como se están verificando en el campo de la literatura —escribe en el prólogo a *Aben Humeya*—, y de la especie de revolución que reina en el mundo teatral, la primera condición que me impuse al emprender esta obra fue la de olvidar todos los sistemas y seguir como única regla los principios incontrovertibles, inherentes a la esencia misma del drama, y que formarán siempre, respecto del teatro, el código del buen gusto» [92]. Y en los *Apuntes sobre el drama histórico* repite casi las mismas palabras: «En medio de la guerra encarnizada que mantienen en el día los dos campos literarios opuestos, creo que sobre este punto [se refiere al problema de las unidades], así como sobre otros muchos, la verdad está en un justo medio» [93]. En el *Prólogo* a la edición de sus *Poesías* muestra su terror a que lo juzguen de acuerdo con sus propias reglas, consciente de haberlas infringido; y líneas más abajo una vez más expone inequívocamente su credo: «Como todo partido extremo me ha parecido siempre intolerante, poco conforme a la razón y contrario al bien mismo que se propone, tal vez de esta causa provenga que me siento poco inclinado a alistarme en las banderas de los *clásicos* o de los *románticos* (ya que es preciso apellidarlos con el nombre que han tomado por señal y divisa), y que tengo como cosa asentada que unos y otros llevan razón cuando censuran las exorbitancias y demasías del

---

[92] Ed. Seco, cit., I, pág. 169.
[93] Idem, íd., I, pág. 291.

partido contrario, y cabalmente incurren en el mismo defecto así que tratan de ensalzar su propio sistema» [94]. Y aclara aún más su actitud en el párrafo siguiente: «No tiene duda, a mi entender, que las obras de imaginación, así como las bellas artes, están sujetas a algunas reglas fijas, invariables, fundadas en los principios de la sana razón, y hasta puede decirse que en la misma naturaleza del hombre; así, por ejemplo, conviene que en toda composición, cualquiera que sea su clase, haya *unidad* en el conjunto, *proporción* en las partes, *variedad* en el ornato, *correspondencia* entre el asunto y el estilo; mas no por esto se infiere que no estén sujetas a mudanza, al sabor de los siglos y de las naciones algunas reglas prescritas por los maestros del arte, los cuales a su vez las tomaron de la contemplación y estudio de los modelos de su tiempo. Que ni se deben medir con escala mezquina las obras de la imaginación ni condenarlas livianamente porque no quepan en los moldes de Aristóteles o de Horacio, ni decir al genio del hombre, como Dios a las olas del mar: 'No traspasarás este límite'» [95]. En la *Advertencia* que precede a *La Conjuración de Venecia* afirma, como sabemos, que se había propuesto «dar a los sentimientos, al estilo y al lenguaje la mayor naturalidad» [96].

Es decir: que Martínez de la Rosa rechazaba del romanticismo justamente los excesos, lo que el tiempo ha olvidado y arrumbado, lo pegadizo y ocasional, lo que con justo motivo, por no afectar a su esencia viva y permanente, se ha denominado «romanticismo de época». Su mejor momento, *La Conjuración*, debería, pues, ser calificado de romanticismo básico, sin delicuescencias.

Pero quizá sin la envoltura caduca y transitoria del instante no pueda tampoco ingresarse en la inmortalidad; la sumisión al tiempo puede ser sagrada; es su miseria y su gloria. La asepsia excesiva puede ser un pecado. Éste, y no otro, si lo hubo, fue el de Martínez de la Rosa.

OBRA LÍRICA

Martínez de la Rosa cultivó la lírica a lo largo de toda su existencia, aunque sólo publicó una colección poco nutrida de sus *Poesías*. En el prólogo con que las presenta al lector expone su concepto sobre el género, que ya casi es ocioso reproducir: «Tengo para mí —dice— que una de las principales dotes de la poesía es la claridad, procurando que los pensamientos aparezcan fáciles y espontáneos y la expresión fiel y sencilla». Y añade luego: «No recuerdo un solo rasgo sublime, en cualquier lengua que sea, que no esté expresado con suma sencillez, y sin esta cualidad esencia-

---

[94] Ídem, íd., II, pág. 145.
[95] Ídem, íd.
[96] Ídem, íd., I, pág. 257.

lísima mal pudieran excitar en el ánimo la impresión viva, instantánea, que los distingue»[97]. Tras esta declaración dicho queda que buscaríamos en vano audacias expresivas o atrevidas metáforas en su obra lírica; la corrección, la cuidada pulcritud, son sus rasgos constantes.

Pero el estudio y el rigor que le permitían equilibrar tan felizmente sus obras dramáticas le perjudican cuando quiere escribir poesía; las emociones, siempre demasiado redondeadas y explicadas, las expresaba con flojedad. Por eso diríamos que sus versos mejores los lograba cuando ponía en ejercicio la sola razón, por lo que habría que buscarlos precisamente en su propia *Poética* y en la traducción de la de Horacio; es decir, es mucho más poeta cuando se ejercita en la didáctica que en la lírica pura. Suele mencionarse siempre entre sus composiciones más felices la *Epístola* al duque de Frías por la muerte de su mujer; pero nos parece desmayada y tópica, y, sobre todo, aduce con excesivo narcisismo sus propios dolores a propósito del dolor ajeno que pretendía consolar. Por lo común acierta más en composiciones breves, como *Al sueño*, en estrofas sáfico-adónicas, o en el soneto *Mis penas*, aunque con excesivas reminiscencias de sus clásicos admirados. Algunas anacreónticas y letrillas, demasiadamente deudoras también a la herencia de Meléndez, son felices, como *La espigadera, El amor en venta, Enigma, El castigo del amor. El cementerio de Momo*, colección de epigramas que gozaron de cierta popularidad, acreditan a Martínez de la Rosa como afortunado satírico, aunque insistió poco en esta vena. Sus varios destierros le inspiraron algunas composiciones de nostálgico amor a su patria, como *La tormenta* y *La vuelta a la patria*, y los sucesos de la guerra el largo poema *Zaragoza*, de robusta entonación quintanesca, bastante diferente de su habitual tono poético[98].

## NOVELA

Estando en París concibió Martínez de la Rosa la idea de escribir una novela histórica para imitar a Walter Scott, que estaba entonces en la cumbre de su fama. Trabajó en esta obra largo tiempo y publicó por separado las tres partes de que consta. Eligió por asunto la historia de doña Isabel de Solís, que, apresada por los moros, renegó del cristianismo, se casó con el rey de Granada, Muley Hacen, y volvió a su religión tras la conquista de Granada por los Reyes Católicos. Deseaba el autor una vez más tomar a su tierra natal como escenario de una obra suya, movido además por el prestigio que como mundo novelesco había conquistado ya Granada en las obras de Florian, de Chateaubriand y de Washington Irving.

---

[97] Ídem, íd., II, pág. 147.
[98] Cfr.: Joseph G. Fucilla, «Tres poesías desconocidas de Martínez de la Rosa», en *Revista Iberoamericana*, XIX, 1954, págs. 41-45. Leonardo Romero Tobar, «Una oda desconocida de Martínez de la Rosa», en *Revista de Literatura*, XXI, 1962, págs. 78-82.

Según su costumbre, Martínez de la Rosa se documentó hasta con exceso, como lo demuestran las abundantísimas notas que acumuló en su libro y que fue esparciendo a pie de página, como si más que de una obra de imaginación se tratara de un trabajo erudito.

Menéndez y Pelayo dice de *Doña Isabel de Solís* que es «una de las más lánguidas imitaciones que aquí se hicieron de Walter Scott» [99], y se le ha reprochado siempre al autor la falta de imaginación para animar novelescamente los sucesos así como las demasiadas descripciones y comentarios. Pero los reproches nos parecen un tanto injustos. Posiblemente la obra no es una buena novela, género para el que Martínez de la Rosa no estaba dotado de manera particular, pero es un buen relato histórico-anovelado, que si no pudo emular al modelo de entonces, podría codearse con las mejores modernas biografías noveladas, en las que el novelista se pone al servicio de la historia en lugar de hacerlo al revés, como exigían los cánones de la novela romántica genuina. Martínez de la Rosa, incapaz, sin duda, de fantasear románticamente sobre su asunto, por las mismas razones que no le permitían fantasear en sus dramas, lo fue narrando como sustancial historiador y adornándolo con detalles no extraídos de la imaginación sino de una bien cuidada reconstrucción arqueológica. Las declaraciones perjudican a veces; sin la confesión de la pretendida imitación de Walter Scott, *Doña Isabel de Solís* se hubiera tenido como un excelente cuadro histórico, pero le falta diálogo y acción directa para la declarada intención novelesca. Por lo demás, Martínez de la Rosa, tan cuidadoso de la verosimilitud, estudia muy bien la realidad humana y psicológica de los personajes para justificar cada paso que dan; y el marco de la época, con todos sus usos y costumbres, es perfecto. Si algo le perjudica es el exceso; el escritor había aprendido demasiados detalles para renunciar a comunicarlos. La prosa, a ratos opulenta y siempre bien cuidada, es excelente.

El amor por todas las cosas de Granada, y sobre todo su afición a la época de su conquista, llevó a Martínez de la Rosa a componer un bosquejo histórico de la vida de *Hernán Pérez del Pulgar el de las Hazañas*. Menéndez y Pelayo dice de él: «el único trabajo histórico que le sobrevivirá es su arcaica biografía de *Hernán Pérez del Pulgar el de las Hazañas*, delicioso remedo de la prosa de don Diego de Mendoza, con algunos toques de la de Ginés Pérez de Hita. Más poesía hay allí que en toda su novela *Doña Isabel de Solís*» [100]. Larra le dedicó un comentario reticente, de envenenada ironía, ya que no en vano, como en la fecha del estreno de *Aben Humeya*, estaba empeñado en lucha implacable contra el político literato. Larra, después de afirmar con irónica alabanza, que podía «rivalizar su estilo con lo

---

[99] Estudio cit., pág. 288.
[100] Ídem, íd.

mejor de nuestro Siglo de Oro» [101], ridiculiza su «arcaísmo» —ese arcaísmo, precisamente, que tenía que hacer las delicias de Menéndez y Pelayo— para defender a continuación su concepto de lo que el lenguaje moderno precisaba ser. El texto de Larra es importantísimo para conocer sus ideas sobre este punto, pero exagera evidentemente sobre la prosa de su enemigo, que no es tan arcaica como de sus palabras podría deducirse. Martínez de la Rosa se había esforzado, en efecto, por imitar el estilo de los historiadores antiguos, pero con dignidad y propiedad muy adecuadas al asunto; no se trata de ninguna «fabla» ridículamente resucitada. Cierto, como pedía Larra, que los nuevos tiempos exigían otro lenguaje, pero Martínez de la Rosa, enamorado de su héroe, no compuso aquellas páginas en plan de periodista, sino esforzadamente empeñado en una reconstrucción histórica, cuyo sabor de época quiso hacer revivir hasta en el estilo.

LOS ESCRITOS POLÍTICOS

La extensa y polifacética producción literaria de Martínez de la Rosa, que hemos comentado, ocupa menos de la mitad de los ocho volúmenes de sus obras, de que consta la edición de Seco; los cuatro últimos, los más densos, están dedicados a su obra política: queda, pues, declarada —aunque sólo tangencialmente pueden ocupar ahora nuestra atención— la importancia de estos escritos. Menéndez y Pelayo los despacha despectivamente de un solo plumazo: «Tampoco —dice— insistiré mucho en las obras en prosa. Las filosofías de la historia que Martínez de la Rosa compuso: *El espíritu del siglo*, el *Bosquejo de la política de España*, son de una candidez que ha pasado en proverbio. Martínez de la Rosa no había nacido ciertamente para recoger los lauros de Bossuet, ni de Vico, ni de Maquiavelo. Mucho más vale su *Libro de los niños*, porque allí siquiera la *naïveté* es simpática y propia del asunto, sin que el autor se empeñe en parecer político ni filósofo, ni hombre profundo y misterioso» [102]. Carlos Seco, por el contrario, al editar estas obras tan poco conocidas, reclama la atención del lector hacia unos escritos que, según dice [103], ni siquiera han interesado en demasía a nuestros historiadores del período contemporáneo.

Su primera obra política es un corto trabajo titulado *La revolución actual de España*, que comenzó en los días de Cádiz y acabó en Londres

---

[101]  *Obras...*, ed. Seco, cit., I, pág. 359.

[102]  Estudio cit., pág. 288. El parangón entre *El espíritu del siglo* y el *Libro de los niños* es inadmisible, mejor diríamos, irritante. El *Libro de los niños* es una miscelánea de cuentecillos y de máximas en forma de aleluyas, que, a trechos, hasta para niños es pueril, y no puede ponerse al lado, cualesquiera sean las deficiencias que se le encuentren y por mucho que se disienta de la ideología del autor, del esfuerzo de años que representa la síntesis política de *El espíritu del siglo*.

[103]  Introducción a la ed. cit., I, pág. CV.

durante su primer viaje a esta ciudad. Puesto allí en contacto con Blanco-White, la publicó en los números 7 y 8 de *El Español* (octubre y noviembre de 1810). La prosa de este escrito —compuesto para incitar a sus conciudadanos a conquistar, y merecer, la incipiente libertad que parecía alborear por aquellos días—, enardecida y cortante, pudo haberle gustado a Larra mucho más que la de Hernán Pérez del Pulgar. Martínez de la Rosa sabía escribir también en el nuevo tono de la época [104].

Su obra política de más empeño es *El espíritu del siglo*, que fue elaborando a lo largo de treinta años y publicó en tomos aislados [105]. La obra es, en esencia, una historia de la Revolución Francesa, etapa por etapa, proseguida durante el Imperio napoleónico, la Restauración y los reinados de Carlos X y de Luis Felipe de Orleáns. El relato de los hechos está, naturalmente, entretegido con los comentarios del autor, que son los que confieren a la obra su calidad y su interés, sin contar con todo el libro primero, expresamente dedicado a la exposición de principios. Martínez de la Rosa escribe ya estas páginas desde el banco de prueba de su larga experiencia como político activo; ya no es tan sólo un doctrinario, sino el hombre adiestrado por las exigencias de la realidad, curado de utopías. Al declarar el propósito de su obra y fijar la Revolución Francesa como el punto de partida de los tiempos modernos, escribe: «Las resultas de este gravísimo acontecimiento, que ha transtornado la faz del mundo, son las que han fijado el carácter propio del siglo en que vivimos: no se apetecen ya las curas maravillosas de los empíricos, sino mejoras prácticas en el gobierno; a las teorías de imaginación ha sucedido el examen de los hechos; y desacreditados los sistemas extremos, sólo se ocupa la generación actual en resolver el problema más importante para la felicidad del linaje humano: ¿cuáles son los medios de hermanar el orden con la libertad? No se trata de examinar, ni sería ya de ningún provecho, si es fortuna o desgracia que sea éste y no otro el carácter de nuestro siglo: lo que importa es demostrar que así es; y una vez demostrado, indicar las consecuencias que de este dato se derivan» [106].

Subraya Seco [107] lo mucho que *El espíritu del siglo* contiene de «autobiografía documentada», habida cuenta de que en las últimas etapas que historia, no sólo fue testigo sino actor principal en muchos momentos por razón de sus cargos diplomáticos.

[104] Cfr., F. Courtney Tarr, «An Unnoticed Political Article of Martínez de la Rosa (1812)», en *The Romanic Review*, XXIII, 1932, págs. 225-230. El artículo fue escrito para protestar de que la Junta de Censura hubiese condenado y recogido el *Diccionario crítico-burlesco* de Gallardo, y es de gran interés para conocer el pensamiento político de Martínez de la Rosa por aquellas fechas. Tarr formula a su vez ocasionales, pero importantes, apreciaciones sobre la citada obra de Sarrailh.

[105] El primer volumen apareció en Madrid en 1835; el décimo y último en 1855. La obra fue concebida en 1823.

[106] Ed. Seco, cit., V, pág. 10.

[107] Introducción a la ed. cit., I, pág. CV.

Para la composición de *El espíritu del siglo*, Martínez de la Rosa se documentó minuciosamente, poniendo a contribución una copiosísima bibliografía, que Sarrailh ha precisado con gran detalle. Mas para la parte española utilizó sus propios materiales, sirviéndose de documentos personales o de los que fácilmente pudo disponer en los archivos de su Ministerio; también durante sus estancias en Francia y en Inglaterra se preocupó de recoger abundante documentación en los archivos de ambos países. Su perfecto conocimiento del francés, italiano e inglés le permitía leer todo género de obras extranjeras, y seguía al día las publicaciones de todos estos países. Sarrailh afirma [108] que, habida cuenta del tiempo en que compuso sus obras, Martínez de la Rosa es un auténtico historiador. De historiador auténtico —añade— es también su propósito de criticar, de confrontar las fuentes utilizadas, de alcanzar la verdad; frecuentemente discute el valor de un documento, de un testimonio, de una opinión [109].

La prosa de esta obra nos parece modélica en su género. Son, desde luego, las páginas de un literato, de un gran escritor, pero que no se recrea en la frase ni se ahueca en vanas retóricas; el literato está al servicio del historiador y del político, que es el que aquí tiene la palabra. El arrebato juvenil de *La revolución actual de España* ha cedido el puesto al hombre responsable, que pesa al mismo tiempo la trascendencia de sus juicios y la precisión y eficacia de sus palabras [110].

---

[108] Obra cit., pág. **372.**

[109] Shearer afirma también categóricamente que «Martínez fue esencialmente un historiador» (obra cit., pág. 84), y subraya numerosos aspectos que lo confirman. La mayor parte —dice— de sus exposiciones en materia literaria son «historia de la literatura»; escogió temas de historia para la mayoría de sus dramas y obras en prosa, y a varios de aquéllos les antepuso largos estudios históricos, como es el caso de *La viuda de Padilla*; con criterio historicista compuso trabajos como *Del influjo de la religión cristiana en la literatura* y *Cuál es la influencia del espíritu del siglo sobre la literatura*, y en 1839, según recuerda Sarrailh (obra cit., págs. 352-353), publicó en la *Revista de Madrid* un artículo sobre *El método mejor para escribir la historia*. No solamente —añade Shearer— compuso sus obras con criterio histórico, sino que considera la historia como una «fuerza motriz» de la literatura cuando afirma que la nueva afición por los estudios históricos tiene que influir necesariamente en sustituir la ficción imaginativa por la atención a lo real, a los hechos verdaderos. «Un estudio de sus obras —resume Shearer— indica que su entusiasmo por el pasado nacional y especialmente su amor por los temas granadinos fue genuino y no puede compararse con la supersticiosa reverencia por la historia que caracteriza a muchos escritores y críticos españoles durante el primer tercio del siglo XIX» (obra cit., pág. 85).

[110] Sarrailh, haciéndose eco a su vez de la opinión de otros críticos, reprocha a Martínez de la Rosa en sus obras políticas un exceso de *método geométrico* (pág. 375); son —dice— «demasiado lúcidas», en cuanto que pretende explicarlo todo de una manera implacablemente lógica. Historiador filósofo, pedagogo impenitente, enamorado de la razón como buen discípulo del siglo ilustrado, ha eliminado de sus obras histórico-políticas todos los elementos pintorescos o dramáticos, como si éstos fuesen a quitar su majestad al conjunto; ha expulsado la vida, y la abstracción reina como señora absoluta; el «elemento popular» o el «elemento aristocrático» reemplazan la evocación del «pueblo concreto», los grandes principios ocupan el lugar de las pasiones humanas.

Escribió también Martínez de la Rosa un *Bosquejo histórico de la política de España desde los tiempos de los Reyes Católicos hasta nuestros días,* de considerable extensión a pesar del título. Los primeros reinados, hasta el fin de los Austria, se examinan más sucintamente; el autor se sirve de las obras más conocidas, sin acudir a las fuentes originales, pero luego el estudio crece en extensión a partir de Felipe V. Martínez de la Rosa trata muy en particular, a veces de modo casi exclusivo, la política internacional; y sobre todo en los dos últimos reinados —Fernando VII e Isabel II— apoya sus afirmaciones con abundante documentación, puesta a pie de página, con gran frecuencia de primera mano.

Como es natural, desde que comienza el período de su propia actividad política, el autor sostiene básicamente los principios doctrinales que le eran propios. Pero es de toda justicia subrayar la ascética objetividad con que relata los sucesos, sin hablar de sí mismo ni una sola vez ni aducir siquiera su nombre a propósito de las persecuciones de que fue objeto o de los acontecimientos a que estaban tan íntimamente ligado, como la Cuádruple Alianza o el *Estatuto Real.*

Son curiosas —a propósito de la política internacional que «conviene a España»— las palabras con que concluye su indispensable *Advertencia:* «Benevolencia con todas las naciones, amistad con algunas, intimidad con ninguna» [111].

## EL DUQUE DE RIVAS

A diferencia de otros autores románticos casi olvidados o muy poco atendidos hoy por la crítica, el duque de Rivas, Ángel de Saavedra y Ramírez de Baquedano, ha gozado siempre, en su tiempo y ahora, de general estima; la condición que se le atribuye de iniciador del romanticismo en nuestro país en un género tan popular como el teatro le ha beneficiado ostensiblemente. Otras muchas razones le han favorecido también, entre ellas su posición social y su actividad política, menos brillante pero también menos controvertida que la de Martínez de la Rosa. Su actitud dentro del romanticismo es asimismo, según observa Jorge Campos [112], más coherente y más amplia, y se dilata en un prolongado ocaso —único superviviente de todo el grupo de iniciadores— como indiscutido representante de una época.

---

Es evidente, como decimos arriba que el literato está en estas páginas al servicio del historiador y del político; Martínez de la Rosa consideraba todo esto demasiado serio para nutrirlo con estampas pintorescas, y quizá esta ausencia de vida explica que tales libros no alcanzaran la popularidad en un siglo empapado de costumbrismo. Pero, ¿podría decirse lo mismo con un criterio de hoy? He aquí el problema.

[111] Ed. Seco, cit., VIII, pág. 165.
[112] Introducción a la edición de *Obras Completas,* luego citada, pág. VII.

El duque de Rivas, que no lo hubiera sido por nacimiento, pues era segundón de la casa, nació en Córdoba el 10 de marzo de 1791 de muy aristocrática familia [113]. Desde niño fue colmado de honores —a los seis meses de edad le fue impuesta la cruz de Caballero de Justicia de la Orden de Malta; a los siete años se le concedió el despacho de capitán de caballería agregado al Regimiento del Infante; recibió el hábito de Santiago a los ocho—, que importan poco para el caso. Más interesante es recordar que tuvo desde muy niño preceptores franceses que, con su lengua, le enseñaron historia y geografía y le iniciaron en el dibujo, su segunda gran afición al lado de las letras. A los once años perdió a su padre, y el hermano mayor le sucedió en el título. El pequeño Ángel fue enviado al Seminario de Nobles, donde estudió desde 1802 hasta 1806 y en esta fecha se incorporó a la Guardia de Corps donde hizo amistad con otros jóvenes de aficiones literarias —el duque de Frías, Carnerero, Cristóbal de Beña—; en una revistilla juvenil, que editaban éstos junto con Luzuriaga y Capmany, publicó

[113] Para la vida del duque de Rivas cfr.: Nicomedes Pastor Díaz, «El Duque de Rivas (Ángel Saavedra)», en *Galería de hombres célebres contemporáneos*, tomo II, Madrid, 1843 (biografía compuesta a base de documentos y noticias facilitados por el propio autor). A Ferrer del Río, «Exmo. Sr. Duque de Rivas», en *Galería de la literatura española*, Madrid, 1846, págs. 97-109. Leopoldo Augusto de Cueto, *Discurso necrológico literario en elogio del Exmo. Sr. Duque de Rivas, Director de la Real Academia Española, leído en junta pública celebrada para honrar su memoria*, Madrid, 1866. Manuel Cañete, «El Duque de Rivas», en el tomo I de las *Obras de D. Manuel Cañete*, Madrid, 1884, págs. 1-148. Juan Valera, «Ángel de Saavedra, duque de Rivas», serie de artículos publicados en *El Ateneo*, Madrid, en 1888-1889; reproducidos en *Obras Completas* de D. Juan Valera, vol. II, ed. «Aguilar», 3.ª ed., Madrid, 1961, págs. 722-760. E. Allison Peers, *Ángel de Saavedra, duque de Rivas. A Critical Study*; constituye el vol. LVIII de *Revue Hispanique*, 1923, 600 páginas. Gabriel Boussagol, *Ángel de Saavedra, duc de Rivas. Sa vie, son œuvre poétique*, Toulouse, 1926. Nicolás González Ruiz, *El Duque de Rivas o la fuerza del sino. El hombre y su época*, 2.ª ed., Madrid, 1944. Jorge Campos, Introducción a la ed. de *Obras Completas*, luego cit. Luis López Anglada, *El duque de Rivas*, Madrid, 1971. Para algunos aspectos particulares, cfr.: A. K. Shields, «Slidell Mackenzie and the Return of Rivas to Madrid», en *Hispanic Review*, VII, 1939, págs. 145-150. José Simón Díaz, «El Duque de Rivas en el Seminario de Nobles de Madrid», en *Revista de Bibliotecas, Archivos y Museos*, LIII, 1948, págs. 645-652. Joaquín de Entrambasaguas, «Un momento de apuro del Duque de Rivas», en *Miscelánea erudita*, Primera Serie, Madrid, 1957. Margaret Williams, «Ángel de Saavedra's Dealings with the French Government», en *Bulletin of Hispanic Studies*, XXXVII, 1960, págs. 106-114. Geoffrey Ribbans, «El regreso de Ángel Saavedra de su destierro en 1834», en *Revista de Filología Española*, XLVII, 1964, págs. 421-427 (este artículo, que trata el mismo asunto que el de Shields, parece un plagio de éste; lo citamos tan sólo para curiosidad del lector). Luis Rosales, «Vida y andanzas del Duque de Rivas», en *Boletín de la Real Academia Española*, XLV, 1965, págs. 395-406. Sergio Fernández Larraín, «Algo del Duque de Rivas a través de un epistolario. En el primer centenario de su muerte: 1865-1965», en *Atenea*, 43, 1966, págs. 124-249. Para la bibliografía del duque, cfr.: Gabriel Boussagol, «Ángel de Saavedra, duc de Rivas. Essai de bibliographie critique», en *Bulletin Hispanique*, XXIX, 1927, págs. 5-98.

Saavedra sus primeros artículos y versos. Con la Guardia de Corps asistió a los sucesos de Aranjuez, y tras complicados accidentes se incorporó a las tropas que peleaban contra los franceses en la Guerra de la Independencia. Tomó parte en la batalla de Talavera y fue herido gravemente en Ontígola, hecho que recogió en su famoso romance «Con once heridas mortales...». En 1810 estaba en Cádiz al frente del Negociado de Topografía e Historia Militar, cargo para el que le capacitaban sus aptitudes literarias y pictóricas. Allí hizo amistad con el conde de Noroña, gobernador de la plaza, con Juan Nicasio Gallego, Arriaza, Quintana y Martínez de la Rosa.

Acabada la guerra se retiró por algún tiempo a Sevilla e hizo un viaje a París. Su amistad con Alcalá Galiano le arrastró a la política [114], y en 1821 fue elegido diputado por Córdoba. Al producirse la intervención de los Cien Mil Hijos de San Luis votó a favor de la incapacidad del rey y de su traslado a Cádiz, por lo que, al restablecerse el absolutismo, fue condenado a muerte y hubo de refugiarse en Gibraltar, de donde poco después partió para Inglaterra. Pero el clima inglés no le satisfacía, aparte la estrechez económica que padecía en el destierro. Su madre le gestionó del Nuncio en Madrid un pasaporte para Italia, tierra prohibida entonces para los emigrados españoles. El pasaporte exigía que había de abstenerse de todo trato con los ingleses mientras permaneciera en el país. De camino para Italia se detuvo unos meses en Gibraltar, donde casó con doña Encarnación Cueto y Ortega, hermana del marqués de Valmar, Leopoldo Cueto, pero, al desembarcar en Liorna, las autoridades pontificias rechazaron el documento y le impidieron entrar en los Estados de la Iglesia. No obstante, el cónsul inglés salvó la situación facilitándole un pasaporte y los medios para pasar a Malta. Saavedra tenía la intención de regresar a Londres, pero el agradable clima de la isla y la cordial acogida que encontró en las autoridades y otras personas, particularmente en John Hookham Frere, aficionadísimo a las letras españolas y antiguo ministro plenipotenciario de su país ante la Junta Central, le determinaron a establecerse en Malta, donde le nacieron tres hijos y permaneció hasta 1830 en que marchó a París [115].

---

[114] Allison Peers subraya (*Ángel de Saavedra...*, cit., pág. 41) que esta amistad con Galiano lo lanzó a la política «casi involuntariamente»; la política no era, en realidad, su *sino*, por decirlo con palabra que le hubiera sido grata. Años después, en una nota obituaria publicada en el *Museo Universal*, decía Bécquer que el duque «había nacido para poeta»; «como poeta pudo ser soldado, pero no hombre político» (cit. por Peers en ídem, íd., **pág. 98**).

[115] El gobierno reaccionario de Polignac le impidió residir en París, por lo que el duque tuvo que refugiarse en Orleáns. Falto de medios, hubo de mantenerse dando lecciones de pintura, pero tuvo la satisfacción de que el Museo de Orleáns adquiriese a buen precio uno de sus cuadros. Pocos meses más tarde, al producirse la Revolución de Julio, pudo trasladarse a la capital de Francia. Algunos de los retratos pintados por el duque fueron admitidos en la Exposición del Louvre de 1831, y se le incluyó en la Guía anual de los artistas residentes en París. Sobre la obra pictórica del duque

La muerte de Fernando VII le permitió regresar a España, donde al poco tiempo heredó el título de duque de Rivas por muerte de su hermano. Vuelto a la vida política, combatió a Mendizábal y formó parte del gobierno moderado de Istúriz, pero al ser derribado éste por el motín de La Granja, el duque hubo de salir nuevamente para el destierro; se refugió en Lisboa y se embarcó luego para Gibraltar, donde le ayudó el gobernador, Sir Alexander Woodford, amigo de los días de Malta. Allí permaneció un año, hasta que fue aprobada la Constitución de 1837, que juró, y con ello pudo regresar a su país. Fue elegido senador por Cádiz, pero hasta 1843 vivió con preferencia retirado en Sevilla, dedicado a su familia y a sus obras literarias. Después de haber sido declarada mayor de edad Isabel II, hecho en el que intervino el duque decisivamente, fue nombrado embajador ante la corte de Nápoles, donde se rodeó de un brillante círculo de artistas y escritores, pero en 1851 dimitió de su puesto y regresó a Madrid. En 1853 ingresó como miembro en la Real Academia de la Historia —de la de la Lengua lo era desde 1846—, y aunque pretendía abstenerse de los negocios públicos, ya que su vida como político había sido poco afortunada, todavía cayó en la tentación y aceptó el puesto de Jefe del Gobierno en los dramáticos días de julio de 1854. Su jefatura duró tan sólo cuarenta horas y concluyó con la llegada de Espartero. El duque de Rivas tuvo que refugiarse en la embajada francesa, pero a los pocos días se restableció la calma y pudo regresar a su casa.

En 1859, bajo el gobierno de Narváez, Rivas fue enviado como embajador a la corte de Napoleón III. Según recuerda Allison Peers [116], el duque había contraído grandes obligaciones con Francia en días menos felices y regresaba ahora convertido en una gran figura literaria y en una brillante personalidad política y social; la corte le dispensó sus favores y fue recibido en la intimidad de la familia imperial; le agasajaron las más nobles familias y la prensa elogió hasta sus obras menores; el emperador le concedió la Gran Cruz de la Legión de Honor. Pero en 1860 dimitió de su cargo porque su salud comenzaba a resentirse. En 1862, a la muerte de Martínez de la Rosa, fue elegido director de la Real Academia y al año siguiente se le nombró presidente del Consejo de Estado. Al dejar este puesto, doce meses más tarde, la reina le concedió el Collar del Toisón de Oro, pero el duque pudo ya apenas levantarse de la silla para recibir la condecoración. Tras unos pocos meses, que pasó atormentado por su enfermedad, murió en Madrid el 22 de junio de 1865.

---

cfr.: Amador de los Ríos, *Discurso en elogio del Exmo. Señor Duque de Rivas, Director que fue de la Real Academia de Nobles Artes de San Fernando, leído en junta pública el 20 de Mayo de 1866*, Madrid, 1866.

[116] *Ángel de Saavedra...*, cit., pág. 101.

El duque de Rivas comenzó a escribir muy tempranamente [117]. Algunas de sus poesías fueron compuestas en los primeros años de la guerra, otras en los días de Cádiz. En 1814 publicó en esta ciudad, aunque residía entonces en Sevilla, su primer volumen de versos: *Poesías de Don Ángel de Saavedra Ramírez de Baquedano*. Buena parte de ellas fue retirada de las ediciones posteriores porque su autor las tenía por obras de juventud desprovistas de mérito; pero importa tenerlas todas presentes porque nos permiten descubrir la trayectoria poética del duque. Contenía el volumen treinta breves composiciones calificadas por el autor de Cantilenas, Églogas, Epístolas, Letrillas, Romances, Odas y Sonetos, seguidas de un extenso poema, *El Paso Honroso*. Allison Peers ha puesto mucho interés en demostrar, contra la opinión más generalmente admitida, que el romanticismo del duque no nació en Malta bajo el influjo de sus amigos ingleses, sino que arranca de su peculiar personalidad y comienza ya a manifestarse desde sus versos más tempranos. A los quince años compone, en efecto, dos poemas que ponen esto de relieve; uno de ellos es el conocido romance, que, según Peers [118], es una profecía de *El Moro expósito*:

> *En una yegua tordilla*
> *que atrás deja el pensamiento,*
> *entra en Córdoba gallardo*
> *Atarfe el noble guerrero...* [119].

El segundo es una pastoral, que, con todas las huellas del género heredadas del siglo XVIII, muestra ya una riqueza de luz y de color, que ilumina a trechos su convencional frialdad:

> *Luz de esta ribera,*
> *graciosa zagala,*
> *más linda que el día,*
> *más bella que el alba...* [120].

Nosotros añadiríamos todavía, y no sería el único, el romance que comienza:

---

[117] La producción literaria del duque está reunida en *Obras Completas del duque de Rivas*, edición y prólogo de Jorge Campos, Biblioteca de Autores Españoles, tres vols., Madrid, 1957. Existe también otra edición de *Obras Completas*, «Aguilar», 2.ª ed., Madrid, 1956, con prólogo de Enrique Ruiz de la Serna; pero ni se indica quién es el responsable de la edición, ni la procedencia de los textos, ni se aduce bibliografía alguna, salvo las ocasionales notas del prologuista.

[118] *Ángel de Saavedra...*, cit., pág. 115.

[119] Ed. Campos, cit., I, pág. 33.

[120] Ídem, íd., pág. 34.

*Dime, Anarda, rigorosa,*
*si no quieres que te quieran,*
*¿por qué tan galana sales*
*a que los hombres te vean?* [121].

que nos trae el eco inconfundible de los romances de Lope.

Los poemas patrióticos que Saavedra compuso con ocasión de la guerra adoptan, por lo común, la disposición de la oda clásica, con su retórica y sus alusiones mitológicas. Pero a su lado queda también el conocidísimo romance, fechado en el hospital de Baeza en 1809 —«Con once heridas mortales / hecha pedazos la espada...» [122]—, prodigiosamente grácil y sencillo.

Si hasta 1814 —resume Peers [123]— Saavedra no sacude las trabas heredadas del siglo anterior, ofrece, en cambio, señales evidentes de una personalidad que lucha por expresarse a sí misma, y que sigue en aumento hasta que es arrastrada por la corriente general del romanticismo europeo; en la primera, y juvenil, colección de sus versos, están ya los gérmenes de *El Moro expósito*. Peers hace notar [124] que la temprana subjetividad de Saavedra adopta la forma narrativa con la que expresa sus personales observaciones sobre la vida, tal como él la ve, desbordando los moldes de la poética convencional con sus vagos lamentos. Peers destaca asimismo [125] las constantes imágenes de luz y de color que siembra el poeta, inspiradas por su gran afición a la pintura, y que se revelan desde los más juveniles poemas; el gran predominio que adquiere el color en sus obras de madurez puede ser rastreado desde sus primeros escritos, así como sus frecuentes contrastes de luz y oscuridad y las escenas de luna. Peers subraya también [126] el persistente regionalismo, que asoma siempre, hasta en ocasiones poco congruentes con la materia de que trata. A partir de 1819 aparece en los versos del duque una mujer llamada Olimpia, a la que dedica 18 composiciones, y que parece representar un amor real del poeta. Aunque al principio no se libera todavía de las heredadas expresiones formularias, pronto la pasión vivida enciende sus versos con más original individualidad, que deja atrás los convencionales poemas amorosos de la primera colección.

El volumen de 1814 se cerraba, como hemos dicho, con el largo poema *El Paso Honroso*, sobre la conocida empresa caballeresca de Suero de Quiñones, durante el reinado de Juan II de Castilla. Para la mayoría de los

---

121 Ídem, íd., pág. 10.
122 Ídem, íd., pág. 21.
123 *Ángel de Saavedra...*, cit., pág. 120.
124 Ídem, íd., pág. 121.
125 Ídem, íd., pág. 122.
126 Ídem, íd., pág. 128.

críticos, cuyas opiniones enumera Peers, el poema ofrece escaso interés; por lo común, insisten en el respeto del duque por «los preceptos y atildamientos convencionales de las *Poéticas*» y su larga deuda con viejos maestros, entre ellos Pedro de Espinosa, cuya *Fábula del Genil* es parafraseada por el duque en el sueño de su protagonista. Para Peers [127], *El Paso Honroso* no es una obra maestra pero sí una pieza muy importante para rastrear la evolución del joven romántico, habida cuenta que la compuso en 1812 cuando sólo contaba 21 años de edad y no había experimentado todavía en absoluto el influjo de los románticos europeos. Peers no puede negar la «intolerable abundancia» [128] de lugares comunes tomados de la guardarropía clásica; todos los dioses del Olimpo se pasean por el poema como en los mismos días de Homero. Pero a la vez, son abundantísimas las imágenes basadas en la directa observación de la naturaleza, las escenas de luna y, sobre todo, las notas de color tan peculiares en su obra, como hemos dicho. Aunque la acción tiene lugar en Galicia, la atmósfera es inequívocamente andaluza, y el lujo del *Paso* permite derrochar toda una brillante imaginería de esplendores de claro sabor oriental. Por todos estos rasgos, en *El Paso Honroso*, con cuantas imperfecciones se supongan, está ya en germen la futura obra del duque. No puede negarse que el poema en cuatro Cantos, con un total de 243 octavas, adolece de monotonía, nacida sin remedio de su propio asunto: se trataba de una sucesión de encuentros, todos iguales, o muy parecidos, que sólo una esforzada imaginación como la del duque podía sostener tan a lo largo.

Azorín, en su conocido estudio sobre Rivas [129], le reprocha la falta de verdadera acción en su obra: «El duque de Rivas —dice— es un artista que ve la vida en un solo plano, de un modo no evolutivo, no dinámico, sino estático. Todas sus obras son visiones de un solo momento, o bien series de momentos independientes. No hay movimiento en la concepción estética de Saavedra; cuando el poeta quiere darnos el movimiento, el encadenamiento de las cosas, la evolución de un hecho o de una vida, entonces fracasa; entonces se ve precisado —para formar la obra— a unir varias visiones sueltas y a ofrecernos una serie de momentos en que la solución de continuidad sea lo más breve posible, para que así tengamos la ilusión de la solidaridad y coherencia». El reproche, si es justo, nunca es tan aplicable como en *El Paso Honroso*; hay un movimiento constante, pero ninguna acción realmente progresiva; no podía ser de otra manera, y semejante condición deriva del asunto escogido: el poeta presenta y describe a cada uno de los numerosos caballeros de la contienda y relata luego

---

[127] Ídem, íd., pág. 136. Cfr., Nicholson B. Adams, «The Extent of the Duke of Rivas' Romanticism», en *Homenaje a Rodríguez-Moñino*, I, Madrid, 1966, págs. 1-7.

[128] *Ángel de Saavedra...*, cit., pág. 142.

[129] Azorín, *Rivas y Larra. Razón social del romanticismo en España*, Buenos Aires, 1947; la cita en pág. 16.

la marcha y resultado de cada combate. Por esta alternancia de planos puede decir Peers [130] que Rivas no había aprendido aún a combinar lo narrativo y lo descriptivo. Pero era muy difícil hacerlo en este caso. El fallo estaba sin duda en haber elegido un hecho de tan escasa variedad y en haberla descrito tan al detalle, con una paciencia bien poco romántica. No obstante, creemos que la juvenil imaginación del duque logra momentos —numerosos— de singular belleza en su retablo. Y el poema importa sobre todo para demostrar, según la tesis de Peers, que Rivas llevaba el romanticismo en la entraña, bastante antes de que el influjo europeo lo hiciera desarrollar y madurar [131].

---

[130] *Ángel de Saavedra...*, cit., pág. 144.

[131] Importa recordar que Valera, en su estudio citado sobre el duque, insiste en los mismos conceptos defendidos por Peers: «Jamás —escribe— hubo poeta más espontáneo que don Ángel. Es seguro que todas sus retóricas y poéticas, si las tuvo, se quedaron en el Seminario de Nobles, y no le sirvieron de estorbo ni necesitó encerrarlas con cien llaves para que no le atolondrasen con sus preceptos cuando se ponía él a versificar. Y es seguro también que don Ángel no supo, ni entonces, ni después, ni nunca, veinte versos franceses; pero en cambio si lo que han escrito en verso los españoles, desde el origen de la lengua, se hubiese perdido, él hubiera podido formar un precioso y rico florilegio con cuanto guardaba en la memoria. ¿Cómo tal poeta no había de ser español desde el principio? ¿Cómo imaginar, según imagina Cueto, que el inglés John Frere fue en Malta su *iniciador*? John Frere, que valía y sabía, hubo de aconsejarle y guiarle; pero de esto a *iniciarle*, a transformarle en otro hombre, media enorme distancia» (Valera, ed. cit., pág. 727). «Todo lo que don Ángel de Saavedra escribió a Olimpia —dice luego—, pudiera, pues, pasar por romántico, si no hubiera sido escrito en 1819 y 1820, antes que John Frere le *iniciara*» (ídem, íd., página 728). «Casi todos los críticos y biógrafos del duque de Rivas —comenta después—, preocupados aún por el triunfo del romanticismo y dándole más importancia de la que tuvo, encarecen, cuál más, cuál menos, la transformación que se realizó en el duque durante su estancia en Malta. Hoy, cuando ya el romanticismo ha pasado y cuando nadie divide a los escritores en clásicos y en románticos, bien podemos afirmar que no hubo tal transformación tampoco, sino el natural desenvolvimiento del espíritu del poeta, influido por los sucesos y circunstancias de su vida y por el movimiento general de la civilización europea. Menester es estar muy prevenido o desconocer al duque de Rivas para imaginar que hubo él de lanzarse en la corriente y dirección de dicho movimiento por lecciones y reflexiones del inglés John Frere, por el estudio de las obras críticas de Lessing y de ambos Schlegel y por la lectura de la poesía inglesa y alemana» (ídem, íd., págs. 733-734). Aludiendo a los influjos extranjeros, Valera, que conocía muy bien al duque, escribe: «Ni de poesía alemana ni de espíritu alemán se advierte la menor huella en todo cuanto el duque ha escrito y pensado». Y luego: «Yo doy por cierto que don Ángel de Saavedra nada supo jamás de los *laquistas*, y, excepto Byron, ni de nombre conocía a los que forman hoy grupo con él en el Templo de la Gloria, y hasta son tenidos por más sublimes líricos que él, como Keats y Shelley... Lo único que tal vez pudo contribuir algo a la inspiración de don Ángel fue Byron, a quien por su contraria índole no siguió nunca, y Walter Scott, aunque éste más por las novelas en prosa que por las leyendas en verso» (ídem, íd., pág. 734). Refiriéndose concretamente a *El Paso Honroso*, escribe: «El paso honroso es un poema romántico; todo lo romántico que, sin ser patibulario, pesimista y satánico, puede ser un poema» (ídem, íd., pág. 739). Boussagol sostiene que Valera hace todas estas afirmaciones por «chauvinismo» literario, pero cree a su vez que la evolución del duque se hubiera producido lo mismo si se hubiera quedado en Londres, donde el medio tenía que haber influido sobre él, como hizo sobre Galiano, cuyo influjo —dice— fue

A pesar, no obstante, de este romanticismo de fondo, el duque en su obra lírica nunca es capaz de dar el paso completo y decisivo, algo que sólo en la poesía épico-narrativa —y con *Don Álvaro* en el teatro— tenía que lograr. Peers admite[132] que las últimas odas escritas poco antes de la emigración son intolerablemente artificiales; los versos compuestos durante la década de su destierro apenas suponen un avance sobre *El Paso Honroso*, y resulta difícil admitir que estaba escribiendo *El Moro expósito* por los mismos años. La emoción de los sucesos que estaba viviendo y, en consecuencia, la nota personal son más intensos, los metros se hacen a veces más ligeros, pero los poemas siguen llenos de alusiones clásicas y de frases convencionales. En el mar, camino de Inglaterra, compuso el poema *El desterrado*, impregnado de ardiente patriotismo y de vivencias íntimas. En algunos pasajes la frase, directa y sencilla, está cargada de emoción; pero el cliché clásico, estereotipado, reaparece constantemente. En Londres, también en 1824, compuso *El sueño del proscrito*, que Ochoa consideró lleno «de espíritu innovador y revolucionario», «primero y feliz ensayo romántico»[133]. Peers admite[134] que es uno de sus poemas más conmovedores y subjetivos, casi doloroso en su intensidad; pero rechaza las tajantes afirmaciones de Ochoa por estimar que todavía hay en el poema demasiadas abstracciones y sobrada retórica[135]. También durante el viaje compuso *A las estrellas*, que Peers no comenta. Es un poema en estrofas

---

más radical y decisivo que el de Frere; a pesar de lo cual —añade— la amistad de Frere contribuyó a nutrir una inspiración orientada ya en dicho sentido (*Angel de Saavedra, duc de Rivas*, cit...., pág. 125). Sobre la calidad literaria de *El Paso Honroso* tiene Valera palabras elogiosas, muy por encima de la opinión común, y lo coloca en mérito a continuación de *El Moro expósito* y de los *Romances*, por encima, pues, de las restantes obras narrativas: «Hay, sin duda —dice—, un escollo en el asunto de *El paso honroso*, en que es fácil dar al tratarle; pero el poeta, a mi ver, le evita. Hablo de lo monótono de tanto combate singular, de tantas y tantas lanzas rotas. El poeta ha sabido dar idea de los muchos combates que hubo, sin contarlos todos; ha mostrado fecundo ingenio al prestar variedad a los que cuenta; y se ha esmerado, con fortuna, en diferenciar las fisonomías, carácter y demás prendas de los varios caballeros mantenedores y conquistadores. En la descripción de los caballos, arneses, empresas, armas, penachos y galas, despliega rica imaginación y singular maestría. El poema está lleno, además, de lindísimos episodios, muy pertinentes, bastante rápidos para que no estorben el curso de la acción principal, y ricos, no obstante, en pormenores y sucesos que hacen más sabrosa y apacible la lectura» (ídem, íd., pág. 740). Cfr., Isidoro Montiel, «Ossian en la poesía del Duque de Rivas», en *Romance Notes*, X, 1968, págs. 59-67. Montiel llega a la conclusión de que el influjo de Ossian en la obra de Rivas es muy limitado; parece que debe hablarse más bien de simple conocimiento del poeta escocés que de auténtico influjo.

[132] *Angel de Saavedra...*, cit., pág. 146.
[133] Cit. por Peers en ídem, íd., págs. 151 y 50.
[134] Ídem, íd., pág. 50.
[135] Ídem, íd., pág. 51.

sáfico-adónicas, sin rima; el molde, pues, es clásico, pero sin clichés de ningún género. Creemos que es una excelente composición, quizá de las mejores del duque, clásica tan sólo por la sencilla naturalidad y la expresión contenida y sincera, honda y delicada.

La más generalmente estimada composición del duque es *El faro de Malta*, inspirada por la llegada a la isla en medio de una tempestad. El faro es presentado como la luz que permitió acabar la travesía y que se yergue en todo momento para orientar al viajero y ofrecer refugio al desterrado. El faro simboliza además la hospitalidad que el poeta encontró en la isla y concentra para él todo su agradecimiento. El poema, escrito en las mismas estrofas que *A las estrellas*, concluye, en giro inesperado, con el recuerdo de su ciudad natal y de una luz pareja, por la que únicamente trocara el autor la paz y la seguridad que simboliza el faro:

> *Jamás te olvidaré, jamás... Tan sólo*
> *trocara tu esplendor, sin olvidarlo,*
> *rey de la noche, y de tu excelsa cumbre*
> *la benéfica llama,*
> *por la llama y los fúlgidos destellos*
> *que lanza, reflejando al sol naciente,*
> *el Arcángel dorado que corona*
> *de Córdoba la torre* [136].

Al llegar a Marsella, tras su estancia en Malta, compuso el duque *La sombra del trovador*, poema extenso y de indudable mérito. El poeta evoca la Provenza medieval, cuando los trovadores difundían por toda Europa su lírica de amor, y ve surgir la sombra de los más famosos; uno de ellos entona entonces un canto a la amada muerta. El poema adopta hasta este momento la forma de una silva; sigue luego la canción del trovador en romance, para volver a la silva en una estrofa final. Con la nostalgia de lo entrevisto, el poeta desata su melancolía de desterrado y concluye románticamente con una dolorida lamentación:

> *Alcéme en llanto y en dolor deshecho*
> *y dejé el campo aquel, harto seguro*
> *de cuanto visto y escuchado había.*
> *Pues la carrera de mis males larga*
> *y mi destino duro*
> *me han enseñado en experiencia amarga,*
> *que ilusiones son siempre y vano sueño*
> *las escenas que ve mi fantasía*

---

[136] Ed. Campos, cit., I, págs. 503-505. Cfr., Joaquín Casalduero, «El destierro vivificador del estro poético: *El Faro de Malta*», en *Estudios de Literatura Española*, 3.ª ed., Madrid, 1973, págs. 186-194.

*de gozo y de alegría,*
*de dulce dicha y de placer risueño;*
*mas que siempre son ciertas las de llanto,*
*de luto y muerte, y de dolor y espanto* [137].

Del mismo año (1830) es otra composición en quintillas, *Un gran tormento*, en la que el poeta se duele de un gran amor no correspondido. El tema es trivial y algunos versos son flojos, pero el tono general del poema es desgarradoramente sincero y conmovedor en su desnudez. Peers supone que Rivas rememora el desdén de una mujer de su juventud, pero la pasión parece demasiado intensa para suponerla tan distante.

De 1833 es el poema *El otoño*, escrito en la misma forma métrica que *A las estrellas* y *El faro de Malta*. Es otra composición amargamente pesimista sobre el declinar de la vida, tema que el duque tenía que repetir después; aquí se expresa en bien cuidados versos y con una amargura refrenada, que encaja exactamente en la gravedad del molde métrico.

### COMPOSICIONES POSTERIORES

La lírica compuesta desde el regreso a la patria no alcanza ya los mejores momentos de la escrita durante el destierro. Peers divide toda esta producción en dos períodos: el de Sevilla y el de Nápoles. Del primero cabe destacar, junto a *La catedral de Sevilla*, largo poema enfático y pretencioso, *La cancela*, deliciosa composición en quintillas que sería mucho mejor si la facilidad del duque se hubiera refrenado y la hubiera reducido a la mitad, y *A un arroyo*, en décimas, sobre el mismo tema pesimista de la brevedad de la vida. Quizá valga la pena mencionar dos composiciones de tema político: *La asonada* y el soneto *Un buen consejo*, en las que el duque muestra su desengaño de liberal pacífico ante las fuerzas desatadas de la demagogia callejera.

De sus composiciones de Nápoles, aunque buena parte de ellas es de circunstancias, merecen recordarse *A Don José Zorrilla*, *La aparición de la Mergelina* y sobre todo *Fantasía nocturna*, en cuartetos, dedicada a Juan Nicasio Gallego. Buena parte de la actividad poética del duque en esta época la constituyen las Epístolas, dirigidas a diversos amigos, pero sobre todo a su cuñado, el marqués de Valmar. El duque gustaba hasta con exceso de este género, que se le daba con facilidad y ejercitaba con gracia, aunque de hecho cuente poco para la verdadera poesía. Muy importante, sin embargo, es la persistencia, cada día más acentuada, del tema del desengaño al que dedica varias composiciones, de las cuales la más notable es

---

[137] Ed. Campos, cit., I, pág. 509.

*La vejez*. Peers comenta que el pesimismo del duque no tiene el contenido filosófico y trascendental de los grandes pesimistas que nutrió el romanticismo europeo. El desengaño del duque es más concreto y personal, más subjetivo; se lo produce la proximidad de la vejez, con sus privaciones, sus dolores y la muerte final. Claro que éstas son razones básicas para fundar todo pesimismo, pero el duque las formula en términos de muy inmediata y material realidad que recortan su vuelo, aunque quizá, en compensación, resulten más persuasivas y eficaces.

LA POESÍA NARRATIVA

Aunque en la lírica del duque puedan seleccionarse, como hemos visto, suficientes composiciones de notable calidad, su veta más firme y personal la constituye la poesía narrativa. En los parágrafos anteriores hemos hablado de *El Paso Honroso*, quizá fuera de lugar por no pertenecer propiamente a dicho apartado, pero casi necesariamente para aludir al básico romanticismo del escritor, visible ya en este juvenil poema épico. En Londres, durante el destierro, comenzó otro largo poema narrativo, *Florinda*. Consta de cinco cantos en octavas. Los dos primeros los escribió en Londres, el tercero lo concluyó en Gibraltar y los dos últimos en Malta. Peers afirma rotundamente [138] que *Florinda* proporciona la más firme evidencia de que el duque no recibió en Malta sus primeras lecciones de romanticismo, y subraya que son precisamente los dos últimos cantos del poema los menos románticos, los que contienen mayor número de alusiones clásicas. El duque parece que no tenía por *Florinda* mayor estima que por sus obras líricas juveniles, y lo publicó en 1834 como apéndice de *El Moro expósito*, tan sólo —según declara en una nota preliminar— para complacer a sus amigos los editores, ya que había sido compuesto antes de recibir el influjo que había hecho madurar su obra. Peers justifica esta aparente contradicción diciendo que, cuando el duque redactó esta nota, estaba en el momento de su mayor exaltación huguesca, y que nada que no fuera «a lo Hugo» le parecía estimable; pero la posterior inclusión del poema en la edición de 1854 revela la verdadera opinión del autor.

El poema, como declara su nombre, consiste en el legendario relato de los amores de don Rodrigo y de Florinda, la Cava, con todas las circunstancias que acarrearon la invasión de los musulmanes. A diferencia de la monótona sucesión de combatientes de *El Paso Honroso*, *Florinda* posee una acción dramática cargada de emoción y de interés, vivida por personajes de tensa vitalidad y aureolados por el prestigio de la historia y de la

---

[138] *Ángel de Saavedra...*, cit., pág. 186.

leyenda. Peers subraya [139] en el poema dos elementos típicamente románticos, que aparecen por vez primera en la obra del duque: el del horror y el del misterio, totalmente ausente en *El Paso Honroso*, y que tan gran papel tenían que jugar en *El Moro expósito* y en el *Don Alvaro*. Y algo más, sobre todo: la insistencia en *la fuerza del sino*, que bajo la forma del hado o revestida de más cristianas denominaciones gravita todo a lo largo de la obra. Añádase la casi total desaparición de las citas clásicas y el intenso *sabor nacional* de todo el poema; finalmente, la peculiar abundancia de imágenes de luz y de color, que hemos señalado a propósito de su lírica.

En conjunto puede, pues, afirmarse que *Florinda* representa un decidido avance del duque en el camino del romanticismo. Quizá tiene razón Valera al afirmar que el duque no consiguió escribir la gran obra que se había propuesto: «Tuvo intención el poeta de escribir una epopeya nacional —dice—, y le salió una novela trágica de amores» [140]. Pero Peers, menos atento a esta supuesta intención fallida y particularmente interesado en los valores absolutos del poema, puede hacer suya la sentencia de Cañete: «Dicha obra es el punto donde comienzan a confundirse o entremezclarse los antiguos principios que fueron norma del poeta, con las nuevas doctrinas llamadas a regenerarlo» [141].

«EL MORO EXPÓSITO»

A los críticos ha preocupado en gran manera determinar la naturaleza, el *género*, digamos, a que pertenece *El Moro expósito*, largo poema a que, en tan gran medida, está vinculada la fama del duque como poeta romántico. Piñeyro lo califica de «leyenda novelesca» [142], y Menéndez Pidal afirma igualmente que «tiene más de leyenda novelesca que de poema épico»; «la acción —añade— no avanza hacia su fin por el camino derecho, sino que procura envolverse en rodeos misteriosos, atenta a despertar el interés; la narración desaparece frecuentemente para dejar lugar a largas pinturas de tipos, caracteres o paisajes, para hacer el análisis de los pensamientos y afectos, para intercalar reflexiones de toda clase, o para dirigir el poeta

---

[139] Ídem, íd., pág. 189.

[140] Estudio cit., pág. 742. Valera, sin embargo, no subestima el poema, como quizá podría sospecharse por las palabras citadas; le concede gran mérito, pero lo valora en otro sentido. Líneas más arriba, escribe: «Don Rodrigo no es el *injusto forzador* de la oda de fray Luis de León, sino un amante tierno y correspondido. Florinda le adora, y sólo el ultrajado honor de don Julián, sin desagravio posible, ya que don Rodrigo estaba casado, tiene la culpa principal de todo mal suceso. Lo que importa, pues, y conmueve más es la suerte de los dos amantes. Así el poema viene a ser, más que poema, leyenda o cuento, en verso, de amores desdichados, y la enamorada Florinda nos enternece y nos inspira más simpática compasión al perder a su regio amante que toda España al caer en poder de los muslimes».

[141] Cit. por Peers, en *Ángel de Saavedra...*, cit., pág. 198.

[142] Enrique Piñeyro, *El romanticismo en España*, Nueva York, 1936, pág. 67.

la palabra a sus amigos de Malta» [143]. Cañete lo definió como «leyenda épica» [144], y Valera dijo de *El Moro expósito* que era «el más homérico de todos nuestros poemas, y acertó, tratando asunto de tan remotas edades, a poner en él aquel naturalismo sano y sincero, primera e imprescindible calidad de toda poesía excelente» [145]. Peers admite que las numerosas digresiones, la unidad del plan y su base de realidad declaran su carácter épico, pero añade por otra parte que, a pesar de sus muchas semejanzas con la poesía épica, la visión de conjunto no lo es: le falta —dice [146]— la solemnidad, la sencillez y la grandeza de los auténticos poemas épicos como el *Cid*, el *Roland* o el *Beowulf*, y acepta el hecho, declarado por todos los críticos, de que *El Moro expósito* introduce un género nuevo en nuestra literatura, sin precedentes, como afirma Valera, ni tampoco continuadores. En lo que todos están consensos es en que representa la verdadera iniciación del romanticismo en nuestras letras, anticipándose al propio *Don Álvaro;* Alcalá Galiano lo afirmaba así categóricamente en el prólogo que escribió para su edición, y Menéndez Pidal escribe: «Fue además la primera y gran victoria obtenida en nuestro suelo por el romanticismo» [147]. Alcalá Galiano resume los principales rasgos que definen el poema como romántico: el asunto está tomado de la historia española y de la Edad Media; la versificación es típicamente nacional; abunda en color local; no hay alusiones clásicas; se combina lo elevado con lo bajo, lo sublime con lo ridículo, es decir, se sigue el principio proclamado por el romanticismo de «seguir la naturaleza»; se desprecian las reglas tradicionales para la composición, y en su lugar se adoptan principios nuevos; se plega el estilo al argumento y a las personas que intervienen; se multiplican las notas de color; se describe lo que realmente sucedió o pudo, al menos, haber sucedido; se reproducen las costumbres peculiares; se mantiene el realismo hasta en los pasajes de mayor idealización; se sigue la inspiración e impulsos personales. Allison Peers, en unas oportunas tablas [148], confronta estos principios con pasajes de famosos textos franceses definidores del romanticismo —de Hugo, de Chateaubriand, de Vigny, de Stendhal— para subrayar el efectivo carácter romántico del poema del duque.

Peers recuerda, sin embargo, que algunos críticos coetáneos —y menciona dos artículos aparecidos en 1834 en la *Revista Española*— echaron de menos en *El Moro expósito* algunos caracteres que se asociaban entonces con el romanticismo genuino: «el rasgo metafísico, los conceptos nebu-

---

[143] Ramón Menéndez Pidal, *La leyenda de los Infantes de Lara*, Madrid, 1896, página 163.
[144] Cit. por Peers en *Ángel de Saavedra...*, cit., pág. 212.
[145] Estudio cit., pág. 758.
[146] *Ángel de Saavedra...*, cit., pág. 213.
[147] *La leyenda de los Infantes de Lara*, cit., pág. 161.
[148] *Ángel de Saavedra...*, cit., págs. 216-220.

losos y las pinturas fantásticas». Pero en estas palabras precisamente encuentra Peers la clave de la peculiar importancia del poema para la historia del romanticismo español, es decir, la creación de un tipo nacional de romanticismo, según el mismo crítico citado acababa por reconocer: «Creemos —dice éste— que el autor no es un reflejo exacto de los románticos ingleses, alemanes ni franceses; pero pensamos, sí, que naturaliza el género, en cuanto el influjo de sus buenos estudios primitivos se lo permite, dándole una fisonomía española» [149].

*El Moro expósito* refiere en sustancia la famosa leyenda de los siete Infantes de Lara, aunque con abundantes variaciones, que imaginó o combinó el duque. Muy resumido el argumento es como sigue. Valiéndose de intrigas con la corte musulmana, el castellano Rui Velázquez hace que Giafar encarcele en Córdoba a su rival Gonzalo Gustios y aprese y mate a sus siete hijos. Durante el encierro Gustios tiene amores con Zahira, hermana de Almanzor, de los que nace un hijo, Mudarra, al que Zahira hace educar por el noble y viejo ayo Zaide. Mudarra se enamora apasionadamente de Kerima, hija de Giafar, pero éste se opone al matrimonio porque el joven es protegido por su rival Almanzor y se ignora su verdadero origen, ocultado por Zahira. Giafar tiende asechanzas a Mudarra y éste le mata sin conocer su identidad. Cuando Mudarra cuenta a Zaide lo sucedido, éste le revela el misterio de su nacimiento, y al ser encontrado el cadáver de Giafar, Mudarra escribe una carta a Kerima de confesión y despedida. Gonzalo Gustios, viejo y ciego, es rescatado de su prisión, después de veinte años, por su amigo Nuño, que lo lleva a Burgos, a su viejo palacio casi en ruinas, a donde a poco llega Mudarra con el propósito de vengarle. Mudarra desafía a Rui Velázquez, pero éste rechaza el desafío bajo el pretexto del origen de Mudarra. El bastardo es legitimado y se celebra al fin el desafío a pesar de las dilaciones que Velázquez interpone. Mudarra lo mata cortándole la cabeza con la cimitarra de Almanzor. Entretanto ha llegado Kerima a la corte castellana; los dos amantes son bautizados y se prepara su matrimonio, pero en el mismo altar Kerima retrocede alegando que no puede casar con el matador de su padre.

Sugiere Peers [150] que pueden establecerse tres partes en el poema. La primera concluye con el Canto III, después que Zaide explica su origen a

---

[149] Cit. por Peers en ídem, íd., pág. 221. Véase del propio Allison Peers «The *Moro expósito* and Spanish Romanticism», en *Studies in Philology*, XIX, 1922, págs. 308-316. Peers estudia con detención y cita extensamente los dos artículos mencionados y hace hincapié en el aspecto más importante, destacado a su vez por el articulista, que es la diversidad con que el romanticismo se presenta en los varios países, hasta el punto de que esta diversidad constituye su característica: «Reinando tanta variedad —dice el articulista—, casi deberá calificarse de romántico todo lo que no se someta a los preceptos de Horacio y de Boileau, o que no se arregle a los modelos que nos han transmitido los autores reconocidos por eminentemente clásicos» (pág. 309).

[150] *Ángel de Saavedra...*, cit., pág. 227.

Mudarra. La segunda termina con el Canto VII y comprende la llegada a Burgos de Gustios y de su hijo, la restauración de los derechos del primero, el encuentro con los viejos amigos, etc. Se trata, en realidad, de la preparación para el segundo gran momento del drama, la venganza final, que llena la tercera parte, hasta el fin del Canto XI. El Canto XII representa un apéndice, que refiere el frustrado matrimonio de Mudarra.

Este desenlace tan imprevisto, que no se justifica ni prepara en ningún momento del poema, ha provocado comentarios adversos de casi todos los críticos; el de Azorín podría resumirlos todos: «Saavedra —dice— nos ha estado hablando durante todo el larguísimo poema de los amores tiernos, trágicos, de una linda moza y un apuesto galán; y luego, cuando después de tanto dolor y de tanta lamentable peripecia van a casarse, la novia grita como una loca y se niega a casarse. Y el autor hace una pirueta y termina su obra de un modo jovial y grotesco» [151]. Peers examina las distintas explicaciones aducidas y trata de ver si el carácter de Kerima, según se ha definido en el poema, justifica su inesperada resolución. Al fin, no encuentra motivo razonable y sugiere que semejante desenlace sólo pudo deberse a la «romántica pasión por la sorpresa» [152]. El casamiento final pudo parecerle al duque demasiado vulgar, y lo aparentemente antirromántico podía ser paradójicamente romántico por lo súbito e imprevisible.

Para componer su poema el duque extrajo materiales de la *Historia de España*, del padre Mariana; de la *Crónica General de España*, de Ambrosio de Morales; de la *Historia Genealógica de la casa de Lara*, de Luis de Salazar y Castro, de la comedia de Matos Fragoso *El Traidor contra su sangre y siete infantes de Lara*, basada a su vez en la *Gran Tragedia de los siete infantes de Lara*, de Alfonso Hurtado Velarde, de un par de romances de Lorenzo de Sepúlveda, y de la comedia de Lope *El Bastardo Mudarra*. Allison Peers estudia además en un largo capítulo el posible influjo de las novelas de Walter Scott sobre *El Moro expósito*. Walter Scott se hallaba entonces en la cima de su popularidad, y el duque, según propio testimonio, leía y admiraba sus novelas. Peers señala evidentes huellas de *Ivanhoe;* algunos personajes incluso, como Kerima, parecen inspirados en otras obras del novelista inglés, y numerosas situaciones a lo largo de todo el poema, como, por ejemplo, en las escenas del desafío entre Mudarra y Rui Velázquez. Subraya Peers algunos puntos de contacto con diversas novelas de Scott, como *El Pirata*, *El talismán* y *Guy Mannering*.

Por su parte, el duque introdujo notables modificaciones en el argumento original, dado que no estaba escribiendo una historia, sino un poema épico, cualquiera que sea la propiedad con que se le aplique este nombre, y le añadió episodios completos de su invención, particularmente

---

[151] *Rivas y Larra...*, cit., pág. 82.
[152] *Ángel de Saavedra...*, cit., pág. 236.

en las digresiones del poema, como el relato que hace Nuño de sus viajes por Egipto y Palestina, o la descripción del palacio de Lara a su regreso a Burgos. Capital novedad es la introducción de Zaide, que actúa como narrador de importantes sucesos, y sobre todo la de Kerima.

Menéndez Pidal señala [153] que al duque le merecieron poca atención los episodios tradicionales de la leyenda y que escogió el epílogo de ella como centro de su ficción, dejando reducido todo lo demás a dos narraciones secundarias, que pone en boca de Zaide y de Bustos; Mudarra es el héroe del nuevo poema. Por otra parte —añade Menéndez Pidal— Mudarra «no es ya aquel mozo corpudo y grande de miembros, todo fuerza y destreza, impetuoso y atolondrado, que no sabe cómo desechar la molesta idea de su bastardía, sino hendiendo el cráneo al que osa recordársela. Es ahora un mancebo imaginativo y sentimental, en quien los misterios que envuelven su nacimiento, engendran una continua melancolía que roe su corazón juvenil» [154], es decir: Mudarra ha sido convertido en un héroe romántico.

Peers, por su parte, razona los motivos que pudieron mover al duque a modificar el enfoque de la leyenda tradicional y a convertir a Mudarra en el centro y héroe del poema. La muerte de los infantes de Lara sucede antes del nacimiento de Mudarra. Con esto, las dos partes básicas del drama estaban separadas por un intervalo de años, y de haber seguido el orden cronológico de los sucesos, quedaba un amplio hueco que restaba unidad y continuidad al poema. El duque, pues, incorporó la muerte de los infantes dentro de la narración de Zaide y centró en Mudarra toda la acción, tomándola desde su niñez en la corte de Córdoba; la estrecha relación que tiene la vida de Mudarra con los hechos básicos de la leyenda y el modo cómo es dirigida y condicionada por éstos, permitía llevar a cabo con éxito el plan del duque.

Como dijimos a propósito de la más temprana lírica de Rivas, las notas de color constituyen el más peculiar carácter del poema, sólo que mucho más intenso y magnificado todavía, como que corresponde a la plenitud de su trayectoria creadora. Peers comenta [155] que más aún que de color debe hablarse de *luz;* innumerables imágenes y epítetos de *El Moro expósito* están expresados en términos de luz, y los abundantes ejemplos con que Peers demuestra su afirmación compondrían una preciosa antología de este carácter.

Conviene no olvidar el subtítulo del poema: *Córdoba y Burgos en el siglo décimo.* La contraposición entre dos civilizaciones y dos ciudades le permite a Rivas acentuar el contraste de color y desarrollar, como advierte Peers [156], la romántica práctica de la antítesis. El duque, tan enamorado

---

[153] *La leyenda de los Infantes de Lara,* cit., pág. 163.
[154] Ídem, íd.
[155] *Ángel de Saavedra...,* cit., pág. 305.
[156] Ídem, íd., pág. 320.

de su tierra, describe sus bellezas naturales con las más brillantes imágenes, que encienden aún más su nostalgia de desterrado. Igualmente esplendorosas son las descripciones de la corte árabe con sus jardines, sus fiestas, sus torneos. Por el contrario, Burgos es presentada como la antítesis del sur andaluz, con su cielo sombrío, sus tétricos palacios, sus crudos inviernos, sus ignorantes y pobres campesinos, su elemental cultura. Menéndez Pidal opina [157] que, bajo el aspecto de la verdad histórica, la segunda parte de *El Moro expósito*, la localizada en Castilla, es mucho menos convincente que la primera; parece que el duque carecía de fuentes que le guiasen en sus descripciones de Burgos. Así, cae en graves errores sobre el nombre de los condes y en no pocos detalles de ambientación. Pero quizá sea excesivo pedir cuentas a un poeta de estos deslices; como concede Peers [158], era muy propio de su época sacrificar la verdad histórica al placer de la antítesis.

En su mencionado prólogo a la obra, Alcalá Galiano pone de relieve los abundantes rasgos realistas, que considera peculiares del romanticismo español. El duque mezcla, en efecto, frecuentemente lo real, lo cómico y lo grotesco, el estilo llano con brillantes metáforas, imágenes triviales con otras nobles, pinturas de la vida real con otras ideales; combinación y variedad que Alcalá Galiano justifica, románticamente, con la consabida apelación a la Naturaleza, que combina lo serio y tierno con lo ridículo y extravagante. El duque hace también frecuente empleo de escenas de horror y crudezas de detalle, a veces casi repulsivas.

La dualidad de culturas retratadas en el poema da ocasión a un conflicto de ideas y de sentimientos bajo el punto de vista religioso, que una vez más permite al duque ejercitar su gusto por el contraste. Los personajes del mundo musulmán apelan al Destino, a la fuerza del hado, y así lo hace también Mudarra hasta el momento de su huida. Zaide, por el contrario, como sabio filósofo, trata de educar al muchacho en un concepto del mundo regido por la Providencia, criterio que predomina, lógicamente, en la mentalidad cristiana de Castilla. Subraya Peers [159] que, al referirse a ésta, el duque hace numerosas referencias a las prácticas religiosas pero muy pocas a sus dogmas, y llama la atención sobre los muchos personajes que revelan un inequívoco anticlericalismo del autor: casi todos los clé-

---

[157] *La leyenda de los Infantes de Lara*, cit., pág. 169. Valera, por el contrario, omitiendo detalles de erudición, pensaba que era más apropiada la ambientación conseguida por el duque al describir la parte castellana: «En las escenas que pasan en Córdoba —dice—, hay extraordinaria riqueza de colorido, pero tal vez algo de convencional y fantástico. Cuanto pasa en Castilla está mejor conocido y penetrado. Se diría que el poeta, aunque no era anticuario y paciente erudito, descubre por intuición y con prodigiosa segunda vista el despertar de aquella briosa y dura civilización cristianoespañola, que más tarde ha de dominar el mundo» (estudio cit., pág. 750).

[158] *Ángel de Saavedra...*, cit., pág. 326.

[159] Ídem, íd., pág. 346.

rigos que aparecen en la segunda parte del poema, son objeto de sus sátiras y presentados con los más desfavorables colores. El autor, no obstante, se justifica con una nota de dudosa sinceridad, afirmando que no pretende satirizar al estado monástico, sino pintar las costumbres del siglo X, «presentar a los monjes según eran generalmente en aquellos tiempos de tinieblas y de confusión» [160].

La caracterización en *El Moro expósito* es inequívocamente elemental. Pero el duque de Rivas no era un psicólogo, sino un poeta-pintor. Los personajes son claramente definidos de una vez, y desde ese momento sabemos lo que son y lo que puede esperarse de ellos en cada circunstancia. Lo pintoresco domina por entero. Los personajes son *héroes* o *villanos*, y los adjetivos que los definen son gráficos y precisos: Almanzor es «glorioso», «insigne», «grande», «generoso»; Zaide es «noble»; Giafar «feroz», «terrible», «fanático», «hipócrita astuto», «tirano»; Velázquez es «pérfido». Tan rotundas y definitivas caracterizaciones permiten al duque enfrentar, diríamos, masas rotundas de color humano y seguir practicando su peculiar afición a los contrastes. Kerima, a pesar de la importancia de su papel, es un personaje borroso, de escasa individualidad; parece existir tan sólo como objeto del amor de Mudarra. Justamente esta falta de carácter, no desarrollado a lo largo de la obra, es lo que hace más sorprendente la súbita, y heroica, decisión de no casar con Mudarra, con que concluye el poema. Mudarra, claro está, es el personaje trazado con mayor detalle. Ya ha quedado dicho cómo Rivas convierte al bárbaro mozo de las fuentes medievales en un héroe romántico, impresionable y soñador, embargado de melancolía por el misterio de su origen, sensible a los encantos de la naturaleza. No obstante, y sin perder sus rasgos esenciales, desde que asume la misión de vengar a su padre, adquiere una mayor complejidad y fuerza, que enriquece y afianza su carácter.

### LOS «ROMANCES HISTÓRICOS»

Estima Allison Peers que mucho más que el *Don Álvaro*, tan famoso, son los *Romances históricos* los que representan el punto más alto de los logros de Rivas y su mejor y más característica aportación al romanticismo español. Como, según el parecer del crítico inglés, lo más peculiar de nuestro romanticismo es el retorno al pasado, lo más fecundo de la obra del duque es el haber restablecido en toda su importancia el género del romance. Tres etapas pueden distinguirse en la carrera romántica de Rivas: el romanticismo inicial de *El Paso Honroso*, de *Florinda* y de sus primeras composiciones líricas; el ya completo, pero menos ruidoso y visible,

---

[160] Ed. Campos, cit., I, págs. 246-248, nota 1.

de *El Moro expósito;* y el triunfante del *Don Álvaro* que, menos estrepitoso pero más firme y seguro, se manifiesta en los *Romances.*

El verso narrativo era el más apropiado para las condiciones naturales del talento del duque. Su más acusada debilidad —afirma Peers [161]— era la construcción argumental y el desarrollo de caracteres; ya conocemos su tendencia instintiva hacia el cuadro independiente. Pero la poesía narrativa no poseía las exigencias de construcción del drama ni divisiones fijas, podía ser alargada o comprimida a voluntad, no pedía fronteras de tiempo ni de espacio, permitía mezclar todos los tonos alternando lo cómico y lo grave, se escribía para la lectura y no para la representación, y la imaginación podía ser estimulada por las descripciones, comentarios o cualesquiera otros recursos del poeta. Por otra parte, su afición al color, que apenas podía manifestarse en las obras dramáticas, encontraba en los romances campo abierto para todas las variaciones, al servicio de un relato desceñido y suelto, en que cabía adoptar todos los andantes.

Parece, sin embargo, que la gama colorista de los romances ha bajado de tono, es más sombría, más grave; al poeta le preocupa ahora la creación de una atmósfera peculiar en donde enmarcar su relato, y su arte adquiere un carácter más refinado y sutil. Algo tiene que ver con ello la intensificación, si no la aparición, de un rasgo de Rivas: el cultivo de lo grotesco y lo horrible, de las escenas de misterio y de terror; apenas hay romance sin una escena al menos de esta especie.

Los *Romances históricos,* que fueron publicados por primera vez en 1841, pertenecen a distintas épocas de nuestra historia; ninguno va más allá del siglo XIV, y los más corresponden a los reinados de Pedro el Cruel, Juan II, los Reyes Católicos, Carlos I y Felipe II. Uno de ellos pertenece a la Guerra de la Independencia y otro es casi contemporáneo. A temas de la Edad Media pertenecen los tres dedicados a Pedro el Cruel: *Una antigualla de Sevilla,* que refiere una de las arbitrarias resoluciones del monarca después de haber cometido por propia mano un asesinato; *El Alcázar de Sevilla,* que relata la muerte de su hermano Fadrique, por orden suya, dentro de los muros del palacio; y *El fratricidio,* narración de la tragedia de Montiel. En ninguno de los tres existe el propósito de reivindicar o poetizar al monarca, sino que se le muestra tal como la historia o la leyenda nos lo han descrito; en realidad, puede decirse que lo que atrae al poeta en estos tres sucesos es la violencia y horror dramáticos de todos ellos, de acuerdo con la tendencia que arriba señalamos. También a la Edad Media pertenece el romance *Don Álvaro de Luna,* que describe las últimas horas y el suplicio del famoso privado de Juan II.

---

[161] *Ángel de Saavedra...,* cit., pág. 484.

A las guerras de Italia durante los años del rey Católico y del Emperador pertenecen *Un embajador español*, sobre la embajada de don Antonio de Fonseca ante Carlos VIII; *La muerte de un caballero*, sobre la muerte de Boyardo a mano de los soldados de Pescara, que dejan de perseguir a los vencidos para honrar al cadáver del héroe francés; *Amor, honor y valor*, anécdota de un caballero que, antes de entrar en batalla, hace que el capellán del ejército le case con su amante y legitime a sus dos hijos; y *La victoria de Pavía*, que refiere el famoso triunfo español y la prisión de Francisco I.

A la corte de los Austrias corresponde *El solemne desengaño*, sobre la conversión del duque de Gandía al contemplar el cadáver corrompido de la emperatriz Isabel (la macabra descripción del romance final, en que no se perdonan los más repugnantes detalles, podría ejemplificar esa complacencia en lo horrible a que venimos refiriéndonos); *Un castellano leal*, quizá el más popular de la colección, también probablemente el más ceñido y mejor, relata la caballeresca resolución del conde de Benavente, que incendia su palacio de Toledo después que, por orden del Emperador, ha vivido en él unos días el duque de Borbón, traidor a su rey y a su país; *Una noche de Madrid en 1578* trata sobre las pretensiones amorosas de Felipe II hacia la princesa de Éboli, y el asesinato de Escobedo; *El conde de Villamediana* refiere las fiestas cortesanas durante el reinado de Felipe IV y el misterioso asesinato del conde después del conocido episodio de su «son mis amores reales».

A los héroes del Descubrimiento pertenecen dos romances: *Recuerdos de un gran hombre*, en que se evocan las desventuras de Colón hasta el momento en que pisa tierra americana, y *La buenaventura*, sobre Cortés, del que refiere un lance amoroso que le obliga a embarcar para las Indias, y la buenaventura de una gitana que le anuncia su futura grandeza.

A la Guerra de la Independencia dedicó Rivas el romance *Bailén*. La colección contiene tres romances de tipo novelesco. *La vuelta deseada* refiere el drama de un desterrado que regresa a su patria en el momento del entierro de su amada y se suicida luego arrojándose al Guadalquivir. *El sombrero* es otra tragedia de desterrado, que al volver por su amada desde Gibraltar perece en una tormenta; la mujer que le espera, conoce lo sucedido por el sombrero que devuelven las olas, y ella misma es arrastrada por la tempestad al mar. *El cuento de un veterano* es un relato truculento: para vengar a su hermana burlada, una monja atrae a su celda a un galán, le hace cargar y enterrar el cadáver de su propio burlador, que tiene allí escondido, y lo envenena a su vez ofreciéndole un refrigerio.

Con excepción, podemos decir, de estos tres romances novelescos, la colección del duque de Rivas es, según Peers define [162], la obra de un pa-

---

[162] Ídem, íd., pág. 489.

triota. El rey don Pedro, como dijimos, no es reivindicado de su sombría fama, y Felipe II queda muy mal parado en su aventura con la de Éboli y en sus tratos con Pérez y Escobedo. Pero el duque exalta apasionadamente las glorias de su país, siempre que el caso lo permite: sus soldados, sus conquistadores, sus hidalgos, sus magnates, son todos hombres de honor, de fortaleza, de valor incontenible. Los mismos sucesos que escoge, el nacionalismo que los circunda, el calor lírico con que el poeta los presenta, el metro del romance tradicional, hacen de los del duque una brillante exhibición de romántico patriotismo.

El duque antepuso a su colección un extenso prólogo en el que hace una fervorosa apología del romance. Bajo el punto de vista científico, estas páginas del duque no pueden ser tenidas en cuenta. Sus ideas sobre el origen y desarrollo del género carecen de exactitud y de rigor, en realidad no alcanzados todavía en este punto por la erudición coetánea, pero que tampoco al duque parecen atormentarle demasiado. No obstante, con todas sus inexactitudes e imprecisiones de detalle, dicho prólogo es de gran importancia en la historia de nuestra poesía. Precisamente por el mucho uso del romance hasta en las más vulgares y ramplonas manifestaciones de la literatura de cordel, había podido parecer en los mismos días de Rivas que se trataba de un género ínfimo, apeado de su antigua dignidad. En su *Arte de hablar en prosa y verso*, había dicho Hermosilla que el romance «aunque venga a escribirle el mismo Apolo, no le puede quitar ni la medida, ni el corte, ni el ritmo, ni el aire, ni el sonsonete de jácara». El duque, que cita estas palabras, pasa revista a continuación a toda la poesía nacional que se expresó en romance, desde los primeros de la Edad Media hasta los más recientes de Meléndez Valdés, pasando por todos los grandes líricos y dramaturgos del Siglo de Oro, que escribieron en este metro. El duque sostiene que es perfectamente adecuado para plegarse a todos los matices y a todos los asuntos: «Si todos los metros —dice— se prestan más o menos a todos los géneros de poesía, y en todos ellos pueden expresar felizmente sus ideas y sus afectos los verdaderos poetas, porque saben darles el tono, el giro y la armonía más conveniente a la expresión de sus pensamientos y de sus pasiones, el romance octosilábico castellano es acaso la combinación métrica que, obteniendo la primacía para la poesía histórica, como la más apta para la narración y la descripción, se presta más naturalmente a todo género de asuntos, a toda especie de composiciones. Su facilidad aparente, esa facilidad misma que le echan en cara los que creen que la poesía consiste en vencer dificultades de rima y de versificación, le da una elasticidad suma y es, sin disputa, uno de sus mayores méritos; y si se examina esa facilidad, se hallará acaso en ella un peligrosísimo escollo para el poeta. La variación de sus giros y de sus cortes (pues los que le niegan este dote no han leído los hermosos romances que Calderón introduce en sus comedias, y en que, con efectos sorprendentes, los ha versificado hasta lo infinito) hacen al romance el metro más a propósito para el cambio de tono y para la variación de colorido. Y hasta la armonía del asonante, que en una composición larga puede, de cuando en cuando, variarse sin la menor dificultad y que es tan exclusivamente española, tan grata a los oídos españoles, tan varia y de suyo tan dulce y tan poco fatigosa, hace del romance castellano el instrumento más a propósito para todo género de asuntos. Y su rapidez misma, ¿no está indicando que es el verso octosílabo el más adecuado para expresar los grandes pensamientos filosóficos, las sentencias profundas y la sencillez y viveza de los afectos?» [163].

Menciona el duque los esfuerzos que algunos poetas realizaron durante el siglo XVIII para levantar el prestigio del romance, pero con poco éxito; al fin, parece que esta tarea está reservada a los románticos. El duque confiesa que con dicho propósito ha compuesto los romances de su colección, para atraer hacia el género la atención de los poetas jóvenes. En esta llamada hacia el futuro reside precisamente la importancia de estas vibrantes y entusiastas páginas [164].

### LAS LEYENDAS

En 1854 y bajo el título de *Leyendas* publicó el duque una colección con tres largos poemas narrativos: *La azucena milagrosa, Maldonado* y *El aniversario*. Dice Peers [165] que estos tres poemas pueden considerarse como representativos del arte no dramático de Rivas en su última época, puesto que ya nada escribió desde aquella fecha hasta su muerte, con excepción de unas pocas y breves composiciones líricas. Ochoa, que prologó la edición, pondera el vigor juvenil que demostraba el duque en estas obras de su edad madura: «La imaginación del Duque —escribe— tiene siempre veinte años: la misma savia circula hoy por sus versos, y con el mismo vigor que hace cincuenta años; el invierno de su vida es una feracísima primavera» [166].

Las dos primeras leyendas, en particular, pueden estimarse, en efecto, como de lo más conseguido en la obra poética del duque. Peers asiente al parecer de Ochoa, que compartieron también diversos críticos de su época, como Cueto, Gil y Carrasco, y Cañete, y afirma que poseen mucha más inspiración, belleza y gracia poética que sus obras tempranas, incluido el mismo *Moro expósito*. La denominación de *leyendas* puede explicarse por la intervención de lo maravilloso y sobrenatural, aunque su definición precisa

---

[163] Ed. Campos, cit., III, págs. 397-398.

[164] Además de la edición de Campos, cfr., para los *Romances*, la de Cipriano Rivas Cherif en «Clásicos Castellanos», vols. 9 y 12, Madrid, 1911 y 1912 (varias reimpresiones).

[165] *Ángel de Saavedra...*, cit., pág. 511.

[166] Cit. por Peers en ídem, íd., pág. 513.

es problemática; el duque había calificado de *leyenda* a *El Moro expósito*, y tituló *romances* a cada una de sus partes, aunque no lo eran por su metro.

Es curioso que el duque, después de su brillante panegírico del romance en el prólogo de su colección y del éxito conseguido con ella, no conservara íntegramente este metro en las tres *Leyendas*, siéndoles tan adecuado, y volviera en muy gran medida a los metros largos de sus anteriores composiciones épicas. Una gran parte de *La azucena milagrosa* está compuesta en octavas reales, en cuartetas y en cuartetos de siete y once sílabas, una buena porción lo está en romance heroico y otra en tercetos endecasílabos; los fragmentos escritos en romance octosílabo son los menos. Pero, a costa de esta *traición* al romance tradicional, *La azucena milagrosa* exhibe una *romántica* variedad de metros que la hacen característica en este aspecto, ya que además de los mencionados hay redondillas, quintetos, quintillas, sextinas, octavas y octavillas italianas, silvas, etc.

En *Maldonado*, en cambio, el empleo del octosílabo es casi total, con excepción de la primera parte, en romance heroico, y el episodio del desafío en octavas reales. Una gran parte de esta leyenda la componen escenas dialogadas, animadísimas, para las cuales se sirve el autor de redondillas. En *El aniversario*, mucho más breve, alterna también el romance con los metros largos, aunque la variedad de éstos es mucho menor.

*La azucena milagrosa* recoge el viejo tema del marido que asesina a su mujer porque un rival desdeñado le persuade de que es infiel. Pero el tema inicial se complica con todo lo imaginable. El marido, Nuño Garcerán, que había tomado parte en la conquista de Granada —objeto de larga descripción en el poema—, va luego a América, en cuya conquista participa durante más de treinta años; a su regreso encuentra en Sevilla la calavera del traidor, que le confiesa la verdad. En su desesperación le socorre una mujer que se descubre como el hermano de su mujer asesinada, y le encarga que haga penitencia en las montañas de León hasta que vea surgir una flor milagrosa: es la *azucena* con la cual Garcerán, limpio de su delito, sube al cielo. Las bellezas sembradas a lo largo del poema son muy numerosas y la imaginación del duque no conoce límite, en efecto. Pero creemos que hay excesivas cosas, hay demasiado *sobrenatural*, y la leyenda se dilata imprudentemente poniendo a prueba la paciencia del lector; el duque, sin duda alguna, escribía versos con una encantadora facilidad, que era su mayor riesgo; todo se amplifica, todo desborda. Rivas —ya lo hemos dicho— era un romántico sin prisa. Pero si hubiera tenido que decir lo mismo ciñéndose a la mitad, es muy posible que le hubiera costado doble tiempo; parece que aquí se repite la famosa «boutade» de aquel secretario, que escribió un informe demasiado largo porque no le dieron tiempo para escribir menos. Despojada de todo lo accesorio, con todas las bellezas que se quiera —conquista de Granada, conquistas de América, desahogo lírico en loor de Sevilla—, *La azucena milagrosa*, convertida en un *romance* como los de su famosa colección, quizá hubiera estado más en su punto.

Contra la opinión de Peers [167], creemos que *Maldonado* es mucho mejor, precisamente porque *casi* es un romance *de los del duque;* y las mencionadas escenas dialogadas son preciosas, justamente porque captan ambientes populares y de majeza, que recuerdan la famosa escena del aguaducho del *Don Álvaro.* Su asunto consiste en el desafío celebrado en París entre un noble español, Pérez de Aldana, y el duque de Normandía que le había ofendido.

*El aniversario* es la más floja de las tres leyendas. Badajoz celebraba anualmente la reconquista de la ciudad por Alfonso VII. Un año, arrastrada la ciudad a una lucha de partidos, provocada por un conflicto de amores, deja de acudir a la fiesta religiosa, pero, en lugar de los vivos, los esqueletos de los viejos conquistadores llenan la iglesia para celebrar el aniversario.

Subraya Peers [168] que en estos tres poemas se acentúan los dos sentimientos que habían inspirado toda la obra del duque: el patriotismo y la religión. Pero esta última más que en creencias íntimas parece moverse aquí —sobre todo en la primera y tercera leyenda— por razones de misterio y de escenografía; no era el duque un temperamento religioso [169].

## LA OBRA DRAMÁTICA: PRIMERAS PRODUCCIONES

El duque de Rivas se sintió arrastrado por la pasión del teatro desde sus más tempranos años. Hacia fines de 1814 compuso una tragedia en cinco actos, *Ataúlfo*, que fue prohibida por la censura, quizá, como sugiere Boussagol [170], para no dar ejemplo a los eventuales regicidas. Pero el original de esta obra, así como la siguiente, *Doña Blanca*, de 1815, se ha perdido [171]. Su primera tragedia estrenada fue *Aliatar* (1816), representada en Cádiz con notable éxito, según parece; es una historia de moros y cristianos, que el autor a fuerza de coincidencias e inverosimilitudes, consigue encerrar en una armadura de unidades clásicas. Dice Boussagol [172] que las

---

[167] Idem, íd., pág. 515.

[168] Idem, íd., pág. 516.

[169] Cfr., Vaclav Cerny, «Quelques remarques sur les sentiments religieux chez Rivas et Espronceda», en *Bulletin Hispanique*, XXXVI, 1934, págs. 71-87. Sobre las ideas religiosas del duque, véase también Boussagol, *Angel de Saavedra, duc de Rivas...*, cit., págs. 358-361.

[170] *Angel de Saavedra, duc de Rivas...*, cit., pág. 164.

[171] No obstante, Boussagol en su *Essai de bibliographie*, cit., menciona, entre los manuscritos consultados por él en poder de los herederos del duque, un fragmento de la tragedia *Ataúlfo*, «deux actes de cette tragédie, qui n'a jamais été imprimée» (pág. 9).

[172] *Angel de Saavedra, duc de Rivas...*, cit., pág. 166.

fuentes de esta tragedia son oscuras, pero sus modelos son los trágicos franceses y las imitaciones hechas por los españoles durante el siglo XVIII y comienzos del XIX.

En 1817 escribió Rivas *El Duque de Aquitania*, inspirada en el *Orestes*, aunque no precisamente en el original de Eurípides, sino en la versión de Alfieri, popularísimo por entonces en nuestro país. Refiere cómo Reynal, heredero del ducado de Aquitania, expulsado del trono por el usurpador Gudon, recobra su puesto. Nuevamente la acción es comprimida en el espacio de unas pocas horas. *Malek-Adhel*, escrita al año siguiente, es otra tragedia en cinco actos, inspirada, según confesión del propio autor en una advertencia preliminar, en la novela *Mathilde*, de Madame Cottin [173]. La acción corresponde a la época de las Cruzadas y refiere el frustrado matrimonio de la princesa Matilde, hermana de Ricardo Corazón de León, con el sarraceno Malek-Adhel, hermano de Saladino. Una junta de prelados discute la conveniencia del matrimonio, al que se opone el arzobispo Guillermo, a menos que Malek se convierta al cristianismo en el plazo de tres días. Al fin Malek es asesinado por Guido de Lusignan, a quien Ricardo había prometido su hermana. El hecho de que la tragedia del duque deba la totalidad del argumento a Madame Cottin le resta importancia, sin duda; pero, con todo, quizá no merezca completo olvido. En *Malek-Adhel* se dramatiza un conflicto entre el amor y la religión de manera profunda y convincente, un conflicto que no había perdido su vigencia ni en los días del duque, ni mucho después: díganlo las novelas de Galdós. La lucha desgarrada que viven entre el deber y la pasión lo mismo Matilde que Malek, desde puntos opuestos, está expresada en la obra con fuerza y verdad, en ceñidas y patéticas escenas. La misma actitud del arzobispo no puede mirarse como una cerrada intransigencia, sino como algo fatal que dimanaba de su propia condición, dentro de la cual hubiera sido inconcebible de otro modo. El drama es profundo y está bien construido, aunque la tiranía de las unidades —«la acción empieza al amanecer y concluye a medianoche», dice la primera acotación [174]— fuerce la marcha de los acontecimientos. Es evidente que el duque, en estas primeras tragedias, no pensaba todavía en un teatro de tema nacional, como hacía ya en su poesía. Pero su fondo romántico apuntaba ya. El acto quinto presagia la más romántica escenografía, hábilmente dispuesta para provocar intensos efectos: «el teatro —dice la acotación [175]— representa una magnífica capilla sepulcral, adornada de despojos militares y alumbrada con una lámpara, y en medio del foro debe levantarse un magnífico sepulcro lleno de trofeos».

---

[173] Cfr., Nicholson B. Adams, «A Note on Mme. Cottin and the Duke of Rivas», en *Hispanic Review*, XV, 1947, págs. 218-221.

[174] Ed. Campos, cit., II, pág. 59.

[175] Ídem, íd., pág. 81.

La obra siguiente del duque, aunque vaciada dentro del mismo molde clásico y compuesta en el mismo estilo que las anteriores, fue ya una tragedia española, *Lanuza*, escrita en 1823. Peers, que tiene un pobre concepto de la obra, recuerda que el propio duque, también quizá por concederle escaso valor, no la incluyó en su edición de 1854, y sólo su hijo le dio cabida en la de 1894. Es innegable que *Lanuza* contenía una intención política dirigida a las circunstancias que vivía el país; Lanuza simboliza el liberalismo contra la tiranía del Deseado; Felipe II es la sombra pretérita de Fernando VII. Se comprende la popularidad de que gozó la obra en 1823 y de nuevo en 1836; el éxito de Madrid se repitió en todas partes: «En todos los teatros de provincia —dice Ferrer del Río [176]— *Lanuza* vino a ser la función de moda»; se explica, pues, igualmente que con tan claras apelaciones a la libertad, la edición fuera recogida por las autoridades al restaurarse el absolutismo. Habría, en consecuencia, que repetir aquí lo que dijimos a propósito de *La viuda de Padilla*, de Martínez de la Rosa: el deseo de aprovechar la tragedia del Justicia de Aragón para fines políticos inmediatos conduce al autor a falsear en buena parte los hechos históricos y a presentar al protagonista con rasgos de heroísmo que, sin duda, no tuvo en realidad. Pero esto nada importa para la calidad de la obra, entendida como creación literaria. No compartimos, en absoluto, los juicios negativos de Peers; la tragedia nos parece perfectamente construida, con ejemplar sobriedad de medios y situaciones muy bien seleccionadas para recoger adecuadamente los puntos esenciales del drama. Peers asegura que Lanuza insiste demasiado en su amor por el país y sus antiguos y sacrosantos fueros; pero es lo que tiene que hacer, pues por eso combate y por eso sucumbe al cabo. Podrá objetarse que su decisión, ni por un segundo debilitada, de morir en defensa de la libertad le convierte en hombre de una pieza, de convencional caracterización; pero héroes así los ha dado la historia en muchas ocasiones y el Lanuza del duque era de esta madera [177].

---

[176] Cit. por Peers en *Ángel de Saavedra...*, cit., pág. 200, nota 1.

[177] En rotundo contraste con el escaso interés que, por lo común, le ha dedicado la crítica, merece destacarse el elogioso juicio de Navas Ruiz sobre *Lanuza*. Navas, que recoge abundantes datos sobre la suerte de la obra y diversas opiniones contemporáneas y posteriores, expone la suya en estos términos: «*Lanuza* no es un mero panfleto. Rivas ha conseguido con ella su mejor tragedia clásica por la robustez de su verso, el entusiasmo de sus ideas liberales y el interés de los conflictos humanos. Elevándose sobre las posibles motivaciones concretas, pretende mostrar la maldad intrínseca de la tiranía, cuyo resultado no es otro que la degeneración sistemática de las instituciones, de las clases sociales y de los individuos. Frente a ella se afirma como ideal la libertad, base de la dignidad del hombre y único pilar sobre el que cabe edificar el poder y la convivencia auténticos. No estaba en lo cierto Pecchio al condenar al Duque por haber escogido un héroe que fracasaba en su lucha por la libertad. Aparte de que en las tragedias los buenos suelen ser derrotados, Rivas no quería mostrar el triunfo de la libertad, sino su necesidad. En cierto modo, la derrota y la muerte de Lanuza son el símbolo del destino histórico del liberalismo español». Y después de justificar las aludidas inexactitudes históricas, añade: «Pero, además de política e historia, hay en

El problema, una vez más, tratándose de una tragedia clásica, consistía en encajar las cosas en un tiempo limitado —«la acción empieza al amanecer y acaba al ponerse el sol»[178]—, pero el duque escoge hábilmente el momento de la crisis, y la acumulación de acontecimientos no parece inverosímil; tan sólo la ejecución del Justicia resulta un poco apresurada, pero tampoco se le ve matar y puede suponerse una conveniente dilación. Dudamos, pues, de que el duque no incluyera el *Lanuza* en su edición de *Obras Completas* por razones literarias, y las suponemos más bien políticas: la exaltada pasión liberal que le movió a escribirla en 1823 era entonces un recuerdo casi penoso para el duque maduro, conservador acomodado y feliz, que no deseaba alborotar al pueblo; recuérdense las dos composiciones, *La asonada* y *Un buen consejo*, a que arriba hemos aludido.

En 1827 compuso el duque otra tragedia *nacional*, *Arias Gonzalo*, que no fue representada ni editada en vida del autor; la incluyó su hijo en la edición de 1894 acompañada de un elogioso comentario. La obra dramatiza los momentos en que Bellido Dolfos asesina ante los muros de Zamora al rey don Sancho; Arias Gonzalo es el viejo consejero de la infanta doña Urraca, padre de tres hijos que mueren en el desafío exigido por el castellano Diego Ordóñez para vengar la muerte de su rey; el menor, Gonzalo, enamorado de la infanta y amado por ella, muere el último, pero después de haber vencido a Ordóñez.

De nuevo Peers subestima la tragedia del duque: personajes y situaciones le parecen débiles y faltos de consistencia y de interés. Pero de nuevo, también, disentimos en este punto del famoso crítico. Supone, a nuestro juicio, un gran acierto de construcción haber situado el asesinato del rey —que no tiene lugar, naturalmente en el escenario, sino fuera de él, ante los muros de Zamora— en el centro cronológico de la obra; la acción que ve el espectador transcurre unas horas antes y unas horas después del regicidio, con lo cual las unidades pueden cumplirse a rajatabla —«la acción empieza a media mañana y concluye antes de anochecer»[179]— sin

---

*Lanuza* conflictos humanos enraizados en aquéllas, pero que las trascienden a nivel de lo permanente y universal. Destaca, en primer lugar, el desgarramiento del joven e infortunado Lanuza entre su deber de defender los fueros aragoneses frente a Felipe II y su amor por una mujer, hija precisamente de su enemigo, el general Vargas, que cerca a Zaragoza. El compromiso político podría darle la mujer y salvar su responsabilidad; pero su entereza y dignidad quedarían rotas para siempre. El héroe escoge el deber, que le lleva al cadalso en los años dorados de su juventud. Es de notar luego el conflicto del propio Vargas dividido entre sus afectos de padre y su fidelidad a un tirano. El trágico desenlace le enseñará el premio terrible de servir a los tiranos y cómo a veces la desobediencia civil está justificada. El final de *Lanuza* es sin duda alguna altamente trágico y ejemplar. Y sobresale, por fin, la defensa que todo un pueblo hace de su libertad frente a enemigos externos e internos» (Introducción a su edición de *Don Álvaro o la fuerza del sino*, luego citada, págs. XVI-XVII y XVIII).

[178] Ed. Campos, cit., II, pág. 89.
[179] Ídem, íd., pág. 123.

que se estrangulen ni amontonen caprichosamente los sucesos. Los dos actos primeros presentan el problema esencial con la situación de la ciudad sitiada, se definen los personajes y se declaran su mutuo amor Urraca y Gonzalo. Durante el acto tercero se produce el asesinato —que en la obra del duque lleva a cabo Bellido Dolfos por propia y personal iniciativa— y asistimos a la reacción que el hecho provoca en todos ellos; en el acto cuarto tiene lugar el altanero reto de Ordóñez y la decisión de los tres hijos de Arias para aceptarlo; en el acto quinto se suceden las muertes de los tres a manos de Ordóñez con el vencimiento final de éste y la libertad de Zamora.

Allison Peers le reconoce por lo menos a *Arias Gonzalo* una característica de capital importancia, que difícilmente podría escapar a cualquier lector, aunque quizá no insiste el crítico lo suficiente en este punto. *Arias Gonzalo*, aunque se ofrece dentro del molde de la tragedia clásica, es ya casi un drama romántico, preludio inmediato del *Don Álvaro*. El amador de doña Urraca es un enamorado sentimental, soñador y desesperado, que sufre por una pasión imposible, que desea la muerte como único remedio y que se declara al fin con las frases más exaltadas cuando el amor correspondido le decide a ello. Al mismo tiempo, la actitud de Arias Gonzalo y de sus hijos, sus declaraciones de lealtad, su fervorosa adhesión a la infanta, su código de honor insistentemente afirmado, son de la más entonada veta caballeresca, y el drama romántico más genuino no podría rechazarlos. *Arias Gonzalo* está a medio camino entre la tragedia clásica y el drama romántico que iba a florecer muy pronto, pero mirando hacia adelante y no hacia atrás, como subraya el propio Peers [180].

El período clasicista del duque se cierra con una comedia, *Tanto vales cuanto tienes*, en tres actos desmesuradamente largos. Por el asunto podría ser una comedia moratiniana: una marquesa tronada se opone al matrimonio de su hija para casarla con un viejo hermano que regresa rico de América. Toda la familia se deshace en mieles, dispuesta a chupar de la fortuna del indiano, pero éste ha perdido su dinero en el camino y la familia le echa de casa tan pronto conoce la noticia. Como la fortuna está asegurada y el indiano la recupera, la familia cambia de nuevo de actitud, pero el indiano, después de afearles su conducta, dota espléndidamente a la niña para que case con su amado, y se va. El asunto es harto trillado, pero el duque le da de su cosecha mucho movimiento y variedad de situaciones cómicas, de no escasa gracia, aunque en un tono de farsa demasiado des-

---

[180] *Ángel de Saavedra...*, cit., pág. 205. También Boussagol señala la nueva dirección artística del *Arias Gonzalo* y su raíz en el fondo épico nacional, idéntica a la mostrada en el poema *Florinda* (*Ángel de Saavedra, duc de Rivas...*, cit., págs. 202 y 210). Cfr., Francisco Miquel Rosell, «Valores clásicos y románticos en el Teatro del Duque de Rivas», en *Boletín de la Biblioteca Menéndez Pelayo*, X, 1928, págs. 338-363.

coyuntada a veces, por lo que más que de comedia moratiniana se trata de un juguete cómico en el camino de Bretón de los Herreros. El estricto respeto a las unidades —la acción de los tres actos se sucede sin interrupción— fuerza los acontecimientos precipitándolos en demasía. Con sus fallos, y con sus excesos sobre todo, *Tanto vales cuanto tienes* muestra, no obstante, en el duque una singular disposición para la comicidad y el enredo, que no haría sospechar la gravedad de las tragedias anteriores.

«DON ÁLVARO O LA FUERZA DEL SINO»

La última comedia mencionada fue compuesta en Malta en 1827; la obra dramática que le siguió fue el *Don Álvaro*, cuya especial significación como introductor del Romanticismo en nuestra escena es uno de los grandes tópicos de nuestra historia literaria.

Los problemas en torno al *Don Álvaro* comienzan con su misma génesis. Una primera versión, en prosa, fue compuesta en Tours, en 1832, cuando el duque se refugió en esta ciudad huyendo del cólera que había estallado en París. Alcalá Galiano refiere de este modo el germen de la idea: «Nos hallábamos Saavedra y yo en el extranjero en la época del pleno Romanticismo y se le ocurrió a D. Ángel escribir un drama arreglado a aquel patrón. / Pues nada más fácil, le repliqué; recuerde usted algunos de los cuentos que allá en su niñez debió oír en Córdoba, y cualquiera de ellos tiene miga para una composición dramática. / Relató Saavedra una historia... y otra... y otra tercera, en la cual salió a relucir el *Indiano*... / ¡Basta! No siga usted más. Ese cuento, bien arreglado, será de gran efecto teatral. Manos a la obra».

Según la versión que creemos más fidedigna, escrito el drama, Alcalá Galiano lo tradujo al francés y se lo entregó a Próspero Mérimée para que gestionara su representación en el teatro parisino de la Porte Saint-Martin. Mérimée entretuvo a sus dos amigos españoles [181] durante varios meses con vagas esperanzas, que no tuvieron efecto. Acabó el destierro, regresó el duque a su país y el drama fue olvidado. Un día, en el Congreso, el conde de Toreno le preguntó a Rivas por aquel drama de que había oído hablar: «Lo quemé», respondió el duque; —«Deberías ponerlo en verso, porque debes tener el argumento en la cabeza y no sería malo»—. Rivas lo hizo

---

[181] Para las relaciones entre el duque de Rivas y Mérimée, cfr., M. Núñez de Arenas, «El duque de Rivas, protegido por Mérimée (según documentos inéditos)», en *Revista de Filología Española*, XV, 1928, págs. 388-397. Se trata en este artículo de la ayuda prestada al duque por Mérimée, que ocupaba entonces un importante cargo público en el Ministerio del Interior, en relación con el subsidio que aquél recibía del Gobierno francés y de sus traslados de residencia.

en quince días y lo estrenó en el Teatro del Príncipe el 22 de marzo de 1835.

Todo este anecdotario es importante porque afecta a una posible acusación de plagio, largamente discutida. Thebussem afirmó en el *Diario de Cádiz* [182] que el *Don Álvaro* no fue traducido al francés por Galiano, sino por el propio Mérimée, y que fue efectivamente representado en el teatro de la Porte Saint-Martin. Pero se trata de aseveraciones absolutamente inaceptables: cuando a fines de 1835 publicó el duque la obra, la dedicó a Galiano refiriéndose en una nota preliminar a los hechos que hemos referido, afirmando expresamente que fue Galiano quien puso la obra en francés, que no se estrenó en París por haber concluido antes su destierro, y que la había escrito nuevamente en España, versificándola en gran parte. En agosto de 1834, Próspero Mérimée comenzó a publicar en la *Revue des Deux Mondes* una novela titulada *Les Âmes du Purgatoire*, que guarda bastantes puntos de contacto con el *Don Álvaro*. Como éste fue compuesto, en su forma definitiva, un año después de aquella publicación, se ha considerado a la novela francesa como fuente directa del drama español, y hasta de haberla plagiado en muchos puntos. La cuestión es compleja; pero dando como seguro que Mérimée tuvo en sus manos la primera versión del duque, pudo muy bien ser él quien tomase de aquélla los elementos que le apetecieron; por otra parte, no puede rechazarse en absoluto que el duque se dejase influir a su vez en algún detalle por la versión novelesca de Mérimée. El litigio sólo podría ser resuelto a la vista de la primera redacción del *Don Álvaro*, que hasta el presente es desconocida.

No obstante, aun aceptando como posible la mutua influencia, tenemos por indefendible que fuese Mérimée quien diera primero con el asunto del *Don Álvaro*. Claro que no poseemos la *evidencia* que sólo el original de la versión primera podría proporcionarnos; pero si el drama fue compuesto antes que la novela francesa y Mérimée lo tuvo en su poder, el problema parece quedar bastante claro. Y la existencia de la primera versión no creemos que pueda ponerse en duda; en la mencionada dedicatoria del *Don Álvaro* lo afirma el duque terminantemente, y es absurdo pensar que dijese mentira en un escrito público, que podía ser desmentido de haber existido pruebas. Dice así: «Al señor don Antonio Alcalá Galiano, etc. Como memoria de otro tiempo menos feliz, pero más tranquilo, dedico a usted este drama, que vio nacer en las orillas de La Loira, cuando los recuerdos del Guadalquivir, de las costumbres de nuestra patria y de los rancios cuentos y leyendas que nos adormecieron y nos desvelaron en la infancia tenían para nosotros el mágico prestigio que dan a tales cosas la proscripción y el destierro. En esta obra impresa reconocerá usted la misma que con tanta inteligencia y mejoras puso en francés para que se representara en los

---

[182] Cit. por Peers en *Ángel de Saavedra...*, cit., pág. 66, nota 2.

teatros de París. No se verificó esto, como usted sabe, por las inesperadas circunstancias que dieron fin a nuestra expatriación. Y ahora la presento en los de Madrid con algunas variaciones esenciales y engalanada con varios trozos de poesía. El público decidirá, pues, si el trabajo que me ocupó tan agradablemente en las horas amargas de pobreza y de insignificancia, si los lances que, pensados, leídos y repetidos por los alrededores de Tours, nos pusieron muchas veces de tan festivo humor que nos hacían olvidar por un momento nuestras penas; si este drama, en fin, que tantos elogios ha debido a usted vale algo despojado de las circunstancias que nos lo hacían a usted tan agradable y a mí tan lisonjero» [183].

Mesonero Romanos asegura en sus *Memorias de un setentón* que el duque de Rivas le leyó en París varias escenas del *Don Álvaro* en 1833, y no existe razón alguna para recusar este testimonio. La acusación de plagio contra el duque fue formulada por su propio cuñado, Leopoldo Augusto de Cueto, y nada menos que en el citado *Discurso necrológico*, leído «en su elogio» en pública sesión de la Academia. Pero Cañete refutó la aseveración de Cueto, recordándole que Rivas escribió su drama en Tours *hacia 1832*. Por su parte Valera, muy buen conocedor del duque, comenta el hecho de este modo: «La novela de Mérimée titulada *Les âmes du Purgatoire*, publicada en París un año o poco más antes de la representación de *Don Álvaro*, no fue, como supone el señor Cueto, la obra que dio al duque el primer impulso y como el embrión de su obra dramática, sino que, por el contrario, es de suponer y aun de tener por seguro que Mérimée dijo: *Je prends mon bien où je le trouve*, y se apoderó, en efecto, de aquello con que *congenió* o de aquello que le pareció más conveniente en el drama desdeñado del entonces pobre proscrito, a fin de trazar y componer su novela». Y refiriéndose luego a la concreta afirmación de Cueto, la califica de «acusación solapada y suave, como el señor Cueto, que es tan circunspecto y mirado, podía hacerla» [184]. Diplomática insinuación que no requiere comentario.

---

[183] Ed. Campos, cit., III, pág. 401. Navas Ruiz —en la Introducción a su edición del *Don Álvaro*, luego citada— sostiene que «siendo el tema tan español, todo, cronología, fuentes, testimonios externos, parece favorecer la primacía del Duque» (página XXXI). Muchos elementos del *Don Álvaro* están, efectivamente, relacionados con leyendas y tradiciones de la región de Córdoba, como la de la *mujer penitente*, localizada precisamente en un monasterio cerca de Hornachuelos, donde se sitúa también la leyenda de *el salto del fraile*. Es evidente que todos estos «rancios cuentos y leyendas», a que el duque se refiere en la dedicatoria de su drama, fueron los recordados y discutidos por Rivas y Galiano en sus paseos a lo largo del Loire, y que después fueron incorporados a la obra, fundiéndolos con la historia del *indiano*.

[184] Estudio cit., pág. 754. Cfr. Francisco Caravaca, «Mérimée y el duque de Rivas», en *Revista de Literatura*, XXIII, 1963, págs. 5-48. Caravaca, a vuelta de numerosas divagaciones y de alardes eruditos no siempre pertinentes, expresa también su convicción final de que fue Mérimée quien plagió al duque y no al contrario. (El artículo de Caravaca se ha publicado también con diferente título —«¿Plagió Mérimée el *Don Álvaro* del Duque de Rivas?»— en *La Torre*, XIII, 1965, págs. 77-135). A propósito de

El segundo problema está en relación con la acogida que tuvo el *Don Álvaro* en su estreno. Se ha repetido hasta la saciedad —ya hemos dicho que es éste uno de nuestros grandes tópicos literarios— que la obra de Rivas representa la introducción y el triunfo del teatro romántico en España; no es necesario, para demostrarlo, aducir testimonios especiales: se dice siempre con casi idénticas palabras. Allison Peers ha insistido, no obstante, en que la recepción del *Don Álvaro* fue poco menos que un fracaso; se representó tan sólo once veces en Madrid el año de su estreno (aunque bien es verdad que éste tuvo lugar casi a fines de temporada), cifra no excesivamente pequeña para la época, pero tampoco triunfal ni mucho menos. En provincias tuvo también una recepción mediocre; en Sevilla, concretamente, fue silbado, hecho más destacable por las muchas vinculaciones que tenía el autor con la ciudad; parece que sólo en Valencia fue acogido con entusiasmo: según Peers, se representó con éxito dieciséis veces en las temporadas 1835-1838.

Las cifras, pues, quizá no sean tan pequeñas como pretende Peers, habida cuenta de lo que entonces era usual, pero creemos mucho más importante el problema de la reacción crítica, con la que aquéllas pueden estar en relación. La acogida de la crítica fue, en efecto, muy desigual, y en pocos casos puede ser tan significativo este hecho como en el *Don Álvaro*, porque demuestra el desconcierto que produjo la obra desde los primeros instantes; desconcierto que iba a prolongarse después, en un pugilato de contradicciones, hasta hoy mismo. Richard Cardwell, en un memorable artículo [185] que comentaremos luego extensamente, dice con plena verdad que la fortuna crítica de *Don Álvaro* ha sido tan dramática como la de su héroe.

Puesto que *Don Álvaro* llevaba a la escena la nueva fórmula del romanticismo, no es de extrañar que buena parte de la disputa girara en torno a lo que dicha escuela representaba: para muchos, se ventilaba la querella

---

las numerosas fuentes literarias que se han aducido para el *Don Álvaro* —*La Gitanilla* y *El rufián dichoso*, de Cervantes; *El diablo predicador*, de Luis de Belmonte; *La adúltera penitente*, de Moreto; *La vida es sueño*, de Calderón; el *Antony*, de Dumas— comenta Navas Ruiz: «El problema de las fuentes de *Don Álvaro* ha sido desorbitado. Rivas no necesitaba leer a Cervantes para encontrar en cualquier calle de Sevilla una gitana como Preciosa, ni a todos esos dramaturgos para imaginar un fraile grosero y bobalicón. No precisaba tampoco conocer *Antony* para crear a don Álvaro. El episodio de la bofetada es tan socorrido, como causa de reto, en la vida y en la literatura, que no merece mayor discusión: entre los precedentes se ha llegado incluso a mencionar la famosa bofetada que recibió el padre del Cid. Aparte la leyenda del indiano y la mujer penitente, innegables puntos de partida del drama, lo demás no pasa de vaga reminiscencia. Más importante es señalar en escritor tan amante de la tierra nativa sus propios recuerdos: la infancia, sus paseos por los alrededores de Córdoba, el paisaje de su finca «La Jarilla», cerca de Hornachuelos, con la quebrada del río Bembézar y el despeñadero del Salto del Fraile, así como sus ideas y su benévolo anticlericalismo» (Introducción a la edición, luego cit., pág. XXXI).

[185] Richard A. Cardwell, «*Don Álvaro* or the Force of Cosmic Injustice», en *Studies in Romanticism*, XII, 1973, págs. 559-579.

entre clásicos y románticos. Algunos de los periódicos más importantes se abstuvieron prudentemente de todo comentario. *El Correo de las Damas* lo hizo en tono jocoso; *El Eco del Comercio* con franca indignación ante las extravagancias de la obra [186]. La *Revista Española* publicó dos artículos sin firma (el 25 de marzo y el 12 de abril), que Azorín atribuye a Larra [187]; Lomba y Pedraja los supone inequívocamente de Alcalá Galiano [188], lo mismo que Campos [189], y Peers se mantiene en una prudente duda [190]. Sean de quien fueren, los artículos mencionados dan en el centro del problema: «Quien niegue o dude que estamos en revolución —dice el articulista—, que vaya al Teatro del Príncipe y vea representar el drama de que ahora me toca dar cuenta a mis lectores. No es cosa de poca monta su aparición en la escena con sus frailes y sus soldados, con sus extravagancias y sus lugares comunes, con sus altos y sus bajos, con sus burlas y sus veras, con sus cosas que huelen a doscientos años atrás y sus otras cosas flamantes, novísimas, con sus resabios de española antigua y sus señales de extranjería moderna...». «Se ataca al romanticismo —dice en el segundo artículo—, o la regla de ausencia de reglas que así se llama, y las faltas que más se critican en la pieza son faltas no de inadvertencia, sino cometidas a sabiendas y con la firme creencia de que no son faltas... Acusan al autor de que en su composición hay escenas bajas en que se habla mala prosa; verdad es que las hay, pero ¿y qué? Las hay porque juzgó el autor que el teatro debe ser una copia de la vida humana, en que lo bajo y lo alto, lo sublime y lo grosero, lo burlesco y lo triste, se tocan y cruzan entre sí a cada paso, porque juzgó que al lado de la naturaleza idealizada y desenvuelta de una manera poética, debía presentarse la naturaleza revestida de sus formas ordinarias, así como el claro oscuro es quien permite a los ojos distinguir las partes diversas de una pintura. ¿Pero y estas escenas bajas no son inconexas, episódicas casi, del principal argumento? Sí; porque lo mismo sucede en la realidad, porque lo que para uno es asunto de vida o muerte es para los demás objeto de conversación pasajera... En resumen, *Don Alvaro* es una composición mixta, composición extraña..., en que abundan las perfecciones, llena de trozos de hermosa poesía, no exenta de lunares, composición que sorprendió al auditorio, poco acostumbrado a espectáculos de semejante naturaleza» [191].

---

[186] Jorge Campos, en la Introducción a su edición cit., reproduce fragmentos de las críticas publicadas (págs. XLVIII-LIII).

[187] *Rivas y Larra...*, cit., pág. 52.

[188] José R. Lomba y Pedraja, «Mariano José de Larra (Fígaro) como crítico literario», en *Mariano José de Larra (Fígaro). Cuatro estudios que le abordan o le bordean*, Madrid, 1936, pág. 256.

[189] Introducción a su edición cit., pág. LII.

[190] *Ángel de Saavedra...*, cit., pág. 75.

[191] Cit. por Campos en la Introducción a su ed. cit., págs. LII y LIII.

También en *El Artista* el conde de Campo Alange y el marqués de Valmar escribieron en defensa del *Don Álvaro:* «La infracción de las unidades rutinarias —dice el segundo—, el número de los actores, la circunstancia de salir alguno de ellos sólo en una escena, y la colocación de las situaciones altamente trágicas al lado de otras vulgares y chocarreras ha alarmado a los clásicos; y creyendo justamente que su despotismo literario vacilaba, han multiplicado las diatribas para sofocar en su origen estas innovaciones peligrosas, capaces de empañar sus rancias glorias; pero en balde por fortuna de los buenos estudios: la naciente Europa se ha declarado partidaria del bando libertador del yugo clásico, y la juventud española ha corrido a participar de la gloria de sus banderas» [192].

En una palabra: los defensores del drama hacían suyos los principios que sostenían los románticos europeos. Peers comenta con razón que el duque suscribía implícitamente el Prólogo de *Cromwell* en toda su amplitud al mezclar lo feo y lo bello, lo deforme con lo gracioso, lo grotesco con lo sublime, el mal con el bien, la sombra con la luz, al alternar el realismo con el idealismo, el verso con la prosa, al romper abiertamente con las unidades y al buscar por encima de todo el color local y el espíritu de su país. Añadamos finalmente que el protagonista del drama se presentaba con todas las características que definían a los grandes héroes del romanticismo europeo, fuesen de Byron o de Hugo: un superhombre dotado de excepcionales cualidades y, sobre todo, rodeado de misterio que provoca el temor, la admiración o la curiosidad; en este sentido, la escena en que don Álvaro, al anochecer, «embozado en una capa de seda, con un gran sombrero blanco, botines y espuelas, cruza lentamente la escena mirando con dignidad y melancolía a todos lados, y se va por el puente» [193] sin decir una palabra, sembrando el misterio en torno a su persona, vale por toda una caracterización.

En resumen, pues, el *Don Álvaro* saltaba a las tablas para dar inequívocamente la batalla del romanticismo. Se comprende la oposición de unos y el desconcierto de otros; pero este desconcierto iban a originarlo también otras razones mucho más complejas, como veremos en seguida.

Demos antes un resumen siquiera del argumento de la obra, aunque es harto conocido. Don Álvaro acaba de llegar de Indias, rodeado —ya lo hemos dicho— de misterio: no se sabe quién es ni para qué viene, aunque se ha difundido que es mestizo. Se enamora de doña Leonor, hija del marqués de Calatrava, pero éste se opone al matrimonio porque sospecha la condición del pretendiente y lo supone un aventurero. Don Álvaro se dispone a fugarse con doña Leonor, que le corresponde apasionadamente, y va por ella a su casa; pero se presenta el marqués, que impide la fuga. Llama

---

[192] Ídem, íd.
[193] Acotación a la Escena III de la Jornada I; ed. Campos, cit., II, pág. 306.

en su auxilio a los criados y les ordena que prendan al intruso; don Álvaro empuña su pistola, pero la arroja al suelo para demostrar su buena intención; la pistola se dispara y mata al marqués, que maldice a su hija en las últimas palabras que pronuncia. Doña Leonor se refugia como penitente en una gruta cerca de un convento de franciscanos próximo a Hornachuelos, aunque don Álvaro la supone muerta. Don Álvaro, buscando la muerte, se enrola en el ejército de Italia. Allí le encuentra el hermano mayor de doña Leonor, pero muere a manos de don Álvaro. Huye éste y busca refugio precisamente en el convento contiguo a la gruta de doña Leonor. Don Alfonso, el segundo hermano de ésta, localiza al fin a don Álvaro y va al convento para desafiarlo; don Álvaro lo mata también, pero, moribundo, puede todavía don Alfonso clavar un puñal a su hermana, que había salido de su encierro al oír los gritos. Don Álvaro, que descubre entonces la existencia de doña Leonor, en cuya proximidad había vivido sin saberlo, se suicida arrojándose desde una peña, mientras retumba una tempestad y cantan los monjes el Miserere.

La desorientación frente a la obra procedió principalmente, como dejamos arriba sugerido, de razones de índole filosófica, religiosa o moral. Los comentaristas se han preguntado desde el día del estreno por el significado del *sino* que figura en el subtítulo de la obra; don Álvaro es un hombre perseguido por un destino fatal, que le lleva a sembrar desgracias por donde pasa y a provocar la ruina de todo lo que ama y de sí mismo; su suicidio final, en medio de una blasfema desesperación, es el trágico desenlace de una vida, acosada por fuerzas misteriosas e incoercibles. Peers, en su conocido estudio sobre Rivas, ha resumido los problemas que han preocupado a todos los críticos del *Don Álvaro:* ¿cómo puede este hombre ser cristiano y negar el libre albedrío como los más obstinados fatalistas?; ¿o es, por el contrario, un cristiano, cuyo trágico fin es la expiación de su pecado? Peers llega a la conclusión, compartida por muchos antes y después, de que don Álvaro es psicológicamente inconsistente, y que el autor, atento apenas al estudio de su carácter, había pretendido tan sólo crear un personaje de romántica desmesura.

Merece la pena aducir algunas siquiera de las opiniones que ha suscitado el *sino* encarnado por don Álvaro, porque, aun en su misma desorientación, podrán al cabo ayudarnos de algún modo a comprender al personaje. Su relación con la fatalidad de la tragedia griega ha tentado a varios comentaristas: «Su principal resorte dramático —dice Ferrer del Río— es el fatalismo griego sin sujeción a reglas de ninguna especie; ese es el nudo que enlaza sus múltiples y excelentes cuadros» [194]. «El objeto del drama del duque de Rivas —dice Pastor Díaz— es el mismo que el de la antigua

---

[194] Esta cita y las siguientes en Peers, *Ángel de Saavedra...,* cit., pág. 382 y sigs.

tragedia griega, la fatalidad. Don Álvaro es un Edipo destinado por el cielo para hacer la desgracia de una familia, como el Edipo griego de la suya». El parangón con la fatalidad pagana dejaba insatisfechos a otros críticos, que trataban de hallar una raíz cristiana al sino de don Álvaro: «Verdadero Edipo de la musa católica —dice Pacheco—, tan original, tan trágico, incomparablemente más bello para nosotros que el del mismo Sófocles». «Una fatalidad no griega, sino española, es el dios que guía aquella máquina y arrastra al protagonista, personaje de sombría belleza», dice Menéndez y Pelayo.

La equiparación del *sino* de don Álvaro al fatalismo griego carecía de sentido, pero mucho menos congruente era todavía lo del «Edipo de la musa católica» y en especial lo de la «fatalidad española», cuyas características no se sabe bien en qué consisten, pero que en todo caso no explican, ni mucho menos justifican, el determinismo de la obra y el suicidio de don Álvaro. Quizá por entenderlo así, otros exégetas, como Sanseverino, han sostenido que no se trataba del hado griego, sino del fatalismo oriental; mientras que Blanco García afirma que, en la obra del duque, el *sino* es «una especie de fatalidad, distinta de la pagana, y más afín a la *suerte* y la *ventura* de las creencias populares», opinión que, dentro de su vulgaridad, quizá andaba menos descaminada que las precedentes: el padre Blanco se acordaba probablemente de que el duque de Rivas había nacido en Córdoba y suponía que el *sino* de su héroe era algo así como *tener la negra*, al modo de lo que piensan los gitanos.

Teniendo en cuenta el fondo religioso sobre el que parece moverse la obra, otros críticos negaron la pretendida fatalidad, fuera griega o cristiana, y juzgaron las desgracias de don Álvaro como consecuencia de sus propias culpas: «Don Álvaro —escribe Cañete— es como viva demostración del fin que tienen los errores de la humanidad; de las angustias a que nuestras faltas nos condenan», y supone que en el drama queda patente la idea cristiana de que los que obran el mal, se condenan: el protagonista es víctima del mal que ha escogido de acuerdo con sus pasiones y no con su razón. Pero ya Valera ridiculizó con su fina ironía esta interpretación, porque ¿cuáles son, en realidad, las culpas de don Álvaro? Don Álvaro, simplemente —dice Valera—, se limita a cortejar a una mujer con los mejores fines y que se le niega sin plausibles razones; la pistola se dispara al dar en el suelo y mata al padre por una desdichada casualidad, ajena a la voluntad de don Álvaro, a quien sólo puede reprocharse su bien explicable nerviosismo, ya que debió colocar el arma sobre la mesa con alguna mayor precaución en lugar de arrojarla a tierra violentamente.

Importa recordar que algunos críticos coetáneos intuyeron —o quizá vieron claramente— el verdadero significado del *Don Álvaro*, pero por razones que luego apuntaremos, se abstuvieron de más explícitos comentarios. Gil y Carrasco —finísimo crítico, a quien no se ha hecho todavía en este punto la justicia que se le debe— dijo del *Don Álvaro:* «Colosal en su pensamiento, atrevido en su plan, acertado en su manejo y de grandioso efecto en su conjunto y desenlace... *Hijo de una filosofía demoledora y escéptica y de consiguiente poco social y progresiva* (el subrayado es nuestro)... Todo es verdadero, palpitante y rico de color y lozanía»; al compararlo con el antiguo teatro español hace notar que se asemeja por su técnica, *pero no por su desenlace.* Y al referirse a la obra en otra ocasión, dice de ella que abrió «una senda más filosófica y formal» [195]. Mesonero Romanos dijo del *Don Álvaro* que era «drama de atrevido pensamiento» [196]. Y Eugenio de Ochoa, al comentarlo en *El Artista,* dijo de él que era «tipo exacto del drama moderno, obra de estudio y de conciencia, llena de grandes bellezas y de grandes defectos, sublime, trivial, religiosa, *impía, terrible personificación del siglo XIX...* es una obra indefinible. *¿Es la realización de algún pensamiento profundo del autor?»* [197] (los subrayados, nuestros).

En conjunto podría decirse que, salvo las excepciones que ahora señalaremos, los críticos del *Don Álvaro* coinciden en dos puntos: en no saber realmente en qué consiste, qué sucede allí, cómo se compaginan aspectos tan contradictorios; y en encomiar el colorido y vigor de escenas aisladas, lo grandioso de los caracteres, el pintoresquismo ambiental, etc. [198].

Pero se han dado también los juicios rotundamente negativos, no sobre la envoltura, sino sobre el meollo, es decir: básicamente, sobre el sentido y carácter de don Álvaro. Martínez Villergas dice del drama que es una obra «caótica, desordenada y excéntrica» [199]. Cánovas del Castillo afirma que «sus desdichas se encadenan por mera casualidad y eventual y vulgar combina-

---

[195] Cit. por Ricardo Navas Ruiz en la Introducción a su edición de *Don Álvaro o la fuerza del sino,* «Clásicos Castellanos», Madrid, 1975, págs. XXXVIII-XXXIX.

[196] En ídem, íd., pág. XXXIX.

[197] En ídem, íd., pág. XXXVIII.

[198] Cfr. Roberto G. Sánchez, «Cara y cruz de la teatralidad romántica (*Don Álvaro y Don Juan Tenorio)»,* en *Ínsula,* núm. 336, págs. 21-23. Sánchez no alude para nada a la significación moral o ideológica del *Don Álvaro,* ni tampoco a las consabidas escenas pintorescas, etc., pero se ocupa, en cambio, con gran extensión y acierto, de un aspecto generalmente desatendido, que es la agudeza del autor para disponer el montaje teatral, según queda patente en la disposición de la propia obra y en las abundantes acotaciones. Sánchez, después de examinar en diversas escenas la riqueza plástica con que el drama está concebido, dice casi al final de su comentario: «Tales indicaciones, precisas y abundantes, al actor, al escenógrafo, al luminotécnico, sugieren, primero, que el Duque tenía conciencia muy viva de la importancia de estos artistas y que concebía su obra teniendo en cuenta su colaboración, y, segundo, que ve su papel de autor como el de quien ha de integrar en síntesis teatral elementos artísticos extraños y dispares. Esta sensibilidad la encontramos, sin duda, en Lope de Vega, y aun antes, quizás, en Lope de Rueda, pero en la época moderna el Duque de Rivas es el primer dramaturgo español que piensa también como director escénico» (pág. 22). Más adelante, dentro ya de los comentarios sobre el *Don Juan,* subraya Sánchez que las disposiciones ideadas por el duque de Rivas anticipan los esfuerzos de Wagner, en la segunda mitad del siglo, para concebir la obra dramática como elaboración de varias formas artísticas (pág. 23).

[199] Ricardo Navas Ruiz, *op. cit.,* pág. XLIII.

ción de circunstancias, que no por decreto divino»[200]. La interpretación de
Azorín casi puede decirse que forma época en este proceso. Azorín ha realizado una crítica minuciosa, cominera, de cada situación del *Don Álvaro*,
de cada reacción de sus personajes, y ha dejado la obra hecha unos zorros.
Pero es un trabajo absurdo y fuera de lugar, porque —aun abstrayendo, de
momento, lo concerniente al protagonista y a la intención del drama, y
ateniéndonos a los componentes estrictamente literarios— es un criterio
inadecuado para juzgar un drama romántico. Analizar un drama romántico
de este modo es tan injusto como ridiculizar un templo barroco por sus
florones, sus rebosantes cornucopias, sus oros, por toda esa pompa que se
nos pide insistentemente que admiremos. Lo barroco es esto como lo romántico es aquello. Entonces, lo único que procede es situarse dentro de la
obra, aceptando su juego, y ver si da la medida de su propia naturaleza. Y
el *Don Álvaro* la da, precisamente por llevar a su límite, dentro de nuestro
teatro, todas aquellas cualidades que se enumeran como peculiares del drama romántico y que ya no parece necesario repetir aquí.

Entre los críticos contemporáneos cabe citar a Torrente Ballester (es la
única opinión, de entre ellos, que recoge Cardwell, y la califica de «necia»
—«silly»—)[201], quien dice que «para nuestra sensibilidad esa *fatalidad* resulta más bien un cúmulo de casualidades. Así, la estructura dramática es
endeble, y las quejas del protagonista contra su mala fortuna huecas y
grandilocuentes». Pero la marca más alta, hasta el presente, de las actitudes negativas contra el *Don Álvaro* la posee Ruiz Ramón, quien, insistiendo
en su displicente valoración de todo nuestro teatro romántico, despacha
la obra con un rotundo anatema que no deja resquicio; es indispensable
la larga cita, porque, de no ser así, quedarían los cabos sueltos: «El sino
—dice— no es aquí, en este drama, un *quien*. Todo lo más en un *qué*, un
algo oscuro, irracional, cuya función es destruir. El sino es el azar puramente mecánico, ni humano ni divino, porque no es nadie, no es persona.
Don Álvaro es la víctima, sin culpa alguna, de un azar sin sentido. Terminado el drama nos parece salir de una pesadilla, pero de una pesadilla sin
conexión con la realidad, sin entronque alguno con la existencia, una pesadilla provocada, artificial, que nos deja vacíos, sin que nada profundo en
nosotros haya sido removido ni, menos, transfigurado. Una pesadilla provocada por una droga, no por la contemplación de la esencia trágica de la
condición humana. No hay en esta tragedia nada que desencadene en nosotros horror ni conmiseración, terror ni piedad, de nada nos purga, porque
sólo la verdad es capaz de auténtica catarsis. El mundo en que se mueve
don Álvaro nada tiene que ver con la realidad del mundo. Es una pura
abstracción, en que la mecánica teatral hace el papel de destino, un *flatus*

---

[200] En ídem, íd.
[201] «*Don Álvaro* or the Force of Cosmic Injustice», cit., pág. 578.

*vocis* rellenado de acontecimientos en donde unos personajes realizan los grandes gestos del amor, del dolor y de la muerte, del bien y del mal, sin entidad suficiente para ser verdaderamente humanos. En este sentido el mundo de don Álvaro sí es arquetípico del mundo del drama romántico español: todo en él es actitud. Detrás de las actitudes no hay realidades, sino huecos. O si se quiere, la única gran realidad es la oquedad absoluta. Nuestros dramaturgos, en términos generales, son grandes maestros en el arte de teatralizar la oquedad. Debajo de cada grito no hay dolor, sino viento. Parafraseando a Antonio Machado, podríamos decir que cada voz no es una voz, sino un eco. Si nos limitamos a creer en la belleza de los ecos, creeremos en la belleza del drama romántico. Si debajo o detrás del eco buscamos la voz, nos quedaremos con las manos vacías. / *Don Álvaro o la fuerza del sino* es la gran tragedia de los ecos: el eco del amor y el eco de la angustia, el eco del dolor y el eco de la fatalidad, el eco del honor y el eco de la muerte y, como raíz de tanto eco, el eco del misterio. Perdido entre tanto eco don Álvaro, el protagonista, no consigue alcanzar esa trascendencia, raíz de la verdad y de la universalidad de todo gran personaje dramático. Su valor hay que buscarlo en su intensa teatralidad, en su genial capacidad de gesticulación, que hacen de él uno de los mejores personajes teatrales, ya que no dramáticos, de nuestra escena romántica. Su verdadero reino no es la trascendencia ni la verdad ni la profundidad, sino el puro y desnudo juego teatral. / No creemos que en *Don Álvaro* exprese el duque de Rivas su concepción del mundo, entre otras cosas porque no hay, en rigor, mundo. En cambio, creemos que lo que sí está expresado es su concepción del mundo romántico en tanto que invención literaria de un mundo. *Don Álvaro o la fuerza del sino* es, en el mejor sentido de la palabra, literatura, no vida. El héroe romántico del drama romántico español es un personaje de *drama*, no la encarnación del drama de una persona» [202].

Antes de proceder al análisis de la obra creemos pertinente una consideración. Según nuestro juicio, el título del drama ha desorientado por completo a críticos y espectadores, que quedan seducidos por la resonancia de

---

[202] Francisco Ruiz Ramón, *Historia del teatro español, I (Desde sus orígenes hasta 1900)*, 2.ª ed., Madrid, 1971, págs. 378-380. También Marrast, que tan certeros comentarios ha sido capaz de dedicar a la obra de Espronceda, y a tantos otros problemas y escritores del romanticismo español, repite sobre el *Don Álvaro* los más adocenados tópicos: «El comportamiento de don Álvaro —dice— no tiene ninguna justificación metafísica o moral ni, en sus fases sucesivas, verosimilitud psicológica ni lógica interna». «El drama de Rivas no prueba nada, no demuestra nada, puesto que su héroe es por hipótesis enteramente pasivo ante los decretos de la Providencia, a la cual no puede escapar más que por el suicidio»; y hasta acoge la ridícula hipótesis de Boussagol, según la cual Rivas habría escrito el *Don Álvaro* como una parodia del drama romántico francés, utilizando todos los procedimientos del género, en lo que éstos tenían de más excesivo (Robert Marrast, *José de Espronceda et son temps. Littérature, société, politique au temps du romantisme*, París, 1974; las citas en págs. 497-498).

tan tremenda palabra —el *sino*— colocada allí con discutible acierto. Podría escribirse un comentario que dijera así: *Don Álvaro o la fuerza de un título.* Una de las cosas que más atrajo nuestra atención desde las primeras lecturas del *Don Álvaro* es que, con excepción de una casualidad —la muerte del marqués—, todo lo que sigue, y todo lo que antecede, ni siquiera sucede por casualidad, sino a consecuencia de bien meditadas decisiones[203]. Don Álvaro, por ejemplo, mata, como sabemos, a los dos hermanos de doña Leonor —sucesos máximos de la tragedia que destruye a la familia—, pero no los encuentra casualmente. Don Carlos se ha pasado tiempo y tiempo buscando a don Álvaro, y nada tiene de particular que lo encuentre, puesto que lo busca:

> ¿Podrá ser éste el traidor
> de mi sangre deshonor,
> el que a buscar vine aquí?[204].

> Si a Italia sólo he venido
> a buscar al matador
> de mi padre y de mi honor,
> con nombre y porte fingido,
> ¿qué importa que el pliego abra,
> si lo que vine a buscar
> a Italia, voy a encontrar?[205].

> A Italia vine anhelando
> mi honor manchado lavar...[206].

> ...Y el perseguirla he dejado
> porque sabiendo yo allí
> que vos estabais aquí,
> me llamó mayor cuidado[207].

[203] Ruiz Ramón, en su propósito de rebajar a todo trance el valor de la obra, dice, y repite, que la pistola se dispara «sola» (pág. 376). Pero no: la pistola no se dispara «sola» —lo que sí constituiría una innegable casualidad—, sino al ser arrojada al suelo por don Álvaro, en virtud de unas circunstancias de gran significación en el drama, que explican, con la violencia de la situación, el nerviosismo de don Álvaro en aquel instante. La acotación de la obra dice claramente en este punto: Don Álvaro «saca una pistola y la monta» (ed. Campos, cit., pág. 313). Si una pistola *montada* —y con mucho mayor motivo siendo como eran las de aquel tiempo— es arrojada al suelo con violencia, no sólo es natural que ceda el gatillo y se dispare, sino que casi sería inverosímil que no lo hiciera. Que la bala alcance al marqués es, ciertamente, una casualidad; pero ¿no suceden cosas semejantes a millones todos los días?
[204] Jornada III, Escena VIII, ed. Campos, cit., II, pág. 338.
[205] Ídem, íd., pág. 339.
[206] Ídem, íd.
[207] Jornada IV, Escena I, ídem, íd., pág. 343.

Cierto que encontrar a un hombre en Italia no es empresa mollar; no sería tan fácil en la realidad como en las tablas, pero esto no hace para el caso: don Carlos —éste es el hecho— ha buscado ansiosamente a don Álvaro. Don Alfonso, el segundo hermano, todavía lo ha buscado con mayor afán; al irrumpir en la celda de don Álvaro, le grita:

> *Cinco años que recorro*
> *con dilatados viajes*
> *el mundo para buscaros* [208].

Y como premio de tan prolongados y tenaces esfuerzos —nada casual, por tanto— lo encuentra al fin.

Un valiosísimo artículo de Pattison [209] sobre lo que él califica de «el secreto de don Álvaro» ha venido a robustecer nuestra opinión sobre este punto, del mayor interés, como veremos luego. Para Pattison, lo mismo que para nosotros, el subtítulo de la obra no sólo desorientó a los espectadores coetáneos, sino a todos los críticos desde el mismo día del estreno hasta hoy. También para Pattison la apelación al *sino* podría ser formulada no sólo por cualquier héroe romántico, sino por un mortal cualquiera. En este sentido, sobre los hechos de don Álvaro pesa evidentemente un *sino*, pero que no consiste en ninguna fuerza exterior y sobrenatural, sino en las condiciones de su vida y en la forma con que él, y la sociedad que lo rodea, las afrontan y las interpreta. Todo el problema de don Álvaro radica en las circunstancias de su origen. Don Álvaro, según le afean los hermanos de doña Leonor, es efectivamente un mestizo, hijo de un noble español y de una princesa inca. Don Álvaro sabe que, si se descubre esta circunstancia, nunca será posible su matrimonio con doña Leonor ni será admitido en la alta sociedad española, a la que su amada pertenece. Por eso, aunque repetidamente insinúa la calidad de su sangre, se resiste una y otra vez a revelar su *secreto*. Este secreto constituye su íntimo torcedor y le crea un fuerte complejo de inferioridad [210]. En varias ocasiones intenta una

---

[208]  Jornada V, Escena VI, ídem, íd., pág. 357.

[209]  Walter T. Pattison, «The Secret of Don Álvaro», en *Symposium*, XXI, 1967, páginas 67-81.

[210]  La necesidad de velar este secreto es la razón del *misterio* con que se presenta envuelto don Álvaro desde su primera aparición, escena que, para muchos críticos, carece de sentido porque la suponen arbitraria, y urdida tan sólo como mero componente espectacular. El *misterio* era un ingrediente de honda raíz romántica, precisamente porque simbolizaba las fuerzas inciertas y oscuras de la vida, pero en el *Don Álvaro* tiene además una razón concreta y específica, que es la que explica Pattison en su artículo, y que ha escapado a la atención de tantos comentaristas. Un crítico tan agudo y documentado como Caldera parece no haber visto clara esta cuestión; afirma con acierto que «el misterio de don Álvaro no es un dato extrínseco, sino que forma parte de su naturaleza y es una de las causas de sus desgracias»; luego añade en nota que «la mano de Leonor (Caldera dice «Isabel» por evidente lapsus) le es negada precisamente a causa del misterio que rodea a su persona». Pero, en cambio, no alude en

justificación, pero la actitud de los hermanos de doña Leonor, que se lo afean como mancha imborrable, decide la violencia de don Álvaro. En su celda, soporta pacientemente los insultos de don Alfonso, pero cuando éste le descubre su condición de mestizo, don Álvaro acepta el duelo y le mata. Su orgullo de pertenecer a una sangre noble, que es su íntima compensación, choca con el orgullo de otra nobleza que se niega a aceptarla. Así pues, mientras otros héroes románticos —concluye Pattison— actúan movidos por vagos presentimientos o aspiraciones, los actos de don Álvaro están motivados por concretísimas razones y por el modo como él y sus oponentes reaccionan frente a ellas. De donde se deduce que don Álvaro no es arrastrado por un *sino* exterior e incomprensible, sino que constituye un carácter de muy consistente psicología. Suponemos que el lector acostumbrado a discurrir sobre el *sino* de don Álvaro de acuerdo con el manido tópico tradicional, se llevará una gran sorpresa ante las deducciones de Pattison, que, por nuestra parte, estimamos completamente acertadas.

Añade Pattison que, para quien conozca las otras obras del duque, resultará más sorprendente la acertada psicología de don Álvaro. El duque no se distinguía precisamente por su interés en la psicología; su realismo es más bien externo, pictórico, *costumbrista;* por lo común, nos dice cuáles son los sentimientos o emociones que mueven a sus personajes, pero no las razones que las estimulan. En este aspecto, don Álvaro constituye una evidente excepción. Sospecha Pattison que el duque se inspiró para su personaje en un modelo real. Este modelo hubo de ser el famoso inca Garcilaso de la Vega, cuya tumba, existente en la catedral de Córdoba, tenía que conocer muy bien el duque, tan amante de su ciudad. Garcilaso era también, como don Álvaro, mestizo; estaba muy orgulloso de su origen inca y tuvo que sufrir el desprecio de la aristocracia española, con idéntico complejo; buscó en la milicia una ocasión para sobresalir, y finalmente recibió órdenes y vivió sus últimos años como clérigo en Córdoba. Como don Álvaro, Garcilaso pensaba que la vida le había tratado mal y hablaba «de la mala fortuna, que siempre me es contraria en lo que más deseo».

¿Por qué el duque de Rivas llevó a su obra el *sino*, prendiéndolo ya del mismo título, y qué significaba el *sino* para él? Recordemos que la preocupación por el *sino* le venía al duque desde muy antiguo, hasta el punto de parecer en él casi un latiguillo. El duque era un gran «estrellero» y tenía arraigada tendencia a explicar las cosas por la fuerza de la fatalidad, o del sino, o de las estrellas, o por las misteriosas decisiones de la Providencia, cristianizando o paganizando o arabizando su poder oculto y fatal, según fuera la ocasión o según le petara. Peers que anota este hecho, aun-

---

absoluto a las razones que justifican este misterio, y por las cuales justamente no se trata de un dato extrínseco, sino enraizado en la condición del personaje (Ermanno Caldera, *Il dramma romantico in Spagna*, cit., 1974; la cita en pág. 163 y nota 70).

que luego parece rebajar un tanto su importancia, recoge una considerable cantidad de textos a este respecto, sólo como botón de muestra, porque son numerosísimos. Podría comprenderse que fueran más abundantes en *El Moro expósito* por la índole de su medio, pero se encuentran en composiciones de todo género y de todas las épocas [211]. En fecha tan temprana como 1808, en su oda *Al armamento de las provincias españolas contra los franceses*, escribe el duque:

> *¿Cómo triunfar pudiste del sañudo*
> *Destino, que ofuscó tus claros días?* [212].

En sus composiciones a Olimpia, bien primerizas, como sabemos, alude al Destino una y otra vez:

> *¿Y qué? —dije— ¿será que las estrellas*
> *Vieron con ceño el infelice día,*
> *Que empecé a respirar?... ¿Será, oh destino,*
> *Que siempre el hombre en mísera agonía*
> *Arrastre su existir?...* [213].

> *...A pocas horas*
> *el destino feroz embravecido*
> *me arrebató a mi Olimpia...* [214].

---

[211] También Boussagol, aunque sin extenderse en la medida que sería deseable, puntualiza el hecho de que el *sino* desempeña en cualquier obra del duque idéntico papel y alcanza la misma importancia que en el *Don Álvaro*. El *sino* —dice rotundamente Boussagol— no diferencia en absoluto al famoso drama de cualquier otra obra del duque (*Ángel de Saavedra, duc de Rivas...*, cit., pág. 363). Hablando en páginas posteriores de la importancia que alcanza en toda su obra la fatalidad o el azar, insiste en que éstos son factores esenciales de su inspiración, agentes capitales de sus intrigas. Con ella —dice— se satisfacía a la vez su concepción del universo, en donde el azar domina, su natural indolencia que se servía de fáciles encadenamientos de causas y efectos, y finalmente su concepción estética, su natural predisposición a un arte que no se nutre de la profunda observación de las almas y que no se propone sacar a luz las raíces psicológicas de los acontecimientos (ídem, íd., pág. 379). Las últimas observaciones —como en tantos otros comentarios de Boussagol— encierran una cierta intención peyorativa, aunque, bien entendidas, no son del todo inexactas, y no contradicen tampoco el carácter esencial del duque que deseamos puntualizar; es decir, responden a su radical concepto de la vida, en la cual la razón tenía muy escaso poder frente al azar y a la incontrolable fatalidad. Cfr., Joaquín Casalduero, «*Don Álvaro* o el Destino como fuerza», en *La Torre*, VII, 1959, págs. 11-49; reproducido en *Estudios sobre el teatro español*, 2.ª ed., Madrid, 1967, págs. 232-269. Casalduero hace un minucioso análisis de la obra, pero apenas dice palabra sobre «el Destino como fuerza», a pesar de la promesa del título.

[212] Ed. Campos, cit., I, pág. 18.

[213] Ídem, íd., pág. 49.

[214] Ídem, íd., pág. 61.

> *...Y en pos el día,*
> *el día ansiado brillará, en que afable*
> *el destino a mi Olimpia me devuelva* [215].

En el poema *El desterrado* escribe:

> *Riqueza, amor, aplausos a porfía*
> *Gocé, cuando mi estrella*
> *Su adverso influjo pérfida escondía* [216].

En *El Paso Honroso* los pasajes de esta índole son abundantísimos:

> *Al verme de este modo combatido*
> *Por todos lados del destino fiero,*
> *Quise buscar en vos, señora bella,*
> *Muerte, o consuelo de mi infausta estrella* [217].

Las «estrellas» —repitámoslo— representan en la obra del duque un motivo constante. Al aludirlas con este nombre o con el de *sino* o con otro cualquiera, parece recoger un sentimiento popular de fatalidad, muy propio de su tierra, sin consecuencia mayor, pero sería un grave error creerlo así. Para el duque, el *sino*, el hado o sus varios equivalentes, expresaban su sentido de la existencia como algo caótico y disparatado, como una trampa absurda, dentro de la cual sucedían las cosas por puro azar, sin razón ni justicia que las explicara. Este convencimiento, diluido en las otras composiciones, se expresó con plenitud y profundidad en el *Don Álvaro*. (Que Rivas fallara en ciertos detalles técnicos y que no diera a su idea la debida perfección, es otro problema que veremos después). Pero el subtítulo parecía sugerir un trivial encadenamiento de casualidades. Si el duque hubiera llamado a su obra *Don Álvaro o lo absurdo de la vida*, el propósito hubiera quedado claro desde el título; pero, sumado el desenlace, habría quitado toda viabilidad a la obra, aunque es posible que entonces hasta los críticos más obtusos la hubieran entendido.

Dos trabajos —ya citados—, ambos recientes, sobre el *Don Álvaro*, contienen las críticas más inteligentes que conocemos, y ambos devuelven a la obra del duque el alto lugar que le corresponde en la dramática de su siglo: nos referimos al prólogo de Navas Ruiz y al artículo de Richard Cardwell. Navas no parece tener noticia de este último, o a lo menos no lo menciona; sus juicios, aunque dan la recta interpretación, son más limi-

---

[215]  Ídem, íd., pág. 62.
[216]  Ídem, íd., pág. 496.
[217]  Ídem, íd.

tados; el artículo de Cardwell contiene, en cambio, un análisis extenso y sistemático. Vamos a tratar de resumirlo.

Cardwell subraya que el error de Azorín y de Peers —seguido por tantos otros comentaristas— consiste en haber juzgado el *Don Álvaro* con un criterio de verosimilitud dramática y de verdad psicológica, y no haber advertido que no se trataba de una obra realista sino simbólica; y, por supuesto, en no haber prestado atención a las implicaciones filosóficas que encierra el drama. En el centro de él, en el soliloquio de la Escena III del Acto III, Rivas coloca la más importante declaración que hace don Álvaro: forzado a su escepticismo por los repetidos golpes de la adversidad, expone su concepto pesimista de la vida, aludiendo a ella como a un abismo, una prisión, cadalso o hacha de verdugo. Cardwell aduce unas palabras de Donald L. Shaw, quien recuerda que esta imagen del abismo y de la prisión aparece constantemente en la literatura romántica española lo mismo que en la del resto de Europa para significar la humanidad atrapada en una existencia presidida por una divinidad de injusta cólera, imagen que no puede ser ignorada al examinar la perspectiva del poeta que la utiliza (es el mismo grito de Espronceda al «Dios de la venganza, / que la angustia, el dolor, la muerte lanza / al inocente que lo implora en vano»). Cardwell recuerda también un pasaje del poema de Vigny, *La prisión*, y confirma que todo él es aplicable al héroe de Rivas. Interesa muy en particular aducir este doble testimonio, porque los detractores sistemáticos de nuestro romanticismo, tan imperfectamente estudiado todavía, no suelen ver en él sino retórica; que claro está que abunda —y no tan sólo en el romanticismo español— pero que no debe obstaculizar la visión de lo que no lo es, e impedir el adecuado parangón con el romanticismo europeo. Cardwell sostiene que, aunque de forma no tan sistemáticamente expuesta como en Vigny o en Byron, la idea de Rivas es que el pensamiento y el deseo de conocer es el origen del sufrimiento, puesto que muestra al hombre la distancia entre lo que espera y lo que recibe; es el mismo «Sorrow is knowledge» del Manfredo de Byron, con el que el héroe del duque posee estrecha afinidad: don Álvaro no es el supuesto «Edipo cristiano», sino que se siente víctima de una injusticia divina y ha perdido la fe en un concepto providencial de la existencia.

Don Álvaro, desde el momento de su real, y simbólico, nacimiento en una prisión, bajo el estigma de su sangre mestiza, del origen de su madre y de la traición de su padre, está marcado como un proscrito. Intenta ingresar en la sociedad sevillana solicitando la mano de doña Leonor, lo que le permitiría neutralizar los anteriores obstáculos y sería la raíz de una interpretación optimista de la vida. Pero don Álvaro es rechazado, y precisamente cuando pretende someterse a las normas sociales y religiosas de aquel mundo, el trágico disparo de la pistola desencadena el proceso de las posteriores calamidades.

Cardwell explica que la escena entre don Álvaro y el marqués de Cala-trava señala el momento en que cambia el héroe su concepto de la vida; en ese instante se entrelazan los dos temas capitales —amor y sino— de este drama romántico del escepticismo. Rivas como sus contemporáneos románticos —acordémonos, por ejemplo, de Larra y de Espronceda— esta-blece una estrecha relación entre las respuestas emocionales y las intelec-tuales al problema de la existencia; toda desilusión emocional es transfor-mada en términos de metafísica desesperación, y ésta es la causa de que en don Álvaro, como en todo romántico arquetípico, la pérdida de su amor le haga la vida intolerable y se le muestre como sin sentido. En el famoso soliloquio mencionado —sigue explicando Cardwell— don Álvaro se revela como un hombre, que habiendo pretendido actuar según las re-glas convenidas, descubre que se le hace culpable de delitos que no ha cometido.

La pérdida de la amada se relaciona estrechamente con el problema de su integración social: don Álvaro es rechazado por la familia del marqués porque es de sangre inferior, repudio que acrecienta en el héroe su concep-to filosófico de una sociedad injusta. Cardwell recuerda que aquí adquiere todo su sentido la interpretación de Pattison, de que hemos hecho men-ción, y también —permítasenos— nuestra propia reflexión sobre el proce-der premeditado y consciente de los dos hijos del marqués. Esta pareja de aristócratas son dos espadachines calderonianos, imbuidos de las viejas ideas del honor, para quienes la sola pretensión de don Álvaro es un atro-pello a la honra familiar, que sólo con sangre ha de lavarse [218]; de aquí el

---

[218] Los hermanos de doña Leonor hablan insistentemente del honor como motiva-ción de su enemiga contra don Álvaro, y por satisfacerlo lo persiguen. Tanto como vengar la muerte de su padre, don Carlos y don Alfonso quieren lavar el honor de su hermana, a la que creen mancillada por las pretensiones de don Álvaro, de calidad supuestamente inferior, y porque éste penetró en su casa con la intención de huir con la joven. Recuérdense los pasajes —aunque aducidos allí con otro propósito— que hemos reproducido en pág. 493. En la Escena I de la Jornada IV afirma don Carlos, en la más genuina tradición calderoniana, que la muerte tiene que alcanzar también a la «infame»:

> ...¿Yo al matador
> de mi padre y de mi honor
> pudiera hermano llamar?
> ¡Oh afrenta! Aunque fuerais rey.
> Ni la infame ha de vivir.
> No, tras de vos va a morir,
> que es de mi venganza ley.
> Si a mí vos no me matáis,
> al punto la buscaré,
> y la misma espada que
> con vuestra sangre tiñáis,
> en su corazón...

DON ÁLVARO                              *Callad.*
> *Callad... ¿delante de mí*
> *osasteis?...*

afán con que ambos han buscado a don Álvaro. Adviértase que cuando Rivas escribía el *Don Álvaro* —luego volveremos sobre ello— era un desterrado liberal, cuya vida había sido truncada en virtud de todos aquellos principios que se encarnaban en la vieja sociedad tradicional, los mismos, exactamente, contra los cuales se levanta don Álvaro.

Frustrado en su amor, don Álvaro busca su salvación en la acción militar y en una muerte gloriosa; pero el encuentro —premeditado y deseado, adviértase bien— con el primer hermano de doña Leonor, tuerce sus aventuras en Italia. Don Álvaro pretende entonces hallar un último refugio en la religión y se convierte en el piadoso hermano Rafael; pero allí, en su retiro, le busca, como sabemos, el otro hermano de su amada. Tres veces, los miembros de la familia del marqués le han arrebatado los tres soportes sucesivos de su ilusión vital: amor, honor y religión. Don Álvaro tolera con paciencia los primeros insultos de don Alfonso; pero cuando éste le menciona su condición de mestizo y su turbio nacimiento, que es lo que ha hecho imposible su amor e impedido su integración social, don Álvaro acepta el duelo y mata a don Alfonso. De nuevo ha surgido el estigma del

---

> DON CARLOS      *Lo juro, sí;*
> *lo juro...*
> DON ÁLVARO      *¿El qué?... Continuad.*
> DON CARLOS  *La muerte de la malvada*
> *en cuanto acabe con vos.*
>
> (Ed. Campos, cit., II, pág. 344).

Por su parte, don Alfonso en la escena de la celda increpa:

> *...Una*
> *sola hermana me dejasteis*
> *perdida y sin honra... ¡Oh furia!*
>
> (ídem, íd., pág. 358).

El papel que desempeñan estos dos caballeros en el drama de don Álvaro ha escapado también a la comprensión de críticos de bien probada sagacidad. Valbuena, por ejemplo, escribe: «El error de la obra está en la exageración desmesurada del principio falso del honor, en una época en que no se creía en él, pero era un tópico histórico de moda —como en el *Hernani* de Hugo—. Por eso los dos hermanos de doña Leonor (don Carlos y don Alfonso) son como unos muñecos metálicos, rígidos, *fatalmente* rígidos» (Ángel Valbuena Prat, *Historia de la Literatura Española*, III, 7.ª ed., Barcelona, 1964, pág. 176). Pero ésta, precisamente, es la función dramática que don Carlos y don Alfonso cumplen en la obra: la de dos muñecos absurdos, que en nombre de una concepción fosilizada de la vida y del honor obstruyen el paso nuevo, joven y heroico del protagonista.

Por fortuna, no todos los críticos adolecen de idéntica miopía. Sin extraer las últimas consecuencias —diríase que se teme a veces llegar a ellas por escrúpulos ideológicos o morales—, Eleazar Huerta escribe muy atinadas consideraciones sobre la fatalidad del *Don Álvaro* y el suicidio del protagonista, y también sobre el desorbitado concepto del honor que mantienen los hermanos de la heroína y su función y efectos en el drama («Trayectoria romántica del duque de Rivas», Prólogo a su edición *Don Álvaro o la fuerza del sino y selección de Romances Históricos*, Santiago de Chile, 1958).

que don Álvaro no es responsable, la gran injusticia de una sociedad que se cree cristiana, pero que le ha destruido implacablemente.

La imprevista aparición de doña Leonor, retirada en las proximidades, restaura de un golpe toda la esperanza: «Si Leonor existe, todo puede repararse», dice don Álvaro; pero don Alfonso, moribundo, llega a tiempo todavía de asesinar a su hermana. Todos los golpes de una injusticia cósmica han caído sobre el héroe; perdido todo, a don Álvaro no le queda otra salida que la autodestrucción, y ejercitando —dice Cardwell— la única libertad que se le ha dejado, se precipita, desesperado, en el abismo, clamando por el infierno que le espera. Cardwell, al llegar a este punto, hace escarnio de los comentarios de Azorín y de otros críticos semejantes, que piden al *Don Álvaro* verosimilitud dramática y psicología, y comenta la incapacidad de Peers y sus seguidores para explicar el suicidio de don Álvaro; suicidio que es un grito de protesta y rechazo contra el absurdo de la vida y, como Larra había escrito, «el caos y la nada al fin del viaje».

Navas Ruiz, en el prólogo mencionado, ha llegado a las mismas conclusiones que Cardwell, aunque su estudio sea menos analítico. La tragedia de don Álvaro —dice— se enraíza inicialmente en un orden social; mestizo, e hijo de una familia en desgracia, busca su redención en el amor de Leonor, pero la sociedad le cierra el camino. Confiado en la justicia de su causa, espera que se cumpla el orden natural de las cosas, pero el azar, con la fortuita muerte del marqués, lo frustra todo: «Esta intervención —comenta Navas Ruiz— ha sido ridiculizada por la crítica: a los racionalistas les parecía absurda porque buscaban causas; a los cristianos, inaceptable, porque creían en la Providencia. Pero, frente a unos y otros, Rivas como romántico sabía que existen las fuerzas ciegas y que un día serían aceptadas como hechos de la existencia. Curiosamente, con su combinación de azar y necesidad, *Don Álvaro* se sitúa muy en la corriente de la ciencia moderna. / La intervención del azar, que en nuestros días no se puede menos de tomar muy en serio, aporta el elemento irracional. Justamente es éste el que, según Bertrand Russell, está a la base de la tragedia griega y de toda tragedia con su afirmación de lo absurdo, de lo incontrolable, de lo que la inteligencia del hombre no puede reducir a comprensión. A partir de ese momento, efectivamente, se suelta en las páginas de *Don Álvaro* el aliento trágico. Las llamadas del protagonista a la razón, no sirven para nada: la venganza, al servicio de un código de honor, le persigue implacable, causando desgracias sin cuento y obligándole a transformarse en otro ser» [219].

Dentro de este contexto adquiere todo su sentido y su importancia estructural, como eje del drama, el soliloquio del Acto III, que «marca el salto —dice Navas— desde el orden social al orden metafísico» [220]. «Don

---

[219] Introducción a la ed. cit., pág. LIV.
[220] Ídem, íd., pág. LV.

Álvaro —añade— comprende con absoluta claridad que la vida es un caos doloroso, que no está regida por ningún designio consciente. En su mente enloquecida se empieza a dibujar la muerte deliberada como única solución aceptable para tanto absurdo y tanto sufrimiento. / A partir de ahora, su trayectoria es la de un ser desesperado, cuyo pesimismo trascendental se ve acrecido por la insensata némesis de que es víctima. Sus pasos son pasos sin norte vital, encaminados solamente al encuentro con la gran libertadora. Cuanto hace es enteramente gratuito: hacerse fraile como hacerse militar no significa nada para él; él no siente esas cosas. Es, por lo tanto, inadecuado referirse a sus sentimientos religiosos porque entre en un convento. Tales sentimientos no existen, como lo prueban la facilidad con que imagina liberarse de sus votos por dispensa papal, al saber que Leonor vive, o su aceptación del desafío. Si Rivas, para mostrar el triste sino de su criatura, lo lleva al Ejército y a la Iglesia, la razón estriba en el prestigio y popularidad de tales instituciones dentro de la sociedad española, no en el corazón del héroe» [221]. Permítasenos ampliar todavía la cita, porque es altamente esclarecedora: «El suicidio de don Álvaro, piedra de escándalo de muchos críticos, se yergue como la respuesta de un hombre al negro espectro del absurdo, de la futilidad de la vida. Con todo lo que encierra de negativo, supone una última y desesperada acción positiva: la afirmación de la libertad individual. Aplastado por fuerzas superiores, encarnizadas en perseguirle, el héroe se aniquila para derrotarlas definitivamente, renunciando a una vida que no pidió y que es la fuente de sus males. Al identificarse con el diablo, el supremo rebelde, y al clamar por la destrucción del mundo, don Álvaro se alza en el momento mismo de arrojarse al abismo a la categoría de símbolo: símbolo de total rebeldía frente a una sociedad hostil, frente a un destino ciego, inmisericorde, terrible» [222]. Esta es la razón por la que Cardwell ha podido situar el drama de don Álvaro en el plano metafísico y, en absoluta negación de toda providencia, calificarlo de *cosmic injustice*.

Navas subraya que aquella nota final de nihilismo y rebeldía separa a *Don Álvaro* de toda la tradición literaria anterior y coloca a su héroe en un clima de abierto desafío a Dios y a la sociedad, haciendo de él el gran símbolo romántico. «Históricamente —concluye Navas— la novedad y transcendencia de *Don Álvaro* son rotundas» [223]. Cardwell, a su vez, lo em-

---

[221]  Ídem, íd.

[222]  Ídem, íd., pág. LVI.

[223]  Ídem, íd., pág. LVII. Añadamos todavía, en última instancia —aun a costa del obligado reajuste tipográfico, porque el testimonio merece la pena—, estas palabras de un crítico francés: «Sería posible mostrar que en *Don Álvaro* aparece por primera vez una filosofía del absurdo, explotada luego por Kafka» (Jean-Louis Picoche, *Un romántico español: Enrique Gil y Carrasco (1815-1846)*, Madrid, 1978, pág. 269, nota 17). Afortunadamente, como vemos, una crítica nueva está ya arrinconando las romas interpretaciones anteriores.

pareja con el Caín de Byron, es decir, lo levanta a la altura de los grandes héroes del romanticismo europeo.

Cardwell dedica la última parte de su artículo a examinar un interesante aspecto de la obra. Hay en ella como una serie de interferencias de sentimiento religioso, de vacilaciones, que han contribuido a la confusión de los críticos y ha permitido a algunos de ellos, como hemos visto, hasta extraer deducciones providencialistas. Las vacilaciones en el personaje no nos parecen menguas, sino aciertos, y deben ser recordadas a los comentaristas que piden más psicología; sin vacilaciones, don Álvaro sería un palo y no un ser humano, falso por tanto pese a todo el valor simbólico que se le otorgue. Que los monjes, al ver precipitarse a don Álvaro, clamen misericordia y canten el Miserere no es de extrañar, pues es lo que suelen hacer en casos tales; tampoco el clima de la obra tiene por qué impedir que el hermano Melitón cuente chistes y diga tonterías. El problema más que en la obra, reside en el autor, y no es ajeno tampoco a los juicios que aquélla ha provocado. Sabemos bien que Rivas era un liberal y que por serlo estaba desterrado, pero evolucionó mucho después y llegó a ser el más caracterizado representante del romanticismo tradicional y el bien avenido conservador cubierto de cargos y honores oficiales. Resultaba, pues, difícil, o mejor sería decir extraño, atribuir a la obra del duque intenciones tan radicales como las que hemos visto en el *Don Álvaro*. Pero teniendo presentes las circunstancias que hubo de afrontar su autor durante el penoso destierro, no es aventurado suponer que hubo de atravesar una aguda crisis, de la que fue producto aquel drama. Cardwell apunta que el tiempo que pasó en Inglaterra y Francia debió de exponerle a las corrientes de escepticismo que fermentaban entonces en Europa, y especialmente a las ideas de Byron, cuyo influjo ha señalado el propio Peers. Cardwell recuerda unas palabras de Galiano, según el cual, su estancia en los referidos países y «su relación con críticos extranjeros le hizo adquirir nociones más sólidas e información más exacta respecto al estado de la crítica europea que a la mayor parte de los escritores españoles». Lo cierto es que *Don Álvaro* constituye dentro de la obra del duque una cosa aparte. Cuando Ochoa prologó sus *Leyendas* en 1854 señaló la diferencia con sus obras anteriores: «En nada, absolutamente en nada se parecen unas a otras»; y el propio duque en la introducción escribió unas palabras que no parecen demasiado sibilinas: «Son, pues, estas leyendas —dice— la verdadera expresión, o en otros términos, la medida exacta *de lo que representa y vale hoy* su autor, considerado como poeta»; declaración que equivale a toda una palinodia.

Las circunstancias que hicieron posible la audacia del *Don Álvaro*, aparte la íntima necesidad o convicción del propio autor al escribirlo, son muy dignas de tenerse en cuenta. Boussagol, inevitablemente, se plantea el caso, tan controvertido, del suicidio del protagonista. Este suicidio, para los críticos y espectadores españoles, formaba parte de los componentes inmorales que se atribuían al romanticismo de la nación vecina; hacer que un fraile, tenido casi como santo por su Padre Guardián, se suicide desesperado de la Providencia divina, carecía, al parecer, de toda justificación y suponía una audacia casi temeraria. Pero el hecho —dice Boussagol— puede explicarse si se piensa que el *Don Álvaro*, que sólo por el cambio de las circunstancias políticas se estrenó en España, es un drama de inspiración francesa, concebido para complacer a un público que aplaudía *Hernani*, *Antony*, *Marion de Lorme*, *La Tour de Nesle*, *Lucrèce Borgia* y *Marie Tudor*. Una modificación superficial, como la que hizo el duque en España, consistente en poner en verso varios pasajes de prosa, no podía cambiar los rasgos esenciales; y el autor, mal readaptado a la mentalidad de sus compatriotas o deseoso probablemente de intentar un golpe de audacia, sometió al veredicto de los espectadores del Teatro del Príncipe el drama que había escrito para entusiasmar a los espectadores de la Porte Saint-Martin. En todo caso, lo único cierto es que el duque no renovó la tentativa. Y así, si el *Don Álvaro* no se diferencia de ninguna otra obra suya *por la fuerza del sino*, representa en virtud del suicidio una excepción total.

La interpretación de Boussagol nos parece correcta con alguna rectificación de cierta monta. El *Don Álvaro* no fue compuesto *para complacer o entusiasmar* a los espectadores de la Porte Saint-Martin —propósito que parece encerrar en la explicación de Boussagol un sentido peyorativo— sino contando con que la mentalidad de aquellos espectadores haría posible la recepción del drama. Vuelto a su país lo reescribió, como sabemos, aunque ignoramos en qué medida lo modificó. Pastor Díaz afirma que le hizo *sustanciales variaciones*, encaminadas, sin duda, a moderar las dimensiones del atrevimiento. Y casi diríamos que, por lo grande y mal comprendido, más asombró que irritó a sus compatriotas, lo cual, unido a la personal significación del duque, evitó el escándalo de la obra, y contuvo a los críticos.

Boussagol ha puesto gran interés en destacar la influencia francesa sobre el *Don Álvaro*. A su juicio, los posibles influjos recibidos en Malta por el duque, hacen olvidar otro quizá más importante, que es el francés [224]. Entre los cuartetos endecasílabos del *Moro* —dice— y las octavas de *Florinda* o del *Paso* existen tan sólo diferencias de grado; pero entre el *Don Álvaro* y *Arias Gonzalo* o *Lanuza* existe el abismo de una revolución. Boussagol no pretende atribuir a la sola influencia francesa la renovación de la técnica de Rivas y de su visión poética, pero considera evidente el impacto que le produjo a su llegada a Francia el ejemplo de los «apóstoles privilegiados» —Hugo, Dumas, Vigny—, cuyas obras fascinaron al duque, según

---

[224] *Ángel de Saavedra, duc de Rivas...*, cit., pág. 446 y sigs.

hizo constar en repetidas cartas a Cueto. Tampoco intenta Boussagol despojar a Walter Scott del papel que le corresponde en la evolución del arte de Rivas, pero estima preciso añadir el que pertenece a las novelas de Hugo. De *El Moro expósito*, comenzado a los cuatro años de la llegada a Malta, tan sólo los cinco primeros romances se compusieron en la isla, y son los menos vigorosos; los siete restantes fueron escritos en Francia. La influencia francesa —sigue diciendo Boussagol— no podía menos de favorecer la tendencia narrativa de Rivas y su gusto por la resurrección del pasado nacional; pero en el teatro no fue tan sólo animadora sino libertadora en el pleno sentido de la palabra, puesto que ella estimuló al poeta a romper las cadenas de la tragedia convencional. La «batalla» de *Hernani* se había dado pocas semanas antes de la llegada del poeta español, y éste, tan impresionable por temperamento, se empapó de romanticismo como antes se había empapado de clasicismo, y se dispuso a escribir un drama con todas las licencias de la nueva escuela. Boussagol supone que hubo un propósito previo de «romantización»; Rivas y Galiano, enfrentados ante el éxito de los dramas de Hugo y de Dumas, debían de encontrar de aplicación fácil una fórmula de arte que proclamaba la libertad absoluta, la mezcla de géneros, la supremacía de la fantasía sobre todos los cánones de los teóricos. Para Boussagol, el *Don Álvaro*, contando, claro está, con el genio del autor, fue posible por un conjunto de circunstancias favorables, que no tenían que repetirse en el teatro de Rivas.

El duque —dice Boussagol (y ya sabemos que su caso es común a muchos otros escritores de la época)— se convirtió en un revolucionario en literatura cuando era en política un moderado. En los tiempos de *Lanuza*, por el contrario, era un literato moderado y un político de vanguardia. Cuando hacia 1840 se lleva a cabo el acuerdo de ambas actividades, el político tradicionalista y conservador se transforma en un escritor retrógrado, que pide a los viejos escritores nacionales el secreto de su arte. Calderón y la *comedia* tenían también su parte en el *Don Álvaro*; pero todo ello fue puesto en ebullición por el fermento romántico francés. El romanticismo alemán había exaltado a Calderón, pero a la dramática calderoniana los románticos tenían que añadir algo distinto, que no existía a comienzos del siglo XIX. Este «algo distinto», como una levadura vital, había animado al *Don Álvaro*. Luego, cuando Rivas quiso *purificarse*, nacionalizándose en el viejo Calderón, escribió esas piezas que sólo se leen para escribir una tesis doctoral. El *Don Álvaro*, pues, quedaba como una excepción, surgida al calor de la escuela romántica francesa.

De nuevo importa hacer una aclaración a los juicios de Boussagol. Si se entienden éstos a la letra, se corre el riesgo de ver en el *Don Álvaro* una obra de imitación, de hechura francesa, atribución que nos parece insostenible. Pero no parece dudoso que el ejemplo de lo que presenciaba en el teatro francés espoleó al duque y le dio alas para las audacias de pensamiento y de técnica que llevó a su obra; el influjo francés fue, pues, de carácter moral. Pero en este sentido lo fue igualmente cuanto llegó a su noticia de toda la literatura europea, según ha señalado Cardwell recordando las palabras de Galiano. Digamos, pues, que el *Don Álvaro* fue el resultado de los años de contacto con Europa a que le había forzado su destierro. Luego, vuelto el duque a su patria, se produjo su evolución política e ideológica y el *Don Álvaro* quedó como una audacia irrepetible. Esto no obsta, sin embargo, para que el *Don Álvaro* sea lo que es, independientemente de lo que fuera luego su autor, pues la trayectoria de éste no debe hacernos olvidar el sentido de la trágica muerte del indiano.

### ÚLTIMAS PRODUCCIONES DRAMÁTICAS

Las producciones dramáticas del duque, que siguieron al *Don Álvaro*, confirman en buena medida lo que afirmamos en las páginas precedentes. Contra todo lo que podría imaginarse, el duque no volvió a insistir en el tipo de drama que le había hecho famoso, y las obras dramáticas de su última época son remedos del teatro áureo, muy en particular de Calderón. Por lo común, se estiman poco estas obras, pero en conjunto, no nos parecen tan desprovistas de mérito. El duque se manejaba en la escena con gran soltura y habilidad, con gran «oficio», diríamos. Lo que sucede es que en este teatro se limitaba a imitar lo antiguo, mientras que en el *Don Álvaro*, con todos los defectos que se quiera, había innovado resueltamente, aunque fuese por un camino que le obligaba a retroceder. Esto no significa que el duque hubiese dejado de ser romántico. Peers subraya oportunamente [225] que las *Leyendas*, incuestionablemente románticas, son posteriores a sus últimas producciones dramáticas, lo que revela que el duque localizaba su romanticismo en el terreno que entonces le era propio, mientras que en el teatro parece evidente que se había arrepentido de su propia audacia.

*Solaces de un prisionero o Tres noches de Madrid* consiste en las escapadas amorosas del rey francés Francisco I mientras estaba en la corte de España prisionero del Emperador, y las de éste mismo, en peligrosa competencia. La obra contiene todos los convencionalismos, sin omitir uno solo, de las comedias de capa y espada, y puede afirmarse que sería una excelente comedia calderoniana, si la hubiera escrito Calderón; en la pluma del duque era un refrito, pero un refrito con todas las excelencias de la especie. No puede decirse más, ni menos.

---

[225] *Ángel de Saavedra...*, cit., pág. 529.

*La morisca de Alajuar* contiene un gran tema: la expulsión de los moriscos del reino de Valencia en 1609 y el drama creado por los amores entre un noble español y una morisca que va a ser expulsada. El duque ha visto bien la tragedia de aquel pueblo que se siente español y que por motivos de raza y religión, por tradicional incompatibilidad, por prejuicios arraigadísimos e inextinguibles, se ve forzado a abandonar su patria y sus bienes. Algunas salvedades que se van deslizando en la obra para dejar a salvo la actitud de los cristianos, podrían aceptarse como inevitables; también Cervantes, en parecida situación, las adujo en el *Quijote* al referirse a la real, o supuesta, contumacia de la raza odiada. Pero el desenlace que se saca el duque de la manga en las últimas escenas, es desconsolador; porque resulta que la muerte de los dos amantes, prevista por la ley, no se lleva a cabo, ya que la morisca no es tal morisca, sino la hija perdida de uno de los miembros del tribunal que la condena; y el amante, hijo y heredero del propio presidente del tribunal. La declaración de una criada, como en los dramones que más se estimen, basta y sobra para aclarar en el último instante la condición de la muchacha y resolver felizmente la angustia del drama. Dicho queda que si la morisca hubiera sido morisca en realidad, ambos amantes hubieran ido al cadalso por la posta, según había decidido ya el tribunal: la chica por serlo y escaparse, y el español por haber facilitado su huida. Está bien claro, pues, por donde andaban, en última instancia, los pensamientos del buen duque por aquel entonces. Para tal viaje no hacían falta alforjas.

Añadamos, por ser muy interesante, que en *La morisca de Alajuar,* aunque no está don Álvaro, se alude a la fuerza del sino docenas de veces. Cierto que entre moros anda el juego, pero cuando hablan los cristianos siguen culpando al Destino de todo lo malo que les pasa, exactamente lo mismo que los más testarudos hijos de Mahoma.

*El crisol de la lealtad* es un «drama histórico» localizado a mediados del siglo XII. Un impostor, don Lope de Azagra, pretende hacerse pasar por el rey Alfonso el Batallador, fallecido años antes. El duque se basó en una obra de Ruiz de Alarcón, *La crueldad por el honor,* y en un pasaje de la *Historia* de Mariana. La obra, en general, no ha sido muy estimada por la crítica, pero no es mejor ni peor que otro cualquiera de los «dramas históricos» de la época, con la ventaja que le da la habilidad del duque para mantener el interés de la acción y presentar bellas escenas dramáticas. Peers le reprocha la escasa consistencia de los personajes, pero recuerda a su vez la opinión de Hidalgo [226], que tenemos por justa, de que en esta obra «hay menos afectación en imitar la escuela de Calderón» y concretamente menos abuso en escenas de duelos, citas y

---

[226] Idem, íd., pág. 535, nota 1.

tapadas. En cambio, hay un par de graciosos que tienen bastante gracia y que acreditan el pulso del duque para habérselas con escenas y tipos populares.

*El Parador de Bailén* es otra prueba de los bandazos dramáticos del duque. Todas las obras de esta última época se desprenden de la manera más natural de toda preocupación clasicista, para saltar libremente tiempos y lugares en la línea más genuina del teatro áureo, que el romanticismo hacía suya; los metros son de la mayor variedad, y con las formas métricas tradicionales se combinan otras muchas de la invención del duque y todas las que la lírica del tiempo venía introduciendo. *El Parador*, en cambio, escrito diez años después del *Don Álvaro*, es una comedia moratiniana, con los tres actos en idéntico escenario y cuya acción «empieza a las tres de la tarde y acaba al amanecer del día siguiente» [227]. Sin discusión posible, es ésta la más floja obra dramática del duque y la de asunto más manido y convencional: una joven dama de Madrid está prometida por su padre a un primo suyo, «señorito ridículo de lugar», según dice la acotación que presenta al personaje; pero la dama se libra de él llamando a un apuesto capitán, de quien estaba enamorada. Hay momentos de gracia, que el duque sabía manejar, pero tipos y situaciones se exageran y disponen con arbitraria facilidad.

Lugar aparte merece *El desengaño en un sueño*, compuesto en 1842, obra importante y ambiciosa, aunque haya dejado escasa huella en nuestra historia literaria, entre otras razones porque no pudo en su tiempo ser representada. El autor la dio a conocer en lecturas privadas y mereció grandes elogios, que se repitieron al ser editada en las *Obras Completas* de 1854, pero las casi insalvables dificultades de su escenificación disuadieron a los empresarios de su montaje. El famoso actor Carlos Latorre, solicitado para representar la obra, declaró que el papel del protagonista, que no abandona la escena un solo instante, era excesivo para sus pulmones. Tan sólo en 1875, diez años después de la muerte del duque, Antonio Vico, debido al entusiasmo y presión del rey Alfonso XII, que tenía en gran estima al autor del *Don Álvaro*, se atrevió a montar e interpretar *El desengaño en un sueño*; el público recibió bien la obra, pero era evidente que no resultaba adecuada para la representación; tenía razón Ferrer del Río cuando refiriéndose al «deleite y pasmo» que podía producir aquel «poema fantástico desenvuelto con toda la gala de una fantasía esplendorosa», aclaraba que era necesario «leerlo a solas» [228].

*El desengaño en un sueño* es, efectivamente, un poema dramático de tipo alegórico-simbólico, con el que el poeta se propone expresar un con-

---

[227] Ed. Campos, cit., II, pág. 153.
[228] Cit. por Peers, en *Ángel de Saavedra...*, cit., pág. 539.

cepto filosófico de la vida. La acción se emplaza en un islote desierto del Mediterráneo. Un mago, Marcolán, vive allí con su hijo, Lisardo, a quien mantiene en cautividad, sin permitirle salir de aquella pequeña tierra, para tenerlo alejado de los peligros y desengaños de la vida. La obra comienza cuando Lisardo se rebela contra aquella reclusión y Marcolán decide que su hijo experimente en un sueño las miserias de la existencia humana. Inmediatamente se le aparecen a Lisardo los genios del Amor, de la Riqueza, del Poder y del Mal. Lisardo encuentra a la bellísima Zora, con quien casa, pero el genio del Mal le inspira el deseo de riquezas, que consigue, y luego el del poder. Convertido en un brillante general, engrandece el país y arrastrado por la ambición asesina a su monarca para casar con la reina. Desde este instante cesa su felicidad pues le persiguen la envidia y las intrigas de los cortesanos; sus aparentes amigos le traicionan, Zora muere de dolor al verse abandonada, y al fin Lisardo es derribado y condenado a muerte por una revolución del pueblo. En este momento concluye el sueño y Marcolán pregunta a su hijo si desea vivir realmente lo que acaba de conocer en él; a lo que Lisardo renuncia, como era previsible.

El drama está desarrollado con exuberante imaginación. Se suceden las escenas de magia con apariciones, transformaciones, escenografía espectacular, despliegue de fastuosas riquezas; toda la desatada libertad del sueño se transplanta a la escena para hacer experimentar al héroe los portentos de excepcionales circunstancias. En la versificación, aunque no escasean los deslices prosaicos, acumula igualmente el duque toda su capacidad imaginativa y colorista, que queda aquí bien demostrada. Y aunque las escenas se encadenan con arbitraria comodidad, propia del caso, el proceso dramático está bien conducido y el símbolo se funde dócilmente con los sucesos que lo ejemplifican.

*El desengaño en un sueño* ha merecido juicios muy dispares. Cañete lo estimaba como la mejor obra de su autor, y Cueto afirmaba que podía parangonarse con las más altas creaciones de Goethe y de Byron. Piñeyro lo califica, en cambio, duramente: «En *El desengaño en un sueño* —dice— se da libre campo la imaginación del poeta, desarrollando a su manera un tema idéntico al que sirvió para componer *La vida es sueño*, obra maestra de Calderón. Respecto al estilo y a la rica versificación, conocía y poseía el Duque tan bien a su modelo, que algunas veces compite brillantemente con él; pero respecto a la concepción del argumento la diferencia entre ambas obras es demasiado grande y toda a favor del predecesor... *El desengaño en un sueño*, a pesar de su título de drama fantástico, carece de acción; es una doble alegoría, cuyo objeto y alcance conoce el espectador desde el primer momento y que no puede por consiguiente interesarle. Su radical inverosimilitud va más allá de lo que a la imaginación es permitido corregir o completar... El *Fausto*, el *Manfredo*, a pesar de toda su tramoya y su profundo simbolismo, son representables, porque hay en ellos verdadero drama, conflicto de pasiones, lucha de sentimientos hondamente sentidos y sinceramente expresados. En *El desengaño en un sueño* el artificio está constantemente a la vista del espectador... Los personajes no son seres vivos, sus palabras y movimientos son como de muñecos, de títeres vestidos de rey, de reina, de ministro, etc., agitándose sobre un retablo, y maese Pedro, en vez de hallarse dentro, está allí delante sentado en la gruta. ¿Qué ilusión, qué interés pudo nacer en tales circunstancias? Aquí todo es alegórico, frío, vano; no hay Margarita, que sufre de veras y cae palpitante de dolor sobre el suelo del calabozo; no hay Manfredo henchido de orgullo, devorado por remordimientos, que desafía impasible a la hora de la muerte el poder del cielo y del infierno. / *El desengaño* está sin duda mejor escrito que el *Don Álvaro*, la versificación es más artística, más perfecta, como es más firme el estilo, aunque no atrae ni seduce en tanto grado, porque le falta la frescura, los colores juveniles de la primera obra. En los buenos momentos de ésta se siente bullir la inspiración llena de calor y de vida; en la otra el esfuerzo es más visible y predomina demasiado un defecto terrible, carencia casi completa de emoción comunicativa, y lo que es su consecuencia inevitable, de sinceridad en la expresión» [229].

Valera encontraba la obra de un pesimismo excesivo, casi humillante para el ser humano, mucho más extremado de lo que prescribe la ortodoxia [230]. Lisardo, en efecto, decide quedarse en la isla con solo su padre «para siempre jamás»; a diferencia de Segismundo, la experiencia no le conduce a «refrenar la furia y la ambición», sino a aniquilarla por entero. Dice Valera que Lisardo, lejos de estar desengañado y de no querer ir al mundo, debió desearlo con más fervor que nunca [231], para demostrar a su padre que, despierto y en pleno uso de sus facultades, no precisaba ser traidor ni asesino, pues con su libre albedrío y el favor del cielo podría triunfar de las pasiones «cuya maldad sin límite» se negaba a reconocer Valera. Por todo ello, considera que *El desengaño en un sueño* es «una obra falsa y que no puede interesar» [232]. Valera supone que el duque, en *El desengaño*, «se dejó llevar, sin caer en la cuenta, de teorías pesimistas a la moda de entonces» [233], y para demostrarlo insiste repetidamente sobre el carácter naturalmente optimista del duque.

Valera compara *El desengaño* con el *Don Álvaro*, y a fin de acentuar el pesimismo del primero llega a calificar al segundo de «optimista» y a descubrir en él «un mérito en la tendencia sana y consoladora, en el endiosamiento de la libre condición humana» [234]; afirmaciones desconcertantes, que sólo un afán de paradoja puede justificar.

---

[229] *El romanticismo en España*, cit., págs. 85 a 89.
[230] Estudio cit., pág. 758.
[231] Ídem, íd., pág. 757.
[232] Ídem, íd., pág. 758.
[233] Ídem, íd.
[234] Ídem, íd., pág. 757.

En todo caso, el pesimismo de *El desengaño* no contradice, a nuestro entender, el optimismo vital del duque, del que Valera había sido testigo en la intimidad de su trato cotidiano. El duque era, sin duda, un «bon vivant» que procuraba extraer de la existencia todos los goces posibles, precisamente porque no los suponía particularmente abundantes, y sabía que sólo aprovechándolos bien se hacía la vida llevadera. *El desengaño* tampoco contradice a *Don Álvaro*, como afirma Valera, sino que, muy al contrario, encierra su más inequívoca confirmación: la vida, en ambos dramas, se presenta como un proceso sin sentido, y sus supuestos dones —a los que Lisardo renuncia, tras apurarlos todos— no son sino miseria y vanidad. La diferencia entre las dos obras estriba en que *Don Álvaro*, compuesto en los años de audacia juvenil y en las circunstancias que hemos descrito, lleva su rebeldía hasta el final y refrenda con su suicidio la afirmación de su protesta; en *El desengaño* la rebeldía satánica se sustituye por la reflexiva aceptación filosófica de quien, llegado a la madurez (o, si se prefiere —maliciosamente—, al moderantismo politicosocial del duque), se resigna en silencio a lo irremediable, para buscar, como fray Luis, la escondida senda por donde anduvieron «los pocos sabios que en el mundo han sido». La diferencia entre don Álvaro y Lisardo —repitámoslo— no es de concepto respecto a la realidad, sino tan sólo de actitud, y si representan dos momentos en la trayectoria vital del duque, están por su raíz indisolublemente unidos.

En el duque —como en tantísimos mortales— había un pesimismo de cabeza y un optimismo de corazón, para decirlo románticamente, o de apetito de vida y goce, por decirlo en forma más realista y material. Y ambas tendencias no sólo no son incompatibles, sino que su equilibrio da la medida de una sagaz inteligencia humana [235]. En la obra literaria del duque

---

[235] Nicolás González Ruiz repite las mismas ideas de Valera, y recuerda también (*El Duque de Rivas o la fuerza del sino*, cit., pág. 261) que el duque era un hombre de intensa vida social, de amistad y comunicación, cristiano padre de familia, ardiente patriota, etc.; de todo lo cual deduce que, lo mismo en el *Don Álvaro* que en *El desengaño*, el duque se desmiente a sí mismo (pág. 257) y que se limita a seguir, por pura *pose*, las filosofías de moda que se llevaban entonces; pues resulta además, para colmo de inconsecuencias, que ni siquiera se suicidó (pág. 258), como don Álvaro. Una vez más —y viene sucediendo miles de veces— el crítico exige al escritor las ideas y actitudes que él espera, o le acomodan, y cuando no encajan en su esquema lo acusa de insinceridad; es una causa que encuentra siempre abogados. A González Ruiz se le hace difícil de entender que la vitalidad humana del duque fuese compatible con un radical pesimismo de conceptos. También, como Valera, supone González Ruiz que la «tesis» de *El desengaño* es contraria a la de *Don Álvaro*, pero ambas —dice— son igualmente insinceras, «de elemental falsedad», de acuerdo con la vida del duque: «Ni Álvaros suicidas, ni Lisandros misántropos» (pág. 258). Por supuesto, encuentra también exageradísimas las conclusiones de *El desengaño*, «de un pesimismo desolador» (pág. 260); las toma, evidentemente, al pie de la letra, como si se tratara de dramas «realistas», sin advertir, como otros muchos, que el *Don Álvaro* es un drama simbólico —recuérdese la interpretación de Cardwell— y *El desengaño* —véase luego— una fábula alegórica.

alternaban ambos planos. Su pesimismo de cabeza lo expresó claramente en dos ocasiones, de diverso grado, como hemos dicho: en el *Don Álvaro* y en *El desengaño*. Pero este último no nos parece un «drama de despedida», como se ha podido afirmar, ni como «el testamento literario de su autor»; porque el duque, no solamente compuso luego, según sabemos, algunas de sus mejores y más genuinas obras románticas, sino que, biográficamente, vivió después las deliciosas jornadas napolitanas, sólo entibiadas porque la inminente y temida vejez le impedía exprimirlas más intensamente. Cuando el duque concluyó *El desengaño* en Sevilla, en 1842, distaba aún de sus «penúltimas horas», y no parece que el pesimismo de su drama coincidiese con su propia curva vital.

Los críticos han señalado las probables fuentes de *El desengaño en un sueño*. Peers observa [236] que su deuda con *La vida es sueño* no es tan profunda como suele decirse, excepto en la escena inicial, cuando Lisardo soliloquia de forma parecida a Segismundo sobre las condiciones en que vive. A lo largo de la obra hay, sin embargo, numerosísimos influjos de detalle —conceptos, e incluso frases—, bien reveladores de que el duque tenía el drama de Segismundo en la uña [237]. Peers hace hincapié sobre los pasajes

---

[236] *Ángel de Saavedra...*, cit., pág. 545.

[237] Las numerosas semejanzas, o influjos, de detalle, en la expresión de ciertas ideas, y hasta la identidad de situaciones, no niegan la esencial diferencia que existe entre *La vida es sueño* y la obra del duque, según Navas Ruiz ha puntualizado: «Opuesto a Calderón —dice—, el Duque propone la dulce paz de la vida retirada, lejos de los hombres y sus conflictivas apetencias, como único camino posible. Lo que en el dramaturgo barroco era aguijón que despertaba a Segismundo al mundo religioso y al bien obrar, es aquí suave sedante que lleva a la inacción, a la supresión de los deseos, al nirvana» (Introducción a su ed. del *Don Álvaro*, cit., pág. XXVI). En sustancia, es lo que Valera sugería, cuando afirmaba que la renuncia de Lisardo era excesiva y que debía regresar al mundo para demostrarle a Marcolán que con su libre albedrío y el favor del cielo podía triunfar de las pasiones. Pero, implícitamente, lo que estaba pidiendo Valera era sustituir el drama del duque por el de Calderón, procedimiento inaceptable de hacer crítica y enteramente ineficaz para entender una obra. Lo que Navas añade al párrafo transcrito nos parece algo más problemático: «Y así *El desengaño en un sueño* —dice— se convierte en el espejo fiel de la sensibilidad romántica y moderna, inhábil para soportar la lucha por la vida, anclada en una añorada adolescencia que no podrá a pesar de todo perpetuarse, contradictoria e inconformista, desesperanzada y triste, paralizada, introvertida, incapaz de hallar en parte alguna la luz redentora». Sin duda que la desilusión era el inevitable corolario romántico —era el «mal del siglo»—, pero creemos que el pesimismo del duque no es aquí tan específicamente romántico, sino la simple constatación del *vanitas vanitatum*, ciencia, pues, tan antigua como el mundo, que habían definido, entre millares, el bíblico Salomón, el renacentista fray Luis, el barroco Gracián y el romántico Leopardi. El duque exagera las consecuencias del «experimento», como decía Valera, porque, en realidad, lo que estaba escribiendo era una fábula, y Lisardo el encargado de mostrar al lector, a vuelta de mil incidentes peregrinos, el concepto vulgar sobre la vida que suele expresar el pueblo con frase gráfica y poco limpia. Rupert C. Allen ha llevado a cabo un curioso estudio psicoanalítico sobre Lisardo —«An Archetypal Analysis of Rivas' *El desengaño en un sueño*», en *Bulletin of Hispanic Studies*, XLV, 1968, págs. 201-215—, para extraer ingeniosas consecuencias sobre no sé qué problemas emocionales, castraciones psíquicas, masculini-

inspirados en Shakespeare —otra de las grandes devociones del duque—, particularmente en *La tempestad, Macbeth* y *Hamlet*. Indica también, como muy probable fuente, la comedia «de magia» *Sueños hay que lecciones son o Efectos del desengaño*, obra de baja calidad, pero muy popular en toda España por los años en que compuso el duque la suya. Farinelli [238] señaló las grandes semejanzas existentes entre *El desengaño en un sueño* y la obra de Grillparzer *Der Traum ein Leben*, que son, en efecto, sorprendentes en cuanto a la trama se refiere. La sugerencia de Farinelli ha sido ignorada por la crítica posterior —concretamente, por Peers en su *Historia del movimiento romántico español*— con la natural sorpresa y disgusto del crítico italiano. O'Connell ha estudiado recientemente este problema [239] y, habida cuenta de la fecha en que la comedia de Grillparzer fue estrenada y publicada en Viena y la de redacción de la obra española, aparte el hecho de que el duque desconocía el alemán, llega a la conclusión de que Rivas no pudo utilizar la obra de Grillparzer, y aventura la hipótesis de que ambos autores se apropiaron por igual de la popular comedia citada [240], con el resultado que es de prever, pues, según se explica en geometría, cuando dos figuras son iguales a una tercera, son iguales entre sí. O'Connell cierra su estudio con una conclusión, mucho más interesante, a nuestro entender, que el problema de las fuentes. En Austria —dice—, como en España, el pueblo gozaba sin desmayo con las comedias «de magia» y de espectáculo. El duque, lo mismo que Grillparzer, al llevar los elementos de este tipo de obras a una de más elevadas calidades literarias, trataba —a la vez que aprovechaba su popularidad— de llenar la distancia existente entre el teatro bajo y el más digno y reflexivo, según se entendía en la escena de la época. La conclusión de O'Connell viene a coincidir, aunque él no lo menciona, con lo que había dicho Valera: «El duque quiso hacer algo como una comedia de magia y de gran aparato, por lo serio» [241]. Boussagol, aun-

---

dad frustrada, etc. Todo esto está muy bien; pero queda a cien leguas de los propósitos del autor y resulta altamente caprichoso, porque Lisardo no es un personaje *real*, que pueda sentarse en una silla frente a un doctor discípulo de Jung, sino una marioneta —en esto tiene razón Piñeyro— cuyas andanzas y discursos no tienen mayor *realidad* que las del zorro de la fábula. Todo es, pues, una alegoría, y sólo como tal puede entenderse y valorarse *El desengaño*, sin cuidar de exageraciones ni extraer consecuencias demasiado concretas y «realistas».

[238] Arturo Farinelli, *Grillparzer und Lope de Vega*, Berlín, 1894, págs. 327-333. Del mismo, «El sueño maestro de la vida en dos dramas de Grillparzer y del Duque de Rivas», en *Divagaciones hispánicas*, I, Barcelona, 1936, págs. 211-224; el ensayo fue compuesto originariamente en 1927.

[239] Richard B. O'Connell, «Rivas' *El desengaño en un sueño* and Grillparzer's *Der Traum ein Leben*: A Problem in Assessment of Influence», en *Philological Quarterly*, XL, 1961, págs. 569-576.

[240] Recuerda O'Connell que Grillparzer no sólo leía las obras maestras del Siglo de Oro, sino cualquier comedia española que pudiese hallar; la «de magia» mencionada, fue publicada en Valencia en 1808.

[241] Estudio cit., pág. 758.

que también sin mencionarlo, parece estar esta vez de acuerdo con Valera. Piensa que el duque escribió *El desengaño* seducido por la idea de conseguir una pieza de gran espectáculo, y que fue llevado al «drama fantástico» por la «comedia de magia», tan popular entonces. El nuevo género le permitía a la vez satisfacer su gusto por una escenificación suntuosa y para el despliegue del fasto teatral y de la exuberancia del verbo. Su decepción —añade Boussagol— debió de ser enorme al ver que se rehusaba a su obra la escenificación otorgada a otros espectáculos inferiores, precisamente por su condición de «dramas fantásticos» [242].

En carta a Cañete, el duque se dolía de la mala ventura de su obra: «Como en él [alude a un artículo de Cañete sobre la *Historia de la Revolución* de Masaniello] apunta Vd. que algún día se ocupará de mi *Don Álvaro*, me atrevo a recomendarle otro hijo predilecto y hasta ahora no muy afortunado. Hablo del *Desengaño en un sueño*, drama fantástico, impreso, mas no representado, y, por lo tanto, muy poco conocido. El costo de su aparato teatral ha arredrado a empresas que no reparan en gastos y que se arruinan gustosas para poner en escena un baile *francés* o una ópera *italiana*. Y el trabajo material del primer personaje del drama, que no abandona la escena durante todo él, expresando siempre encontrados afectos y violentísimas pasiones, ha amedrentado a los primeros actores. Ya, pues, que no ha logrado darse a conocer en su propio terreno, esto es, en el teatro, ¿no podría Vd. hacerme el honor de sacarlo del olvido en que yace en la monstruosa e inmensa *Galería dramática*, con un artículo, si es que Vd. juzga que la composición lo merece?... ¿Quién sabe?... Puede que llamando Vd. en *El Heraldo* la atención sobre mi olvidado drama se excite la codicia de algún empresario o el amor propio de algún actor, y que salga *El Desengaño en un Sueño* a plaza cuando menos se espere» [243].

El duque de Rivas cultivó también la prosa con cierta fortuna; aparte algunos discursos académicos y varios artículos, publicó dos obras de historia: la *Breve reseña de la historia del reino de las Dos Sicilias*, y la *Sublevación de Nápoles*. La primera no ofrece particular interés; pero la segunda es una obra importante, que reúne las bellezas literarias con las sagaces consideraciones de un historiador político. Se trata de la sublevación capitaneada por Masaniello en 1647 contra la dominación española, y aunque el duque le niega a aquél calidad rectora, ataca los defectos de la administración española y los abusos de poder de los virreyes, así como la rapacidad de la Iglesia, todo lo cual explica el alzamiento, que justifica el duque, aunque condene a su vez la demagogia en que degenera. El autor

---

[242] *Ángel de Saavedra, duc de Rivas...*, cit., pág. 311.
[243] Cit. por Allison Peers en «Some Observations on *El Desengaño en un Sueño*», en *Homenaje ofrecido a Menéndez Pidal*, I, Madrid, 1925, págs. 583-587; la cita en págs. 583-584.

utilizó documentación de primera mano, y el conocimiento directo del ambiente y lugares le permitió dar a su obra una viveza descriptiva, llena de movimiento y de color.

### GARCÍA GUTIÉRREZ

La nueva fórmula dramática alumbrada por el *Don Álvaro* del duque de Rivas quedó afirmada con el estreno, al año siguiente, de *El Trovador*, de Antonio García Gutiérrez, uno de los más caracterizados representantes de nuestro teatro romántico.

NOTICIA BIOGRÁFICA

García Gutiérrez nació el 5 de julio de 1813 en Chiclana, provincia de Cádiz [244]. Su padre, modesto artesano, que ambicionaba para su hijo mayores horizontes, le hizo matricular, acabados sus estudios secundarios, en la Facultad de Medicina de Cádiz. Estudió y aprobó dos cursos, pero el muchacho prefería escribir versos que dedicarse a la ciencia médica [245], para la que no sentía ninguna vocación, y cuando, en 1833, Fernando VII cerró las universidades, aprovechó la oportunidad para marcharse a Madrid a pie, desafiando la irritación paterna, con el propósito de consagrarse a la literatura. Llevaba consigo un puñado de versos, dos comedias y dos tragedias. En Madrid hizo pronto amistad con Larra, con Espronceda y con Ventura de la Vega, por mediación de los cuales pudo entregar una de sus comedias, *Una noche de baile*, al empresario Juan Grimaldi, quien, como ya indicamos dirigía entonces los dos teatros más importantes de Madrid, el de la Cruz y el del Príncipe. Grimaldi no le estrenó la obra, pero le gustó lo suficiente como para ayudar a su autor consiguiéndole un puesto en la redacción de *Revista Española*. Como esta ocupación, así como sus colaboraciones en otras revistas —*El Cínife, La Abeja, Floresta Española, El Entreacto*— apenas le permitían vivir, acudió a la socorrida tarea de

---

[244] Para la biografía de García Gutiérrez, cfr.: Antonio Ferrer del Río, *Galería de la literatura española*, Madrid, 1846, págs. 253-270. Juan Eugenio de Hartzenbusch, prólogo a la edición de *Obras escogidas de Don Antonio García Gutiérrez*, Madrid, 1866. Nicholson B. Adams, *The Romantic Dramas of García Gutiérrez*, «Instituto de las Españas», Nueva York, 1922, cap. I, págs. 9-21. Joaquín de Entrambasaguas, prólogo a la edición de *Poesías*, luego cit.

[245] La escasa ciencia médica que debió de atesorar el futuro dramaturgo parece, no obstante, que fue de utilidad en alguna ocasión. Harvey L. Johnson en su artículo «Poesías de García Gutiérrez...», luego cit., pág. 172, reproduce un pasaje del libro de Guillermo Prieto, *Memorias de mis tiempos (1840 a 1853)*, México, 1906, según el cual García Gutiérrez actuó más o menos ocasionalmente de enfermero o cirujano durante su estancia en México, con ocasión de la guerra entre este país y los Estados Unidos.

traducir obras del francés. La primera estrenada fue *El Vampiro*, de Scribe (octubre de 1834), a la que siguieron otras dos al año siguiente: *Batilde* y *El Cuáquero y la Cómica*. Entretanto escribió un drama propio, *El Trovador*, que Grimaldi se decidió a estrenar, pero los actores, durante los ensayos, rechazaron la obra. Desalentado García Gutiérrez, decidió abandonar las letras y sentó plaza de soldado al convocar Mendizábal la «Quinta de los Cien Mil Hombres»; el Gobierno prometía a quienes tuvieran dos años de estudios superiores, nombrarles subtenientes a los seis meses.

Mientras García Gutiérrez hacía la instrucción en Leganés, el actor Antonio de Guzmán escogió *El Trovador* para su beneficio, y la compañía de Carlos Latorre y Concepción Rodríguez, mujer de Grimaldi, estrenó la obra en el Teatro del Príncipe el 1 de marzo de 1836. El autor, que no había obtenido permiso de sus jefes, se escapó del cuartel y pudo asistir al estreno, que constituyó un éxito apoteósico, sin precedentes en los teatros españoles. Por primera vez en nuestra escena se reclamó entre ovaciones la presencia del autor, y como éste iba tan mal vestido, Ventura de la Vega le prestó su levita para que saliera al escenario con mayor decencia. De golpe y porrazo, muy a la romántica, García Gutiérrez había conquistado la popularidad.

Su drama siguiente fue *El paje*, estrenado en mayo de 1837, bien recibido, aunque sin el éxito de *El Trovador*. En los cinco años inmediatos consiguió estrenar, o publicar, hasta quince obras, entre originales y traducciones, pero no volvió a conocer un nuevo triunfo hasta el estreno, en 1843, de *Simón Bocanegra*, que renovó el entusiasmo del drama que le había hecho famoso. Sus ingresos, a pesar de todo, seguían siendo escasos, y al año siguiente decidió probar fortuna en América. En La Habana trabajó por algún tiempo como periodista, y luego en Méjico, en Mérida de Yucatán. Pero regresó a su patria en 1850 tan escaso de dinero como había salido. En 1855 sus amigos políticos le consiguieron un puesto en Londres como Comisario Interventor de la Deuda Española, cargo poco congruente, según parece, con sus méritos literarios. Vuelto a España en 1858, ingresó en la Real Academia en 1861 y conoció otro gran éxito en 1864 con *Venganza catalana*, triunfo que no consiguió repetir al año siguiente con uno de sus dramas más perfectos, *Juan Lorenzo*. A partir de entonces la capacidad creadora del escritor decae visiblemente. En los años siguientes a su regreso de Londres, y siempre en busca de mayores ingresos, había compuesto varias zarzuelas, de las cuales tan sólo una, *El grumete*, con música de Arrieta, ha merecido salvarse del olvido.

Al producirse la Revolución de Septiembre, en 1868, García Gutiérrez, progresista de ideas pero ajeno hasta entonces a la política activa, compuso un himno titulado *¡Abajo los Borbones!*, al que Arrieta puso música, y que alcanzó gran popularidad. Aquel mismo año fue nombrado cónsul de España en Bayona, puesto que permutó al año siguiente por el de Génova. A su regreso a España fue nombrado en 1872 por el gobierno de Amadeo I director del Museo Arqueológico Nacional, cargo que desempeñó hasta su muerte, el 26 de agosto de 1884.

«EL TROVADOR»

La fama de García Gutiérrez está particularmente vinculada, según ha quedado ya sugerido, a su drama *El Trovador* con el que el romanticismo, aún indeciso, queda sólidamente afirmado. Allison Peers [246] recoge numerosos testimonios de la época, que prueban el entusiasmo con que fue recibido *El Trovador;* no sólo los periódicos, que registraron el triunfo del momento, sino historiadores y críticos de temprana fecha confirman el carácter de acontecimiento que dieron los contemporáneos a la obra del gaditano, en la que algunos llegaron a ver nada menos que el alborear de una nueva etapa de esplendor para nuestra escena. Allison Peers insiste en que no fue el *Don Álvaro* sino *El Trovador* la obra que señala el punto culminante de lo que él denomina la «rebelión romántica»; y, pasada ésta, todavía por largo tiempo conservó su popularidad.

Pertenece *El Trovador* a lo que se ha convenido en llamar *drama histórico,* es decir, una acción situada en un siglo remoto, que sólo importa como marco ambiental. En este caso se trata de los primeros años del siglo XV, durante la guerra entre Fernando de Antequera y el conde de Urgel por la corona de Aragón. Estos sucesos son aludidos, pero no tienen intervención decisiva en el drama. La acción consiste en los amores del trovador Manrique con Leonor, a la que su hermano pretende casar con don Nuño de Artal, noble de la corte aragonesa, partidario del de Antequera. Leonor, apasionadamente enamorada de Manrique, antes que aceptar el matrimonio con don Nuño prefiere ingresar en un convento, de donde Manrique la rapta; el trovador es apresado y ajusticiado por orden de don Nuño, mientras Leonor, que en vano intenta salvar la vida de su amado, se envenena. Paralela a ésta, existe otra acción, igualmente esencial. Manrique es, aparentemente, hijo de una gitana, Azucena, pero en realidad es hermano de don Nuño; Azucena lo robó en su cuna para vengar la muerte de su propia madre, que el padre de don Nuño había quemado como bruja. Esta condición del trovador es ignorada por todos, hasta que en la última escena del drama la revela Azucena, momentos antes de expirar.

Nicholson B. Adams ha puesto de relieve [247] los muchos puntos que *El Trovador* tiene en común con el *Macías* de Larra, así como los de éste con el *Henri III et sa cour,* de Dumas. En *El Trovador* y en *Macías* ambos protagonistas son trovadores, aman a mujeres de superior condición —o al me-

---

[246] E. Allison Peers, *Historia del movimiento romántico español,* trad. española, 2.ª ed., I, Madrid, 1967, págs. 344-349.

[247] *The Romantic Dramas of García Gutiérrez,* cit., págs. 68-79.

nos, como en el primero, lo parece—, y han de enfrentarse en su pretensión con rivales poderosos; ambas heroínas son obligadas a casarse y ambas prefieren entrar en un convento que aceptar al hombre que no aman. Tanto Macías como Manrique pretenden conseguir por la fuerza el objeto de su pasión, persuadidos de que su amor está por encima de los lazos del matrimonio o los votos religiosos, y los dos son apresados por su respectivo rival y mueren a sus manos. Las dos heroínas, igualmente apasionadas y resueltas, intentan salvar a sus amantes y las dos se suicidan al no poderlo conseguir. Todavía quedan detalles, como el duelo de ambos trovadores con sus respectivos antagonistas, la semejanza de algunas escenas y diálogos, etcétera.

Pero —como Adams se ve forzado a señalar— el propio Larra dedicó a *El Trovador* una reseña muy elogiosa [248], y si hubiera creído que le estaban plagiando su *Macías*, lo hubiera denunciado a voces. Por otra parte, García Gutiérrez añade el personaje de la gitana, que, además del tema de la venganza, introduce complicaciones en la acción, enteramente ajenas a la obra de Larra. También para este personaje resulta fácil encontrar antecedentes, y Adams los encuentra, desde la gitana del *Libro de Apolonio* hasta la de Víctor Hugo en *Nuestra Señora de París*, y otras igualmente recientes, como *La Bohémienne*, de Scribe (que el propio García Gutiérrez había traducido con el título de *Batilde*) y *La sorcière*, de Ducange. No obstante, la Azucena de García Gutiérrez resulta una creación de incuestionable originalidad y es quizás el personaje más interesante de la obra.

Repetidamente se ha dicho que existen en *El Trovador* dos acciones distintas —el amor de Leonor y la venganza de Azucena—, insuficientemente trabadas, por lo que originan alguna confusión al multiplicar y complicar los sucesos. Pero no nos parece que sea tan grave este defecto. Ambas acciones son como dos brazos de un mismo cuerpo, que se completan y ayudan, y sin el concurso de ambos la obra hubiera sido muy distinta. Piñeyro, que insiste precisamente en este reparo, admite que «prestan al argumento una extensión, una amplitud, que desde luego concurren a asegurarle su principal novedad: el vuelo poético y la libertad romántica» [249]; y añade luego, después de afirmar que con una acción sola hubiera bastado para construir un drama interesante, que la figura de Azucena «agranda el poema y hace de él vasto cuadro de pasiones violentas, de amor, de odio, con horizontes dilatados» [250].

---

[248] *Obras de D. Mariano José de Larra (Fígaro)*, ed. Carlos Seco Serrano, cit., II, págs. 168-171. En realidad, publicó Larra dos artículos, pero los fundió en uno al editar su *Colección;* es la versión que corresponde a la cita. Seco reproduce los dos artículos primitivos en un Apéndice.

[249] Enrique Piñeyro, *El romanticismo en España*, nueva ed., Nueva York, 1936, pág. 98.

[250] Ídem, íd., págs. 98-99. Cfr., Ernest A. Siciliano, «La verdadera Azucena de *El Trovador*», en *Nueva Revista de Filología Hispánica*, XX, 1971, págs. 107-114.

Los defectos indiscutibles —mejor diríamos, los excesos— de *El Trovador*, son los propios y peculiares del teatro romántico de cualquier país, comenzando por los mejores y más populares dramas: pasiones desmesuradas, situaciones límite, desafíos, raptos, venenos, cadalsos, y todo género de ingredientes melodramáticos y folletinescos. Pero sería improcedente, como sabemos, juzgar esta dramática con criterios de hoy. Por lo que a *El Trovador* respecta lo justo es afirmar que contiene en alto grado, y con honores de paradigma, todas las cualidades que hicieron posible la popularidad de este teatro; no en vano contribuyó decisivamente a su triunfo y ha podido ser calificado como el más representativo y uno de los mejores de nuestros dramas románticos. La acción discurre apretada y tensa hasta la catástrofe final, lógicamente exigida por las pasiones de los protagonistas; los caracteres, con la desmesura que les es propia, están convincentemente trazados, abundan las escenas vigorosas, el diálogo es fluido, los efectos dramáticos están manejados con mucha habilidad y el interés se sostiene sin un solo desmayo. Los dos enamorados, arrastrados por su pasión incontenible que arrolla cualesquiera respetos y barreras, poseen en alto grado los rasgos de juventud y de energía que encarnaban los sentimientos de la época. Leonor en particular, como todas las creaciones femeninas de García Gutiérrez, es una mujer ardiente, capaz de anteponer su amor al perjurio y al sacrilegio, a la muerte misma. Y la gitana Azucena es una creación de primer orden; en medio del marco caballeresco y cortesano aparece con ella el mundo inferior, perseguido y marginado, que sólo puede oponer a los desmanes del poderoso su odio y sus venganzas implacables.

Entre los méritos indiscutibles de García Gutiérrez hay que destacar —y todos los críticos han convenido en ello— la belleza y musicalidad de sus versos, que parecen brotar como sin esfuerzo, con elegante sencillez, vigorosos o delicados, según conviene a la situación. Por lo dulce y melodioso de su poesía Piñeyro ha podido decir de García Gutiérrez que es el «más conmovedor, el más penetrante y más patético de los poetas dramáticos modernos de España» [251].

*El Trovador* no carece, sin embargo, de graves fallos imputables al propio autor y no sólo a la cuenta del drama romántico como género. Para desarrollar la compleja trama que se trae entre manos, García Gutiérrez, con sobrada frecuencia, hace entrar y salir a sus personajes según le place, y no se arredra ante algunas situaciones de descarada inverosimilitud, que sólo la condición de *drama romántico* nos hace tolerar. Larra hizo ya notar que *El Trovador* tenía más de novela que de drama (peculiaridad, por lo demás, largamente acreditada en el teatro del Siglo de Oro), y que al reducir a los angostos límites del teatro una concepción demasiado amplia

---

[251] *El romanticismo en España*, cit., pág. 102.

había tenido que luchar con la estrechez del molde[252]. Con todo, la inverosimilitud más acusada no es un problema de espacio; nos referimos al hecho de que la gitana, por error o momentánea ofuscación, a la que se alude en cuatro palabras, quema a su propio hijo cuando pretende quemar al de Artal, al que después hace pasar por suyo. La *confusión* es mucho más grave por ser indispensable para el desarrollo, ya que sin ella no habría habido *Trovador*. El dramaturgo, pues, debió justificar algo mejor tan peregrino trueque.

Lomba y Pedraja, desde una perspectiva actual, sostenida además con un criterio realista de lo más absurdo e inaceptable, juzga a *El Trovador* con agria severidad y se irrita con Larra por el entusiasmo que había volcado en su reseña. «*El Trovador* —dice— pertenece a aquel género de dramas que el mismo Larra tenía calificado de bastardo, en el que los sucesos ni son históricos ni se originan necesariamente de los datos establecidos. Es también de las obras que nada enseñan ni nada prueban; otro género menospreciado por nuestro crítico»; «no hay costumbres del tiempo; no hay estudio ninguno de época. El ambiente histórico, o que pretende serlo, del drama, todo es de convención y de una vulgaridad enojosa... No hay caracteres»[253]. El mayor disgusto se lo produce Azucena, «una gitana solitaria, sin tribu, sin familia, sin conexiones», que puede, no obstante, robar un niño noble y criarlo durante años sin provocar sospechas: «falsedad esencial que raya en descabellada y extravagante»[254]; y nada se diga del trastrueque de criaturas a que Manrique debe la vida. Todo esto es cierto; pero entonces hay que destruir de un plumazo la casi totalidad del romanticismo en todos los idiomas.

Hay en las palabras de Lomba una acusación quizá más grave que todos esos excesos folletinescos. A propósito del encarecido lirismo de *El Trovador* dice Lomba que «fue el primer paso en el mal camino que recorrieron luego nuestros poetas hasta parar en el énfasis y el mal gusto de Echegaray y de Leopoldo Cano»[255]. Nos parece arriesgado cargar tamaña responsabilidad en la cuenta de solo *El Trovador*, y ni aun siquiera de todo García Gutiérrez. Dramas románticos muchísimo peores que los suyos se

---

[252] El descargo, o la excusa, vendría a dar la razón a las censuras de los neoclásicos, que condenaban precisamente la elección de asuntos inadecuados para la escena. Si se pretende meter un buey en un baúl, no hay que quejarse de que no quepa; hay que medir lo que se quiere transportar. Por lo demás, hallar asuntos que requerían todo el globo terráqueo como escenario y medio siglo para dar de sí, era bastante más cómodo y fácil que encontrar una acción verosímil, susceptible de ser encerrada en breve tiempo y pequeño espacio.

[253] José R. Lomba y Pedraja, «Mariano José de Larra (Fígaro) como crítico literario», en *Mariano José de Larra (Fígaro). Cuatro estudios que le abordan o le bordean*, cit., pág. 259.

[254] Idem, íd., pág. 263.

[255] Idem, íd., pág. 260.

representaron por docenas, y algún influjo debe suponérseles. Pero hay algo todavía que nos confunde un poco: parece ilógico hablar constantemente, con desmelenada ponderación, de la restauración nacional, del patriotismo, del tradicionalismo, de las viejas leyendas, del sabor popular que había resucitado el maravilloso «estallido romántico» —con sus *Trovadores*, sus *Don Álvaros*, sus *Amantes* y sus *Tenorios*, pues esto es lo que había y no otra cosa— y enfadarse después con sus excesos y con los lodos que aquellos polvos habían engendrado inevitable y lógicamente. A este propósito hay un hecho curioso. Como hemos visto, se acusa a Martínez de la Rosa de tibieza, de eclecticismo, de moderación, es decir: de no haber admitido todas aquellas delicuescencias y demasías que luego se reprochan a los demás. ¿No existe en esta actitud crítica, tan generalizada, una irritante inconsecuencia?

*El Trovador* consta de cinco actos, que su autor tituló «jornadas», quizá para recordar el sabor del antiguo teatro, y adoptando la costumbre puesta de moda por el *Hernani* de Víctor Hugo le dio un título a cada una: «El duelo», «El convento», «La gitana», «La revelación» y «El suplicio». Como el *Don Álvaro* del duque de Rivas, combina la prosa y el verso, aunque con gran predominio de éste; por lo común, como aquél, usa la primera cuando los personajes son de más bajo nivel social, aunque en una escena del acto III entre Leonor y Manrique se sirve de la prosa, y también en otras en que interviene don Nuño. García Gutiérrez corrigió *El Trovador* y lo escribió en verso por entero, pero esta versión ha sido olvidada y fue la primera la que se incluyó en la edición de *Obras escogidas* de 1866. Para la versificación se sirve el autor de variados metros, con gran abundancia de redondillas y de quintillas.

La obra de García Gutiérrez fue convertida en una ópera del mismo título por Verdi. Según Piñeyro, diríase que García Gutiérrez escribió su drama previendo que sería puesto en música y facilitando de antemano la tarea del compositor. Hay, en efecto, numerosas escenas musicales de gran espectáculo, como cuando Leonor toma el velo de monja en el convento, o la escena llamada del «Miserere», aparte las trovas de Manrique y la canción de Azucena, que el compositor italiano pudo aprovechar íntegramente.

Tras estas consideraciones sobre los aspectos literarios de *El Trovador*, importa hacer notar algunos rasgos capitales de su significado y contenido. Muchos lectores de hoy —no importa que sean críticos de teatro y hasta historiadores del teatro— se enfrentan a los grandes dramas de nuestro teatro romántico —y *El Trovador* lo es— con mentalidad de auténticos niños, y, en consecuencia, no son capaces de encontrar en ellos más que niñerías. Merece la pena, pues, aducir algunas opiniones más conscientes.

Robert Marrast, en su monumental monografía sobre Espronceda[256], a continuación, precisamente, de unos comentarios sobre la convicción sostenida por éste y por Larra respecto del papel del escritor en la sociedad, aduce la crítica de este último sobre *El Trovador*. Larra, que pocos meses antes había escrito una sangrienta caricatura de los nuevos melodramas románticos en su famoso artículo *Una primera representación* —es el que alude Lomba en su cita—, volcó, en cambio, sus elogios sobre el drama de García Gutiérrez, que, según nota Marrast, podía, a simple vista, parecer tan alejado de su credo ético y estético. Pero Larra advirtió muy bien lo que había en la obra del gaditano por debajo de la aventura espectacular. Larra —dice Marrast—, sin desconocer los defectos técnicos del drama, aprovechó la ocasión de saludar el triunfo de un autor desconocido que no debía el éxito sino a su talento; y, subrayando su diferencia con otras obras anteriores, comprendió lo que significaba el triunfo de su héroe, un trovador oscuro, sobre el alto personaje que es su rival y que abusa de su título y prerrogativas para arrebatarle la mujer que ama; vio justamente en Manrique un héroe romántico, cuya rebeldía contra la injusticia representa una victoria sobre las barreras sociales; en la venganza de Azucena, un desquite contra la desigualdad; en el comportamiento de Leonor, el triunfo del corazón sobre todo orden razonable. A pesar de su escenografía medieval —concluye Marrast—, *El Trovador* reproducía, por medio de la doble intriga que constituye el drama, aspectos vivos de la sociedad contemporánea.

Por su parte, Casalduero, en el Prólogo a la edición de *El Trovador* de Luis Alberto Blecua[257], ha subrayado la intención social que subyace en el drama de Manrique. A la diferencia de clase que le separa de su amada, el trovador —rebelde contra todas las leyes y convenciones— opone el nuevo orgullo: soy libre: «esa realidad indudable, esa realidad política de la burguesía que es la creencia en el único título que hace del hombre un ser digno, el sentirse libre, no con libertad metafísica o religiosa sino con libertad política». A su vez, la heroína, Leonor, «ha atravesado —dice Casalduero— ese círculo de fuego de la sociedad, la pasión y lo Eterno, feliz en su desdicha, gozosa en los brazos de Manrique», persuadida de que su amante es el hijo de una gitana, y sin embargo yendo gozosa al suicidio, haciendo oír «los gritos de libertad sobre el fondo de la muerte»[258].

Mucho más claro aún queda definido este contenido de rebeldía en el comentario de Cardwell[259]. Para probarlo aduce éste un pasaje del P. Blan-

---

[256] *José de Espronceda et son temps. Littérature, société, politique au temps du romantisme*, París, 1974, pág. 529.

[257] Cit. en nota 277.

[258] Págs. 20-22.

[259] Richard A. Cardwell, «*Don Álvaro* or the Force of Cosmic Injustice», en *Studies in Romanticism*, XII, 1973, págs. 559-579; las citas en págs. 565-566.

co García de muy especial significación. El P. Blanco comenta con cierta moderación el *Don Álvaro* del duque de Rivas, pero cuando llega a examinar *El Trovador*, «tan semejante en muchos aspectos», su reacción es muy distinta. Merece la pena reproducir completo el texto del P. Blanco aducido por Cardwell: «El fatalismo que avasalla y pervierte las grandes dotes de Don Álvaro, no aparece ni aun casi de soslayo en el drama de García Gutiérrez. Está sustituido por una moral pseudo-filosófica, de ingenios calenturientos y épocas de transición, moral bastardeada que pone el sentimentalismo por encima del decoro, aproximándose a la teoría del amor libre que comenzaban a preconizar por entonces los novelistas y dramaturgos franceses... Sólo obedeciendo a tales ideas y tales ejemplos pudo trazar el poeta andaluz un cuadro en que parece destacarse el mote de *Amor obliga...* Y en la confusión entre la tiranía y la nobleza que frecuentemente se nota en las ardorosas frases de la víctima, no es tampoco difícil vislumbrar ciertos rasgos de aquel socialismo incipiente que en la revolución de 1830 unificó a los discípulos de Saint-Simon con los de Víctor Hugo. El primer drama de García Gutiérrez no refleja, por lo tanto, el carácter genuinamente español, aunque se suponga tales las personas, y a despecho también del lugar, del tiempo y de las circunstancias históricas. Es una manifestación del romanticismo fisiológico, donde la pasión criminal y descarriada conmueve, seduce y como que borra del ánimo el disgusto, imposibilitando la rigurosa censura».

¿A qué se debe esta censura?, se pregunta Cardwell: «a que las repercusiones de la ideología liberal romántica están expresadas mucho más claramente en *El Trovador*». Rehusando admitir la intervención del *sino* —aunque también se le alude expresamente— el drama de García Gutiérrez «se desenvuelve en un círculo que no fija límites a la pasión, que proclama los derechos del individuo sobre la voluntad general, que promulga un sistema de valores que recusa los derechos y el poder de una jerarquía autoritaria y coloca las exigencias del amor por encima de los deberes para con Dios». Es natural —sigue diciendo Cardwell— que semejante concepción disgustara al padre agustino, que acusa por ello al dramaturgo de «sansimonismo», es decir, de radical, izquierdista y agnóstico, y deduce de aquí que el drama es «falso», es decir, no se acomoda a lo que piensan los españoles tradicionales y ortodoxos; lo que lleva a la última conclusión: *El Trovador* es una copia de los repudiables dramas franceses de la época.

El texto del P. Blanco, tan oportunamente aducido por Cardwell —permítasenos este comentario nuestro— no tiene precio para hacer visible de qué manera se ha venido forjando uno de los grandes tópicos sobre nuestra literatura romántica: el de mimetismo, falta de autenticidad, copia de la literatura extranjera. Todos los exégetas, a quienes molestaba el contenido de lo que no era romanticismo tradicional, lo descalificaban de un plumazo tildándolo de inauténtico y extranjerizante. Esta interesada definición, acu-

ñada como un lugar común de la crítica y repetida por todos los que
—caídos en la trampa— no se han cuidado de examinar un poco mejor los
productos de nuestro romanticismo, es la que ha impedido entender el
*Don Álvaro* y valorar todo el alcance del *Macías*, de *El Trovador*, de *Los
amantes de Teruel*, y de otros muchos dramas de menor fortuna literaria,
pero émulos en el propósito. El ejemplo y estímulo del romanticismo europeo, y particularmente del francés como más próximo y asequible, lo fue
—según hemos ya dicho en otras páginas— de índole moral e ideológica;
lo que se recibió de Europa fue un ideal de libertad, de la que estaba
nuestro país tan necesitado. Pero en términos literarios, nuestro romanticismo fue muchísimo menos mimético de lo que había sido, por ejemplo,
el petrarquismo; sin que ningún P. Blanco, o equivalente, se haya enfada-
do con él, porque el petrarquismo era inocuo y el romanticismo no lo era.

LOS OTROS DRAMAS

*El paje*, que García Gutiérrez estrenó al año siguiente de *El Trovador*,
es otro drama *romántico*. El paje, enamorado de su madre sin saber que
lo es, asesina al marido por instigación de ella, que sólo desea volver a su
antiguo amante, de quien tuvo al *paje*, precisamente. Cuando el paje descubre la verdad, trata de impedir que su padre real se una con tan ruin
mujer; busca a su madre con el propósito de matarla y le reprocha su
crimen, pero muere él antes a consecuencia de un veneno que acaba de
tomar. La muerte del hijo impide, en efecto, la reunión de los amantes.

Adams hace notar los muchos puntos de semejanza que tiene *El paje*
con *La Tour de Nesle*, de Dumas, que el propio García Gutiérrez había traducido —y estrenado en 1836— con el título de *Margarita de Borgoña*. Ambas obras —dice Adams, que las ha examinado con atención [260]— son representativas del melodrama romántico en su forma extrema. No hay
pintura de caracteres, sino tan sólo una acumulación de jadeantes incidentes; el interés sólo depende del argumento, que ciertamente no se dirige a la inteligencia del espectador, y ni siquiera a sus emociones, sino
sólo a sus nervios. El papel principal en ambos dramas —sigue diciendo
Adams [261]— lo desempeña la diosa Casualidad. En descargo del autor español sólo puede decirse que lo escribió en plena juventud y bajo el influjo,
entonces preponderante, de los métodos de Dumas, que, por fortuna, en sus
obras siguientes eliminó o, por lo menos, procuró mitigar.

Después de otros ensayos por diferentes campos, entre ellos un «drama
burgués», *Magdalena*, que la censura impidió representar, García Gutiérrez

---

[260] *The Romantic Dramas...*, cit., págs. 11 y sigs.
[261] Ídem, íd., pág. 115.

volvió al drama romántico con *El rey monje*, estrenado en 1837. Su héroe es el famoso monarca aragonés, Ramiro II, de mediados del siglo XII, protagonista de la legendaria «campana de Huesca», cuya historia se utiliza con gran libertad. El drama es típicamente romántico por su fondo, su atmósfera y su estilo, pero Ramiro no es un héroe romántico, como Don Álvaro o Hernani, capaz de enfrentarse con cualesquiera peligros; tampoco está centrada la obra en una crisis dramática, sino que consiste en una serie de episodios desde la juventud del rey hasta su muerte, procedimiento el más contrario a los métodos de Víctor Hugo o de Dumas. Piñeyro encarece con entusiasmo la calidad poética de *El rey monje*, que «es el cenit —dice— de su carrera de puro y elegante escritor. Pudo llegar, y en efecto llegó después, a un grado mayor de sobriedad y precisión en su lenguaje; pero nunca superó la fluidez y espontaneidad de forma, que en los dramas de este período es un encanto perdurable»[262]. Casi al final de la obra (Escena IV del Acto V), hay una escena que se hizo altamente popular: Ramiro, en su juventud, había amado a una mujer, Isabel, a la que tuvo que abandonar por estar destinado al claustro. Isabel nunca ha dejado de amarle, y, viejos ya ambos, acude al confesionario de Ramiro para que le absuelva porque nunca ha podido olvidar el amor de su juventud. No se reconocen al principio, pero Ramiro sabe quién es cuando le oye referir su historia y la consuela entonces con un hermoso parlamento.

Tras unos años de menos feliz actividad, con el casi fracaso de *El Encubierto de Valencia*, García Gutiérrez conoció otro triunfo con *Simón Bocanegra*, estrenado en 1843 y convertido también en ópera por Verdi. La acción se desarrolla en Génova a mediados del siglo XIV; Simón es un pirata que llega a ser elegido Dux de la República. El argumento es de los más complejos e intrincados que ideó su autor, pero los caracteres poseen humanidad y consistencia; Bocanegra —dice Adams[263]— es un individuo concreto y no una mera personificación de una cualidad abstracta; es un tirano cruel, pero capaz al mismo tiempo de magnanimidad, una combinación de buenas y malas cualidades, un hombre real y no una marioneta por el estilo del Buridan de *La Tour de Nesle*. También encarece Adams el carácter de Susana, cuidadosamente retratado, creación artística superior a la Leonor de *El Trovador* y de las más hermosas en la nutrida galería femenina de García Gutiérrez.

Piñeyro echa de menos en nuestro autor una cultura más profunda y variada, una capacidad de estudio más sostenida, que hubieran podido hacer de él en estos años de plenitud un dramaturgo de primer orden; lo prometían su gran instinto de poeta dramático, su fértil imaginación, su ta-

---

262 *El romanticismo en España*, cit., pág. 103.
263 *The Romantic Dramas...*, cit., pág. 124.

lento para crear figuras de mujer. Pero sustituir el trabajo con la intuición era el gran pecado romántico; García Gutiérrez, en particular, según repiten los testimonios contemporáneos, era extremadamente perezoso. Hizo por aquellos años su estéril viaje a América, y aunque a su regreso continuó escribiendo para el teatro, no conquistó otro éxito hasta 1864 con *Venganza catalana*, veintiún años después del estreno de *Simón Bocanegra*.

García Gutiérrez, andaluz de nacimiento y castellano de adopción, mostró siempre una curiosa tendencia a buscar argumentos en la historia aragonesa o en países mediterráneos. *Venganza catalana* es un gran retablo de la famosa expedición de catalanes y aragoneses a Grecia bajo el mando de Roger de Flor a comienzos del siglo XIV, y el poeta se documentó esta vez cuidadosamente en la *Crónica* de Muntaner y en la *Historia* de Moncada. La obra, en cuatro actos y enteramente en verso, renueva la lozanía y el vigor de los dramas juveniles del poeta. Como en el caso de *El rey monje*, se trata de una sucesión de episodios al hilo histórico de los sucesos, y, a la manera de *El Trovador*, se combinan diversas acciones: en este caso, un doble trenzado amoroso, imaginado por el autor, con el tema fundamental de la venganza.

*Venganza catalana* obtuvo un éxito resonante [264], debido en gran parte, precisamente, a los anacronismos en que abunda. El contenido histórico, que allí se dramatiza, es en sustancia cierto y está bien documentado, como decíamos, pero el autor interpreta su alcance distorsionándolo por entero. Todos los personajes de la obra invocan el nombre de España como si hubiera sido entonces una unidad política, que sólo siglos más tarde se había de lograr. Esto aún no sería excesivamente grave con los héroes peninsulares, a pesar de que ni aun con el mismo reino aragonés mantenían a la sazón dependencia alguna; pero sube de punto cuando María, la princesa búlgara, prima del emperador bizantino Miguel, casada con Roger de Flor, condottiere italiano nacido de padres alemanes, se asocia apasionadamente al patriotismo español, gritando:

> *Yo no soy desde este día*
> *griega ¡no!, soy española.*
> *Aquí la noble altivez*

---

[264] Lomba y Pedraja, en el prólogo a su ed., luego cit., recoge (pág. 11) diversos textos de periódicos de Madrid, que ponderan la obra con las mayores hipérboles; uno de ellos sostiene que ha brotado de nuevo en España el genio de Calderón; Hartzenbusch, testimonio menos recusable, admite que «alcanzó un éxito de los más señalados y merecidos que se han visto en la escena española». Se hicieron de la obra 56 representaciones —todo un record del siglo—, y cuando se anunció la decimotercera, estaban ya vendidas las localidades para la vigesimocuarta. Movidos por tal éxito, los amigos y admiradores del escritor le ofrecieron entonces como homenaje la mencionada edición de sus *Obras escogidas*, y el Gobierno portugués, a propuesta del poeta y autor dramático Mendes Leal, su ministro entonces de Marina, le concedió la Cruz de Concepción de Villaviciosa.

> *de mi nueva patria siento*
> *y desmanes no consiento...* [265]

o cuando desea, vista la corrupción del imperio griego:

> *Triunfe, por último, España*
> *de esta raza de cobardes...* [266]

o en el momento en que, tras el asesinato de Roger, grita a su primo el emperador aludiendo al tañido de una campana:

> *¡anuncia el fin de la Grecia!*
> *¡anuncia el rencor de España!* [267].

Cierto que el escritor, que no ignoraba las posibles objeciones —como advierte Piñeyro—, justificaba en bellos versos, en la medida de lo posible, tan sorprendentes frases. Miguel, no menos asombrado que irritado del fogoso españolismo de su prima, le pregunta:

> *Mas tú, en fin, ¿dónde has nacido?*

A lo que responde María olvidándose en ese instante de que Roger no era tampoco español:

> *En los brazos de Roger.*
> *La patria de la mujer*
> *es el amor del marido.*
> *Y más la que consiguió*
> *en él tantas dichas juntas.*
> *¿Tú, Miguel, tú me preguntas*
> *dónde mi vida empezó?*
> *En la gloria de sus hechos,*
> *en su cariño aquí fijo;*
> *en su grandeza; en el hijo*
> *que he alimentado a mis pechos* [268].

García Gutiérrez, sin respeto alguno por la verdad histórica, apelaba enérgicamente al patriotismo del espectador, y no puede negarse que con entera eficacia; el triunfo acreditaba la oportuna llamada del poeta. Lomba [269] se refiere al ambiente de agitación política y patriotera que precedió a la Revolución de Septiembre, y en el cual se acuñó el éxito de *Venganza*

---

[265] Ed. Lomba y Pedraja, «Clásicos Castellanos», Madrid, 1925, págs. 65-66.
[266] Ídem, íd., pág. 91.
[267] Ídem, íd., pág. 121.
[268] Ídem, íd., pág. 141.
[269] Prólogo a la ed. cit., pág. 18.

*catalana*. Y nos advierte también sobre el ánimo levantado y la sana sencillez con que, bien mediado ya el siglo XIX, llevaban todavía nuestros padres
su patriotismo, hasta el punto de enardecerse con la vanagloria militar de
unos sucesos tan remotos. En tiempos de mayor espíritu crítico, *Venganza
catalana* hubiera sido recibida de modo diferente.

Y, sin embargo, no puede discutirse la calidad poética y dramática de la
obra del escritor andaluz. El asunto se prestaba como ninguno a los conflictos pasionales, a las situaciones extraordinarias y al desarrollo de caracteres enérgicos tan adecuados a su talento. La obra, en conjunto, es un
friso dramático de excepcional movimiento y color, agitado por la tenaz
energía de los almogávares, entre los cuales levanta Berenguer de Roudor
su indomable arrogancia aragonesa, y arrullado por los amores de las
heroínas.

A *Venganza catalana* siguió otra obra de gran empeño, *Juan Lorenzo*,
cuatro actos en verso, estrenada en 1865. Como en el caso anterior, García
Gutiérrez se documentó con exactitud y consiguió una ambientación fidedigna, que esta vez, por paradoja cruel, condujo al fracaso. El argumento
se basa en el alzamiento de las Germanías valencianas contra el Emperador en 1519, y Juan Lorenzo es el jefe designado para dirigirlo. Pero
Juan Lorenzo es un hombre de noble espíritu y elevados propósitos, prudente y conciliador, y las masas arrastradas por otros jefes más violentos
y libres de escrúpulos desbordan sus planes y se entregan a violencias que
él reprueba; sus colaboradores, en quienes confiaba, aprovechan su presunta debilidad para acusarle de favorecer a la nobleza y deshacerse de él.
Desalentado y decepcionado por el fracaso de sus ideales, muere de un
ataque de corazón. La intriga amorosa consiste en el amor de Lorenzo por
Bernarda, una joven que tiene recogida en su casa y a la que por timidez
y delicadeza duda en declarar sus sentimientos.

Según Adams advierte [270], era la primera vez que García Gutiérrez intentaba con seriedad un drama de carácter, y Piñeyro, aunque poco favorable a la obra, admite que está «superiormente escrita, mejor quizá que
todas las otras» [271]. Decepcionó, sin embargo, al público por razones que
Lomba parece haber entendido bien [272]. El drama se estrenó en momentos
de fermentación revolucionaria; el partido progresista, al que el poeta pertenecía, conspiraba, y se preparaba el alzamiento de Prim que a los pocos
meses había de abortar en Villarejo de Salvanés. La censura, en manos
entonces del dramaturgo Narciso Serra, había prohibido la obra «por su
tendencia política», aunque el Gobierno la autorizó seguidamente ante la

---

[270] *The Romantic Dramas...*, cit., pág. 129.
[271] *El romanticismo en España*, cit., págs. 113-114.
[272] Prólogo a la ed. cit., págs. 19-20.

protesta del autor. Los correligionarios de éste estaban, pues, persuadidos de que se trataba de una proclama incendiaria y acudieron a aplaudirla fuese cual fuese su mérito literario; el público de la época esperaba que toda obra de teatro respondiera a sus preocupaciones del momento, aunque sucediera en tiempo de los godos. Y se sintió defraudado por la debilidad del personaje y por el fracaso, aunque histórico y bien documentado, de aquella pretérita revolución.

Aparte estas razones, que bien pueden ser ajenas a la calidad intrínseca del drama, carece éste evidentemente de las condiciones que otorgaban su popularidad al teatro romántico. Lomba admite que la acción avanza lánguida y vacilante; como correspondía —hemos de aceptar— al carácter conciliador y preocupado del protagonista. No es éste —añade Lomba— ni amante apasionado ni caudillo audaz y resuelto, capaz de hacer triunfar rápidamente su causa o de morir con gloria. Los grandes héroes románticos que han sobrevivido, son de esta manera, y el error del poeta consistía en haberlo elegido. En su defensa hay que proclamar que el haber escogido un personaje de características menos apasionadas y extraordinarias, más complejas y de difícil matización, declara un noble esfuerzo artístico; pero es ya menos seguro que personajes como Juan Lorenzo fuesen los que mejor le iban a su peculiar capacidad creadora. El caso de Bernarda, la protagonista femenina, es paralelo al de su enamorado; Piñeyro la encuentra adorable, revestida del más poético encanto [273]. Pero Lomba hace notar [274] que esta mujer del pueblo tan juiciosa y sensible, tan dueña de sus emociones, tan oportuna y segura de sí, es un engendro artificioso, complejo pero no verdadero, producto de alquimia literaria, con escasa capacidad de atracción sobre un público de teatro; la Leonor de *El Trovador* o la María de *Venganza catalana*, con toda su falsedad pero conmovedoras en su pasión y su intrepidez, reunían las condiciones teatrales, que a la discreta y serena Bernarda le estaban negadas.

En compensación, el estilo literario de *Juan Lorenzo* —admite Lomba [275]—, más bajo de color, menos redundante, de una sencillez de buen gusto, es el mejor del autor, pero más adecuado para que lo goce un lector a solas que un público en el teatro. En este sentido, es significativo que en la colección en dos volúmenes *Autores dramáticos contemporáneos y joyas del teatro español*, editada en 1881 por Cánovas del Castillo, se escogiera para representar a García Gutiérrez el *Juan Lorenzo* con preferencia a otro cualquiera de sus más populares dramas.

García Gutiérrez siguió escribiendo hasta poco antes de su muerte, aunque con más apagada inspiración. Todavía, sin embargo, en 1872 estrenó

[273] *El romanticismo en España*, cit., pág. 114.
[274] Prólogo a la ed. cit., págs. 23-24.
[275] Ídem, íd., pág. 24.

*Doña Urraca de Castilla*, drama en tres actos y en verso. No hemos podido conocer esta pieza, editada el mismo año en Madrid, y no incluida en la colección de obras del poeta. Lomba asegura[276] que la heroína Doña Urraca, personaje también *romántico*, como todo el drama, es más original y menos vista que la heroína de *El Trovador* y mucho más verosímil que la María de *Venganza catalana*, y una de las inspiraciones más felices del teatro romántico castellano[277].

Nicholson B. Adams ha resumido con justeza la significación y peculiares aportaciones de la dramática de García Gutiérrez[278]. El poeta de Chiclana es sin disputa una de las más importantes figuras del movimiento romántico español. Seguidor a muy corta distancia de Martínez de la Rosa, de Larra y del duque de Rivas, los aventaja en capacidad poética; es un dramaturgo muy hábil, fértil en idear efectos teatrales y apasionantes argumentos. Su *Juan Lorenzo* revela condiciones para crear personajes de considerable hondura y complejidad, y de vivir en otra época y bajo influjos distintos hubiera podido darlos; pero se dejó conducir con preferencia por la corriente de la época que favorecía su personal inclinación a los recursos melodramáticos. En consecuencia, no es posible juzgarlo sino como producto y representante de su tiempo. En todas sus obras sobresale la nota lírica que, con frecuencia, comunica belleza y dignidad poética a las mayores exageraciones, y es aquélla precisamente la que le otorga la supremacía entre sus coetáneos. Sus dramas apelan menos a la razón que a las emociones, consisten mucho más en el movimiento de la acción que en el desarrollo de un carácter. No obstante —concluye Adams— en este último aspecto García Gutiérrez fue mucho menos negligente que la mayoría de sus contemporáneos, y en especial sus personajes femeninos poseen la sufi-

---

[276] Ídem, íd., pág. 22.
[277] Ediciones del teatro de García Gutiérrez. La única colección de sus obras dramáticas es la cit. de Hartzenbusch, *Obras escogidas...*, Madrid, 1866; contiene 16 piezas. La mencionada ed. de Lomba incluye *Venganza catalana* y *Juan Lorenzo*. La Antología de Lewis E. Brett, *Nineteenth Century Spanish Plays*, Nueva York, 1935, selecciona el *Juan Lorenzo*. De *El Trovador* pueden verse las siguientes ediciones: Bonilla y San Martín, «Clásicos de la literatura española», Madrid, 1916; H. T. Davis y F. C. Tamayo, Colorado Springs, 1916; Paul Patrick Rogers, Boston, 1926; H. H. Vaughan y M. A. De Vitis, Nueva York, 1930; *Tres Dramas Románticos*, «Colección Hispánica», Nueva York, 1962 (las otras dos obras del volumen son el *Don Juan Tenorio* de Zorrilla y el *Don Álvaro* del duque de Rivas); J. Hesse, Madrid, 1964; A. Raimundo Fernández, Salamanca, 1965; Luis Alberto Blecua, Prólogo y notas de Joaquín Casalduero, Barcelona, 1972. Véase la lista de las obras dramáticas de García Gutiérrez en *The Romantic Dramas...*, cit., págs. 141-145. Cfr.: Enrique Funes, *García Gutiérrez: estudio crítico de su obra dramática*, Cádiz-Madrid, 1900, John Kenneth Leslie, «A García Gutiérrez Problem», en *Hispanic Review*, XVII, 1949, págs. 332-334 (se refiere al drama *El buen caballero*, estrenado en 1874 pero no incluido en ninguna bibliografía, y su posible identificación con *El caballero leal*, de 1841).
[278] *The Romantic Dramas...*, cit., págs. 131-139.

ciente vitalidad para ser personas reales y no meros soportes de pasiones abstractas, como en los dramas de Dumas.

Una serie de comedias y dramas, escalonados a lo largo de su dilatada carrera artística —*Los desposorios de Inés, Gabriel, Eclipse parcial*—, demuestran que García Gutiérrez no se sentía ajeno a los problemas sociales ni a los conflictos íntimos. Pero la vena romántica, dentro de la que se había educado y formado, le incapacitó para profundizar adecuadamente en el incipiente teatro realista de su época.

### SU OBRA LÍRICA

La fama de García Gutiérrez como autor dramático ha oscurecido su producción poética; no obstante, por esta sola, ni aun concediéndole toda la atención que se estime necesaria, es poco probable que hubiera conquistado la inmortalidad. García Gutiérrez cultivó la poesía a lo largo de toda su vida, pero sólo publicó dos volúmenes de versos: *Poesías*, en 1840, y *Luz y tinieblas. Poesías sagradas y profanas*, en 1842. Sus obras restantes fueron apareciendo en publicaciones diversas; ambos volúmenes y la casi totalidad de las otras han sido recogidos en su edición por Joaquín de Entrambasaguas [279]. Debe advertirse que en *Poesías* incluyó el autor arbitrariamente *Fingal*, «fantasía dramática en cinco actos», una de las piezas teatrales de juventud que nunca vio representada, el «diálogo» *Un baile en la casa de Abrantes*, y un «fragmento» de drama lírico titulado *El sacristán de Toledo*.

García Gutiérrez experimentó en sus comienzos el influjo de los poetas neoclásicos y prerrománticos: Meléndez Valdés, Gallego, Quintana, Cienfuegos, para entrar bien pronto en la órbita de la poesía romántica, que era su propia vena. Una sección de *Poesías* se titula «Imitaciones de nuestros poetas de los siglos XVII y XVIII», pero la huella de los primeros sólo se advierte en el título; sus lecturas poéticas, con el correspondiente magisterio, no debieron de remontarse mucho más allá de sus contemporáneos.

Todos los críticos convienen en que García Gutiérrez era mucho más poeta en sus obras dramáticas que en la lírica propiamente dicha; y en realidad, más que como lírico merece estimarse como poeta narrativo y descriptivo. A este género pertenecen sus momentos más afortunados, *Las*

---

[279] *Poesías de Antonio García Gutiérrez*, selección y prólogo de Joaquín de Entrambasaguas, Real Academia Española, «Biblioteca Selecta de Clásicos Españoles», Madrid, 1947. Cfr.: Emilio Abreu Gómez y Paul Patrick Rogers, «Adiciones a la bibliografía de García Gutiérrez», en *Hispanic Review*, II, 1934, págs. 157-158. Nicholson B. Adams, «A Note on García Gutiérrez and Ossian», en *Philological Quarterly*, VII, págs. 402-404. Paul Patrick Rogers, «An Unknown Poem by García Gutiérrez», en *Philological Quarterly*, XI, págs. 311-312. Harvey L. Johnson, «Poesías de García Gutiérrez publicadas en revistas mexicanas», en *Nueva Revista de Filología Hispánica*, XI, 1957, págs. 171-188.

*dos rivales* y *Elvira,* que Entrambasaguas califica con propiedad de «cuentos en verso», alimentados por la misma imaginación que daba vida a sus dramas. Sus cuatro «romances históricos», subdivididos en otros varios, con que se inicia *Luz y tinieblas,* pertenecen al género de «leyenda», que el romanticismo había puesto en boga: *El último Abderramán, El conde de Saldaña, El maestre de Alcántara* y *Los siete condes de Lara* (no *infantes,* como explica en una nota el autor). El poeta acierta a dar plasticidad a los ambientes descritos y animación y colorido al relato con fáciles versos de acreditada eficacia.

Durante su estancia en Méjico escribió García Gutiérrez la leyenda *El duende de Valladolid,* «tradición yucateca», dividida en cinco romances. Entrambasaguas asegura que está compuesta «con extraordinaria gracia y soltura» y que la expresión poética es «agilísima» [280]; pero más bien nos parece el estilo prosaico y ramplón, y muy vulgar el argumento, para el que no era necesario invocar tradiciones del Yucatán ni de cualquier otra parte. La sátira y lo burlesco, con intenciones morales, por estar menos necesitados de auténtico estro lírico, se le daban, en cambio, bastante bien, como lo prueban *La ambición, El hipócrita* y *La cita a la madrugada.* Los tres precisamente son sonetos, forma métrica que manejaba con cierta fortuna. A temas patrióticos o políticos dedicó también García Gutiérrez algunas composiciones, como *A Cádiz,* muy quintanesca, *A la defensa de Bilbao, El día 2 de mayo de 1808,* publicado en 1840 y con algunas alusiones coetáneas, y una oda muy entonada *Al rey de España Amadeo I,* además del himno *¡Abajo los Borbones!,* antes mencionado.

## JUAN EUGENIO HARTZENBUSCH

NOTICIA BIOGRÁFICA

Juan Eugenio Hartzenbusch nació en Madrid el 6 de septiembre de 1806, hijo de un ebanista alemán establecido en España, y de madre española [281]. Murió ésta de sobreparto y loca, cuando Juan Eugenio tenía sólo dos años,

---

[280] Prólogo a la ed. cit., pág. LVI. Cfr.: Harvey L. Johnson, «*El Duende de Valladolid* de García Gutiérrez», en *Nueva Revista de Filología Hispánica,* IX, 1955, páginas 158-160.

[281] Para la biografía de Hartzenbusch, cfr.: Antonio Ferrer del Río, «Don Juan Eugenio Hartzenbusch», en *Galería de la literatura española,* Madrid, 1846, págs. 155-170. Del mismo, biografía que encabeza la colección *Obras escogidas de Don Juan Eugenio Hartzenbusch,* 2 vols., ed. alemana dirigida por el autor, Leipzig, 1863. Eugenio de Ochoa, prólogo a la ed. de *Obras escogidas,* París, 1850. A. Fernández-Guerra, prólogo a la ed. de *Obras,* en «Colección de Escritores Castellanos», 5 vols., Madrid, 1887-1892. Del mismo, *Hartzenbusch. Estudio biográfico-crítico,* Madrid, s. a. Eugenio Hartzenbusch, *Bibliografía de Hartzenbusch, formada por su hijo,* Madrid, 1900.

a consecuencia de la emoción que le produjo, poco antes del alumbramiento de su segundo hijo, el ver arrastrar por las calles de Madrid el cadáver de don Luis Viguri, antiguo intendente de La Habana, protegido de Godoy y acusado de afrancesado y de espía. La Guerra de la Independencia obligó a la familia a salir de Madrid, a donde regresó en 1815. En el taller paterno aprendió Juan Eugenio el oficio de ebanista, que ejerció allí y luego en otros talleres a la muerte de su padre. Pudo, no obstante, asistir durante varios años a los Reales Estudios de San Isidro, con intención de seguir la carrera eclesiástica, pero como no mostraba inclinación a ella, su padre le facilitó los medios para estudiar francés y cultivar la pintura. Desde muy temprano sintió pasión por el teatro y comenzó a traducir obras francesas [282] y adaptar comedias de nuestros clásicos. Una de éstas, *El amo criado*, refundida de Rojas, fue estrenada en Madrid en 1829. En 1831 estrenó *Las hijas de Gracián Ramírez o La restauración de Madrid*, que fue un rotundo fracaso. Aprendió entonces taquigrafía, lo que le permitió lograr un puesto, primero en la *Gaceta* y después, a partir de 1838, en el *Diario de Sesiones del Congreso*, y abandonar su oficio de ebanista. Al cerrarse las Cortes en 1836, Hartzenbusch concluyó su drama *Los amantes de Teruel*, en el que trabajaba ya largo tiempo, y consiguió estrenarlo el 19 de enero de 1837, en función a beneficio del primer actor Carlos Latorre y con participación de otros igualmente famosos, como Bárbara Lamadrid y Julián Romea. *Los amantes* constituyó un éxito inenarrable de público y de crítica, y colocó a su autor en la cima de la popularidad. Larra, en un artículo famoso, saludó la aparición del nuevo dramaturgo, que desde el taller del menestral conquistaba de un solo golpe la fama: «Venir a aumentar el número de los vivientes, ser un hombre más donde hay tantos hombres, oír decir de sí: 'Es un *tal fulano*' es ser un árbol más en una alameda. Pero pasar cinco y seis lustros oscuro y desconocido, y llegar una noche entre otras, convocar a un pueblo, hacer tributaria su curiosidad, alzar una cortina, conmover el corazón, subyugar el juicio, hacerse aplaudir y aclamar y oír al día siguiente de sí mismo al pasar por una calle o por el Prado: 'Aquél es el escritor de la comedia aplaudida' eso es algo; es nacer; es devolver al autor de nuestros días por un apellido oscuro un nombre claro; es dar alcurnia a sus ascendientes en vez de recibirla de ellos; es sobreponerse al vulgo y decirle: 'Me has creído tu inferior, sal de tu engaño; poseo tu se-

---

[282] El hijo de Hartzenbusch, en su *Bibliografía*, cit., menciona que entre 1830 y 1838 Hartzenbusch hizo representar varias traducciones del francés en un teatro particular, situado en la calle de la Flor Baja, propiedad de una prima suya. Asimismo menciona otro teatro particular en la calle de Enhoramala, donde también parece que se representaron otras traducciones de Hartzenbusch. Los actores eran aficionados, entre los cuales figuraba la prima mencionada y la primera esposa del escritor. Es, pues, indudable que existía por entonces una notable afición por el teatro y que Hartzenbusch vivió desde muy temprano en una atmósfera de interés por este género, que hubo de influir poderosamente en su tenaz dedicación.

creto y el de tus sensaciones, domino tu aplauso y tu admiración; de hoy más no estará en tu mano despreciarme, medianía; calúmniame, aborréceme, si quieres, pero alaba'. Y conseguir esto en veinticuatro horas, y tener mañana un nombre, una posición, una carrera hecha en la sociedad, el que quizá no tenía ayer donde reclinar su cabeza, es algo, y prueba mucho en favor del poder del talento. Esta aristocracia es por lo menos tan buena como las demás, pues que tiene el lustre de la de la cuna y pues que vale dinero como la de la riqueza»[283].

Un año después de *Los amantes* estrenó Hartzenbusch *Doña Mencía o La boda en la Inquisición*, y desde entonces cultivó asiduamente el teatro, alternándolo con sus tareas de erudición y crítica. En 1844 obtuvo un puesto como oficial primero en la Biblioteca Nacional, lo que le permitió dejar su empleo de taquígrafo; en 1847 fue elegido académico de la Española, en 1854 se le nombró Director de la Escuela Normal, y en 1862 Director de la Biblioteca Nacional, cargo que desempeñó hasta su jubilación en 1875. Murió en Madrid el 2 de agosto de 1880, tras larga enfermedad.

Hartzenbusch ocupa un lugar aparte dentro del romanticismo español. Era un temperamento reflexivo y escrupuloso, estudioso y tenaz, muy poco dado a la improvisación, debido sin duda a su raíz germánica. Sus contemporáneos alabaron siempre su gran modestia y el respeto con que atendía los juicios y censuras de amigos y enemigos; de aquí el minucioso rigor con que pulía y corregía sus escritos, a veces demasiado. Jamás asistió al estreno de ninguna de sus obras dramáticas. Se enorgullecía incluso de su modesto origen y de haberse mantenido durante muchos años de un trabajo manual. Según Tamayo, en el discurso necrológico leído en junta pública de la Academia, se ufanaba Hartzenbusch de haber pretendido en sus mocedades una plaza de conserje en la mencionada corporación, donde más tarde había de ser elegido académico de número. Favorecía y estimulaba generosamente a sus colegas del mundo literario, con perjuicio a veces de sus propias ocupaciones; en este aspecto es de destacar la ayuda que prestó a Fernán Caballero, con la que mantuvo copiosa correspondencia, hasta el punto —según Heinermann[284]— de que, sin su ayuda, las obras de aquélla quizá no se hubieran publicado jamás o con mucho mayor retraso. Fue un apasionado del estudio, fervoroso admirador de nuestros clásicos, y tan importante como su producción dramática fue para su tiempo su labor como erudito y como crítico. Era un intelectual, en el cabal sentido de la

---

[283] *Obras de D. Mariano José de Larra (Fígaro)*, ed. de Carlos Seco Serrano, cit., II, pág. 295.

[284] Theodor Heinermann, *Cecilia Böhl de Faber (Fernán Caballero) y Juan Eugenio Hartzenbusch. Una correspondencia inédita*, Madrid, 1944, pág. 102. Ferrer del Río, en su *Galería...*, cit., se refiere a Hartzenbusch como «paño de lágrimas» de todos aquéllos que le buscaban en demanda de ayuda.

palabra, y una de las inteligencias más cultivadas de su siglo. Fue liberal
en política, aunque nunca participó en ella activamente; según Heinermann [285], era considerado como uno de los poetas más progresistas de la
época, pero repudió siempre todo género de violencia y de extremismos.

«LOS AMANTES DE TERUEL»

La fama de Hartzenbusch está vinculada a *Los amantes de Teruel*. Su
producción dramática es, sin embargo, muy compleja, y es tan injusto
como simplista reducir su importancia a esta sola obra. Es, con todo, evidente que representa un hito en el proceso del romanticismo español; por
esto, y por haber sido prácticamente el punto de partida de su carrera literaria, resulta imprescindible comenzar por ella.

Los eruditos han discutido muy al pormenor el problema de la histori-
cidad de los *Amantes;* pero el que éstos hayan tenido existencia real o sólo
legendaria importa poco para el caso y no vamos a detenernos en ello [286].
Mucho más importante es el desarrollo literario del tema, uno de los más
repetidos en la historia de nuestras letras. Gascón y Guimbao recoge en su
bibliografía [287] hasta 119 obras que tratan este asunto, en forma dramática,
como novela, o en forma poética. Los precedentes más notables en el teatro, que Hartzenbusch debió de conocer muy bien, son los dramas de Tirso
de Molina y Pérez de Montalbán [288]. Es curioso que Hartzenbusch, según
informa su hijo [289], concibiese primero la idea de escribir *Los amantes* como
novela; y no poco también, el que dejara de la mano su drama, después
de larga elaboración, porque en lo que llevaba escrito le encontraba gran
semejanza con el *Macías* de Larra. Encariñado, no obstante, con el asunto,

---

[285] Obra cit., pág. 109.

[286] Jean-Louis Picoche, en su monografía fundamental sobre el drama de Hartzenbusch —*Juan Eugenio Hartzenbusch y Martínez. Los amantes de Teruel. Introduction,
édition critique et synoptique précédées d'une étude sur le monde du théâtre à Madrid
entre 1833 et 1850*, París, 1970—, ha examinado de manera exhaustiva todo lo concerniente a la tradición del tema, así como a las fuentes históricas utilizadas por Hartzenbusch, y a dichas páginas remitimos al lector curioso. Salvador García, en el prólogo
a su edición de la obra —*Juan Eugenio Hartzenbusch. Los amantes de Teruel*, Madrid, 1971—, ofrece también un ajustado resumen de la cuestión, con todos los datos
esenciales.

[287] Domingo Gascón y Guimbao, *Los Amantes de Teruel. Antonio Serón y su silva
a Cintia*, Madrid, 1908.

[288] Comúnmente se menciona también la tragedia de Rey de Artieda sobre *Los
Amantes* entre las fuentes literarias del drama de Hartzenbusch. Picoche, en cambio,
asegura (obra cit., pág. 73) que Hartzenbusch no conoció la obra de Artieda hasta
1847 en un resumen de Salvá; las semejanzas ocasionales que puedan advertirse
—dice— le llegaron a través de la comedia de Tirso; ésta y la de Montalbán son las
dos únicas fuentes directas del drama romántico. Picoche menciona también (págs. 77-
82) algunas otras fuentes secundarias para ciertos detalles concretos.

[289] *Bibliografía de Hartzenbusch*, cit., pág. 383.

modificó situaciones y le añadió personajes y sucesos hasta hacer de su versión un todo distinto. Como en el caso de *El Trovador*, Larra derramó sus elogios sobre el drama de Hartzenbusch sin que le asaltara sospecha alguna de que aquél pudiera tener algo en común con su propia obra.

La trama de *Los amantes* es harto conocida. Diego Marsilla, joven de humilde posición, se enamora apasionadamente de la noble Isabel, pero el padre de ésta, que desea mejor casamiento para su hija, se opone al matrimonio. Con el propósito de enriquecerse sale Diego de su país, prometiendo que si al cabo de seis años no regresa rico, desistirá de su pretensión. Entretanto el padre de Isabel la promete al noble don Rodrigo de Azagra, a quien es deudor de grandes beneficios. El plazo está a punto de cumplirse sin que se sepa nada de Diego, y se hacen preparativos para la boda con don Rodrigo, a pesar de la repugnancia de Isabel que adora a Diego y espera todavía su vuelta. Marsilla se había enriquecido, en efecto, pero al regreso es apresado por el rey moro de Valencia. La sultana Zulima se enamora de él y trata de retenerlo. Diego consigue salir de Valencia, pero unos bandoleros le detienen en el camino. Entretanto Zulima, despechada, llega disfrazada a Teruel y comunica a Isabel la supuesta inconstancia de Diego, a quien acusa de haber correspondido a la sultana, y la muerte de ambos a manos del rey moro. Se efectúa el matrimonio de Isabel y de Rodrigo, pero a las pocas horas llega Diego, conocedor ya de la noticia, dispuesto a arrollar cuanto se oponga a su decisión de hacer suya a Isabel. Hiere a don Rodrigo, pero Isabel respeta su nuevo estado de mujer casada y hace salir a Diego de su habitación en casa de su esposo. Marsilla muere de desesperación, e Isabel, después de confesar a los presentes su pasión por Marsilla, cae muerta también junto a su enamorado.

El drama de Hartzenbusch, tal como fue estrenado, consta de cinco actos en prosa y verso, con gran predominio de éste. En 1836, un año antes del estreno, había sido impreso en Madrid; en 1838, un año después, se hizo una nueva edición, con algunas variantes de escasa importancia. Pero Hartzenbusch, siempre preocupado por sus obras y haciéndose eco de algunos reparos críticos, decidió transformar por entero la estructura de *Los amantes*, y en 1849 publicó una nueva edición, tercera de Madrid, en cuatro actos y fundamentales variaciones: refundió en uno solo los actos segundo y tercero, eliminó diversas escenas y acortó otras, redujo la parte de prosa, perfiló versos, suprimió varios componentes románticos y procuró, en general, dar a la obra un ritmo más rápido. Picoche sostiene que las correcciones fueron tantas y tan profundas que se trata, en realidad, de un drama nuevo [290].

---

[290] Obra cit., pág. 139. Picoche detalla (pág. 49) que las principales modificaciones obedecen a los criterios siguientes: eliminación de la mayor parte de las escenas cómicas; supresión de todo elemento pintoresco, del color local, de toda fanfarria romántica; reestructuración del plan con el fin de conseguir una obra más equilibra-

Los críticos, en su mayoría, se limitan a considerar la versión original y la mencionada refundición; algunos, como Blanco García, Piñeyro, Cejador, Allison Peers, Valbuena y Alonso Cortés, aluden más o menos vagamente a otras versiones, pero sin concretarlas. Picoche, en cambio, ha estudiado a fondo el problema [291], que ha resultado ser muy complicado, pues existen ediciones muy numerosas con variantes de bastante monta, lo mismo respecto a la versión original que a la segunda en cuatro actos. Sin el rigor de Picoche, que ha tenido que componer todo un árbol genealógico con los manuscritos y las ediciones antiguas, Salvador García estudia [292] por lo menos seis versiones; además de las tres mencionadas, describe otras tres: la de 1850, de París, en las *Obras Escogidas* a cargo de Baudry, que tiene notables modificaciones sobre la de 1849; la de 1858, de Madrid, con nuevas variantes y alguna vuelta a la edición de 1849; y una final, de la que dice García que no conoce otra edición más temprana que la de Madrid de 1928, con algunas variantes más y un cambio notable en la escena final del primer acto. Las ediciones alemanas de Brockhaus reproducen la edición de 1858; la de «Clásicos Castellanos», la de 1850 [293].

---

da (la eliminación de un acto obedece a la evolución del drama en la época de la refundición); versificación más abundante, que añade nobleza a la obra y se ajusta también a las nuevas corrientes literarias; búsqueda de valores más absolutos, más intemporales; el autor pretende hacer una obra que no envejezca, una obra clásica.

Sin embargo, no todas las razones que estimularon la revisión de Hartzenbusch fueron literarias, según explica Picoche. El viejo Teatro del Príncipe había sido convertido en el nuevo Teatro Español, y *Los amantes de Teruel* fue seleccionado entre las primeras obras que iban a ser representadas. Hartzenbusch, para colocarse a la altura de las circunstancias, pretendió —piensa Picoche— conservar el título que había forjado su fama, y ofrecer en cambio, una versión nueva, con lo cual —y puesto que se hacía constar esta circunstancia— esperaba el autor atraer la atención del público. Por otra parte, Hartzenbusch había vendido los derechos de impresión de la primera versión al editor Delgado y los de representación a la empresa del Teatro del Príncipe, y sólo ofreciendo una versión nueva esperaba volver a percibir los derechos de autor. Por cierto que esta circunstancia planteó un curioso problema jurídico, cuyos documentos ha publicado Picoche (obra cit., págs. 141-143): la empresa dudaba si habían de pagarse a Hartzenbusch los derechos propios de los refundidores o de los autores originales. Al fin, «habiendo visto que resultaba nueva o diferente más de la mitad del diálogo de dicha obra, así en la prosa como en el verso», el Ministerio de la Gobernación decidió, salomónicamente, abonar a Hartzenbusch los derechos de autor en las tres primeras representaciones y de refundidor en todas las demás.

[291]  Ídem, íd., págs. 151-162.
[292]  Prólogo a la ed. cit., págs. 30-38.
[293]  Esta edición —Madrid, 1935— está a cargo de Álvaro Gil Albacete (el volumen incluye además *La jura en Santa Gadea*). Otras ediciones modernas de *Los amantes*: Lewis E. Brett, en *Nineteenth Century Spanish Plays*, cit. (sigue ed. de 1850); «Colección Universal», Madrid, 1943 (sigue, según García, ed. de 1928); Alfonso Morera Sanmartín, Zaragoza, 1944 (sigue ed. de 1928); José Bergua, en *La Flor del Teatro Romántico*, Madrid, 1953 (sigue ed. de 1928); José Hesse, Madrid, 1967 (sigue ed. de 1849); Delfín Carbonell Basset, Salamanca, 1968 (sigue ed. de 1858). Para la bibliografía completa de *Los amantes* véase la sección correspondiente —págs. 169-188— de la monografía de Picoche.

Limitándose a las dos versiones fundamentales, la del estreno y la editada en 1849, en cuatro actos, los críticos, como es inevitable, difieren en sus preferencias: Blanco García, Cejador y Valbuena consideran superior la primera versión; Piñeyro, Menéndez y Pelayo, Alonso Cortés y Picoche se deciden por la segunda, que estiman más perfecta. Implícitamente, esto mismo suponen también los varios editores modernos de la obra, puesto que ninguno escoge la versión original. Salvador García, por el contrario, y con muy buen acuerdo a nuestro entender, prefiere y edita la que fue representada en enero de 1837. Personalmente siempre hemos sido enemigos de las refundiciones y retoques en las obras de creación, pero en el caso de la de Hartzenbusch, aunque su lima, nunca satisfecha, consiguiera mejoras de detalle, no las logra, a nuestro juicio, en nada sustantivo, y suprime, en cambio, muchas bellezas, que tienen además un valor representativo de época y que el cambio de gusto no autoriza después a suprimir. Cuando Hartzenbusch, en 1849, según recuerda Salvador García [294], pasado ya el apogeo del romanticismo y sus desmesuras en la escena, quiso acercar su drama a las nuevas corrientes y ajustarlo a su personal temperamento clásico y moderado, lo despojó de buena parte de sus elementos románticos, por los cuales precisamente había triunfado; pero *Los amantes* es un drama romántico, genuinamente romántico, y era absurdo despojarle, o atenuar siquiera, aquello en que se mostraban sus caracteres esenciales. Aureliano Fernández-Guerra [295], para quien la nueva versión de *Los amantes* ganaba en armonía y corrección, confiesa que el público echó de menos frases y escenas que guardaba en la memoria y que no debieron haberse suprimido. En cambio, considera acertada la modificación llevada a cabo en la persona de la madre de Isabel. Como es sabido, la madre, a quien Isabel pide ayuda para evitar su matrimonio con Azagra, le suplica que acceda porque Azagra guarda unas cartas que declaran una pasada infidelidad de la madre, y amenaza con entregarlas a su marido si el matrimonio no se efectúa. La madre se debate entre el deseo de ayudar a su hija y el temor, lógico y humano, de ver perdida su reputación y deshecho su hogar. Fernández-Guerra considera egoísta y dura a la madre y hasta la supone movida —nada menos— por sentimientos «impropios de la naturaleza humana» [296], por lo cual estima acertada la atenuación de estos sentimientos en la segunda versión, que agradaba —dice— a los «hombres de buena voluntad» [297]; añade que en 1836 «desquiciado el orden social, hechos ludibrio de las revoluciones la santidad del matrimonio y la dignidad de la madre», «envenenado el aire que respiraba el poeta, su mucho entendimiento se ofuscó y vino a crear un monstruo inverosímil en lugar de una

---

[294] Prólogo a la ed. cit., pág. 35.
[295] *Hartzenbusch. Estudio biográfico-crítico*, cit., pág. 49.
[296] Ídem, íd., pág. 51.
[297] Ídem, íd.

figura humana»[298]. Es una explicación ingenua, aunque muy reveladora, que, de ser cierta, diría poco en favor de Hartzenbusch. Es posible que el parecer de algunos «hombres de buena voluntad» presionara sobre el ánimo del poeta, pero con escasa fortuna; la madre de Isabel, temiendo por su propia ruina, es egoísta, por supuesto, pero no un monstruo inverosímil, sino un ser muy humano que, acosado en una difícil situación, trata de proteger su propia existencia aun a costa de la pasión amorosa de su hija, contra la cual existían también no pocas razones. El egoísmo de la madre no es mayor —sólo distinto— que el del padre, o el de Azagra, o el de los mismos amantes, que anteponen su amor a cualquier otra realidad.

El drama de Hartzenbusch se centra en sólo seis días, los últimos, de la vida de los protagonistas. Como señala Salvador García[299], no hay estudio de una evolución psicológica en éstos, porque realmente no es necesario, ni ésta existe tampoco. Los amantes vienen dados íntegramente desde los supuestos que originan el drama. Isabel y Diego viven exclusivamente para su amor, que las dificultades y dilaciones sólo consiguen exasperar. El resorte que crea toda la tensión es el tiempo, la lucha contra el tiempo, cuya angustiosa presión hace sentir el poeta en cada escena de la obra. Isabel cede al fin al matrimonio propuesto por su padre, no por olvido de su amor, sino forzada por circunstancias apremiantes, y cuando se le comunica la supuesta muerte de Diego. Éste llega tarde, porque el tiempo, «verdadero protagonista» de la obra, según afirma García[300], ha vencido en la lucha y los amantes sólo podrán unirse en la muerte.

Un espectador, o lector, de hoy, tan pronto como logra sustraerse a la emoción poética de la obra, puede encontrar todo esto falso y espectacular, a pesar de una autenticidad esencial, que no puede discutirse. ¿Era necesario para la tragedia que Marsilla llegara a los pocos minutos de la boda de Isabel? Podía haber llegado a las dos semanas, o a los dos meses, ¡qué más daba!, y la desesperación por haber perdido su amor hubiera sido idéntica; quizá más intensa todavía. Con ello hubiera sido innecesaria la pintoresca intervención de los bandoleros que apresan a Marsilla en el camino y consuman el fatal retraso; la misma Zulima, sin variar ninguna circunstancia, podía haber entretenido a Marsilla un poco más y hacer inútiles a los comparsas, hasta con ventaja para la economía de la empresa. Pero semejante consideración equivaldría a desconocer uno de los factores más notables de la sensibilidad romántica, que es la ineluctable presión del tiempo en la vida. Casalduero, que ha dedicado excelentes comentarios a la concepción romántica del tiempo, dice bellamente[301] que, en el romanti-

---

[298] Ídem, íd., pág. 52.
[299] Prólogo a la ed. cit., págs. 20-21.
[300] Ídem, íd., pág. 22.
[301] Joaquín Casalduero, «Duque de Rivas. *Don Álvaro* o el destino como fuerza», en *Estudios sobre el teatro español*, cit., págs. 238-239.

cismo, el tiempo llega hasta parecer que tiene corporeidad: en un brevísimo segundo se apoya el destino para girar violenta y bruscamente. Y a propósito del *Macías* de Larra subraya que el *motivo del plazo* es muy característico del siglo XIX, y aun del siglo XX; y aunque en muchas ocasiones haya sido manejado como simple recurso de suspensión, en otros muchos es el drama mismo: «De aquí —dice— que, de recurso externo, el plazo haya podido llegar a expresar uno de los aspectos esenciales del hombre moderno, de la civilización actual. Con el plazo el conflicto se desarrolla en el tiempo, no en el espacio» [302]. Caldera —también a propósito del *Macías*— dice [303] que Larra introdujo en su drama una sensibilidad nueva para el problema del tiempo, convirtiéndolo en elemento propulsor de su obra, aunque en el *Macías* no se logra en toda su plenitud, porque —dice— concluye demasiado pronto y no se asocia con aquel sentido de angustia existencial y de obsesión temporal que había de manifestarse en dramas posteriores. La obra —define luego Caldera— en donde este tema iba a alcanzar toda su profundidad es, justamente, *Los amantes de Teruel*, en donde el tiempo se convierte en una apremiante obsesión, en una imposibilidad de apresar el presente; todos los personajes aparecen o distendidos hacia un futuro que huye o replegados en el dolor de un pasado igualmente inaprensible. Hartzenbusch transportaba el tema barroco de la relación entre el tiempo físico y el tiempo metafísico al plano concreto y humanísimo de la angustia existencial. Esto lo consigue Hartzenbusch —explica Caldera— mediante una variación de estructura respecto a sus modelos, concentrando dos terceras partes de la obra en el período de espera, y dedicando sólo el resto a la catástrofe que sobreviene tras el vencimiento del plazo. Para ello subdivide la espera en una serie de porciones temporales cada vez más pequeñas: seis días en el Acto primero, tres en el segundo, unas pocas horas en el tercero —mientras se compone Isabel para la ceremonia—, unos pocos minutos después, durante la marcha del cortejo hacia la iglesia, y sólo unos instantes a la llegada de Adel con la noticia de que Marsilla vive, mientras se cierra el plazo final con el repique de las campanas.

Caldera dedica un largo parágrafo de su obra [304] a señalar cómo el tema del tiempo, amenazante y angustioso, introducido por Larra y llevado a su perfección en *Los amantes de Teruel*, es esencial a un gran número de dramas románticos: como plazo, recuerdo o presentimiento es siempre agobiante, misterioso y fugitivo; no sólo no coincide nunca con la dimensión temporal soñada por el hombre, sino que se manifiesta como una fuerza exterior, casi material —como había dicho Casalduero—, hasta el punto de

---

[302] «Larra. La sensualidad en el Romanticismo. Sobre el *Macías*», en ídem, íd., págs. 219-231; la cita en pág. 225.
[303] Ermanno Caldera, *Il dramma romantico in Spagna*, cit., págs. 110-113.
[304] Ídem, íd., págs. 150-157.

identificarse físicamente con el sonido de las horas y, metafísicamente, con la fatalidad.

La muerte instantánea, por amor, de dos personas jóvenes de regular complexión física, parece también un desenlace convencional y forzado. Y sin embargo, es bien sabido que bastantes espectadores, no menos robustos, de nuestros modernos estadios han fallecido de repente al producirse un gol. ¿Es más apasionante un gol que la fulminante comprobación de haber perdido irremediablemente momentos antes un amor que es la razón de ser de nuestra vida? Larra, que salió entusiasmado del estreno del drama de Hartzenbusch, terminaba su reseña con unas palabras que no pueden leerse sin emoción: «Si oyese decir que el final de su obra es inverosímil, que el amor no mata a nadie, puede responder que es un hecho consignado en la Historia, que los cadáveres se conservan en Teruel y la posibilidad en los corazones sensibles; que las penas y las pasiones han llenado más cementerios que los médicos y los necios; que el amor mata (aunque no mate a todo el mundo) como matan la ambición y la envidia; que más de una mala nueva, al ser recibida, ha matado a personas robustas instantáneamente y como un rayo; y aún será en nuestro entender mejor que a ese cargo no responda, porque el que no lleve en su corazón la respuesta no comprenderá ninguna. Las teorías, las doctrinas, los sistemas se explican; los sentimientos se sienten» [305]. Larra se suicidaba a los pocos días de haber escrito estas palabras, demostrando que sí se puede morir de amor; sólo que él tuvo que ayudar al corazón disparándose un tiro en la cabeza; también Romeo y Julieta mueren de amor, aunque ayudándose respectivamente con un veneno y una daga, mientras que los *amantes* se mueren sin ayuda de ningún recurso externo. ¿Eran por eso menos verosímiles?

Aparte este desenlace y otras circunstancias ya mencionadas, *Los amantes de Teruel* contiene muchas situaciones de inconfundible sabor romántico: el lienzo escrito con sangre por el que se descubre la conjuración contra el rey moro de Valencia; las cartas halladas en el pecho del templario muerto, que permiten a Azagra conocer la infidelidad de la madre de Isabel; toda la aventura de Zulima que, disfrazada de hombre, se entrevista con Isabel en su propia casa para llevar a cabo su venganza contra Marsilla; la violencia del amor de la mora —nada digamos del de los amantes—; el mismo enriquecimiento de Diego, etc. Referido todo esto con la malévola ironía con que Larra contaba otras veces a sus lectores el asunto de algunos dramas, podría dar un resultado casi cómico [306]. Y, sin embargo,

---

[305] Ed. cit., págs. 298-299.

[306] Lomba y Pedraja reprocha a *Los amantes* la deficiente evocación de ambiente y la falta de *color local*. Colocó la acción a comienzos del siglo XIII porque le plugo y cuidó de aludir repetidamente a personajes y sucesos contemporáneos: «Pero el medio social —dice— que acertó a pintarnos no corresponde a la fecha que ofrece

*Los amantes de Teruel* es una obra de gran importancia, no sólo como genuino representante del más inequívoco romanticismo, sino con bellezas permanentes. Es incuestionable que en el drama de Hartzenbusch, como en tantísimos del Siglo de Oro, hay excesivas cosas, sobran sucesos y acción. El argumento, con todas sus complicaciones, es más de novela que de teatro, y no es de extrañar que Hartzenbusch pensara en un principio darle aquella forma. *Los amantes* tiene una estructura muy especial; Isabel y Marsilla sólo se encuentran frente a frente una sola vez, en las últimas escenas de la obra, y no para tejer una apasionada escena de amor, sino para hacerla imposible y comprobar su frustración irremediable. La obra está compuesta en forma de dos líneas paralelas, que sólo se encuentran en un instante final para provocar el estallido. Los amantes, a lo largo de toda la obra, cantan su dúo de amor por separado; era un grave riesgo. Pero también necesario para preparar la tensión de espera y de amor que justifica su muerte desesperada.

Los personajes de la obra están trazados con firmeza y propiedad. Ya hemos dicho nuestra opinión sobre la madre de Isabel: no es ningún monstruo inhumano sino mujer muy humana y real. Azagra es una personalidad muy compleja; su amor por Isabel es una mezcla de ternura y de orgullo herido, dominante y generoso al mismo tiempo, capaz de presionar innoblemente sobre la madre y de renunciar a su pasión cuando el desvío de su amada le convence de su fracaso. Zulima, la sultana, es el personaje más novelesco y extremado, como lo es toda su intervención en el drama. La heroína es, sin disputa, la figura mejor conseguida, una mujer enamorada, resuelta, capaz de defender su amor contra todo género de presiones. Las circunstancias y personas que la rodean le permiten dar vida a su pasión a lo largo de toda la obra. Marsilla, en cambio, ha de luchar contra otra

---

al frente; es contemporáneo: una sociedad de burgueses acomodados, razonadores, cultos y pacíficos, en que, ciertamente, no desentonan una sensibilidad y una delicadeza de afectos tan extremadas como las que muestran ambos protagonistas. Hasta en pormenores arqueológicos, fáciles de enmendar, deja que se le deslice la pluma. Bien que sobre algunos, poco importantes, se pase sin poner atención, como sobre aquel de las ruinas de una ermita gótica (en 1217); pero otros, como las cartas de amor de una dama, por añadidura casada, extendidas en sendos pergaminos, no pueden eximirse de hacer efecto de atrevidos anacronismos, aún más que materiales, morales» («El teatro romántico español», en *Mariano José de Larra (Fígaro). Cuatro estudios que le abordan o le bordean*, cit., pág. 387). Alude luego Lomba a la inclusión de la nota cómica, que hizo correr a cargo de la criada Mari-Gómez, notable «desacierto», con sus «latinajos y bambochadas» (ídem, íd., pág. 388). Allison Peers, por el contrario, califica a la criada de «personaje delicioso, de un verismo total» *(Historia del movimiento romántico español*, 2.ª ed., I, Madrid, 1967, pág. 356) y la relaciona con la mezcla de lo humorístico y lo patético en el *Don Álvaro*. Pero ha de advertirse que Lomba se refiere a la Mari-Gómez de la primera versión, convertida luego en la muy diferente Teresa de la refundida, a la que Peers alude; este solo detalle del nombre permite averiguar, pues no lo dice, que Peers traza su comentario sobre la segunda.

especie de obstáculos, que fragmentan su actividad, por lo que su pasión parece menos concentrada; pero está presente en cada palabra y en cada movimiento de su esfuerzo desesperado. Como perfecto héroe romántico, se niega a reconocer cuanto se oponga a su pasión. Cuando su propio padre le pide que renuncie a ella porque Isabel ya está casada y existe un vínculo sagrado, Marsilla pronuncia unas palabras que resumen toda su personalidad: «Es sacrílego, es injusto»; «En presencia de Dios formado ha sido», arguye su padre, don Martín; «Con mi presencia ha sido destruido», sentencia Marsilla [307]. Son casi las mismas palabras que lanza el Macías de Larra para afirmar su rebeldía contra las leyes y convenciones de los hombres y sostener los absolutos derechos de su amor.

[307] Ed. Salvador García, cit., págs. 136-137. El protagonista Marsilla no satisface a Allison Peers: «Habida cuenta —dice— de lo profundamente romántico del asunto, su Marsilla es decepcionante. Este joven enamorado sabe suplicar con elocuencia y desvariar desaforadamente, pero casi no tiene traza de héroe romántico y su pasión está falta de realismo y de fervor» (*Historia...*, cit., I, pág. 356). También Cejador encuentra floja la única escena de amor que viven los protagonistas: «Un drama del más intenso amor —dice— en el cual el amor no se ve por ninguna parte, fuera de lo que la leyenda nos dice, y que, careándose los amantes, no se dicen una palabra de lo que la hinche sus corazones, es un drama medianamente desenvuelto, por lo menos» (Julio Cejador y Frauca, *Historia de la lengua y literatura castellana*, vol. VII, Madrid, 1917, pág. 259). Pero, como explicamos arriba, Marsilla, rodeado de obstáculos que tiene que ir salvando y separado de su amada toda la obra, sólo puede dejar hablar directamente a su pasión cuando ya no tiene remedio y sólo puede expresarse con quejas y desesperación; la estructura de la obra y el desarrollo de la trama hacían esto inevitable.

Por fortuna, críticos de más comprensiva visión, no empeñados —como bastantes de los aducidos— en negaciones sistemáticas, están concediendo a *Los amantes de Teruel* su transcendencia y significado; el hecho es tanto más importante cuanto que permite ver en el drama de Hartzenbusch bastante más que un mero juego legendario y sentimental, que es lo que suele atribuirse a éste y otros dramas románticos. «El dramaturgo romántico —dice Caldera— no sólo ha perdido toda fe en un orden providencial del Universo, sino también en la estructura de la sociedad en que vive y hasta en la misma posibilidad de toda convivencia humana. En general, la sociedad le parece injusta y opresiva, y por ello confiere a su héroe la tarea de destruir las instituciones; *ejemplos insignes son Macías y Marsilla* (que han de tener tantos seguidores), los cuales no experimentan respeto alguno por el sagrado vínculo del matrimonio, que es uno de los pilares de aquella sociedad... En el fondo, ¿qué se puede esperar de una sociedad en la que los reyes son injustos y tiranos y los sacerdotes fraudulentos y libidinosos?». «Por otra parte —añade Caldera a continuación— el mismo mundo del sentimiento se revela como mentiroso y, en el mejor de los casos, como irrealizable... El amor es imposible porque al hombre le ha sido negada la facultad de comunicación. El romanticismo había descubierto el diálogo, que sustituía al monólogo de los personajes neoclásicos; pero, a la vez, había descubierto el drama de un diálogo intentado y frustrado... el lenguaje de los varios protagonistas está hecho de palabras que se pierden en el vacío, y cada uno habla su propio lenguaje, lo que impide toda posible relación». Caldera destaca entre las víctimas de este drama a Macías y Elvira, a Marsilla e Isabel, a don Álvaro, a Alfredo, y llega a decir —después de recordar, como característica, la Escena I del Acto III, en que cada personaje sigue el curso de sus propias preocupaciones sin cuidarse de los demás— que *Los amantes de Teruel* podría llamarse el «drama de la incomunicación» (*Il dramma romantico in Spagna*, cit., págs. 168-169).

Respaldado por el prestigio de una leyenda secular, Hartzenbusch ha creado en sus *Amantes* una pareja arquetípica, que después, y a pesar, de tan repetidas encarnaciones literarias recibe de sus manos la forma definitiva. El acierto de los escritores románticos consistía precisamente en encontrar estos héroes de excepción, capaces de provocar en el espectador su plena adhesión sentimental. Para ello era forzoso colmar un poco las medidas, pero también dar con ese toque feliz de gracia poética, que pocos encontraron y nadie fue capaz de repetir. Junto a los héroes de *El Trovador*, los *Amantes* de Hartzenbusch componen la otra pareja afortunada.

OTRAS OBRAS DRAMÁTICAS

Hemos dicho que el teatro de Hartzenbusch es de notable complejidad. Un año después del éxito de *Los amantes* estrenó *Doña Mencía o la boda en la Inquisición*, localizada a principios del siglo XVII, drama que puede calificarse de *histórico* por la época y el asunto, aunque la trama es original. Fue también un gran éxito, debido en gran parte a la naturaleza del argumento; Allison Peers dice que apiló sobre la obra «la leña del anticlericalismo» [308]. Fernández-Guerra gusta poco de la obra y sostiene que triunfó porque halagaba las pasiones políticas del momento [309]; Cejador afirma con irritación que «pirateó la historia tan gallardamente como Schiller en su *Don Carlos*» [310]; Piñeyro admite, como Fernández-Guerra, que la trama es excesivamente complicada y confusa (aunque tiene tan sólo seis personajes), pero siente admiración por las bellezas del drama y considera exacto el cuadro, al que califica de «estudio penetrante de la vida de España a principios del siglo XVII». «Sin los apóstrofes violentos ni las maldiciones inútiles del *Carlos II el Hechizado*, de Gil y Zárate, representado poco antes, comunica Hartzenbusch con habilidad y perspicacia de poeta la impresión de la verdad, pone ante los ojos la imagen exacta de lo que pasaba, de lo que se sufría, no ya dentro de los muros del Santo Oficio, que eso hubiera sido más fácil y de efecto vulgar, sino en el interior del hogar doméstico, en la vida íntima, entre seres indefensos y desvalidos. Describir, pintar esos martirios del alma y del cuerpo en un cuadro de proporciones reducidas, no con trazos de brocha grosera, sino con pinceladas delicadas, en un lenguaje sin tacha y una versificación exquisita, no se había hecho antes y no sé si se ha intentado después en el teatro. Es lo que Hartzenbusch admirablemente realizó» [311]. Allison Peers, por el contrario, juzga la

---

[308] *Historia...*, cit., II, pág. 209.
[309] *Hartzenbusch. Estudio biográfico-crítico*, cit., pág. 8.
[310] *Historia...*, cit., VII, pág. 259.
[311] Enrique Piñeyro, *El romanticismo en España*, nueva ed., Nueva York, 1936, págs. 131-132.

obra con gran dureza: «La trama de *Doña Mencía*, dice, tiene todas las improbabilidades de *Don Alvaro*, pero la fuerza dramática la suple con violencia melodramática. Sus personajes no sólo son improbables, sino inverosímiles. ¿Quién sería capaz de admitir la verosimilitud de aquella vieja de veinticinco años, de un carácter prohibitivamente inhumano, con aquellas frases suyas de 'Yo soy la noche' y 'Yo nunca amé', que tanpoco después de dicho esto se consume presa de una pasión absurda en grado inconcebible? Desvariando a través de tres actos y matándose al final con el puñal de su padre-amante, es una de las figuras dramáticas más repulsivas y de menos arte del romanticismo español. Los demás personajes no son mucho mejores»[312].

En años sucesivos Hartzenbusch fue dando a la escena otros *dramas históricos: Alfonso el Casto* en 1841[313], *La jura en Santa Gadea* en 1845, *La madre de Pelayo* en 1846. El más notable es el segundo, que se beneficiaba además de la inextinguible popularidad de su héroe. El Cid aparece aquí en sus años juveniles, cuando conquistaba el amor de Jimena y exigía gallardamente al rey el famoso juramento; son los dos temas de la obra, que con sus claras implicaciones democráticas debió también de apelar a la actualidad. *La Jura*, de acuerdo con la peculiar escrupulosidad de Hartzenbusch, está documentada muy exactamente, casi con exceso, pues el afán de ser preciso en los detalles perjudica a veces la agilidad de la acción, que abunda, sin embargo, en briosas y coloristas escenas.

En *Vida por honra*, estrenada en 1858, en tres actos y en prosa, tomó Hartzenbusch como protagonista al conde de Villamediana, personaje no menos favorecido por la leyenda y la popularidad. El drama se concentra en una de las aventuras amorosas del conde hasta su asesinato, sobre el fondo de las rivalidades políticas de los ministros de Felipe IV y los mentideros de la Corte. El drama nos parece excelente, y es de lamentar que la falta de ediciones asequibles le impida ser más conocido. Hay abundancia de enredo, pero resuelta sin oscuridad; el conde es un personaje certeramente trazado, con su acerada mordacidad, su capacidad de intriga, su perspicacia crítica. Junto a Villamediana hay otro protagonista, Gabriel, que parece un personaje de Galdós, un héroe desinteresado y generoso, valiente y enamorado, y una heroína deliciosa, Paula Reina, bordadora de oficio, amada de Gabriel y codiciada en competencia por el conde. Y un coro de escribanos, Alcaldes de Casa y Corte, criados y marqueses, que componen un primoroso cuadro del Madrid corrompido y ocioso de los días del Conde-Duque.

Con el drama *La ley de raza*, tres actos en verso, estrenado unos años antes (1852), se aventuró Hartzenbusch en un período muy poco frecuentado

---

[312] *Historia...*, cit., II, págs. 209-210.
[313] Cfr.: Jean Sarrailh, «L'histoire et le drame romantique. (A propos d'*Alfonso el Casto* d'Hartzenbusch)», en *Bulletin Hispanique*, XXXVIII, 1936, págs. 19-40.

por los cultivadores del drama histórico: la época visigoda; solamente a un
erudito como Hartzenbusch podía tentarle la reconstrucción de un período
y unos sucesos de tan escasa resonancia popular. La obra declara el propósito de Hartzenbusch de afrontar empresas arriesgadas y de no escaso esfuerzo. *La ley de raza* dramatiza el momento en que el rey Recaredo se
dispone a conceder la igualdad legal a los hispano-romanos y permitir sus
matrimonios con los godos, a pesar de la oposición de éstos, empeñados en
conservar su supremacía de pueblo vencedor. El drama es un flagrante
ejemplo de esos anacronismos que el romanticismo multiplicaba. Los hispano-romanos tienen una conciencia de raza y de nacionalidad, y hasta de
unidad política y social, auténticamente deliciosa; pero incluso los mismos
godos sienten esa conciencia de *españoles* y se irrogan la genuina representación del país frente al despreciable pueblo sometido. Egilán, que encarna
la oposición de la nobleza goda contra las pretendidas reformas de Recesvinto, le dice a éste:

> ...................*sangre mestiza,*
> *sangre hispana, que cien veces*
> *con otra se revolvió,*
> *y en la mezcla desechó*
> *lo bueno, y guardó las heces.*
> *Luz de gloria nunca radie*
> *sobre esa familia extraña;*
> *nosotros somos España;*
> *fuera de nosotros, nadie* [314].

La apelación a *España* es pintoresca, sin duda alguna, pero la afirmación
del orgullo godo es genuina y descubre la semilla de la futura dicotomía
hispánica. Momentos antes del pasaje citado, cuando Recesvinto aduce en
favor de los sometidos su cultura superior, su mayor sabiduría y virtud, y
el hecho de haberles impuesto pacíficamente su religión, lengua y costumbres, Egilán los residencia en aquellas ocupaciones que, siglos más tarde,
tenían que reservarse igualmente para las razas sometidas y despreciadas,
hasta el punto de hacerse consustanciales con ellas:

> *Ejercer con fruto pueden*
> *labranza y ganadería,*
> *tejer seda con primor*
> *y edificar un castillo;*
> *pero el cargo de caudillo*
> *pide ánimo superior* [315].

---

[314] En *Obras escogidas...*, ed. alemana cit., II, pág. 47.
[315] Ídem, íd., pág. 46.

Resulta, pues, que el anacronismo de base de Hartzenbusch no anula las resonancias muy significativas del problema que dramatiza; aquellos godos, que se apropiaban la representación exclusiva de la patria —«nosotros somos España»— tenían que despertar vastos ecos en el espectador de mediados del siglo XIX, como podrían despertarlos hoy. El suceso escogido por el dramaturgo, cuando unos espíritus abiertos intentaban la integración de las dos mitades hostiles del país en lucha heroica contra los que se empeñaban en mantener su excluyente superioridad, era un asunto vivo, superior en interés a las meras anécdotas novelescas de tantas piezas de la época. El hilo histórico está animado además por una intriga amorosa, igualmente histórica, bien trenzada con la acción principal, que recibe con ello pasión y movimiento.

Escribió también Hartzenbusch un drama bíblico, *El mal apóstol y el buen ladrón*, que fue estrenado en 1860. El 30 de abril de 1856 un Real Decreto del Gobierno había prohibido «la representación de dramas sacros o bíblicos, cuyo asunto pertenezca a los misterios de la religión cristiana, o entre cuyos personajes figuren los de la Santísima Trinidad o la Sacra Familia»[316]; con ello, los más de los cómicos quedaban sin trabajo durante la cuaresma, que era la época de tales representaciones. Atendiendo a su demanda, Hartzenbusch compuso el mencionado drama bíblico.

La obra, como era de esperar de su talento y sentido de la responsabilidad, representa un ambicioso esfuerzo, que por sus mismas dificultades no estaba llamado a ser la pieza de público que los cómicos necesitaban. En torno a los sucesos de la Pasión, Hartzenbusch teje una historia que protagonizan Dimas, el «buen ladrón», y Judas, a los que Hartzenbusch imagina atormentados por hondos conflictos psicológicos: Judas es el hombre de la duda, sigue a Jesús pero sin acabar de creer en él pese a sus esfuerzos; Dimas vive errante como forajido por haber asesinado a toda la familia del rico fariseo Nacor en venganza de haber sido acusado por éste de un robo que no había cometido. La única hija de Nacor que escapa a la matanza es Betsabé, quien por una serie de azares vive como pastora, recogida por una vieja esclava de Nacor, Sara, y se supone hermana del propio Dimas, sin que éstos conozcan su respectiva identidad. Dimas siente por Betsabé un hondo afecto fraternal con ribetes de incestuoso. Betsabé que sigue a Jesús, pretende convertir a Dimas a su fe; Dimas vive obsesionado con el propósito de consumar su venganza asesinando a Nacor, cosa que al fin consigue, precisamente cuando se descubre la identidad de Betsabé. Dimas es apresado y crucificado junto a Jesús.

---

[316] Cit. por Fernández-Guerra en *Hartzenbusch. Estudio biográfico-crítico*, cit., página 30.

La obra, en cinco actos y en verso, es extraordinariamente compleja, no sólo por el número y variedad de personajes, sino también por las repetidas «visiones» y escenas de tipo alegórico, inspiradas en la técnica y procedimientos de los autos sacramentales. De acuerdo con la exigencia que había estimulado la concepción del drama, ni Jesús ni María aparecen en escena, aunque su presencia se cierne impalpable todo a lo largo de él. Al final del acto cuarto el pregonero romano anuncia la condena y salida hacia el Calvario de Dimas y de Gestas, pero cae el telón cuando comienza a gritar la de Jesús, sin que ni siquiera el nombre de éste llegue ya a los oídos del espectador, que fácilmente lo imagina; delicado y hábil recurso del dramaturgo.

Una vez más, el defecto capital de la obra es su exceso. Con la décima parte de elementos, Hartzenbusch hubiera podido construir un intenso drama humano en torno a la Pasión. Pero parece que los escritores románticos necesitaban inundar la atención de los espectadores con cataratas de acontecimientos. La inclusión de escenas alegóricas en medio de una acción realista, minuciosamente documentada, produce una impresión de hibridez poco satisfactoria; hay una dualidad de planos que no se acoplan. No obstante, existen abundantes bellezas parciales, personajes humanos y consistentes, y, como siempre en la pluma de Hartzenbusch, una deliciosa figura femenina en la persona de Betsabé.

En 1854 estrenó Hartzenbusch *La Archiduquesita*, que Fernández-Guerra clasifica como «comedia anecdótica». Podría llamarse «histórica» con el mismo derecho que los innumerables dramas de este nombre, puesto que se sitúa en la corte del emperador alemán Fernando III, cuando se trata el matrimonio de su hija Mariana con el monarca español Felipe IV. Mariana, a la sazón de doce años, es la Archiduquesita. La obra fue escrita para lucimiento de la niña prodigio Rafaela Tirado, que había de morir cinco años más tarde. La comedia de Hartzenbusch, tres actos en prosa, es una pura delicia, que muy bien podría interesar y entretener al espectador de hoy. Sin violar apenas la verosimilitud, la comedia tiene un aire de farsa juguetona con situaciones divertidísimas, más graciosas aún porque envuelven a personajes graves y solemnes, que mezclan con los altos negocios de estado sus apetitos tenoriescos. No sabemos si estaba en el ánimo del autor, pero la obra resulta una sátira muy eficaz de aquellas cortes irresponsables, que, en medio de la ruina que acarreaba la Guerra de los Treinta Años, hallaban ocio sobrado para sus fútiles diversiones. Pero la comedia, aunque sean éstas las deducciones que pueda hacer el espectador, no apunta moraleja o prédica alguna, sino que corre por saltarines y alegres cauces. Hartzenbusch poseía una capacidad de fabulación tan fértil como era su ingenio para desarrollarla y salpicarla con gracias incontables. *La Archiduquesita*, en suma, es una excelente comedia.

Cultivó también Hartzenbusch la de carácter, de corte moratiniano, entre las que habría que destacar *La coja y el encogido* y *Un sí y un no*. El afán de moralizar es en estas comedias demasiado visible, y la lección sobradamente ingenua. Como exigían las normas del género, se satiriza un vicio común, y Hartzenbusch escoge con preferencia el egoísmo y la codicia, que en la última escena quedan vencidos por el amor desinteresado y puro; éste es el tema de las dos comedias mencionadas. El autor se sirve además de excesivas casualidades para llegar al apetecido desenlace feliz, y enreda con exceso la trama; aún añadiríamos que abusa manifiestamente de los apartes, muchos de los cuales resuelven cómodamente situaciones que hubieran requerido larga exposición. No obstante, la pericia teatral y la agudeza inagotable del autor salvan estas obras, animadas por deliciosas figuras femeninas, que Hartzenbusch sabe crear magistralmente; la Pilar de *Un sí y un no* y la «coja» Adela lo son en grado sumo.

Hartzenbusch escribió tres «comedias de magia» que tuvieron gran aceptación: *La redoma encantada*, *Los polvos de la madre Celestina* y *Las Batuecas*. Las «comedias de magia» habían gozado de gran predicamento, como sabemos, entre los géneros más populacheros y ramplones, pero claro está que las de Hartzenbusch son bien distintas. En realidad se trata de sendas sátiras del género, pero aprovechando sus mismos recursos para urdir libremente divertidas y complicadas fábulas, en las que el dramaturgo derrocha humor y siembra sus apetecidas moralejas; las escenas realistas se mezclan con lo fantástico y sobrenatural y con lo alegórico. En *Los polvos de la madre Celestina* [317], adaptación muy libre de la comedia francesa *Les Pilules du Diable*, la vieja alcahueta trata de encontrar novio, pues volverá a ser joven si se casa, y pretende arrebatarle su prometido a la joven Isabel, pero claro es que fracasa al fin en sus intentos. En *La redoma encantada*, el marqués de Villena, encerrado en una redoma, espera la libertad para librar al mundo de sus encantadores. En *Las Batuecas*, tres personajes: Mateo, Lucía y su burro, llegan a las Batuecas, y tres magos: la Virtud, la Ciencia y la Fortuna, les permiten escoger su destino. Mateo escoge la ciencia y Lucía la virtud, pero la Fortuna, para vengarse, convierte al burro en hombre con el nombre de Paulino y le dispensa sus favores, que Paulino no sabe aprovechar, mientras que Mateo y Lucía sufren todo género de desdichas. Al fin se restablece el «orden moral» y la Fortuna se junta con la Ciencia y la Virtud, pero el autor comenta humorísticamente: «Lástima que este milagro / sólo pase en las Batuecas».

El precedente resumen sólo recoge lo más sobresaliente de la obra dramática de Hartzenbusch, pero habría todavía que añadir dramas sim-

---

[317] En su estreno, la comedia estuvo un mes en cartel con representaciones diarias, y fue repuesta hasta trescientas veces en vida de Hartzenbusch.

bólicos, como *Honoria;* comedias de carácter, como *Juan de las Viñas;* «loas», como *La Alcaldesa de Zamarramala, Derechos póstumos* y *La hija de Cervantes,* y numerosas traducciones, imitaciones y refundiciones de autores extranjeros, como Molière, Voltaire y Alfieri, entre otros [318]. Cejador dice un tanto despectivamente que Hartzenbusch «a fuer de erudito picó en todo». Pero lo que esta diversidad revela es la existencia de un dramaturgo excepcionalmente dotado para su mester, uno de los más fértiles que alumbró el siglo XIX, a quien la fama de su creación más popular roba la atención que exigen la variedad y complejidad de su teatro. La crítica contemporánea tiene muy olvidada la obra dramática de Hartzenbusch con notoria injusticia. Su larga vida y su temperamento esencialmente equilibrado le permitieron asistir, y contribuir, a todo un proceso de renovación teatral, que no puede residenciarse en el éxito de *Los amantes,* por muy representativo que éste sea.

HARTZENBUSCH, FABULISTA

Hartzenbusch ocupa un lugar de primer orden como autor de fábulas. El siglo XIX cultivó con gran asiduidad este género, que, como subraya Navas Ruiz [319], era particularmente apto para la crítica social y, por su naturaleza moralizante y su observación de la realidad, emparentaba con la literatura costumbrista de la época. Hasta cincuenta colecciones de fábulas, publicadas a lo largo del siglo XIX, enumera el mencionado crítico [320], pero entre todos sus autores destaca Hartzenbusch incuestionablemente. Hartzenbusch publicó sus fábulas en forma de libro en tres ocasiones distintas: en 1848, en 1861 y en 1888, reuniendo cada vez las publicadas con anterioridad. De todos estos volúmenes se hicieron numerosas ediciones, que demuestran su aceptación. Como la mayoría de los fabulistas, Hartzenbusch no pretende ser por entero original, pues conoce lo difícil que es conseguirlo en género tan manoseado y nutrido por tan remotas y varias tradiciones. En el prólogo a su colección de 1848 subraya que La Fontaine y Samaniego, y aun el mismo Fedro, se valieron de lo que hallaron ya escrito, y refiriéndose a sus propias fábulas escribe: «Los lectores que hagan el cotejo del original y la copia, echarán de ver que unas veces he traducido, otras he imitado, refundido o desfigurado el original, según me pareció conveniente y según hicieron otros antes que yo». Lo único en que cabe novedad —añade— es el modo de presentarlo: «No doy a luz —escribe— una obra compuesta de pensamientos míos; doy en ella pensamientos de

---

[318] Para las traducciones y refundiciones de Hartzenbusch, cfr., Anthony Sivain Corbiere, *Juan Eugenio Hartzenbusch and the French Theatre,* Filadelfia, 1927.

[319] Juan Eugenio Hartzenbusch, *Fábulas,* ed. de Ricardo Navas Ruiz, «Clásicos Castellanos», Madrid, 1973; Introducción, pág. IX.

[320] Idem, íd., Introducción, pág. X, nota 4.

otros en nueva forma: cogí la tela y pongo el cosido, como aquel joven de Calderón... Y va de cuento por tercera y última vez.

> *Remendaba con sigilo*
> *sus calzones un mancebo.*
> *Yo, que le acechaba, vílo,*
> *y pregunté: '¿Qué hay de nuevo?'*
> *Y él respondió: 'Sólo el hilo'»* [321].

No obstante, Hartzenbusch, respecto a los otros fabulistas españoles, presenta una notable originalidad en la elección de sus fuentes. Sin que renuncie por entero a la tradición esópica ni a la francesa, busca con preferencia su inspiración en escritores alemanes, sobre todo en Lessing, cuyas *Fabeln* tradujo además en prosa en su totalidad, y en otros como Gellert, Pfeffel y Von Hagedorn. Acude además, como precisa Navas Ruiz, a los clásicos españoles desde el Arcipreste de Hita a los dramaturgos del Siglo de Oro, así como al folklore nacional, con lo cual introduce en el género motivos nuevos, fuera de los tradicionales casos de animales, siempre repetidos.

Cualesquiera que sean sus fuentes, Hartzenbusch procura darles una cierta originalidad amoldándolas al ambiente, personajes y situaciones de su país, por lo que casi vienen a constituir en su conjunto un panorama de costumbres. Como es consustancial al género, hay un propósito constante de ejemplaridad, pero distinto en buena medida del tradicional: no se enseña la astucia para mejor bandearse en un mundo perverso, sino normas positivas de conducta dentro del ideal de libertad y respeto a los derechos comunes que la nueva sociedad traía consigo.

Las fábulas de Hartzenbusch adoptan muy variadas formas, desde las parábolas y narraciones de cierta extensión, morosamente detallistas, hasta el epigrama incisivo; tratan materias muy diversas: religión, educación, costumbres, relaciones sociales, temas literarios y políticos, preocupaciones patrióticas. Su métrica, como es también tradicional en los fabulistas, es muy variada, pero la colección de Hartzenbusch lo es tanto, que podría servir muy bien como una antología de métrica castellana.

Hombre ingeniosísimo y hábil dramaturgo, como sabemos, Hartzenbusch pone en sus fábulas un gracejo personalísimo y las anima con diálogos agudos y rápidos. El prosaísmo parece inevitable en las fábulas; casi diríamos que es esencial, pues parecería improcedente un elevado tono poético, cuando se trata de dar consejos con eficacia y claridad. Las fábulas de Hartzenbusch son, pues, también prosaicas, pero con un prosaísmo

---

[321] Idem, íd., pág. 6.

consciente y premeditado que levanta a nivel estético las materias más comunes y los más vulgares y humildes objetos.

ERUDITO Y CRÍTICO

La pasión por el teatro, que le llevó muy tempranamente a refundir obras de los dramaturgos del Siglo de Oro, convirtió a Hartzenbusch en un estudioso de la literatura. Su labor crítica y erudita es verdaderamente notable, y cabe afirmar que fue el escritor más culto del romanticismo. Una gran parte de sus trabajos de esta índole están esparcidos por revistas y periódicos de la época, de difícil acceso, y desgraciadamente no han sido aún coleccionados [322]. Para la Biblioteca de Autores Españoles preparó Hartzenbusch ediciones de Lope de Vega, Calderón de la Barca, Tirso de Molina, Ruiz de Alarcón y Cervantes. Con un criterio muy de su época Hartzenbusch suele corregir y aventurar lecturas de los textos en forma caprichosa, con el propósito de aclarar pasajes o enmendar supuestos errores, procedimiento inadmisible en nuestros días. Pero la crítica estaba entonces en su etapa inicial y fue ya mucho lo intentado por Hartzenbusch para poner algún orden en lo que era todavía un caos de autores y de obras. Su estudio sobre Lope ha sido después ampliamente superado, pero en su tiempo pudo pasar por definitivo. Su entusiasmo por Cervantes le indujo a preparar la famosa edición de Argamasilla de Alba, donde se suponía que aquél había estado preso, para la cual persuadió a Rivadeneira que llevara allí prensas de imprimir; romántico empeño que nada podía añadir a la obra cervantina, pero que dice mucho sobre el promotor de la idea. Esta edición del *Quijote,* tipográficamente primorosa, ha sido justamente criticada por las inoportunas y desacertadas correcciones de Hartzenbusch. Lo mismo sucede con las obras de otros clásicos. A pesar de todo, el esfuerzo de Hartzenbusch fue inestimable porque contribuyó decisivamente a difundirlos entre el gran público y a interesar en su conocimiento; en su tiempo eran más necesarias las ediciones sencillas y claras que las rigurosamente críticas [323].

Los juicios de Hartzenbusch sobre los clásicos están condicionados inevitablemente por el gusto de la época. Pero muchas de sus apreciaciones sobre las comedias de Lope, sobre las innovaciones aportadas por Calderón, sobre la peculiaridad del teatro de Ruiz de Alarcón, forman hoy parte de los conceptos comúnmente admitidos. A Ruiz de Alarcón dedicó también su discurso de recepción en la Academia. En diversos discursos allí

---

[322] Tenemos noticia tan sólo del volumen *Ensayos poéticos y artículos en prosa,* Madrid, 1843.

[323] Cfr., Rosanna Legitimo Chelini, «Juan Eugenio Hartzenbusch e il suo *Romancero Pintoresco*», en *Miscellanea di studi ispanici,* 10, Università di Pisa, 1965, págs. 230-245.

mismo leídos, para responder a otros recipiendarios, estudió problemas de la lengua (contestación a Pedro Felipe Monlau), la oratoria del siglo XVIII (respuesta a Ferrer del Río) y personajes como el conde de Villamediana (contestación a Francisco Cutanda). Se ocupó asimismo de cuestiones filológicas en los prólogos a los *Orígenes de la lengua,* de Mayáns y Siscar, al *Diccionario de galicismos,* de Rafael María Balart, y a la *Colección de sinónimos,* de José Joaquín de Mora. En la Academia era proverbial su dedicación a las tareas de la *Gramática* y del *Diccionario,* que le debe muchas de sus definiciones; en premio a su laboriosidad, cuando su salud le impidió seguir asistiendo, se acordó que en todas las juntas se le contase como presente.

Hartzenbusch no fue sólo un enamorado de los clásicos, sino que dedicó constante atención a sus contemporáneos y al movimiento intelectual y cultural de su época. Puso prólogos a las obras de Zorrilla y de Carolina Coronado, a uno de los volúmenes del duque de Rivas, a las obras de Bretón y de García Gutiérrez. El de este último tiene particular interés porque, además del estudio que le es propio, traza la evolución del teatro durante el período romántico, examina sus obras más representativas y define los nuevos géneros. Además, en diversos periódicos y revistas cultivó con asiduidad la crítica teatral a lo largo de casi veinte años.

## *ZORRILLA*

Ningún escritor romántico tan popular en su tiempo como lo fue Zorrilla. La posteridad ha conservado intacta su fama, mas para una sola obra: *Don Juan Tenorio,* dejando poco menos que en olvido total el resto de su producción, tan abundante como variada. Este exclusivismo, que arrincona en la sombra todo lo demás, la misma mole de sus escritos y lo mucho que la sensibilidad de nuestros días se ha distanciado de su peculiar concepción poética, explican, aunque no siempre justifican, la escasa atención que hoy suele concederse a la obra de Zorrilla; resulta más hacedero escribir unas páginas apresuradas con este criterio tópico que aventurar un juicio mínimamente justo. Una vez más es indispensable recordar, porque parece ser deber del historiador, que Zorrilla fue poeta de su tiempo y no del nuestro.

### VIDA Y MILAGROS

José Zorrilla y Moral nació en Valladolid el 21 de febrero de 1817 [324]. Su padre, don José Zorrilla Caballero, hombre de la más cerrada intransigen-

---

[324] Para la biografía de Zorrilla, cfr.: A. Ferrer del Río, «Don José Zorrilla», en *Galería de la literatura española,* Madrid, 1846, págs. 271-289. I. Fernández Flórez, «Don

cia política y religiosa, tras haber desempeñado diversos cargos políticos y administrativos en Valladolid, Burgos y Sevilla, durante el reinado de Fernando VII, fue superintendente de policía en la década de Calomarde y militó después en las filas carlistas. Al establecerse la familia en Madrid, el joven Zorrilla ingresó en el Seminario de Nobles [325]. Por decisión del padre cursó Leyes dos años en las universidades de Toledo [326] y Valladolid, pero en el verano de 1836 abandonó los estudios, se fugó de la casa paterna —el superintendente vivía entonces desterrado en Lerma desde la muerte del rey— y se refugió en Madrid, donde vivió unos meses poco menos que de milagro con la ayuda de algún amigo.

La escapatoria había de tener prolongadas consecuencias en la vida del futuro poeta. El superintendente sintió siempre el mayor desprecio por las aficiones literarias de su hijo, al que tenía por un inútil, extraviado por lecturas malsanas, y no le perdonó jamás, ni aun en el lecho de muerte, su huida del hogar y menos aún el abandono de sus estudios, fuera de los cuales no imaginaba que pudiese lograr la posición y el respeto que deseaba para él. Padre e hijo sólo se vieron luego en contadas y breves ocasiones. Zorrilla hizo toda su vida denodados esfuerzos para atraerse la atención y el perdón de su padre; muchas de sus actividades, gestiones y viajes estuvieron movidos por esta idea, y —lo que es más importante— hasta su obra estuvo condicionada en buena medida por semejante preocupación, que llegó a ser en él casi angustiosa. Sería muy arriesgado sostener que sin la presión de aquel padre atrabiliario el escritor Zorrilla hubiera orientado su obra por rumbos diferentes; pero afirmó en diversas ocasiones, y es preciso creerle, en parte al menos, que cultivó con preferencia los temas tradicionales, con acentuado espíritu patriótico y religioso, para no contradecir las ideas de su progenitor y ganar su benevolencia haciéndose digno de él [327]. Porque es lo cierto que no pocos pasajes de su obra poética reve-

---

José Zorrilla», en *Autores dramáticos contemporáneos*, I, Madrid, 1881, págs. 169-185. M. Martín Fernández, *El poeta nacional. Estudio crítico-biográfico de Zorrilla*, Valladolid, 1889. Antonio de Valbuena, *José Zorrilla. Estudio crítico-biográfico*, Madrid, 1889. E. Ramírez Ángel, *José Zorrilla. Biografía anecdótica*, Madrid, 1915. Narciso Alonso Cortés, *Zorrilla. Su vida y sus obras*, 2.ª ed., Valladolid, 1943 (estudio fundamental). Véase también la penetrante semblanza de Emilia Pardo Bazán, *Zorrilla. El hombre*, en *Obras Completas* (Aguilar), III, ed. de Harry L. Kirby, Madrid, 1973, páginas 1464-1483.

[325] Cfr., Luis Fernández, *Zorrilla y el Real Seminario de Nobles, 1827-1833. Con un apéndice de 65 cartas íntimas e inéditas del poeta*, Madrid, 1945 (prólogo de Narciso Alonso Cortés).

[326] Cfr. Francisco de B. San Román, «Zorrilla en la Universidad de Toledo», en *Amigos de Zorrilla. Colección de artículos dedicados al poeta*, Valladolid, 1933, págs. 7-10. Eduardo Juliá, «Toledo visto por Zorrilla», en ídem, íd., págs. 35-41.

[327] Los testimonios a este respecto son abundantísimos y están esparcidos, a lo largo de su vida, lo mismo en obras publicadas que en cartas o escritos privados; basten unos pocos ejemplos. «Encerrada sistemáticamente mi inspiración en el estrecho círculo de mis recuerdos, y dirigidas todas mis poesías escritas desde 1837 al 1845 por

lan un Zorrilla bien distinto, abierto y liberal, y cuando escribe en prosa abre más ancho campo a sus opiniones, no carentes de audacia en cuestiones políticas y más todavía en materias religiosas.

La apurada situación de Zorrilla en Madrid se resolvió por una circunstancia bien famosa y miles de veces referida: en el cementerio de Fuencarral, frente al cadáver de Larra, que se había suicidado el día anterior, Zorrilla leyó unos versos que se escucharon con asombro y le dieron fulminante popularidad. El momento ha sido descrito felizmente, con romántica exaltación, por Pastor Díaz: «...así que supimos el nombre del dichoso mortal que tan nuevas y celestiales armonías nos había hecho escuchar, saludamos al nuevo bardo con la admiración religiosa de que aún estábamos poseídos, bendijimos a la Providencia que tan ostensiblemente hacía aparecer un genio sobre la tumba de otro, y los mismos que en fúnebre pompa habíamos conducido al ilustre Larra a la mansión de los muertos, salimos de aquel recinto llevando en triunfo a otro poeta al mundo de los vivos y proclamando con entusiasmo el nombre de Zorrilla» [328]. Lo curioso del caso es que Zorrilla no compuso sus versos a Larra por propia decisión, sino rogado por un amigo, el italiano Joaquín Massard. Y merece la pena

---

una misma senda y a un mismo fin, a borrar de la memoria de mi padre el crimen de mi fuga del paterno hogar, y a alcanzarme de él su perdón y el derecho de volver a vivir y morir en su compañía bajo el techo de mi solariega casa, en todos los argumentos de mis leyendas hay algo *destinado no más* que a herir en mi favor los sentimientos de mi padre y a ser *no más* por él bien comprendido y tenido en cuenta» (cit. por N. Alonso Cortés en *Zorrilla. Su vida y sus obras*, cit., pág. 202). En conversación mantenida con su padre, y de la cual da cuenta en sus *Recuerdos del tiempo viejo*, decía Zorrilla: «Usted era carlista y optó por la emigración: yo creí decoro del hijo no ser nada en el gobierno que no había aceptado el padre; he rechazado todo cuanto se me ha ofrecido: todos los literatos están empleados menos yo: hoy puede usted haber visto que no es por falta de favor... yo he hecho milagros por V... Me he hecho aplaudir por la milicia nacional en dramas absolutistas como los del rey Don Pedro y Don Sancho: he hecho leer y comprar mis poesías religiosas a la generación que degolló los frailes, vendió sus conventos y quitó las campanas de las iglesias: he dado un impulso casi reaccionario a la poesía de mi tiempo; no he cantado más que la tradición y el pasado: no he escrito una sola letra al progreso ni a los adelantos de la revolución; no hay en mis libros ni una sola aspiración al porvenir. Yo me he hecho así famoso, yo, hijo de la revolución, arrastrado por mi carácter hacia el progreso, porque no he tenido más ambición, más objeto, más gloria que parecer hijo de mi padre y probar el respeto en que le tengo» (ídem, íd., págs. 375-376). En carta a su padre escribía Zorrilla: «Yo cumpliré treinta años el 21 de este mes, y ya he rehusado destinos que otros no han podido adquirir con cincuenta años de buenos y leales servicios: hombres célebres de todas clases, embajadores, títulos y príncipes se han dado por bien servidos cuando yo he aceptado su mesa, y han alargado francamente su mano al hombre que nada poseía en 1837, y de quien dice su familia *que se ha perdido*. Este mozo que se ha perdido ha sido amigo de los ministros y admirado por sus compatriotas, sin haber jamás tenido opinión ni partido, ni destino político por no ofender los de su padre. Por su padre, ha trabajado en adquirir una buena reputación ¿y su padre sólo es el que no le quiere conceder esta reputación?» (ídem, íd., pág. 399). Los subrayados son del propio Zorrilla.

[328] Prólogo al volumen I de las *Poesías* de Zorrilla.

leer la noticia según la cuenta el propio autor en sus *Recuerdos del tiempo viejo*, porque revela su obsesión por la actitud paterna a que nos hemos referido: «Joaquín Massard, que en todo pensaba y de todo sacaba partido, me dijo al salir: —Sé por Pedro Madrazo que usted hace versos. —Sí, señor; le respondí. —¿Querría usted hacer unos a Larra?, repuso, entablando su cuestión sin rodeos; y viéndome vacilar, añadió: 'yo los haría insertar en un periódico, y tal vez pudieran valer algo'. Ocurrióme a mí lo poco que me valdrían con mi padre, desterrado y realista, unos versos hechos a un hombre tan de progreso y de tal manera muerto; y dije a Massard que yo haría los versos, pero que él los firmaría. Avínose él, y convíneme yo; prometíselos para la mañana siguiente, a las doce, en la Biblioteca...»[329].

No importa ahora decidir el mérito de aquellos versos con que Zorrilla había conquistado la fama; quizá no tan lamentables como se dice. Lo cierto es que ellos le granjearon la fervorosa amistad de un puñado de escritores ya consagrados: Bretón de los Herreros, Ventura de la Vega, Gil y Zárate, García Gutiérrez, Hartzenbusch, Donoso Cortés y sobre todo de Espronceda, su gran ídolo. Con ello se le abrieron las páginas de diversas publicaciones y la carrera literaria de Zorrilla quedaba encauzada.

En 1839 Zorrilla, de 22 años a la sazón, casó con doña Florentina O'Reilly, viuda, de 38 años y con un hijo. Esta boda no nos parece poco romántica, como suele afirmarse, sino más bien al revés, pues apenas es concebible sin buena dosis de romanticismo, dadas las circunstancias referidas y el hecho de que ambos cónyuges estaban igualmente desprovistos de dinero. Pero hay más todavía: doña Florentina conoció al poeta porque su propio hijo, que lo admiraba, lo presentó a la madre y lo metió en su casa; y el amor debió de hacer rápido camino porque al mes y medio de la boda les nació una hija, que murió tres meses después. El matrimonio, no obstante, tras unos pocos años de felicidad, resultó una cruz para Zorrilla; el poeta era bastante enamoradizo y doña Florentina terriblemente celosa, sobre todo desde que su marido, convertido en famoso autor teatral, frecuentaba el mundo de la farándula. Para alejarse de su mujer hizo Zorrilla viajes por Francia e Inglaterra, pero doña Florentina trató de enemistarle y desacreditarle con cartas y hasta con anónimos entre amigos y personajes que le hubieran podido favorecer; todo lo cual, revelado por el propio poeta en escritos íntimos y en las páginas de sus *Recuerdos*, compone un epílogo bastante menos romántico que los comienzos.

Zorrilla fue dos veces a Francia, en 1845 y 1851, con el propósito de mejorar su siempre apurada situación económica publicando allí sus obras, y sobre todo el poema *Granada*, en el que trabajó largo tiempo. Interrum-

---

[329] *Recuerdos del tiempo viejo*, en *José Zorrilla. Obras Completas*, ed. de Narciso Alonso Cortés, II, Valladolid, 1943, págs. 1743-1744.

pió su primera estancia por muerte de su madre. En 1848, en la cima de su popularidad, fue elegido Académico de la Española para suceder a Alberto Lista, pero no tomó por entonces posesión del cargo. Durante su segundo viaje a Francia, como ni su fama como poeta ni sus éxitos en el teatro hubieran remediado su escasez de dinero, varios amigos le aconsejaron trasladarse a Méjico, a donde marchó, efectivamente, en 1854. Pasó allí cerca de doce años con el paréntesis de uno en Cuba (1858) [330], y su existencia en aquel país, referida con gran pormenor en sus *Recuerdos del tiempo viejo*, constituye un capítulo tan peregrino como casi inverosímil en la vida del escritor [331]. Zorrilla no parece haber tenido proyectos concretos en su viaje a Méjico, ni tuvo allí tampoco plan, ocupación, actividad o ingresos definidos. De hecho, se mantuvo de la hospitalidad de generosos personajes que le admiraban y le tuvieron a mesa y cama en sus haciendas o palacios; actitud que si ya hubiera sido de agradecer durante doce días, alcanza dimensiones de prodigio al prolongarse hasta doce años. Para que todo no fuera puro milagro, el poeta cobraba algunas colaboraciones en los periódicos de Cuba y daba alguna lectura pública; y los mecenas, aparte de asignarle cierta cantidad por quiméricas comisiones, editaron algunas de sus obras, además de las que compuso el agradecido huésped para cantar alabanzas a las bellezas humanas y geográficas del país.

Para colmo de complicaciones, la estancia de Zorrilla coincidió con los más dramáticos momentos de la revolución mejicana y de las luchas entre federales y unitarios. El modo como se bandeó Zorrilla en aquel maremágnum y las anécdotas a que asistió o protagonizó constituirían estupendo asunto para una película de chicos. Presenció también la intervención extranjera y el entronizamiento de Maximiliano, que le otorgó su amistad y le nombró lector áulico y director de un Teatro Nacional que deseaba fundar y que no llegó a existir [332]. Alguna circunstancia de la vida de Zorrilla en las haciendas mejicanas merece destacarse. El poeta había sentido siempre gran afición por la medicina, y en París había asistido a ciertas clases de esta Facultad. Durante su estancia en la hacienda de Goicochea, Zorrilla ayudaba al médico catalán don José María Tort, que no podía atender a la numerosa servidumbre de la finca y con frecuencia asistía por sí mismo a los indios siguiendo las instrucciones del doctor.

La existencia del poeta en aquellas estancias mejicanas no siempre, sin embargo, fue tan grata ni satisfactoria como pudiera parecer. Aquella vida sin sentido ni propósito particular debió de hacérsele insoportable a lo

---

[330] Cfr., José A. Rodríguez García, «Casos de los *Recuerdos* de Zorrilla que tocan a Cuba», en *Amigos de Zorrilla*, cit., págs. 23-29.

[331] Cfr., H. Capote, «Zorrilla en Méjico», en *Estudios Americanos*, VII, 1954, páginas 155-171.

[332] Cfr., A. de María y Campos, *El Emperador y el Poeta, Maximiliano y José Zorrilla*, México, 1956.

largo de innumerables jornadas que pasó «atracándose de soledad», como refiere en sus *Recuerdos*. Al fin decidió Zorrilla regresar a España. Maximiliano trató de retenerlo, pero acabó por aceptar su marcha con la condición de que regresara al cabo de un año. Antes de partir hizo al poeta el curioso encargo de que escribiera su vida, para lo cual —y ante la eventualidad de su abdicación— le prometía enviar todos sus documentos y unas memorias personales al palacio de Miramar, donde el poeta, como cronista suyo, tendría residencia y sueldo mientras escribiera la obra. Ésta sería publicada a la vez en alemán, español, francés e italiano, y Zorrilla percibiría además una crecida cantidad que le permitiría pagar todas sus deudas en Méjico y Europa.

Pero durante su ausencia tuvo lugar el fin del Imperio y el fusilamiento de Maximiliano. Zorrilla, que sentía profundo afecto por la persona del desdichado emperador, compuso entonces para desahogar sus sentimientos un libro de poemas, *El drama del alma*, donde lanzó duros ataques contra los mejicanos y contra el papa Pío IX, a quien, en unión del emperador de Austria y de Napoleón III, hacía responsables de la tragedia. Escribió además con el mismo objeto unos sonetos, que debían ser publicados después de su muerte. Narciso Alonso Cortés, que dice poseer una copia de estos sonetos, reproduce en las *Obras Completas* sólo unos pocos, los más anodinos, y afirma que los «otros son impublicables». «En los dedicados a Pío IX —dice— las invectivas llegan al límite» [333]. Lo cierto es que el desenlace del imperio mejicano produjo en el espíritu de Zorrilla profunda crisis religiosa: «Seguramente —dice Alonso Cortés— conservaba la fe en Dios; pero la había perdido en sus representantes» [334].

Durante la prolongada ausencia de Zorrilla los gustos literarios habían evolucionado y el romanticismo parecía hallarse en liquidación. Y, sin embargo, el poeta, a su regreso, fue recibido con clamoroso entusiasmo; particularmente en Madrid, Valladolid y Cataluña fue objeto de homenajes que hoy nos parecen casi inverosímiles y que certifican la inmensa popularidad del escritor vallisoletano.

Poco antes de regresar de Méjico había fallecido en España la mujer de Zorrilla, contra la cual se había decidido a entablar divorcio. En 1869 contrajo nuevo matrimonio con doña Juana Pacheco. Y como sus agobios económicos seguían sin resolverse, el poeta trató de conseguir del Gobierno una subvención. Don Juan Valera, Director entonces de Instrucción Pública, sugirió que, con cargo a una piadosa fundación que el Ministerio de Estado tenía en Roma, se encomendase a Zorrilla la misión «de examinar los archivos y bibliotecas de Roma, Bolonia y otras poblaciones del reino de Italia, con encargo de determinar las propiedades y derechos de España

---

[333] *Zorrilla. Su vida y sus obras*, cit., pág. 718, nota 640.
[334] Ídem, íd., pág. 719.

en las diferentes fundaciones de aquel país, y de consignarlo en una detallada memoria» [335]. Zorrilla marchó a Roma en abril de 1871 y dicho queda
que cobró su comisión pero se cuidó mucho de meterse en los archivos
para emprender una tarea que no se avenía con sus aptitudes [336]. Duró la
sinecura hasta 1876 en que regresó a España. Para mantenerse hizo entonces una excursión por provincias dando lecturas poéticas, cosa que con
mayor o menor frecuencia siguió practicando hasta poco antes de su muerte. En 1885 tomó al fin posesión de su sillón de la Academia [337] leyendo su
discurso en verso, y al año siguiente, tras innumerables dilaciones, el Congreso le otorgó una miserable pensión de «7.500 pesetas con descuento»,
que ni siquiera alivió su situación, pues poco después, considerándola innecesaria, el Ayuntamiento de Valladolid le suprimió a Zorrilla la pensión de
Cronista, título ilusorio con que su ciudad natal le había distinguido por
algún tiempo. Todavía, en 1889, le cupo el extraordinario honor de ser coronado en Granada como poeta nacional en un acto de inusitada solemnidad, al que se asociaron representaciones, instituciones y escritores de
todo el mundo hispánico.

Murió Zorrilla en Madrid en 1893 a consecuencia de un tumor cerebral.
Su entierro —en «olor de multitud»— al que no faltó ninguna personalidad
política o literaria, dio nueva fe de la admiración y popularidad que habían
rodeado al poeta.


Era Zorrilla de débil complexión y pequeño de cuerpo —había nacido
sietemesino—, pero de espíritu muy animoso que compensaba sus menguas
físicas. Alardeaba de buen jinete —tuvo siempre algún caballo de su propiedad— y gozaba fama de tirador excepcional con escopeta y pistola. Muchas de las simpatías que se atrajo por tierras mejicanas, las debió a su
destreza en el tiro y la equitación, que sorprendía en hombre de tan mezquina apariencia. Fue muy dado al amor y no careció de éxito con las
mujeres, lo que —a la manera de Lope— le gustaba vocear en sus versos,
aunque no lo hiciera en la vida real; la lista de sus amadas, y quizá de sus
amantes, es relativamente crecida; en París tuvo una hija natural, prematuramente muerta, de una misteriosa mujer a la que amó apasionadamente
y dedicó abundantes poemas.

Tenía Zorrilla un carácter infantil, sencillo y bondadoso, siempre dispuesto al entusiasmo y la admiración. Aunque la fama de que gozaba y la
íntima conciencia de su propia creación pudieron darle un razonable orgu-

---

[335] Cit. por Alonso Cortés en ídem, íd., págs. 743-744.

[336] Cfr., Alfredo Giannini, «Recuerdos e impresiones italianas en José Zorrilla»,
en *Amigos de Zorrilla*, cit., págs. 11-16.

[337] Cfr. Emilio Cotarelo y Mori, «Centenario del nacimiento de Zorrilla. Zorrilla
académico», en *Boletín de la Real Academia Española*, IV, 1917, págs. 3-32.

llo, era a la vez de una modestia incomparable; poquísimos escritores habrán hablado con semejante desdén de sus propias obras ni señalado sus defectos tan ingenuamente. No cabe negar lo que pudo haber en ello de cautela, para anticiparse a las críticas ajenas con la declaración de las faltas propias, pero queda siempre de manifiesto su noble disposición para reconocerlas.

Alardeaba Zorrilla de su independencia política, y con razón. Casi todos los escritores de su época utilizaron su prestigio o su declarada condición de hombres de partido para ampararse de sinecuras que hicieran posible o más llevadera su dedicación a las letras. La inextinguible fama de que gozó Zorrilla y su amistad con prohombres de todas las ideologías le hubieran permitido servirse de idénticas ventajas, pero las rehusó siempre para vivir tan sólo de sus obras; a tal renuncia le movía también la conciencia de su falta de preparación, que confesaba con su peculiar sinceridad. Cierto, como sabemos, que se sirvió en muchas ocasiones, como en su larga estadía en Méjico, del generoso favor de sus amigos, pero no lo debió a manejos políticos sino a la admiración y simpatía que sus obras le habían granjeado; fue hazaña de poeta y no de muñidor. La pensión que casi al fin de su vida le concedió el Congreso —o su equivalente anterior para la quimérica investigación en los archivos de Roma— le fue otorgada como «poeta nacional», a pecho limpio, sin hipócritas declaraciones. Zorrilla sentía justamente el modesto orgullo de deberlo todo a su poesía. En el poema que recitó en Valencia durante su visita a fines de 1878, transido todo él de este convencimiento, pudo decir con la casi espontaneidad de un niño:

> *...y no debió en país ni en tiempo alguno*
> *un poeta a su sola poesía*
> *fama más popular, y aquí ninguno,*
> *tal popularidad como la mía* [338].

Y en una lectura dada en el Ateneo de Madrid en enero de 1877, en su casi declarada petición de socorro pecuniario, aducía como razón la de haber entregado a su país, envueltos en la aureola de la poesía por él forjada, los mitos de sus héroes:

> *Y si las tempestades que el porvenir amasa*
> *en mi país me obligan a mendigar mi pan,*
> *no dejes que en él nadie las puertas de su casa*
> *empedernido cierre, o esquivo diga pasa,*
> *al que mató a don Pedro, al que salvó a don Juan* [339].

---

[338] Se titula el poema *Nosce te ipsum; Obras Completas*, ed. cit., II, pág. 629.
[339] Se titula la composición *El canto del Fénix; Obras Completas*, ed. cit., II, página 13.

ZORRILLA, POETA LÍRICO

La obra de Zorrilla ofrece un caso de fecundidad literaria que en su siglo sólo es aventajada por la mole novelesca de Galdós, y habida cuenta de la mayor dificultad que cabe suponer por estar en su casi totalidad escrita en verso, parece que podría hablarse del «caso Zorrilla» como se habla del «caso Lope». Tan desatada torrentera invita a pensar en una producción atropellada y hueca, fabricada con improvisación y colmada de mera palabrería. Y en buena parte es, incuestionablemente, así. En una de sus frecuentes declaraciones de humildad, escribe Zorrilla: «En mi corazón no he dejado jamás penetrar a nadie, para lo cual he aprendido desde muy joven una cosa muy difícil de poner en práctica: el arte de hablar mucho sin decir nada, que es en lo que consiste generalmente mi poesía lírica, aunque por ella se extravasa la melancolía y en ella rebosa la amargura de mi alma». Y en el mencionado poema recitado en Valencia, declara:

> *Nunca he sido yo más que un vagabundo:*
> *yo soy el escritor de menos ciencia,*
> *el ingenio español menos profundo,*
> *el versificador más sin conciencia:*
> *mas aunque soy, tal vez, el más fecundo,*
> *flor sin aroma, frasco sin esencia,*
> *de sentido y de lógica vacía*
> *no es tal vez más que un son mi poesía* [340].

No obstante, el poeta se pregunta a continuación a qué, pues, se debe el hecho no menos evidente de una popularidad nunca igualada. Cierto que semejante fama no se debió tan sólo a sus poesías líricas, sino a sus leyendas y a su teatro; pero los lectores, que habían devorado indistintamente sus obras, no parece que establecieran excesivos distingos. Es opinión común de los críticos contemporáneos el estimar la lírica de Zorrilla como lo más endeble de su obra; pero es indispensable repetir que nuestro criterio actual sobre la lírica no es el adecuado para juzgar a Zorrilla como poeta de su tiempo. Zorrilla ofrece un caso especial de poesía y de poeta, que fue capaz de interesar a multitudes, de hacerlas comprar libros de versos en forma masiva, de congregarlas ante sí en las innumerables lecturas públicas que dio, y de prolongar por su solo esfuerzo la vigencia del romanticismo cuando el realismo había producido ya, en todos los géneros, sus obras más logradas. Fue Zorrilla en su tiempo como un bardo o juglar de siglos pretéritos que convirtió la poesía en espectáculo porque

---

[340] *Obras Completas*, ed. cit., II, pág. 630.

ofreció al pueblo la música verbal que le encantaba, como Lope le dio en su tiempo las comedias que apetecía. Semejante hazaña no podía lograrse sin una magia especial, como la que Zorrilla poseyó, pero tampoco sin dar a la poesía un halago sensorial de fácil asimilación, popular en suma, como eran populares los temas, las pasiones, los sentimientos ideales, fantásticos o nostálgicos que llevaba el poeta a sus versos. «Millonario de sueños y de rimas» llamó a Zorrilla Rubén Darío, y nadie como él, al menos en la historia de nuestra poesía, tuvo, en efecto, a flor de lengua aquel inagotable caudal de armonías y de colores, de tonos y de imágenes, de ritmos y de música.

En su misma prodigiosa exuberancia tuvo Zorrilla, sin embargo, su mayor escollo; señor de la palabra y del ritmo, diríase que le quedaba más fácil prodigar los versos y multiplicar los rodeos que buscar el vocablo preciso o descubrir la imagen insustituible. Escribir menos le hubiera costado probablemente mucho más, y como millonario de palabras derrochaba las que poseía. Pérez de Ayala, que ha dicho, a nuestro entender, las más certeras palabras sobre la lírica de Zorrilla, escribe: «De las muchas expresiones aproximadas con que cada acto, emoción o concepto son susceptibles de ser enunciados, a Zorrilla se le venían a las mientes bastantes, la mayor parte, y él las endilgaba todas, en prolija enumeración, sin tomarse el trabajo de preferir una, quizá porque no estaba seguro de cuál fuese la mejor. La mayor parte de las veces, a pesar de tantos conatos y expresiones aproximadas, Zorrilla no daba con la expresión justa y cabal, la única verdaderamente poética y consagrada a incorporarse a la sensibilidad colectiva. Alguna vez acertaba con la expresión de oro, pero el acierto quedábase ahogado y la expresión perdida entre tanta calderilla de frases gárrulas y apáticas. Releyendo todos sus poemas líricos, propiamente líricos (no incluyo las leyendas), no logré dar con ninguna de aquellas expresiones concentradas y supremas, esencia de realidad y síntesis de muchedumbre de hechos concretos, al modo de fórmulas algebraicas del espíritu, y que por esta virtud se hayan convertido en patrimonio de todos y a cada paso se traigan a colación» [341].

De semejante renuncia o incapacidad para la discriminación se originan sus evidentes desigualdades, sus incontables versos superfluos, sus prosaísmos y caídas junto a los más prodigiosos aciertos de fantasía o musicalidad. Pero nunca se olvide la clase especial de poeta que Zorrilla era. Se servía del verso —caso único quizás, o el último al menos— como de su instrumento natural; tejía con rimas lo que la mayoría de escritores hubiera referido en prosa llana. Fue de hecho un «poeta profesional», lo mismo que existe el novelista o el periodista profesional; y así como éste

---

[341] Ramón Pérez de Ayala, *El centenario de Zorrilla,* en *Obras Completas,* ed. de J. García Mercadal, IV, Madrid, 1963, págs. 825-855; la cita en pág. 845.

anda a la caza de asunto para su artículo diario, del que vive, Zorrilla buscaba tema para sus versos o llevaba a ellos sus más diversas experiencias o fantasías con el fin de atender compromisos de colaboraciones o llenar volúmenes que había de pagarle un editor. Semejante servidumbre le forzó a multiplicarse y fue la carcoma de su obra. Zorrilla escribía versos a lo que fuera o sobre lo que fuera, porque en sus días los versos eran populares y se leían y pagaban ni más ni menos que otro cualquier escrito. No se piense que aludimos con ello a las que suelen llamarse «poesías de circunstancias», versos en álbumes o abanicos, o ditirambos a quien se presentara; muchas veces la «circunstancia» era la lectura pública, para la que había que escribir la historia o el elogio de una ciudad, o cantar a sus héroes locales o urdir una leyenda a propósito con que llenar los fines de la invitación.

Afirma Pérez de Ayala, y está en lo cierto, que la causa ocasional o el momento inicial de sus obras las más de las veces no estaba dentro de él sino que le venía de fuera: «La voluntad de creación —dice— o la idea generadora rara vez tuvieron origen espontáneo dentro de su espíritu. No se le daba un ardite forjar versos sobre esto o, lo otro, con tal o cual ocasión. Cuando se lo rogaban o se lo exigían hacía versos. Lo ponía en verso todo. Por casualidad, o porque a ningún amigo laico o sacerdote se le ocurrió insinuárselo o pedírselo, no se anticipó a Carulla, poniendo la Biblia en verso» [342]. Y añade más adelante: «Poseía el don del canto, para lo cual no tenía que torturarse en buscar asuntos; todo eran asuntos y cantaba cuando se lo pedían» [343].

Semejantes juicios, justos en su dureza, no deben, sin embargo, ocultarnos otros aspectos positivos. Se ha repetido infinitas veces que la lírica de Zorrilla carece de sentimientos y de ideas. En cuanto a lo segundo podría quizá servirle de padrino el conocido primer verso de la *Poética* de Verlaine: «De la musique avant toute chose», y tampoco sería ocioso recordar la no menos difundida anécdota entre Degas y Mallarmé, cuando este último, comentando la dificultad en que aquél decía encontrarse para concluir un poema, para el cual no le faltaban ideas, sentenció: «Pero los versos, amigo Degas, no se hacen con ideas, sino con palabras». Zorrilla, como habían, pues, de decir los grandes simbolistas, vivo él todavía y en plena producción, compuso siempre sus versos con palabras y colocó la música del verbo por encima de todo. Claro está que no se atuvo, por lo común, a otro canon de la poética verleniana: la preferencia del matiz, y quizá mucho menos a aquel tercer precepto que ordenaba retorcerle el pescuezo a la elocuencia. Zorrilla, que escribía en la época de Hugo y no en la de Verlaine, que no componía para minorías sino para multitudes y que

---

[342]  Ídem, íd., pág. 847.
[343]  Ídem, íd., pág. 850.

dejaba brotar pujante el torrente de su prodigiosa facundia, no cultivó de preferencia el matiz sino la luz y los colores desbordados. Pero se anticipó evidentemente en descubrir el valor poético de la palabra por sí misma, postulado de enormes consecuencias para toda la lírica moderna. Como es sabido, Rubén Darío sintió por Zorrilla gran admiración en su juventud y es conocido el influjo que ejerció en su obra la poesía del vallisoletano, aunque luego la lección del simbolismo y del parnasianismo le hicieran acendrar su verso. Si en la derramada producción de Zorrilla son innumerables los pasajes abrumados por el exceso, son innumerables también los momentos felicísimos, en los que la belleza de la imagen encuentra su más ajustado ropaje verbal.

El mismo Pérez de Ayala ha encarecido esta innegable aportación de la poesía de Zorrilla: «Los hombres modernos —dice— pedimos que la poesía contenga dentro de la expresión más bella conceptos sutiles y emociones supremas, no tanto las cosas de naturaleza cuanto las realidades interiores, o en todo caso las cosas de naturaleza transmutadas en una alta interpretación de conciencia. Por eso repugnamos que el verso se emplee a troche y moche como vehículo de insustancialidades y naderías». Pero hay una poesía —añade— que es anterior aun a la creación del verso, y es la creación del lenguaje, la designación de las cosas con una palabra: «por todo un poema vale cada palabra nueva que se crea, cada palabra muerta que se resucita, cada palabra usada a la cual se la vivifica con una acepción más. Eso fue Zorrilla: un despertar atávico de la poesía en sus primeros y caudalosos rudimentos. Su poesía es poesía infantil; cosas y hechos más que conceptos y emociones... Pocos escritores habrá que hayan empleado tantas palabras, ya inventadas, ya resucitadas, ya trocadas de acepción, ni que hayan casado por primera vez tantos vocablos que nunca habían ido juntos. Sería curioso hacer un estudio lingüístico comparativo del vocabulario poético español antes y después de Zorrilla, y así cotizar los tesoros con que enriqueció el lenguaje castellano, que a fines del XVIII y principios del XIX andaba tan desmedrado. Zorrilla retrajo la poesía a su germen elemental: el valor intrínseco de la palabra. Algo de lo que hicieron los impresionistas franceses con la pintura, retrayéndola al valor intrínseco de la luz» [344].

¿Carece de sentimientos la poesía de Zorrilla? Tuvo el poeta dos temas preferentes: la religión y la patria, a través de los cuales podía llegar más directamente a la mentalidad del pueblo que le admiraba. Cabría decir que son dos comodines, que el poeta, además, quizá vocea con exceso ponderándolos como raíz y fuente de su inspiración. No parece injusto afirmar que Zorrilla siente estos dos temas sin angustias problemáticas: su religión

---

[344] Ídem, íd., págs. 853-854.

es la tradicional de la fe popular, la del milagro y lo maravilloso; su patria es la heroica y gloriosa, legendaria y aventurera. Pero esto es precisamente lo que distingue también a su poesía narrativa, tan celebrada; porque en su lírica asoman con notable frecuencia relámpagos inconformistas y acusadores, que revelan, como ha señalado con justicia Navas Ruiz [345], una conciencia cívica, hacia la cual se ha prestado hasta el momento escasa atención. Una lectura detenida de los *Recuerdos del tiempo viejo*, poco frecuentados, según parece, por los críticos, pone de manifiesto el auténtico pensar del escritor, y a la luz de aquellas páginas cobran mayor sentido muchos versos líricos de Zorrilla. Navas Ruiz afirma que estos pasajes «le otorgan un puesto entre los escritores del dolor de España», y menciona la composición en que celebra el fin de la guerra carlista y pide la unidad de los españoles para mostrar al extranjero un frente común que gane el respeto y la consideración internacional; la poesía *A España artística*, en que lamenta la venta de nuestros tesoros artísticos; *La ignorancia*, en que ataca el analfabetismo y sus causas; y aquellos versos de su poema *De Murcia al cielo*, que parecen anticipar los bien conocidos de Antonio Machado:

> *Aquí, en nuestra buena España,*
> *donde se duerme la siesta,*
> *donde se canta la caña,*
> *donde el trabajo molesta*
> *y es la vida una cucaña,*
> > *quien parece que medita,*
> *reflexiona o filosofa...*
> *sueña, está en Babia o dormita.*
> .................................................
> > *A este sol del mediodía*
> *se filosofa tan mal,*
> *que España tiene hoy en día*
> *en una guitarrería*
> *su piedra filosofal* [346].

Los pasajes así podrían multiplicarse buscándolos hasta en los versos más primerizos de nuestro autor.

Recordemos que Zorrilla —en las palabras que hemos reproducido al comienzo de este apartado— después de la modesta confesión de la supuesta inanidad de su poesía, declara que por detrás de ella «se extravasa la melancolía y en ella rebosa la amargura de mi alma». Diríase que, como el payaso de la célebre anécdota, lloraba por dentro mientras hacía reír a

---

[345] Ricardo Navas Ruiz, *El romanticismo español. Historia y crítica*, cit., pág. 238.
[346] *Obras Completas*, ed. cit., II, pág. 462.

los demás. Zorrilla, víctima de su aceptada misión de producir poesía masiva para consumo ajeno, «fabricaba entusiasmos» mientras llevaba la tristeza en el corazón. Gran parte de su lírica está traspasada de hondos sentimientos; lo que sucede es que el acompañamiento sonoro puede oscurecerle al lector la melodía íntima. Amores reales le produjeron desgarradores tormentos y nostalgias, así como las relaciones con sus padres, su constante pobreza, el fracaso de innumerables ilusiones, el espectáculo de la maldad humana, el terror último, todo lo cual le dictó innumerables versos.

El sentimiento de Zorrilla hacia la naturaleza en todas sus formas podría subrayarse como característico, así como su sensibilidad para captar el espíritu de las ciudades, de los viejos pueblos, de los castillos ruinosos: «Habrá que esperar —dice muy justamente Navas Ruiz— a los hombres del 98 para encontrar pasajes tan emotivos en torno a la tierra» [347].

A fines de 1837, con un prólogo altamente encomiástico de Pastor Díaz, apareció el primer volumen de versos publicado por Zorrilla con los poemas que había publicado en _El Español_ después de su revelación frente al cadáver de Larra. Figuran ya en este libro algunas de las poesías más conocidas de Zorrilla: _Toledo_, nostálgica evocación de su pretérita grandeza en los días de la dominación árabe; _El Reló; Un recuerdo y un suspiro; Fragmentos a Catalina_, uno de los grandes amores de juventud del poeta; _A la estatua de Cervantes; La tarde de otoño; Indecisión;_ y las tres famosísimas _Orientales:_ «Dueña de la negra toca...», «Corriendo van por la vega...» y «Mañana voy, nazarena...». La primera y la última son composiciones líricas, pero la segunda es un bello romance morisco de incuestionable belleza, que admite el parangón con las obras maestras del género.

Alonso Cortés ha destacado con justicia la «intensidad lírica» del poema _Vigilia_, perteneciente al octavo de sus volúmenes:

> _Pasad, fantasmas de la noche umbría,_
> _de negros sueños multitud liviana,_
> _que columpiados en la niebla fría_
> _fugitivos llamáis a mi ventana._
>
> _Pasad y no llaméis. Dejadme al menos_
> _que en la nocturna soledad dormido,_
> _los lentos días de amargura llenos_
> _calme y repose en momentáneo olvido._
>
> _Pasad y no llaméis. La sombra oscura_
> _vuestro contorno sin color me vela;_

---

[347] _El romanticismo español,_ cit., pág. 237.

*ni sé quién sois, ni vuestra faz impura*
*el más leve recuerdo me revela.*

*Mil veces, al oír vuestros gemidos,*
*mis ventanas abrí por consolaros,*
*os busqué en las tinieblas, ¡y erais idos...!*
*¿A qué llamar si nunca he de encontraros?* [348].

También, la composición *Gloria y orgullo*, vehemente declaración de la sed de gloria que estimula al poeta y le mueve a fingir todo un raudal de sentimientos, que son sólo «motivos» de su obra:

*Gloria..............................*
*nada es sin ti la despreciable vida,*
*nada hay sin ti ni dulce ni halagüeño;*
*sólo en aquesta soledad perdida*
*la sombra del laurel concilia el sueño.*
*Sólo al murmullo de la excelsa palma*
*que el noble orgullo con su aliento agita,*
*en blando insomnio se adormece el alma,*
*y en su mismo dormir crea y medita.*
*.................................................*
*si cuando llamo a las cerradas rejas*
*de una hermosura, a cuyos pies suspiro,*
*sentís tal vez mis amorosas quejas,*
*y os sonreís cuando de amor deliro;*
*si cuando en negra aparición nocturna*
*la raza evoco que en las tumbas mora,*
*os estremece en la entreabierta urna*
*respondiendo el espíritu a deshora;*
*si lloráis cuando en cántico doliente,*
*hijo extraviado, ante mi madre lloro,*
*o al cruzar por el templo reverente*
*la voz escucho del solemne coro;*
*si alcanzáis en mi pálida mejilla,*
*cuando os entono lastimosa endecha,*
*una perdida lágrima que brilla*
*al brotar en mis párpados deshecha:*
*todo es una ilusión, todo mentira,*
*todo en mi mente delirante pasa,*
*no es esa la verdad que honda me inspira;*
*que esa lágrima ardiente que me abrasa*

---

[348] *Obras Completas*, ed. cit., I, pág. 353.

> *no me la arranca ni el temor ni el duelo,*
> *no los recuerdos de olvidada historia;*
> *¡es un raudal que inunda de consuelo*
> *este sediento corazón de gloria!*

para acabar con el conocido apóstrofe:

> *¡Lejos de mí, deleites de la tierra,*
> *fábulas sin color, forma ni nombre,*
> *a quien un nicho miserable encierra*
> *cuando el aura vital falta en el hombre!*
> *¡Gloria, esperanza! Sin cesar conmigo*
> *templo en mi corazón alzaros quiero,*
> *que no importa vivir como el mendigo*
> *por morir como Píndaro y Homero* [349].

También Alonso Cortés subraya el ímpetu lírico de la composición *El ángel exterminador*, apocalíptico poema, que se aparta radicalmente del Zorrilla que consideramos habitual.

Zorrilla, calificado frecuentemente de poco íntimo, habló de sí casi obsesivamente, en innumerables ocasiones, retornando una y otra vez sobre sus recuerdos de infancia, el drama —que tanto le atormentó— de las relaciones con su padre, las angustias de una soledad que no remediaba una fama vana. Entre otros muchos, quizá merezca destacarse el poema *Una historia de locos*, «Carta-cuento» dirigida al historiador Lafuente Alcántara, y que debió servir de introducción a un *Cuento de locos* que no llegó a escribir. Algunos pasajes de esta composición revelan mucho de lo que Zorrilla realmente fue; éste, por ejemplo, en que el poeta se describe entregado en soledad a su constante tarea:

> *Mas yo no tengo historia. Sepultado*
> *en mi cámara siempre y circuido*
> *de fantásticos seres, he vivido*
> *de sus sombras no más acompañado,*
> *con ajenas historias divertido,*
> *y a cuidados ajenos entregado* [350].

O este otro, en que Zorrilla hace gala de su «salud moral», frente a las enfermizas y estudiadas actitudes de los románticos taciturnos:

> *Yo no soy de esos mozos mentecatos*
> *de ilusiones perdidas y alma seca,*

---

[349]  Idem, íd., I, págs. 357-358.
[350]  Idem, íd., I, pág. 1120.

*que nacieron ayer, y ya insensatos*
*decrépitos se creen; en mí no trueca*
*la romántica moda las edades;*
*y aunque no vigorosa, sino enteca*
*por mi constitución y cualidades*
*físicas, y a pesar del siglo necio*
*que palpa semejantes vaciedades,*
*mi juventud es juventud: es recio*
*mi corazón y joven todavía*
*y no me cansa la existencia. Aprecio*
*la esencia que el Señor puso en la mía,*
*y en mi fe le bendigo humildemente*
*al sentir que en mi pecho y en mi mente*
*un alma no se encierra inerte y fría,*
*que el bien no goza y el placer no siente*[351].

## LA POESÍA NARRATIVA

Lo más personal y genuino de la obra de Zorrilla lo constituye, sin embargo, la poesía narrativa y legendaria, en la cual no ha sido nunca discutido. En realidad, no siempre es fácil separar en los poemas de Zorrilla lo épico de lo lírico y deslindar la efusión de su intimidad del relato y la descripción, en los que casi siempre incide como arrastrado por una necesidad de su espíritu. Sus mismos volúmenes de poesías mezclan las de ambos géneros, y a partir del segundo contienen ya *leyendas*, en número mayor o menor. Desde entonces fue éste para Zorrilla su campo favorito y al que está asociado su nombre sin posible rivalidad.

Para componer sus *leyendas* se sirvió Zorrilla de las fuentes más diversas: historias, como la de Mariana, o la de los árabes de José Antonio Conde, viejas comedias o tradiciones orales, y también en ocasiones extrajo la *leyenda* entera de su imaginación. En cualquiera de los casos alteraba o ampliaba libérrimamente los datos recibidos, con el solo propósito de introducir mayor interés o variedad en su narración, pues nunca se propuso hacer tarea de historiador sino de poeta.

La libertad de la *leyenda* se avenía a la perfección con la índole de Zorrilla. Indeterminada como el romance en cuanto a su extensión —según ha puntualizado Allison Peers [352]— tiene sobre éste la ventaja de servirse de los metros más diversos, con lo que no sólo evita la monotonía sino que puede expresar con bastante exactitud cambios de tono emocional; puede

---

351 Ídem, íd., I, págs. 1120-1121.
352 E. Allison Peers, *Historia del movimiento romántico español*, cit., II, pág. 302.

rimar o asonantar a capricho del poeta y admite infinitas digresiones e incluso intervenciones coloquiales del autor. Los «cuadros dramáticos» alternan con los pasajes narrativos. Zorrilla se sirve de la naturaleza para crear el fondo emocional de las principales escenas, buscando, según los casos, la armonía o el contraste; a veces, este paisaje o atmósfera se asocia al cuadro, pero lo más común en nuestro autor es que la descripción de la naturaleza se anteponga a la narración del episodio para crear el clima apropiado, que casi siempre es de misterio y expectación.

La España que recogió Zorrilla en sus *leyendas* es la heroica y legendaria, árabe o cristiana, poblada de galanes audaces, capitanes aventureros, figuras históricas o héroes fantásticos, pero siempre caballerescos y arriesgados. Persuadido Zorrilla, como en general todos los románticos, de que España poseía en su historia un inigualable arsenal dramático, tomó sobre sí la tarea de salvar poéticamente todo aquel mundo pretérito buscando en su propio país su inspiración. En la introducción a los *Cantos del trovador* repitió en sonoros endecasílabos los mismos conceptos dichos ya o repetidos luego tantas veces:

> *¡Lejos de mí la historia tentadora*
> *de ajena tierra y religión profana!*
> *Mi voz, mi corazón, mi fantasía*
> *la gloria cantan de la patria mía* [353].

Lo mismo que en el teatro, llevó Zorrilla a sus *leyendas* mil años de historia española, desde los visigodos hasta los Austrias, pero se encariñó muy particularmente con la Edad Media. La conocía menos probablemente de lo que podría parecer, según puntualiza Allison Peers [354], pero por esto mismo —añade— no la recarga con erudiciones o apéndices de dudoso contenido, al modo de otros contemporáneos; la vive, en cambio, en espíritu y la describe con amor, como si fuera su mundo familiar: «Por tales conceptos —resume Peers— tiene derecho a que se le considere el poeta más grande del renacimiento medieval en España, y todo estudio de dicho renacimiento ha de reservar un lugar para citar de *La azucena silvestre* su atractiva apología de la Edad Media». Apología ciertamente pintoresca e idealizada, romántica, en suma, pero inequívocamente reveladora del espíritu del poeta:

> *¡Oh cuán sencillos tiempos!*
> *¡Cuán grata es su memoria!*
> *¡Cuán dulce y cuán sabroso*
> *oír en nuestra edad*
> *las mágicas leyendas*

---

[353] *Obras Completas*, ed. cit., I, pág. 494.
[354] *Historia...*, cit., II, págs. 306-307.

> *de su olvidada historia,*
> *sus crónicas sacando*
> *de añeja oscuridad!*
> *Edad por dos pasiones*
> *regida y dominada,*
> *guiada por dos astros:*
> *la gloria y el amor.*
> *La España por aquella*
> *de moros rescatada,*
> *por éste la hermosura,*
> *corona del valor.*
> *La edad de los prodigios,*
> *la edad de las hazañas,*
> *sin duda fue: nosotros,*
> *de corazón sin fe,*
> *sus crónicas leemos*
> *llamándolas patrañas,*
> *y en ellas es do el dedo*
> *del Criador se ve.*
> *Entonces juntamente*
> *sin crimen invocaba*
> *su Dios y sus pasiones*
> *el rudo corazón,*
> *y el cielo justo a oírle*
> *tal vez no se negaba,*
> *porque mezclara rudo*
> *la fe con la pasión.*
> *Entonces era el justo*
> *columna de justicia:*
> *valiente y obstinado,*
> *más franco el criminal:*
> *y ajeno aun en su crimen*
> *de hipócrita malicia,*
> *obraba malamente*
> *mas confesaba el mal* [355].

.................................

A las *leyendas* de Zorrilla podrían hacerse parecidos cargos que a su poesía lírica: cada uno de estos poemas, sin casi excepción, es un árbol frondoso, que ganaría con una buena poda; se cuentan siempre excesivas cosas y sobra buena parte de las palabras con que se cuentan. En la *leyen-*

---

[355] *Obras Completas*, ed. cit., I, pág. 787.

*da* el exceso parece menor, porque el relato puede requerir detalles que rechaza la concentración de la lírica, pero, con todo, según dijimos arriba, al poeta, dotado de una facilidad sin igual, siempre le resulta más cómodo ensanchar el cuadro que meditar la pincelada indispensable, calcular el adjetivo justo o apretar la andadura de su historia; el lector de hoy puede merecer disculpa si siente algún temor ante la longitud de estos poemas. No obstante, la magia verbal del poeta, las «descripciones magníficamente recargadas», según dice Allison Peers [356], «las imágenes de alto vuelo concebidas por su fantasía y las notables escenas y figuras» remedian su propia demasía. Peers señala a su vez que los asuntos de las *leyendas* son a menudo fantásticos, condición que el mismo Zorrilla confesaba, «y que gusta de embaucar a su público, probablemente impresionable, con castillos misteriosos, figuras enmascaradas, peregrinos desconocidos y otras cosas por este tenor, como si aquel público estuviera compuesto en su integridad de niños». No obstante, admite a su vez que en la poesía narrativa de Zorrilla no se da la fraseología delirante, extremosa y dramática, tan común en el teatro de la época.

No es posible referirse con detalle a cada una de las leyendas o poemas narrativos de Zorrilla. Cabe repartirlas en tres grupos: las de fondo histórico, las de carácter tradicional y las fantásticas o novelescas.

**Leyendas de fondo histórico.** A este grupo pertenecen, entre otras: *La princesa doña Luz*, sobre los amores de ésta con el duque don Favila y las deshonestas pretensiones del rey Egica, rechazado al fin después de un juicio de Dios. Parece que Zorrilla tomó el asunto de *Los Reyes Nuevos de Toledo*, de Cristóbal Lozano.

*Historia de un español y dos francesas*, sobre la infidelidad de Argentina a Garci-Fernández, el conde castellano «de las blancas manos». Se había éste enamorado de la francesa cuando peregrinaba a Santiago y casó con ella; pero ella le fue luego infiel y huyó a su país con un conde francés. Garci-Fernández pasó disfrazado a Francia, y tras enamorar a doña Sancha, entenada de Argentina, que la odiaba, sorprendió en el lecho a los amantes y los mató a puñaladas. Vuelto a Castilla, casó con doña Sancha. La leyenda se encuentra en la *Crónica General* y Cristóbal Lozano la incorporó a su libro *David perseguido y alivio de lastimados*, que Zorrilla puso repetidas veces a contribución. La leyenda está contada por Zorrilla con inimitable soltura y amenidad.

*El Montero de Espinosa*, tomado también del *David perseguido*, refiere el amor de doña Sancha, madre del conde Sancho García, por el moro Muza y su propósito de asesinar al hijo para casar con aquél y darle el trono. Zorrilla llevó este mismo asunto al teatro con su *Sancho García*,

---

[356] *Historia...*, cit., II, pág. 305.

pero en la leyenda respetó la tradición haciendo que la condesa, obligada por su hijo, beba la copa del veneno. Sancho Montero, paje del conde, mata luego a Muza, aunque gozaba de salvoconducto como embajador de su rey, y explica al conde su acción de esta manera:

> *Sin miramiento al decoro*
> *que en vuestra casa se encierra,*
> *contando iría a su tierra*
> *vuestra deshonra ese moro.*
> *Yo le esperé y le maté;*
> *si os culpa su rey, señor,*
> *tratadme como traidor*
> *y entregadme, que yo iré;*
> *pues quiero de mejor gana*
> *que el moro traidor me llame,*
> *que oírle dar por infame*
> *a una noble castellana* [357].

El conde ennoblece luego a su paje y crea para su casa el linaje de los Monteros de Espinosa.

*La leyenda del Cid.* En 1882 comenzó Zorrilla a dar por entregas este larguísimo poema, que no concluyó hasta fines de 1883. Según define Alonso Cortés, es «como el romancero modernizado del héroe castellano. El bravo Ruy Díaz aparece ante nuestros ojos remozado, no sólo en su lenguaje, sino en su modo de portarse y en su aire familiar. Este Cid de Zorrilla, lo mismo que el de Hartzenbusch, el de Fernández y González y el de García Escobar, es muy a propósito para que con el vencedor de Búcar lleguen a identificarse las personas que acaso no pudieron comprender su grandeza por la lectura de nuestras gestas y romances» [358]. Dicho queda que Zorrilla no pretende atenerse estrictamente a la historia y que no le importa modificar los hechos para acrecentar el interés de la narración. Con frecuencia aprovecha romances completos, o fragmentos, bien de Escobar, bien de los tradicionales, que injiere de la manera más natural. Sus personajes, como subraya también Alonso Cortés, no son figuras semifabulosas, sino hombres y mujeres que hablan de modo liso y llano, atento el poeta más que al estricto sabor de época a conseguir movimiento y animación, cuadros pintorescos y llenos de color, intensidad dramática. Alonso Cortés destaca, y deseamos repetirla aquí, la descripción de la vida de un conde castellano, que podrá no ser un documento histórico, pero es un prodigio de naturalidad y soltura:

---

[357] *Obras Completas,* ed. cit., I, pág. 756.
[358] *Zorrilla. Su vida y sus obras,* cit., pág. 810. Cfr., del propio Alonso Cortés, «El Cid y Zorrilla», en *Revista de Filología Española,* XXV, 1941, págs. 507-514.

*Noble y rico un castellano,*
*viviera en pueblo o castillo,*
*tenía un vivir sencillo*
*mezcla de regio y villano.*

*La casa partida en dos;*
*arriba el señor, abajo*
*el siervo: éste a su trabajo*
*y él a la buena de Dios,*

*vivían ambos en ella*
*ni divididos ni a par:*
*uno y otro sin cuidar*
*que fuera cómoda o bella.*

*No era, pues, la servidumbre*
*rudo afán, tirano yugo*
*de víctima y de verdugo,*
*sino deber de costumbre:*

*creada fraternidad*
*entre el siervo y el señor,*
*basada en el mutuo amor,*
*no de éste en la autoridad.*

*Los aperos del trabajo,*
*todo en lo que éste no piensa,*
*cuadra, hogar, cueva y despensa,*
*están en el piso bajo:*

*do en trabajo no servil,*
*viven con muy poco afán*
*desde el paje al capellán,*
*desde la dueña al motril.*

*De noche abajo las telas*
*se hilan de lienzo y manteles;*
*se bebe en hondos picheles,*
*se come en anchas cazuelas:*

*arriba se sirve el plato*
*y el vino en copa se escancia:*
*el lujo está en la abundancia,*
*no en señoril aparato;*

*pues suelen en las veladas*
*bajar amos y señoras*
*a escuchar con sus pastoras*
*los cuentos de sus criadas.*

*Amo y siervo en su interior*
*no tienen más diferencia*

> *que aquella que la decencia*
> *exige del superior.*
> *Arriba grandes armarios,*
> *arcas, baúles roperos,*
> *armaduras en percheros,*
> *junto al lecho relicarios;*
> *y si hay en casa quien lea,*
> *lo que hace el señor muy mal,*
> *algún viejo santoral*
> *o vulgar farmacopea* [359].

A pesar de su extensión el poema mantiene el interés sin decaer en un solo pasaje, y creemos que en ninguno de sus escritos demostró Zorrilla en medida igual su capacidad para la narración en verso.

*Justicias del rey don Pedro.* Apareció en el volumen octavo de sus poesías. El poema, relativamente corto esta vez, recoge el mismo asunto que llevó Zorrilla a la primera parte de su drama *El zapatero y el rey*, como veremos luego.

*Los borceguíes de Enrique Segundo.* Incluido en *Recuerdos y fantasías*, publicado en 1844. Recoge la tradición, tomada por Zorrilla en Mariana o en el *David perseguido*, según la cual Enrique II murió a causa de unos borceguíes envenenados que le envió el rey moro de Granada, amigo de don Pedro, para vengar la muerte de éste. No es de las más celebradas esta leyenda, y sin embargo nos parece de las más bellas de Zorrilla. Son deliciosos el relato de cómo el enviado moro se gana la voluntad del rey castellano, la descripción de los borceguíes y el episodio —una de esas digresiones tan gratas a Zorrilla— de la caza con el halcón.

En el mismo volumen se incluye también *Una aventura de 1360*, protagonizada por el rey don Pedro, figura dilecta de nuestro autor, que vive aquí otra de sus aventuras nocturnas, para enfrentarse esta vez con un fraile franciscano sobre un pleito de aguas. El tema, así sugerido, no se diría muy poético, pero el romance, muy ceñido para lo usual en Zorrilla, lo es.

En el volumen sexto de sus poesías está incluida la leyenda *Príncipe y rey*, que, al parecer, se inventó Zorrilla íntegramente. Trata sobre un suceso de amor y venganza de Enrique IV, al que el poeta no presenta con la mengua que generalmente se le atribuye, sino como un concupiscente seductor. Enrique enamora a la esposa de un duque, y éste por precipitación, queriendo matar a su mujer, degüella a una hermana de ésta y le envía la cabeza al príncipe. Coronado éste como rey, tiene lugar el famoso «paso de armas» de Madrid organizado por don Beltrán de la Cueva, al que

---

[359] *Obras Completas*, ed. cit., II, págs. 93-94.

concurre un misterioso lidiador, que queda triunfante y pretende humillar al rey: es el duque engañado. Pero el monarca, que lo adivina, lo hace ir a Portugal para llevar allí a su propia mujer, rechazada ya por Enrique, y le devuelve la cabeza de la joven asesinada. Macabro relato, que Zorrilla refiere sin exceso en sus tintas, y bellísima descripción del paso de armas, que acredita una vez más la maestría de Zorrilla.

A tradiciones catalanas pertenecen dos *leyendas* incluidas en *Ecos de las Montañas: El castillo de Waifro* y *La fe de Carlos el Calvo*, epílogo de la anterior. La primera, extensísima, refiere las luchas de los descendientes de Waifro con Carlomagno y las conquistas de Bernardo, duque de Septimania y conde de Barcelona, que, después de cometer adulterio con la esposa de Ludovico Pío y de matar por amor a Genoveva de Aquitania, entra triunfante en el castillo de Waifro. La segunda leyenda, mucho más breve, refiere cómo Carlos el Calvo mata a traición a Bernardo, que era probablemente su propio padre. Zorrilla tomó los datos principalmente de la *Historia de Cataluña*, de Víctor Balaguer, aunque modificándolos caprichosamente para acomodarlos a unos dibujos de Doré. Y he aquí las razones de esta afirmación que casi podría parecer increíble. Durante su estancia en Cataluña en 1868, la casa Montaner y Simón propuso a Zorrilla traducir los poemas de Tennyson en la edición ilustrada por Gustavo Doré. Zorrilla, que deseaba pagar a los catalanes las numerosas atenciones que tuvieron con él, decidió escribir unas leyendas originales, aunque adaptadas a los dibujos de la edición propuesta. Merece la pena escuchar al propio poeta cuando, en sus *Recuerdos del tiempo viejo*, se refiere a la redacción de dichas leyendas: «Retirado en una masía de Tarragona, perteneciente a la familia del hoy Conde de Ríus, trabajaba yo con afán en la conclusión de mis *Ecos de las Montañas*, que es en mi juicio el libro peor que en verso se ha publicado en España en lo que del siglo va transcurrido. Ni otra cosa podía ser, escrito en los intervalos breves que de quietud relativa me dejaba la interminable serie de convites, veladas, excursiones y extremados obsequios con que los catalanes me honraron por aquel tiempo. En medio de un capítulo, el municipio de Tarragona, la comisión de los juegos florales de Reus o cualquiera otra delegación de perentoria fiesta mayor, en país más o menos cercano, me encerraba en un *coupé* de un tren especial, y comenzaba conmigo una semana de bailes, lecturas, festines y serenatas; y los buenos de mis editores Montaner y Simón quedaban en Barcelona con las manos en la cabeza, sin poder dar a los suscriptores de mis *Ecos de las Montañas* otra razón de la falta de entregas que la de que el autor estaba en una o en otra fiesta, en tal o cual población. Cuando de ellas a Barcelona me devolvían los que para ellas me secuestraban, ya no tenía tiempo de leer lo que iba publicando; y sin saber lo que decía, y esperando el cajista mis cuartillas en la antesala, concluía línea tras línea y verso tras verso, la atrasada entrega...»[360]. Comenta Alonso Cortés[361] que si él no diría, como el propio autor, que sea éste el peor libro de versos del siglo XIX, sí es de lo más flojo que escribió el poeta.

Mucho más valiosa, también sobre temas catalanes, es la leyenda *La azucena silvestre*, publicada en volumen aparte en 1845, que refiere los hechos que condujeron a la fundación del Monasterio de Montserrat. *La azucena* es una de las leyendas piadosas del autor —en realidad es este grupo al que pertenece— más felizmente conseguidas; la abundancia de lo maravilloso y sobrenatural no debilita su eficacia, porque el autor parece haberla escrito con una sincera unción, que, si no por la sencillez de sus tintas, recuerda por su devota ingenuidad los viejos *milagros* de Berceo. Alonso Cortés supone[362] que Zorrilla no había leído el *Monserrate*, de Virués, mucho más denso y largo, por lo que sólo se atuvo a lo más esencial de la leyenda.

Otros relatos de fondo histórico compuso Zorrilla sobre diversos personajes, como *Apuntaciones para un sermón sobre los novísimos* —quinta leyenda de los *Cantos del Trovador*—, sobre la muerte desesperada del alcalde Ronquillo. *El escultor y el duque*, leyenda sevillana sobre el escultor Torrigiano, condenado a muerte por la Inquisición, por el supuesto delito de haber destruido el busto de una Madona que había esculpido. La tradición, según informa el propio Zorrilla, contaba que el duque que encargó la estatua, no quiso pagar la cantidad convenida; pero Zorrilla la varió, haciendo que aquél encargue la escultura para tener reproducida en ella a la mujer del artista, de la que se había enamorado; variación romántica, como otras introducidas por el poeta en diversas leyendas. Pertenece ésta al volumen octavo de sus poesías.

Finalmente puede recordarse *La leyenda de don Juan Tenorio*, fragmento, pese a su longitud, de una proyectada obra que no fue concluida, y que fue publicado póstumo en 1895. Al parecer, Zorrilla proyectaba escribir la historia completa de los Tenorio hasta los días de Don Juan, pero no pasó de los primeros en los días del Impotente. En conjunto, la obra nos parece bastante prosaica, pero tiene dos bellos episodios, que parecen escritos en el mejor momento del poeta: la descripción de Sevilla, con toda su sensual y colorista animación, y la de la revuelta situación política durante el período en que comienza el poema. Frente a tales escenarios se encontraba siempre Zorrilla en su más apropiado elemento.

**Leyendas de fondo tradicional.** Se trata, por lo común, de hechos imaginarios, conservados en la tradición escrita u oral, pero que se aceptan

[360] *Obras Completas*, ed. cit., II, págs. 1993-1994.
[361] *Zorrilla. Su vida y sus obras*, cit., pág. 727.
[362] Idem, íd., pág. 362.

como realmente sucedidos. Y casi siempre están vinculados a determinada imagen milagrosa, venerada en algún santuario o lugar famoso, o que adquiere notoriedad precisamente por el portento de que se trata.

Entre las más notables está *A buen juez, mejor testigo*, una de las primeras compuestas por Zorrilla, puesto que figura en el segundo volumen de sus versos [363]. La tradición del Cristo milagroso que sirve de testigo en un caso grave, contaba remota antigüedad; Berceo, atribuyéndolo a la Virgen, lo había llevado a sus *Milagros*, pero a propósito de un prosaico pleito de dinero. Zorrilla, con natural preferencia hacia una pasión más romántica, lo utilizó para una deuda de amor que el galán se niega a satisfacer, pero el Cristo de la Vega, puesto como testigo del compromiso, certifica la realidad de la promesa. La leyenda está referida con admirable agilidad; el poeta combina la relación dramática con bellos pasajes descriptivos. Es notable, por ejemplo, el retrato del seductor Diego Martínez, cuando llega a Toledo, lugar del suceso, jaque y bizarro, derramando petulancia:

> *Tan galán como altanero,*
> *dejó ver la escasa luz*
> *por bajo el arco primero,*
> *un hidalgo caballero*
> *en un caballo andaluz.*
>
> *Jubón negro acuchillado,*
> *banda azul, lazo en la hombrera,*
> *y sin pluma al diestro lado*
> *el sombrero derribado*
> *tocando con la gorguera.*
>
> *Bombacho gris guarnecido,*
> *bota de ante, espuela de oro,*
> *hierro al cinto suspendido*
> *y a una cadena prendido*
> *agudo cuchillo moro.*
>
> *Vienen tras este jinete,*
> *sobre potros jerezanos,*
> *de lanceros hasta siete,*
> *y en adarga y coselete*
> *diez peones castellanos.*

[363] Cfr.: José M.ª de Cossío, «Sobre las fuentes de la leyenda de Zorrilla *A buen juez, mejor testigo*», en *Revista de Filología Española*, XVIII, 1931, págs. 260-261. Jean Sarrailh, «Note sur *A buen juez, mejor testigo*, de Zorrilla», en *Bulletin Hispanique*, XXXIX, 1937, págs. 253-254. R. Moglia, «Un antecedente de *A buen juez, mejor testigo*», en *Revista de Filología Hispánica*, III, 1941, pág. 271. G. Guastavino, «La leyenda segoviana de *A buen juez, mejor testigo*», en *Revista de Bibliografía Nacional*, IV, 1943, págs. 283-285.

> *Asióse a su estribo Inés*
> *gritando: —¡Diego, eres tú!*
> *Y él, viéndola de través,*
> *dijo: —¡Voto a Belcebú,*
> *que no me acuerdo quién es!* [364].

*Para verdades el tiempo y para justicias Dios*, incluida en el mismo volumen, se la inspiró a Zorrilla una leyenda popular a la que, según se dice, debe su nombre la «Calle de la Cabeza» de Madrid. Un crimen largo tiempo oculto, cometido por una pasión de amor (también en la tradición original se trataba de un crimen por dinero, modificado ahora románticamente por Zorrilla), es descubierto al pasar el malhechor por delante de una imagen de Cristo, momento en el que una cabeza de carnero, que aquél había comprado, se convierte en la de su víctima.

Sin el prestigio ambiental de que se beneficia *A buen juez, mejor testigo*, no carece de bellezas y de interés otra leyenda, *Un testigo de bronce*, en la que el Cristo de la Antigua, de Valladolid, en su imagen de bronce, se presenta ante un tribunal, para acusar al reo que negaba su delito y se disponía a jurar en falso; no obstante, la ocasión es menos novelesca y romántica que en aquella primera leyenda, y la intervención sobrenatural parece más forzada. *Un testigo de bronce* tiene un interés digamos biográfico. Su personaje central es un juez, don Miguel de Osorio, de indomable severidad, que Zorrilla confiesa haber creado a imagen de su padre y con el fin de que él lo leyera y le devolviese el afecto perdido; nueva prueba de su permanente complejo, que ya conocemos [365]. Bajo el aspecto métrico importa esta leyenda por las escalas métricas —desde el endecasílabo hasta los versos bisílabos, para elevarse de nuevo a los endecasílabos—, en que está compuesto el capítulo primero; virtuosismo que el propio Zorrilla repudió más tarde despectivamente [366].

---

[364] *Obras Completas*, ed. cit., I, pág. 137.

[365] En la nota que redactó Zorrilla para esta leyenda al reimprimirla en sus *Obras Completas*, hace este comentario: «No necesito repetir que fue escrita para que mi padre la leyera. Aquel alcalde de Corte don Miguel de Osorio, que anda a estocadas en pro de la ley y por quien el Cristo de bronce baja de su cruz para atestiguar en pro de su idea terrenal de la justicia, tenía no pocos puntos de semejanza con el severo e intransigente magistrado que fue superintendente general de policía en los difíciles años del 27 al 30 en que fermentaba la revolución debajo y en torno del palacio de Fernando VII. Ni yo inquirí de mi padre, ni él me dijo jamás lo que pensaba de mi don Miguel de Osorio; pero para mí está bendita esta leyenda porque tengo un ejemplar cuyas hojas regaron las lágrimas de mi madre» (*Obras Completas*, ed. cit., I, pág. 2218).

[366] Merece la pena leer las propias palabras de Zorrilla: «Precede a esta leyenda —dice— una especie de sinfonía, que no parece otra cosa la *escala métrica* en que describo la pesadilla del primer personaje que en mi relato presento. Eran, por los años en que éste se publicó, una manía los alardes de versificación; y desde que Víctor Hugo escribió sus *Djinns* no pudimos creernos poetas sin hacer un rombo, o

Dentro de la tradición mariana compuso Zorrilla una de sus más populares leyendas: *Margarita la tornera*, perteneciente también a los *Cantos del Trovador*. La historia de la monja que abandona el convento seducida por un galán y al regresar luego arrepentida advierte que la Virgen ha ocupado entretanto su puesto para ocultar su ausencia, contaba con una larga tradición en la literatura universal desde comienzos del siglo XIII [367]. En una nota puesta por Zorrilla al reimprimir su poema, da cuenta de algunos de estos precedentes, pero asegura —y siendo quien es, podemos creerle— que no había leído ninguno de ellos cuando escribió su *Margarita*. Dice, en cambio, que había oído referir la historia a uno de los padres jesuitas que fue su profesor en el Seminario de Nobles y que con ello le bastó para urdir su propia leyenda; y se jacta a continuación, no sin motivo, de que toda la relación, estilo, carácter y sucesos le pertenecen. Zorrilla, en efecto, según su costumbre, urdió toda una trama sobre la monja, el seductor, el padre de éste y otros personajes secundarios, para forjar una larga novela en verso sobre lo mismo que Alfonso el Sabio despachó en unas pocas estrofas de sus *Cantigas*. Zorrilla estaba satisfecho de esta composición; en la citada Nota escribe que «es la única obra por la cual conservaría el cariño con que la escribí, si yo pudiera tenérselo a ninguna

---

escala métrica. Espronceda y la Avellaneda tienen el suyo, y yo he perdido mi tiempo en confeccionar tres o cuatro, uno de los cuales es esta introducción del *Testigo de bronce*. Esto de escribir una escala métrica lo concebiría yo si hubiera sido costumbre entre nosotros, como entre los árabes, escribir las composiciones poéticas en las murallas; o si el poeta, autor de alguno de estos rombos, teniendo pretensiones fundadas de ser un gran pendolista, pudiera permitirse el excéntrico capricho de exponer su trabajo en un cuadro, donde se admirara y aplaudiera por el vulgo la romboidal construcción de su poesía; pero tal es el poder de la moda y de la novedad, especialmente en los tiempos de revoluciones literarias. Esto se hacía por varios ingenios en aquella época, y esto hice yo con aplauso de muchos, asombro de pocos y desdén de clásicos y eruditos. Hoy me asombro yo también de esto por mí hecho entonces; y al volver a hallar entre mis obras, por mí olvidadas y no leídas en cuarenta y pico de años, hallo que la primera parte de esta escala métrica no vale el trabajo que me costó, y que la segunda es perdonable por su mayor regularidad en la forma, y por su verdad en la descripción» (ídem, íd., págs. 2215-2216). Añade más abajo con la sinceridad y noble autocrítica que le distingue: «Basta para prueba de los desvaríos de escuela y de los extravíos del gusto; por más que sea también prueba del poder del estudio y de la facultad de versificar. Yo no recuerdo ya si mi escala métrica del *Testigo de bronce* fue escrita precisamente para el despertar de Osorio, o si teniéndola ya escrita se la apliqué a manera de sinfonía al capítulo primero de mi leyenda; probablemente sería lo segundo; hoy sólo me toca lamentar mi audacia juvenil y reconocer mis desatinos; entre los cuales no ha sido el menor la manía de amplificar los pensamientos y de miniar y afiligranar la versificación. ¿De qué sirve al viejo el tiempo que ha vivido, si no sabe conocerse y corregirse?... Desventurado mil veces el poeta soberbio que olvida que sus coronas, sus flores, sus libros y su nombre, han de parar en polvo que ha de devorar el tiempo, como el aire el ruido de los aplausos. Yo muero reconocido a Dios que me ha librado de la soberbia; y creo que estas mis notas valen más que aquellos versos míos del tiempo viejo» (ídem, íd., pág. 2218).

[367] Cfr., José M.ª de Cossío, «El tema de *Margarita la tornera* en la tradición popular», en *Amigos de Zorrilla*, cit., págs. 31-33.

de mis obras»; y concluye con estas palabras: «Debo confesar francamente que tengo conciencia de que puedo reconocerme sin sonrojo por autor de *Margarita la tornera*»[368]. La popularidad de que siempre ha gozado esta leyenda parece refrendar la opinión del propio autor, y la crítica, en general, la ha confirmado. A pesar de todo, estamos mucho más de acuerdo en esta ocasión con el parecer de Menéndez y Pelayo, que, siendo gran admirador de Zorrilla, le puso graves reparos a su *Margarita*. Su tremenda capacidad de amplificar traicionó al poeta como la vez en que más lo hiciera; Zorrilla se pierde en precedentes, divagaciones, acciones secundarias, que diluyen absurdamente el poema y le roban unidad e interés; largos pasajes resultan lamentablemente prosaicos; la monja, como dice don Marcelino, es una pobre niña tonta, sin pasión ni personalidad, como las tiene en la obra de Lope o en la de Nodier. El seductor es un galán tenoriesco, de los que se le daban a Zorrilla como el agua, y que divierte a ratos con sus majezas, pero que ni siquiera nos hace olvidar otros congéneres de la misma mano a pesar de que Zorrilla lo consideraba como «el embrión original del Tenorio», al que llevó, en efecto, algunos versos de la leyenda, de los más populares. Por si no era bastante, añadió Zorrilla un largo *Apéndice* para darnos el «fin de la historia de Don Juan» y de la mujer por quien abandona a la tornera, donde nos sirve otra tanda de cuchilladas, con un final —la visita del galán a la casa derruida de su padre— modelo de pueril tremendismo y de moralejas inoportunas.

La *Historia de tres Avemarías* podría también considerarse como de tradición mariana, aunque la devoción de rezar a la Virgen tres avemarías diarias sólo se menciona en los últimos versos para hacer posible el desenlace feliz, si es que puede considerársele feliz y cabe hablar de desenlace, pues la leyenda está evidentemente inacabada. Tampoco es muy justo hablar de «tradición», pues parece que la fábula es invención de Zorrilla: se trata de una complicada historia de caballeros y gitanos, realista a trechos y a ratos fantástica, de cuyos detalles hacemos gracia al lector. Y, sin embargo, en medio de folletinescos sucedidos, prosaicamente rimados, hay todo un episodio que caza nuestro interés: cuando el gitano Maese Adán consiente en el matrimonio del caballero don Félix con su hija Aurora, para que él, como entre caballeros, vengue el desacato de que otro caballero la hizo víctima. Luego, gracias a las tres avemarías, se averigua que don Félix y Aurora eran hermanos, pero nos quedamos sin saber, por la incuria de Zorrilla, si al fin se lleva a cabo la reparación y de qué manera.

A la par de estas leyendas de tipo religioso cultivó Zorrilla, y con mucho mayor abundancia, las de tema profano sobre asuntos de amor y de aventura. La más famosa, y sin duda la mejor de todas ellas, es *El capitán*

---

[368] En *Obras Completas*, ed. cit., I, pág. 2209.

*Montoya*, incluida en el volumen octavo de sus poesías. Recogió aquí también Zorrilla un tema de larga tradición: el del seductor que contempla su propio entierro y se convierte a consecuencia de esta visión. El asunto había sido relatado por primera vez por Antonio de Torquemada a fines del siglo XVI en su *Jardín de flores curiosas*, había sido objeto de romances populares, lo llevó al teatro Lope en *El vaso de elección, San Pablo*, lo incluyó Cristóbal Lozano en su libro *Soledades de la vida y desengaños del mundo*, y lo acogió también Mérimée en su novela *Les Âmes du Purgatoire*. Como sabemos, es componente principal del famoso poema de Espronceda *El estudiante de Salamanca*. Según Alonso Cortés [369], no parece que fue la emulación lo que movió a nuestro poeta a tratar el mismo asunto, pues, según dice, los dos amigos escribieron sus leyendas por los mismos días: cuando Espronceda leyó un fragmento de su poema en el Liceo Artístico de Granada, estaba Zorrilla preparando el referido volumen de sus versos. Según Alonso Cortés, Zorrilla se inspiró con preferencia en el libro de Lozano y en la novela de Mérimée y quizá también en los romances populares, aunque forjó la mayor parte de su propia invención. El capitán Montoya, uno de los galanes tenoriescos dilectos de Zorrilla, casa con Diana, la hija de un noble a quien había salvado la vida, pero la misma noche de las bodas corre a raptar a la monja doña Inés de Alvarado. Estando en la iglesia del convento sucede la famosa escena del entierro: se está celebrando el del propio capitán Montoya. Cuando éste se repone de la alucinación, se arrepiente fulminantemente de su vida pasada y decide ingresar en un convento, sin que consigan disuadirle las recriminaciones del padre de la esposa abandonada. Años más tarde, cuando se halla éste en su lecho de muerte, acude a confesarle un capuchino, el capitán Montoya, que le revela entonces el secreto de su huida del mundo.

Zorrilla, más narrador que lírico, no da a su poema el brío y la pasión que comunicó Espronceda a su héroe, pero narra y describe en posesión de sus mejores facultades sin despeñarse en sus habituales excesos, si se exceptúa la breve *Nota de conclusión*, que añadió infelizmente para decirnos lo que fue de la monja y de su propio escudero Ginés.

Zorrilla, que considera también al capitán Montoya como «un embrión del D. Juan», no estaba descontento de su obra, «pues —leída en el Liceo de Madrid, dice— entusiasmó a los románticos de entonces y me captó un poco de benevolencia por parte de Lista y Nicasio Gallego, quienes hasta entonces me habían mirado de reojo como a un palabrero sin sustancia, y un versificador sin conciencia: de modo que acabé yo por pagarme de aquel *Capitán Montoya*, valentón a quien habían comenzado a tener respeto aquellos dos sabios maestros y valientes mantenedores del clasicismo» [370].

---

[369] *Zorrilla. Su vida y sus obras*, cit., pág. 236.
[370] En *Obras Completas*, ed. cit., I, pág. 2202.

Zorrilla prodigó este tipo de leyendas, aunque, para su desgracia, sin la relativa contención que hace excelente su *Capitán Montoya*. No siempre se inspiró en tradiciones tan acreditadas como la de éste; con mayor frecuencia se basa en algún relato o conseja oídos al azar y que él amplifica con su irrestañable facilidad, enemigo siempre en acecho. Algunas de estas leyendas merecen citarse. *Honra y vida que se pierden no se cobran mas se vengan* (volumen tercero de sus poesías) refiere la venganza que toma un caballero de otro, que había seducido a su mujer: hace lo mismo con la de su ofensor y después, disfrazado de fraile, consigue que ésta se acuse en confesión pero de modo que lo escuche su marido. Éste da entonces muerte a la adúltera, del mismo modo que el supuesto fraile había asesinado a su propia esposa. Zorrilla, como se ve, no se andaba con chinitas en materia de truculencias e inverosimilitudes.

*Las dos rosas* relata una venganza por amor. Un amante despechado incendia el castillo donde el rival afortunado celebra la noche de bodas con su amada Rosa, y ambos esposos mueren. Andando el tiempo el asesino encuentra a otra Rosa misteriosa, bellísima, con la que casa; pero en el lecho nupcial advierte aterrado que aquella Rosa no es sino el espectro de la primera, que toma venganza incendiando también la casa y matándole, después de recitarle un romance que refiere su crimen anterior.

*El desafío del diablo*, que forma volumen con *Un testigo de bronce* ya descrito, es otra leyenda, como la anterior, desmesuradamente larga, error tenaz del que Zorrilla nunca acierta a librarse. Hacemos gracia también al lector de su peripecia, protagonizada, en el papel femenino, por una monja que no lo quería ser, personaje tan del gusto de Zorrilla como los galanes tenoriescos. En la nota redactada para esta leyenda en sus *Obras Completas* informa Zorrilla que se inspiró en un suceso que oyó referir en su casa siendo niño. La nota, muy extensa [371], ofrece particular interés porque describe, en una prosa felicísima, mucho más valiosa que los versos de la leyenda, el ambiente de abrumadora religiosidad y tradicionalismo que se vivía en la casa de Zorrilla, presidida por la estatua viviente de su padre. El respeto filial del poeta debió de estar arraigadísimo en él, casi como una manía o pasión de ánimo, porque aquella atmósfera debió haber engendrado por reacción un ateo y un rebelde ejemplares, cosas ambas que no las fue Zorrilla más que a ráfagas.

**Leyendas fantásticas o novelescas.** Siempre tras el deseo de interesar al lector con la anécdota de sus leyendas, nuestro poeta las fue ideando más novelescas cada vez, apartándose de las fuentes de fondo tradicional y buscando recursos en asuntos folletinescos o fantásticos. Una buena muestra de esta especie es *La Pasionaria*, que forma parte de los *Cantos del*

---

[371] En ídem, íd., I, págs. 2214-2215.

*Trovador.* Una aldeana, abandonada por un noble de quien sigue enamorada a pesar del tiempo, transformada en una «pasionaria» arraiga en el
muro de un castillo, donde aquél vive casado con otra mujer, para contemplar desde allí la felicidad del ser amado. Zorrilla, como de costumbre,
toma la historia desde muy atrás, pero construye esta vez un relato tierno
y humano en su primera mitad, equilibradamente poético en su segunda.
Acertadas también son las descripciones de la naturaleza que se intercalan,
bellas casi en su totalidad y, por fortuna, no excesivas.

Ejemplo muy distinto, dentro del mismo grupo, lo constituye *Dos rosas
y dos rosales*, leyenda en dos partes publicadas en un solo volumen (La
Habana, 1859), que en la edición de Alonso Cortés llena casi doscientas
páginas a doble columna, dimensión capaz de poner terror en el ánimo
del lector más entusiasta. Las dos partes tienen un lazo muy débil entre sí.
En la parte primera, situada en los días del Emperador, se despeña Zorrilla
en el más descarado folletín. Baste decir —porque resumir su peripecia
sería casi imposible— que uno de los protagonistas, médico de ciencia por-
tentosa, viaja por remotos países de Asia, de donde se trae a la hija de un
rey asesinado a la que cría como propia; la cual, después de no menores
peripecias vividas en nuestro país, casa con el hijo de un noble castellano.
La segunda parte sucede en los días del autor y su única conexión consiste
en que el protagonista, llamado don Carlos también, desciende, según
consta en documentos bien escondidos, de la princesa venida de Asia en el
siglo XVI (Alonso Cortés dice, por error, que desciende del médico). Hay
una rivalidad amorosa entre don Carlos y un primo suyo, don Luis, por una
prima de ambos, Rosa de nombre, como se había llamado asimismo la
princesa: son las dos Rosas. Carlos marcha al Asia para recoger una herencia que el sabio doctor había dejado allí a nombre de los sucesores de
la primera Rosa, y que al cabo de cuatro siglos parece que se conserva
tan entera y firme como un monte. Don Carlos la recoge después de mucho
sufrir, pero al no cumplirse el plazo de su regreso por asechanzas de los
malditos, don Luis casa con la Rosa contemporánea. Vuelve don Carlos y
mata a su primo en desafío, pero Rosa no puede aceptar su mano porque,
forzada al matrimonio, se había consagrado a Dios y tampoco puede casar
con el matador de su marido. Sucedido lo cual, ambos amantes frustrados
quedan al menos bien con Dios metiéndose religiosos en sendos monasterios.

Hemos dado una idea del argumento porque, para el caso, es ejemplar.
Resulta inconcebible que un poeta de primera fila, como era Zorrilla indudablemente, se ocupara durante meses y meses en componer una leyenda
de esta índole; y no sabríamos decir si es aún más o menos inconcebible
que dicha leyenda y otras semejantes encontraran editor y lectores. Tamaño prodigio sólo podía producirse en los días del romanticismo. Folletines
así se han editado y vendido en todos los tiempos, pero no los componían

los grandes escritores: esa es la diferencia. El romanticismo, que tantas fuentes alumbró, abrió también la espita a multitud de insensateces; lo fantástico y extraordinario era tanto más estimado cuanto más se apartara de lo consuetudinario y vulgar, y sólo por serlo tenía vía libre. Con lo cual acabó por confundirse el plano de la imaginación, alta y fecunda, que podía fundir cielo y tierra, fantasía y realidad en poético abrazo, con el despeñadero de lo arbitrario y lo pueril, en el que toda piedra hacía pared, y donde ya no cabe hablar de libertad y de inspiración sino de fáciles tranquillos para echar mano de lo que fuera y escribir algo. Hay una gran distancia, pues, entre el Zorrilla que hacía revivir a los héroes legendarios de la Edad Media y el inventor de desmandados folletines.

Volviendo a *Dos rosas y dos rosales*, Alonso Cortés opina[372] que la segunda leyenda es inferior a la primera, pero no nos parece así. Alonso Cortés no da sus razones, pero he aquí las nuestras. En la segunda *Rosa* Zorrilla dialoga frecuentemente con el lector, a propósito del relato que está forjando, como mostrándole el artificio de su propia invención. Con ello demuestra que no toma su tarea demasiado en serio, no se pone «dramático»; diríase un prestidigitador que no pretende sugestionarnos de verdad, sino que revela el truco después de cada experimento. Entonces aceptamos el juego del autor y entramos en él porque sabemos que lo es. Por otra parte, con igual descenso de temperatura poética Zorrilla refiere buena parte de la leyenda en un tono como de «epístola» familiar, casi como rimando prosa «adrede». El resultado de ambos componentes es un tono de llaneza y desenvoltura que hace soportable el despropósito argumental, cosa que no sucedería si el poeta se engalla y quiere ponerse solemne. En una palabra: sólo la ironía puede hacer soportable el exceso.

Zorrilla estaba muy bien dotado para la ironía y el humor, pero se desprendía de ellos en las leyendas porque sabía que sus lectores deseaban truculencias y folletín, y el humor los disuelve como un ácido. Sólo en contadas ocasiones se sirvió de ellos con alguna extensión; tal es el caso de *Los encantos de Merlín*, que cierran el volumen *Ecos de las montañas*. Diríase que Zorrilla quería hacerse perdonar con una pirueta la pesadez que había derramado en los otros dos poemas del libro, ya comentados. Merlín, ya viejo, cansado de su agitada carrera de encantador, decide retirarse en soledad a una selva de Bretaña; pero le sigue la maga Bibiana, que se finge enamorada de él, y cuando Merlín se rinde al cabo a sus encantos, la maga le roba el libro de sus conjuros y encanta a su vez al poderoso encantador, dejándolo encerrado en un tronco para siempre. El poema, para mayor fortuna, hasta es breve, rebosante de gracia, y todo el pasaje del acoso de Bibiana, delicioso.

---

[372] *Zorrilla. Su vida y sus obras*, cit., pág. 591.

LOS POEMAS «ORIENTALES». «GRANADA»

Zorrilla se sintió atraído toda su vida por el antiguo mundo musulmán, al fin como buen romántico, pues ya conocemos en qué medida el Oriente próximo o remoto fue uno de los grandes tópicos de la época. En páginas anteriores hemos mencionado algunas de las *Orientales* que compuso Zorrilla para su primer volumen de versos. En el segundo incluyó ya un poema narrativo de la época de la conquista de Granada, *La sorpresa de Zahara*, y en el tercero otro de parecido tenor, *Al último rey moro de Granada, Boabdil el Chico*. Pero su obra más extensa y ambiciosa sobre este tema es el poema *Granada*, que se publicó, incompleto, en dos volúmenes, en París en 1852. Zorrilla dedicó varios años a preparar y componer esta obra, de la que habló, y que prometió, repetidamente, hasta el punto de que, incluso en la prensa, se hicieron comentarios irónicos sobre su aparición. En una nota preliminar explica Zorrilla que deseó escribir este poema, avergonzado de que fueran autores extranjeros quienes antes que los españoles hubieran llamado «a las puertas de la Alhambra». Contra lo habitual en nuestro poeta, se preparó y documentó concienzudamente y hasta estudió algo de árabe, de cuyo conocimiento hace frecuente exhibición en las notas que incluyó al final de cada volumen. En la citada nota promete la posible adición de un tomo de ilustraciones, que reproduciría además las inscripciones de los palacios granadinos, trabajo —dice con un entusiasmo que le honra— que quizá sirviera de estímulo para propagar el estudio de la lengua árabe en nuestro país.

Honroso también —y mucho más por ser entonces aún tan poco frecuente— es el concepto que tiene Zorrilla de la cultura árabe y de su papel trascendental en la historia de España. En el libro primero del poema propiamente dicho escribe Zorrilla dos estrofas de especial significación para entender su pensamiento:

> *Pues no porque en su límpida entereza*
> *conserve yo la fe de los cristianos*
> *que hicieron del desierto a la aspereza*
> *volver a los vencidos africanos,*
> *del vencedor loando la grandeza*
> *trataré a los vencidos de villanos.*
> *No: siete siglos de su prez testigos*
> *los dan por caballeros, si enemigos.*
>
> *Lejos de mí tan sórdida mancilla:*
> *antes selle mi boca una mordaza*
> *que llame yo en la lengua de Castilla*
> *a su raza oriental bárbara raza.*

> *Jamás: aún en nuestro suelo brilla*
> *de su fecundo pie la extensa traza,*
> *y, honrado y noble aún, su sangre encierra*
> *más de un buen corazón de nuestra tierra*[373].

Alonso Cortés detalla[374] las fuentes principales que utilizó Zorrilla para su poema: el *Libro del viajero en Granada*, de Jiménez Serrano; la *Crónica de la conquista de Granada*, de Washington Irving; las *Guerras civiles de Granada*, de Pérez de Hita; la *Historia del reinado de los Reyes Católicos*, de Prescott; y la *Historia de Granada*, de Lafuente Alcántara. Se sirvió también de algunos otros libros: el *Essai sur l'architecture des arabes et des mores en Espagne, en Sicile et en Barbarie*, de Girault de Prangey, y *L'Alhambra, chroniques du pays de Grenade*, de Washington Irving, en su traducción francesa.

Además de la referida nota, Zorrilla antepuso a su poema una *Fantasía a don Bartolomé Muriel*, que le había hospedado y ayudado en París mientras redactaba parte de su obra, y en ella, después de dar las gracias a su mecenas, se lanza a hablar de sí muy por extenso sobre su concepto de la vida y de la poesía y lo que entendía que era su misión. A estas páginas pertenecen los muy conocidos versos en los que, una vez más, proclamaba —el subrayado es del propio Zorrilla— los dos motivos cardinales que inspiraban toda su obra:

> *Y he aquí por qué cuando hoy mi voz levanto,*
> cristiano y español, con fe y sin miedo,
> canto mi religión, mi patria canto.
> *Con mi destino cumplo como puedo;*
> *y si sucumbo por llenarle, en suma*
> *con Dios en paz y con mi patria quedo*[375].

Como pórtico del poema colocó Zorrilla la *Leyenda de Muhamad Al-Hamar el Nazarita*, que había publicado ya antes, pero que encajó aquí perfectamente. La idea central es sumamente bella. Al-Hamar, el fundador de su dinastía e inspirador de la Alhambra, sueña en su mocedad con las maravillas que piensa construir. El ángel Azael ha sido castigado por Dios, a causa de su orgullo, a morar tres siglos en la tierra, pero de sus lágrimas brotará donde viva todo el bien y la belleza que desee; y Azael ha puesto su residencia en los montes próximos a Granada. Enamorado de los sueños de Al-Hamar, Azael convierte en perlas el rocío, y con el producto de esta riqueza, que ofrece a su protegido, Al-Hamar construye los palacios soña-

---

[373] *Obras Completas*, ed. cit., I, pág. 1200.
[374] *Zorrilla. Su vida y sus obras*, cit., págs. 500-501.
[375] *Obras Completas*, ed. cit., I, pág. 1141.

dos. Azael quiere salvar a este hombre extraordinario y llevarlo consigo a la Gloria, y, cuando el árabe muere, lo retiene en el palacio de hielo donde él mora, uniendo su suerte a la suya. Cuando llega el momento de la conquista de Granada, Al-Hamar puede expiar el pecado de su falsa creencia combatiendo en espíritu al lado de Azael, inspirador de los cristianos, hasta que su propio pueblo, vencido por éstos, se ofrezca al verdadero Dios:

> *Ahogado el Islamismo*
> *y desbandada y rota*
> *tu raza, gota a gota*
> *su sangre en ti caerá:*
> *su sangre es tu bautismo,*
> *y éste de afán y duelos*
> *misterio, de los cielos*
> *las puertas te abrirá* [376].

Hay un detalle interesante, que revela el pensamiento totalizador de Zorrilla sobre la cultura musulmana, según hemos visto en las dos octavas citadas: la salvación de Al-Hamar es posible porque, en su religión, había defendido la creencia en un solo Dios. Y cuando el musulmán sube a la Gloria con el Ángel, dice el poeta:

> *Confundidos así sus dos cantares*
> *entonan a una voz los dos cantores,*
> *y de la Cruz divina los altares*
> *el poeta oriental orna con flores*
> *que tejen las hurís sus tutelares;*
> *pero de un solo* SER *adoradores,*
> *«no hay más que un solo Dios» —dice el cristiano;*
> *«no hay más Dios sino Dios» —el africano* [377].

Consta *Granada*, en su parte propia, de nueve «libros». El poeta describe la situación del reino cristiano y del musulmán: los disturbios interiores de aquél, apaciguados con el advenimiento de los Reyes Católicos, y las intrigas en éste, originadas por el amor de su rey Muley a la sultana Zoraya, cristiana renegada después de ser cautivada por los moros. Sigue la embajada de don Juan de Vera, que reclama el tributo debido a los cristianos, la negativa de Muley, su conquista de Zahara, y la huida de su hijo Boabdil, rebelado contra su padre, con lo cual termina el volumen primero.

---

[376] *Obras Completas*, ed. cit., I, pág. 1194.
[377] Ídem, íd., I, pág. 1197.

En el «libro» cuarto, con que comienza el segundo volumen, el ángel Azael se aparece a Muley para anunciarle la ruina de su pueblo, y a la reina Isabel para decidirla a la lucha y prometerle la victoria. En el quinto «libro» Muley consulta a un mago de su religión, que le confirma la profecía de Azael y la rebelión de su hijo. Al regresar a su palacio, conoce Muley la pérdida de Alhama y concluye el libro con un canto de dolor por esta ciudad, inspirado en el conocido romance.

En el sexto «libro», que refiere la huida de Zoraya para ponerse a salvo, llena largo espacio la descripción de Moraima, la dulce y bella esposa de Boabdil, que Zorrilla idealiza amorosamente en un delicado relato. El séptimo «libro» cuenta la fracasada tentativa de Muley para recuperar Alhama, mientras Boabdil aprovecha su ausencia para escalar al trono. En el octavo Boabdil sale a campaña contra los cristianos y es apresado. En el noveno, Boabdil, encerrado en el castillo de Baena, se enamora de una cristiana, que descubre desde su prisión. Y aquí se interrumpe el poema, que Zorrilla no concluyó jamás.

La obra, básicamente narrativa, se trenza frecuentemente con descripciones, según era norma en Zorrilla, más que nunca justificadas porque el poeta se proponía precisamente captar las maravillas de la ciudad admirada, de sus edificios y de la naturaleza circundante. Bellísima, en particular, es la descripción de «El camarín de Lindaraja», donde tiene lugar la amorosa, y dramática, escena entre Zoraya y Muley, así como «El salón de Comares», en el que el granadino recibe la embajada de don Juan de Vera; y cien más que surgen a cada paso —la ciudad entera, sus barrios en particular, los jardines del Generalife, la Alhambra a la luz de la luna o del sol— pues Zorrilla compone siempre el escenario donde las cosas acontecen.

No obstante, se debe hacer constar, y éste es uno de los mayores méritos de la obra, que, contra lo que es pecado muy común en los poemas narrativos de Zorrilla, las descripciones en *Granada*, aun con ser tantas, no detienen la acción, sino que están embebidas en ella; diríase un río que arrastra multitud de objetos pero sin remansarse ni detenerse por su causa. La acción prosigue siempre, reposada, también como de gran río, pero con fluidez ininterrumpida, según es propio del poema épico que *Granada* básicamente es.

Alonso Cortés subraya [378] con justicia que los personajes de *Granada* poseen consistencia y solidez, no son figuras convencionales ni muñecos de retablo, sino seres humanos movidos por pasiones auténticas y cuyas acciones no quedan ahogadas por la exuberancia poética.

Con este realismo psicológico y los hechos básicamente históricos se funde, en cambio, todo el elemento fantástico de que hemos dado cuenta,

---

[378] *Zorrilla. Su vida y sus obras*, cit., pág. 504.

pero produciendo un conjunto armónico de perfecto equilibrio. A propósito de *El cantar del romero* —poema de la vejez de Zorrilla y de lo menos conocido de su obra— escribió Clarín estas palabras: «Lo fantástico, lo sobrenatural e imposible de *El cantar del romero*, están en la *máquina*, en el aparato épico, no en las ideas, ni en las pasiones, ni en las costumbres, ni en los caracteres. Ha dicho un filósofo de la historia que en ésta es preciso tomar en cuenta el elemento maravilloso, no por lo que tiene de sobrenatural, sino por lo que supone de humano. Es verdad; hoy la mitología comparada es uno de los estudios más positivos. En *El cantar del romero* lo maravilloso es símbolo de ideas muy reales y de poesía purísima». Así en *Granada*.

El lirismo, a su vez, empapa todo el poema, como un perfume, por la peculiar actitud de admiración y amor con que se enfrenta el poeta al mundo prodigioso que tiene entre manos, pero existen momentos de particular entonación lírica, bien a cargo de los personajes, como el mencionado «llanto» por la caída de Alhama o el dolor de Moraima por la partida de Boabdil, bien en boca del propio autor, como a comienzos del «libro» sexto, en el pasaje titulado «Las torres de la Alhambra», cuando extasiado ante la belleza de la ciudad prorrumpe en un himno de gracias a Dios que la hace posible:

> *¡Quién no te cree, Señor, quién no te adora*
> *cuando, a la luz del sol en que amaneces,*
> *ve esta rica ciudad de raza mora*
> *salir de entre los lóbregos dobleces*
> *de la nocturna sombra, y a la aurora*
> *abriendo sus moriscos ajimeces*
> *ostentar a tus pies lozana y pura,*
> *perfumada y radiante su hermosura!*
>
> *Yo te adoro, Señor, cuando la admiro*
> *dormida en el tapiz de su ancha vega;*
> *yo te adoro, Señor, cuando respiro*
> *su aura salubre que entre flores juega;*
> *yo te adoro, Señor, desde el retiro*
> *de esa torre oriental que el Darro riega;*
> *y aquí tu omnipotencia revelada,*
> *yo te adoro, Señor, sobre Granada.*
>
> *¡Bendita sea la potente mano*
> *que llenó sus colinas de verdura,*
> *de agua los valles, de arboleda el llano,*
> *de amantes ruiseñores la espesura,*
> *de campesino aroma el aire sano,*
> *de nieve su alta sierra, de frescura*

> *sus noches pardas, de placer sus días*
> *y todo su recinto de armonías!* [379].

*Granada* representa el momento más alto de la poesía de Zorrilla y es, sin duda, la más genuina manifestación de la poesía romántica, al menos en su aspecto tradicional, en lo que ha calificado Allison Peers de «renacimiento romántico». Lo es por su fondo oriental y caballeresco, por la motivación patriótica y religiosa, por la combinación de historia y de leyenda, de fantasía y de realidad, por la intervención de lo sobrenatural, por la fusión de relato y lirismo, por la exaltación pasional, por el cultivo de lo pintoresco, por la profusión de imágenes, por la variedad métrica, por la exuberancia de colorido.

Sería absurdo pensar que Zorrilla se libró por entero de sus debilidades al escribir estas brillantes páginas. Como siempre, aunque muchísimo menos que en otras ocasiones, se derrama el poeta con exceso; es frecuente que repita en varias estrofas los mismos conceptos, haciendo variaciones superfluas que ni siquiera la belleza justifica; al diluirse y repetirse, pierde eficacia lo que ya quedaba suficientemente dicho. Zorrilla trabajó el poema con gran cuidado, pero era imposible, en tan largo trayecto, mantener el tono y librarse de prosaicas caídas. El poema, como sabemos, quedó sin concluir y faltaba todavía mucho que andar; no sabemos qué dimensiones hubiera alcanzado, si Zorrilla hubiera sido capaz de darle término. Dentro de la extensión que tiene, quizá debió el poeta encerrar toda la materia que se había propuesto; y probablemente hubiera bastado.

El remordimiento de no haberlo concluido y la propia conciencia de no sentirse ya capaz atenazaron a Zorrilla toda su vida. Para acallarlos en parte, publicó en 1886 su libro *Gnomos y mujeres*. La segunda parte recoge buena porción de las poesías que, a lo largo de su vida, había dedicado Zorrilla «a sus admiradoras o admiradas». La primera, que aquí nos interesa, se titula *Los gnomos de la Alhambra*, intento de remediar lo irremediable, que sólo la vejez, su insatisfacción y la nostalgia de la ciudad amada pudieron moverle a componer [380]. Zorrilla nos lleva de nuevo a la erección de la Alhambra por el nazarita Al-Hamar y a las luchas civiles entre Boabdil y su padre; dos Cantos en los cuales balbucea mal lo que

---

[379] *Obras Completas*, ed. cit., I, pág. 1303.

[380] En una nota preliminar, después de unas amargas consideraciones sobre la malevolencia de las gentes y las costumbres del país, escribe Zorrilla: «*Los Gnomos de la Alhambra* debían ser el apéndice de mi mal empezado y no concluido *Poema de Granada*, cuya incompleta obra es la prueba palpable de la deficiencia de mi ingenio en mi juventud y de su impotencia en mi vejez; son el último eslabón de una cadena, cuyos anillos centrales no he podido forjar: son la mitad del broche de oro de un collar que debió ser de perlas: son los pies correspondientes a la cabeza de una estatua que no tiene cuerpo: son el delirio de una realidad no realizada y ya acaso irrealizable. ¿Quién sabe?...» (*Obras Completas*, ed. cit., II, pág. 344).

había referido antes muy bien. Sigue un desahogo lírico, en el que el poeta vuelve a estar en lo suyo, para continuar con la llegada de los Reyes Católicos y la conquista de la ciudad, narrado todo prosaica y —por esta vez— atropelladamente. Lo único verdaderamente importante hasta aquí son las duras lamentaciones de Zorrilla por las parciales destrucciones que los conquistadores cristianos llevaron a cabo en la Alhambra, el desafuero de Carlos V de levantar en ella su palacio, y la incuria posterior; pero todo ello hubiera tenido vehículo más adecuado en una buena prosa que en malos versos, y es una pena que Zorrilla no escribiera esas páginas. Para proteger a la Alhambra de su destrucción supone entonces el poeta que existen debajo de ella unos Gnomos

> .........................*que la llave*
> *tienen de su recinto, que le cuidan*
> *de noche y con el sol bajo él anidan* [381].

Y aquí está la parte digamos original del poema: los gnomos salen de noche, celebran sus zambras y sus fiestas y se proclaman mantenedores del espíritu y la leyenda de aquellas maravillas arquitectónicas.

Zorrilla cierra su obra con un largo romance endecasílabo, de lo más prosaico que jamás escribiera, pero que tiene un interés excepcional. El escritor, acongojado por el abandono en que se hallaba entonces la Alhambra y por la pobreza en que vegetaba su ciudad predilecta, lanza una proclama «regeneracionista» y europeizante, que no creemos aventajada —en sus ideas fundamentales, se entiende— hasta los días del 98. Bajo la pompa florida de sus versos y su capa de poeta tradicional, alentaba en Zorrilla un hombre atormentado por los problemas de su país y movido por audaces ideas de progreso y reforma; aspecto éste de su obra no estudiado, que sepamos, hasta el momento, y que está demandando el esfuerzo de algún generoso investigador.

EL TEATRO DE ZORRILLA

Zorrilla gozó en su tiempo como autor dramático de una fama igual a la que le ensalzó como poeta, y por razones similares que merecen un comentario.

Como hemos tratado de hacer ver, había un Zorrilla íntimo, insatisfecho y triste, que apenas se deja espiar entre resquicios de su florida verborrea, y un vigía de los males de España oculto tras su papel de cantor «nacional» de leyendas románticas y glorias tradicionales. Sus fabulosas facultades nativas —ésta sería nuestra interpretación— le convir-

---

[381] *Obras Completas*, ed. cit., II, pág. 359.

tieron en el poeta popular que fue, y Zorrilla aceptó toda su vida este papel como una actividad que le encargaba la Providencia o el Destino; cultivó lo que tenía y se entregó a ello de la misma forma con que alguien, persuadido de que posee buena voz, se dedica a tenor de ópera. Había recibido la poesía como un don y la convirtió en un oficio. Éste fue su pecado, su gran pecado, a cuyo precio pagó la fama. Idéntico delito tenía que permitirle conquistar la popularidad desde el escenario. Zorrilla, que, como hemos indicado, tenía plena conciencia de los males de su país, no acogió en su teatro ni una vez siquiera asuntos que, aun siendo históricos, pudieran relacionarse, o sugerir al menos, con problemas contemporáneos. Llevó a las tablas, como a su poesía, sucesos dramáticos, situaciones novelescas, héroes nacionales, personajes famosos, pero todo de épocas pretéritas, y cuyo significado se agotaba por lo común en su misma anécdota. Así, vuelto de espaldas a la hora en que vivía, sirvió a su público el teatro de evasión pero lleno de peripecia, color, dinamismo y nacionalismo que aquél solicitaba.

En realidad, es lo que hicieron con sobrada frecuencia lo mismo los románticos de casa que los de fuera, en el teatro particularmente. Las tablas no se concebían todavía como una palestra ideológica donde dirimir cuestiones, sino como un espectáculo que tenía interés dramático —y arrastraba al espectador— o carecía, simplemente, de él. Cuando el nuevo sistema se afianzó, el echar mano de la historia, de la tradición o de algún tomo de anécdotas para sacar un argumento se convirtió en un fácil recurso al alcance del más lerdo. El tranquillo —bien cierto es— ni siquiera era una novedad del romanticismo; lo habían usado a manos llenas los grandes autores del Siglo de Oro, y los del XVIII, para hacer tragedias solemnes o «dramas de ruido», que poco importa por lo que a la fuente del tema se refiere. El *nacionalismo romántico* daba sentido a la superabundancia de materia histórica que nutría la poesía y el teatro, pero se acudía también a ella por la comodidad de proveerse de asuntos extraordinarios, llevados del espejismo de que los tiempos pasados, sobre todo durante la Edad Media, habían producido más personajes de excepción, más insubordinados y libres, y en consecuencia más afines con los ideales de la época.

El teatro histórico, con todos los subterfugios que le favorecieron, tenía en el período romántico su justificación, pero estaba condenado a morir por su misma insuficiencia. Como, a su vez, el romanticismo alumbró nuevos problemas de todo género y planteó sobre nuevas bases la relación entre individuo y sociedad, y los conflictos sociales y políticos se encargaron de complicar la situación, se advirtió bien pronto que el teatro romántico como mera reconstrucción espectacular de tiempos pretéritos carecía de sentido y de interés; en consecuencia, comenzó bien pronto, con más o menos eficacia, lo que se viene llamando «teatro realista», del que hablaremos luego. Entretanto, si el drama romántico dejaba ya insatisfecha a una minoría más exigente, seguía atrayendo al espectador popular, eterno consumidor de peripecia dramática, que no acudía al teatro para pensar sino para gozarse en la acción y hacer vibrar sus emociones. Para este público escribió Zorrilla incansablemente, y gracias a sus dotes innegables fue capaz de prolongar la vigencia del teatro romántico hasta bien avanzados los días de Galdós. Podría decirse que ésta fue su hazaña.

Se ha dicho mil veces que Zorrilla se enfrenta con la Edad Media o con los siglos áureos sin espíritu crítico, con meros propósitos patrióticos. Bien: es lo que hicieron casi todos los románticos: podía darse algún cachete a determinado monarca o personaje concreto, pero el español, sobre todo si era castellano, representaba siempre la hidalguía, la lealtad, la capacidad de heroísmo, todas las virtudes nobles. Así fue el teatro romántico y así fue el de Zorrilla, con la ventaja de que su gran capacidad verbal le permitió dar al suyo mayor brillantez, mayor movilidad y colorido.

Allison Peers ha examinado en qué medida debió Zorrilla su inspiración a los dramaturgos del Siglo de Oro. En algunas ocasiones trató asuntos utilizados ya por aquéllos, pero generalmente —salvo casos de imitación deliberada, confesada por el propio autor, como en *La mejor razón, la espada*, compuesta directamente sobre *Las travesuras de Pantoja*, de Moreto— prefería acudir a la *Historia* de Mariana o a centones anecdóticos, como los de Lozano, o a su propia inventiva: «Sus verdaderas deudas con el Siglo de Oro —dice Peers— consisten en lo que de sus autores aprendió en punto a presentación, versificación, técnica dramática y modos y maneras de atraerse el aplauso del pueblo» [382].

Como en sus leyendas, Zorrilla llevó a las tablas mil años de historia española, desde los visigodos hasta el reinado del último Austria; no pasó de allí; el siglo XVIII por próximo o supuestamente prosaico, dejó de interesarle como escenario para sus peripecias.

Zorrilla llegó al teatro, en 1839, un poco por casualidad: para sacar a García Gutiérrez de un apuro, le ofreció colaborar en el drama que estaba escribiendo, *Juan Dandolo*. Tenía nuestro poeta 22 años y ninguna experiencia teatral, pero la obra se estrenó con cierto aplauso. Pocas semanas después había concluido Zorrilla una nueva comedia, *Cada cual con su razón*, localizada en tiempo de Felipe IV, que a pesar de algunas inverosimilitudes y defectos de principiante, auguraba la gran capacidad del autor para el manejo de la escena. Todavía en el mismo año escribió *Ganar perdiendo*, situada en los últimos años del reinado de Carlos II, a la que siguió, ya en 1840, *Lealtad de una mujer y aventuras de una noche*, sobre la vida del Príncipe de Viana.

---

[382] *Historia...*, cit., II, pág. 218.

Y en este mismo año alcanzó su primer gran éxito teatral con la primera parte de *El zapatero y el rey*, protagonizado por el rey don Pedro, figura dilecta de Zorrilla[383]. El asunto básico es una de las conocidas «justicias» de don Pedro: un prebendado, don Juan de Colmenares, mata a un zapatero, partidario del rey, pero su hijo se venga matando a su vez al asesino. El tribunal había castigado al prebendado privándole por un año de asistir al coro, pero don Pedro, para dar «justicia igual» al joven zapatero, le «castiga» prohibiéndole hacer zapatos durante un año. La «justicia» del rey tiene lugar en la penúltima escena, pero la intriga de la obra es complicadísima: amores de don Pedro, amores de Colmenares, conjuraciones contra el rey e intervención de éste a cuerpo limpio en sus manejos, reuniones secretas, apariciones nocturnas, etc. Esta primera parte de *El zapatero y el rey* ha sido generalmente estimada como una de las mejores obras de Zorrilla, pero creemos —aparte, también, algunas aventuras de casi infantil inverosimilitud— que se amontonan excesivos sucesos y que la acción resulta embarullada; al autor le sobraba «argumento» y no acertó a condensar, defecto que al llegar a este punto ya no debe extrañarnos. Creemos que está en lo cierto Allison Peers cuando comenta[384] que la composición de leyendas en verso era un mal aprendizaje para un autor dramático; Zorrilla, acostumbrado en aquéllas a dilatarse sin medida, debía de encontrar difícil ceñirse a las exigencias del teatro. Y aunque creemos que corrigió en buena parte este defecto en sus momentos mejores, en la obra en cuestión nos parece evidente el fallo.

No lo hay, sin embargo, en la segunda parte de *El zapatero y el rey*, que estrenó Zorrilla el 5 de enero de 1842. Alonso Cortés la supone inferior a la primera, pero disentimos esta vez de su probada autoridad. Esta segunda parte dramatiza las últimas horas del «rey justiciero», acorralado en Montiel y víctima de la traición de Du Guesclin. Cierto que en los dos primeros actos hay una complicada acción preparatoria. Blas Pérez, el zapatero de la primera parte, convertido por don Pedro en capitán y hombre de su confianza, se enamora de Inés, hija en realidad del infante don Enrique, aunque pasa por serlo de Juan Pascual, enemigo de don Pedro, a quien éste ha llevado consigo. Pero toda esta trama está muy bien urdida y conduce fatalmente al desenlace, dramatizado en los actos tercero y cuarto. Cuando don Pedro es asesinado, Blas Pérez, desde la tienda del vencedor, hace señas a sus hombres para que maten a Inés, mantenida como rehén por la vida de don Pedro. La obra concluye con la dramática imprecación que aquel dirige al asesino de su rey:

---

[383] Cfr., J. R. Lomba y Pedraja, «El rey don Pedro en el teatro», en *Homenaje a Menéndez Pelayo*, II, Madrid, 1889, págs. 257-339.
[384] *Historia...*, cit., II, págs. 221-222.

> *Reinad, don Enrique, sí;*
> *pero sabed con horror*
> *que yo asesiné a mi amor*
> *cuando con mi rey cumplí.*
> *Cuando a su sepulcro helado*
> *baje a pedirle un asilo,*
> «Dormid, *le diré,* tranquilo;
> don Pedro, ya estáis vengado» [385].

Momentos antes, cuando don Enrique conmina a Blas para que le entregue a su hija so pena de matarle, le dice éste:

> *Don Enrique, ella por él;*
> *no tenéis otra esperanza;*
> *que así cumplo la venganza*
> *que le he jurado en Montiel* [386].

Y sigue luego la vibrante invectiva que dirige Blas a Du Guesclin:

> *Sí, sí, llevadme, señores,*
> *que al cabo es adelantar*
> *por verdugos acabar*
> *empezando por traidores.*
> *¡Oh! No acariciéis la espada,*
> *Don Claquín, porque os lo llame,*
> *que no lavaréis ¡infame!*
> *el borrón de esta jornada.*
> *Con vos hablo, don Beltrán,*
> *que alcanzáis en vuestra tierra*
> *gran renombre en paz y en guerra*
> *de invencible capitán.*
> *Vos, sí, que vuestros trofeos*
> *no habéis jamás empañado,*
> *y en tal traición habéis dado*
> *al pasar los Pirineos.*
> *¡Oh! Tenderíais la vista*
> *desde allí por la llanura,*
> *diciendo al ver su hermosura:*
> «Esta es tierra de conquista».
> *Diríais:* «De todos modos
> nada aquí será mancilla

---

385 *Obras Completas,* ed. cit., II, pág. 957.
386 Ídem, íd., pág. 956.

que al fin es patria Castilla
de vándalos y de godos.
Aquí no lo han de tachar,
porque ese pueblo insensato
tomará sobre barato
lo que le queramos dar.
No hacen falta aquí decoros,
ni lealtad, ni nobleza;
cualquier traición es proeza
en esta tierra de moros».
*Mas olvidasteis, señores,*
*que en el pueblo castellano*
*nunca faltará un villano*
*para llamaros traidores* [387].

No puede negarse, después de leer esta obra, la gran capacidad dramática de Zorrilla. Hay numerosas escenas de impresionante fuerza, con situaciones —humanas y verosímiles— muy bien escogidas y caracteres perfectamente sostenidos. Zorrilla, como informa Alonso Cortés, tomó muy a pecho el papel de rehabilitar a don Pedro según aquel criterio popular, tan grato a los románticos, que veía en él al «Justiciero», franco y valiente nivelador de clases y poderes bajo el imperio de su ley. Zorrilla, dice Alonso Cortés [388], estaba persuadido de que don Pedro fue un *anticlerical*, y que por no haberse dejado dominar por la Iglesia se atrajo sus odios, mientras que don Enrique la halagó prodigándole sus dádivas. En su ejemplar de la *Historia* de Mariana puso Zorrilla comentarios marginales muy sabrosos a este respecto.

El mismo año que la segunda parte de *El zapatero y el rey* estrenó Zorrilla *El eco del torrente*, primera de las dos obras que dedicó al condado de Castilla. Sostiene Alonso Cortés [389] que, a pesar de su escasa fama, tiene esta obra dramática por una de las mejores de su autor. Desarrolla el mismo asunto que la leyenda *Historia de un español y dos francesas*, pero Zorrilla varió la parte final, desviándose de la tradición y del desenlace que él mismo había dado a la leyenda.

Asimismo en 1842 estrenó Zorrilla su segunda obra dedicada al condado castellano, *Sancho García*, de gran importancia por más de un concepto. También, como en el caso anterior, repitió el asunto de una leyenda, *El Montero de Espinosa* y, como vimos, con desenlace diferente; quizá pensó que sobre las tablas hubiera sido demasiado violento el asesinato de la madre y optó por hacerle dar un somnífero con el fin de fingir su muerte

---

[387] Ídem, íd.
[388] *Zorrilla. Su vida y sus obras*, cit., pág. 253.
[389] Ídem, íd., pág. 283.

en las últimas escenas con el moro, y luego, al recobrarse, Sancho la obliga a encerrarse en un monasterio de por vida; a su vez, el moro no es asesinado por el Montero, sino que el mismo conde le obliga a beber el veneno.

Decía Zorrilla que tomó este asunto de *La condesa de Castilla*, de Cienfuegos, pero Alonso Cortés supone [390] que, cuando escribió su drama, no conocía aquella obra ni tampoco el *Sancho García*, de Cadalso; en cambio, muchas circunstancias coinciden con la versión recogida en el *David perseguido*, de Lozano, donde sin duda alguna se inspiró.

*Sancho García* es un gran drama, un excelente drama, digno de figurar en un repertorio de primera fila. La palabra es de una contención y sobriedad muy rara en Zorrilla, pero que en esta obra es verdaderamente ejemplar, lo que demuestra que el poeta podía domesticar su inspiración si le venía en gana. El desarrollo de las pasiones está magistralmente graduado, los personajes son de impecable consistencia y las situaciones dramáticas tan numerosas como afortunadas. Felicísimos son los diálogos entre el conde y su madre en el acto primero, en los que se pone de manifiesto la actitud de ambos y se plantea el drama; y de una intensa fuerza las escenas finales. La versificación, dentro de la aludida sobriedad, es rotundamente briosa.

Zorrilla calificó su obra de «composición trágica». Allison Peers comenta [391] oportunamente que *Sancho García* fue el primero de sus varios experimentos para acercarse a la tragedia clásica. Poco antes del estreno el *Diario de Avisos* publicó una nota, inspirada al menos, si no redactada, por Zorrilla, en que se llamaba la atención sobre los puntos de contacto que la nueva obra tenía con la tragedia, aunque el autor —concluía— «convencido, como lo está, de que el público no se halla todavía dispuesto a pasar repentinamente desde el tumultuoso bullicio del drama moderno a la sencilla, si por otra parte majestuosa, dignidad de la tragedia clásica, sólo ha pretendido hacer un ensayo, dando el primer paso en la senda de una gran revolución literaria» [392]. Resulta extrañísimo que el gran romántico, en el ápice de su carrera, hablase de tragedia clásica y de una posible revolución en ese sentido. Pero el hecho es que existía ya entonces una fuerte corriente de cansancio ante las desaforadas trapisondas del teatro romántico, y la crítica apoyaba, y hasta profetizaba, el viraje hacia la sobriedad clásica. Zorrilla, más consciente de su propia tarea de lo que generalmente se supone, y muy atento al pulso de la opinión, trató de ponerse en línea con ella dentro de un prudente eclecticismo que le permitiera maniobrar según soplara el viento. En líneas anteriores a las arriba transcritas decía la mencionada nota: «Aunque los personajes principales que en ella figuran; aunque la elevación de los pensamientos, y la energía

---

[390] *Zorrilla. Su vida y sus obras*, cit., pág. 290.
[391] *Historia...*, cit., II, págs. 157-158.
[392] Cit. por Alonso Cortés en *Zorrilla...*, cit., pág. 289.

y brillantez, que no puede negarse reinan en el fondo de la obra y en su versificación, pertenezcan, sin duda, a la tragedia, las formas bajo las que el argumento del poema está presentado corresponden al drama» [393].

La segunda aventura clasicista de Zorrilla fue *Sofronia* (1843), que titula ya abiertamente «tragedia en un acto», y hasta escogió un asunto de la antigüedad romana, la conocida historia de aquella matrona que se suicidó antes que entregarse a la concupiscencia del emperador Majencio. Zorrilla, no obstante, varió este desenlace, «criminal según nuestra fe», e hizo que fuera su marido quien la apuñale antes de ser llevada a las fieras como cristiana. En la nota preliminar declara Zorrilla paladinamente: «He querido escribir una tragedia; ignoro si lo he conseguido, pero confieso que tal ha sido mi intento» [394]. Y luego, en el último párrafo, con sorprendente actitud muy de clásico, despreciador del «vulgo necio», escribe: «He reducido la acción a un solo acto por no entorpecer la sencillez del hecho histórico en que está fundada, y por no hacer dormir a los espectadores con eternos diálogos que no están dispuestos a escuchar en nuestros actuales teatros» [395]. El «vulgo necio» se aburrió, efectivamente, en la obra, aunque casi no se le daba tiempo, porque el acto único es corto; y los críticos, entonces y ahora (Allison Peers la califica de obra de «menguado fuste» [396]) apenas se han dignado considerarla, con notoria inconsecuencia, a nuestro entender, porque siempre se tacha a Zorrilla de ampulosidad, y cuando se pone sobrio, como en este caso, se le acusa por ello. *Sofronia* no será una obra genial, pero nos parece muy digna, y creemos destacable la habilidad dramática con que el autor en unas pocas escenas captó una sociedad y definió unos caracteres.

En mayo de 1844 —tres meses después de haber estrenado el *Don Juan Tenorio*, detalle bien curioso— puso Zorrilla en escena su tercera, y última, tentativa clásica, *La copa de marfil*, sobre la historia del rey lombardo Alboíno, sacada una vez más del *David perseguido*, de Lozano. La obra no gustó; Narciso Alonso Cortés informa de que la crítica se mostró dura [397], con alguna excepción que ponderó precisamente la tragedia como la creación maestra del autor. Alonso Cortés opina, por su parte, que es de las obras más perfectas de Zorrilla en cuanto a la forma, aunque concede —no sabemos si por rutina anticlasicista— que «no se exime en

---

[393] Cfr., Jean Sarrailh, «Notas sobre *Sancho García* y *Sofronia*», en *Amigos de Zorrilla*, cit., págs. 125-134. Sarrailh reproduce largos fragmentos de las críticas aparecidas en el periódico *El Sol* el 3 de diciembre de 1842 y el 5 de abril de 1843 sobre las dos obras mencionadas; la que se refiere a *Sofronia* tiene considerable interés a propósito de la supuesta restauración de la tragedia clásica, a que hemos aludido.

[394] *Obras Completas*, ed. cit., II, pág. 1127.

[395] Ídem, íd., pág. 1128.

[396] *Historia...*, cit., II, pág. 158.

[397] *Zorrilla. Su vida y sus obras*, cit., págs. 354-355.

absoluto de la frialdad y rigidez propias del género»[398]. *La copa de marfil* es la tragedia del odio y la venganza, y Zorrilla la subtitula «espectáculo trágico en tres partes» huyendo cautamente de una definición demasiado comprometedora, pero mantiene con rigor las unidades de tiempo y de lugar, renunciando al movimiento y a la acción, en cuyo manejo era maestro. En consecuencia, sus personajes hablan con exceso de la venganza en lugar de vengarse más de prisa; es muy posible que la obra hubiera resultado perfecta limitándola a dos actos, porque entonces se hubiera evitado repetir conceptos y situaciones que quedaban perfectamente claros al exponerlos la primera vez. Alboíno en el acto primero nos parece un personaje shakespeariano —perdónesenos el atrevimiento—, pero decae luego cuando se repite[399].

La anunciada «revolución» clásica no se produjo y Zorrilla dejó de hacer nuevos experimentos, pero creemos que hubiera sido capaz de escribir tragedias lo mismo que dramas, o melodramas, románticos. Era una fuerza, y un profesional, capaz de navegar en cualquier dirección que se propusiera.

En 1843 estrenó Zorrilla otra de sus obras más notables, *El puñal del godo*, drama en un acto, que escribió en un día, según refiere en sus *Recuerdos*[400]. Aunque el poeta tomó detalles del padre Mariana y de su inseparable Lozano en el *David perseguido*, la idea central, es creación de Zorrilla. Existía la tradición de que don Rodrigo, después de la derrota del Guadalete, anduvo fugitivo algún tiempo hasta su muerte por tierras de Portugal. Zorrilla hace que don Rodrigo y el conde don Julián, que anda también errante, se encuentren en la cabaña de un monje donde aquél se refugia de vez en cuando. El suceso, históricamente falso, es, sin embargo, una auténtica genialidad del dramaturgo. No podía imaginarse situación de mayor intensidad que la ideada por Zorrilla, ni cabe resolverla con mayor propiedad y fuerza dramática. Es indispensable reproducir siquiera unos versos de la escena, impecable, en que se encuentran y reconocen los dos hombres causantes de la «pérdida de España»:

> CONDE.     *¡Tú eres el torpe rey!...*
> RODRIGO.                                      *¡Tú el vil cobarde!...*
> CONDE.     *Yo el conde don Julián.*
> RODRIGO.                                      *Yo don Rodrigo.*
> CONDE.     *Nos hallamos al fin.*

[398] *Zorrilla. Su vida y sus obras*, cit., pág. 355.

[399] Cfr., Joaquín de Entrambasaguas, «La leyenda de Rosamunda», en *Amigos de Zorrilla*, cit., págs. 59-102; la parte que se refiere en particular a la obra de Zorrilla en págs. 92-100.

[400] Zorrilla dedica a *El puñal del godo* tres capítulos de sus *Recuerdos del tiempo viejo*; véanse en *Obras Completas*, ed. cit., II, págs. 1768-1775 y 1779-1780.

RODRIGO.　　　　　　　　　　　*Sí, nos hallamos.*
*Y ambos a dos, execración del mundo,*
*la última vez mirándonos estamos.*

CONDE.　　*Eso apetece mi rencor profundo.*
*Mírame bien: sobre esta faz, Rodrigo,*
*echaron un baldón tus liviandades,*
*y el universo de él será testigo,*
*y tu torpeza horror de las edades.*

RODRIGO.　*Culpa fue de mi amor la culpa mía;*
*de Florinda me abona la hermosura;*
*mas ¿quién te abonará tu villanía?*

CONDE.　　*De mi misma traición la desventura.*
*Deshonrado por ti, perdílo todo:*
*mas no saciaba mi venganza fiera*
*tu afrenta nada más; menester era*
*toda la afrenta del imperio godo.*

RODRIGO.　*¡De un traidor como tú fue digna hazaña!*
*Cumplieras con tus viles intenciones*
*yendo a matarme con silencio y maña,*
*o contra mí sacaras tus pendones*
*y bebieras mi sangre en la campaña,*
*mi corazón echando a tus legiones;*
*mas no lograras con tan necio encono*
*vender a España, por hollar mi trono.*

CONDE.　　*Todo lo ansiaba mi tremenda saña;*
*no hartaba mis sangrientas intenciones*
*beber tu sangre con silencio y maña,*
*o en contra tuya levantar pendones;*
*dar quise tu lugar a estirpe extraña*
*y tu raza borrar de las naciones:*
*eso quería mi sangriento encono:*
*vender tu reino y derribar tu trono* [401].

No sólo el desenlace es magistral sino también la preparación del clima que conduce a él. Rodrigo, acosado por sus remordimientos y alucinaciones, es una creación de primer orden. Para que pueda dialogar y manifestarse, Zorrilla ideó felizmente a Teudia, soldado fiel, único que le sigue después de su derrota. Teudia mata a don Julián cuando éste se lanza contra su señor, y don Rodrigo, liberado de esta obsesión, decide incorporarse a las tropas cristianas.

---

[401] Ídem, íd., II, pág. 1125.

Quedaba la puerta abierta para una continuación, que escribió Zorrilla en 1847 con el nombre de *La calentura*, también en un acto. Zorrilla intenta otra genialidad, que pudo serlo, si las partes accesorias hubieran sido tan felices como lo eran las equivalentes de *El puñal del godo*. Tras la muerte de don Julián, Rodrigo interviene en Covadonga, aunque no lo reconocen, y como su nombre es execrado, vuelve a refugiarse en la cabaña del monje. Excluida esta parte, que el propio rey refiere, y que creemos algo forzada, don Rodrigo recobra su tensión dramática al sentirse de nuevo asediado por alucinaciones y terrores. El rey recuerda la fecha en que ultrajó a Florinda y habla de ello con su fiel Teudia:

> TEUDIA.    *Jamás la conocí; ¡mas la maldigo!*
> RODRIGO.   *¡Teudia! Inocente fue; yo te lo juro.*
> TEUDIA.    *Pero os perdió su amor.*
> RODRIGO.                            *¿Quién le resiste*
> *cuando Dios nos le da para castigo?* [402].

Don Rodrigo queda solo en la escena y hace entonces su aparición Florinda. Enfrentar a ambos personajes era la nueva hazaña a que el poeta tenía que atreverse. ¿Es Florinda real? ¿Es alucinación del rey? Zorrilla, claro está, deja esto en la incertidumbre y acierta a crear el clima de misterio que el momento requiere; la misma Florinda dialoga con una mezcla de vaguedad y de exaltación, como en un sueño de sí misma. La escena bella, delicada, tremendamente difícil, certifica la gran capacidad teatral de Zorrilla; quizá sea la prueba más arriesgada a que se sometió, y salió de ella con brillantez, aunque sin alcanzar el nivel de *El puñal del godo*. Florinda cae muerta, y don Rodrigo sale desesperado, para buscar ya la muerte, solo.

También en 1847 estrenó Zorrilla la que quizá puede considerarse como su obra magistral: *Traidor, inconfeso y mártir*, que el propio Zorrilla estimaba su drama más perfecto. Trata sobre la persona del rey don Sebastián de Portugal. Como es sabido, después de su muerte en Alcazarquivir, surgieron diversos impostores que pretendieron hacerse pasar por el rey y ocupar el trono portugués, conquistado por Felipe II. El último de ellos fue un pastelero de Madrigal, Gabriel de Espinosa, que murió ajusticiado: éste es el protagonista del drama de Zorrilla. Pero nuestro poeta varió por entero la situación: Espinosa es realmente el rey de Portugal, que no había muerto, y que esconde su personalidad bajo el nombre del pastelero, por razones que no se declaran en el drama abiertamente, aunque se intuyen de su actitud: ante el hecho consumado de la anexión de Portugal a España, don Sebastián renuncia a su trono para evitar el con-

---

[402] *Obras Completas*, ed. cit., II, pág. 1459.

flicto y la guerra subsiguientes. Por las sospechas que provoca, se le supone un impostor, pero todos los esfuerzos de la justicia se estrellan ante su silencio; al fin se le ajusticia como presunto impostor y sólo después de su muerte se averigua que era el auténtico rey de Portugal.

Nunca como en este caso cabe aplaudir la libertad con que Zorrilla interpretó y modificó la historia a su sabor porque se trataba de un suceso que había andado en la realidad lleno de oscuridades y leyendas; y la nueva versión del poeta, humana y verosímil, era de sorprendente originalidad y estaba colmada de posibilidades dramáticas. La identidad del personaje se mantiene en la incertidumbre durante toda la obra, hasta el mismo desenlace; y este misterio, sostenido con gran pericia teatral, es el que impide que Espinosa revele las razones de su heroico comportamiento, pues desde ese mismo instante hubiese quedado en claro que era el rey.

La figura del rey-pastelero es una creación dramática de alto rango. Humano, consistente, lleno de matices como exigía su problemática situación, ingenioso, sagaz, grande de ánimo, caballeresco y valiente sin ninguna de las vanas bizarrías que degradan a tantos héroes románticos hechos a troquel. La versificación en toda la obra es ejemplar: sobria, ceñida, expresiva y brillante sin embargo, llena de rotundas sentencias y frases definitorias que brotan crujientes en la fértil pluma de Zorrilla. Las acciones secundarias se combinan magistralmente con el hilo central y contribuyen a intensificar el proceso de la acción dramática.

Cuenta Zorrilla que, interesado desde joven por la persona de don Sebastián, estudió su historia y tradición y hasta se documentó examinando el proceso original del pastelero. Alonso Cortés comenta [403] que el giro tan original que dio al asunto debió de excusarle de toda documentación y que a lo sumo tuvo en cuenta la *Historia de España*, de Alcalá Galiano. Pero lo que sí hizo evidentemente fue pensar la obra, coordinarla y escribirla con mayor reposo, y el resultado compensó el esfuerzo. Lo que demuestra que Zorrilla, favorecido por su intuitiva genialidad, hubiera podido ser un dramaturgo excepcional si su condenada profesionalización y su excesiva cuenta con lectores y espectadores no hubieran malgastado en tantas ocasiones su talento.

La producción dramática de Zorrilla es muy considerable en cantidad; llevó al teatro más de treinta obras, pero es ya imposible detenernos en cada una de ellas. Quede mención, sin embargo, de *El caballo del rey don Sancho*, sobre la historia de Sancho el Mayor de Navarra y los conflictos con sus hijos; *El rey loco*, «drama notable por sus recios endecasílabos» [404],

---

[403] *Zorrilla. Su vida y sus obras*, cit., pág. 434.
[404] Allison Peers, *Historia...*, cit., II, pág. 229.

sobre la vida del monarca visigodo Wamba, fantaseada por Zorrilla con su peculiar libertad, y *El excomulgado*, sobre los amores de Jaime el Conquistador con doña Teresa Vildaura y los hechos que se siguieron hasta llegar a la excomunión lanzada por Inocencio IV contra el rey.


«DON JUAN TENORIO»


La fama póstuma que ha olvidado tantas parcelas de la obra de Zorrilla, con discutible justicia en muchos casos, se le ha rendido con absoluta entrega en su *Don Juan Tenorio*, la creación más popular de la escena española. El *Don Juan* fue estrenado en el Teatro de la Cruz el 28 de marzo de 1844 en beneficio del actor Carlos Latorre. En *Cuatro palabras sobre mi «Don Juan Tenorio»* [405], dice Zorrilla que Latorre necesitaba urgentemente una obra, y que él, para complacerle, se comprometió a escribirla en veinte días. Explica Zorrilla que para salir del apuro pensó en hacer una refundición de *El Burlador de Sevilla*, de Tirso, y que sin más conocimiento del tema que esta obra y la mala refundición de Zamora, *No hay plazo que no se cumpla ni deuda que no se pague, o El convidado de piedra*, que es la que entonces se representaba, e ignorando todo lo que sobre Don Juan se llevaba ya compuesto en media Europa, se dispuso a escribir un *Don Juan* de su «confección» [406]. Acabada la obra, Zorrilla, siempre alcanzado de dinero, se la ofreció a su editor don Manuel Delgado, quien le compró la propiedad absoluta, «para su impresión y representación», por 4.200 reales [407].

Las posibles fuentes del *Tenorio* han planteado un interesantísimo problema. Cotarelo sostiene que las mencionadas palabras de Zorrilla son un puro infundio, y le acusa de silenciar el *Juan de Marana*, de Dumas, que tenía que conocer por haberlo traducido su amigo García Gutiérrez, y del cual tomó «el tipo de doña Inés y otras cosas de su drama» [408]. Alonso

---

[405] Cap. XVIII de los *Recuerdos del tiempo viejo*; en *Obras Completas*, ed. cit., II, págs. 1799-1807.

[406] Zorrilla, sorprendentemente, se refiere al *Burlador* como de Moreto y a la comedia de Zamora como de Solís. Parece evidente que hay aquí un error de pluma, de los que al «distraído» Zorrilla se le escapaban con alguna frecuencia. Alonso Cortés lo admite así sin discusión en las notas 333 y 334 de la página 323. Pero la confusión ha dado pie para discusiones eruditas (véanse los artículos de Fitz-Gerald y de Barlow, cit. luego), que nos parecen fuera de lugar; Zorrilla sabía de sobra de quién era el *Burlador*.

[407] Cfr., F. Cervera, «Zorrilla y sus editores. El *Don Juan Tenorio*, caso cumbre de explotación de un drama», en *Bibliografía Hispánica*, 1944, págs. 147-190.

[408] Cotarelo se irrita un tanto contra Zorrilla, no sin cierto tufillo de dómine erudito, ofendido por la «ligereza» del dramaturgo que se confunde tan alegremente: «Zorrilla tomó el asunto de su obra —dice—, principalmente, del *Convidado*, de Zamora, y del *Marana*, de Dumas. En cuanto al *Burlador*, de Tirso, ni lo conocía siquiera; por más que otra cosa afirme en sus *Recuerdos del tiempo viejo*, donde

Cortés rechaza que la comedia de Zamora, «abiertamente mala», pudiera servirle de guía a Zorrilla para su *Don Juan*, pues «ni el plan de la obra, ni su desarrollo, ni la trama de los episodios culminantes guardan la menor semejanza» [409]; concede a lo sumo que la obra de Zamora pudo moverle a escribir la suya, pero sugiere que Zorrilla debió de tener presentes, a lo menos, *Les Âmes du Purgatoire*, de Mérimée, *Le Souper chez le Commandeur*, de Blaze de Bury, y, por descontado, el *Don Juan de Marana*, de Dumas. La designación de este último como principal acreedor del *Tenorio* español ha sido un hecho aceptado como inconcuso por la crítica; lo afirman así: Fitzmaurice-Kelly en su conocida *Historia de la Literatura Española*; Ernest Mérimée en su *Précis d'histoire de la Littérature Espagnole*, y se repite en la edición inglesa, revisada y ampliada por S. Griswold Morley; Enrique Piñeyro en *El romanticismo en España*; Julio Cejador en su *Historia de la Literatura Española*; Hurtado y González Palencia en su conocido *Manual*; T. A. Fitz-Gerald en su examen concreto de las fuentes de Zorrilla [410]; Casalduero en su estudio sobre el tema del Don Juan [411]; J. A. Thompson al analizar el influjo de Dumas sobre el drama romántico español [412]; y todavía lo repite, en 1965, González López en su *Historia de la Literatura Española*.

En fecha ya distante Joseph W. Barlow publicó un artículo [413] para puntualizar que la repetida insistencia sobre las fuentes francesas de Zorrilla le parecía excesiva, si no del todo injustificable; y sostenía que la fuente principal de Zorrilla había sido, en efecto, según su propia declaración, la comedia de Zamora, de la cual destaca Barlow, examinándolos minuciosamente, largo número de puntos, que orientaron la obra del vallisoletano, y diversos aspectos básicos del carácter de su personaje [414].

---

escribe estas inexactísimas palabras»; y después de citar a Zorrilla, añade: «Hay en estas palabras tantos errores como afirmaciones. Ni el *Burlador* formaba aún parte de colección alguna de su autor, ni es de Moreto, ni éste era fraile, ni la obra fue refundida por Solís, ni Zorrilla hizo su *Tenorio* en veinte días. Finge desconocer el *Marana*, de Dumas, que pudo haber visto representar varias veces y era traducción de su íntimo García Gutiérrez, y le dio el tipo de D.ª Inés y otras cosas de su drama». Y concede a continuación: «Claro es que, aparte de la soberana versificación, hay algunas escenas, y no de las peores, de su cosecha, que hacen de esta obra, con todos sus defectos, una de las más famosas de nuestro teatro» (Emilio Cotarelo y Mori, introducción a su edición de las *Comedias de Tirso de Molina*, Nueva Biblioteca de Autores Españoles, II, Madrid, 1907, pág. X).

[409]   *Zorrilla. Su vida y sus obras*, cit., pág. 324.

[410]   T. A. Fitz-Gerald, «Some Notes on the Sources of Zorrilla's *Don Juan Tenorio*», en *Hispania*, V, 1922, págs. 1-7.

[411]   Joaquín Casalduero, *Contribución al estudio del tema de Don Juan en el teatro español*, en *Smith College Studies in Modern Languages*, XIX, 1928, págs. 96-97.

[412]   J. A. Thompson, *Alexandre Dumas Père and Spanish Romantic Drama*, en *Louisiana State University Studies*, n.º 37, 1938, págs. 160-174.

[413]   Joseph W. Barlow, «Zorrilla's Indebtedness to Zamora», en *Romanic Review*, XVII, 1926, págs. 303-318.

[414]   De este artículo nos hemos ocupado ya más extensamente a propósito de Zamora. Véase nuestro vol. III, págs. 609-610.

La aportación de Barlow era muy importante para probar el positivo influjo de Zamora, pero no alegaba argumentos contra el pretendido del francés. La prueba la proporcionó en 1945 John Kenneth Leslie en contundente demostración [415]. Thompson había comparado el *Tenorio* de Zorrilla y el *Don Juan de Marana* de Dumas y señalado trece casos concretos de semejanza entre ambas obras. Ahora bien: resulta que en las dos primeras ediciones francesas del *Marana*, de 1836 y 1841, así como en las dos traducciones españolas de 1838 y 1839 (esta segunda es la de García Gutiérrez) no figuran los detalles supuestamente tomados por Zorrilla, y, por descontado, el más importante —por nuevo— de todos ellos: la salvación de don Juan por el amor; en cambio, la edición del *Marana* de 1864 (París, Michel Levy Frères) contiene los aspectos en cuestión, con el amor salvador del protagonista. La consecuencia es clara: contra lo repetido rutinariamente por no conocer más que la edición del *Marana* de 1864, o ninguna, fue Dumas quien incorporó tardíamente a su obra diversos rasgos del *Tenorio* español, que hubo de conocer muy bien, pues estuvo en España dos años después del estreno de Zorrilla y fue asiduo contertulio del Café del Príncipe. Kenneth Leslie concluye su artículo reivindicando para Zorrilla la innovación romántica introducida en el tema del *Don Juan*. Aunque no deba silenciarse, sin embargo, que Zorrilla pudo tomar algún detalle de la primera versión del *Marana* o de los otros autores franceses mencionados.

El *Don Juan Tenorio* [416], que se subtitula «drama religioso-fantástico», consta de dos partes: la primera tiene cuatro actos y la segunda tres; ambas suceden respectivamente en un solo día —digamos mejor, en una sola noche—, pero están separadas por un lapso de cinco años. Zorrilla mantuvo en sustancia el carácter del Burlador, tal como había sido creado por Tirso, y conservó, a más de algunos nombres, toda la trama referente al «convidado de piedra», pero ideó numerosas situaciones nuevas, creó un antagonista en Don Luis Mejía —ya sugerido, según Barlow, por Zamora— y sobre todo introdujo la referida redención por el amor, que anulaba románticamente la finalidad moralizante y ejemplar deseada por Tirso, quien, como sabemos, hace morir impenitente al protagonista castigando así su temeraria confianza.

Zorrilla, que en numerosas ocasiones echó pestes de su *Tenorio*, no del todo insinceras, y que señaló más implacablemente que nadie los

---

[415] John Kenneth Leslie, «Towards the Vindication of Zorrilla: the Dumas-Zorrilla Question Again», en *Hispanic Review*, XIII, 1945, págs. 288-293.

[416] Para todo lo concerniente al tema de Don Juan —orígenes, interpretaciones, crítica—, tanto en sus diversas versiones como en el *Tenorio* de Zorrilla, cfr.: Armand E. Singer, *The Don Juan Theme. Versions and Criticism: A Bibliography*, West Virginia University, Morgantown, 1965.

defectos de que se le puede acusar, decía que su Don Juan «ni es carácter, ni tiene lógica, ni consecuencia, ni sentido común» [417], se burlaba de las floridas décimas que le endilga a doña Inés después de raptarla —enteramente impropias del momento por la urgencia en que se encontraban—, y comentaba humorísticamente el problema del tiempo, pues la acción dura en el drama menos de lo que «absoluta y materialmente necesita» [418], ya que comienza a las ocho, y al final del segundo acto, pasadas ya casi dos horas de representación, le dice a Ciutti don Juan:

> *A las nueve en el convento,*
> *a las diez en esta calle.*

Lo de las décimas es exacto. A pesar de la popularidad de que gozan —o precisamente por eso— tienen un regustillo de cursilería, quizá demasiada hasta para un drama romántico; pero Zorrilla no podía privarse de largar su florido lirismo en la primera ocasión que hallara. Lo del tiempo no merece tenerse en cuenta —sería un bizantinismo ridículo [419]—, y es buen detalle que ningún espectador ni crítico lo haya advertido. Mayor reparo pondríamos nosotros, con ser famosísima también, a la escena del acto primero entre los dos rivales, cuando acuden a la hostería de Butarelli para dirimir su apuesta. Aunque sus majezas los caracterizan a maravilla, son evidentemente excesivas, y creemos que el drama está allí precisamente en un tris de desmandarse y despeñarse en la ramplonería. Los dos apostantes enumeran no ya sus conquistas, sino sus muertes como si se tratara de copas bebidas:

> DON JUAN. *Del mismo modo arregladas*
> *mis cuentas traigo en el mío:*
> *en dos líneas separadas,*
> *los muertos en desafío,*
> *y las mujeres burladas.*
> *Contad.*
> DON LUIS.   *Contad.*
> DON JUAN.       *Veinte y tres.*
> DON LUIS. *Son los muertos. A ver vos.*
> *¡Por la cruz de San Andrés!*
> *Aquí sumo treinta y dos.*
> DON JUAN. *Son los muertos.*

---

[417] En carta particular, cit. por Alonso Cortés en *Zorrilla. Su vida y sus obras,* cit., pág. **335.**

[418] En «Cuatro palabras...», cit., pág. 1803.

[419] Bastaba, sencillamente, con cambiar el número de las horas y decir: «A las diez en el convento, — a las once en esta calle»; o a las once y las doce, porque ambas cifras caben perfectamente en sus versos respectivos.

> Don Luis.              *Matar es.*
> Don Juan.    *Nueve os llevo.*
> Don Luis.                   *Me vencéis* [420].

Matar es, en efecto, pues parece que por mucho respeto que la justicia tuviera a tales «caballeros», alguna vez debió de empapelarlos. Las hazañas, además, son inmediatamente creídas sobre la palabra del autor, pues aunque se habla de que están escritas «en este papel», nadie pretende comprobarlas. La escena, evidentemente, pese al garbo verbal —felicísimo, sin duda— de ambas declaraciones, es de niños. Pero Zorrilla endereza el rumbo de un golpe de timón y creemos que en toda la obra ya no vuelve a encontrarse en riesgo parecido. Don Juan, pese a lo que diga su progenitor, es un personaje consistente, bien trabado, humano en su misma desmesura [421]; claro que es un personaje «teatral», porque de hacer teatro se trataba; digamos más bien que es un mito, es decir, un símbolo de universal validez, que precisaba dimensiones excepcionales para compendiar en ellas todos los atributos de la especie.

Don Juan, audaz, seguro de sí mismo, cínico y generoso a un mismo tiempo, valiente hasta la temeridad, actúa en toda la primera parte del drama con la eficacia y rapidez del rayo, pero en un fluir de acontecimientos perfectamente coherente. En unas pocas escenas, sin apenas solución de continuidad, da don Juan la medida entera de su carácter y vive toda la acción que requiere el drama. Los sucesos se anudan magistralmente, sin rellenos ni saltos. Don Gonzalo de Ulloa, padre de doña Inés, y don Diego Tenorio, padre de don Juan, que han asistido a la apuesta dirimida en la hostería de Butarelli, desisten del convenido matrimonio

---

[420] *Obras Completas*, ed. cit., II, pág. 1276.

[421] Gregorio Marañón, cuyas teorías y escritos sobre Don Juan no precisan ahora ser recordadas, al ocuparse del de Zorrilla, no como creación literaria, que renuncia a juzgar, sino como carácter y realidad humana, expone juicios altamente positivos, que importa retener, pues, aparte su autoridad en la materia, su actitud antidonjuanista le defiende de todo posible apasionamiento en pro del personaje: «Desde el punto de vista fisiológico y humano —dice—, yo aseguro que bajo ninguna de las otras interpretaciones antiguas ni modernas corre la palpitante savia donjuanesca que anima a la del gran poeta romántico. Es cierto que es un canalla, pero si no lo fuera no sería Don Juan. En él se dan precisamente dibujados y con un aliento real insuperable, los «caracteres naturales» del donjuanismo auténtico. Los personajes que le rodean —tan importantes para la comprensión del burlador— son también perfectos. Y en el lenguaje del drama hay, por último, frases, como las ya citadas y otras muchas, de una exactitud biológica absoluta. Este tipo de aciertos inconscientes es, por cierto, una de las características del genio, y en pocas ocasiones se hallarán con mayor abundancia que en el *Tenorio*. Aun la misma antipática desfachatez y ligereza del Don Juan habitual, en la literatura y en la vida, están templadas en el de Zorrilla por aquellos momentos de noble ansiedad espiritual y de sensibilidad perfectamente viril del acto del cementerio; instantes psicológicos en que asoma la gravedad expiatoria del ocaso y que los actores, para lograr el máximo efecto, debían representar con una peluca entrecana» *(Notas para la biología de Don Juan).*

de sus hijos ante la conducta de don Juan, provocando en éste el deseo de raptar a doña Inés. Un sarcasmo de don Luis irrita a don Juan, quien le hace apuesta de burlarle a doña Ana de Pantoja, la mujer con quien va a casar al día siguiente. Mientras don Luis toma inútiles precauciones, don Juan prepara el rapto de doña Inés por mediación de Brígida, y la burla de doña Ana haciendo que sus hombres —única felonía que le vemos cometer en escena— detengan y encierren a don Luis. A continuación —estamos en el acto tercero— don Juan penetra en el convento y rapta a doña Inés, a la que lleva a su quinta del Guadalquivir. Mientras la joven, asistida por Brígida y por Ciutti, se repone del susto, don Juan vuela a su secreto encuentro con doña Ana —es el único suceso importante que, claro está, se sugiere y no se representa— y regresa luego a su quinta para recoger a doña Inés y huir en el bergantín que está dispuesto en el río. Don Gonzalo y don Luis, con idéntico afán de venganza aunque por motivos diferentes, irrumpen en la quinta acompañados de la justicia. Don Juan ofrece a don Gonzalo la más completa satisfacción y jura la enmienda de su vida, conquistado por el puro amor de doña Inés, pero el Comendador se niega a escucharle. Acorralado por sus dos enemigos y por la justicia que rodea la casa, don Juan, para salvarse, mata al Comendador de un pistoletazo y a don Luis de una estocada —parecen ser las dos únicas muertes que don Juan ha cometido muy a su pesar— y, sin poder llevarse a doña Inés, salta por el balcón al río, después de lanzar la tan famosa imprecación:

> *Llamé al cielo y no me oyó,*
> *y pues sus puertas me cierra,*
> *de mis pasos en la tierra*
> *responda el cielo, y no yo* [422].

Cuatro actos desarrollados en una sola noche, en unas pocas horas consecutivas, digamos más bien, le han bastado a Zorrilla para desplegar sobre la escena en toda su bizarría la ajetreada vida de don Juan, y ello merced a la feliz elección de los sucesos y al acierto dramático con que los aprieta y encadena. Permítasenos afirmar que el *Don Juan* de Zorrilla aventaja en muy gran medida, como construcción teatral, al *Burlador* de Tirso, hecho de escenas sueltas, desligadas, de «flashes» momentáneos.

Al personaje de doña Inés, tan ponderado siempre, quizá le pondríamos, en cambio, algunos reparos. Se nos dice que es la imagen de la pureza, símbolo de amor y de piedad, aureolada de candidez y de misterio; era necesario que ni siquiera hubiera visto nunca a don Juan para que se cumpliera en ella la diabólica atracción del burlador, que es uno de sus atributos. Bien. Pero, con todo, creemos que Zorrilla exagera un poco su

---

[422] *Obras Completas,* ed. cit., II, pág. 1302.

candor —a la inversa, en cierta manera, de la escena de la apuesta, y con parejo riesgo— y la hace hasta un poco boba; cuando Brígida le dice que si no toma el Libro de Horas que le envía don Juan, éste se va a poner enfermo, dice la joven con una «pureza» y una «piedad» algo desmedidas: «¡Ah! No, no: de esa manera, lo tomaré». Tanto candor nos recuerda a Margarita la Tornera, algo boba, en efecto, como ya sabemos, y antecedente, además, del que parece que Zorrilla se estaba acordando peligrosamente cuando pone en escena a doña Inés [423]. Luego, en la quinta de su robador, la muchacha se yergue con más auténtico pulso humano, rubricado en las últimas palabras que cierran el acto, y la primera parte:

> TODOS.    *¡Justicia por doña Inés!*
> DOÑA INÉS.  *Pero no contra don Juan.*

Todos los otros personajes de la obra, sea larga o breve su participación, son creaciones acertadísimas, que se definen en las primeras palabras y mantienen su consistencia hasta el final. Era muy difícil crear a don Luis Mejía, competidor del protagonista, pero a remolque de él, vencido por él, siempre un punto más bajo, aunque dando en cada ocasión su talla.

Por lo común, la segunda parte del *Don Juan Tenorio* viene siendo estimada como inferior a la primera; Clarín, cuyo testimonio es aquí

---

[423] Zorrilla, sin embargo, en medio de tantas diatribas contra don Juan, estaba muy satisfecho de su doña Inés: «Mi obra —dice en *Cuatro palabras...*, cit., pág. 1802— tiene una excelencia que la hará durar largo tiempo sobre la escena, un genio tutelar en cuyas alas se elevará sobre los demás Tenorios: la creación de mi doña Inés cristiana; los demás Don Juanes son obras paganas; sus mujeres son hijas de Venus y de Baco y hermanas de Príapo; mi doña Inés es la hija de Eva antes de salir del Paraíso... Quien no tiene carácter, quien tiene defectos enormes, quien mancha mi obra, es D. Juan; quien la sostiene, quien la aquilata, la ilumina y le da relieve, es doña Inés; yo tengo orgullo en ser el creador de doña Inés y pena por no haber sabido crear a D. Juan... Don Juan desatina siempre; doña Inés encauza siempre las escenas que él desborda». Sí parece cierto que Zorrilla cuidó con gran esmero la figura de doña Inés, persuadido de su importancia y originalidad. Luz Rubio Fernández ha estudiado detenidamente el autógrafo de *Don Juan Tenorio*, que se conserva en la Academia —«Variaciones estilísticas del *Tenorio*», en *Revista de Literatura*, XIX, 1961, págs. 55-92—, y da cuenta de abundantísimas correcciones (no se trata, pues, de una redacción tan improvisada como generalmente se cree), que son mucho más numerosas en todos los pasajes correspondientes a doña Inés, y en los de don Juan cuando se dirige a doña Inés en una u otra forma. Según la investigadora, ello parece deberse al deseo de perfilar un personaje en el que consistía su aportación original al tema de don Juan, y al mismo tiempo a la mayor dificultad que le ocasionaba el trabajar sobre situaciones que no tenían precedentes en la historia del Burlador. Cfr., Julián Marías, «Dos dramas románticos: *Don Juan Tenorio* y *Traidor, inconfeso y mártir*», en *Literatura y generaciones*, Madrid, 1975, págs. 41-55. Marías, que hace una valoración muy positiva de los dos dramas mencionados, encarece también la creación del personaje de doña Inés, e incluso la escena —«justamente por ser retórica, una de las más veraces del teatro español»— de la seducción en la quinta junto al Guadalquivir.

valioso —recuérdense sus subidos elogios al *Don Juan* en *La Regenta* y en uno de sus *Paliques* [424]— decía que «en la segunda parte es mucho más lo malo que lo bueno»; pero no compartimos su opinión. Cierto que en la primera es donde queda declarado el carácter de don Juan y desarrollado su drama; pero la segunda, aparte el hecho de contener el desenlace, imprescindible para el total sentido de la obra, es una construcción dramática tan perfecta como la primera, y, quizá por su misma localización escénica, todavía más felizmente concentrada y prieta que la anterior.

Los sucesos son demasiado conocidos para tener que repetirlos ahora. El lapso de cinco años transcurrido entre las dos partes no es un capricho del autor —aunque poco importaba el número—, sino exigencia del proceso dramático: tenía que mediar cierto tiempo para que don Juan fuera perdonado y pudiera regresar (también, por supuesto, para levantar los panteones con estatuas sobre el solar del demolido palacio), pero sobre todo para dejar constancia de su arraigado amor por doña Inés, sin el cual todo lo que sucede hasta el fin carecería de sentido.

La matización psicológica del burlador en estos tres actos de la segunda parte nos parece impecable. Las fantásticas escenas del cementerio le van a permitir, para dejar completa su brava estampa, desafiar a los muertos como antes había desafiado a los vivos, pero el don Juan que regresa a los cinco años ya no es el mismo don Juan: hay un dejo de amargura en sus palabras, un punto casi de resentimiento cuando le informa el escultor de que todos aquellos panteones de sus víctimas habían sido pagados por su padre con la fortuna del propio don Juan, a quien había desheredado:

> *Mi buen padre empleó en esto*
> *entera la hacienda mía:*
> *hizo bien: yo al otro día*
> *la hubiera a una carta puesto.*
> *No os podéis quejar de mí,*
> *vosotros a quien maté;*
> *si buena vida os quité,*
> *buena sepultura os di* [425].

Pero, sobre todo —creemos que aquí está el matiz más significativo—, don Juan regresa a Sevilla, tras cinco años de ausencia, con el espíritu empapado de melancolía y de nostalgia. Cuando el escultor, que no le conoce, le pregunta si don Juan osará venir, responde éste con palabras que no cabría imaginar en el burlador de la primera parte:

---

[424] «El teatro de Zorrilla», en *Palique*, Madrid, 1893, págs. 61-71; la cita que sigue, en pág. 66.

[425] *Obras Completas*, ed. cit., II, pág. 1306.

> *¿Por qué no? Pienso, a mi ver,*
> *que donde vino a nacer*
> *justo es que venga a morir* [426].

Luego, al quedarse solo, todo su monólogo rebosa de un deseo de paz, de una renuncia a la aventura, de un genuino arrepentimiento, nacidos del amor por doña Inés, de la fidelidad a su recuerdo, hondamente acariciado:

> *Y... siento que el corazón*
> *me halaga esta soledad.*
> *¡Hermosa noche...! ¡Ay de mí!*
> *¡Cuántas como ésta tan puras,*
> *en infames aventuras*
> *desatinado perdí!*
> *¡Cuántas, al mismo fulgor*
> *de esa luna transparente,*
> *arranqué a algún inocente*
> *la existencia o el honor!*
> *Sí, después de tantos años*
> *cuyos recuerdos me espantan,*
> *siento que en mí se levantan*
> *pensamientos en mí extraños.*
> *¡Oh! Acaso me los inspira*
> *desde el cielo, en donde mora,*
> *esa sombra protectora*
> *que por mi mal no respira* [427].

La confesión de su amor que hace don Juan a la estatua de doña Inés, antes de imaginar siquiera que ésta va a levantarse de su tumba y ofrecerle su ayuda, es de una hermosa sinceridad y sentimiento; doña Inés, cuyo solo amor hubiera podido salvarle, ha muerto por su culpa, y don Juan se siente como desasistido y vacío [428].

No: don Juan no se arrepiente en un segundo, a última hora, aterrorizado por la muerte, como tantas veces se ha dicho; don Juan viene arrepentido después de una ausencia que ha macerado su espíritu [429]. Si luego

---

[426] *Obras Completas*, ed. cit., II, pág. 1305.

[427] Idem, íd., pág. 1306.

[428] La capital importancia de estas escenas para la comprensión de don Juan parece haber escapado a la casi totalidad de los comentaristas; de momento, sólo recordamos la leve alusión en las palabras de Marañón transcritas en la nota 421, y el comentario de Mercedes Sáenz-Alonso en su libro *Don Juan y el donjuanismo*, Madrid, 1969, págs. 116-118, aunque tampoco le concede la amplitud que quizá pudo permitirse en un volumen dedicado al tema.

[429] Maeztu, entre otros muchos, le hace a Zorrilla este reproche: «Aquí —dice— he de señalar el defecto de mala construcción de que adolece la obra de Zorrilla.

todavía se revuelve, se contradice, si reaparece el hombre antiguo, es porque esto es lo humano; don Juan no puede instantáneamente despojarse de toda su vida anterior como quien se quita una camisa. Cuando

---

La transición entre el burlador y el enamorado es demasiado brusca. Hacía falta más tiempo para que el espectador se penetre del cambio sufrido por don Juan» («Don Juan o el poder», en *Don Quijote, Don Juan y la Celestina*, Madrid, 1926, pág. 168). Pero Maeztu, que atiende sólo al encuentro de don Juan con doña Inés en la primera parte —teatral, sin duda, porque el tiempo en el teatro no posee las mismas dimensiones que puede lograr en la novela— olvida el lapso que media entre ambas partes, y que, como hemos sostenido, no es un capricho del autor, sino que está desempeñando una función dramática. Por su parte, César Barja, que niega la consistencia del carácter de don Juan, se pregunta: «¿Y dónde queda el amor espiritual cuando don Juan, muerta ya doña Inés, se va a la conquista de toda cuanta mujer le sale al paso?» (*Libros y autores modernos*, Nueva York, 1924, pág. 299). Luego insiste, diciendo que don Juan, después de matar al Comendador, es capaz de «abandonar a la hija y lanzarse a nuevas aventuras y a nuevas conquistas» (ídem, íd., pág. 300). Pero en la obra no consta en absoluto —ni se insinúa siquiera— que don Juan, después de huir de su quinta sevillana, continúe su vida anterior; lo de las conquistas lo imagina Barja por su cuenta. También Maeztu afirma que don Juan, muerto el Comendador y abandonada doña Inés, «reanuda su vida antigua de pendencia y amores, sólo que más amarga y desesperadamente que antes». Pero, ¿de dónde se saca Maeztu todo esto?

Cuando comienza el acto segundo de la segunda parte, se supone que don Juan ha estado refiriendo a los dos amigos —Centellas y Avellaneda— su historia de aquellos cinco años; y dice así:

> *Tal es mi historia, señores:*
> *pagado de mi valor,*
> *quiso el mismo emperador*
> *dispensarme sus favores.*
> *Y aunque oyó mi historia entera,*
> *dijo: «Hombre de tanto brío,*
> *merece el amparo mío;*
> *vuelva a España cuando quiera».*
> *Y heme aquí en Sevilla ya.*
>
> (*Obras Completas*, ed. cit., II, pág. 1310).

Es decir: según clarísimamente se desprende de estas palabras, don Juan no ha proseguido en sus calaveradas, sino que ha servido al Emperador de tal manera, que se le han perdonado sus excesos anteriores y permitido regresar a su ciudad sin riesgo. Cuando en el monólogo del acto anterior recuerda, inequívocamente arrepentido, las víctimas a quienes arrancó «la existencia o el honor», no tiene por qué referirse a las que pudo causar en dichos cinco años, puesto que nada, ni una sola palabra, lo hace suponer, sino a las anteriores, las que constaban «escritas en este papel» en la porfía con don Luis.

Mayor consistencia, a primera vista, parece tener otro reparo. Don Juan, después de raptar a doña Inés y de sufrir el tremendo flechazo que va a cambiar su vida, todavía es capaz de dejarla para acudir a la burla de doña Ana de Pantoja. Pero precisamente con esta última calaverada nos está demostrando don Juan que no se ha convertido «tan de prisa»; todo el tremendo amor que acaba de nacerle por doña Inés no consigue hacerle renunciar a su propósito de «gozar» a la prometida de don Luis, no ya por ella misma sino por el placer inmenso de hacer a su rival aquella tremenda jugarreta. Lo impropio de don Juan, en semejante circunstancia, hubiera sido quedarse ya como un tonto a los pies de doña Inés y recitarle las décimas sin aguardar al acto siguiente.

las estatuas comienzan a moverse, don Juan teme y vacila, pero se repone, y para asegurarse de sí mismo desafía a aquellos muertos: «No, no me causan pavor / vuestros semblantes esquivos...». Centellas y Avellaneda le sorprenden en medio de su confusión y se burlan de ella; don Juan hace alarde de su valor, pero, quizá por primera vez, insinúa modestamente su momentánea debilidad:

> *Un vapor calenturiento*
> *un punto me fascinó,*
> *Centellas, mas ya pasó:*
> *cualquiera duda un momento* [430].

Y para resarcirse de ella, invita temerariamente a cenar a la estatua del Comendador, desencadenando así el desenlace. Ahora son Centellas y Avellaneda quienes piden a don Juan que deje en paz a los difuntos, y don Juan, escocido en su orgullo por la burla anterior, caza al vuelo la oportunidad para humillarles a su vez y recobrar su altanería insistiendo en el convite a los muertos.

La naturaleza de estas escenas, con difuntos y estatuas que atraviesan paredes, tan proclives a la chacota populachera, oculta quizá al espectador lo bien graduados que están cada palabra y cada movimiento en el segundo acto, durante la cena en casa de don Juan, hasta producirse el desafío entre éste y sus dos amigos; pero podríamos decir lo mismo que hemos afirmado para el acto primero, y que cabe repetir para el acto final, cuando don Juan regresa al cementerio para aceptar a su vez la invitación del Comendador. Cuando éste le da la mano para matarle y llevarle al infierno, don Juan grita pidiendo a Dios piedad, y entonces la sombra de doña Inés le tiende su mano para salvarlo con ella aprovechando el arrepentimiento final del burlador, a quien el puro amor de doña Inés ha redimido.

Algunos comentaristas han discutido la ortodoxia de esta salvación por intervención de una mujer ya muerta [431]. Pero la cuestión nos parece ociosa: Zorrilla está creando en esta parte un drama simbólico con medios fantásticos, y después de aceptar toda la actuación sobrenatural de don Gonzalo y de la propia doña Inés, es ridículo escandalizarse por minucias de exactitud teológica. Sería, en cambio, mucho más justo admirarse de la belleza poética inserta en este recurso dramático. Hay algo que, según

---

[430] *Obras Completas*, ed. cit., II, pág. 1309.
[431] Cfr.: Guido E. Mazzeo, «*Don Juan Tenorio*: Salvation or Damnation», en *Romance Notes*, V, 1964, págs. 151-155. Fred Abrams, «The Death of Zorrilla's *Don Juan* and the Problem of Catholic Orthodoxy», en *Romance Notes*, VI, 1964, págs. 42-46. A. de Salgot, «El *Don Juan* de Zorrilla», cap. VII de su libro *Don Juan Tenorio y donjuanismo*, Barcelona, 1953, págs. 59-74.

creemos, ha pasado inadvertido a todos los escoliastas. Cuando en el acto primero habla la sombra de doña Inés, le pregunta don Juan: «¿Conque vives?». Y le responde la sombra:

> *Para ti;*
> *mas tengo mi purgatorio*
> *en este mármol mortuorio*
> *que labraron para mí.*
> *Yo a Dios mi alma ofrecí*
> *en precio de tu alma impura,*
> *y Dios, al ver la ternura*
> *con que te amaba mi afán,*
> *me dijo: «—Espera a don Juan*
> *en tu misma sepultura.*
>
> *Y pues quieres ser tan fiel*
> *a un amor de Satanás,*
> *con don Juan te salvarás,*
> *o te perderás con él.*
> *Por él vela: mas si cruel*
> *te desprecia tu ternura,*
> *y en su torpeza y locura*
> *sigue con bárbaro afán,*
> *llévese tu alma don Juan*
> *de tu misma sepultura»* [432].

Es decir: doña Inés, también por amor, ha ofrecido a Dios unir la suerte de su alma a la de don Juan; Dios ha aceptado el ofrecimiento, y doña Inés aguarda en el purgatorio temporal de su sepulcro el arrepentimiento final del burlador. Lo no observado —creemos— es la identidad de esta poética leyenda con la del ángel Azael y el nazarita Al-Hamar, en el poema de este último. También aquél, como podemos recordar, castigado a morar temporalmente en la tierra hasta expiar su pecado, une su suerte a la del nazarita, a quien ayuda mientras vive y a quien salva al final con él. Zorrilla debía de estar muy satisfecho de esta invención pues la repitió en estas dos ocasiones con idéntico propósito. Quizá esta coincidencia debería atraer la atención hacia la básica originalidad de Zorrilla en lugar de buscarle minúsculos puntos de contacto con supuestas fuentes.

Queda un punto oscuro todavía, discutido también por los escrupulosos vigilantes de la ortodoxia [433]. Cuando doña Inés le tiende la mano para salvarlo consigo, ¿estaba ya muerto don Juan o vivía aún? El acto segundo

---

[432] *Obras Completas*, ed. cit., II, págs. 1307-1308.
[433] Véanse los estudios citados en la nota 431.

se cierra con el desafío a los dos amigos y no sabemos lo que sucede en él. Luego don Juan regresa al cementerio, vivo, al parecer, y vencedor de sus rivales; lo dice así claramente en los primeros versos del monólogo con que comienza el acto tercero. Luego, la estatua del Comendador, al anunciarle a don Juan su muerte inminente, le asegura que un punto de contrición basta para salvar un alma, y que ese punto lo tiene todavía. Pero, a renglón seguido, suenan campanas y cantos funerales y pasa un entierro; don Juan pregunta de quién es y el Comendador le dice que es el suyo. «¡Muerto yo!», exclama don Juan; y responde el Comendador:

> *El capitán te mató*
> *a la puerta de tu casa* [434].

Don Juan sigue hablando y moviéndose, vivo al parecer, pero cabe preguntarse, en efecto, si «vive» también aquellos minutos en forma igualmente sobrenatural, o vive realmente. El Comendador, unos versos más adelante, dice que la vida de don Juan toca a su fin y que espera que muera para llevarse su alma. ¿Qué sucede aquí, pues? Los «vigilantes» temen que si don Juan había muerto efectivamente a manos de Centellas, su salvación después de muerto sería otro grave atentado contra la ortodoxia. Bien. Creemos, como arriba quedó dicho, que semejantes escrúpulos están fuera de lugar. Pero, por otra parte, estamos persuadidos de que don Juan estaba vivo, pese a los dos versitos del Comendador, que se contradicen flagrantemente con todo lo demás. La afirmación del Comendador creemos que puede explicarse de dos modos: o bien la fantasmagoría del entierro se inserta lógicamente en la general fantasmagoría con que se amenaza a don Juan, y las palabras del Comendador, anticipándole el desenlace, formaban parte del juego dramático; o bien —nos atenaza fuertemente esta sospecha— Zorrilla, enamorado también del espeluznante recurso del propio entierro, que ya había llevado a su *Capitán Montoya*, no resistió a la tentación de insinuarlo de nuevo en su drama, como un elemento más de la fantástica situación, sin que le importaran contradicciones ni pensara en el conflicto que podía crear a los teólogos.

El *Don Juan* de Zorrilla, con todos los defectos de detalle que se quiera —esos defectos que, como decía Clarín, son capaces de ver hasta los estudiantes de Retórica—, es la máxima creación del teatro romántico español y el que lo salva para la posteridad. El *Don Juan* de Zorrilla ha sido, y probablemente continuará siéndolo, el más popular, porque, aparte los méritos de construcción dramática que hemos ponderado, es el más elemental, el más claro, el más lisa y sencillamente humano. Este

---

[434] *Obras Completas*, ed. cit., II, pág. 1317.

don Juan no tiene misterios, ni filosofías, ni complejos; vive, ama, busca su propio placer y trata de imponer su personalidad, y se enamora al fin como, a su imagen y semejanza, suelen hacer, antes o después, todos los Tenorios. Cabría preguntarse, finalmente —y las preguntas sobre el *Don Juan* podrían ser infinitas—, si era precisa toda esa sobrenatural intervención de difuntos y almas en pena, que parecen hacer la obra de Zorrilla tan apropiada para ser puesta en escena en los primeros días de noviembre, o fue tan sólo arbitrariedad del poeta, preocupado en acrecentar la espectacularidad de su drama. Barja dice que «la segunda parte sobre todo, con tanto aparato de tumbas, apariciones y desapariciones de espíritus, es un cuento de absurdo cinematógrafo»[435]; Maeztu habla de «la acción extraña de invitar a los muertos a un banquete»[436]. Comencemos por recordar que el «convidado de piedra» es parte esencial del drama de Tirso; ¿era allí necesario? Sin duda que sí. El agudo fraile de la Merced empalmó la leyenda del «convidado» con la historia del Burlador porque se trataba de castigarle duro y sin lugar a dudas. Si don Juan hubiera muerto de una estocada a manos de un rival, o alguna dama burlada le hubiera arrojado una maceta desde un balcón, el castigo hubiera podido parecer liviano, o hasta producto de un accidente vulgar, porque de estocadas fallecía bastante gente, sobre todo en las comedias. En cambio, la tremenda intervención del «convidado» subrayaba que la Providencia se tomaba el trabajo de actuar poco menos que «en persona», porque aquella sobrenatural participación no estaba al alcance de cualquier antagonista provisto de un florete; se pretendía darle en la cresta a don Juan, y quedaba así declarado que la cólera divina tomaba muy en serio el castigo del Burlador, recurriendo a procedimientos de su exclusiva propiedad.

Ahora bien: si Zorrilla pensaba salvar a don Juan por el amor de doña Inés y hasta llevarlo con ella a la Gloria, ¿qué falta le hacía el «convidado»? Creemos que quizá en ninguna otra ocasión queda tan demostrada como en ésta la genial intuición dramática de Zorrilla. Es muy posible que inicialmente sólo pensara en continuar la tradición abierta por Tirso y continuada por Zamora, pero una vez puesto en ella la utilizó de modo magistral. Don Juan, para conservar todo el prestigio, la transcendencia, la universalidad del mito que ya era, sólo podía ser salvado por medios sobrenaturales.

Imaginemos por un momento que, manteniendo la obra en el plano realista, don Juan se enamora de doña Inés, como, en efecto, lo había hecho, se arrepiente de sus calaveradas y, siguiendo el proceso inevitable que había de seguir a la conversión y buenos propósitos, se casa con ella; hubiéramos tenido entonces una comedieja vulgar, de lo más mani-

---

[435] *Libros y autores modernos*, cit., pág. 298.
[436] *Don Juan o el poder*, cit.

do y ramplón, y todo el mito de Don Juan se hubiera derrumbado. Pero don Juan se salva en un plano ultraterreno, en unas regiones y a un nivel en donde ya no puede ser atrapado y concretizado por la anécdota de la vida ordinaria. Entonces, desde el instante en que don Juan se evade de la escena, queda flotando como en un mundo intemporal: el mito —un mito eterno— de la salvación por el amor, en forma diríamos abstracta, con la consistencia y perennidad de una fórmula. Ahora ya, como una idea platónica que se materializa en miles de objetos, cualquier mortal redimido por el amor puede verse representado en ese don Juan que no está asido en ninguna parte; y podrá verse simbolizado en él lo mismo si su redención le ha conducido al vulgar matrimonio burgués, que si delira entregado a la adoración de una Beatriz imposible [437].

# III

## DRAMATURGOS ROMANTICOS MENORES

**Patricio de la Escosura.** Aunque Patricio de la Escosura podría, no sin buenas razones, haber sido llevado a las páginas sobre la novela o la poesía, lo encuadramos en éstas porque, de los variados géneros literarios que cultivó, fue el teatro al que se dedicó con mayor ahínco y perseverancia; el teatro y la política fueron sus dos grandes pasiones. Escosura no es hoy un nombre olvidado; su actividad constante y su directa relación con los más populares escritores llevan su nombre frecuentemente a todo estudio histórico o literario del período romántico. De todos modos, el lugar muy de segunda fila que parece otorgársele no da la idea justa de la atención que en aquellas décadas atrajo sobre su persona [438].

Patricio de la Escosura nació en Madrid en noviembre de 1807 de padre militar, aunque muy aficionado a las letras —era amigo de Juan Nicasio Gallego, de Quintana, de Blanco, de Reinoso, de Lista y de otros varios escritores de Salamanca y de Sevilla—, y de él recibió el muchacho sus primeros estímulos. Por azares de la guerra y del servicio pasó Escosura sus años juveniles en Valladolid; allí estudió, primero con los

---

[437] Cfr., el excelente prólogo de José Luis Varela a su edición de *Don Juan Tenorio*, «Clásicos Castellanos», Madrid, 1975.

[438] Las referencias a Escosura, en cualquier estudio sobre las letras o la política de su tiempo, son abundantísimas. Véase, por ejemplo, el libro de Robert Marrast, *José de Espronceda et son temps. Littérature, société, politique au temps du romantisme*, París, 1974, donde se alude a Escosura en multitud de ocasiones a propósito de sus actividades o sus escritos. Como estudio de conjunto, aunque elemental, cfr., Antonio Iniesta, *D. Patricio de la Escosura*, Publicaciones de la Fundación Universitaria Española, Madrid, 1958. Antonio Ferrer del Río incluye una interesante semblanza del escritor en su *Galería de la literatura española*, Madrid, 1846, págs. 187-201.

dominicos de San Gregorio y luego un año en su Universidad. Vuelto a Madrid en 1820 cursó moral y leyes en la Central y asistió a las clases de Lista, donde amistó íntimamente con todo el grupo de Espronceda. Con éste formó parte de «Los Numantinos», y cuando la sociedad fue descubierta, su padre, para eludir la sanción, lo envió a Francia. Estuvo primero en Versalles y luego en París, donde estudió matemáticas con La Croix. Luego se trasladó a Londres y regresó a España en 1826. Ingresó entonces en la Academia de Artillería y salió de oficial en 1829 con destino en Valladolid a las órdenes de O'Donnell; pero pronto fue trasladado a Madrid, al escuadrón de la Guardia Real. Fue contertulio del Parnasillo y, en sus días, asiduo del Ateneo y del Liceo.

En 1834, al comenzar la guerra civil, fue desterrado a Olvera por suponérsele, equivocadamente, simpatizante de don Carlos; pero, aclarado el caso, se le levantó el destierro y tomó parte en la campaña de Navarra a las órdenes de don Luis Fernández de Córdoba, de quien fue ayudante y secretario. Cuando Córdoba fue separado del mando a consecuencia del Motín de la Granja, Escosura abandonó el ejército con el grado de capitán (más tarde le fue concedido el grado de coronel honorario) para dedicarse de lleno a la literatura y a la política. La enumeración de sus cargos políticos y una mínima relación de su actividad requeriría largo espacio. Fue Secretario del Gobierno Político de Burgos y luego del de Valladolid; nombrado luego Jefe Político de Guadalajara, contuvo los intentos de adhesión de su provincia al pronunciamiento de septiembre de 1840, por lo que, al triunfo de este movimiento, hubo de emigrar a Francia, donde permaneció tres años. En París, para ganar su sustento, escribió o colaboró en diversas obras didácticas. En 1842 le visitó Espronceda que iba camino de su puesto diplomático en Holanda. Al triunfar el alzamiento de 1843, Escosura regresó a Madrid, en donde entró con los generales Prim y Serrano. Ocupó por entonces importantes puestos, entre ellos el de Subsecretario de Comercio, Instrucción y Obras Públicas, Jefe Político de Madrid, diputado a Cortes y Ministro de la Gobernación. En julio de 1845 tuvo lugar su ingreso en la Academia.

Cuando en octubre de 1847 hubo de dejar Escosura el Ministerio de la Gobernación, abandonó el partido moderado, al que había pertenecido hasta entonces, y se pasó al progresista, donde pronto destacó como uno de sus jefes. Como tal, defendió en el 55 un nuevo proyecto de desamortización, que mereció duros juicios a Menéndez y Pelayo [439]. A continuación fue enviado Escosura como Ministro Plenipotenciario a Portugal, donde asistió a la coronación de Pedro V, y regresó para ocupar de nuevo

---

[439] En la *Historia de los heterodoxos españoles*, C. S. I. C., vol. VI, 2.ª ed., Madrid, 1965, pág. 282. Sobre la participación de Escosura, vista desde ángulo muy distinto y con más detenido examen, cfr., F. Tomás y Valiente, *El marco político de la desamortización en España*, 3.ª ed., Barcelona, 1977, pág. 125 y sigs.

el Ministerio de la Gobernación hasta el final del bienio progresista y la caída de Espartero, que le forzó a nuevo destierro en Francia. En 1863 fue enviado como Comisario Regio a Filipinas para inspeccionar el territorio y proponer reformas. Todavía había de llevar a cabo Escosura otras evoluciones políticas: abandonó el progresismo para ingresar en la Unión Liberal, y bajo el reinado de Amadeo se declaró radical uniéndose al partido de Ruiz Zorrilla y de Martos. En esta nueva posición fue nombrado Ministro Plenipotenciario en Alemania, pero la república le destituyó y rechazó sus ofrecimientos de servirla, bien entendido que Escosura declaró lealmente que nunca había sido republicano, pero aceptaba el régimen que las circunstancias habían traído al país. Los últimos años de su vida los pasó Escosura alejado de la política y dedicado con preferencia al periodismo. Murió en Madrid el 22 de enero de 1878.

Tan compleja y contradictoria actividad política puede inducirnos fácilmente a maliciar que Patricio de la Escosura era un vulgar oportunista [440]; de ello le acusaron sus más tenaces enemigos, en particular los redactores del satírico *Padre Cobos* durante el bienio progresista de Espartero. Pero parece que no fue así. A Escosura no le importaban demasiado los rótulos de los partidos, y cambiando de acera —en una época en que la inestabilidad era lo único estable— no pretendía más provechoso acomodo sino emplazamiento más eficaz para disparar en cada ocasión en defensa de unas ideas que variaron menos que su postura oficial y de las cuales se proclamaba con orgullo defensor constante: «Soy liberal —decía en un discurso ante las Cortes de 1855— hasta donde llega la posibilidad de la monarquía; soy monárquico hasta donde llega el recelo siquiera de atentar a la libertad» [441]. Era un hombre de acción con más energía que escrúpulos, y es evidente que su trayectoria esencial en defensa de la libertad no padeció desviaciones. Sirvió siempre con riesgo, y si alcanzó honores en todas sus diversas etapas, sufrió también en igual medida persecuciones y trabajos.

Su actividad incesante no le impidió a Escosura cultivar las letras con pareja dedicación a lo largo de toda su vida. Se ejercitó en todos los géneros, y si en ninguno de ellos ha dejado una obra de primera calidad, en el conjunto de su producción es uno de los hombres más representativos de las ideas y tendencias de su época.

La primera obra que le dio fama fue un poema épico-lírico, *El bulto vestido del negro capuz*, que provocó la emulación de numerosos imita-

---

[440] Menéndez y Pelayo —*Heterodoxos*, ed. y pág. citadas— lo califica de «uno de los tipos más singulares que han cruzado por nuestra arena política y literaria, hombre de más transformaciones que las de Ovidio y más revueltas que las del laberinto de Creta».

[441] A. Iniesta, ob. cit., pág. 35.

dores, aunque ninguno alcanzó su popularidad. Con su truculencia y su ambiente de misterio es un poema de lo más genuinamente romántico. Se sitúa su acción en Simancas en la época de las Comunidades y está dividido en cinco cuadros, con títulos muy de época: *El caminante, La prisión, El soldado, La trova* y *El beso.* Un joven defensor de los comuneros va a ser ajusticiado por el verdugo; cuando éste levanta la cuchilla, el «del negro capuz», encerrado en la misma prisión, se abalanza sobre el condenado para darle el último beso: es su amada, Blanca, que ha corrido dramática aventura para llegar hasta él. Cuando ambas cabezas están apasionadamente unidas, el hacha del verdugo las corta a las dos de un tajo. El poema fue publicado en *El Artista,* a donde Escosura lo envió desde Pamplona, cuando combatía a las órdenes de Córdoba durante la guerra civil. Escosura declaró que le había sido inspirado por *El Canto del Cruzado,* de Espronceda.

Pero lo más importante de la producción de Escosura pertenece al teatro. A éste dedicó sus más sostenidos esfuerzos, no sólo con obras propias, sino con numerosos artículos de crítica y extensos comentarios que aparecieron en *El Entreacto,* bajo el título común de *Teatros de Madrid.* Se hallaban éstos, y la escena española en general, en la situación que en páginas anteriores hemos descrito. Escosura tenía un concepto muy elevado del teatro como institución, no sólo artística sino social y cultural en el más amplio sentido, con ideas que recuerdan las de Jovellanos. Creía que el teatro era un fenómeno universal y, en consecuencia, necesario: era el lugar en donde el hombre entraba en comunión con sus semejantes, tanto los contemporáneos como los antepasados: «El Teatro —escribía— es un gran libro a todos abierto, fácil de hojear, y en el que hallan el indocto cómodo suplemento a su ignorancia, el despreocupado obvia satisfacción a su curiosidad perezosa, el filósofo distracción discreta, el moralista ejemplos, el humano escarmientos, y el pueblo más de una verdad importante, que, de otros modos, imposible fuera que a su conocimiento llegara»[442]. Preocupaban a Escosura no sólo la calidad literaria de las obras, sino las condiciones materiales del local —«hay en Madrid dos cosas que, por parecerse algo a los teatros de las capitales civilizadas, se les da este nombre, no obstante lo lejos que están de serlo»[443]—, la preparación de los actores, los aspectos económicos, la ignorancia de los censores, la dignidad y propiedad de los trajes y las decoraciones. Cuando fue Ministro de la Gobernación por vez primera trató de llevar a la práctica las ideas que años antes había expuesto en *El*

---

[442] Ídem, íd., pág. 51.

[443] Cit. por Reginald F. Brown, «Patricio de la Escosura as Dramatist», en *Liverpool Studies in Spanish Literature. First Series: From Cadalso to Rubén Darío,* edited by E. Allison Peers, Liverpool, Institute of Hispanic Studies, 1940, págs. 175-201; la cita en pág. 176, nota 2.

*Entreacto* y propuso la conversión del Teatro del Príncipe en *Teatro Español* con el fin de crear una escena modelo. En ella habrían de representarse «primero, dramas originales españoles modernos; segundo, las comedias de nuestro teatro antiguo; tercero, traducciones de dramas extranjeros de primer orden». Innecesario decir que Escosura se ocupó igualmente en sus ensayos críticos de todos los problemas, tan discutidos entonces, sobre el posible magisterio del teatro antiguo y el camino a seguir para la creación de un nuevo gran teatro nacional.

La primera obra que estrenó Escosura, *La Corte del Buen Retiro* —el 3 de junio de 1837—, tiene por asunto el conocido episodio de los amores de Villamediana con la reina Isabel de Borbón, esposa de Felipe IV. La obra sigue la pauta de las comedias *de capa y espada,* pero, según Brown advierte [444], Escosura pretende una combinación del romanticismo calderoniano con el de Dumas y Hugo a fin de señalar una meta nueva a los escritores contemporáneos. Hay quizá una excesiva preocupación —muy de Dumas— por la ambientación histórica, que detiene a veces la acción del drama, como sucede con la famosa escena de la *tertulia* literaria, en la que intervienen, además de Villamediana, Góngora, Quevedo y Calderón. El influjo de Hugo es visible en la figura del bufón jorobado, enamorado de la reina, de cuyas dificultades pretende aprovecharse, y que recuerda al jorobado de *Nuestra Señora de París.* Merece destacarse la importancia que se concede a la *noche,* en cuya atmósfera de silencio y misterio sucede la mayor parte del drama. Los caracteres están bien sostenidos, aunque sobresale con mucho el de la reina. Escosura pone sumo cuidado en los detalles de la escenificación, para la que da largas acotaciones, hasta el punto de que debió de constituir, según Brown sugiere, una verdadera fiesta para la vista y para el oído. Se comprende que en la noche del estreno el público aplaudiese y vitoréase «a voz en cuello».

Escosura, siete años más tarde (1844), compuso una segunda parte de *La Corte del Buen Retiro* con el subtítulo de *También los muertos se vengan.* El centro de la acción lo constituye la conspiración para derribar el gobierno de Olivares. Esta vez, el exceso de *ambientación* perjudica la consistencia de los personajes, que, perdidos en los frecuentes números de la *fiesta,* apenas pueden desarrollar su carácter. Hay una *verbena* —magnífica como espectáculo—, una *tertulia* literaria, y en el último acto toda una *zarzuela* de Calderón, durante la cual se teje la intriga cortesana; pero las dos acciones se estorban mutuamente. Esta segunda escenificación del *Buen Retiro* diríase una anticipación del cine espectacular de nuestros días —intrigas de política y amor en el marco de una brillante escenografía— de cuya técnica se encuentra ya en este drama de Escosura la receta cabal. Hemos dicho en otra parte que el teatro, durante siglos,

---

[444] Ídem, íd., pág. 179.

ha sentido la imposible nostalgia de lo que el cine ha conseguido hacer después, y que incontables dramaturgos, sin exceptuar los mayores, tuvieron que encerrar en imágenes literarias lo que no les era dado plasmar en imágenes visuales.

El segundo drama estrenado por Escosura fue *Bárbara Blomberg* (1837), respecto del cual declaró que había pretendido limitar las exageraciones «de allende los Pirineos». Brown comenta [445] que resultaba extraña la pretensión en un drama en el que tan sólo un personaje, el consejero de Carlos V, Luis Quijada, es castellano; todos los demás son alemanes o flamencos, luteranos todos y en su mayoría rebeldes; y resulta, en efecto, que Escosura no se atiene al propósito declarado: el ambiente —en opinión de Brown— recuerda el de *Los Burgraves*, de Hugo. La obra gira en torno al nacimiento de don Juan de Austria, hijo ilegítimo del Emperador, circunstancia que éste pretende ocultar. Bárbara, para evitar la muerte de su padre, condenado por motivos de religión, accede a pasar por la madre del niño. Roberto, su prometido, la cree infiel, y se suicida, aunque antes de morir alcanza a conocer la virtud de su amada. Lo más conseguido de la obra es el carácter de la protagonista, esforzada y noble, como son casi siempre las heroínas de Escosura.

En 1838 estrenó uno de sus mejores dramas: *Don Jaime el Conquistador*. Esta vez prescindió Escosura de sus afanes ambientadores y se centró en la acción y en el carácter de los personajes, escasos en número y mantenedores todos de importante papel. El autor se basa en los amores del Conquistador con tres mujeres sucesivas: doña Leonor de Castilla, doña Teresa Vidaura y doña Violante de Hungría, y en sus manejos para lograrlas contra la oposición de la Iglesia y de la nobleza. Escosura consigue un drama de gran sobriedad, tanto en el desarrollo de la trama como en el aderezo literario, sin concesiones a fáciles pintoresquismos. Las mujeres, como es habitual en la pluma de Escosura, poseen caracteres enérgicos y bien trazados, y contribuyen al acierto con que está captado el recio ambiente de la época que se ha propuesto el autor. Con excepción del último acto, en que la revuelta del pueblo se suma a las conspiraciones de la nobleza y a la excomunión papal, la acción transcurre con tan prieta unidad que hace recordar la de una tragedia clásica.

Escosura alcanzó un nuevo éxito en 1845 con *Las Mocedades de Hernán Cortés*, semejante a *Don Jaime el Conquistador* —según sostiene Brown [446]— en la sobriedad y fuerza de la acción, la sencillez del lenguaje y el acierto en las caracterizaciones. El asunto consiste de nuevo en los amores de un personaje de excepción, pero —sigue explicando el comentarista— a diferencia de don Jaime, que se impone haciendo uso del

---

[445]  Ídem, íd., pág. 186.
[446]  Ídem, íd., pág. 191.

poder que le da su nacimiento, Cortés lo logra en virtud de su magnética personalidad; de aquí, la diferencia de *clima*, alejado ahora del mundo cortesano (*Las Mocedades* es el único drama de Escosura en que no hay reyes ni nobles). En cuanto a la estructura de ambas obras, *Don Jaime* presenta una serie de crisis, con lo cual se acerca más a la técnica de una «novela en acción», mientras que en *Las Mocedades* hay una sola crisis, lo que le da un carácter más genuinamente dramático; todo lo que no es esencial para la acción única ha sido eliminado. Brown afirma que Escosura logra una perfecta creación de su personaje, cuya figura domina el drama entero, creciendo con él hasta llegar a la cima de su gloria. El escritor sentía gran admiración por su héroe, al que hace aparecer en tres de sus dramas y en una novela, y quizá esta simpatía por el hombre favoreció su acierto como dramaturgo.

Subraya Brown [447] que los dos últimos dramas mencionados son importantes además porque revelan el cambio gradual que experimenta la técnica dramática de Escosura, su evolución hacia unas formas más severas y su alejamiento del romanticismo espectacular y colorista. Esta evolución se confirma con las tres obras siguientes: un drama —*Roger de Flor*— y dos comedias: *El amante universal* (1847) y *Las apariencias* (1850). *Roger de Flor*, que por su construcción y por la sobriedad de la trama y del lenguaje es casi una tragedia clásica, parece que fue inspirado por el renacimiento del género en Francia a mediados de siglo y por el influjo de sus amigos neoclásicos en particular Quintana y Gallego, que fueron siempre los dos mentores literarios de Escosura. *Roger de Flor* no fue estrenada —según explica el propio autor— debido al éxito alcanzado por el drama de García Gutiérrez, *Venganza catalana*, de idéntico asunto, pero de forma tan diferente, y sólo fue publicado en 1877 en la *Revista de España*.

Las dos comedias mencionadas fueron producto de su admiración por Moratín y por su gran amigo Bretón de los Herreros. Es éste un hecho que merece ser destacado por lo mucho que explica sobre el carácter de buen número de nuestros escritores románticos. Escosura repartía sus entusiasmos entre Calderón y Moratín y tenía material recogido para escribir un libro sobre este último, estimulado por la edición de sus *Obras póstumas* que había publicado Hartzenbusch. *El amante universal* es la obra maestra de Escosura, y una comedia ceñidamente clásica con todos los rasgos de su especie: unidades, idéntico metro del principio al fin, personajes de la clase media-alta y su poco de lección moral. Escosura derrocha gracia en las situaciones y en los diálogos y convierte en protagonistas a interesantes y bien estudiados ejemplos de la nueva fauna social —banqueros, abogados— que se enfrentan al «amante uni-

---

[447] Idem, íd., pág. 193.

versal», don Carlos, tenorio de nuevo estilo, y a don Félix, ridículo superviviente de los amadores románticos.

*Las apariencias* prosigue la línea de la comedia anterior pero acercándose más al mundo de la política, con banqueros, ministros y diputados que van a lo suyo con firmes y bien encaminados pasos; el amor ha dejado ya de ser una fuerza y el dinero es ahora el «amado universal». La experiencia política y humana de Escosura pudo darle exacto saber de los hechos y personajes que hacía vivir en la escena.

La admiración por Calderón llevó de nuevo a Escosura, en la última etapa de su producción, al reinado de Felipe IV y al dramaturgo que prefería. En 1862 compuso un «Auto dramático-alegórico» titulado *¿Cuál es mayor perfección?* para servir de loa a la refundición de la comedia de don Pedro, *Mañanas de abril y mayo*. Los personajes alegóricos encarnan los distintos géneros literarios, de los que dan definiciones, y en el último cuadro desciende Calderón desde lo alto para bendecir e inspirar a los escritores españoles.

En 1867 convirtió al propio Calderón en figura central del drama que lleva por título su nombre y le hizo protagonizar un conflicto amoroso, que el escritor resuelve renunciando a la mujer y haciéndose sacerdote. Escosura vuelve a su antigua preocupación por el ambiente con perjuicio del personaje, que no alcanza la dignidad y talla humana que pretendió el autor.

El mundo de Felipe IV reaparece en *La comedianta de antaño*, «la Calderona», famosa actriz que fue amante del rey y madre del segundo don Juan de Austria. El drama escenifica los conocidos episodios de esta relación y concluye con el retiro de la actriz a un convento, del que llegó a ser abadesa. La obra nos lleva al Escosura del comienzo de su carrera teatral; más todavía que en *La Corte del Buen Retiro*, Escosura, apasionado de la ambientación, compone un guión de cine con todas las instrucciones de montaje que hubiera apetecido el más exigente escenarista. Brown advierte [448] —y es detalle que debe ser tenido muy en cuenta— que Escosura no compuso su drama para ser leído, sino para ser visto, con un concepto del teatro total, que en manos de Wagner, por ejemplo, pudo ser tenido como de la mayor modernidad. Hay notables escenas de tipo costumbrista o de color de época, como la del comienzo en una posada entre comediantes y soldados. La Calderona, como mujer salida de la pluma de Escosura, es un carácter, firme, franco, dominador y bien trazado, en torno al cual giran, sometidos, los otros personajes.

Escosura cultivó también la novela en dos etapas de su vida literaria. Se inició en 1832 con *El Conde de Candespina* bajo el influjo, inevitable,

---

[448] Ídem, íd., pág. 199.

de Walter Scott. La obra, tratándose de un primer ensayo —de «feliz» lo calificó Ferrer del Río[449]— no carece de méritos, aunque mayores en el movimiento y la narración que en el estudio de los personajes. Consiste su asunto en los amores del conde de Candespina por la reina doña Urraca de Castilla y la intervención en este reino de Alfonso el Batallador de Aragón.

En 1835 publicó *Ni rey ni Roque,* sobre el famoso pastelero de Madrigal que se hizo pasar por el rey portugués don Sebastián. La novela supone un notable avance sobre la anterior, sobre todo en lo que concierne a la creación del protagonista. Sobre Felipe II acumula, en cambio, todos los cargos popularizados por tantos escritores de su siglo.

Escosura volvió a la novela tras un paréntesis de bastantes años. En 1846-1847 publicó, en dos volúmenes, *El Patriarca del Valle,* a la que lleva el autor muchos de sus recuerdos personales. Navas-Ruiz la califica de «episodio nacional»[450], importante definición que exige dedicar a esta obra mayor atención de la que suele otorgársele, puesto que la sitúa en el camino de creación de la novela histórica de episodios contemporáneos, cuya fórmula definitiva tenía que acuñar Galdós, pero que no brota de la nada, sino en virtud de una serie de tanteos que van intuyendo y preparando el género. *El Patriarca del Valle* recoge los acontecimientos políticos de 1815 a 1839, entre ellos la acción en que murió Chapalangarra, a cuyo lado, como sabemos, combatió Espronceda, las sociedades secretas durante el trienio liberal, episodios de la guerra civil, conspiradores en España y emigrados en Londres y en París, y los salones de Madrid, en donde aparecen abundantes escritores y políticos de la época. Ferrer del Río, que publicó su *Galería* cuando aún no había aparecido *El Patriarca,* pero que conocía seguramente el manuscrito de la obra, no ofrece detalles de ella por no adelantarse a su publicación, pero arriesga la idea de que la novela de Escosura podía ser una de las pocas españolas capaces de competir con las extranjeras traducidas que tenían inundado el país. La acción principal, en torno a la cual se van anudando más o menos estrechamente los episodios dichos, gira en torno de una mujer atea, Laura, que se convierte al cabo a causa de su futuro marido. Según Allison Peers[451], a Escosura le faltó habilidad para trazar un plan coherente que armonizara la plétora de su material, en cuya acumulación —dice— sigue la tradición romántica. Parece evidente que hay excesivas cosas, demasiada complicación con sucesos ocurridos en diversos países y escaso tino para trenzar lo histórico con lo imaginado. El autor no sabe vencer la frecuente tentación de derramarse en digresiones, porque sus

---

[449]   En la semblanza de su *Galería...,* cit., pág. 191.
[450]   Ricardo Navas Ruiz, *El romanticismo español. Historia y crítica,* cit., pág. 273.
[451]   E. Allison Peers, *Historia del movimiento romántico español,* cit., vol. II, páginas 248-249.

recuerdos personales le asedian. Pero adviértase que Escosura era un explorador del género, y si hubiera logrado todas las excelencias que se le piden, no hubiera sido un pionero sino el maestro de él. Por otra parte, Escosura prodiga las descripciones con minuciosa exactitud y alude repetidamente a la necesidad de atenerse a los pormenores, aun con cierta prolijidad, con lo cual —según reconoce el propio Peers— «presagia la entrada del realismo en la novela»[452], aspecto éste cuya importancia no es necesario encarecer.

Su admiración, nunca extinguida, por el mundo de Hernán Cortés le movió a dedicar una novela, *La Conjuración de Méjico* (1850), a la que tramó un grupo de españoles para independizar la colonia y entronizar a un hijo del conquistador. Escosura funde esta vez el relato de los acontecimientos con extensas consideraciones sobre la historia e instituciones mejicanas, y da rienda suelta, con exceso sin duda, a digresiones de todo género.

El camino emprendido en *El Patriarca del Valle* podía haber sido fecundo, pero Escosura no insistió en él. No obstante, su interés por la realidad contemporánea le inspiró otros dos libros a los que dio también la forma y título de novela, aunque de nuevo, como en *El Patriarca*, se combina lo sucedido y lo inventado: *Estudios históricos sobre las costumbres españolas* (1851), y *Memorias de un coronel retirado* (1868).

**Antonio Gil y Zárate.** Antonio Gil y Zárate gozó en su tiempo de un renombre del que apenas nada ha conservado la posteridad. Menos injustos los extranjeros que sus compatriotas, han sido aquéllos quienes le han dedicado en nuestro siglo más detenidos comentarios[453]; Gil y Zárate los merece por más de un concepto, como veremos, y hasta en alguno puede tenérsele por una figura representativa. Hijo de actores, Antonio Gil y Zárate nació en El Escorial en diciembre de 1793, por hallarse allí entonces la compañía de sus padres en el teatro de los Reales Sitios; no sólo sus padres sino su madrastra fue una famosa actriz, Antera Baus, hermana de la madre de Tamayo. El muchacho fue enviado a Francia y estudió Ciencias en Passy, cerca de París, hasta que en 1811 regresó a España. Pensaba prepararse para una cátedra universitaria de Física, pero el cierre de las universidades durante la primera etapa absolutista de Fernando VII cortó sus planes. Su actuación en las milicias —de las cuales llegó a ser subteniente— cuando la entrada de los Cien Mil Hijos de San Luis, le acarreó persecuciones durante el nuevo absolutismo y no pudo regresar a Madrid hasta 1826. Andando el tiempo, Gil y Zárate alcanzó puestos de relativa

---

[452] Idem, íd., pág. 248.
[453] Cfr., S. A. Stoudemire, «Don Antonio Gil y Zárate's Birth Date», en *Modern Language Notes*, XLVI, 1931, págs. 171-172. Del mismo autor existe una tesis doctoral, no publicada que sepamos: *The Dramatic Works of Gil y Zárate*, University of North Caroline, Chapel Hill, 1930.

importancia en la política: Director de Enseñanza y Obras Públicas, Subsecretario del Interior y Consejero de la Corona; pero en sus años de juventud fue víctima de todo género de obstáculos que le hicieron perder muchos años de su vida —de ello se lamentaba con frecuencia— y limitaron lo que pudo ser una carrera literaria mucho más brillante. Durante largo tiempo fue blanco predilecto de un famoso censor, el padre Carrillo, que impidió el estreno de varias de sus obras, traducidas y originales, con razones que es necesario no olvidar.

Gil y Zárate, educado en el neoclasicismo español y francés, comenzó escribiendo comedias de costumbres a la manera moratiniana; el mismo año de su regreso a Madrid estrenó *¡Cuidado con las novias!* y *Un año después de la boda*, con tema —esta última— semejante a la que había de ser luego famosa comedia de Ventura de la Vega, *Un hombre de mundo*. De ella dice Cook [454] que fue de las mejores de su tiempo, y es el hecho que hasta llamó la atención de críticos extranjeros, como Xavier Durrieu, que en la *Revue des Deux Mondes* la califica de «obra maestra». Ferrer del Río alude también a esta crítica, así como a otra aparecida en la *Revue de Paris*, en las cuales —dice— «hablan de Don Antonio Gil y Zárate como no suelen de las cosas de España, esto es, con conocimiento, con elogio y con justicia» [455].

Gil y Zárate, que había conseguido estrenar algunas tragedias traducidas [456], quiso ejercitarse en una original y escribió *Rodrigo*, que fue aceptada por el censor político y ensayada por los actores; pero el padre Carrillo se opuso a su estreno, alegando que «aunque en efecto haya habido en el mundo muchos reyes como don Rodrigo, no conviene presentarlos en el teatro tan aficionados a las muchachas» [457]. Aunque los censores le rechazaron otras dos tragedias traducidas del francés, Gil y Zárate probó de nuevo en 1829 con *Blanca de Borbón*; pero la rechazó esta vez el censor político porque la forma en que aparecía don Pedro el Cruel, que envenena a su esposa, podía parecer ofensiva para la majestad real.

En 1835, cuando el romanticismo había hecho ya largo camino, Gil y Zárate, aprovechando la mayor libertad política existente tras la muerte del rey, se decidió a llevar a la escena su *Blanca de Borbón*, aunque se trataba de una tragedia genuinamente clásica, y la obra fue representada en junio, tres meses después del estreno de *Don Álvaro*. Los jóvenes románticos la estimaron como un desafío y decidieron hundir la obra, pero su calidad se impuso a las intrigas y aparecieron críticas favorables. Eugenio de Ochoa la reseñó en *El Artista*, y después de afirmar que, por prin-

---

[454] John A. Cook, *Neo-classic Drama in Spain*, Dallas, 1959, pág. 483.
[455] En *Galería de la literatura española*, cit., pág. 119.
[456] Cfr., S. A. Stoudemire, «Gil y Zárate's Translation of French Plays», en *Modern Language Notes*, XLVIII, 1933, págs. 321-325.
[457] Cit. por Ferrer del Río en *Galería...*, cit., pág. 117.

cipio, le disgustaba aquel género, admitía que la obra de Gil y Zárate contenía muchas bellezas «a pesar de su clasicismo» y que hubiera tenido muchas más si no hubiera sido clásica. Aprovechó la ocasión para decir que si los clasicistas intransigentes habían despreciado el *Alfredo*, de Pacheco, porque era un drama romántico, a los románticos no les dolía elogiar una obra del bando opuesto cuando tenía calidad. Cook considera *Blanca de Borbón* como una de las pocas tragedias excelentes del neoclasicismo español [458].

Dos años más tarde (1837) Gil y Zárate, momentáneamente convertido a la nueva escuela, estrenó un drama ultrarromántico, *Carlos II el Hechizado*. Es una tremenda pintura de la decadencia española durante el reinado del último Austria, a quien presenta sometido a la Inquisición y a su malvado confesor, el padre Froilán, que preside el exorcismo del monarca y calumnia a la joven Inés acusándola de provocar el hechizo de Carlos, pero prometiéndole defender su inocencia al precio de su deshonra. En torno al monarca decrépito bulle una rueda de cortesanos ambiciosos que secundan, o se oponen, a las maquinaciones de los embajadores extranjeros para decidir la persona del sucesor. La obra produjo una impresión indescriptible y originó resueltas condenas, no contra sus méritos literarios, que todos reconocieron, sino contra la intención y el contenido del cuadro. La atmósfera política y religiosa estaba muy cargada y las pasiones de ambos lados dieron a *Carlos II* una resonancia inusitada; Lewis Brett sostiene [459] que su representación originó escándalos nunca igualados en la historia de nuestro teatro. Salas y Quiroga, romántico genuino pero de la línea nostálgica y sentimental, comentó el drama de Gil y Zárate en la revista por él fundada y dirigida, *No me olvides*, con las más amargas lamentaciones [460]. Suponía Salas que Gil y Zárate, que con tanta dignidad había militado en la escuela clásica, al abrazar el romanticismo debiera haber seguido la misión del auténtico poeta romántico, la cual, según él, consistía en oponerse a la corrupción y a la impiedad; por el contrario, *Carlos II*, «el drama más característicamente romántico del siglo», «pertenecía a la escuela satánica, que debía ser enteramente abandonada en este siglo, en el que sabemos muy bien cómo destruir y muy poco cómo edificar». Salas admitía que *Carlos II* era una obra maestra y que por esta razón tenía un poder más diabólico. Ferrer del Río encarece el mérito de la obra que considera «un cuadro exacto de la decadencia de España a fines del siglo XVII» y elogia el diálogo y la versificación; y después de aludir a la

---

[458] *Neo-classic Drama in Spain*, cit., pág. 487. Cfr., Ermanno Caldera, *Il dramma romantico in Spagna*, cit., págs. 67-74; Caldera analiza las tragedias del mismo título de Dionisio Solís, Gil y Zárate y Espronceda, y compara el distinto tratamiento dado a su personaje por cada autor, con el fin de señalar la evolución del tema y la progresiva aparición de elementos románticos.

[459] Lewis E. Brett, *Nineteenth Century Spanish Plays*, cit., pág. 230.

[460] Cit. por Cook en *Neo-classic Drama...*, cit., págs. 487-488.

reacción contra el supuesto influjo del drama en el agitado espíritu popular, afirma que «no obstante la doctrina que se deduce del drama es monárquica hasta el extremo de condenar todo poder sobrepuesto al de la corona»[461].

Tras su incursión romántica, Gil y Zárate siguió escribiendo obras de un neoclasicismo atenuado o combinando elementos clásicos y románticos. Compuso comedias de costumbres, como *Don Trifón o Todo por el dinero* y *Un amigo en candelero*; dramas de amor y celos, como *Rosmunda* y *Matilde o a un tiempo dama y esposa*; dramas históricos, como *Don Álvaro de Luna, Un monarca y su privado, El Gran Capitán, Masaniello* y *Guillermo Tell.* Pero su obra más importante en esta segunda etapa es *Guzmán el Bueno*, «versión definitiva —dice Brett, que ha seleccionado este drama para su antología del teatro español del siglo xix— de una de las más famosas tradiciones de la historia española»[462]. Gil y Zárate —escribe luego— ha superado a todos cuantos antes que él trataron el mismo tema, dotando a las figuras centrales de robusto y humano carácter, igualmente alejado de brutalidades feroces y de blandos sentimentalismos. Ferrer del Río, para quien *Guzmán el Bueno* es la obra maestra del autor bajo todos conceptos, afirma que su héroe es un personaje de colosales proporciones, y elogia a su vez la lozanía y robustez de la versificación[463].

Piferrer, que se ocupó de la obra en su estreno[464], dijo de ella que era romántica por su intención general y por la concepción y ejecución de sus escenas caballerescas, pero clásica por su atildamiento y regularidad. Cook sostiene[465] que es clásica en su forma, y que si en lugar de estar escrita en variedad de metros lo hubiera sido en romance endecasílabo, podría calificarse con toda propiedad de tragedia neoclásica, lo mismo que la que, sobre idéntico asunto, compuso Moratín el Viejo. Estos diversos pareceres pueden perfectamente armonizarse aceptando la opinión de Peers[466], según el cual Gil y Zárate fue un perfecto cultivador de la tragedia ecléctica: tomó lo que estimó mejor de cualesquiera escuelas. Perteneció a los románticos por reclamar libertad para los temas y los metros, y a los clásicos por su innato amor al orden, su preocupación por la forma, su respeto —sin excesos— por las unidades y su inclinación a crear tipos más que individuos; lo cual no es cierto, por lo menos, en cuanto a *Guzmán el Bueno*, drama de robustos y bien definidos caracteres.

---

[461] *Galería...*, cit., pág. 121.
[462] Cit., pág. 230.
[463] *Galería...*, cit., págs. 121-122.
[464] En el *Diario de Barcelona*, el 31 de marzo de 1842. De la mencionada «regularidad» procede, según Piferrer, lo que él califica de «escaso movimiento y poca variedad».
[465] *Neo-classic Drama...*, cit., pág. 488.
[466] *Historia...*, cit., vol. II, pág. 179.

Gil y Zárate, que fue también un notable teórico de la literatura, se ocupó repetidamente de todos aquellos problemas que afectaban a las controvertidas direcciones del teatro en sus días. En el *Boletín de Comercio*, donde trabajaba como redactor, publicó sobre estos temas numerosos artículos sin firma, y dos, muy notables, en la *Revista de Madrid* bajo el título de *Sobre la poesía dramática* (1839) y *Teatro antiguo y moderno* (1841)[467]. Cook afirma[468] de este último que no solamente es de gran importancia para valorar la posición del escritor respecto a todas las actitudes en litigio, sino también para conocer la situación del teatro español después que el romanticismo había perdido su fuerza inicial. A propósito de los detractores y los defensores apasionados del teatro áureo español sostiene que unos y otros están igualmente equivocados. Junto a las excelencias de los antiguos dramaturgos son igualmente abundantes los defectos, que sólo el paso del tiempo y un estudio más riguroso han permitido discernir; es mucho lo que hemos aprendido entretanto de otras literaturas, y las circunstancias políticas y sociales de la vida son, además, distintas por entero. El clasicismo ha extremado a veces su intolerancia, pretendiendo destruir lo que no se atenía a sus doctrinas, pero un siglo de luchas ha demostrado la ineficacia de sus excesos, o por la parte de error que encierra el sistema o porque estaba en conflicto con las costumbres y gusto de los españoles. El clasicismo ha sido, sin embargo, en muchos aspectos favorable, porque ha difundido el buen gusto y estimulado la crítica, cosas ambas de que andábamos muy necesitados; el teatro español del siglo XVII había muerto y no se le podía resucitar con los mismos sistemas que lo llevaron al sepulcro; el clasicismo ha constituido un revulsivo eficaz y corregido muchos errores. Esperar el renacimiento de nuestro teatro por la simple imitación del teatro barroco es un absurdo; la vida, los gustos, las necesidades intelectuales son ahora muy diferentes. El romanticismo, por su parte, ha permitido romper el excesivo rigor clásico y devolver sus derechos a la imaginación; pero ha caído a su vez en peculiares excesos al extremar premeditadamente su oposición al clasicismo. Ahora, no obstante, la pasión ha disminuido, la razón ha recobrado su fuerza, ha mejorado el gusto. Tres son, en consecuencia, las fuentes que, bien combinadas, pueden alimentar el nuevo teatro nacional: las comedias áureas, la literatura clásica y el drama romántico; pero hay que armonizar «la brillante poesía de las primeras, la regularidad y el buen gusto de la segunda, el movimiento y pasión de las últimas».

Gil y Zárate contesta a quienes proponen rechazar igualmente el clasicismo y el romanticismo y retornar a la imitación de las comedias del Siglo de Oro, con una enumeración de sus defectos —la confusión de sus

---

[467] Este último está reproducido en el *Bulletin of Spanish Studies*, VII, 1930, págs. 55-64, bajo la rúbrica *Spanish Romanticism: Some Notes and Documents*, II.

[468] *Neo-classic Drama...*, cit., pág. 488.

argumentos, los desenlaces absurdos o triviales, los incesantes cambios de lugar, las escenas «al paño», las tapadas, los duelos, los graciosos impertinentes, los retorcidos conceptos— que, según comenta Cook [469], es tan severa como la de cualquiera de los neoclásicos del XVIII; pero recomienda a su vez el cuidadoso estudio de su buena versificación, feliz expresión de conceptos, nobleza de sentimientos, delicadeza de lenguaje, oportuno uso de distintos metros, viveza del diálogo.

En 1842 publicó Gil y Zárate la 1.ª Parte de un *Manual de Literatura*, que tituló *Principios Generales de Poética y Retórica*, a la que añadió una 2.ª en 1844: *Resumen histórico de la Literatura Española*. Observa Peers [470] que la impresión general que deja este libro es la de un tratado chapado a la antigua, concebido a lo clásico, con un respeto por la tragedia y la comedia clásicas que no parece natural en un escritor de este período; un libro, en suma, que parece retroceder varios decenios. Cook, por su parte, advierte [471] que, aunque más liberal que el de la *Poética* de Martínez de la Rosa, Gil y Zárate expone un credo dramático todavía predominantemente neoclásico; y, sin embargo, sus ideas básicas no discrepan de las que sostenían los más destacados dramaturgos del momento, después que la polémica entre románticos y clasicistas había remitido. Gil y Zárate escribe muy sensatas razones sobre la «ilusión dramática». Para que una obra —dice— interese y agrade, la acción ha de tener apariencia de verdad. Pero la ilusión dramática es sólo relativa; el espectador sabe que lo que está viendo es teatro y no una realidad, que los decorados no son casas ni árboles; no obstante, entra en el juego y admite, por ejemplo, que griegos y romanos hablen en verso castellano. Pero del hecho de que el espectador tolere estas impropiedades necesarias, no se deduce que haya de aceptar las que no lo son; si acepta que los actores hablen en verso, exige que el lenguaje sea natural y apropiado a los personajes. Gil rechaza el número fijo de actos, que deben ser, por el contrario, los que requiera la acción; desaprueba la prosa en la tragedia, pero la cree oportuna para la comedia de costumbres como más próxima a la realidad; la comedia de carácter requiere, en cambio, el verso, y recomienda el octosílabo por más flexible para todo género de conversación y más atractivo para oídos españoles.

Gil y Zárate había insistido en el carácter moral que debe tener el teatro, pero deja bien claro que la intrusión del autor, cuando éste deja oír su propia voz por medio de un personaje, es el mayor defecto de una obra; los personajes deben hablar por sí solos. Estima que las unidades pueden contribuir a reforzar la ilusión dramática, pero cuando su abandono es necesario para acrecentar la belleza de la obra, se las puede sa-

---

[469]  *Neo-classic Drama...*, cit., pág. 491.
[470]  *Historia...*, cit., vol. II, pág. 149.
[471]  *Neo-classic Drama...*, cit., pág. 492.

crificar. Una representación dramática debe ser poética, y el poeta puede, en consecuencia, inventar lo que nunca sucedió; pero en las obras históricas no debe hacerlo hasta el extremo de falsificar básicamente los hechos, aunque en el Siglo de Oro fue práctica común porque el nivel del público era mucho menor que en nuestros días, y lo que entonces fue cómoda libertad sería ahora intolerable.

Gil y Zárate reprueba la mezcla de lo serio y lo cómico en la tragedia y en la comedia, que deben conservarse como ideales artísticos; pero acepta que en el drama ambos elementos pueden combinarse con ingenio. El drama, para él, encierra dilatadas posibilidades; su acción puede ser extraordinaria o vulgar, gentes de todas clases pueden mezclarse y es legítimo llevar a él todo género de emociones. Para dar cabida a todo ello precisa mayor espacio y tiempo y usar de algunas licencias no concedidas a los géneros puros. Pero Gil pone buen cuidado en advertir que no está pidiendo la vuelta a la tragicomedia del Siglo de Oro; las transiciones de la risa al llanto deben ser cuidadosamente graduadas, y nada es más reprobable que las intempestivas y repentinas intervenciones del *gracioso*.

Cook pone de relieve [472] que, aunque el *Manual* de Gil no aporta ninguna particular originalidad, es una exposición muy razonable de las reglas dramáticas y corrige las limitaciones del clasicismo sin caer en los excesos de los románticos. Pudo, pues, convertirse muy bien en la norma de aquellos escritores que, cansados de las controversias entre ambas escuelas, se inclinaban por caminos más lógicos y humanos, aunque, a su vez, más inseguros y problemáticos por el aumento de posibilidades. Merece la pena aducir un largo pasaje porque define con gran agudeza las diferencias entre la antigua y la nueva sociedad y, consecuentemente, entre una y otra dramática: «La diferencia de estado social y político —escribe Gil— hace también insuficiente ahora nuestro teatro antiguo. Cuando escribieron Lope, Calderón y demás ingenios del siglo XVII, la sociedad española se hallaba bajo el influjo de ciertos principios y creencias que han variado notablemente. Estos principios, las instituciones que regían hacía tiempo, habían producido un estado normal, permanente, al que todos estaban acomodados, que nadie combatía, que inspiraba seguridad, tranquilidad de ánimo. Los sucesos eran pocos, las ocupaciones uniformes, los pensamientos circunscritos a cierta y determinada esfera: había ideas fijas sobre multitud de cosas; y trazada para todos la senda de su conducta, ya temporal ya espiritual, el alma gozaba de aquella paz en el seno de la cual las más leves impresiones bastan para procurar sensaciones agradables y duraderas. El teatro debía estar en conformidad con semejante estado: bastábale la lozanía, la gala de imaginaciones brillantes y fecundas; pero debía resentirse de la misma limitación de ideas de que se re-

---

[472] Idem, íd., pág. 496.

sentía la sociedad; también tenía que circunscribirse a la misma esfera; no podía atreverse a lo que no se atrevían los hombres de entonces; no aspiraba a una libertad que éstos no conocían. De aquí resultó uniformidad, monotonía; los autores se copiaban unos a otros y se repetían a sí mismos; la materia no bastaba a su fecunda imaginación, y teniendo que trabajar sobre unos mismos datos, acudían al ingenio para hacer y decir una misma cosa de cien modos diferentes, resultando de aquí la sutileza, la afectación, la metafísica ininteligible. Las circunstancias han variado inmensamente; grandes revoluciones han trastornado todo el orden social; las antiguas instituciones ya no existen; nuevos principios han reemplazado a los de aquella época; la paz de entonces se ha cambiado en movimiento convulsivo; la esclavitud del pensamiento ha pasado a ser libertad desenfrenada; y en tal estado no puede el alma contentarse con meras flores de la imaginación: necesita un alimento más sustancioso, conmociones más fuertes y en algo parecidas a las que diariamente experimenta. Así el teatro tiene que lanzarse por nuevas vías; y si no quiere decaer y verse del todo abandonado, tiene que modificarse con arreglo a las circunstancias» [473].

## LA COMEDIA MORATINIANA DURANTE EL ROMANTICISMO

### BRETÓN DE LOS HERREROS

En la dramaturgia del siglo XIX desempeña Bretón de los Herreros un singular papel. Es ciertamente irónico —según Cook puntualiza al comienzo de su estudio sobre Bretón [474]— que después que el neoclasicismo había producido apenas media docena de obras importantes a lo largo de todo un siglo y de haberse repetido hasta la extenuación que las comedias escritas según las reglas jamás gustarían a los públicos españoles, apareciera un fiel discípulo de Moratín, que siguiendo sus preceptos escrupulosamente demostrara una fecundidad y conquistara una popularidad no conocidas desde el Siglo de Oro. Entre su primera y su última obra media un espacio de cincuenta años, durante los cuales escribió Bretón 103 obras originales y tradujo 62, aparte varias refundiciones de comedias antiguas. Dos factores constituyen la particular importancia de esta producción; en primer lugar, el hecho de que se iniciara en el período de más bajo nivel de nuestra escena y constituyera por sí misma el único teatro de cierta calidad en los años que precedieron al movimiento romántico; en segundo lugar, el que se dilatara durante todo él, viniendo a representar un ejem-

---

[473] Citamos por la reproducción del *Bulletin...*, cit., págs. 61-62.
[474] John A. Cook, *Neo-classic Drama in Spain*, cit., págs. 497-505.

plo de moderación y de equilibrio, que enlaza los logros de Moratín con el teatro realista de la segunda mitad del siglo.

**Biografía.** Manuel Bretón de los Herreros nació el 19 de diciembre de 1796 en la villa de Quel, provincia de Logroño, a orillas del Cidacos [475]. En 1806 se trasladó con sus padres a Madrid, donde estudió latín y humanidades con los Padres Escolapios. Muerto su padre prematuramente y careciendo de bienes de fortuna, sentó plaza de soldado cuando sólo contaba quince años y asistió a diversas acciones de la Guerra de la Independencia. Acabada ésta, continuó en el ejército hasta licenciarse en 1822 sin haber pasado de cabo primero. Ocupó entonces pequeños destinos administrativos en Játiva y Valencia. Era por entonces Bretón de ideas liberales, y cuando entraron en España los Cien Mil Hijos de San Luis se incorporó al ejército constitucional que combatía a los franceses. A las órdenes del general Torrijos formó parte de la guarnición que resistió en Cartagena, y al producirse su capitulación se fugó de la plaza y consiguió llegar a Quel, y luego a Madrid, donde vivió algún tiempo en la oscuridad y modificando su nombre, bastante conocido por sus canciones y peroratas en las tribunas de las sociedades patrióticas. Hallándose sin dinero y sin empleo, se presentó al actor Joaquín Caprara, director de escena del Teatro del Príncipe, con una comedia, *A la vejez, viruelas*, que había compuesto tiempo atrás, durante un período de licencia, cuando sólo contaba veinte años. A Caprara le gustó la obra, que se estrenó el 14 de octubre de 1824, en función organizada para celebrar el cumpleaños del rey.

Desde entonces Bretón vivió para el teatro. En los primeros años se dedicó con preferencia a las traducciones, de que la escena española se alimentaba entonces casi por entero. Como poeta y traductor de la compañía de Grimaldi fue con éste a Sevilla en 1830, y a su regreso a la Corte estrenó, en los últimos días de 1831, su obra *Marcela o ¿a cuál de los tres?* que consagró su nombre como restaurador de la comedia nacional [476].

---

[475] Para la vida de Bretón, cfr.: Cándido Bretón y Orozco, *Apuntes sobre la vida de Don Manuel Bretón de los Herreros*, al frente de las *Obras* del poeta, ed. luego cit., vol. I, págs. III-XVII. Mariano Roca de Togores, marqués de Molíns, *Bretón de los Herreros. Recuerdos de su vida y de su obra*, Madrid, 1883. Del mismo, *Personajes ilustres. Bretón de los Herreros*, Madrid, s. a. Georges Le Gentil, *Le poète Manuel Bretón de los Herreros et la société espagnole de 1830 à 1860*, París, 1909. F. Cervera y Jiménez Alfaro, «Bretón en el siglo XIX y en la intimidad», en *Berceo*, Año II, n.º 2, 1947, págs. 11-15. J. Simón Díaz, «Nuevas fuentes para el estudio de Bretón», en ídem, íd., págs. 25-40. J. García Prado, «Bretón y su patria chica», en ídem, íd., págs. 57-62.

[476] Ediciones de obras de Bretón: *Obras escogidas de D. Manuel Bretón de los Herreros*, Baudry, París, 1853. *Obras de D. Manuel Bretón de los Herreros, de la Real Academia Española*, 5 vols., Madrid, 1850. *Obras de Don Manuel Bretón de los Herreros*, 5 vols., Madrid, 1883-1884. *Bretón de los Herreros. Teatro* (contiene *¡Muérete y verás!* y *El pelo de la dehesa*), ed. de Narciso Alonso Cortés, «Clásicos Castellanos», Madrid, 1928 (hay reimpresiones). Manuel Bretón de los Herreros, *Marcela o ¿a cuál de los tres?*, ed. de José Hesse, Madrid, 1968.

Lanzado a su carrera de dramaturgo, Bretón dio a los teatros de Madrid en 1832 y 1833 catorce obras. En el prólogo que antepuso a la edición de las *Obras* de Bretón de 1850 [477], Hartzenbusch, al hacer el recuento de las que llevaba estrenadas hasta dicha fecha, hace notar que «desde la edad de oro de nuestra literatura dramática, desde esa brillante época de siglo y medio, que finalizó en Cañizares principiando por Lope, ningún buen escritor escénico había hecho otro tanto» [478]. En una palabra: Bretón solo dio realidad a la comedia española, prácticamente inexistente desde largo tiempo atrás, la hizo aplaudir y estimar, y salvó con plena dignidad la existencia del género.

Desde el primero de abril de 1831 hasta octubre de 1833 Bretón tuvo a su cargo en *El Correo Literario y Mercantil* la crónica de teatros y la crítica literaria y musical. Allí publicó numerosos artículos [479], que poseen el mayor interés para la historia literaria. Aparte su importancia como fuente de información sobre el mundillo teatral, permiten deducir el ideario dramático del autor y confrontarlo con las ideas literarias de la época. También colaboró Bretón en otros periódicos, como *La Abeja*, *El Universal* y *La Ley*, en donde publicó escritos de diversas especies y algunas de sus más populares letrillas.

En 1835 estrenó la comedia *Me voy de Madrid*, que ocasionó su ruptura con Larra, gran amigo hasta entonces. Larra se consideró retratado en el protagonista, don Joaquín, maldiciente, tramposo y mujeriego. Amigos comunes trataron en vano de reconciliarlos, hasta que Grimaldi, en un banquete preparado al efecto, lo logró.

En 1837 ingresó Bretón en la Real Academia Española, en cuyos trabajos participó con sostenida dedicación. Su discurso de ingreso trató sobre la variedad métrica en el teatro. En 1840, por encargo del Ayuntamiento de Madrid, escribió una pieza de circunstancias, *La Ponchada*, para celebrar el alzamiento de septiembre y la llegada de Espartero a la capital. Algunos chistes y epigramas sobre la indisciplina de los milicianos nacionales fueron interpretados como ofensivos por el público exaltado que asistía a la representación y que persiguió al autor «hasta el punto de querer atentar contra su vida», según refiere su biógrafo [480]. Bretón hubo de huir de Madrid y refugiarse en Burgos con el propósito de salir para el extranjero, pero el éxito que al poco tiempo obtuvo su comedia *El cuarto de hora* le hizo desistir de la huida y le permitió regresar a la capital.

---

[477] Reproducido en la de 1883; citamos por esta última edición.

[478] Vol. I de la ed. de *Obras...* de 1883, cit., pág. LIII.

[479] Han sido recogidos recientemente en un volumen: Manuel Bretón de los Herreros, *Obra dispersa. I. El Correo Literario y Mercantil*, edición y estudio de J. M. Díez Taboada y J. M. Rozas, «Instituto de Estudios Riojanos», Logroño, 1965.

[480] Cándido Bretón y Orozco, cit., pág. XI.

Desde 1843 a 1847 fue administrador de la Imprenta Nacional y director de la *Gaceta de Madrid*, y al cesar en dichos cargos se le nombró Director y Bibliotecario Mayor de la Nacional [481], puesto que ocupó hasta 1854. Jubilado en esta fecha, pudo dedicar constante atención a sus deberes como secretario de la Academia, para el que había sido elegido un año antes.

De la popularidad que había alcanzado Bretón no sólo en su país sino en las naciones de Ultramar da prueba el hecho de que en 1872 le visitó en su propia casa el emperador del Brasil, don Pedro de Braganza. No obstante, la crítica de periódicos llevaba bastante tiempo haciéndole objeto de sistemática hostilidad; se le acusaba de cultivar una fórmula dramática anticuada, y de repetirse; el público volvía a interesarse por un teatro más melodramático y efectista. Bretón, que siempre se había distinguido por su jovialidad y buen humor, se volvió taciturno y retraído, y los últimos años de su vida fueron más bien tristes. Murió de pulmonía el 8 de noviembre de 1873.

Muy joven todavía, en 1818, hallándose de permiso en Jerez de la Frontera, recibió en un duelo una cuchillada que le causó la pérdida del ojo izquierdo, dejándole en la frente profunda cicatriz. Esta mengua física, que no le impidió siquiera su posterior actuación en el ejército, era para Bretón ocasión de graciosos chistes, pero ya en su vejez, cansado y abatido, le inspiró epigramas muy diferentes, como éste de bien amargo sabor:

> *Dejóme el Sumo Poder,*
> *Por gracia particular,*
> *Lo que había menester:*
> *Dos ojos para llorar...*
> *Y uno solo para ver* [482].

Casó Bretón con mujer burguesa y apacible, nada romántica, que fue la compañera ideal para la vida laboriosa y ordenada del poeta. En un soneto que escribió para ella bastantes años después de su matrimonio nos da la imagen de su personalidad; tras hacer afirmación de felicidad matrimonial, concluye:

> *¿No es Himeneo del amor verdugo?*
> *¿Qué secreto especial, o qué buleto,*
> *Así aligera su pesado yugo?—*

---

[481] Había pertenecido anteriormente a esta institución como bibliotecario segundo; cfr., Matilde López Serrano, «Comienzos de Bretón como bibliotecario», en *Berceo*, Año II, núm. 2, 1947, págs. 7-9.

[482] *Obras...*, ed. 1884, cit., vol. V, pág. 321.

*Mas sólo esta respuesta les prometo:*
*«Mi mujer no ha leído a Victor Hugo...*
*Ni voy yo a los cafés: he aquí el secreto»* [483].

**El teatro bretoniano.** Aunque Bretón escribió obras de los más diversos géneros, lo que da fisonomía peculiar a su teatro son las comedias de costumbres y caracteres, con personajes de la clase media. En la historia de nuestra dramática Bretón representa el afianzamiento de la escuela de Moratín, de quien es el mejor discípulo y el más fecundo y afortunado imitador. En juicio bien conocido, Eugenio de Ochoa afirmó en *El Artista* [484] que Bretón de los Herreros había sabido formarse un género aparte, un género suyo que no se parecía ni al de los antiguos, ni al de Moratín ni al de nadie; un género que con toda justicia debería calificarse de *género de Bretón*. John Cook, particularmente interesado en demostrar la pervivencia de la comedia clásica, insiste, por el contrario, en subrayar la deuda con Moratín y la adhesión bretoniana a los preceptos neoclásicos. Bretón, en efecto, proclamó repetidas veces su admiración «casi supersticiosa» por el autor de *El sí de las niñas;* su vocación dramática nació precisamente cuando cayeron por casualidad en sus manos las obras de éste y le inspiraron su primer ensayo dramático, *A la vejez, viruelas.* No es necesario esforzarse mucho para advertir que lo más genuino del teatro de Bretón se desenvuelve evidentemente en la línea moratiniana: un teatro equilibrado, de acción sencilla, sin grandes conflictos pasionales, de moral práctica y burguesa, tono satírico y finalidad didáctica y reformadora.

No obstante, y aunque esto sea incuestionable, existen en las comedias de Bretón rasgos muy peculiares que justifican la calificación dada por Ochoa. Éste no puntualiza, sin embargo, tales características, pero en nuestros días lo ha hecho agudamente Agustín del Campo en un excelente estudio de *Marcela o ¿a cuál de los tres?* [485]. En las comedias de Bretón —dice Del Campo—, a partir sobre todo de *Marcela*, penetra cada vez con mayor fuerza el aire del exterior, de ese mundo del que vienen los personajes que hablan en escena y que es difícil captar en las tablas; Bretón trae la calle al escenario, no por afán de precisión, sino para excitar el sentido pintoresco y el regocijo del público. De este modo, si su comedia pierde en concentración dramática y en intimidad en relación con la moratiniana, gana en variedad y en abundancia de motivos: «las alusiones a la vida contemporánea crecen prodigiosamente, sobre todo en lo que ella tiene de fugaz, de variable y reciente; el costumbrismo pone su nota chillona de color en los personajes bretonianos. *Marcela* abre el

---

[483] Cit. por Cándido Bretón y Orozco en *Apuntes...*, cit., pág. X.
[484] 1835, II, pág. 3.
[485] Agustín del Campo, «Sobre la *Marcela* de Bretón», en *Berceo*, Año II, núm. 2, 1947, págs. 41-55.

camino al sentido caricaturesco de nuestro autor, que parodiará sin descanso tipos, sentimientos, ideas, modas de la época» [486].

Los personajes de Moratín —sigue comentando Del Campo— deben su existencia dramática a razones profundas y a la concepción íntima de la comedia en que tienen cabida. En cambio, los tipos bretonianos no son necesarios de una obra determinada y pueden ser transplantados a otro lugar sin perder por ello su fuerza cómica: «Bretón cuida en especial la intensidad del trazo burlesco, y por él define toda una personalidad. Siendo así, la relativa rigidez de las criaturas bretonianas es compatible con una gran variedad de notas accidentales que, aunque estén en contradicción con la vida íntima del personaje, le dotan de una desconcertante capacidad de transformación. Por tanto, su comedia aparece como un incesante bullir de formas psicológicas incompletas, renovadas y entrecruzadas con agilidad pasmosa. El teatro bretoniano gana día a día en movilidad pero pierde en unidad y acoplamiento dramático» [487]. Insistiendo en estos aspectos añade luego el comentarista: «Sustituye la rapidez de la acción por la rapidez de reacción de sus personajes. El público olvida la pobreza de la trama y se divierte con los abundantes motivos cómicos. En este sentido, Bretón sobrepasa infinitamente a Moratín. Todo lo aprovecha para excitar la hilaridad: los chistes, los juegos de palabras, los equívocos, las alusiones a la actualidad, los defectos físicos, las manías y flaquezas humanas, los *apartes*, las parodias románticas, se invocan una y otra vez, sin descanso» [488]. «Como un brillante juego de artificio, pasa la comedia bretoniana. Todo en ella es broma y pasatiempo, circunstancia y situación. Los personajes ridículos quedan por sí mismos en evidencia, sin que su autor lance sobre ellos veredictos infamantes... Lo accidental, lo expresivo en cada personaje, da cierto sentido plástico a la comedia, alejándola de la uniformidad moratiniana» [489].

A estas peculiaridades y diferencias podríamos añadir que Bretón se sirve en sus comedias, a partir de *Marcela*, precisamente, de una más amplia variedad de metros, persuadido de que semejante diversidad beneficiaba la pintura de las emociones, la comicidad del diálogo y la naturalidad del lenguaje.

Por otra parte, la originalidad de Bretón con respecto a su maestro nace también de la observación de la sociedad que le rodea. Georges Le Gentil puso de relieve hasta qué punto es el teatro de Bretón reflejo fiel de las costumbres de su tiempo. Este retrato, como ya hemos dicho, suele con preferencia limitarse a los conflictos de la vida ordinaria, a pintar modas, manías y preocupaciones pasajeras, pero sería poco justo

---

[486] Idem, íd., págs. 44-45.
[487] Idem, íd., pág. 50.
[488] Idem, íd., pág. 52.
[489] Idem, íd., pág. 53.

menospreciarlo por ello. Valera lo hizo así, en cierto modo, con su ironía característica [490], pero Hartzenbusch, más justamente, sobre recordar que Bretón fue un escritor cómico y no dramático, puntualizó los obstáculos que cerraban en aquellos días los caminos del escritor: «Moratín —dice— había declarado que la comedia española necesitaba mantilla y basquiña: era artículo de fe literaria que la comedia debía ser una acción entre personas particulares. Abolido el régimen constitucional en el año 1823, restaurados los privilegios de clase, restablecida la censura, no pudiendo ningún español escribir ni hablar de los ministros del poder, desde el Secretario del Despacho al ínfimo corchete, claro era que la alta comedia, la comedia con señoría, la representación de los vicios de los poderosos era políticamente imposible, al mismo tiempo que por el código literario estaba poco menos que prohibida. Hubo así de limitarse el Sr. Bretón a la clase media, porque la superior tenía delante el *Noli me tangere* de su posición, y el *Non plus ultra* de la forma dramática entronizada por Moratín» [491]. Líneas más arriba había aludido ya a las obstrucciones con que había de enfrentarse en el teatro: «Las circunstancias generales de la época en que principió a escribir el Sr. Bretón decidieron de la forma y dimensiones del lienzo en que había de ejercitar su pincel: escribió la comedia como se podía, como se debía, como era forzoso escribirla entonces, y como, pasada esa revolución que trastornó la república de las letras, ha vuelto a escribirse. Tino en la elección y firmeza en el propósito le han ganado triunfos imperecederos» [492].

En cuanto a los tipos preferidos por Bretón hay que destacar el de las heroínas decididas, lejanas parientes de las creadas por Tirso; aunque no con decisión dramática y grave. Ejemplificándolas en Marcela, su creación más afortunada, dice Agustín del Campo que casi todos los personajes femeninos de Bretón son mujeres flexibles, inestables entre apetitos diversos, de viva inteligencia, gran cordura, algo coquetas, avisadas y audaces: «Marcela gusta de sentirse en peligro, de acercarse a los bordes del fingimiento para después volver atrás con rápido y seguro paso» [493]. «Desde Moratín a Bretón —añade Del Campo—, la galería de los entes dramáticos ha sufrido un sensible cambio. Marcela no es ya la afectiva y obediente niña moratiniana; desligada de todo vínculo familiar, no necesita la ayuda de un padre o de un pariente comprensivo para hacer frente a la vida amorosa... La viudita se permite la audacia de emitir peligrosas teorías que hubieran escandalizado a Moratín» [494]. Entre los tipos

---

[490] Juan Valera, *Notas biográficas y críticas. Manuel Bretón de los Herreros*, en *Obras Completas*, ed. cit., II, págs. 1278-1282.

[491] Prólogo cit., pág. LIV.

[492] Ídem, íd.

[493] Estudio cit., pág. 48.

[494] Ídem, íd., págs. 48-49.

masculinos abundan los que cortejan simultáneamente a dos o tres mujeres, movidos no precisamente por el instinto erótico sino por el deseo de satisfacer la vanidad, o la ambición. Resulta así —resume Del Campo— «que el hombre inconstante y la mujer flexible son los dos tipos dramáticos preferidos de Bretón» [495].

Hartzenbusch señala la evolución temática y de intención que existe en el teatro bretoniano: «Es en general el teatro del Sr. Bretón —dice— una dilatada galería de cuadros que representan la clase media de España en tres épocas diferentes, marcando con exactitud las alteraciones que han ido sucediéndose en ella: desde 1824 a 1833 ofrece un aspecto de homogeneidad y reposo; en los diez años siguientes resaltan la agitación y trastorno de un pueblo en lucha; desde 1843 la agitación va sosegándose». Y luego: «Sígase el orden cronológico de sus inventivas, y se verá que al principio se emplea en la corrección de defectos individuales; después se erige censor de las costumbres de un pueblo; más adelante sus lecciones ya son para la humanidad entera. Primero se contenta con escarmentar viejos enamoradizos y parientes sin apego a su sangre; alza después el velo engañoso que oculta los vicios de las aldeas; revela luego los secretos y mezquinos móviles que rigen las acciones humanas, haciendo ver que en este mundo nada es lo que parece, todo es fingimiento, es *farsa* todo» [496].

En lo que concierne al lenguaje, que también algunos han calificado de demasiado llano y natural, también Hartzenbusch ha sentenciado con justicia: «Son los españoles —escribe— independientes por naturaleza, y por lo mismo no muy sociables: el español o se pasa sin trato o lo quiere familiar y sin etiqueta; donde la franqueza predomina, el lenguaje es sencillo y enérgico, en vez de ser afectado y asustadizo. Tal era el habla de la clase media en Madrid, cuando el Sr. Bretón dio a luz sus primeras obras, y tal es la que ha puesto en boca de los personajes en ellas introducidos. Gente de mediana condición que se expresa en buen castellano, es la que aparece con más frecuencia en el teatro del Sr. Bretón por las razones ya indicadas de necesidad y verdad. No se les pida un remilgo impropio: quédese para los autores de melodramas eso de alterar las leyes de la naturaleza, y hacer tal vez a los arrieros hablar como académicos de la lengua» [497]. Narciso Alonso Cortés, que hace suyas las palabras de Hartzenbusch, añade por su cuenta: «En este punto, cuantos elogios se hagan de Bretón serán escasos. Lejos de patentizar el artificio del diálogo dramático, sus personajes hablan como hablamos todos en nuestro trato cotidiano. La riqueza y la propiedad del léxico, que Bretón posee como poquísimos escritores, no le llevan nunca a los alardes del hablista

---

[495] Ídem, íd., pág. 51.
[496] Prólogo cit., págs. LIV-LV.
[497] Ídem, íd., pág. LIV.

afectado, sino que le permiten estampar en sus interlocuciones todos los matices, ya vigorosos, ya insinuantes, ya pintorescos, que el pueblo pone en su charla» [498].

En cuanto a la calidad de sus versos, el propio Alonso Cortés ha puntualizado sus méritos: «Por lo que hace a la versificación, ni a Zorrilla cede Bretón en facilidad. Hablando en verso, parece que los personajes de Bretón no podrían decir las cosas más que como las dicen, sin que esa fluidez llegue a dar en el prosaísmo, porque se encargan de evitarlo la abundosa variedad de rima y el donaire de la expresión, bien alejada de la vulgaridad» [499].

Bajo el punto de vista técnico ya dijimos que el teatro de Bretón se caracteriza por la sencillez y escasa complicación de su intriga, condición que como defecto señalan algunos críticos y revisteros de su tiempo. Ferrer del Río, entre ellos, decía preferir mayor complicación «porque de este modo profundizaría más sus asuntos el Sr. Bretón de los Herreros». Pero parece que habría de suceder todo lo contrario; precisamente Bretón escoge casi siempre —y, por supuesto, en sus mejores piezas— una trama sencilla para hacer consistir toda la fuerza dramática, o cómica, en el trazado de los caracteres y en el interés del diálogo. Nuevamente Hartzenbusch tiene que salir a la defensa del comediógrafo, sosteniendo que lo fundamental es que la acción, grande o chica, esté desenvuelta cumplidamente y con desahogo, sin comprimirla cuando es extensa ni estirarla cuando es reducida: «el que imagine —dice— que en las obras del Sr. Bretón falta o sobra, pruebe a quitar o añadirles algo, sin que el todo padezca» [500]. Y define una gran verdad cuando afirma luego que «la forma sencilla del drama bretoniano prevalece hoy día»; era precisamente la «novela en acción» del teatro áureo, resucitada en buena parte por el teatro romántico, lo que había de atestiguar a lo largo del siglo XIX su incongruencia como fórmula dramática del futuro [501].

A Bretón se le acusó también, como hemos visto, de repetirse en sus asuntos. Larra insinuó este rasgo y desde entonces fue lugar común para

---

[498] Prólogo a su edición cit., pág. XVII.

[499] Ídem, íd.

[500] Prólogo cit., pág. LVII.

[501] También Alonso Cortés, refiriéndose —una vez más— a *Marcela*, sale en defensa de esta supuesta falla de Bretón: «Sea como quiera —dice—, lo positivo es que *Marcela o ¿a cuál de los tres?* debe tenerse como obra maestra entre las del teatro cómico del siglo XIX. Sencilla hasta el extremo, y justificando en este sentido la acusación que algunos hacían a Bretón de urdir comedias sin asunto apenas, como si todas las obras teatrales hubieran de ser *El gran cerco de Viena* o cosa así, representa por ello el prototipo de lo que pudiéramos llamar *la comedia pura*. No son los lances en *Marcela* los que distraen la atención del espectador, sino la *vis cómica*, la reproducción fiel de tipos, la fluidez y gracejo del diálogo» (Narciso Alonso Cortés, «*Marcela o ¿a cuál de los tres?*», en *Artículos histórico-literarios*, Valladolid, 1935, págs. 51-60; la cita en pág. 58).

muchos revisteros de la época que vista una comedia de Bretón estaban vistas todas; uno de sus argumentos preferidos, el de una dama puesta en el conflicto de elegir entre dos o tres amantes —que es el nudo de la *Marcela*— lo había repetido Bretón cuatro o cinco veces: *Un tercero en discordia, La casa de huéspedes, Todo es farsa en este mundo, A Madrid me vuelvo, Un novio a pedir de boca.* De semejante acusación, que le dolió sobremanera, se defendió muy por extenso el propio autor en el prefacio a su edición de las comedias de 1850, y después de aducir, con justo orgullo, la variedad de matices, lances y circunstancias con que había diversificado situaciones o caracteres parecidos, concluía con estas palabras: «En suma, no se me podrá reconvenir, puedo asegurarlo, de haberme calcado y reverdecido a mí propio tantas veces relativamente como Calderón con sus *escondidos* y sus *tapadas*, como Molière con sus *médicos* y sus *cornudos*, o como Moratín con sus *viejos* y sus *niñas*; y razón será que a mí se me perdonen culpas de que no libertó la humana flaqueza a un Calderón, a un Molière y a un Moratín» [502].

Como arriba dijimos, Bretón colaboró activamente en diversas publicaciones y ejerció por cierto tiempo la crítica de teatros. Estos artículos son una fuente capital para colegir la ideología dramática del autor, que, en sustancia, se adhiere a los principios del clasicismo. Bretón exige en primer lugar para el teatro la verosimilitud, «fundamento de todas las obras dramáticas, su más propio distintivo, su esencia, si es preciso decirlo; pues faltando a la verosimilitud, nada razonable se puede hacer ni decir sobre la escena» [503]. Por el camino de la verosimilitud llega Bretón a la defensa de las tres unidades. A la de acción, «que todos los preceptistas han sentado por principio inviolable», dedica un largo artículo, para concluir rechazando la sobrecarga de incidentes, de acuerdo con su peculiar concepto de la comedia, lo que equivale a condenar —y así lo hace en las palabras finales— el amontonamiento de sucesos de los melodramas románticos: «Cuanto más sencillo sea el plan y menos complicada la acción —dice—, el poeta podrá manejar con más ventaja las pasiones y demás ornamentos del drama, y por consiguiente son preferibles los hechos acompañados de pocos incidentes, porque violentan menos al ingenio... Dejemos a los novatores ultramontanos aturdir a la multitud haciendo desfilar sobre la escena en pocas horas, a modo de linterna mágica, hombres, ejércitos, dinastías, naciones, montes, mares, siglos... Semejantes *almacenes dramáticos* apenas pueden aspirar a algunos meses

---

[502] *Obras...*, ed. cit., vol. I, pág. LX. Cfr., Carlo Consiglio, «Algunas comedias de Bretón de los Herreros y sus relaciones con Goldoni», en *Berceo*, Año II, núm. 2, 1947, págs. 137-145. Aunque a propósito de los posibles puntos de contacto con Goldoni, Consiglio se ocupa de las diferencias existentes entre aquellas comedias mencionadas, supuestamente iguales.

[503] «Arte dramático. De la verosimilitud», en *Obra dispersa*, ed. Taboada y Rozas, cit., pág. 153.

de existencia, al paso que *La Fedra* y *El Sí de las niñas* viven y vivirán mientras haya amor a las letras»[504].

La unidad de acción le lleva, a su vez, a las de tiempo y lugar, que considera igualmente necesarias para la verosimilitud: «Supuesto que el teatro —dice— debe ser una imagen perfecta, forzoso es que la figure *entera*, y que por consiguiente sean verosímiles todas las partes que la componen. De aquí la necesidad de observar las unidades de tiempo y lugar en un poema dramático que aspire a la perfección»; «de aquí —añade más abajo— el cúmulo de dificultades inherentes al arte dramático, que no muchos saben apreciar y muy pocos logran vencer»[505].

En un artículo a propósito de la división de las obras en actos, y que podría estimarse como su declaración de fe literaria, Bretón, aduciendo una vez más la autoridad de Aristóteles y de Horacio, rechaza de plano las extravagantes libertades de «los escritores franceses de la llamada escuela romántica», quienes multiplicando las divisiones de escena y saltos de tiempo convierten el teatro en una «linterna mágica»[506]. Adviértase bien que este artículo, último de los publicados en *El Correo Literario y Mercantil*, es del 9 de octubre de 1833; es decir, apareció apenas unos meses antes del estreno del *Macías*, de Larra, y de *La Conjuración de Venecia*, de Martínez de la Rosa, y de la publicación de *El Moro expósito*, de Rivas, y del *Sancho Saldaña*, de Espronceda.

Todo esto pone bien de relieve la especial significación de la dramática de Bretón de los Herreros. Bretón fue un declarado enemigo del romanticismo, sobre todo en lo que éste tenía de desaforado y «patibulario». Los artículos mencionados dan clara prueba de su posición teórica y doctrinal, pero, además, sobre que apenas escribió comentario teatral alguno sin aludir al magisterio de Moratín, apenas hay comedia suya que no contenga pasajes en que se hace burla del romanticismo[507]. No obstante,

---

[504] «Literatura dramática. De la unidad de acción», en ídem, íd.; las citas en págs. 96 y 98.

[505] «Arte dramático. De la verosimilitud», cit., pág. 154.

[506] «Literatura dramática. Sobre la división de los dramas en actos», en ídem, íd., págs. 485-487.

[507] Rupert Allen, en su comentario sobre una comedia de Bretón («The Romantic Element in Bretón's *¡Muérete y verás!*», en *Hispanic Review*, XXXIV, 1966, págs. 218-227), pretende negar la supuesta posición antirromántica del autor, que considera como un lugar común inaceptable. En dicha comedia, junto a la actitud de una pareja, movida por el bajo egoísmo, objeto de la sátira de Bretón, se muestra otra dirigida por desinteresados y nobles ideales. Según Allen, cuando el autor enfrenta al materialismo de la primera el idealismo de la segunda desea ensalzar un tipo positivo de moralidad elevada, que coincide plenamente con el ideal romántico de la vida; de donde debe deducirse que Bretón, frente a lo sostenido por todos los críticos, es un romántico. Pero con idéntica lógica podemos afirmar que frente a la actitud ideal, bellamente romántica, de la segunda pareja, propuesta tan sólo como dorado sueño irrealizable, Bretón se propone mostrar el egoísmo materialista de la primera, que, por mucho que nos duela, es lo que predomina en la vida; deducción triste y

su concepción global del teatro, y pese a su defensa de las unidades, se basa en un clasicismo tolerante que no rehúye cierta libertad; el elemento cómico tiene para él una importancia insoslayable, y para darle la oportuna cabida no duda en ensanchar un tanto la rigidez de las reglas: lo que rechaza, en una palabra, es el exceso y el libertinaje. Bretón admiraba la «comedia» nacional por sus bellezas poéticas, sus graciosas situaciones, su vivo diálogo, su ingeniosa y brillante versificación, y era particularmente afecto al gracioso; pero le disgustaban en aquélla la irregularidad e inverosimilitud y la ausencia de intención didáctica o, a lo menos, aleccionadora. En uno de los primeros artículos que publicó en el *Correo* (el 13 de abril de 1831) hace dialogar a cuatro aficionados al teatro, que defienden posiciones extremas de las escuelas clásica y romántica; al fin, el personaje don Prudencio, que representa la opinión del escritor, sentencia: «Señores, todos los extremos son viciosos. Entre seguir al pie de la letra los preceptos de Horacio, y echarse a buscar lances por esos trigos de Dios sin más norma que el capricho, hay un medio prudente que el ingenio ilustrado puede tentar con acierto. Los mismos poetas *clásicos* que han florecido desde la restauración de la buena literatura no han tenido escrúpulo en dar alguna más latitud a las unidades de *tiempo* y *lugar*, porque la de *acción* es inviolable en todos los *poemas*. Tragedias y comedias se han escrito desde el siglo XVII a nuestros días de tanto mérito, aun separándose algún tanto de lo prescrito en la famosa *Epístola a los Pisones*, que si viviera el poeta venusino no vacilaría en aprobarlas. El *efecto teatral* es lo primero que se propone el poeta dramático; es su ley suprema, y no ha de renunciar a un argumento feliz porque en la combinación de su *fábula* sea imposible sujetarse a las reglas, si puede prometerse un éxito glorioso, separándose de ellas sin chocar demasiado contra la verosimilitud» [508].

La equilibrada actitud de Bretón, a la que debe, como dijimos, su peculiar significación en nuestra historia del teatro, no le impidió, sin embargo, pagar tributo a la moda del romanticismo. El 23 de octubre de 1834 estrenó un «drama romántico» titulado *Elena*, en cinco actos, con abundante melodramatismo, bastantes inverosimilitudes, alguna ampulosidad verbal y hasta ciertas referencias a la «fuerza del sino». En 1837 estrenó un drama histórico, *Fernando el Emplazado*, y el 13 de diciembre

---

pesimista, pero *real*, que el autor desea puntualizar, inequívocamente, desde el mismo título: *¡Muérete y verás!*, porque el bello ideal romántico sólo son palabras y literatura: *es farsa todo*, como el propio Bretón había sostenido en otra comedia de parecido título. No es que Bretón no deseara como ideal de vida la levantada y noble generosidad; pero no creía en ella, porque, aunque sólo poseía un ojo, lo tenía bien abierto y sabía lo que la vida daba de sí; y en este sentido se expresa en cada línea que escribe, desde la primera comedia hasta la última sátira, pasando por todas sus letrillas, que son un breviario de desengaño y pesimismo.

[508] «Teatros», en *Obra dispersa*, cit., págs. 38-41; la cita en págs. 40-41.

de 1839 otro drama histórico, *Vellido Dolfos*, pero con escaso éxito; no era éste el camino de Bretón, que volvió a su comedia característica para obtener triunfos brillantes con *¡Muérete y verás...!*, *El pelo de la dehesa*, *Un cuarto de hora*, *Dios los cría y ellos se juntan*, *El editor responsable*, *La escuela de las casadas*, *La escuela del matrimonio* y otras muchas. Mención especial merece *La batelera de Pasajes*, que Bretón llamó primeramente «drama» en cuatro actos, y «comedia» luego, al editarla, por su final feliz, según explica en nota al pie; un final feliz demasiado apresurado y románticamente convencional, que echa a perder lo que venía siendo un buen asunto bien planteado y con bellas escenas de género. Según Le Gentil, *La batelera* procedía directamente de *El Alcalde de Zalamea;* muchos puntos de contacto, tiene, en efecto, con su problema de honor, y más todavía por ser el burlador un capitán; sólo que aquí no hay alcalde que lo ahorque; la justicia llega de manos de otro ofendido, que lo mata en duelo demasiado cerca del final, para que case con la chica el enamorado fiel y romántico. *La batelera* fue el último coqueteo de Bretón con el romanticismo y hay que felicitarse por ello.

Las notas precedentes quizá han podido dar idea de las diversas actitudes críticas sostenidas frente a Bretón. La posición actual, con leves excepciones, es más bien reticente y fría. El mismo Agustín del Campo, que examina su teatro con tan objetiva moderación, concluye su comentario con un juicio global prácticamente negativo: «En nuestros días —dice—, el teatro de Bretón tiene muy escasa resonancia. No es que se le niegue importancia histórica ni que se olvide su función de antecedente de la *alta comedia*. Pero su carácter localista y de época, su acatamiento a las convenciones de una sociedad empequeñecida y caricaturesca, le impiden adquirir mayor difusión. Podemos preguntarnos si la actitud antirromántica de Bretón fue completamente sincera o si obedeció a una impotencia espiritual para elevarse sobre las limitaciones de su tiempo. De cualquier forma, el teatro bretoniano deja en el ánimo una penosa insatisfacción, como si no pudiese borrar por entero con sus artificios escénicos la comedia moralista y brumosa del siglo XVIII»[509].

Y, sin embargo, el teatro de Bretón ha sido calificado, no sólo en nuestra patria donde gozó momentos de gran aceptación, sino fuera incluso de nuestro país, con juicios de gran estima. Georges Le Gentil, que destaca oportunamente las razones de índole política e incluso personal, unidas a las rencillas de escuela, que movieron a los enemigos de Bretón, recuerda opiniones de extranjeros altamente favorables a nuestro comediógrafo[510]. Entre otros, aduce la de Charles de Mazade, en la *Revue des*

---

509  Estudio cit., págs. 54-55.
510  *Le poète Manuel Bretón de los Herreros...*, cit., págs. 514-515.

*Deux Mondes,* que pondera a Bretón como un pintor clarividente del alma femenina; la de Ernest Mérimée, que lo valora como uno de los más destacados autores dramáticos de su siglo, cuadro perfecto de la sociedad de su tiempo; a Boris de Tannenberg, que lo estima como el poeta cómico de la España del siglo XIX, el Balzac de la burguesía española entre 1830 y 1860. Por su parte, Le Gentil destaca diversos méritos de Bretón, entre ellos su importancia histórica y su originalidad. Y aunque le reprocha cierta exuberancia formal, debilidad en las escenas patéticas, alguna exageración en los personajes —propia, debemos advertir, del teatro cómico— y monotonía y convención en las intrigas, no por ello —dice [511]— representa menos el principal esfuerzo del teatro español entre 1825 y 1868, con su agudeza, su observación precisa, su buen sentido, encarnado en algunas obras maestras prácticamente intraducibles pero dignas, sin embargo, de pasar las fronteras. Le Gentil compara a Bretón con Quevedo en la fantasía. Admite que en su retablo dramático faltan algunas siluetas bien conocidas de los viajeros e historiadores —recordemos, sin embargo, la advertencia de Hartzenbusch sobre la dificultad de incorporar a él las figuras de las clases altas, protegidas por las defensas oficiales—, pero en cambio ha llevado a la escena la *intrahistoria,* la gente indiferente a las querellas parlamentarias, curiosa de la moda, entusiasmada con los relumbrones del progreso, fiel todavía a las costumbres nacionales de respetabilidad y de seriedad, moderadas por el humor y la rutina; una España metódica, paciente, meticulosa, patriarcal, burguesa en suma.

**Bretón, poeta.** Bretón cultivó la poesía con fecundidad casi pareja a la de su teatro. En 1831 dio a la estampa un primer volumen de *Poesías,* pero luego siguió publicando composiciones sueltas en periódicos y revistas, que reunió en su edición de 1850-51, y de las cuales suprimió cerca de noventa para futuras reimpresiones; sin ellas apareció la edición definitiva de 1883-84, en la cual se dedica a las poesías el volumen V completo.

Escribió Bretón anacreónticas, letrillas, romances y sonetos en la más genuina tradición de la lírica del XVIII, con dos maestros como guía: Gerardo Lobo y Meléndez Valdés, pero quizá más cerca del primero que del segundo, porque en Bretón hay siempre más juguetona picardía que sentimentalismo. Lo más genuino de Bretón es, sin embargo, la poesía satírica, en la cual no creemos tenga rival en todo el siglo XIX. El género iba de maravilla a su talento, ingenioso y mordaz sobre toda ponderación, y a su concepto del arte literario, didáctico y adoctrinador. Escribió Bretón sátiras propiamente dichas sobre *El furor filarmónico,* inspirada en el deseo de estimular el teatro nacional frente a la boga de la ópera italiana; en *Defensa de las mujeres;* sobre *La hipocresía* y *Los malos actores,* tema

---

[511] Ídem, íd., pág. 516.

este último al que Bretón había dedicado artículos, persuadido, como su maestro Moratín, de la gran importancia del actor para el progreso de la dramática. Particularmente graciosa, si bien de menos trascendencia, es la dedicada *A un pretendido retrato del autor y al autor del pretendido retrato*. De mayor extensión, sin que las sátiras mencionadas sean tampoco breves, son sus dos composiciones *La vida del hombre* y *La desvergüenza. Poema joco-serio*. La primera, en seis cantos, uno por cada período de la vida humana, toda ella en romance, es una exposición bien pesimista, con frecuentes sarcasmos y grotescas crudezas de quevedesco sabor. *La desvergüenza* es un larguísimo poema en octavas reales, hasta un total de 556, repartidas en doce Cantos. La sátira pesimista de Bretón tiene aquí ancho campo en donde explayarse, no sólo por la extensión sino por la variedad del panorama. Hay Cantos dedicados a «La diplomacia», «La política», «El comercio», «La literatura», a las «Artes y oficios», a «El valor», a «El honor», a «La virtud», y un último Canto dedicado a «Miscelánea», en donde se aporrea a los pocos títeres que habían quedado con cabeza. Bretón, burgués moderado, amante de la vida tranquila y hogareña, enemigo de violencias, era de inequívocas ideas liberales, bastante bulliciosas en su juventud y contenidas luego por una conservadora prudencia, pero visibles siempre. En *La desvergüenza* hay abundantes pasajes en los que Bretón muestra ser digno hijo del reformismo de la Ilustración y muy atento observador de los vicios y corruptelas de su país. Sin la acerada intensidad de Larra, estaba en su línea, y multitud de ideas derramadas en sus sátiras le hacen merecedor de un alto puesto entre los testigos menores del dolor de España.

Sería vano pretender hallar en todos estos escritos de Bretón algo que pueda calificarse de verdadera poesía; la sátira, por otra parte, es el género más refractario al lirismo hondo y delicado, aunque lo satírico, como expresión de un sentir individual, pertenezca a la lírica por derecho propio. Un Aristarco de Bretón podría decir que sus poesías satíricas son prosa rimada. Pero su habilidad versificadora es incomparable; la gracia, la ironía intencionada, la agudeza y desenvoltura de Bretón difícilmente encontrarán rival y, por descontado, no creemos que lo tengan en toda su centuria. Y más todavía destacan sus versos por la riqueza de sus rimas, en la cual pocos poetas nuestros de ninguna época le habrán excedido. No diremos que, en ocasiones, ciertos ripios oportunos no colaboren en tan sorprendente facilidad, pero diríase que Bretón se propone de intento las rimas más difíciles por el orgullo de vencerlas.

Todos estos rasgos de la poesía de Bretón se ejemplifican de manera muy particular en sus letrillas, de las cuales reunió más de cincuenta en la mencionada edición de sus *Obras*. En bastantes de ellas se ridiculizan vicios comunes, tan universales como el ser humano —«donde hay hombres, no es menester otro achaque», decía Gracián—, pero en otras muchas es la sociedad de su tiempo con sus inequívocas peculiaridades la que sirve de blanco al autor, de tal manera que constituyen por sí mismas todo un panorama costumbrista, que en otras plumas requería engorrosos circunloquios y que la saltarina agudeza de Bretón comprime en breves y felicísimas estrofas. Es difícil, por ser tan abundantes las buenas, seleccionar las mejores de estas letrillas, siempre graciosísimas; quizás deban destacarse *Dios sobre todo, Cosas vitandas, ¡Sea en hora buena!, Amén a todos, Catálogo de ridiculeces, Ruede la bola, Sarta de embustes, Ristra de verdades, Glosa de varios refranes, Crisis ministerial, Gollerías, Justicia y no por mi casa, Las proclamas, Reputaciones fáciles, Los candidatos, Madrid y el campo.*

**Bretón, prosista.** Además de su fecunda actividad como crítico teatral, a que hemos aludido, cultivó también Bretón el costumbrismo en prosa, tan de moda en su tiempo, con varios «cuadros» que aparecieron en el *Semanario Pintoresco Español* y en *Los españoles pintados por sí mismos:* «La castañera», «La nodriza» (que se inicia con una graciosísima parte en verso, glosada en prosa después), «La lavandera», «Las cucas», «El matrimonio de piedra», «El sábado».

Bretón, que había cursado escasos estudios regulares, fue un autodidacta ejemplar; leyó incansablemente autores clásicos y modernos y llegó a poseer vastísima cultura y profundos conocimientos lingüísticos. De ello dio prueba en sus trabajos de la Academia, en cuyo *Diccionario* y *Gramática* colaboró activamente. Su preocupación por el lenguaje le llevó a redactar más de quinientos artículos sobre *Sinónimos castellanos*, que publicó en diversos periódicos y que pretendía reunir en un *Diccionario de sinónimos*, al que no consiguió dar cima.

### VENTURA DE LA VEGA

Después de Bretón de los Herreros, Ventura de la Vega es el más sobresaliente de los seguidores de Moratín, y al igual que aquél prolongó la tradición del maestro más allá del romanticismo, sirviendo de puente y ejemplo al teatro realista posterior.

Ventura de la Vega nació en Buenos Aires, el 14 de julio de 1807[512], de padre español, originario de Oviedo, que ocupaba un alto puesto en la Hacienda del Virreinato. A los cinco años perdió Ventura a su padre, y a los once fue enviado por su madre a España, donde residió el resto de su vida. Estudió con Lista, formó parte de «Los Numantinos», concurrió al

---

[512] Para la vida y obra de Ventura de la Vega cfr. la monografía fundamental de John Kenneth Leslie, *Ventura de la Vega and the Spanish Theatre 1820-1865*, Princeton, 1940. Una biografía novelada, la de José Montero Alonso, *Ventura de la Vega. Su vida y su tiempo*, Madrid, 1951.

Parnasillo y en sus años juveniles fue romántico y liberal. La precisión de ganarse la vida le encaminó muy pronto a la traducción de obras teatrales, y lo hizo en tal cantidad a lo largo de toda su vida, que le corresponde, sin disputa, un puesto de excepción en esta tarea. Sus primeras traducciones fueron de dramas románticos y melodramas sentimentales, entre los cuales merecen citarse *El Tasso*, de Duval, en 1828, y *La expiación*, de autor no identificado, en 1831, que constituyó, como vimos, uno de los grandes éxitos del año. A partir de 1835 cambiaron sus ideas: se hizo conservador y abominó del romanticismo. A pesar de lo cual, todavía siguió por algún tiempo traduciendo obras románticas, como el *Marino Faliero*, de Delavigne (1835), *Teresa*, de Dumas (1836), y *El rey se divierte*, de Hugo (1838), que fue prohibida por la censura.

Hombre de mundo, bien acogido en los círculos aristocráticos y literarios, fue favorecido con diversas sinecuras, que disfrutó cuando los conservadores estaban en el poder y de las cuales quedaba cesante mientras mandaban los progresistas. Fue preceptor y luego secretario particular de la joven reina Isabel, director del Teatro Español y del Conservatorio, y, por breve tiempo, Subsecretario de Estado en 1844. Las cesantías estimulaban sus traducciones: catorce comedias tradujo entre abril y diciembre de 1840, quince en 1841, y veinte en 1842 después de un viaje a París, a donde fue para proveerse de material adecuado con que nutrir la escena española. Sus traducciones eran, por lo común, excelentes, pero cuando en 1842 fue elegido miembro de la Academia, hubo protestas unánimes que instigó de manera particular Ferrer del Río desde la *Revista de Teatros* [513], porque Ventura de la Vega no había producido hasta entonces nada original con excepción de algunas obras breves o de circunstancias. Al fin, en 1845, con el estreno de la comedia *El hombre de mundo* asentó su reputación de autor dramático. Leslie comenta [514] que la carrera literaria de Ventura de la Vega ejemplifica como pocas el carácter de aquel período, en que la traducción proporcionaba mayores recompensas económicas y sociales que la obra original. Mucha parte tuvo también en todo ello la condición del escritor. Su indolencia se hizo famosa. Cuenta el conde de Cheste que, siendo aún muy joven, Ventura de la Vega fue nombrado agregado en la embajada española de París; pero cuando llegó el momento de levantarse en una fría madrugada de invierno para tomar la diligencia de Francia, prefirió perder el empleo por no saltar de la cama [515]. Su intensa vida social le llevó a escribir muchas obras de circunstancias y composiciones

---

[513] «El señor Vega —escribía Ferrer del Río— todo lo hace con las comedias, las lee, las estudia, las critica, las traduce, las ensaya, las representa, sólo le falta... escribirlas».

[514] *Ventura de la Vega...*, cit., pág. 19.

[515] Cit. en ídem, íd., pág. 9.

innumerables para los álbumes de las hermosas; y todo ello debilitó el esfuerzo necesario para llevar a cabo la obra de que hubiera sido capaz.

*El hombre de mundo* continúa de la más exacta manera la tradición de la comedia moratiniana. Ferrer del Río que abdicó de su hostilidad ante el estreno de la obra, dijo de ella que era la comedia clásica más completa de toda la literatura dramática española, y los críticos, en general, proclamaron que señalaba una época en el teatro. Cook, llevado siempre por su muy noble propósito de acreditar la importancia de la literatura neoclásica, sostiene [516] que la comedia de Ventura de la Vega es particularmente significativa porque prueba que la corriente del neoclasicismo que persiste a través de la época romántica, frenando sus extravagancias, todavía en 1845 es suficientemente poderosa para provocar el entusiasmo de los espectadores y de los críticos. El éxito de esta obra —añade— demuestra, sin duda posible, que los fracasos de las comedias neoclásicas se debieron más a la falta de talento de sus autores que a la rigidez de las reglas.

*El hombre de mundo* las observa, en efecto, escrupulosamente, sin forzar los hechos ni sacrificar la verosimilitud. La comedia —como todas las de Moratín— está orientada por una idea moral: en este caso, la de que un hombre no puede llevar una vida disoluta sin sufrir las consecuencias después de su matrimonio. El protagonista, don Luis, cansado de su vida de calavera, «hombre de mundo», encuentra la tranquilidad en un perfecto matrimonio con Clara, pero se ve envuelto en una situación semejante a las que él había creado durante sus días de seductor. Un amigo, que reaparece, intenta seducir a su mujer y da origen a una serie de equívocos que ponen en peligro el matrimonio a causa de los precedentes del propio marido y por lo que éste mismo piensa de la firmeza de las mujeres en virtud de su propia experiencia; al fin, pertinentes explicaciones conducen a una solución feliz y la paz queda restablecida.

La comedia está dividida en cuatro actos, quizá —como sugiere Leslie [517]— para diferenciar la obra de la tradición de la comedia áurea y de la bretoniana. Toda ella está escrita en versos octosílabos de gran fluidez y naturalidad —un tanto prosaica a veces—, con predominio del romance asonantado y gran abundancia de redondillas. En el acto primero se definen los personajes, y a partir del segundo la acción se desarrolla con gran rapidez hasta la escena final. Los celos y la inseguridad que devoran a los dos esposos están bien matizados y constituyen el soporte cardinal de la acción. Pero todo sucede sin demasías ni grandes gestos, en un ambiente de urbanidad, fino, moderado, de burguesía correcta y mundana. Leslie comenta [518] que el punto débil de la comedia consiste en lo conven-

---

[516] John A. Cook, *Neo-classic Drama in Spain*, cit., pág. 509.
[517] *Ventura de la Vega...*, cit., pág. 68.
[518] Ídem, íd., pág. 69.

cional del argumento. Gran parte de la acción depende, en efecto, de un encadenamiento de malentendidos, y se ocupa sobrado tiempo en anudarlos y desenlazarlos, con mengua quizás del estudio de los personajes. Pero la habilidad teatral de Ventura de la Vega hace convincente el enredo.

Leslie sostiene[519] que *El hombre de mundo* no aporta en cuanto al tema o elementos dramáticos ninguna novedad esencial, y recuerda sus puntos de contacto con *Un año después de la boda* (1826), de Gil y Zárate, y con *Pruebas de amor conyugal* (1840), de Bretón. Pero *El hombre de mundo* las aventaja totalmente como construcción teatral, y su lección resultó, por tanto, mucho más eficaz para encaminar el gusto hacia la *alta comedia* y el teatro realista que iban a producirse de inmediato. Brett acepta[520] que *El hombre de mundo* no alcanza todavía el levantado tono moral y los ambiciosos propósitos que Tamayo y Ayala iban a llevar pronto a la escena, pero estima que como retrato de una sociedad es un ejemplo insuperable de fina sátira, atenta observación y construcción perfecta.

Ventura de la Vega no correspondió con nuevas obras del mismo nivel al entusiasmo que su comedia, incorporada al repertorio desde el día de su estreno, había producido. No obstante, su cultivo de la tradición moratiniana no quedó reducido a *El hombre de mundo*. Gran parte de sus traducciones —exceptuadas las románticas a que hemos aludido—, en particular las de Scribe, estaban escogidas para servir los ideales de aquella tradición; Leslie afirma[521] que de la misma forma que Bretón había pretendido sustituir los sainetes con las piezas cortas de Scribe para elevar el nivel de la escena española, Ventura de la Vega se sirvió de sus comedias largas de tesis moral o político-moral con idéntico propósito; pues si las comedias de Scribe daban, efectivamente, gran importancia al enredo, aportaban también un nivel de arte dramático mucho más alto que las comedias de mera intriga y el melodrama sentimental. Se comprende que algún crítico de su tiempo, como Cañete, ponderara *El hombre de mundo* comparándolo con las obras de Scribe; paralelo que si ahora puede parecernos menguado, era muy alto en aquel momento en que las obras del francés gozaban de la mayor estima y popularidad.

Ventura de la Vega hizo su más explícita profesión de fe moratiniana cuando en junio de 1848 se celebró el aniversario del nacimiento de Moratín y los teatros de Madrid repusieron sus obras. Para acompañar la representación de *El sí de las niñas* en el Teatro de la Cruz, escribió Ventura de la Vega la comedia en un acto *Crítica de El sí de las niñas*, a semejanza de la *Critique de l'École des femmes*, de Molière, aunque sin tomar nada de éste, excepto la idea, pero de manera muy general. La obra es mucho más que una pieza de ocasión o mero documento literario: Leslie la cali-

---

[519] *Ventura de la Vega...*, cit., pág. 69.
[520] Lewis E. Brett, *Nineteenth Century Spanish Plays*, cit., pág. 371.
[521] *Ventura de la Vega...*, cit., pág. 64.

fica [522] de excelente comedia, con valor definido y duradero por sí misma. El autor toma los mismos personajes de *La comedia nueva o El café* como si fueran sus contemporáneos, y a través de ellos lanza un duro ataque contra las costumbres de la época y, muy en particular, pues éste era su propósito, contra las ideas literarias opuestas a su credo.

Entre la producción original —escasa, como sabemos— de Ventura de la Vega otras dos obras deben ser recordadas. *Don Fernando el de Antequera*, compuesto en 1844 pero no estrenado hasta 1847, es un drama histórico que trata de las luchas por el trono de Castilla a la muerte de Enrique III. El asunto no era popular ni había sido incorporado a la tradición épica, y carecía de la seducción de los grandes héroes y del dramático atractivo de *El Trovador* o de *Los amantes de Teruel*. La obra, según Leslie puntualiza [523], tiene muy escaso parecido con los dramas históricos coetáneos. Los elementos románticos son escasos, y el autor se esforzó por reproducir con toda exactitud la verdad histórica y los detalles de ambientación. La obra está más bien en la línea de la *tragedia política* a la manera del *Pelayo*, de Quintana, y *La viuda de Padilla*, de Martínez de la Rosa, con las que les une además el propósito de conservar las unidades —sólo la de tiempo se elude entre los actos I y II— y su tono elegante y cuidado, sobrio y contenido, excepto en unos pocos pasajes declamatorios, que acusan una pequeña concesión al gusto de la época. El drama tuvo escaso éxito a pesar de que no carece de cualidades; el público habitual de este género de obras estaba acostumbrado a pasiones más extremadas y más efectistas recursos.

Hacia el final de su vida, Ventura de la Vega compuso una tragedia, *La muerte de César*, en la que puso gran ambición y con la que pretendió crear una obra maestra del género, equivalente a lo que representó para la comedia, *El hombre de mundo*. La concluyó en 1862 y la leyó a un grupo de amigos en la casa del marqués de Molíns; pero su puesta en escena resultaba muy difícil en los teatros de Madrid y se pospuso indefinidamente. La muerte le sorprendió en noviembre de 1865, y tres meses más tarde se estrenaba por fin la obra, pero con muy escaso éxito. Una edición de seis piezas escogidas y una selección de sus versos estaba preparada desde el verano de dicho año, pero no vio la luz hasta 1866.

Para esta edición Ventura de la Vega había escrito un prólogo en el que explicaba su teoría sobre la tragedia, aplicada concretamente a la suya. Conserva los cinco actos porque —dice— un número menor rebaja la dignidad de la obra; el verso debe ser el romance endecasílabo —un asonante

---

[522] Ídem, íd., pág. 72.
[523] Ídem, íd., pág. 57.

por acto—; pero establece concesiones a las tendencias de la época: las unidades deben ser descartadas, excepto la de acción, o de «pensamiento», como él la llama. Sostiene que la tragedia moderna debe poseer «más viveza, más complicación, más incidentes, más movimiento» que la tragedia clásica tradicional, y hasta puede permitirse, en ocasiones, cierta aproximación al estilo familiar y epigramático, pero siempre «con aquella gracia ática, que saca a los labios una sonrisa culta y delicada».

Confiesa Ventura de la Vega que conocía la tragedia de Shakespeare, *Julius Caesar;* la de Voltaire, *La mort de César,* y la de Alfieri, *Bruto Secondo,* pero que nada había tomado de ninguna de las tres; la historia había sido su única fuente. El eje argumental de su obra gira en torno a la persona de Servilia, la madre de Bruto; por ella sola, por conservar su honor, guarda César el secreto de su paternidad, con cuya confesión hubiera apartado a Bruto de sus planes. La idea política en que se sostiene la obra la confiesa el autor inspirada en el soneto de Lista, *Marco Bruto* [524], que es, en sustancia, una apología de la benéfica dictadura de César: la muerte del dictador no va a significar el triunfo de la libertad, sino el advenimiento de otros tiranos mucho más bárbaros y aborrecibles. A este contenido político suele atribuirse el fracaso que sufrió la obra al ser estrenada. España vivía el caos de los últimos años del reinado de Isabel, cuyos arbitrarios despotismos iban a concluir muy pronto con el estallido de la Gloriosa. Los versos de Vega puestos en boca de César para defender su autoridad frente a una libertad inexistente o prostituida, no pudieron ser entendidos, en lo que tuvieran de intemporal validez, ni mucho menos aceptados, por quienes vivían dramáticamente en las calles la lucha por una libertad durante tanto tiempo deseada.

---

[524] He aquí el soneto de Lista:

> *¿Pensaste, oh Bruto, que a nacer volviera*
> *la libertad, do Sila, no aterrado*
> *depuso la segur, de herir cansado,*
> *teñida en sangre de la Italia entera?*
> *¡De qué al mundo sirvió tu virtud fiera!*
> *A un tirano clemente y desarmado*
> *dado te fue oprimir; mas no fue dado*
> *que libre Roma y corrompida fuera.*
> *Pérfido Octavio, Antonio sanguinario,*
> *pendiente de un puñal con mano impía*
> *tienen ya esa corona que aborreces.*
> *¡Oh virtud necia! ¡Oh brazo temerario!*
> *si era forzosa ya la tiranía,*
> *¿por qué a monstruos tan bárbaros la ofreces?*

(cit. en ídem íd., págs. 97-98).

Como entidad dramática, *La muerte de César,* según explica Leslie [525], es un «compromiso»; dando vida a las ideas expuestas en su prólogo, Vega quedaba a medio camino entre el estrecho clasicismo de Voltaire y de Alfieri y el amplio tratamiento de Shakespeare. Las unidades de tiempo y de lugar no son observadas —cada acto sucede en escenario diferente—; se introducen escenas de movimiento y de color, tales como la intervención de la plebe y los ritos de las Lupercalias, que recuerdan el gusto romántico; y la decisiva participación concedida a la persona de Servilia, con su secreto y problema de honor, aporta un componente que aproxima la tragedia al drama de la época. Por otra parte —sigue comentando Leslie—, las innovaciones de Ventura de la Vega no cambian su tragedia de manera tan sustancial como parece, y sigue predominando el tono frío y austero de la tragedia clásica. En conjunto, *La muerte de César,* sin llegar a la perfección, representa uno de los esfuerzos más notables de nuestras letras en el camino de este género.

Valera dedicó a la tragedia de Ventura de la Vega un extenso y muy interesante estudio [526], en el que compara con las del español las versiones de Shakespeare, Voltaire y Alfieri. Valera encarece los méritos de Vega en cuanto a su perfecta versificación y atildamiento del estilo, acierto en el trazado de los personajes, equilibrio en la construcción de la obra; pero estima perjudicial «la leccioncilla filosófico-histórico-política que el autor pretende deducir de ella», no por la idea en sí misma —por equivocada que pudiera ser— sino por la forma en que el autor pretende hacerla visible, «convenciendo» más que «conmoviendo». Su reparo mayor quizá merezca ser meditado. Comparando *La muerte de César* con las tragedias de Shakespeare y de Alfieri, afirma Valera que éstos dos levantaron «sobre todos los demás a un personaje para que hubiera unidad de interés»; en ambos casos es Bruto, el defensor de la libertad. Pero «en la tragedia de Vega —añade Valera— se divide casi por igual el interés entre César y Bruto»; «César le parece muy bien y Bruto lo mismo; pero ni se muestra cesarista como Dante, ni republicano aristócrata, como Alfieri; elige un término medio razonable, y para los poetas que anhelan ser *docentes* no está bien, a nuestro entender, este término medio. El poeta que habla con el pueblo de política y desea influir en él, tiene que sentirse inspirado por pasiones extremas» [527]. Pero ¿es realmente un defecto de la tragedia de

---

[525]  Ídem, íd., pág. 99.

[526]  «*La muerte de César.* Tragedia, por Ventura de la Vega», en *Obras Completas,* Aguilar, vol. II, 3.ª ed., Madrid, 1961, págs. 350-356.

[527]  Pág. 353. Merece la pena completar la cita con el párrafo que le sigue: «En poesía *docente* no caben *distingos.* O absolutista o monárquico, como Calderón, o liberal exaltado, como Alfieri. Las doctrinas del partido conservador o de un cesarismo suave, no se pueden enseñar en verso. Si Quintana no hubiera sido progresista, no hubiera sido poeta. Jamás ha habido ni podrá haber un moderado que sea poeta como Quintana. Los moderados deben renunciar a la poesía *docente* política».

Vega —digamos «de principio», independientemente de la realización— el propósito del autor de enfrentar en un mismo nivel de importancia a los dos personajes? ¿No era éste más bien el modo de hacer chocar, en un sentido auténticamente trágico, dos mundos, dos concepciones radicalmente distintas e irreconciliables? El equilibrado y escéptico Valera se muestra aquí, paradójicamente, defendiendo una postura extrema, que podría resultar de mayor eficacia persuasiva de cara al público, pero no creemos que más convincente como estructura teatral (aquí no se trataba de un «mitin», sino de una obra literaria). Pensamos, por el contrario, que el fallo de Vega se inserta en no equilibrar del todo a los antagonistas, sino en ponerle al fin la zancadilla a Bruto, con esa «leccioncilla», precisamente, que se tenía preparada desde el momento en que había concebido la tragedia.

Hemos aludido arriba al romanticismo inicial de Ventura de la Vega y a su repudio posterior. Leslie explica [528] que las teorías de Lista y la práctica de Moratín guiaron siempre su pensamiento y su obra. Pero no consiguió despegarse del todo de las tendencias que abominaba, parte por el natural contagio de la época, y parte también, sin duda, por la necesidad de atemperarse en alguna medida a los gustos del público de quien pretendía vivir (las traducciones románticas o melodramáticas, hechas algunas después de su formal abjuración, pueden piadosamente descartarse por la fuerza de la necesidad que movía su tarea de traductor). En 1835, el mismo año en que estrenó *Marino Faliero*, escribió con Bretón una pieza corta titulada *El plan de un drama, o la conspiración*, que constituye una sangrienta y divertida burla de los excesos románticos. Los personajes son los propios escritores, que se reúnen para escribir un drama según la técnica del día, y que había de titularse *La conspiración y la amnistía, o sea Ellos y nosotros. Drama político-mecánico-pirotécnico-epiléptico-tenebroso, dividido en cuadros y escrito en diferentes prosas y versos. Primera y segunda parte.* Cuando discuten el contenido que ha de tener el drama, mantienen este diálogo:

> MANUEL:    —*Un drama terrible...*
> VENTURA:   —*Histérico...*
> MANUEL:    —*Espasmódico...*
> VENTURA:   —*Contemporáneo...*
> MANUEL:    —*Análogo...*
> VENTURA:   —*Anónimo...*
> MANUEL:    —*Romántico...*

---

[528] *Ventura de la Vega...*, cit., pág. 23.

En este punto entra la policía en busca de unos conspiradores, y el drama que iban a escribir se complica con el real, desembocando todo en una descoyuntada farsa.

Pero la más seria manifestación antirromántica de Ventura de la Vega fue su discurso de ingreso en la Academia, en 1845, aunque el discurso estaba escrito desde 1842, fecha de la elección. La denuncia de Vega no sólo se encamina a los excesos literarios, sino a los riesgos políticos y morales que entrañaba el romanticismo, con lo cual hacía el autor la más inequívoca profesión de sus ideas conservadoras. Leslie sostiene [529] que el discurso constituye un auténtico documento para la historia literaria. Para Vega, el romanticismo había sido como una violenta invasión extranjera, una agresión vandálica con un moderno Atila, Víctor Hugo, que no sólo había pervertido el gusto imponiendo silencio a los contrarios, sino que había diseminado teorías que envenenaban a la juventud; triunfo —dice— nada difícil, puesto que se aconsejaba abandonar los libros y el estudio del arte y entregarse tan sólo a la inspiración del genio. La afirmación de Hugo de que «el romanticismo era en la literatura lo que el liberalismo en la política» había resultado cierta, con las consecuencias que podían advertirse: la relajación de todas las trabas y la torrencial inundación de un libertinaje, que había producido «con sus miasmas mefíticos la peste general». «En los demás géneros de poesía, sus tendencias eran a pervertir el gusto literario; en la dramática, no sólo a eso, sino a pervertir la sociedad; su plan de destrucción era completo; los tiros se asestaban a la cabeza y al corazón, a la inteligencia y a la moral».

La actitud de Vega, como se ve, es un exponente inequívoco de aquella corriente que se opuso en nuestra patria a la ideología del romanticismo liberal, y de la cual nos ocupamos en las páginas preliminares. En la práctica, sin embargo, hemos ya visto que no rechazó el contagio de ciertas adherencias literarias románticas, aunque nunca excesivas. Por ellas, Mundy-Allison Peers sugieren [530] la conveniencia de encuadrar a Ventura de la Vega en la corriente que Peers ha calificado de ecléctica, si bien con una inclinación mucho más decidida hacia el lado del clasicismo.

---

[529] Idem, íd., pág. 53.

[530] J. H. Mundy y E. Allison Peers, «Ventura de la Vega and the *Justo Medio* in Drama», en *Liverpool Studies in Spanish Literature. First Series: From Cadalso to Rubén Darío*, edited by E. Allison Peers, Liverpool, Institute of Hispanic Studies, 1940, págs. 202-219.

CAPÍTULO VI

## LA NOVELA ROMÁNTICA

### I

#### LA NOVELA HISTÓRICA

Casi sin excepción, todos los críticos que se han ocupado del problema convienen en denunciar la endeblez de la novela romántica española, a pesar de que apenas hay un solo escritor entre los más sobresalientes que no la cultivara en una u otra forma. Rota la continuidad con la gran tradición del Siglo de Oro, abandonado su cultivo casi por entero a lo largo del siglo XVIII, España, creadora de sus más altas manifestaciones, deja que la novela se le escape de las manos, como sostiene Montesinos, y cuando llega al XIX ha de ensayar de nuevo, partiendo casi de la nada, la aclimatación de lo que por entonces estaba haciéndose en Europa. La supuesta endeblez no sólo atañe a la escasa calidad de las producciones, sino al hecho de que fueran en su casi totalidad imitación de modelos extranjeros, y, dentro de dicha imitación, de uno solo de sus géneros, la *novela histórica*, sin que se dejara sentir apenas el influjo de otras modalidades y autores, a pesar de que, en su mayoría, eran ya conocidos del lector español. Precisamente, la proliferación de traducciones, que se difundieron sobre todo en numerosas colecciones populares, puestas en marcha por la nueva industria editorial, es uno de los fenómenos más insistentemente denunciados por los críticos coetáneos y repetido siempre hasta hoy. Desde fines del siglo XVIII se habían ya traducido novelas de Richardson —*Pamela Andrews* y *Clara Harlowe*—, novelas sentimentales francesas, como las de Florian, las *Veladas de la Quinta*, de Mme. de Senlis, novelas de Henry Fielding —*Historia de Amalia Booth* y *Tom Jones*—, los *Viajes de Gulliver*, de Jonathan Swift; dentro ya del siglo XIX, las novelas de Voltaire y *La religiosa*, de Diderot, y obras capitales de los primeros grandes románticos europeos: Rousseau, Goethe, Manzoni, Chateaubriand, Bernardin de Saint-Pierre, Sénancourt, Benjamin Constant, Lamartine, y, por descontado, obras populares de carácter melodramático y sentimental o de amoríos y peripecias, de escritores como Mme. Cottin, Mrs. Radcliffe y sobre todo el vizconde d'Arlincourt [1].

Todos estos autores, que cultivan las más variadas tendencias del romanticismo, apenas dejan en los nuestros un influjo literario digno de mención, aunque sus huellas puedan advertirse en rasgos y detalles aislados. La orientación predominante en la novela española del romanticismo es, como decíamos, la *histórica*, inspirada casi exclusivamente en Walter Scott o en la línea francesa de Víctor Hugo o de Dumas; y, junto con aquélla, la que puede calificarse de novela social, ya según la tendencia humanitaria de George Sand o bajo la forma más revolucionaria influida de Eugenio Sue.

Sugerido el panorama de este modo, puede suponerse en forma apriorística el escaso interés de nuestra novela romántica, carente en su casi totalidad de formas originales; y ésta ha venido siendo la opinión unánime de la crítica tradicional. No obstante, se pueden advertir ya actitudes más positivas y esfuerzos para valorar muchas de las obras con criterios nuevos y más discriminadores. Si nuestra novela romántica no produce obras maestras, tiene, por lo menos, el mérito de reanudar una tradición interrumpida en mucho más de un siglo y de ensayar posibilidades que van a preparar el camino de la gran novela posterior: «De la falta de calidad —escribe Navas-Ruiz— no se deduce falta de interés. Gracias al trabajo de exploración y al entusiasmo romántico existe en España una novela realista de mérito» [2]. Por su parte, Juan Ignacio Ferreras ha propuesto recientemente [3] la aplicación de criterios muy dignos de consideración. Ferreras sostiene que a partir de los años 33 y 34 la novela llamada *his-*

---

[1] Para todo lo relacionado con las traducciones españolas de literatura extranjera en la época que nos ocupa, es fundamental el libro de José F. Montesinos, *Introducción a una historia de la novela en España, en el siglo XIX. Seguida del esbozo de una bibliografía española de traducciones de novelas (1800-1850)*, 2.ª ed., Madrid, 1966. Cfr., también, Antonio Iniesta, «Sobre algunas traducciones españolas de novelas», en *Revista de Literatura*, XXVII, 1965, págs. 79-85. A propósito de la proliferación de traducciones y la reacción de la crítica coetánea, Montesinos recoge textos de Larra, Mesonero, Mora, Alcalá Galiano y Ochoa (véase, en particular, págs. 96-98). Sobre el movimiento editorial de la época y las traducciones, aunque se centre casi exclusivamente en lo que concierne a Cataluña, contiene valiosísima información el libro de Santiago Olives Canals, *Bergnes de las Casas, helenista y editor. 1801-1879*, Barcelona, 1947, con un prólogo de Jorge Rubió y Balaguer, tan importante como el mismo volumen. Véase también Francisco Almela y Vives, *El editor don Mariano de Cabrerizo*, Valencia, 1949.

[2] Ricardo Navas-Ruiz, *El romanticismo español. Historia y crítica*, 2.ª ed., Salamanca, 1973, pág. 95.

[3] Juan Ignacio Ferreras, *El triunfo del liberalismo y de la novela histórica. 1830-1870*, Madrid, 1976, pág. 63.

*tórica* no es exactamente una novela de imitación, sino una novela hasta cierto punto nueva, pues aunque recoja frecuentemente temas ya tratados, los interpreta de acuerdo con problemáticas nuevas. Ferreras hace notar —y creemos que esta interpretación puede ser muy fértil— que si el problema de las traducciones y las imitaciones no puede ser soslayado, no basta, sin embargo, para explicar la novela española. Cuando se engloban en un apartado colectivo muchas de las llamadas *novelas históricas*, se cierra la posibilidad de entenderlas adecuadamente, pues resulta que bastantes de ellas ni siquiera son propiamente históricas, y al contemplarlas en conjunto se pierde sin remedio lo que cada una tiene de específico. Vistas, en cambio, por separado, algunas se muestran incluso opuestas al concepto de novela histórica; lo que significa —dice Ferreras [4]— que a partir de Walter Scott nunca podremos comprender adecuadamente la novela española, porque los cultivadores de la novela histórica son algo más que simples imitadores.

Ferreras toma como ejemplo *El golpe en vago*, de García de Villalta, y *El auto de fe*, de Eugenio de Ochoa. Ambas novelas se desarrollan en tiempos pretéritos y ambas, en consecuencia, son habitualmente incluidas en el grupo de las *históricas*. La primera, sin embargo, es un claro intento de actualización de un tema y una problemática plenamente vigentes en el momento en que se escribía; es decir: la lucha contra la Iglesia como fuerza social, como un obstáculo que había que remover en el camino de la libertad. García de Villalta escribe su novela a dos años de distancia de la desamortización de Mendizábal y responde, como ésta, a una ideología anticlerical presente y activa; en modo alguno es una novela arqueológica o de evasión, aunque a primera vista lo parezca. Cuando se engloba con las novelas genuinamente *históricas*, la obra de García de Villalta queda sumergida entre una producción que le es ajena y su verdadera originalidad desaparece. *El auto de fe*, de Ochoa, refiere una historia en los días de Felipe II y los infortunios del príncipe don Carlos a manos del monarca, tema, como se sabe, tratado por Schiller. Pero el auténtico propósito de la novela es la sátira contra el tirano, personificado en el rey español. Ochoa escribe su novela el mismo año en que se aprueba la Constitución de 1837, primer ensayo de un nuevo régimen que presenta la burguesía liberal, días en que se lucha contra los carlistas y se ataca a la Iglesia. Si se consideran estos hechos —dice Ferreras—, el significado de la supuesta novela histórica aparecerá mucho más claro que si se acude a buscarle la semejanza con Schiller. Algo semejante —podemos añadir— cabe afirmar de *El doncel de don Enrique el Doliente*, de Larra, según dejamos indicado en las páginas correspondientes. El escenario remoto del *Doncel* es sólo el marco convencional en que se encuadra la pasión

---

[4] *El triunfo del liberalismo...*, cit., pág. 62.

avasalladora del protagonista —de entonces y de siempre— enfrentándose con los poderes sociales y religiosos para afirmar contra ellos la primacía del amor; lo mismo —según quedó también expuesto— que sucede con el drama *Macías*, un drama *histórico* que no precisa convertirse en *drama de chaqueta* para ser rabiosamente actual.

Debe entenderse, pues, que bajo la denominación de *novela histórica*, en la cual se engloban novelas que sólo tienen en común el hecho de situar su acción en épocas distantes, se acogen relatos de muy diversas tendencias y propósitos que sólo pueden ser advertidos sacándolas del montón y examinando cada obra por separado. El prestigio y popularidad de Walter Scott convirtió la *novela histórica* durante varias décadas, por toda Europa, en el género de moda; era natural que nuestros novelistas tomaran de él técnicas y situaciones [5], pero las manejaron frecuentemente de manera muy personal y con un espíritu que los aleja en muchos aspectos del modelo. En esta tarea los novelistas del romanticismo desbrozan caminos, ensayan formas y alumbran posibilidades que preparan la novela del futuro, «el logro de mayores cosas», como dice Montesinos, otorgándoles como de favor un valor mínimo, pero que en más de una ocasión es de suma importancia. «Los primeros cultivadores de la novela histórica —dice Ferreras— se juzgaron a sí mismos fundadores de una nueva escuela y, sobre todo, fundadores o restauradores de un género literario despreciado hasta estos años, como fue el de la novela» [6].

Claro está que en la *novela histórica* pueden distinguirse muy varias tendencias. Muchas de ellas, sin duda, fueron escritas bajo el puro mimetismo del gran novelista escocés; no pocas lo fueron como simple literatura de evasión y buscaron en remotas edades figuras y sucesos extraordinarios, reales o fingidos, que apetecía el gusto de la época. Pero, sobre todo, la *novela histórica* satisfacía la pasión nacional por las glorias patrias; el romanticismo había alumbrado el nacionalismo y con él el amor hacia el pasado en el que se veían hincadas las raíces de la propia historia. «Aquí se inserta —escribe Ferreras— la visión nacionalista, de origen liberal, del romántico, novelista o no. Para el romántico la nación es una entidad, un espíritu que le permite encontrarse a sí mismo y salvar la terrible ruptura con el mundo actual. La nación, o el nacionalismo, esa invención burguesa revolucionaria, está íntimamente ligada al liberalismo también burgués y también revolucionario; por eso los creadores de la

---

[5] Sobre la influencia de Walter Scott en la literatura española, cfr., Philip H. Churchman y Edgar Allison Peers, «A Survey of the Influence of Sir Walter Scott in Spain», en *Revue Hispanique*, LV, 1922, págs. 227-310. E. Allison Peers, «Studies in the Influence of Sir Walter Scott in Spain», en *Revue Hispanique*, LXVIII, 1926, páginas 1-160. Guillermo C. Zellers, «Influencia de Walter Scott en España», en *Revista de Filología Española*, XVIII, 1931, págs. 149-162.

[6] *El triunfo del liberalismo...*, cit., pág. 140.

novela histórica española fueron hombres nuevos, si los comparamos, al nivel de la novela, con los que escribieron antes de 1830»[7].

En las mejores novelas, las que de manera más genuina captan el espíritu romántico, se da lo que se ha denominado *ruptura del héroe con el mundo*, como sucede en *El Doncel*, de Larra, y en *El señor de Bembibre*, de Gil y Carrasco. En la novela de este último la disolución de la Orden de los Templarios significa la destrucción de unos valores por los cuales lucha y perece el protagonista; avanzan nuevas fuerzas que destruyen los valores antiguos, mas para que éstos vivan sucumbe el héroe, afirmándolos con su propia muerte. En *El Doncel*, el héroe combate contra un mundo cuyos principios quiere destruir para imponer los derechos de su pasión individual; perece al cabo, pero su muerte afirma la nueva ley, constituye su triunfo, como dejamos explicado oportunamente. El auténtico novelista romántico «crea un héroe solitario que irremisiblemente acabará en la muerte, y un universo que, aunque mediador, no será nunca capaz de asimilarse al héroe, de integrarlo»[8].

Se ha observado que en las novelas históricas más genuinas —tales, las de Scott— los protagonistas no suelen ser grandes figuras históricas; o lo son de segunda fila o completamente inventadas por el escritor o interpretadas a su capricho. Esta condición no es arbitraria, sino necesaria, porque cuando se trata de un personaje de primera magnitud y se sigue fielmente el curso de los hechos tal como vienen dados por la realidad, el resultado es una historia novelada, pero nunca una novela; el escritor carece entonces de libertad para crear al héroe y forjar las condiciones necesarias que han de enfrentarle con su mundo. Lo cual no es incompatible con toda la documentación que se desee para montar el marco histórico, el paisaje de fondo o color local, que deben dar verosimilitud a las figuras. Pero nada de esto es sustancial, y ningún anacronismo o inexactitud puede perjudicar el valor estético de una novela: «no se trata —dice Ferreras con exactitud— de situar a unos personajes en el tiempo y en el espacio, sino, e inversamente, de situar este tiempo y este espacio en relación a los personajes o protagonistas... No se trata de reconstruir un universo según una documentación precisa, sino de ganar una dimensión para el individuo, para el héroe romántico que protagoniza la novela»[9].

Ferreras ha documentado 111 novelas históricas publicadas en España entre 1823 y 1844 escritas por autores españoles; y aunque algunas de ellas —según advierte— puedan ser adaptaciones, e incluso traducciones, de novelas extranjeras, queda una producción nacional todavía muy copiosa «y hasta robusta, sobre todo si se piensa que nos encontramos ante un

---

[7] *El triunfo del liberalismo...*, cit., págs. 140-141.
[8] Ídem, íd., pág. 105.
[9] Ídem, íd., pág. 141.

tipo de novela que empieza, que tiene que inventarlo todo, que carece de antecedentes y de modelos» [10].

En la difusión del libro romántico, y concretamente en la novela histórica, influyó decisivamente el desarrollo de la industria editorial que experimenta por entonces una verdadera revolución; no sólo variaron y se perfeccionaron los medios técnicos, como la composición, tipos de letras, encuadernación, etc., sino que a ello se sumó la labor de los ilustradores, entre los cuales llegaron a contarse retratistas famosos, como Madrazo, y paisajistas como Pérez Villaamil [11]. Se multiplicaron los editores, impresores y libreros, que llegaron a sumar cerca de 200 en Madrid, cifra seguida por Barcelona con 90, por Valencia con 15 y por Sevilla con 14; y apenas existe entonces capital que no posea al menos un editor o librero. Algunos de estos editores tuvieron importancia decisiva en el desarrollo de las publicaciones como creadores de colecciones y «bibliotecas» y promotores de ideas y tendencias. Especial importancia adquirió el sistema de la «entrega», cuadernillo equivalente a un pliego de imprenta que se vendía por suscripción, haciendo así más asequible su compra y mucho más amplio, por lo tanto, el número de posibles lectores.

Los nuevos medios de difusión —según ha puntualizado Jean-François Botrel [12]— determinan la ruptura del círculo letrado y tradicional de la

---

[10] Ídem, íd., págs. 139-140. Los estudios generales sobre la novela histórica española son prácticamente inexistentes. El libro de Guillermo Zellers, *La novela histórica en España. 1828-1850*, Nueva York, 1938, examina 34 novelas históricas, de las que excluye precisamente las de los autores más importantes —Larra, Espronceda, Martínez de la Rosa, Gil y Carrasco— por suponerlas ya conocidas del lector; pero se limita a referir la trama de las obras sin dar apenas comentarios críticos, pues parece que el libro fue compuesto con muy elementales fines escolares. Sigue siendo, pues, imprescindible todavía acudir al libro de E. Allison Peers, *Historia del movimiento romántico español*, 2.ª ed., Madrid, 1967, donde pueden hallarse comentarios útiles, de conjunto y sobre cada autor en particular.

[11] Cfr., M. Carmen de Artigas-Sanz, *El libro romántico en España*, 4 vols., Madrid, 1955.

[12] Jean-François Botrel, «La novela por entregas: unidad de creación y consumo», en *Creación y público en la literatura española*, Madrid, 1974, págs. 111-155. Los medios populares de la industria del libro, y concretamente de su difusión por medio de entregas y folletines de periódicos, apenas estudiados hasta fechas muy recientes, están mereciendo atención creciente de los investigadores. Una exposición básica de todos estos problemas puede verse en el excelente libro de Leonardo Romero Tobar, *La novela popular española del siglo XIX*, Madrid, 1976. Romero Tobar puntualiza repetidamente la existencia de numerosas zonas todavía mal o nada exploradas y la consiguiente dificultad para lograr un adecuado conocimiento de nuestra literatura decimonónica, sobre todo en el campo de la novela; pero esclarece a su vez importantes cuestiones y sugiere campos precisos para el futuro investigador. Véase también el libro de Juan Ignacio Ferreras, *La novela por entregas. 1840-1900*, Madrid, 1972. Aunque atiende con preferencia a los romances, aporta también datos fundamentales para la difusión de la novela Joaquín Marco, *Literatura popular en España en los siglos XVIII y XIX*, 2 vols., Madrid, 1977. Dedicado también a los romances, pero básico a la vez como estudio fundamental del tema, es el libro de Julio Caro Baroja, *Ensayo sobre la literatura de cordel*, Madrid, 1969. Un examen de tipo general sobre

creación literaria y extienden a todas las clases sociales los privilegios que antes habían sido patrimonio de sólo unos pocos.

Ferreras establece el año de 1830 como fecha inicial de la novela histórica española; es el año en que aparecen *Los Bandos de Castilla*, de Ramón López Soler. No obstante, en 1823 se publicó en Madrid *Ramiro, conde de Lucena*, de Rafael Húmara y Salamanca, que es, en realidad, la primera novela histórica española, aunque de hecho queda aislada sin inmediata continuación. La novela de Húmara, cuya acción se sitúa en los días de Fernando III el Santo, narra una aventura de amor entre el caba-llero protagonista y una princesa mora, hermana del rey de Sevilla, cuando esta ciudad está sitiada por el monarca castellano. La novela inaugura así el tema oriental, que había de hacer fortuna durante todo el siglo, a pesar de que son todavía muy abundantes las reminiscencias dieciochescas y sea su orientalismo «convencional y anacrónico», como observa Lloréns que ha examinado cuidadosamente la novela [13]. Lloréns señala a Madame Cottin como la principal acreedora de la obra de Húmara, y reproduce un largo pasaje del *Discurso preliminar* en el que traza el autor un panora-ma de la novela europea en aquel momento, se lamenta de la ausencia española en un género de tan creciente difusión y ofrece modestamente su obra como un intento «de abrir un nuevo campo para que otros com-patriotas suyos lo cultiven mejor».

**Ramón López Soler**, que ya nos es conocido como fundador de *El Euro-peo* y de *El Vapor*, publicó en 1830 en Valencia, en la imprenta de Cabre-rizo, su novela *Los Bandos de Castilla o El Caballero del Cisne*, con la cual, como dejamos dicho, se inaugura de hecho la producción española de novelas históricas. La de López Soler, que sitúa su acción en el reinado de Juan II de Castilla, no es una obra maestra; su desarrollo es confuso, y se complace con exceso en lo sangriento y tenebroso; se le ha reprocha-do la imitación demasiado estrecha del *Ivanhoe*, de Walter Scott, del que traduce incluso numerosos pasajes. A pesar de ello, es una novela impor-

---

la literatura popular es el libro de José María Díez Borque, *Literatura y cultura de masas*, Madrid, 1972. Para un planteamiento básico de los problemas de la difusión del libro en la pasada centuria, cfr., Robert Marrast, «Libro y lectura en la España del siglo XIX. Temas de investigación», en *Movimiento obrero, política y literatura en la España contemporánea*, edición a cargo de M. Tuñón de Lara y Jean-François Botrel, Madrid, 1974, págs. 145-157. Sobre la condición y problemas económicos del escri-tor durante esta época, cfr., en el mismo volumen, Jean-François Botrel, «Sobre la con-dición del escritor en la España del siglo XIX», págs. 179-210. Véase también el impor-tante artículo de Luis Monguió, «Crematística de los novelistas españoles del siglo XIX», en *Revista Hispánica Moderna*, XVII, 1951, págs. 111-127.

[13] Vicente Lloréns, «Sobre una novela histórica: *Ramiro, conde de Lucena*», en *Revista Hispánica Moderna*, XXI, 1965, págs. 286-293; reproducido en *Literatura, His-toria, Política*, Madrid, 1967, págs. 187-204.

tante y de muy peculiar significación. Ferreras sostiene [14] que, por esto mismo, carece de sentido discutir su valor estético y su originalidad, pues lo que importa es subrayar que fundó una tendencia novelesca que iba a prolongarse durante casi un siglo. En el prólogo de su libro advierte el autor que con él se había propuesto «dos objetos»: dar a conocer el estilo de Walter Scott y poner de relieve que la historia de España ofrecía motivos tan excelentes como la de Escocia y la de Inglaterra para despertar el interés de los lectores. Persuadido de que el novelista escocés representaba la nueva novela europea, lo imita y traduce sin empacho para darlo a conocer al público español e introducir en su país aquella corriente novelesca [15]. Es, pues, la suya una tarea de propagandista y promotor perfectamente consciente, y que resultó —éste es su mérito— plenamente eficaz. López Soler advierte las dificultades con que ha de enfrentarse el escritor para adaptar al nuevo estilo la lengua propia, no ejercitada todavía «para expresar ciertas ideas que gozan en el día de singular aplauso».

López Soler escribió además otras novelas de parecida tendencia. Bajo el seudónimo de Gregorio Pérez de Miranda publicó en 1832 tres novelas de corta extensión: *Enrique de Lorena*, cuyo protagonista es el rey de Francia Enrique III, en su lucha contra los Guisa; *Kar-Osmán*, sobre los amores de un capitán griego del siglo XVI con una española de la casa de Silva, y *Jaime el Barbudo*, famoso bandido del reinado de Fernando VII, casi, pues, contemporáneo del autor, por lo que puede verse en esta novela como un precedente del «episodio nacional». Posteriormente publicó *El primogénito de Alburquerque*, sobre los amores de Pedro el Cruel con María de Padilla, y *La catedral de Sevilla*, traducción y adaptación de *Notre-Dame de Paris*, de Víctor Hugo. López Soler contribuyó también a la literatura costumbrista con un escrito satírico, *Las señoritas de hogaño y las doncellas de antaño*.

Especial interés tiene la obra de **Telesforo de Trueba y Cossío**, publicada con anterioridad a la de López Soler, aunque por haber sido escrita originalmente en inglés podría discutirse su inclusión en la literatura española. Trueba, nacido en Santander en 1799, se educó en Inglaterra y en París e ingresó en la carrera diplomática. Con la restauración del absolutismo en 1823 volvió a Inglaterra como emigrado. Su perfecto conocimiento del inglés le permitió escribir en esta lengua una extensa y variada producción: novelas históricas, costumbristas y satíricas, obras de teatro

---

[14] *El triunfo del liberalismo...*, cit., págs. 110-112.
[15] Como ejemplo de la trascendencia que se concedía por aquellos días a las novelas de Walter Scott, merecen ser leídos dos artículos, aparecidos en *El Vapor* los días 2 y 9 de noviembre de 1833, bajo el título de «Influencia de las obras de Walter Scott en la generación actual»; los reproduce Iris M. Zavala, en *Ideología y política en la novela española del siglo XIX*, Salamanca, 1971, págs. 219-225.

y diversos trabajos de crítica. En 1828 publicó la novela histórica *Gómez Arias*, inspirada en *La niña de Gómez Arias*, de Calderón, y para la cual se sirvió también de las *Guerras civiles de Granada*, de Ginés Pérez de Hita. La obra está compuesta bajo el influjo de Walter Scott, que estaba entonces en el apogeo de su fama. Lloréns afirma [16] que la novela de Trueba es una narración bien trabada, no desprovista de interés, aunque peque de prolijidad, y enriquecida con todos los elementos que podían satisfacer al lector de la época: ambiente granadino, caballeros moros y cristianos, episodios de amor y de guerra, heroísmos y venganzas, pasiones desmedidas y un final espectacular. Trueba introdujo algunas modificaciones en la trama de Calderón, que Menéndez y Pelayo consideraba desafortunadas, pero que Lloréns estima más acordes con la sentimentalidad romántica del momento.

El éxito obtenido animó a Trueba a publicar en 1829 *The Castilian*, cuya acción se sitúa en la época, tan grata a los románticos, de Pedro el Cruel, aunque el protagonista no es aquí el monarca sino el caballero don Ferrán de Castro, encarnación del honor caballeresco y de la lealtad castellana «en una época de luchas feroces, venganzas y traiciones que no parecía dejar lugar para el destello de sentimientos nobles y humanos» [17]. *The Castilian*, para el cual se sirvió Trueba básicamente de la *Crónica del Canciller*, acusa más todavía que *Gómez Arias* el influjo de Walter Scott. Lloréns comenta que *The Castilian* constituye un buen ejemplo de la evasión romántica de los emigrados: se huye hacia el pasado, pero proyectando sobre éste el agitado mundo contemporáneo. La guerra civil de la época de don Pedro es un trasunto de la que ardía en los días del autor, y muchos episodios —dice Lloréns [18]— no parecen salir de ninguna crónica medieval sino de la actualidad inmediata; no falta la sátira anticlerical, y hasta el héroe es un emigrado, pues don Ferrán de Castro, después de la muerte de don Pedro, en vez de doblegarse ante el nuevo poder, prefiere expatriarse y se refugia en Inglaterra.

Ferreras afirma [19] que Trueba y Cossío escribe deslumbrado por la obra de Walter Scott y que carece de talento creador. Pero creemos que en este caso es inconsecuente con sus propias teorías —arriba aducidas—, o se ha olvidado de aplicarlas. Pues según vemos por el comentario de Lloréns, *The Castilian* con su trasposición a la Castilla medieval de los conflictos contemporáneos, su anticlericalismo igualmente contemporáneo, y la existencia —sospechosamente anacrónica— del emigrado en Inglaterra, es un caso patente de esa «otra cosa» que, según el propio Ferreras, estaban

---

[16] Vicente Lloréns, *Románticos y liberales. Una emigración española en Inglaterra (1823-1834)*, 2.ª ed., Madrid, 1968, pág. 268.
[17] Idem, íd., pág. 269.
[18] Idem, íd.
[19] *El triunfo del liberalismo...*, cit., pág. 115.

haciendo nuestros novelistas *históricos* hasta en las más flagrantes imitaciones de Scott.

En 1830 publicó Trueba *The Romance of History. Spain*, conjunto de 24 narraciones sobre pasajes y sucesos históricos que abarcan desde la caída de la monarquía visigoda hasta fines del siglo XVII. La obra, que, como se ve, carece de unidad novelesca, formaba parte de una colección editorial de leyendas de diversos países «ordenadas cronológicamente a modo de historia romantizada».

En 1834 apareció *Salvador the Guerrilla*, novelización de la vida de los guerrilleros durante la Guerra de la Independencia. Hay una trama amorosa, que Lloréns califica [20] de lo más débil de la novela, y un conjunto de episodios de la contienda, con gran número de personajes, históricos o imaginados, y sobre todo de tipos populares tratados con toques costumbristas. Lloréns afirma que la capacidad descriptiva de Trueba es muy limitada, particularmente en el paisaje, y que los sucesos que se sitúan cerca de Ávila, por ejemplo, podrían suceder lo mismo en cualquier otra parte; tan poco característico es el ambiente local. Pero creemos que no es pequeño el mérito de haber inaugurado un género novelesco, para el cual, según reconoce el propio Lloréns, no existían antecedentes inmediatos españoles. Ochoa, en *El Artista*, sugirió que Trueba había imitado esta vez al norteamericano Fenimore Cooper, pero Lloréns acepta que en la novela de Trueba aparecen otras reminiscencias, incluso quijotescas, en la aventura y lucha de la venta, o de letrillas satíricas tradicionales, todo lo cual, con su anecdotario de época y costumbrismo ambiental, supone un notable esfuerzo de integración temática. Menéndez y Pelayo, que en su no breve estudio sobre Trueba [21] deja sin comentario el *Salvador*, dice en una nota que, en este linaje de asuntos, el santanderino había precedido a las novelas de *episodios históricos* de Erckmann-Chatrian. Si se piensa que estos *episodios* de los escritores franceses han sido aducidos —no importa con qué exactitud— como posibles modelos de los *episodios* de Galdós, la novela de Trueba cobra particular relieve.

*Gómez Arias* fue traducido al español y publicado en Madrid, en 1831, en versión libre y mutilada, y calificada por Menéndez y Pelayo como de muy poco feliz. *The Castilian* fue traducido, también en versión libre, y publicado en Barcelona en 1845, con el título de *El Castellano. El Príncipe Negro en España*. El *Romance of History* fue traducido, también con supresiones, y publicado en Barcelona-Madrid en 1840, pero no directamente del original sino de la versión francesa. El *Gómez Arias*, según don Marcelino, fue traducido al francés, al alemán, al holandés y al ruso. No es fácil

---

20 *Románticos y liberales...*, cit., pág. 276.

21 Marcelino Menéndez y Pelayo, «Estudios críticos sobre escritores montañeses. Don Telesforo Trueba y Cossío», en *Estudios y discursos de crítica histórica y literaria*, ed. nacional, vol. VI, Santander, 1941, págs. 87-178; la cita en pág. 142, nota 2.

determinar en qué medida las obras inglesas de Trueba, traducidas tarde
y mal, pudieron influir en la producción de novelas históricas españolas.
Pero su interés literario no es por eso menor. Menéndez y Pelayo afirma
que Trueba «inició el género *español* en la literatura británica, y por la
influencia de sus obras, sentida desde Inglaterra hasta Rusia, extendió y
popularizó más que nadie el conocimiento de nuestra historia y tradiciones nacionales»; que comparte con Blanco «la gloria de haber escrito con
vigor, pureza y corrección el inglés en obras de extensión e importancia»;
que precedió y sirvió de poderoso estímulo al duque de Rivas «para lanzarse resueltamente en el camino del *romanticismo histórico*»; y «que puede y debe considerarse como padre de la *novela histórica* entre nosotros,
por más que escribiera en una lengua extraña»[22].

Cuando a la muerte de Fernando VII se otorgó la amnistía a los emigrados, Trueba regresó a España; fue elegido diputado a Cortes por su provincia y ocupó el puesto de secretario en el «Estamento de Procuradores».
Participó activamente en la política en las jornadas que siguieron a la
promulgación del *Estatuto Real*, y en 1835 se trasladó a París, donde residía su madre, y donde falleció a los pocos meses, recién cumplidos los
36 años de edad.

Considerable importancia, dentro del tema morisco, ocupa **Estanislao
de Kostka Vayo**, nacido en Valencia en 1804. Vayo inició su carrera literaria
con una novela epistolar, *Voyleano o la exaltación de las pasiones* (Valencia, 1827), obra primeriza, entre sentimental y educativa, localizada durante
la Guerra de la Independencia. *Los terremotos de Orihuela, o Enrique y
Florentina* (1829) combina una historia sentimental con descripciones realistas del terremoto y del campo de aquella ciudad. Su interés por Oriente
llevó a Vayo a escribir *Grecia o La doncella de Missolonghi* (1830), con la
que se inicia su conversión al romanticismo. Dentro de éste, su obra más
representativa es *La conquista de Valencia por el Cid*, novela histórica na-
*cional*, publicada en Valencia en 1831. Al final de su prólogo Vayo declara,
con evidente satisfacción, que su novela «es original española, y que en
toda ella no hay ni un pasaje ni una palabra copiada de los novelistas
extranjeros». Ferreras, que reproduce este pasaje, destaca[23] la conciencia
que de su originalidad posee el autor y el avance que representa sobre la

----

[22] Ídem, íd., págs. 148-149.

Recién salida de molde, pero compuestas ya tipográficamente estas páginas y sin posibilidad de incorporarla a ellas, nos llega la voluminosa monografía, rigurosamente
documentada, de Salvador García Castañeda, *Don Telesforo de Trueba y Cossío (1799-
1835). Su tiempo, su vida y su obra*, Instituto de Literatura José M.ª de Pereda, Diputación Provincial de Santander, 1978; estudio fundamental, y desde ahora imprescindible,
sobre la obra del escritor montañés y su compleja relación con la literatura y sociedad
inglesas de la época.

[23] *El triunfo del liberalismo...*, cit., pág. 116.

obra de López Soler, aunque sigue en realidad los pasos de éste, persuadido como él de que al cultivar la novela histórica está contribuyendo a introducir en la literatura de su país un género literario, la novela, despreciado hasta entonces, y dentro de la modalidad de la mayor aceptación en aquel momento en toda la literatura europea. Ferreras sostiene que en la descripción del paisaje, en el sentido del color, del olor y hasta de los sonidos excede Vayo a todos sus contemporáneos; y aunque carece de viveza en el diálogo —el gran escollo de nuestros novelistas, que años más tarde tenía que denunciar Galdós— sobresale en las descripciones y en la pulcritud del lenguaje, sólo declamatorio en ocasiones. El héroe de la novela es, por supuesto, el Cid, pero el autor mezcla su admiración por él y por el mundo cristiano medieval con el interés hacia los personajes y la vida del mundo árabe. A éste volvió en 1834 con su novela *Los expatriados. Zulema y Gazul*, en la que presenta dramáticamente la expulsión de los moriscos, destierro en el que, como tantas producciones de la época, traspone el autor el de los españoles de su tiempo, forzados a emigrar por el absolutismo de Fernando. Vayo cultivó también la novela satírica de costumbres con *Aventuras de un elegante* (1832).

Estudiadas en las páginas correspondientes a sus autores respectivos las novelas históricas de Larra, Espronceda, Escosura, Ochoa, García de Villalta, Martínez de la Rosa, sólo falta considerar la que viene siendo considerada como la obra más notable del género, *El señor de Bembibre*, de Enrique Gil y Carrasco.

### ENRIQUE GIL Y CARRASCO

Entre las figuras del romanticismo tenidas como secundarias destaca la personalidad de Enrique Gil, poeta lírico, crítico, costumbrista y autor de la más importante novela histórica compuesta en nuestra lengua durante la época romántica. Se honró con la amistad de los más destacados escritores de su tiempo y gozó en los círculos literarios de no pequeña estima, pero la misma moderación de su personalidad y lo breve de su existencia difuminaron pronto su huella; sus composiciones poéticas, esparcidas en diversas publicaciones periódicas, no fueron reunidas en volumen hasta un cuarto de siglo después de su muerte, y el primer estudio de importancia dedicado a su obra no apareció hasta 1915. En las últimas décadas, sin embargo, Enrique Gil ha venido siendo objeto de creciente atención, valorado como un poeta «distinto», representante de una peculiar escuela romántica y precedente en buena medida del intimismo lírico de

Bécquer. Lomba y Pedraja, autor de ese primer estudio a que aludimos [24], subraya las posibilidades existentes en Enrique Gil, truncadas por una muerte prematura: «Su naturaleza —dice— era rica y compleja; su desarrollo, por eso mismo sin duda, era lento. Tiene ganado en concepto nuestro el derecho a que se le juzgue como superior a cuanto produjo. Según son los indicios, se malogró en él un talento que no fue de segunda fila» [25].

NOTICIA BIOGRÁFICA

Enrique Gil y Carrasco nació el 15 de julio de 1815 en Villafranca del Bierzo, provincia de León [26]. Pasó su niñez y primera juventud en su comarca natal. Estudió latín con los padres agustinos de Ponferrada, filosofía con los benedictinos de Vega de Espinareda y luego un año más en el seminario conciliar de Astorga [27]. Como alumno libre estudió leyes un año en su propia casa, y en 1832, a sus diecisiete, se matriculó del segundo curso en la Universidad de Valladolid, pero hubo de interrumpir sus estudios por dificultades económicas. En 1836, teniendo 21, se trasladó a Madrid para continuar su carrera de leyes, que concluyó en 1839. Apasionado de la literatura, hizo pronto amistad con Espronceda, Rivas, Zorrilla, Larra —en cuyo entierro estuvo presente—, Pastor Díaz, Miguel de los Santos Álvarez, Ros de Olano, García de Villalta, y posteriormente con Ferrer del Río y Antonio Flores. Por mediación de Espronceda, en diciembre de 1837, leyó en el Liceo su primera composición poética, *La gota de rocío*, que fue pu-

---

[24] José R. Lomba y Pedraja, «Enrique Gil y Carrasco. Su vida y su obra literaria», en *Revista de Filología Española*, II, 1915, págs. 137-179; existe también tirada aparte, Madrid, 1915 (citamos por la edición de la *Revista*).

[25] Ídem, íd., pág. 138.

[26] La primera biografía del escritor fue compuesta por su hermano Eugenio Gil con el título de *Un ensueño. Biografía*, León, 1855; se reprodujo después al frente de la primera edición de sus *Obras*, cit. luego. Para la vida de Enrique Gil cfr. además: José María Goy, *Enrique Gil y Carrasco. Su vida y sus escritos*, Astorga, 1924; el *Diario de León* lo reprodujo en folletón en 1944, con motivo del centenario de *El señor de Bembibre*, e hizo además tirada aparte. Daniel George Samuels, *Enrique Gil y Carrasco: A Study in Spanish Romanticism*, Instituto de las Españas, Nueva York, 1939. Ricardo Gullón, *Cisne sin lago. Vida y obra de Enrique Gil y Carrasco*, Madrid, 1951.

[27] «Al seminario —comenta Ricardo Gullón— se acudía entonces, como ahora, para cursar estudios de la carrera eclesiástica, pero también, a falta de otros centros de enseñanza secundaria, para adquirir conocimientos generales, principalmente de *humanidades*, consideradas fundamento de cualquier carrera. El hecho de que un muchacho vistiera ropón de colegial, convirtiéndose durante cierto tiempo en seminarista, no ha de interpretarse como indicio de vocación sacerdotal; en la región fue costumbre acomodar a los jóvenes, siquiera por unos años, en las aulas del Seminario, conscientes, quienes tal hacían, de que allí se inculcaba a los alumnos el sentido del deber y sólidos hábitos de trabajo, proporcionándoles buena preparación para ulteriores empeños» (*Cisne sin lago*, cit., págs. 41-42). Cfr., Antonio G. Orallo, «Gil y Carrasco, seminarista en Astorga», en *El Pensamiento Astorgano*, 9 de febrero de 1946.

blicada a los pocos días en *El Español* y reproducida en el *No me olvides* con una nota introductoria de Salas y Quiroga, que presagiaba la gloria del poeta.

Su mérito fue, efectivamente, reconocido, pues a las pocas semanas otro poema suyo, *La niebla*, fue seleccionado, con sólo otros cinco, para figurar en el álbum ofrecido a la reina María Cristina con ocasión de su visita al Liceo en febrero del 38. Su poema *A Polonia*, recitado también en el Liceo en junio, aseguró su reputación. Este año y el siguiente fueron los de mayor fecundidad poética de Enrique Gil. Sus poemas aparecieron en *El Español, El Liceo, El Correo Nacional* y *El Semanario Pintoresco*. Al mismo tiempo inició su tarea como crítico en *El Correo Nacional*, y en 1839 publicó en *El Semanario Pintoresco* una serie de siete artículos sobre las costumbres de León y sus monumentos.

La carrera de Enrique Gil parecía encaminada, cuando en octubre de 1839 sufrió un grave ataque de hemoptisis, que le obligó a regresar al Bierzo para convalecer. A su regreso, dirigió con García de Villalta la publicación de las *Poesías* de Espronceda y escribió sobre ellas un notable estudio crítico que publicó en *El Semanario Pintoresco*, donde también apareció su novela corta *El lago de Carucedo*. Poco después, y de nuevo por intervención de Espronceda, obtuvo un puesto en la Biblioteca Nacional, que desempeñó con alguna interrupción a causa de su enfermedad. Este empleo, además de aliviarle de sus tareas periodísticas, le permitió ahondar en sus estudios predilectos, la literatura y la historia; comenzó además a estudiar inglés y colaboró en *El Pensamiento*, fundado por sus amigos Espronceda, Miguel de los Santos Álvarez y Ros de Olano. Tras la muerte de Espronceda, a quien asistió hasta el último instante y a la que dedicó una sentida elegía, recayó en su enfermedad, y al regreso de un nuevo descanso en León colaboró en *El Laberinto* con Antonio Flores y Ferrer del Río, y emprendió la redacción de *El señor de Bembibre*, que apareció en el otoño de 1844.

Un suceso político cambió inesperadamente la vida de Enrique Gil. Su amigo González Bravo, elevado a Presidente del Gobierno, le nombró en febrero de aquel mismo año Secretario de Legación en Berlín con el encargo visible de estudiar las industrias y actividad comercial de Alemania, y la misión secreta de allanar dificultades para preparar el reconocimiento de Isabel II por el Gobierno germánico. Provisto de cartas de recomendación, entre ellas una de Martínez de la Rosa, embajador entonces en París, para el barón Von Humboldt, llegó Enrique Gil a Berlín en septiembre de 1844 después de recorrer Francia, Bélgica y Holanda.

Enrique Gil desempeñó su misión con gran brillantez e hizo de inmediato importantes amistades: el embajador francés en Berlín, marqués de Dalmacia, y su secretario el conde de Montessini, el banquero Mendelssohn, el embajador de Venezuela, Mateo Ballenilla, pero, sobre todo, le sirvió la amistosa relación con Humboldt [28], a quien Gil ofreció un ejemplar de su novela; Humboldt le presentó al rey Federico Guillermo IV, a quien entregó por su parte el libro de Gil. El monarca se interesó de tal modo por la novela que pidió mapas de El Bierzo para seguir en detalle su lectura, y concedió al escritor la Gran Medalla de Oro de Prusia. También por mediación de Humboldt fue presentado Enrique Gil al heredero de la corona y al príncipe Carlos, que le invitó a su mesa repetidas veces. Pero el rudo clima de Berlín aceleró el proceso tuberculoso del poeta. Parte del verano de 1845 lo pasó en el balneario de Reinerz, pero su enfermedad se agravó aún más; consiguió del Ministerio de Estado un permiso de cuatro meses para pasar a Niza en busca de un clima mejor, pero le fue ya imposible hacer el viaje. Falleció en Berlín el 22 de febrero de 1846 a los treinta y un años de edad [29].

SU OBRA LÍRICA

Compuso Enrique Gil treinta y tantos poemas líricos, que fueron reunidos en un volumen en 1873 bajo el título de *Poesías líricas* [30]; en su casi totalidad habían sido escritos en los años 1838 y 1839. Aunque admirador de Espronceda y muy vinculado a él, la lírica de Gil pertenece a lo que puede calificarse de *romanticismo nórdico*, caracterizado por una poesía intimista, soñadora, altamente subjetiva, tierna, sentimental, ensimismada, cargada de nostalgias, melancólica pero resignada a su vez. Los temas de su lírica son los mismos que inspiraron a todos los románticos: la naturaleza, la libertad, la religión y el amor; pero es el tono lo que distingue la voz poética de Gil de todas las demás.

---

[28] Sobre la actividad diplomática de Enrique Gil y su gran amistad con Humboldt véanse los tres últimos capítulos del libro de Gullón, cit.; Gullón reproduce en Apéndice (págs. 225-262) los documentos existentes en el Ministerio de Asuntos Exteriores sobre la gestión de Enrique Gil.

[29] Informa Lomba (estudio cit., pág. 149) de que, a su muerte, dejaba el poeta a su familia en la mayor indigencia. Para pagar las deudas que no pudo menos de contraer en Berlín a causa de su enfermedad, tuvieron que salir a subasta sus ropas, libros y muebles. Aun así quedó un pasivo de 883 francos, que el encargado de Negocios de Francia en Berlín remitió a su Ministerio, y éste, por conducto de nuestro embajador en París, hizo llegar al Ministerio de Estado, que lo pagó, pero requirió a la madre del poeta, doña Manuela Carrasco, para que repusiera dicha cantidad. Doña Manuela se excusó por pobre y ofreció unas pocas alhajas de su hijo que había recibido de Berlín, pero al cabo, por Real Orden del 15 de enero de 1855, fue relevada de todo pago. Solicitó después en tres ocasiones una pensión con que remediarse en atención a los méritos de su hijo, pero no le fue concedida.

[30] Su colector y autor del prólogo es Gumersindo Laverde Ruiz; va incluida además la mencionada biografía de Eugenio Gil; se publicó el volumen en Madrid, 1873. Las *Obras en prosa* fueron reunidas en dos volúmenes por Joaquín del Pino y Fernando de la Vera e Isla —Madrid, 1883—, con un prólogo de este último y, de nuevo, la biografía de Eugenio. Edición moderna: *Obras completas de D. Enrique Gil y Carrasco*, edición, prólogo y notas de Jorge Campos, B. A. E., Madrid, 1954.

La naturaleza ocupa en la lírica de Enrique Gil lugar predominante, y así ha podido decirse que como paisajista es el primero de todos nuestros románticos. Desde su primera composición, *La gota de rocío*, la naturaleza está presente en cada poema, en cada página que escribe. Lomba señaló [31] —y lo han repetido tras él todos los otros críticos— que, a diferencia de los otros románticos, no es la grandeza imponente, el huracán y la tormenta, el furor y desorden de los elementos la nota preferida por Gil en sus paisajes, sino la amenidad risueña, la calma apacible y melancólica, las fuerzas de la naturaleza en reposo, «espejo adecuado del alma plácida y dulce del poeta». «Los paisajes de Enrique Gil —define Lomba— son, principalmente, colores intensos y líneas vagas; a lo más, rumores de aguas, susurros de la brisa en las hojas y cantos melodiosos de pájaros» [32]. A este profundo sentimiento de la naturaleza es conducido Enrique Gil por el entrañable amor a su región, El Bierzo, que tantas veces había recorrido y estudiado apasionadamente, donde vivió su niñez y mocedad, a donde acudió en busca de reposo y salud en las crisis de su dolencia, y que llevó siempre en el alma, llena de nostalgia, cuando se hallaba ausente.

Esta naturaleza tan amada no es para Gil —a diferencia también de los otros líricos románticos— mero telón de fondo, indiferente al hombre, sino que está asociada a su propia intimidad, simboliza su propio existir y provoca las meditaciones del poeta, al tiempo que le ofrece refugio y consuelo para sus tristezas. La gota de rocío es para Gil la imagen de todo lo puro y tierno, pero a la vez de la «fragilidad de lo bello y de la poca duración de cuanto nos cautiva» [33]. En *La niebla*, ésta se muestra al poeta como una amiga que difumina la amarga realidad y calma sus inquietudes, al tiempo que, velando los contornos, estimula su imaginación poblándola de ansiadas bellezas; en *La nube blanca*, las nubes sugieren visiones de tierras y edades diferentes y provocan ideas de infinito; en *Un día de soledad*, con una exaltación —comenta Samuels [34]— que hace este poema superior a todo lo de los otros líricos contemporáneos, meros repetidores de convencionalismos, proclama como remedio superior el retiro a la naturaleza [35]; en *El cautivo*, el mar es el único consuelo para un prisionero,

---

[31]  Estudio cit., págs. 163-164.
[32]  Idem, íd., pág. 164.
[33]  Ricardo Gullón, *Cisne sin lago*, cit., pág. 93. «Este primer canto —sigue comentando Gullón— situó al autor entre quienes sueñan la vida con melancolía, porque saben sus venturas breves y transitorias, llamadas a evaporarse en los aires como gota de rocío, o, como ella también, a perderse en la tierra impura, donde se trueca 'en lodo su beldad'. El poeta quiso simbolizar en la gota de rocío su propia existencia y su destino».
[34]  Obra cit., pág. 44.
[35]  Reproduzcamos siquiera las dos primeras estrofas:

> *Hay una voz dulcísima, inefable,*
> *De tierno encanto y apacible nombre,*

que ve simbolizada en él la tormenta de su espíritu; en *La violeta*, considerada como la obra maestra de la lírica de Enrique Gil, la flor ejemplifica la vida entera del escritor, con su efímera felicidad primera y sus ilusiones desvanecidas, su soledad y su melancolía: «En la violeta —comenta Gullón [36]— vio Enrique el emblema de su vida, y en la efímera existencia de la flor un presagio de su destino: timidez, gentileza, melancolía, pureza, fugaz e inadvertido vivir. Reaparece el sentimiento de la soledad frente al mundo, soledad confortadora para soñar y para morir, y también un profético vislumbre del futuro. La contemplación de la *solitaria flor* desencadena en el poeta una serie de emociones, cuya expresión tierna e intimista es adecuado reflejo del intenso sentimiento que las suscita. La violeta es un símbolo y en ella renacerá el poeta. Su última esperanza es ésta». Y reproduce a continuación los versos finales del poema:

> *Quizá al pasar la virgen de los valles,*
> *Enamorada y rica en juventud,*
> *Por las umbrosas y desiertas calles*
> *Do yacerá escondido mi ataúd,*
> *Irá a cortar la humilde violeta*
> *Y la pondrá en su seno con dolor;*
> *Y llorando dirá: ¡pobre poeta!*
> *¡Ya está callada el arpa del amor!*

José Luis Varela ha señalado [37] que, a pesar de la insistencia con que el tema de la soledad aparece en la lírica de Enrique Gil, es el de la añoranza o saudade el dominante, y lo descubre en tres fuentes principales: saudade de la infancia, de la tierra, y de la patria. Samuels, por su parte [38], destaca su nostalgia del pasado como un sentimiento complementario del que le inspiraba la naturaleza. El pasado, tema fundamental en el romanticismo español, es tratado por todos sus poetas, pero en la lírica de Gil provoca una reacción subjetiva que subraya la vanidad y brevedad de la existencia. Así, en *Un recuerdo de los Templarios* el poeta une el tema de la maldad humana y la irreligiosidad con el de la ruina del castillo de

---

> *Alada, pura, mística, adorable,*
> *Música eterna al corazón del hombre.*
> *  Es soledad su nombre acá en la tierra;*
> *Mas bendición los cielos la apellidan:*
> *Un misterio sin fin allí se encierra,*
> *Y a su festín los ángeles convidan.*

(ed. Campos, cit., pág. 15).

[36] *Cisne sin lago*, cit., págs. 105-106.
[37] José Luis Varela, «Semblanza isabelina de Enrique Gil», en *Cuadernos de Literatura*, VI, julio-diciembre de 1949, págs. 105-146; la cita en pág. 120.
[38] Obra cit., pág. 47.

Ponferrada, fortaleza de los templarios en el siglo XIII. La convencional evocación de las ruinas de un castillo —comenta Samuels [39]— que encontramos en la lírica del tiempo, se convierte en Enrique Gil en un resorte para la lamentación personal. De índole semejante e inspirada por motivos paralelos es la composición *El río Sil*. Samuels la compara [40] con *Un recuerdo de Arlanza*, de Zorrilla, para afirmar que las ruinas de Muñón no pudieron inspirarle a éste los hondos sentimientos que el río Sil y las de Ponferrada estimularon en Gil y Carrasco. En *La palma del desierto*, el poeta mira la palma como símbolo de una desaparecida civilización africana; y en *La caída de las hojas* evoca pretéritas culturas como símbolo del trascurso del tiempo, que convierte la gloria humana en algo fútil y evanescente.

El tema de la libertad, que tuvo su gran campeón en Espronceda, no agitó en demasía el ánimo de Enrique Gil; ni el clamor de Espronceda contra la opresión —comenta Samuels [41]— ni los vibrantes acentos de Quintana y Gallego pudieron provocar en el contemplativo Gil una respuesta entusiasta: «su poesía elegíaca transmite consuelo más bien que ardor marcial». Sin embargo, fue Enrique Gil el primer poeta que en *A Polonia* lamentó airadamente la desmembración de este país y profetizó su independencia. Sobre asuntos nacionales escribió *El dos de mayo* y *A la memoria del general Torrijos*. En la primera, Gil esquiva los tópicos de tan manido tema con cierta originalidad: después de cantar la gloria de Napoleón, derrocador de déspotas, condena su invasión de España llevada a cabo traidoramente. La elegía a Torrijos es una sentida composición que excede, sin duda, a otras sobre el mismo asunto; comparándola con la de Espronceda, Guillermo Carnero antepone la de Gil como menos artificiosa: «y sobre todo —dice— su autor nos ha hablado de sus sentimientos personales, individuales, ante la muerte de Torrijos, en vez de adoptar como Espronceda el tono épico y programáticamente *cívico* aprendido en Quintana» [42]. Otra elegía escribió también Gil *A la memoria del conde de Campo Alange*, caído en el sitio de Bilbao de 1836. Samuels compara [43] el poema de Gil con el amargo artículo que Larra le dedicó [44]; Larra —quizá en lo cierto— considera el sacrificio del conde como algo inútil, mientras que Gil subraya precisamente que «no es de dolor el himno que te canto, / no es de tristeza tu inmortal memoria» [45], porque lo mira como mártir fecundo de una santa idea.

---

[39]  Idem, íd., pág. 48.
[40]  Idem, íd., pág. 49.
[41]  Idem, íd., pág. 52.
[42]  Guillermo Carnero, *Espronceda*, Madrid, 1974, pág. 33.
[43]  Obra cit., pág. 55.
[44]  *Necrología. Exequias del conde de Campo Alange*. Véase en *Obras de D. Mariano José de Larra*, ed. de Carlos Seco Serrano, II, B. A. E., Madrid, 1960, págs. 292-294.
[45]  Ed. Campos, cit., pág. 41.

La más famosa elegía de Gil es la dedicada *A la muerte de Espronceda*.
La suavidad habitual de su lira se rompe aquí en un grito de dolor que se
expresa dramáticamente. Canta la gloria del poeta muerto, preguntándose
qué otro de sus días podía igualarle, y llora después, con desnuda sinceridad, su propio desconsuelo por la pérdida de tan grande amigo:

> *¡Oh mi Espronceda! ¡oh generosa sombra!*
> *¿Por qué mi voz se anuda en mi garganta*
> *cuando el labio te nombra?* [46].

El escepticismo y la duda, temas tan gratos a los románticos, tampoco
atormentaron con exceso el espíritu de Enrique Gil. De su amigo y maestro Espronceda aprendió la tristeza del vivir, pero a diferencia de aquél
la aceptó con resignada melancolía; la misma muerte, como declara en
*El ciene*, es soportable por su misma universalidad:

> *Cantar, dejar de existir*
> *palabras iguales son...* [47]

y porque abre las puertas de la vida sin término.

Tampoco el amor provocó en Enrique Gil desgarradas y escépticas
lamentaciones como las de *A Jarifa* o el *Canto a Teresa*. Gil, como subraya
Samuels [48], no es un poeta del amor. No parece haber conocido frustra-
ciones porque idealizó a la mujer y no pretendió encontrar sus sueños
materializados en la realidad; la simpatía y el consuelo que precisaba los
encontró en la naturaleza.

Las notas que preceden han podido ya sugerirnos las directrices capitales que rigen la personalidad de Enrique Gil. Tratando de definirle,
Lomba y Pedraja [49] lo compara con Larra en un paralelo muy ilustrador:
Larra es un intelectual, procede de la filosofía racionalista del siglo XVIII,
propone soluciones radicales que rompan con la tradición y la rutina,
busca la verdad objetiva, desea una literatura científica «expresión toda
de la época, del progreso intelectual del siglo». Gil, por el contrario, aunque se alista entre los seguidores de las tendencias nuevas, no figura entre
los radicales, ni entre los desgreñados y furibundos, sino entre los tradicionalistas y templados; antepone a todo la verdad del sentimiento subjetivo, que coloca por encima de la inteligencia; prefiere la literatura del
sentimiento y la imaginación; pertenece a la reacción espiritualista y cris-

---

46  Ídem, íd., pág. 48.
47  Ídem, íd., pág. 19.
48  Obra cit., pág. 59.
49  Estudio cit., pág. 150.

tiana, que tiene por maestro al vizconde de Chateaubriand: «Por sus principios generales de estética —escribe Lomba—, desciende de *El genio del Cristianismo*; por elementos muy íntimos y peculiares de su personalidad literaria, desciende de *René*, del *Itinerario de París a Jerusalén* y de los *Estudios históricos*» [50].

En diversas ocasiones declaró Enrique Gil su disconformidad con las tendencias del romanticismo amargo y desconsolado. Comentando las poesías de Zorrilla, escribe: «Porque estamos íntimamente convencidos de que la poesía no es otra cosa que el reflejo del sentimiento, no excita nuestra simpatía este género desconsolado y amargo, que despoja al alma hasta del placer de la melancolía, y anubla a nuestros ojos el porvenir más dulce, el porvenir de la religión» [51]. Y al estudiar las poesías de Espronceda, refiriéndose a *El verdugo* y a *El reo de muerte*, escribe que «pertenecen a la escuela amarga, sardónica y desconsolada de Byron, y son hijas de aquella escena doliente y solitaria, que menospreciaba los consuelos, y se cebaba en sus propios dolores» [52]. «Enrique Gil —comenta Gullón— se sustrajo a esta influencia por su connatural sencillez, por el arraigo de las primeras creencias y por hostilidad a los ademanes teatrales y recargados, que le parecían, como en verdad lo eran, disonantes con su auténtico modo de ser. Frente al satanismo y la rebeldía se refugia Gil en su mansa queja de hombre bueno y resignado» [53]. Además del influjo de Chateaubriand, destacado por Lomba, Samuels insiste en el muy intenso que sobre Enrique Gil ejerció Lamartine, del cual —dice [54]— aprendió su resistencia contra el pesimismo, su sentido religioso y su actitud frente a la naturaleza.

La crítica actual está poniendo de relieve el influjo ejercido por Enrique Gil en la lírica posterior. Samuels lo advierte [55] hasta en su propio maestro Espronceda, cuya Introducción a *El Diablo Mundo* revela semejanzas con el poema de Gil, *La campana*, no sólo en la métrica sino en buen número de imágenes. La huella de Gil es manifiesta en la lírica de Carolina Coronado; su poema *A la mariposa* parece sugerido —afirma Samuels [56]— por el de Gil, *La gota de rocío*, mientras que *Al lirio* y *A una gota de rocío* parecen escritos a imitación de *La violeta*. Gran semejanza existe entre *Impresiones de la primavera*, de Gil, y *Ramilletes de la primavera*, de Coronado, y rasgos de *La campana* se encuentran en *Las dos palmeras*.

---

50  Idem, íd., pág. 153.
51  «Poesías de don José Zorrilla», ed. Campos, cit., pág. 484.
52  «Poesías de don José de Espronceda», ed. Campos, cit., pág. 494.
53  *Cisne sin lago*, cit., pág. 79.
54  Obra cit., págs. 92 y 96.
55  Idem, íd., pág. 99.
56  Idem, íd.

Igualmente se percibe el influjo de Gil en otros poetas menores, como Ros de Olano, Amós de Escalante y Evaristo Silió. Pero mucho más importante es el hecho de que la obra lírica de Gil sobrevivió al cambio de gusto que sucedió al romanticismo; es precisamente su poesía, y no la apasionada de Espronceda o los poemas narrativos de Rivas o Zorrilla, la que se continúa —según Samuels subraya [57]— en la lírica íntima y subjetiva de Florentino Sanz y de Bécquer. La muerte del poeta, conmemorada por Fernando de la Vera en su composición *En la tumba de don Enrique Gil*, inspiró a Florentino Sanz su famosa *Epístola a Pedro*, que describe su visita a la tumba del escritor, en Berlín, y alude directamente a *La violeta*. Samuels sugiere como muy posible que Bécquer, lector de Sanz, conociera el poema de éste y se interesara a través de él por la poesía de Gil; hasta la tragedia del leonés tenía que recordarle la suya propia puesto que sufría la misma enfermedad. En cualquier caso, es evidente que les une la misma vaga y ensoñadora atmósfera poética y la misma identificación de su espíritu con la naturaleza; en el terreno de la relación concreta, hay un eco evidente de *La violeta* de Gil en la *Rima V* de Bécquer y en la famosa *de las golondrinas*, y también de *El ruiseñor y la rosa*, de Gil, en la *Rima X* del sevillano. Señala Samuels [58] que la presencia de la lírica de Gil en la de Bécquer, cuando los poemas del leonés andaban todavía perdidos en viejas publicaciones, es clara prueba del aprecio en que le tenía el poeta de las *Rimas*.

### LA CRÍTICA LITERARIA DE ENRIQUE GIL

Entre 1838 y 1844 Enrique Gil escribió cerca de cuarenta artículos de crítica literaria. La mayor parte son recensiones de obras dramáticas, pero los más importantes son sus estudios sobre Zorrilla, Espronceda y el duque de Rivas. El artículo sobre Zorrilla, en opinión de Samuels [59], es el más atinado que se escribió en su tiempo sobre el autor de *Don Juan Tenorio*, pero importa además por sus ideas de conjunto sobre el romanticismo. Como Larra había afirmado anteriormente, Gil sostiene que la literatura debía abarcarlo todo y no ser el producto de una sola escuela. Merece la pena citar sus palabras, prudentemente equilibradas en medio de las disputas de partido: «Nosotros —dice— aceptamos del *clasicismo* el criterio de la lógica; no la lógica de las reglas, insuficiente y mezquina para las necesidades morales de la época, sino la lógica del sentimiento, la verdad de la inspiración, y del *romanticismo* aceptamos todo el vuelo de esta inspiración, toda la llama y el calor de las pasiones. Aquel vuelo, empero,

---

[57]  Idem, íd., pág. 101.
[58]  Idem, íd., pág. 103.
[59]  Idem, íd., pág. 106.

ha de ser por el espacio infinito que el alma del hombre puede cruzar, y la llama y el calor de las pasiones han de ser reales y espontáneos, y no fosfórico resplandor, que luzca vistoso un instante para apagarse apenas le toquen» [60]. Y concluye luego su idea con unas palabras repetidamente citadas: «¿Por qué no mirar como hermanos a Sófocles y a Shakespeare, a Calderón y a Molière, a Byron y a Cervantes, cuando Dios puso en la frente de todos la estrella rutilante del genio? Preferir la discordia a la armonía es idea digna tan solamente del Satanás de Milton en acecho de las delicias del Paraíso» [61].

Igualmente certero es el juicio de Gil sobre Espronceda. Admite el pesimismo de su amigo y maestro como «la expresión más cabal de aquella poesía escéptica, falta de fe, desnuda de esperanza y rica de desengaño y dolores, que más bien desgarra el corazón que lo conmueve» [62]. En este sentido, admira la poesía de Espronceda por su sinceridad y pondera la perfección con que da vida de arte a tales sentimientos, pero los rechaza en sí mismos en un bello pasaje, que define como pocos la actitud humana de Enrique Gil: «Necesario es, pues —dice—, aceptarla a despecho de su desabrimiento, y aun cuando se hayan abierto sendas más luminosas y enderezadas a mejor término en el campo de la literatura; mas no por eso dejaremos de decir, que cerrar al hombre las puertas de la esperanza equivale a falsear su índole y contrariar sus más naturales impulsos. Semejante filosofía ni perfecciona, ni enseña a la humanidad: hija del orgullo y del desengaño, llega a formar de cada hombre un ser aparte, y rota la asociación de los afectos más dulces del corazón, sólo conduce al individualismo y a la anarquía en moral. Y cuenta con que no es esto lo que necesita un siglo de suyo egoísta y frío: consuelos y no sarcasmos ha menester el corazón de los más; esperanzas y no desencantos es lo que nos deben ofrecer, porque la desesperación y la duda son impotentes para todo menos para el mal» [63].

En su artículo sobre el duque de Rivas muestra también Enrique Gil su agudeza crítica; fue de los primeros en señalar el influjo de Walter Scott sobre *El Moro expósito;* y en cuanto a los romances, los destaca como una corriente vital para el romanticismo por ser una literatura popular, nacional y libre de preceptos artificiales.

Consideramos de la mayor importancia el comentario de Gil, en dicho artículo, sobre el valor ocasional, de oportunidad histórica, que encerraba la disciplina neoclásica: «A tal punto —dice— habían venido las musas castellanas en el desastroso reinado de Carlos II, que sin duda era preciso un remedio poderoso para regenerarlas y rejuvenecerlas; y aun para dis-

[60] Ed. Campos, cit., págs. 481-482.
[61] Ídem, íd., pág. 482.
[62] Ídem, íd., pág. 495.
[63] Ídem, íd., págs. 495-496.

ciplinar las tendencias anárquicas de la época convendremos en que la restauración de los códigos del buen gusto *clásico* era medida de la mayor eficacia; pero lo que como contraveneno y so color de medicina se introdujo, diéronlo aún, después de combatida la enfermedad, por alimento de uso cotidiano, y esto bastó para alterar y viciar el temperamento poético (si es lícito decirlo así) de nuestra nación. Si la literatura es el reflejo de la sociedad, como lo demuestra la historia de todos los pueblos a quien desapasionadamente la recorra, sin duda se equivocaban los que, sin tener en cuenta más que el espíritu de obediencia y de imitación, trasladaban a nuestro país las formas del sentimiento de otro, en cuyas circunstancias se advertía escasa analogía con las nuestras»[64]. En su comentario sobre Zorrilla había ya expuesto Enrique Gil idéntica opinión: «Si variamos de época —escribe—, añadiremos que aceptamos el clasicismo por entero entre nosotros durante todo el siglo XVIII, como una idea poderosa de orden y de disciplina, única capaz de corregir la anarquía y confusión que se introdujo en la literatura hacia la postrera mitad del siglo XVII; y que aceptamos el romanticismo aun con sus extravíos a principios del siglo presente, como único medio de emancipar el genio de las injustas cadenas de los reglistas»[65].

Porque revela el esfuerzo de Gil por mantener una equilibrada actitud ante las diversas escuelas, es de gran interés también el artículo sobre los *Cuentos* de Hoffmann, traducidos por Cayetano Cortés. Gil rechaza la opinión de Walter Scott, que tenía a Hoffmann por vago y fantástico y le acusaba de no haber embellecido las escenas bajas y prosaicas de la vida tabernaria que a veces describe. Enrique Gil, por el contrario, valora los cuentos del alemán como un producto de su tiempo, del mismo modo que los dramas de Shakespeare lo fueron del suyo. Para Gil, «así como la literatura en general y en abstracto es la expresión de la sociedad y de la época, del mismo modo la poesía en especial y en concreto es el reflejo del sentimiento y de la imaginación del individuo»[66]; la imaginación, la sensibilidad, el carácter irritable, la organización física de Hoffmann le convertían en un ser excepcional, como lo era también la vida que observaba. «Hoffmann —comenta Varela— queda absuelto y aun glorificado en nombre de esa absoluta libertad e impunidad del artista romántico»[67].

Escribió también Enrique Gil un ensayo sobre Luis Vives, en el que traza un interesante paralelo entre el humanista valenciano y Rousseau.

---

[64] Idem, íd., pág. 511.
[65] Idem, íd., pág. 482.
[66] Idem, íd., pág. 486.
[67] «Semblanza isabelina...», cit., pág. 115.

LOS ARTÍCULOS DE COSTUMBRES Y DE VIAJES

Enrique Gil pagó tributo al gusto romántico por el costumbrismo con seis artículos, cinco de los cuales —*Los maragatos, El pastor trashumante, Los montañeses de León, Los asturianos* y *Los pasiegos*— aparecieron en *El Semanario Pintoresco*, y uno, *El segador*, fue publicado en *Los españoles pintados por sí mismos*. A diferencia de Mesonero y de Larra, el costumbrismo de Gil no contempla la realidad ni como curioso observador de pintoresquismos ni como crítico reformador; está, más bien, según explica Lomba, en la línea de Somoza y de «El Solitario», «que no miraban el mundo que les rodeaba con ojos de moralistas o de sociólogos, sino sencillamente de poetas; que no se atormentaban con la idea del progreso social, o le entendían a su manera y no tenían puesta la mira en la sociedad extranjera para emularla; éstos conservaron la originalidad nacional en el género, sin detrimento del Arte ni del interés literario»[68]. Enrique Gil, según afirma Samuels[69], revela un sincero esfuerzo por informar al lector sobre León y sus alrededores, con fieles descripciones de la vida en esta provincia y penetrantes observaciones sobre sus hombres y costumbres. El marco de sus relatos permite al escritor demorarse en las descripciones de la naturaleza que le era tan querida, pero al mismo tiempo revela profunda agudeza psicológica en la pintura de los tipos.

De entre los seis artículos merece destacarse *El segador*, que se distingue de los otros por sus abundantes rasgos humorísticos, y sobre todo *El pastor trashumante*, que Lomba pondera especialmente: «Enrique Gil —comenta— presenta al pastor leonés unido íntimamente a su medio, formando indisolublemente con él un conjunto de poesía llena de verdad, de gracia y de carácter, que nada tiene que ver con las escenas convencionales y descoloridas de la novela clásica pastoril; que, al contrario, está compuesta de observación realista, de sentimiento profundo del paisaje y de amor entrañable a la naturaleza, a la tradición y a la sencillez y salud de los primitivos»[70].

Gran aficionado a la Arqueología y a la Historia, Enrique Gil dejó también varios relatos de viajes y descripciones arquitectónicas. A estas últimas pertenecen *San Marcos de León, El castillo de Simancas* y *Una visita al Escorial*. A los primeros, el *Diario de viaje*, escrito al correr de la pluma camino de Berlín, algo atropellado y quizá no destinado a la publicación; y el *Bosquejo de un viaje a una provincia del interior*, la de León precisa

---

[68] Estudio cit., págs. 157-158.
[69] Obra cit., pág. 123.
[70] Estudio cit., pág. 159.

mente, de mucho mayor importancia. Lomba valora el *Bosquejo* principalmente por estimarlo como un estudio preparatorio para su novela *El señor de Bembibre*; fue el resultado de muchos viajes y excursiones realizados en años y estaciones diferentes; hay descripciones geográficas y estudios de los tesoros históricos y arqueológicos, para los cuales utiliza fuentes conocidas —la *España Sagrada*, de Flórez, la *Historia*, de Mariana, el *Viaje*, de Ponz, la *Teoría de la Pintura*, de Palomino, el *Arte de la Pintura*, de Pacheco—, pero dando a la vez sus propias observaciones, inspiradas por su personal sentimiento artístico, muy superior —en opinión de Lomba [71]— a su preparación arqueológica. Para dar animación a su *Bosquejo*, Gil no descuida tampoco la pintura de paisajes y tipos curiosos así como los incidentes y peripecias del viaje.

ENRIQUE GIL, NOVELISTA. «EL SEÑOR DE BEMBIBRE»

El nombre de Enrique Gil va particularmente unido a su novela histórica *El señor de Bembibre*, pero Gil se ejercitó previamente en la prosa novelesca con dos relatos breves. El primero de ellos es *El amanecer de la Florida*, publicado en noviembre de 1838. Su protagonista, Ricardo, ha perdido a sus padres y a su prometida, a consecuencia de lo cual pierde la fe y piensa en suicidarse. En una tarde de agosto entra casualmente en la ermita de San Antonio de la Florida y contempla la pintura de la Gloria hecha por Goya. En uno de los ángeles cree reconocer a su novia, Angélica, y oye de su boca tiernas palabras de consuelo que calman su tristeza y le devuelven la fe en Dios. Cae de rodillas y reza, mientras las campanas de la ermita repican solas. El relato de Gil, según Samuels advierte [72], debe mucho a Chateaubriand y a López Soler; de nuevo, como hemos visto en su lírica, el consuelo religioso remedia la desesperación al modo de Byron. Samuels señala los puntos de contacto que *El amanecer de la Florida* guarda especialmente con *René*, tanto en su anécdota como en la atmósfera poética.

La segunda novela breve de Gil fue *El lago de Carucedo*, publicada en *El Semanario Pintoresco* en 1840. Se basa en una leyenda relacionada con el lago de dicho nombre, existente en la provincia natal del autor, y que se supone producido por un terremoto. Consiste el relato en la historia de un pastor, Salvador, y de su novia, María, que es raptada por el señor del castillo de Cornatel. Salvador la rescata, pero tiene que huir de la persecución del señor y busca olvido en la guerra y en la aventura; toma parte en la conquista de Granada y embarca con Colón en su primer viaje.

---

[71]  Idem, íd., pág. 163.
[72]  Obra cit., pág. 150.

Cansado de sus andanzas regresa al fin a su tierra y profesa como monje en el monasterio de San Mauro, de donde a poco es elegido abad. Un día encuentra a María, que se había vuelto loca; la presencia del amado le devuelve la razón, pero su felicidad es imposible por los votos de Salvador. Éste intenta atraerla, sin embargo, pero los dos amantes son tragados en el cataclismo que da origen al lago.

La leyenda básica está entretejida con los sucesos históricos a que el protagonista asiste, para los cuales se sirvió el autor de diversas fuentes, desde las clásicas bien conocidas hasta algunas muy recientes, como la novela de Martínez de la Rosa, *Doña Isabel de Solís*. Literariamente, *El lago de Carucedo* es una obra del más genuino romanticismo; como Samuels constata [73], abunda en situaciones extremas y ricamente variadas: la soledad y la violencia de la guerra, la resignación del claustro y los ardores de la pasión, la rústica inocencia y el dolor desilusionado. El *sino* es decisivo en el proceso de la novela, casi como su tema principal. Toda la narración está saturada de melancolía romántica: juventud perdida, amor perdido, perdidas ilusiones, el cansancio del mundo y el deseo de soledad como refugio contra los desengaños del vivir, motivos todos frecuentísimos en la lírica de Enrique Gil, invaden también las páginas de *El lago de Carucedo*. Sus descripciones, en una prosa lírica y armoniosa, son bellísimas, y no podrá ya sorprender si afirmamos que constituyen lo mejor del relato.

En 1844, cuatro años después de *El lago de Carucedo*, publicó Enrique Gil su última y más importante obra, *El señor de Bembibre*. Los críticos coetáneos apenas le prestaron atención; por aquellas fechas, el público español estaba perdiendo interés en la novela histórica, la boga de Scott había empezado a desvanecerse y la novela comenzaba a orientarse por el camino de la observación directa y del costumbrismo. *El señor de Bembibre* ha tenido que esperar largos años para que se reconozca su importancia; hoy se piensa unánimemente que la obra de Gil es la mejor novela histórica que produjo nuestro romanticismo.

El argumento se basa en los amores infortunados de don Álvaro Yáñez, último señor de Bembibre, con doña Beatriz Ossorio, trama que se combina con la caída de la Orden del Temple, que es la verdadera protagonista de la novela. El autor se había preparado con cuidado, no precisamente en el terreno de la erudición o la arqueología, como advierte Lomba, sino estudiando con amor el escenario de su relato: «Comenzó por estudiar el Bierzo y amarle; sobre esta base se edificó la fábula. El transcurso de los siglos había depositado en el seno de la bella y amada comarca un tesoro de poesía en las ruinas de construcciones del Temple. El

---

[73] Ídem, íd., pág. 155.

poeta no tuvo que hacer sino desenterrarle, animar aquel mundo muerto, poblar de nuevo aquel escenario histórico que muchas veces había contemplado en su conjunto desde el pico de la Aquiana, o desde el puerto del Manzanal, o desde las cumbres de las Médulas; cuyos castillos y monasterios había registrado y descrito, cuyos cármenes y sotos le eran familiares, con cuyos recuerdos se había extasiado en las páginas de Flórez, de Risco, de Mariana y del cronista de Fernando IV»[74]. La amorosa contemplación de Gil le permitió lograr lo que es más notable en su novela: una perfecta fusión artística del fondo histórico, de las peripecias novelescas y del marco geográfico en que tienen lugar. A diferencia de la casi totalidad de las otras novelas de su especie, los acontecimientos históricos no constituyen mero fondo decorativo para la intriga, sino que ambos se integran en un perfecto conjunto armónico.

De nuevo, el amor al paisaje que describe, le inspira a Gil las páginas más bellas, y su perfecto conocimiento de cada palmo del terreno confiere a la novela su peculiar carácter de firmeza y realidad, que, como advierte Lomba[75], da consistencia a la ficción. Si los personajes, en un ambiente de nobleza y caballería, pueden parecernos en ocasiones algo convencionales, el marco que los aprisiona sostiene eficazmente el conjunto. Ningún escritor de su tiempo iguala a Gil como pintor de la naturaleza. Samuels subraya[76] que su descripción, en *El señor de Bembibre*, es realista. Si en su lírica las imágenes suelen ser vagas e indefinidas, ahora son claras y concretas; el autor utiliza nombres existentes, identifica con exactitud árboles y pájaros, presta atención a la vida y al movimiento; la naturaleza no es, como en sus versos, un consuelo o refugio, sino realidad viviente, bella en sí misma.

La psicología de los caracteres ha merecido serios reparos; Lomba[77] es particularmente duro con la protagonista, portadora de todas las delicuescencias románticas, y señala también el excesivo sentimentalismo de muchos personajes, impropio de su condición, así como el envaramiento de su carácter, ya que el autor pretende hacer a cada uno representante de una virtud o vicio, de una idea o tendencia particular[78]. Samuels, que

---

[74] Estudio cit., pág. 166.
[75] Ídem, íd., pág. 169.
[76] Obra cit., pág. 210.
[77] Estudio cit., págs. 174-175.
[78] «Gil —escribe Gullón— prefiere tomar bondad y maldad en su estado puro, encarnándolas en entes novelescos. El modo de abordar los hechos y la inventiva del autor responden a una representación ideal del mundo; son netamente idealistas, y reveladores de cómo estaba forjada el alma de Enrique Gil, creyente en la supremacía de lo ideal y ni siquiera desdeñoso —sino ignorante— de cuanto se refiere a la materia. Su concepción de la vida es algo simplista: niega la complejidad de los hechos y quiere reducirlos al etéreo esquema de su fantasear» (*Cisne sin lago*, cit., págs. 197-198). «Los personajes de la novela —añade luego— tienen almas sencillas, poseídas unilateralmente por una pasión. Don Álvaro es arquetipo del caballero; Beatriz, de

reconoce en general estas deficiencias, subraya [79], en cambio, la propiedad y energía de Cosme de Andrade, montañero gallego, que por primera vez —dice— encarna al hombre del pueblo, consciente de su condición y deseoso de hacérsela sentir a los demás. Todos los críticos, sin embargo, han ponderado la animación y movimiento que Gil sabe comunicar a las diversas situaciones y sus altas dotes para la narración dramática; y, por descontado, la suavidad y armonía de su estilo, «claro, sencillo y natural; nunca muy concentrado, pero continuamente lleno y expresivo. Tiene una fluidez apacible y fácil, que agrada. Tiene una amplitud que le permite entrar en toda clase de incidencias y explicaciones sin interrumpir el tono ni la suave corriente de las ideas. No hay centellas fulgurantes de inspiración; no hay ráfagas impetuosas de elocuencia; pero tampoco hay desmayos. En ningún otro trabajo mostró el autor tanta maestría y tanta holgura en el manejo del idioma» [80].

Hemos dicho que la Orden del Temple es el verdadero protagonista de *El señor de Bembibre*. La caída de los Templarios había interesado siempre a nuestro novelista; en 1838 había dedicado a su memoria dos poemas: *Un recuerdo de los Templarios* y *El río Sil*; y la visita a las ruinas del castillo de Ponferrada, una de sus mayores fortalezas, hecha en 1842, según refiere en el *Bosquejo*, le impresionó profundamente. Samuels explica [81] que la actitud favorable a los Templarios era general entonces y constituía una de las corrientes intelectuales legadas al romanticismo por los escritores de la Ilustración. Durante el siglo XVIII se habían publicado, en efecto, varias defensas del Temple: Samuels aduce los *Reparos históricos*, de Salazar y Castro, en 1723; las *Disertaciones históricas del orden del Temple*, de Campomanes, en 1747; una *Carta erudita* de Feijoo, la XXXVIII, *Sobre la causa de los Templarios*; y, ya en el siglo XIX, diversos comentarios de Jaime Villanueva en su *Viaje a las iglesias de España* (1806), la *Historia y tragedia de los templarios*, de Santiago López (1813), y la *Historia de los Templarios*, de Joaquín Bastús (1834). Se había traducido además la *Historia* de Michelet, altamente favorable a la Orden.

Lomba y Pedraja concede especial importancia al influjo de este último sobre Enrique Gil en lo concerniente a la «poetización» de los Templarios; Samuels, por el contrario, rebaja la supuesta influencia de Michelet, que estima innecesaria, pues aquélla pertenecía a la tan arraigada idealización

---

la dama. Al padre la ambición le quita conocimiento: es bueno, pero bastante bruto. El perverso Conde, el Comendador Saldaña corajudo y obstinado, Cosme de Andrade de nobleza ruda e insobornable, la fiel doncella y el escudero leal, completan el censo de principales figuras. Gil no matiza las contradicciones íntimas; la psicología es rudimentaria, limitada al estudio de un mecanismo sencillo, mostrado con pulcra desenvoltura» (págs. 198-199).

79 Obra cit., pág. 204.
80 Lomba, estudio cit., pág. 175.
81 Obra cit., pág. 169.

romántica de la Edad Media, bien visible en Gil, desde varios años atrás, en los dos mencionados poemas. También, según Lomba, Enrique Gil había transportado a tierras de León circunstancias descritas por Michelet, sólo aplicables a Francia, sobre todo en lo concerniente a la hostilidad popular contra la Orden. Samuels opina, por el contrario, que Gil, a falta de suficiente información al respecto, traspuso a tierras leonesas los acontecimientos del reino de Aragón según los describen Zurita, Mariana y Campomanes, aunque se sirvió también de Michelet para detalles referentes a las ceremonias y costumbres de los Templarios.

En cuanto a las fuentes específicamente literarias, Samuels señala a Byron, Walter Scott, Chateaubriand y Manzoni entre los extranjeros, y a considerable número de novelistas y dramaturgos —Rivas, Hartzenbusch, Espronceda— entre los españoles. Samuels afirma [82] que *El señor de Bembibre* debe más a estos últimos —en argumento, atmósfera y caracterización— que al popular novelista escocés, aunque se han venido señalando supuestas imitaciones de *Ivanhoe* y de *The Bride of Lammermoor*. También Allison Peers había sostenido que las semejanzas existentes entre dichas novelas y la de Gil se deben tan sólo a las convenciones literarias de la época, aunque no pueden ignorarse algunos pequeños préstamos concretos [83]. Samuels subraya, en cambio, la huella de Manzoni, de quien el novelista español aprendió la tendencia moral y el tono religioso, la piedad y la resignación ante las realidades de la existencia, el arrepentimiento como una fuerza del espíritu. También de Manzoni —añade Samuels [84]— deriva Gil su reacción contra el fatalismo, al modo del *Don Álvaro*, que había jugado todavía papel tan decisivo en *El lago de Carucedo*; y cuando el *sino* parece manifestarse, sus víctimas encuentran el consuelo en la fe y la aceptación de la divina voluntad.

En relación con las fuentes nacionales, Samuels afirma [85] que los personajes principales de *El señor de Bembibre* —Álvaro, Beatriz, Lemus— responden a los caracteres peculiares del drama romántico español: Álvaro, en su nobleza, valor y pasión, tiene mucho en común con Diego Marsilla, con Macías, con el Trovador —con éste especialmente— y con don Álvaro; y su amada Beatriz se parece a cualquiera de sus respectivas heroínas. También subraya Samuels el influjo sobre la novela de Gil de otras novelas españolas, entre ellas *Sancho Saldaña*, de Espronceda, *Gómez Arias*, de Trueba y Cossío, y *El Templario y la villana*, de Juan Cortada [85a].

---

[82] Ídem, íd., pág. 184.

[83] E. Allison Peers, «Studies in the Influence of Sir Walter Scott in Spain», en *Revue Hispanique*, LXVIII, 1926, págs. 1-160; el Cap. III, correspondiente a Enrique Gil, en págs. 70-91.

[84] Obra cit., pág. 192.

[85] Ídem, íd., pág. 194.

[85a] Las páginas que preceden fueron escritas mucho antes de que fuera publicada en español la excelente monografía de Jean-Louis Picoche, *Un romántico español: Enrique*

LA EVOLUCIÓN DE LA NOVELA HISTÓRICA

Juan Ignacio Ferreras ha señalado [86] tres tendencias en la novela histórica española, que podrían también corresponder a tres períodos, aunque de hecho los dos últimos se superponen o confunden sin límites cronológicos precisos. La primera tendencia o momento es la de la *novela histórica de origen romántico*, que se inicia, como hemos visto, en 1830, o en 1823 si partimos de la novela de Húmara, y se prolonga hasta bien avanzada la década de los 40; a ella pertenecen todos los escritores examinados en las páginas precedentes o remitidos a los capítulos oportunos. La segunda tendencia es la que Ferreras denomina *novela histórica de aventuras*; comienza en la década de los 40 y concluye hacia 1860. La tercera, *novela de aventuras históricas*, aparece casi al tiempo de la anterior y queda como única tendencia dominante a partir de la última fecha mencionada.

En la *novela histórica romántica* genuina, el relato se estructura sobre un héroe en lucha con su mundo, dentro del cual no encuentran solución sus problemas individuales, y que sucumbe al cabo. En la *novela histórica de aventuras* el héroe romántico, enfrentado a la sociedad y vencido por ella, es sustituido por un protagonista que encuentra finalmente dentro de aquélla, aunque a vuelta de cien azares, su destino personal; queda el marco histórico, pero la ruptura dramática es reemplazada por la peripecia aventurera y arriesgada. En la *novela de aventuras históricas*, aunque el marco sigue apareciendo como histórico, es ya un vacío convencionalismo,

---

*Gil y Carrasco (1815-1846)*, Madrid, 1978. La lectura de este libro nos hubiera exigido reescribir todo lo anterior, pero, al cabo, hemos tenido que desistir de ello porque de haber acogido, siquiera en síntesis, la caudalosa aportación del crítico francés y relacionado sus juicios con los aquí aducidos, hubiéramos tenido que efectuar difíciles trastrueques y dar al comentario una extensión que no resultaba ya posible. Quede declarado, no obstante, nuestro deseo de aprovechar la primera oportunidad de llevarlo a cabo, porque la monografía de Picoche es realmente ejemplar; merecedora, por lo tanto, de reposada atención y de ser estudiada por cuantos puedan interesarse no sólo por la obra de Enrique Gil sino por muy varios problemas en torno al romanticismo español. Según declaración del propio Picoche en las notas bibliográficas, el libro, presentado como tesis doctoral en 1972 en la Universidad de París, constaba de más de 1.500 páginas. La versión española, efectuada por el propio autor, ha tenido que reducirse —para ser editorialmente viable— a un volumen de 400, drástica poda que ha debido de resultar difícil y que, sin duda alguna, ha tenido que eliminar detalles importantes. Queremos destacar —sin posibilidad, por el momento, de más amplio comentario— que el libro de Picoche posee en alto grado una cualidad que falta con gran frecuencia en los críticos y estudiosos de nuestro romanticismo: sin mengua, ni en un solo instante, del más exigente rigor crítico, el libro de Picoche está escrito con amor, con propósito y afán de comprender, de analizar obra y autor con el canon de sus propias medidas; y no —según viene siendo tan común— mediante la aplicación de un esquema previo, compuesto con lo que el crítico desea o imagina.

[86] *El triunfo del liberalismo...*, cit., pág. 99.

mero telón de fondo, ha perdido su efectividad, es incapaz de engendrar relaciones, de actuar sobre el protagonista; queda sólo lo más superficial y adjetivo, la trama y la aventura. Se produce así, como veremos, un proceso de degradación, que remata en paraliteratura lo que había comenzado como un proceso romántico literario.

En el predominio de esta última tendencia, que se prolonga de hecho hasta fines de siglo, pudo influir la difusión creciente de la técnica de las *entregas*, que crea una producción masiva, industrializada, de literatura popular. Es la época de los folletinistas, esclavos de editores, que escriben, o dictan, a tanto la página, de los *talleres literarios*, que fabrican novelas como un producto de consumo [87]. Pero no son sólo razones de técnica editorial o de masificación de la cultura las que provocan la evolución desde la genuina novela romántica hasta el folletín de aventuras. Se ha producido la crisis de la conciencia o visión romántica del mundo que había inspirado aquella novela, y que el propio Ferreras analiza con claridad. En la década del cincuenta —dice [88]— no caben ya los exaltados políticos ni los románticos, la sociedad se encuentra, hasta cierto punto, unida, persigue unos ideales que todos parecen compartir, se busca la industrialización, la unidad política, el funcionamiento normal de los partidos, la burguesía es ya lo suficientemente fuerte para inspirar un nuevo credo: el progreso económico. En este ambiente, el héroe romántico, inadaptado y rebelde, carece de sentido, y su aventura problemática es sustituida «por el ir y venir tras una herencia, una venganza, etc.; para el protagonista aventurero de la novela de aventuras históricas, su historia es solamente un camino que le conducirá a la fortuna, al amor, al poder; su mundo no es el universo extranjerizado del héroe romántico, sino un mundo conquistable, razonable también, y desde luego perfectamente inteligible... La novela de aventuras históricas, como toda paraliteratura, tratará de reintegrar en el seno de la sociedad la ruptura romántica; para lograrlo, se infiltrará en la misma tendencia novelesca que le da origen y la desviará de sus propios fines. Como sabemos, toda paraliteratura o toda paracultura no es una vulgarización de la cultura, sino algo más profundo y peligroso: se trata de una liquidación; por eso la paraliteratura aparece siempre detrás de la literatura: cuando ésta decae, pierde el norte y vacila, acuden los sepultureros paraculturales» [89].

La novela romántica de la primera tendencia no desaparece, sin embargo, durante las dos etapas siguientes y reaparece en ocasiones, cultivada a veces por epígonos que ofrecen todavía considerable interés. Entre

---

[87] Cfr. a este propósito los libros citados de Juan Ignacio Ferreras, *La novela por entregas*, y de Leonardo Romero Tobar, *La novela popular española del siglo XIX*.
[88] *El triunfo del liberalismo...*, cit., pág. 183.
[89] Ídem, íd., pág. 181.

éstos debe mencionarse a **Gertrudis Gómez de Avellaneda,** nacida en Cuba, en 1814, de padre español y madre cubana. Llegó a España en 1836, en pleno triunfo del romanticismo, y conquistó inmediatamente gran popularidad por sus escritos, su deslumbrante belleza, su carácter fogoso y sus dramáticos amores, el más famoso de los cuales fue su relación con el poeta García Tassara, de quien tuvo una hija, fallecida a los pocos meses [90].

La Avellaneda cultivó todos los géneros. Sus poesías se publicaron por primera vez en 1841 y luego en 1851 en edición aumentada. El amor es su tema fundamental, y sus versos eróticos son de extrema y apasionada sinceridad, en la que se funde la expresión robusta con una intensa nota subjetiva de ternura y nostalgia. Sus repetidas desilusiones le inspiraron también versos sarcásticos, de rara energía y amargura, y le llevaron asimismo a cultivar la lírica religiosa, el anhelo de la divinidad como un refugio frente al fracaso de sus pasiones. Las composiciones más famosas son *A él, Amor y orgullo, La juventud, Cuartetos escritos en un cementerio, La venganza;* y entre las religiosas *Dedicación de la lira a Dios, Plegaria a la Virgen, La Cruz, A la Ascensión, Soledades del alma* y *Elegías.* La Avellaneda era una virtuosa de la rima y escribió con preferencia en metros largos, de doce y dieciséis sílabas, con gran sentido musical. Como poetisa ha sido generalmente tenida por la más alta representante femenina del romanticismo español [91].

Escribió numerosas obras para el teatro y cultivó todos los géneros, aunque sobresalen sus tres dramas *Alfonso Munio* (1844), *Saúl* (1849) y *Baltasar* (1858). De este último dice Ferreras [92] que en él «se crea un verdadero héroe romántico, hastiado de la vida y en ruptura total con el mundo»; y Carmen Bravo-Villasante afirma que «puede catalogarse entre las mejores y más representativas [obras dramáticas] del siglo XIX» [93]. Baltasar, rey de Babilonia, hastiado de los placeres en plena juventud, no encuentra sentido a la existencia y vive enervado en su molicie hasta que la resistencia que le opone una esclava le despierta de su letargo, asom-

---

[90] Cfr., Edwin B. Williams, *The Life and Dramatic Works of Gertrudis Gómez de Avellaneda*, Filadelfia, 1924. D. Figarola-Caneda, *Gertrudis Gómez de Avellaneda. Bibliografía, biografía e iconografía*, Madrid, 1929. Emilio Cotarelo y Mori, *La Avellaneda y sus obras. Ensayo biográfico y crítico*, Madrid, 1930. Rafael Marquina, *Gertrudis Gómez de Avellaneda, La Peregrina*, La Habana, 1939. Mercedes Ballesteros, *Vida de la Avellaneda*, Madrid, 1949. Ricardo Gullón, «Tula, la incomprendida», en *Insula*, núm. 62, 1951. Antonio Rodríguez-Moñino, «Epistolario inédito de Doña Gertrudis Gómez de Avellaneda», en *Hispanófila*, VI, 1958, págs. 1-52. Carmen Bravo-Villasante, *Una vida romántica. La Avellaneda*, Madrid, 1967. Véase la copiosa bibliografía aducida por esta última, en págs. 241-248.

[91] Cfr., Juan Valera, «*Poesías líricas*, de Gertrudis Gómez de Avellaneda», en *Obras Completas*, II, 3.ª ed., Madrid, «Aguilar», 1961, págs. 370-382. Edith Kelley, «Opiniones sobre la versificación en la lírica de la Avellaneda», en *Hispanic Review*, VI, 1938, págs. 337-344.

[92] *El triunfo del liberalismo...*, cit., pág. 148.

[93] *Una vida romántica...*, cit., pág. 195.

brado de aquella *salvaje virtud*. Bravo-Villasante niega el supuesto influjo sobre la obra de la Avellaneda del *Baltasar*, de Byron, y supone que la más directa inspiración la recibe de *La vida es sueño*, de Calderón: «Baltasar, como Segismundo —dice—, pasa del sueño a la vigilia. Cuando atiende a Elda y tiene la revelación del hombre virtuoso está despierto y su corazón siente, cuando la desoye vuelve a ser el apático pagano. Alterna la esperanza y la desesperanza, el paganismo y el cristianismo. La Avellaneda describe a Baltasar 'como despertando de un sueño penoso', y a la manera de los famosos monólogos de Segismundo, en que se considera la vida como frenesí pasajero e ilusión, Baltasar también monologa desilusionado»; «El drama —añade— es una apoteosis del cristianismo, de la fuerza de la virtud, del orgullo altivo, de la libertad y de la dignidad del individuo y su noble independencia. El tema podrá ser de Byron, ya que escribió una obra con el mismo nombre, pero el espíritu es de Calderón y españolísimo»[94].

Como novelista compuso la Avellaneda cuatro obras: *Sab* (1841), *Espatolino* (1844), *Guatimozín* (1846) y *El cacique de Turmequé* (1854). *Guatimozín* es una novela histórica sobre la conquista de Méjico por Hernán Cortés, para la cual se documentó cuidadosamente la autora en las crónicas de la época; con la historia se funde una novela de amor entre la india Tecuixpa y Velázquez de León. *Espatolino* es la historia de un bandido italiano que decide rehabilitarse por amor, pero es apresado y condenado a muerte.

*Sab* es la más importante novela de la Avellaneda. Sab es un esclavo mulato que se enamora de su señora, tema romántico del amor imposible que se funde en la novela con el problema de la esclavitud. Sab, el esclavo, es un hombre apasionado que se sabe superior por la calidad de sus sentimientos, en los cuales pone todo su orgullo: «La extraordinaria novedad de la novela de la Avellaneda —comenta Bravo-Villasante— consistía en proclamar la igualdad de todos los seres humanos, sin distinción de razas ni clases, mediante el sentimiento»[95]. El mulato, adornado con todas las virtudes y poseedor además de gran belleza física, se enfrenta al blanco Enrique Ottway, prototipo del señor de la isla, cruel y codicioso. El abolicionismo —como recuerda Bravo-Villasante— era el tema del momento, y toda la novela es una condena de la esclavitud a la que se suman duros ataques contra la Iglesia y el Estado que la permiten, y contra la clase aristocrática que se lucra de ella. Cuando poco antes de su muerte, ocurrida en 1873, preparó la Avellaneda la edición de sus *Obras Completas*,

---

[94] Ídem, íd., pág. 198. Cfr., Juan Valera, «Observaciones sobre el drama *Baltasar*, de la Señora Doña Gertrudis Gómez de Avellaneda», *Obras Completas*, ed. cit., páginas 109-115.

[95] Carmen Bravo-Villasante, Introducción a su edición de *Sab*, Salamanca, 1970, pág. 20.

eliminó de ellas *Sab*. El tema de la esclavitud era entonces muy peligroso en España, que aún no la había abolido, y la escritora, que gozaba de gran favor en la Corte y en los altos círculos sociales, pudo creer que era poco oportuno reeditar el libro. Bravo-Villasante comenta, sin embargo[96], que la Avellaneda había escrito *Sab* recién llegada a España, muy impregnada todavía de un sentimiento hostil, influido por la leyenda negra, sentimiento muy vivo aún en *Guatimozín*, en donde se idealiza la vida de los indios antes de la conquista. Luego, su prolongada residencia en España, que consideraba como su segunda patria, pudo hacerle modificar sus opiniones, y ésta pudo ser otra razón para suprimir la novela de sus *Obras*. *Sab* está escrita en una prosa poemática, influida de Chateaubriand, de gran musicalidad, un tanto enfática en ocasiones, pero que se ajusta perfectamente al clima de pasión en que viven sus personajes y al mundo tropical que le sirve de marco.

Ferreras recuerda[97] que *Sab* se adelantó en diez años a la famosa novela abolicionista de Harriet Beecher Stowe, *La cabaña del tío Tom*; y comenta que «*Sab*, *Espatolino* o los héroes de *Guatimozín* son hermanos del gran *Baltasar*, del drama del mismo libro: hombres y mujeres arrojados a un mundo que no les acepta y en el que no pueden encontrar reposo»[98].

Cultivador tardío de la novela histórica fue **Francisco Navarro Villoslada**, nacido en Viana de Navarra en 1818, católico y tradicionalista intransigente, defensor del carlismo; fue un periodista combativo en numerosas publicaciones de carácter conservador, dirigió el *Semanario Pintoresco Español* y fundó *El Arpa del creyente*, *El Padre Cobos* y *El Pensamiento Español*, órgano del tradicionalismo. Durante la etapa revolucionaria de 1869 a 1874 se expatrió y ocupó el puesto de secretario particular del pretendiente don Carlos[99].

Navarro Villoslada es considerado como representante de la novela histórica regional, tendencia derivada naturalmente del particularismo romántico y que produjo el renacimiento de las literaturas gallega y catalana; este regionalismo, visible ya en *La conquista de Valencia por el Cid*, de Vayo, y en *El señor de Bembibre*, de Gil y Carrasco, pero con matices

[96] Ídem, íd., pág. 29.
[97] *El triunfo del liberalismo...*, cit., pág. 148.
[98] Ídem, íd., pág. 149. Cfr., Helena Percas, «Sobre la Avellaneda y su novela *Sab*», en *Revista Iberoamericana*, XXVIII, 1962, págs. 347-357.
[99] Cfr., Beatrice Q. Cornish, «A Contribution to the Study of the Historical Novels of Francisco Navarro Villoslada», en *Homenaje a C. Echegaray*, San Sebastián, 1928, págs. 199-234. José Simón Díaz, «Vida y obra de Francisco Navarro Villoslada», en *Revista de Bibliografía Nacional*, VII, 1946, págs. 169-220. Del mismo, «Para la biografía de Navarro Villoslada», en *Homenaje a Van Praag*, Amsterdam, 1956, págs. 117-122.

más bien líricos y emocionales, se orienta luego hacia una novela de *regionalismo político*, en que se exaltan los valores tradicionales, los usos y costumbres de la provincia en contra del centralismo castellano. La novela histórica se politiza, como hace notar Ferreras [100], porque es imposible —sobre todo en momentos de agudas tensiones políticas— sostener una conciencia histórica sin formular sobre ella un juicio político. Los temas medievales —añade— no son ya temas *inocentes*: los autores catalanes comienzan a insistir en las libertades perdidas de Cataluña; los gallegos y los vascos no sólo escriben sobre su historia patria, sino que la exaltan; «sobre la novela histórica se engarza una problemática nueva, no romántica ni ruptural, sino reivindicativa y regionalista» [101].

Navarro Villoslada cultivó el tema regional, no sólo el vasco-navarro sino también el gallego; este último en *Doña Urraca de Castilla* (1849), inspirada en la *Crónica Compostelana* y otras crónicas del siglo XII. La novela refiere las luchas que tuvieron lugar en Galicia entre doña Urraca y el obispo Gelmírez, defensor de los derechos al trono castellano y gallego del hijo de la reina y de su primer marido, don Raimundo de Borgoña; sabido es que el partido gallego lo proclamó rey de Galicia antes de que heredara el trono castellano a la muerte de doña Urraca. Ferreras sostiene [102] que la recreación del mundo medieval es llevada casi a la perfección, y que los personajes históricos, felizmente trazados, se mezclan con los novelescos con perfecta naturalidad.

De asunto navarro es *Doña Blanca de Navarra* (1847), sobre la hermana del príncipe de Viana, casada con Enrique IV el Impotente. Allison Peers la considera [103] superior a *Doña Urraca* lo mismo en interés argumental que en valores artísticos, y recuerda que fue su novela de mayor éxito, puesto que no sólo alcanzó inmediatamente cuatro ediciones, sino que fue traducida al portugués y al inglés y en el siglo actual ha sido resucitada en media docena de ediciones más.

La más ambiciosa novela de Navarro Villoslada, *Amaya, o Los vascos en el siglo VIII*, apareció en 1879, ya muy tardíamente, como cierre de una tendencia ya extinguida. La obra encierra el claro propósito de proclamar la importancia del pueblo vasco en uno de los momentos decisivos de nuestra historia: deshecha la monarquía visigoda, los godos y los vascos, todavía paganos, se funden dentro de la religión cristiana para oponerse al invasor musulmán, conquistando y repoblando Castilla. La reconstrucción histórica es muy minuciosa y hay excelentes descripciones de gran poder evocador.

---

[100]   *El triunfo del liberalismo...*, cit., pág. 176.
[101]   Ídem, íd., págs. 176-177.
[102]   Ídem, íd., pág. 150.
[103]   *Historia del movimiento romántico español*, cit., II, pág. 248.

Manuel Fernández y González (1821-1888) es el verdadero fundador y máximo representante de la *novela histórica de aventuras* [104]. Su nombre va indisolublemente asociado a la *novela por entregas*, industria editorial a la que contribuyó con más de doscientos títulos y un total de cuatrocientos volúmenes. No toda su obra, sin embargo, cae dentro de dicha denominación; hombre de prodigiosa fecundidad, que puede parangonarse con la de Lope, de singular talento y especialmente dotado para la novela, contribuyó todavía en sus comienzos a la más genuina novela romántica, dentro de la línea que arranca de López Soler, con obras como *Men Rodríguez de Sanabria* (1853), *Los monfíes de las Alpujarras* (1856) y *El cocinero de su majestad* (1857). Como autor de *novelas históricas de aventuras* publicó relatos de no escaso mérito: *El laurel de los siete siglos* (1850), *Allah-Akbar* (1850), *Obispo, casado y rey* (1850), *El condestable don Álvaro de Luna* (1851), *La cabeza del rey don Pedro* (1854), *Los hermanos Plantagenet* (1858), *El horóscopo real* (1858) y, sobre todo, *El pastelero de Madrigal* (1862), que aventaja con mucho a las diversas obras sobre el tema, entre ellas la novela de Escosura. Ferreras sostiene [105] que Fernández y González es capaz de ambientar un mundo pretérito en unas pocas líneas, de mover a sus personajes, convincentes y bien dibujados, en los más intrincados y exóticos universos, de aportar eficaces descripciones de indumentarias, armas, objetos, para recrear una atmósfera. A partir de 1857, año de la publicación de su novela *Luisa*, Fernández y González se convierte en el típico autor por entregas, en obrero-novelista, mero rellenador de papel, capaz de escribir, o de dictar, varias novelas a un mismo tiempo. Siguió escribiendo todavía sobre personajes y sucesos históricos, pero abandonó los temas medievales para dedicarse con preferencia a la España de los Austrias: *El marqués de Siete Iglesias, don Rodrigo Calderón, El alcalde Ronquillo, El Conde-Duque de Olivares, La princesa de los Ursinos*. A partir de 1863 comienza a novelar la vida de bandidos españoles célebres: *Los siete niños de Écija, Diego Corrientes, Los piratas callejeros, El guapo Francisco Estevan, El rey de Sierra Morena, José María* [106]; producción que alterna con lo que llama Ferreras *novelas del dualismo social*, novelas de buenos y malos, sentimentales y con pretensiones moralizadoras.

La obra de Fernández y González, que todavía en sus manos conserva, hasta en su última etapa, alguna de las virtudes que había conquistado la

---

[104] Cfr., F. Hernández Girbal, *Una vida pintoresca: Manuel Fernández y González*, Madrid, 1931. Juan Ignacio Ferreras, *La novela por entregas*, cit., págs. 137-144. Del mismo, *El triunfo del liberalismo...*, cit., págs. 153-156.

[105] *El triunfo del liberalismo...*, cit., pág. 153.

[106] Cfr., Iris M. Zavala, *Ideología y política en la novela española del siglo XIX*, Salamanca, 1971, págs. 154-162; Zavala estudia en particular las novelas obreristas y las de bandidos. Cfr., además, Luis Maristany, «La concepción barojiana del golfo», en *Bulletin of Hispanic Studies*, XLV, 1968, págs. 102-122.

primitiva novela romántica, degenera rápidamente cuando se apoderan de ella otros industriales de la pluma, entre los cuales cabe aún destacar algunos nombres, como Ramón Ortega y Frías, Torcuato Tárrago, Julio Nombela, Juan de la Puerta Vizcaíno, Enrique Pérez Escrich[107]. Todos éstos, particularmente el último, cultivan a su vez la novela sentimental, de buenos y malos, y cuando manejan asuntos históricos sólo recogen del romanticismo los asuntos estereotipados, los tópicos, con una monotonía desesperante que casi nunca pasa de mera mercancía literaria.

## II

### LA NOVELA SOCIAL

Dijimos páginas arriba que la novela histórica había sido entre nosotros *casi* la única manifestación del género novelesco durante la época romántica. Por haber sido ella entonces la forma más representativa e internacional de la novela se le ha venido concediendo relativa atención, a pesar de que dentro de nuestro movimiento romántico había sido el género literario de menor relieve. Pero semejante atención, aun no siendo crecida, ha podido, no obstante, desorientar a la crítica en más de un aspecto. Ya hemos visto cómo al interpretar algunas novelas desde su más aparente condición de *históricas*, por ser pretérita la época de su acción, se han dejado de advertir otros contenidos, decisivos a veces, que escapaban del previo encuadre en que rutinariamente se las encerraba. Por otra parte, toda una producción novelesca de tendencias diversas ha quedado eclipsada por el prestigio de la histórica, y el olvido ha caído sobre ella. Es muy posible que pocas veces su calidad haya merecido el rescate, pero la sentencia definitiva no puede darse sin el debido examen y nunca, por supuesto, de manera global.

El proceso de la novela española durante el siglo XIX ha sido trazado hasta fechas muy recientes de forma harto simplista. Hace ya algunos años, sin embargo, que Reginald Brown[108] llamó la atención sobre el crecido número de novelas publicadas en un período que se suponía carente de ellas, y su ensayo bibliográfico ha servido, indudablemente, de base y de incentivo para recientes estudios, que están planteando la historia de nuestra novela decimonónica sobre nuevos supuestos; es decir: sobre el hecho indudable de que las décadas de la época romántica, que preceden a la con-

---

[107] Véase un comentario sobre cada uno de estos escritores en Juan Ignacio Ferreras, *La novela por entregas*, cit., págs. 162-168, 148-152, 170-176, 177-181 y 197-204.

[108] Reginald F. Brown, *La novela española. 1700-1850*, Dirección General de Archivos y Bibliotecas, Madrid, 1953.

vencional aparición del realismo con Fernán Caballero, conocieron una intensa producción de novelas, que la crítica de nuestros días está sacando a luz.

Aun suponiendo que el mérito literario de estas obras haya sido escaso, tuvieron la excepcional importancia de ganar para la novela el prestigio y reconocimiento que la situaba, para el futuro, a la vanguardia de todos los géneros literarios. La novela, como Montesinos ha puntualizado [109], venía siendo mirada a lo largo de todo el siglo XVIII como un género inferior, despreciado por los preceptistas, apto tan sólo para entretenimiento de jóvenes y mujeres. Pero con la fermentación ideológica que trajo el romanticismo se pensó muy pronto que la novela podía convertirse en un vehículo de inquietudes y un instrumento de propaganda al servicio de la causa que fuera, es decir, en un género *útil*. Las primeras polémicas del romanticismo habían girado en torno al drama, que era el género famoso y consagrado por un prestigio tradicional, pero la novela, a partir sobre todo de la boga alcanzada por la *histórica*, acaparó el interés del público y de la crítica. Iris Zavala informa [110] que hasta la década de los 30, después de la muerte de Fernando VII, no comienza a utilizarse la novela con propósitos de propaganda ideológica, pero desde ese instante, y merced al estímulo de traducciones inglesas y francesas, la novela adquiere tal desarrollo que, según testimonio de González Palencia, se convierte en «uno de los géneros literarios más discutidos por los censores y moralistas» [111]. Desde 1840 la novela acoge predominantemente la exposición de agravios y resentimientos sociales y se utiliza para atacar a la Iglesia, al clero, a la monarquía, la crueldad de la conquista americana, la tiranía de los reyes. Los contraataques que los grupos conservadores dirigen a toda esta literatura atestiguan el hecho de su gran difusión y de su temida eficacia, puesto que, según muchos críticos puntualizan, merced al sistema de entregas y de ediciones a muy bajo precio, podían llegar estos escritos a un amplio círculo de gentes populares, ajenas hasta entonces a todo género de lectura.

Con el objeto de tratar todos estos problemas en la forma más coherente posible reservamos su exposición de conjunto para las páginas del volumen siguiente cuando vayamos a ocuparnos de la gestación y alumbramiento de la novela realista. De momento nos limitaremos a señalar tan sólo unos hitos básicos.

Tan pronto como se produce la muerte de Fernando VII, «roto el dique que contenía el espíritu innovador», se publican en nuestro país numerosas

---

[109] *Introducción...*, cit., en Caps. II y III.

[110] Iris M. Zavala, «Socialismo y literatura: Ayguals de Izco y la novela española», en *Revista de Occidente*, 80, 1969, págs. 167-188; la cita en pág. 170.

[111] A. González Palencia, *La censura gubernativa en España (1800-1833)*, Madrid, 1934-1940; la cita en I, CXI (cit. por Iris Zavala, en «Socialismo y literatura...», cit., página 171).

novelas *contemporáneas*, basadas en la sátira contra los vicios de la sociedad y en la descripción de sus costumbres. Destacan entre ellas *La prostitución*, de J. del Castillo (1833), *La catedral de Sevilla*, de López Soler (1834), *Vida y aventuras de un faccioso*, anónima (1834), *Los amigos enemigos o Guerras civiles*, de Húmara (1833), y *El golpe en vago*, de García de Villalta (1835). Zavala señala [112] que durante estos años coexisten las *históricas* con las novelas *de costumbres: El auto de fe*, de Eugenio de Ochoa (1837), *La prostituta. Siglo XIX*, de J. Llausás y Mata (1837), y *Cristianos y moriscos*, de Estébanez Calderón (1837). Pero importa recordar lo que dejamos dicho respecto de algunas novelas calificadas como *históricas* —tales, la de Villalta y la de Ochoa—, que aunque remotas en el tiempo, estaban grávidas de temas y propósitos polémicos muy actuales; y aun de la de Estébanez cabe decir que debajo de la aparente anécdota morisca se hacía la defensa de este pueblo frente a la conquista castellana, y que abundaban a su vez las alusiones alegóricas a la guerra carlista.

El propósito de convertir la novela en un vehículo ideológico se acentúa cada vez más, y son frecuentes las llamadas de los escritores y de los críticos en este sentido. En 1838 Patricio de la Escosura lanzó un manifiesto progresista desde las páginas del *Liceo Artístico y Literario*, anunciando que el carlismo, caso de triunfar, ahogaría la literatura, y pedía por ello al pueblo español que apoyara a Isabel II [113]. El mismo año, un artículo publicado en *El Eco del Comercio* sostiene que la literatura debe ser un medio eficaz para lograr la reconstrucción y la armonía social, y Andrés Fontcuberta defiende desde las páginas de *El Vapor*, de Barcelona, lo que en términos actuales calificaríamos de «literatura comprometida», es decir, una novela y un periódico que no consistan en un pasatiempo insignificante, sino que se conviertan en instrumento de influjo social para fomentar la regeneración y el progreso, y propone a Víctor Hugo como modelo de escritor al servicio de estos ideales.

Por aquellos años se traducen al español las obras de Hugo, Dumas, Balzac, Sand y Soulié, y el recelo con que la crítica conservadora insiste en denunciar su contenido revolucionario demuestra a las claras que se las veía cargadas de evidente intención proselitista. El desarrollo del periodismo y el éxito —aludido páginas arriba— del folletín facilitaron la difusión de aquellos escritores y estimularon a su vez el cultivo de la novela nacional. También a estas fechas corresponde la moda de los *gabinetes de lectura*, salones abiertos al público mediante el pago de una entrada, y donde podían leerse, además de la prensa nacional, periódicos y libros extranjeros. Al mismo tiempo crece, como sabemos, el número de libreros, editores e impresores, y se multiplican las colecciones, dentro de las cuales ocupan las

---

[112] *Ideología y política en la novela española del siglo XIX*, cit., pág. 51.
[113] Véase ídem, íd., págs. 50-61, de donde tomamos estos datos.

novelas *contemporáneas* destacado lugar. Con todo este ambiente se acrecienta la importancia y valor de la novela como portadora de ideas, condición que se elogia o condena desde encontradas posiciones, pero que siempre coinciden en subrayar su trascendencia. Así, por ejemplo, Salvador Bermúdez de Castro al ocuparse de *La protección de un sastre* (1840), de Miguel de los Santos Álvarez, dice que la novela es el género más libre y atrevido del siglo, que él sólo penetra en todas partes y es alimento de inspiración, facultades que ha perdido el drama, y admite por ello precisamente que puede convertirse en «palanca de destrucción» [114].

Zavala examina [115] el proceso de compenetración entre literatura y sociedad que se produce en Francia a lo largo de estos años, y explica que estos mismos hechos se adaptan, con las variantes necesarias, al panorama español. Como los franceses, numerosos críticos españoles —Larra, Ochoa, Nicolás Sicilia, Bermúdez de Castro, Fontcuberta, Francisco Javier Moya— sostienen que la literatura debe fomentar el progreso y retratar fielmente la realidad, dar testimonio de su época para que la posteridad pueda conocerla, y la novela es el género más apropiado para ello.

Consecuencia de todo este movimiento es la aparición de un considerable número de novelistas nacionales, de los cuales ofrece Zavala extenso panorama. Destaquemos de entre las novelas más notables *Madrid y nuestro siglo* (1845-1846), de Ramón de Navarrete, teorizador, a su vez, de la novela en varios artículos: se describen en aquélla gentes del mercado de la Plaza de San Miguel, del bajo mundo o de la «ascendente burguesía comercial, semejante a la que describirá Galdós posteriormente» [116]; *El poeta y el banquero; escenas contemporáneas de la revolución española* (1841-1842), de Pedro Mata, destacado médico catalán, colaborador asiduo de *El Propagador de la libertad* y defensor de la democracia y de los derechos de los obreros; *Misterios de las sectas secretas o El francmasón* (1847-1851), de José Mariano Riera y Comas, que describe los diversos tipos de logias y narra la vida de algunos miembros importantes. A estas mismas fechas pertenece la novela de Escosura, a que aludimos en su lugar, *El patriarca del valle*, y, de nuevo, novelas de carácter histórico, que sirve sólo de pretexto para intenciones de viva actualidad, como *Pizarro y el siglo XIX* (1845), de Pedro Alonso de Avecilla, y *La criolla y los jesuitas* (1845), de Francisco Robello y Vasconi. En 1848 publicó Ventura Ruiz Aguilera *Un conspirador de a folio*; José Pastor de Roca, *La república roja o Los obreros de París. Novela político-social contemporánea*, en 1849; y Jacinto Salas y Quiroga, *El dios del siglo* (1848) —este último, mencionado oportunamente—, todos ellos sobre temas o ambientes políticos recientes. También de

---

[114]  En ídem, íd., pág. 65.
[115]  Ídem, íd., págs. 69-81.
[116]  Ídem, íd., pág. 96.

1848 es *La enferma del corazón*, de Gregorio Romero Larrañaga, que a juicio de Moya representaba «uno de los primeros pasos en el camino de la novela moderna» [117]. En 1846 Antonio Flores —de quien haremos mención entre los costumbristas— publicó *Doce españoles de brocha gorda. Novela de costumbres contemporáneas;* y en 1850, *Fe, esperanza y caridad.* Ambas fueron duramente atacadas por su contenido anticlerical.

El más destacado representante, sin embargo, de ésta que puede calificarse de «novela social» es **Wenceslao Ayguals de Izco**, a quien la crítica más reciente, con su creciente interés por la literatura popular, está prestando atención considerable [118]. Ayguals de Izco nació en Vinaroz, provincia de Castellón, de familia de comerciantes. Después de residir por algún tiempo en Barcelona y en Madrid, en donde publicó sus primeras obras, regresó a su pueblo natal en donde fue alcalde y comandante de la Milicia. Trasladado definitivamente a Madrid en 1842, fue elegido al año siguiente diputado por Castellón; figuró entre los pocos miembros de las Cortes que no votaron la mayoría de edad de la reina Isabel a causa de sus ideas republicanas.

Ayguals fue, a partir de la tercera década del siglo, el más famoso autor y editor de *novelas por entregas;* fundó y dirigió además varios periódicos —*Guindilla, La Risa, El Dómine Lucas, El Fandango, La Linterna Mágica, El Telégrafo*— y organizó en 1843 todo un complejo editorial bajo el nombre de «Sociedad Literaria», desde el cual lanzó y propagó su propia obra y además la del novelista francés Eugenio Sue, que gracias a Ayguals conoció en nuestro país una asombrosa popularidad. Montesinos afirma [119] que el público español dedicó a este escritor una «acogida cándida e ingenua», arrastrado por la fabulación vertiginosa del novelista, y añade que pocos dieron importancia a las tesis o doctrinas sociales que el autor pretendía inculcarles, aunque sus más fervientes promotores, como Ayguals, «le jaleaban muy a sabiendas de lo que hacían». Ayguals y su grupo se habían propuesto, en efecto, difundir y popularizar las ideas progresistas del novelista francés. Según Montesinos [120], *El Dómine Lucas*, «revista furiosamente

---

[117] Cit. en ídem, íd., pág. 115.

[118] Sobre Ayguals existe una antigua biografía: Blas María Araque, *Biografía de Don Wenceslao Ayguals de Izco*, Madrid, 1851. Además del mencionado artículo de Iris Zavala y de las abundantes páginas que le dedica en el volumen *Ideología y política...*, cit., y aparte también de los otros trabajos que se citan en las páginas siguientes, cfr.: Joaquín Marco, «Sobre los orígenes de la novela folletinesca en España (Wenceslao Ayguals de Izco)», en *Ejercicios literarios*, Barcelona, 1969, págs. 73-95. Leonardo Romero Tobar, «Forma y contenido en la novela popular: Ayguals de Izco», en *Prohemio*, III, núm. 1, 1972, págs. 45-90. Antonio Elorza, «Periodismo democrático y novela por entregas en Wenceslao Ayguals de Izco», en *Revista de estudios de Información*, números 21-22, 1972, págs. 87-103.

[119] *Introducción a una historia de la novela...*, cit., pág. 93.

[120] Ídem, íd., pág. 93, nota 254.

anticlerical», que dirigía Ayguals, era el órgano más agresivo del «suismo» español; «apenas hay número de ella —dice— en que no se hable de Sue y de sus obras, en cuya divulgación Ayguals estaba interesado también por razones mercantiles». Las novelas de Sue se convirtieron, efectivamente, en un negocio editorial; Montesinos da cuenta de once ediciones —sin contar las aparecidas en los folletines de los periódicos— de *Los Misterios de París* entre 1842 y 1845; doce de *El Judío errante,* impresas en 1844-1846; y ocho de *Martín el Expósito* entre 1846-1847.

Refiriéndose al proselitismo ideológico de Ayguals y de su grupo, Víctor Carrillo, a propósito de la publicación por aquél de las novelas de Voltaire en 1845, comenta [121]: «Ya se sabe lo que el nombre de Voltaire significaba para una cierta clase social española, para no ver en la publicación de Ayguals la intención de dar a conocer un determinado sistema de pensar. Lo mismo podemos decir de Sue. La concordancia de ideas entre el autor francés y el autor de la Sociedad Literaria es manifiesta». Y añade: «Es muy fácil caer en la tentación de pensar que el editor de Sue está motivado simplemente por razones económicas. Esta afirmación nos parece demasiado ingenua. Afirmamos sin temor a equivocarnos que los editores de esta época sabían lo que hacían, que esas publicaciones son obras de un militantismo activo y consciente. Ya en la misma época se había planteado este problema. En la interesante obrita de autor anónimo publicada en 1846 por la Sociedad Tipográfica de Hortelano bajo el significativo título de *De la novela-folletín, su origen, progresos e influencia social,* leemos: 'No es sólo el espíritu especulador de nuestra época, como ha sentado con sobrada ligereza algún crítico, el que ha creado la novela folletín, ni tampoco el que ha generalizado en todas las clases el gusto a este género de leyendas...', no dudando en afirmar más abajo: 'ha sido necesario apelar àl artificio de la fábula *para preparar el pueblo a la instrucción,* arrojando en él por este medio la semilla que ha de producir el saludable y benéfico resultado, tanto más humanitario y filantrópico, *cuanto es mayor la resistencia que le opone el antiguo sistema de ideas y costumbres...*'».

Tras la huella de Sue, Ayguals compuso sus propias obras, hasta un número aproximado de cuarenta, en las que se propone enfrentar los problemas sociales, económicos y políticos de la sociedad contemporánea. Entre sus más difundidas novelas deben contarse *María, la hija de un jornalero,* y sus continuaciones, *La Marquesa de Bellaflor o El niño de la inclusa,* y *El palacio de los crímenes o El pueblo y sus opresores.*

*María,* publicada en 1845-1846, fue dedicada a Eugenio Sue, que prologó a su vez la edición francesa, y una decena de periódicos franceses la reseñó

---

121 Víctor Carrillo, «Radiografía de una colección de novelas a mediados del siglo XIX *(El novelista universal,* de La Sociedad Literaria)», en *Movimiento obrero, política y literatura...,* cit., págs. 159-177; la cita en pág. 166.

elogiosamente; en España alcanzó por lo menos once ediciones y fue traducida al francés, italiano y portugués en vida del autor. Zavala se limita a resumir[122] que la novela de Ayguals narra la historia personal de una joven madrileña y sus vicisitudes en la capital española; todo lo cual —dice— le permite al autor penetrar en el bajo mundo, ofreciendo una tipología del Madrid de la época, y describir con cierta exactitud los modos de vida de las clases menesterosas y la opresión de que son víctimas. Ferreras, en cambio, al descender a lo anecdótico, ofrece un resumen del argumento[123], capaz de desanimar a cualquier posible lector actual que no sea un profesional del género o carezca de la adecuada capacidad heroica; y lo mismo acontece con las continuaciones, y más todavía con otra novela, *Pobres y ricos o La bruja de Madrid* (1849-1850), donde la técnica folletinesca llega a su punto más alto.

Zavala explica el contenido ideológico y los propósitos de estas novelas: «Como Sue en Francia, Ayguals parece creer que su finalidad como escritor y hombre político es llamar la atención a los pensadores, hombres de bien y a las clases poderosas sobre las grandes miserias sociales. Las novelas representan una respuesta a los problemas esenciales de la época: la situación de inferioridad de la mujer, el régimen de aislamiento para los prisioneros y enfermos mentales, la detención preventiva, la dureza de la ley y de la sociedad hacia la mujer seducida y su indulgencia para el seductor, el alto precio que la justicia hace pagar a los miserables. Siempre la simpatía por los que sufren, por las víctimas de la necesidad, siempre la visión de una sociedad mejor. Procura condenar la estructura social de la época: la sociedad es responsable de los salarios insuficientes y, por consecuencia, de la miseria, de la prostitución, del infanticidio, del suicidio. La falta de interés de los poderosos convierte al pueblo en criminal, y le impide rehabilitarse. La sociedad no sólo convierte a los hombres en criminales, también corrompe las costumbres. Los pobres, desamparados, ceden ante la presión del hambre y la miseria. Abandonados a su suerte, buscan muchas veces en el vicio y la corrupción los medios que no pueden obtener de la caridad pública. Como los ricos ignoran lo que es la miseria, el autor los insta a mejorar sus propiedades, a construir habitaciones humanas y a hacer lo posible por destruir la causa de tanta mortalidad entre los desheredados. Ayguals reclama una educación que les ayude a descubrir y utilizar su propia fuerza y a conocer sus derechos»[124]. Refiriéndose poco después a las ideas más específicamente políticas, escribe: «Ayguals de Izco es repre-

---

[122] *Ideología y política...*, cit., págs. 106-107; en términos muy semejantes se expresa en «Socialismo y literatura...», cit., pág. 174.

[123] Juan Ignacio Ferreras dedica a Ayguals abundantes páginas (121-132) en su volumen *La novela por entregas*, cit.

[124] «Socialismo y literatura...», cit., pág. 178.

sentativo del espíritu romántico, incluso por su mediocridad misma. Publicista de gran facilidad expresiva, se convierte en portavoz de muchas ideas socialistas, aunque no las comparta totalmente. Sin embargo, por medio de su obra escrita ayuda a sus contemporáneos a tomar conciencia de aspiraciones confusas que se llevarán a la lucha política durante la revolución de 1854, donde confluyen todas las teorías humanitaristas del reformismo burgués en España... Su obra es de vulgarización; difunde un republicanismo democrático de vagas aspiraciones sociales que coincide con algunos programas del socialismo utópico francés. Propaga sobre todo la idea de la unión de todas las clases sociales; el humanitarismo y la bondad humanas habrían de llevar la sociedad a una situación idílica donde pobres y ricos convivieran y participaran en la construcción de una sociedad industrial y progresista. Una sociedad reformada por el espíritu de asociación y la espontánea colaboración de todos los hombres» [125].

Con algunas diferencias de matiz enjuician otros críticos el contenido ideológico de las novelas de Ayguals, por lo que merece la pena reproducir sus opiniones. Antonio Elorza, al comentar el carácter predominantemente político que ofrece la primera prensa demócrata y republicana, en la que «sólo —dice— en segundo plano y de forma espaciada, aparecen posturas igualitarias más o menos precisas», se refiere a las novelas de Ayguals en estos términos: «En las propias novelas del escritor levantino —a quien correspondería con justicia el apodo de Sue español—, aparecen más de una vez huellas de socialismo utópico. Pero la demagogia elemental que rezuman las páginas de Ayguals no debe llevar a una valoración excesiva de su dimensión socializante. Así, en *María, la hija de un jornalero* (1845), pone de manifiesto su respeto hacia el orden establecido, no sólo con una trama argumental que se limita a cargar la mano sobre clérigos y *malos* aristócratas, sino con su propia declaración expresa: 'No es nuestro ánimo abogar por esa igualdad absoluta, por esa nivelación de fortunas con que algunos frenéticos han querido halagar a las masas populares'. El pueblo sólo apetece derechos políticos democráticos; es preciso reconocer 'la inevitable desigualdad que ha existido siempre entre las clases e individuos de toda sociedad'. Se dibujaba ya la escisión entre individualistas y socialistas que en 1860 estallará en el interior del movimiento democrático español» [126]. Y Víctor Carrillo comenta por su parte: «Ideológicamente, Ayguals pertenece al naciente partido demócrata, de base burguesa. Él será uno de los primeros que escriba y publique, junto con García Uzal y Seijas Lozano, un *Manifiesto del partido demócrata*, en 1843, así como una *Cartilla del Pueblo*, catecismo explicativo de las ideas republicanas federalistas. Lógicamente, busca una colaboración de clases y no una ruptura o lucha entre ellas. Ataca

---

[125] Idem, íd., pág. 179.
[126] Antonio Elorza, *Socialismo utópico español*, Madrid, 1970, págs. 92-93.

en todas sus obras tanto al clero como al partido moderado, e incluso a algunos socialistas utópicos, como a Owen. No busca la igualdad total de clases, sino el mejoramiento de las condiciones de trabajo y de vida de los jornaleros o clases laborales. Ayguals no busca la destrucción de los fundamentos del orden social burgués, sino una mejor adecuación entre éste. Como diría Max Stirner, hablando de Sue, estos autores no hacen más que traducir *el moralismo burgués*. Por eso tratar a Ayguals de Izco de socialista utópico nos parece probar una ignorancia total de su obra» [127]. Ferreras, a su vez, escribe: «Ayguals y la mayor parte de los novelistas *sociales* no son revolucionarios, sino pactistas o arregladores; predican la paz social a base de un mejor entendimiento entre los grupos en conflicto; no hay análisis económico ni mucho menos visión revolucionaria, y, por lo tanto, socialista, del problema; los obreros y los patronos deben entenderse, comprenderse mejor; para ello basta y sobra con seguir la moral evangélica (me refiero a Ayguals)» [128].

Bajo el aspecto literario, Ferreras señala que las novelas de Ayguals todavía se sirven al comienzo de procedimientos costumbristas o incluso propios de la novela *histórica* de sucesos contemporáneos, es decir, en la línea del *episodio nacional*, pero evolucionan después rápidamente hacia el más extremado folletín de «buenos y malos»: «Esta evolución —dice Ferreras— o esta decantación es importante porque nos señala un proceso histórico bien determinado. Proceso o decantación que también podría describirse así: la literatura se convierte en paraliteratura; la novela histórica y de costumbres va perdiendo todo lo que tiene de universo histórico y de universo real, para dejar al desnudo un tema que no es otra cosa que la expresión más descarnada posible de una problemática dualista. Esta liquidación del universo literario o novelesco indica el advenimiento de la paraliteratura, de la novela por entregas o folletinesca» [129]. «Ayguals —comenta luego—, fundador de la novela por entregas, recoge en un primer momento la herencia novelesca de la década 30-40 y es capaz, aún es capaz, de tener en cuenta un universo novelesco y de retratar más o menos, según el método realista, tipos y costumbres de su época; pero Ayguals, a lo largo de su obra, y prefigurando así toda la evolución del género, va a liquidar la herencia literaria para crear una pura novela dualista por entregas o folletinesca» [130].

La novela de Sue no sólo influyó en las obras de Ayguals, sino también en gran número de escritores republicanos de tendencia democrática y so-

---

[127] «Radiografía de una colección...», cit., pág. 160.
[128] *La novela por entregas*, cit., pág. 128.
[129] Idem, íd., págs. 122-123.
[130] Idem, íd., pág. 125. Véase Leonardo Romero Tobar, «Estructuras narrativas en las novelas de Ayguals de Izco», en su libro *La novela popular española del siglo XIX*, cit., págs. 156-161.

cialista, que se sirvieron de la novela —aunque también del teatro y de la poesía— para difundir su ideología humanitaria. Junto a Ayguals escriben también toda una serie de novelistas, colaboradores con frecuencia de su revista *El Dómine Lucas*, como Juan Martínez Villergas, autor de *Los misterios de Madrid* (1845), Alfonso García Tejero, A. Ribot y Fontseré, y algunos otros que corresponden ya a fechas algo posteriores, como Ceferino Treserra, que publica *Los misterios del Saladero* (1860), Francisco J. Orellana, autor de *Los pecados capitales* (1865-1866), Adolfo Blanch —*Los pobres o La esclavitud de Europa* (1862)— y el popular novelista, ya mencionado entre los *históricos*, Fernández y González, que cultiva también la novela de tendencia socialista, con *Los desheredados* (1865) y *Los hijos perdidos* (1865).

De todos ellos el más importante es, con mucho, **Juan Martínez Villergas**, escritor apenas recordado hoy, pero que fue en su tiempo de los más populares y temidos. Narciso Alonso Cortés le dedicó a comienzos de siglo una cumplida monografía [131], que no ha sido superada, y en nuestros días Salvador García Castañeda, en su benemérito esfuerzo por salvar autores de la pasada centuria injustamente olvidados, le ha dedicado a su vez varios trabajos, que, aunque partiendo de la obra de Alonso Cortés, han añadido detalles interesantes [132].

La vida de Villergas cubre el siglo casi por entero (nació en 1816 en Gomeznarro, provincia de Valladolid, y murió en Madrid, en 1894). Hijo de familia muy modesta, vivió en su pueblo hasta los 18 años y fue un autodidacta absoluto. Cultivó todos los géneros, pero destacó sobre todo como crítico satírico en verso y prosa, y aunque publicó novelas y escribió para el teatro, tuvo en el periodismo su principal campo de acción. Fundó y dirigió periódicos a lo largo de toda su vida, no sólo en su patria sino en dondequiera que le llevaron sus repetidos y frecuentes viajes: en París, en La Habana, en Buenos Aires, y colaboró en cuantas páginas le ofrecieron la posibilidad de lanzar sus ataques contra políticos, militares, escritores o colegas. Fue amigo y colaborador de Ayguals en casi todos los periódicos de éste, sobre todo en *La Risa* y en *El Dómine Lucas*, y compartió con él las ideas republicanas, aunque con un entusiasmo y virulencia muchísimo mayores. Como republicano y demócrata exaltado satirizó a todos los partidos, incluso a los progresistas cuando, a su juicio, se quedaban cortos. En 1851 publicó un *Paralelo entre la vida militar de Espartero y la de Narváez*, en donde atacó ferozmente a este último. Narváez hizo procesar a Villergas

---

[131] Narciso Alonso Cortés, *Juan Martínez Villergas. Bosquejo biográfico-crítico*, 2.ª ed., Valladolid-La Habana, 1913.

[132] Salvador García Castañeda, «El satírico Villergas y sus andanzas hispanoamericanas», en *Anuario de Letras*, México, X, 1972, págs. 133-151. Del mismo, «Juan Martínez Villergas y un cuadro de Esquivel», en *Revista de Estudios Hispánicos*, VII, 1973, páginas 179-192.

por insultos y consiguió llevarlo a la cárcel, de donde salió a los siete meses a costa de publicar una vergonzosa retractación. Para hacer olvidar a sus correligionarios este descalabro hizo su primer viaje a La Habana, a la que había de volver —para fundar periódicos, hacer política y publicar libros— otras ocho veces. Por causas parecidas a las que le enfrentaron con Narváez estuvo encarcelado, desterrado o perseguido en numerosas ocasiones, a compás de los vaivenes de la política española, sin que tan repetidas adversidades moderaran hasta el final de sus días su valiente agresividad. Como detalle divertido puede recordarse que, durante una de las persecuciones que hubo de sufrir, y que logró capear escondiéndose en su pueblo, escribía a Madrid cartas fechadas en San Petersburgo describiendo *costumbres rusas*.

Como novelista, seguidor de Sue, tiene Villergas escasa importancia. Publicó tres novelas: los citados *Misterios de Madrid* —agregación incoherente, según Alonso Cortés [133], de intrigas descabelladas, lances extravagantes y escenas patibularias—; *La vida en el chaleco*, en donde «la confusión y barahúnda» [134] son mayores aún; y *Los espadachines*, contra el duelo. Tampoco para el teatro logró escribir nada valioso. En cambio, como poeta satírico fue tan famoso como temido, y en sus mejores momentos, que son muy numerosos, puede compararse con los mayores de toda nuestra historia literaria. «Cuantos hombres políticos —escribe Alonso Cortés— jugaron algún papel en España durante treinta o cuarenta años, padecieron bajo la pluma de Villergas. En labor tan audaz y arriesgada le alentó seguramente el favor que hubo de prestarle la plebe, sobre todo en su primera época, dando a su nombre una popularidad que pocos alcanzaron» [135].

Entre sus más famosos escritos de esta índole sobresalen el *Baile de las Brujas* y el *Baile de Piñata*. El primero, contra la Regente y contra Espartero, cuando a la caída de aquélla se hizo éste dueño del poder, pero defraudó las esperanzas del país [136]; el segundo, contra los moderados. Muy

---

[133]    *Juan Martínez Villergas...*, cit., pág. 141.
[134]    Ídem, íd., pág. 143.
[135]    Ídem, íd., pág. 184.
[136]    Merece la pena reproducir siquiera unos versos del *Baile de las Brujas*. Cuando Espartero se dispone a hacer su entrada en Madrid, dialoga así con uno de sus adláteres:

> —*¿Me tendrán colgaduras prevenidas?*
> —*Cubrirán los balcones y las rejas.*
> —*¿Tendrán las candilejas encendidas?*
> —*Encendidas tendrán las candilejas.*
> —*¿Pólvora, di, malgastarán beodos,*
> *pues yo revivo con sus fuegos sacros?*
> —*Fuegos fatuos habrá, pues saben todos*
> *lo inclinado que sois a simulacros.*
> —*Pero esa gente indómita ¿qué dice?*
> *¿Qué habla tanto pedazo de alcornoque?*

intencionada y graciosa es también la parodia del *Manifiesto dirigido a los españoles en 1854 por Doña María Cristina,* bajo el título de *Patifiesto...* etcétera. Más divulgada es la sátira titulada *Cuadro de Pandilla,* para ridiculizar el famoso cuadro de Esquivel, en el que se retratan 43 escritores famosos reunidos en el estudio del pintor, rodeando a Zorrilla que hace una lectura de sus versos. Se dice que, irritado por no haber sido incluido en él, escribió Villergas su sangrienta sátira contra muchos de aquellos personajes, que, a su juicio, carecían de méritos [137].

> —*Llámese Roque o Rey quien tiranice,*
> *que no respetarán a Rey ni Roque.*

Espartero y la Regente se lanzan mutuos improperios, cuando esta última se dispone a abandonar el país:

> —*Bruja, aquí te detestan; toma el trote.*
> —*Brujo, muy pronto ganarás el tedio.*
> —*Tú has sido de los pueblos el azote.*
> —*Tú del pueblo serás azote y medio.*
> —*Tú las leyes retrógradas quisiste.*
> —*Tú mandarás sin ley, que es más afrenta.*
> —*Tú el eco de la prensa desoíste.*
> —*Tú matarás la libertad de imprenta.*
> —*Tú derramaste sangre de leales.*
> —*Tú verterás la que hoy se economiza.*
> —*Tú oprimías ciudades liberales.*
> —*Tú con metralla las harás ceniza.*
>
> (cit. por Alonso Cortés, pág. 168)

[137] Véase el artículo de García Castañeda, cit. He aquí los primeros tercetos de esta divertida composición:

> *¿Es preciso cantar? Pues tararira.*
> *El Parnaso español cantar bizarro*
> *Quiero sin más ni más; venga una lira.*
> *A propósito estoy, tengo catarro:*
> *Dadme, dadme una lira, mas no de oro;*
> *Para asunto tan ruin basta de barro.*
> *Cantaré, como cumple a mi decoro,*
> *En anuncios de gresca o zaragata,*
> *Ramplón de estilo, entre cristiano y moro.*
> *Que al aplauso no aspiro, hablando en plata,*
> *Y si no escribo verso, será prosa,*
> *Y el que no salga pie, me saldrá pata.*
> *Hace ya tanto tiempo que reposa*
> *Mi numen fatigado, que se pasma*
> *Cierta gente taimada y orgullosa.*
> *Mas otra vez mi pecho se entusiasma,*
> *Y hoy, vive el cielo, cada verso mío*
> *Sinapismo ha de ser, no cataplasma.*
> *A otros la guerra asusta; yo me río.*
> *Si algún mastuerzo lo contrario sueña,*
> *Dada está la señal, conque ¡al avío!*
> *Leña al que oscuro en figurar se empeña;*
> *Leña al mostrenco que impotente chilla;*
> *Leña al grande y al chico; ¡leña, leña!*

«Como poeta festivo —comenta Alonso Cortés—, distingue a Villergas un gracejo singular, una sencillez ingenua y muy simpática, una soltura en la versificación que llega hasta la fluidez. Con Bretón de los Herreros, Príncipe, Ribot y Fontseré, Ayguals y algún otro, representa en su época la reacción y mantenimiento del género, que hubiera corrido peligro de desaparecer, avasallado por otras corrientes, a no tener tan dignos sostenedores. / En los versos de Villergas revive aquel genio retozón y alegre que inspiró a los grandes poetas festivos del Siglo de Oro. La desenvoltura de Castillejo o Alcázar, la gracia de Hurtado de Mendoza, la malicia y habilidad métrica de Góngora y Quevedo, parecen animar la musa de Villergas. Tampoco sería difícil encontrarle semejanzas con aquel donoso poeta del siglo XVIII que se llamó Eugenio Gerardo Lobo, el *capitán coplero*, a quien positivamente conoció» [138]. Sólo que las sátiras de Villergas, más todavía que las de todos estos maestros, dirigidas la mayoría de las veces a personas vivas y concretas, con pelos y señales, poseen una violencia y un desgarro que explican bien las persecuciones y contratiempos que le acarrearon a su autor [139].

> No es hoy un individuo al que acribilla
> Mi péñola, a reveses avezada:
> Es a una comunión, a una pandilla.
> 　Es a una turbamulta acostumbrada
> Con la intriga a medrar, gente en conjunto
> Que vale, fuera de los nueve, nada.
> 　Es un club cuyo intríngulis barrunto;
> Poetas cuyo nombre es un arcano,
> Todos de Rabadán digno trasunto,
> 　Vates de mucha paja y poco grano,
> Que el que más ha compuesto tres cuartetas
> Y el que menos no sabe castellano...

(ídem, íd., págs. 56 y 175-176)

[138] Ídem, íd., pág. 185.

[139] Como muestra pueden servir estos dos botones. El primero son dos quintillas dedicadas al conde de Toreno en *El Baile de Piñata:*

> Pues señor, todo iba bueno,
> mas una ocurrencia extraña
> nos aturdió como un trueno,
> y es que, al regresar a España,
> murió el conde de Toreno.
> 　Cortó la guadaña impía
> la cabeza de este pillo,
> Españoles ¡alegría!
> y no escondáis el bolsillo,
> que murió José María...

(ídem, íd., pág. 47)

El segundo, es el retrato del famoso financiero don José de Salamanca, publicado en *El Tío Camorra,* que comienza así (es el momento en que el banquero se presenta ante Dios en el juicio final):

> —Señor... —Ven acá, hipócrita. —No puedo.
> —¿Cómo qué, perillán? ¿Tienes vergüenza?
> —No tengo mucha, pero tengo miedo.

(ídem, íd., pág. 173)

Escribió también Villergas incontables historietas y poemas festivos en verso, y numerosas letrillas y epigramas, en las cuales no tiene rival, al menos durante el siglo XIX que fue muy fértil en el cultivo de estos géneros.

Como periodista, que era lo suyo, su labor fue de lo más vario, y apenas hubo tema —nacional o internacional—, tendencia, campo o problema que no fueran tratados por sus manos, y siempre bajo el dictado de la sátira.

En 1845 empezó a publicar Villergas, en colaboración con Ribot y Fontseré, una obra titulada *Los políticos en camisa*, en donde todos los prohombres de la época salieron retratados con los colores que pueden presumirse. La obra constó de tres tomos, pero en el tercero colaboró ya poco Villergas, ocupado en la redacción de uno de sus más famosos periódicos, que acababa de fundar, *El Tío Camorra*, cuyo primer número apareció el 1 de septiembre de 1847. Sin temor a las represalias, escribía Villergas de los políticos en el poder cosas como éstas: «En una nación donde Ovilo Otero goza la reputación de historiador, Mazarredo la de militar, Pezuela la de literato, Gil y Zárate la de poeta, González Bravo la de diplomático y Pavía la de valiente, no tiene nada de extraño que Narváez usurpe la fama de político»[140].

Como crítico literario tuvo Villergas intuiciones felicísimas, aunque con gran frecuencia se deja llevar de la pasión personal, a veces de simples manías o animadversiones injustificadas; en tales casos, como señala García Castañeda, «olvida la mesura, extrema el sarcasmo y comete injusticias graves»[141]. El encono con que ejerció a veces la crítica «hace de él uno de los personajes más atrabiliarios y temidos de nuestra historia literaria»[142].

Digamos finalmente que este hombre insobornable, este republicano enemigo de todos los partidos, que atacó a todos los personajes de la política y de las letras, a todas las reputaciones hechas y por hacer, fue un patriota tan apasionado como lo era en todas sus cosas. Durante sus largas estancias en Cuba se sintió —como explica Castañeda[143]— siempre español antes que miembro de ningún partido, y combatió desde las páginas de su periódico, allí fundado, *El Moro Muza*, a quienes defendían la independencia de la isla, y entre ellos a los mismos republicanos, sus correligionarios, porque eran partidarios de aquélla y a pesar de que le echaron en cara esta actitud. Villergas mantuvo frecuentes polémicas con reformistas de la Península y de la Isla en defensa de los Voluntarios de Cuba, cuerpo al que él mismo pertenecía. «Indignábale —comenta Alonso Cortés— que los mismos partidos avanzados de la Península hablaran de la *tiranía española* en Cuba, y lo desmentía con todas sus fuerzas: 'Todo eso —decía— lo creía

---

[140] En ídem, íd., págs. 53-54.
[141] «El satírico Villergas...», cit., pág. 137.
[142] Idem, íd., pág. 138.
[143] Idem, íd., pág. 140.

yo antes de ir a Cuba, porque así me lo habían asegurado en Madrid, en París y en Londres muchos de los que hoy se han quitado la careta y entonces se me vendían como buenos españoles, si bien españoles *reformistas.* Pero fui a Cuba, y vi que cuanto allí o fuera de allí se decía contra los gobernantes, contra los magistrados y contra los españoles en general, eran infames y groseras calumnias'» [144].

Fue famoso asimismo el folleto que escribió Villergas contra Sarmiento, el gran político argentino, que había publicado poco antes un libro de *Viajes por Europa, África y América,* en el cual insultaba a España con diversos propósitos. «Sarmiento —comenta Alonso Cortés—, no obstante sus innegables méritos, era entonces un ejemplar de esos americanos hispanófobos, tan abundantes luego, que por haber recibido un baño de París abominan de la nación española...» [145]. Villergas, que estaba a la sazón en París, publicó su *Sarmenticidio, o a mal Sarmiento buena podadera,* del que se hicieron varias ediciones en Francia, en Bélgica y hasta en la misma República Argentina. El libro tiene pasajes de verdadera gracia, como el capítulo que se titula «De cómo el señor de Sarmiento entró en París y no París en el señor de Sarmiento»; o aquellos versos, «en el mundo no hay cosa más bizarra / que un sarmiento subiéndose a la parra»; o el *retrato* con que concluye:

> *Este escritor de pega y de barullo*
> *que delira, traduce o no hace nada...* [146].

---

[144] *Juan Martínez Villergas,* cit., pág. 105.
[145] Idem, íd., pág. 80.
[146] Idem, íd., pág. 81.

CAPÍTULO VII

## EL COSTUMBRISMO ROMÁNTICO

Probablemente ningún otro género alcanza tan amplio cultivo durante la época romántica como el *costumbrismo*, género menor y quizá por esto mismo al alcance de más numerosas fortunas. No es fácil, sin embargo, delimitar el término. Si por *costumbrismo* se entiende toda descripción o pintura de costumbres, podríamos rastrearlo como formando parte de los géneros más diversos, y hasta cabría tomar algunos de ellos en su totalidad, como la novela picaresca, la cortesana, los pasos y entremeses, y las comedias al modo de Ramón de la Cruz y de Bretón. De hecho —según subraya Margarita Ucelay, a quien debemos el estudio más inteligente, completo y ordenado sobre la materia[1], y a la que vamos a seguir básicamente en estas páginas— toda literatura que muestre la vida cotidiana del hombre y de la sociedad coetáneos del autor, quedaría dentro del costumbrismo. Pero, según añade el mencionado crítico, dando a la palabra valor tan general, los límites cronológicos del género carecerían de sentido. La mayor parte de los historiadores de nuestra literatura incluyen en él a todos los autores que, en una u otra forma, han cultivado el llamado «cuadro de costumbres», es decir, un género de formas variadísimas, independiente de la novela, cuya acción es poca o nula, sólo la precisa para mover a los personajes, y donde la descripción de tipos o escenas es lo principal.

Según este criterio la literatura española ofrecería ejemplos de costumbrismo desde la época clásica, y Cervantes con su *Rinconete y Cortadillo* habría dado, como decía Menéndez y Pelayo, «el primero y hasta ahora no igualado modelo de cuadro de costumbres». Correa Calderón, que comienza, en efecto, su conocida *Antología*[2] con la mencionada novela de Cervantes, se aleja más aún en la búsqueda de antecedentes para el

---

[1] Margarita Ucelay Da Cal, *Los españoles pintados por sí mismos (1843-1844). Estudio de un género costumbrista*, México, 1951.

[2] E. Correa Calderón, *Costumbristas españoles*, 2 vols., Madrid, 1950.

género costumbrista. Para Correa, estos antecedentes podrían remontarse hasta el *Corbacho*, del Arcipreste de Talavera; el *Menosprecio de corte y alabanza de aldea*, de Guevara; los *Coloquios satíricos*, de Torquemada, y las *Cartas*, de Eugenio Salazar, en todos los cuales se describen curiosos aspectos de la vida española de entonces. Como género definido —dice Correa— «con muchos de los rasgos que más tarde han de caracterizarlo como tal»[3], puede considerarse iniciado en el siglo xvii, y la *Guía y avisos de forasteros*, de Liñán y Verdugo, sería su primera manifestación; después de él cultivan ya un premeditado costumbrismo Baptista Remiro de Navarra en *Los peligros de Madrid*, Juan de Zabaleta en *Día de fiesta por la mañana* y *Día de fiesta por la tarde*, y Francisco Santos en *Día y noche de Madrid*. Como es sabido —proseguimos con la exposición de Correa— los epígonos de la novela picaresca limitan las andanzas aventureras de sus héroes y aumentan la proporción de sucesos que ocurren diariamente en la vida ciudadana, atraídos con preferencia por el espectáculo de la corte con su abigarrada mezcla de tipos y hechos pintorescos. En la génesis del costumbrismo —dice Correa[4]—, como género independiente, entran por mucho los elementos tomados de estas escuelas y tendencias; al fragmentarse la novela, cada uno de sus añicos recoge un pequeño cuadro popular, un tipo, una menuda circunstancia, y desde entonces, y a lo largo de los siglos, «cada uno de esos fragmentos, que reflejan lo humano con el mismo color y efusión de la obra de grandes proporciones, cobra su propia categoría». Toda esta literatura, desde la *Guía y avisos*, de Liñán, al mismo tiempo que describe tipos y hechos curiosos, se propone prevenir al lector de los peligros de la vida cortesana, acogiendo así un elemento moralizador, a veces excesivo, que tiene que entrar con mucho en el futuro costumbrismo del siglo xix.

Al correr del siglo xviii prosigue el desfile de los escritores que pueden filiarse como dentro del costumbrismo. Correa señala a Torres Villarroel con sus *Visiones y visitas de Torres con don Francisco de Quevedo por Madrid*; a Cadalso, cuyas *Cartas marruecas* contienen numerosos pasajes de índole costumbrista, inspirados por su peculiar condición de reformador ilustrado; a Clavijo y Fajardo, en cuyo *Pensador* abundan las páginas dedicadas a la pintura de costumbres; a la revista *El Censor*, en donde existen numerosos fragmentos de tipo costumbrista, entreverados con las exposiciones doctrinales, y otros diversos escritores de menos importancia. Correa subraya además que en la prensa periódica de la época podrían exhumarse abundantes cuadros costumbristas, de escritores anónimos en su mayoría, y menciona el *Correo de Madrid*, el *Diario de Madrid*, el *Diario de las musas*, *El Semanario de Salamanca*, *El Regañón General*, *Minerva*

---

[3] Introducción a ídem, íd., I, pág. XII.
[4] Ídem, íd., pág. XIV.

*o el Revisor General* y el *Correo literario y mercantil*; estos tres últimos pertenecientes ya a los primeros años del XIX, pero que prolongan, como sabemos, la vida cultural del siglo anterior [5].

Margarita Ucelay puntualiza por su parte que otros críticos, que han dedicado especial atención al estudio del costumbrismo, han limitado más su campo y señalado fronteras más precisas. La opinión más generalmente aceptada localiza este movimiento entre 1830 y 1850, es decir, «coincidiendo en líneas generales con el Romanticismo, con el que comienza la afirmación de la personalidad del siglo XIX» [6]. No obstante, algunos críticos anticipan más o menos el comienzo del costumbrismo. Clifford Marvin Montgomery [7] sitúa la fecha inicial en 1750; Georges Le Gentil [8] entre 1817 y 1820; F. Courtney Tarr [9] en el preciso año de 1820. Para estos tres críticos —y este es el punto clave— el género de que nos ocupamos comienza *con la aparición del cuadro de costumbres autónomo, publicado aisladamente, independizado del libro*; este hecho para Le Gentil y para Tarr se produce al generalizarse la prensa periódica y popularizarse la revista literaria; para Montgomery tiene ya lugar a mediados del siglo XVIII con la aparición del folleto.

Montesinos, en su valioso estudio sobre el costumbrismo y la novela del XIX [10], al examinar las definiciones habituales del género, pone en duda que la acción mayor o menor —siempre aducida como rasgo peculiar y definitorio— sea un criterio para diferenciar de la novela el cuadro de costumbres, pues unas y otros pueden ser de muchas maneras: existen grandes novelas con muy escasa acción y superabundancia de detalles realistas, y a la vez en un cuadro de costumbres pueden suceder, y a veces suceden, muchísimas cosas. Pero esta objeción, incuestionable, no basta tampoco para la positiva caracterización del género. Ucelay, en cambio, la establece de manera inequívoca basándose en la opinión de los tres críticos arriba mencionados: es este *cuadro independiente* —dice— «lo que debemos distinguir con el nombre de *artículo de costumbres*. Forma

---

[5] Proponemos al lector la enumeración de autores costumbristas desarrollada por Correa en la introducción a su *Antología*, por suponerla más asequible al lector medio que desee alguna mayor información sobre la materia; no obstante, debe advertirse que Correa, salvo algunas ampliaciones, y comentarios, de su minerva, sigue sustancialmente el examen de escritores y publicaciones costumbristas realizado desde El Siglo de Oro hasta el Romanticismo por Clifford Marvin Montgomery en su estudio citado luego.

[6] *Los españoles...*, cit., pág. 15.

[7] Clifford Marvin Montgomery, *Early Costumbrista Writers in Spain, 1750-1830*, Filadelfia, 1931.

[8] Georges Le Gentil, *Les revues littéraires de l'Espagne pendant la première moitié du XIXᵉ siècle*, París, 1909.

[9] F. Courtney Tarr, «Larra's *Duende Satírico del Día*», en *Modern Philology*, XXVI, 1928, págs. 31-46.

[10] José F. Montesinos, *Costumbrismo y novela. Ensayo sobre el redescubrimiento de la realidad española*, 2.ª ed., Madrid, 1965, págs. 11-12.

literaria ya perfectamente diferenciada de su antecedente clásico, el cual aparecía siempre, bien incorporado a la novela o a formas afines a ella, bien constituyendo cuadros; aunque ofrecían cierta autonomía, estaban, no obstante, integrados como capítulos del libro, y por tanto concebidos como parte de él. Por esta misma razón tenían, habitualmente, una mayor extensión. Nace, pues, el *artículo de costumbres* como una consecuencia de la prensa periódica, que lo hace posible. De hecho, se puede afirmar que el medio de difusión condiciona y determina las características formales que separan el cuadro de costumbres moderno, de sus precedentes clásicos» [11].

Ucelay señala que Mesonero Romanos percibió con claridad esta diferencia esencial e insistió sobre ella «estableciendo mejor que nadie la verdadera relación entre los modelos clásicos y el costumbrismo moderno» [12]. En el Prólogo a su *Panorama matritense*, Mesonero caracterizó el *cuadro de costumbres* como «un género absolutamente nuevo, que no habían podido ejercitar nuestros célebres satíricos y moralistas por la absoluta carencia de prensa periódica»; y en las *Escenas matritenses*, después de referirse a la «pintura festiva de las costumbres», que había sido hecha admirablemente por Cervantes, Quevedo, Vélez de Guevara y Fernando de Rojas, dice que éstos podían ser admirables modelos de estilo pero no de forma, porque en sus libros se despliega una complicada acción, mientras que los *cuadros de costumbres* han de reducirse «a ligeros bosquejos, cuadros de caballete, para encontrar colocación en la parte amena de un periódico» [13].

Podemos ya, sin temor a equívocos, aducir ahora la definición del *artículo* o *cuadro de costumbres* que nos ofrece Margarita Ucelay: éste,

[11] *Los españoles...*, cit., págs. 15-16.

[12] Idem, íd., pág. 16, nota 9; cfr., Javier Herrero, «El naranjo romántico; esencia del costumbrismo», en *Hispanic Review*, XLVI, 1978, págs. 343-354. Herrero, después de señalar la aparición del costumbrismo en el siglo XVIII, escribe —siguiendo a Donald F. Bond en la Introducción a su edición de *The Spectator*— este comentario: «Pero tal aparición, en el siglo XVIII, tiene caracteres que, en términos generales, lo distinguen del movimiento que invade nuestra literatura en el segundo tercio del siglo XIX: el *cuadro de costumbres* aparece, como fenómeno de la Ilustración, generalmente como ejemplo de una doctrina ética, y no precisamente como *pintoresco*, es decir, por su valor sustantivo al evocar peculiaridades locales, nacionales o regionales; en segundo lugar, es muchísimo menos frecuente. Si pasamos de la especulación teórica a la investigación histórica, la peculiaridad del cambio literario nos aparece en toda su magnitud: durante el siglo XVIII los *cuadros de costumbres* existen, pero aparecen en la prensa de la época confundidos, inmersos, en una masa ingente de ensayos morales, económicos, técnicos. A partir de 1830, sin embargo, ese tono didáctico que los acompaña desaparece, y no solamente adquiere el género una autonomía propia, sino que avasalla el material literario, especialmente el periodístico, no sólo dominando la prensa, sino creando una innumerable serie de revistas dedicadas exclusivamente a *la costumbre*» (pág. 345).

[13] Ed. Seco, luego cit., I, pág. 40.

dice, «visto en su desarrollo, ofrece una personalidad bastante definida. Es siempre una composición breve, en prosa o en verso, y que tiene por finalidad 'la pintura filosófica, festiva o satírica de las costumbres populares', o en un sentido más amplio 'la pintura moral de la sociedad'. Sus temas concretos son la descripción de tipos, costumbres, escenas, incidentes, lugares o instituciones de la vida social contemporánea —la contemporaneidad es una nota imprescindible—; con escasa o ninguna trama argumental. En cuanto a la tendencia de su contenido, presenta un carácter variable: ya es satírico o didáctico, con propósito de reforma de la moral o la sociedad; ya pintoresquista, humorístico, o realista descriptivo, sin preocupación ulterior fuera del puro entretenimiento. En su fondo y en su forma representa una fusión feliz del ensayo y del cuento»[14]. Más adelante resume Ucelay su criterio: «Lo que de interés para nosotros se deduce es que el costumbrismo moderno en España es una forma literaria perfectamente diferenciada, expresada en el *artículo de costumbres*, y que florece vinculada a la prensa periódica en el segundo cuarto del siglo XIX. Tiene antecedentes cercanos en los principios del siglo y en la segunda mitad del XVIII, y otros más remotos en la literatura clásica de fines del Siglo de Oro. Modernamente logra una personalidad propia, debido en gran parte a que tres figuras de importancia lo cultivan con casi exclusividad de otras formas»[15].

Y plantea a continuación el importante problema de cuál es el influjo que pone en marcha la nueva corriente costumbrista. Ucelay afirma que, a pesar de la dilatada tradición nacional a que acaba de aludir, es indudable que tanto los precursores neoclásicos como los iniciadores del costumbrismo romántico, y sobre todo las grandes figuras de éste, responden más conscientemente a la influencia de modelos extranjeros que a la corriente autóctona. No obstante, en este influjo exterior «hay un retorno de elementos literarios de la tradición clásica española, exportados a la literatura extranjera y ahora en viaje de vuelta, ya elaborados e infundidos de un nuevo carácter»[16].

Al ocuparse de la «corriente nacional» Ucelay menciona en sustancia los autores aducidos por Montgomery a lo largo de los siglos XVII y XVIII, y no vamos a repetirlos. Importa sólo recoger la diferencia que aquella señala entre el *artículo de costumbres* y los dos libros de Zabaleta, que son los más próximos a la forma del costumbrismo moderno. La sátira y el didactismo de éste —explica[17]— están íntimamente ligados a la moral religiosa. Tipos y escenas, procedentes de la tradición picaresca, están

[14] *Los españoles...*, cit., págs. 16-17 (las palabras entrecomilladas de la cita pertenecen a Mesonero).
[15] Ídem, íd., págs. 20-21.
[16] Ídem, íd., pág. 21.
[17] Ídem, íd., pág. 28.

orientados por un propósito de carácter teológico y ejemplarizante; «su preocupación no es tanto la conducta social, como el significado moral de ella. La corrección va dirigida contra la transgresión de leyes divinas, más que de principios ético-sociales». Por supuesto, faltan enteramente dos aspectos que han de aparecer en el costumbrismo moderno: la intención política, muy débil e indirecta en las letras españolas del siglo XVII, y la conciencia de lo pintoresco que comienza a apuntar en la segunda mitad del XVIII y se manifiesta con vigor en el Romanticismo.

La aparición, a mediados del XVIII, del periódico y de la revista literaria y el uso generalizado del folleto permiten al escritor dirigirse a un público más extenso que el del libro, pero a su vez estos nuevos vehículos literarios exigen trabajos breves, que puedan encerrarse en el espacio más limitado de sus páginas, y de mayor ligereza y amenidad. Aun cuando el tema —recuerda Ucelay— sea grave, la forma tiene que hacer atractiva la lectura; ya no hay lugar ni gusto para las largas disquisiciones morales y religiosas a la manera de Zabaleta; además, lo religioso cede el puesto a lo filosófico, a lo económico, a lo político y a lo social: «El estudio de las costumbres se enfoca ahora desde este nuevo punto de vista. La intención crítica impregna todas las publicaciones, y el nuevo artículo de costumbres tiende más al ensayo ideológico o didáctico que a la narración moralizadora y ejemplar»[18]. De este carácter está impregnado *El Pensador*, de Clavijo, arriba mencionado.

Tras el paréntesis impuesto por la Guerra de la Independencia y los primeros años del reinado de Fernando VII (un decreto de abril de 1815 prohibía todos los periódicos, excepto *La Gaceta* oficial y el *Diario de Madrid*), comienza de nuevo el desarrollo de la prensa, a pesar de la fuerte censura, y con ella se abre la posibilidad al género que nos ocupa, ya que «el costumbrismo sigue la suerte del periódico». Para Le Gentil el primer artículo de costumbres data de 1817; se titulaba *La ciencia del pretendiente o el arte de obtener empleos*, y apareció en el mes de julio en la revista *La Minerva o El Revisor General*[19]. En 1820 aparecieron en *El Censor* varios artículos que Le Gentil considera como exponente del nuevo costumbrismo; de aquí las fechas iniciales señaladas por el crítico francés como punto de partida del género. Ucelay admite que, aunque de escasa calidad literaria, estos artículos dibujan tipos y escenas que definen el espíritu, y hasta cierto punto la técnica, que el costumbrismo ha de adoptar después.

En el mismo periódico *El Censor* se publicaron entre octubre de 1820 y marzo de 1821 las *Cartas del madrileño*, del presbítero liberal Sebastián Miñano y Bedoya, que al mismo tiempo publicó en folletos sueltos otras

---

[18] Ídem, íd., pág. 31.
[19] Lo reproduce Correa en su *Antología*, cit., I, págs. 634-638.

dos series: los *Lamentos políticos de un pobrecito holgazán* y las *Cartas de Don Justo Balanza*. Los *Lamentos*, que constituyen la serie más importante [20], han sido considerados por algunos críticos, entre ellos el P. Blanco García, como el comienzo de la escuela costumbrista, pero esta opinión es hoy rechazada unánimemente: Montgomery dice que no son estudios de costumbres, sino artículos de política [21], opinión que repite Lomba y Pedraja [22] y confirman Correa [23] y Ucelay [24], aunque esta última admite el influjo que los *Lamentos* pudieron tener en la preocupación política de tono liberal de los artículos de Larra.

Para Tarr son los artículos juveniles de este último, publicados en 1828 en su periódico personal *El Duende Satírico del Día*, y particularmente el titulado *El café*, los que iniciaron el género costumbrista, lo que explica la fecha de partida propuesta por dicho crítico.

No obstante, importa señalar que ya en 1821, y cuando sólo contaba 17 años, Mesonero publicó anónimo un folleto titulado *Mis ratos perdidos*, que constaba de doce «cuadros festivos de la sociedad», correspondientes uno a cada mes del año, y en los que —dice Ucelay— aparece perfectamente delineado en fondo y forma el *artículo de costumbres* [25]. Mesonero, avergonzado, no obstante, de lo que estimaba un débil balbuceo infantil, ocultó celosamente su paternidad, con lo que vino a complicarse el problema de la prioridad entre los tres maestros del costumbrismo, como veremos luego [26].

---

[20] Los *Lamentos* se reproducen en *Epistolario Español*, II, B. A. E., LXII, nueva ed., Madrid, 1952, págs. 603-638, con una nota bio-bibliográfica de Eugenio de Ochoa, colector del volumen. Una larga serie de cartas de Miñano han sido publicadas por Ignacio Aguilera y Santiago, «D. Sebastián de Miñano y Bedoya», en *Boletín de la Biblioteca Menéndez Pelayo*, XII, 1930; XIII, 1931; XIV, 1932, y XV, 1933. Sobre Miñano contiene importantes detalles la excelente monografía de Donald Allen Randolph, *Eugenio de Ochoa y el Romanticismo Español*, University of California Publications in Modern Philology, vol. 75, Berkeley and Los Angeles, 1966, en especial el cap. I.

[21] *Early Costumbrista Writers...*, cit., pág. 75.

[22] José R. Lomba y Pedraja, «Costumbristas españoles de la primera mitad del siglo XIX», en *Mariano José de Larra (Fígaro). Cuatro estudios que le abordan o le bordean*, Madrid, 1936, págs. 1-96; la cita en pág. 4.

[23] Introducción, cit., pág. XXIII. Dice Correa que de otro modo habría que juzgar a Miñano, si hubiera escrito una serie de artículos como el que compuso mucho más tarde, titulado *Cuadro comparativo entre la España de hace sesenta años y la actual*, publicado en la *Revista Enciclopédica de la Civilización Europea* (París, 1843), «que, en efecto, es un artículo de costumbres y de la mejor clase, de fina y aguda observación». Correa reproduce este artículo en su *Antología*, cit., I, págs. 653-661.

[24] *Los españoles...*, cit., págs. 36-37.

[25] Ídem, íd., pág. 38. Ucelay advierte, sin embargo, que existe una razón fundamental de técnica que impide considerar estos artículos como pertenecientes al costumbrismo propiamente dicho. Aparecen éstos —dice— agrupados todavía en una unidad y ligados por un marco narrativo o estructura novelesca, aunque muy leve. El autor aún no observa directamente, sino que se vale de un personaje de ficción que le sirve de «alter ego».

[26] Los hijos del autor publicaron tres de estos artículos en el volumen primero

El capítulo del costumbrismo se abre de hecho, y de forma ya incontestable, cuando en 1831 José María Carnerero, que dirigía el *Correo Literario y Mercantil*, funda *Cartas Españolas*, primera revista literaria de tipo moderno aparecida en España[27]. En las *Cartas Españolas* comenzaron a publicar regularmente sus artículos de costumbres Serafín Estébanez Calderón, bajo el seudónimo de *El Solitario*, y Ramón de Mesonero Romanos con el de *El Curioso Parlante*. Al desaparecer al año siguiente *Cartas Españolas*, el mismo Carnerero fundó la *Revista Española*, donde los mencionados escritores continuaron su tarea. En agosto del mismo año comenzaba Larra la publicación de *El Pobrecito Hablador* para incorporarse más tarde a la *Revista*, según vimos oportunamente.

Aunque cada uno de estos escritores tiene personalidad bien acusada, vistos en conjunto presentan, como puntualiza Ucelay[28], características

---

de los *Trabajos no coleccionados de Mesonero Romanos*, Madrid, 1903. Años más tarde, un ejemplar del folleto anónimo, rarísimo ya entonces, fue a manos de Foulché-Delbosc; éste, que no conocía la existencia de los *Trabajos no coleccionados* ni había parado mientes en el pasaje de las *Memorias de un setentón*, en donde el propio Mesonero cuenta la historia del folleto (ed. Seco, luego cit., V, págs. 120-121), lo publicó íntegro —«Le modèle inavoué du *Panorama matritense*», en *Revue Hispanique*, XLVIII, 1920, págs. 257-310—, acusando a Mesonero de haberse adjudicado falsamente la primacía en el género costumbrista a sabiendas de que le había precedido otro escritor, puesto que incluso se había aprovechado de sus artículos; Foulché-Delbosc aseguraba que en el folleto anónimo se hallaba en germen todo el *Panorama matritense*, y que hasta su prosa era mejor y más concisa que la del *Curioso Parlante*.

Correa Calderón afirma (Introducción cit., págs. XXIV-XXV) que, además de *Mis ratos perdidos*, compuso Mesonero otras obras de juventud, entre ellas *Condiciones y semblanzas de los señores diputados a Cortes en la legislatura de 1820 y 1821*, y dice haberlo leído en las *Memorias de un setentón*. Pero el *Parlante* no dice allí nada de eso. Lo que Mesonero refiere es que la lectura de las *Condiciones y semblanzas*, y de otras publicaciones de Moratín, Gallardo y Miñano, le estimuló a escribir *Mis ratos perdidos*. Montgomery da noticia de *Condiciones y semblanzas* —*Early Costumbrista Writers...*, cit., págs. 77-78—, indicando el nombre de su autor, Gregorio González Azaola, y el título completo de la obra, que no da Mesonero. Como Correa lo reproduce también completo, parece evidente que lo ha tomado de Montgomery, pero, por error, le atribuye el libro a Mesonero, creyendo haberlo leído así en las páginas de las *Memorias*.

[27] José Escobar ha demostrado, sin embargo —«*Costumbres de Madrid*: influencia de Mercier en un programa costumbrista de 1828», en *Hispanic Review*, XLV, 1977, págs. 29-42—, que, aunque es en las *Cartas Españolas* donde el costumbrismo alcanza su desarrollo y madurez, en el *Correo Literario y Mercantil* anda ya el género sus primeros pasos, y adquiere —aunque de modo imperfecto y vacilante— los que van a ser sus rasgos definitivos. Escobar destaca la importancia de Carnerero en el proceso de formación del costumbrismo español; él fue quien ideó el plan de los artículos y propuso para su revista el ejemplo de Jouy y de Mercier; pero no consiguió reunir en el *Correo* el grupo de colaboradores de calidad que apetecía para su propósito, objetivo que logró, en cambio, después en las *Cartas Españolas* con la incorporación del *Solitario* y de Mesonero. El propio Escobar había ya señalado anteriormente —«Sobre la formación del artículo de costumbres: Mariano de Rementería y Fica, redactor del *Correo literario y mercantil*», en *Boletín de la Real Academia Española*, L, 1970, págs. 559-573— el papel desempeñado por el *Correo* en la gestación del costumbrismo, al examinar la participación en él del escritor citado.

[28] *Los españoles...*, cit., pág. 42.

comunes. Ellos mismos tienen una innegable conciencia de escuela; en los tres se observa una reacción contra el irrealismo de la novela romántica y un deseo de reflejar con fidelidad la sociedad contemporánea. Ucelay subraya luego otro rasgo en el que importa insistir porque, según hemos podido ver, caracteriza el género: son estos tres autores los que hacen desaparecer todo residuo de integración novelesca: «El único rastro —añade— que aún queda del intento de integrar los artículos en una unidad —influencia del remoto origen picaresco— es muy sutil. Eliminado el personaje que servía de punto de mira, de *atalaya* de la sociedad, el costumbrista se ve obligado a sustituirlo con su propia persona, con su nombre que no le presta carácter alguno. Para compensar esto, adopta un recurso usado ya por los periodistas y cultivadores del siglo XVIII. Se cubre con un seudónimo que declara cuál va a ser su actitud de observación y define el carácter que la determina. El escritor aparece así ante el público disfrazado de ente de ficción. Todos los seudónimos de los costumbristas de este momento expresan la nota común de un espíritu atento, que en unos casos contempla la sociedad marginalmente, como *El Solitario*, en otros indaga, comenta y critica como *El Curioso Parlante*, *El Duende Satírico* o *Fígaro*; y en otros cuenta con destructiva ingenuidad el resultado de sus observaciones, como *El Pobrecito Hablador*. Con este desdoblamiento, el autor logra dar a sus artículos sueltos una unidad de visión, y reemplazar —probablemente no con plena conciencia— al pícaro desaparecido o sus sucedáneos: diablos, anteojos, almas, etc.» [29].

En 1836 Mesonero Romanos fundó el *Semanario Pintoresco Español*, el periódico literario más importante y popular de su época y el de mayor longevidad puesto que duró hasta 1857. En esta revista se formó el núcleo principal de los seguidores de Mesonero. Pero el movimiento se hizo general e inundó «las páginas de las publicaciones periódicas, especialmente de las revistas, que han comenzado a multiplicarse. De aquí en adelante y por lo menos hasta 1860 raro va a ser el escritor que no pruebe su suerte en este tipo de literatura, que, como Menéndez y Pelayo observa, es, a pesar de su dificultad, un terreno propicio para las incursiones de los audaces» [30]. Informa Hendrix que un índice «incompleto» extraído de sólo veinte publicaciones de la época, arroja un total de trescientos autores que escriben artículos de costumbres; y aunque gran parte de éstos —añade— son «pura basura», existen bastantes nombres que merecen ser rescatados del olvido [31]. En conjunto, puede afirmarse que el *costumbrismo* fue uno de los géneros más populares a lo largo de cinco décadas, y no es injusta

---

[29] Ídem, íd., págs. 44-45.
[30] Ídem, íd., págs. 45-46.
[31] W. S. Hendrix, «Notes on Collections of Types, a Form of *Costumbrismo*», en *Hispanic Review*, I, 1933, págs. 208-221; la cita en pág. 211.

la apreciación de Tarr de que el «artículo de costumbres», en la mano de sus maestros, representa la más importante manifestación de la prosa durante el período romántico[32].

Hemos aludido líneas más arriba al problema de la prioridad entre los tres maestros de nuestro costumbrismo: Mesonero, Estébanez y Larra. Mesonero en bastantes pasajes de sus obras pretende sugerir, aunque no lo diga claramente, que él inició la marcha y le siguieron poco después los otros dos. En especial, por lo que a Larra se refiere, manifestó un interés casi pueril en sostener su precedencia. En la *Nota*, añadida en posteriores ediciones, a su artículo *Las costumbres de Madrid*, Mesonero vuelve sobre el tema; alude a «algunos críticos un tanto ligeros», que, «en son de alabanza de *El Curioso Parlante*», habían afirmado «que era el más feliz de los imitadores de *Fígaro*». «Mucho honraría —dice— al autor de las *Escenas Matritenses* semejante comparación, si la verdad del hecho no fuese que precedió a aquél en la tarea, y, por consecuencia, mal podía imitar quien llevaba en el orden del tiempo la delantera. Así lo confiesa el mismo *Fígaro* en la primera edición de sus artículos, escritos cuando ya se habían publicado gran parte de los del *Curioso Parlante*»[33]. Para sustanciar la cuestión subraya luego el distinto carácter de ambos, ya que él, a diferencia de *Fígaro*, nunca había cultivado la sátira política ni «la censura o retrato apasionado de los hombres de la época».

La prioridad de Mesonero es cierta en lo que se refiere a los artículos publicados en *Cartas Españolas*, pero es evidente que Larra en *El Duende Satírico del Día*, de 1828, había publicado su artículo *El café*, cuyo carácter costumbrista, así como su calidad, han sido repetidamente subrayados, en especial por Tarr. Cierto también que Mesonero se había anticipado a su vez al *Duende* con su folleto *Mis ratos perdidos*, pero el hecho de que le avergonzara por primerizo y no se atreviera a pregonar su existencia, le colocaba en situación incómoda.

Respecto a Estébanez los datos son más precisos: el primer artículo publicado por Mesonero en *Cartas Españolas* es del 12 de enero de 1832; pero antes de esa fecha —en los últimos meses del año anterior— Estébanez había publicado allí por lo menos tres de sus artículos: *Pulpete y Balbeja*, *Los filósofos en el figón* y *Excelencias de Madrid*[34].

Las diferencias de tiempo, pues, son de escasa importancia y apenas sirven para determinar una prioridad que no tiene interés ni a nada conduce: el costumbrismo estaba en el aire y fueron muchos los que captaron

---

[32] F. Courtney Tarr, «Romanticism in Spain and Spanish Romanticism: A Critical Survey», en *Bulletin of Spanish Studies*, XVI, 1939, págs. 3-37; la cita en pág. 26.

[33] Ed. Seco, luego cit., I, pág. 40.

[34] Cfr., Antonio Cánovas del Castillo, *El Solitario y su tiempo*, cit. luego, I, páginas 138-139.

su llamada. De todos modos una cosa nos parece evidente: si el costumbrismo era ya un hecho antes de la aparición de Mesonero, Estébanez y Larra, y hay que retrotraer sus comienzos bien a la fecha propuesta por Montgomery, bien a la defendida por Le Gentil, carece de sentido la porfía por la prioridad entre aquellos tres autores. Puesto que existió —he aquí lo importante, a nuestro entender— queda declarado que se percibía entonces la realidad de un género nuevo, por lo menos de algo que se presentaba con sustancialidad propia y diferencias bien acusadas de todo lo anterior; y, en consecuencia, que no exageraba mucho Mesonero cuando se irrogaba la paternidad de una nueva familia literaria.

LAS INFLUENCIAS EXTRANJERAS

Como hemos dicho arriba, a pesar de la caudalosa corriente nacional que nutre las raíces del costumbrismo, es un impulso exterior, procedente sobre todo de Francia y de Inglaterra, el que lo pone en marcha. No obstante —recuerda Ucelay [35]—, la deuda del costumbrismo español con dichos países es hasta cierto punto sólo parcial, puesto que se trata de viejas esencias de la literatura clásica española transformada por una larga estancia en tierras extranjeras.

En los primeros años del siglo XVIII el escritor inglés Richard Steele fundó el periódico trisemanal *The Tatler*, y dos años después en colaboración con Joseph Addison el diario *The Spectator*, que aunque duró tan sólo menos de año y medio se convirtió en el modelo de la literatura periodística del siglo XVIII y dio la norma para el género de costumbres con sus impresiones de la actualidad comentadas en tono humorístico. La crítica ha demostrado plenamente el influjo que sobre ambos autores ejerció la picaresca española, en parte directamente y también a través de la versión francesa del *Diablo cojuelo*, de Vélez de Guevara, hecha por el francés Le Sage con su *Diable Boiteux*, que fue popularísima en toda Europa [36]. Lo que de esta novela adquiere carácter universal —comenta Ucelay [37]— «es la idea misma del *diablo cojuelo*, el espíritu de observación y sátira de las costumbres, el demonio familiar, entrometido y curioso, que pone al descubierto la verdad que yace bajo las apariencias de la farsa social». Steele y Addison adaptan este espíritu travieso a la figura de *Pacolet*, el demonio auxiliar del astrólogo Bickerstaff.

---

[35] *Los españoles...*, cit., pág. 48.
[36] Cfr., W. S. Hendrix, «Quevedo, Guevara, Le Sage and *The Tatler*», en *Modern Philology*, XIX, 1921, págs. 177-186. Véase amplia bibliografía sobre el tema en Ucelay, págs. 48-49, notas 85 a 90.
[37] *Los españoles...*, cit., págs. 50-51.

El influjo del *Spectator* sobre Clavijo y Fajardo en el siglo XVIII es de sobra conocido, si bien el escritor español no lo recibió directamente, sino a través de la traducción francesa y de la adaptación de Marivaux[38]. Francia que había servido de puente para transportar a Inglaterra el influjo de la picaresca española, volvía a actuar de intermediaria en su viaje de regreso.

Mesonero Romanos, que, como hemos visto, aunque señalaba el ejemplo de los novelistas y satíricos nacionales, negaba la existencia anterior del cuadro de costumbres por la ausencia de prensa periódica, declara, en cambio, expresamente su deuda con Addison y lo reconoce como maestro y originador de dicho género literario. Muchos de sus artículos comienzan con referencias al escritor inglés, pero en determinados momentos hace declaraciones terminantes: «*El Curioso Parlante* —dice— confiesa también que al empezar su tarea se propuso modelos en un género en que se le ofrecían varios que imitar. Addison en Inglaterra había, puede decirse, creado este género de escritos a mediados del pasado siglo en *The Spectator*, Jouy en Francia los había hecho aún más ligeros, más dramáticos y animados a principios del actual, en L'Hermite de la Chaussée d'Antin»[39]. Y en otro lugar: «Deseando ensayar un género que en otros países han ennoblecido las elegantes plumas de Addison, Jouy y otros, me propuse, aunque siguiendo de lejos aquellos modelos y adorando sus huellas, presentar al público español cuadros que ofrezcan escenas de costumbres propias de nuestra nación».

Se ha discutido, sin embargo, si los costumbristas españoles del Romanticismo conocían a Addison por lectura directa. Ucelay acepta la sentencia de Le Gentil[40] de que lo descubrieron a través de sus imitadores franceses: Touchard-Lafosse, Colnet du Ravel, Dupré de Saint-Maur y, sobre todo, de Jouy. Lo mismo Mesonero que Larra reconocieron en varias ocasiones la deuda con este último y proclamaron su admiración por él, calificándolo de verdadero modelo[41]. Jouy, seudónimo de Victor-Joseph Étienne, inauguró en 1811 en *La Gazette de France* una serie de artículos costumbristas bajo el seudónimo de «L'Hermite de la Chaussée d'Antin», que recogió después en libro con el subtítulo de *Observations sur les mœurs et les usages parisiens au commencement du XIXème siècle;* luego prosiguió su tarea con otras varias series.

---

[38] Cfr., H. Peterson, «Notes on the Influence of Addison's *Spectator* and Marivaux's *Spectateur Français* upon *El Pensador*», en *Hispanic Review*, IV, 1936, págs. 256-263.

[39] Nota a *Las costumbres de Madrid*, ed. Seco, luego cit., I, pág. 40.

[40] *Los Españoles...,* cit., pág. 55.

[41] Cfr., W. S. Hendrix, «Notes on Jouy's Influence on Larra», en *Romanic Review*, XI, 1920, págs. 37-45. H. C. Berkowitz, «Mesonero's Indebtedness to Jouy», en *Publications of Modern Language Association*, XLV, 1931, págs. 553-572.

Es curioso lo sucedido con este escritor. Lomba y Pedraja informa de la escasísima atención que le han prestado los críticos franceses del siglo XIX y menos aún los del actual, y él mismo lo califica de «escritor sin originalidad, anodino, insoportablemente monótono», aunque «no carecía de cierta amenidad elegante, de cierta facilidad insulsa y documentada» [42], que fue muy del agrado de la burguesía hacendosa y *bonne vivante* de su época. Lo cierto es que en su país alcanzó repetidas ediciones y en España gozó de la popularidad e influjo que hemos dicho.

La huella de Jouy fue ya anterior a los artículos de Mesonero y de Larra. Le Gentil señala como punto de partida el artículo publicado en 1817 en *La Minerva*, a que arriba aludimos; Ucelay informa que el director de la revista hace una referencia a Jouy en la misma serie del periódico y que es la más temprana que ha encontrado. Tres años después se publicó la primera traducción al español de una de sus obras; y en 1828 un costumbrista temprano, Mariano de Rementería y Fica, *El Observador*, pone sus escritos bajo la advocación de Jouy al iniciar en el *Correo Literario y Mercantil* una sección titulada «Costumbres de Madrid».

Otro escritor francés que ha sido señalado es Sébastien Mercier, de fines del siglo XVIII, autor del *Tableau de Paris*, que llegó a constar de doce volúmenes. A diferencia de Jouy, que es esencialmente un periodista y que atiende con preferencia a lo descriptivo dentro del campo de la vida diaria, Mercier no se vale del periodismo y, dentro del espíritu de la Ilustración, atiende sobre todo al significado ideológico, social y moral de las costumbres. Aunque su valor literario es muy superior al de Jouy, su influencia —dice Ucelay [43]— no fue tan intensa en nuestro país, quizá porque sus trabajos no eran artículos de costumbres. No obstante —añade el mismo crítico— Mesonero le debe el plan general y la división del *Panorama* y de las *Escenas Matritenses*; y Lomba asegura que del *Tableau* se halla en Mesonero «el cuadro general y aun de sus compartimentos no pocos» [44].

Finalmente, debe mencionarse a Paul-Louis Courier, que se suele aducir a propósito de Larra. Ucelay explica que Courier, libelista y polemista de la Restauración, pudo influir en Larra en lo que respecta a la preocupación política, pero no en el carácter de ataque directo a las instituciones del panfletario francés; en los escritos de éste predomina este aspecto «sobre la intención de sátira social, el diseño de tipos y la estructura descriptiva, característicos del costumbrismo, dentro del cual no puede en propiedad ser incluido» [45].

---

[42] «Costumbristas españoles...», cit., pág. 61.
[43] *Los españoles...*, cit., pág. 58.
[44] «Costumbristas españoles...», cit., pág. 62.
[45] *Los Españoles...*, cit., pág. 59.

De todo lo dicho se deduce que, aunque el costumbrismo romántico tenga tantas raíces en la tradición nacional, de la cual se nutre en no pocos aspectos, debe su principal impulso a agentes exteriores, y es provocado por una serie de circunstancias que le otorgan su popularidad y lo definen como género peculiar de la época romántica.

Muchas de estas circunstancias son privativas de nuestro país, y las veremos luego al ocuparnos de la significación y consecuencias del costumbrismo en nuestra historia literaria. Pero es evidente que, siendo el costumbrismo una manifestación general en todas las literaturas europeas, han de existir motivaciones de índole común que expliquen su florecimiento.

La primera de ellas hay que buscarla en el propio espíritu romántico, en lo que tiene de interés por lo privativo y nacional en todos sus aspectos. Lo nacional no es sino la ampliación del *yo*, centro máximo de la atención romántica, a los confines más amplios de la propia sociedad en la que el individuo se siente inscrito como familia inalienable; en este caso, el regionalismo a su vez, tan cultivado por el costumbrismo, no es sino un grado o escalón entre el vértice del cono, donde se yergue el *yo*, y la base, que se dilata hasta el límite de la nacionalidad.

Por otra parte, la literatura de viajes tan difundida desde mediados del siglo XVIII y que despertó la curiosidad por las costumbres y países extranjeros, atrajo de rechazo la atención hacia el propio país con el propósito de examinar sus instituciones y carácter. Ucelay señala el crecido número de *Tableaux* que, a semejanza del de Mercier, se publican en Francia a fines del siglo XVIII y comienzos del XIX para captar el espíritu de la capital y, por extensión, el del país entero.

Ucelay insiste acerca del influjo que el viejo sustrato de la picaresca española ejerce en el florecimiento de este género literario. La tradición del *Diablo cojuelo*, a través en gran parte de la recreación de Le Sage, rebrota con vigor en el Romanticismo. *Le Diable Boiteux* —dice— pasa a ser la personificación del costumbrismo, y de personaje novelesco se convierte en símbolo del análisis satírico de la vida colectiva, es decir, «la idea abstracta de un espíritu que destapa y revela las maldades, las necedades y las debilidades que la hipocresía encubre en la vida de las gentes bajo el exterior de la conducta social. Es decir, que ese personaje ya no es un personaje de ficción, sino una actitud humana, una forma de ver la realidad»[46]. Tarr ha formado una lista de 24 periódicos y folletos españoles, publicados entre 1735 y 1850 con el título de el *duende*[47], que viene a caracterizar entre nosotros el espíritu de la crítica de costumbres bajo

---

[46] Ídem, íd., pág. 88.
[47] «Larra's *Duende Satírico del Día*», cit., págs. 45-46.

este equivalente del diablo. Ucelay todavía ha podido sumar a la lista de Tarr tres títulos más [48].

Antes de exponer los caracteres peculiares y la transcendencia del costumbrismo español, vamos a estudiar a sus principales cultivadores. Examinados éstos, podremos mejor establecer el balance global del costumbrismo en nuestras letras.

ESTÉBANEZ CALDERÓN

Serafín Estébanez Calderón nació en Málaga en los últimos días de 1799 [49]. Huérfano en su niñez, fue recogido por unos tíos de posición acomodada, que hicieron posibles sus estudios. Aprendió las primeras letras y cursó humanidades y ciencias en su ciudad natal, y leyes en Granada. A la llegada de las tropas de Angulema era miliciano nacional y a punto estuvo de tener que emigrar desde Gibraltar; pero ni su intervención en la campaña ni su liberalismo debieron de ser cosa mayor puesto que pudo regresar a Málaga y abrir allí bufete en 1825, aunque sentía escasa afición por la abogacía. En 1830, buscando quizá más propicio lugar para sus aficiones literarias, se trasladó a Madrid al amparo de los condes de Teba, en cuyo palacio se relacionó con gentes de la política, la literatura y las artes, y comenzó a darse a conocer con algunos artículos de crítica en el *Correo Literario y Mercantil*, de Carnerero, bajo el seudónimo de «El Solitario en acecho». En 1831 fundó el propio Carnerero la revista *Cartas Españolas*, y allí publicó Estébanez —en abril y junio— sus primeros artículos de costumbres —*Pulpete y Balbeja, Historia contemporánea de la plazuela de Santa Ana* y *Los filósofos en el figón*—, género al que debe su renombre; a partir de estos trabajos su seudónimo se reduce a «El Solitario».

Desde entonces alternó su actividad literaria con la política y la administración. En enero de 1843 fue nombrado Auditor General del Ejército del Norte a las órdenes de Valdés y luego de Quesada y de Rodil. En diciembre de 1835 fue designado jefe político de Logroño, y más tarde de Cádiz y de Sevilla. Casó en 1839 con una pariente del famoso banquero Salamanca, con quien en 1843 hizo un viaje a París y a Londres. Su *Manual del oficial en Marruecos* le llevó a la Academia de la Historia en 1844; fue luego Ministro Togado del Tribunal Supremo de Guerra y Marina, y en 1849 marchó a Italia como Auditor General del ejército expedicionario

---

[48] *Los Españoles...*, cit., pág. 93, nota 74.
[49] Cfr., Antonio Cánovas del Castillo, *El Solitario y su tiempo. Biografía de don Serafín Estébanez Calderón y crítica de sus obras*, 2 vols., Madrid, 1883. Jorge Campos, Introducción a su edición de las *Obras de D. Serafín Estébanez Calderón «El Solitario»*, B. A. E., 2 vols., Madrid, 1955.

enviado por el Gobierno español para reponer al papa Pío IX en sus dominios temporales. Durante su estancia en Nápoles conoció a Valera, joven entonces de 24 años, que estaba destinado en aquella corte como secretario segundo de la embajada española a las órdenes del duque de Rivas. A pesar de la diferencia de edad, pues Estébanez rayaba ya en los cincuenta, contrajeron estrecha amistad que dio sus frutos en una copiosa correspondencia mantenida por Valera durante largo tiempo[50]. En sus últimos años todavía fue nombrado Estébanez Consejero Real y Consejero de Estado. Murió en Madrid en febrero de 1876.

Además de su actividad política y sus trabajos literarios Estébanez tiene en su haber numerosas empresas culturales. Fue un empecinado bibliómano en competencia con los más famosos de su tiempo, con Gallardo, Usoz, Durán y Gayangos, sus amigos. Anduvo siempre a la caza de libros viejos por archivos, librerías y bibliotecas, y reunió una importante colección de antiguas obras españolas, que constituían su delicia. Se cuenta que, cuando en vísperas de su muerte, fue Gayangos a visitarle, le dijo: «Todavía no, todavía no es tiempo de que vengas a apropiarte de los mejores de mis libros». Cultivó con asiduidad el árabe, persuadido de la importancia de estos estudios para la literatura española, y llegó a enseñarlo por algún tiempo en las clases públicas del Ateneo. Durante su estancia en Cádiz como jefe político creó el Museo de pintura y escultura de dicha ciudad, organizó y aumentó la biblioteca municipal y fundó un Liceo a semejanza del madrileño. Estuvo interesado en numerosos problemas de historia y de erudición, y de hecho dedicó la mayor parte de sus esfuerzos a obras de esta especie.

Los incidentes ocurridos en Marruecos en 1844, que estuvieron a punto de encender la guerra, movieron a Estébanez a componer su *Manual del oficial en Marruecos*, que contiene mucho más de lo que el título parece sugerir. Se trata en realidad de un estudio histórico y geográfico de aquel país, con minuciosa descripción de su clima y producciones, habitantes, ciudades, costumbres, literatura, religión, capacidad militar, proceso histórico desde los tiempos más antiguos y relaciones con España.

Su gran proyecto fue escribir una *Historia de la infantería española*, y hasta consiguió que se le hiciera el encargo oficial por Real Orden. El viaje a Italia, según sugiere Jorge Campos[51], debió de recrudecer su en-

---

[50] En *Costumbrismo y novela*, cit., pág. 24, nota 19, escribía Montesinos: «Estas cartas, por desgracia inéditas, que yo pude leer en el verano de 1936, paraban en poder de don Serafín Orueta. Sería deseable que se publicasen, y, no obstante sus escabrosidades, que se publicasen íntegramente». El deseo de Montesinos se ha cumplido y estas cartas han sido al fin publicadas: cfr. Carlos Sáenz de Tejada Benvenuti, *Juan Valera-Serafín Estébanez Calderón (1850-1858). Crónica histórica y vital de Lisboa, Brasil, París y Dresde*, Madrid, 1971.

[51] Introducción cit., pág. XXX.

tusiasmo al ponerle en contacto con el escenario de las campañas del Gran Capitán. Hizo que se le designaran auxiliares para copiarle documentación en Simancas y El Escorial y logró reunir gran cantidad de datos. No obstante, sólo llegó a escribir fragmentos sueltos sobre los tiempos o episodios que más le atraían, y así redactó lo correspondiente a las expediciones de los almogávares, la conquista de Nápoles por el Gran Capitán, las campañas de Portugal en tiempo de Felipe IV, y cuatro artículos sobre «la milicia de los árabes en España». Jorge Campos ha reunido en su edición todos los fragmentos que fueron publicados en diversos lugares, pero parece que se han perdido dos voluminosos legajos, que hacia 1854 confió al Ministerio de la Guerra.

Las *Escenas andaluzas*. Pese a todos estos trabajos y otros numerosos de mayor o menor extensión dedicados a temas literarios, históricos o arqueológicos, la fama de Estébanez está vinculada a sus *Escenas andaluzas*, título bajo el que en 1846 reunió en volumen las que había ido publicando en *Cartas Españolas*, en el *Semanario Pintoresco Español* y otros periódicos. Sin embargo, la actividad costumbrista de *El Solitario* fue más bien intermitente. Después de su etapa inicial en las *Cartas* sólo de tarde en tarde produjo alguno de estos artículos, hasta que hacia 1846 otra «ráfaga de inspiración de esta misma clase»[52] le movió a componer otra serie de cuadros de costumbres.

Lomba y Pedraja nos advierte que clasificar los artículos de las *Escenas* en relación con el género costumbrista no es cosa fácil, ya que muchos de ellos no tienen nada de andaluces, ni de escenas, ni mucho menos de cuadros de costumbres. Su nacimiento y períodos de gobierno en tierras andaluzas pudieron preparar al *Solitario* para la observación de sus costumbres y tipos populares, pero otra fuente distinta de inspiración —según Lomba subraya[53]— hubo de ser su ardiente pasión por los libros viejos y olvidados de la Edad de Oro. Desde los primeros artículos se advierte su gusto por palabras, locuciones, modismos y giros castellanos de fuerte sabor arcaico, imitado de nuestros clásicos. En el prospecto de presentación que el propio Estébanez escribió para *Cartas Españolas*, decía de sí mismo: «Su gusto literario es tal, que muy pocos libros traspirenaicos hallan gracia a sus ojos, mas, en trueque, siempre está cercado de infolios y legajos empolvados a la española antigua y para cuya caza trastea y escudriña los trebejos de las librerías y baratillos. Es celosísimo del habla castellana y no puede sufrirla mal acompañada de galicismos ni manchada con suciedades de tal jaez»[54]. Su amor, pues, a lo español y a lo castizo

---

52 Lomba y Pedraja, «Costumbristas españoles...», cit., pág. 11.
53 Ídem, íd., pág. 15.
54 Cit. por Lomba en ídem, íd., págs. 15-16.

—comenta Lomba[55]—, acompañado por el desdén hacia lo extranjero, y particularmente lo francés, confieren a sus escritos la nota especial que como costumbrista le caracterizó con más energía en su tiempo y entre sus émulos.

Según afirma Cánovas[56], *El Solitario* confesaba en sus conversaciones que la lectura de los artículos de Jouy le sugirió la idea de escribir sus cuadros de costumbres; pero, no obstante, no se propone otros modelos ni acepta otro influjo ni inspiración que los escritores españoles de los siglos XVII y XVIII. *El Solitario*, que, sin ser del todo romántico, ha de contarse entre los restauradores de la vieja tradición, coincidente con el Romanticismo, era —como recuerda Montesinos[57]— un autodidacta, al igual que todos los hombres de su tiempo, y leyendo los libros antiguos con el fin de formarse una cultura castiza, no siempre escogió los mejores modelos. Estébanez debió de dar por sus pecados —dice Montesinos— con no pocos libros de la época en que la verbosidad fue moda «y el empleo de infinitos sinónimos, las repeticiones y redundancias se confundieron con lo abundante y caudaloso del estilo». Pero no sabemos si el «hallazgo» sería casual y desafortunado o es que *El Solitario* sólo captaba lo que rimaba con su gusto y aficiones. Porque lo que a él evidentemente le apasiona son los chaparrones de palabras, las acrobacias estilísticas, los pleonasmos, el abultamiento, las rebuscadas extravagancias, la exageración deformante, el vocablo insólito, la agudeza y la ingeniosidad a todo precio.

No sin motivo se tiene a *El Solitario* por un escritor difícil; pero más que por el léxico —con todo y abundar en voces peregrinas— lo es por su peculiar construcción de la frase y sobre todo por la demasiada frondosidad a que nos hemos referido. Lomba admite que *El Solitario* es un prodigioso observador de detalles y que a sus ojos y memoria se ofrecen muchedumbre de objetos que escapan al testigo vulgar y que dan a la pintura colorido y carácter; el escritor posee un prodigioso caudal de vocabulario castizo y pertinente para nombrar con exactitud y belleza aquella aglomeración de cosas. «Pero —comenta Lomba— el tipo de estas descripciones de *El Solitario*, tan complejas, tan prolijas, recayendo constantemente sobre un conjunto de seres inanimados, por su naturaleza accesorios, subordinados al interés de la acción humana a que atiende y en que se recoge y concentra la verdadera curiosidad del lector, excede muy a menudo los términos que les asigna la prudencia. Son más largas de lo que la importancia de su contenido autoriza y contrastan, además, desairadamente con la parquedad de los toques y pinceladas —aun con la entonación y el vigor muchas veces— consagradas a la acción principal. De donde resulta en los cuadros de *El Solitario* cierta subversión de va-

---

55  Ídem, íd., pág. 16.
56  *El Solitario y su tiempo...*, cit., I, pág. 142.
57  *Costumbrismo y novela*, cit., pág. 27.

lores. Lo secundario se antepone a lo sustancial, la materia a la psiquis, las enumeraciones y descripciones de objetos muertos a la acción y a las reacciones del espíritu y de la vida. Ni las alabanzas de Cánovas ni la defensa brillante de Valera le han librado ni pueden librarle del abandono de sus lectores ante muchas de sus escenas más trabajadas; un primor de lenguaje y de estilo, por otra parte, pero faltas de interés en el fondo, de un arte narrativo juicioso y de aliento y calor de vida»[58].

Diríase que al *Solitario*, puesto ante un paisaje o una escena, le atrae más la lente literaria a través de la cual los mira que la misma realidad que contempla; y así, paraliza la acción, si es que existía, o la olvida del todo, en provecho del fluir descriptivo en que se complace. En *Pulpete y Balbeja*, dos majos andaluces se retan a cuchillo por una mujer, pero toda la pelea es una fantochada de dos cobardes que no desean ni rozarse; la situación es excelente y bastaría con dejar moverse a los dos bravos, pero el escritor pone sordina al movimiento con sus exhibiciones de lenguaje. No obstante, todavía esta escena, que fue su primera en el género, es de las mejores y equilibradas que *El Solitario* compuso. En una de las más comúnmente estimadas, *El asombro de los andaluces, o Manolito Gázquez, el Sevillano*, comienza haciendo exposición de la habitual costumbre de exagerar que distingue a los andaluces, de esa «propensión irresistible a contar, a relatar siempre con encarecimiento y ponderación, a demostrar los hechos montados en zancos, y a presentar las cantidades por océanos insondables de guarismos»[59]. La descripción, que sirve para presentar a Manolito y que serviría también para definir al propio autor, es excelente, y aguardamos a continuación las divertidas exageraciones del personaje; pero las intervenciones directas de éste son bastante escasas, y de gracia muy relativa, por lo que hemos de creer en la «maravillosa magia» del héroe no por lo que vemos de él sino bajo palabra del escritor.

La afición de *El Solitario* a las danzas de su país le induce a escribir dos escenas —*El bolero* y *Baile al uso y danza antigua*— donde su derroche lingüístico habitual se multiplica todavía merced a los conocimientos folklóricos que el autor posee sobre la materia. Pero el virtuosismo verbal de *El Solitario* quizá llega a su ápice en las dos escenas —continuación una de la otra, en realidad— *Gracias y donaires de la capa* y *Fisiología y chistes del cigarro*, en las que dos criados del autor peroran hasta lo inverosímil sobre sus dos especialidades respectivas —la capa y el cigarro—, ponderando su utilidad, usos y carácter. *El Solitario* parece haber remontado aquí una cima inalcanzable: es imposible escribir más que él sobre tan poco.

Algunas otras escenas del volumen hacen también honor a su título y corresponden, en efecto, a ambientes andaluces: tales, por ejemplo, *La*

---

[58] «Costumbristas españoles...», cit., págs. 35-36.
[59] Ed. Campos, cit., I, pág. 155.

*rifa andaluza, La feria de Mairena*, una de sus mejores y más coloristas evocaciones, *El Roque y el Bronquis*, descripción de una juerga rematada a palos, *Un baile en Triana*. Pero otras son ajenas a lo contemporáneo o a lo andaluz. *Toros y ejercicios a la jineta* es un estudio documentado de historia; *Egas el Escudero y la dueña donna Aldonza* no es andaluza ni contemporánea, y por añadidura está escrita en una caprichosa «fabla antigua», que *El Solitario* pretendía hacer pasar por lenguaje del siglo xv. *La Celestina* ha merecido los reproches de Lomba y de Montesinos; es una escena que pretende ser contemporánea, pero que no es distinta de la de Rojas: medio, personajes, palabras, son fósiles de otros siglos; hay en boca de sus personajes «frases de un engolamiento imposible» [60], «consideraciones severas, harto prolijas, harto retóricas, harto vulgares, se mezclan a ciertas escenas que se proponen, no que se cuentan» [61]. Montesinos comenta —muy sagazmente, a nuestro entender— «que el estilo de muchas escenas, por su poder deformador, hizo de este libro algo tan desemejante de lo que fueron en su tiempo los de costumbres, que los más de los lectores debieron de llamarse a engaño. En la historia de nuestro costumbrismo, *El Solitario* es al mismo tiempo el iniciador y el disidente» [62]. Y añade a continuación: «Ocurre con Estébanez lo contrario que con Mesonero. Mesonero sólo tiene ojos para lo que inmediatamente le rodea, para lo cotidiano, trivial, menudo, tipos o cosas. *El Solitario*... ¿en qué época vive *El Solitario*? En varias de sus escenas no parece un hombre de sus días. Podría decirse que él se ha inventado un tiempo histórico —que no es el de la España fernandina o isabelina, pero tampoco el pasado—. *El Solitario* es un creador —Mesonero lo fue apenas—, pero un creador de orden especial» [63].

Montesinos se pregunta más abajo cuál pudo ser la influencia del *Solitario* sobre sus contemporáneos. Ni siquiera en su tiempo —dice— pudo su lectura ser grata y fácil para toda clase de lectores, y después no ha sido estimado debidamente. Los novelistas andaluces parecen haberlo olvidado, excepto Valera que proclamó varias veces su entusiasmo por su coterráneo y amigo: «Figura aislada —dice Montesinos—, un poco enigmática, se mantiene al margen del tráfago literario, conservando siempre la misma distinción desdeñosa. Aún espera un crítico que sepa sacar de la sombra su figura y que sepa valorar su obra. Breve fue ésta y pocas las páginas verdaderamente imperecederas que contiene. *El Solitario* fue perezoso y lento. Sin embargo, esas escasas páginas son de oro, de lo mejor que produjo la época isabelina y de lo más evocador que queda de ella» [64].

---

[60] Montesinos, *Costumbrismo y novela*, cit., pág. 36.
[61] Lomba y Pedraja, «Costumbristas españoles...», cit., pág. 46.
[62] *Costumbrismo y novela*, cit., pág. 31.
[63] Ídem, íd., págs. 31-32.
[64] Ídem, íd., págs. 37-38.

Valera destacaba la importancia de las *Escenas andaluzas* en el renacimiento de la novela corta en España. Montesinos acepta este dictamen, pero haciendo entrar en la cuenta, más que las *Escenas*, otras obras de Estébanez: sus cuentos, que califica de «lindísimos, y mucho más ligeramente escritos que la mayoría de las *Escenas*; hay en alguno de ellos, como *El collar de perlas*, páginas que son un acierto absoluto, por el poder de evocación, por el color, por la gracia descriptiva, por todo»[65].

Estos cuentos, entre los que cabría destacar, además de *El collar de perlas*, *Los tesoros de la Alhambra* e incluso *Novela árabe*, son, en efecto, deliciosos y merecedores de mucho mayor atención de la que suele otorgárseles. Concebido no ya como cuento, sino como novela corta, es fuerza mencionar el relato *Cristianos y moriscos*, subtitulado *Noche lastimosa*, primera y única obra publicada en 1838 en la *Colección de novelas originales españolas* que había planeado *El Solitario* con su amigo Usoz. *Cristianos y moriscos* relata un drama de amor entre una morisca y un cristiano durante la época de Carlos V, cuando el desarraigo del pueblo musulmán, vencido pocos años antes, comenzaba a agudizarse con su irreconciliable dualidad de razas y creencias. *El Solitario* consigue una evocación espléndida de aquellas gentes y aquellas circunstancias, sobre todo de su drama político y social, ya por entonces en carne viva; varios pasajes diríase que dan vida y acción a las explicaciones teóricas de Américo Castro. Debe destacarse además que *El Solitario*, que debió de documentarse minuciosamente para escribir su relato, no hace exhibición de su saber histórico, sino que lo embebe en los hechos sin despliegue de datos ni explicaciones engorrosas, de que ni los más famosos novelistas históricos de la época acertaron a desprenderse.

Es verdaderamente curioso que *El Solitario*, que componía estos relatos como «históricos», o por lo menos los situaba en épocas pretéritas, los escriba con ágil ritmo y prosa muy suelta; y en cambio, amontone en las *Escenas*, pretendidamente contemporáneas, todos sus acarreos castizos, sus opulencias léxicas bebidas en su dilatado comercio con los clásicos. Diríase que en los relatos «históricos» se proponía básicamente contar y adopta esa andadura de narrador, mientras que en las *escenas* pinta; entonces detiene la acción y acumula los detalles para llenar el cuadro milímetro a milímetro, como el pintor que no deja en el lienzo ningún espacio vacío. La intención es distinta y varía la técnica también.

Mención especial, entre las *Escenas*, merece *Don Opando o unas elecciones*, pintura esperpéntica de un cacique o muñidor de aldea, a quien vemos actuar en la ocasión a que alude el título. El relato —puesto que de un relato se trata— es sarcástico, con una agudeza de intención que no desmerece de las más implacables de Larra. Pero *Don Opando* es una

---

[65] Ídem, íd., pág. 31.

*escena*, o por lo menos para el dicho volumen fue escogida, y *El Solitario* decora, multiplica, recarga y amontona con el gusto por la opulencia léxica que ya le conocemos. La envoltura es mayor que el caramelo, y hemos de zambullirnos en su busca, atraídos por lo que, sin tantos abalorios, pudo ser un retrato sin par.

MESONERO ROMANOS

**Biografía.** Hijo de un rico comerciante, Ramón de Mesonero Romanos nació en Madrid el 19 de julio de 1803, por lo que vivió en su niñez los dramáticos años de la Guerra de la Independencia [66]. Acabada ésta, hizo sus estudios de segunda enseñanza en la capital, pero no siguió estudios universitarios, quizá por el escaso atractivo que éstos podían ofrecerle en los centros de la época o porque su padre pensaba dedicarlo a los negocios. Al frente de ellos estuvo, en efecto, varios años a la muerte de su padre, hasta que al fin los traspasó para vivir cómodamente de sus rentas y dedicarse por entero a sus aficiones literarias. Por algún tiempo probó fortuna en el teatro y refundió varias piezas de Tirso, Lope y Hurtado de Mendoza. La admiración por las obras del Barroco y su deseo de «restaurar» el teatro nacional se unían en Mesonero —según advierte Seco [67]— con una completa sumisión a la tiranía preceptista, y lo mismo le había de suceder después con las otras bellas artes. Los gustos artísticos de Mesonero —dice el citado comentarista— eran los de un *reaccionario* con todas las de la ley.

En octubre de 1831 publicó Mesonero su primera obra importante: el *Manual de Madrid*, que constituía a la vez un breviario de historia, una guía de la ciudad y un repertorio descriptivo de sus monumentos. El éxito del libro, cuya primera edición se agotó rápidamente, encauzó la vocación de Mesonero; después de haber descrito el Madrid físico, se dispuso a pintar el Madrid moral, y así nació la idea del *Panorama matritense*, en el que se proponía trazar un amplio cuadro de la sociedad madrileña a base de breves apuntes que tendrían como vehículo la prensa periódica.

Sabemos ya que Mesonero había efectuado un tanteo juvenil en el género costumbrista con *Mis ratos perdidos*; once años más tarde volvía

---

[66] Para la vida de Mesonero cfr., Emilio Cotarelo y Mori, «Elogio biográfico de don Ramón Mesonero Romanos», en *Boletín de la Real Academia Española*, XII, 1925, págs. 155-191, 300-343 y 433-469. Carlos Seco Serrano, Estudio preliminar a su edición de las *Obras de don Ramón de Mesonero Romanos*, B. A. E., 5 vols., Madrid, 1967. Eulogio Varela Hervías, *Don Ramón de Mesonero Romanos y su círculo*, Madrid, 1975 (se trata de una nutrida colección de cartas dirigidas a Mesonero por un gran número de escritores; epistolario interesantísimo, no sólo para conocer muchos aspectos de la vida de Mesonero, sino también de sus otros corresponsales y, en general, de toda la vida literaria de la época).

[67] Estudio preliminar, cit., pág. XXX.

a él para cultivarlo sin interrupción durante toda su vida bajo el seudónimo de «El Curioso Parlante». Así como las *Escenas* de «El Solitario» habían nacido de impulsos ocasionales y muy distantes entre sí —según subraya Lomba [68]—, Mesonero fue un costumbrista «de oficio», un profesional del género, que lo cultivó por vocación y con extenso y bien madurado plan. La primera *escena*, de las que habían de constituir el *Panorama*, apareció en la revista de Carnerero, *Cartas Españolas*, el 12 de enero de 1832 con el título de *El retrato*. Mesonero prosiguió su colaboración en la revista hasta su desaparición en diciembre del 32 y luego en la *Revista Española* hasta abril de 1833; dos años más tarde la continuó en el *Diario de Madrid* hasta concluir el ciclo del *Panorama*, que constituye la primera serie de las *Escenas matritenses*. Desde agosto de 1833 hasta mayo del 34 viajó Mesonero por Francia e Inglaterra. Durante su ausencia tuvo lugar la muerte de Fernando VII y se produjeron los grandes acontecimientos políticos —reunión de las Cortes, promulgación del *Estatuto Real*, comienzo de la guerra civil, supresión de las comunidades religiosas— con los que concluía el «antiguo régimen» y se iniciaba la era de la «burguesía revolucionaria». Mesonero, que puso siempre muy buen cuidado en mantenerse al margen de toda actividad y significación política, renunció, según confiesa en nota a su artículo *La vuelta de París*, a proseguir la publicación de sus artículos en ninguno de los numerosos periódicos aparecidos por entonces, y escogió para continuarlos el modesto folletín del *Diario de Madrid* [69].

Al regreso de su viaje redactó Mesonero una Memoria que tituló *Proyecto de mejoras generales de Madrid*, en donde exponía muchas de las ideas sugeridas por su visita a capitales extranjeras. Mesonero publicó la Memoria como Apéndice a una nueva edición de su *Manual de Madrid*, y tuvo la satisfacción de que el entonces alcalde, marqués de Pontejos, adoptara las iniciativas del escritor, que fueron el punto de partida de la gran

---

[68] «Costumbristas españoles...», cit., pág. 49.

[69] En otra nota puesta en una reedición de las *Escenas* al pie del artículo *La politicomanía*, explica Mesonero que al extinguirse en diciembre del 32 las *Cartas Españolas*, que califica de «inofensivas» (ed. Seco, cit., I, pág. 138), prosiguió su colaboración en el nuevo periódico de Carnerero, *Revista Española*, a pesar de su repugnancia a publicar en un periódico de acusado matiz político. Sin embargo, —dice—, «no pudo separarse de la *Revista* tan pronto como deseaba» (ídem, íd., pág. 139) y en ella aparecieron quince artículos antes de su salida al extranjero, que aprovechó para cortar su colaboración; «este sistema —escribe— ha seguido el autor con tan rara constancia, que no ha querido jamás pertenecer a ninguna redacción política, prefiriendo publicar sus escritos en periódicos como el *Diario de Madrid*, el *Semanario Pintoresco* u otros así completamente extraños a las circunstancias» (ídem, íd., págs. 138-139). Carlos Seco dice inadvertidamente en su Estudio preliminar que Mesonero prosiguió su colaboración en *Cartas Españolas* hasta su extinción «en abril de 1833» (pág. XXXVII) y que después de su viaje la continuó en el *Semanario Pintoresco* hasta concluir la primera parte de las *Escenas*. La nota citada de Mesonero aclara la doble confusión de Seco.

transformación de la capital. A fin de colaborar más sistemáticamente en ella, Mesonero, que había adquirido participación económica en el *Diario de Madrid*, se reservó una sección para publicar un *Boletín* diario sobre la administración municipal, policía urbana, establecimientos oficiales, reformas, etc. Inspiró la creación de la *Sociedad para propagar y mejorar la educación del pueblo* y de la *Caja de Ahorros y Monte de Piedad*, y tuvo parte principal en la fundación de dos ilustres sociedades: el Liceo y el Ateneo de Madrid.

En abril de 1836 —según ya dijimos— fundó Mesonero el *Semanario Pintoresco Español*, una de las revistas «que lograron más larga vida, más crédito y más influjo entre sus similares madrileñas de la primera mitad del siglo» [70]. Una vez más, Mesonero afirmaba que, lejos de las publicaciones que se dedicaban entonces a las contiendas ideológicas y políticas, el *Semanario* se proponía «generalizar la afición a la lectura y el conocimiento de las cosas del país, así en su belleza natural como en sus monumentos artísticos, ya en la vida y hechos de sus hijos ilustres como en la historia y tradiciones de sus localidades, usos y costumbres del pueblo» [71]. La revista tenía que ser, según declaraba Mesonero líneas más arriba, «exclusivamente *literaria*, *popular* y *pintoresca*» (los subrayados son del autor). Con este carácter, que le permitía atraer a todo género de lectores, llegó a alcanzar la cifra de 5.000 suscriptores, número impresionante para aquella época. Hasta 1857, en que cesó su publicación, se imprimieron 22 tomos con más de 400 artículos de costumbres. El papel del *Semanario* en el desarrollo del costumbrismo fue decisivo; desde entonces —según arriba quedó dicho— este género inunda las publicaciones periódicas y apenas hay escritor que no lo cultive de forma más o menos sistemática. El adjetivo *pintoresco* significaba entonces que la revista llevaba ilustraciones; Mesonero pondera que había procurado «realzar las descripciones con profusión de dibujos, *grabados en madera*, por el método recientemente adoptado en el extranjero, y de que ni siquiera se tenía noticia entre nosotros». Y añade a continuación: «Bajo todos estos conceptos creo haber hecho un verdadero servicio a las letras y a las artes con la importación en nuestro país de esta clase de publicaciones pintorescas, o *ilustradas*, como ahora se dice, venciendo los formidables obstáculos que a ello se oponían por la falta absoluta de artistas conocedores del grabado tipográfico, y hasta de papel y de máquinas propias para la impresión» [72].

En el *Semanario* comenzó a publicar Mesonero una nueva serie de *escenas*, con las cuales formó una segunda parte del *Panorama*; en 1842 las publicó reunidas con el título de *Escenas matritenses*. Veinte años más tarde, como «remate y coronación» dio a la luz una tercera bajo el título

---

[70] Lomba y Pedraja, «Costumbristas españoles...», cit., pág. 52.
[71] Mesonero, *Memorias de un setentón*, ed. Seco, cit., V, pág. 232.
[72] Ídem, íd.

de *Tipos y caracteres*. En 1840 Mesonero hizo una nueva salida al extranjero, de la que dejó constancia en sus *Recuerdos de viaje por Francia y Bélgica, 1840-1841*. Seco subraya que en este «delicioso y pormenorizado relato» resplandece el buen sentido de este «españolista cien por cien» [73], que ni se encierra en la necia pretensión de estimar lo propio como superior a lo de fronteras afuera ni cae en el papanatismo atónito de signo contrario. Mesonero se esfuerza por recoger todas las enseñanzas que estima útiles para su país, pero señala a su vez los aspectos favorables que en un examen comparativo pueden atribuirse a España. En Mesonero —añade el comentarista— no existe la tensión patética que angustiaba a Larra; optimista por temperamento, Mesonero no pierde la fe en el elemento humano, al que cree capaz de remediar el cúmulo de rutinas amontonadas por la pereza o la ignorancia.

Pese a sus repetidas afirmaciones de independencia política, son evidentes las simpatías de Mesonero por el «moderantismo» o «justo medio», como se diría en los años de Martínez de la Rosa. Alejado del tradicionalismo, no lo estaba menos de las exaltaciones progresistas, contra las cuales desliza de vez en cuando frases de repudio. Mesonero apela frecuentemente a la «verdadera libertad», que para él significaba seguridad y orden. Sus bienes de fortuna le permitían abstenerse de pretender cargos o empleos, y gozar, como fuerte contribuyente, la plenitud de derechos. Había sido hábil comprador de «bienes nacionales» procedentes de la desamortización (su casa de la plaza del Bilbao había sido construida por él en el solar procedente de un antiguo establecimiento religioso), y —como dice con fina ironía Carlos Seco [74]— contaba entre los beneficiarios de la *revolución de fondo* iniciada por Mendizábal y los interesados en consolidar esa situación en la tranquilidad del Concordato y a la sombra de Narváez.

Elegido en 1846 concejal del Ayuntamiento de Madrid, tuvo campo abierto para desarrollar sus proyectos de reformas urbanas y buena parte de la transformación de la capital a él se le debe. Seco le reprocha [75], no obstante, que en sus planes de reconstrucción de Madrid diera demasiada participación a la piqueta y se mostrara tan incomprensivo para con los edificios de la época barroca, de los cuales ya sólo unos pocos quedan hoy en pie.

En 1854 publicó Mesonero la última edición de su *Manual*, muy distinta ya de la primera, y *El antiguo Madrid*, en donde trataba de recoger la imagen de la vieja ciudad medieval y barroca que estaba desapareciendo rápidamente, debido en buena parte al propio Mesonero.

---

[73] Estudio preliminar, cit., pág. L.
[74] Idem, íd., pág. LIX.
[75] Idem, íd., pág. LX.

En 1864 fue nombrado cronista de la ciudad y se le confió el encargo de reunir todas las obras existentes en las diversas dependencias del Ayuntamiento para formar lo que había de constituir la Biblioteca Municipal. En 1880, convertido ya en un maestro venerable, publicó las *Memorias de un setentón*, en que evocaba el mundo de su juventud y madurez, pero deteniéndose en 1850. Más de un cuarto de siglo quedaba fuera, no sólo por demasiado próximo —comenta Seco[76]— sino porque, probablemente, no lo consideraba ya como su mundo. Las *Memorias* eran la evocación de una sociedad, de unas costumbres, de unos modos de vida y unos prejuicios que él había vivido y amado y que ahora, casi desaparecidos del todo, trataba el escritor de hacer vivir de nuevo.

Murió Mesonero el 30 de abril de 1882.

**El mundo social de Mesonero.** Explica Mesonero en las *Memorias* que en su *Panorama matritense* se había propuesto describir todas las clases y tipos de la sociedad madrileña de su tiempo. Pero el hecho cierto es que el mundo de sus *escenas* lo constituye casi con exclusividad la pequeña y alta burguesía, o, dicho con más exactitud, las *clases medias*. Señala Seco[77] que el bajo pueblo sólo se evoca —salvo excepciones— como telón de fondo, mientras que el gran mundo es aludido siempre con cierta timidez por el autor; la sociedad escogida, pues, por el cronista es aquélla a la que sus ideas y situación le hacían pertenecer y amar. El pueblo bajo no le era grato a Mesonero. Seco acota un pasaje del *Manual* tan duro e incomprensivo para con las clases bajas, que provocó contundente réplica en forma de folleto anónimo. Con el tiempo, Mesonero atenuó, no obstante, sus apreciaciones, señalando una «evolución favorable» debida a la general mejora de la sociedad.

Mesonero observa las gentes que son objeto preferente de su atención para describirlas y subrayar sus defectos, que trata de corregir con crítica moderada y casi paternal. Sus temas dominantes son la indolencia, resultado de una educación equivocada y del mismo ambiente de la ciudad tradicionalmente poco industriosa; la empleomanía, como recurso contra las ocupaciones manuales; la afectación extranjerizante; el *esnobismo;* la pasión por figurar, que destruye frecuentemente el equilibrio de la economía doméstica; la pretensión de elevarse a un nivel inadecuado a la propia condición. En éstos, que podríamos calificar de temas transcendentales, Mesonero se enfrenta con un problema de *autenticidad,* si bien dentro por lo común de una perspectiva más inclinada del lado de la estabilidad que de las peligrosas inquietudes. Seco comenta oportunamente que Mesonero no critica el noble deseo de superar los propios horizontes; él mismo

---

[76] Idem, íd., pág. LXVI.
[77] Idem, íd., pág. LXXIII.

viajó para enriquecer su mirada y se esforzó por arrancar a sus paisanos de la rutina, la pereza y la angostura de un casticismo insensato. Lo que Mesonero condena —dice Seco[78]— es todo aquello que, lejos de potenciar las propias cualidades, las desvirtúa, desplazándolas de su círculo propio y sustituyendo la progresión continua y razonable por peligrosos saltos en el vacío. Pero, peor aun que las pretensiones equivocadas, es la inercia y falta de ambición, que Mesonero censura en su artículo *Tengo lo que me basta*[79]. Aparte este artículo, deben mencionarse entre los de más ambiciosa intención, *La empleomanía, 1802 y 1832, El día 30 del mes, Grandeza y miseria, Pretender por alto, La politicomanía, El extranjero en su patria, Las niñas del día, La vuelta de París, A prima noche.*

Lo más frecuente, sin embargo, es que Mesonero recoja situaciones, grupos o seres humanos de menor compromiso y anote con ironía suave y tolerante sus ridiculeces o su rutinaria vulgaridad con la intención amonestadora que le es propia, o describa escenas peculiares de la vida de Madrid en el marco característico del más genuino cuadro de costumbres: así, en *La calle de Toledo, La comedia casera, Los cómicos en cuaresma, La romería de San Isidro, El Prado, Las tiendas, El barbero de Madrid, Las ferias, El aguinaldo, La capa vieja y el baile de candil, El dominó, La filarmonía, La procesión del Corpus.*

La tenaz preocupación de Mesonero por las mejoras urbanas y el saludable confort propio del buen burgués que él era, le conduce a satirizar con regular frecuencia lo mucho que de anticuado, mugriento, sucio o rutinario encuentra en los servicios públicos, las calles, las diligencias, los lugares de diversión, cafés, teatros o viviendas particulares, sin excluir los supuestos placeres de los centros rurales de veraneo, donde toda incomodidad tiene su asiento. Ejemplos de tales artículos podrían ser *Un viaje al Sitio, Las casas por dentro, Los aires del lugar, La compra de la casa, Policía urbana, Las casas de baños.*

Cuando Mesonero escribe sus cuadros de costumbres, la sociedad española, sintetizada en su capital, está en un momento de transición y

---

[78] Ídem, íd., pág. LXXXII.

[79] Seco hace una inteligente consideración sobre las contradicciones que advierte en este artículo de Mesonero. Porque su protagonista, Modesto Sobrado, parece que acaba por convertirse en cesante no por pereza o descuido, sino por repugnancia a servirse de habilidades poco legítimas, por ser «más propio para los tiempos añejos y poco ilustrados en que no se había llevado tan a cabo la perfectibilidad social». «¿Contra qué o contra quién va encaminada aquí la crítica?», se pregunta Seco. «¿Contra Modesto o contra los viciados resortes que no quiso tocar?». Tales contradicciones —disculpa Seco (Estudio preliminar, cit., pág. LXXXIV)— no son sino el reflejo de las paradojas y contrastes que ofrece un medio social en rapidísima crisis de transformación; la permeabilidad de los antiguos estamentos y el afán de abrirse camino constituyen la consigna del siglo y Mesonero no hace más que registrarla, y al mismo tiempo que censura la falta de ambición en el capacitado, lamenta el asalto del pícaro desaprensivo que se encumbra.

ofrece por tanto un panorama de extraños contrastes: tipos y costumbres que se van, casticismo tradicional, viejas ideas, se dan la mano con el espíritu innovador, el afán cosmopolita, nuevas exigencias y formas de vida; el ayer y el hoy bailan una danza a doble compás, que anima el abigarrado cuadro de la época. La importancia y significación de Mesonero consiste en haber auscultado esa tensión entre lo viejo y lo nuevo y apresado en sus *escenas* el paso irreversible de una sociedad en transformación. Larra, que dedicó al *Panorama* un par de artículos, ponderó precisamente esa condición de *El Curioso Parlante* y señaló su logro como el más difícil y estimable: España —dice Larra— «influida ya por el ejemplo extranjero, que ha rechazado por largo tiempo, empieza a admitir en toda su organización social notables variaciones; pero ni ha dejado enteramente de ser la España de Moratín, ni es todavía la España inglesa y francesa que la fuerza de las cosas tiende a formar. El escritor de costumbres estaba, pues, en el caso de un pintor que tiene que retratar a un niño cuyas facciones continúan variando después que el pincel ha dejado de seguirlas: desventaja grande para la duración de la obra, y en cuanto a los medios de hacerse dueño de su objeto tan movedizo, el Curioso Parlante se podrá comparar al cazador que ha de tirar al vuelo, cazador sin duda el más hábil» [80].

En cuanto a la prosa de Mesonero diríamos que responde fielmente a la índole de su talento y personalidad. Larra, en el mismo artículo citado, dice de él que «es uno de nuestros pocos prosistas modernos; culto, decoroso, elegante, florido a veces, y casi siempre fluido en su estilo; castizo y puro en su lenguaje, y muy a menudo picante y jovial» [81]. Viviendo en los años en que hace explosión el romanticismo, Mesonero tuvo muy escasa simpatía por la nueva escuela [82] y evitó cuidadosamente todas

---

[80] *Obras de D. Mariano José de Larra (Fígaro)*, ed. de Carlos Seco Serrano, B. A. E., II, Madrid, 1960, pág. 243.

[81] Ídem, íd., pág. 244.

[82] En este aspecto es de sumo interés el artículo, perteneciente a la segunda serie de las *Escenas*, titulado *El Romanticismo y los románticos*. Mesonero traza una afortunada caricatura de los excesos de la nueva escuela, amontonándolos en la persona de un sobrino suyo. El espíritu burgués y equilibrado de Mesonero se rebelaba contra lo que veía de extravagancia y amaneramiento en los seguidores del romanticismo a la moda, aunque no estaba sordo para las voces de lo nuevo, siempre que las creyera auténticas y podadas de excesos: «La necedad —dice— se pega. No es esto afirmar que lo que hoy se entiende por romanticismo sea necedad, sino que todas las cosas exageradas suelen degenerar en necias, y bajo este aspecto la romántico-manía se pega también. Y no sólo se pega, sino que, al revés de otras enfermedades contagiosas que a medida que se trasmiten pierden en grados de intensidad, ésta, por el contrario, adquiere en la inoculación tal desarrollo, que lo que en su origen pudo ser sublime, pasa después a ser ridículo; lo que en unos fue un destello del genio, en otros viene a ser un ramo de locura» (ed. Seco, cit., II, pág. 62). En una nota que añadió posteriormente a su artículo explica Mesonero que lo escribió cuando las exageraciones *hugólatras* rayaban en lo grotesco; pero añade palabras, que conviene recordar, sobre la parte positiva que alumbraban aquellas mismas exageraciones:

sus exuberancias imaginativas y lingüísticas para ceñirse a una prosa clásica, sencilla, espontánea, equilibrada, limpia de afectación. Cuando Larra de esta prosa, que se curaba de romanticismo como de una enfermedad, dice que es *moderna*, sabe bien lo que dice: a semejanza de la suya, huía de lo romántico —lo *novísimo*, lo del último instante—, que sería muy pronto una vejez, para acogerse a lo *nuevo*, es decir, a la prosa que venían patrocinando los ilustrados del XVIII desde Feijoo, y que iba a ser el instrumento tanto de la futura didáctica como de la inminente novela; sin barroquismo, ni viejos ni nuevos.

A continuación de las palabras citadas, Larra apunta, sin embargo, una limitación en la personalidad literaria de Mesonero, una personalidad, evidentemente, de tono menor, burguesa, laboriosa, pero carente de ímpetus geniales: «En general —dice Larra— tiene cierta tinta pálida, hija acaso de la sobra de meditación, o del temor de ofender, que hace su elogio, pero que priva a sus cuadros a veces de una animación también necesaria. Esta es la única tacha que podemos encontrarle; retrata más que pinta, defecto en verdad muy disculpable cuando se trata de retratar» [83].

Mesonero tenía plena conciencia de este carácter de su prosa, como con sordina, y del nivel de sus propósitos que exhibe no sin hacer orgullo de su modestia: «Mi pluma —dice al final de su artículo *El observatorio de la Puerta del Sol*, con que inicia la segunda serie de las *Escenas*—, renunciando al estilo metafórico y campanudo, que a su pesar ha tomado en este obligado introito, seguirá como siempre el impulso de mi carácter, la libertad de mi pensamiento, que consiste en escribir para todos, en estilo común, sin afectación ni desaliño; pintar las más veces; razonar pocas; hacer llorar nunca; reír casi siempre; criticar sin encono; aplaudir sin envidia, y aspirar, en fin, no a la gloria de grande ingenio, sino a la reputación de verídico observador» [84]. Claro está que si las demasías románticas se perdían por arriba en las nubes de lo fantástico y brumoso, la llaneza de Mesonero se achaparra frecuentemente por lo bajo, pecando de soso y de ramplón, falto de agilidad y de garra.

En parágrafo aparte veremos luego la significación global que el costumbrismo, y particularmente el de Mesonero, tiene en el proceso de nuestra literatura.

---

«Ya hemos recordado —escribe— el ferviente entusiasmo, la asombrosa vitalidad que por entonces ofrecían en nuestra capital las imaginaciones juveniles y la energía que prestaban a su desarrollo la revolución política, la revolución literaria y la creación de la tribuna de los periódicos y de los liceos. Era un momento de vértigo y de exageración, aunque fecundo en magníficos resultados» (ídem, íd., pág. 69).

[83] Ed. Seco, cit., II, pág. 244.
[84] Ídem, íd., pág. 11.

«LOS ESPAÑOLES PINTADOS POR SÍ MISMOS»

**Características.** Como arriba dijimos, la fundación del *Semanario Pintoresco Español* en 1836 provocó el florecimiento del artículo de costumbres, al que vino a contribuir en gran medida la difusión del grabado en madera con que solía ilustrársele. La boga costumbrista tuvo su más famosa manifestación en una obra colectiva en dos volúmenes, titulada *Los españoles pintados por sí mismos,* que publicó en Madrid el editor Ignacio Boix en 1843 y 1844.

Importa destacar el papel que en el desarrollo del costumbrismo tuvo la moda de las que entonces se llamaron *fisiologías.* Consistían éstas en la descripción de un *tipo* —profesional, psicológico, ideológico— tomado como representativo de su clase o categoría y del que se estudiaban todos sus aspectos: apariencia física, vida, costumbres, orígenes, etc. Estudio costumbrista de tipos y *fisiología* se convirtieron en términos sinónimos. Estas publicaciones tuvieron su origen en Francia, donde llegaron a constituir una epidemia literaria, y su bibliografía completa —informa Ucelay [85]— pasa de dos centenares; se editaban en forma de pequeños volúmenes ilustrados con viñetas intercaladas en el texto. Balzac popularizó el término con su *Physiologie du mariage,* aparecida en 1830, aunque el primero que lo usó, con un sentido diferente del puramente científico, fue Brillat-Savarin en su *Physiologie du goût* en 1825.

Estas *fisiologías* se tradujeron pronto en España con claros fines de especulación editorial; se hicieron también de ellas adaptaciones y arreglos, confesados o no, y las naturales tentativas de creación original [86]. Hacia 1840 este género despertó el propósito de expresar mediante una colección de tipos el carácter de las costumbres nacionales extendiendo su estudio a todos los niveles, clases, profesiones y actitudes. El propio Mesonero —recuerda Ucelay [87]— afirma que esta idea le bullía en su mente por 1842. Pero, una vez más, el impulso definitivo provino de las colecciones inglesas y francesas que se anticiparon en la realización. El primer antecedente inglés, *Heads of the People,* se publicó en dos volúmenes en 1840-1841. Colaboraron 32 autores, constaba de 101 tipos, y los grabados en madera representaban tan sólo la cabeza o busto del tipo, según en el título se indica. La colección, antes de aparecer en volumen, se publicó en 1838 en forma de entregas, según costumbre muy difundida entonces.

---

[85] *Los Españoles...,* cit., pág. 78.
[86] Una lista de las *fisiologías* —traducidas, adaptadas u originales— publicadas en español puede verse en Ucelay, pág. 100, nota 3, y en Montesinos, *Costumbrismo y novela...,* cit., págs. 103-104.
[87] *Los Españoles...,* cit., pág. 101.

En mayo de 1839 apareció en París la primera entrega de *Les Français, mœurs contemporaines*. Pero a partir de la cuarta entrega se hizo cargo de la obra el famoso editor Curmer, que le dio mayor amplitud y cambió su título por el de *Les Français peints par eux-mêmes*. La colección dedicó volúmenes distintos al estudio de tipos de París, a los de provincias y las colonias, y generales. En la obra, ilustrada generosamente por los más prestigiosos artistas del momento, colaboraron junto a escritores de bajo nivel, hoy desconocidos, otros tan importantes como Balzac, Gautier, Gérard de Nerval y Charles Nodier.

La colección francesa, mucho más amplia que la inglesa, pretendía «agotar la tipificación en todas sus posibilidades», pero ambas poseen, como la más importante característica común, el hecho de la colaboración, que desde entonces se va a convertir en requisito indispensable de este género de publicaciones. Esta idea de reunir en una misma empresa a toda una generación literaria, tenía, no obstante, precedentes en la obra *Paris, ou Le Livre des cent-et-un* [88], aparecida entre 1831 y 1834, y en el *Nouveau Tableau de Paris au XIXᵉ siècle*, 1834-1835. Sin embargo, según puntualiza Ucelay [89], *Heads of the People* y *Les Français peints par eux-mêmes* van más allá en cuanto que su ámbito rebasa la capital para extenderse a la sociedad entera con perspectiva nacional; en que se ilustran los artículos, iniciando la colaboración entre escritor y grabador, peculiar de este género de libros; y en que se coleccionan con exclusividad artículos de *tipos*, eliminando cualquier otra variedad de literatura costumbrista.

Como hemos dicho, los dos volúmenes de *Los españoles pintados por sí mismos* aparecieron en 1843 y 1844, pero en los últimos meses de 1842 comenzaron ya a repartirse las entregas, que alcanzaron un total de 104. Se describen 49 *tipos* en cada volumen; en el primero colaboran 28 autores y contiene 50 láminas más un buen número de viñetas, con 10 dibujantes y 3 grabadores; en el segundo 38 autores, 50 láminas, 15 dibujantes y 4 grabadores. Opina Ucelay que el editor Boix trató de combinar el plan de la obra francesa con el formato de la inglesa. Pensaba dedicar el primer volumen a los tipos generales o de la capital, y el segundo a los de pro-

---

[88] Esta obra tuvo un curioso origen. El editor Ladvocat, muy estimado por los escritores franceses del momento, se encontraba en apurada situación financiera, y, para ayudarle, un grupo de aquellos decidió colaborar gratuitamente en un libro, cuyo producto podría resolver sus dificultades. En la publicación colaboraron, junto a la inevitable lista anodina, Benjamin Constant, Chateaubriand, Lamartine, Víctor Hugo, Jouy, Alphonse Karr, Thiers, Alejandro Dumas, y dos extranjeros famosos: Fenimore Cooper y Goethe. Larra, en el mencionado primer artículo sobre el *Panorama*, de Mesonero, alude a este libro —«la obra más grande que a cosas pequeñas han levantado los hombres»— con singular displicencia: «imposible era —dice— que ciento y un hombres escribieran todos igualmente bien; pero era difícil presumir que fuesen tantos los que escribiesen mal» (*Obras*, cit., II, pág. 240); y menciona tan sólo como destacados los artículos de Dumas, Chateaubriand, Ducange y Luis Desnoyers.

[89] *Los Españoles...*, cit., págs. 76-77.

vincias, pero quizá no encontró en éstas los colaboradores suficientes y
hubo de abandonar la proyectada división, con lo que los tipos aparecieron mezclados sin sistema alguno.

Boix hizo verdaderos esfuerzos para cuidar su publicación, que representó una cima tipográfica para su época. Ucelay encarece el valor material de la obra, «comparable —dice— en calidad a un libro, que era sin duda un alarde francés»[90]. Boix reeditó el primer volumen en el mismo año 1843; y en 1851 Gaspar y Roig hizo una segunda edición completa, pero bastante inferior a la primera.

*Los Españoles* —afirma Ucelay[91]— fue un libro de actualidad; no sólo fueron invitados a colaborar literatos profesionales, sino también representantes de la erudición, la política, las profesiones liberales; no predominan los escritores propiamente costumbristas, y aparecen en cambio como cultivadores ocasionales poetas, dramaturgos, novelistas, periodistas e incluso médicos y altos empleados de la Administración. Variada también era la filiación política y literaria de los colaboradores, así como su edad y calidad: «Figuras consagradas y novicios de las letras, jóvenes y viejos, reaccionarios y liberales aparecen momentáneamente unidos, en el panorama de un siglo de discordia civil y espiritual, ocupados en la empresa literaria de fijar la imagen, cambiante e inestable, de la sociedad española del momento»[92]. Entre los costumbristas propiamente dichos figuran a la cabeza Mesonero Romanos —maestro reconocido del género— y Estébanez Calderón (Larra había muerto seis años antes); entre los escritores de fama, Hartzenbusch, Bretón de los Herreros, el duque de Rivas, García Gutiérrez, Zorrilla, Gil y Carrasco, García Tassara, Navarro Villoslada; y entre los críticos y eruditos, el marqués de Valmar, Fermín Caballero, Ferrer del Río, Eugenio de Ochoa, Pedro Madrazo y Cayetano Rosell.

Ucelay pone especial interés en destacar la participación de los grabadores. El grabado en madera —dice[93]—, fácilmente adaptable a la tipografía y mucho más económico que el de plancha metálica, se prestaba perfectamente para ilustrar aquellas nuevas publicaciones, pero constituía de hecho una novedad técnica —a pesar de su antiguo uso— y no existían ni escuelas ni procedimientos para su aplicación sistemática. Inglaterra y Francia iniciaron el renacimiento de este arte, y entre 1836 y 1840 aparecieron en Madrid y Barcelona las primeras revistas ilustradas en dicha forma. Mesonero Romanos estableció el modelo con su *Semanario Pintoresco* y estimuló a los grabadores españoles a perfeccionar su arte en

---

[90] Idem, íd., pág. 105.
[91] Idem, íd., págs. 111-112.
[92] Idem, íd., pág. 113.
[93] Idem, íd., págs. 116-117.

Londres y París. Desde entonces el grabado realizó entre nosotros enormes progresos, y «*Los Españoles* —afirma Ucelay [94]— representa un jalón de la mayor importancia en este desarrollo»; «su ilustración —añade— supuso sin duda un alarde, no sólo por el número y calidad de los dibujantes y grabadores a quienes se encargó, entre los cuales se cuentan algunos de los mejores del siglo, sino por el esmero en la realización y la reproducción. En nuestro libro hallamos las firmas de casi todos los artistas de *El Semanario Pintoresco*. De nuevo cabe recordar aquí la significación inspiradora de Mesonero con relación a *Los Españoles*». Entre los nombres de estos ilustradores destaca Ucelay a Alenza, Miranda, Lameyer y Urrabieta, y entre los grabadores a Ortega y a Rodríguez.

La ausencia casi total de colaboradores de las provincias explica el predominio de tipos urbanos en *Los Españoles*; incluso gran número de los tipos populares regionales que aparecen en el libro están localizados en Madrid desempeñando oficios que tradicionalmente se atribuían a gentes de determinadas regiones, como *El aguador, El sereno, El cochero, La nodriza*. De los escasos tipos indiscutiblemente rurales, la mayoría lo son vagamente y lo mismo podrían pertenecer a una región que a otra; sólo unos pocos —*El gaitero gallego, El bandolero* y *El contrabandista*— poseen una localización concreta.

En los tipos urbanos predominan los de la clase media; en su mayor parte están relacionados más o menos con la vida y la organización oficial del Estado en sus tres principales sectores: el político —*El ministro, El senador, El diplomático, El diputado*—, el administrativo —*El empleado, El covachuelista, El escribano, El cartero, El alguacil*— y el eclesiástico —*El canónigo, El clérigo de misa y olla, La monja, El sacristán, El exclaustrado*—. Los restantes se reparten entre la literatura, la enseñanza, el teatro, las profesiones liberales y la vida económico-financiera.

Los tipos de las clases inferiores del pueblo se distribuyen entre los menestrales de los pequeños oficios y los de profesiones marginales o actividades fuera de la ley.

Aunque la literatura de tipos poseía ya entonces una técnica especial y rasgos bien diferenciados, *Los Españoles* ofrecen gran diversidad por la aludida variedad de colaboradores y ser en su mayoría ajenos al género. Por lo común se presentan estos artículos en forma de estudio breve, en prosa ligera y festiva «con escasa o ninguna documentación y una observación a todas luces superficial; hechos como para salir del paso sin esfuerzo, por persona con el hábito periodístico de escribir con fácil despreocupación» [95]. Los artículos debidos a eruditos contienen una documentación minuciosa, como *El jugador*, del marqués de Valmar, y *El seise de la*

---

[94]  Idem, íd., pág. 120.
[95]  Idem, íd., pág. 127.

*catedral de Sevilla,* verdadera monografía sobre el tema, de Juan José Bueno, o presentan un gran interés informativo, como *El alcalde de monterilla* y *El clérigo de misa y olla,* de Fermín Caballero.

Ucelay ha dedicado penetrantes páginas a estudiar el espíritu que informó la redacción de *Los Españoles.* En las colecciones inglesa y francesa que le sirven de antecedente —dice [96]— se trata simplemente de describir las costumbres nacionales tales como ellas son; sus autores no tienen otra preocupación que la veracidad del retrato. Pero los nuestros parecen obsesionados por subrayar la originalidad de nuestras costumbres, que están ya perdidas o a punto de perderse, ante la ola uniformadora de la influencia extranjera. Los escritores españoles del momento buscan los tipos que mejor pudieran caracterizar la personalidad nacional y sólo parecen encontrar costumbres desvirtuadas, casi disueltas en la gris uniformidad del continente. Mesonero y Larra advirtieron con claridad este proceso de transición con la desnaturalización inherente a ella, pero en las páginas de *Los Españoles* esta conciencia adopta un tono de adiós melancólico a la España tradicional, que juzgan perdida sin remedio. En el prólogo del libro, escrito probablemente por el editor, se confiesa abiertamente que su propósito primero consiste en recoger y fijar lo que quede de «nuestra bastardeada originalidad»; por eso se pretende escoger los tipos que representen lo que quede de autóctono en la vida española.

Otra tendencia capital merece subrayarse. La guerra napoleónica había descubierto a los europeos una España tradicional y pintoresca, que pasó a convertirse en tema literario del Romanticismo, y los viajeros europeos pusieron en circulación una visión deformada de nuestra vida y costumbres a base de «tipismo». Contra esta deformación pretenden reaccionar los costumbristas españoles. Mesonero Romanos había dedicado ya el primer artículo del *Panorama matritense* a burlarse de un viajero francés que hace una descripción grotesca de nuestro país sin haber entendido palabra de nada de lo que ha visto; en *Los Españoles* esta irritación anima todas las páginas de la obra. Para afirmar su personalidad contra la invasión de lo foráneo, tratan de conservar lo más pintoresco de su tradición; y sin embargo —advierte Ucelay [97]—, cuando los viajeros europeos pretenden destacar este mismo exotismo, nuestros escritores lo rechazan violentamente, indignándose de ser presentados como un pueblo peculiar distinto del resto de Europa. Esta antinomia, este conflicto íntimo manifestado tan a lo ancho en toda la obra que nos ocupa, es lo que le otorga buena parte de su especial significación, tanto en el orden del pensamiento como en el puramente literario: «La actitud general del libro —comenta agudamente Ucelay— expresa con gran eficacia una de las di-

---

[96] Idem, íd., pág. 135.
[97] Idem, íd., pág. 139.

mensiones espirituales más características de la sociedad de la época: el conflicto entre el amor sistemático por lo castizo, por todas las pintorescas peculiaridades de las costumbres y de la personalidad nacional, y el deseo progresista de fundirse con Europa y ponerse al día con las formas de la vida moderna. Esta disyuntiva mental, presente ya en Larra con toda intensidad, tomará a lo largo del siglo los caracteres de un dilema irresoluble, que dividirá a España en dos posiciones psicológicas opuestas e irreconciliables. En la generación del 98 reaparecerá aún con mayor dramatismo al plantearse dentro del individuo mismo, como urgencia de regeneración y amor a la tradición que a ella se opone» [98].

En páginas admirables —es indispensable seguir de la mano de esta investigadora nuestra exposición de *Los Españoles*— ha descrito Ucelay el carácter social de los *tipos* que llenan sus páginas. En su mayoría pertenecen a la clase media, cuyo ascenso es lo más peculiar de la época. Pero esta clase *media* es *mediocre*, como que corresponde a una burguesía débil, que ni ha nacido de la revolución industrial, casi inexistente, ni basa su existencia en el vigor de la vida económica: «El libro entero —dice Ucelay— respira el ambiente limitado de esta burguesía sin horizontes, amante de los placeres modestos, del amor del hogar, del orden y del brasero, que ha reconstruido la sociedad española sobre las bases de la respetabilidad y del tradicionalismo con ribetes exteriores de modernidad». «Esta clase mediocre —añade—, que naturalmente no nace dotada de una fuerte ideología económica que la haga aspirar al poder, se nos presenta amorfa y artificiosa, con una existencia ficticia entre las grandes fuerzas tradicionales, pueblo y aristocracia, que siguen siendo, en el fondo, la única realidad del país. Madrid es el centro de esta burguesía cuidadosa de su exterior, que en su mayor parte vive mezquinamente, parásita del Estado centralizado en la Capital» [99].

*Los Españoles* está poblado de *tipos* que viven la existencia estrecha y difícil de las pequeñas profesiones «llenas de raquítica pretensión y angustiada realidad proletaria»: *El empleado, El pretendiente, El covachuelista, El escribano, El retirado, El cesante, El dómine*; la aspiración a ser parásitos del Estado parece universal y «afecta igualmente al rico venido a menos que al proletario venido a más» [100].

Las clases altas quedan casi por entero fuera del libro, y las profesiones liberales están sólo representadas por el médico y el farmacéutico; de la vida intelectual sólo las letras cuentan, y aun de éstas sólo se incluyen los *tipos* aspirantes o marginales, como *El aprendiz de literato, La marisabidilla*; incluso el poeta está visto como poetastro. Escasean asimismo los tipos representativos de la vida industrial, económica y financiera, que

---

[98] Ídem, íd., págs. 140-141.
[99] Ídem, íd., pág. 142.
[100] Ídem, íd., pág. 143.

habrían de ser los más característicos de la nueva clase: «en todo el libro salta a la vista el despego hacia las actividades relacionadas con el proceso económico» [101], como de sociedad que responde en lo esencial a las formas del pasado.

Las altas jerarquías del ejército y de la Iglesia, tan bien representadas en las colecciones francesa e inglesa, están asimismo ausentes de *Los Españoles*; el nivel más alto a que se atreven sus colaboradores es *El canónigo*; el resto —subraya Ucelay [102]— son tipos de escaleras abajo: *El ama del cura, El clérigo de misa y olla, La monja, El exclaustrado*. «Es evidente, pues —resume nuestro crítico—, que la visión de la clase media que el libro representa, está orientada hacia abajo; hecho que trasluce la verdadera realidad espiritual y económica que latía bajo la aparente incorporación de España a la nueva jerarquización de la sociedad europea, que estaba teniendo lugar en ese momento» [103].

Advierte Ucelay que una nota de *Los Españoles* que salta a la vista es la ausencia, sin duda premeditada, del factor político. Muy probablemente el editor Boix debió de aconsejar a los colaboradores que evitaran estos temas. Existen, no obstante, algunas excepciones, aunque muy limitadas; pero, en general, las referencias políticas se refieren a períodos anteriores y lo mismo en lo concerniente a los sucesos públicos.

La única zona social que está tratada sin preocupaciones de ninguna índole es la constituida por los tipos populares, principalmente los menestrales y profesiones humildes, a las que se presenta por lo común de forma humorística «que lleva implícita una actitud de desdén de clase hacia las formas del trabajo manual regular que acarrea el desdoro de quien lo realiza. Son tipos cómicos, cuya comicidad está basada en su tosquedad, su miseria y su ignorancia» [104].

Finalmente —siempre según nuestro crítico—, es de advertir que los únicos tipos del pueblo tratados con evidente regodeo son aquellos que implican una rebeldía parcial o total contra el trabajo regular, tales como bandoleros, contrabandistas, cigarreras, toreros, majos y gitanos: la España *de pandereta*, justamente, descrita por el romanticismo europeo «que tanto molestaba a los españoles, pero en cuyo encanto caían con extraordinaria facilidad» [105]. En esta simpatía actuaba el sentido de rebeldía que entrañaba el Romanticismo y también el viejo fondo picaresco nacional con su desdén hacia formas de subsistencia permanentes y humildes.

---

[101]  Idem, íd., pág. 145.
[102]  Idem, íd., pág. 146.
[103]  Idem, íd., pág. 145.
[104]  Idem, íd., pág. 150.
[105]  Idem, íd.

**Imitaciones y derivaciones de «Los Españoles».** Con todas las limitaciones y fallos que el lector y el crítico de hoy sean capaces de encontrarles, *Los Españoles* conocieron en su tiempo un éxito extraordinario
y fueron objeto de repetidas imitaciones que se prolongan hasta el último
cuarto del siglo, lo que demuestra que la boga del costumbrismo rebasa
con mucho la época romántica. Un primer grupo de estas imitaciones
—seis en total— apareció entre 1844 y 1860; sigue después un paréntesis
de diez años sin ninguna; en 1871-72, durante el reinado de Amadeo de
Saboya, renace el gusto por este género y se publican otras tres colecciones; finalmente, en la siguiente década aparecen otras dos, con las que
concluye esta corriente [106].

Merecen destacarse entre ellas: *El álbum del bello sexo o las mujeres
pintadas por sí mismas* (Madrid, 1843), del que sólo se publicaron dos
entregas, la primera de Gertrudis Gómez de Avellaneda; *Doce españoles
de brocha gorda* (Madrid, 1846), de Antonio Flores [107], colaborador, con
cinco artículos, de *Los Españoles*; *Los valencianos pintados por sí mismos*
(Valencia, 1859), volumen impreso por Ignacio Boix, con predominio abrumador de los tipos populares, principalmente de los dedicados a oficios
ínfimos o a las pequeñas profesiones de la ciudad y de la huerta; carente,
en cambio, de tipos rurales, y aun populares, es la colección *Las españolas
pintadas por los españoles* (2 vols., Madrid, 1871-1872), en la que colaboran,
entre otros, Campoamor, Eusebio Blasco, Ruiz Aguilera, Manuel del Palacio, Galdós y Pérez Escrich; *Los españoles de ogaño* [sic] (2 vols., Ma-

---

[106] Ninguna de las publicaciones mencionadas en este parágrafo —casi todas las
cuales constituyen rarezas bibliográficas— nos ha sido asequible; los datos que consignamos proceden en su totalidad del libro de Ucelay, que da de todas ellas pormenorizada información bibliográfica y literaria (págs. 181-210).

[107] Subraya Ucelay que, a pesar de su escaso mérito literario, la obra de Flores
ofrece gran interés como eslabón entre el costumbrismo y la novela «ya que ilustra
muy eficazmente el paso natural del subgénero de tipos, a la utilización de éstos en
obras de ficción» (*Los Españoles...*, cit., pág. 169). Flores diseña una serie de tipos
generales, que supone excluidos de *Los Españoles*, pero les da un nombre propio y
trata de relacionarlos por medio de una acción. Frente a la actitud característica de
los costumbristas, que pretendían *pintar* y no *retratar*, Flores afirma su propósito
de hacer retratos, y al establecer lazos entre ellos para darles mayor realidad, llegó
como una consecuencia lógica a la necesidad de una arquitectura más amplia, que
era ya la novela. Ucelay añade que, salvadas las distancias literarias, la obra de
Flores representa la faceta urbana de la novela, diversa de la tendencia regional que
Fernán Caballero tenía que iniciar: «Esta vertiente urbana de *Los Españoles* que
Flores es el primero en integrar novelísticamente, será la que logrará su plena madurez en la obra de Galdós. Si el costumbrista madrileño hubiese tenido vigor de
creación literaria, el desarrollo de este aspecto de la novela española se hubiese adelantado unos cuantos años» (ídem, íd., pág. 173). Cfr., Rafael Benítez Claros, «*Antonio
Flores. Una visión costumbrista del siglo XIX*, Universidad de Santiago de Compostela,
1956. Recientemente se ha publicado la tesis doctoral de Enrique Rubio Cremades, *Costumbrismo y folletín. Vida y obra de Antonio Flores*, 2 vols., Alicante, 1977-1978.

drid, 1872), la más próxima al espíritu de _Los Españoles_ —predominio de los tipos urbanos de la clase media—, pero también la única sin ilustraciones.

En el mundo americano de habla hispánica se publicaron _Las habaneras pintadas por sí mismas_ (La Habana, 1847), _Los cubanos pintados por sí mismos_ (La Habana, 1852) y _Los mexicanos pintados por sí mismos_ (México, 1854).

En 1872, 73 y 76 aparecieron en Madrid los tres volúmenes de _Las mujeres españolas, portuguesas y americanas_. Ucelay [108] elogia la calidad material de la publicación, que «está a la altura de las más cuidadas ediciones extranjeras de la época» y va ilustrada a todo lujo con dibujos o cromos de famosos artistas, como Valeriano Bécquer, Pradilla y Pellicer. Los colaboradores literarios se buscaron entre los escritores de mayor renombre: Fermín Caballero, Cayetano Rosell, el marqués de Valmar, Valera, Antonio de Trueba, Alarcón, Navarro Villoslada, Víctor Balaguer, Amós de Escalante, Ruiz Aguilera, Manuel del Palacio; también colaboraron políticos famosos, como Cánovas, que redactó el prólogo, Castelar, Ríos Rosas y Olózaga. Ucelay comenta [109] que este libro señala el paso de la actitud pintoresquista del costumbrismo a la visión folklórica de la vida tradicional; desaparece la visión de los tipos y su clasificación con arreglo a profesiones, clases y oficios, y se ofrecen en su lugar representantes de zonas geográficas, cuyas costumbres y carácter se estudian con alguna profundidad. Merece destacarse en la publicación la presencia de escritores portugueses, y también de hispano-americanos, lo que parece señalar la reanudación de los lazos con las antiguas colonias.

Todavía hacia 1885 —no se indica fecha de edición— se publicaron en Barcelona otras dos colecciones: _Los Hombres Españoles, Americanos y Lusitanos pintados por sí mismos_, y _Las Mujeres Españolas, Americanas y Lusitanas pintadas por sí mismas_. Entre los colaboradores, aunque aparecen algunos nombres importantes como Castelar, Zorrilla y Selgas, predominan los periodistas y costumbristas de segunda y tercera fila. Informa Ucelay [110] que, aunque estos dos libros son los más distantes cronológicamente de _Los Españoles_, están más cerca del carácter de éstos y, con su inclusión de tipos ya tradicionales en esta clase de obras, representan una regresión bajo el aspecto costumbrista.

---

[108] _Los Españoles..._, cit., págs. 200-201.
[109] Idem, íd., pág. 202.
[110] Idem, íd., pág. 208.

SIGNIFICACIÓN DEL COSTUMBRISMO;
S U S  CONSECUENCIAS  LITERARIAS

Una vez descrita la aportación de nuestros más característicos costumbristas, podemos tratar de aquilatar mejor su contenido y explicar el lugar que les corresponde en nuestra historia literaria.

Aunque los costumbristas del período romántico se confiesan, como hemos visto, deudores de los costumbristas extranjeros, es evidente que sólo lo son de un estímulo inicial y de unos procedimientos o técnicas. Dueños de éstos, y una vez en marcha, se aplican ineludiblemente a la observación de las circunstancias españolas que constituían su objetivo. Este interés —como Montesinos ha puesto de relieve [111]— tiene causas más hondas que no una simple veleidad literaria, y son las que explican las características del género entre nosotros. Como sabemos ya, lo mismo Mesonero que *Los Españoles* definen su obra como el testimonio de la transformación que estaba viviendo el país y al mismo tiempo declaran su propósito de retratar objetivamente la realidad española, desfigurada por los escritores extranjeros. Se proponen además capturar esa realidad íntima y menuda que escapa al historiador.

Cargados de *propósitos*, los costumbristas se encaran, pues, a la realidad con una mirada previamente acomodada a sus fines. La consecuencia es —según ha puntualizado Montesinos sagazmente [112]— que esta realidad que trata de captar el costumbrismo, no está considerada *en* ella misma y *por* ella misma, sino desde cualquier abstracción moral de la que debe dar ejemplo. Esta abstracción «irrealiza tipos y caracteres, como en las postrimerías de la picaresca vació la novela de contenido», y la peripecia, función de una moraleja previamente concebida, deja de ser necesaria y, en consecuencia, importante. El resultado fue la sistemática adopción por nuestro costumbrismo de dos formas peculiares: el *tipo* y la *escena*, es decir, dos procedimientos que se evaden del examen del personaje singular para fijarse en lo que tipifica sumariamente a las diversas clases sociales. Mesonero, persuadido de que éste era su verdadero objetivo, lo define repetidamente: «Nadie —dice— podrá quejarse de ser el objeto directo de mi discurso, pues debe tener entendido que cuando pinto no retrato»; y en otro lugar: «Los caracteres que forzosamente habré de describir no son retratos, sino tipos o figuras, así como yo no pretendo ser retratista, sino pintor» [113].

Por otro lado, el afán de poner de relieve, frente a las deformaciones de los extranjeros y por prurito de peculiaridad, lo más llamativo y curioso,

[111] *Costumbrismo y novela...*, cit., pág. 43.
[112] Ídem, íd., pág. 62.
[113] *El observatorio de la Puerta del Sol*, en *Escenas Matritenses*, Serie Segunda, ed. Seco, cit., II, pág. 11.

encauzó el costumbrismo hacia los aspectos más pintorescos y coloristas, más insustanciales y superficiales. Larra, que tenía un concepto muy distinto de las *costumbres*, según vimos al estudiarlo en el Capítulo III, en sus dos artículos sobre el *Panorama* de Mesonero da claramente a entender —aunque atenúa sus juicios con hábiles elogios al colega— su rechazo del costumbrismo insustancial, entregado a la descripción de cosas efímeras, triviales y sin interés.

En Inglaterra y Francia el costumbrismo evolucionó de otra manera, porque los mismos escritores costumbristas fueron los iniciadores de la gran novela del siglo XIX. Dickens comenzó escribiendo bosquejos de tipos y costumbres; Balzac fue el creador de las *fisiologías* y colaborador de todas las obras costumbristas de su país, pero acertó a pasar del tipo genérico al personaje vivo y concreto, dándole vida individual, y así pudo levantar la *comedia humana* que *retrataba* al hombre de su tiempo. Larra, en los artículos mencionados, alude a Balzac como al mayor cultivador de las *costumbres* en el sentido que él estimaba necesario.

Mesonero, por el contrario, maestro y orientador de nuestro costumbrismo, ni soñó siquiera —como dice Montesinos [114]— con trasponer a España la fórmula de Balzac. De los libros de éste, que en parte conocía, sólo ve la parte corruptora «que se aplica a derrocar la moral», y en un artículo sobre *La novela* no se ocupa siquiera de las posibilidades artísticas del género sino de las costumbres que refleja, para acabar pidiendo que tales cosas no se hagan en España. «No sólo puede decirse —escribe Montesinos— que Mesonero no hizo una novela porque no supo; podría decirse que pasó frente a la novela sin verla»; muchos de los *tipos* que él lleva a sus páginas, estaban ya en la obra de Balzac y habían de reaparecer, como figuras vivas, españolísimas, en las novelas de Galdós.

Al definir sus propios *cuadros*, Mesonero afirma que se proponía montarlos a base de una pequeña acción dramática, caracteres verosímiles y diálogo animado, reuniendo «en lo posible el interés y las condiciones principales de la novela y del drama» [115]. Hay aquí —comenta Montesinos— cuanto se pueda apetecer para lograr un cuento, y «si el cuadro de costumbres no resulta novelesco, será por fracaso del autor» [116]. En *Los cómicos en cuaresma*, por ejemplo —comenta el mismo crítico [117]—, hay personajes no mal pergeñados, pero como de lo que se trata es de ver, o de hacer ver, *los cómicos en cuaresma*, los comparsas son destacados a primer término, invadiéndolo todo, y se subraya lo *ejemplar* sobre la singularidad de los personajes; y el cuento se queda en *escena*.

---

[114] *Costumbrismo y novela...*, cit., pág. 14.
[115] *Memorias de un setentón*, ed. Seco, cit., V, pág. 188.
[116] *Costumbrismo y novela...*, cit., pág. 53.
[117] Ídem, íd., pág. 61.

La línea, descubierta y trazada por Mesonero, se prolonga en las páginas del *Semanario Pintoresco*, fundado e inspirado por él. Montesinos encarece la importancia de esta publicación, que, aunque a través muchas veces de colaboradores oscuros, emprendió un nuevo descubrimiento de España y no escatimó esfuerzos para darla a conocer en multitud de aspectos interesantísimos y bellísimos, que iban a perderse muy pronto; «pero todo este formidable inventario de *cosas* —dice Montesinos con palabras insustituibles—, objetos, usos, ceremonias, no tenía más vida ni más poder de evocación que los que puede tener..., eso, un inventario. Las figuras aparecen inertes como maniquíes; están allí para que se admire el traje que llevan. Para que toda esta varia y rica realidad moral pudiera interesar a la novela, era necesario descubrir el corazón que latía bajo los ropajes, los afanes, satisfechos o insatisfechos, que lo encendían en medio de esas fiestas o en la ruda vida cotidiana, cuando la gaita, el pito o el tamboril habían dejado de tañerse» [118].

Idéntica trayectoria tenía que seguir *Los españoles pintados por sí mismos*. Ya sabemos que toda la colección es una galería de *tipos*, es decir, nada individual, sino sólo clases y categorías sociales. Sabemos también que todo el libro es una salmodia quejumbrosa «sobre la nivelación de la vida española y su progresiva adulteración». Montesinos se pregunta si estas nuevas gentes que producía la época, y que estaban realmente allí, merecían toda la atención de quien se propusiera estudiar las *costumbres* españolas; de estas clases sacaba sus novelas Balzac y todos los novelistas que siguieron. Pero, para nuestros costumbristas, «esas clases *no tienen costumbres*, como dirá más tarde Alarcón; es decir, no tienen carácter; es decir, no son pintorescas. En ellas se urden los más agudos dramas de la vida moderna, pero... no son pintorescas. Nuevamente se hace coincidir el carácter con lo pintoresco, con el modo de vivir, con los *usos*» [119]. «En España —añade Montesinos líneas después—, los escritores de la época de que nos ocupamos miran la sociedad de reojo porque no hallan en ella nada genuino. Este es el punto crucial del costumbrismo español: lo español. Lo español empieza a no ser aquello que se encuentra primariamente en la realidad española, sino lo que puede retrotraerse a un pretérito determinado. Así, lo español no se da en la España moderna como una plena esencia; es algo residual, cuando no un detritus. La única esperanza de hallar algo genuino la despierta el bajo pueblo, cuando no se lo busca en fenómenos esporádicos y anómalos, o entre gentes allegadizas, venidas en aluvión sobre nuestra tierra, que sólo al *pintoresquismo* podían interesar, como los gitanos. Apenas parece necesario decir que no habrá novela en España hasta que no se supere este punto de vista, que no se diferencia

---

118 Idem, íd., pág. 91.
119 Idem, íd., pág. 117.

gran cosa del adoptado por los más frívolos descubridores de la España de pandereta, mal vista entre nosotros cuando era cosa de extranjis. Frente a una realidad jerarquizada de tal modo, el más genial novelista nada podría hacer, a menos de rehacer *Carmen* indefinidamente, lo que era también vitando» [120].

El conjunto de los volúmenes de *Los españoles* —resume Montesinos [121]— es desalentador; diríase que la sociedad española de la época es una sociedad sin cabeza ni corazón, que va dando tumbos, y que lo único que interesa en ella son los residuos de un carácter que ha ido borrándose y que sólo puede rastrearse en algunas gentes desarrapadas y perdidas. La auténtica realidad española no parecía materia de arte.

Montesinos ha sostenido en un libro anterior que «el costumbrismo, en todas sus épocas, fue letal a nuestra novela (aun en los tiempos más tardíos en que se incorporó a ella), pues nos impuso esa funesta discriminación entre lo que se disputaba español y no español que durante decenios frustró muy buenos propósitos» [122]. No obstante, en las páginas finales de su libro sobre el costumbrismo anuncia que es entonces el momento de sustanciar la acusación: «fue así y no fue así», afirma [123]. Porque es posible —explica— que la novela realista española de tan tardío advenimiento, se hubiera visto todavía retrasada si el costumbrismo no le hubiera preparado el camino. No obstante, a cambio de hacerla viable le impuso —dice— graves servidumbres de que se resintió siempre. El costumbrismo enseñó a ver muchas cosas, pero siempre las mismas y de escasa profundidad. Todo ello hubiera sido aún menos nocivo si al incorporarse a la novela se hubiera mantenido en posición secundaria o funcional sin invadir el campo casi por entero y «jugar las costumbres contra el corazón de los personajes».

Mas como el enfrentarnos con la novela habremos de insistir nuevamente sobre estas cuestiones, baste añadir ahora cuál fue el aspecto positivo del costumbrismo, ya aludido por lo demás. Cualesquiera que fuesen sus limitaciones y desviaciones, el costumbrismo habituó a considerar la vida diaria como materia artística, acercó la atención a lo inmediato, estimuló la observación, montó, cuanto menos, el escenario de que iba a servirse la futura novela realista y desvió el gusto del público de la fantasmagoría medieval de la novela histórica de los románticos para traerlo hacia el presente. El hecho de que Fernán Caballero —y todavía otros novelistas posteriores— califique sus novelas de *cuadros de costumbres*, revela clara-

---

[120] Ídem, íd., pág. 118.
[121] Ídem, íd., pág. 121.
[122] *Introducción a una historia de la novela en España, en el siglo XIX*, 2.ª ed., Madrid, 1966, pág. XII.
[123] *Costumbrismo y novela...*, cit., pág. 135.

mente su filiación declarando que ha extraído su materia de la misma fuente.

Es un hecho significativo que Mesonero, en los años postreros de su vida, viniera a convertirse en una especie de patriarca de las letras españolas, cuyo magisterio reconocían los escritores jóvenes, particularmente los novelistas. Alarcón, en carta particular, llama a Mesonero «maestro» y califica sus obras de «modelo» suyo; Pereda, que le llama «maestro» también, le dedicó su novela *Don Gonzalo González de la Gonzalera*. Pero el capítulo más importante de este magisterio lo constituyen las relaciones con Galdós. Mesonero, según testimonia Clarín [124], se admiraba de que Galdós, sin haberlos vivido, conociera tan bien aquellos tiempos a cuyo culto se había consagrado, y llevado de esta admiración buscó su amistad; desde entonces se convirtió en una cantera de noticias para el novelista, que, en buena parte, hicieron posibles algunos de los *Episodios Nacionales* [125]. Se conservan diversas cartas de Galdós a Mesonero pidiéndole datos o dándole las gracias [126]. Y cabe añadir que Mesonero, a su vez, compuso las *Memorias de un setentón* bajo el influjo de la obra galdosiana, de la que, en cierto modo, pueden considerarse como una introducción.

---

[124] Cit. por Seco en su Estudio preliminar, cit., pág. LXV.

[125] Cfr., H. C. Berkowitz, «Galdós and Mesonero Romanos», en *Romanic Review*, XXIII, 1933, págs. 201-205.

[126] Cfr. E. Varela Hervías, *Cartas de Pérez Galdós a Mesonero Romanos*, Ayuntamiento de Madrid, Publicaciones de la Sección de Cultura e Información, Madrid, 1943.

## CAPÍTULO VIII

## LA EVOLUCIÓN DE LA LÍRICA ROMÁNTICA

I

### *GUSTAVO ADOLFO BÉCQUER*

En justa correspondencia esta vez con el valor y trascendencia de su obra, la bibliografía [1] sobre Bécquer comprende ya un conjunto abrumador que la ocasión del reciente centenario ha contribuido a ensanchar. Los más variados aspectos de su obra han sido estudiados y los más íntimos rincones de su vida sometidos a tenaz investigación. No obstante, si tanto sus versos como su prosa parecen haber sido adecuadamente valorados, quedan todavía rincones oscuros de su personalidad sujetos a encontradas interpretaciones, e incluso sucesos concretos de su vida han escapado aún a la enconada curiosidad de los biógrafos.

ESQUEMA BIOGRÁFICO

Gustavo Adolfo Bécquer nació en Sevilla el 17 de febrero de 1836 [2]. Su padre se llamaba José María Domínguez Insausti, y su madre Joaquina

---

[1] Cfr., Rubén Benítez, *Ensayo de bibliografía razonada de Gustavo Adolfo Bécquer*, Buenos Aires, 1961. Hasta la fecha de su publicación recoge de forma casi exhaustiva toda la bibliografía existente sobre Bécquer con un claro resumen y comentario crítico de cada publicación, que en algunos casos adquiere extensión considerable. Contiene además un estudio del proceso de la crítica becqueriana y un Apéndice sobre la transmisión de las *Rimas* y los problemas existentes para la fijación del texto definitivo. Juan María Díez Taboada, «Bibliografía sobre Gustavo Adolfo Bécquer y su obra», en *Revista de Filología Española*, LII, 1969, págs. 651-695. Del mismo, «Bibliografía sobre Gustavo Adolfo Bécquer y su obra. Suplemento», en *Boletín de Filología Española*, núms. 46-49, 1973, págs. 47-60. Martín Alonso, «Recuento sistematizado de bibliografía becqueriana», en *Segundo estilo de Bécquer*, Madrid, 1972, págs. 491-545. Véase también, Homero Serís, «Estado actual de los estudios sobre Bécquer», en *Mélanges à la mémoire de Jean Sarrailh*, París, 1966, págs. 278-388.

[2] Bibliografía sobre su vida. Ramón Rodríguez Correa escribió la primera biografía

Bastida Vargas. El apellido Bécquer no aparece, pues, en ninguno de los dos progenitores, pero el padre, pintor de tipos y costumbres, era conocido en Sevilla por este apellido, que era el de unos antepasados suyos de Flandes, establecidos en Andalucía a fines del siglo XVI. El pintor, para atraer la atención de sus clientes o por blasonar de su antiguo linaje, que había ocupado lugar distinguido entre la nobleza de su ciudad (dos hermanos, Miguel y Adán, caballeros veinticuatro, habían fundado en la catedral la capilla de Santiago, terminada en 1622), usaba de preferencia aquel apellido, que su hijo Gustavo Adolfo, el quinto de los ocho que tuvo el matrimonio, adoptó también, anteponiéndolo a los legítimos.

En 1841, cuando Gustavo Adolfo contaba tan sólo cinco años, murió su padre. El huérfano, que hizo sus primeras letras en el Colegio de San Antonio Abad, ingresó en 1846 en el Colegio de San Telmo para «pilotos de altura»; eran condiciones para ingresar en él, ser huérfano, pobre y de noble cuna. Al año siguiente falleció la madre, y poco después fue clausurado el Colegio por Real Orden. Bécquer fue recogido entonces por su tío don Juan de Vargas y pasó después a vivir con su madrina, doña Manuela Monnehay, casada, sin hijos. En el Colegio de San Telmo había conocido Gustavo Adol-

---

de Bécquer, que se incluyó como prólogo de la edición de sus *Obras* publicada por los amigos del poeta después de su muerte (reproducida en muchas ediciones posteriores). Narciso Campillo, «Gustavo Bécquer», artículo necrológico publicado en *La Ilustración de Madrid*, núm. 25, 12 de enero de 1871; reproducido por Martín Alonso en *Segundo estilo de Bécquer*, cit., págs. 423-432. Eusebio Blasco, «Gustavo Adolfo Bécquer», en *Mis contemporáneos. Semblanzas varias*, Madrid, 1886. Del mismo, *Memorias íntimas*, Madrid, 1904 (cap. XVII y passim). Julio Nombela, *Impresiones y recuerdos*, 4 vols., Madrid, 1910-1911 (passim). Julia Bécquer, «La verdad sobre los hermanos Bécquer. Memorias de Julia Bécquer», en *Revista de la Biblioteca, Archivo y Museo del Ayuntamiento de Madrid*, IX, núm. XXXIII, enero de 1932, págs. 76-91. Para el conocimiento de la vida de Bécquer representó un paso importantísimo la tesis de Franz Schneider, *Gustavo Adolfo Bécquer. Leben und Schaffen unter besonderer Betonung des Chronologischen Elements. Inaugural-Dissertation zur Erlangung der Doktorwürde der hohen philosophischen Fakultät der Universität Leipzig, vorgelegt von Franz Schneider, aus Dessau*, Berna-Leipzig, publicada en 1914; dada la dificultad de consultarla, por el corto número de ejemplares existentes, Rubén Benítez ofrece extensa descripción de su contenido (núm. 41 de su *Bibliografía*, cit., págs. 31-46).

Entre las biografías recientes es fundamental la de Rica Brown, *Bécquer*, Barcelona, 1963 (prólogo de Vicente Aleixandre). José Pedro Díaz dedica a la biografía de Bécquer toda la primera parte de su libro *Gustavo Adolfo Bécquer. Vida y poesía*, 4.ª ed., Madrid, 1971 (estudio capital que citaremos repetidamente). Rafael Montesinos, *Bécquer. Biografía e imagen*, Barcelona, 1977 (con abundante material gráfico, inédito en su mayoría). Rafael de Balbín Lucas, «Documentos becquerianos», en *Revista de Bibliografía Nacional*, V, fascs. 1 y 2, 1944, págs. 5-33. Balbín ha publicado además diversos estudios sobre aspectos varios de la vida de Bécquer, que citaremos en el momento oportuno.

Cfr. también, Juan López Núñez, *Bécquer. Biografía anecdótica*, Madrid, 1915. Eduardo Palacio, *Pasión y gloria de Gustavo Adolfo*, Madrid, 1947. Carlos J. Barbáchano, *Bécquer*, Madrid, 1970. Como biografías noveladas: Benjamín Jarnés, *Doble agonía de Bécquer*, Madrid, 1936. María Teresa León, *El gran amor de Gustavo Adolfo Bécquer. Una vida pobre y apasionada*, Buenos Aires, 1951. Adolfo de Sandoval, *El último amor de Bécquer*, Barcelona, 1951.

fo a quien había de ser uno de sus más íntimos amigos, Narciso Campillo[3], con quien compartió y comunicó sus incipientes aficiones literarias; siendo Bécquer de diez años y Campillo de once compusieron «un espantable y disparatado drama», titulado *Los Conjurados*, que sus maestros hicieron representar en el colegio. En casa de su madrina encontró Bécquer una nutrida biblioteca, que devoró y fue para él tesoro incomparable; figuraban allí las más populares novelas de Chateaubriand, Madame Staël, D'Arlincourt, Jorge Sand, Balzac, los cuentos de Hoffmann, y libros de versos de lord Byron, Musset, Víctor Hugo, Lamartine y Espronceda.

Otro copartícipe de sus aficiones literarias encontró Bécquer en su hermano Valeriano, que asistía al Colegio de San Diego, de donde era profesor Alberto Lista. Valeriano transmitió a Gustavo Adolfo su admiración por el famoso poeta, a quien él ya conocía indirectamente desde San Telmo, pues uno de sus profesores, don Francisco Rodríguez Zapata, había sido discípulo de Lista. Cuando éste murió en 1848, Bécquer, de sólo doce años de edad, dedicó una oda al venerado maestro[4], composición que, según puntualiza José Pedro Díaz, si puede decirnos muy poco «de la futura calidad poética de su autor, nos indica, en cambio, exactamente, su primer contacto con una tradición poética a la que se sentirá ligado»[5]. El influjo de Lista prosiguió aunque en forma indirecta, pues cuando se cerró el Colegio de San Telmo, Rodríguez Zapata pasó a desempeñar la cátedra de Retórica y Poética en el Instituto de Segunda Enseñanza de Sevilla[6], donde se matriculó primero Campillo y poco después Gustavo Adolfo[7].

Simultáneamente emprendió estudios de pintura en el taller de su tío Joaquín, discípulo a su vez de su propio padre, donde ya trabajaba Valeriano. El propio don Joaquín, vistas las aficiones literarias del muchacho, costeó sus estudios de latinidad; durante esta época, realizó Bécquer abun-

---

[3] Sobre Campillo cfr., Fuensanta Guerrero, «Vida y obras de Narciso Campillo», en *Revista de Literatura*, XXV, 1964, págs. 69 y sigs.

[4] Reproducida en el volumen de Dionisio Gamallo Fierros, *Gustavo Adolfo Bécquer. Del olvido en el ángulo oscuro. Páginas abandonadas (prosa y verso)*, Madrid, 1948, páginas 53-54.

[5] *Gustavo Adolfo Bécquer*, cit., pág. 26.

[6] Cfr., Manuel Ruiz Lagos, «El Maestro Rodríguez Zapata en sus afinidades becquerianas. Apuntes sobre su magisterio estético en Gustavo Adolfo Bécquer», en *Revista de Filología Española*, LII, 1969, págs. 425-475.

[7] Rica Brown, basándose en unas cartas de Campillo, sugiere, por el contrario, que la madrina de Gustavo Adolfo no le envió a ningún Colegio, sino que le dejó vivir a sus anchas, leyendo libros y permitiéndole estudiar con su amigo Campillo: «Por tanto —dice—, entre los once y los trece años Gustavo siguió una vida poco disciplinada, estudiando de segunda mano, sin contacto vivo y directo con maestros, 'devanándose los sesos' con la rica lectura heterogénea de los libros de su madrina, hasta tal punto que, en la opinión de Nombela, perdía el sentido de la vida real, para engolfarse en un mundo completamente ajeno al ambiente natural de los chicos de su edad: 'Tan rico y copioso elemento robusteció el espíritu de Bécquer a costa de su organismo, y como muchas veces recordaba, pasó dos años en un mundo ideal, no acariciando más aspiración que la de ser poeta a su vez'» (*Bécquer*, cit., pág. 29).

dantes lecturas, en particular de literatura clásica y obras didácticas de arte e historia.

Fechada el 17 de diciembre de 1852 tenemos la primera composición amorosa de Bécquer que se conserva: *Oda a la señorita Lenona, en su partida*[8]; y poco después vio el poeta sus primeras composiciones impresas en el periódico local *La Aurora*, por medio de cuyo director, José Luis Nogués, conoció a Julio Nombela, otro de sus mejores amigos, al cual debemos valiosas noticias sobre la vida de Bécquer. Los tres amigos vivieron algún tiempo entregados a sus ensueños literarios, alimentando la ilusión de trasladarse a Madrid a la conquista de la gloria. Se reunían todas las noches en el camaranchón de Campillo para leerse las composiciones que escribían, y guardaban en una arqueta de madera las que se aprobaban por unanimidad. Nombela partió el primero para la capital. La madrina de Bécquer, que no aprobaba sus planes, rompió con él, pero Gustavo Adolfo se encaminó por fin a Madrid, en el otoño del 54[9], con treinta duros que le regaló su tío Joaquín.

En la capital, que le causó al principio tremenda desilusión, vivió Bécquer jornadas de indescriptible estrechez, pero le sostuvo su fe indómita y, sobre todo, la esperanza de llevar a cabo un ambicioso proyecto que comunicó a sus amigos y que habría de darles fama y dinero: la publicación de una magna obra titulada *Los templos de España*, en la cual se contendría «la más amplia y detallada descripción de cuantos en nuestra patria representaban el sentimiento religioso, la devoción, la piedad y el arte bajo sus múltiples aspectos». Comenta Díaz[10] que, aunque la mención de la proyectada obra suele hacerse de pasada, fue, sin embargo, «el más importante de los móviles que animaron a Gustavo Adolfo durante los primeros años de su vida en Madrid». Durante ellos realizó tentativas, repetidamente fracasadas, en el periodismo y vivió con frecuencia del socorro de algunos amigos y hasta de una patrona de huéspedes, doña Soledad. A finales de 1855 llegó Valeriano a Madrid dispuesto a abrirse camino, y Gustavo Adolfo se fue a vivir con él[11]. La llegada de su hermano estimuló la actividad de Bécquer. En la *Corona poética dedicada al excelentísimo Sr. D. Manuel José Quintana, con motivo de su coronación*, en la que colaboraron casi

---

[8] Reproducida por Gamallo Fierros en el volumen cit., págs. 59-64. Cfr., Dámaso Alonso, «Un diario adolescente de Bécquer», en *Obras Completas*, IV, Madrid, 1975, páginas 173-178.

[9] Cfr., Rafael de Balbín Lucas, «Sobre la llegada de Gustavo Adolfo Bécquer a Madrid», en *Revista de Literatura*, V, 1954, págs. 301-308.

[10] *Gustavo Adolfo Bécquer*, cit., pág. 54.

[11] Sobre este hermano que Gustavo amó sobremanera y que ejerció sobre él tan persistente influjo, cfr., R. Santos Torroella, *Valeriano Bécquer*, Barcelona, 1948. José Tudela, «Valeriano Bécquer y Soria», en *Bécquer y Soria* (volumen colectivo), C.S.I.C., Centro de Estudios Sorianos, 1970, págs. 111-130 (el volumen contiene numerosas reproducciones de dibujos y cuadros de Valeriano).

todos sus amigos, publicó Bécquer una composición *A Quintana. Corona de oro (Fantasía)*, que mereció un comentario elogioso en el *Álbum de Señoritas y Correo de la Moda*. Luego examinaremos el interés de la vinculación de Bécquer a este periódico, que tanto había de influir en su formación poética.

Para procurarse algún dinero pensó Gustavo Adolfo en la adaptación o traducción de piezas de teatro, y propuso a sus amigos la teatralización de *Nuestra Señora de París*, que llevaron a cabo con el título de *Esmeralda*, pero que no consiguieron representar. En colaboración con otro amigo, García Luna, escribió Bécquer una comedia en un acto, *La novia y el pantalón*, que se estrenó bajo el seudónimo de «Adolfo García» en noviembre de 1856, y al año siguiente la zarzuela *La venta encantada*. La aparición de un nuevo amigo, Juan de la Puerta Vizcaíno, poco escrupuloso pero hábil y emprendedor, le permitió a Bécquer iniciar la ansiada publicación de *Los Templos de España*, en cuya redacción había trabajado incesantemente. Vizcaíno no escribió nada para la obra, pero consiguió dinero para ella y la colaboración del prestigioso arqueólogo Manuel de Assaz, a quien se debe el trabajo que allí figura sobre la catedral de Toledo. Al fin, el 5 de agosto de 1857 apareció la primera entrega de la *Historia* con una introducción de Bécquer, y el 5 de enero de 1858 la última con parte del estudio de Bécquer sobre San Juan de los Reyes. Después de esta entrega se suspendió la publicación.

Las privaciones y el intenso trabajo realizado le ocasionaron a Bécquer una grave enfermedad, durante la cual le cuidaron solícitamente todos sus amigos. Para proporcionarse dinero con que atender a los gastos, Rodríguez Correa buscó entre los papeles de Bécquer y encontró entre ellos la leyenda *El caudillo de las manos rojas*, que hizo publicar en el periódico *La Crónica*. Durante su convalecencia conoció Bécquer a una joven, Julia Espín, hija de un profesor del Conservatorio, autor de obras de cierta notoriedad. Se ha supuesto que fue Julia la inspiradora de algunas de las primeras *Rimas*, pero se ha discutido mucho la relación que tuvo con ella el poeta. Según Nombela [12], Bécquer no la trató siquiera. Schneider, sin embargo, recuerda la existencia de dos álbumes de Bécquer, dedicados a Julia, con dibujos de carácter burlón y un autorretrato, y deduce que no es probable que Bécquer dedicase «dos álbumes de tal contenido a la señorita Espín si no la hubiera conocido muy bien» [13].

En 1859 inició Bécquer una colaboración periódica en *La Época*. Sólo publicó allí dos artículos [14], pero el primero de ellos, titulado *Crítica lite-*

---

[12] Cit. por José Pedro Díaz en *Gustavo Adolfo Bécquer*, cit., pág. 84.

[13] Cit. en ídem, íd., pág. 85.

[14] Descubiertos y publicados por Concepción de Balbín, «Dos artículos desconocidos de Bécquer», en *Revista de Literatura*, XIX, 1960, págs. 249-256. Cfr., Robert Pageard,

*raria*, contiene, en opinión de Díaz [15], una declaración de propósitos, reveladores de una profunda responsabilidad en lo que Bécquer consideraba como el principio de una tarea permanente. A este tiempo parece que corresponde el breve paso de Bécquer por la Administración. Compadecido de sus escaseces —refiere Rodríguez Correa [16]—, un amigo le consiguió un modesto empleo en la Dirección de Bienes Nacionales con tres mil reales de sueldo. Entre minuta y minuta que copiaba, Bécquer leía a Shakespeare y dibujaba a pluma alguna escena. Un día entró en la oficina el director mientras Bécquer dibujaba y un corro de compañeros admiraba su habilidad. El director le dijo a su ayudante: «—¡Aquí tiene usted uno que sobra!—». Y Bécquer fue despedido aquel mismo día.

A comienzos de 1861 conoció Bécquer a la que había de ser su esposa, Casta Esteban. Era hija de un médico, natural de Noviercas, provincia de Soria, a quien Gustavo Adolfo había ido a consultar sobre sus dolencias. Los biógrafos han supuesto que poco antes había tenido relaciones amorosas con otra mujer, «una dama de rumbo de Valladolid», según informes recogidos por Gerardo Diego [17] de los parientes sorianos de Casta [18]. El hecho ha sido uno de los más controvertidos en la vida del poeta, puesto que aquella mujer pudo constituir motivación esencial de muchas de las *Rimas*. En un artículo publicado en 1895 afirmaba Moreno Godino [19] que Bécquer había amado «a una mujer de alta clase», lujosa y predispuesta a la sensualidad, «pero que desconocía las idealidades de la pasión que Bécquer deseaba. Éste consumió todas sus energías juveniles en animarla con el *quid divinum* del amor, y esta empresa imposible gastó su alma y su cuerpo». Eusebio Blasco, que conoció a Bécquer tiempo después, escribía en 1886: «No es un secreto para nadie que el poeta estuvo ciegamente enamorado de una hermosura que no debo nombrar porque existe todavía y tiene ya legal y legítimo dueño. Muy hermosa criatura. Un admirable busto, pero mujer tal vez incapaz de comprender las delicadezas del hombre que quiso vivir para ella. A él no le importaba, sabía que era ignorante, vulgar, prosaica... pero ¡es tan hermosa!» [20]. En 1928 Fernando Iglesias Figueroa

---

«Les premiers articles littéraires de Bécquer», en *Bulletin Hispanique*, LXIV, 1962.

[15] *Gustavo Adolfo Bécquer*, cit., pág. 86.

[16] Cit. en ídem, íd., págs. 97-98.

[17] Gerardo Diego, «Los amores de Bécquer», en *La Nación*, Buenos Aires, 19 de julio de 1942.

[18] Sobre la vinculación, humana y literaria, de los Bécquer con Soria, cfr.: José Antonio Pérez-Rioja, «Los Bécquer en Soria y Soria en la vida y la obra de los Bécquer», en *Bécquer y Soria*, cit., págs. 11-30. Heliodoro Carpintero, «Geografía literaria soriana de Gustavo Adolfo Bécquer», en ídem, íd., págs. 33-52.

[19] Cit. por Rica Brown en *Bécquer*, cit., pág. 121.

[20] En ídem, íd.

publicó cuatro cartas hasta entonces desconocidas [21]: tres de Bécquer a Rodríguez Correa y una de éste a Fernández Espino. En ellas se alude concretamente a una historia de amor que el poeta vivió con una dama llamada Elisa Guillén, y que cabía identificar con «la dama de rumbo de Valladolid». Estas relaciones, a juzgar por la fecha de las citadas cartas, cubrirían una etapa entre finales de 1859 y comienzos de 1861, que concluyó con una grave crisis y la amargura de la separación. Resulta además que este período corresponde al momento de plenitud del poeta, cuando Bécquer, como subraya Díaz, «se descubrió a sí mismo y dio con su modo más profundo» [22]; muchas de las Rimas, que parecen haber sido escritas durante 1860 o en los primeros meses de 1861, se ajustan a los azares de esta pasión con su exaltación primera y el sufrimiento final.

Las cartas en cuestión han dado mucho juego, porque parecían identificar la destinataria de una Rima titulada A Elisa, no incluida en el Libro de los gorriones, publicada también en una colección de escritos de Bécquer «recuperados» por el propio Iglesias Figueroa [23], y aceptada como legítima hasta por muy acreditados becquerianistas. Como la casi totalidad de los textos recogidos en la mencionada colección han resultado apócrifos o pertenecen a otros autores, que han sido identificados [24], y los originales de las cartas dichas no han sido nunca mostrados por Iglesias Figueroa, cundió bastante pronto la duda sobre la autenticidad de las cartas, aunque la existencia de la Rima A Elisa mantenía la posibilidad. Rica Brown se planteó ya seriamente la duda sobre las cartas e incluso sobre la realidad de la propia Elisa. No obstante, José Pedro Díaz todavía en la cuarta edición

---

[21] Parece que estas cartas fueron publicadas repetidas veces. Rica Brown (Bécquer, cit., pág. 122 y nota 32) dice que fueron incluidas en el volumen Gustavo Adolfo Bécquer. Prosa y verso, Madrid, 1928, págs. 9-11. José Pedro Díaz (obra cit., pág. 100, nota 123) refiere que un azar llevó a sus manos un viejo recorte de un periódico de Montevideo, donde leyó el artículo de Iglesias Figueroa, Un interesante descubrimiento. La mujer que inspiró a Bécquer las Rimas, en el que se incluyen las mencionadas cartas (Díaz no precisa nombre ni fecha del periódico). Finalmente, Rafael Montesinos —Bécquer. Biografía e imagen, cit., pág. 59, nota 2—, informa que fueron publicadas en el periódico La Voz, de Madrid, en enero de 1926.

[22] Gustavo Adolfo Bécquer, cit., pág. 102.

[23] Páginas desconocidas de Gustavo Adolfo Bécquer, tres vols., Madrid, 1923-1924; contienen numerosos artículos y poesías. La «rima» A Elisa ocupa el tercer lugar del volumen II.

[24] J. Frutos Gómez de las Cortinas, al final de un importante artículo, al que hemos de volver —«La formación literaria de Bécquer», en Revista Bibliográfica y Documental, IV, 1950, págs. 77-99—, escribe (pág. 95, nota 39): «A lo largo de este estudio sólo he citado las poesías que considero auténticas. No he hecho ninguna mención de las poesías publicadas por Iglesias Figueroa pues todas ellas son apócrifas»; y las enumera a continuación, dando sus primeros versos, el autor real, y el lugar donde habían sido publicadas. Muchas de estas composiciones han sido incluidas, como auténticas, en diversas ediciones de Bécquer. Al final de la mencionada enumeración, Gómez de las Cortinas señala que «todas estas poesías han sido reproducidas por Rafael Alberti en su edición de las Rimas. Primera versión original (Buenos Aires, 1944, Colección Mirto)».

de su citado libro —por tantas razones fundamental—, aunque sugiere muy de pasada [25], recogiendo una sospecha de Gamallo Fierros, que la tal Elisa podía ser simplemente una ficción de Iglesias, se ocupa repetidamente de su relación con Bécquer y especula sobre la posibilidad de su reencuentro en Toledo después de la ruptura matrimonial de Gustavo; y, por supuesto, estudia y comenta la Rima *A Elisa*, tratando de enlazarla con la biografía y con el proceso creador de Bécquer. Y todavía, también, Gabriel Celaya, en el largo prólogo a su edición de las *Rimas* [26], refiere muy enfáticamente toda la historia de Elisa Guillén, a la que supone destinataria no sólo de la citada Rima, sino de las *Cartas literarias*, y reproduce sin asomos de duda —aunque dice haber manejado a Gamallo— los textos de las cartas de Iglesias.

No obstante, Rafael Montesinos había demostrado ya en 1970 [27] —fecha que disculpa a Díaz pero no a Celaya— y ha reafirmado más recientemente en su biografía de Bécquer [28], que lo mismo las cartas que la Rima constituían una superchería, confesada al fin por el propio Iglesias, y que la tal Elisa jamás había existido.

A mediados de mayo de 1861 tuvo lugar en Madrid el matrimonio de Bécquer con Casta Esteban. Este matrimonio es probablemente el acontecimiento más traído y llevado de la vida de Bécquer. Los testimonios contemporáneos, los de sus amigos en particular, son bastante cautelosos, pero todos ellos dejan entrever que se trató de un matrimonio apresurado, contraído por despecho o desesperación, que no trajo a Bécquer la felicidad y consuelo que buscaba. La personalidad de la esposa ha sido también controvertida, pero las mismas «discreciones» o reticencias de los amigos permiten asegurar que Casta, si no era por entero una mujer vulgar, distaba mucho de ser la esposa ideal para un hombre como Bécquer. Eusebio Blasco, cuya conocida maledicencia favorecía poco cualquier género de discreción, es el más explícito: «¿Cómo se explica —dice, después de aludir a su misterioso amor anterior— que después de esta pasión malograda y no comprendida, fuese a caer en las vulgaridades de un matrimonio absurdo?... ¿Fue despecho? ¿Deseo de contrarrestar aquella ambición y sed de ideal que le devoraba?» [29]. Y el profesor Olmsted, que a principios de siglo habló en Madrid y en Sevilla con personas que habían conocido a Bécquer, se expresa en forma parecida [30], aunque suponiendo que la pa-

---

[25] Nota 122, pág. 100.

[26] Gabriel Celaya, *Gustavo Adolfo Bécquer*, Madrid, 1972, págs. 55-60.

[27] Rafael Montesinos, «Adiós a Elisa Guillén», en *Ínsula*, núm. 289, diciembre de 1970, págs. 1, 10, 11 y 12.

[28] Rafael Montesinos, *Bécquer. Biografía e imagen*, cit.

[29] Cit. por Rica Brown en *Bécquer*, cit., pág. 152.

[30] Ídem, íd. Everet Ward Olmsted expone estas ideas en el prólogo a su edición *Legends, Tales and Poems of Gustavo Adolfo Bécquer*, Boston, 1907. Rica Brown dice que «ninguna otra edición ha aparecido todavía con un prefacio que en claridad y exac-

sión imposible había sido inspirada por Julia Espín; opinión que comparte Rafael Montesinos [31], y que defiende con agudas razones, apoyándose en textos del propio Bécquer.

De todos modos es evidente que el matrimonio fue un mutuo error. Bécquer tuvo de Casta tres hijos, pero acabó por separarse de ella a los siete u ocho años de casados, después de una tempestuosa escena de celos, que también han referido de muy distinto modo los biógrafos [32]. En todo caso, no parece que Casta le inspirara ninguna de las *Rimas*, ni tampoco las *Cartas literarias*, a pesar de algunas afirmaciones hechas en este sentido. La única composición dedicada específicamente *A Casta*, poco después del matrimonio, consta tan sólo de dos estrofas: la primera, como Díaz reconoce [33], es convencional; y la segunda, más que la nueva pasión encendida por la esposa, revela la desolación de «un corazón para el amor ya muerto».

En 1860 comenzó Bécquer su real dedicación al periodismo, actividad que había de llenar el último tercio de su vida y de la cual dependió básicamente su sustento. Comenzó primero a escribir en *La Crónica de Ambos Mundos*, donde publicó su leyenda *La cruz del diablo*, pero su principal colaboración tuvo lugar en *El Contemporáneo;* allí trabajó desde su fundación, en dicho año, hasta 1865. *El Contemporáneo* era un periódico conservador, que ocupó lugar importante en la vida política y literaria de mediados del siglo. Rodríguez Correa era amigo de su director, José Luis Albareda, que le nombró redactor del periódico, y Correa obtuvo para Bécquer idéntico puesto. Bécquer publicó allí algunos de sus más importantes trabajos, como las *Cartas literarias a una mujer* y las *Cartas desde mi celda*, pero además colaboró con multitud de artículos, gacetillas, recensiones anó-

---

titud supere al del profesor Olmsted». Éste hace una minuciosa descripción de los álbumes de Bécquer dedicados a Julia, de los que también se ocupa Schneider, como vimos.

[31] *Bécquer. Biografía e imagen*, cit., págs. 21-34.

[32] Cfr., Santiago Montoto, «La mujer de Bécquer», en *Bibliografía Hispánica*, núm. 6, 1944, págs. 470-478. Gerardo Diego, «Casta y Gustavo. Cartas inéditas», en *La Nación*, Buenos Aires, 14 de junio de 1942. Heliodoro Carpintero, *Bécquer de par en par*, Madrid, 1957; este libro es un intento de defender la persona y conducta de la esposa de Bécquer, aunque, como declara Rafael Montesinos (*Bécquer. Biografía e imagen*, cit., pág. 52), resulta un tanto extraña una defensa, junto a la cual se aportan las pruebas más evidentes de la infidelidad de Casta, y precisamente con «un maleante, salteador y asesino», de quien tuvo al que se cuenta oficialmente como tercer hijo de Bécquer. Muerto éste, Casta casó al año y medio con quien había sido su primer novio, pero éste fue asesinado un año después. A los catorce años de fallecido Bécquer, Casta publicó un libro —*Mi primer ensayo. Colección de cuentos con pretensiones de artículos*, Madrid, 1884— con el que pretendió lucrar la fama de su marido. El libro, que se considera literariamente de muy baja calidad, «es muy útil desde un punto de vista biográfico, pues se intercalan en los cuentos algunas frases que dejan traslucir la íntima tragedia conyugal de la autora y el poeta» (Rafael Montesinos, *Bécquer...*, cit., página 55). Cfr., José M. Martínez Cachero, «La viuda de Bécquer, escritora», en *Studia Philologica. Homenaje a Dámaso Alonso*, II, Madrid, 1961, págs. 443-457.

[33] *Bécquer*, cit., pág. 104.

nimas, reseñas de los discursos del Congreso y escritos diversos bajo el título general de *Variedades*. Cuando Albareda fue designado ministro en La Haya, Bécquer dirigió el periódico entre noviembre de 1864 y febrero de 1865. Con Bécquer colaboraban entonces en *El Contemporáneo* famosos escritores, entre ellos Valera, Castelar y Pérez Galdós.

Aunque es bastante común dejar algo de lado la personalidad de Bécquer como periodista, lo cierto es que a lo largo de su vida fue su ocupación más visible, y no es exagerada la afirmación de López Estrada [34] de que para los lectores de 1860, Bécquer, al que hoy reconocemos como el poeta más auténtico de su siglo, pudo parecer simplemente un periodista. Para el propio escritor, esta tarea debió de resultar, con harta frecuencia, esclavizadora y destructora de su más honda vocación; y, sin embargo, no le fue tan ajena como parece. A este respecto deben tenerse en cuenta, aunque las impulsara básicamente la necesidad de ganarse la vida, sus repetidas tentativas para fundar u organizar periódicos, hechas con auténtica voluntad de empresa. El propio López Estrada ha subrayado la atracción que el trabajo y la vida del periódico pudieron ejercer sobre el poeta: «Bécquer —dice—, aunque a veces mostrara indiferencia y aun se rebelase contra lo que el periodismo pudiera significar como disciplina profesional en relación con la libertad necesaria para el ejercicio de la literatura, llegó a sentir hondamente el hechizo del periódico y de su ambiente, y se sintió atraído por la gran fascinación de un trabajo que requiere la tensión creadora del espíritu y que, al mismo tiempo, se realiza junto al ritmo mecánico de las máquinas» [35]. Y reproduce a continuación un pasaje de la segunda de las *Cartas desde mi celda*, en el que Bécquer, recluido en Veruela, recibe emocionado la hoja periódica que le trae el recuerdo de las horas febriles vividas en la redacción.

A esta época de trabajo incesante en *El Contemporáneo* corresponden las estancias de Bécquer en el monasterio de Veruela, aunque, como tantos otros detalles de la vida de Bécquer que se suponen conocidos, también aquéllas están rodeadas de incertidumbres y contradicciones. Pues, como afirma Rica Brown [36], no se sabe con exactitud cuándo comenzaron las visitas de Bécquer al monasterio. De todos modos, su más importante estadía en Veruela comienza a fines del 63 y se prolonga varios meses del año siguiente. Durante ella escribió Bécquer, y publicó en *El Contemporáneo*, sus *Cartas desde mi celda*. La dirección del periódico debió de conceder a Bécquer esta especie de descanso que su delicada salud necesitaba, a condición de que enviara desde allí cualquier género de colaboración, y Bécquer se instaló en las celdas del viejo monasterio con su mujer y su primer hijo

---

[34] Francisco López Estrada, *Poética para un poeta. Las «Cartas literarias a una mujer» de Bécquer*, Madrid, 1972, pág. 25.

[35] Ídem, íd., pág. 19.

[36] *Bécquer*, cit., pág. 233.

y con su hermano Valeriano, que se dedicaba a pintar tipos y escenas de costumbres de la comarca.

Durante estos años y además de su tarea periodística, Bécquer continuó adaptando piezas teatrales, en colaboración ahora con Rodríguez Correa y bajo el seudónimo de «Adolfo Rodríguez». En 1862 estrenaron *El nuevo Fígaro,* zarzuela en tres actos arreglada del italiano, y al año siguiente *Clara de Rosemberg,* zarzuela en dos actos de la misma procedencia, que tuvo algún éxito porque la música era conocida con anterioridad [37].

En 1865 dejó de publicarse *El Contemporáneo,* pero Bécquer prosiguió su actividad periodística en *El Museo Universal,* en donde siguió hasta 1867, aunque su labor en este último no alcanzó la extensión e importancia del primero, entre otras razones porque Bécquer había encontrado otro medio de subsistencia que le libraba de la galera del periódico. Efectivamente, en diciembre de 1864, por mediación de su gran amigo, el ministro conservador Luis González Bravo, Bécquer fue nombrado censor de novelas con un sueldo de quinientas pesetas mensuales, cantidad muy crecida para la época y la mayor que nunca recibiera de una manera regular [38]. La naturaleza de este cargo y la filiación política de González Bravo, así como la del periódico *El Contemporáneo,* a cuya redacción estuvo vinculado tanto tiempo, han planteado el problema de la ideología de Bécquer, a quien se ha pretendido describir incluso en ocasiones, con injusta tendenciosidad e incomprensión, como un tradicionalista arcaico, cerrado a las ideas renovadoras de su siglo. Rica Brown y Rubén Benítez, en particular, han estudiado detenidamente esta faceta del poeta de las *Rimas.* Y sin perjuicio de concretar algo más en páginas siguientes a propósito de la obra de Bécquer, importa ahora resumir las conclusiones de los citados investigadores.

Los amigos de Bécquer, cuyos testimonios ha recogido en gran número Rica Brown [39], nos certifican de que el poeta afirmó repetidamente su propósito de mantenerse ajeno a la política y rechazó una y otra vez puestos u ocupaciones que hubieran hipotecado su libertad, aquella que ambicionaba

---

[37] El teatro de Bécquer, escrito con diversos colaboradores, ha sido publicado por Juan Antonio Tamayo, *Teatro de Gustavo Adolfo Bécquer. Edición, estudio preliminar, notas y apéndices de...,* Anejo XLII de la *Revista de Filología Española,* Madrid, 1949. Cfr., Paul Patrick Rogers, «Bécquer. Some Pseudonyms and Pseudonymous Plays», en *Hispanic Review,* VII, 1939, págs. 62-68. Dionisio Gamallo Fierros, «Las zarzuelas cervantinas de Bécquer», en *La Comarca,* Rivadeo, 10 de agosto de 1947. Juan Antonio Tamayo, «Una obra cervantina de Bécquer», en *Anales Cervantinos,* 1951, págs. 295-324. Geoffrey W. Ribbans, «Una nota sobre el teatro de Bécquer», en *Revista de Filología,* XXXVI, 1952, págs. 122-126. Harvey Leroy Johnson, «Becquer's *Un drama»,* en *Hispanic Review,* XXI, 1953, págs. 150-154. Joaquín Casalduero, «El teatro de Bécquer», en *Revista de Filología Española,* LII, 1969, págs. 393-408.

[38] Cfr., Rafael de Balbín Lucas, «Bécquer, fiscal de novelas», en *Revista de Bibliografía Nacional,* III, 1942, págs. 133-165.

[39] *Bécquer,* cit., págs. 273 y sigs.

desde su adolescencia, cuando, según recuerda Rica Brown [40], soñaba «una **vida independiente** y dichosa, semejante a la del pájaro, que nace para cantar y Dios le procura de comer». Campillo, liberal antimonárquico, disculpó generosamente la actividad puramente literaria que había ejercido su amigo en *El Contemporáneo*, explicando cómo el escritor, falto de recursos, tenía que acogerse inevitablemente, para subsistir, bajo tal o cual enseña política, convirtiéndose en jornalero asalariado de la publicidad. Y Rodríguez Correa, el más íntimo conocedor de Bécquer, justifica igualmente su aparente participación en la política de su tiempo: «Indolente —dice— para las cosas pequeñas y siendo los partidos de su país una de estas cosas, figuró en aquel donde tenía más amigos y en que más le hablaban de cuadros, de poesías, de reyes y de nobles» [41].

La amistad de Bécquer con González Bravo puede parecer extraña. González Bravo, ambicioso, intrigante y poco escrupuloso en las luchas políticas de su tiempo, diríase la persona más ajena al poeta oscuro y soñador. Pero González Bravo no era tan sólo el espectacular hombre de acción y hombre de partido, sino también una sensibilidad literaria que supo atraerse la admiración intelectual de Castelar y de Valera, amigo y protector de escritores a los que reunía en su propio hogar en tertulia famosa. Colaborador también de *El Contemporáneo* conoció a Bécquer, pudo apreciar su talento y su rectitud y pretendió ayudarle liberándole de otras tareas tan agobiadoras como mal remuneradas. Y Bécquer, como sostiene Rica Brown [42], aceptó el puesto de censor de novelas «porque lo necesitaba, porque esperaba desempeñarlo con rectitud, sin enfrascarse en las luchas políticas, y porque se lo había ofrecido un amigo». Rubén Benítez recuerda [43] además que el cargo, antes de Bécquer, estaba en manos de los *neocatólicos*, y, al confiarlo a Bécquer, González Bravo trataba precisamente de limitar su eficacia; buena prueba de ello es la oposición que aquéllos desarrollaron contra el nombramiento, con su buena corte de intrigas que el ministro hubo de deshacer astutamente, y su hostilidad posterior: nunca —dice Benítez— le perdonaron la liberalidad con que ejerció su cargo [44]. Bécquer lo desempeñó desde diciembre del 64 hasta junio del 65; cuando el gobierno de Narváez fue sustituido por el de O'Donnell, Bécquer dimitió y estuvo cesante trece meses. Cuando al volver Narváez al poder, recobró su posición González Bravo, nombró de nuevo a Bécquer censor, y el poeta permaneció en el puesto hasta la revolución de septiembre de 1868, en que

---

[40] Ídem, íd., pág. 274.

[41] Cit. en ídem, íd., pág. 275.

[42] Ídem, íd., pág. 274.

[43] Rubén Benítez, *Bécquer tradicionalista*, Madrid, 1971, pág. 45.

[44] Ídem, íd. Cfr., del propio Rubén Benítez, «El periódico *Gil Blas* defiende a Bécquer, censor de novelas», en *Hispanic Review*, XXXVI, 1968.

dimitió por segunda vez. Julia Bécquer asegura que el poeta acompañó a Francia al ministro caído, pero esta afirmación ha sido puesta en duda[45].

Aunque en el episodio de la censura parecen quedar a salvo la recta actitud y buena fe de Gustavo Adolfo, importa ahora, no obstante, aclarar algunos puntos sobre la ideología del poeta. Rubén Benítez, que justifica plenamente aquella actividad, como dejamos dicho, sostiene, en cambio, que existen aspectos contradictorios, aparentemente al menos, en su ideología y que ésta no resulta fácil de definir. Bécquer posee un fondo de pensamiento tradicionalista, pero es, en realidad, un tradicionalista por estética; «la tradición, a través de la arqueología —dice Díaz-Plaja—, tiene para él una fuerza subyugadora... La emoción de la antigüedad le embarga de un modo incontenible, y ceñida a la contemplación de las piedras ilustres de Sevilla y Toledo, moldea un sentido de fervorosa devoción hacia nuestro pasado histórico»[46]. Evidentemente, Bécquer es un conservador, un moderado, pero en manera alguna un retrógrado. Benítez reconoce[47] que existe una línea liberal en su pensamiento; defiende el progreso moderno y ataca las injusticias sociales, aunque sus ideas sobre aquél coinciden con los postulados conservadores[48]: «el nudo del pensamiento de Bécquer es su preocupación constante por armonizar los avances de la humanidad con las tradiciones españolas»; «y ese intento de conciliación entre lo viejo y lo nuevo —añade Benítez[49]— no podía tener cabida ni en los partidos neocatólicos ni en los decididamente liberales. Sí, en cambio, en el conservadurismo moderado, donde se habían fundido ya los principios liberales con la defensa de las antiguas instituciones españolas». Bécquer es nacionalista por amor a las tradiciones de su país, pero su nacionalismo no excluye la aceptación de la influencia europea. Frente a los avances materiales de la civilización, Bécquer, que por un lado los admira, reacciona como poeta, en forma miles de veces repetida por hombres de sensibilidad, que, entonces y ahora, han denunciado los riesgos de una sociedad unificada y mecanizada. En este sentido son significativos unos pasajes de la IV de las *Cartas desde mi celda:* «Yo —dice Bécquer— tengo fe en el porvenir. Me complazco en asistir mentalmente a esa inmensa e irresistible invasión de las nuevas ideas que van transformando poco a poco la faz de la Humanidad, que merced a sus extraordinarias invenciones fomentan el comercio de la inteligencia, estrechan el vínculo de los países, fortificando el espíritu de las grandes nacionalidades, y borrando, por decirlo así, las preocupaciones y las distancias, hacen caer, unas tras otras, las barreras que separan a los pue-

---

[45] Cfr., Robert Pageard, «La révolution de 1868 et la biographie de Gustavo Adolfo Bécquer», en *Bulletin Hispanique*, LXVII, 1965, págs. 337-339.

[46] Guillermo Díaz-Plaja, prólogo a su edición de *Gustavo Adolfo Bécquer. Obras*, Barcelona, 1968, pág. 26.

[47] *Bécquer tradicionalista*, cit., pág. 31.

[48] Idem, íd., pág. 33.

[49] Idem, íd., pág. 40.

blos... Un irresistible y misterioso impulso tiende a unificar los pueblos con los pueblos, las provincias con las provincias, las naciones con las naciones, y quién sabe si las razas con las razas. A medida que la palabra vuela por los hilos telegráficos, que el ferrocarril se extiende, la industria se acrecienta y el espíritu cosmopolita de la civilización invade nuestro país, van desapareciendo de él sus rasgos característicos, sus costumbres inmemoriales, sus trajes pintorescos, y sus rancias ideas... Estas innovaciones tienen su razón de ser, y, por tanto, no seré yo quien las anatematice. Aunque me entristece el espectáculo de esa progresiva destrucción de cuanto trae a la memoria épocas que, si en efecto no lo fueron, sólo por no existir ya nos parecen mejores, yo dejaría al tiempo seguir su curso y completar sus inevitables revoluciones, como dejamos a nuestras mujeres y a nuestras hijas que arrinconen en un desván los trastos viejos de nuestros padres para sustituirlos con muebles modernos y de más buen tono»[50].

«Esta carta —comenta Díaz-Plaja— nos da un Bécquer inesperado, progresista y universalista, que compagina su amor al pasado con el reconocimiento ineluctable de las formas vitales de lo porvenir»[51]. La Carta IV —añade el mismo comentarista— es importante además porque el autor pretende hacer del estudio del pasado, precisamente por estar en trance de desaparición, una tarea científica y sistemática. Bécquer, efectivamente, pedía en dicha *Carta* organizar el conocimiento de nuestro país, pensionando investigadores y enviando expediciones artísticas a las provincias con el propósito de adquirir datos, ideas y descripciones útiles para todo género de estudios: «Además de la ventaja inmediata que reportaría esta especie de inventario artístico e histórico de todos los restos de nuestra pasada grandeza —escribe Bécquer—, ¿qué inmensos frutos no daría más tarde esa semilla en impresiones, de enseñanza y de poesía, arrojada en el alma de la generación joven, donde iría germinando para desarrollarse tal vez en lo porvenir? Ya que el impulso de nuestra civilización, de nuestras costumbres, de nuestras artes y de nuestra literatura viene del extranjero, ¿por qué no se ha de procurar modificarlo un poco, haciéndolo más propio y más característico con esa levadura nacional?»[52].

Díaz-Plaja, después de recordar la fecha de publicación de esta Carta —1864—, se pregunta si no nos parece estar leyendo aquel artículo admirable de Giner de los Ríos, de 1880, titulado *Naturaleza y Educación*, en que pedía el estudio de España por el contacto directo de los estudiantes: «¿No fue —dice— dentro del espíritu que Bécquer expone como se acercó por primera vez a los muchachos de la Institución a la sierra, al llano de Castilla, a la belleza humilde y recóndita de los pueblos que sus hermanos, los escritores de la generación del Noventa y Ocho, nos enseñaron a sen-

---

[50] Edición Díaz-Plaja, cit., págs. 196, 199 y 200-201.
[51] Prólogo a ídem, íd., pág. 33.
[52] Ídem, íd., págs. 204-205.

tir?»[53]. Y después de reproducir otro pasaje de la mencionada *Carta*, concluye el comentarista: «Estos textos nos dan un Bécquer bastante distinto de lo que está en uso imaginar: un ser desarraigado en un limbo de niebla. Volvamos a este Gustavo Adolfo poco conocido, conocedor del pueblo, preocupado por las gentes humildes, vagamente socialista, que se horroriza al ver las condiciones de las aldeanas del Moncayo, que cortan furtivamente la leña en los riscos terribles, sin perder ni la energía para su trabajo ni su campesina alegría»[54].

González Bravo deseaba prologar y publicar a sus expensas los poemas de Bécquer. Probablemente, según supone Díaz[55], durante los meses de censor de novelas se ocupó en ordenar, corregir y completar su obra poética, y la reunió en un manuscrito que entregó al ministro. Pero al producirse la revolución de septiembre la casa de aquél fue saqueada y el manuscrito de Bécquer desapareció. Aquel verano había tenido lugar además la ruptura de Bécquer con Casta. Desde entonces Gustavo Adolfo vivió con su hermano Valeriano y pasaron juntos cierto tiempo en Toledo[56], acompañados de sus hijos respectivos. Parece que fue entonces cuando Bécquer reconstruyó la obra poética perdida y la copió de su mano en un cuaderno que tituló *Libro de los gorriones*. La tradición recogida por Gerardo Diego suponía que, durante esta etapa de Toledo, Bécquer reanudó sus relaciones con la misteriosa, e inexistente, Elisa.

Al quedarse sin el empleo de censor, Bécquer volvió al periodismo, y a lo largo de 1869 publicó algunas colaboraciones en *El Museo Universal*. Eduardo Gasset fundó a fines de aquel año una revista, *La Ilustración de Madrid*, cuya dirección literaria ofreció a Bécquer, pero éste no publicó en ella sino pequeños textos para comentar dibujos de su hermano y de otros ilustradores del periódico. A fines de septiembre de 1870 murió Valeriano tras rápida enfermedad, pero el abatimiento en que lógicamente quedó el poeta no le impidió encargarse de la dirección de un nuevo periódico, *El Entreacto*, en cuyo número primero publicó su último trabajo literario, la primera parte de *Una tragedia y un ángel (Historia de una zarzuela y una mujer)*. La continuación nunca llegó a escribirla: en el número segundo de *El Entreacto* se anunció que su director estaba enfermo. Había asistido con Nombela a una reunión y regresaron en la imperial descubierta de un ómnibus. Ambos enfermaron; el invierno del 70 al 71 —recuerda Rica

---

[53] Prólogo a ídem, íd., pág. 35.
[54] Ídem, íd., pág. 36.
[55] *Gustavo Adolfo Bécquer*, cit., pág. 120.
[56] Cfr., Vidal Benito Revuelta, *Bécquer y Toledo*, Madrid, 1971. El volumen, generosamente ilustrado con fotografías antiguas, croquis y dibujos de Valeriano y de Gustavo, evoca y describe el Toledo que conoció Bécquer y que llevó a varias de sus Leyendas.

Brown [57]— fue de una crudeza despiadada, no sólo en España sino en toda Europa. Gustavo Adolfo se agravó rápidamente y falleció el 22 de diciembre a los treinta y cuatro años de edad. Dos días antes de morir había hecho que Ferrán le entregara un paquetito de papeles atados con una cinta azul y los quemó a la luz de una bujía. «—¿Por qué haces eso?, le preguntó Ferrán. —Porque serían mi deshonra, respondió Bécquer.» Ferrán pudo leer todavía alguno de aquellos papeles mal quemados, pero respetó siempre el secreto de su amigo [58].

Al día siguiente del entierro varios amigos de Bécquer se reunieron en el estudio del pintor Casado del Alisal y convinieron en ordenar y publicar la obra del poeta; iniciaron una suscripción pública que permitió imprimir la primera edición en 1871, cuyo producto y propiedad se entregó a la viuda e hijos del escritor. Rodríguez Correa escribió el prólogo y él mismo con Ferrán y Campillo se encargaron de reunir los materiales.

### LA «HISTORIA DE LOS TEMPLOS DE ESPAÑA»

Al referirnos a sus empresas editoriales hemos aludido arriba a la importancia que la preparación de esta obra tuvo para Bécquer desde el punto de vista biográfico, sosteniendo sus esperanzas en muy difíciles momentos. Pero mayor interés ofrece todavía para la formación de la personalidad literaria del escritor. Rubén Benítez recuerda que Franz Schneider fue el primero que subrayó este significado de la *Historia;* y Rica Brown señala [59] a su vez que, a pesar de la inmensa desilusión que en el ánimo de Bécquer causó el fracaso editorial de la obra, la ciudad de Toledo con su catedral, sus templos, sus calles, rincones y jardines, pasaron a formar parte de su vida personal y de su identidad literaria: «La preparación —dice— (por el estudio, las lecturas y la meditación) de tanta materia sobre la historia de la cristiandad y sus edificios no sólo le ensanchó los horizontes poéticos, sino que le proporcionó una serie de posibles temas para sus leyendas», en particular para las de fondo toledano, como *La ajorca de oro, El Cristo de la calavera, Tres fechas, El beso* y *La rosa de pasión.*

Rubén Benítez es el primero que ha dedicado atención al aspecto literario de la *Historia de los Templos* [60]. Julio Nombela explica cuál iba a ser

[57] *Bécquer*, cit., pág. 373.
[58] Cfr., Robert Pageard, «La mort de Gustavo Adolfo Bécquer dans la presse du temps. 1870-1871», en *Bulletin Hispanique*, LIX, 1957, págs. 396-403.
[59] *Bécquer*, cit., pág. 86.
[60] Benítez se lamenta de que la obra no haya sido reeditada en forma completa; la versión corriente, mutilada, proviene de la preparada en 1933 por Fernando Iglesias Figueroa, «responsable de la transmisión de un texto totalmente viciado» (*Bécquer tradicionalista*, cit., págs. 72-73). Cfr., Paul Patrick Rogers, «New Facts on Bécquer's *Historia de los Templos de España*», en *Hispanic Review*, VIII, 1940, págs. 311-320. Vidal

en la intención de Bécquer el carácter de la obra: «No se trataba —escribe Nombela— de un estudio simplemente arqueológico, de una descripción técnica más o menos detallada, como las que habían hecho algunos eruditos españoles, muy meritorias, muy documentadas; pero más labor de fotógrafos que de pintor artista. Lo que Gustavo pretendía era hacer un grandioso poema en que la fe cristiana, sencilla y humilde, ofreciese el inconmensurable y espléndido cuadro de las bellezas del Catolicismo. Cada catedral, cada basílica, cada monasterio, sería un canto del poema. La idea, el sentimiento estarían expresados por la fábrica con el mármol, la madera, el hierro, el bronce, la plata, el oro, las piedras preciosas al servicio de artistas, arquitectos, pintores y escultores. A estas espléndidas formas darían alma la oración, la liturgia, el sencillo, severo y solemne canto llano, las melodías del órgano, los símbolos de los dogmas, la elocuencia sagrada... Desde la más humilde ermita hasta el grandioso *Tantum ergo* o el terrible *Dies Irae*, toda debía aparecer en su natural gradación» [61]. En esta concepción —añade Nombela— estaba presente en la mente del poeta *El Genio del Cristianismo*; y Benítez, de acuerdo con ello, afirma que desde entonces Bécquer acepta las técnicas de Chateaubriand, a quien había leído desde muy temprano, para la descripción de templos, santuarios, esculturas, tumbas y objetos del culto [62].

Las diversas monografías escritas por Bécquer para el primero y único volumen publicado de la *Historia*, responden a un plan similar: historia del período en que el templo fue construido; historia de su construcción, deterioros o modificaciones posteriores; y descripción del edificio. Benítez pone de relieve que Bécquer toma su información histórica de Mariana, reproduciéndole a veces casi literalmente, sobre todo cuando su relato tiene los necesarios toques de color local. Para la historia particular de los diversos templos, Bécquer se sirve de otras obras, sobre todo de dos conocidas «guías»: *Toledo pintoresca*, de Amador de los Ríos, y *Toledo en la mano*, de Sixto Ramón Parro, de gran riqueza informativa, y también de algunas antiguas fuentes menos conocidas, como la *Descripción e historia de Toledo*, de Francisco de Pisa, y *Santos de la imperial ciudad de Toledo*, de Antonio de Quintanadueñas. La necesidad, por exigencias editoriales, de acoger todo este material informativo, frenó las entusiastas expansiones líricas del autor, que es lo que otorga su peculiar atractivo a las páginas sobre San Juan de los Reyes, y le constriñó a descripciones más didácticas y someras. Con ello, según Benítez puntualiza [63], «de la idea poemática inicial que Nombela recuerda no quedan casi rastros en su redacción definitiva», y si las prime-

---

Benito, «Fuentes para la *Historia de los templos de España* de Gustavo A. Bécquer», en *Revista de Literatura*, XXX, 1966, págs. 49-62.

[61] Cit. por Benítez en *Bécquer tradicionalista*, cit., pág. 70.

[62] Idem, íd., pág. 51.

[63] Idem, íd., pág. 85.

ras monografías evidencian el entusiasmo inicial, las últimas se limitan a reproducir información prestada. Y, sin embargo, cuando Bécquer puede liberarse de la cronología o la descripción circunstancial, escribe páginas bellísimas de gran valor literario: «Es entonces —comenta Benítez— cuando la simple pintura de una ruina se estremece de misterio, de religioso respeto por el pasado, de un hondo y angustioso sentido del tiempo. Monjes, reyes, pajes, guerreros desfilan como sombras en el escenario de un drama romántico para dar fe de la pervivencia del pasado y de la continuidad del espíritu humano. Las ruinas góticas, entre azuladas luces del crepúsculo, o entre sombras que bañan los doseles, son cuadros auténticos, de pintor cuidadoso, impregnado de las técnicas lumínicas De Rembrandt, Murillo y Claude Lorrain. Chateaubriand reaparece en la exaltación de las maravillas de la cristiandad, el estudio integrado de la arquitectura y las demás artes, la fusión del paisaje natural y la ruina histórica» [64]. Bécquer —subraya Benítez en otro lugar— «desarrolla pericia incomparable en la detallada descripción, sobre todo, de la estatuaria. Toda su sensibilidad plástica se asocia para trasmitirnos los pliegues más imperceptibles del mármol trabajado, o las más puras líneas de las imágenes en piedra. Poco le cuesta animar el mundo silencioso de las estatuas convirtiéndolo en procesión de seres fantásticos. En los ojos de las estatuas ve una mirada tendida hacia el infinito y hacia Dios. La pintura y la música complementan la descripción del recinto religioso» [65].

Aparte el hecho de haber constituido el taller en donde Bécquer comenzó a elaborar su propio estilo, la *Historia de los Templos de España* ofrece interés primordial como manifestación de una nueva sensibilidad expresiva en la prosa española. Y nuevamente hemos de acudir al testimonio de Benítez, único, como dijimos, que ha prestado a la primeriza obra de Bécquer la debida atención: «En tan tempranas fechas —dice—, Bécquer inicia ya la renovación de la prosa española con sentido moderno, ajustándola con plasticidad casi parnasiana al objeto representado o confiriéndole, como los posteriores simbolistas, el movimiento natural de las impresiones anímicas. Arquitectura, escultura, pintura y música no integran sólo como motivo la descripción del templo; pasan también a través del estilo a veces recamado de plasticidad, a veces ondulado de melodías interiores. Bécquer enriquece además la prosa española de su siglo con la utilización de gran cantidad de términos técnicos, si bien usuales en las descripciones de monumentos, nunca tan bien engarzados en páginas de positivo valor literario» [66].

---

[64] Ídem, íd.
[65] Ídem, íd., págs. 59-60.
[66] Ídem, íd., págs. 85-86.

LAS «LEYENDAS»

El lugar capital que en la creación literaria de Bécquer ocupa su obra lírica ha oscurecido, evidentemente, en la atención crítica su producción en prosa. Sería necio afirmar que ha escapado a los críticos el valor literario de las *Leyendas* becquerianas; no sería difícil espigar juicios aislados, aunque breves por lo común, sobre la singular calidad de la prosa de Bécquer y encontrar algunos incluso que la sitúan por encima de su poesía. Pero en la ya casi inabarcable bibliografía sobre Bécquer sorprende la enorme desproporción entre el espacio concedido a la una y a la otra. En el *Ensayo de bibliografía razonada*, de Rubén Benítez, que comprende un total de trescientos estudios, apenas una docena corresponden a las *Leyendas*, y de ellos menos de la mitad se dedican a lo que el colector califica de «estilo y valoración crítica», pues los otros tienen por objeto la investigación de fuentes e influencias. Aun en alguno de los que se aducen, como el de Balbín, importa más a su autor demostrar el arraigado patriotismo de Bécquer que estudiar su prosa.

En realidad, tan sólo un libro de muy corta extensión, aunque de notable agudeza y densidad, se había dedicado hasta fecha reciente a la prosa de Bécquer: el de Arturo Berenguer Carisomo, titulado así precisamente: *La prosa de Bécquer*, de la cual «casi estaría por decir —escribe como resumen de su estudio—, si no oliese a herejía, que es superior a su verso» [67].

Otros dos comentarios merecen ser considerados. Baquero Goyanes, en su denso trabajo sobre *El cuento español en el siglo XIX*, dedica a las *Leyendas* de Bécquer unos breves párrafos, pero suficientes para colocarlas en un lugar de excepción. Las califica de modélicas narraciones en prosa, «en las cuales —dice— la poesía brota no sólo de un lenguaje cuidado, musical, colorista, sino también —y esto nos interesa más— de la belleza de los temas. Si el mérito de las leyendas becquerianas residiera únicamente en el lenguaje —lenguaje de poeta—, estaríamos ante un caso más de poemas en prosa»; pero —aclara casi a continuación— «los aciertos expresivos del narrador están puestos al servicio de una imaginación poderosa que lo es todo en estas leyendas. Por el contrario, en el poema en prosa el asunto no es sino un débil pretexto para provocar y sustentar una brillante teoría de imágenes, tras las cuales queda oculto el insignificante motivo argumental» [68]. Baquero, como vemos, sitúa a idéntico nivel la calidad li-

---

[67] Arturo Berenguer Carisomo, *La prosa de Bécquer*, 2.ª ed., Publicaciones de la Universidad de Sevilla, 1974, pág. 2. Véase también, del mismo, «Bécquer en la prosa española del siglo XIX», en *Gustavo Adolfo Bécquer. (Estudios reunidos en conmemoración del centenario)*, Universidad Nacional de la Plata, 1971, págs. 131-142.

[68] Mariano Baquero Goyanes, *El cuento español en el siglo XIX*, Anejo L de la *Revista de Filología Española*, Madrid, 1949, págs. 219-220.

teraria de la prosa y su valor como forja de un mundo poético: «Las leyendas becquerianas —dice más concretamente luego— representan el triunfo del relato en prosa, ya que los que hasta ahora hemos estudiado de este tipo son muy inferiores a los relatos legendarios en verso del Duque de Rivas o de Zorrilla. Bécquer consigue el milagro de una prosa poética —pero prosa auténtica, con valores narrativos— sirviendo a unos asuntos que en emoción, misterio y belleza nada tienen que envidiar a los mejores de los autores citados. Las leyendas de Bécquer suponen el logro de un género antes mediocre y topiquamente romántico, y a la vez significan casi su fin, ya que de puro perfectas ningún otro relato de esta clase, posterior, podrá igualarse a los del escritor sevillano. El género decae sensiblemente y todas sus manifestaciones subsiguientes parecerán torpes remedos de la obra de Gustavo Adolfo» [69].

El otro comentario, *Bécquer y el poema en prosa español*, es de Luis Cernuda. Para éste, «es Gustavo Adolfo Bécquer quien adivina en España la necesidad de la poesía en prosa y quien responde a ella y le da forma en sus *Leyendas*» [70]. Cernuda examina, sobre varias de las leyendas, el modo como Bécquer se aventura por el camino de su nuevo experimento, y sentencia con aguda distinción: «Paralelamente a como aproxima el verso a la prosa, trata también de acercar la prosa al verso, no para escribir una prosa poética, sino para hacer de la prosa instrumento efectivo de la poesía» [71].

Al fin, en fecha ya muy reciente, bajo el estímulo quizá del centenario de la muerte del poeta, Manuel García Viñó ha dedicado todo un volumen a las *Leyendas* de Bécquer [72], libro escrito con entusiasmo que no atenúa su rigor y documentación. La apreciación global de García Viñó sobre la prosa de Bécquer queda expresada en uno de sus juicios preliminares: «Separar en Gustavo Adolfo al poeta del prosista no pasa de ser un mero artificio. Idéntica atmósfera, semejante temática, igual tonalidad se dan en uno y en otro» [73].

Debemos añadir también el libro de Rubén Benítez, repetidamente citado, *Bécquer tradicionalista*, que, aunque básicamente dedicado a estudiar la ideología de Bécquer y la gestación de la *Historia de los Templos de España*, aporta, como veremos, abundante información sobre las fuentes de varias *Leyendas* y juicios numerosos sobre el valor literario de su prosa.

Explica Rubén Benítez que el interés por los relatos tradicionales forma parte de la concepción que tiene Bécquer de la historia. «Las manifesta-

---

[69] Idem, íd., pág. 221.
[70] Luis Cernuda, «Bécquer y el poema en prosa español», en *Poesía y literatura*, II, Barcelona, 1964, págs. 61-72; la cita en pág. 63.
[71] Idem, íd., págs. 64-65.
[72] Manuel García Viñó, *Mundo y trasmundo de las Leyendas de Bécquer*, Madrid, 1970.
[73] Idem, íd., pág. 24.

ciones de la fantasía popular —escribe— integran orgánicamente el contenido del *Volkgeist* o espíritu del pueblo, y, como la historia, ayudan a reconstruir los eslabones perdidos de esa totalidad espiritual»[74]. Debido a este concepto, dichos relatos tradicionales aparecen ya en el texto de la *Historia de los Templos de España*, relacionados con las tradiciones o supersticiones religiosas. En la *Historia*, no obstante, como arriba dijimos, Bécquer se siente limitado por la exigencia informativa y descriptiva, y sólo muy de paso puede acoger las tradiciones vinculadas a cada templo, pero quedan vibrando en su imaginación y nutren después buena parte de sus propias leyendas sobre asuntos religiosos.

Bécquer —explica Benítez[75]— en casi todas sus narraciones procura convencer al lector del fondo tradicional de su relato, para lo cual nos dice que se trata de una conseja escuchada en boca de la gente del pueblo. Benítez distingue[76] tres tipos en las *Leyendas* de Bécquer: la simple tradición transmitida en forma oral o escrita, y no elaborada por el escritor sino en detalles secundarios; el relato ficticio sobre temas o motivos de la tradición popular elaborado literariamente; y la *leyenda ideal*, con remota base en la tradición, pero llena de rasgos maravillosos y de recursos poéticos, semejantes a las manifestaciones de la fantasía popular.

Dijimos entre los datos biográficos del escritor que su primera leyenda publicada fue *El caudillo de las manos rojas*, que Rodríguez Correa envió a *La Crónica de Ambos Mundos*, donde apareció entre mayo y junio de 1858[77]. Entre octubre y noviembre de 1860 apareció la segunda de estas composiciones, *La cruz del diablo*, igualmente en *La Crónica*. Con la publicación de esta segunda leyenda —dice Rica Brown[78]— Bécquer parece haberse dado cuenta de sus posibilidades, así artísticas como financieras, pues durante los tres años siguientes —1861-1863— aparecieron en la prensa madrileña dieciocho de las veintidós leyendas que se conocen de Bécquer. Por años se distribuyen de este modo: a 1861 corresponden *La ajorca de oro*, *La Creación*, *El monte de las ánimas*, *¡Es raro!*, *Los ojos verdes* y *Maese Pérez el organista*, todas ellas en *El Contemporáneo*; en 1862 se publicaron *El rayo de luna*, *Creed en Dios*, *El aderezo de esmeraldas*, *El Miserere*, *El Cristo de la calavera*, *Tres fechas* y *La venta de los gatos*, todas también en la misma publicación; en 1863 aparecieron *El gnomo* (en *La América*), *La cueva de la mora* (en *El Contemporáneo*), *La promesa* (en *La América*), *Apólogo* (en *La Gaceta Literaria*), *La corza blanca* y *El beso* (ambas en *La*

---

[74] *Bécquer tradicionalista*, cit., págs. 92-93.
[75] Ídem, íd., pág. 103.
[76] Ídem, íd., págs. 105-106.
[77] Esta Leyenda venía siendo reproducida en todas las ediciones de manera incompleta, hasta que Gamallo Fierros restituyó el texto íntegro acudiendo a la mencionada publicación. Véase *Del olvido en el ángulo oscuro...*, cit., págs. 109-169.
[78] *Bécquer*, cit., pág. 169.

*América*). La última leyenda becqueriana, *La rosa de pasión*, apareció en marzo de 1864 en *El Contemporáneo*. Y aunque incompleta, cierra la serie *La mujer de piedra*, que Bécquer dejó copiada en el manuscrito del *Libro de los gorriones*.

Puede afirmarse que las *Leyendas* de Bécquer han sido, y son, extremadamente populares y no parecería indispensable hacer ahora referencia a su contenido argumental. Lo creemos conveniente, sin embargo, para mejor apoyar los respectivos comentarios sobre ellas.

Bécquer subtituló *El caudillo de las manos rojas* de «tradición india». Apareció en un momento en que las literaturas europeas comenzaban a poner de moda el exotismo hindú a través de sus tradiciones religiosas, sus grandes poemas, la divulgación histórica y geográfica, etc., por lo que Bécquer pudo tener acceso a diversas fuentes [79]. La leyenda de Bécquer refiere la expiación del crimen cometido por Pulo, rey de Osira. Expulsado del reino por su hermano Tippot, le roba a éste el amor de su prometida Siannah. Tippot descubre a los amantes, pero muere a manos de Pulo, quien no puede quitar de sus manos las manchas de sangre hasta cumplir la penitencia impuesta por el dios Vishnú; entretanto debe renunciar al amor de Siannah. Pero Pulo sucumbe en el último instante a su hechizo, y no cumple tampoco la segunda penitencia impuesta por el dios, por lo que al fin ha de darse la muerte. En el último instante puede ver todavía a Siannah, que se arroja a la misma hoguera donde él arde.

Rica Brown comenta [80] que esta «tradición india» de Bécquer sobresale por tres motivos: por su exotismo oriental, que nada debe a Víctor Hugo ni a Zorrilla; por el profundo sentido religioso que inspira el tema y su desarrollo; y por su innegable belleza artística. Estas tres características le dan un sello de originalidad que le distingue de cualquier otro cuento exótico; pero su importancia capital —añade Rica Brown— consiste en que en estas páginas advertimos, antes de publicarse ninguna de las *Rimas*, la misma sensibilidad poética, y hasta el mismo vocabulario, que ha de caracterizar la más auténtica lírica becqueriana. García Viñó, que destaca este mismo aspecto, llena cuatro compactas páginas [81] con palabras o frases de la leyenda, que se van a repetir, incluso literalmente a veces, en los escritos

---

[79] Informa Benítez —*Bécquer tradicionalista*, cit., págs. 110 y sigs.— de que Manuel de Assas, el colaborador de Bécquer en la *Historia de los Templos de España*, fue nombrado en 1856 el primer profesor de sánscrito en España, y en varios números del *Semanario Pintoresco Español* se recogió su discurso inaugural sobre el sánscrito, su literatura y los poemas sagrados de la India. Sugiere Benítez (pág. 117) que Assas pudo ser el intermediario directo que interesó a Bécquer en la lectura de tradiciones religiosas hindúes. Véase, del propio Rubén Benítez, «La elaboración literaria de *El caudillo de las manos rojas*», en *Revista de Filología Española*, LII, 1969, págs. 370-392.

[80] *Bécquer*, cit., pág. 94.

[81] *Mundo y trasmundo...*, cit., págs. 267-271.

posteriores; supone por ello que *El caudillo de las manos rojas*, compuesto durante los cuatro años de silencio poético que median entre la *Oda a Quintana* (1855) y la primera Rima publicada, la XIII, en 1859, corresponde al momento culminante del período de formación de Bécquer. «Descripciones de la mañana —dice por su parte Benítez—, la tarde, la noche, la tempestad, la calma, el silencio nocturno, tienen valor autónomo: son pequeñas unidades líricas, anticipos de las Rimas. La sensibilidad de Bécquer, su sensualidad andaluza, su gusto por los colores evanescentes, por los matices delicados, se adecúan perfectamente al marco oriental de su relato» [82].

Los dos últimos críticos aducidos extreman sus elogios a esta primera leyenda becqueriana: «No es extraño —comenta Benítez— que los modernistas hayan leído esta leyenda con entusiasmo. El exotismo de Bécquer tiene ya poco que ver con la descripción pintoresca de Zorrilla. Hay ahora una proyección simbólica: un interés por subjetivar el mundo que se describe y por objetivar las propias sensaciones. Lo exótico no se reduce ya a la pintura de seres y de cosas sino que se amplía hacia la creación de una atmósfera sensual y misteriosa. Para ello Bécquer crea una prosa nueva llena de valores plásticos y musicales. *El caudillo de las manos rojas* queda por eso como una expresión solitaria en la literatura española hasta la renovación estética modernista» [83]. «Con ser la primera —escribe García Viñó—, posee toda la leyenda una riqueza imaginística, una musicalidad, una exuberancia de lenguaje sin igual en toda la prosa becqueriana» [84].

García Viñó pone de relieve el distinto carácter que *El caudillo de las manos rojas* posee en relación con las leyendas restantes, y que explica en buena parte la prolongada atención que le dedica. *El caudillo*, viene a decirnos, contiene «un algo de amanecer refulgente, de salida de un sol que crece y crece hasta ir a dar en un mediodía deslumbrante» [85]. A diferencia de las otras leyendas, en las que Bécquer se centró más en los sentimientos y en el misterio, *El caudillo de las manos rojas* «es más sensual que sentimental»; el ambiente y el tono de los poemas indios no son más que pretextos para el lenguaje, las imágenes, las metáforas, las descripciones; el Bécquer que escribe esta leyenda es todavía el Bécquer juvenil, impregnado de espíritu andaluz: «Luego —comenta García Viñó en un bello pasaje— la prosa de Bécquer se interioriza, se esencializa. En el baño de las ninfas en *La corza blanca*, en ciertos pasajes de *El gnomo*, de *Los ojos verdes*, reaparece la prosa sensual, voluptuosa, brillante y desbordada, pero el talante del escritor es otro y otro el tono del lenguaje. Éste sigue siendo rico, adornado, abundante, pero nunca más ya con ese no sé qué de amanecer o manantial que tiene en esta primera leyenda. Bécquer se volverá en ade-

---

[82] *Bécquer tradicionalista*, cit., págs. 135-136.
[83] Idem, íd., pág. 136.
[84] *Mundo y trasmundo...*, cit., pág. 262.
[85] Idem, íd., pág. 263.

lante, definitivamente, sobre sí mismo. Ya no escribirá sobre países remotos, sobre cosas que sólo conoce a través de libros. Escribirá sobre su mundo: sobre sus creencias religiosas, su idea del amor, sus sentimientos, sus problemas. Se dirá que más remotas que la India son esas regiones etéreas descritas en *Creed en Dios,* pero la verdad es que ésta afecta clarísimamente al mundo a que Bécquer pertenecía: el de la poesía, por un lado; el de las creencias del cristianismo, por otro; el del pasado español, en fin, que él quería conservar» [86].

*La cruz del diablo,* segunda en orden cronológico, es la primera leyenda sobre asunto español. La acción transcurre en lugares conocidos, que el autor pudo visitar: el valle pirenaico del Segre. En ella introduce Bécquer uno de sus recursos favoritos, que había de repetir después: el de hacerse presente en el lugar del relato y enlazarlo con un episodio autobiográfico, lo que a su vez le permite injerir una nota de confesión íntima y personal; esto, como subraya Rica Brown, «sirve para poner al lector en contacto con el estado de alma del poeta, quien de esta manera da una realidad poética al cuento más fantástico y un fondo de sentimiento humano a la narración más extraordinaria» [87]. El tema de la leyenda, al que también había de volver en otras ocasiones, es el del *mal caballero,* el señor perverso y blasfemo, que hace el mal por el mero placer de hacerlo. Sus súbditos lo asesinan, pero su espíritu regresa, viste su propia armadura y prosigue sus tropelías. Al fin consiguen aquéllos dominarlo con ayuda de la oración de San Bartolomé, funden la armadura y con ella construyen una cruz; pero las gentes creen, que por ser *del diablo,* tiene poderes maléficos y daña a quienes se postran ante ella. La narración la hace esta vez un lugareño —el guía que impide a Bécquer arrodillarse ante la cruz—, lo que permite al escritor hacer uso del *color local.* El relato parece así ganar en espontaneidad, pero, como señala García Viñó, pierde con ello temperatura estética [88].

En *La ajorca de oro,* primera de las leyendas publicadas en 1861, Bécquer nos conduce al ambiente toledano; en ella destaca la descripción de la catedral, según la pauta ensayada en la *Historia de los Templos.* Pedro, el protagonista, empujado por el capricho de su amada, María, mujer de hermosura diabólica, pretende robar para ella una ajorca de la Virgen del Sagrario, pero al tratar de huir con la joya ve que las innumerables estatuas del templo han descendido de sus nichos y ocupan todo el ámbito de la

---

[86] Ídem, íd., págs. 266-267.
[87] *Bécquer,* cit., pág. 170.
[88] *Mundo y trasmundo...,* cit., pág. 96. Véase un detenido estudio de las posibles fuentes de esta Leyenda en Rubén Benítez, *Bécquer tradicionalista,* cit., págs. 183-193.

iglesia. Pedro enloquece de terror. Rica Brown subraya[89] en la leyenda la presencia de una mujer de naturaleza inestable y caprichosa, capaz de perder al hombre con el hechizo de su hermosura, tema éste sobre el cual muestra Bécquer sostenida preocupación.

*La Creación* (junio de 1861), señala el influjo de las lecturas del *Ramayana;* Bécquer la subtitula «poema indio». Es una visión humorística de la creación del mundo según el mito de Brahma. En un descuido de éste, que cierra mal el laboratorio de sus experimentos, donde ha creado los astros y todas las bellezas que los pueblan, los *gandharvas,* o cantores celestes, revuelven todo en la gran oficina del dios y crean el mundo nuestro: «un mundo deforme, raquítico, oscuro, aplastado por los polos, que volteaba de medio ganchete; con montañas de nieves y arenales encendidos; con fuego en las entrañas y océanos en la superficie; con una humanidad frágil y presuntuosa, con aspiraciones de Dios y flaqueza de barro. El principio de muerte, destruyendo cuanto existe, y el principio de vida con conatos de eternidad, reconstruyéndolo con sus mismos despojos: un mundo disparatado, absurdo, inconcebible; nuestro mundo, en fin»[90]. Brahma pretende destruirlo, pero los *gandharvas* le ruegan que no les rompa su juguete. Y el dios accede: «¡Id —les dijo—, turba desalmada e incorregible! Marchaos adonde no os vea más con vuestra deforme criatura. Ese mundo no debe, no puede existir, porque en él hasta los átomos pelean con los átomos; pero marchad, os repito. Mi esperanza es que en poder vuestro no durará mucho»[91]. Rica Brown subraya que medio siglo antes que Rudyard Kipling, Bécquer había sentido el encanto de las leyendas indias y decidido interpretarlas para gozo de la imaginación europea[92].

*El Monte de las Ánimas* (noviembre del 61), una de las más populares leyendas de Bécquer, tiene por escenario el monte que da el título, en las proximidades de Soria, aunque el ambiente soriano es escaso. Bécquer combina aquí dos leyendas. La primera refiere una antigua tradición sobre los Templarios; éstos habían reñido sangriento combate con los hidalgos de la ciudad por la posesión de los cotos de caza existentes en el monte mencionado. Desde entonces, en la Noche de Difuntos, «las ánimas de los muertos, envueltas en jirones de sus sudarios, corren como en una cacería fantástica por entre las breñas y los zarzales», y siempre, al otro día, «se han visto impresas en la nieve las huellas de los descarnados pies de los esqueletos»[93]. Alonso y su prima Beatriz —aquí se injiere la segunda leyenda—

---

[89] *Bécquer,* cit., pág. 171.
[90] Edición Díaz-Plaja, cit., pág. 648.
[91] Ídem, íd., pág. 649.
[92] *Bécquer,* cit., pág. 173.
[93] Edición Díaz-Plaja, cit., pág. 437.

van de caza por el Monte de las Ánimas en la víspera del Día de Difuntos, pero Alonso propone dejar con tiempo la partida para que no les sorprenda la aparición de los templarios, temor que Beatriz acoge burlonamente. De vuelta en la ciudad, Beatriz —otra mujer, como en *La ajorca de oro*, de hermosura y orgullo diabólicos— por el simple capricho de saberse servida y adorada, obliga a Alonso, con sus burlas y reticencias, a regresar al Monte de las Ánimas para que recupere una banda que dice haber perdido. Pero pasan las horas y Alonso no reaparece. Beatriz intuye lo sucedido, y después de una noche pasada en vela, asediada por el temor y los remordimientos, descubre, a la luz del amanecer, sobre un reclinatorio de su habitación, «sangrienta y desgarrada, la banda azul que perdiera en el monte, la banda azul que fue a buscar Alonso». «Cuando sus servidores llegaron, despavoridos, a notificarle la muerte del primogénito de Alcudiel, que a la mañana había aparecido devorado por los lobos entre la maleza del Monte de las Ánimas, la encontraron inmóvil, crispada, asida con ambas manos a una de las columnas de ébano del lecho, desencajados los ojos, entreabierta la boca, blancos los labios, rígidos los miembros, muerta, ¡muerta de horror!» [94].

García Viñó pone de relieve que lo magistral de la leyenda es el relato del miedo de Beatriz, en el que el escritor logra con los sonidos —al igual que en otras páginas ha de conseguirlo con el aire, los colores o la luz— «llevar al ánimo del lector la sensación de avance lento, inflexible, machacón, del espectro invisible hacia la cama»; y añade luego: «Pero tal vez lo más interesante de todo en esta descripción sea esa modernísima objetivación de lo psicológico que Bécquer lleva a cabo en ella; ese reflejar lo interno en lo externo: el miedo, la angustia, los deseos, las esperanzas, los recuerdos, en los sonidos y las cosas» [95].

También en noviembre del 61 apareció la leyenda *¡Es raro!* En ella, por una sola vez, Bécquer lleva la acción a su propia época y a las calles del Madrid real. De hecho, no es propiamente una leyenda. Rica Brown dice [96] que puede compararse con algunos cuentos de Maupassant; y García Viñó sugiere [97] que se trata más bien de un apólogo, del que el autor se propone extraer una consecuencia. Ambos críticos convienen en señalar la nota autobiográfica del relato (aunque más de ideas y de sentires —puntualiza Viñó [98]— que por rasgos puramente anecdóticos). Andrés, el protagonista, vive miserablemente en un cuchitril: «era uno de esos hombres en cuya alma

---

[94] Ídem, íd., pág. 444.
[95] *Mundo y trasmundo...*, cit., págs. 93-94. Para las posibles fuentes de la Leyenda, véase Benítez, *Bécquer tradicionalista*, cit., págs. 164-167.
[96] *Bécquer*, cit., pág. 175.
[97] *Mundo y trasmundo...*, cit., pág. 159.
[98] Ídem, íd., pág. 163.

rebosan el sentimiento que no han gastado nunca, y el cariño que no pueden depositar en nadie»; frecuentemente se decía: «¡Si yo tuviese alguien a quien querer con toda mi alma! ¡Una mujer, un caballo, un perro siquiera!». Y al fin consigue las tres cosas. Pero una noche encuentra al perro herido, moribundo, y el caballo y la mujer han desaparecido: un raptor había huido con ella, usando su propio caballo. Andrés se vuelve loco y muere a los pocos días. Los médicos le hacen la autopsia pero no le encuentran lesión orgánica alguna. Los oyentes —es Bécquer esta vez quien dice referir la historia en una reunión mundana— se sorprenden —¡es raro!— de aquella muerte *sin causa*. A lo que Bécquer apostilla —y queda clara la moraleja— con amarga ironía: «¡Es natural!».

El tema de la mujer que acarrea con su belleza la destrucción del hombre retorna una vez más en la leyenda *Los ojos verdes* (diciembre del 61). Bécquer utiliza nombres de Soria o sus alrededores, pero en realidad la acción transcurre en un lugar ideal y se basa en el tema antiquísimo de la ondina que seduce a un joven. Fernando, persiguiendo a un ciervo que ha herido con su venablo, se adentra por una espesura hasta llegar a la fuente de los álamos «en cuyas aguas habita el espíritu del mal», según le avisa su montero, instándole a retroceder. Pero a partir de ese día cambia su carácter, anda mustio y sombrío y sólo desea la soledad; día tras día torna a la fuente porque junto a sus aguas ha visto brillar los ojos de una mujer, cual los que toda su vida había soñado en encontrar. Al fin, un día, halla junto a la fuente a la mujer que había creído un sueño, «hermosa sobre toda ponderación», con los ojos que él tenía grabados en su mente, «unos ojos de un color imposible», por cuya sola mirada se siente dispuesto a dar la vida. La misteriosa mujer le ofrece su amor y enlazándole con sus brazos le arrastra hasta el abismo.

La descripción de la fuente y del paisaje que la rodea cuenta entre las más bellas páginas de Bécquer; es una de esas descripciones que, como dice García Viñó [99] con justo entusiasmo, «parecen pintadas con colores transparentes, sobre un lienzo de cristal, sobre un jirón de nubes o sobre el mismo aire inflamado del crepúsculo». Pero *Los ojos verdes* tiene otras muchas resonancias: una, la significación simbólica, ya aludida, de la belleza femenina que acarrea la perdición del hombre; otra, tanto o más ahincada en el espíritu de Bécquer, la de la mujer ideal, creación subjetiva de su imaginación, sueño de su alma y de su carne, ficción imposible, pero hacia la cual se siente arrastrado, única a la que ama, meta de su ansiedad y sus aspiraciones, preferida a todas las mujeres reales de la tierra. Bécquer, como veremos luego, expresó este mismo pensamiento en varias de sus *Rimas*, pero recordemos al menos, de momento, la *XI*, en la cual rechaza a las dos

---

[99] Ídem, íd., pág. 181.

mujeres que se le ofrecen como corpóreas y materiales, y llama a la que es sólo un sueño, incorpórea e intangible, «vano fantasma de niebla y luz...» [100].

Unos días después de *Los ojos verdes* se publicó, también en *El Contemporáneo*, *Maese Pérez el organista*, que el autor localiza en Sevilla, en una época que corresponde con más o menos precisión al siglo XVI. Es el relato de un organista ciego, de sensibilidad excepcional, cuyo espíritu, después de su muerte, regresa para tocar el órgano, que nadie después de él había podido hacer sonar de idéntica manera.

En la leyenda se cruzan dos planos: uno de tipo costumbrista, coloquial, a cargo de una mujer del pueblo que refiere los sucesos maravillosos, y otro literario, de la mano del propio autor, que en admirables páginas describe el prodigio musical de Maese Pérez y nos introduce en el clima de misterio y de prodigio sobrenatural que constituye el peculiar encanto de esta leyenda.

A mediados de febrero de 1862 se publicó *El rayo de luna*, una de las más notables leyendas becquerianas. Es el sueño del ideal, de la mujer ideal. Manrique, el protagonista, es la proyección del propio escritor, que se describe en aquél en la misma forma, casi con las mismas palabras, con que se había desnudado en repetidas confesiones íntimas y en muchas de sus *Rimas*. Manrique, como Bécquer, ama la soledad «porque en su seno, dando rienda suelta a su imaginación, forjaba un mundo fantástico, habitado por extrañas creaciones, hijas de sus delirios y sus ensueños de poeta» [101]. «Creía que en el fondo de las ondas del río, entre los musgos de la fuente y sobre los vapores del lago vivían unas mujeres misteriosas, hadas, sílfides u ondinas, que exhalaban lamentos y suspiros o cantaban y se reían en el monótono rumor del agua, rumor que oía en silencio, intentando traducirlo. / En las nubes, en el aire, en el fondo de los bosques, en las grietas de las peñas, imaginaba percibir formas o escuchar sonidos misteriosos, formas de seres sobrenaturales, palabras ininteligibles que no podía comprender» [102].

Manrique que vive, pues, de ensueños, olvidado del tiempo, que crea y cree en lo que imagina, se enamora de una figura de mujer, que él mismo ha forjado, y que resulta ser un rayo de luna; un rayo de luna que busca desesperadamente y que, como todo ideal, es inasible. «Por vía simbólica —dice García Viñó—, lo que Gustavo Adolfo expresa a través de sus personajes y de las peripecias existenciales e ideales en que éstos se ven envuel-

---

[100] Cfr., J. Gulsoy, «La fuente común de *Los ojos verdes* y *El rayo de luna* de Gustavo Adolfo Bécquer», en *Bulletin of Hispanic Studies*, XLIV, 1967, págs. 96-104.

[101] Edición Díaz-Plaja, cit., pág. 478.

[102] Idem, íd., pág. 479.

tos es su ascesis constante hacia un ideal, su incansable búsqueda, su fracaso estrepitoso, su lucha por desasirse de 'este armazón de huesos y pellejo', su creencia en una realidad trasmundana, en la primacía de lo espiritual» [103].

*Creed en Dios*, publicada en los últimos días de febrero del 62, no es, quizá, de las leyendas más populares de Bécquer, pero es, en cambio, de las que ha merecido más concreta atención de los críticos, aunque más en relación con sus posibles fuentes [104] que por su mérito literario, con ser éste mucho. Parece ser que la leyenda formaba parte de un amplio proyecto literario, un poema grandioso que había de titularse *El sueño de los siglos;* pero la publicación de *La leyenda de los siglos*, de Víctor Hugo, que contenía alguna de sus características, hizo desistir a Bécquer [105].

*Creed en Dios* repite el tema del *cazador maldito*, que había conocido en la literatura europea diversas versiones. Cuenta la historia del conde Teobaldo de Montagut, barón de Fortcastell, en el Pirineo oriental, hombre impío y cruel, que comete todo género de fechorías. Un día, yendo de caza, se guarece de la lluvia dentro de una iglesia con todos sus criados, perros y gerifaltes, y cuando el sacerdote le recrimina, le amenaza con darle caza como si fuera un jabalí. Un jabalí real aparece entonces y el caballero se lanza en su persecución; consigue herirlo, pero su caballo cae al fin muerto de cansancio. Surge en aquel momento, de entre la espesura, un paje que trae de la brida «un corcel negro como la noche». Montagut lo monta y emprende un frenético galope, pero a poco el caballo se levanta de la tierra y corre durante tiempo indefinido por los espacios, cruzando regiones fantásticas, hasta que llega al Empíreo, en donde cae a los pies del Señor como un ángel rebelde. Cuando despierta de su visión, el caballero se encuentra en el mismo sitio en que había herido al jabalí; regresa a su castillo, pero nadie lo reconoce: ha transcurrido un siglo, y su castillo es ahora un monasterio. Teobaldo solicita ser admitido en él para hacer penitencia de sus pecados.

---

[103] *Mundo y trasmundo...,* cit., pág. 198. Cfr., Manuela Cubero Sanz, «La mujer en las Leyendas de Bécquer», en *Revista de Filología Española*, LII, 1969, págs. 347-370.

[104] Cfr., Alexander Haggerty Krappe, «Sur une *Légende* de Gustavo A. Bécquer *(Creed en Dios)*», en *Neophilologus*, XVII, 1932, págs. 273-277. Krappe supone que la leyenda recoge diversos motivos procedentes del folklore general europeo, pero que le llegan a Bécquer a través de una fuente literaria: una leyenda de Víctor Hugo. María Rosa Lida de Malkiel niega, sin embargo, esta atribución de Krappe en «La leyenda de Bécquer *Creed en Dios* y su presunta fuente francesa», en *Comparative Literature*, V, 1953, págs. 235-246.

[105] Así lo refiere en su *Semblanza de Bécquer* Florencio Moreno Godino. Rica Brown reproduce este pasaje *(Bécquer,* cit., pág. 184), que reproducimos por nuestra parte, pues se trata de un texto muy interesante y difícilmente asequible: «Bécquer —dice Moreno— tenía proyectado escribir un poema grandioso, especie de *Diablo Mundo*, sin diablo, porque éste sólo intervenía al final, para ser redimido; idea que poste-

Para García Viñó la prosa de *Creed en Dios* representa una de las cimas más altas alcanzadas por el autor, así como la visión cósmica que se despliega en la cabalgada de Montagut «reclama —dice— casi una actitud de tipo místico» [106].

*El aderezo de esmeraldas* (marzo del 62), que es un relato delicioso, no suele contarse entre las leyendas porque sucede, o mejor dicho, se imagina en el Madrid contemporáneo de Bécquer y no contiene ningún elemento sobrenatural. Pero si no es leyenda en ese sentido, digamos ortodoxo, lo es en cuanto producto de la fantasía y en no ser más que un imposible soñado. Esta vez es un amigo quien refiere a Bécquer la anécdota, pero claro está que es el propio Bécquer quien la vive —la vive realmente— en su imaginación. Un bohemio sin blanca oye a una mujer hermosísima ponderar la belleza de un adorno de esmeraldas de elevadísimo precio que se exhibe en un escaparate. Le obsesiona desde entonces el deseo de regalárselo en secreto a la hermosa sin más propósito que darle ese placer. Escribe un libro, consigue un poco de dinero, se lo juega, y gana la fortuna necesaria para adquirir el aderezo. Y por medio de una sirvienta consigue hacerlo llegar al tocador de la mujer. La vista del collar despierta la maledicencia, y el bohemio desafía y mata a un detractor; pero queda herido... y un día ve entrar en su cuarto, para atenderlo, a la dama del regalo. Cuando el oyente del relato está a punto de caer redondo de asombro, el bohemio confiesa que se trata de una fantasía. ¿No está aquí Bécquer de cuerpo entero viviendo en sueños, pero con la intensidad de cosa sucedida, lo que le negaba la realidad?

*El Miserere* es una de las más notables, y características, leyendas de nuestro autor. Asegura Bécquer que se basa en una tradición local de la

---

riormente se le ocurrió también a Víctor Hugo. Pero para realizar la idea de esta epopeya hubiera sido preciso que se compenetraran Bécquer y Zorrilla; aquél con su profundo y maduro pensamiento, y éste con su brillantez y actividad incansable. Era el poema que debía titularse *El sueño de siglos* o una cosa parecida, semejante al que después dio a luz Víctor Hugo con el nombre de *La Leyenda de los siglos;* pues había extraña concatenación entre las ideas de los dos poetas español y francés, pero diferían en el pensamiento generador: Víctor Hugo narra los acontecimientos de los siglos, y Bécquer quería expresar la impresión que producirían en un hombre de alta inteligencia que los presenciara. El hombre del poema de Bécquer estaba dotado de la facultad de dormir todo el tiempo que quisiera y despertarse a su voluntad. Tenía una gruta en la más alta cima del Himalaya, *donde no llegan ni las águilas*, y despertaba de dos en dos siglos para sentir y comentar la maravillosa impresión que le producían las transformaciones del mundo, así físicas como morales, y los falsos relatos históricos. Bécquer pretendió que la publicación del poema francés le había desalentado, pero bien puede asegurarse que aun cuando hubiese vivido largos años no hubiera terminado su colosal concepción: era muy colosal, no para la capacidad, pero sí para la pereza de Bécquer».

[106] *Mundo y trasmundo...,* cit., pág. 62.

Abadía de Fitero, que visitó un par de veces con ocasión de tomar los baños. Andaba —dice— revolviendo volúmenes de la abandonada biblioteca, cuando dio con unos cuadernos de música que contenían un *Miserere*. Unos signos extraños le movieron a preguntar, y un viejo acompañante le refirió la historia. En la cual hay una leyenda dentro de otra leyenda, según sabemos ya que es frecuente en Bécquer.

Un músico, que en su juventud había hecho de su arte «un arma poderosa de seducción», desea en su vejez redimir sus culpas componiendo un *Miserere* «tal y tan maravilloso, que no hayan oído otro semejante los nacidos; tal y tan desgarrador, que al escuchar el primer acorde los arcángeles dirán conmigo, cubiertos los ojos de lágrimas y dirigiéndose al Señor: ¡Misericordia!, y el Señor la tendrá de su propia criatura» [107]. El músico dice haber escuchado todos los *misereres* existentes, sin que ninguno le haya podido inspirar. Es entonces cuando un rabadán que asiste al diálogo le da noticia de un *Miserere* que nunca habrá oído, el *Miserere de la Montaña*, que es el asunto de la segunda leyenda. Siglos atrás hubo en aquellos montes un monasterio, que edificó un señor «con los bienes que había de legar a su hijo, al cual desheredó al morir, en pena de sus maldades». El hijo —estamos de nuevo ante el caso del «mal caballero»— con un puñado de bandoleros incendió el monasterio y asesinó a todos los monjes en el momento en que éstos habían comenzado el canto del *Miserere*. Pero los monjes, en la noche del Jueves Santo, vuelven todos los años para entonar el interrumpido salmo penitencial. Es Jueves Santo, precisamente, y el músico peregrino sale hacia la montaña para escuchar la maravilla referida por el rabadán. Y los monjes aparecen, en efecto, cantando el *Miserere*, por entre las ruinas del monasterio, que se recompone milagrosamente a su vez. El músico regresa a Fitero y pide asilo hasta que consiga escribir la música que ha oído; compone la mitad del Salmo pero es incapaz de proseguir, enloquece y muere sin concluirlo, dejando sólo los cuadernos que el escritor había visto en la biblioteca.

Es cierto, como apunta García Viñó [108], que en *El Miserere* se reúnen todos los grandes temas becquerianos; excepto el amor, sólo aludido. Pero lo que aquí sobresale, posiblemente, es su pasión por la música, que, aunque Bécquer no conocía en forma técnica, constituía uno de sus mayores entusiasmos. Traducir la música a poesía, expresar su fascinación en términos literarios, es un prodigio que logra Bécquer repetidas veces, pero en ninguna como en ciertos momentos de *El Miserere*. También ahora es magistral su arte para hacer palpable lo imposible y dar cuerpo a una atmósfera de misterio e irrealidad. Diríase que Bécquer puede hacer tan visibles los sueños porque, para él, «los sueños son realidades. Cuenta con ellos,

---

[107] Edición **Díaz-Plaja**, cit., págs. 511-512.
[108] *Mundo y trasmundo...*, cit., pág. 40.

pero sabe perfectamente que son 'otras realidades', y que no para todos los que le rodean lo son igualmente. Él se sabe, y en muchas ocasiones lo dice, distinto, 'extravagante' —es la palabra que emplea—, habitante de ese mundo, 'huésped de las nieblas', testigo posible de prodigios como de este *Miserere de la Montaña*»[109].

También de *Tres fechas* (junio del 62) se ha discutido si es propiamente una leyenda o más bien un esbozo autobiográfico, ya que el autor hace de sí mismo un personaje; pero es evidente que guarda estrecho parentesco con la atmósfera de irrealidad de sus leyendas más genuinas. Bécquer, protagonista aquí, es hermano gemelo, como dice García Viñó[110], del Manrique de *El rayo de luna*, que busca también, como éste, una sombra femenina inalcanzable, un ideal que sabe una ilusión, pero que, al mismo tiempo, es más real para él que las mujeres de carne y hueso. García Viñó trae a cuento oportunamente aquellas palabras del propio Bécquer en su *Introducción sinfónica*: «Me cuesta trabajo saber qué cosas he soñado y cuáles me han sucedido: mis afectos se reparten entre fantasmas de la imaginación y personajes reales; mi memoria clasifica revueltos nombres y fechas de mujeres y días que han muerto o han pasado con los días y mujeres que no han existido sino en mi mente»; palabras que, casi iguales, repite en otras muchas partes y en varias de sus *Rimas*, y que describen tan certeramente la vida imaginativa en que vivía inmerso el escritor. En *Tres fechas* recoge tres momentos de diversas estancias suyas en Toledo, en cada uno de los cuales tuvo el atisbo de la presencia de una mujer en forma misteriosa. Podemos preguntarnos si fueron vividos o soñados aquellos sucesos: «A efectos no sólo estéticos —responde García Viñó— sino incluso autobiográficos, tenemos que decir que da lo mismo. Y de todas formas, aun decidiéndonos, como parece ser la creencia común, por el carácter real de los acontecimientos, queda el carácter ideal del nexo de unión con que nos los presenta; nexo que no sólo constituye el cenit de la confesión íntima que estas páginas representan, sino que también tiene la virtud de elevar a la enésima potencia el carácter estético de lo que en otras manos podría haber quedado en unos simples apuntes autobiográficos»[111].

En *El Cristo de la calavera (leyenda toledana)* —julio del 62—, Bécquer retorna al tema de la mujer fatal que acarrea la perdición de sus amantes; aunque esta vez parece que el autor destruye el maleficio con una burla final que, si no una venganza, delata al menos un desahogo. Dos caballeros,

---

109   Ídem, íd., págs. 48-49.
110   Ídem, íd., pág. 132.
111   Ídem, íd., pág. 133. Véase el delicioso comentario de Rafael Montesinos —«Dos muchachas toledanas», en *Bécquer. Biografía e imagen*, cit., págs. 45-51— sobre esta leyenda y su posible relación con las *Rimas* LXX, LXXIV y XII.

rivales en el amor de una mujer, van a batirse por ella en un rincón de Toledo iluminado tan sólo por el farolillo del Cristo. Pero, milagrosamente, el farolillo se apaga cada vez que intentan cruzar los aceros; hasta que al fin, viendo en ello la voz del cielo, desisten de la lucha. Al día siguiente, cuando van a partir para la guerra —la acción tiene lugar vagamente durante la Reconquista— sorprenden a la dama despidiéndose amorosamente de otro galán y ambos estallan en una estruendosa carcajada. Es de notar en esta leyenda la descripción de las calles de Toledo y, sobre todo, la del sarao en un salón de palacio la noche antes de la partida, descripción —esta última— particularmente notable por sus valores plásticos y pictóricos [112].

*La Venta de los Gatos* —finales de noviembre del 62— le fue inspirada a Bécquer por un cantar andaluz, aunque también probablemente recoge en ella recuerdos personales. Como en otros casos, ya mencionados, puede discutirse el calificativo de «leyenda», pues se trata más bien de un relato coetáneo con fuertes incrustaciones costumbristas. El dueño de *La venta* había sacado de la casa de expósitos a una niña que crió como hija propia. Su hijo se enamoró de ella, y, al cabo de los años, estaban en trance de casarse, cuando aparecieron los padres de la muchacha, gente rica, y la recuperaron. Algún tiempo después se construyó un cementerio a pocos pasos del ventorrillo; un día el hijo del ventero vio pasar el entierro de una

---

[112] Las calidades pictóricas de la prosa de Bécquer han sido señaladas frecuentemente por los críticos. Son bien conocidas la afición y habilidad que poseía Bécquer para el dibujo, como lo demuestran los numerosos que se conservan, entre los cuales, aquéllos con que ilustraba o imaginaba la situación de algunas de sus *Rimas*. Berenguer Carisomo sugiere el gran influjo que en esta condición pudo tener sobre el poeta su hermano Valeriano, al cual le unió una devoción profunda y con el cual peregrinó repetidamente «por tierras de leyenda» —Ávila, Toledo, Soria—. Refiriéndose a esta influencia, comenta Berenguer Carisomo: «Muy dispuesto éste (Gustavo) también para el dibujo, como lo prueban los restos de fragmentarios apuntes que hoy nos quedan, esta variedad de aptitudes estéticas dio a su estilo literario una orientación plástica, una facultad expresiva de las cosas verdaderamente extraordinaria. La amistad fraternal de Valeriano se proyecta en no pequeña porción de la prosa becqueriana, en lo que ésta tiene de copia literaria, de versión objetiva de las cosas. Muchas páginas de Béc- (*La prosa de Bécquer*, cit., págs. 94-95). Berenguer dedica varias páginas siguientes a muy raras entonces en España, y recién apuntadas por algunas escuelas de Europa» quer están pensadas *pictóricamente*, y hay con ello otro atisbo de soluciones estéticas comentar la posible anticipación que hay en la prosa de Bécquer del movimiento impresionista, y alude, recogiendo abundantes ejemplos, a sus frecuentes referencias al color y a la luz, con las cuales logra efectos de una modernidad sorprendente. Rica Brown, a propósito de El Cristo de la calavera comenta también los valores plásticos de la prosa becqueriana y se refiere concretamente aquí a la descripción del sarao, en la que —dice— «sigue con la pluma toda la escena como si la estuviera pintando para un cuadro de costumbres a lo Brueghel» (*Bécquer*, cit., pág. 188). Sobre todo este aspecto de la técnica literaria de Bécquer cfr., el libro de Edmund L. King, *Gustavo Adolfo Bécquer: From Painter to Poet. Together with a Concordance of the Rimas*, México, 1953.

joven, lo siguió y descubrió que era la muchacha que él había amado: «después se volvió loco y loco está».

Bécquer relata su historia en dos tiempos. En la primera ocasión, durante uno de sus paseos por Sevilla, llega al ventorro, descubre a la joven en una fiesta popular y hace su dibujo. Algunos años después regresa a la ciudad y visita la venta, cuya muchacha nunca había olvidado; y el ventero le informa de lo sucedido. El asunto, vulgarmente sentimental, se salva en las manos de Bécquer por la belleza de su prosa, el relieve de sus descripciones, hechas una vez más con pulso de poeta pintor y por el amargo sentido trascendente que se desprende de la historia con su dramático desenlace [112a].

Con *El gnomo*, que comienza la serie de las leyendas de 1863 —12 de enero—, introduce Bécquer un tema familiar en la literatura europea, particularmente en la nórdica, pero localizándolo en Aragón, en una aldea del Moncayo; cierto —como Rubén Benítez recuerda [113]— que también existen seres semejantes en la tradición española y aun en la misma zona de Aragón, donde se ubica la leyenda. Según el propio Benítez, *El gnomo* ejemplifica el tipo de leyenda inventada por Bécquer, pero en la que incorpora motivos del folklore con el propósito de conferirle carácter de tradición popular. Para Benítez [114], *El gnomo* no logra reproducir el ambiente maravilloso de un cuento de hadas porque el relato está demasiado desorganizado; García Viñó, con más positiva valoración, subraya que es la leyenda de Bécquer de estructura más complicada, puesto que avanza desde el cuadro de costumbres hasta el puro poema, desde el sainete, casi, hasta la tragedia [115].

Un viejo del lugar aconseja a las jóvenes que no acudan a la fuente al anochecer, porque viven en ella unos seres misteriosos, que seducen a los mortales prometiéndoles los tesoros que guardan en sus cuevas. El anciano hace entonces la descripción de las cavernas del Moncayo, donde habitan los gnomos y apilan sus riquezas, y de las cuales salen al anochecer: «bajan por sus vertientes como un enjambre, y pueblan el vacío y hormiguean en la llanura, y saltan de roca en roca, juegan entre las aguas o se mecen en las desnudas ramas de los árboles. Ellos son los que aúllan en las grietas de las peñas; ellos los que forman y empujan esas inmensas bolas de nieve que bajan rodando desde los altos picos y arrollan y aplastan cuanto encuentran a su paso; ellos los que llaman con el granizo a nuestros cristales en las noches de lluvia y corren como llamas azules y ligeras sobre el haz de

---

[112a] Cfr., Manuel García Viñó, «Los escenarios de las leyendas becquerianas», en *Revista de Filología Española*, LII, 1969, págs. 335-346.

[113] *Bécquer tradicionalista*, cit., pág. 156.

[114] Ídem, íd., pág. 157.

[115] *Mundo y trasmundo...*, cit., pág. 219.

los pantanos»[116]. García Viñó advierte oportunamente[117] que la narración que hace el lugareño de los misterios subterráneos está transcrita en lenguaje de autor, a diferencia del relato de la comadre en *Maese Pérez el organista:* «la tentación —dice— a la que sucumbiera en 1861 no le puede ya en 1863». Téngase presente que dentro del relato de los gnomos se intercalan otras dos historias, correspondientes a dos testigos, visitadores de aquellas fantásticas galerías.

De entre el coro de los oyentes del anciano, dos hermanas, Marta y Magdalena, se proponen ir en busca del tesoro de los gnomos. Las dos hermanas son muy diferentes: «Marta es el carácter materialista, calculador, frío; Magdalena, el temperamento poético, cálido, espiritual». Las dos, muy pobres, están enamoradas sin esperanza de un mismo hombre, muy rico.

La parte final es la que toma forma de poema: Marta y Magdalena dialogan respectivamente con el agua y el viento, que simbolizan las fuerzas capaces de conquistar a una y a otra. Marta sucumbe a las promesas del agua, que le ofrece los tesoros escondidos en las cavernas, y corre tras el gnomo que se le aparece, perdiéndose para siempre; mientras Magdalena retorna al lugar. Este diálogo final es realmente bello, y tan delicado como denso de simbólicas sugerencias.

De muy inferior calidad es *La cueva de la mora* (16 de enero del 63), historia de amor entre una mora y un cristiano, en una línea muy transitada por el romanticismo español, y donde la prosa de Bécquer, sin estímulos por lo manido del tema, no encuentra tampoco sus excelencias habituales.

Más interesante, sin serlo demasiado, es *La promesa* (12 de febrero), de asunto parecido a *El Cristo de la Vega* de Zorrilla, aunque con la adición de un componente misterioso y sobrenatural, muy a lo Bécquer, que se suma a lo legendario religioso.

El conde de Gómara seduce a una muchacha, parte para la guerra y olvida su palabra. Pero desde entonces ve una mano misteriosa que le sigue por todas partes y se adelanta a sus acciones. Un día oye cantar el *romance de la mano muerta*, en donde se cuenta que una mujer, abandonada por su seductor, ha muerto, pero queda siempre fuera de la tumba la mano en donde el amante le puso el anillo al hacerle su promesa. El conde entiende que se trata de su propia historia, regresa, casa con la muerta y desde entonces la mano desaparece para siempre.

En las páginas de *La América* apareció el 27 de junio de 1863 *La corza blanca,* una de las más finas leyendas salidas de la pluma de Bécquer. La

---

[116]  Edición Díaz-Plaja, cit., pág. 546.
[117]  *Mundo y trasmundo...,* cit., pág. 220.

acción se desarrolla en los bosques sorianos de Beratón, pero recoge un viejo tema tradicional, repetidamente tratado en todas las literaturas de Europa: el de la transformación de una joven en corza blanca o en algún otro animal parecido [118].

El pastor Esteban refiere a un grupo de cazadores que ha sorprendido a una manada de ciervos, dirigidos por una corza blanca. En el lugar en que se bañan los ciervos ha oído por la noche gritos y cantares extraños, carcajadas y voces, como las de las muchachas que vuelven en bandadas de la fuente; y de día ha visto entre el rastro de las reses las huellas de unos pies diminutos; y ha oído a la corza blanca riéndose a carcajadas, burlándose de él. Entre los oyentes de Esteban está el noble don Dionís y su hija Constanza, joven bellísima, a la que llaman «la azucena del Moncayo». Otro oyente, Garcés, montero de don Dionís y enamorado de Constanza, promete a su amada cazar para ella la corza blanca. Garcés va de noche a la fuente a donde acuden los ciervos y divisa el rebaño que se encamina allí dirigido por la corza blanca. Prepara su ballesta y contempla entonces, lleno de estupor, un maravilloso espectáculo: un grupo de jóvenes hermosísimas se bañan desnudas, se mecen suspendidas de las ramas, cantan y danzan o se recuestan al borde del agua; y entre ellas, servida por las demás, distingue a Constanza. Garcés salta hasta el río, pero ya no ve más que el tropel de las corzas fugitivas. La blanca había quedado enredada en unas madreselvas y Garcés le apunta la ballesta, pero con la voz de Constanza le grita el animal: «Garcés, ¿qué haces?». El joven duda un momento, que la corza aprovecha para escapar; Garcés dispara y la corza huye herida, pero al llegar a ella descubre horrorizado el cuerpo ensangrentado de Constanza.

Todos cuantos se han ocupado con más o menos detención de *La corza blanca* convienen en afirmar que la prosa de Bécquer alcanza en estas páginas sus más altas cimas. Cernuda la tiene por «una de las más encantadoras leyendas» [119], y refiriéndose a los dos *coros* que se oyen en la noche ante la asombrada expectación de Garcés, afirma que son «muestra excelente de lo que Bécquer podía hacer como poeta en prosa». Rica Brown califica el paisaje descrito en *La corza blanca* como propio «de un pintor idealista o de un poeta enamorado de la vida pastoril» [120], y refiriéndose al pasaje en que las jóvenes se bañan en la fuente, escribe: «Todas estas descripciones están impregnadas de una voluptuosidad y de una limpieza que recuerdan más los sueños ideales de la adolescencia que las realidades apremiantes de los años en que se publica la leyenda»; «El poeta —añade

---

[118] Sobre las posibles fuentes de esta leyenda véase Rubén Benítez, *Bécquer tradicionalista*, cit., págs. 137-146. Cfr., Alexander Haggerty Krappe, «Sur le conte *La corza blanca* de Gustavo Adolfo Bécquer», en *Bulletin Hispanique*, XLII, 1940, págs. 237-240.

[119] «Bécquer y el poema en prosa español», cit., págs. 70-71.

[120] *Bécquer*, cit., pág. 210.

luego— parece haber vuelto con la imaginación a aquellos días juveniles de cuando leía en sus poetas favoritos de las ninfas del Guadalquivir. Las melodías que cantan las voces de la naturaleza tienen un lirismo distinto del de las *Rimas:* su prosa fluida y voluptuosa encanta por su riqueza y su abundancia» [121]. José Luis Varela sugiere la posibilidad de que Bécquer, al describir las mencionadas escenas de las jóvenes, tuviera presente la *Égloga III* de Garcilaso, y concluye que «Bécquer ha concebido y realizado plásticamente una versión romántica de la égloga renacentista» [122]; pero, dados los valores plásticos de la prosa de Bécquer, apunta a su vez a una fuente común, no literaria: «a la pintura del Renacimiento italiano, a las configuraciones plásticas de una Arcadia feliz, a ámbitos botticelescos que transpiran un aura pagana y primaveral. Garcilaso y Bécquer conciben como pintores el escenario y los protagonistas» [123]. García Viñó, refiriéndose también al pasaje de las ninfas, afirma que «el poeta sevillano nos lo pinta con su lenguaje tal vez más encendido y luminoso, con un ritmo y una cadencia que calificaríamos de voluptuosa y que plenamente se adecúa al sentido de la acción que describe y al tipo de sentimiento que quiere comunicar al lector. Entre los pasajes de las leyendas en que Bécquer quiere cantar la belleza de la mujer y de la Naturaleza; más aún, la fusión de una y otra belleza en una belleza integradora y total, alcanza éste una especie de delirio o de embriaguez» [124]. Finalmente, Rubén Benítez comenta: «Bécquer logra crear con su leyenda un verdadero cuento de hadas. El bosque de Beratón se ha convertido en el escenario de transformaciones mágicas. En la descripción del bosque, el poeta usa otra vez la riqueza irisada de su sensibilidad pictórica y musical; pero la descripción directa ha dejado paso a la imperceptible alusión al follaje, a plantas características y a los movimientos ocultos de la selva. El bosque está profundamente sentido, como lugar misterioso, propicio para las aventuras sobrenaturales. No difiere de las florestas encantadas donde desde tiempos inmemoriales se han desarrollado las más hermosas historias que ha producido el ser humano» [125]. Y añade luego: «La escena en que observamos la transformación es uno de los trozos más bellos salidos de la pluma de Bécquer. Se trata del baño de las jóvenes. Escenas de este tipo, en que un mortal sorprende el baño de hadas o de ninfas y se prenda de su hermosura, son comunes en el folklore europeo. En las versiones que recoge Sébillot, las hadas suelen también hamacarse en las ramas de los árboles y gustan del canto y de la danza. Casi nos anticipamos aquí a los cuadros del impresionismo francés.

---

[121] Ídem, íd., pág. 211.

[122] José Luis Varela, «Mundo onírico y transfiguración en la prosa de Bécquer», en *La transfiguración literaria*, Madrid, 1970, págs. 149-194; la cita en pág. 184.

[123] Ídem, íd., pág. 183.

[124] *Mundo y trasmundo...*, cit., págs. 212-213.

[125] *Bécquer tradicionalista*, cit., pág. 145.

Si en vez de cazador, sorprendiera a las ninfas un fauno de la corte de Pan, estaríamos ya en la selva simbólica de los poetas de fines de siglo» [126].

El 27 de julio del 63 publicó Bécquer en *La América* la leyenda *El beso*, que estimamos entre las más interesantes del autor por lo mucho que nos revela de su talante humano, de su compleja disposición espiritual y de sus muy arraigados conceptos sobre el arte; y, sobre todo, por la estrecha conexión que guarda con otras obras suyas, formando con ellas todo un conjunto orgánico de especial importancia.

El asunto de *El beso* puede hasta parecer banal. La acción tiene lugar cuando la ocupación de Toledo por las tropas napoleónicas; un oficial francés, alojado en una iglesia, dice enamorarse de la estatua de una mujer y pretende darle un beso, pero la mano de mármol de la estatua de su marido lo derriba de una tremenda bofetada. Benítez dice que «el motivo es muy común como para merecer mayor atención» [127]: existe, efectivamente, un dilatado ciclo de tradiciones sobre estatuas animadas o imágenes religiosas que castigan irreverencias o sacrilegios. Pero el valor literario de la leyenda excede con mucho al de la anécdota así escuetamente referida, e incluso a la misma destreza y animación con que el escritor compone el escenario del suceso y prepara su momento culminante.

García Viñó hace notar [128], por de pronto, que *El beso* deja de ser, como la mayoría de las otras leyendas, «un monólogo del relator», que sitúa la acción en un remoto pasado, con su toque de lejanía y borrosidad características, para acercarse a la novela propia, que presenta la realidad delante del lector, o incluso a la técnica dramática, con su diálogo y plasticidad escénica, particularmente en el final.

Rubén Benítez, que, como acabamos de ver, concede escasa atención a la leyenda por sí misma, la dedica muy amplia, en otro lugar, a otro problema. Benítez subraya la importancia de la descripción del convento de San Pedro Mártir, que Bécquer compuso para su *Historia de los Templos de España*, porque allí se encuentran los antecedentes de varios artículos, de la leyenda *El beso*, de la *Rima LXXVI*, y del fragmento *La mujer de piedra*, que dejó inacabada en *El libro de los gorriones*. En la mencionada descripción de San Pedro Mártir se ocupa Bécquer de las estatuas del conde de Fuensalida, don Pedro López de Ayala, y de su mujer, doña Elvira de Castañeda, que son las que protagonizan *El beso*. También se ocupa de otra estatua, la de doña María de Orozco, toledana de célebre hermosura, muerta a los veintiún años y conocida con el nombre de *La malograda*. El recuerdo

---

[126] Ídem, íd., pág. 146.

[127] Ídem, íd., pág. 160. Cfr., Gabriel H. Lovett, «Patriotism and Other Themes in Bécquer's *El Beso*», en *Modern Language Quarterly*, XXIX, 1968, págs. 289-296.

[128] *Mundo y trasmundo...*, cit., págs. 110-111.

de esta figura yacente —comenta Benítez [129]— persigue a Bécquer desde 1857 hasta 1868, en que la evoca en *La mujer de piedra;* y es esta misma *malograda* la que lleva a la *Rima LXXVI,* en cuyo manuscrito dejó un dibujo de la estatua [130]. Benítez subraya la «extraña magia poética que convierte el templo en el reino de la muerte serena»; «la estatua —dice— pasa, por la misma magia, de la materia inerte a la carnalidad de un ser vivo y dormido que sueña con visiones beatíficas. El poeta nos comunica, como si fuera ya un parnasiano, la oquedad del recinto arquitectónico y la belleza de un arte distinto del de la palabra. Toda una sensibilidad fresca converge en la descripción sinfónica del ambiente sagrado» [131].

García Viñó ha reunido en un bello capítulo, que titula *Los fantasmas de piedra,* diversos lugares becquerianos en que la obra de arte plástico, particularmente escultórica, ejerce su peculiar fascinación sobre el escritor. En *La mujer de piedra* no se trata, como en los otros casos citados, de la estatua de una tumba, sino de una figura de mujer extrañamente situada en la parte exterior de un ábside, entre ángeles, patriarcas, evangelistas y apóstoles. Mas, como observa García Viñó [132], en todos ellos lo que preocupa a Bécquer no es la muerte, sino la vida, «una forma especial de vida producto del arte»; «debajo de aquel granito —dice Bécquer en *La mujer de piedra*— circulaba como un fluido sutil un espíritu que le prestaba aquella vida incomprensible»; «Yo no creo —afirma el capitán francés de la leyenda con palabras que podía decir el mismo Bécquer— que esas estatuas son un pedazo de mármol tan inerte hoy como el día en que lo arrancaron de la cantera. Indudablemente, el artista, que es casi un dios, le da a su obra un soplo de vida que no logra hacer que ande y se mueva, pero que le infunde una vida incomprensible y extraña, vida que yo no me explico bien, pero que la siento...» [133]. «Son seres de otro mundo —comenta García Viñó, aludiendo a diversos pasajes becquerianos—, el mundo del arte, capaces de levantarse a la voz de la campana; sentir indignación ante las profanaciones y echar mano de sus espadas; bajar de sus nichos para celebrar de nuevo sus triunfos; susurrar palabras y aun encarnar un ideal, una mujer ideal, capaz de despertar el más grande, trágico, inextinguible amor» [134]. La estatua de la iglesia toledana enamora al oficial francés —entiéndase a Bécquer, por supuesto— porque contiene ese ideal inasequible

---

[129] *Bécquer tradicionalista,* cit., pág. 89.
[130] Berenguer Carisomo —*La prosa de Bécquer,* cit., pág. 94, nota 79— informa de que el manuscrito de esta Rima se conserva en el Museo de Arte Decorativo de Buenos Aires; su dibujo fue reproducido en la edición de las *Rimas* de «Pleamar», Buenos Aires, 1944. Lo reproduce también Rafael Montesinos en *Bécquer. Biografía e imagen,* cit., pág. 197.
[131] *Bécquer tradicionalista,* cit., págs. 90-91.
[132] *Mundo y trasmundo...,* cit., pág. 120.
[133] Edición Díaz-Plaja, cit., pág. 625.
[134] *Mundo y trasmundo...,* cit., págs. 127-128.

que nunca ha conseguido encontrar en las mujeres reales, pero que descubre en la *mujer de piedra* y en la estatua yacente de la *Rima*. Las palabras del oficial son preciosísimas para definir la peculiar mentalidad becqueriana: «—¡Miradla!... ¡Miradla!... ¿No veis esos cambiantes rojos de sus carnes mórbidas y transparentes?... ¿No parece que por debajo de esa ligera epidermis azulada y suave de alabastro circula un fluido de luz de color de rosa?... ¿Queréis más vida?... ¿Queréis más realidad?... —¡Oh, sí, seguramente! —dijo uno de los que lo escuchaban—. Quisiéramos que fuese de carne y hueso. —¡Carne y hueso!... ¡Miseria, podredumbre!... —exclamó el capitán—. Yo he sentido en una orgía arder mis labios y mi cabeza. Yo he sentido este fuego que corre por las venas, hirviente como la lava de un volcán, cuyos vapores caliginosos turban y trastornan el cerebro y hacen ver visiones extrañas. Entonces el beso de esas mujeres materiales me quemaba como un hierro candente, y las apartaba de mí con disgusto, con horror, hasta con asco, porque entonces, como ahora, necesitaba un soplo de brisa del mar para mi frente calurosa, beber hielo y besar nieve... Nieve teñida de suave luz, nieve coloreada por un dorado rayo de sol... Una mujer blanca, hermosa y fría, como esa mujer de piedra que parece incitarme con su fantástica hermosura, que parece que oscila al compás de la llama y me provoca entreabriendo sus labios y ofreciéndome un tesoro de amor... ¡Oh, sí!... Un beso... sólo un beso tuyo podrá calmar el ardor que me consume» [135].

A 1864 pertenece *La rosa de pasión* (24 de marzo), única de este año y la última de las leyendas que publica Bécquer. Se subtitula «Leyenda religiosa» y refiere la historia de una bellísima judía, enamorada de un cristiano, que es crucificada por su padre la noche del Viernes Santo; el sacrificio estaba dispuesto para el amante, pero Sara, la judía, anuncia que la víctima, prevenida por ella, no vendrá; confiesa que se ha convertido al cristianismo y se ofrece a ser sacrificada en lugar del cristiano que esperan. Del sepulcro de Sara nace la «pasionaria» o «rosa de pasión», en la cual se ven figurados los atributos de la pasión de Cristo.

Benítez nos recuerda [136] que se trata de un asunto de amplia difusión en la tradición europea y especialmente en la española. Bécquer, no obstante, altera estas tradiciones, haciendo que la víctima de la crucifixión no sea un cristiano, sino la propia hija del judío. En cuanto a la metamorfosis de la joven en flor, bastante repetida en el mundo de los «milagros cristianos», Bécquer pudo tener un antecedente literario en la leyenda de Zorrilla, *La Pasionaria*, aunque en este caso la metamorfosis de una joven en esta misma flor precisamente tenga causas distintas.

---

135  Edición Díaz-Plaja, cit., págs. 625-626.
136  *Bécquer tradicionalista*, cit., págs. 181-182.

García Viñó pondera [137] *La rosa de pasión* por la «magnífica etopeya del judío», la descripción de ambiente y la propiedad del diálogo, que valora «como uno de los más frescos, jugosos y cargados de matices, si no el que más, que salieron de la pluma de Bécquer». Pero, sin ánimo de rebajar aquí los aciertos del escritor, disentimos un tanto por esta vez de los entusiasmos del crítico. Consideramos más justa la opinión de Benítez [138] que estima *El Cristo de la calavera* y *La rosa de pasión* como las leyendas de Bécquer de menor calidad literaria, y supone escrita esta última para cumplir compromisos de publicación, aunque destaca la delicada figura de Sara, pintada felizmente con unos pocos trazos. Un aspecto, no obstante, nos parece más discutible. Sugiere Benítez que el antisemitismo de *La rosa de pasión* no puede explicarse tan sólo por razones literarias; y sostiene que la elección de semejante asunto —aunque reproduzca una vez más el mundo de la Edad Media—, en pleno siglo XIX y en momentos de violenta represión contra los liberales, implicaba también un compromiso ideológico; de donde deduce que «el antisemitismo de Bécquer es un aspecto más de su tradicionalismo católico» [139]. La deducción de Benítez quizá sea excesiva: Bécquer, puesto a escribir una leyenda por compromisos editoriales y buscando un asunto, como apunta el propio Benítez, «de aceptación inmediata», difícilmente podía evadirse de la interpretación tradicional del judío, que aún estaba en vigor dentro del mundo literario; si semejantes convencionalismos hubieran sido ya impropios del historiador, eran casi insalvables para el autor de una leyenda situada en el marco del Toledo medieval. Por otra parte, claro está que si la ideología de Bécquer hubiera sido básicamente distinta, hubiera dado de lado a semejante tema [140].

La descripción de los asuntos de las leyendas becquerianas, en la que hemos tenido que demorarnos inevitablemente, ha podido persuadir al lector de que se dan en ellas los caracteres románticos más genuinos, que podemos leer, por ejemplo, en la enumeración de García Viñó: «melancolía, pesimismo, tristeza; afición a lo vago e indefinido, a lo informe e incoherente, a la fantasía y el ensueño; marcada tendencia a lo sobrenatural y a evadirse del presente y del pasado inmediato; medievalismo; pasión, melancolía y subjetivismo; soledad; apego a todo lo que sea del pueblo y de la tierra; a todo lo que sea sencillo, aunque también tosco e ingenuo; amor a la libertad y a la independencia; afición a los cementerios, las ruinas y la belleza que se marchita; al tema del amor desenfrenado y omnipotente» [141].

---

[137] *Mundo y trasmundo...*, cit., págs. 232 y sigs.
[138] *Bécquer tradicionalista*, cit., pág. 182.
[139] Ídem, íd., pág. 183.
[140] Cfr., Rafael Cansinos Asséns, «*La Rosa de Pasión* de Bécquer», en *Los judíos en la literatura española*, Buenos Aires, 1937, págs. 53-62.
[141] *Mundo y trasmundo...*, cit., págs. 53-54.

Rasgos todos que podrían definir por igual a las leyendas innumerables que inspiró la moda romántica. Por otra parte, son bien conocidas las concomitancias entre las leyendas de Bécquer y otras diversas formas de literatura imaginativa. Según Benítez [142], participan de las características del relato folklórico al modo de los imitadores de Fernán Caballero, de la leyenda fantástica zorrillesca y del cuento moderno basado en la creación de una atmósfera, al modo popularizado por las obras de Tieck, Hoffmann y Poe; y conocida es también la huella de Espronceda en el tratamiento de lo misterioso y terrorífico.

Con todo, ningún escritor en nuestra lengua se acercó, ni aun remotamente, a la perfección de Bécquer. Recordemos los juicios, que arriba dimos, de Baquero Goyanes, para quien el género alcanza en manos de Bécquer el máximo logro, y el de Cernuda que le otorga la condición de creador del poema en prosa. Pero tales excelencias necesitan ser concretadas. El propio Benítez, en unas bellas páginas finales de su estudio, resume las razones de la superioridad becqueriana: «Como todo escritor auténtico —dice—, Bécquer supera el denominador común de los relatos legendarios de su tiempo a fuerza de talento expresivo. Los asuntos más comunes encubren en él una temática de humana permanencia: la felicidad inasible, las consecuencias de la pasión desbordada, los límites entre la posibilidad humana y el ansia de infinitud. No importan tanto los argumentos como la captación de un mensaje. Leer sus leyendas es acompañar al narrador en una aventura espiritual misteriosa» [143].

Cuantos han estudiado con alguna detención las leyendas de Bécquer, han puesto de relieve su capacidad para captar y describir lo maravilloso, lo que está más allá y por encima de la realidad, los misterios que la razón no puede comprender, las extrañas conexiones entre lo visible y lo desconocido. José Luis Varela ha escrito un hermoso ensayo para explicar la génesis y funcionamiento de esa preferencia de Bécquer por el misterio y lo impalpable, en el que quisiéramos detenernos, aunque no es posible seguirlo aquí en detalle ni mucho menos reproducir los pasajes del propio Bécquer sobre los que ejemplifica su exposición. Según Varela [144], lo real y natural equivale para Bécquer a monótono y precario; la realización artística ha de superar esa circunstancia sensible merced a lo sobrenatural, misterioso y extraordinario, a lo que se aleja de la existencia vulgar y cotidiana y nos reintegra a otra verdadera, originaria y superior. El mundo estético de Bécquer —dice Varela [145]— se inserta en el idealismo postfichteano, primer gran combate contra el racionalismo, seguido luego por la valoración del inconsciente, creaciones todas orientadas hacia el descubrimiento de «la

---

[142] *Bécquer tradicionalista*, cit., pág. 196.
[143] Ídem, íd., pág. 197.
[144] «Mundo onírico y transfiguración...», cit., pág. 149.
[145] Ídem, íd., pág. 151.

otra realidad», en las cuales, dentro del romanticismo alemán, colaboraron indistintamente filósofos, escritores y científicos: «En general y muy sumariamente cabe afirmar que pensadores, artistas y naturalistas laboraron conjuntamente dentro de un panteísmo ya conocido por la Europa renacentista (Keplero, Bruno, Paracelso): el universo es para ellos un alma viviente donde una identidad esencial reúne a todos los seres bajo la gran cúpula del Todo» [146]. Esa unidad panteísta de espíritu y naturaleza había sido rota, sin embargo, por la razón «y era preciso restaurarla mediante el inconsciente, sentido divino que alienta en el hombre y admirablemente activo en sus sueños. Por los sueños recupera el hombre sus orígenes; se reconcilia, en una palabra, con la Naturaleza». Bécquer —sigue explicando Varela [147]— participa de esa general actitud antirracionalista, despierta y anima a los espíritus dormidos en la naturaleza, sugiere la existencia de una verdad oculta en un mundo natural, que es el mismo del hombre, y procura mediante el sueño la reintegración de sus criaturas a esa existencia originaria y verdadera que la razón oculta: la naturaleza está poblada de espíritus elocuentes, que reclaman la incorporación del hombre para recuperarlo e integrarlo fatalmente en una existencia oculta y más intensa, en la que la razón, salvoconducto para lo cotidiano, caduca» [148]. La noche es el adecuado momento para las transformaciones maravillosas: en el hombre, mediante el sueño; en la naturaleza, mediante el despertar de los espíritus. Para Bécquer —dice bellamente Varela [149]— los sueños son el espíritu de la realidad, aunque bajo formas de mentira.

Jorge Guillén, que ha estudiado también los puntos de contacto de Bécquer con los idealistas alemanes [150], reproduce algunos pasajes de éstos que podrían haber salido de la pluma de nuestro escritor. Decía Jean Paul: «La vigilia es la prosa, el sueño es la aérea poesía de la existencia, y la locura es la prosa poética» [151]; y Novalis: «Estamos más estrechamente ligados a lo invisible que a lo visible... Realmente, el mundo espiritual está ya abierto para nosotros, ya es visible. Si cobrásemos de repente la elasticidad necesaria, veríamos que estamos en medio de ese mundo» [152]; y Hölderlin: «El hombre es un dios cuando sueña, un pordiosero cuando reflexiona» [153]. «Y ya estamos con Bécquer —escribe Guillén, después de reproducir otros diversos textos de idéntica sustancia—. Culminación de la poesía sentimental y fantástica de mediados del siglo XIX, aquel exquisito y

---

[146]   Ídem, íd., págs. 152-153.
[147]   Ídem, íd., pág. 155.
[148]   Ídem, íd.
[149]   Ídem, íd., pág. 158.
[150]   Jorge Guillén, «Lenguaje insuficiente. Bécquer o lo inefable soñado», en *Lenguaje y poesía*, Madrid, 1969, págs. 113-114.
[151]   En ídem, íd., pág. 114.
[152]   Ídem, íd.
[153]   Ídem, íd.

profundo Gustavo Adolfo es el español que asume del modo más auténtico el papel de poeta visionario. 'Cuando la materia duerme, el espíritu vela.' Allí, en el espíritu del durmiente surgirá la 'visión magnífica, profética y real en su fondo, vana sólo en la forma'» [154].

Quizá lo dicho sea suficiente para explicar ese mundo peculiar de las leyendas de Bécquer con la constante presencia tangible del más allá, de una realidad trasmundana que opera y se confunde con la vida real, con la consecuencia de que la realidad vivida y la soñada no tenga fronteras en su universo poético. Certeramente dice Benítez [155] que cada leyenda de Bécquer está planteada como la lucha entre unos espíritus que no creen en nada y otros que castigan diabólicamente esa incredulidad.

Debemos todavía hacer siquiera mención de un estudio que apenas ha sido considerado, el de Henry Charles Turk [156], pero que aporta datos de interés sobre posibles influjos germánicos en las *Leyendas* becquerianas. El influjo germánico en la lírica de Bécquer ha sido objeto de amplísima y discutida atención, como veremos en páginas siguientes. Líneas más arriba hemos visto las referencias de Jorge Guillén a los puntos de contacto de Bécquer con los idealistas alemanes; pero estas alusiones, aunque las hemos aducido a propósito de las *Leyendas*, apuntan realmente a la concepción global de su mundo poético. En cambio, sobre el posible germanismo de las *Leyendas* en particular no creemos que exista otro análisis que el referido. Turk señala que la difusión de la literatura alemana en España durante los años de formación de Bécquer fue mucho mayor de lo que suele comúnmente admitirse, teniendo en cuenta además el conocimiento que de ella podía adquirirse por medio de las traducciones francesas y casi más aún a través de las revistas literarias del país vecino, con las cuales estaban familiarizados nuestros escritores. Turk examina el repetido uso que la literatura romántica alemana, desde Novalis hasta Tieck y Hoffmann, hace de motivos fantásticos como las sirenas, los espíritus de las aguas, los gnomos, rayos de luna, metamorfosis de animales y seres

---

[154] Ídem, íd., pág. 116.

[155] *Bécquer tradicionalista*, cit., pág. 198.

[156] Henry Charles Turk, *German Romanticism in Gustavo Adolfo Bécquer's Short Stories*, Lawrence, Kansas, 1959. Rubén Benítez no lo incluye en su *Bibliografía*, cit., pero lo acoge en nota (pág. 107, nota 48) en su *Bécquer tradicionalista*, cit., aunque dando tan sólo su título y escueta noción del contenido. José Luis Varela lo menciona en su «Mundo onírico y transfiguración...», cit., también en nota (pág. 151, nota 2), con cierta extensión y haciendo constar que es, por el momento, «la más completa aportación general al tema», pero lo deja al margen de su propio estudio. El trabajo de Turk, aunque valioso, es, sin embargo, un primer asedio al problema, un punto de partida, según el mismo autor reconoce. Se trata, en realidad, de una tesis de Licenciatura —lo que nosotros llamaríamos una «tesina»—, de sólo 70 páginas impresas, aunque muy notable para tal objeto. Su probable tirada en corto número de ejemplares explica, quizá, su escasa difusión, evidentemente desproporcionada con su valor real.

humanos, etc.; asimismo recuerda la conocida concepción panteísta de la naturaleza, tan peculiar del pensamiento romántico alemán, a la que se debe la íntima relación e incluso la mística identificación entre la naturaleza y el hombre, y, como consecuencia, la frecuente descripción o evocación de aquélla en términos antropomórficos y en un plano de fantasía que parece tan natural como la misma realidad cotidiana. Sobre esta base, Turk investiga los dos aspectos del problema: la mencionada semejanza general existente entre las *Leyendas* y la literatura romántica alemana, y las fuentes específicas de *Leyendas* concretas. Entre éstas examina con mayor detalle *Los ojos verdes, La corza blanca, La rosa de pasión, El rayo de luna* y *El Miserere,* pero señala también menores puntos de contacto en otras varias *Leyendas,* e incluso en escritos de distinto género, como *La noche de difuntos* y *La pereza.*

Turk concluye que Bécquer absorbió el influjo del romanticismo alemán porque se avenía con sus propias inclinaciones; sus *Leyendas* revelan un amplio fondo de literatura germana, y en ello precisamente se diferencia de los restantes románticos españoles. No obstante, aunque trasportó a nuestra lengua la mentalidad filosófica alemana y en su fusión del hombre con la Naturaleza y sus fuerzas misteriosas —fuesen buenas o diabólicas— reflejó el monismo panteísta de aquélla, no lo hizo como pensador, sino como esteta, como un artista que encontró en aquella mentalidad la belleza que le seducía y armonizaba con su espíritu.

Creemos que el estudio de Turk abre un ancho campo de investigación, que, después de él, apenas ha sido cultivado, aunque parécenos que el tema puede ser propicio a la controversia. Robert Pageard, en un importante y bien conocido artículo sobre el «germanismo» de Bécquer, dedica las páginas finales a comentar la posible relación entre las *Leyendas* de Bécquer [156a] y el cuento romántico alemán. El artículo de Pageard es anterior a la tesis de Turk, pero creemos indispensable resumir la opinión del gran becquerista francés. Las *Leyendas* de Bécquer —escribe Pageard— son presentadas con extrema simplicidad; nada hay en ellas de las contorsiones, de la acumulación de peripecias, de la acción exuberante tan estimadas por los románticos alemanes, de todo lo cual representa Hoffmann un caso límite. Se trata, por el contrario, de describir un estado de espíritu, de evocar una atmósfera, y el lector es trasportado a un mundo en donde el arte es lo primero. La poesía personal que envuelve el relato del cronista o la conseja popular se opone radicalmente al espíritu objetivo, casi siempre cruel, del cuento o del *lied* alemán. Bécquer cuenta la historia de lugares que le son queridos: viejos castillos perdidos en las tristes y solitarias montañas de Soria y del Moncayo, o antiguos templos y casas de Toledo.

---

[156a] Robert Pageard, «Le germanisme de Bécquer», en *Bulletin Hispanique,* LVI, 1954, págs. 83-109.

Estas leyendas son la obra de un viajero dotado de ardiente imaginación, ansioso de silencio y de soledad.

Pageard examina con cierto pormenor las no escasas semejanzas existentes entre algunas *Leyendas* de Bécquer y varios relatos de Hoffmann, y subraya la identidad del tema central en los dos escritores, que es la busca angustiada de la mujer ideal, cuya imposibilidad es igualmente cierta para ambos. Sin embargo, el crítico francés sostiene que, pese a todas las afinidades fundamentales entre Bécquer y los alemanes Heine y Hoffmann, sería excesivo extender la analogía a todo el movimiento romántico germano en general; hay en aquellos últimos —dice— un humor frecuentemente recargado y grave del que Bécquer no hace nunca un instrumento importante para su arte; la ironía, arma esencial del romanticismo alemán —como se advierte en Tieck, en Hoffmann, en Heine— señala la diferencia entre ellos y Bécquer. Otro aspecto del romanticismo de éste reside en el rechazo de todo elemento maravilloso de origen pagano. Lo sobrenatural de las *Leyendas* procede generalmente de creencias populares españolas, cristianas por tanto. Los *genios* alemanes que corresponden a las divinidades inferiores de la mitología greco-latina —elfos, gnomos, espíritu de la tierra—, presentes en los cuentos de Tieck, de Uhland, de Hoffmann, no aparecen sino de forma excepcional en las *Leyendas* de Bécquer. Las fuentes del poeta español proceden especialmente del Romancero *(La promesa, La cueva de la mora, Creed en Dios)*, de la historia local *(El Monte de las Ánimas, La cruz del diablo, El Cristo de la calavera, El Miserere)*, o de la tradición oral *(El beso)*. Las creencias religiosas del pueblo español se encuentran así en el origen de la mayoría de las *Leyendas*. Si éstas —concluye Pageard— deben a la cruzada alemana en favor del *Volkslied* su redescubrimiento en la Península, es todavía más importante el constatar que ellas forman parte integrante del patrimonio cultural alemán, tan sólo desde que Uhland incorporó muchas de ellas a sus baladas.

### LAS «CARTAS DESDE MI CELDA»

Entre mayo y octubre de 1864 Bécquer publicó en *El Contemporáneo* nueve cartas que tituló *Desde mi celda*. Fueron escritas en el monasterio de Veruela, a donde Bécquer se retiró por algún tiempo por consejo de los médicos con el propósito de reponer su delicada salud; la situación del antiguo monasterio cisterciense, en las laderas del Moncayo, parecía muy oportuna. Con tales *Cartas* trataba Bécquer de mantener su obligada colaboración en el periódico, pero este pie forzado no fue óbice para la alta calidad de tales escritos. Sostiene Rica Brown [157] que en la literatura caste-

---

[157] *Bécquer*, cit., pág. 239.

llana había un curioso hueco: no había ensayistas; faltaba un ejemplar español, equivalente a lo que Montaigne, Bacon, Charles Lamb, Heine, representaban en otras literaturas, y Bécquer llenó este hueco con sus *Cartas;* con ellas —dice— España entra en la tradición literaria del ensayo.

Pero no estamos seguros de que las *Cartas* de Bécquer puedan calificarse de ensayos con demasiada propiedad ni aun dilatando generosamente los límites del género. Las *Cartas* de Bécquer contienen cosas muy diversas, desde la más íntima confesión personal hasta la leyenda y el cuadro de costumbres, y nos parece muy difícil aplicarles una definición. Lo más importante, sin duda, es que, en su conjunto, constituyen unas páginas inapreciables para penetrar en la personalidad del escritor y en sus ideas sobre el arte y la vida. No es posible establecer en ellas una clasificación; de todos modos, en las cuatro primeras *Cartas* predomina el elemento autobiográfico aludido; en las cinco restantes la narración y la descripción de costumbres locales.

La *Carta I* describe el viaje desde Madrid a Veruela: primero en ferrocarril hasta Tudela, después en diligencia hasta Tarazona, finalmente a lomos de una mula hasta el monasterio. Creemos que todo este relato no tiene rival en ninguna página de nuestros más afamados costumbristas; Díaz-Plaja subraya exactamente que la descripción de algunos tipos, como el regidor pueblerino, los medios de locomoción, las hospederías, están narrados con una ironía tan cortante como la de Fígaro: «No se ha destacado bastante —dice— el estupendo periodista que se descubre en el Bécquer de la *Carta I*» [158]. Es sorprendente, en efecto, la agudeza de Bécquer para captar y describir primorosamente los más pequeños detalles, siempre, sin embargo, profundamente significativos. Junto a esto hay que destacar la constante interferencia de las emociones del escritor frente al paisaje o los seres humanos y su impenitente vuelo imaginativo, que le lleva a forjar toda una novela a propósito de una bella compañera de viaje a la que no se atreve a hablar, sin embargo, en todo el trayecto.

La nostalgia de Madrid, con el ajetreo de la vida política y literaria, y su contraste con el melancólico recogimiento de la soledad de Veruela, desatan los comentarios con que se inicia la *Carta II*. A propósito de *El Contemporáneo*, que le llega a su retiro todos los días, hace una descripción de su conexión con el periódico, a la que ya hemos aludido, y de lo mucho que su actividad de periodista significaba para él. Son bellísimas, emotivamente poéticas las descripciones del monasterio y de las tierras colindantes, el relato de sus paseos silenciosos y la alusión a sus constantes imaginaciones con las que puebla su soledad de seres siempre tan reales

---

[158] Prólogo a la edición cit., pág. 90.

para él como los vivos. La prosa es siempre bella, opulenta y precisa a la vez, y tan rica y exacta como los detalles innumerables que capta en el paisaje. «No puede menos de pasmar al lector esta carta —comenta Rica Brown [159]—, escrita en 1864 desde una región solitaria, sin aparentes atractivos. En su culto a la naturaleza, el Romanticismo europeo no había echado de sus cafés a los literatos españoles y su vida seguía en general completamente urbana. Sólo con el movimiento regionalista entraron en la literatura como personajes los campesinos y las aldeas: en 1864 todavía Bécquer era excepcionalísimo en su gusto por las desconocidas bellezas de esa región árida de Castilla y Aragón».

La tercera *Carta* se abre con la visita que, en uno de sus paseos, hace Bécquer a un humildísimo cementerio de aldea, cuya descripción traza en páginas inimitables. Concluye esta parte de la carta con un pasaje de gran importancia para el examen del proceso creador, tal como Bécquer lo concibe o se efectúa en él, repetidamente traído a cuenta por los exégetas y del que luego habremos de ocuparnos. La visita del cementerio despierta en el escritor el pensamiento de su propia muerte, y ésta a su vez le conduce a evocar el proceso de sus sentimientos, desde sus fantasías de adolescente en Sevilla, durante sus paseos por las márgenes del Guadalquivir, a sus ensueños de gloria, provocados por la contemplación de históricas abadías o de «alguna de nuestras inmensas catedrales góticas», hasta llegar por fin a su cansada decepción presente, donde toda ilusión se ha desvanecido: «Desde que, impresionada la imaginación por la vaga melancolía o la imponente hermosura de un lugar cualquiera, se lanzaba a construir con fantásticos materiales uno de esos poéticos recintos, último albergue de mis mortales despojos, hasta el punto aquel en que, sentado al pie de la humilde tapia del cementerio de una aldea oscura, parecía como que se reposaba mi espíritu en su honda calma y se abrían mis ojos a la luz de la realidad de las cosas, ¡qué revolución tan radical y profunda no se ha hecho en todas mis ideas! ¡Cuántas tempestades silenciosas no han pasado por mi frente, cuántas ilusiones no se han secado en mi alma, a cuántas historias de poesía no les he hallado una repugnante vulgaridad en el último capítulo! Mi corazón, a semejanza de nuestro globo, era como una masa incandescente y líquida que poco a poco se va enfriando y endureciendo. / Todavía queda algo que arde allá en lo más profundo, pero rara vez sale a la superficie. Las palabras amor, gloria, poesía, no me suenan al oído como me sonaban antes. ¡Vivir!... Seguramente que deseo vivir, porque la vida, tomándola tal como es, sin exageraciones ni engaños, no es tan mala como dicen algunos; pero vivir oscuro y dichoso en cuanto es posible, sin deseos, sin inquietudes, sin ambiciones, con esa facilidad de la planta que tiene a la mañana su gota de rocío y su rayo de sol; después, un

---

[159] *Bécquer*, cit., pág. 244.

poco de tierra echada con respeto y que no apisonen y pateen los que sepultan por oficio; un poco de tierra blanda y floja que no ahogue ni oprima; cuatro ortigas, un cardo silvestre y alguna hierba que me cubra con su mano de raíces, y, por último, un tapial que sirva para que no aren en aquel sitio ni revuelvan mis huesos. / He aquí, hoy por hoy, todo lo que ambiciono: ser un comparsa en la inmensa comedia de la Humanidad y, concluido mi papel de hacer bulto, meterme entre bastidores sin que me silben ni me aplaudan, sin que nadie se aperciba siquiera de mi salida» [160].

La carta concluye con una desgarradora afirmación de pesimismo, aunque Bécquer parece suponer una supervivencia, en un mundo del espíritu, para todo aquello que no encuentra su puesto entre la odiosa realidad: «Ello es —dice— que cada día me voy convenciendo más que de lo que vale, de lo que es algo, no ha de quedar ni un átomo aquí» [161].

Toda la carta es un desahogo íntimo del escritor que vuelca a no poder más su desesperanza como el que deja escapar el contenido de un vaso rebosante. Tan sólo un hombre de la sensibilidad de Bécquer, acuciado por tal deseo de comunicación, pudo desnudar de semejante manera su alma en un escrito dedicado a un periódico. Rica Brown supone [162] que el estado de profunda melancolía que encontramos en esta carta es el reflejo del estado de salud de Gustavo, recién salido de una enfermedad y todavía preocupado con la muerte (Bécquer, en efecto, aparte su estado de dolencia crónica, había caído enfermo después de enviar la segunda carta y sólo un mes más tarde reanudó la colaboración). «La tercera carta —dice Brown— es la más bella y la más conmovedora de todas. Su tema verdadero es la muerte, la muerte corporal y espiritual, la muerte de la juventud y sus divinos tesoros, la ilusión y la fe. Aunque no tenemos noticia exacta de la gravedad de la enfermedad, la tercera carta, con su tono de exaltación espiritual y su ambiente luminoso, responde a un estado de convalecencia en la que el enfermo vuelve a los brazos de la vida después de un viaje interior» [163]. Díaz-Plaja relaciona [164] el estado de ánimo de la *Carta III* con otras situaciones parecidas expresadas en diversas *Rimas;* así, la *XV* —«En mar sin playas, onda sonante...»—, o la *LXIX:*

> Al brillar un relámpago nacemos,
> y aún dura su fulgor cuando morimos.
> ¡Tan corto es el vivir!
> La gloria y el amor tras que corremos,
> sombras de un sueño son que perseguimos.
> ¡Despertar es morir!

---

[160]  Edición Díaz-Plaja, cit., págs. 193-194.
[161]  Idem, íd., pág. 194.
[162]  *Bécquer,* cit., pág. 247.
[163]  Idem, íd., págs. 244-245.
[164]  Prólogo a la edición cit., págs. 93 y sigs.

o la *LXI:*

> Al ver mis horas de fiebre
> e insomnio lentas pasar,
> a la orilla de mi lecho,
> ¿quién se sentará?
>
> ............................................
>
> Cuando mis pálidos restos
> oprima la tierra ya,
> sobre la olvidada fosa,
> ¿quién vendrá a llorar?
> ¿Quién, en fin, al otro día
> cuando el sol vuelva a brillar,
> de que pasé por el mundo,
> quién se acordará?

o la desolada *Rima LXVI:*

> ............................................
>
> ¿Adónde voy? el más sombrío y triste
> de los páramos cruza;
> valle de eternas nieves y de eternas
> melancólicas brumas.
> En donde esté una piedra solitaria
> sin inscripción alguna,
> donde habite el olvido,
> allí estará mi tumba.

Y todavía, la visión del humilde cementerio campesino puede asociarse con la tan conocida *Rima LXXIII:*

> ¡Dios mío, qué solos
> se quedan los muertos!

Curado un tanto de su profunda melancolía, y a favor de una temperatura agradable, Bécquer emprendió una excursión más larga por los pintorescos lugares del Somontano, y de estas andanzas, con las reflexiones que provocaron, surgió la *Carta IV*, publicada pocos días después de la anterior. El estado de ánimo ha cambiado, pero también estas páginas son inapreciables para conocer el sentir de Bécquer, sólo que en un campo distinto. Después de aludir a sus andanzas, durante las cuales ha recogido un «botín de ideas e impresiones», escribe: «Los escritores y los artistas debían hacer con frecuencia algo de esto mismo. Sólo así podríamos recoger la última palabra de una época que se va, de la que sólo quedan hoy algunos rastros en los más apartados rincones de nuestras provincias, y de las que apenas restará mañana un recuerdo confuso» [165].

La *Carta IV* es la visión sentimental de la España antigua que desaparece frente a los avances de la civilización niveladora. Algunas de sus ideas las hemos ya comentado arriba: Bécquer tiene fe en el porvenir —nos asegura— y admira las invenciones que estrechan los vínculos de los países y hacen caer las barreras que separan a los pueblos; pero al mismo tiempo siente una veneración profunda por el pasado que desaparece. No desea que retornen los tiempos idos: «No es esto decir que yo desee ni para mí ni para nadie la vuelta de aquellos tiempos. Lo que ha sido no tiene razón de ser nuevamente, y no será» [166]. Pero precisamente por ello desea conservar los tesoros de arte y de historia que dan testimonio del pasado, y que en los días de Bécquer por incuria, o por sectarismos, o por el necio afán de una modernidad sin sensibilidad, se destruían o se dejaban perecer. Algunas veces las palabras de Bécquer se han interpretado maliciosamente para presentarlo como un retrógrado en ideas, adorador de un pasado imposible; pero nada más inexacto. Lo que Bécquer desea conservar es el legado artístico de un pasado que, si se destruye, será insustituible: «A la inflexible línea recta, sueño dorado de todas las poblaciones de alguna importancia, se sacrifican las caprichosas revueltas de nuestros barrios moriscos, tan llenos de carácter, de misterio y de fresca sombra. De un retablo al que vivía unida una tradición no queda aquí más que el nombre escrito en el azulejo de una bocacalle; a un palacio histórico, con sus arcos redondos y sus muros blasonados, sustituye más allá una manzana de casas a la moderna; las ciudades, no cabiendo ya dentro de su antiguo perímetro, rompen el cinturón de fortaleza que las ciñe y, una tras otra, vienen al suelo las murallas fenicias, romanas, godas, árabes. / ¿Dónde están los canceles y las celosías morunas? ¿Dónde los pasillos abovedados, los aleros salientes de maderas labradas, los balcones con su guardapolvo triangular, las ojivas con estrellas de vidrio, los muros de los jardines por donde rebosa la verdura, las encrucijadas medrosas, los caracoles de las tafurerías y los espaciosos atrios de los templos? El albañil, armado de su implacable piqueta, arrasa los ángulos caprichosos, tira los puntiagudos tejados o demuele los moriscos miradores, y mientras el brochista roba a los muros el artístico color que le han dado los siglos, embadurnándolos de calamocha y almagra, el arquitecto los embellece a su modo con carteles de yeso y cariátides de escayola, dejándolos más vistosos que una caja de dulces franceses» [167]. Desde los días de Bécquer la situación ha cambiado por entero; la conservación del tesoro artístico nacional, de la historia que vive

---

[165]  Edición **Díaz-Plaja**, cit., pág. 196.
[166]  Ídem, íd., pág. 197.
[167]  Ídem, íd., págs. 199-200.

en las piedras y los monumentos, es ya una norma política y cientos de veces la hemos visto detener piquetas demoledoras, aun frenando altas codicias mercantiles, para salvar la vida de una ruina venerable; que es justamente lo que Bécquer reclamaba en su *Carta*. Y no pide en ella sentimentalismos inoperantes, sino estudio y trabajo, y la ayuda gubernamental para lo que él califica de «expediciones artísticas a nuestras provincias» [168].

La *Carta V* diríase un ejemplo práctico de tales demandas, y así lo anuncia, en efecto, en las últimas líneas de su carta anterior. La presente es, en realidad, un cuadro de costumbres en dos tiempos: en el primero describe de modo incomparable la plaza del mercado de Tarazona; en el segundo, a las «añoveras», las muchachas del cercano pueblo de Añón, que acuden allí para vender sus cargas de leña. Este segundo es un poderoso dibujo de estas enérgicas mujeres, cuyo coraje y resistencia física asombran al escritor. El primero es un cuadro animadísimo que parece moverse, oler, alborotar, hasta tal punto ha captado Bécquer toda la vida de la escena que reclama los cinco sentidos del espectador. De no poder llevarla a sus páginas íntegramente se lamenta Bécquer en un pasaje que, por afectar a su arte literario, comentaremos luego.

En la *Carta VI* se refiere al verídico asesinato de la *tía Casca*, a la que las gentes del lugar habían despeñado por bruja. El relato se lo hace a Bécquer un pastor, cuya mentalidad y ciega fe en la superstición está sagazmente retratada. Bécquer es aquí el «hombre fuerte» que siente ver aún arraigada en la creencia popular tan absurdas creencias, y que estimula socarronamente al narrador para que concluya su relato. La situación es curiosa, porque esta presencia de lo sobrenatural en la vida ordinaria era precisamente lo que inspiraba el mundo artístico de Bécquer, lo que él había llevado a sus *Leyendas*, y que ahora le devolvían de verdad, no por modo fantástico, sino como un suceso histórico, realmente acontecido. Bécquer confiesa al final que, impresionado por las palabras del pastor y lo espectacular del escenario donde tiene lugar el diálogo, sintió «una impresión angustiosa, mis cabellos se erizaron involuntariamente y la razón, dominada por la fantasía, a la que todo ayudaba, el sitio, la hora y el silencio de la noche, vaciló un punto, y casi creí que las absurdas consejas de las brujerías y los maleficios pudieran ser posibles» [169].

En una *Postdata* Bécquer da cuenta de que la joven que le sirve le ha ofrecido referirle la historia completa de las sucesoras de la tía Casca, continuadoras de su condición brujeril, y Bécquer se la promete a los lectores para la *Carta VII*. Mas como quiera que, según la tradición local, las brujas

---

[168] Ídem, íd., pág. 204.
[169] Ídem, pág. 231.

de los contornos se reúnen periódicamente en las ruinas del castillo de Trasmoz, Bécquer difiere la información de la sirvienta para contarnos en esta *Carta* la construcción del castillo, obra de las brujas, de acuerdo con «una tradición muy antigua». Y una vez metido en harina, diríase que Bécquer se despoja de su anterior escepticismo frente al relato del pastor y nos cuenta la historia como propia, con el mismo talante literario, con el mismo temblor ante el misterio, con idéntico entusiasmo por la presencia de lo sobrenatural —y con el mismo primor de arte—, que había llevado a sus más genuinas leyendas. Una vez más, la magia de lo soñado usurpaba para Bécquer los fueros de la realidad y se identificaba con ella: Bécquer le quitaba la palabra a la imaginación del pueblo para tomar su puesto y hablar en su lugar.

Por fin, en la *Carta VIII*, refiere Bécquer la historia de las brujas según el relato de su sirvienta, pero de nuevo haciéndola suya; es Bécquer quien describe en unas páginas deliciosas cómo la sobrina de un pobre cura se entrega al mundo de las brujas para lograr las galas y vestidos que desea su vanidad, fundando de este modo la dinastía que azota al pueblo: desde entonces, «las brujas, con grande asombro suyo [del cura, mosén Gil] y de sus feligreses, tornaron a aposentarse en el castillo; sobre los ganados cayeron plagas sin cuento; las jóvenes del lugar se veían atacadas de enfermedades incomprensibles; los niños eran azotados por la noche en sus cunas, y los sábados, después que la campana de la iglesia dejaba oír el toque de ánimas, unas sonando panderos, otras añafiles o castañuelas, y todas a caballo sobre sus escobas, los habitantes de Trasmoz veían pasar una banda de viejas, espesa como las grullas, que iban a celebrar sus endiablados ritos a la sombra de los muros y de la ruinosa atalaya que corona la cumbre del monte» [170]. La ironía, claro está, transpira de este párrafo final, en el que Bécquer parece haber despertado de su propio sueño imaginativo. Pero de nuevo, como en la carta anterior, siente el aleteo de lo sobrenatural. Con mezcla de ese zumbido misterioso y de ironía, que constituye su mayor encanto, Bécquer nos declara el estado de su espíritu: «Verdad es —confiesa— que, como ya creo haber dicho antes de ahora, hay aquí, en cuanto a uno le rodea, un no sé qué de agreste, misterioso y grande que impresiona profundamente el ánimo y lo predispone a creer en lo sobrenatural. / De mí puedo asegurarles que no he podido ver a la actual bruja sin sentir un estremecimiento involuntario, como si, en efecto, la colérica mirada que me lanzó, observando la curiosidad impertinente con que espiaba sus acciones, hubiera podido hacerme daño. La vi hace pocos días, ya muy avanzada la tarde, y por una especie de tragaluz, al que se alcanza desde un pedrusco enorme de los que sirven de cimiento y apoyo

---

[170] Idem, íd., pág. 264.

a las casas de Trasmoz. Es alta, seca, arrugada, y no lo querrán ustedes creer, pero hasta tiene sus barbillas blancuzcas y su nariz corva, de rigor en las brujas de todas las consejas. / Estaba encogida y acurrucada junto al hogar, entre un sinnúmero de trastos viejos, pucherillos, cántaros, marmitas y cacerolas de cobre, en las que la luz de la llama parecía centuplicarse con sus brillantes y fantásticos reflejos. Al calor de la lumbre hervía yo no sé qué en un cacharro, que de tiempo en tiempo removía la vieja con una cuchara. Tal vez sería un guiso de patatas para la cena; pero impresionado a su vista y presente aún la relación que me habían hecho de sus antecesores, no pude menos de recordar, oyendo el continuo hervidero del guiso, aquel pisto infernal, aquella horrible *cosa sin nombre*, de las brujas del *Macbeth*, de Shakespeare» [171].

La *Carta IX* fue publicada el 6 de octubre, a casi tres meses de distancia de la anterior. Rica Brown supone [172] que en el momento de escribirla no estaba ya Bécquer en el monasterio. La Carta no sólo va dedicada «A la señorita M. L. A.», dama misteriosa que los biógrafos no han conseguido identificar, sino que le está dirigida a ella personalmente para cumplirle la promesa de contarle la historia de la imagen en cuyo honor se levantó el monasterio. «Yo escribo —dice Bécquer— y dejo poner estas desaliñadas líneas en letras de molde, porque la mía es mala, y sólo así le será posible entenderme; por lo demás, yo las escribo para usted, para usted exclusivamente, porque sé que las delicadas flores de la tradición sólo puede tocarlas la mano de la piedad, y sólo a ésta le es dado aspirar su religioso perfume sin marchitar sus hojas» [173]. Después de unas palabras en que Bécquer rechaza la crítica erudita como inadecuada para juzgar la tradición que va a referirnos, cuenta cómo la Virgen se apareció al caballero don Pedro Atarés, cuando éste, perdido en el bosque, imploró su socorro, y le ordenó erigir un templo en el mismo lugar de la aparición. Bécquer describe en bellas páginas llenas de color la aventura del caballero y el momento luminoso del prodigio, y da luego rienda a su nostalgia al contemplar el monasterio en su estado presente, abandonado y en ruinas; su dolor, que ya conocemos, ante la pérdida de los venerables tesoros de arte y de historia, se vacía en un melancólico párrafo final [174].

---

171   Ídem, íd., pág. 265.
172   *Bécquer*, cit., pág. 255.
173   Edición Díaz-Plaja, cit., págs. 267-268.
174   La Carta X, que se incluye en muchas ediciones de Bécquer —Díaz-Plaja la reproduce en la suya, págs. 279-280— ha resultado apócrifa; es otra de las mixtificaciones de Iglesias Figueroa.

LA TEORÍA POÉTICA DE BÉCQUER.
«CARTAS LITERARIAS A UNA MUJER»

Aunque escritas con anterioridad a las *Leyendas* y a las *Cartas desde mi celda*, hemos postpuesto el examen de las *Cartas literarias a una mujer* porque son de capital importancia para el estudio de sus ideas poéticas y constituyen la más oportuna introducción al mundo de sus *Rimas*.

Las *Cartas literarias*, cuatro en número, fueron publicadas anónimas en las páginas de *El Contemporáneo*, en la sección de «Variedades», los días 20 de diciembre de 1860 y 8 de enero y 4 y 23 de abril de 1861. Nunca hubo duda de la paternidad de Bécquer; sin embargo, no fueron incluidas en la primera edición de obras del poeta en 1871, aunque sí en la segunda de 1877 y en las sucesivas. A pesar de los espacios de tiempo que las separan, forman un todo bien trabado. La cuarta concluye con un «Se continuará», pero la prometida continuación nunca se produjo. Probablemente Bécquer tenía la intención de escribir un libro, pero su propósito se quedó corto.

Francisco López Estrada, que ha dedicado a las *Cartas literarias* el más detenido y largo estudio que existe hasta la fecha [175], ha puesto de relieve una vez más, como quedó ya dicho a propósito de las *Leyendas*, los escasos comentarios que las *Cartas* han suscitado. A propósito de la prosa de Bécquer, López Estrada recuerda la obra, ya mencionada de Berenguer Carisomo, y, más concretamente sobre las *Cartas literarias*, el estudio de Jorge Guillén, que traeremos a colación, el de Cernuda, ya aludido, la *Poética becqueriana*, de Rafael de Balbín, un ensayo de Gabriel Celaya, «La metapoesía en Gustavo Bécquer», en su libro *Exploración de la poesía*, del que también hemos de ocuparnos; y, sobre las *Leyendas*, el volumen, repetidamente citado, de García Viñó. También José Pedro Díaz, aunque López Estrada omite mencionarlo a este propósito, ha consagrado demorada atención a las *Cartas literarias* en su libro fundamental. Pero parece poco aún, al menos en comparación con otros aspectos de la obra de Bécquer, objeto de abrumadora bibliografía.

Semejante parquedad de estudios y sobre todo el interés, hoy existente, por los problemas de la teoría y técnica literarias, han movido a López Estrada a centrar su análisis en las *Cartas literarias a una mujer* con el propósito de estudiar en ellas la conciencia que tuvo el autor de su propia obra y deducir de aquí la modernidad de su pensamiento. Por su parte, también José Pedro Díaz, que concede todo un capítulo de su libro a examinar la «Teoría del arte» en Bécquer, basándose extensamente, según hemos dicho, en las *Cartas*, afirma como principio la conciencia estética del autor: «La meditación sobre la poesía —dice—, su voluntad de hacerse

---

[175] *Poética para un poeta...*, cit. en nota 34.

consciente de ella, son en él una constante, hasta el punto de que, a menudo, su tema poético es la meditación sobre el hecho poético. En sus obras en prosa ha dejado, además, abundante y preciso testimonio de esas preocupaciones» [176].

Adviértase bien —según claramente se deduce de estas palabras de Díaz— que Bécquer se refirió posteriormente a estos mismos asuntos en numerosos artículos y leyendas, en diversas *Rimas* y en la *Introducción sinfónica* del *Libro de los gorriones*. Cuando publicó las *Cartas literarias*, Bécquer apenas era poeta «en público», pues tan sólo había dado a la imprenta tres *Rimas;* no obstante —como subraya Jorge Guillén— «su actitud y su tono presuponen una actividad poética ya encauzada», y resulta evidente que «todos los textos convergen hacia una constante línea teórica. Sin ninguna contradicción ni distracción, el poeta se ha mantenido fiel a su criterio» [177]. Diversos textos de Bécquer tendrán, pues, que ser aquí aducidos, al hilo de las *Cartas*.

Las *Cartas*, según indica el título, van dirigidas a una mujer. Esto les da un tono conversacional y una andadura ondulante y suelta, que las exime de toda pretensión erudita (y también —lo que constituye no flojo problema— un carácter divagatorio y asistemático, que hace a veces difícil su interpretación). Según advierte López Estrada, decir que las *Cartas* constituyen una *Poética* sería un tanto arriesgado: «la misma palabra, con su regusto de disciplina escolar, hubiera asustado a Bécquer» [178]; pero es válida si la entendemos con la suficiente flexibilidad, pues declara —añade el comentarista— los principios básicos sobre los cuales se asegura el edificio de su creación.

La *Carta I* comienza planteando el magno problema: «En una ocasión —le dice a la mujer— me preguntaste: —¿Qué es la poesía?». Y después de describir románticamente a su interlocutora y evocar la escena, contesta Bécquer: «¡la poesía... la poesía eres tú!». Recordemos que es la misma situación, e idéntica respuesta, que se describe en la brevísima *Rima XXI:*

> *¿Qué es poesía?, dices mientras clavas*
> *en mi pupila tu pupila azul:*
> *¡Qué es poesía! ¿Y tú me lo preguntas?*
> *Poesía... eres tú.*

La respuesta podría parecer una vulgar evasiva galante, pero nada más lejos de eso. Porque Bécquer se propone decir primeramente qué es la poesía, mas no como materia literaria, lograda en un poema, sino como

---

[176] *Gustavo Adolfo Bécquer,* cit., pág. 319.
[177] «Lenguaje insuficiente...», cit., págs. 117-118.
[178] *Poética para un poeta...,* cit., pág. 39.

sustancia inicial, existente en sí misma, anterior a todo propósito de arte. «En su primera significación —aclara Guillén— el vocablo *poesía* no alude a la obra hecha por el hombre sino a lo que en el mundo real es poético» [179]. En la *Rima IV* lo define Bécquer maravillosamente:

> *Podrá no haber poetas... pero siempre*
> *¡Habrá poesía!*

Y siguen las cuatro conocidas estrofas en las que el poeta enumera las fuentes diversas, desde los astros al corazón, de donde mana la poesía. Comentando esta *Rima* ha escrito José María de Cossío: «La poesía tiene una existencia objetiva, independiente del poeta que la capta. La onda existe sin la antena. En tres sectores capitales reside y se produce, que Bécquer da perfecta y metódicamente delimitados. El mundo de lo sensible —imágenes, luces, sonidos, perfumes—. El mundo del misterio —origen de la vida, destino de la humanidad, universo desconocido—. El mundo del sentimiento —desacuerdo del corazón y la cabeza, esperanzas y recuerdos, amor—» [180]. Y Jorge Guillén, que aduce también este pasaje, comenta a su vez: «Valores poéticos parecen, pues, aunque nadie los hubiera convertido en poesía, la creación con su hermosura y su misterio, el alma con sus hermosas y misteriosas emociones. Hasta podría hablarse de *poesía en acción*, por ejemplo, en una 'época de grandes pasiones..., de trastornos, de peligros y de combates'. Poesía es todo eso, y poeta es quien lo descubre y hace suyo» [181].

Pero, ¿de qué manera lo hace suyo? Mediante el sentimiento, que quiere decir *amor*, ya que el amor «es la suprema ley del universo —dice en la *Carta III*—; ley misteriosa por la que todo se gobierna y rige, desde el átomo inanimado hasta la criatura racional» [182]. Esto nos puede hacer comprender mejor ahora la afirmación primera: «poesía eres tú». «La poesía eres tú —explica Bécquer en la *Carta I*— porque la poesía es el sentimiento y el sentimiento es la mujer. La poesía eres tú, porque esa vaga aspiración a lo bello que la caracteriza y que es una facultad de la inteligencia en el hombre, en ti pudiera decirse que es un instinto. La poesía eres tú porque el sentimiento que en nosotros es un fenómeno accidental y pasa como una ráfaga de aire, se halla tan íntimamente unido a tu organización especial, que constituye una parte de ti misma. Finalmente, la poesía eres tú, porque tú eres el foco de donde parten sus rayos» [183]. Bécquer afirma a continuación que el genio verdadero tiene algunos atributos extraordinarios que Balzac llama femeninos «y que efectivamente lo son». Parece que esta

---

[179] «Lenguaje insuficiente...», cit., pág. 118.
[180] José M.ª de Cossío, *Poesía española. Notas de asedio*, Madrid, 1936, pág. 322.
[181] «Lenguaje insuficiente...», cit., pág. 118.
[182] Edición Díaz-Plaja, cit., pág. 137.
[183] Ídem, íd., pág. 126.

afirmación no siempre ha sido entendida rectamente. Lo que Bécquer quiere decir es que esta actitud sentimental, única que permite captar en plenitud la poesía del universo, es consustancial a la mujer por la visión no conceptual que ella tiene del mundo; en el hombre, por el contrario, en el cual, como vimos páginas arriba, se ha escindido la unidad panteística de espíritu y naturaleza por culpa de la razón, la capacidad sentimental existe sólo a ráfagas y es preciso restablecerla plenamente, hundiéndose en el mundo de los sueños y de la fantasía, en los espacios interiores del alma, para ponerse en contacto con una realidad más amplia y más profunda, en un trasmundo que la sola razón no puede penetrar. Bécquer —no podemos dudarlo— vivió repetidamente la experiencia de esa inmersión, a modo de un éxtasis estético, en que el espíritu siente y no razona, y nos ha dado de ello abundantísimos testimonios, que sería largo reproducir aquí; bástenos recordar a los personajes de sus *Leyendas*, para los cuales no existen fronteras entre el trasmundo y la realidad visible.

Dando esto por sentado, el interés de las *Cartas literarias* reside para nosotros en otra parte. Aclaremos primeramente que uno de los grandes temas, casi diríamos obsesiones, que reaparecen en Bécquer a la vuelta de cada página, es la incapacidad de expresar adecuadamente el caudal de experiencias sentimentales que invaden constantemente el espíritu del escritor; Jorge Guillén, con felicísima definición, ha subtitulado su estudio con estas palabras: *Bécquer o lo inefable soñado*. Para Bécquer, el torrente de su vida sentimental no puede ser expresado en palabras, y toda su obra —prosa y verso— es un lamento repetido ante la insuficiencia del ropaje verbal para vestir el mundo interior que le desborda. Resulta paradójico que el más fino prosista de su siglo y el primer poeta indiscutible sea quien más eche de menos su capacidad para comunicarse plenamente; mas, para él, el sentimiento, esencia de toda poesía, es inefable. En esta inadecuación queda patente, sin embargo, la riqueza de su vida interior a que tantas veces hace alusión el poeta; consciente de aquélla, hallaba insuficientes las formas con que lograba revestirla.

En la *Carta II* hay un párrafo esencial a este propósito. Supone que la mujer encuentra pobres sus declaraciones de amor, y escribe esta disculpa: «Si tú supieras cómo las ideas más grandes se empequeñecen al encerrarse en el círculo de hierro de la palabra; si tú supieras qué diáfanas, qué ligeras, qué impalpables son las gasas de oro que flotan en la imaginación, al envolver esas misteriosas figuras que crea, y de las que sólo acertamos a reproducir el descarnado esqueleto; si tú supieras cuán imperceptible es el hilo de luz que ata entre sí los pensamientos más absurdos, que nadan en su caos; si tú supieras..., pero, ¿qué digo? tú lo sabes, tú debes saberlo. ¿No has soñado nunca? ¿Al despertar te ha sido alguna vez posible referir con toda su inexplicable vaguedad y poesía lo que has soñado? El espíritu tiene una manera de sentir y comprender especial, misteriosa, porque él es un arcano; inmensa, porque él es infinito; divina, porque su esencia es santa. ¿Cómo la palabra, cómo un idioma grosero y mezquino, insuficiente a veces para expresar las necesidades de la materia, podrá servir de digno intérprete entre dos almas?» [184]. Unas líneas antes recuerda Bécquer que había interrumpido la *Carta I* cuando había surgido el tema del amor; teme ahora que la mujer sospeche que fue debido a falta de sentimiento, y le aclara que fue por todo lo contrario, por un exceso, precisamente, que se sentía incapaz de comunicar; y escribe a continuación el pasaje que hemos reproducido.

Al comienzo de la *Carta*, siempre arrastrado por idéntica inquietud, escribe Bécquer una página que es necesario copiar entera, porque está dando mucho juego en las recientes interpretaciones sobre Bécquer: «Existe —dice— una preocupación bastante generalizada, aun entre las personas que se dedican a dar formas a lo que piensan, que a mi modo de ver es, sin parecerlo, una de las mayores. / Si hemos de dar crédito a los que de ella participan, es una verdad tan innegable que se puede elevar a la categoría de axioma, el que nunca se vierte la idea con tanta vida y precisión, como en el momento en que ésta se levanta semejante a un gas desprendido, y enardece la fantasía y hace vibrar todas las fibras sensibles, cual si las tocase una chispa eléctrica. / Yo no niego que suceda así. Yo no niego nada, pero por lo que a mí toca, puedo asegurarte que cuando siento no escribo. Guardo, sí, en mi cerebro escritas, como en un libro misterioso, las impresiones que han dejado en él su huella al pasar; estas ligeras y ardientes, hijas de la sensación, duermen allí agrupadas en el fondo de mi memoria, hasta el instante en que, puro, tranquilo, sereno, y revestido, por decirlo así, de un poder sobrenatural, mi espíritu las evoca, y tienden sus alas transparentes que bullen con un zumbido extraño, y cruzan otra vez a mis ojos como en una visión luminosa y magnífica. / Entonces no siento ya con los nervios que se agitan, con el pecho que se oprime, con la parte orgánica y material que se conmueve al rudo choque de las sensaciones producidas por la pasión y los afectos; siento, sí, pero de una manera que puede llamarse artificial; escribo, como el que copia de una página ya escrita; dibujo, como el pintor que reproduce el paisaje que se dilata ante sus ojos y se pierde entre la bruma de los horizontes» [185].

Los poetas románticos habían hablado hasta el hartazgo de la «llama de la inspiración» y pretendían hacer creer que escribían poco menos que en trance; o lo hacían así en realidad, que era mucho peor, pues se diluían en una espontaneidad farragosa y desordenada. Las palabras de Bécquer,

---

[184] Ídem, íd., págs. 131-132.
[185] Ídem, íd., págs. 129-130.

en este último pasaje reproducido, parecen, por el contrario, superar esta actitud; según la explicación de José Pedro Díaz, Bécquer invoca un principio de orden que debe moderar la inspiración, establece un equilibrio entre pasión e inteligencia y propone una elaboración consciente que debe seguir a la sedimentación de la experiencia sentimental: «El manejo y el dominio de los materiales expresivos —comenta Díaz— exigen una lucidez, una conciencia y un rigor que no pueden ser favorecidos por el impacto emocional» [186].

Esta interpretación, compartida por la casi totalidad de los más recientes críticos becquerianos, nos parece básicamente justa, pero creemos que se extraen de ella consecuencias no contenidas en la intención del escritor; no sería inexacta, si consistiera en atribuirle a Bécquer una exigente capacidad de autocrítica, a la que debe precisamente las altas calidades de su poesía. Porque, como hemos de ver luego, es justamente en sobriedad, contención, ausencia de retórica, poder de sugerencia, en lo que excede prodigiosamente a todos los líricos españoles de su siglo; cualidades todas que exigen como ninguna otra un severo esfuerzo de ajuste y precisión (recuérdese una vez más la famosa «boutade» de aquella secretaria que, contra el deseo de su jefe, había redactado un informe demasiado largo, porque no le dieron tiempo para escribirlo más breve). La referida interpretación resulta ya, en cambio, muy problemática cuando, por un generoso prurito de acercarlo y hacerlo grato a los fieros perseguidores de «falacias biográficas», nos invita a imaginar a Bécquer elaborando cerebralmente sus poemas, enfriada ya la emoción y entregado como un geómetra al manejo de los materiales expresivos; es decir: las emociones reales originarias habrían dado la tela, pero luego el poeta habría hecho de su capa un sayo. José Pedro Díaz, comparando las supuestas teorías de Bécquer con las conocidas de Poe y de Baudelaire, escribe inequívocamente: «Tanto en ellos como en Bécquer, y en este caso por parecidas razones, se advierte la formación de un criterio moderno que se caracteriza por una delimitación más precisa de las fronteras de la poesía y *por el reconocimiento de su relativa independencia de la experiencia vital*» [187] (el subrayado es nuestro). Y pocas líneas después: «...dijimos más arriba que no sólo va a poder expresarse mejor una vez pasada la conmoción inicial, sino que va a expresar *otra cosa*» [188] (el subrayado es de Díaz). La exégesis, como se ve, tiende a situar a Bécquer dentro de los términos definidos por una fórmula famosa: «El poeta comienza donde el hombre acaba». No nos importa ahora examinar la exactitud de la fórmula, con los posibles límites de su aplicación, ni mucho menos la validez general de una crítica que se erige sobre tales supuestos. Lo que queremos decir, sencillamente, es que semejante definición no nos

---

[186] *Gustavo Adolfo Bécquer*, cit., pág. 339.
[187] Idem, íd., pág. 345.
[188] Idem, íd., pág. 342.

parece convenirle a Bécquer, a Bécquer en concreto, y que la «modernidad» teórica que se pretende atribuirle falsifica su pensamiento.

Bécquer no tenía más obsesión que puntualizar la distancia existente entre lo mucho que sentía y lo poco que creía decir. Cuando le declara a la mujer de sus *Cartas* —en el pasaje transcrito— la imposibilidad de escribir inspiradamente en el instante en que vive su pasión, no le importa estudiar el proceso psíquico de la creación poética, ni mucho menos establecer los principios de una teoría artística; lo que pretende es hacerle comprender a su amada que si eso de escribir inspiradamente bajo los efectos de la emoción fuera verdad, le hubiera dicho las cosas más maravillosas; mas por desgracia no es así. Por eso enmudece al final de la primera *Carta* cuando aparece la palabra *amor*, y se lanza en seguida, al comienzo de la segunda, a dar excusas de su silencio.

En el texto trascrito de la *Carta II*, Bécquer explica, como vimos, que guarda escritas en su cerebro las impresiones recibidas; allí duermen, en el fondo de la memoria, hasta que su espíritu «puro, tranquilo, sereno, y revestido, por decirlo así, de un poder sobrenatural», las evoca. El pasaje, según común opinión de los exégetas, en el sentido que Díaz patrocina, sirve para demostrar la diferente *cualidad* que existe entre la emoción originaria y la evocación posterior. Díaz lo puntualiza muy concretamente: «Esta visión *luminosa* y *magnífica* es la visión de aquellos materiales *y transformados, ya elaborados*. No es la mera reproducción, el mero recuerdo del suceso que estimuló o provocó el comienzo del proceso creador, ni siquiera el recuerdo de la emoción que derivó de él...». Y después de repetir unas líneas del texto de Bécquer, añade: «Lo que la memoria evocará son *los resultados* de un proceso que se inició —y sólo se inició— con la sensación, pero que no son ni la sensación ni la emoción que ésta produjo, sino *algo de un orden diferente*. Las que fueron experiencias humanas se transformaron en materiales estéticos, *y son éstos los que el poeta va a expresar*» [189] (todos los subrayados son de Díaz). En el mismo sentido se expresa López Estrada: «El sentir *artificial* —dice— representa *un orden de emoción estrictamente artístico* [los subrayados son ahora nuestros] en el que el poeta saca de sí la revivida impresión original, *distante del motivo primero o de origen, en contraste con el cual reconoce que esta otra situación posterior no es de la naturaleza que la primera, y en ella actúa cuanto el artista conoce como técnica de su arte*» [190]. Y poco después añade: «Bécquer reconoce la pobreza de la palabra, pero no por eso la descuida, sino que, afinando en esa poquedad de comunicación, *elabora artificialmente esa enorme riqueza de las impresiones de origen*» [191].

---

189 Idem, íd., pág. 341.
190 *Poética para un poeta...*, cit., pág. 104.
191 Idem, íd., pág. 105.

Nuestra interpretación discrepa, sin embargo, de este punto de vista. Según nuestra opinión, cuando Bécquer distingue entre la emoción originaria y su recuerdo posterior, no se propone conceder a éste ningún carácter exclusivamente estético, sino que se limita a establecer *diferencias de grado...* con evidente perjuicio para el segundo. Cierto que Bécquer parece exaltarse al hablar del «poder sobrenatural» con que el espíritu evoca el pasado; pero tan sólo porque en esta capacidad de evocación reside, para él, la excelencia de los poetas: «Todo el mundo siente», sentencia a continuación del pasaje que comentamos. «Sólo a algunos seres les es dado el guardar, como un tesoro, la memoria viva de lo que han sentido. Yo creo que éstos son los poetas. Es más, creo que únicamente por esto lo son» [192]. Es decir: tan sólo la sensibilidad que suponemos en los poetas, les hace dueños de esta capacidad, negada a los pobres seres del montón, de conservar y hacer revivir las emociones. Pero de una manera —entiéndase bien— rebajada y como degradada, a mucha distancia de la emoción real; por esto dice Bécquer muy claramente que, al revivirlas, lo hace de una manera que puede llamarse *artificial:* «escribo —dice—, como el que copia de una página ya escrita; dibujo, como el pintor que reproduce el paisaje que se dilata ante sus ojos y se pierde entre la bruma de los horizontes» [193]. En una palabra: se trata de una copia de segunda mano, de algo ya escrito; dibuja un paisaje, pero que se difumina borroso entre la bruma. Es inconcebible que si Bécquer hubiera pensado en estas emociones revividas como *materiales estéticos, ya transformados y elaborados,* los hubiera calificado de ese modo, evidentemente peyorativo. En la misma *Carta II,* después de explicar a la mujer por qué se había callado después de mencionar la palabra *amor,* añade: «¡Escribir! Oh, si yo pudiera haber escrito entonces, no me cambiaría por el primer poeta del mundo. Mas... entonces lo pensé, y ahora lo digo» [194]. El pasaje no puede ser más transparente. Bécquer vuelve a subrayar la diferencia entre la emoción originaria —maravillosa, extraordinaria, digna del mayor poeta del mundo— y la vulgar *copia* posterior, que no da idea de ella; y no —claro es— para calificar a esta segunda de «material estético», sino para pedir perdón por su insignificancia.

No creemos que a Bécquer se le haga más «moderno» atribuyéndole intenciones que no tuvo ni suponiéndole anticipaciones teóricas y técnicas que, más que satisfacerle, le hubieran irritado. El hombre doliente que siempre quiso volcarse íntegro en sus páginas y que proclamó repetidamente su sinceridad —«yo siento lo que escribo», dice en la *Carta IV*— nunca hubiera admitido que estaba haciendo puros malabarismos literarios; convirtió sus experiencias en poemas, los *elaboró,* sin duda, con todo

---

[192] Edición Díaz-Plaja, cit., pág. 130.
[193] Ídem, íd.
[194] Ídem, íd., pág. 131.

su saber poético, pero persuadido de que no escribía «algo de un orden diferente». La importancia y modernidad de Bécquer no residen en haber escrito poesías «independientes de su experiencia vital», sino en la forma en que las hizo. Jorge Guillén, que se ocupa también en su estudio de los problemas dichos, da con la justa definición del gran hallazgo de Bécquer: «Si la emoción y el fantasma son inefables —dice—, sólo será posible sugerir más que expresar directamente. Poesía, pues, de lo espiritual indefinible como vaga sugestión más que como estricta comunicación. Al vocablo, en toda su eficacia irradiante y musical, responderá la colaboración del lector»[195]. Éste es el gran secreto, el gran descubrimiento «técnico» de la poesía de Bécquer; es su mismo balbuceo, su propia inseguridad, el temor de su propia insuficiencia lo que le salva. Pero a esto volveremos luego.

Creemos útil, para sustanciar nuestra opinión en todo este problema, considerar algunos puntos de la exposición del propio Díaz, porque estimamos que, en varias ocasiones, apreciaciones muy justas y agudas en sí mismas son, sin embargo, encaminadas a probar la tesis que nos parece errónea; el prurito de interpretar a Bécquer en la dirección aludida conduce a Díaz a conclusiones contradictorias o, cuanto menos, confusas. No nos parece, en cambio, necesario seguir en detalle el hilo de las elucubraciones de López Estrada, cuya opinión queda sustancialmente resumida en el pasaje acotado, ni tampoco la exposición de Rafael de Balbín. Éste inicia su comentario sobre la *Poética becqueriana*[196], informándonos de que en las *Cartas literarias a una mujer* «se encuentra y afirma en Bécquer el principio fundamental de la distinción entre el acto poético y el signo poemático»[197], condición —creemos— que lo mismo se produce en Bécquer que en Grilo, y que en términos menos «científicos» podría enunciarse diciendo que una cosa es lo que uno imagina, o siente, y otra lo que luego es capaz de expresar. En la página siguiente, después de reproducir un pasaje de la *Carta II*, que ya nos es conocido, informa Balbín que «la configuración del signo poemático —ya sea lingüístico o pictórico— aparece aquí como nacido en tiempo posterior y diferenciado respecto del momento en que surge el acto de una concepción poética ya consolidada, que le es anterior»[198]; condición asimismo evidente lo mismo en Bécquer que en otro poeta cualquiera, pues lo extraño sería que el «signo poemático» —lingüístico o pictórico— se produjera antes de que fuera concebido por el autor. Dejemos, pues, estas exégesis y limitémonos a las páginas de Díaz.

Dice éste que así como la meditación estética labora sobre la obra de arte considerada como objeto, y por tanto con cierta independencia del proceso creador, que es su necesidad causal, «los textos de Bécquer, en cambio,

---

[195] «Lenguaje insuficiente...», cit., pág. 136.
[196] Madrid, 1969.
[197] Idem, íd., pág. 7.
[198] Idem, íd., pág. 8.

presentan su centro de gravedad en otro lugar: *el proceso del devenir hacia la expresión* le ocupa principalmente y, antes que la obra de arte, analiza el camino que a ella le lleva»; el poeta —por serlo y por romántico, añade a continuación— «está más cerca de la conmoción del proceso creador que de la objetiva consideración de obras hechas»[199]. Es decir: que a Bécquer lo que le importa no es el poema escrito, en cuyo logro y perfección apenas cree, sino la vibración, humana y personal, del poeta, que lo imagina y lo desea.

El párrafo siguiente es aún más explícito. «Para Bécquer —afirma Díaz— la poesía es 'esa aspiración melancólica y vaga que agita tu espíritu con el deseo de una perfección imposible', y todo lo que sobre poesía dejó escrito tiende a mostrarnos la creación como dependiente del sujeto, con florescencias de éste, antes que como un esfuerzo dirigido a lograr algo exterior a él. *La noción de creación responde así a la idea de expresar el sujeto, con desdén, o en ausencia de un ideal exterior al que aspirar*»[200] (Díaz subraya la palabra *expresar*; el restante subrayado es nuestro). ¿Dónde queda, pues —hemos de preguntarnos— la importancia de ese «signo poemático», precioso objeto estético independiente de la experiencia vital, artificialmente elaborado «en un orden de emoción estrictamente artístico»?

Comenta Díaz[201] que el poeta romántico se había caracterizado —como reacción, sin duda, al anterior siglo normativo— por la espontaneidad de su actitud creadora; se complacía en manifestar de manera libérrima su personalidad, constreñida antes por fórmulas literarias. Semejante libertad, «sobre todo en España», llegó a convertirse en descuido y la inspiración en desorden; «así Hegel pudo llamar romántico a aquel arte en el cual la idea sobrepasa la forma que no alcanza a contenerlo». «Excepcionalmente —añade Díaz— Bécquer supera tal actitud», bien por su situación cronológica, bien por exigencias de su fina sensibilidad; a consecuencia de ello «Bécquer llega a afirmar que la conmoción sentimental (que en una rima asimila a la *inspiración)* ha de ser fijada en formas y órdenes que sólo la razón puede determinar». Pero páginas más adelante, después de reproducir el pasaje de la *Carta III* —«Si tú supieras cómo las ideas más grandes se empequeñecen al encerrarse en el círculo de hierro de la palabra...», etcétera— escribe Díaz: «Este sentimiento de la limitación de las posibilidades expresivas que acentúa, y acaso con exceso, una distinción entre fondo y forma, mantiene en este caso a Bécquer dentro de la ideología romántica. Es, otra vez, la exaltación de la idea que supera la forma [pero habíamos quedado en que Bécquer superaba esta actitud]. Contrariamente a la actitud rigurosa y analítica que orientó el comienzo de su investigación estética, le vemos aquí teórico idealista, desdeñando el análisis de la expe-

---

[199] *Gustavo Adolfo Bécquer*, cit., pág. 327.
[200] Ídem, íd., pág. 328.
[201] Ídem, íd., pág. 335.

riencia concreta del hecho poético (el poema mismo). Una constante psicología de retraimiento e introversión parece dominar también su trabajo
estético: esa actitud le permitió analizar con cuidado y casi con delecta-
ción los procesos interiores de la creación, pero le hace sentir desdén y acaso repugnancia por el proceso de su plasmación objetiva, formal, viciando
su estudio de un idealismo totalizador» [202]. Es decir: nueva constatación,
inequívoca, del carácter ancilar y secundario del signo poemático respecto
del sujeto creador; en lo cual no existe la contradicción de Bécquer —que
Díaz supone— con ninguna «rigurosa actitud» anterior, puesto que Bécquer
dijo lo mismo siempre; la contradicción no está sino en los intérpretes, que
no consiguen armonizar las afirmaciones de Bécquer con los principios que
le atribuyen.

En la página siguiente reproduce Díaz un pasaje de la *Introducción sinfónica*, que, como es sabido, es el texto autógrafo con que se inicia el *Libro
de los gorriones*. Bécquer se lamenta una vez más de la radical incapacidad
de la palabra para vestir adecuadamente a los «hijos de la fantasía», con lo
que —subraya Díaz— «da la supuesta separación de los conceptos de forma
y de fondo en términos extremos» [203]. «¡Andad, pues! —escribe Bécquer—
Andad y vivid con la única vida que puedo daros. Mi inteligencia os nutri-
rá lo suficiente para que seáis palpables; os vestirá aunque sea de harapos,
lo bastante para que no avergüence vuestra desnudez. Yo quisiera forjar
para cada uno de vosotros una maravillosa estofa tejida de frases exquisitas,
en que os pudiérais envolver con orgullo, como en un manto de púrpura.
Yo quisiera poder cincelar la forma que ha de conteneros, como se cincela
el vaso de oro que ha de guardar un preciado perfume. Mas es imposible» [204].
«Como se ve —comenta Díaz—, no se estudia, en la teoría del arte de Bécquer, la última etapa del proceso creador. Se limita aquí a darnos una
distinción muy primitiva entre fondo y forma que nos parece basta en comparación con el resto de su análisis. Y luego de hacer tal distinción sólo
emplea, para referirse a la forma, términos indirectos y vagos» [205]. Y pretendiendo disculpar a Bécquer —o, mejor diríamos, tratando de corregir la
imprevista discrepancia con el esquema interpretativo propuesto— añade
Díaz: «Debemos tener en cuenta, sin embargo, al considerar ese texto, que
es tardío, y seguramente posterior a toda la obra poética de Bécquer, ya
que está fechado en junio de 1868» [206]. Pero no comprendemos por qué, si se
valoran tan al detalle todos los otros textos de Bécquer, se pretende desca-
lificar a éste por ser tardío; habría más bien que considerarlo como una

---

[202] Ídem, íd., pág. 350.
[203] Ídem, íd., pág. 351.
[204] *Libro de los gorriones*, edición facsímil a cargo de Guillermo Guastavino Gallent,
Rafael de Balbín y Antonio Roldán, Ministerio de Educación y Ciencia, Madrid, 1971,
pág. 20.
[205] *Gustavo Adolfo Bécquer*, cit., pág. 351.
[206] Ídem, íd., pág. 352.

especie de testamento literario por ser el último del autor. El cual, por lo demás, repite lo mismo, sustancialmente, que había dicho en todos los textos que hemos transcrito.

Y veamos a renglón seguido una nueva confirmación de esta actitud del poeta, siempre idéntica, con la cual se debate el crítico. Refiriéndose a la definición dada por Bécquer, según la cual la poesía es «el anhelo de una perfección imposible», comenta Díaz: «...más que el logro final definitivo, más que la posible —o imposible— perfección *estética* —y estática— a que el poema pueda llegar, importa el movimiento amoroso —arrebatado— del alma que por aquél se pone de manifiesto. / Ese movimiento amoroso, esa aspiración del alma es melancólica, nos explica Bécquer, porque su fin es inalcanzable, imposible. Imposible sobre todo desde la **común** experiencia humana, parcializada en un ser y rodeada de circunstancias. Desde esa situación limitada e imperfecta el poeta intuye aquella perfección con la que participa en algunos momentos de especial luminosidad» [207]; ¿valdría decir, de *inspiración*?

La *Rima III* se cita comúnmente por estimarla representativa de la pugna o antítesis entre la inspiración y la razón, supuesto problema capital en la poética de Bécquer. Las primeras estrofas describen el carácter de la inspiración:

> *Sacudimiento extraño*
> *que agita las ideas...*
> *Murmullo que en el alma*
> *se eleva y va creciendo...*
> *Ideas sin palabras,*
> *palabras sin sentido...*
> *Locura que el espíritu*
> *exalta y desfallece...*

Y después de enumerar en la segunda serie de estrofas los caracteres de la razón, «principio de orden que debe equilibrar la **inspiración**, superar su desorden y hacer posible la poesía» [208], concluye Bécquer con esta estrofa:

> *Con ambas siempre en lucha*
> *y de ambas vencedor,*
> *tan sólo al genio es dado*
> *a un yugo atar las dos.*

Este sería el equilibrio ideal, pero tan sólo puede **lograrlo el genio** —¿cuántos son los que enumera Bécquer en toda su obra?—. Y Díaz comenta [209]

---

[207]  Idem, íd., pág. 357.
[208]  Idem, íd., pág. 336.
[209]  Idem, íd., pág. 337.

que para vencer esta última dificultad de la poesía, sólo asequible al genio, «no hay recetas». Es decir: si es algo que no se adquiere en la farmacia, queda evidentemente mucho más cerca de la genial inspiración que de una ciencia que no se comunica ni se aprende. En último caso, lo que Bécquer espera de la razón no es —dicho sea con la venia de todos los exégetas mencionados— un principio de orden que discipline nada (¿podía pedirlo el hombre que confesaba no distinguir el sueño de la realidad y preferir la mujer soñada a las rubias o morenas de carne y hueso, y que había escrito tres docenas de las más fantásticas leyendas?), sino el poder o facultad de expresar adecuadamente con palabras —esa capacidad de la que él dudaba por entero— el raudal de fantasías que le suministraba la imaginación, «creaciones sin número a las cuales ni mi actividad ni todos los años que me restan de vida serían suficientes a dar forma» [210]. Todos los numerosos textos de Bécquer, en que lamenta la irremediable incapacidad de la palabra para expresar el sentir del alma, abonan esta significación.

Dijimos arriba que Díaz compara los textos de Bécquer con teorías de Poe y de Baudelaire que enfrentan la emoción natural con «esa otra particular exaltación poética que no sólo es diferente de la primera sino que se opone a ella desde el punto de vista de la creación», y reproduce este pasaje de Poe: «Es precisamente esta emoción despojada de pasión la que constituye el dominio del verdadero arte de la poesía. La pasión propiamente dicha y la poesía no pueden acordarse. La poesía, elevándola, tranquiliza el alma. *No tiene nada que ver con el corazón...*» [211] (el subrayado es nuestro). Pero comparemos ahora otros comentarios de Díaz, en los cuales se olvida de su interpretación y confirma —dejándose llevar, quizá inconscientemente, por la fuerza de la evidencia— la «emoción natural» de la poesía de Bécquer. Al estudiar el influjo de Heine, del que luego nos ocuparemos, comenta Díaz que, en ocasiones, aquel influjo puede distorsionar la voz de Bécquer: frente a la «voluntad estructural» del alemán —dice a propósito de la *Rima LXVIII*— «el poeta español, frente al mismo tema, persigue una fidelidad más estrecha con la experiencia motivadora, y la forma que construye aspira a desarrollarse adherida al curso de esa misma experiencia, a plegarse sobre ella» [212]. Según Díaz, Bécquer no lo consigue aquí del todo, pero en cambio —comenta luego... en la *Rima XLIII* lo logra plenamente, «*porque ahora todo el poema quedó empapado de la experiencia. Hasta tal punto ésta la inunda*, que la rima dice ya más de lo que dice, y se la reconoce como una nota del *himno gigante y extraño*» [213] (los subrayados, salvo las tres últimas palabras, nuestros).

---

[210]  *Introducción sinfónica*, ed. cit., pág. 19.
[211]  *Gustavo Adolfo Bécquer*, cit., pág. 344.
[212]  Ídem, íd., págs. 217-218.
[213]  Ídem, íd., pág. 219.

Páginas después, a propósito de una composición de Dacarrete de sabor becqueriano, escribe Díaz: «Adviértase también que, aunque la estructura del tema se acerca más a Heine que a Bécquer por el tono y por su desarrollo, tiende a desprenderse de Heine en la misma dirección en que se desprende Bécquer, *acentuando, como él, el valor confesional e íntimo del poema*»²¹⁴ (los subrayados, nuestros).

Añadamos, finalmente, que en la parte final de su estudio, la que dedica más específicamente a la poesía de Bécquer, escribe Díaz frases como éstas: «Del numeroso grupo de rimas que parecen referirse directamente *a su más personal y profunda experiencia erótica*, podría suponerse (aunque con los reparos que expresamos en otro lugar) que fueron compuestas en aquel período de su vida en que ubicamos *su más intensa historia de amor*, ya en la alegría de su idilio con Elisa, ya en la angustia de la ruptura»²¹⁵. Y casi a continuación: «Creemos, en efecto, que la mayor parte de las rimas son de esta época. Otras —especialmente *las que cantan más desesperadamente una angustia solitaria*— podrían ser posteriores en algunos años». Refiriéndose luego a ciertas *Rimas* que considera menos valiosas, «*de tono menos hondo*», como la *XII*, o aun la *XIII* y hasta la *XIX*, dice de ellas que «independientemente de su limpieza de ejecución, de su dibujo nítido, de su gracia, *no llevan consigo aquel hondo compromiso del alma, que parece ser una de las profundas cualidades de la poesía de Bécquer*»²¹⁶. Y en la página siguiente, a propósito de las *Rimas XXX a LI: «Es la serie del desengaño. En ella leemos algunos de los poemas más dramáticamente punzantes, aquellos en los que la referencia autobiográfica parece más directa y en los que se expresa una herida más desnuda*»²¹⁷. Y dos páginas más adelante a propósito de los mismos poemas: «*Se caracterizan por una acusada inmediatez para con la experiencia motivadora*»²¹⁸. Y en la siguiente, a propósito de la cuarta serie: «*Domina el conjunto de estas rimas un sentimiento de dolor insondable, de angustia desesperanzada y solitaria*»²¹⁹. Y en las páginas siguientes, que dedica al estudio de la técnica, estilo, etc.: «En el caso de Bécquer, el poema no aspira fundamentalmente a valer por sí de una manera absoluta, *como objeto poético. La voluntad del poeta se empeña más que en construir, en verter, en dar*»²²⁰. Y líneas después: «*La voluntad creadora, antes que nada, obedece, se compromete a una extrema fidelidad para con ciertos movimientos del alma, y la consecuencia es el poema. Y esto es lo que ocurre en Bécquer. Lo que más le importa es obedecer a la voz que dicta dentro...*». Y un poco después: «*Algo roza el centro*

---

²¹⁴ Ídem, íd., págs. 236-237.
²¹⁵ Ídem, íd., pág. 364.
²¹⁶ Ídem, íd., pág. 374.
²¹⁷ Ídem, íd., pág. 375.
²¹⁸ Ídem, íd., pág. 377.
²¹⁹ Ídem, íd., pág. 378.
²²⁰ Ídem, íd., pág. 381.

*emotivo del poeta, un acontecimiento, una presencia que se hace especial-
mente significativa, una intuición, y provoca esa perturbación a la que el
canto da inmediata salida»* [221].

Creemos que basta. ¿Dónde quedan ahora esa supuesta *independencia
de la experiencia vital,* esa emoción *distinta de la causa que la produjo, de
un orden diferente,* ese *sentir artificial distante del motivo primero de
origen,* etc.?

Al llegar a este punto se nos hace irresistible la tentación de reproducir unas palabras de un excelente estudio de Mario Penna: «La grandeza
de Bécquer está, ante todo, en su tragedia humana. Cada vez me convenzo
más de que la poesía —y el arte en general— es, ante todo, comunicación
en su forma más humanamente intensa: y para conseguirla con la plenitud
necesaria es preciso que lo que se comunica lleve una auténtica carga emocional. Si la poesía de Bécquer hubiera sido tan sólo la de lo vago, de lo
impalpable, del ensueño que se confunde con la realidad, de la sugerencia
sugestiva, Bécquer no sería hoy Bécquer y nadie se emocionaría en su centenario. Y —digámoslo— en Bécquer mismo, no todo es francamente superior a esta fórmula. Hay poemas suyos altamente sugestivos, estilísticamen-
te perfectos, algunos, tal vez, de los más admirados, que, sin embargo, no
bastarían para su gloria» [222]. Y poco después: «Lo que pienso es que el Bécquer mayor, el Bécquer que descuella entre sus contemporáneos y puede
ser hoy —a distancia de un siglo— actual como entonces, es, sobre todo,
el Bécquer de las Rimas trágicas» [223].

Permítasenos insistir todavía por un momento más en nuestra exposición. Juan Antonio Tamayo ha escrito un excelente y largo ensayo, titulado
«Contribución al estudio de la estilística de Gustavo Adolfo Bécquer» [224],
buena parte del cual está dedicado a demostrar que Bécquer corregía sus
poemas, y no como quiera, sino casi se diría que encarnizada y tenazmente;
con plena conciencia, pues, de la tarea literaria que llevaba entre manos.
Tamayo estudia diversos borradores conservados y versiones distintas de
un mismo poema, y llega a la conclusión de que hay que «abandonar la idea
romántica de considerar a Gustavo Adolfo Bécquer como a poeta espontáneo, como una fuerza de la naturaleza» [225] a la vista de las técnicas de composición utilizadas por el escritor y de su incuestionable labor de lima.

La deducción es absolutamente legítima: Bécquer corregía, en efecto, y
además con ascetismo heroico, porque, como explica el propio Tamayo
—y volveremos luego a ello—, procedía por eliminación y condensación

---

[221] Ídem, íd., pág. 388.
[222] Mario Penna, «Las Rimas de Bécquer y la poesía popular», en *Revista de Filología española,* LII, 1969, págs. 187-215; la cita en pág. 213.
[223] Ídem, íd., pág. 214.
[224] En *Revista de Filología Española,* LII, 1969, págs. 15-51.
[225] Ídem, íd., pág. 51.

hasta dejar tan sólo en sus versos «lo esencial poético» [226]. Pero del hecho de que Bécquer corrigiera sus versos no parece que pueda saltarse a las conclusiones de los críticos arriba mencionados; Lope, el monstruo de la naturaleza, corregía, y en forma no escasa, según se nos ha dado a conocer; más o menos, todo escritor corrige, cualquiera que sea el resultado a que pretenda llegar, y hasta los más arrastrados gacetilleros también corrigen. Tamayo, que declara su persuasión de que Bécquer «era un gran creador consciente de su arte y poseedor indudable de los secretos de la técnica» [227], no llega a insinuar siquiera, como Díaz y López Estrada, que las *Rimas* sean *independientes de la experiencia vital* o elaboradas *artificialmente*. Bécquer, que sabía mucho de poesía y poseía la más fina sensibilidad para captarla, luchaba a brazo con el instrumento verbal para llegar a la delgada sencillez, que era su meta.

Para demostrar la conciencia artística de Bécquer, Tamayo recuerda dos autoridades repetidamente aducidas a este propósito: la de Dámaso Alonso y la de Bousoño. El primero, en un pasaje bien conocido, se pregunta: «¿Quién había de imaginar que las rimas de Bécquer —un gran número de ellas—, con las que tantas naturalezas humanas se han abierto hacia la más tierna sentimentalidad, estén construidas con un rigor de matemáticas correspondencias arquitecturales? ¿Intuyó el poeta la serie completa de conjuntos semejantes que habían de constituir *una* rima? ¿Fueron surgiendo éstos, unos tras otros, en la redacción? Lo cierto es que un crecido número de las rimas son, sencillamente, series de conjuntos semejantes, bien complejos, ordenados hipotácticamente con curiosa escrupulosidad» [228]; y concluye luego: «Quede también el ejemplo de Bécquer para desengaño de los que siguen basando su crítica en una inexistente distinción entre poesía natural y poesía artificiosa. Y muchas veces sucede que lo que parece más natural, más espontáneo, es lo más artificioso» [229]. Las palabras de Dámaso Alonso confirman una vez más que Bécquer era muy buen conocedor de la herramienta que manejaba y que buscaba servirse de ella con toda la eficacia posible; es decir: ningún gran artista —ni Bécquer ni nadie— escribe a la buena de Dios, como no se puede pintar sin saber de pintura; pero la habilidad del artesano no cierra la puerta al espíritu, cuando éste existe. Baste ver el ensayo, justamente famoso, del propio Dámaso Alonso sobre Bécquer, «Originalidad de Bécquer», en donde nada se insinúa sobre *artificios cerebrales*, y donde, en cambio, podemos hallar afirmaciones como ésta: «Heine, poeta siempre, con frecuencia es poeta y crí-

---

[226] Ídem, íd., pág. 20.
[227] Ídem, íd.
[228] Introducción al libro en colaboración con Carlos Bousoño, *Seis calas en la expresión literaria española (Prosa-Poesía-Teatro)*, 3.ª ed., Madrid, 1963, pág. 18.
[229] Ídem, íd.

tico a la par. Bécquer, por el contrario, no se contempla fríamente en su dolor, se entrega a su dolor» [230].

El ensayo de Bousoño, «Los conjuntos paralelísticos de Bécquer» [231], suele aducirse para demostrar el artificioso saber del gran lírico. Pero leamos algunos pasajes. Al ocuparse de la correlación en Bécquer, escribe Bousoño: «¿Existen correlaciones en las Rimas? Si reservamos este nombre para aquellos casos de más artificio, en que el poeta había de ser rigurosamente consciente del instrumento de que se servía, nuestra respuesta será quizá negativa. Pero *un uso intuitivo y seguramente inconsciente del recurso* está claro en cinco rimas. En todos ellas las pluralidades no pasan nunca de la bimembración, y, por tanto, *no se sale Bécquer de lo que puede ser connatural al pensamiento humano*» (los subrayados son nuestros, y estamos seguros de que la perspicacia del lector nos ahorra por esta vez todo comentario).

El paralelismo, en cambio, según Bousoño, es en Bécquer muy frecuente, hasta el punto de que llega a pasmarse el crítico. Y cuando éste, después de largas disquisiciones teóricas, llega a preguntarse por la razón de tan frecuente uso, leemos lo siguiente (y los subrayados son esta vez del propio autor): «Tal la causa de que Bécquer emplee los paralelismos en su obra. En efecto: *los paralelismos no son otra cosa que una variante del procedimiento reiterativo, que consiste en repetir el género próximo de cada uno de los miembros que forman un conjunto.* A cada agresión paralelística, a cada oleada, a cada conjunto, la emotividad va creciendo hasta adquirir una temperatura equivalente a la que el poeta ha sentido» [232]. La reiteración no parece, pues, que sea un artificio técnico demasiado esotérico, y el propio comentarista nos asegura, en efecto, líneas antes que se trata de un recurso de la lengua ordinaria. Pero por si quedase alguna duda sobre el uso que del paralelismo hace Bécquer, leamos otro pasaje que cierra el ensayo (los subrayados son nuestros esta vez): «El análisis realizado sobre la Rima XXVII quizá nos empañe con un leve iris la visión de Bécquer

---

[230] En *Poetas españoles contemporáneos*, 3.ª ed., Madrid, 1965, págs. 13-47; la cita en pág. 32. (Una primera versión de este artículo, bajo el título de «Aquella arpa de Bécquer», apareció en *Cruz y Raya*, núm. 27, junio de 1935, págs. 59-104.)

[231] En el volumen cit., *Seis calas...*, págs. 179-218; la cita que sigue en págs. 180-181.

[232] Ídem, íd., pág. 196. Adviértase que en la primera edición de este texto, las últimas palabras de la cita eran diferentes; decían así: «...la emotividad va creciendo hasta adquirir la temperatura que el poeta quiere expresar, y que, al hallarse en el interior de un lenguaje único, se desconceptualiza, y así nos parece personal, y por eso, poética». No deja de ser curioso que en un trabajo dedicado a probar los artificios técnicos de Bécquer, se sustituyan las palabras «la temperatura que el poeta quiere expresar» —y que podrían sugerir una actitud cerebralmente deshumanizada, ya que lo que *quiere expresar* podría ser distinto de lo que había experimentado— por otra versión que subraya inequívocamente la proyección personal, íntima y auténtica del poeta: «una temperatura equivalente a la que el poeta ha sentido». El testimonio —creemos que irrecusable en este caso— es una prueba más contra la supuesta elaboración *artificial* de las *Rimas* de Bécquer.

como un poeta 'a la buena de Dios'. Esa rima tal vez nos hable demasiado alto de un Bécquer muy conocedor de su oficio, *intuitivamente si se quiere.* *Porque los paralelismos (y en esto se diferencian quizá de la correlación) no implican una excesiva intromisión de lo racional en los dominios del arte; por eso un poeta esencialmente emotivo como Bécquer puede, pese a su romántica sentimentalidad, oponerse con ese artificio al desorden del romanticismo anterior»* [233].

Resulta, en consecuencia, que los paralelismos, artificio técnico cuya frecuencia pasma al crítico, pertenecen a la lengua común; que Bécquer conocía su uso *intuitivamente, si se quiere;* y —lo que es más decisivo todavía— que los paralelismos no implican una excesiva intromisión de lo racional en los dominios del arte, y, por lo tanto, que un poeta tan emotivo como Bécquer los puede utilizar sin que se opongan a su romántica sensibilidad, es decir, sin que haya que disociarlos *de su experiencia vital* ni suponerlos elaborados *artificialmente,* vuelto el poeta de espaldas a lo que está quemándole en el fondo de su entraña.

Al final de tan largo peregrinar parece, pues, que nos quedamos con una sola cosa segura: que Bécquer corregía como cualquier hijo de vecino. Lo que sucede es que Bécquer, además de la técnica, poseía algo que cierta crítica pretende negar: inspiración; es decir, esa cualidad que no se adquiere en la farmacia y que consiste en decir lo que se pretende, después de la primera corrección o de la enésima, porque la inspiración no radica en decir bien las cosas a la primera vez, sino a la última; a diferencia de los que, careciendo de inspiración —o, dicho de otro modo, de talento poético— cuanto más corrigen, más lo estropean [234].

---

[233] Reproducimos ahora la cita tal como fue publicada en la 1.ª edición. En la 2.ª y 3.ª el autor ha suprimido las palabras desde «por eso un poeta esencialmente emotivo como Bécquer...», hasta el punto. La supresión parece tender, evidentemente, a eliminar la aceptación del carácter *esencialmente emotivo* de Bécquer; corrección muy lógica, puesto que se estaba probando su artificiosidad. Pero quizá el crítico no advierte que el pasaje a que nos referimos en la nota anterior proclama lo que aquí pretende silenciar.

[234] En el citado artículo de Dámaso Alonso podrían espigarse numerosos pasajes que subrayan el prodigio y misterio que supone el hecho poético, y muy especialmente referido a Bécquer. Merece la pena reproducir siquiera un párrafo de muy particular significación: «¿La poesía es el pensamiento? ¿Es el ritmo? ¿Es la imagen? Cada uno de estos elementos puede venir de sitios distintos; y aun pueden juntarse todos... y la poesía no concurrir a la cita. Porque la poesía —y no pretendo revelar el secreto intangible, sino sólo aislarlo— consiste en una íntima vibración del poeta, por vías de misterio comunicada a su obra; vibración que, en ondas de luz, nos descubre hasta profundidades últimas, como en prodigio, el pensamiento, nítidamente traslúcido e intensificado; temblor que avanza en música a lo largo del ritmo, sacudida que hace fúlgida la imagen; vibración, estremecimiento, furia lo llamaron los antiguos, que une todos esos elementos; y, ya en la obra inconsútil, pensamiento, imagen, ritmo, son un solo e indivisible ser: la criatura de arte, el poema. Porque el endecasílabo habrá venido de Italia, el pensamiento de la poesía *(Collige, virgo, rosas)* será el más rebotado desde la antigüedad, las imágenes *(blancura de la azucena, carne rosada, oro del cabello...)* tal

Sería interesante considerar ahora lo que Bécquer persigue realmente cuando corrige sus poemas, y quizá convenga para ello recordar algún fragmento del tantas veces citado prólogo que puso a los *Cantares* de Ferrán. Después de describir la poesía «magnífica y sonora», «hija —adviértase bien la filiación— de la meditación y del arte», alude a la contraria, que es la suya, aunque la encarece a propósito de la de su amigo: «Hay otra natural, breve, seca, que brota del alma como una chispa eléctrica, que hiere el alma con una palabra y huye, y *desnuda de artificio*, desembarazada dentro de una forma libre, despierta con una que las toca, las mil ideas que duermen en el océano sin fondo de la fantasía». Y prosiguiendo más abajo la misma contraposición, escribe: «La una —la primera, la magnífica y sonora— es el fruto divino de la unión del arte y de la fantasía»; «la otra —es la suya, repitámoslo otra vez— es la centella inflamada *que brota al choque del sentimiento y la pasión*» (los subrayados, nuestros). Cuando Bécquer corrige, lo hace para alcanzar esa naturalidad y brevedad que compara a una chispa eléctrica y que se exhibe desnuda de artificio; porque Bécquer conoce las tentaciones de la amplificación y de la retórica que nos arrebatan la naturalidad y que hay que desmochar ascéticamente hasta lograr la forma desnuda y libre. Todo el esfuerzo técnico de Bécquer va encaminado a desembarazarse de artificios, a ser más natural; jamás a falsificar o enmascarar lo que sentía.

LAS «RIMAS»

Como dijimos en las notas biográficas, Bécquer reunió sus versos en un manuscrito que entregó a González Bravo para que éste los prologara y editara, pero este original se perdió al ser saqueada la casa del ministro durante la Revolución de Septiembre. Nadie entre los amigos o contemporáneos de Bécquer ha descrito este manuscrito, y se ignora, pues, lo que contenía; y, según informa Rica Brown [235], tan sólo dos de sus amigos nos han dejado referencia de él. Uno es Francisco de Laiglesia, más joven que Bécquer y gran admirador suyo, compañero de la tertulia del Suizo donde veía al poeta todos los días; el otro es Campillo, que en 1868 todavía residía en Cádiz, pero se estableció al año siguiente en Madrid al conseguir una cátedra de Instituto, y reanudó su intimidad con Bécquer después de quince

---

vez se merquen con la más usual moneda de vellón del Renacimiento. Pero basta una dulce vibración de la voz de Garcilaso. Y estamos ya delante de la no perecedera belleza creada...» («Originalidad de Bécquer», cit., págs. 13-14). Es decir: que en Bécquer, como en cualquier otro poeta, pueden contabilizarse todas las correlaciones y paralelismos que Bousoño, y el propio Dámaso Alonso, sean capaces de encontrar, y la poesía no concurrir a la cita. Es necesaria —eso sí— «una íntima vibración del poeta, por vías de misterio comunicada a su obra» para que se logre la poesía. Bécquer acertó a ponerla en la suya.

[235] *Bécquer*, cit., pág. 323.

años de separación. Un día Francisco de Laiglesia se presentó en el Suizo con un enorme cuaderno de seiscientas páginas y se lo entregó a Bécquer rogándole que fuera reuniendo allí sus trabajos. El poeta lo guardó, y cuando en el otoño del 68 se trasladó a Toledo con su hermano y decidió allí reconstruir de memoria las poesías perdidas, utilizó el cuaderno regalado por Francisco de Laiglesia. Se trata de un vulgarísimo libro rayado comercial, de los llamados «auxiliares de contabilidad». En su primera página escribió Bécquer: *Libro de los gorriones. Colección de proyectos, ideas y planes de cosas diferentes que se concluirán o no según sople el viento. De Gustavo Adolfo Claudio Bécquer. 1868. Madrid 17 junio* [236]. En las páginas 5 a 7 escribió una *Introducción sinfónica;* en las páginas 9 a 19 la leyenda, inacabada, *La mujer de piedra;* sigue luego un enorme salto en blanco, y comenzando en la página 529 copió Bécquer las *Rimas;* van precedidas de un índice con los primeros versos, y encima de la primera, en la página 537, dice: *Poesías que recuerdo del libro perdido.* El *Libro de los gorriones* contiene 79 *Rimas,* pero Pageard supone [237] que su número era mayor en el manuscrito de González Bravo.

Como ya sabemos, los amigos de Bécquer —Rodríguez Correa, Augusto Ferrán y Narciso Campillo— prepararon la primera edición de sus *Obras,* que se imprimió en Madrid en 1871, con un prólogo de Rodríguez Correa [238]. Los editores suprimieron tres *Rimas* del *Libro de los gorriones:* «Dices que tienes corazón y sólo...», «Fingiendo realidades», y «Una mujer me ha envenenado el alma». Pageard sugiere [239], no obstante, que fue el propio Bécquer quien había eliminado esta última, que aparece en el manuscrito tachada con una gruesa cruz.

Los editores no respetaron el orden del original. Bécquer, probablemente, fue copiando las *Rimas* sin orden preciso, según le venían a la memoria; pero sus amigos les dieron la numeración que casi todas las ediciones posteriores han reproducido y que se tiene ya por tradicional [240]. Opinaron que,

---

[236] Existe la edición facsímil que hemos citado en la nota 204.

[237] *Rimas de Gustavo Adolfo Bécquer,* edición anotada por Robert Pageard, C.S.I.C., Madrid, 1972, pág. 2.

[238] Para el contenido de las once primeras ediciones —entre 1871 y 1928— cfr., Franz Schneider, «Tablas cronológicas de las obras de Gustavo Adolfo Bécquer», en *Revista de Filología Española,* XVI, 1929, págs. 389-399. Las ediciones modernas de las *Rimas* son numerosísimas; como no sería posible —ni quizá merezca la pena— dar referencia de todas ellas, nos limitamos a las ediciones fundamentales: Edición facsímil del *Libro de los gorriones,* a cargo de Guillermo Guastavino Gallent, Rafael de Balbín y Antonio Roldán, cit. José Pedro Díaz, *Bécquer. Rimas,* Edición, Introducción y notas, «Clásicos Castellanos», Madrid, 1963. Juan María Díez Taboada, *Rimas,* edición y estudio, Madrid, 1965. Robert Pageard, *Rimas de Gustavo Adolfo Bécquer,* Edición anotada, C.S.I.C., Madrid, 1972. José Carlos de Torres, *Gustavo Adolfo Bécquer. Rimas,* Edición, Introducción y notas. Madrid, 1976.

[239] Idem, íd.

[240] Cfr., Juan María Díez Taboada, «La ordenación de las Rimas de Gustavo Adolfo Bécquer», en *Actas del Segundo Congreso Internacional de Hispanistas, 1965,* Nimega,

en su conjunto, las _Rimas_ ofrecían el desarrollo de una historia de amor que «partiendo de una primera etapa feliz y esperanzada, celebra luego francamente el amor, llora después su desengaño y canta, por último, la más angustiada soledad»[241]. El propio Rodríguez Correa dice en el _Prólogo:_ «Todas las _Rimas_ de Gustavo forman, como el _Intermezzo_ de Heine, un poema, más ancho y completo que aquél, en que se encierra la vida de un poeta». Siguiendo este orden de las ediciones, Pageard distingue[242] una primera serie de _Rimas_ —_I_ a _IX_— relativas a la expresión artística; siguen luego —_X_ a _XXIX_— las que traducen la expresión del amor afirmativo y esperanzado (los editores no vieron, sin embargo —observa Pageard— todo el alcance de la _Rima XV_, «Cendal flotante de leve bruma», cuyo sitio estaba más bien en la primera parte, y rompieron la cadena de las _Rimas_ de amor «insertando un poema tan cáustico como la _Rima XXVI_, 'Voy contra mi interés al confesarlo'»); al grupo tercero —_XXX_ a _LIV_— pertenecen las _Rimas_ de la ruptura y el amor perdido, la experiencia del fracaso; en cuarto lugar, hasta el final, colocaron «en notable desorden —dice Pageard— las rimas que expresan una filosofía bastante sombría dominada por la presencia de la muerte; se encuentran, mezclados a estos poemas discretamente especulativos, textos que reflejan experiencias personales de soledad, de angustia nocturna, de sueños angustiosos».

El manuscrito del _Libro de los gorriones_ fue desconocido hasta que en 1914 lo descubrió Franz Schneider en la Biblioteca Nacional de Madrid, pero tardó bastante en ser considerado por los editores de Bécquer, que siguieron basándose en la edición preparada por sus amigos. El estudio del texto original ha planteado, no obstante, considerables dificultades, ya que contiene abundantes correcciones y no es posible precisar a quien pueden atribuirse. En 1923 Domínguez Bordona afirmó[243] que eran de mano de Campillo (Schneider las había supuesto de Ferrán), y Rubén Benítez ha señalado[244] que existen, en efecto, correcciones del propio Bécquer y otras que no lo son. José Pedro Díaz sostiene[245], en cambio, que todas las correcciones del manuscrito son de Bécquer, y que tan sólo pertenecen a sus amigos las variantes que existen entre el texto del manuscrito y el de la

---

1967, págs. 283-291. Antonio Roldán, «La edición de las Rimas de Gustavo Adolfo Bécquer», en _Actas del IV Congreso de la Asociación Internacional de Hispanistas_, Salamanca, 1971.

[241] José Pedro Díaz, _Gustavo Adolfo Bécquer_, cit., pág. 372.

[242] Edición citada, págs. 2-3.

[243] Jesús Domínguez Bordona, «El autógrafo de las Rimas de Bécquer», en _Revista de Filología Española_, X, 1923, págs. 173-179.

[244] Véase el Apéndice, «Notas para una edición de las Rimas de Bécquer», en su _Ensayo de bibliografía..._, cit., págs. 130-146. Benítez señala los numerosos errores y omisiones que, en relación con el manuscrito de Bécquer, existen en el citado artículo de Domínguez Bordona.

[245] _Gustavo Adolfo Bécquer_, cit., pág. 368.

edición. Finalmente, Balbín y Roldán afirman [246] que existen correcciones indudables de Bécquer, otras, no menos seguras, de sus amigos, y un tercer grupo de problemática atribución.

La cronología de las *Rimas* es todavía imposible de precisar, y sólo se conocen sus fechas límite, entre 1859 —al menos ésta es la fecha de la primera *Rima* publicada— y 1868. Bécquer tan sólo publicó en vida 15 de estas composiciones, en fechas que, naturalmente, se conocen, pero que tampoco dicen nada sobre el momento de su composición, aunque los investigadores han aventurado diversas hipótesis. En resumen puede afirmarse que, por el momento, no puede señalarse con exactitud la fecha de ninguna *Rima*, y, en consecuencia, no es posible estudiar la evolución de la poesía de Bécquer. Esta inseguridad es la que hace tan discutible la ordenación tradicional de las *Rimas* adoptada por sus amigos, aunque la mayoría de los comentaristas la considera muy aceptable e incluso inteligente [247].

Rubén Benítez distingue tres etapas en el camino de la crítica becqueriana. El primer período va desde la muerte del poeta, en 1871, hasta 1914. Durante estos años la fama de Bécquer se extiende por España y se le reconoce, en oposición a Espronceda, como el mayor representante de la lírica romántica. La bibliografía becqueriana se inicia con los recuerdos de sus amigos. No llegan —dice Benítez [248]— a conclusiones valederas, pues no contaban con elementos ni métodos seguros, pero recopilan materiales y sientan las bases de la crítica posterior. Ramón Rodríguez Correa escribe la primera biografía de Bécquer, en el prólogo de la primera edición que ya conocemos; discutido en ciertos aspectos, como en su visión de un Bécquer melancólico y desapegado del mundo, sigue leyéndose con provecho. Correa es el primero que señala la relación de Bécquer con la poesía de Heine.

Narciso Campillo amplió los datos de Correa en una evocación necrológica, en la que recuerda particularmente los años de juventud y el nacimiento de la vocación literaria del poeta. Más importante es la información de Julio Nombela en los cuatro volúmenes de sus *Impresiones y Recuerdos;* no constituyen un libro sobre Bécquer, puesto que recogen la vida española de medio siglo, pero contienen multitud de noticias y comentarios sobre el escritor: iniciación literaria y lecturas juveniles, primera época en Madrid, publicación del primer volumen de la *Historia de los Templos,* enfermedad y encuentro con Julia Espín, actividad periodística, amistad con González

---

[246] Estudio que precede a la edición facsímil del *Libro de los gorriones,* cit., pág. 35.

[247] Pageard, aunque recoge, como hemos visto, la ordenación propuesta por los primeros editores, comenta por su parte: «El orden cronológico de las setenta y seis rimas de la edición de 1871 es ilusorio. En particular, numerosas rimas finales son sin duda anteriores a las rimas del amor y a las rimas de la ruptura» (Introducción a su edición, cit., pág. 3).

[248] *Ensayo de bibliografía...,* cit., pág. 12.

Bravo, últimos días, y las circunstancias que condujeron a la primera edición de las obras.

Además de sus amigos, otros varios escritores se ocupan elogiosamente de Bécquer durante este período: Valera, Pardo Bazán, Boris de Tannenber, Rafael Merchán. El padre Blanco García parece que fue el primero en comprender el valor intimista de la poesía de Bécquer, aunque con excesiva preocupación por el influjo de los líricos alemanes.

El segundo período —explica Benítez— se extiende hasta 1936. Bécquer había comenzado a interesar a diversos críticos europeos, que dieron en francés y en alemán las primeras traducciones; en 1907 Everet Ward Olmsted publica en Boston una edición antológica de Bécquer con un prefacio altamente encarecido por Rica Brown; recoge además datos directamente proporcionados por amigos de Bécquer y por el marido de Julia Espín, y describe los famosos álbumes de dibujos que el poeta había regalado a la joven. Pero la fecha clave es la de 1914, cuando Franz Schneider descubre el manuscrito del *Libro de los gorriones* y escribe su famosa tesis sobre Bécquer; es Schneider —dice Benítez— «quien por primera vez aplica a la crítica becqueriana rigor universitario». Schneider sistematiza la biografía de Bécquer, prescindiendo de anécdotas y analizando cada dato, ordena cronológicamente sus escritos, sostiene y valora el influjo de Heine destacando el valor, como intermediario, de Eulogio Florentino Sanz, y da a conocer numerosos escritos becquerianos, en prosa y verso, no recogidos hasta entonces por los editores. No obstante, la obra de Schneider no fue divulgada hasta mucho más tarde; su rigor científico no fue imitado y todavía en 1915 publicó Juan López Núñez una *Biografía anecdótica* de Bécquer, de muy escaso valor.

Hasta 1914 se habían impreso ocho ediciones de las *Obras*. Hasta la quinta, en 1898, se habían agregado poesías o artículos no contenidos en las anteriores, pero a partir de esta fecha se repite el contenido. En 1923 Fernando Iglesias Figueroa publicó tres volúmenes de *Páginas desconocidas de Gustavo A. Bécquer*, pero la mayoría de estas composiciones, según ya sabemos, han sido desestimadas como apócrifas.

En 1931 William S. Hendrix discutió las conclusiones de Schneider sobre el influjo de Heine para destacar, en cambio, el de Byron [249]. La opinión de Hendrix fue, en general, rebatida, pero sirvió para concitar estudios polémicos «y para apartar a la crítica de la consideración demasiado parcial sobre las influencias experimentadas por nuestro poeta, cuya formación literaria dejó de juzgarse como tan limitada» [250]. Así surgieron análisis, como

---

[249] William S. Hendrix, «Las *Rimas* de Bécquer y la influencia de Byron», en *Boletín de la Academia de la Historia*, XCVIII, 1931, págs. 850-894.
[250] Rubén Benítez, *Ensayo de bibliografía...*, cit., pág. 16.

los de Alexander Haggerty Krappe, María Rosa Lida, John Englerkik, etc., que propusieron contactos de Bécquer con Víctor Hugo, Poe, etc.

El tercer período se abre en 1936, fecha del centenario del nacimiento de Bécquer, que «atrae la atención del mundo entero sobre la vitalidad con que las Rimas pervivían en el espíritu popular de España y de América y en la voz depurada de los poetas contemporáneos españoles». Críticos jóvenes —Cernuda, Casalduero— comentan la obra de Bécquer en la revista *Cruz y Raya;* junto a obras de divulgación, como la biografía de Benjamín Jarnés, *Doble agonía de Bécquer,* diversos investigadores —Santiago Montoto, Rafael de Balbín— estudian aspectos de la vida de Bécquer sobre documentos originales. Dionisio Gamallo Fierros incorpora algunos nuevos escritos de Bécquer y proporciona abundante información sobre aspectos de Bécquer poco transitados. Juan Antonio Tamayo publica en 1949 el teatro de Bécquer escrito en colaboración con García Luna y Rodríguez Correa. La prosa de Bécquer, apenas estudiada hasta entonces, comienza a serlo y aparece el estudio de Edmund L. King, *Gustavo Adolfo Bécquer. From Painter to Poet* (1953). En 1946 publica Dámaso Alonso un estudio capital sobre la poesía de Bécquer (ampliación de un artículo anterior aparecido en 1935 en *Cruz y Raya).* Y desde entonces se suceden las investigaciones de numerosos especialistas becquerianos o críticos notables —Robert Pageard, Carlos Bousoño, Jorge Guillén, la capital biografía y estudio de José Pedro Díaz, etc.— con estudios que ya hemos mencionado o aduciremos en el lugar oportuno.

Como resultado de esta tarea crítica —hasta 1960, en que cierra su ensayo bibliográfico— señala Benítez el hecho de que un poeta entendido sólo en forma parcial por la crítica anterior, obtiene modernamente una apreciación completa. Mientras que en Góngora es la crítica la que descubre e impone a un poeta olvidado o mal interpretado, «creando así un hecho literario nuevo», en Bécquer es la presión de los lectores anónimos de habla española la que impone su tarea a la crítica, y ésta ha explicado las causas determinantes de la importancia del poeta, es decir, ha aclarado un hecho literario preexistente.

La conmemoración del centenario de la muerte de Bécquer desató una verdadera avalancha de análisis y comentarios. Buena parte de esto, como es de suponer, sobre todo los aparecidos en la prensa periódica, se han limitado a repetir y divulgar conceptos conocidos, pero las aportaciones de calidad han sido también muy numerosas. Posiblemente no ha surgido ninguna investigación que haya modificado esencialmente —ni es ya fácil hacerlo— el rumbo de los estudios becquerianos. Pero se han afinado detalles y publicado información y documentos de primordial interés; quizá lo más destacable sea la creciente atención concedida a la prosa de Bécquer, descuidada anteriormente en relación con su poesía.

Como puntualiza José Pedro Díaz [251], uno de los problemas más interesantes que ofrece la literatura del siglo XIX español es la aparición de esta lírica de Bécquer, de tan depurada ejecución, y tan desprendida aparentemente de su contorno, es decir, de la exuberante poesía romántica de Zorrilla y Espronceda, bajo cuyo estruendo vivió cubierta la generación de Bécquer. La rareza de la lírica becqueriana explica la tenacidad con que los críticos han insistido en su relación con la de Heine, según hizo ya muy prematuramente, en su conocida *Historia*, el padre Blanco García. Díaz, que no pretende, en absoluto, negar el influjo de Heine, ha puesto, en cambio, especial interés en subrayar la existencia de toda una corriente poética que madura hacia la década del 50, que prepara el clima becqueriano con un nuevo concepto de la poesía y que tiene en las *Rimas* su más perfecta maduración.

Cuando Bécquer escribe sus versos, el romanticismo era ya un movimiento desdeñado; y, sin embargo —comenta Díaz [252]—, no había dado todavía en España ningún ejemplo de lo que en la literatura europea había sido la más honda vivencia romántica, la experiencia poética más inquietante y leve, la de un Novalis o un Nerval. Y es esta poesía «de matices afinados y hondos», esta poesía que va a dar lo más delicado e íntimo, la que aparece cuando el romanticismo se da por terminado. El rastreo de los aludidos antecedentes no mengua en absoluto la incontestable originalidad de Bécquer; no existe la generación espontánea en la historia literaria. Por esto mismo, al señalar las líneas de un proceso, la poesía de Bécquer —afirma Díaz [253]— «nos aparecerá así menos y más excepcional a la vez: menos, porque veremos cómo existía un cauce por el que ya sus notas se insinuaban, y más porque de cauce tan estrecho no podía esperarse un desarrollo tan hondo y puro como el que Bécquer alcanza».

Hace ya bastantes años afirmó Dámaso Alonso que las *Rimas* se levantan sobre un fondo, «que hoy comenzamos a entrever», de poesía prebecqueriana, y señaló al efecto diversos precedentes [254]. Esta veta anterior ha sido luego ampliada por Gamallo Fierros, por J. Frutos de las Cortinas en un artículo fundamental, por José Pedro Díaz y por José María de Cossío [255] especialmente. Díaz destaca a varios poetas que, en pleno estruendo romántico, dan ya una nota mucho más íntima y moderada, cantan en un tono menor, aunque sea tan sólo en ocasiones aisladas: el padre Juan Arolas, cuyo poema *A una bella* se considera antecedente de la *Rima XIII*; Manuel de Cabanyes; Nicomedes Pastor Díaz; Enrique Gil y Carrasco, cu-

---

[251] *Gustavo Adolfo Bécquer*, cit., pág. 131.
[252] Ídem, íd., pág. 134.
[253] Ídem, íd., pág. 135.
[254] «Originalidad de Bécquer», cit., pág. 18.
[255] José María de Cossío, *Cincuenta años de poesía española*, 2 vols. con numeración seguida, Madrid, 1960.

yas huellas en Bécquer han sido repetidamente señaladas; Carolina Coronado, en cuyo libro *El amor de los amores* «la materia del canto se aproxima muchísimo a la de algunas rimas».

Entre los que ya califica de *precursores* cita Díaz a Vicente Sáinz Pardo, cuyos poemas publicó el propio Bécquer, y otros más, a cuyo conocimiento ha contribuido la diligencia de José María de Cossío, como Salvador María Garcés (de su composición *A Amalia*, publicada en 1861 en *El Museo Universal*, dice Cossío que «más parece una imitación tardía de Bécquer que una composición escrita diez años antes de la aparición de las *Rimas*»[256]), y Arístides Pongilioni, que ya en 1853 escribía composiciones de «tonos prebecquerianos»[257]. Y puede aún añadirse José María de Larrea, cuyo influjo en la *Rima V* comentaron ya Hendrix y Dámaso Alonso, y han ampliado Díaz y Cossío. «Lo que de todos modos queda claro —resume Díaz— es que existe un ambiente prebecqueriano y también becqueriano (en el sentido de que no sólo precede sino que también acompaña a Bécquer) y que puede ahora documentar fehacientemente con nombres y, sobre todo, con textos de significación»[258].

Todavía queda, sin embargo, por declarar la principal corriente que conduce a la maduración de esta lírica, hasta cuajar en la incomparable obra del sevillano. Gómez de las Cortinas ha puesto de relieve la gran importancia que en este proceso tuvo el periódico *Album de Señoritas y Correo de la Moda*. Este periódico —dice Gómez de las Cortinas— «a pesar del título, representa en nuestra literatura la eclosión de una poesía intimista de signo germánico, la cual había de acabar con los lamentos de desesperación, las sombras macabras, el pintoresquismo superficial, los versos tronitronantes, las poesías terminadas en punta y toda la faramalla del romanticismo decadente»[259]. Las relaciones de Bécquer con el *Correo de*

---

[256] Ídem, íd., pág. 389.

[257] Pongilioni nació en Cádiz en 1835. José María de Cossío pondera *(Cincuenta años...*, pág. 377) su labor poética porque ofrece una decisiva comprobación del proceso de la lírica que se condensa en el nombre de Bécquer. Tenía relación amistosa con éste desde 1859, pero de 1853 se conocen ya composiciones suyas de inconfundible acento prebecqueriano. De dicha fecha es el poema *Inspiración*, que, según Cossío (pág. 380), trae un recuerdo concreto de la *Rima V* de Bécquer, la que «trata de definir *la indefinible esencia* de que es el poeta *vaso* y depositario». Algo semejante puede decirse de *El Genio*. Pero la mayor semejanza, dice Cossío, la ofrece *La niña pálida*, que como la de los ojos verdes de Bécquer se queja de su color. Asimismo, *¡Piensa en mí!*, que aunque no tenga semejanza concreta con ninguna rima de Bécquer, «es tan profundamente becqueriana que parece anunciar la aparición del gran poeta para que fije definitivamente una forma nueva y sugestiva de la poesía» (pág. 381). Pongilioni se diferencia, no obstante, de Bécquer en que no cultivó el poema corto, predominante en las *Rimas*, sino que le dio mayor extensión. Pongilioni reunió sus composiciones en el volumen *Ráfagas poéticas*, que prologó Campillo.

[258] *Gustavo Adolfo Bécquer*, cit., pág. 156.

[259] «La formación literaria de Bécquer», cit., pág. 87.

*la Moda* fueron estrechas. El *Correo* fue el único periódico que comentó y elogió la oda de Bécquer *A Quintana*, escrita con motivo de la coronación del poeta, y allí publicó Bécquer su *Anacreóntica* y *Mi conciencia y yo* (ambas en 1855). Uno de sus colaboradores era Murguía, el esposo de Rosalía de Castro, a quien Bécquer pudo conocer por su mediación. Bécquer —recuerda Díaz [260]— parece haber participado intensamente en la vida del *Correo* «como colaborador y como lector atento»; en sus páginas publicó en 1860 la *Rima XV* y al año siguiente la *LXXII*. Pues bien: desde el *Correo*, tres nuevos poetas —dice Gómez de las Cortinas [261]—, Trueba, Barrantes y Selgas, «hicieron posible el nacimiento de una nueva escuela lírica de la cual las voces más puras serían las de Bécquer y la de Rosalía de Castro». Antonio de Trueba —comenta a continuación— pedía una poesía de temas simples, de sentimientos menos detonantes, de expresión más natural y sencilla: «A pesar de los inevitables barquinazos prosaicos, con su obra consiguió un triple efecto: echar la última y definitiva paletada sobre la poesía hinchada y altisonante, despertar la afición poética de los lectores (hastiados de contorsiones líricas y pirotecnias verbales) y, lo más importante de todo, hacer ver a los nuevos poetas que el método directo para llegar a la verdadera poesía consiste en la expresión natural de los sentimientos íntimos. Trueba, revalorizando la poesía popular, inaugura un nuevo período en nuestra poesía del siglo XIX» [262].

---

[260] *Gustavo Adolfo Bécquer*, cit., pág. 170.

[261] «La formación literaria de Bécquer», cit., pág. 87.

[262] Ídem, íd., págs. 87-88. El tono sentimental y popular preponderante en estos poetas aquí aducidos, tan alejado de las actuales corrientes de la poesía, ha ocasionado la desestima y el olvido casi total de una obra que tuvo en su tiempo profunda repercusión. Los estudios recientes sobre la importancia que pudieron tener tales poetas en la formación de la nueva sensibilidad, en la preparación del clima becqueriano, y aun el posible influjo concreto sobre la obra de Gustavo Adolfo, explica a su vez la creciente atención de que están siendo objeto.

Antonio de Trueba (1819-1889) escribió novelas y cuentos, pero su libro más conocido es el *Libro de los cantares*, de 1852, que, según Cossío (*Cincuenta años...*, pág. 213), le dedica un extenso comentario, obtuvo un éxito inmediato y ruidoso; fue uno de los libros de poesía más editados de su generación, pues alcanzó ocho ediciones en veinte años, algunas populares y muy copiosas. El libro de Trueba tuvo la virtud de atraer la atención hacia los temas folklóricos y los cantos populares, que, según Cossío (pág. 214), andaban todavía en pequeñas colecciones, mezclados sin discernimiento con otros cultos y artificiosos. Los *cantares* de Trueba deben ser adscritos, en su conjunto, al género de la balada; el poeta glosa un cantar popular, que complica a veces con una historia sentimental y con elementos dramáticos. Cossío comenta (pág. 219) que el más común defecto de Trueba consiste en ampliar con exceso el sentido e intención de la copla glosada, lo que, sobre todo en las de carácter más lírico, lleva a la flojedad y dispersión del sentimiento poético; a lo que hay que sumar la frecuente caída en prosaísmos y desmadejamientos métricos. No obstante, Bécquer, en su artículo sobre el libro de Ferrán, dice a propósito de la poesía popular que «Trueba la ha glosado con una espontaneidad y una gracia admirables»; y Rosalía de Castro, según recuerda Gómez de las Cortinas («La formación literaria de Bécquer», cit., pág. 88, nota 27), sintió despertar su genio poético con la lectura de la obra de Trueba. En 1868 publicó éste otra colección semejante a la referida, que tituló *El libro de las montañas*, con el campo

Según Gómez de las Cortinas, Barrantes, a pesar de sus escasas dotes poéticas, consiguió en sus *Baladas españolas* «la definitiva aclimatación en nuestro suelo de la balada germánica»; «si Trueba era el portaestandarte de la naturalidad, Barrantes lo era de la fantasía. Sus extraordinarios conocimientos de las letras extranjeras le hicieron ver que la renovación literaria en España sólo era posible por estos dos caminos: el de la imitación de la balada en poesía y el del cuento fantástico en prosa: Hoffmann y Poe encontraron en él el más ardiente panegirista» [263].

Selgas, finalmente —siempre según el crítico mencionado—, mayor poeta que los dos anteriores, aclimató el lied germánico, al que añadió las novedades temáticas, expresivas y técnicas que surgían de su propio temperamento: «El idealismo difuso, el análisis del yo íntimo, la vaguedad, la melancolía, la Naturaleza considerada como espejo de lo invisible, el tono menor y la novedad métrica son los principales caracteres que sus obras ofrecían a la poesía contemporánea. La influencia de Selgas sobre la imaginación juvenil de Bécquer debió ser decisiva; el poeta sevillano encontraba en él los mismos temas de Rioja, pero metamorfoseados por un espíritu nuevo». «Leyendo *El Estío* —añade a continuación— encontramos, difusos y en germen, los temas que, superados y con mayor vigor poético, forman el conjunto de las *Rimas*. Por ejemplo, la poesía *La mañana y la tarde* es el antecedente inmediato de las *Rimas XV, L, XII* y de una estrofa de la *LIX*» [264].

---

vasco como escenario único. En 1860 había publicado Trueba en *El Correo de la Moda* un ensayo, *Lo que es la poesía*, que llevó luego a su libro *Cuentos Campesinos*, aparecido en Madrid unos pocos meses antes que las *Cartas literarias* de Bécquer. López Estrada recoge y comenta este escrito en su *Poética para un poeta*, cit. (págs. 30-37), y hace notar la preocupación análoga y los puntos de contacto entre ambas obras.

[263] «La formación literaria de Bécquer», cit., pág. 88. De Vicente Barrantes (1829-1898) dice Cossío (*Cincuenta años...*, pág. 189) que es el poeta que con mayor obstinación y con plena conciencia de su intento trató de aclimatar la balada en nuestra poesía. Publicó en 1854 un volumen que tituló *Baladas españolas*, aunque mezcla los temas nacionales con los extraños y fantásticos, con los cual «se compromete la genuidad del género». Según Cossío (ídem, íd., pág. 191), más que el valor poético de estas baladas debe notarse el de su significación, pues en los años que siguieron apenas hay poeta que en sus libros de versos no incluya alguna balada. Advierte Díez Taboada («El germanismo y la renovación de la lírica española en el siglo XIX», en *Filología Moderna*, núms. 5-8, 1961-1962, págs. 21-55; la cita en pág. 43) que en la balada se buscaba un género nuevo, y se la consideraba poesía lírica, lo que revela el expreso intento de renovar con ella la lírica española.

[264] «La formación literaria de Bécquer», cit., pág. 89. José Selgas y Carrasco (1822-1882) es ejemplo elocuente, dice Cossío (*Cincuenta años...*, pág. 222), de las variaciones de los gustos y preferencias de los tiempos. En el suyo fue considerado como poeta extraordinario, para hundirse después en el olvido más oscuro. Y de la justa revisión que solicita Cossío pueden dar idea las palabras transcritas de Gómez de las Cortinas y el hecho de que José Pedro Díaz pide «capítulo aparte» para examinar el influjo posible de Selgas sobre Bécquer, puntualizado por Gómez de las Cortinas, como hemos visto. Díaz recuerda (pág. 172) que el carácter de «introductor del *lied* germánico» había

Gómez de las Cortinas insiste en ponderar la importancia del *Correo*, a pesar de que los tres autores mencionados estén casi olvidados en nuestros días y de que gran parte de la poesía allí publicada merezca «yacer en el olvido bajo una espesa capa de polvos de arroz». Pero no podría explicarse —dice— sin conocer el *Correo de la Moda*, «la génesis de una escuela poética que no sólo cuenta con los dos mejores líricos del siglo XIX, sino que, superado el primer romanticismo, desbrozaba el camino el modernismo»[265]. El fervor germanicista incubado en el *Correo de la Moda* se consolida con lo que Gómez de las Cortinas califica de *invasión heiniana*. En 1854, el mismo año en que Bécquer se instalaba en Madrid, Eulogio Florentino Sanz marchaba a Alemania, en donde residió dos años, y a poco de su regreso, en 1857, publicó en *El Museo Universal* su traducción de quince *Canciones de Enrique Heine*, que en el ambiente ya muy germanizado produjeron un gran efecto y crearon la conciencia de escuela: «A partir de este momento —dice Gómez de las Cortinas— se opera un cambio total en la sensibilidad española; la poesía lírica no se centra ya en la musicalidad externa del verso, ni en la pompa verbal, ni en el simple halago sensorial; los nuevos poetas bucean en el yo íntimo, en los sentimientos indefinibles, en los vagos anhelos que se agitan, temblorosos, en los oscuros penetrales del alma y adquieren una expresión de matiz musical. La nueva poesía es para ser musitada en el canto, más que para ser leída»[266]. Como era natural, el *Correo de la Moda* se convirtió en propagandista del poeta del *Intermezzo* y acogió en los años sucesivos nuevas traducciones de diversos poetas.

Díaz sostiene que, aunque antes de las traducciones de Sanz, se conocían otras de Heine en España, son las suyas «las que parecen haber sido el pri-

---

sido ya señalado en 1850 por Manuel Cañete en el prólogo al libro de Selgas, *La Primavera*. Pageard afirma (edición de las *Rimas de Gustavo Adolfo Bécquer*, cit., pág. 51) que «la influencia de Selgas sobre Bécquer nos parece indudable», pero pone reparos a determinados influjos concretos señalados por Díaz, según había hecho ya Díez Taboada en *La mujer ideal. Aspectos y fuentes de las Rimas de G. A. Bécquer*, Madrid, 1965, págs. 19-21.

[265] «La formación literaria de Bécquer», cit., pág. 90.

[266] Idem, íd., págs. 90-91. Cfr., Juan María Díez Taboada, «Eulogio Florentino Sanz, poeta de transición», en *Revista de Literatura*, XIII, 1958, págs. 48-78. Sanz nació en Arévalo en 1822. Desempeñó diversas misiones diplomáticas. Además de sus dos años de estancia en Alemania como secretario de la Legación española en Berlín, fue ministro plenipotenciario de España en Tánger y renunció al puesto de ministro ante el emperador del Brasil y más tarde al de ministro plenipotenciario en Méjico. Fue varios años diputado a Cortes. Muy joven aún —en 1848— obtuvo un gran éxito con su drama *Don Francisco de Quevedo*. En los últimos años de su vida «se encerró en un lastimoso silencio», apartado de toda actividad política y literaria, y «viviendo en suma pobreza y dependiendo de la generosidad de sus amigos, los cuales hablan elevadamente de su integridad moral, deplorando al mismo tiempo su debilidad de carácter, que impidió que se realizase en él la promesa de sus primeros años» (palabras de R. Selden Rose en su edición a *Don Francisco de Quevedo*, Boston, 1917; citadas por Díez Taboada en el artículo cit., pág. 51). Murió Sanz en Madrid en abril de 1881, a los cincuenta y nueve años de edad.

mer contacto importante que tuvo Bécquer con aquel poeta alemán» [267]. Como se venía ya afirmando desde Schneider y precisó Dámaso Alonso [268], algunas de las estrofas más frecuentes en las *Rimas* parece que proceden directamente de las usadas por Sanz en sus traducciones; aunque el influjo no procede tan sólo de la forma, sino también de un conjunto de temas que se incorporan a las *Rimas*. José María de Cossío encarece con auténtico entusiasmo la importancia de las traducciones de Sanz, al que califica de poeta auténtico. Cossío confiesa que, por su desconocimiento del alemán, no puede decidir si el Heine de Sanz es fiel al original [269], pero que, en todo caso, crea un Heine castellano que, corresponda o no al modelo, forma escuela entre nosotros, y es precisamente el Heine pasado por Sanz el que ha de provocar la revolución lírica que se centrará en el nombre de Bécquer; porque Sanz —añade— «no sólo da y mantiene el diapasón sentimental, sino que por primera vez introduce los temas, y ha de proporcionar el molde rítmico que ha de servir de modelo. Las estrofas asonantadas en que se combinan sin pretensión de variedad endecasílabos y heptasílabos han de ser el molde adoptado por todos estos poetas. Si el asonante se prestaba a la blandura y vagorosidad tonal, la poca exigencia de la sencilla combinación estrófica proporcionaba soltura y libertad a la intención poética, aunque pudiera endurecerse y hacerse más rotunda cuando lo exigiera el carácter de la poesía» [270].

---

[267] *Gustavo Adolfo Bécquer*, cit., pág. 212.

[268] «Hoy por hoy —dice este último—, creo se puede afirmar que con las versiones de E. F. Sanz llegan grandes novedades a la literatura española. En esas traducciones están realizadas, con la debilidad y la imprecisión que un poema vertido siempre tiene, las condiciones de la definición de Bécquer tantas veces aludida: la brevedad del poema, el tono intensamente subjetivo, la ausencia de sobrepuestas galas, la forma más libre (quizá debida especialmente a la traducción) y las rápidas transiciones, la falta de desarrollo del poema, el ligero roce de una idea no desenvuelta, caracteres que sugieren una emoción que queda vibrando... Pero queda otra prueba que no tiene, creo, contestación: la de la extraordinaria semejanza entre la forma de las traducciones de Sanz y la de las rimas. Cada composición tiene de preferencia, lo mismo en las del uno que en las del otro, dos, tres, cuatro estrofas; y éstas son casi siempre asonantadas. Más aún: las combinaciones métricas de las rimas se parecen mucho a las de las versiones de Sanz. En éstas encontramos las estrofas de tres versos de once sílabas y uno de cinco, con asonancia de segundo y cuarto...» («Originalidad de Bécquer», cit., pág. 27).

[269] «Florentino Sanz —comenta Díez Taboada— no buscaba fundamentalmente reproducir a Heine con toda fidelidad. Él había encontrado un mundo nuevo en las poesías líricas de Enrique Heine, y lo hizo suyo, lo asimiló. Después lo expuso en su propia lengua, sin seguir al modelo verso a verso. Incluso a veces cambia el sentido, como en la poesía *El mensaje*, según la observación de Alejo Hernández... Sanz no se ata al modelo. Y, por tanto, en estas versiones hay mucho de la personalidad del poeta de Arévalo» («Eulogio Florentino Sanz, poeta de transición», cit., págs. 67-68).

[270] *Cincuenta años...*, cit., pág. 349. Cossío subraya —junto a las traducciones de Heine— entre la restante obra de Sanz, la *Epístola a Pedro*, una de las pocas composiciones originales que se conservan. Escrita en tercetos, y alejada, por tanto, en apariencia de la poesía heiniana, contiene ya —sobre todo en el emocionado recuerdo de Enrique Gil, cuya tumba visita— la misma atmósfera lírica que anuncia la nueva poesía: «Un palio de luz norteña —escribe Cossío— cobija el lamentar de Sanz, y el clima y la

Mayor interés todavía para la difusión de la poesía germánica ofrece el poeta Augusto Ferrán [271]. Después de cursar estudios en Madrid, donde había nacido en 1835, residió cuatro años en Alemania, de donde volvió en 1859; fundó entonces el periódico *El Sábado* con el propósito de divulgar la lírica alemana. Hizo un viaje a París con Nombela, y al regresar a España éste le dio una carta de presentación para Bécquer, con quien tuvo desde entonces gran amistad. Poco después —en 1861— publicó Ferrán su libro de cantares *La Soledad*, que Bécquer comentó en *El Contemporáneo* con un artículo del mayor interés, del que luego nos hemos de ocupar; y el mismo año publicó Ferrán en *El Museo Universal* sus *Traducciones e imitaciones del poeta Enrique Heine*. Ingresó entonces en la redacción de *El Semanario Popular*, que dirigía su cuñado Florencio Janer, y lo transformó «en la revista más heiniana de la época», según dice Gómez de las Cortinas, ya que Ferrán era «el más entusiasta, el más ardoroso, el más fecundo de los traductores españoles del poeta alemán» [272]. Subraya Cossío [273] que a Ferrán le cabe la gloria de haber sido el primero que se propuso la composición de breves poesías para imitar el tono y carácter de las auténticamente populares; y explica que los cantares de Ferrán tuvieron mucho mayor trascendencia que la de ser tales imitaciones, pues si por una parte abrieron el cauce a una corriente poética que había de ser cultivadísima en los años siguientes, contribuyeron por otra parte a preparar la atmósfera poética que había de culminar con el nombre de Bécquer. Las notas que han de caracterizar la poesía becqueriana están ya definidas y explícitas en los versos de Ferrán. Su pasión por la poesía popular —explica Cossío [274]— pudo unirla a su entusiasmo por Heine, pues ni siquiera la forma de los *lieder* de éste se diferenciaba gran cosa por la extensión, y hasta por el carácter, de los cantares. Cuando necesitaba mayor espacio, encadenaba dos o más de éstos, formando así una composición equivalente a lo que Bécquer había de bautizar con el nombre de *rimas*. Dice Cossío más adelante que, en realidad, muchos de los *cantares* de Ferrán son *rimas* comprimidas [275]. Refiriéndose al influjo de los cantares de Ferrán sobre Bécquer, dice Gómez de las Cortinas que éste, «que en el *Correo de la Moda* se había puesto en contacto con la poesía popular de Trueba y con la poesía

luz desvaídas que iluminan los insinuados paisajes de Bécquer son los que amortiguan la hiriente sequedad con que los españoles han cantado siempre los temas funerales» (ídem, íd., pág. 351).

[271] Cfr., M. Cubero Sanz, *Vida y obra de Augusto Ferrán*, C.S.I.C., Madrid, 1965. José Pedro Díaz, Introducción a su edición de *Augusto Ferrán. Obras Completas*, «Clásicos Castellanos», Madrid, 1969. Véase también, G. W. Ribbans, «Augusto Ferrán, el mejor amigo de Bécquer», en *Ínsula*, núm. 112, 15 de abril de 1955; y el artículo de R. Pageard, cit., «Le germanisme de Bécquer».

[272] «La formación literaria de Bécquer», cit., pág. 93.

[273] *Cincuenta años...*, cit., pág. 361.

[274] Ídem, íd., pág. 362.

[275] Ídem, íd., pág. 366.

germanizante de Selgas, encuentra las dos tendencias —aunadas y en perfecta identificación— en la obra de Ferrán. *La Soledad* significa la superación de la poesía de Trueba por el arte de Heine; es la depuración de la ganga impura, de la vulgaridad y prosaísmo de los poetas neopopularistas y, al mismo tiempo, es la ponderación, la simplicidad y la medida que faltaba en el arte incontenido de Selgas» [276].

Han sido señalados diversos influjos concretos de Ferrán sobre Bécquer [277]. Díaz señala, no obstante, que los contactos específicos no son ni muchos ni muy importantes; y, sin embargo, añade a continuación que la presencia de Ferrán «junto a Bécquer fue probablemente decisiva. Por un lado Ferrán ofrecía un ejemplo destacado de aquella evolución de la poesía culta hacia lo popular a través de lo alemán. Y en este sentido las palabras de Bécquer en su reseña sobre *La Soledad* nos ofrecen un importante testimonio de cómo esa actitud fue sentida y valorada por Bécquer» [278]. Y Cossío comenta que «la cuestión de influencia es secundaria al lado de la seguridad de ser nuestro poeta el anuncio más próximo y fiel del gran poeta sevillano» [279].

Todas las anteriores alusiones a la poesía popular nos permiten ver que, paralelamente a la tendencia germanizante, se desarrolla en estos años una atención creciente hacia aquella primera. Díaz afirma concretamente que «el influjo alemán venía vinculado a un incremento de la atención por lo popular» [280], y por lo que a Bécquer respecta Díaz sostiene

---

[276] «La formación literaria de Bécquer», cit., pág. 93.

[277] Cfr., Rafael de Balbín, «La hondura del alma, en Augusto Ferrán y en Bécquer», en *Poética becqueriana*, cit., págs. 127-142. Balbín sostiene que los cantares III y LXI de Ferrán influyen concretamente sobre la *Rima XLVII* de Bécquer. Véase también el artículo de Pageard «Le germanisme de Bécquer», cit., págs. 92-99. Sobre los influjos, mutuos, entre Ferrán y Bécquer, véanse del propio Pageard, las numerosas referencias en su edición de las *Rimas*, cit.

[278] *Gustavo Adolfo Bécquer*, cit., pág. 252.

[279] *Cincuenta años...*, cit., pág. 366. Díaz sugiere que además del influjo de la obra escrita, la cercanía amistosa de Ferrán pudo ofrecer a Bécquer repetida ocasión, y quizá mucho más amplia, de conocer aquella literatura alemana en la cual se volcaba la atención de los jóvenes escritores de la época. La sugerencia debe relacionarse con otro problema. Dámaso Alonso señaló en su mencionado estudio sobre Bécquer que en las *Rimas* había visibles huellas de composiciones de Heine no incluidas en las traducciones de Eulogio Florentino Sanz. Esto conduce a Dámaso Alonso a suponer que Bécquer conoció todo el *Intermezzo* y, lógicamente, se plantea la cuestión de cuál pudo ser el vehículo, o si Bécquer conocía el alemán. Para Díaz, que examina en un Apéndice de su libro las diversas hipótesis, el referido contacto personal pudo ser el camino más probable. Díaz advierte que Graham Orton —en su artículo «The German Elements in Bécquer's *Rimas*», en *P.M.L.A.*, LXXII, 1957, págs. 194-224, tenido por uno de los principales estudios sobre el tema— considera improbable que Ferrán tradujera para Bécquer poemas que no se había molestado en publicar. La opinión de Díaz, aunque muy verosímil, es sólo una hipótesis, por supuesto; pero la negativa de Orton, formulada con cierta displicencia, nos parece inadecuada.

[280] *Gustavo Adolfo Bécquer*, cit., pág. 229.

que su mundo poético está caracterizado, en su conjunto, por el encuentro de ambas: «lo alemán y lo andaluz, la balada y el cantar, el lied y la soleá son las dos ricas vertientes que se aúnan en el hondo caudal becqueriano» [281]. «En realidad —escribe Díaz en otro pasaje— no son dos cosas, sino una sola. Esa poesía alemana que atrae entonces a los poetas españoles es una poesía que supo nutrirse ella misma de la savia renovadora que recogió de lo popular» [282].

Siguiendo su exploración en el proceso de maduración de estas tendencias, José Pedro Díaz destaca, junto al *Correo de la Moda*, el papel representado por otro periódico de Madrid, *La América. Crónica Hispano-Americana*, que considera tan decisivo como el primero para la formación literaria de Bécquer. En *La América*, donde colaboraron casi todos los autores que hemos mencionado, ocupó lugar importante la literatura alemana con estudios y traducciones, y también la de otros países, sobre todo la norteamericana y la inglesa. Y fue en *La América* donde publicó buen número de composiciones el poeta a quien hoy se tiene como el más inmediato precursor de Bécquer: Ángel María Dacarrete. Nació éste en 1827 en el Puerto de Santa María, fue discípulo de Lista y se trasladó luego a Madrid donde fue amigo de Bécquer, con el cual colaboró en la *Corona de oro a Quintana*. En fecha tan temprana como 1858, un año antes de que Bécquer publicara su primera *Rima*, publicó Dacarrete varios poemas en *La América*, y comparándolos con las *Rimas* más tempranas de Bécquer afirma Díaz que, salvo las *Rimas XV* y *LXI* (que son precisamente de 1860 y 1861), ninguna de aquellas composiciones «son tan nítidamente becquerianas como las que Dacarrete publicaba en agosto de 1858 y aun de 1857» [283]. Díaz, que reproduce varios poemas de Dacarrete, confiesa que después de leerlos por primera vez, fue a buscar entre las *Rimas* de Bécquer correspondencias de versos que le parecían evidentes y que, sin embargo, no pudo encontrar: «Es el tono —dice— el que se corresponde, y hasta tal punto que hace pensar en correspondencias literales que no existen» [284]. Por su parte, José María de Cossío, que ha ensanchado considerablemente el conocimiento de este autor, escribe: «El aspecto de precursor de Bécquer, no ya creando el tema de las *rimas*... sino lanzándose resueltamente a escribir *rimas* con los temas, formas, tono y a veces acierto que empleara Bécquer, es el más interesante de Ángel María Dacarrete» [285]. Díaz puntualiza que el mundo poético que revelan las composiciones de este autor está determinado por la conjunción de los dos elementos que repetidamente han sido destacados:

---

[281] Ídem, íd.
[282] Ídem, íd., pág. 240.
[283] Ídem, íd., pág. 235.
[284] Ídem, íd., pág. 239.
[285] *Cincuenta años...*, cit., pág. 375. Cfr., Geoffrey W. Ribbans, «Bécquer, Byron y Dacarrete», en *Revista de Literatura*, IV, 1953, págs. 59-71.

la influencia de la poesía alemana y una renovada atención hacia la poesía popular.

Todos estos influjos mencionados —resume Díaz— explican de modo coherente la aparición de la poesía de Bécquer, que ya, de esta manera, no resulta insólita; se hace evidente que la poesía española venía buscando, en repetidos intentos, la voz y el tono del autor de las *Rimas;* «Pero este hallazgo, que en parte se presenta como la culminación de una débil tradición del propio romanticismo español, sólo se cumple realmente cuando éste se ensancha al recibir, en los últimos años, una rica incorporación de motivos que vienen de otras literaturas y especialmente de la alemana» [286].

Fue común en los primeros estudios sobre Bécquer calificar su poesía como poco cuidada, desmayada y floja, por contraste con la sonora y pomposa que habían cultivado los pontífices del romanticismo y todos sus secuaces. Hoy, por el contrario, lo que se estima como más excelso en la lírica del sevillano es su sencilla desnudez, su transparencia y contención, su delicado intimismo, la atmósfera brumosa y ensoñadora que envuelve sus versos, su línea indecisa y difuminada, su total ausencia de retórica y de intención ideológica o conceptual. Frente al poema rotundo y concluso, lo que en Bécquer sobresale es su capacidad de sugerir y de arrastrar con leves insinuaciones la imaginación del lector. En el prólogo a los *Cantares* de Ferrán había definido esta poesía —la suya propia— como «natural, breve, seca», nacida del alma como una chispa eléctrica, «que hiere el sentimiento con una palabra y huye; desnuda de artificio, desembarazada dentro de una forma libre, despierta, con una que las toca, las mil ideas que duermen en el océano sin fondo de la fantasía». «El gran hallazgo, el gran regalo del autor de las *Rimas* a la poesía española —comenta magistralmente Dámaso Alonso—, consiste en el descubrimiento de esta nueva manera que, con sólo un roce de ala, despierta un acorde en lo más entrañado del corazón y, la voz ya extinguida, lo deja —dulce cristal conmovido— lleno de resonancia» [287].

Como dijimos arriba, todo el esfuerzo de Bécquer y su constante llamada a los saberes técnicos que incuestionablemente poseía, van encaminados a despojarse de todo lo accesorio, a condensar el poema, a rebajar su sonoridad y su brillo, a lograr una música como con sordina, como canción cantada entre dientes, en melancólica soledad.

Aunque ya hemos visto que Bécquer recoge, para acendrarla y conducirla a su perfección, toda una sensibilidad poética que estaba en el aire, solicitando su maestro, siempre hemos creído que para lograr esta tenue poesía de intimidad, de líneas esbozadas y sugeridoras, le sirvió su propio escepticismo en el poder expresivo de la palabra. Si Bécquer hubiera creído

---

[286] *Gustavo Adolfo Bécquer*, cit., pág. 293.
[287] «Originalidad de Bécquer», cit., pág. 24.

que era capaz de transcribir la riqueza emocional de su espíritu, es muy probable que su lirismo, en lugar de contenerse, se hubiera desbordado. Pero se sentía pletórico de vida interior, y el instrumento verbal le parecía insuficiente para comunicarla. Entonces, diríase que haciendo virtud de la necesidad, buscó en la sugerencia, en la leve insinuación, lo que el verbo rotundo no podía otorgarle. Jorge Guillén definió este carácter de la poesía becqueriana con palabras que ya hemos citado —«si la emoción y el fantasma son inefables, sólo será posible sugerir más que expresar directamente. Poesía, pues, de lo espiritual indefinible como vaga sugestión más que como estricta comunicación»—; pero creemos que ha sido Gabriel Celaya quien más certeramente ha penetrado esa condición de la poesía de Bécquer, en uno de los más agudos estudios que conocemos [288]. No es posible reproducir aquí todos los pasajes que serían necesarios. Celaya hace mención de la *Rima I*, en la que Bécquer declara su desesperada lucha con la palabra insuficiente: el poeta conoce el «himno gigante y extraño», pero no lo puede expresar; y resume en la tercera y última de las estrofas:

> *Pero en vano es luchar; que no hay cifra*
> *capaz de encerrarlo y apenas, ¡oh hermosa!,*
> *si teniendo en mis manos las tuyas,*
> *pudiera al oído cantártelo a solas.*

«¿Por qué —se pregunta Celaya— con las manos de esa hermosa entre las suyas podría cantarle «el himno gigante y extraño» a pesar de la insignificancia de las palabras?». «Porque el amor —responde el comentarista— establece la comunión del tú y el yo» [289]. Y las *Rimas* van a buscar *esa comunión en lugar de la imposible comunicación*. En esto —creemos, en efecto— va a consistir la última esencia de la poesía de Bécquer. «Si en lugar de la comunicación —comenta Celaya más abajo— buscamos la comunión, es evidente, ante todo, que retrocederemos del lenguaje articulado, propio del pensamiento dirigido, al *gesto sonoro* primordial: grito, sollozo o suspiro. Porque —exponga, enseñe o predique— se dirige al yo consciente y viene a nosotros desde fuera. Pero el *gesto sonoro* nos coge, y aun sobrecoge, en la raíz: brota espontáneo y por una participación, al margen de todo sentido expreso, resuena en nuestras entrañas: nos conmueve y nos fuerza a comulgar en lo que no cabe comunicar. De aquí la tendencia de Bécquer a desarticular el lenguaje y a esfumar las voces en las vagas cadencias del ritmo. Por eso él escribió: «¡Sonrisas, lágrimas, suspiros y deseos, que formáis el misterioso cortejo del amor! ¡Vosotros sois la poesía, la verdadera poesía!». Y su *zumbido armonioso* es en efecto un equivalente de esos

---

[288] «La metapoesía de Gustavo Adolfo Bécquer», en *Exploración de la poesía*, 2.ª ed., Barcelona, 1971, págs. 81-151.
[289] Idem, íd., pág. 116.

murmullos o suspiros: *Gesto sonoro,* como ellos, lenguaje en estado naciente, inexplicable, y hasta incomunicable, pero contagioso» [290].

En términos igualmente bellos y precisos ha definido también Cossío la lírica de Bécquer: «Por huir —dice— del puro concepto, del dibujo firme y de la música rotunda logró esa atmósfera vagorosa, que cada idea fuera como fantasma que se moviera entre brumas, que el color y el dibujo quedaran difuminados e indecisos, que la queja se expresara más que por sollozos, por suspiros. *Huésped de las nieblas* había de ser su poesía, tras negarla reiteradamente el derecho a la precisión, a lo definido y neto. A ello aludía Rubén Darío al afirmar —una afirmación de un poeta tiene tanto derecho a contar como la de un crítico— que

> *la musa de Bécquer del ensueño es esclava*
> *bajo un celeste palio de luz escandinava»* [291].

No obstante —añade Cossío— si la poesía de Bécquer se envuelve en una atmósfera brumosa, blanca y fría, que hasta en su sintaxis tiene una vaguedad e indecisión de niebla, no eran precisamente nieves ni hielos lo que se agitaba dentro de aquella atmósfera; aun difuminados por la bruma, los fantasmas de su pasión daban una ráfaga, roja y luminosa, que testimonia el origen meridional del poeta. Bécquer —dice Cossío [292]— era un poeta sevillano, que aún conservaba el arranque racial de pasión, de *cante jondo;* frecuentemente nos sale al paso con vocabulario de *cante grande:*

> *A donde quiera que la vista fijo,*
> *torno a ver sus pupilas llamear;*
> *mas no te encuentro a ti, que es tu mirada:*
> *unos ojos, los tuyos, nada más.*

> *Antes que tú me moriré: escondido*
> *en las entrañas, ya*
> *el hierro llevo con que abrió tu mano*
> *la ancha herida mortal...*

> *Cuando me lo contaron sentí el frío*
> *de una hoja de acero en las entrañas...*

> *Me ha herido recatándose en las sombras,*
> *sellando con un beso su traición.*
> *Los brazos me echó al cuello, y por la espalda*
> *partióme a sangre fría el corazón.*

[290] Ídem, íd., pág. 120.
[291] *Cincuenta años...,* cit., pág. 413.
[292] Ídem, íd., pág. 414.

El propio Cossío había dicho ya en una ocasión anterior: «Hay mucho dramatismo, mucho ardor meridional, mucho *cante jondo*, en las *Rimas*»[293]. Palabras que confirman el entronque de la lírica de Bécquer con la poesía popular, con el cantar y la copla, según hemos venido repitiendo.

Decíamos arriba que si Bécquer se hubiera sentido capaz de expresar en poesía la riqueza de su vida interior, es difícil imaginar que hubiera acertado a contenerse y hubiera escrito el tipo de lírica que escribió. Nos incita más a pensar esto la comparación entre su poesía y su prosa. También en ésta, en incontables ocasiones, se lamenta de la insuficiencia de la palabra para describir el mundo que observa o que imagina; pero es el caso que allí se derrama en una exuberancia que nada tiene que ver con la brevedad e intensidad de sus *Rimas*. Bécquer no andaba corto de vocablos; su léxico es riquísimo, y a propósito de las *Leyendas* hemos mencionado la amplitud y turgencia de sus descripciones. Si su prosa se diferencia de la romántica al uso, es por su calidad, pero no por la sobriedad ni la moderación. Tamayo ha hecho notar[294], a propósito de los epítetos, que si en la poesía de Bécquer son escasos, según Sobejano había ya puntualizado[295], en la prosa se distinguen por su riqueza y abundancia, y es muy frecuente el empleo de dos y hasta de tres para un solo sustantivo.

Edmund King ha puesto de relieve[296] que, en muchos pasajes de sus *Leyendas*, Bécquer procede como un pintor que hace el inventario de todos los objetos que debe incluir en su lienzo. Si Bécquer —dice King en otra parte[297]— el poeta, no puede expresar con palabras las *ideas rápidas y confusas* que pueblan su mente, el pintor, es decir, el narrador en prosa, puede por lo menos derramar un torrente de detalles de las escenas que evocan en él tales ideas. En las *Leyendas* y en otras narraciones de parecida índole —resume King[298]—, Bécquer utiliza muchas veces el mismo material que en las *Rimas*; pero en aquéllas, el pintor que se había iniciado en su juventud, se vuelca en una prosa colmada de detalles, mientras que en las *Rimas* esta prosa, purificada de la pintura mediante un proceso de contracción y de condensación, se convierte en poesía.

Diríase, pues, que para su prosa Bécquer cuenta con sus recursos de pintor, pero en su lírica, no pudiendo servirse de la misma enumeración de cosas concretas, descubre el camino del mundo de los sueños hasta convertirse en *huésped de las nieblas*. Por esto, como dice King[299], en las

---

[293] *Poesía española. Notas de asedio*, cit., pág. 315.
[294] «Contribución al estudio de la estilística de Bécquer», cit., pág. 20.
[295] Gonzalo Sobejano, «El epíteto en Bécquer», en *El epíteto en la lírica española*, 2.ª ed., Madrid, 1970, págs. 342-356.
[296] *Gustavo Adolfo Bécquer: From Painter to Poet*, cit., pág. 70.
[297] Ídem, íd., pág. 69.
[298] Ídem, íd., pág. 90.
[299] Ídem, íd., págs. 155-156.

*Rimas* apela siempre a vocablos que indican formas inestables, fantásticas, que viven en

> ...*ese limbo*
> *en que cambian de forma los objetos:*

*onda, ola, agua, aire, aliento, aroma, arrullo, atmósfera, átomo, aura, céfiro, cendal, eco, espuma, estela, fantasma, gasa, gemido, gota, lágrima, murmullo, ninfa, nube, perfume, pétalo, pluma, ráfaga, rocío, rumor, sueño, suspiro, tul, vapor, velo, viento.* Es decir, todas aquellas cosas que se caracterizan por su vaguedad, que son movibles, transitorias, intangibles, invisibles, minúsculas. La realidad, en la lírica de Bécquer, es la del momento que cambia; y hasta cuando se sirve de objetos fugitivos los acompaña de epítetos de inestabilidad: *saeta voladora; luz inquieta, en cercos temblorosos, palpitante; estrellas que tiemblan; fulgor trémulo; lágrima presta a resbalar; átomo del aire que palpita; albor trémulo y vago...* Bécquer, según explica Casalduero [300], necesita encontrar aquella forma que puede expresar lo incorpóreo e intangible, el espíritu que es intemporal y está fuera del espacio, y por eso tiene que reducir la forma a su mínimo de realidad para desposeerla lo menos posible de espíritu.

Para Bécquer —concluye King [301]— es la niebla la que destruye los contornos de la realidad. «En su prosa, no obstante, llena primero la escena de objetos y luego los envuelve en la niebla. En la poesía, por el contrario, es la misma niebla el sujeto, lo único que puede ser visto: brumas de plata; nube radiosa; gasa de polvo; niebla dorada; jirones de vapor; nube blanca; desgarradas nubes; átomos de humo. Hasta la niebla es necesaria para hacer visible la luz. Es un componente indispensable de la belleza ideal, con la cual ansía Bécquer unirse, pero no puede,

> *vano fantasma de niebla y luz*» [302].

---

[300] Joaquín Casalduero, «Las *Rimas* de Bécquer», en *Estudios de literatura española*, 3.ª ed., Madrid, 1973, págs. 206-218; la cita en pág. 210.

[301] Cit., pág. 160.

[302] Los análisis, o comentarios, sobre Rimas concretas son muy numerosos. Cfr., el libro de Juan María Díez Taboada, *La mujer ideal. Aspectos y fuentes de las Rimas de G. A. Bécquer*, cit. Robert Pageard, en su edición citada, estudia en cada Rima lo que llama «relaciones internas» —es decir: los contactos existentes entre la Rima en cuestión y otros escritos de Bécquer— y las «relaciones externas» —fuentes y posible relación con obras ajenas—. En ambos libros puede hallarse extensa bibliografía complementaria. Véase además el libro de Rafael de Balbín, cit., *Poética becqueriana*, en donde se recogen estudios sobre diversas Rimas en particular y se remite a otros comentarios del propio autor. Cfr., asimismo: R. Esquer Torres, «Análisis estilístico de la Rima XI de G. A. Bécquer», en *Boletín de la Sociedad Castellonense de Cultura*, XXX, 1954, págs. 183-192. Del mismo, «Estudio estilístico de la Rima XLI de G. A. Bécquer», en ídem, íd., XXXII, 1956, págs. 169-180. Juan María Díez Taboada, «Análisis estilístico de la Rima XLII de Bécquer», en ídem, íd., XXXIII, 1957, págs. 153-162. Del mismo, «Estudio estilístico de la Rima IX de Bécquer», en ídem, íd., XXXIV, 1958, págs. 106-

La sola consideración de la obra de Bécquer, aun en la forma resumida de las páginas que preceden, puede dar idea por sí misma de su transcendencia y valor en la historia de la lírica española. Pero importa dar a lo
menos un testimonio de especial significación. Dámaso Alonso, en el estudio
repetidamente mencionado, después de examinar las diversas fuentes propuestas y la corriente de poesía, en la propia lengua española, que prepara,
anticipa y hace posible la aparición de Gustavo Adolfo, proclama su esencial originalidad y afirma que con él —porque es él quien da, definitivamente, en el hito, quien halla la expresión que angustiosamente se estaba
buscando— se establece el cambio de frente y se funda el concepto de la
nueva poesía española. De esta divisoria de aguas —dice [303]— arranca toda
nuestra poesía contemporánea. Cuando Juan Ramón Jiménez escribe

> *Yo voy detrás de una copla*
> *que había por el sendero...*

o cuando Antonio Machado exclama

> *Desde el umbral de un sueño me llamaron...*

¿quién duda —dice Dámaso Alonso— de que estas voces se hallan dentro
del ámbito de resonancia de la música de Bécquer? Y el crítico enumera
a continuación algunos de los poetas que, en proporción mayor o menor,
se han embriagado con aquella música: el mejor Alberti, gran parte de
Lorca, Altolaguirre, Cernuda, Aleixandre, encrespado —este último— hasta
el torbellino: «La sombra de Bécquer —escribe Dámaso Alonso—, más
cerca, más lejos, estará siempre al fondo. Y no es que estos poetas hayan
siempre pensado en Bécquer, o hayan sentido su influjo, ni es necesario
que se pueda probar históricamente una tradición no interrumpida desde
Bécquer a ellos: es que viven en una atmósfera, en un clima poético que
sólo el genial experimento de Bécquer alumbró e hizo habitable para los
españoles» [304]. Y uno, precisamente, de estos poetas aludidos como parte
de la nueva constelación, Luis Cernuda, confirma de la más inequívoca
manera el papel representado por Bécquer en ese alumbramiento de nuestra lírica contemporánea; Bécquer —dice Cernuda— es ya un clásico: «Des-

---

109. Del mismo, «Análisis estilístico de la Rima VII de Bécquer», en ídem, íd., XXXV,
1959, págs. 76-80. Del mismo, «Sobre la Rima XV de G. A. Bécquer», en *Revista de Literatura*, XXII, 1962, págs. 91-96. Del mismo, «La Rima X de G. A. Bécquer», en *Boletín
Cultural de la Embajada Argentina*, Madrid, 1963, núm. 2, págs. 5-26. Francisco López
Estrada, «Comentario de la Rima XV («Cendal flotante de leve bruma...») de Bécquer»,
en el volumen colectivo *El comentario de textos*, Madrid, 1973, págs. 87-125. Sobre la
métrica de Bécquer, cfr., Rafael de Balbín, «Nota sobre el estrofismo becqueriano», en
*Revista de Literatura*, VII, 1955, págs. 187-193. Tomás Navarro Tomás, *Métrica española.
Reseña histórica y descriptiva*, Syracuse University Press, 1956.
    [303] «Originalidad de Bécquer», cit., pág. 25.
    [304] Idem, íd., pág. 26.

empeña en nuestra poesía moderna un papel equivalente al de Garcilaso en nuestra poesía clásica: el de crear una nueva tradición, que lega a sus descendientes. Y si de Garcilaso se nutrieron dos siglos de poesía española, estando su sombra detrás de cualquiera de nuestros poetas de los siglos XVI y XVII, lo mismo se puede decir de Bécquer con respecto a su tiempo. Él es quien dota a la poesía moderna española de una tradición nueva, y el eco de ella se encuentra en nuestros contemporáneos mejores»[305].

Vicente Gaos —y su declaración es particularmente valiosa por tratarse de un crítico y poeta perteneciente a una generación mucho más joven— afirma[306] que la vigencia de Bécquer no es meramente la actualidad un tanto pasiva e inerte de que disfruta todo clásico por el hecho de serlo, sino una vigencia plenamente actuante aún en el quehacer poético de nuestro tiempo. Bécquer es el punto de partida de la poesía española del siglo XX, puesto que está presente en los tres grandes poetas que presiden los comienzos de la lírica española del siglo: Unamuno, Antonio Machado y Juan Ramón. Del primero recuerda Gaos su libro *Teresa*, «deliberadamente becqueriano», y el volumen de *Rimas* de la primera época de Juan Ramón, y cita —después de un conocido pasaje de este último, en el que agrupa a Bécquer con Santa Teresa y San Juan de la Cruz en la «línea interior de nuestra poesía»— el elogio no menos difundido de Bécquer que hace Machado en su *Juan de Mairena*. Tras mencionar poetas ya aducidos por Dámaso Alonso, Gaos se refiere luego a los del 27, de los que añade todavía (¿omitidos involuntariamente por Dámaso?) a Salinas y a Guillén, y después a Hierro y a Bousoño... «y así hasta la fecha». Todo lo cual, con ser mucho —afirma Gaos—, es tal vez lo de menos, pues no se trata de que en los poetas españoles del XX haya abundantes influjos concretos de Bécquer —«Bécquer es otra cosa, más importante, que *fuente* de los poetas españoles contemporáneos»[307]—; es la sensibilidad que inauguró Bécquer, su forma expresiva las que no han caducado.

Gaos añade algo todavía de gran importancia. La perduración de Bécquer —dice[308]— no afecta sólo a la creación poética, sino también a su recepción, es decir: que las *Rimas* siguen teniendo numerosos lectores que no las leen como obra clásica, sino como obra viva, suscitadora de inmediatas emociones; y es quizá Bécquer uno de los pocos poetas españoles, que ha conseguido el asenso simultáneo de las mayorías y de las minorías, que es popular sin que su popularidad haya merecido el desdén de los cultos.

---

[305] Luis Cernuda, «Gustavo Adolfo Bécquer (1836-1871)», en *Prosa Completa*, Barcelona, 1975, págs. 316-324; la cita en pág. 324.

[306] Vicente Gaos, «Vigencia de Bécquer (1870-1970)», en *Claves de literatura española*, I, Madrid, 1971, págs. 443-451.

[307] Ídem, íd., pág. 450, nota 1.

[308] Ídem, íd., pág. 446.

¿En qué medida —se pregunta, finalmente, Gaos[309]— es Bécquer un poeta del siglo XIX? Lo es mucho menos —dice— que sus coetáneos. Bécquer es uno de los poetas más atemporales de nuestra historia literaria, uno de los menos adscritos a una determinada tendencia o momento histórico: Góngora —afirma Gaos con gran exactitud— pertenece mucho más al siglo XVII que Bécquer al XIX; el mismo Rubén Darío está más estrechamente vinculado a una situación histórico-literaria que Bécquer, «y por eso ha envejecido más y más pronto». Bécquer no ha envejecido porque su poesía es inactual; lo fue en el mismo instante de su aparición: «El lenguaje de Bécquer, libre de afectación, natural, sin manierismo histórico alguno —ni barroco, ni romántico, ni modernista— es eminente e intemporalmente poético... Obra no conclusa y cerrada, sino abierta y sugeridora, como hecha toda de puntos suspensivos que invitan a la prosecución de lo insinuado, de silencios que parecen reclamar que se diga lo no dicho»[310].

## II

### *RAMÓN DE CAMPOAMOR*

Ramón de Campoamor y Camposorio nació en la villa de Navia, en Asturias, el 24 de septiembre de 1817[1], el mismo año que Zorrilla y García Tassara. Huérfano de padre siendo muy niño, pasó su infancia y primera juventud en la casa solariega de su tía, la señora de Campoosorio, y comenzó sus estudios en Puerto de Vega, donde está enterrado Jovellanos. A los 18 años, efecto, al parecer, de una crisis de pubertad, decidió hacerse jesuita; mas la entrevista a que fue sometido en la Residencia de la Compañía en Torrejón de Ardoz le desagradó de tal manera, que desistió de su proyecto. Estudió luego medicina, pero la dejó al concluir el segundo curso por sugerencia de uno de sus mismos profesores que le aconsejó dedicarse a la literatura, y emprendió después la carrera de Leyes, que, por aburrirle tanto como la Anatomía abandonó también al poco tiempo. Por fin, como dice Pardo Bazán, «dio vado a su vocación natural, las letras, y se abrió camino uniéndose al ejercicio de todos los españoles útiles y de muchos inútiles: la política»[2]. El Liceo Artístico y Literario le publicó en 1840 su primer volumen de poesías, *Ternezas y flores;* y según cuenta con gracejo

---

[309] Idem, íd., pág. 448.

[310] Idem, íd., pág. 449.

[1] Para la biografía de Campoamor cfr., Emilia Pardo Bazán, «Campoamor. Estudio biográfico», en *Nuevo Teatro Crítico*, núm. 28, abril de 1893; reproducido en el volumen *Retratos y apuntes literarios*, y en *Obras Completas*, tomo III, Aguilar, Madrid, 1973, págs. 1314-1338 (citamos por esta edición).

[2] Idem, íd., pág. 1321.

el propio autor, hizo su primer acto de presencia aquel mismo año en la vida política dedicando unos versos a la reina Cristina con motivo de su destierro del país. En 1842 publicó su segundo libro de versos, *Ayes del alma*, y en los años siguientes dio a la estampa dos libros políticos: *Historia crítica de las Cortes reformadoras*, de 1837, y *Filosofía de las Leyes*. En 1846 apareció la primera edición de sus *Doloras*, en las que el poeta daba ya su voz más natural, y un año más tarde —a los treinta de su edad— el conde de San Luis le nombraba jefe político de la provincia de Castellón. Llevado de vivo entusiasmo, pretendió allí, como dice doña Emilia [3], gobernar a lo Sancho Panza y, prescindiendo de normas legales, imponer entre otras cosas la enseñanza obligatoria. Pero el marqués de Molíns le libró de conflictos enviándole de gobernador a Alicante, donde casó con doña Guillermina O'Gorman, dama irlandesa, católica ferviente, que fue su compañera ideal hasta el fin de sus días. En 1851 fue nombrado gobernador de Valencia. En esta ciudad, que elogiaba con cálido lirismo, compuso y publicó su poema *Colón*. Pero en el verano de 1854 uno de los motines que agitaron el reinado de Isabel II puso fin al gobierno del poeta; cuando las turbas asaltaron la residencia oficial, Campoamor, reuniendo a sus más fieles amigos, las esperó en el comedor sentado a la mesa, en un alarde de elegancia y serenidad, disponiéndose a brindar por los caídos, es decir, por sí mismo. El gesto salvó la situación, aunque el terrible sobresalto costó la vida al padre de doña Guillermina.

Al regresar a Madrid publicó Campoamor su libro *El Personalismo*, especie de apuntes filosófico-biográficos, en los que expuso sus ideas sobre literatura, política y religión. Diputado desde 1850, intervino activamente en la vida política desde su escaño del Congreso o desde la prensa. A consecuencia de una de sus polémicas se vio envuelto en un desafío con Juan Bautista Topete, entonces capitán de navío y famoso luego por haber dirigido la insurrección de Cádiz que acabó con el reinado de Isabel II. O'Donnell, jefe entonces del Gobierno, había nombrado para la cartera de Marina a un político civil. Los marinos, como protesta, dimitieron sus cargos en el Almirantazgo y en el Ministerio; Campoamor comentó esta decisión en *La Época* en un artículo que los marinos consideraron insultante, y Topete replicó desde *El Contemporáneo* en tales términos, que Campoamor exigió su retractación o una satisfacción en el terreno de las armas. Topete escogió el desafío, pero Campoamor humilló al marino produciéndole una grave herida en la cabeza. Cuando Isabel II, destronada, hubo de huir a Francia, Campoamor fue el primer español que acudió a visitarla en Pau para ofrecerle su adhesión. Al producirse la Restauración, Campoamor fue nombrado Director General de Beneficencia y Sanidad, cargo no muy congruente con sus más reconocidas aptitudes, y que fue el

---

3  Ídem, íd., pág. 1322.

último de su carrera política. Desde entonces salió muy poco de Madrid
—nunca había sido demasiado aficionado a los viajes— excepto para cortas
temporadas de veraneo. Entregado a sus tareas literarias vivió apacible-
mente hasta la edad de 84 años. Falleció el 11 de febrero de 1901.

El corto número de anécdotas sobresalientes en la biografía de Campoamor es buen indicio de lo que fue su personalidad. No dejó de apasio-
narse en la defensa de sus ideas políticas o literarias, pero en su vida particular era pacífico y tranquilo, bondadoso y cordial, sencillo y espontáneo,
muy sensible a la amistad, enamorado de su mujer y de la vida hogareña;
hombre de cortas necesidades y poco dado a la ostentación y lujos superfluos, renunció al título de marqués que le había ofrecido Sagasta. Le gustaba en particular la compañía de las mujeres, y vivía de hecho rodeado de
un coro de damas, amigas de su esposa, que le admiraban y atendían, a
pesar de lo cual no se le conoce ninguna aventura amorosa, de aquellas tan
prestigiosas en su tiempo, ni antes ni después de su matrimonio. Semejante
suma de condiciones ha servido para delinear la figura de Campoamor como
la de un hombre feliz, pero a la vez como la de un burgués frío y egoísta.
Feliz y bien avenido con la vida lo fue, sin duda alguna; lo de burgués, tópico muy manido, van desmintiéndolo, como veremos, los más recientes
comentaristas del pensamiento de Campoamor.

En política, el poeta de las *Doloras* fue un conservador, aunque más que
de ideas lo era por repugnancia hacia las turbas; tenía temperamento de
aristócrata, era enemigo de la democracia y del sufragio universal, aborrecía las «nivelaciones» y la intervención de la plebe en el gobierno, en la
misma medida en que deseaba el justo medio y ponía el valor del individuo
por encima de la masa anónima: espíritu de selección «con ribetes de liberalismo altanero», como dice doña Emilia [4], que llevó por igual a su ideario
político y estético.

La literatura de nuestro siglo XIX, como habrá podido comprobar ya el
lector al llegar a estas páginas, abunda como ninguna otra época en escritores que, habiendo conquistado la más dilatada popularidad, han caído
después en total olvido y aun en el más cerrado menosprecio. Quizá ninguno, sin embargo, ha conocido tan radical mudanza de fortuna como el
autor de las *Doloras*. Pero el olvido casi nunca es tampoco definitivo, y
sobre la enterrada gloria del poeta parece apuntar en nuestros días un rayo
de luz, que puede alumbrar su resurrección.

Aunque Campoamor no careció en vida de enemigos, incluso enconados,
puede afirmarse que gozó de la más general estimación como poeta, y no
sólo entre los lectores comunes sino hasta para los críticos más exigentes;

---

[4] Ídem, íd., pág. 1325.

bien conocida es la frase de Clarín, que tenía a Campoamor por uno de los dos poetas y medio que tenía España (el otro era Núñez de Arce, y el medio Manuel del Palacio), y el aplauso que le tributaron la Pardo Bazán, Valera, Francisco de Paula Canalejas, Blanco García, entre los muchos que podrían mencionarse. Rubén Darío, en su juventud, tuvo por Campoamor muy alta estima y recibió de él profundo influjo; de su admiración es testimonio la conocida décima que le dedicó —«Ese del cabello cano / como la piel del armiño...»— y la visita que en 1892 le hizo en su casa, apenas llegado a Madrid. No obstante, fue el mismo movimiento modernista, que acaudillaba Rubén, el que trajo el repudio de la poesía campoamoriana, confirmado por los del 98 de modo tajante y radical. Al llegar a la Generación del 27, Campoamor «es ya una figura definitivamente olvidada y enterrada. Su realismo y su prosaísmo burgueses representan exactamente todo lo contrario de lo que los poetas de esa generación persiguen, siguiendo a Juan Ramón: la poesía pura, que busca ante todo la belleza del poema y desdeña la anécdota, el argumento en la poesía. Todo el entusiasmo que sienten por Bécquer se trueca en desdén y desprecio por Campoamor» [5].

Durante este período de negación, que se prolonga, como veremos, hasta la década del cincuenta, pueden, no obstante, señalarse algunas excepciones. Azorín había atacado duramente a Campoamor en un pasaje de *La voluntad*, pero rectificó más tarde su juicio: primero, en un artículo de 1914 (recogido en 1929 en su libro *Leyendo a los poetas)*; después, en un capítulo de *Clásicos y modernos* (1919), expresamente dedicado a Campoamor y todavía, con posterioridad, en otros artículos dados a la prensa. Al producirse en 1901 la muerte del poeta, otro noventayochista, el catalán Juan Maragall, escribió de él subidos elogios, hasta el punto de calificarle de «el poeta más denso, más sustancioso, de España; el poeta que ha tenido en la España contemporánea un sentimiento más completo de la realidad poética de la vida» [6]. Gómez de Baquero, en su libro *Pen Club. Los poetas*, escribió sobre Campoamor juicios que encierran precisamente las razones de su posible reivindicación: «Tributemos a Campoamor —dice— el homenaje justo de reconocer en él a un renovador, a un precursor, a un ingenio que presintió las nuevas formas y los ritmos futuros. Campoamor fue un precursor de la mudanza. Quiso dar flexibilidad a la rima, naturalidad y sencillez al lenguaje poético, hacer a las Musas ciudadanas de nuestro tiempo en vez de Númenes lejanos. Pretendió sacar a la poesía del escenario y acercarla a la vida; descalzarla del coturno solemne y ponerle la sandalia ligera que le diese un paso ágil y un nuevo compás» [7].

[5] José Luis Cano, «Revisión de Campoamor», en *Poesía Española del siglo XX. De Unamuno a Blas de Otero*, Madrid, 1960, págs. 63-70; la cita en pág. 67.

[6] Cit. por Azorín en *Leyendo a los poetas*, y reproducido por Cano en *Poesía española...*, cit., pág. 66.

[7] Cit. por Cano en ídem, íd., pág. 67.

Estas posiciones más o menos tibiamente afirmativas tuvieron su contrapartida en lo que Vicente Gaos ha calificado de «reacción anticampoamoriana» a cargo de diversos críticos, y que vino a rubricar la intransigente actitud de la generación del 27. Entre ellos hay que mencionar especialmente a César Barja, a Valbuena Prat, e incluso a C. Rivas Cherif, el editor para «Clásicos Castellanos» de las *Poesías* de Campoamor, que no disimula, sin embargo, la escasa estima que le merece [8]. A éstos aún habría que añadir a Ortega y Gasset, a Eugenio d'Ors, a Pedro Salinas —opinión, por lo demás, que viniendo de un poeta señero del 27 no puede sorprendernos—, y a José María de Cossío en unas primeras apreciaciones sobre Campoamor en su libro *Poesía española. Notas de asedio,* rectificadas luego, como veremos.

Pero en la década del cincuenta, según quedó apuntado, se inicia lo que, si no puede calificarse de «vuelta a Campoamor» y ni siquiera de plena reivindicación, supone ya una valoración más comprensiva de su significado y un juicio mucho menos tópico y excluyente.

A la cabeza de los críticos que inician esta tarea debe colocarse a Vicente Gaos. Su primer comentario fue un artículo de 1955 (incorporado años más tarde a su libro *Temas y problemas de literatura española* [9]), titulado *Campoamor precursor de T. S. Eliot,* y anticipo de su libro *La poética de Campoamor,* publicado en aquella misma fecha y reeditado en 1969 con un «Apéndice sobre la poesía de Campoamor». En 1957 Luis Cernuda abre su libro *Estudios sobre poesía española contemporánea* [10] con un estudio sobre Campoamor. Y entre los comentarios diversos que provocó el libro de Gaos debe destacarse el citado de José Luis Cano, «Revisión de Campoamor», incorporado a su volumen *Poesía española del siglo XX.*

Es de justicia señalar que ya con anterioridad Dámaso Alonso, aunque de pasada, había lanzado el alerta a la crítica campoamoriana, denunciando la miopía de unos juicios sistemáticamente negativos: «No estamos aún —dice— preparados para hacer justicia a Campoamor. La reacción, primero violenta, después despectiva y al fin de mera ignorancia, contraria a él, alcanza ya a tres generaciones. Espero que llegará un día en que se reconozca cuán original fue su posición dentro del siglo XIX español, cuán desigual fue la lucha entre su propósito (el poema filosófico en tres dimensiones: mínima, normal y larga) y los medios estilísticos que supo o pudo allegar para ello...» [11].

---

[8] Mucho menos lo disimula todavía Félix Ros, el nuevo prologuista que se buscó para una segunda edición de 1966. En un verdadero bosque de notas, que ocupa quince veces más extensión que el texto, Félix Ros recoge todos los trapillos que pueden dejar en ridículo a Campoamor.

[9] Reproducido en la nueva versión de esta obra, *Claves de literatura española, I, Edad Media-Siglo XIX,* Madrid, 1971, págs. 435-442 (citamos por esta edición).

[10] Recogidos en el volumen *Prosa Completa,* Barcelona, 1975, págs. 291-483; el artículo sobre Campoamor en págs. 307-315 (citaremos por esta edición).

[11] «Ligereza y gravedad en la poesía de Manuel Machado», en *Poetas españoles contemporáneos,* 3.ª ed., Madrid, 1965, págs. 49-95; la cita en pág. 79.

Otros poetas o críticos han sugerido idéntica cautela, como Vicente Aleixandre en su discurso sobre *Algunos caracteres de la nueva poesía española* (Madrid, 1955). Pero cabe destacar el excelente artículo de Carlos Murciano, «Campoamor, sobre el tapete» [12], comentario, a su vez, de los tres primeros estudios mencionados, así como diversas apreciaciones de Díaz-Plaja expuestas en varias ocasiones, de modo tangencial a veces, pero no por eso menos significativo: una, en *El reverso de la belleza*, de 1956 [13]; otras, en «El *chaqueteo* de los estetas» y en «Materia y poesía», de 1961 y 1963 respectivamente, glosas incluidas en el volumen *La letra y el instante. Anotaciones a la actualidad cultural* [14]. En la última de ellas puede leerse una afirmación como la siguiente: «A lo que más se parecen muchos poemas recientes de Jorge Guillén es —¿quién lo hubiera dicho?— a Campoamor» [15]. El estudio más detenido sobre la poesía de Campoamor en estos años últimos se debe, no obstante, a José María de Cossío, que le ha dedicado un largo capítulo en su libro *Cincuenta años de poesía española* [16]; luego aduciremos algunos de sus juicios que estimamos muy oportunos para la recta comprensión de la obra campoamoriana.

## LA POÉTICA DE CAMPOAMOR

La más valiosa contribución entre todas las mencionadas, en razón de su amplitud y densidad, sigue siendo el mencionado libro de Vicente Gaos. Adviértase, no obstante, que Gaos no se propone el examen de Campoamor como lírico, sino como teórico de la poesía. A éste dedica los más inequívocos elogios, mientras conserva para su lírica el juicio negativo que ya es tradicional: «De Luzán acá —escribe sobre la teoría poética de Campoamor— no sé de escritor alguno, Bécquer incluido, que haya pensado acerca del fenómeno poético con la originalidad, el vigor y el tino con que lo hizo Campoamor... Con las ideas poéticas de Campoamor se podía, se debía, haber hecho poesía auténtica. Y, efectivamente, se ha hecho, sólo que no por Campoamor mismo, sino por otros poetas que vinieron después» [17]. Sobre su lírica afirma, en cambio: «El estudio o revisión que Cam-

---

12   En *Cuadernos Hispanoamericanos*, núm. 151, 1962, págs. 107-121.
13   «Poeta de tono medio —dice—, ingenioso y amable, había de encontrar un amplio eco en la mesocracia española, que vio en Campoamor a su poeta representativo. Su obra no tiene valoración enfocada según nuestro actual sentir estético; pero es innegable que Campoamor inaugura una manera personalísima de versificar, sin precedentes visibles ni seguidores afortunados» (en *Ensayos sobre literatura y arte*, Madrid, 1973, págs. 556).
14   Madrid, 1967.
15   En ídem, íd., pág. 259.
16   *Cincuenta años de poesía española (1850-1900)*, dos vols. con numeración seguida, Madrid, 1960.
17   *La Poética de Campoamor*, cit., pág. 186.

poamor reclama no habrá de dar por resultado el de revalorizar su poesía, poco susceptible de revaloración...»[18]. También Cernuda, en el estudio mencionado, declara idéntico parecer: «Los contemporáneos de Campoamor —comenta— le tuvieron por un gran poeta; hoy, al leerle, nos cuesta trabajo adivinar qué méritos justificaban aquella apreciación»[19]. Y José Luis Cano, comentando precisamente el libro de Gaos, confirma: «Es un feliz intento de reivindicar no al Campoamor poeta, que tiene difícil reivindicación, sino al Campoamor teórico y meditador de la poesía»[20].

Los tres críticos, como vemos, enfrentan, pues, una global postura negativa a la lírica campoamoriana, aunque luego, según haremos constar, reconocen asimismo sus méritos y tratan de explicarse la razón del éxito entre sus contemporáneos y el valor de sus aportaciones.

Campoamor reunió en su *Poética, publicada* en 1883, sus teorías estéticas, pero se ocupó también de ellas en diversos trabajos anteriores y posteriores. La minuciosidad con que Vicente Gaos estudia y sistematiza todo este material, haría difícil, además de extenso, traer aquí su exposición completa. Habremos, pues, de limitarnos al examen sucinto de algunos puntos esenciales.

Suele tenerse a Campoamor por un poeta prosaico, materialista, burgués, reflejo de la sociedad y la filosofía positivista de su tiempo, representante inequívoco de la lírica en la época realista, es decir, en la menos adecuada para el cultivo de la verdadera poesía. Se le tiene además por un poeta «de ideas», cultivador, en consecuencia, de un arte de tesis, docente o didáctico, ya que el autor parece proponerse la exposición de ciertas máximas morales, extraídas por añadidura de la experiencia diaria más vulgar; las palabras del propio Campoamor, repetidamente citadas, en que patrocina «el arte por la idea», parecen dejar bien claros sus propósitos o ideales estéticos.

Sorprenderá, pues, al lector la afirmación de Gaos, deducida de su misma poética, de que Campoamor es un esteta, de que sostiene «la autonomía y supremacía del arte con un fervor comparable al de un Rubén Darío o un Góngora»[21], y de que «coloca el arte por encima de todas las restantes manifestaciones humanas; por encima de la filosofía; por encima incluso de la religión»[22]. Pero la atenta lectura de la *Poética* de nuestro autor, que Gaos desmenuza, no deja lugar a dudas. Campoamor, que rechazó en numerosas ocasiones la torcida interpretación de su divisa «el arte por la idea», afirmaba que el arte era «el fruto maduro, el acabado reflejo de una situación histórica», y que «la filosofía, la ciencia, la cultura toda de una época alcan-

---

18  Idem, íd.
19  Edición cit., pág. 308.
20  «Revisión de Campoamor», cit., pág. 63.
21  *La Poética de Campoamor*, cit., pág. 33.
22  Idem, íd.

zan solamente expresión perfecta transmutadas y como resumidas en objeto artístico. El arte viene a ser así el fin de todas las cosas, su justificación plenaria y definitiva. Las ideas son expresivas, pero las imágenes en que las traduce el poeta lo son más aún» [23].

Una cultura alcanza, pues, su plenitud —según Campoamor— cuando queda plasmada en arte literario, pero bien entendido que la forma culminante de éste es la poesía. Campoamor que defendió, en una famosa polémica, la supremacía de la poesía sobre la prosa, acusaba a ésta, con harto escándalo de sus adversarios, de ser un instrumento vago, amorfo, propicio a todas las facilidades y delicuescencias; mientras que el verso, que Campoamor estimaba necesario para la poesía, aunque ésta también pudiera existir sin él, exigía un superior rigor intelectual y una forma más ceñida y perfecta: «El punto de vista de Campoamor —escribe Gaos— se aclara completamente cuando comprendemos el principal motivo que alega para decretar la superioridad del verso sobre la prosa. Nada tienen que ver aquí las ideas. Para expresar ideas, una novela, un ensayo, cualquiera de los géneros de la prosa, resultarían un modo más adecuado. La poesía es superior a la prosa por lo mismo por lo que la escultura o la arquitectura son superiores a la música: por su mayor perfección formal» [24].

No puede, pues, en modo alguno, tenerse a Campoamor por insensible o ajeno a la belleza de la forma —de donde procedería supuestamente su prosaísmo—, siendo tan inequívoca la afirmación de su supremacía, que repite, además, en numerosas ocasiones; la forma, la perfecta estructura de la composición, eran las condiciones esenciales para lograr la obra de arte. Refiriéndose a Byron, por ejemplo, escribe Campoamor: «Cuando un poeta como él se apodera de todas esas ideas que pertenecen al lenguaje común por lo viejas y repetidas, entonces esas ideas, que eran una especie de *judíos errantes*, dejan de caminar fijadas por el poeta con la escultura de la rima» [25].

Como puede verse, la originalidad a que puede aspirar el poeta es la de la forma, no la de las ideas, afirmación que ha de llevarnos a entender mejor la controvertida afirmación campoamoriana de «el arte por la idea». «La originalidad del artista —comenta Gaos—, o mejor dicho, de la obra artística, es la de su forma, la de su estructura. Las ideas, originales o no, son algo *previo* a la obra, no forman parte de ella, porque la poesía no se hace *con* ideas. Para crear una obra original no bastará, pues, con que uno sea original y escriba, sino que habrá de ser original escribiendo. La originalidad romántica era más bien personal, preartística. Y esa es la que a Campoamor no le desazona. En cambio, cuando se trata de la verdadera originalidad artística, Campoamor recaba ardoroso el reconocimiento, al que

---

[23] Ídem, íd., pág. 54.
[24] Ídem, íd., pág. 47.
[25] Cit. en ídem, íd., pág. 63.

juzga ser acreedor: 'A mí, en mis obras, me pertenece siempre por completo la verdadera originalidad, que son los cuatro factores que constituyen el arte: la invención del asunto, el plan de la composición, el designio filosófico y el estilo'»[26]. Es decir, todas aquellas cosas de cuya armonía estructural resulta el conjunto de la obra como algo perfectamente individualizado. Campoamor, como Gaos comenta certeramente, muestra siempre una preocupación por el sistema, y lo que le importa en materia artística son cuestiones de composición y de estructura: «Es en alto grado consciente de que el problema de la creación literaria es el del conjunto, que la obra artística es una totalidad orgánica y que lo restante es accesorio»[27].

Insistamos, pues, en que no son *las ideas* lo primordial para Campoamor como materia de su lírica, sino *la idea*, como distingue Gaos agudamente[28], es decir: la concepción global que da sentido, novedad y carácter al poema.

Veamos otro punto de capital interés para la recta comprensión de la estética campoamoriana. A Campoamor —siempre según nuestro exégeta[29]— no se le oculta que toda poesía es, de una u otra forma, emanación de la personalidad del autor. Pero Campoamor se propone superar el individualismo romántico, lo meramente subjetivo y personal, porque confinarse en el yo no es sino un modo de empirismo, postura filosófica contra la cual nuestro poeta, tan insistentemente tachado de materialista, tronó incesantemente. «La poesía verdaderamente *lírica* —escribe Campoamor— debe reflejar los sentimientos personales del autor en relación con los problemas propios de su época». «Lo que el poeta debe expresar —comenta Gaos glosando este pasaje— no es aquello que, como hombre, le particulariza y distingue de los demás hombres, sino lo que tiene en común con ellos (lo «incondicional absoluto humano»), especialmente con los hombres de su época»[30]. «El escritor más importante —dice Campoamor— en lo porvenir será aquel que llegue a ser el más grande reflector de las ideas de sus contemporáneos». «Campoamor rechazará, en consecuencia —afirma Gaos— una poesía que de espaldas a los problemas contemporáneos, se entretenga ocasionalmente en la evocación melancólica del pasado, o se pierda en sueños del porvenir. Ni nostalgia ni vaticinio»[31].

La originalidad del escritor no va, pues, a consistir en inventarse un mundo, sino en capturar el que la vida le ofrece y le pone ante los ojos. «Campoamor sabe que todo poeta cuya preocupación primordial consista en ser *original* resultará un artista mediocre. Sólo cuando el creador acepta una materia dada, desentendiéndose de tener que sacarla de sí mismo, po-

---

[26] Ídem, íd., págs. 74-75.
[27] Ídem, íd., pág. 21.
[28] Ídem, íd., pág. 95.
[29] Ídem, íd., págs. 48-49.
[30] Ídem, íd., pág. 50.
[31] Ídem, íd., pág. 51.

drá consagrarse por entero y con eficacia a la función propiamente artística, que es la de elaborar tal materia. El descuido formal de muchos románticos no deja de tener relación con su anhelo desmedido de originalidad» [32]. «El arte —Campoamor lo vio muy bien— (añade Gaos más abajo), siendo, de un lado, esencialmente autónomo, es, de otro lado, una actividad social y dependiente, esto es, una actividad histórica. La pretensión de originalidad equivale al aislamiento, al confinamiento en el estrecho recinto del propio yo. Por eso dice Campoamor que los poetas originales son los menos dignos de ser imitados. A él no le preocupó tener ideas originales: 'Al escribir versos suelo trasladar de la prosa a la poesía muchas ideas de los libros que leo, de las personas de talento que me favorecen con sus conversaciones, de los oradores que oigo... Soy una pobre abeja literaria que busca alimento en todos los jardines cultivados por la inteligencia humana...'» [33]. «Lo importante —resume Gaos como comentario a lo precedente— es poner atención en su fecundo propósito de rebasar el área de lo personal, ensanchando la órbita de la poesía» [34].

En numerosas ocasiones repite Campoamor la siguiente definición, que es para él fundamental: hacer poesía consiste en trasformar las ideas en imágenes; o, como dice en cierto pasaje: «En el arte se debe manifestar lo infinito por medio de lo finito, lo absoluto por medio de lo relativo, lo espiritual por medio de lo material, la forma-arquetipo o inteligible por medio de la forma exterior y sensible». Y en otro lugar: «El arte al condensar la idea, saca de lo general metafísico lo particular artístico, y después, el ingenio trascendental hace que de lo particular artístico se deduzca lo general metafísico» [35]. Son ahora insustituibles los comentarios de Gaos: «Lo que Campoamor quiso decir realmente es, al fin y al cabo, bastante claro: el poeta debe convertir las ideas en imágenes, pero éstas han de ser de tal índole que en ellas se reflejen las ideas. Las imágenes han de estar tocadas por el brillo trascendental de las ideas, apuntar hacia ellas y transparentarlas. Más brevemente: la imagen —concreta, particular— debe ser trasunto de la idea, evocar lo universal. Otra vez vemos que la poesía que concibe Campoamor no es una poesía de ideas, lo que no significa que la idea no juegue en ella un importante papel. No es elemento directo del poema, queda fuera del cuerpo poemático, pero es, por un lado, punto de partida; por el otro, meta a la que apunta el poema. Los sinónimos que empleó Campoamor para su *arte por la idea*, el de *arte trascendental* y el de *poesía intencional*, son, así, más felices y exactos» [36].

---

[32] Idem, íd., pág. 72.
[33] Idem, íd., pág. 73.
[34] Idem, íd., págs. 73-74.
[35] En ídem, íd., pág. 91.
[36] Idem, íd., pág. 92.

Resta averiguar cuál es el medio de que se vale Campoamor para convertir en imágenes las ideas y sentimientos, puesto que la poesía, de acuerdo con su más firme creencia, debe huir de toda abstracción: el medio no es otro sino *cosificarlas*, darles corporeidad. Gaos, que en el artículo mencionado y luego en muchos pasajes de su libro ha puesto de relieve los numerosos puntos de contacto que existen entre las ideas estéticas de Campoamor y de T. S. Eliot, subraya especialmente la plena coincidencia de ambos en este problema concreto, no sólo en su formulación, sino en el modo de resolverlo; y aquí entra precisamente una de las más conocidas teorías del famoso poeta y crítico inglés. Dice Eliot: «El único modo de expresar emoción en forma de arte consiste en encontrar un *correlato objetivo;* en otras palabras, un conjunto de objetos, una situación, una cadena de acontecimientos que sean la forma de esa emoción *particular*, de modo que al dársenos los hechos externos, que deben terminar en experiencia sensorial, la emoción es inmediatamente evocada» [37].

Tal teoría —explica Gaos—, que es la misma de Campoamor, conduce naturalmente a una poesía de tipo dramático, en la que ideas, emociones y sentimientos se transforman en objetos y hechos, con el fin de eliminar la abstracción filosófica o el vago sentimentalismo romántico. Esta es la razón de que los poemas de Campoamor adopten su peculiar carácter dramático-narrativo. José María de Cossío constata [38] que, efectivamente, las *doloras*, los *pequeños poemas* y hasta las *humoradas*, que constan a veces de sólo dos versos, tienen acción, y aun cuando los actores no aparezcan gesticulando, el lector los adivina. Cossío que califica este procedimiento de «lo más personal de su autor» y lo que «presta originalidad incontestable a sus poesías», aduce un par de ejemplos muy representativos. El primero es una *dolora:*

> *Se casaron los dos, y al otro día*
> *la esposa, con acento candoroso,*
> *al despertar le preguntó al esposo:*
> *—¿me quieres todavía?—.*

El segundo es una *humorada:*

> *Le eres fiel, mas ya cuenta cierta historia*
> *que entre él y tú se acuesta otra memoria.*

«La gran dificultad del arte —escribe Campoamor en su *Poética*— consiste en hacer perceptible un orden de ideas abstractas bajo símbolos tangibles y animados. El apólogo que suele representar una máxima moral expuesta en un drama con personajes que se mueven, siempre será un género

---

[37] En ídem, íd., pág. 98.
[38] *Cincuenta años de poesía española*, cit., pág. 290.

de literatura admirable. La fábula de la lechera vale más que todas las odas, elegías y poemas que se han escrito y que se escribirán sobre la ruina de las ilusiones humanas. El arte es enemigo de las abstracciones y gusta mucho de estar representado por personas que vivan, piensen y sientan. Lo que se impersonaliza se evapora» [39].

Este pasaje —advierte Gaos—, aparte su relación innegable con el de Eliot, podría hacernos pensar —y de esto se le ha acusado muchas veces— que Campoamor es partidario de un simple arte docente o «de tesis». Pero el propósito de Campoamor —lo consiguiera o no en sus obras, que éste es otro problema— consistía en darle a la poesía transcendencia: «Al contrario —escribe— de los que se declaran amantes del *arte por el arte*, lo cual bien traducido quiere decir que ellos son partidarios de la *insignificancia en el arte*, yo soy apasionado, no de lo que se llama *arte docente*, sino del *arte por la idea*, o, lo que es lo mismo, del *arte transcendental*». O como dice en otro pasaje: «En el arte no hay más que dos géneros, el sustancial y el insustancial» [40].

Poetizar, pues, para Campoamor —según Gaos define— es realizar continuos actos de transcendencia: transcender lo meramente subjetivo y personal, transcender el arte por el arte para llegar a la idea, transcender la idea hasta convertirla en imagen: «el poeta ha de mirar bien la realidad, ha de indagarla, hasta sorprender ese misterioso punto de conjunción que hace de la cosa una *imagen* de la idea» [41]. En una palabra: Campoamor pretende dotar a la poesía de intención y de profundidad.

Campoamor tiene del *estilo* un concepto enteramente moderno. Aunque a veces, ocasionalmente, emplea esta palabra en el vulgar sentido de *lenguaje* o de forma *externa*, cuando precisa, en cambio, su pensamiento afirma inequívocamente que, para él, el estilo es todo aquello que individualiza la obra de arte, todo lo que la define como unidad singular. El estilo, pues, de un autor no depende sólo de las palabras, ni del asunto, ni de la intención, sino de la particular fusión que logren todas estas cosas en el poema. De aquí la afirmación que gusta de repetir: una obra de arte es una composición, un conjunto, es decir, algo que debe ser considerado desde dentro, como una estructura cerrada, como un organismo dotado de una naturaleza peculiar. Ese mismo sentido de totalidad expresa esta sentencia, que estimamos particularmente afortunada: «El estilo en poesía es el modo intelectual de andar un hombre por el Parnaso» [42]. No puede ya extrañarnos que Campoamor llegue a conclusiones absolutamente válidas en nuestros días, y que hubieron de representar en los suyos un pensamiento audaz y, por eso mismo, no siempre bien entendido; éstas, por ejemplo:

---

[39]  En *La Poética de Campoamor*, cit., págs. 98-99.
[40]  En ídem, íd., págs. 99-100.
[41]  Ídem, íd., pág. 106.
[42]  En ídem, íd., pág. 122.

el asunto es la forma de tratarlo; los mismos elementos métricos del poema —metro, ritmo, rima— no son meros adornos musicales para engalanar su contenido, sino que poseen un valor semántico; «por suerte de las letras, el estilo no es cuestión de tropos, sino de fluido eléctrico» [43]; o esta otra que anticipa un concepto esencial de la moderna ciencia literaria: «La expresión nace de la idea como la luz del sol. La expresión y la idea son dos hermanas gemelas, pues aunque la expresión haya venido al mundo mil años después que la idea, cuando se encarnan parece que han nacido al mismo tiempo» [44].

En materia de lenguaje ya sabemos que la acusación más común lanzada contra Campoamor es la de su prosaísmo, pero debe tenerse muy en cuenta, como Gaos ha subrayado con toda exactitud, que Campoamor era prosaico intencionalmente, que su propósito esencial —en el cual quiso hacer consistir la originalidad de su poesía— era bajar el tono de la poesía y acercarla a la prosa, en un constante esfuerzo por expresarse con sencillez y naturalidad. Numerosos pasajes de sus exposiciones teóricas —en la *Poética* o en otros ensayos— definen esta meta: «Juzgo indispensable un trabajo de reconstrucción de la antigua manera de escribir. Así como hay que bajar el diapasón en la poesía, es necesario subir el de la prosa» [45]; «Democratizar mucho la poesía y aristocratizar un poco más la prosa es un trabajo digno de algunos de los escritores que nos sucedan y tengan bastante fuerza para palanquear el idioma, volviendo lo de arriba a abajo, haciendo que la poesía no se desdeñe de descender hasta el pueblo, y que la prosa se vista de limpio para poderse elevar hasta la inteligencia de las clases altas. Echemos por la ventana las flores de trapo con que se adorna la poesía, y cerremos para siempre los oídos a esas prosas vulgares, sin olor, calor y sabor» [46]; «Cuando Herrera inventó un lenguaje especial para la poesía, ésta quedó fuera del círculo de las gentes, y el idioma común, sin artistas que lo fijaran, ha quedado en la prosa estancado y en la poesía muerto» [47]; «Insisto en hacer una protesta contra el dialecto poético oficial, y creo que todos los que opinan como yo tienen precisión de aprender a saber oír y a saber ver todas las frases y giros poéticos que S. M. el Pueblo use en las diferentes manifestaciones de sus sentimientos y de sus ideas, para sustituir con el idioma natural contemporáneo el lenguaje culto, tradicional y artificioso de la mayor parte de los poetas antiguos»; «El lenguaje hablado puede no separarse en casi nada del lenguaje poético escrito. Sin más que colocar las mismas palabras de la prosa de modo que tengan el ritmo y la rima, resulta lo que se llama el verdadero lenguaje poético» [48].

---

[43] En ídem, íd., pág. 126.
[44] En ídem, íd., pág. 124.
[45] En ídem, íd., pág. 42.
[46] En ídem, íd., pág. 171.
[47] En ídem, íd., pág. 172.
[48] En ídem, íd.

Algunos comentarios de Gaos nos pueden aclarar todavía más el pensamiento de Campoamor, haciendo innecesario multiplicar sus textos: «Propugnador de un *realismo poético*, en que la expresión sea natural, sin ser vulgar, que sea *realismo*, sin dejar de ser poético, Campoamor se halla equidistante de los *cultos entonados* (Herrera, Góngora), de los *pulcros* o neoclásicos y, por supuesto, de los *prosaicos* o realistas a secas. La poesía que pretende hacer Campoamor exige un dominio, un equilibrio, difíciles de conseguir. Por eso podrá decir: 'El culteranismo es muy fácil; lo difícil es escribir con naturalidad'» [49]; «Acercar el lenguaje del verso al de la prosa y el de la prosa al del verso, en beneficio del *idioma común*, he aquí la empresa en que Campoamor hace el mayor hincapié. Empresa que, en modo alguno, implica tendencia a lo prosaico, pero sí profunda conciencia de que la poesía no puede tener por lenguaje un dialecto especial, que ha de usar las palabras de la lengua de todos, aunque su misión consista en elevarla, sublimarla y darle su punto de perfección» [50]; «Nada de restricciones de vocabulario. El poeta debe usar todas las palabras, y esto porque Campoamor, fiel a su lema de ensanchar el área de la poesía, sostiene que no hay que desterrar tema alguno por considerarlo apoético. En principio, todos los temas y todas las palabras pueden ser poéticos» [51]. Y comparando los propósitos de Campoamor con la lírica de Bécquer, escribe Gaos: «Bécquer hizo maravillas apartándose de la poesía exterior, de la retórica en tono mayor, refugiándose en el ámbito de un puro y esencial lirismo, de tradición y sello más germánicos que castizamente españoles. La reacción de Campoamor, por pobres que fueran sus frutos, sus poemas, fue más ambiciosa, perseguía cambios más radicales. Porque Campoamor no se opone sólo a la poesía romántica en general, o al tipo de ella preferentemente cultivado en España. No aspira a una simple depuración de elementos, sino a una total transmutación de valores. Lo que se propuso —bien que no lo lograra— era hacer algo que apenas tiene precedentes en la poesía española y que, por otra parte, conllevaba enormes dificultades intrínsecas. Quería hacer nada menos que una *poesía realista*, una *poesía prosaica*» [52].

Los pasajes citados de la obra teórica de Campoamor, así como los aducidos de su puntual comentarista, deben bastar, suponemos (en todo caso, la lectura completa del libro de Gaos aventa toda duda), para persuadirnos de la profundidad con que pensó Campoamor sobre su propio quehacer artístico. Aludiendo al libro de Gaos, escribe Carlos Murciano en el artículo citado: «Hondo caló el asturiano en el misterio poético; si sus frutos sobre el papel *no fueron luego reflejo fiel de sus ideas*, adivínense

---

[49] Ídem, íd., pág. 68.
[50] Ídem, íd., pág. 172.
[51] Ídem, íd., pág. 129.
[52] Ídem, íd., pág. 197.

las razones —literarias, ambientales, históricas— que lo motivaron; mas nadie podrá ver en el autor de las *Doloras* a un pobre hombre que ignoraba lo que se traía entre manos»[53].

Por las palabras que subrayamos en esta cita y por otras varias de los textos de Gaos que hemos reproducido, parece deducirse, sin embargo, que el fracaso de Campoamor —supuesto o real, luego volveremos sobre ello— fue debido a que el escritor se olvidó de sus propias teorías a la hora de escribir versos. Gaos lo afirma así más expresamente todavía en otro pasaje: «El problema —dice— no consiste principalmente en que la poesía de Campoamor carezca de calidad, sino en que, buena o mala, *responde escasamente a la dirección que pretendió imprimirle*»[54]. Y un poco más abajo insiste en que habrá de dilucidarse cómo este hombre «*pudiera desdecirse de sus principios tan contradictoria y lamentablemente a la hora de versificar*»[55] (los subrayados son nuestros).

Sospechamos que semejantes afirmaciones pueden producir cierto desconcierto en el lector, por lo que es preciso dejar claro este punto si pretendemos juzgar con alguna objetividad la obra de nuestro poeta. Sigamos prescindiendo por el momento de enjuiciar la poesía campoamoriana en sí misma; tengamos sólo presente la meta que se propuso, según hemos podido deducirla de su pensar teórico, y veamos ahora cuáles son los logros positivos que le conceden los diversos críticos, a pesar de que su obra poética en conjunto les merezca escasa o nula estima. Esta confrontación nos permitirá concluir que los posibles fallos de Campoamor no provienen, en absoluto, de haberse olvidado de sus principios.

Oigamos a Cernuda. «Lo que realizaron los neoclásicos ahí está y ya hemos aludido a su escaso valor; los románticos pueden burlarse de sus antecesores y del pastor Clasiquino, pero fracasaron igualmente. Fue Campoamor, mediado el siglo XIX, quien advirtió cuál era el punto capital de la cuestión: la reforma del lenguaje poético... Campoamor ha pasado a ser para nosotros, aunque no se le lea (porque supongo que hoy nadie lo lee), el poeta prosaico por excelencia, y su expresión y lenguaje por ejemplo de vulgaridad. Sin embargo, al juzgarle así se olvida su mérito principal: haber desterrado de nuestra poesía el lenguaje preconcebidamente poético. Es una tarea que debe realizarse continuamente, pues si no el lenguaje se anquilosa, resultando ineficaz y aun perjudicial para todo intento de expresión poética... En eso consiste el valor histórico de Campoamor, en haber desterrado de nuestra poesía el lenguaje supuestamente poético que utilizaron neoclásicos y románticos. Éstos se desprendieron del anticuado formulario expresivo compuesto por el culteranismo, pero si los primeros lo sustituyeron con uno falso y raquítico, los segundos lo sustituyeron con

---

[53] «Campoamor, sobre el tapete», cit., págs. 107-108.
[54] *La Poética de Campoamor*, cit., pág. 185.
[55] Ídem, íd., pág. 186.

otro falso y desmesurado. El problema seguía en pie. Compárese, por ejemplo, el lenguaje y estilo usado por Campoamor en *Ternezas y flores* (1840) y el usado luego en sus *Doloras y Humoradas;* en la colección primera todavía habla unas veces como un poeta neoclásico... y otras como un romántico... En las *Doloras* (1846) pronto se advierte cómo las frases hechas, las asociaciones establecidas de palabras, las palabras favoritas de escuelas anteriores, han desaparecido: el lenguaje es directo y simple, la expresión coloquial... Dígase lo que se quiera de Campoamor como poeta; no por eso debe dejar de reconocerse la deuda que nuestra poesía tiene con él por haber desnudado el lenguaje de todo el oropel viejo, de toda la fraseología falsa que lo ataba. No puede, al menos, negársele el valor que tiene como antecedente de Bécquer... Hizo Campoamor tabla rasa del obstáculo principal que todo poeta encuentra frente a sí: una lengua poética envejecida... / Compárense las palabras de Wordsworth con estas entresacadas de la *Poética* de Campoamor: 'Cuánto más popular y cuánto más nacional sería nuestra poesía si en vez de la elocución artificiosa de Herrera se hubiera cultivado este lenguaje natural de Jorge Manrique'. (En las *Coplas* de Manrique tenemos, en efecto, el ejemplo perfecto en nuestra lírica de lenguaje hablado... Recordemos también de pasada que Machado, quien tiene ciertos puntos de contacto con Campoamor, admira igualmente a Manrique)... Con dotes idénticas a las que poseyó, pero siendo además un poeta, no sé si decir que pudo dejar una obra equivalente de la de Browning. ¿Verdad que esas figuraciones son ociosas?; contentémonos con ciertos poemillas suyos del género sentencioso-irónico, que están bastante bien. En ocasiones parecen anticipo de *Greguerías;* de ellos, pasando por Augusto Ferrán, que escribe poemillas lírico-sentenciosos, llegamos a Machado, quien deliberadamente evoca en algunos de sus versos gnómicos el recuerdo de Campoamor. / Campoamor fue un poeta raro entre nosotros; a veces se diría un poeta inglés (en lo posible) de la época victoriana, y acaso eso sea lo que sin proponérmelo haya suscitado en mi memoria el recuerdo y la comparación con ciertos poetas ingleses de dicha época, aunque algún desplante a la española, que en él se observa en ocasiones, dificulta la comparación. Conviene releerle a cierta altura de la vida (Campoamor nunca parece haber sido joven) para aprender a tolerarle por lo menos; y entonces tal vez comencemos a dudar cuando composiciones más cercanas en el tiempo, como la *Marcha triunfal*, de Darío, nos parecen ya muertas, si en cambio otras más distantes, como *¡Quién supiera escribir!*, de Campoamor, no guardan todavía algún rescoldo vivo» [56].

Acudamos ahora a Vicente Gaos que, como ya quedó dicho, dedica un Apéndice de su libro a estudiar «La poesía de Campoamor». En realidad, casi sería innecesario, porque varios de los pasajes aducidos en que expone

---

[56] Cit., págs. 310, 311, 312, 313 y 315.

la teoría poética de Campoamor, nos han servido para caracterizar a la vez su poesía. Pero todavía cabe seleccionar algunos fragmentos más que subrayan lo conseguido por Campoamor y van a permitirnos comprobar si difiere de sus teorías y propósitos. «Una cosa es evidente en el caso de este autor —escribe Gaos—, y acaso se deba a ella, sobre todo, el prestigio de que gozó muchos años, no ya como poeta popular, al alcance de un público mesocrático, sino, además, para los *entendidos:* su poderosa originalidad. Porque esta poesía habrá dejado de gustar, podrá antojársenos todo lo chabacana y apoética que se quiera, pero lo que no podemos dejar de reconocer es que, en su momento, representó una auténtica novedad» [57]; es decir, convertía en obra novedosa los propósitos novedosos que había enumerado y que, como tales, ha ponderado el crítico.

Al exponer una vez más que Campoamor intenta quitarle a la poesía solemnidad, hacer que pise en tierra y que camine por ella con sencillez, comenta Gaos: «Lo malo es que se excedió dejándola crudamente con los pies desnudos en mitad del arroyo. 'Su vocabulario era el de la calle', dice Díaz-Plaja. Así es, e intencionadamente» [58]. Demos por bueno que se excediera, en efecto, pero queda bien claro que no delinquió por olvidarse de sus propósitos, sino por practicarlos en demasía. Otro pasaje subraya esto mismo del modo más rotundo: «Cuando se le reprocha a Campoamor que es un poeta *prosaico* o *vulgar,* suele olvidarse [lo olvida el propio Gaos, cuando le acusa de «desdecirse de sus principios tan contradictoria y lamentablemente»] que lo fue aposta, que su prosaísmo y su vulgaridad, más que defectos, son excesos; que, en su afán de volver por los fueros de una poesía sencilla, se pasó, consciente o inconscientemente, de raya. Ahora bien, la intención en sí misma nada tenía de descabellada. En los siglos de oro el lenguaje poético se había ido haciendo cada vez más artificioso, hasta llegar a divorciarse del lenguaje común, del lenguaje de la prosa. Y lo que él quiso fue restaurar la unidad perdida, acercar la lengua del verso a la de la prosa y —recíprocamente— evitar que la poesía quedara aislada, al usar como un dialecto especial, desarraigado del idioma natural y común. Creía, y creía bien, que prosa y verso se necesitan mutuamente, y que el poeta, lo mismo que el prosista, debe apoyarse para su actividad en la lengua media» [59].

Prosigamos nuestras acotaciones. El párrafo siguiente, que define a la vez intenciones y resultados, emparejándolo, además, con otro poeta de inequívoca significación, es igualmente transparente: «No es Campoamor el único que va en busca de una poesía sencilla. Hasta ahí le acompaña, o mejor, le sigue, Bécquer. Campoamor y Bécquer coinciden en el deseo de dar

---

[57] *La Poética de Campoamor,* cit., pág. 192.
[58] Idem, íd., pág. 195.
[59] Idem, íd., págs. 197-198.

al verso un aire recogido de intimismo, de sobriedad. Nada tan lejos del uno y el otro como la poesía sonora y externa, más épica que lírica, que prevalecía en el romanticismo español y cuyos máximos representantes eran el duque de Rivas y Zorrilla. Ya vimos que frente a la poesía de la extensión de este último él cultivó el campo de sus 'impresiones subjetivas, íntimas, completamente personales'» [60].

Otros varios pasajes podrían espigarse, pero nos parecen ya suficientes.

Ya hemos visto cómo Carlos Murciano apunta asimismo, aunque muy ligeramente, a la falta de adecuación entre la obra y la teoría campoamorianas. Pero la salvedad parece más bien inducida por el recuerdo del libro de Gaos a que acaba de referirse, ya que en un párrafo posterior, casi al final de su trabajo, destaca precisamente la esencial coherencia en la obra del poeta: «Hay dos cosas —escribe— que podrían explicarnos en mucho la postura campoamoriana: una, su fidelidad a su tiempo; otra, su fidelidad a sí mismo. Campoamor se da perfecta cuenta de lo que pretende, de lo que puede hacer en el momento poético en que su vida está en su culmen. Ve su camino y por él se lanza. Nadie podrá negarle nunca su sitio en la historia de nuestras letras; tampoco su valentía renovadora, *revolucionadora*, como él mismo gustaba de repetir, aun pidiendo perdón —él, conservador, moderado— por el atrevimiento» [61].

También José María de Cossío parece por un momento acusar de inconsecuencia a Campoamor con palabras un tanto equívocas, ya que lo que al cabo viene luego a puntualizar, a lo largo de todo su estudio, es la imperfecta realización, en la práctica, de lo que había sido su ideal. Dice así: «Pese a sus propósitos, esta Guía [se está refiriendo a la *Poética*] no es completamente de fiar; en primer lugar porque se complace en defender actitudes extremas que acaso sintió como preceptista, pero que no llegó a osar poner en práctica como poeta, o dicho de otro modo, porque caso de que se propusiera guardar sus principios con todo rigor, no llegó a hacerlo, o porque el ideal era inasequible o porque no alcanzó su habilidad a domeñar las dificultades que sin duda ofrecía» [62].

Digamos finalmente que José Luis Cano define en forma inequívoca la consecuente actitud de nuestro autor: «Es evidente —escribe— que Campoamor poseía una concepción muy clara de lo que debe ser la poesía, y que toda su vida fue fiel a esa concepción, que era antirromántica y realista» [63].

Con lo apuntado hasta aquí parece que puede quedar suficientemente declarada la importancia de Campoamor en el momento histórico en que

---

[60] Ídem, íd., pág. 196.
[61] «Campoamor, sobre el tapete», cit., pág. 119.
[62] *Cincuenta años...*, cit., pág. 290.
[63] «Revisión de Campoamor», cit., pág. 64.

se produce; bastaría aducir en su defensa un solo punto positivo: si el lenguaje poético estaba urgentemente necesitado de una renovación, y Campoamor la trajo y la impuso, acertando además con el remedio exacto, queda explicada su gloria literaria; la justificación histórica de su obra no necesita nada más. Pero queda el hecho innegable, como dijimos, de que quizá ningún otro escritor del siglo XIX ha conocido un descenso tan vertical de su fama, y pocos han merecido juicios tan despectivos por parte de la crítica. Cuesta, no obstante, creer que la apreciación de sus contemporáneos fuese tan errónea y que varias generaciones de lectores, que le siguieron con entusiasmo, se equivocaran tan groseramente. La explicación de semejante cambio puede, naturalmente, depender de la misma calidad de la obra: la oportunidad de su aparición no supone necesariamente que fuera perfecta en sí misma, y el repudio de la posteridad quedaría así justificado.

Luego enfrentaremos este problema al examinar las obras en detalle. Pero importa sobremanera destacar un hecho, bien puesto de relieve por todos los críticos que en estos años últimos se han acercado con atención a la obra campoamoriana. Muchos pueden ser los defectos propios que le hagan perder la estima del lector contemporáneo, pero es evidente que son también los oídos del lector actual los que están cerrados para captar adecuadamente la «música» del poeta de las *Doloras*. Recordemos a este propósito las palabras, arriba citadas, de Dámaso Alonso: «No estamos aún preparados para hacer justicia a Campoamor». ¿Qué preparación especial va a sernos necesaria? Ya sabemos, como recuerda el propio Gaos —que con nueva y feliz inconsecuencia escribe una limpia defensa después de sostener que la lírica de Campoamor no es susceptible de ser revalorizada— que en nuestro siglo, desde los modernistas a la *poesía pura*, pasando por las escuelas *de vanguardia*, no podía sentirse la menor comprensión hacia una poesía como la de Campoamor, tan saturada de realidad, tan *impura* en el acarreo de sus materiales, tomados de las circunstancias y anécdotas de la vida ordinaria, y vaciada en un lenguaje que se propone precisamente no ser específico de la poesía; cuando ésta —todo a lo largo de nuestro siglo— es, en mayor o menor grado, *poesía poética*, un mundo aparte, autónomo y puro, que ni siquiera quiere ser confundido con la *literatura*, mundo antirrealista y hermético, dirigido a lectores minoritarios.

Algún fenómeno, no obstante, se ha producido en el horizonte poético que puede preparar nuestro aprendizaje para hacer justicia a Campoamor, y que ha resquebrajado ya los cimientos de las más cristalinas estéticas minoritarias: «Si volvemos a acordarnos de Campoamor —escribe José Luis Cano— después de haberle olvidado durante treinta o cuarenta años, es sin duda porque algo ha variado en el gusto poético, porque la poesía española ha evolucionado o está evolucionando en una cierta dirección. ¿Por qué hoy no nos parece ya cursi ni trasnochado recordar a Campoamor? La historia de la literatura, de la poesía, como la de la política, es una historia en movimiento, de corrientes y contracorrientes, de flujos y reflujos, de revoluciones y reacciones. Campoamor mismo simbolizó en la poesía de su época un movimiento realista, antirromántico, pero este movimiento fue derrotado pronto por otro de signo contrario: por la tendencia antirrealista y minoritaria que representaba el modernismo» [64]. Y después de recordar los movimientos de poesía hermética y *pura*, que ya conocemos, añade: «El resultado fue, justo es decirlo, medio siglo de poesía de gran calidad en España, pero de poesía esencialmente antirrealista, que se movía en un mundo radicalmente ajeno al de la prosaica realidad de la vida cotidiana. Ahora bien: ocurre que la revolución poética llevada a cabo con tanto éxito por Rubén Darío y que en España consolidaron Juan Ramón y Antonio Machado, ha cumplido y rebasado ya, a los cincuenta años de iniciada, su ciclo natural de existencia, dando todo lo que podía dar de sí, que era mucho. Y hoy estamos precisamente en un momento semejante al que provocó y justificó la reacción realista, antirromántica, de Campoamor, que se produce también al cumplirse, más o menos, el medio siglo de iniciarse el movimiento romántico. Hoy se vuelve al realismo en poesía por hartazgo quizá de subjetivismo y antirrealismo poéticos. Los poetas más jóvenes buscan ya lo que también buscó Campoamor: que la poesía descienda al pueblo, deje de ser un alimento demasiado exquisito, para minorías. *A la inmensa mayoría* dedica uno de sus libros Blas de Otero, el más audaz de esos jóvenes» [65]. Y añade todavía: «Que esta reacción realista, perseguidora de un más vasto auditorio para la poesía, está tomando incremento entre nosotros lo prueban varios síntomas. Uno de ellos, quizá el más importante, es la tendencia que va abriéndose camino a que la poesía abandone el subjetivismo y vuelva a *contar* algo, se haga narrativa. No era otro el empeño de Campoamor, que escribió en su *Poética*: 'Una poesía debe ser una cosa animada, pintoresca, que hable, si es posible, a los ojos y a la fantasía. No debe ser materia de verso lo que no sea contable'» [66].

Idénticos conceptos escribe también Carlos Murciano, después de citar precisamente algunas frases del pasaje anterior de Cano: «Se ha vuelto a Campoamor, se ha hablado —se habla— de él. Hora es ya de preguntarse el porqué de esta vuelta, de este desolvido. Decíamos al principio: gira el mundo, giramos, giran los gustos, las modas. He aquí la respuesta. Estamos atravesando un momento crucial, de retorno al realismo». Y más abajo: «Cuando leemos en Campoamor

> *Y sólo por la gloria* —Aquí reposa—
> *grabamos en sonoras expresiones:*
> Don Fulano de Tal, que fue tal cosa,

---

[64] Idem, íd., pág. 68.
[65] Idem, íd., pág. 69.
[66] Idem, íd.

nos parece estar leyendo al Celaya de *Instancia* o de *Hablando en caste-llano*»[67].

Decíamos que la dogmática seguridad, la fe sin fisuras en la suprema calidad única de la poesía *minoritaria* escrita desde el modernismo hacia acá, se ha resquebrajado hasta en la estimación de sus mayores apóstoles; recordemos el mencionado «chaqueteo» de los más puros y hasta muchas declaraciones terminantes de que, en efecto, gira el mundo y los gustos. Oigamos, por ejemplo, a Cernuda, uno de los conspicuos del 27: «Los con-temporáneos de Campoamor le tuvieron por gran poeta; hoy al leerle nos cuesta trabajo adivinar qué méritos justificaban aquella apreciación. No es que creamos, como cierto historiador actual de nuestra literatura y como tantos críticos optimistas, que nuestro criterio es el acertado y erróneo el de aquellos que nos precedieron y a quienes con presunción inútil preten-demos corregir; *sabe Dios lo que pensarán de nosotros y de nuestro criterio literario las gentes que vengan después*»[68] (el subrayado es nuestro). Y a propósito de su propia poesía escribe en otra parte con palabras que casi parecen campoamorianas: «Algo que también aprendí de la poesía inglesa, particularmente de Browning, fue el proyectar mi experiencia emotiva so-bre una situación dramática, histórica o legendaria, para que así se obje-tivara mejor, tanto dramática como poéticamente»; y añade luego, refirién-dose a su tendencia objetivadora y su expresión llana, que había escrito «tratando siempre de usar, a mi intención y propósito, es decir, con opor-tunidad y precisión, los vocablos de empleo diario: el lenguaje hablado y el tono coloquial hacia los cuales creo que tendí siempre».

Y José María de Cossío, después de aludir al concepto de la poesía *actual* y recordar lo mucho que de él distaba Campoamor, escribe: «Con aquel criterio hoy vigente, y en el que participo, Campoamor estará expues-to al desdén y en casos hasta a la burla de nuestra generación. Pero juz-garle con este criterio sería cometer una injusticia intolerable. Lo primero porque atropellaríamos todas las leyes de la crítica histórica y, lo segundo, y principal, *porque por muy cierta que tengamos nuestra actual concepción de la poesía, no es seguro que para el porvenir aparezcamos como en pose-sión inatacable de la verdad*»[69] (también el subrayado es nuestro).

Con Campoamor se ha repetido el caso de Galdós. Los del 98 lo llamaron despectivamente «Don Benito el garbancero» y consiguieron oscurecer su grandeza durante tres o cuatro décadas. Pero la reacción se ha producido en forma clamorosa, que examinaremos en su lugar. Por descontado que Campoamor no poseía ni con mucho la genialidad de Galdós, y su poesía ha tenido que enfrentarse con enemigos mayores —dispuestos, por añadi-dura, en sucesivas oleadas— que la obra novelesca de Don Benito. Pero ha

---

[67] «Campoamor, sobre el tapete», cit., pág. 118.
[68] Cit., pág. 308.
[69] *Cincuenta años...*, cit., págs. 315-316.

sido rechazado en nombre de idénticos principios y de actitudes semejantes, y hasta por unos mismos hombres, y tiene derecho a pareja revisión,
sobre todo cuando sus enemigos vencedores se han apeado de su propio
Pegaso y hasta resulta que han comenzado a imitarle. Por otra parte, si la
obra campoamoriana abunda en cosas deleznables, tampoco anduvo escaso
de aciertos, como la crítica —hasta la que empieza por rechazarlo en un
juicio global— está empezando a reconocer en muchos problemas de
detalle.

Al llegar a este punto es ya indispensable hacer un balance de la poesía
de Campoamor. Las opiniones expuestas pueden dejarle al lector —como
dejamos sugerido— una impresión de desconcierto. Porque resulta que a
Campoamor se le concede —y por bien exigentes críticos— el haber liberado a la poesía de taras que era preciso eliminar y de haber creado el
nuevo idioma poético que era indispensable, se le atribuyen considerables
aciertos y se le declara además precursor incuestionable de los más altos
entre nuestros líricos modernos: Bécquer y Machado; a pesar de lo cual
se le niega la condición de gran poeta y se tiene a su obra, según vimos,
como de imposible o muy difícil reivindicación. ¿Qué es lo que falla, pues,
en Campoamor? El prosaísmo y la vulgaridad son las dos acusaciones más
comunes. Pero una cosa nos parece curiosa: ninguno de los críticos aludidos se decide a formular un claro y concreto diagnóstico, mientras sostienen
a su vez que ni el realismo ni incluso el prosaísmo son incompatibles con la
poesía; en conjunto admiten, según hemos visto también, que Campoamor
se excedió en la dosis con que administró la prosa en sus versos.

Veamos todavía alguna más de las cualidades que le atribuye Cossío en
su bien meditado estudio. Enumera entre ellas los brotes genuinamente
poéticos que aparecen estratégicamente esparcidos; la temperatura pasional de ciertos momentos, capaz de dar con felices hallazgos; los aciertos
retóricos, de gran complejidad y agudeza, que aparecen con no menos frecuencia; el talento innegable para encontrar situaciones, temas, anécdotas
y reflexiones, de que están colmados los poemas; el tacto poético con que
nos hace sentir el paso del tiempo, condición que encantaba a Azorín; su
manera especial de vestir lo casero y cotidiano con formas permanentes,
hasta el punto de que muchas han pasado al lenguaje proverbial; y —lo que
el crítico estima como más importante— su penetración en lo más humano
y común, que solemos acusar de vulgar, porque nos resistimos a admitir
que la variedad innumerable de nuestras reacciones tienen un simplicísimo
origen en la identidad de nuestras almas. No nos parece, en verdad, pequeña cosecha, que hace decir a Cossío como resumen de su exposición:
«Pienso, y no siento respetos humanos al decirlo, que Campoamor por la
ambición y el volumen de su obra poética debe contar entre los poetas
excepcionales de su siglo. A sabiendas me comprometo con esta afirmación.

No sé lo distante que estará el día en que este juicio no parezca escandaloso» [70].

Importaría, pues, averiguar en qué consiste ese *algo* que dificulta la aceptación de Campoamor como el poeta excepcional que define Cossío. Gaos ha dicho [71] que Campoamor anduvo toda su vida tras una poesía de difíciles equilibrios, una aventura ambiciosa, de las más arriesgadas que puede proponerse poeta alguno: una poesía que fuera realista y prosaica sin dejar de ser poesía.

Lo que Campoamor expresa o comunica —he aquí nuestra opinión— no es nada vulgar (con iguales razones podríamos sostener que son vulgares el *Kempis* o las *Coplas* de Manrique), sino la almendra de la experiencia de la vida, que sólo parece vulgar a fuerza de ser lo más universal y común; multitud de filósofos y moralistas no dijeron tanto al cabo de densos libros y complicadas elucubraciones. Lo que sucede es que Campoamor lo despoja absolutamente de solemnidad y de importancia y se lo cuenta al lector tan a lo llano como si le dijera el tiempo que hace. Con este procedimiento, las más grandes verdades y los más hondos sentimientos parecen quedar al nivel de la sabiduría de un cabrero y pierden toda su apariencia de profundidad. En prosa puede correrse ese riesgo: Sancho Panza lo afrontó innumerables veces con magníficos resultados. Pero con la poesía no se puede jugar. La poesía, por su propia esencia, que no podemos discutir ahora, es una dama delicada a la que hay que tratar con todos los respetos. Cuando se la hace bajar a la calle, como algunos poetas de nuestros días, hay que hacerlo con un tacto especial que consiste, por lo común, en afectar llaneza y servir refinamientos disimulados. Medio siglo largo de poesía artificiosa les ha enseñado muchas argucias a los poetas, y hasta cuando pretenden ser prosaicos lo son en un tono muy distinto a como lo era Campoamor. Su prosaísmo no es descuidado y común, sino estudiadamente abrupto y elemental, y por supuesto se exhibe con ademanes de absoluta seriedad. A la poesía, en una palabra, hay que presentarla con todas las malicias de una mujer: hay que pasearla desnuda o muy bien emperejilada; como no se la puede mostrar es en bata de casa y con gorro de tomar la ducha; que es precisamente como la presenta Campoamor. La mayoría de las veces la poesía en sus manos no anda desnuda sino mal vestida.

Y lo que es todavía muchísimo peor: demasiadamente vestida. Porque —a nuestro juicio— el fallo principal de Campoamor consiste en que todo lo que dice está siempre, o casi siempre, demasiado acolchado; sus estrofas son como edredones de plumas, repletas de palabras, explicaciones, consideraciones y aclaraciones innecesarias. Cuando consigue limitarse, logra sus aciertos mayores, y así le sucede en algunas *Doloras*, que es donde está

---

[70] Ídem, íd., pág. 319.
[71] *La Poética de Campoamor*, cit., pág. 205.

el mejor Campoamor. Pero la imaginación del poeta rebosa de minucias y de detalles, y no teniendo voluntad para eliminarlos, se le derraman torrencialmente; con lo cual, el lenguaje llano y coloquial, que podría ser bellamente incisivo y alcanzar la mayor dignidad poética si se presentara magro y enjuto, dilata su vulgaridad, haciéndose tanto más perceptible cuanto más adiposo y esponjado. En los *Pequeños poemas* es —a nuestro entender— donde esta mengua es más visible. Valdría la pena —y ofrecemos la idea a los aficionados a la estadística— contar en estos poemas los períodos, y hasta los versos, que comienzan por *y*. En la estrofa XV del Canto II de *Los amoríos de Juana* —hemos abierto el volumen de Campoamor rigurosamente al azar— hay diez versos que comienzan con dicha conjunción; es decir: diez ocasiones, en las cuales lo necesario quedaba dicho, pero el poeta vuelve a pegar la hebra para añadir alguna coletilla más. El problema capital de Campoamor —estamos persuadidos— no es la vulgaridad ni el prosaísmo, sino la redundancia; es casi un problema de aritmética.

Aspecto de particular interés en la poesía campoamoriana es su carácter humorístico e irónico; como Gaos advierte [72], el humor y la ironía no son meros ingredientes que aparezcan ocasionalmente, sino componentes esenciales. Gaos supone que esta condición es causa de que sintamos la poesía de Campoamor tan alejada del gusto actual, y cita sobre ello dos opiniones encontradas. Juan Ramón Jiménez estimaba que «su verso era un verso plebeyo salvado por el humor»; Cernuda, por el contrario, juzgaba que «la ironía, que juega papel tan importante en cuanto escribió Campoamor, fue acaso lo que le perdió como poeta». Creemos que Gaos y Cernuda están en lo cierto, aunque son necesarias algunas matizaciones. Parece claro que el humor no ha sido nunca patrimonio de la gran poesía; con el humor sólo puede hacerse poesía menor, por muy aguda que sea la intención de que se le nutra. En el caso de Campoamor el humor todavía pierde eficacia por la misma causa que debilita toda su obra: por el exceso. Campoamor es un escéptico que está de vuelta de todas las cuestiones y toma el mundo a broma; pero lo toma tan de seguido y de manera tan natural, sin amargura ni mordiente apenas, que el lector no se angustia por el pesimismo del escritor y acaba por tomarlo todo a broma también. Los desengaños de que se nos persuade están siempre, además, tan asistidos de palabras, llegan a nuestros oídos tan redondos de frase, tan explicados del derecho y del revés, que no consiguen inquietarnos porque nos suenan a cosa sabida.

Con la ironía campoamoriana sucede algo parecido. La ironía sí puede inspirar una poesía elevada, pero ha de tener alta tensión y ejercerse con garra. Pero en Campoamor, por todas las razones dichas, la ironía se reblandece y degenera en un humor más o menos travieso, que roba densidad a

---

[72] Idem, íd., pág. 195.

las ideas más audaces. La antítesis constante entre una intención que se pretende transcendental y una forma ligera y retozona apoyada en menudas anécdotas, acaba por convertirse en una actitud amanerada que embota el filo a la ironía. Clarín, admirador de Campoamor, como sabemos, lo definió con certera malicia cuando, a propósito de aquella peculiar combinación, dijo de él que le parecía un Schopenhauer jugando al trompo [73].

Añadamos un último exceso. Campoamor había dicho que el poeta de veras grande había de reflejar las ideas de sus contemporáneos y ocuparse de sus problemas. El poeta de las *Doloras* acogió cierto número de ellos, evidentemente, pero concedió una atención hipertrofiada al amor, problema importante, sin duda, pero que no parece particularmente específico de su tiempo. También valdría la pena hacer una estadística de las composiciones campoamorianas que tratan del amor, y casi siempre bajo el aspecto más común de los celos, del desengaño, del hastío que sigue a la posesión y a la costumbre, etc.

## LA OBRA POÉTICA DE CAMPOAMOR

El primer volumen de poesías publicado por Campoamor lo fue, como dijimos, en 1840, bajo el título de *Ternezas y flores*. Campoamor, en su madurez, decía no estimarlo mucho, pero Valera lo encomió con entusiasmo: «Romances hay en esta primera parte —dice— como los mejores romances amorosos que jamás se escribieron, y quintillas tan bellas, armoniosas y dulces, como las célebres de Gil Polo [74]; y en nuestros días, Cossío lo califica de libro «auténticamente poético» [75] y digno de ser considerado por quien desee estudiar la obra de Campoamor. En general, según el propio Cossío, *Ternezas y flores* tiene un marcado tono romántico, pero se percibe en varias de las composiciones un espíritu distinto del exaltado y pasional de los poetas de aquella escuela, una personalidad dotada de «un equilibrio difícil en el torbellino de la poesía de los jóvenes de aquellos años» [76].

El segundo libro, *Ayes del alma*, revela el propósito de alejarse de los modelos románticos que más o menos pudieron influir en el libro anterior,

---

[73] «*Pequeños poemas* (Campoamor)», en *Solos de Clarín*, Madrid, 1971, págs. 251-261; la cita en pág. 261. Clarín se ocupó de Campoamor innumerables veces, generalmente con elogio, pues era un poeta que admiraba, pero no sin ironías y reticencias que hacen sospechar reservas y habilidades del crítico; quizá estos comentarios de Clarín sean más útiles para conocer la crítica de Clarín que la poesía de Campoamor. Cfr., Sergio Beser, *Leopoldo Alas, crítico literario*, Madrid, 1968, en donde prácticamente se recogen todas las ocasiones en que Alas escribió sobre el autor de las *Doloras*.

[74] Juan Valera, «*Obras poéticas* de Campoamor», en *Obras Completas*, Aguilar, II, 3.ª ed., Madrid, 1961, págs. 51-56; la cita en pág. 54. También Valera se ocupó muchas veces de Campoamor, pero parece que su opinión real, manifestada en cartas y conversaciones privadas, difería —en parte al menos— de la que dio públicamente. Véase sobre ello, Manuel Bermejo Marcos, *Don Juan Valera, crítico literario*, Madrid, 1968.

[75] *Cincuenta años...*, cit., pág. 284.

[76] Idem, íd., pág. 287.

y de imitar, en cambio, a los clásicos, no sólo en su espíritu sino hasta en sus metros: liras leoninas, sonetos, epístolas en tercetos, coplas de pie quebrado.

En 1842 publicó Campoamor un volumen de *Fábulas*, en las que quedan ya prefigurados los rasgos distintivos de sus creaciones más personales. Advierte Cossío [77] que las fábulas de Campoamor apenas se ajustan a las formas tradicionales del género; más que proponer una moraleja o enseñanza, consisten en observaciones sobre casos o circunstancias de la vida, y en lugar de tomar su título de los personajes o animales que intervienen, los extrae el autor de la intención o propósito que persigue. Esta condición acerca las *Fábulas* a las *Doloras*, hasta el punto de que, al publicar éstas, tomó varias de aquéllas para incorporarlas al nuevo género. Asimismo, las moralejas de muchas de ellas pueden pasar por auténticas *humoradas*, y hasta el *pequeño poema* tiene también su representación en algunas fábulas de mayor longitud, como la que se titula *Principio y fin de las cosas*. «Podemos, pues, afirmar —escribe Cossío— que en las fábulas están prefigurados y ya con sus caracteres esenciales, los tres géneros que han de ser cultivados por el poeta y han de darle personalidad y renombre. En el apólogo adivinó Campoamor que se contenía lo que vino a considerar esencial en su poesía, es decir, una acción susceptible de tener alcance universal como expresión de una idea y la importancia filosófica que fue siempre su preocupación esencial» [78]. En cuanto a la calidad literaria de las fábulas afirma Cossío que «es muy subida», y concluye su examen con una observación de la mayor importancia, pues subraya esa consecuencia y fidelidad a sí mismo que hemos señalado como distintivas de nuestro autor: «La unidad de la obra de Campoamor —afirma—, sintetizada precursoramente en las *Fábulas*, es atributo de su poesía del que siempre se vanaglorió, y con completa razón. Podrá discutirse el sistema, pero fue ejemplar su fidelidad a él desde este preludio apologal de su más importante labor lírica» [79].

Entre las fábulas cabría destacar *Insuficiencia de las leyes, La carambola, El método, Balandronadas, Amar por las apariencias, No siempre el bien es fortuna, De gustos no hay nada escrito, Bienes prometidos.*

Publicó Campoamor la primera edición de sus *Doloras* en 1846, la segunda al año siguiente, y, según informa Cossío [80], al publicarse en 1902 las obras completas del poeta, se habían editado más de treinta veces. El nú-

---

[77] Ídem, íd., pág. 298.
[78] Ídem, íd., pág. 299.
[79] Ídem, íd., pág. 300.
[80] Ídem, íd.

mero de las composiciones fue también aumentando hasta llegar a la cifra de doscientas veintitrés.

¿Qué es una *dolora?* El propia autor la definió como «una composición poética en la cual se debe hallar unida la ligereza con el sentimiento y la concisión con la importancia filosófica». Y en su *Poética*, refiriéndose a las tres modalidades líricas que suponía haber inventado, dice Campoamor: «¿Qué es *humorada?* Un rasgo intencionado. ¿Y *dolora?* Una humorada convertida en drama. ¿Y pequeño poema? Una dolora amplificada». De esta declaración hecha por el poeta bastante a posteriori, podría deducirse que la *humorada* es como la simiente o raíz de su sistema poético. Pero habida cuenta de que las *Humoradas* fueron publicadas bastantes años después de las *Doloras*, creemos exacta la interpretación de Cossío [81], para quien la *dolora* es el núcleo central del sistema poético de Campoamor y representa la composición normal por su dimensión e intenciones: el arquetipo o modelo, pues, de toda su obra. Estas *doloras* se rebajan a aforismos en las *humoradas* y se amplían hasta relato circunstanciado y minucioso en los *pequeños poemas*.

El nombre de *dolora* provocó viva polémica literaria, pues se discutía si se trataba realmente de un nuevo género literario, que requería nuevo nombre, como parecía pretender su autor, o consistía meramente en una variedad poética. Valera, en su estudio de las poesías de Campoamor, da una definición, o mejor, una descripción, de las *doloras* en un tono humorístico y zumbón, muy de su estilo, sin tomar el problema demasiado en serio, pero que sirve mucho, no obstante, para dar idea del carácter de estas composiciones: «En cuanto a la novedad de la composición —escribe—, que ha de justificar la novedad del título que se le ha dado, diremos que hay, en efecto, alguna novedad. El poeta quiere que entre en cada una de estas composiciones algo de esa filosofía mundana, que la experiencia le ha enseñado, y pone en ellas consejos y observaciones importantes al rumbo que debemos seguir en este mar alborotado de la vida. La forma, dulcemente magistral, satírica y maliciosa; el estilo, ni muy familiar ni muy elevado; la moraleja misma de cada una de estas *Doloras*, que siempre viene a versar sobre la ciencia práctica del mundo; el ir casi todas dirigidas a alguna muchacha, que es el auditorio de que gusta Campoamor, y al que trata de adiestrar en sus filosofías; el tono ligero de las *Doloras*, que por más que se desespere en ellas el poeta y diga horrores de la Humanidad, ni nos hace mella, ni nos pone compungidos, porque siempre vemos, al través de la máscara trágica que la cubre, la fisonomía jovial y cariñosa del poeta, y porque se conoce que habla por hablar, y que no nos condena, sino que nos compadece, creyendo más en la debilidad que en la maldad humana, y perdonándola por consiguiente; todo concurre a justificar hasta cierto

---

punto la pretensión de Campoamor de hacer pasar sus *Doloras* por un género nuevo»[82].

Cossío nos da a su vez una definición, en la que puede verse cómo, efectivamente, aplica Campoamor las teorías de su *Poética*. La primera condición de las *Doloras* —dice[83]— es su carácter lírico-narrativo, y, dentro de éste, cierto movimiento dramático puesto de manifiesto en una acción rudimentaria o en un apunte de diálogo; de aquí la descendencia que guardan respecto de las fábulas. Como en éstas, parece tender a una admonición moral, pero en las *Doloras* se trata más bien de dejar constancia de un amargo descubrimiento de las experiencias de la vida o «de la inanidad de tantas cosas como en la vida acostumbramos a ver con mayor optimismo o con menor desengaño». Añade Cossío que el poeta no propone remedio para tales cosas, como sería la obligación del fabulista, sino que «implacablemente, melancólicamente, eficacísimamente», nos va mostrando la vida a diferente luz.

Llevado de la intención filosófica, que Campoamor pretende llevar a sus composiciones, los personajes de las *Doloras* —según subraya muy certeramente Cossío[84]— se convierten con gran frecuencia, aun sin proponérselo el poeta, en símbolos, de donde resulta que aunque el tema de las *Doloras* haya sido extraído de la realidad, desaparece de ellas todo realismo y hasta las apariencias realistas. Este juicio viene a confirmar la afirmación, aparentemente paradójica, de Gaos[85], de que Campoamor no es un realista, sino un idealista, enemigo de todo empirismo —un antirrealista, de hecho—, que desea trascender la realidad concreta para alzarse al mundo de las ideas, lo único consistente, puesto que las cosas en sí mismas carecen de significación. Artísticamente, semejante propósito puede degenerar en un defecto, pues, como advierte Cossío, en muchas de las *Doloras* el chispazo patético es un recurso artificioso del poeta, ya que nos lo trasmite por vía conceptual y, en consecuencia, amanerado. «A veces, busca en los contrastes un efecto tan sólo *filosófico*, como le gustaba decir. Es el tipo de *dolora* que mejor se aviene con su definición, pero suelen ser las más artificiosas»[86].

Sobre la *eficacia verbal* de Campoamor escribe Cossío unas observaciones que juzgamos muy penetrantes. Campoamor —dice— no abandona sus procedimientos preconizados y con las palabras que usa cualquiera, compone sus *Doloras*, «pero por dentro de ellas acechan mil malicias literarias, mil quiebros de expresión que las redimen, aunque no a gusto de todos, de

---

[82] Artículo cit., págs. 55-56.
[83] *Cincuenta años...*, cit., pág. 301.
[84] Ídem, íd., pág. 303.
[85] *La Poética de Campoamor*, cit., pág. 22.
[86] *Cincuenta años...*, cit., pág. 304.

sus principios prosaizantes» [87]. Campoamor se sirve, en efecto, profusamente de todos los procedimientos retóricos codificados por los preceptistas: antítesis, paralelismos, aliteraciones, paronomasias; y aparecen —comenta Cossío— en los versos menos asistidos de intención entonada y de lenguaje calificado, por lo que el contraste es más acentuado. Con frecuencia desliza Campoamor «un rasgo genuinamente poético en el momento en que el verso parece arrastrarse por las zonas más prosaicas y llanas», «recurso de infalible efecto, que valoriza tal rasgo, metáfora o imagen, como no lo lograría el mismo en dicción más depurada y exigentemente poética» [88].

Añadamos que el recurso preferido, y más utilizado, por Campoamor es el *contraste*, al que puede decirse que confía la total eficacia de la composición; quizá, sin excesivo error, la obra de nuestro poeta podría rotularse: *Campoamor, o las paradojas de la existencia*, o también, *Lo que engañan las apariencias*. Estos contrastes suelen «corporizarse» en la misma acción del poema, pero otras muchas veces son puramente conceptuales, y tanto en unos casos como en otros el autor gusta de comprimirlos en una antítesis final, que por lo rotunda —y no poco también, por lo frecuente del procedimiento— puede pecar de amanerada.

No sería fácil, siendo su número tan copioso, escoger las *Doloras* de mayor mérito. Como más populares podrían señalarse: *Cosas de la edad, Vanidad de la hermosura, Beneficios de la ausencia, Todos son unos, ¡Quién supiera escribir!, Las dos linternas, Las doloras, El gaitero de Gijón;* pero también merecen recordarse *Fuente inagotable, Los dos espejos, Los grandes hombres, Los dos miedos, Hastío, El ojo de la llave, Las tres Navidades, Rogad a tiempo, Una cita en el cielo, El gran festín, La santa realidad, El origen del mal, Moras y cristianas, Amor y celos.*

LOS «PEQUEÑOS POEMAS»

En 1864 publicó Campoamor la primera edición de sus *Pequeños poemas*. También entonces encontró censores para el título con que bautizaba aquellas composiciones que él lanzaba como un género nuevo. Lo de *pequeño poema* sonaba a galicismo, y así se lo reprocharon a Campoamor, proponiéndole el correcto diminutivo español de *poemita*. Pero la innovación, galicista o no, era correcta, o por lo menos necesaria. «Como a mí se me pide hasta la razón de los títulos de mis obras —respondió Campoamor—, se me ha censurado mucho porque no he llamado *Poemita* a los *Pequeños poemas*. No los he llamado poemitas porque el diminutivo da a estas obrillas un carácter de candor infantil de que carecen». Campoamor —según

---

[87] Ídem, íd., pág. 301.
[88] Ídem, íd., págs. 301-302.

comenta Cossío [89]— tenía razón, efectivamente, ya que ningún diminutivo hubiera cuadrado al carácter de estos poemas, que sólo eran pequeños por la extensión —y, aun en esto, muy relativamente— pero no por la importancia que su autor les atribuía. «Campoamor tenía la pretensión de hacer gran poesía y grandes poemas, aunque fuera en pequeño espacio», deseaba crear una poesía narrativa novelesca, pero que no consistía en poner una novela o cuento en verso, sino en crear un poema verdadero, cuyo carácter lírico —lejos de la novelería habitual de tantos *romances* y *leyendas*— quedara confiado al tono general de la materia novelable y al acompañamiento de sentencias y rasgos ingeniosos con que la apostilla o glosa el autor.

Campoamor, como ya sabemos, había dicho que «la poesía verdaderamente lírica debe reflejar los sentimientos personales del autor en relación con los problemas propios de la época». Clarín, que valoraba sobre todo la presencia del mundo objetivo en la poesía, en su época de proselitismo naturalista sostuvo en un artículo [90] que el «pequeño poema» de Campoamor, *Los buenos y los sabios*, era un ejemplo de aproximación de la poesía al naturalismo, en cuanto que era la expresión de la realidad reflejada en el artista, según la conocida sentencia de Zola. Para Clarín, el dogma naturalista de que el escritor debe permanecer al margen de su obra, era una exigencia para la novela, pero no para la lírica; el poeta lírico puede cumplir con la doctrina naturalista describiendo la realidad tal cual es, sin sustituirla por sus propias imaginaciones, y dando a conocer a la vez las reflexiones o sentimientos que aquélla provoca en su espíritu.

Pero los críticos de nuestros días han rechazado la interpretación de Clarín. Para Gifford Davis [91], la impersonalidad es dogma capital del naturalismo, y, de otra parte, no considera lírico un poema tan esencialmente narrativo como *Los buenos y los sabios*. Por lo demás, Juan, el héroe del poema, no es un «documento humano», como también había sostenido Clarín, puesto que apenas posee rasgos individuales y es más bien el símbolo de un pobre de espíritu; el poema carece, además, de otro rasgo esencial del naturalismo, puesto que su emplazamiento es vago y falto de documentación.

Cossío niega también el aserto de Clarín. Campoamor —dice [92]— fue un naturalista de la expresión literaria, pero su naturalismo verbal provenía del concepto de naturalidad y no del de naturalismo, cosas bien diferentes a pesar de su parentesco etimológico. Enemigo de la afectación, del am-

---

[89] Idem, íd., pág. 306.

[90] «La lírica y el naturalismo», en *La literatura en 1881*, Madrid, 1882; cit. por Sergio Beser en *Leopoldo Alas, crítico literario*, cit., pág. 199.

[91] Gifford Davis, «The Critical Reception of Naturalism in Spain before *La cuestión palpitante*», en *Hispanic Review*, XXII, 1954, págs. 97-108; la referencia en págs. 104-105.

[92] *Cincuenta años...*, cit., pág. 307.

biente y de las leyendas románticas, buscó sus temas en el mundo contemporáneo y escogió el lenguaje llano y familiar. Pero estos *poemas* en ningún caso podrían servir de *documentos:* «precisamente lo convencional de personajes y alquitarado de pasiones serían desorientadores para una intención naturalista, si bien como parábolas o apólogos latamente explanados pueden servir de enseñanza o mostrar recovecos psicológicos para la complacencia del lector y aun para su instrucción». Tiene razón Cossío cuando sostiene que en la diversidad de los *Pequeños poemas* es la personalidad del poeta la que da unidad a la serie, más que el carácter de los poemas que es harto vario; lo que de nuevo nos confirma la tendencia idealista y no realista de la lírica de Campoamor, según la interpretación dada por Gaos.

Algunos de los *Pequeños poemas* son narrativos y de carácter novelesco y sentimental, como *El tren expreso,* quizá el más popular de todos; otros adoptan la forma de un monólogo representable, como *El confesor confesado* y *Cómo rezan las solteras.* Por lo común, la narración se interrumpe constantemente con reflexiones del autor extraídas de su propia experiencia, que se enlazan con los acontecimientos del poema para glosarlos o confirmarlos. La intención filosófica o, quizá mejor, filosofía práctica de Campoamor es mucho más patente en los *Pequeños poemas* que en las *Doloras,* ya que en éstas queda sólo apuntada, mientras que en aquéllos se razona muy al pormenor, constituyendo parte esencial, y muy característica, de la composición.

Cossío recuerda la viva polémica que tuvo lugar a propósito de unos supuestos plagios de Campoamor, a quien se acusaba de haber incorporado a sus poemas varias frases de algunas novelas de Víctor Hugo. Cossío resume la polémica afirmando que en nada padeció la originalidad de Campoamor, «cuya personalidad disolvía cualquier influjo en su manera de entender la poesía» [93]; sentencia que nos parece encerrar el mayor elogio. Cualquiera que sea la opinión que se tenga sobre la poesía de Campoamor, es innegable que muestra un conjunto peculiarísimo de inconfundible tono y sabor; la índole del lenguaje, el carácter de las reflexiones, la dirección a que apuntan y el modo de engarzarlas, el ritmo especial de la composición, dan un sumando de originalidad inequívoca, de la que tenía plena conciencia el poeta y a la que no consiguen afectar todos los préstamos de detalle que quieran aducirse. Aunque hablando en forma algo retozona, Valera, refiriéndose a las *Doloras,* decía con verdad que nadie, sino Campoamor, sería capaz de escribirlas, y suponía que quien las imitara las haría pésimas [94]. Y Clarín, refiriéndose a los *Pequeños poemas* específicamente, escribía: «yo no admito más *pequeños poemas* que los de Campoamor, que son la *manera* de un genio, no un género de notas y caracteres comunes

---

[93]  Idem, íd., pág. 312.
[94]  Artículo cit., pág. 56.

que puedan convenir a obras de autores distintos» [95]. Si tomamos lo de *genio* en el sentido de algo personalísimo, de carácter inconfundible, la calificación no nos parece exagerada.

Además de los mencionados, deben ser destacados entre los *Pequeños poemas: La novia y el nido, Dulces cadenas, Historia de muchas cartas* y *La lira rota.*

### LAS «HUMORADAS»

En 1885 publicó Campoamor un volumen de composiciones muy breves a las que, también con pretensiones de novedad, tituló *Humoradas;* el nombre, como sospechaba el propio autor, volvió a suscitar la controversia de los críticos, pues parecía difícil acoger bajo palabra tan vaga la gran diversidad de su contenido.

En conjunto se trata de composiciones muy breves; en su mayoría constan de un pareado, y sólo en unas pocas llegan a los seis versos. Ya sabemos que son como *doloras* sincopadas, rasgos de ingenio, que muchas veces se reducen a enunciar una antítesis, recurso predilecto de Campoamor. En las *Humoradas* hay de todo: desde las más vulgares inanidades, en forma de *aleluyas,* hasta auténticos aciertos de intención y de gracia poética. Por el tema son de índole muy diversa, y lo único que les da unidad es la personalidad del poeta; esa personalidad campoamoriana, a que hemos aludido, y que da tono inconfundible a todas estas *humoradas,* incluso a las peores. Pensamos con Cossío [96] que no constituyen lo más selecto en la obra de Campoamor, pero lo que más les perjudica todavía es su número; la facilidad del poeta le condujo a multiplicarlas, con lo cual multiplicó también sus fallos. Una selección bastante apretada podría dar una idea de la poesía de Campoamor quizá no demasiado alejada del gusto actual. Valgan unos pocos ejemplos:

> *No es raro en una almohada ver dos frentes*
> *que maduran dos planes diferentes.*

> *¡Oh mujer admirable!,*
> *porque fuese él feliz, fue ella culpable.*

> *¿Por qué saben las gentes que has pecado?*
> *Lo saben porque rezas demasiado.*

> *Son iguales, Leonor, nuestros destinos;*
> *morirás, como yo, de mal de amores,*

---

[95] *«Pequeños poemas (Campoamor)»,* cit., pág. 254.
[96] *Cincuenta años...,* cit., pág. 315.

*porque siempre, y en todos los caminos,*
*tu corazón asaltarán, traidores,*
*el tedio y el placer: dos asesinos.*

*Te dije el fin de las amantes glorias*
*que conseguir anhelas:*
*casarte como en todas las novelas,*
*y hartarte como en todas las historias.*

*En mi duda interior siempre he admirado*
*la fe de esos creyentes*
*que juzgan, inocentes,*
*que por librar del lodo su calzado,*
*la Providencia, servicial, ha echado*
*las aguas por debajo de los puentes* [97].

Hemos aludido arriba muy de pasada al posible influjo de Campoamor en Bécquer y podemos cerrar estas páginas con una leve insistencia sobre tan interesante tema.

José Pedro Díaz, en su libro fundamental sobre Bécquer [98], repetidamente citado a propósito de éste, dedica una sección de su apartado sobre «Estructuras primarias» al grupo de Rimas que podrían calificarse de *sentenciosas:* «Queremos agrupar aquí —explica Díaz— aquel conjunto de rimas en las que domina un movimiento reflexivo, y cuya emoción se encierra en el desarrollo de una idea explícita. Aunque no siempre constituyen un grupo aparte, en algunos casos es evidente que la composición aspira a expresar directamente el pensamiento del poeta, y que es este pensamiento el que asume categoría poética» [99]. Díaz aduce varias Rimas y cierra la sección con estas palabras: «Debemos también consignar aquí que esa que señalamos es una tendencia natural en el cantar popular, pero que antes que éste hubiera comenzado a ser estimado y acogido por los escritores cultos de la época, ya aquella tendencia se había manifestado en la poesía de Campoamor, y en algo la actitud de este poeta fue ocasionalmente seguida por Bécquer» [100].

---

[97] La edición más asequible de las obras poéticas de Campoamor es la publicada por Aguilar bajo el nombre de *Obras poéticas completas,* 7.ª ed., Madrid, 1972, con un breve «estudio preliminar» de Jaime Dubón y ni asomos siquiera de la más elemental bibliografía. Para ésta, véase *La Poética de Campoamor,* cit., págs. 217-226, y la muy numerosa esparcida en las notas del prólogo de Félix Ros, cit., a la edición de «Clásicos Castellanos».

[98] *Gustavo Adolfo Bécquer. Vida y poesía,* 4.ª ed., Madrid, 1971.

[99] Ídem, íd., pág. 393.

[100] Ídem, íd., pág. 395.

Páginas antes, al ocuparse de las *Rimas* de la «tercera serie» —la llamada «del desengaño»— acoge Díaz la observación de Cossío «sobre algunas correspondencias entre esas rimas 'donde Bécquer dramatiza sus temas líricos' y el tono con que lo hacía Campoamor en sus *Doloras*» [101]. Cossío, en efecto, dedica varias páginas de su estudio sobre Bécquer al examen de este paralelismo. Cossío advierte que esta relación entre Bécquer y Campoamor, que había sido ya señalada por Romera Navarro y Valbuena Prat, quizá pueda parecer extraña «al lector superficial». Recuerda Cossío que las *Doloras* se publicaron en 1846, cuando Bécquer tenía diez años; escribe a continuación la frase a que alude Díaz: «Es sabido que la dramatización de la lírica es el fundamento de la dolora. Bécquer dramatiza sus temas líricos en muchas ocasiones», y señala varias de las Rimas, en las que puede percibirse «sin duda alguna» el eco de la dolora campoamoriana:

> *Asomaba a sus ojos una lágrima*
> *y a mi labio una frase de perdón...*

> *Nuestra pasión fue un trágico sainete...*

> *Alguna vez la encuentro por el mundo...*

> *Yo sé por qué sonríes*
> *y lloras a la vez...*

> *Hoy la tierra y los cielos me sonríen...*

> *Sabe, si alguna vez tus labios rojos...*

y hasta la tan popular y citada:

> *—¿Qué es poesía— dices mientras clavas...*

«No pretendo yo —dice Cossío como resumen de su paralelo, y después de aludir a varias *Doloras* muy becquerianas a su vez— que estos versos, sobre todo en función de la estrofa o composición de que hacen parte, tengan relación alguna con los de Bécquer, pero es indudable que corresponde a una misma concepción de poesía, a un mismo sistema de metáfora e imagen, a una misma tensión y trance del poeta enfrentado con su menester. / Resumiendo lo dicho, creo que la relación de los dos poetas reside en primer lugar, y más importante, en haberse servido Bécquer de formas de poema tan próximas a las de Campoamor que no puede menos de notarse la semejanza. Bécquer hace *doloras* y *humoradas*, sin duda con muy supe-

---

[101] Ídem, íd., págs. 377-378.

rior sentido poético que Campoamor, pero a éste no le falta en muchas ocasiones tal favor, y mantiene, por un verso, por un rasgo, el decoro de sus
*doloras* y *humoradas* en la misma línea que el genial lírico sevillano» [102].

[102]   *Cincuenta años...*, cit., pág. 408.

# ADVERTENCIA FINAL

La división, o reparto, en dos volúmenes, de que nos hemos servido para el siglo XIX, no tiene en este caso más razones que las estrictamente materiales o físicas derivadas de la extensión alcanzada por los capítulos dedicados al Romanticismo: un solo tomo hubiera resultado de incómodo manejo y, muy probablemente, de excesivo coste.

El doble volumen no responde, pues, a ningún criterio de división en épocas, tendencias o corrientes, que, por otra parte, consideramos muy problemático y convencional. El fenómeno de la penetración del XVIII en el romanticismo, de que nos hemos ocupado extensamente, se repite después con el romanticismo y el realismo en forma tal, que cualquier pretendido reparto cronológico es arbitrario. Veintidós años antes —sirva tan sólo como ejemplo— de publicarse las *Rimas* de Bécquer, aparece *La Gaviota*, de Fernán Caballero, tópicamente aceptada como el punto de arranque de la novela realista; casi diez llevaban ya de molde las *Escenas montañesas*, de Perada, y un año hacía que había sido publicada *La Fontana de Oro*, de Galdós.

La consideración de estos hechos creemos que nos disculpa ante el lector de dejar para el tomo siguiente capítulos como el del *Periodismo y erudición*, que en lo más significativo de su proceso y desarrollo montan a caballo sobre las dos mitades de la centuria; o poetas como Rosalía de Castro, que suele comúnmente colocarse a continuación de Bécquer, pero que, dada la fecha de sus libros puede perfectamente —tal es nuestro criterio— estudiarse con posterioridad, como pervivencia o penetración de una lírica precedente.

Asimismo, el examen y comentario de estos problemas de división, a que hemos aludido, que hubieran podido anticiparse en la Introducción de este volumen, nos ha parecido más conveniente posponerlo como introducción del segundo, cuando, a menor distancia de los hechos y tras la experiencia de la primera mitad del siglo, podrán entenderse mejor las razones de su complejidad.

# ÍNDICES

# ÍNDICE DE NOMBRES Y OBRAS

# ÍNDICE GENERAL